Verzeichnung des geschlächts der fürsten von Wirtenberg.

Dise Wirtenbergische herren sind hievor nun gefürstet Graaffen gewesen / warend allzeyt gewaltig/ vnd habend vil krieg gefürt mit den Reychstetten/ daruon hievor in disem bůch vil gesagt wirt : deßhalb ich zů reycherer erkañtnuß aller dingen ein kurtze verzeichnung jres härkommens/ so vil man des wüssens hat/ hiemit eyngefürt hab.

ULRICH III. * n. 1291 † 1344 ⚭ SOPHIE von Pfirt * v. 1312 † 1344	(IMAGINA) 1293/94	AGNES * v. 1300 † v. 1350 ⚭ Werdenberg	AGNES * 1295/1300 † 1317 ⚭ Oettingen	ADELHEID * v. 1300 † 1342 ⚭ Hohenlohe	IRMENGARD * n. 1300 † 1329 ⚭ Hohenberg

Children of Ulrich III.:

EBERHARD II. * n. 1315 † 1392 ⚭ ELISABETH von Henneberg * 1319 † 1384	ULRICH IV. * n. 1315 † 1366 ⚭ KATHARINA von Helfenstein * v. 1333 † n. 1386

Children of Eberhard II.:

ULRICH * n. 1340 † 1388 ⚭ ELISABETH von Bayern * 1329 † 1402	SOPHIE * n. 1340 † 1369 ⚭ Lothringen

EBERHARD III.
* n. 1362 † 1417
⚭ I ANTONIA VISCONTI von Mailand * n. 1350 † 1405
⚭ II ELISABETH von Nürnberg * 1391/92 † 1429

EBERHARD IV. * 1388 † 1419 ⚭ HENRIETTE von Mömpelgard * n. 1383 † 1444	ELISABETH * n. 1412 † n. 1475 ⚭ Werdenberg

Gerhard Raff

Hie gut Wirtemberg allewege

Das Haus Württemberg
von Graf Ulrich dem Stifter
bis Herzog Ludwig

Mit einer Einleitung von
Hansmartin Decker-Hauff

Deutsche Verlags-Anstalt
Stuttgart

Die Drucklegung dieses Buches wurde
mit freundlicher Unterstützung gefördert durch:
Vereinigung der Freunde der Universität Tübingen e. V.;
LG-Stiftung: Kunst und Kultur,
eine Stiftung der Landesgirokasse Stuttgart;
Stiftung zur Förderung der geistigen und künstlerischen Arbeit,
Stifter: Württembergische Hypothekenbank AG

CIP-Kurztitelaufnahme der Deutschen Bibliothek

Raff, Gerhard:
Hie gut Wirtemberg allewege : d. Haus Württemberg
von Graf Ulrich d. Stifter bis Herzog Ludwig /
Gerhard Raff. Mit e. Einl. von Hansmartin Decker-Hauff. –
Stuttgart : Dt. Verl.-Anst., 1988
Zugl.: Tübingen, Univ., Diss. u.d.T.: Raff, Gerhard:
Das Haus Württemberg
ISBN 3-421-06335-4

Typographische Gestaltung: Bernd Penkwitt
Satz: IBV Satz- und Datentechnik GmbH, Berlin
Druck und Bindearbeit: Friedrich Pustet, Regensburg
Printed in Germany

Dem Gedächtnis der Erzherzogin Mechthild,
»der Mutter aller Schul, der freyen Künsten edler Buhl«,
und dem Andenken der Herzöge Eberhard im Bart und Christoph,
der Baumeister der schwäbischen Gelehrtenrepublik und
Wegbereiter der Demokratie in Württemberg.

Für Susi & Margarete
in Schönaich

OB PATRIAE ALEMANNIAE

Gerhard Raff
12. Oktober 1988

Inhalt

Zum Geleit

Mit diesem Buch erscheint zum erstenmal eine Historiographie über das Haus Württemberg, die durch ihre gründlichen Nachforschungen einzigartig ist. Der Verfasser hat sich mit der ihm eigenen Akribie in eine Materie gestürzt, die ihn seit seiner Jugend bewegt, und hat dabei eine Bestandsaufnahme der Geschichte, nicht nur der Herrscher Württembergs, sondern auch aller Seiten- und Nebenlinien, vorgelegt.
Für den Historiker, genauso wie für den an der Geschichte des Hauses Württemberg Interessierten, wird das Werk »Hie gut Wirtemberg allewege« ein zuverlässiges Nachschlagewerk sein. Es wurden nicht nur die bekannten Stammbäume überprüft, sondern es findet sich hier die Lebensgeschichte aller Angehörigen des Hauses Württemberg wieder, bis hin zu deren testamentarischen Verfügungen. Dadurch werden bestimmte Ereignisse der Geschichte Württembergs dem Leser verständlicher und kehren durch die Eigenart dieses Buches in das Bewußtsein zurück.
Bei der Fülle des Materials, welches dem Verfasser zur Verfügung gestellt wurde, hätte er leicht der Versuchung unterliegen können, sich schwärmerisch oder verdammend über die einzelnen Personen auszulassen. Dr. Gerhard Raff hat das große Verdienst, ein Werk vorgelegt zu haben, aus dem viele Generationen in der Zukunft ihr Interesse an württembergischer Geschichte stillen können.

Altshausen, im März 1987

Carl Herzog von Württemberg

»Der Geschichtsschreiber hat ein mühseliges Geschäfte, wenn er theils abgerissene und unsichere Angaben, theils zerstreute und magere Urkunden in ein geordnetes, glaubwürdiges und belehrendes Ganzes zu bringen unternimmt. Die eine Masse ist so weich, daß sie beim Anfassen und Herbeiziehen bald nur kleine Theile zurückläßt, bald unter den Händen durchschlüpft, die andere so spröde, daß der Versuch, an irgend einem ihrer Enden den Faden der Verbindung anzubringen, oft mißglückt. Hat man aber auch endlich Manchfaltiges zur Einheit und Zerstreutes in Zusammenhang gebracht, so entdeckt nachher ein Anderer entweder eine neue Urkunde, die den Standpunct ganz oder theilweise verändert, oder einen Weg, auf welchem sich das Allerley auch in eine Einheit und das Auseinanderliegende auch in einen Zusammenhang bringen ließe, oder es beschwert sich ein geneigter Leser über Mangel an genugsamer Sicherheit des zusammengesetzten Bodens, und klagt den Schriftsteller als einen an, der ihn statt auf festes Land auf eine glatte Eisfläche gesetzt habe.«

Ludwig Friedrich Heyd,
Vorrede zur »Geschichte der Grafen von Gröningen«

Von jeher hat es solche gegeben, auch in der allerneusten Zeit fehlt es nicht daran, welche anrüchige, ja vom Urtheil der Zeitgenossen und den Verwünschungen eines seufzenden Volkes gebrandmarkte Charaktere der Geschichte zu beschönigen, ihre Ehrenrettungen, sogar ihre Lobreden zu schreiben, sich aus besondern Sympathieen und Interessen zur undankbaren Aufgabe setzen. Aber die Geschichte kennt keine Rücksicht, als die der Wahrheit. Wenn auch der ernste Raum der Geschichte nicht mehr ein strenger Gerichtshof ist, sondern zu einem Putzladen gemacht wird, wo durch langes Sündenleben ruinirte Gestalten schön gefärbt, und die schwärzesten Thaten weiß gemacht werden: wohin käme es noch? –

Wilhelm Zimmermann,
»Die Geschichte Würtembergs nach seinen Sagen und Thaten«

Vorwort

»Omnium comitum, qui hac tempestate apud Germanos clarent,
potentissimi sunt Wirtenbergenses,
nec marchionibus nec magnis ducibus inferiores.«

Aeneas Sylvius Piccolomini (Papst Pius II.) 1405–1464

»Der geneigte Leser muß vor allen Dingen wissen,
daß es zwei gelobte Länder in der Welt gibt,
das eine ist das Land Canaan oder Palästina,
das andere ist Württemberg.«

Christian Gottlob Barth 1799–1862

Das Haus Württemberg, das am 7. Februar 1983 mit dem 900. Jahrestag der Weihe der Burgkapelle auf dem Wirtemberg bei Untertürkheim sein neunhundertjähriges Bestehen feierte, hat seit dem Untergang der Hohenstaufen die Geschichte des deutschen Südwestens in entscheidender Weise geprägt und dem nach ihm benannten Land eine beachtliche Anzahl herausragender Regenten gestellt, deren weitsichtiges Regiment in seinen Auswirkungen auf die politischen, wirtschaftlichen, sozialen und kulturellen Strukturen unseres Landes bis zum heutigen Tage spürbar und greifbar ist.
Württemberg, ein Land, das von Geistesgrößen aller Zeiten, von Friedrich Hölderlin (»Glückselig Suevien«) bis Theodor Heuss (»Modell der deutschen Möglichkeiten«), geradezu als Sonderanfertigung des lieben Gottes angesehen wird. Ein Land, dessen führende Stellung in allen Bereichen und Ebenen des Bildungswesens bis in die Gegenwart hinein anderswo unerreicht und unbestritten war. Ein Land, in dem ein einfacher Graf wie Eberhard im Bart, der zudem nur im Besitz einer geteilten Grafschaft ist, eine der bedeutendsten Universitäten des Abendlandes gründet. Ein Land, in dem bereits in der Mitte des 16. Jahrhunderts durch Herzog Christoph die Volksschule eingeführt wird, in dem um 1600 das Analphabetentum beseitigt war. In dem seit der Reformation jedem begabten Landeskind männlichen Geschlechts der kostenfreie Zugang zu den höheren Bildungseinrichtungen und damit der soziale Aufstieg möglich war. Ein als »schwäbische Gelehrtenrepublik« gelobtes Land, das einen Hegel, Hölderlin und Schelling in einer Stube des Tübinger Stifts vereinen konnte. Ein Land der

Dichter und Denker, der Sinnierer und Tüftler, der Erfinder und Konstrukteure, der Weltverbesserer im besten Sinne.

Ein »Land der hellen Köpfe und der geschickten Hände« (Ferdinand von Steinbeis), das sich allem Mangel an natürlichen Reichtümern und Bodenschätzen zum Trotz seit dem 19. Jahrhundert zu einer der führenden Industrieregionen dieser Erde entwickelt hat, mit dezentralisierten Standorten und einer mittelständischen Wirtschaft, in der zumindest bis in die Tage des westdeutschen Wirtschaftswunders hinein Ökonomie und Ökologie miteinander im Einklang standen und gravierende soziale Gegensätze nicht vorhanden waren. Ein Land des breit gestreuten Eigentums mit einem hohen Anteil an Eigenheimen, dem bis in die jüngste Vergangenheit ein Industrieproletariat und der Bau von Slums erspart geblieben waren. Ein Land, das die wirtschaftlichen Krisenzeiten des 20. Jahrhunderts am besten durchstanden hat, das auch nach Angliederung des badischen Landesteils, nach Aufnahme der Vertriebenen und Flüchtlinge im Gefolge des Zweiten Weltkriegs und der ausländischen Arbeitnehmer im Sog der Hochkonjunktur den geringsten Anteil an den derzeit mehr als zwei Millionen Arbeitslosen in der Bundesrepublik Deutschland hat.

Ein Land, dessen wirtschafts- und gesellschaftspolitischen Verhältnisse den Männern des deutschen Widerstands um Carl Goerdeler erklärtermaßen als Vorbild und Musterland für das gesamte Reichsgebiet nach Beseitigung der nationalsozialistischen Diktatur vor Augen stand.

Ein Land, in dem seit der Mitte des 15. Jahrhunderts Landtage abgehalten werden, dessen Stände vom Regenten bewußt an der Herrschaft beteiligt wurden, dem mit dem Tübinger Vertrag am Anfang des 16. Jahrhunderts ein Grundgesetz auf den Weg zum modernen Parlamentarismus gegeben worden war.

Ein Land, dessen demokratische und liberale Traditionen im 18. Jahrhundert mit denen Englands gleichgesetzt werden.

Wer sich indessen mit der Geschichte jenes Herrscherhauses, dem diese positiven Entwicklungen und im Grunde weltweit einzigartigen Erscheinungen mit zu verdanken sind, beschäftigen möchte, steht vor der merkwürdigen Tatsache, daß ihm zwar eine unendlich scheinende Anzahl von Büchern, Abhandlungen und Aufsätzen zu einzelnen Personen, Begebenheiten und Zeitabschnitten zur Verfügung steht, daß aber bislang kein einziges im 20. Jahrhundert erschienenes umfassendes Werk zur Geschichte dieses Hauses vorliegt.

Die älteste Geschichte Württembergs, die am Anfang des 17. Jahrhunderts vom herzoglichen Leibarzt Dr. Oswald Gabelkover (1539–1616) verfaßte fünfbändige Handschrift, harrt noch immer – wegen ihres immensen Umfangs und Inhalts, nicht zuletzt auch wegen des Schriftbildes des sonst so hochverdienten Arztes und Historikers vermutlich noch lange Zeit – ihrer Edition. Der aus Memmingen gebürtige und einer aus Österreich zugewanderten Familie entstammende Gabelkover hatte ungehinderten Zugang zum ängstlich gehüteten

herzoglichen Archiv und konnte noch vor den Plünderungen und Zerstörungen im Dreißigjährigen Krieg eine Fülle von Archivalien einsehen und auswerten, die unwiederbringlich verloren sind.
Auf Gabelkover stützt sich wesentlich Christian Friedrich Sattler, der als Hofhistoriograph und Archivar Herzog Carl Eugens in der zweiten Hälfte des 18. Jahrhunderts seine siebzehnbändige Geschichte der Grafen und Herzöge von Württemberg abfaßte, ein Werk, das als Geschichtsquelle unendlich wertvoll, als Geschichtsbuch jedoch seines trockenen, von einer Urkunde zur nächsten übergehenden Archivarstils und seines Umfangs wegen für den heutigen Leser kaum brauchbar und in den Bibliotheken nur noch unter bestimmten Voraussetzungen zugänglich ist.
Ludwig Timotheus Spittlers 1783 in Göttingen erschienene Geschichte Württembergs hingegen hat auch nach zweihundert Jahren noch nichts von ihrer Genialität und Frische verloren, behandelt allerdings lediglich die jeweiligen Regenten, während deren Gemahlinnen sowie auch die jüngeren Linien des Hauses unerwähnt bleiben. Dies gilt auch für die 1827 bis 1831 erschienenen sechs Bände des Prälaten Johann Gottfried Pahl, ebenso wie für die bislang letzte vollständige wissenschaftliche Geschichte Württembergs, erschienen 1896 und verfaßt von dem Stuttgarter Archivrat Eugen Schneider. Die beiden für ein breiteres Publikum geschriebenen, dabei doch auf hohem Niveau stehenden Württembergischen Geschichten von Christian Gottlob Barth (1843) und Karl Pfaff (1850) sollen in dieser Aufzählung nicht unterschlagen werden, erstere ist unlängst im Reprintverfahren erfreulicherweise wieder einem größeren Leserkreis zugänglich gemacht worden.
Die von Leopold von Ranke als beste aller deutschen Provinzialgeschichten bezeichneten, 1841 bis 1870 erschienenen vier Bände von Christoph Friedrich Stälin enden zum Leidwesen jedes an der Historie Interessierten bereits mit dem Ausgang des 16. Jahrhunderts. Anstatt die Arbeit seines Vaters fortzusetzen, besorgte Paul Friedrich Stälin 1882 bis 1887 eine Kurzfassung des väterlichen Werkes, die jedoch hundert Jahre früher, mit dem Tode Eberhards im Bart, schließt. In Hansmartin Decker-Hauffs mit dem Schillerpreis ausgezeichneter, 1966 erschienener »Geschichte der Stadt Stuttgart« ist es gelungen, (Haupt-)Stadtgeschichte und Geschichte des Regentenhauses zu verbinden. Hier wird erstmals auch des familiären und genealogischen Umfeldes gedacht und mit einer Fülle größtenteils bisher unveröffentlichter Bildquellen Geschichte augenscheinlich gemacht. Indessen endet auch Decker-Hauffs Werk – wie dasjenige Gabelkovers – mit dem Reformationsjahr 1534.
Die ein halbes Jahr nach Fertigstellung dieser Dissertation im Herbst 1984 erschienene Festschrift »900 Jahre Haus Württemberg«, als »die in Volumen und wissenschaftlichem Gehalt spektakulärste Neuerscheinung«, beschränkt sich, abgesehen von den aufsehenerregenden Entdeckungen zur Ahnentafel Graf

Ulrichs des Stifters, im Grunde auf fünfhundert Jahre Haus Württemberg, das Herzogtum und das Königreich, und widmet sich nahezu ausschließlich solchen Regenten, für die es auch bisher an Literatur nicht gefehlt hat.

Die älteste genealogische Abhandlung zum Hause Württemberg entstand zu Beginn des 16. Jahrhunderts durch Ladislaus Suntheim, den Hofhistoriographen Kaiser Maximilians I.: »Ladislai Sunthemii Familia Generosum Comitum de Wirtemberg, nunc Ducum. Ejusdem Genealogia Wirtembergica latine conscripta, insertis Epitaphiis«. Sie ist jedoch im Lande, weil erst im Jahre 1763 und zudem in einem Quellenwerk zur bayerischen Geschichte veröffentlicht, weitgehend unbekannt geblieben. Sie beginnt, im Gegensatz zu späteren Genealogien der Barockzeit, in denen mythische Phantasiefiguren der Merowingerzeit als Stammväter des Hauses Württemberg auftreten, mit dem Stammvater »Conradus Comes de Wirtemberg floruit anno Domini MCV«. Suntheim verzeichnet alle ihm bekannten Mitglieder des Hauses einschließlich der Ehepartner und ihrer Abkunft. Neben Hinweisen zu Todestag und Begräbnisstätte finden sich kurze Angaben zur Biographie und Ansätze zu einer Charakterisierung der betreffenden Personen. So erscheint bei Suntheim Eberhard der Greiner als »ain frischer frewer Kazpalger und Kriegsman«, Ulrich der Vielgeliebte als »ain starckher frolicher hoflicher Furst genannt Gotznieswurtz, das was sein Spruch Wort, hat gern gejagt und paist, ist ain rechter Frawen Mann gewesen«, Eberhard im Bart als »ain fraidiger vernunftiger Fürst klain von Person, aber grosmächtig von Hertzen ain Liebhaber aller Kunst und Gelerten«.
Nur in handschriftlichen Aufzeichnungen überliefert sind die Forschungen zur württembergischen Genealogie, die seit der Mitte des 16. Jahrhunderts im Auftrage des Herzogshauses von den Angehörigen der Archivarsfamilie Rüttel durchgeführt wurden. Diese Untersuchungen waren die Voraussetzung für die geplante, dann doch zugunsten der von Sem Schlör 1578 ff geschaffenen Grafenstandbilder unterlassene Restaurierung der mittelalterlichen Grabmäler im Chor der Stuttgarter Stiftskirche sowie für die heraldische Ausgestaltung der Decke der Stuttgarter Schloßkirche und des Stuttgarter Lusthauses, an dessen Fassade zudem die Büsten von 32 Ahnen Herzog Ludwigs angebracht wurden.
Auf den durch Oswald Gabelkovers Forschungen ergänzten Rüttelschen Ergebnissen beruhen alle nachfolgenden Veröffentlichungen zur Genealogie des Hauses, so etwa der Genealogische Anhang zur Leichenpredigt für Herzog Johann Friedrich 1628 oder zur Beschreibung der Feierlichkeiten anläßlich der Vermählung Herzog Wilhelm Ludwigs vom Jahr 1675, wo den jeweiligen Regenten eine Kurzbiographie beigefügt wird.
In ähnlicher Weise verfährt Johann Ulrich Pregitzer in seinem in der ersten Hälfte des 18. Jahrhunderts verfaßten »Wirttembergischen Cedern-Baum« mit seiner »Kurtzen Historie und Genealogie«, der für viele Jahrzehnte das Standard-

werk zur Genealogie des Fürstenhauses wurde und eine weitere Auflage erlebte. Pregitzers noch recht unkritische und völlig der Barockzeit verhaftete Angaben werden in der Folge von Sattler, später von Pfaff und C. F. Stälin auf den historisch nachweisbaren Personenbestand zurückgeführt, freilich mit dem Ergebnis, daß mitunter auch Personen wegfielen, für deren Existenz Gabelkover noch urkundliche Belege ausgewertet hatte.
Der 1895 erschienene »Stammbaum des Württembergischen Fürstenhauses« von Joseph Giefel und Theodor Schön wiederholt in wesentlichen Teilen Stälins Erkenntnisse für die Zeit bis zum Tode Herzog Ludwigs, um anschließend Pregitzers Angaben, ergänzt um die Personen des späteren 18. und des 19. Jahrhunderts, wiederzugeben. Sie beschränken sich dabei auf die Angabe der Lebensdaten und der Herkunft der Ehepartner. In gleicher Weise wird in der 1890 erschienenen »Stamm-Tafel des Württembergischen Fürstenhauses« von Gottlob Wilhelm Maisch und in dem »Württembergischen Stammbaum« Eugen Schneiders von 1900 verfahren, die ebenfalls als Wandschmuck gedacht waren.
Theodor Schön indessen ging mit seinem 1908 veröffentlichten »Stammbaum des Gesamthauses Württemberg« einen Schritt weiter und fügte den bisherigen Angaben, soweit er dazu in der Lage war, Hinweise zu Geburtsort, Ort der Vermählung, Sterbeort, Begräbnistag, Begräbnisort und Begräbnisstätte hinzu. Diese bislang letzte im Lande erarbeitete, umfassende Genealogie des Hauses Württemberg weist jedoch zahlreiche Irrtümer auf, wie falsche Filiationen, Orts-, Tages- und Jahresangaben, Flüchtigkeits- und Druckfehler, und hat auf diese Art unterdessen eine ganze Anzahl weiterer Fehlangaben in Veröffentlichungen hervorgerufen, deren Verfasser im guten Glauben und mangels anderer Werke auf Schöns Stammbaum zurückgegriffen haben.
Auf den oben genannten, in Württemberg entstandenen genealogischen Abhandlungen basieren jeweils die Stammtafeln des Hauses Württemberg in den außerhalb des Landes erschienenen Stammtafeln zur deutschen und europäischen Geschichte, die seit dem Ende des 17. Jahrhunderts bis in die Gegenwart hinein erschienenen Werke von Lohmeier, Lairitz, Imhof, Hübner, Behr, Voigtel-Cohn, Isenburg, Freytag von Loringhoven und Schwennicke, wobei manche irrige Angabe bis in das neueste Werk hinein unbesehen aus dem 17. Jahrhundert übernommen wurde. Gleiches gilt für die teilweise ebenso fehler- wie lückenhaften »Genealogien des Hauses Württemberg« in der Festschrift »900 Jahre Haus Württemberg«.

Die vorliegende Arbeit wurde ursprünglich als Abhandlung über die Begräbnisse des Hauses Württemberg in der Stuttgarter Stiftskirche vergeben und begonnen. Bereits im Stadium der Vorarbeiten zeigten sich jedoch derart verwirrende Differenzen und Diskrepanzen bei der Auswertung verschiedener Stammtafeln selbst bei den einfachsten Lebensdaten, daß es sinnvoll erschien, zunächst auf der Grundlage einer Berichtigung des Stammbaums von Theodor Schön eine gültige Genealogie des Hauses zu erstellen. Die hierzu notwendigen Anstrengungen nahmen aber bald einen solchen Umfang an, daß sich der Gedanke aufdrängte, die seit langem vermißte Gesamtdarstellung des Hauses Württemberg in Angriff zu nehmen.

An vergleichbaren Vorbildern zu anderen deutschen Fürstenhäusern lagen vor:

Hessen:	Jacob Christoph Carl Hoffmeister 1861.
Wittelsbach:	Christian Häutle 1870.
Waldeck-Pyrmont:	Jacob Christoph Carl Hoffmeister 1883.
Baden:	Eugen von Chrismar 1892.
Wettin:	Otto Posse 1897.
Baden:	Otto Konrad Roller 1902.
Anhalt:	Hermann Wäschke 1904.
Hohenzollern:	Julius Grossmann, Ernst Berner, Georg Schuster, Karl Theodor Zingeler 1905.
Brabant und Hessen:	Karl Knetsch 1919/28.

Die genannten Werke enthalten in der Regel folgende Angaben:
Name – Beiname
Geburtsdatum – Geburtsort
Heiratsdatum (Eheabrede, Beilager) – Ort
Todesdatum – Sterbeort
Beisetzungsdatum – Begräbnisort – Grabstätte
Ehepartner.

Die ausführlichsten Angaben finden sich bei Knetsch:
Name – Beiname
Regierungszeit
Geburtsort – Geburtsdatum – Geburtszeit
Tag der Taufe
Sterbeort – Todesdatum –Todeszeit
Beisetzungsdatum – Begräbnisort – Grabstätte
Heiratsort – Heiratsdatum (Eheabrede, Beilager, Heimführung)
Ehepartner.

Diese Angaben werden sorgfältig in beigefügten Anmerkungen quellenmäßig belegt und mitunter durch Hinweise zu Todesursache, Grabmal, Bildhauer usw. ergänzt.

Im Hinblick auf die Fülle der bei der langwierigen Auswertung der Literatur und handschriftlichen Quellen zum Hause Württemberg angefallenen und aufgezeichneten Daten und Informationen wurde nach erfolgter Diskussion im Doktorandenseminar für die geplante Arbeit folgendes Personenschema gewählt:

1. Name – Titel – Geburtsjahr – Todesjahr

Im Interesse der Einheitlichkeit wurde die neuzeitliche Schreibweise »Württemberg« der historischen »Wirtemberg« vorgezogen. In Zitaten erscheint jedoch die jeweilige Schreibweise »Wirtenberg, Würtenberg, Würtemberg« usw.
Bei verheirateten Töchtern des Hauses Württemberg wird zusätzlich der Titel nach der Eheschließung genannt. Frauen, die ins Haus Württemberg einheirateten, führen lediglich den Titel Württemberg, ihre Herkunft samt vorangegangenem Titel ergibt sich aus den Angaben zu den Eltern. Geistlich gewordene Töchter erhalten die Bezeichnung Nonne mit Angabe des Klosters.
Bis weit in das 15. Jahrhundert hinein kann das Geburtsjahr nur geschätzt werden. In diesen Fällen ist nur das Todesjahr angegeben.
Bei unbekanntem Todesjahr entscheidet das Datum der letzten Erwähnung. Eine am 30. Juli 1353 letztmals genannte Person muß das Todesjahr »nach 1352« erhalten, und nicht, wie in den Stammtafeln zumeist angegeben: »nach 1353«.

2. Beiname

Die Beinamen werden in der entsprechenden Anmerkung erklärt, und bei der Erläuterung der Herkunft wird deutlich, ob es sich um einen zeitgenössischen oder um einen erst von der späteren Geschichtsschreibung zur Unterscheidung der zahlreichen gleichnamigen Regenten auferlegten Zunamen handelt.

3. Regierungszeit

Den Angaben zur Regierungszeit sind gegebenenfalls auch die Jahre unter Vormundschaft, Jahre der Regierungsenthebung und des Exils zu entnehmen.
In den Anmerkungen hierzu findet sich ein ausführliches Literaturverzeichnis zu Person und Regierung des betreffenden Regenten. Bei Männern, die nicht zur Regierung gelangten, und bei Frauen wird, falls vorhanden, die entsprechende Literatur vor Anmerkung 1 aufgeführt.

4. Persönliche Devise – Wahlspruch – »Symbolum«

Hier ist zu unterscheiden zwischen historischen Wahlsprüchen, wie sie Grabmälern, Leichenpredigten, Zinnsärgen, zeitgenössischen Chroniken und ähnlichen Quellen zu entnehmen sind, und solchen Parolen, die mangels vorhandener oder möglicherweise angesichts vergessener Devisen später, etwa von Jakob Frischlin zu Beginn des 17. Jahrhunderts – nicht ohne historisches Gespür – nachträglich hinzuerfunden wurden.

5. Vater – Mutter – Bedeutende Voreltern

In den Anmerkungen hierzu finden sich Hinweise auf die jeweils vorhandenen Ahnentafeln, bei den eingeheirateten Frauen zusätzliche Angaben zu Literatur und Stammtafeln zum betreffenden Haus.

Herausragende Persönlichkeiten unter den Großeltern oder Ahnen, wie Heilige, Kaiser, Könige usw., werden nach der Angabe der Mutter aufgeführt.

6. Geburtstag – Geburtszeit – Geburtsort – Geburtsstätte – Besondere Umstände der Geburt

Angaben zum Geburtsdatum können bis weit in das 15. Jahrhundert hinein zumeist nur nach Schätzungen gemacht werden, wobei das Hochzeitsjahr der Eltern, mögliche ältere Geschwister und der Zeitpunkt des Beilagers zu einer engeren Eingrenzung herangezogen werden können. Ausnahmen bilden die unter außergewöhnlichen persönlichen oder politischen Umständen erfolgten Geburten: Graf Eberhard I. der Erlauchte († 1325) wurde nach dem Bericht der Stuttgarter Annalen seiner Mutter, Gräfin Agnes († 1265), »aus dem Leib geschnitten«. Sein Geburtstag ist demnach mit dem Todestag der Mutter identisch: 13. März 1265. Graf Ulrich IV. († 1419) soll späteren Angaben zufolge am Todestag seines in der Schlacht bei Döffingen gefallenen Großvaters, Graf Ulrich († 1388), zur Welt gekommen sein: 23. August 1388.

Die Geburtsjahre Graf Ludwigs I. († 1450) und seines Bruders Graf Ulrich V. († 1480) ergeben sich aus den Angaben der Stuttgarter Annalen, wonach die beiden Söhne Graf Eberhards IV. bei dessen Tode 1419 etwa sieben und sechs Jahre alt gewesen sein sollen. Während die Geburtsdaten für Graf Ludwigs I. Söhne Ludwig II. († 1457), Andreas († 1443) und Eberhard im Bart († 1496) durch Angaben der Stuttgarter Annalen, des Gütersteiner Nekrologs und den Bericht von der Taufe Eberhards auf den Tag genau festgelegt werden können, handelt es sich bei den seit der ersten Hälfte des 18. Jahrhunderts in den Stammtafeln auftauchenden Geburtsdaten für Graf Ulrichs V. Söhne Eberhard († 1504) und Heinrich († 1519) um willkürliche Erfindungen der Barockzeit, die ohne urkundliche Belege entstanden sind. Die Geburtsdaten der Frauen, die in das Haus Württemberg einheirateten, sind der Literatur des betreffenden Hauses entnommen, die in der Regel keine Hinweise zu Herkunft und Wahrheitsgehalt der Angabe enthält.

Von der Kalenderreform Papst Gregors XIII. vom Oktober 1582 an bis zu deren Einführung auch in den protestantischen Teilen des Reiches im März 1700 muß bei allen Daten der Hinweis zum Kalenderstil beachtet werden. Ist ein Datum aus diesem Zeitraum nicht eindeutig mit dem Zusatz »st. vet.« (Julianischer Kalender) oder »st. n.« (Gregorianischer Kalender) versehen, blieb die Frage, ob es sich um eine Angabe im alten oder im neuen Stil handelt, ungeklärt.

Zur Abfassung von Horoskopen fürstlicher Personen im ausgehenden 16. Jahrhundert interessierte sich die vor dem Übergang zur Astronomie stehende Astrologie für Angaben zur Geburtszeit. In Württemberg erstellten Conrad Cellarius und Friedrich Rüttel zahlreiche Horoskope für das Herzogshaus, wobei auch längst verstorbene Personen mit exakten Geburtszeiten bis hin zur Geburtssekunde versehen wurden. Dabei handelt es sich in den meisten Fällen mit hoher Wahrscheinlichkeit, im Falle des 150 Jahre zuvor zur Welt gekommenen Eberhard im Bart mit Sicherheit, um völlig aus der Luft gegriffene Angaben, zumal selbst bei Zeitgenossen oft keine Übereinstimmung in den Zeitangaben festzustellen ist.

Geburtsorte werden nur angegeben, sofern sie als solche eindeutig nachweisbar sind. Die Residenzstadt Stuttgart ist erst spät, bei Herzog Ludwig (* 1554 † 1593), als Geburtsort urkundlich belegt. Im 15. Jahrhundert erscheint mehrfach Waiblingen als Geburtsort, eine Stadt, die vielleicht des besseren Klimas und der besseren Hygiene wegen von den Schwangeren der Wasserburg im Stuttgarter Talkessel vorgezogen wurde. Möglicherweise ist auch eine emotional bedingte Anhänglichkeit an die alte Stauferstadt nahe der zerstörten Burg Beutelsbach denkbar.

In Ergänzung zum Geburtsort bezeichnet die Geburtsstätte das Gebäude, die Räumlichkeiten, in denen die Geburt erfolgte. Vorhandene Gedenktafeln werden mit Inschrift und Jahr der Anbringung aufgeführt.

Unter den besonderen Umständen der Geburt werden außergewöhnliche Begebenheiten wie Kaiserschnitt, Frühgeburt, Tod der Mutter im Wochenbett usw. sowie sagenhafte Erzählungen und Gerüchte genannt.

7. *Taufe – Tag – Ort – Außergewöhnliche Taufpaten*

Ausführliche Beschreibungen sind überliefert von der Taufe Graf Eberhards im Bart († 1496) sowie von der in Anwesenheit des königlichen Taufpatens, Maximilian II., erfolgten Taufe des Sohnes von Herzog Christoph, Maximilian († 1557).

8. *Vermählung – Jahr – Name und Lebensdaten des Ehepartners*
Eheabrede – Datum – Ort – Beilager – Datum – Ort
Hochzeitspredigt – Dispens – Trennung

Die Ehepartner der Töchter des Hauses Württemberg erhalten in den Anmerkungen ausführliche Lebensdaten mit Hinweisen zu Begräbnisort, Begräbnisstätte und Grabmal sowie zu Literatur und Stammtafeln des betreffenden Hauses.

Bei den Angaben zur Vermählung wird unterschieden zwischen der juristischen Einleitung und Absicherung des Ehebundes, der Eheabrede (Verlöbnis, Eheberedung, Heiratskontrakt) und den eigentlichen Hochzeitsfeierlichkeiten, dem Beilager mit Kirchgang und Vollzug der Ehe.

Ein Beispiel für eine per Prokuration durch Stellvertreter vollzogene Eheschließung findet sich bei Gräfin Elisabeth († 1429), ein Beispiel für eine trotz Eheabrede nicht zustande gekommene Ehe bei deren gleichnamiger Tochter Elisabeth Gräfin von Werdenberg († n. 1475).

Hochzeitspredigten, Hochzeitsgedichte, Beschreibungen der Hochzeitsfeier-

lichkeiten werden ebenso genannt wie päpstliche Dispensurkunden für den Fall einer zu nahen Blutsverwandtschaft des Brautpaares.
In den Anmerkungen werden neben Angaben zu Heimführung, Mitgift und Brautgeschenken auch vorangegangene Heiratsprojekte mit anderen Personen aufgeführt und, sofern dies möglich ist, auch die Gründe für das Nichtzustandekommen der Verbindung. Ebenso zeitgenössische und spätere Urteile über den Zustand der Ehe und das Verhältnis der Partner zueinander mit allen positiven oder negativen Auswirkungen auf die Landesgeschichte.
In Fällen, in denen es zu einer Trennung der Ehe kommt, wie etwa bei Gräfin Anna von Katzenelnbogen († 1471) und Herzog Ulrich († 1550), werden hierzu die menschlichen und politischen Hintergründe untersucht.
Eine Übersicht über das Connubium des Hauses Württemberg zeigt das Verzeichnis der Eheverbindungen.
Zur Frage der Datierung zwischen 1582 und 1700 beachte man die Bemerkungen zum Geburtsdatum.

9. Kinder – Anzahl – Geschlecht
Aufzählung der Kinder mit Lebensdaten

Bei der Angabe der Kinder muß bedacht werden, daß eine unbekannte, sicherlich hohe Anzahl von in früher Kindheit oder Jugend verstorbenen Nachkommen vorhanden war, deren Existenz in alten Aufzeichnungen wie den Stuttgarter Annalen mehrfach angedeutet wird und bei den Arbeiten zum Bau der Gruft im Chor der Stuttgarter Stiftskirche im Jahre 1608 nachgewiesen wurde.
In den Anmerkungen zur Kinderzahl finden sich die Nachweise über die bisher bekannten illegitimen Nachkommen der betreffenden Person.

10. Testament – Datum – Ort

Den Angaben zum Testament sind beigefügt Hinweise auf spätere Nachträge, auf Nachlaß und Nachlaßverzeichnisse, Schulden usw.

11. Todestag – Todeszeit – Sterbeort – Sterbestätte – Todesursache

Die Angaben zum Todestag können in der Frühzeit dank einer Vielzahl von Nekrologen, Anniversarien, Annalen, Inschriften von Grabmälern und Epitaphien ermittelt werden. In selteneren Fällen dient das Datum der letzten urkundlichen Nennung zur Abgrenzung des Sterbedatums, vgl. dazu die Bemerkungen zu Nr. 1. In Zeiten einer reichlicheren Überlieferung werden die sogenannten Trauernotifikationen, die offiziellen Ausschreiben mit der Mitteilung des Absterbens der betreffenden Person, wichtigste Quellen zur Bestimmung des Todestages. Dort wird auch zumeist die Todeszeit mitgeteilt. Die früheste bekannte Sterbestunde im Hause Württemberg wird bei Graf Eberhard dem Greiner († 1392) genannt.

Sterbeorte werden wie die Geburtsorte nur angegeben, sofern sie als solche belegt werden können.
Den Angaben zur Sterbestätte sind gegebenenfalls Hinweise zu Gedenksteinen oder Gedenktafeln beigefügt. Frühen Chroniken und später zumeist den ausführlichen Leichenpredigten sind die Angaben zu Todesursache und vorangegangenen Krankheiten entnommen. Eine ausführliche Abhandlung zum Thema Krankheits- und Todesfälle im Hause Württemberg verfaßte 1861 Albert Moll.

12. Begräbnistag – Begräbnisort – Begräbnisstätte
Leichenpredigt – Oratio Funebris
Kondolenzschreiben

Das im Herzogtum Burgund entwickelte und von dort übernommene Trauerzeremoniell wurde auch nach der Reformation mit den entsprechenden Abänderungen beibehalten. Es sei denn, es wäre zuvor im Testament ein schlichtes Begräbnis ohne Pomp und sonderliches Gepränge ausdrücklich verfügt worden. Man vergleiche dazu Julius Bernhard von Rohrs »Einleitung in die Ceremonialwissenschafft der großen Herren« sowie das Kapitel »Von dem Sterben und Begräbniß des Regenten« in Friedrich Karl von Mosers »Teutschem Hofrecht«.
Das früheste Verzeichnis zur festlichen Ausgestaltung des Begräbnisses ist im Hause Württemberg von der Beisetzung Graf Eberhards III. des Milden († 1417) überliefert, ein weiteres Trauerprotokoll des 15. Jahrhunderts von der Beisetzung Graf Ulrichs V. des Vielgeliebten († 1480). Seit der Mitte des 16. Jahrhunderts sind die Verzeichnisse oder Anordnungen zum fürstlichen Begräbnis nahezu vollständig, mitunter sogar in gedruckter Form, erhalten geblieben.
Während beim Tode der Gräfin Mechthild († 1482) noch keine Einbalsamierung des Leichnams vorgenommen wurde, ist ein solches Verfahren im Hause Württemberg erstmals bei ihrem Sohn Eberhard im Bart († 1496) und dessen Gemahlin Barbara († 1503) nachweisbar. Wurde der Leichnam hierbei vermutlich nur oberflächlich mit konservierenden Substanzen eingerieben, so wurde mit dem Fortschritt der Medizin im 16. Jahrhundert die Leichenöffnung mit Entnahme der Eingeweide zur Balsamierung angewandt. Eine solche Verfahrensweise ist im Hause Württemberg erst spät, beim Tode von Herzog Christophs Gemahlin Anna Maria († 1589), nachweisbar. Verschiedene Anzeichen sprechen jedoch dafür, daß diese Methode bereits wesentlich früher praktiziert wurde: Beim Tode von Herzog Christophs ältestem Sohn Eberhard († 1568) weigerte sich die damit beauftragte Person, den bereits in Verwesung übergegangenen Leichnam zu öffnen, und Herzog Ludwig († 1593) ließ bereits zu Lebzeiten ausdrücklich ein bei fürstlichen Personen gebräuchliches Öffnen seines Leichnams untersagen.
Im Falle der Herzogswitwe Anna Maria († 1589) wurden die exenterierten Eingeweide in der Stadtkirche ihres Sterbeortes Nürtingen in aller Stille beigesetzt, während der einbalsamierte Leichnam in die Grablege nach Tübingen verbracht

wurde. Ein Kult, wie er etwa in den Häusern Habsburg und Wittelsbach üblich war, wo Herz, Zunge, Eingeweide und Körper an verschiedenen Orten beigesetzt wurden, ist im protestantischen Hause Württemberg zumindest für den Zeitraum dieser Arbeit nicht feststellbar.

Bis zum Bau der Gruft im Chor der Stuttgarter Stiftskirche anläßlich des Todes von Herzog Friedrich 1608 war in den Grablegen des Hauses Württemberg die einfache Bestattung zur Erden, allenfalls in gemauerten Einzelgrabkammern, gebräuchlich.

Eine Übersicht über die verschiedenen Begräbnisorte bietet das beigefügte Grabstättenverzeichnis.

Die erste »Oratio Funebris«, die akademische Trauerrede der Universität Tübingen, wurde nach der Beisetzung Herzog Eberhards im Bart († 1496), die erste protestantische Leichenpredigt bei seiner Überführung vom Einsiedel nach Tübingen (1537) gehalten. Die ab der Mitte des 16. Jahrhunderts nahezu vollständig erhaltenen Leichenpredigten bedeuten mit ihren ausführlichen Angaben zur betreffenden Person eine wichtige, in vielen Fällen sogar die einzige biographische Quelle, denen ansonsten nicht überlieferte Tatsachen und Hinweise zu Geburtsumständen, Ausbildung, Krankheiten, Todesursache, bis hin zu den »Letzten Worten« und zu Charakterzügen zu entnehmen sind.

Kaiserliche Kondolenzschreiben zeigen den Rang, den Württemberg im Gefüge des Heiligen Römischen Reiches Deutscher Nation einnahm, und vermitteln zugleich einen Eindruck der Wertschätzung, die der Verstorbene beim Oberhaupt des Reiches genoß. Kondolenzschreiben benachbarter und befreundeter Reichsstände werden in den Anmerkungen aufgeführt.

13. Grabmal – Bildhauer – Inschrift
Kenotaph – Epitaph – Bildhauer – Inschrift
Sarg – Inschrift

Mit Ausnahme der Doppeltumba für Graf Ulrich I. den Stifter († 1265) und seine zweite Gemahlin Agnes († 1265) waren im Hause Württemberg bis zur Mitte des 15. Jahrhunderts schlichte, über dem Grab auf dem Boden liegende, mit Inschrift und Wappen versehene Grabplatten gebräuchlich. Nach dem Tode Graf Ludwigs I. († 1450) wurde für ihn in der Kartause Güterstein eine an den Grabmälern der Herzöge von Burgund in der Kartause von Champmol bei Dijon orientierte Grabtumba errichtet.

In der Stuttgarter Grablege wurden weiterhin die einfachen Grabplatten beibehalten, nach deren Vorbild auch Herzog Eberhard im Bart († 1496) seine eigenes Grabmal auf dem Einsiedel errichten ließ. Letztmals wurde eine solche Grabplatte für Herzogin Elisabeth († 1524) geschaffen, während die in Güterstein beigesetzte Tochter Herzog Ulrichs, Anna († 1530), bereits eine Grabtumba erhielt. Unter Herzog Christoph wurde nach dem Vorbild der Grablege der Landgrafen

von Hessen in der Marburger Elisabethkirche der Chor der Tübinger Stiftskirche zu einer repräsentativen Grablege des Hauses Württemberg umgestaltet, wobei jedes der hier bestatteten Mitglieder der herzoglichen Familie eine Grabtumba erhielt mit Ausnahme der erst im Jahre 1635 verstorbenen Witwe Herzog Ludwigs, die bis heute ohne Grabmal blieb, und zweier im Säuglingsalter verstorbener Söhne Herzog Christophs, denen ein Holzepitaph gefertigt wurde. Einzelnen Personen, zumeist den Regenten, wurde in Stuttgart und Tübingen zusätzlich zum Grabmal noch ein Epitaph errichtet. Für die in Mömpelgard verstorbene und beigesetzte Gräfin Henriette († 1444) wurde in Stuttgart ein Kenotaph hergestellt, ein weiteres Kenotaph findet sich in Saarbrücken für Gräfin Elisabeth († 1505), die in Stolberg im Harz an der Seite ihres zweiten Gemahls beigesetzt wurde, und in Schleusingen für die in Stuttgart ruhende Herzogin Elisabeth († 1592). Soweit die Grabdenkmäler im Lande noch erhalten sind, wird ihre Inschrift nach dem Original zitiert. Inschriften von verschwundenen oder außerhalb des Landes gelegenen Grabmälern werden nach handschriftlichen Aufzeichnungen beziehungsweise nach der Literatur zitiert.
Mit dem Aufkommen der Gruftbestattung zu Beginn des 17. Jahrhunderts wurde im Hause Württemberg auf die Errichtung von Grabmälern zugunsten von künstlerisch gestalteten, mit Wappen und Inschriften versehenen Zinnsärgen verzichtet.

14. *Überführung – Verlegung der Grabstätte*

Translationen erfolgten 1316/20 mit der Verlegung der Grablege von Beutelsbach nach Stuttgart, 1537 mit der Überführung des bisher in St. Peter im Einsiedel beigesetzten Grafen und ersten Herzogs Eberhard im Bart († 1496) nach Tübingen und 1554 mit der Überführung der Gebeine von Graf Ludwig I. († 1450), Gräfin Mechthild († 1482) und Herzogin Anna († 1530) aus der seit der Reformation dem Verfall preisgegebenen Kartause Güterstein nach Tübingen.
1486 waren die Gebeine Graf Ludwigs I. († 1450) und seiner Gemahlin Mechthild († 1482) von der Gütersteiner Klosterkirche in die eben erstellte Andreaskapelle des Klosters verbracht worden.
Die beim Bau der Gruft im Chor der Stuttgarter Stiftskirche 1608 aufgefundenen Gebeine wurden in einem mit dem württembergischen Wappen auf dem Boden der Gruft bezeichneten Sammelgrab beigesetzt.

15. *Standbilder – Denkmäler – Bildhauer – Standort*

Unter den Herzögen Ulrich, Christoph und Ludwig bestand die Absicht, die im Laufe der Zeit durch Abtreten verdorbenen Grabplatten im Chor der Stuttgarter Stiftskirche zu restaurieren. Die Ausführung unterblieb, nachdem der Bildhauer Sem Schlör 1578 ff die noch erhaltene Reihe der Grafenstandbilder geschaffen hatte.

Mit Denkmälern ausgezeichnet wurden im 19. Jahrhundert die Herzöge Eberhard im Bart († 1496) und Christoph († 1568). Beiden wurde auch die Ehre einer Büste in der Walhalla bei Donaustauf zuteil.

16. Kritische Urteile im Lauf der Jahrhunderte

In Ergänzung zu den oben genannten biographischen Angaben werden hier von Zeitgenossen und der nachfolgenden Geschichtsschreibung verfaßte Zitate mit Angaben zu Charakter, Fähigkeiten, Leistungen, Bedeutung und Nachwirkung der behandelten Person aufgeführt. Hierzu werden auch literarische und populärwissenschaftliche Abhandlungen herangezogen. Neben durchgehender Wertschätzung einzelner Regenten sind bei anderen erhebliche Widersprüche zwischen Hofhistoriographie und kritischer Historiographie im Gefolge Ludwig Timotheus Spittlers, sowie ein durch den Zeitgeist bedingter Wandel der Anschauungen und Wertungen festzustellen.

Alle Angaben werden in den dazugehörigen Anmerkungen ausführlich belegt. Varianten zu einzelnen Angaben, sofern sie nicht als Fehler nachweisbar sind, werden zur Diskussion gestellt. Wo es möglich ist, wird die Entstehung und Herkunft eines Fehlers zu klären versucht. Regelrechte Fehlergenealogien geben Aufschluß darüber, wer von wem fehlerhafte Angaben ohne kritisches Nachprüfen als Irrtümer übernommen und bis in allerneueste Druckerzeugnisse hinein weiterverbreitet hat. In diesem Zusammenhang sei die Hoffnung geäußert, daß sich in der vorliegenden Arbeit auf dem langen Weg von der Geschichtsquelle über Exzerpt, Konzept, Manuskript zum Druck möglichst wenige Fehler eingeschlichen haben.

Für diese Arbeit wurde sämtliche bibliographisch erfaßbare und zur Verfügung stehende, das Haus Württemberg von den Anfängen im ausgehenden 11. Jahrhundert bis zur Gegenwart betreffende Literatur herangezogen und ausgewertet. Eine Behandlung der frühen, fragmentarischen und umstrittenen Genealogie des Hauses war jedoch im gewählten Rahmen nicht möglich und muß einer dringend erwünschten gesonderten Abhandlung überlassen werden. Bis dahin wird auf Hansmartin Decker-Hauffs Beiträge in der Festschrift und in diesem Buch sowie auf die Werke von Karl Pfaff und Emil Krüger zum Ursprung des Fürstenhauses, sowie von Ludwig Friedrich Heyd und die 1970 entstandene Tübinger Dissertation von Ursula Mereb zu den Grafen von Grüningen-Landau verwiesen.

Mit Graf Ulrich dem Stifter, dessen Eltern erst in unseren Tagen nachgewiesen werden konnten, beginnt die eigentliche württembergische Landesgeschichte und damit auch die vorliegende Arbeit. Er ist die erste Person des Hauses, von der der Todestag und ein Grabmal bekannt sind, bei der unsere Kenntnisse über einzelne Nennungen in Urkunden hinausgehen, die in ihren Fähigkeiten und in ihrem Wirken erstmals deutlich vor Augen steht und aus Vorfahren und Zeitgenossen herausragt. Im Hinblick auf die vorhandenen Unsicherheiten der vorangehenden Genealogie erhält Ulrich der Stifter aus systemtechnischen Gründen in dieser Arbeit die Generationenbezeichnung I – trotz der historischen Unrichtigkeit einer solchen Zählweise.

Die nachfolgenden Personen werden generationenweise nach dem Prinzip einer Stammtafel abgehandelt, wobei die Ehefrauen unmittelbar nach dem Gemahl folgen. Angaben zu Töchtern, die mit ihrer Heirat das Haus Württemberg verlassen haben, sowie zu Personen, die außerhalb des Landes gewirkt haben, erfolgen nach der jeweils vorhandenen Literatur, da eine Benutzung auswärtiger Archive aus zeitlichen und finanziellen Gründen nicht möglich war.

Die Arbeit endet vorläufig mit der Generation des 1593 kinderlos verstorbenen Herzogs Ludwig und seiner Geschwister. Sein Nachfolger aus der Mömpelgarder Linie, Herzog Friedrich († 1608), und dessen noch der Generation Herzog Ludwigs zugehörige Kinder sollen in einem zweiten Band behandelt werden. Mit Ausnahme der noch ausstehenden Auswertung der Quellen des Hausarchivs liegt das Material zu den nachfolgenden Generationen einschließlich der Nebenlinien bis zur Gegenwart vollständig vor, so daß unter bestimmten Voraussetzungen mit einer Fortsetzung der Arbeit in absehbarer Zeit gerechnet werden kann. Ein ausführliches Personen-, Orts- und Sachregister kann aus naheliegenden Gründen erst beim letzten Band nachgeliefert werden. Bis dahin muß das Inhalts-, Ehe- und Grabstättenverzeichnis als – wenn auch unbefriedigender – Ersatz dienen.

Das vorliegende Werk ist im Interesse einer größtmöglichen Objektivität unter bewußtem Verzicht auf jegliches Stipendium oder sonstige Unterstützung entstanden. Die für die mehr als sechsjährige ausschließliche Beschäftigung mit diesem Thema nötigen finanziellen Mittel hat sich der Verfasser vorab in den Jahren 1974 bis 1978 durch eine Tätigkeit beim Archiv der Stadt Stuttgart verdient, das seinerzeit schon nicht mehr von dem unvergessenen Dr. Hermann Vietzen (1902–1984) geleitet wurde.

Danksagung

Beim Erscheinen dieses Buches ist es an der Zeit, zahlreichen Personen und Institutionen einen herzlichen Dank abzustatten.

Mein erster Dank geht an meine liebe Mutter, die es mir trotz einer Monatsrente, die einiges unter dem Preis von zwei Exemplaren dieses Buches liegt, gestattet und durch ihre freundliche Fürsorge ermöglicht hat, meine hochbezahlte Stellung aufzugeben und dieser brotlosen Wissenschaft nachzugehen.

Mein Dank und mein Gedenken gilt weiter meiner herzensguten Großmutter Luise Raff (1887–1980), die die Anfänge dieser Arbeit noch begleitet, deren Abschluß aber nicht mehr erlebt hat. Die noch auf dem Sterbebett Hölderlin und Schiller, Paul Gerhardt, Matthias Claudius und den Psalmisten zitierende einfache Bauernfrau von den Fildern, die mütterlicherseits der Sielminger Familie eines Philipp Matthäus Hahn, väterlicherseits dem ältesten, 1317 erstmals nachgewiesenen Degerlocher Geschlecht entstammt, hat mir zum Eintritt ins Gymnasium die Erstausgabe von Christian Gottlob Barths 1843 erschienener »Geschichte von Württemberg – neu erzählt für den Bürger und Landmann« in die Hand gegeben, die sich ihr Vater, der Weingärtner Christian Maier (1840–1903) nach der reichen Ernte des gesegneten Weinjahres 1868 erwerben konnte. Sein Geschlecht ist 1985 mit dem Tode der jüngsten seiner vier Töchter, Caroline, die, wie ihre ältere Schwester Sophie bei Langemarck, im Ersten Weltkrieg den Mann bei Verdun und im Zweiten Weltkrieg den einzigen Sohn in Rußland verloren hat, erloschen.

In lebenschronologischer Folge gilt nun mein weiterer Dank: Meinen Lehrern an der Filderschule in Degerloch: Rosemarie Schaller, Emil Jüngling von Weissach, Jakob Waldenmayer von Zell unter Aichelberg sowie den Rektoren Reinhold Gaiser und Karl Wais, beide von Degerloch; am (König-)Wilhelms-Gymnasium in Stuttgart: Wolfgang Dietrich Meyer, Hans Mittag, Paul Rapp, Prof. Dr. Felix von Cube, Prof. Dr. Gert-Otto Hummel, Dr. Helmut Frik, Prof. Dr. Hermann Frasch, Dr. Ernst Zuschke sowie Dr. Marianne Barthlen und Dr. Ursula Mereb, die sich fast 70 Jahre nach Gründung der Schule als erste weibliche Wesen an die damals so berüchtigte Lehranstalt gewagt haben. Besonders hervorgehoben sei mein Dank an Dr. Karl-Heinz Häußler vom Sonnenberg, der mich als erstes und einziges Bauernbüble am ganzen Gymnasium von der ersten Klasse bis zum Abitur mit viel Weisheit, Güte und großem pädagogischem Geschick begleitet hat. Und an Oberstudienrat Eugen Wittmann von Birkach, den ein viel zu früher Tod und verständnislose Erben um die Früchte eines reichen Forscherlebens gebracht haben. Der wohl bedeutendste Kenner der Geschichte der Filder hat seinen einstigen Schüler am 24. Mai 1968 bei der Feier des 500. Jahrestages der Abtrennung der Degerlocher Kirche von der Muttergemeinde Möhringen gemeinsam mit Dekan Hans Wagner dem faszinierenden Festredner Hansmartin Dekker-Hauff vorgestellt und weitergereicht. Den Lehrern am Sprachenkolleg der Evangelischen Landeskirche in Württemberg, Dr. Siegfried Strebel und Gebhard Ludwig, danke ich für Graecum und Großes Latinum.

Das Danklied für die Gründer der altehrwürdigen Eberhard-Karls-Universität zu Tübingen, Erzherzogin Mechthild und Graf Eberhard im Bart, wird in diesem Buch von berufenerer Seite gesungen. Mein Dank gilt den akademischen Lehrern: Prof. Dr. Hans-Christoph Rublack, Dr. Harald Wunder, Dr. Peter Hilsch, Prof. Dr. Friedrich Lang, Prof. Dr. Heinz Löwe, Prof. Dr. Klaus Scholder, Prof. Dr. Walter Schulz, Prof. Dr. Dietrich Altenberg, Prof. Dr. Martin Brecht, Prof. Dr. Klaus von Beyme, Prof. Dr. Theodor Eschenburg, Prof. Dr. Walter Jens, Prof. Dr. Helmut Dölker, Prof. Dr. Hermann Bausinger, Prof. Dr. Klaus Schreiner, Prof. Dr. Dietrich Kurze, Prof. Dr. Werner Jetter und Prof. Dr. Eberhard Naujoks, letzteren beiden auch für die Bereitschaft zur Berichterstattung im Promotionsverfahren. Dankbar erwähnt sei auch Herta Messemer, die treue Seele des Instituts für geschichtliche Landeskunde und historische Hilfswissenschaften.

Dank auch der ihrem Vater Gustav Epple in nichts nachstehenden Degerlocher Wohltäterin Helene Pfleiderer, die von sich aus, ungefragt und wie selbstverständlich die Miete für meine Tübinger Studentenbude übernommen hat. Stellvertretend für alle gastfreundlichen Tübinger sei hier des Weingärtners und Totengräbers Wilhelm Schreiner vom Zwehrenbühl gedacht. Er hat in der Nacht vom 28. auf den 29. Juli 1944 mit seinem Konfirmationsspruch auf den Lippen jenen schweren Luftangriff auf die Flakstellung zwischen Degerloch und Möhringen überlebt, bei dem von den 30 dort als Flakhelfern eingesetzten Schülern des Wagenburg- und des Wilhelms-Gymnasiums 22 den Tod fanden – ein Ereignis, an das weder ein Denkmal noch die Stadtchronik erinnert. Mit dem Gedenken an diese um ihr junges Leben geprellten Schulkameraden verbunden sei der Dank dafür, daß diese Arbeit in Frieden und in Freiheit verfaßt werden durfte.

Für vieles zu danken habe ich auch meinen Kommilitoninnen und Kommilitonen: Gisela Wahl von Degerloch, die ein sinnloser Tod im Herbst 1968 aus einem blühenden und hoffnungsvollen Leben gerissen hat, Ulrich Rau von Welzheim, Sylvie Engammare de la Jonquière de Faidherne von Fresnes, Eugen Wahl von Aichschieß, Dr. Jeri Jones von Granada Hills/California, Christian Krug von Reutlingen, Margrit Eisenmann von Heumaden, Dr. Wolfgang und Maya Wulz von Heidenheim und Stuttgart, Gabriele Bubeck von Nellingen, Dr. Karl Kempf von Rothfelden, Annedore Neizert von Burgbrohl, Dr. Werner Mezger von Rottweil, Leslie Schofield von Belmont/Massachusetts, Horst-Werner Neth von Meimsheim, Dr. Immo Eberl von Blaubeuren, Dr. Paul Hofer von

Neuhausen auf den Fildern, Dr. Christoph Rieber von Ulm, Dr. Wilfried Setzler von Leonberg, Dr. Volker Trugenberger von Eltingen und Josef Weckenmann von Warthausen.
Ein herausragender Dank geht an meine Studienfreunde Dres. Birgit und Heribert Knorr aus Stolberg und Burglengenfeld sowie ihre Söhne Roman und Christoph als leibhaftigen Nachkommen Graf Eberhards im Bart. Ihrer Fürsprache und ihrem aufmunternden Zureden ist es zu verdanken, daß diese Arbeit zum guten Ende geführt werden konnte, nachdem durch die Stuttgarter Archivbürokratie elf lange Monate weitere Forschungen verhindert worden waren.
Folgenden Institutionen und deren Mitarbeiterinnen und Mitarbeitern habe ich für vielfältige Hilfe zu danken:
Württembergische Landesbibliothek: den Damen an der Buchausgabe im Lesesaal, Heidrun Ott, Marianne Schütz und Inge Schuster, die mit einer unerschütterlichen Freundlichkeit und Geduld über Jahre hinweg auch die abseitigsten und umfangreichsten Bücherwünsche erfüllt haben. Gleiches gilt für Anneliese Groß und Dr. Peter Amelung von den Altdrucken, Ingeborg Krekler und Dr. Wolfgang Irtenkauf von der Handschriftenabteilung, deren zuvorkommendes und unbürokratisches Wesen besonders gerühmt sein soll. Herzlichen Dank auch an Hannelore Brandl von der Fernleihstelle, Karin Kunze vom Kunstlesesaal, Rudolf Henning von den Graphischen Sammlungen und nicht zuletzt an die freundliche Visitenkarte der Bibliothek, die Garderobenfrau Marta Stetter, und die dem Besteller unsichtbaren Kräfte im Magazin.
Universitätsbibliothek Tübingen: Monica Theurer, Burkhard Mayer und Hellmut Reichert.
Stadtarchiv Stuttgart: Gebhard Blank, Dr. Kuno Drollinger, Ingeborg Gadek, Lieselotte Geist, Fritz Graefe, Dr. Christa Mack, Christel Schaaf, Rotraut und Günter Sperling sowie Hermann Ziegler, dem wandelnden Stuttgarter Stadtlexikon.
Hauptstaatsarchiv Stuttgart: Christine Bührlen-Grabinger, Eveline Neuwinger, Wilfried Braunn und Walter Wannenwetsch.
Württembergisches Landesmuseum Stuttgart: Prof. Dr. Volker Himmelein, Dr. Klaus Merten und dem ebenso geistreichen wie liebenswürdigen Direktor i. R. Prof. Dr. Werner Fleischhauer für manches wegweisende und tiefgründige Gespräch.
Deutsche Verlags-Anstalt Stuttgart: Der Dank gilt dem langjährigen Cheflektor des Verlages, dem Rotenberger Weingärtnersohn Felix Berner, der im Mai 1977 am Schloß Rosenstein die Veröffentlichung dieser Dissertation zugesagt hat. Man hat ihn am 22. Februar 1985 am Fuß der Burg Wirtemberg begraben, ehe er nach einem Leben selbstloser Förderung anderer mit seinen eigenen überreichen Gaben als Schriftsteller hätte weiter wirken dürfen.
Für Mithilfe bei der Beschaffung des Bildmaterials habe ich zu danken: Thomas

Albrecht, Silvia Dimitropoulos, Manfred Hartmann, Ina Hochbach, Else Matthes, Margarete Maurer, Albert Raff, Evi Schlecht und Harald Schukraft.
Namens aller Käufer und Leser dieses Werkes danke ich für großzügige Zuschüsse zur Drucklegung: der Vereinigung der Freunde der Universität Tübingen e. V.; der LG-Stiftung: Kunst und Kultur, Dr. Walther Zügel, Albrecht Egerer und Dieter Stahl von der Landesgirokasse Stuttgart; der Stiftung zur Förderung der geistigen und künstlerischen Arbeit, Stifter: Württembergische Hypothekenbank.
Dem Chef des Hauses Württemberg, S. K. H. Carl Herzog von Württemberg auf Schloß Altshausen, sei gedankt für die Erlaubnis zur Benutzung des Hausarchivs und für das freundliche Geleitwort zu diesem Buch. Ohne die auch nach Hegels Geschichtsphilosophie für Württemberg unverständlichen Ereignisse vom November 1918 wäre er nach seinem Vater, Herzog Philipp Albrecht (1893–1975) und seinem Großvater, Herzog Albrecht (1865–1939), dem aufrechten Gegner des damaligen Unrechtsregimes, der vierte Nachfolger König Wilhelms II. von Württemberg – jenes »Demokraten auf dem Königsthron« und herausragenden Förderers von Kunst und Wissenschaft, dem ein ausgewiesener Sozialdemokrat wie Thaddäus Troll zum 130. Geburtstag am 25. Februar 1978 am Grab auf dem Alten Friedhof in Ludwigsburg einen Lorbeerkranz niederlegte, dessen in den schwarz-roten Farben des Königreiches gehaltene Schleife die Inschrift trug: »Dem wahrhaft liberalen Landesvater. Seine getreuen Württemberger.«
Dem Enkel des letzten königlich württembergischen Ministerpräsidenten, unserem in aller Welt hochgeschätzten Bundespräsidenten Dr. Richard Freiherr von Weizsäcker, dem es 1966 leider nicht vergönnt war, Ministerpräsident unseres Landes zu werden, sei in Verehrung und Dankbarkeit das erste Exemplar dieses Buches »Hie gut Wirtemberg allewege« überreicht.
Daß ein solches Werk überhaupt entstehen konnte, ist dem Nestor der südwestdeutschen Geschichtsforschung, meinem verehrten Hochschullehrer Prof. Dr. Hansmartin Decker-Hauff zu verdanken. Sein brillanter Geist, sein Charme und seine Menschenfreundlichkeit haben mich schon als Schüler begeistert, und seine einzigartige »Geschichte der Stadt Stuttgart« war das Geschenk meiner Mutter zum bestandenen Abitur. Als er, der Nachkomme Herzog Carl Eugens und eines Degerlocher Bauernmädchens, mir im Januar 1974 das Dissertationsthema anbot und mir dies mit dem dezenten Hinweis auf meine mehrfache illegitime Abstammung vom Hause Württemberg geradezu als »vatherländische Pflicht« ans Herz legte, war nicht abzusehen, welche Opfer an Zeit und Geld auf mich zukommen würden, welche Mühsal aber auch Freude meiner harren sollten und noch harren werden. Bei jedem anderen Menschen hätte ich angesichts eines derartigen Aufwandes nach vier Wochen die Feder aus der Hand gelegt und wäre davongelaufen zu jenen »preußischen« Professoren, die ebenfalls mit einem Promotionsthema bereitstanden. Nicht bei ihm, der ein Ende gemacht hat mit der

leider oft berechtigten Gleichsetzung von Historiker und Langweiler, dem Synonym von Hörsaal und Schlafsaal, der durch eine fesselnde Vortragskunst, durch geschliffene und druckreife Reden landauf, landab weite Schichten der Bevölkerung zur Geschichte hingeführt hat. Mit Recht hat ihn am Tage seiner letzten Vorlesung am 16. Februar 1984 eine nach Tausenden zu zählende Hörerschaft mit einer wahren Landesgartenschau von Blumen überschüttet und auf Apo-Spruchbändern und Fahnen mit Pindar kundgetan: »ἄριστος μὲν δεκήρ« und ihn mit Kaiser Augustus aufgefordert: »Hansmartine, redde lectiones!«
Mit dem Dank für seine kollegiale Betreuung dieser Arbeit und für seine trotz Krankheit und familiärem Leid zustande gekommene Einleitung sei der Wunsch verbunden, daß dieser allweg gut wirtembergische Mensch seinem Land noch viele Jahre erhalten bleiben und fruchtbar und befruchtend weiter tätig sein möge.
Die vorliegende Arbeit hat ihren Sinn erfüllt, wenn sie zu weiteren Forschungen anregen und zu einer verstärkten Beschäftigung mit der Geschichte des Hauses und des Landes Württemberg und damit zu mehr Liebe zur Heimat führen sollte. Diese allein kann unser einstmals so schönes Land vor der weiteren Zerstörung bewahren. Auch daß dieses Werk allen Widrigkeiten zum Trotz vollendet werden konnte, ist einem als Devise übernommenen Satz des gelehrten Abts Christian Tubingius zu danken, der von seiner um 1521 entstandenen Chronik des Klosters Blaubeuren schrieb:

OB PATRIAE ALEMANNIAE AMOREM FECI.

Degerloch, am 719. Todestag Konradins von Schwaben Gerhard Raff

Hie gut Wirtemberg allewege

Einleitung von Hansmartin Decker-Hauff

Es gibt Worte, die einem Menschen, der sie seit Kindertagen wieder und wieder hört, schließlich zum festen Besitz werden können, einfach weil sie ihm von verschiedenen Leuten immer erneut und in immer anderen Zusammenhängen zugesprochen worden sind, bis sie mit ihm gewissermaßen zusammenwachsen, Teil seines Wesens werden, sich im rechten Augenblick von selbst bei ihm einstellen, schließlich zu einer Art geprägten Wortes werden, ihm verfügbar, wenn es paßt, wenn er das Wort braucht. Das ist etwas weit anderes als ein Schlagwort: Es geht hier nicht um schlagende Argumente, Anfang und Fortgang in einem Wortstreit, viel eher ist es ein Wort der Bestärkung, der Bestätigung, ein Wort, das versichert und verbürgt.

Die Württemberger haben ein solches Wort, das sich bei ihnen einstellt, wenn sie es benötigen, das ihnen gewohnt und zur Hand ist und das sein Gewicht nicht verliert, auch wenn man es sehr lange nicht mehr oder auch wenn man es wieder und wieder gebraucht. »Feste Worte und Zitate sind wie Pfähle, die man sich zur Stütze einsetzt, oder wie Spaliere, an denen sich die Gedanken emporwinden«, hat die alt gewordene und mit Leid geschlagene Dorothea von Schlözer einmal bemerkt. Friederike Robert-Tornow sagt vom alten Verleger Cotta: »Stehende Redensarten sind ihm verhaßt, die üblichen Flatterien unter seiner Würde. Aber seine Rede ist so packend, auch wenn sie nur aus lapidaren Zitaten und kantig geprägten, nicht abgegriffenen Kernsprüchen besteht. Ich glaube, darin ist er ein richtiger, maulfauler Württemberger: wenig geredet tut's auch, treffen muß es halt.«

Solch ein treffliches Wort, vielen lieb, weil's wenig dran zu deuteln gibt, ist auch unser Leitsatz. Nichts von patriotischer Ausschließlichkeit, kein »extra Hungaria non est vita«, auch nichts von »Gottes eigenem Land«. »Hie gut Wirtemberg allewege«, das kommt standfest und selbstbewußt daher und das läßt den anderen auch etwas gelten. Es verlangt keine Ausschließlichkeit, keine Reverenz – aber es verlangt Respekt. Mehr noch: es setzt den Respekt einfach voraus. Württemberg ist nicht die beste aller Welten, es ist nicht, auch wenn es ein prominenter Theologe noch in unserem Jahrhundert ernsthaft behauptete, ein In- und Abbild des Reiches Gottes – aber Württemberg ist gut, von innen, aus sich heraus, und es ist gut, weil es fest ist. Nichts ist da von der Gefühligkeit schreibtischgezeugter »Heimatlieder«, und für die Prospektwerbung taugt der Satz auch nicht. Aber wer so feststellt, daß das Land ein gutes ist, der sagt dabei auch, daß es bleibend und stet und dauerhaft gut ist. Das hören wir heraus aus dem fast ein wenig altväterlich klingenden zweiten Satzteil »allewege«, eigentlich alle wege oder aller Wege. Das Gewicht dieses zweiten Teiles hält den Ruf im Gleichgewicht, ob man das Wort nun einfach nur zu sich selber sagt, oder ob man es als Wunsch und Schlußruf gebraucht.

Die Überlieferung, der letzte König Wilhelm II. sei 1921 mit diesem Wort auf den Lippen gestorben, hält der kritischen Forschung nicht stand. Aber sie ist aus der Tradition des inzwischen fast selbst zur Legende gewordenen letzten Königs nicht mehr herauszuholen und wird wohl weiter mit dieser Überlieferung zusammenwachsen, zumal es – belegt und nachweisbar – von dem Todkranken in den Wochen vor seinem Ende wenigstens zweimal gebraucht worden ist. Ein Wort, sich Mut zu machen? Ein Wunsch? Ein Vermächtnis? Segen? Resignation? Zweifel? Glaube?

Glaubhaft wird berichtet, daß unser Wort von württembergischen Juden im Inferno der Konzentrationslager als Zuruf und als Aufmunterung, als Wort-Zeichen des Durchhaltens gebraucht worden ist. Es trifft uns, die unverdient Überlebenden, die ungewollt Mitschuldigen, wie ein Vorwurf. So tief sind also diese Menschen in »unsere« Heimatgeschichte, in unser Wortgut, in unser Selbstverständnis eingebürgert, hereingenommen, darin im schwäbischen Wortsinn »aufgehoben«, daß es auf dem Weg in den Todesschrecken noch gesagt und Stütze und Halt wurde.

Wie alle guten, vielen Menschen eigen gewordenen Sätze hat das Wort eine Geschichte. Natürlich ist es in dem Lande entstanden, das es rühmt, und man glaubte auch bisher, den Mann zu kennen, der es zuerst gesprochen hat, und ebenso den Ort und die Zeit, zu der es geschah. Denn eine gute und im ganzen glaubwürdige Überlieferung, dem Geschehen nicht allzu fern, berichtet uns davon.

Da lebte auf der Burg Hohentübingen ein alter wirtembergischer Diener, ein Soldat, der zur Burghut gehörte. Er war um 1443 geboren, hieß Hans, und weil er oder sein Vater aus dem Dorf Entringen in die Stadt hereingezogen waren, hieß er, wie damals üblich, der Entringer. Sein »rechter« Name war vielleicht Höchstlin, Höchstle, Höschle, aber wen kümmerte das. Als Hans Entringer ist er in die Landesgeschichte als eine freundliche Randfigur eingegangen. Er war ein schlichter Soldat, ein Landsknecht, in den Kriegen des 15. Jahrhunderts gebraucht. Als er älter wurde, steckte man ihn unter die Tübinger Burghut, also unter die Gruppe der Wartknechte auf dem Tübinger Schloß. So hieß er denn in den späteren Zeugnissen, die von seinem Leben berichten, ein »Guardi-Knecht«. Ja, als er nachträglich berühmt geworden und der Ahnherr so unglaublich vieler bedeutender Württemberger geworden war, haben die hoch emporgestiegenen Nachkommen ihn zum »Offizier« erhoben (»Burgvogt« ist die bescheidenere, »Kommandant« die auf Ahnentafeln besonders dekorative Fassung). Nichts von allem ist wahr: Hans Entringer war ein Soldat, später ein Wartknecht auf dem Residenzschloß des Grafen und Herzogs Eberhard im Bart, und als Hans Entringer um die Siebzig war, hat man ihn wohl als Wartknecht zur Ruhe gesetzt, ihm aber sein bescheidenes Quartier auf der Burg belassen. Seine Söhne und Enkel wohnten unten in der Stadt, brachten es im Handwerk und in kleineren Ämtern zu einigem Ansehen, aber der alte Hans blieb oben in seinen vier Wänden. Er war schon weit über die Siebzig hinaus, als Ulrich, der dritte Herzog, den er erlebt hatte, vom Schwäbischen Bund aus dem Lande gejagt wurde, und er erlebte den Übergang des Herzogtums in die Hand des Hauses Habsburg. König Ferdinand, der Bruder Kaiser Karls v., war der neue Landesherr, und wurde damit Hans Entringers vierter Dienstherr. Das österreichische Regiment, wir müssen es heute (sogar mit Dank) zugeben, war ein wahrer Segen für das Land: Statt der unsteten Politik Ulrichs stand jetzt die stabile, berechenbare, gutgeplante Politik Österreichs, statt der zerfahrenen Finanzen Ulrichs brachte die stetige Sparpolitik der österreichischen Finanzkenner Beruhigung und vorsichtige wirtschaftliche Blüte.

An die Stelle mitunter recht abenteuerlicher Leute in Ulrichs Umgebung konnten nun die guten Köpfe des Landes – zusammen mit erfahrenen Beamten aus allen österreichischen Erblanden – die Geschicke Württembergs wieder ins Geleise bringen. Das Land erholte sich, das Land war wieder sicher, von ihm ging keine Bedrohung seiner Nachbarn mehr aus – aber es war eben österreichisch geworden.

Hans Entringer hat das alles miterlebt, und am Tage betrachtet und bei Licht besehen, konnte auch er das neue Wesen nicht schlecht nennen. Wenn, ja, wenn es nur eben noch das alte Land und die alte Herrschaft gewesen wäre. Er war jetzt an die neunzig Jahre alt, und eines Abends ging er von der Burg hinunter seinen Weg in die Stadt zu den Kindern und Enkeln oder zu guten Freunden. Als er dann wieder zur Burg hinaufstieg in der Stille der Nacht und vielleicht mit einer vom Tübinger Wein gelockerten Zunge, da muß es plötzlich über ihn gekommen sein. Der Boden, auf den er trat, war, seit er sich's denken konnte, wirtembergischer Boden gewesen. Und nun sollten plötzlich die Österreicher, ein Karl, ein Ferdinand, hier Herren sein, Leute, die nicht einmal richtig Deutsch und schon gar kein Schwäbisch sprachen? Es muß den alten Schwabenkerle überwältigt haben. So alt er war, so laut brüllte er seinen Jammer hinaus: »Hie guett wirttembergisch grund und boden!«

Es war heraus, sein Herz wieder leicht. Aber die Stille der Nacht hatte Ohren gehabt. Nichts war damals so gefährlich, als Anhänglichkeit an den vertriebenen Herzog zu zeigen, Mitgefühl mit dem im Exil Lebenden zu äußern. Seine Untaten waren verblaßt, seine Gutmütigkeit im Umgang mit einfachen Leuten zu nachträglichem Glanz gekommen. Österreich fürchtete auch den Vertriebenen noch, hatte er doch an Frankreich, an Hessen, auch bei den Eidgenossen Fürsprecher. Argwohn gegen Ulrich war ratsam, ein waches Auge auf dessen frühere Untertanen ratsam.

Der Ruf war gehört, der Rufer erkannt, die Geschichte verraten worden. Hans Entringer wurde vor den Vogt geholt. Die österreichische Justiz war weitgehend gerecht, nicht willkürlich wie unter Ulrich. Aber das Vergehen lag zutage, und die Sache konnte – nach dem Gesetz – den Kragen kosten, der Vogt mußte nach beiden Seiten Balance halten. Er scheint ein Menschenkenner gewesen zu sein. Er machte dem alten Hans Entringer die Hölle heiß, redete ihm hart ins Gewissen, drohte wohl mit der verdienten Todesstrafe, ließ aber dann sein menschliches Gefühl für den weißhaarigen Alten, den die Erinnerung übermannt hatte, gnädiger weitersprechen. »Mendlin, Mendlin, wann ich deins weißen haars nit verschonete...«, so überlieferten die Nachkommen später die Wende zum Guten in des Vogts Rede. Hans Entringer kam glimpflich, wenn auch hart verwarnt und bedroht davon.

Die Geschichte hat einen rührenden, fast kalendergeschichtenmäßigen Schluß. Hans Entringer lebte munter weiter und kam in sein einundneunzigstes Jahr. Da sah er den vertriebenen Herzog Ulrich in den Maitagen 1534 in Tübingen und auf der Burg Hohentübingen einreiten, wieder Herr, wieder Herzog, und der Grund und Boden wieder wirtembergisch. Der Schmerzens- und Wutschrei aus der Winternacht war dem Jubel des Maitags gewichen. Fast möchte man sagen: Schlußbild, Jubel, Vorhang. Aber die Stadtväter waren pfiffig. Ulrich kam mit Rachegedanken, gewillt, jeden hart zur Rechenschaft zu ziehen, von jedem Auskunft zu verlangen, wie er's mit den Österreichern gehalten habe. Welcher Ratsherr konnte da ruhig, welcher Bürgermeister ohne Angst bleiben? Jeder, aber wirklich jeder Entlastungspunkt mußte herausgestellt werden. Die Stuttgarter etwa waren sich nicht zu schade, aus der Vergeßlichkeit ihres Stadtschreibers (er hatte übersehen, im Eid- und Pflichtenbuch an einer Stelle den Namen des alten Landesherrn Ulrich mit dem des neuen Herren Ferdinand zu vertauschen) eine kühne Heldentat zu machen. Da war man in Tübingen doch besser dran: hatte man doch den alten, treuen, todesmutigen Hans Entringer. Wo sonst im Lande gab es einen, der auf offener Straße das Wort gewagt hätte: Hie gut Wirtemberg? Man hatte ein Schlagwort, eine Parole, und im Verfasser einen Helden. Denn so wie er hatten im Grunde doch alle gedacht und so – für sich – auch alle gesprochen, wenn auch vielleicht etwas leiser. Ulrich nahm das an, ließ es mindestens gelten. Sicher hat er die Szene durchschaut, aber die Bewegung des alten Soldaten, die Anhänglichkeit des wirtembergischen Dieners, vielleicht auch die Rührung in dem schönen weißbärtigen Gesicht, das uns im Bildnis ja erhalten ist, muß selbst ihn ergriffen haben. Vielleicht erkannte er auch, daß er selbst sich hier gut und wirkungsvoll darstellen konnte. Hans Entringer wurde gefeiert, geehrt, belohnt, für seine alten Tage mit einem Gnadenbrot bedacht und zur ganz besonderen Auszeichnung mit einem »Fürstlichen Hofkleid« beschenkt. Nur aus dem Bildnis des Hans Entringer wissen wir übrigens, wie ein solches aussah: ein schwarzes Wams mit gelbem Besatz und einem gelben Devisen-Band an der

Johann Entringer Burger zu Tübingen
Starb Ao. 1546. seines alters 103. jahr.
Seine zwehn söhn.
Nicolaus. Priester zum Berg. starb Ao. 1579.
Nicolaus. Prior zu Weingarten. starb Ao.
1572. seines alters 73. jahr.

Aus: Johann Valentin Andreä,
Fama Andreana, Straßburg 1630.

Schulter. Die Wappenfarben des Landesherren, und am Ärmel der Text »Hindvrch mit Fröden«. Er ließ sich malen in seinem neuen Staat – der ihn übrigens in einen höheren Rang versetzte, als er ihn je bisher erreicht hatte oder erreichen zu können hoffen durfte. Er war etwas geworden – durch einen einzigen Schrei. Als er sich malen ließ, hat er zwei seiner Nachkommen zugleich mit sich abbilden lassen, die den Aufstieg seiner Familie zeigen und beweisen sollten. Zwei seiner Nachkommen waren Geistliche geworden, katholische natürlich, und außerhalb Altwirtembergs, im berühmten Kloster Weingarten. Der Alte konnte nicht ahnen, daß später einmal nicht diese beiden Kleriker und treuen Diener der alten Kirche den Ruhm des Wartknechtes verbreiten sollten, sondern Hansens im Wortsinn fast nicht mehr zu zählende, bis heute immer erneut ausgebreitete Nachkommenschaft in Württemberg und Kursachsen, in Hessen, dem Elsaß, der Schweiz, den Vereinigten Staaten. Große Namen aus allen Gebieten der Wissenschaftsgeschichte sind dabei, aber den Schwerpunkt bilden eben doch die Nachkommen in ihrer Gesamtausbreitung. Hans Entringer ist das Musterbeispiel eines »Massen-Ahnen«; daß er das kernigste Wort in der wirtembergischen Geschichte als erster geschaffen, als erster gesprochen hat, glauben viele seiner Nachkommen. Als er im April 1546 mit etwas über 103 Jahren starb, war er fast schon eine Legende, jedenfalls das, was man damals in seiner gelehrten Nachkommenschaft einen »vir inluster« nannte, ein mit Recht berühmter Mann.

Einer seiner bedeutendsten Nachkommen, der geniale Johann Valentin Andreae, hat Hans Entringers der Erinnerung werte Geschicke neunzig Jahre danach festgehalten. Auf Andreae pflegt man sich zu berufen, wenn man den alten Wartknecht als den wortmächtigen Schöpfer einer Parole in Anspruch nimmt. Und wahrhaftig, das Losungswort würde gut zum Soldaten passen. Noch die Generation Eugen Schneiders glaubte an die Anfänge durch den Rufer auf der Tübinger Burgsteige. Aber schon Hermann Fischer hat gezeigt, daß der Ruf älter ist als die Zeit der österreichischen Herrschaft zwischen 1522 und 1534. Er geht in die Regierungszeit des Grafen und Herzogs Eberhard im Bart zurück und ist mindestens eine, wenn nicht zwei Generationen älter, als man bisher glaubte. Wahrscheinlich hat der Wartknecht keinen Gedanken neu formuliert und geprägt, viel eher hat er ein bereits bekanntes Wort, eine schon lange geläufige feste Formel, einen gängigen Gedanken wieder aufgegriffen, zitiert, wieder unter die Leute gebracht, an einen bekannten und vertrauten Satz erinnert.

»Hie gut Wirtemberg – Allewege« gehört zu den aus zwei gleichgewichtigen Sätzen zusammengesetzten Devisen, die ihre Herkunft aus dem Kriegshandwerk nicht verleugnen können. Ruf und Gegenruf, Losung und Gegenlosung, Erkennungsanfrage und Erkennungsantwort haben im späten Mittelalter schon eine lange Entwicklung hinter sich. Unerläßlich für das Erkennen von Freund oder Feind in der Nacht oder in unkenntlicher Rüstung, gehören sie so gut zum

Handwerk des Soldaten, wie sie mit ihrer devisenklaren Kürze und Knappheit auch Anruf und Selbstbestätigung sein können. Ruf und Gegenruf – und jeder weiß, woran er mit dem anderen ist. Parole und Gegenparole, und es herrscht Klarheit. Das Losungswort bringt jene zusammen, die zusammengehören. Die rechte Parole zu kennen, schützt und bewahrt. Sie auszugeben, kann ein feierlicher Vorgang, ein Zeremoniell, ein Ritus sein. Die Verzerrung ist nicht ferne: Als ein hoher asiatischer Staatsgast, der etwas eigentümliche Tischsitten gezeigt hatte, aus Berlin wieder abreiste, beliebten SM Allerhöchst zu scherzen und gaben taktvollerweise die Tageslosung »Schweinfurt« aus. Und wer in Nöten und Unsicherheiten seines Lebens kein Geleitwort für den Tag hat, dem haben die Herrnhuter seit mehr als 250 Jahren die Arbeit abgenommen und Kernstellen der Schrift auf die 365 Tage vorausverteilt. Selbst Bismarck las sie (oder es tat dies die Fürstin Johanna für ihn) und wußte sie im Reichstag wirkungsvoll zu zitieren.

»Hie gut Wirtemberg« – »Allewege!« – so verteilt auf Frage und Antwort, auf Feststellung und Bestätigung, darf man sich das Wort in seinen Anfängen denken. Es steht damit in der alttestamentlichen und daher durchs ganze Mittelalter gewußten, zitierten, gelesenen und gesprochenen Überlieferung: »Schwert des Herrn!« und »Gideon«. Nicht anders gebaut sind die berühmten Königsrufe »Mont Joye« – »St. Denys« oder »Dieu« – »Et mon droit!« Nicht eigentlich nur Kampfruf, oder doch mindestens nicht nur und allein Kriegerparole, sondern der einigende Anruf doch auch – in solchen Zusammenhängen darf man sich unser Wort vorstellen.

Wann es entstand? Vor Eberhard im Bart mag es schwerlich gewesen sein. In die Zeit der großen Recken, der knorrigen Kämpfer, die im 14. Jahrhundert die Landesgeschichte in ihren Fäusten hatten, reicht das Wort mit Sicherheit nicht zurück. Unter dem friedliebenden Regiment Eberhards des Milden war für eine solche Parole kein Bedarf, auch keine Gelegenheit. Und ob es bei den etwas fahrigen, ja verfahrenen militärischen Aktionen der Witwe Henriette von Mömpelgard entstanden sein kann, darf bezweifelt werden. Des Deutschen nur wenig mächtig, dem Wirtemberger Lande mehr ab- als zugeneigt, wird es in ihrem stolzen Heer, als die Herrin den Zollern einnahm, kaum gerufen worden sein. Ist es denkbar, daß die Parole aus dem Städtekrieg von 1449/50 stammt, den Graf Ulrich der Vielgeliebte, Henriettes Sohn, vor allem gegen die Reichsstadt Eßlingen durchfocht?

Möglicherweise entstand das Wort in den Tagen der schweren Kämpfe gegen Kurpfalz, gegen den bösen Pfälzer Fritz. Graf Ulrich der Vielgeliebte, Herr der einen Hälfte des geteilten Landes, tölpelte förmlich in die militärische Falle, die ihm der überlegene Pfälzer gestellt hatte. Der junge Eberhard, um den Frieden bemüht, dem Pfälzer Oheim dankbar verbunden, ließ sich nicht vor den falschen Karren spannen. Um sich nicht ganz aus dem Krieg herauszuhalten und sein

Land doch zu schonen, bewachte er im schweren Jahr 1462 die Ostgrenze seines Landes, an der es keine großen Kämpfe geben konnte und wo ein Zusammenstoß mit dem Pfälzer kaum wahrscheinlich war. Dort, mit seinem kleinen Heer mehr gelagert als beschäftigt, war immerhin Bedarf für ein Losungswort. Damals am ehesten kann es entstanden sein. Damals übrigens dürfte der Soldat, der dann sein Leben lang ein Diener Eberhards und seiner Nachfolger war, Hans Entringer, als junger Diener dabei gewesen sein. Seit damals kann ihm die Parole geläufig, der Klang vertraut gewesen sein. Geprägt hat er das Wort nicht, aber daß es ihm in seinem Jammer Jahrzehnte später wieder einfiel, in ihm aufstieg, von ihm hinausgerufen wurde, als stünde er auf der Wacht, hat den Wartknecht Hans Entringer der Erinnerung wert gemacht. Er hat das »Hie gut Wirtemberg« nicht erfunden, aber er hat es uns erhalten.

Jede Landesgeschichte und jede Forschung nach den Anfängen von Land und Herrschaft bedarf einer gesicherten und belegten Geschichte der Landesherren. Die Genealogie der Dynasten, die Abfolge und Erbfolge der Regenten gibt allein das tragfeste Gerüst, das belastbare Skelett für jede Landesgeschichte. Eine gleichmäßig durchgearbeitete Familiengeschichte ermöglicht erst, Territorialgeschichte zu betreiben, sie erst bietet die Grundlage jeder Landesgeschichte. Im besten Sinne ist die historische Genealogie eine Hilfswissenschaft: sie hilft, sonst kaum zu ordnende Nachrichten organisch einzureihen. Sie ist Grundlagenforschung: wo sie fehlt, fehlt es auch an der Möglichkeit eines standfesten Aufbaus. Sie ist die Basis für alles weitere Verständnis. Niemals kann und darf sie Selbstzweck sein: wo sie um ihrer selbst willen betrieben wird, verliert sie Sinn und Berechtigung; auf sich allein gestellt, steht sie im Nichts, geht ins Leere. Sie ist nicht Sättigung fürstlicher Eitelkeit, denn sie benötigt die Kunde von den guten Regenten genauso wie die Nachrichten über Versager und Schurken. Sie ist nicht Anlaß zu Erbauung oder zu Festreden, aber ohne das Wissen, das sie gesammelt und gesichtet überliefert, tappt jede Forschung im Dunkel. Es geht der Genealogie nicht um Glanz, es geht ihr um Licht.

Große Menschen, die gute Herrscher waren, haben sich mit Leidenschaft und breitem Aufwand um die Geschichte ihres Hauses bemüht: Kaiser Maximilian, Eberhard im Bart, Ottheinrich von der Pfalz, Herzog Christoph haben zusammentragen und darstellen lassen, Federn, Pinsel, Schnitzmesser und Meißel in Bewegung gesetzt, nicht für das »monumentum aere perennius« und nicht für eine »vana gloria«, sondern damit das »Haus« im Gedächtnis bleibe, weil so das »Land in seinen Herren erbauet wird«.

Man wird dem entgegensetzen, wie wenig das in der Barockzeit noch eingehalten worden ist. Tatsächlich fing damals jener genealogische Schwulst an zu wuchern, fingen die hymnischen Lobpreisungen an, sich über jedes erträgliche Maß hinaus aufzublähen, überwuchs der Schwulst oft den Sinn der Wissenschaft. Aber die Aufklärung schnitt – im Wortsinn! – die Stammbäume zurück und die Kritik mäßigte die unförmigen Auswüchse. Dennoch, die Erkenntnis blieb, ja, sie wurde noch vertieft: ohne Haus- keine Landesgeschichte.

Früh hat man sich auch in der Herrschaft Wirtemberg um diese Überlieferung bemüht. Aber Haus und Land haben da keinen guten Stand, haben keinen fruchtbaren Boden. Ein eigenes Hauskloster, das treu die Urkunden verwahrte und die Traditionen aufzeichnete, hat das Haus Wirtemberg zwar in den Stiften von Beutelsbach und Stuttgart gehabt, aber die Bestände von Beutelsbach haben Kriege und Brände dezimiert, die Stuttgarter Überlieferungen sind durch Reformation und Dreißigjährigen Krieg verschleppt, entfremdet, »verwahrloset« worden.

Am wirtembergischen Hofe hat man, soweit wir sehen, seit dem 15. Jahrhundert die Hausüberlieferung gesammelt und Nachrichten, die man im engeren Sinn als genealogische Texte bezeichnen darf, zusammengetragen und in schriftliche Form gebracht. Es sind sehr schätzenswerte Aufzeichnungen darunter, etwa – auffallend in württembergischen Beständen – wichtige Daten zu den Anfängen des Hauses Öttingen. Aber trotz allen Bemühens hat es eine einigermaßen verläßliche, zusammengefaßte, »verbindliche«, »offizielle« Haus-Genealogie nie gegeben. Jede Generation hat daran gearbeitet, vermehrt und wieder kritisch weggestrichen, hat erweitert und verengt, hinzugefügt und wieder verworfen. Ein einheitliches, ein verläßliches Bild hat es zu keiner Zeit gegeben. Noch die sozusagen amtlichen Genealogien unseres Jahrhunderts sind alle in sich widersprüchlich gewesen und geblieben.

Das Haus Hessen und das Haus Wittelsbach haben, durch Knetsch und Häutle, lange schon über eine wissenschaftlich einwandfreie, umfassende, verläßliche und glaubwürdige Gesamtgeschichte verfügt. Es mußte den Württemberger schmerzen und, viel wichtiger, es hat die Landesforschung entscheidend behindert, daß man über die Geschichte unserer Regenten im Mittelalter nur so wenig Bescheid wußte, nur Widersprüchliches miteinander verbinden mußte. Dazu war die Menge der nicht in Urkunden aufgezeichneten, aber sonst gut überlieferten Nachrichten nicht einheitlich kritisch überprüft worden.

Seit ich 1956 den Tübinger Lehrstuhl für Landesgeschichte übernommen hatte, suchte ich einen Doktoranden, der fähig und bereit war, diese Arbeit anzugehen. Viele haben trotz Freude an der schönen, nie vorher getanen Arbeit nach einigen Wochen oder Monaten vor der Überfülle der Probleme, vor der Höhe des Aufwandes an Zeit und Geld den Mut verloren, kapituliert, sie gar einfach für undurchführbar gehalten. Die Aufgabe an mehrere Bearbeiter aufzuteilen, etwa so, daß jeder einen Zeitabschnitt von etwa zwei Jahrhunderten übernommen hätte, verbot sich von selbst: Die wissenschaftlich unbefriedigende, in sich widersprüchliche Geschichte des Hauses Hohenzollern von vier Autoren diente hier zur Warnung. Umgekehrt war das Fehlen einer kritischen Hausgeschichte je länger desto schwerer erträglich. Immer wieder war festzustellen, wie unsicher unsere Kenntnis auch noch für das 14., ja das 15. Jahrhundert war. Und wie wollte man die großen Fragen wirtembergischer Geschichte im 13. und im 12. Jahrhundert lösen, solange noch in den neueren Jahrhunderten so schwerwiegende Lükken klafften?

Es war ein Glücksfall, daß sich in Gerhard Raff alle die Eigenschaften beisammen fanden, die für dieses Werk gebraucht wurden. Ausdauer, Stetigkeit, kritischer Sinn, Sammeleifer, Finderglück und umfassender geschichtlicher Sinn haben sich hier vereinigt, daß das Werk, das lange vermißte und lange erwünschte Werk, nun hier und durch ihn solch eindrucksvolle Gestalt gewonnen hat.

Durch Jahrhunderte war es üblich, einen ältesten Ahnherren, einen Stammvater, einen »auctor stirpis« sich als den Ausgangspunkt einer personengeschichtlichen Forschung auszuwählen und von ihm, dem »Uranfänger«, sich von der Frühzeit zur Neuzeit in niedersteigender Forschung sozusagen herunterzulassen. Solch luftiges Beginnen ist naturnotwendig mehr von Fehlern und mehr von Möglichkeiten des Irrens gefährdet als der seltener beschrittene, aber weit sicherere Weg, sich von der Gegenwart oder von den uns näheren Generationen wie von einem Fundament aus sicher in die Höhe hinaufzuarbeiten. Genealogische Forschung, vor allem in Dynastengeschlechtern, war auf weite Strecken eine »Stammeltern-Diskussion«, die, oft mit Erbitterung geführt, den Generationen der Enkel und Urenkel weitaus weniger Aufmerksamkeit widmete. Man hat im Hause Habsburg auf den Ahnherren Guntram den Reichen und seine Söhne viel mehr Zeit und Mühe gewandt als auf die Habsburger des 12. Jahrhunderts, man hat der Frage der Herkunft der späteren Wittelsbacher unendlich viel Mühe zugewandt, aber den quellenarmen Generationen der Grafen von Scheyern weniger Beachtung geschenkt.

So hat man sich auch mit viel Nachdruck dem Konrad von Wirtemberg und den frühen Beutelsbacher Dynasten gewidmet, die in der Zeit Kaiser Heinrichs IV. lebten und etwa während des Investiturstreites unsere Burg Wirtemberg erbauten. Daß für ihre Söhne, Enkel und Urenkel kaum Filiationsbeweise vorhanden waren, ja, daß wir über die Wirtemberger des 12. und des beginnenden 13. Jahrhunderts kaum etwas wissen, fiel dabei scheinbar weniger ins Gewicht. Wie aber will man über Entwicklung und Ausbreitung eines Geschlechtes Sicheres aussagen, wenn nicht einmal die Filiationsverhältnisse eindeutig geklärt sind?

Gerhard Raff beschreitet den umgekehrten Weg. Sein Leitgedanke ist: Erst wenn das letzte Zeugnis über die Mitglieder des Hauses in nachstaufischer Zeit gesammelt und gewertet ist, kann man die Abfolge der Geschlechter, die Nachfolge in der Herrschaft, die persönlichen Verhältnisse der Landesherren so dokumentieren, so belegen, so der weiteren Forschung zugänglich machen, daß darauf weitergebaut werden kann. Es war ja bisher fast beschämend und es war in jedem Falle allen Forschern außerordentlich hinderlich, welch grundlegend widersprüchliche Nachrichten bis heute noch auch die renommierten Handbücher, die grundlegenden Stammtafeln, die gängigen Nachschlagewerke füllen. Das Vakuum, das bisher im dichten Geflecht des mittelalterlichen Hochadels durch das Fehlen sicherer Nachrichten über die Zusammenhänge der Wirtemberger mit dem übrigen süddeutschen Hochadel entstanden und bislang nicht aufgefüllt ist, behindert ja jede Forschung im süddeutschen Raum. Nun ist durch die Arbeit Raffs eine in allen Filiationen, in allen Daten sichere, belegte, alle erreichbaren Quellen erfassende Dokumentation von Ulrich dem Stifter (um 1222–1265) bis in das späte 16. Jahrhundert geschaffen. Auf dieser Basis kann man die Zeit vor 1220, die eigentlich dunkle Zeit der wirtembergischen Haus- und Landesgeschichte, angehen.

Eine erste Frucht der Raffschen Arbeit, deren Wachsen ich viele Jahre begleiten durfte, war der Fund, der mir 1983 im Staatsarchiv Trient gelang. In der Tridentiner Bischofsurkunde von 1231 wird der bisher von allen Forschern vermißte, in keiner bislang bekannten Urkunde genannte Vater Graf Ulrichs des Stifters genannt. Die Urkunde spricht von »... Eremano filio comitis de Wirtenperg ...« und nennt, da 1231 kein anderer Graf mit dem Titel von Wirtemberg lebte, zugleich den Vater Hermanns und Großvater Ulrichs, nämlich den schon bisher urkundlich gesicherten Grafen Hartmann von Wirtemberg.

Jetzt hat es wieder Sinn, sich mit den Anfängen und den ersten Generationen des Hauses zu beschäftigen, denn nun klafft nicht mehr ein Graben zwischen den Konraden und Ludwigen der Anfangszeit und den Eberharden und Ulrichen seit dem 13. Jahrhundert. Mit einer tragfähigen Brücke zwischen Ulrich I. und Hartmann gewinnen wir den sicheren Ausgangspunkt, um die kargen Nachrichten, die aus dem 12. Jahrhundert uns überliefert sind, zu sichten und zusammenzustellen.

Einen ersten Versuch, die Geschwister Ulrichs des Stifters (also die Kinder des in Tirol lebenden Hermann von Wirtemberg und Enkel des Grafen Hartmann von Wirtemberg) zusammenzustellen, habe ich in der Festschrift »900 Jahre Haus Württemberg« (1984) unternommen. Dort sind übrigens durch ein drucktechnisches Versehen in der Reihe der bisher sieben Kinder Graf Hermanns der älteste und der mutmaßliche jüngste Sohn durch ununterbrochen durchgezogene Linien als sichere Kinder Hermanns ausgewiesen. Sie sollten jedoch mit der sicheren Kerngruppe der fünf Geschwister (Eberhard, Tochter N, Heilwig, Ulrich der Stifter und Egino) nur mit gestrichelten Linien verbunden sein, um so auf die wahrscheinliche, aber vermutete Filiation zu Hermann hinzuweisen.

Inzwischen sind aber dieser Kinderreihe noch zwei weitere Töchter hinzuzufügen.

Der herzogliche Leibarzt und unermüdliche Haushistoriker Oswald Gabelkover kannte nämlich noch eine Schwester Ulrichs namens Agnes, über die bisher sonst nichts bekannt ist – falls wir mit dem Namen Agnes nicht einfach den Namen jener Tochter wiederfinden, die bisher schon gut bekannt, aber namenlos als Gattin des Pfalzgrafen Rudolf von Tübingen in dieser Geschwisterschar erscheint. Ob mit der Frau des Pfalzgrafen personengleich oder ob als neue Einzelperson, wir müssen so oder so den Namen Agnes hier neu aufnehmen.

Eine wichtigere Erweiterung unseres Wissens ist Hans Peter Köpf gelungen. In seiner umfassenden Darstellung der Geschichte der Grafen von Kirchberg – jener Dynasten, die für die frühe wirtembergische Hausgeschichte derart wichtig waren, daß der soeben erwähnte Graf Hartmann von Wirtemberg auch den Namen eines Grafen von Kirchberg getragen, ja das Siegel der Kirchberger als das seine geführt hat! – hat Köpf mit guten Argumenten und einleuchtenden Folgerungen die Anfänge und die Frühzeit eines für Süddeutschland besonders wichtigen Herrengeschlechts erhellt. In seinem Beitrag »Die Herrschaft Brandenburg« in der Festschrift »Au an der Iller/Stadt Illertissen/Ein Dorf im Wandel der Zeiten«, herausgegeben von Anton H. Konrad, Illertissen 1987, ist Köpf der einleuchtende Nachweis gelungen, daß der Graf Hartmann von Kirchberg-Brandenburg, urkundlich genannt von 1240 bis 1251, mit einer (dem Vornamen nach noch nicht benennbaren) Tochter des Hermann von Wirtemberg verheiratet war. Aus dieser Ehe gingen neben anderen Kindern als älteste Söhne ein Otto und ein Hermann hervor, die sichtlich nach den Großvätern benannt wurden: Graf Otto (urkundlich 1269 bis 1280) nach dem väterlichen Großvater Graf Otto von Kirchberg, genannt von Brandenburg, und Hermann von Kirchberg (gestorben um 1275), benannt nach dem mütterlichen Großvater Hermann von Wirtemberg. Die männlichen Nachkommen dieser an Kirchberg verheirateten Wirtemberg-Tochter sind noch im 13. Jahrhundert erloschen, aber über eine mit dem Hochfreien Burkhard/Burchart von Ellerbach verheiratete Tochter erwuchs eine ausgedehnte Nachkommenschaft.

Damit gewinnen wir für Ulrich, den Stammvater, Anfänger und Haupt der Raffschen Dokumentation den folgenden Geschwisterkreis. Denkbar dabei ist, daß die nur bei Gabelkover überlieferte Tochter Agnes, über deren etwaige Eheschlüsse bisher nichts bekannt ist, vielleicht personengleich mit einer der beiden verheirateten und bisher namenlosen Schwestern (⚭ Tübingen und ⚭ Kirchberg-Brandenburg) war. Andere Überlegungen führen dazu, einer der beiden verheirateten Schwestern Ulrichs des Stifters den Vornamen Bertha zuzuweisen; hier ist zu hoffen, daß weitere Forschungen Klarheit bringen.

Hermann von Wirtemberg ⚭ um 1217 Irmgard von Ulten
* um 1190/95 † n. 1231/v. 1236 * um 1202 † n. 1236

Hermann Graf im Pustertal urk. um 1236 *um 1218 †1237/38	Eberhard Graf von Wirtemberg 1236–1243 *um 1219 †1243/46	Tochter *um 1220 †1251/71 ⚭ um 1235 Rudolf I. von Tübingen	Heilwig Äbtissin von Heiligkreuztal *um 1221 † 1251/57	Ulrich I. der Stifter Graf von Wirtemberg 1238–1265 *um 1222 †1265 ⚭I Baden ⚭II Schlesien Gesamthaus Wirtemberg

Egino Wohltäter von Heiligkreuztal *ab 1223/24 †ab 1250	Agnes	Tochter ⚭ um 1238 Hartmann Graf von Kirchberg- Brandenburg u. a. Hermann Graf von Kirchberg	? Sohn ? Geistlicher *um 1225/30 † ?

Ein merkwürdig schillernder Renaissance-Forscher, der Winkeladvokat und »Entenmaier« David Wolleber, der mitunter doch auch schätzenswerte und überraschend präzise Nachrichten beiträgt, kennt eine nicht urkundlich belegbare Überlieferung, derzufolge ein Graf Egino von Wirtemberg um/nach 1250 zwei Söhne Hartmann und Hermann besessen habe. Wolleber nennt seine Quelle nicht. Der mittellose Mann, der sich mühsam genug vom Schreiben von Genealogien und Ortsgeschichten ernähren mußte, hatte manche Beiträger verschiedener Bildungs- und Kenntnislage, entsprechend gemischt sind seine Nachrichten. Auch wenn man, ohne Kenntnis der Vorlagen, die Nachricht von einem Hermann, Sohn eines Egino nach 1250, sicher nicht allzu hoch bewerten darf, so gibt es doch zu denken, daß diese Nachricht nicht ungeschickt in das oben gegebene Abstammungssystem (Egino als Sohn des Hermann von Wirtemberg) passen würde. Weder Wolleber noch seine Zeitgenossen haben von diesem älteren Hermann Kunde gehabt. Um so wichtiger darf man Wollebers verstreute und ziemlich einzeln stehende Nachricht nehmen. Was er sonst noch an Einordnungsversuchen beisteuert, hat wohl nicht den gleichen Wert, aber man darf immerhin festhalten, daß er einem Egino, der um 1240/1250 gelebt hat, zwei Söhne mit den ausgezeichnet sich einfügenden Namen Hartmann und Hermann gibt. Das Schema, das sich ergibt, wenn man die bekannte und jetzt in diesen Generationen feststehende wirtembergische Genealogie mit Wollebers Fragment zusammenhält, wäre somit

HARTMANN Graf von Wirtemberg

HERMANN von Wirtemberg

ULRICH I.
der Stifter
Graf von Wirtemberg

EGINO
Wohltäter von Heiligkreuztal

HARTMANN
†um 1273 (?)

HERMANN
†um 1279 (?)

Man muß dabei berücksichtigen, daß bei Heiligkreuztaler Quellen und Nachrichten immer auch Überlieferungen des gräflichen Hauses Wirtemberg-Landau eingeflossen sein können. Andererseits ist zu bedenken, daß die Kinder des Hermann von Wirtemberg und der Irmgard von Ulten nachweislich enge Beziehungen zu Kloster Heiligkreuztal gehabt haben. Gerade Egino, von dem wir ja vor allem aus seinen Schenkungen an dieses Kloster wissen, kann im Gedächtnis der von ihm geförderten Klosterfrauen lebendig geblieben sein. Mag der in Heiligkreuztal überlieferte Sohn Eginos namens Hartmann auf einer Vermengung mit einem Grafen Hartmann von Grüningen-Landau beruhen, so wird man doch die Erwähnung eines Hermann im Auge behalten müssen. Trifft die Nachricht zu, dann wäre auch Egino, der Bruder Ulrichs des Stifters, seit etwa 1245 verheiratet gewesen. Weitere Schicksale oder Taten seines möglichen Sohnes sind nicht überliefert, auch keine Hinweise, die über die Herkunft von Eginos Gattin und Hermanns Mutter Aufschluß geben könnten. Nachkommen Hermanns sind gleichfalls bisher nicht bekannt. Politische Bedeutung kann diese Linie (wenn man sie so nennen will) neben der übermächtigen Gestalt Ulrichs des Stifters nicht gewonnen haben. Aber es ist nachdenkenswert, daß in diesem Traditionsstrang der Vorname Hermann eine Rolle spielt. Wir haben damit neben dem möglichen Sohn des Stammvaters »Hermann, Sohn des Grafen von Wirtemberg«, dem im Pustertal begüterten oder einflußreichen Grafen Hermann, und dem gesicherten Enkel, dem Grafen Hermann von Kirchberg, noch einen weiteren möglichen Enkel, Hermann, Sohn des Egino.
Daß der Name Hermann dem älteren Hause Wirtemberg und dem Umkreis des alten Grafen Hartmann durchaus fremd war, daß er aber auch bei den Grafen von

Veringen, denen Hartmanns Frau und Hermanns Mutter entstammte, in jenen Generationen nicht bezeugt ist, habe ich in der Festschrift »900 Jahre Haus Württemberg« ausgeführt. Will man den seltenen Vornamen überhaupt in dem Familienkreis Wirtemberg ⚭ Veringen begründen, so bleibt nur die Mutter der Agathe/Guta von Veringen dafür übrig. Ihr Vater, der Graf Eberhard von Veringen, der seinen Namen und sein Hirschstangenwappen dauernd, bis heute, seinen wirtembergischen Tochternachkommen vererbt hat, war mit einer uns unbekannten Frau verheiratet. Für sie kann aus dem wiederholten Auftauchen der Namengruppe Hermann – Bertha unter ihren Nachkommen mit der nötigen Vorsicht erschlossen werden, daß die Frau des Grafen Eberhard von Veringen die Tochter eines Hermann und einer Bertha war.

Dabei muß man berücksichtigen, daß der Vorname Agathe/Guta für die Veringer Erbtochter, Gattin Hartmanns von Wirtemberg, nicht völlig sicher ist. Er wurde daher in meinem Beitrag zur Württemberg-Festschrift 1984 auch nur eingeschränkt – in Klammern – angeboten. Oswald Gabelkover hat nämlich in einem seiner vielen Versuche, die dunkle Zeit der wirtembergischen Genealogie aufzuhellen, diese Frau auch »Bertha« benannt. Die auch von mir bisher verworfene Nachricht gewinnt in diesem Zusammenhang doch wieder an Gewicht. Vielleicht hat das Kerngerüst der wirtembergischen Familiengeschichte so ausgesehen:

HERMANN ⚭ BERTHA
um 1130/35

LUDWIG (II.) Graf von Wirtemberg ⚭ WILLEBIRG T. v. Hartmann von Kirchberg

EBERHARD Graf von Veringen ⚭ TOCHTER

HARTMANN Graf von Wirtemberg (übernimmt das Wappen der Kirchberger) ⚭ N (BERTHA?) Erbtochter einer Hälfte der Grafschaft Veringen

HERMANN
Sohn des Grafen von Wirtemberg

Söhne Wirtemberg
(übernehmen das Wappen Veringen für immer)

Für die Zusammenhänge des Namens Hermann ergibt sich (im Auszug) das folgende Bild:

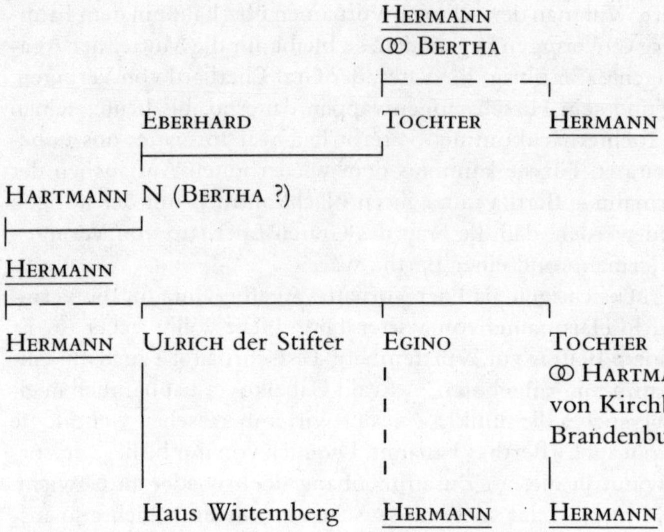

Das neugefundene Bindeglied in der wirtembergischen Hausgeschichte, Hermann, der Sohn des Grafen Hartmann, steht aber nicht vereinzelt in seiner Generation. Er muß eine Reihe von Geschwistern gehabt haben, Menschen, die in Quellen schon bisher als mögliche Wirtemberger zu erschließen waren, aber mangels eines festen Gerüstes nicht einzureihen waren.

Dem Paar Wirtemberg ⚭ Veringen wurden noch weitere Kinder geboren. Der älteste Sohn war Konrad, der zuletzt 1228 in Akkon genannt wird und bald danach, wohl noch im Heiligen Lande, gestorben oder gefallen ist. Das älteste Kind seiner Eltern scheint er jedoch nicht gewesen zu sein, denn seine urkundlich bezeugte Schwester Elisabeth, verheiratet mit einem Grafen von Öttingen, dürfte älter als Konrad gewesen sein. Sie starb nach 1223, dem Jahr, in dem ihr Gatte Konrad von Öttingen zum letztenmal als Lebender genannt ist. In den vielfachen, bis heute nicht befriedigenden Versuchen, die Geschichte des Hauses Öttingen im 12. und 13. Jahrhundert zu klären, spielt diese Elisabeth eine beträchtliche Rolle. Sie wird, aus Anlaß einer Stiftung an das Zisterzienserkloster Kaisheim (die wahrscheinlich schon sehr lange zurückliegt und in die Zeit um oder nach 1220 gehören dürfte) als Schwester des Grafen Konrad von Grüningen bezeugt. Diese Elisabeth jedoch, wie das ältere Genealogen taten, deshalb selbst schon als »Gräfin von Grüningen« zu bezeichnen, ist wohl eine unzulässige Prolepse. Als Konrads Schwester nämlich war sie eine Tochter des Grafen von Wirtemberg; daß sie sich nach jener Erbportion benannt habe, die ihr Bruder aus seinem Muttererbe erhielt, ist weniger wahrscheinlich als die Annahme, Elisabeth sei nach dem Namen ihres Vaters, also mit Wirtemberg, benannt worden.

Elisabeth gebar, soweit bisher urkundlich nachweisbar, etwa 1206/15 einen Sohn, der den im Hause Öttingen damals noch nicht häufigen Namen Ludwig bekam. Er erhielt nach 1248 die Würde des Pfalzgrafen in Bayern, nach verbreiteter Ansicht, weil er eine Schwester des bayerischen Pfalzgrafen Rapoto (III) geheiratet hatte, der 1248 starb. Stimmt diese einleuchtende Vermutung, dann wäre die Frau des Grafen Ludwig von Öttingen eine Tochter des Pfalzgrafen Rapoto (II) gewesen, der aus dem Hause der Grafen von Ortenburg und Kraiburg stammte und, mit der Gräfin Udilhilde von Dillingen verheiratet, 1291 starb. Die älteren Genealogen des Hauses Öttingen haben Überlegungen angestellt, ob der Pfalzgraf Ludwig von Öttingen eine der im 13. Jahrhundert so schwer unterscheidbar nebeneinander lebenden Linien Öttingen begründet haben kann. Eine Antwort ist nicht möglich, solange nicht eines der großen Desiderata der süddeutschen Geschichtsforschung, nämlich eine tragfähige Dokumentation aller Linien Öttingen vor 1330 (ähnlich der hier von Gerhard Raff für das Haus Wirtemberg vorgelegten Arbeit) erfüllt sein wird.

Bleibt es daher zunächst noch offen, ob Ludwig von Öttingen, der Sohn der Elisabeth von Wirtemberg, Nachfahren gehabt hat, so zeichnet sich aus der jetzt durch Irene Gründer klarer als bisher herausgearbeiteten Geschichte der Herzoge von Teck (Zähringer Stammes) die Möglichkeit ab, daß der bayerische Pfalzgraf Ludwig von Öttingen eine Schwester hatte, die etwa gegen 1225 einen Mann aus dem Hause Teck geheiratet hat. Möglicherweise ist der Vorname Ludwig über Elisabeth von Wirtemberg (die ja die Enkelin und Nichte eines Grafen Ludwig von Wirtemberg war!) in diese Linie der Öttingen gebracht worden, und möglicherweise gelangte der im Hause Teck bis dahin fremde Name durch eine Tochter eben des Konrad von Öttingen und der Elisabeth von Wirtemberg weiter zu den Herzogen von Teck.

Die Chronologie stützt diese Überlegungen: Graf Hartmann von Wirtemberg hat die Veringer Erbtochter gegen 1190 geheiratet. Elisabeth kann, wenn sie die älteste Tochter war, ab 1190/91 geboren sein und (gemäß dem üblichen Heiratsalter damaliger Dynastentöchter) ab 1206 den Öttinger geheiratet haben. Konrad von Öttingen scheint sehr bald nach 1223 gestorben zu sein, die Ehe Öttingen ⚭ Wirtemberg mag also etwa 16 Jahre gedauert haben. Eine Tochter dieser Ehe, ab etwa 1207 bis gegen 1210 geboren, kann ihrerseits ab etwa 1223 ein Mitglied des Hauses Teck geehelicht haben. Diese Überlegungen bedürfen weiterer Ausarbeitung; immerhin wäre bei der im folgenden skizzierten Filiation die urkundlich häufig bezeugte, in ihrer Verknüpfung aber noch nicht befriedigend darstellbare Verwandtschaft der Häuser Wirtemberg und Teck in der Stauferzeit anschaulich gemacht.

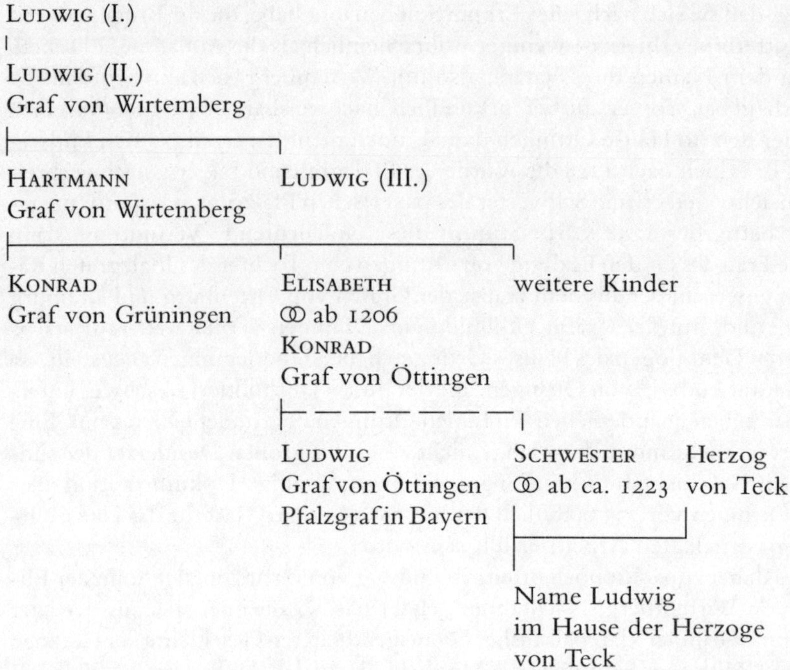

Als Graf Konrad von Öttingen um/oder bald nach 1223 starb, war Elisabeth von Wirtemberg eine reiche Witwe von etwa 31 bis 32 Jahren. Es liegt nahe, daß sie sich, ab etwa 1224, wieder verheiratet hat. Nun hat gerade in dieser Zeit, in der Mitte der 1220er Jahre, ein bedeutender deutscher Dynast eine Gattin Elisabeth heimgeführt, um deren Herkunft sich die Forschung seit Generationen vergeblich bemüht. Es handelt sich um Elisabeth, die erste Frau des Landgrafen Heinrich Raspe von Thüringen. Von dieser ersten Frau Raspes ist bisher nur bekannt, daß von ihr bei Raspes Tod am 16. Februar 1247 keine Söhne, sehr wahrscheinlich auch keine Töchter mehr am Leben waren, und daß Elisabeth selbst schon 1231 starb. 1231 oder eher 1232 hat Raspe dann Gertrud von Österreich geheiratet, die Tochter Herzog Leopolds VI. und der Theodora Angelos. Gertrud blieb, wie auch Raspes dritte, 1241 geehelichte Gattin Beatrix von Brabant, kinderlos. Hans Patze hat sich lange bemüht, eine Dynastin des Namens Elisabeth aufzufinden und nachzuweisen, die mit Raspes erster, etwa um 1225 heimgeführter Gattin personengleich sein könnte. Meinem Vorschlag, die Elisabeth von Wirtemberg, verwitwete Gräfin von Öttingen, mit der Gattin Heinrich Raspes gleichzusetzen, hat Patze mündlich zugestimmt. Die Lebensdaten stimmen gut überein: Elisabeths zweite Ehe hätte dann etwa sechs bis sieben Jahre gedauert. Raspe ist um 1202 geboren, seine erste Gattin wäre also ein Jahrzehnt älter gewesen. Immerhin könnten der Ehe Kinder, wenn auch sicher keine 1247 noch lebenden Söhne entsprungen sein. Als Raspe 1246 in Veitshöchheim von einer Gruppe befugter Wähler zum König erhoben wurde (die früher beliebte Bezeichnung als »Gegen«-König entspricht nicht dem heutigen Stande unserer Kenntnis vom mittelalterlichen deutschen Königtum) gehörten zu seinen wichtigsten Anhängern in Schwaben die Grafen von Öttingen.

König Heinrich, der Landgraf von Thüringen, hatte im Sommer 1246 das entscheidende Treffen gegen den schon eingesetzten, wenngleich noch ganz jugendlichen König Konrad IV., den Staufer, den Sohn Kaiser Friedrichs II., zu bestehen. Von der Schlacht, die westlich der Stadt Frankfurt am 5. August 1246 begann, hing das Schicksal von Raspes Königtum weitgehend ab. Ein Bürgerkrieg, ein Machtkampf zweier Könige auf Reichsboden schien unvermeidlich. Berühmt, schon von den Zeitgenossen als Wende eingestuft, ist der ohne Gemetzel erkämpfte Sieg über den staufischen König: Die Fahnenträger des Reiches, die wirtembergischen Vettern Graf Hartmann von Grüningen von der älteren und Graf Ulrich von Wirtemberg von der jüngeren Linie der Nachkommen Graf Hartmanns, vermeiden – ganz im Sinne der Kurie – ein großes Blutvergießen, indem sie im entscheidenden Augenblick die Reichssturmfahne (und andere Heerzeichen) einrollen und »depressis vexillis« geschlossen und mit geordneter Mannschaft vom staufischen zum thüringischen Heer hinübermarschieren. Lassen wir dahingestellt, daß solches Handeln Verrat, lassen wir dahingestellt, daß diese Tat der Anfang vom Ende der staufischen Herrschaft war, lassen wir dahingestellt, daß Konrad IV. darnach die Mitte Deutschlands und auch weitere Teile des deutschen Südens nie mehr hat betreten können, lassen wir schließlich dahingestellt, daß mancher gute Wirtemberger späterer Generationen diese entscheidende Tat als »die einzige, der Verehrung dieses so guten Hauses schmerzlich entgegenstehende Handlung« bezeichnete – kriegsentscheidend und menschenschonend ist dieser so denkwürdige Marsch im Morgengrauen des 5. August 1246 gewesen und geblieben.

Man braucht sich nicht zu zieren, und, wie es auch schon geschah, die Hauptverantwortung an diesem Hochverrat von Ulrich dem Stifter, dem Stammvater der Dynastie, zu verlagern auf seinen älteren Vetter Hartmann von Grüningen, weil dieser ja der eigentliche Träger der Reichssturmfahne war. Ulrich ist mit- und gleichentscheidend, bei Ulrich liegen später ja Initiative und Tatkraft und bei Ulrich erprobt sich das staatsmännische Geschick. Seine Kunst hat Haus und Herrschaft Wirtemberg geschaffen; er übrigens war es ja auch, der ein sehr gewichtiges Motiv hatte, den Staufern feind zu sein: Die grobe Verkürzung der Eppaner und der Wirtemberger Rechte im Etschland durch die Staufergünstlinge, die Grafen von Tirol, hat wohl im Herzen Ulrichs und seines Hauses den Groll auf Staufer und Stauferfreunde dauerhaft genährt.

Wir kennen das Faktum des Überganges des ganzen Hauses Wirtemberg zu Heinrich Raspe, und wir wissen, daß diese große Gewichtsverschiebung Geschichte gemacht hat. Merkwürdigerweise hat sich noch niemand, zumindest nicht schriftlich, nicht in gedruckter Form, einmal gefragt, wie eigentlich ein so komplizierter, bis zur letzten Sekunde unbedingter Geheimhaltung bedürftiger Vorgang unbemerkt und ungestört ins Werk gesetzt werden konnte. Jeder alte Soldat hat hier viel Stoff zum Nachdenken: Wie kann man so vielfache Fäden über einen längeren Zeitraum spinnen, ohne daß der Herr, bei dessen Heer man ja noch weilt, das geringste bemerkt? Wie läßt sich ein Heer zum Abmarsch in den Verrat vorbereiten, ohne daß der eigene König und seine Umgebung davon erfahren? Und wie hat man die unerläßlichen Einzelheiten, die für das Gelingen eines Übergangs zum Gegner unabdingbar sind, vorher herüber und hinüber unerkannt abgesprochen?

Wenn Elisabeth von Wirtemberg, die Witwe Öttingen, von etwa 1224 bis 1231 mit dem späteren König Heinrich Raspe verheiratet war, dann haben wir erstmals eine brauchbare Handhabe, das technische Gelingen der Vorgänge vom August 1246 zu erklären. Auch wenn Elisabeth damals nicht mehr lebte, waren doch die beiden Träger des Verrats, die Träger der »vexilla regis«, die Zeichengeber und Drahtzieher niemand anders als die Neffen des Königs. Auch nach Elisabeths Tod blieb Raspe ja der Schwager der Grafen Konrad und Hermann, und auch als alle drei in dieser Gruppe verbundenen Geschwister, Elisabeth, Konrad und Hermann, lange tot waren, blieben für die Augen der Zeitgenossen ja Konrads Sohn Hartmann und Hermanns Sohn Ulrich Neffen des Königs. Niemand konnte, durfte in den Verbindungen zwischen solchen Personen zunächst einen Hochverrat wittern. War Elisabeth von Wirtemberg einmal die Gattin des jetzigen Königs gewesen, so waren ihre Brudersöhne keine auffallenden Gäste am Hofe Raspes. Zudem gab es dadurch ja auch genügend Dritte, über die unverdächtig Fühlung und Nachricht zwischen Wirtembergern, Öttingern und König Heinrich Raspe gesucht, gefunden und gepflegt werden konnte.

Die Öttinger und die Wirtemberger nennt der päpstliche Kundschafter in dieser Zeit die wichtigsten und mächtigsten Anhänger der päpstlichen, der antistaufischen Politik. Wirtemberger und Öttinger haben auch die größten (erkennbaren) Vorteile aus dieser (kurzlebigen) Konstellation gezogen; Heinrich Raspe von Thüringen, Hartmann von Grüningen, Ulrich von Wirtemberg und die Öttinger sind solcherart über eine schon 15 Jahre zuvor verstorbene Frau allseits nahe und jedermann bekannte Verwandte. Ja, Elisabeth von Wirtemberg mag, auf solche Weise eingeordnet, einen sonst schwer verständlichen geschichtlichen Ablauf einsehbar machen.

HARTMANN
Graf von Wirtemberg
⚭ um 1190
N (BERTHA? GUTA?)
Erbgräfin von Veringen
erbt u. a. Grüningen und Landau

KONRAD erster Graf von Grüningen aus dem Hause Wirtemberg †Kreuzzug 1228/29	KONRAD Graf von Öttingen †um 1223	ELISABETH von Wirtemberg *um 1191 f †1231	HEINRICH RASPE Landgraf von Thüringen Deutscher König 1246/47	HERMANN Sohn des Grafen von Wirtemberg	weitere Kinder
	⚭ I ab 1206		⚭ II um 1224		
HARTMANN Graf von Grüningen Reichsfahnenträger 1246 (geht in der Schlacht von Frankfurt von König Konrad IV. zu König Heinrich Raspe über)	LUDWIG Bayerischer Pfalzgraf 1254 (⚭ ? Gräfin von Ortenburg)		1247 keine überlebenden Kinder	ULRICH der Stifter Graf von Wirtemberg (geht in der Schlacht von Frankfurt zu König Heinrich Raspe über)	
Grafen von Grüningen und Freie von Landau	Nach älterer Ansicht: eine Linie der Grafen von Öttingen			Grafen von Wirtemberg Gesamthaus Württemberg	

Vielleicht kann man dann auch die Ehe zwischen Ludwig von Öttingen (dem Sohne der Elisabeth von Wirtemberg, also dann auch seit etwa 1224 dem Stiefsohn Raspes) mit der Tochter des Pfalzgrafen Rapoto (II) von Ortenburg-Kraiburg als ein Werk Raspes betrachten. Diese Verbindung kann ab etwa 1227 angebahnt worden sein, ist aber vielleicht erst nach 1230 oder gegen 1235 geschlossen worden, zu einer Zeit also, zu der Raspe selbst starke Beziehungen in den bayrisch-österreichischen Raum hinein unterhielt. Und auch bei der ab etwa 1223/24 denkbaren Ehe einer Stieftochter mit einem Mitglied des Hauses Teck könnte der Landgraf seine Hand schon im Spiele gehabt haben.

Denkt man schließlich noch an jenen bisher zu wenig gewürdigten Vorgang, daß ein Herzog von Teck, Konrad, 1292 in den Kreis jener »Verlegenheitskandidaten« einbezogen wurde, die nach dem Tode König Rudolfs I. von Habsburg als Nachfolger ins Gespräch kamen (und nach dem von Gabelkover überlieferten Auszug aus dem Owener Meßbuch sogar zum König erwählt worden war: »Sub Anno Domini 1292 obiit Conradus dux electus in regem 6 Non. Maii«), dann gewinnt die Tatsache, daß dieser um 1255/1260 geborene Konrad von Teck der Sohn des ersten Ludwig von Teck war, sehr an Gewicht. Konrads Vater, Herzog Ludwig, um oder vor 1230 geboren, scheint der Sohn der Öttingerin und der Enkel der Elisabeth von Wirtemberg gewesen zu sein. Schon Irene Gründer hat vermutet, daß Tecksche Güter in Utzmemmingen im Öttingischen Ries im 13. Jahrhundert als Heiratsgut einer Öttingerin an Teck gekommen sind. Wenn der Königskandidat Konrad von Teck 1292 ein naher Verwandter des damals schon übermächtigen Grafen Eberhard des Erlauchten von Wirtemberg war, dann können wir eher verstehen, wer hinter Konrads Chancen, deutscher König zu werden, eigentlich stand. Herzog Hermann von Teck nennt 1299 den Grafen Eberhard den Erlauchten von Wirtemberg seinen Oheim, und dabei werden Güter in Tecker Hand genannt, die unverkennbar aus dem ältesten wirtembergischen Machtbereich stammen, nämlich teckische Rechte in Rommelshausen und in Stetten im Remstal. Wie aber kommt Besitz im engsten Umkreis der Burg Wirtemberg, in den Orten, in denen die Inhaber der wirtembergischen Erbämter (Truchsesse von Stetten!) residierten, in die Hand des Hauses Teck? In einer Zeit, in der der wirtembergische Wohlstand und die wirtembergische Macht wuchs und wuchs, kann ein solches Eindringen in den Kern der Herrschaft Wirtemberg allein durch eine Heirat, allein als Mitgift dauerhaft an das Haus Teck gelangt sein, und diese Verbindung läßt sich heute (nachdem die Arbeiten von Irene Gründer und Gerhard Raff das genealogische Umfeld beider Häuser erhellt haben) nur auf folgende Weise erklären:

LUDWIG (II.)
von Wirtemberg

HARTMANN von Wirtemberg — LUDWIG (III.)

ELISABETH von Wirtemberg
⚭ I Konrad von Öttingen
(⚭ II König Heinrich Raspe)

HERMANN
Sohn des Grafen
von Wirtemberg

KONRAD
Herzog
von Teck
⚭ TOCHTER (I)
von Öttingen

LUDWIG (I)
von Öttingen
Bayrischer
Pfalzgraf

ULRICH I.
der Stifter
Graf von Wirtemberg

LUDWIG
Herzog von Teck

KONRAD
Herzog von Teck
? Deutscher
König 1292

EBERHARD I.
der Erlauchte
Graf von Wirtemberg
1299 Oheim des Herzogs
Hermann von Teck

HERMANN
Herzog von Teck
nennt 1299 Graf Eberhard den
Erlauchten von Wirtemberg
seinen Oheim,
hat Güter in Rommelshausen
und Stetten im Remstal bei der
Burg Wirtemberg

Am Anfang und in der Mitte des 13. Jahrhunderts begegnet uns im Stuttgarter Raum – auf den Fildern, am Schönbuchrand, im Strohgäu, im unteren Remstal und auf dem Schurwald – eine ziemlich verzweigte Familiengruppe nächstverwandter Personen aus verschiedenen Mannesstämmen, deren enger Zusammenhang untereinander deutlich und deren Verwandtschaft nur über Frauen erklärbar ist. Ihre Besitzungen liegen im Gemenge, Mitte ist das Neckartal von Plochingen bis Marbach, Kernstück das Stuttgarter Tal und das Cannstatter Becken. Jede Familie für sich bringt in ihren Urkunden nicht genügend Quellenzeugnisse für die Zusammenhänge bei, alle zusammengenommen aber bieten genügend Anhaltspunkte für die Tatsache, daß dieser nicht geschlossene und nicht zusammenhängende Besitz einmal ein größeres Ganzes, vermutlich in einer Hand, gebildet hat und daß mehrere Erbteilungen in der Abfolge mehrerer Generationen jenes Besitzerbild erbrachten, wie es sich am Ende des 13. Jahrhunderts bietet. Zu dieser Familiengruppe gehören die Hochfreien von Blankenstein, die Hochfreien von Stöffeln-Gönningen und ihre Wappengenossen, dann die Grafen von Wartstein, die Hochfreien von Gundelfingen, wohl auch ihre Stammesgenossen von Steußlingen, die von Hundersingen, vielleicht auch die von Wartenberg. Gemeinsam ist dieser Gruppe, daß sie nicht aus Stuttgarts Umgebung und nicht aus dem mittleren Neckartal stammen, sondern alle auf der Alb und im Gebiet der Voralb daheim sind, schließlich, daß sie alle Beziehungen ins Oberland haben.

Letzte Reste dieser kleineren, nicht geschlossenen, aber an strategisch wichtigen Punkten gelegenen Güter gehen noch im frühen 14. Jahrhundert an die Wirtemberger über; als die Gräfin Katharina von Reichenberg, geborene Gräfin von Veringen, 1351 ihr Dorf Tamm und ihre Güter in Benningen und Hoheneck an Wirtemberg verkauft, ist der Prozeß anscheinend abgeschlossen. Da es sich um Eigen der Gräfin, nicht ihres Gatten handelt, muß man ganz allgemein auch das Haus der Grafen von Veringen dem oben genannten, nur in Umrissen erkennbaren Familienkreis zurechnen.

In seiner Dissertation »Regesten zur Geschichte der Edelherren von Gundelfingen, von Justingen, von Steußlingen und von Wildenstein« (Tübingen 1960) hat Alfons Uhrle ein umfassendes Quellenwerk für dieses Großgeschlecht vorgelegt, das in der Landes- wie der Reichsgeschichte eine so bedeutende Rolle spielt und das bisher genealogisch überhaupt nicht aufgearbeitet war. Die für die Forschung so lästige Sitte mancher Dynastengeschlechter, allen Männern eines Hauses stets nur ein und denselben Taufnamen zu geben, hat gerade im Hause Gundelfingen einen fast nicht mehr entwirrbaren Knäuel von Überlieferungen geschaffen: Wie soll man sich etwa zurechtfinden in einer Brüdergruppe, in der nicht weniger als acht Männer nebeneinander auf den Namen Swigger hören? Uhrle hat in jahrelanger akribischer Feinarbeit den Wirrwarr entwirren und ordnen können und er hat, als Frucht der langen Sammelarbeit aller erreichbaren Urkundenbelege, erstmals auch eine hieb- und stichfeste, übersichtliche Genealogie aller Linien dieses Gesamthauses vorlegen können.

Diese Stammtafel ist nun leider von dritter Seite, ohne Nennung des Autors und der Quelle, hinter dem Rücken des Verfassers vorveröffentlicht worden, allerdings derartig flüchtig und so voller Lese- und Sachfehler (etwa Verwechslung der hochfreien Stöffeln von der Alb mit den niederadeligen Stoffeln im Hegau u. v. a.), daß deutlich wird: der geistige Raub ist keinem Wissenschaftler anzulasten. Wer immer der anonyme Mittelsmann war, die besagte Stammtafel ist so unzuverlässig, daß vor ihrer Benutzung nur dringend gewarnt werden kann. (Europäische Stammtafeln. Stammtafeln zur Geschichte der europäischen Staaten v, Marburg 1978, Tafel 124–125.)

Die von Uhrle zusammengetragenen Belege zum genealogischen Umkreis des um 1185 geborenen, um 1250 (1249/51) verstorbenen Hochfreien Swigger (VI.) von Gundelfingen sind an der genannten Stelle besonders flüchtig nachgekupfert worden. Sie aber enthalten gerade jenen Personenkreis, den wir oben skizziert haben. Für die Begüterung der vielfachen schwäbischen Edelfreien von der Alb in dem bereits an die fränkische Stammesgrenze sich erstreckenden oben geschilderten Gebiet hat Swigger (VI.) von Gundelfingen eine große Bedeutung. Im Einverständnis mit Alfons Uhrle habe ich, seine Forschungen erweiternd, die bereits früher erkennbare Beziehung der Gundelfinger zum Hause Wirtemberg nochmals vorgenommen. Ich danke dem Verfasser, daß ich das Ergebnis unserer gemeinsamen neuerlichen Überlegungen hier vorlegen darf.

Fast alle jene Personen und Stämme, die wir als Besitzer mitten im Alt-Wirtemberger Gebiet und als entfernte Verwandte der Wirtemberger nachweisen können, gehören zu den Nachkommen Swiggers. Vierzehn Kinder kann Uhrle dem erwähnten Swigger zuweisen; inzwischen kommt wohl noch eine weitere Tochter hinzu. Die Urkunden kennen nur *eine* Gattin Swiggers, Ita aus dem damals bedeutenden, mit engen Beziehungen nach Straßburg und zum Elsaß auftretenden Geschlecht der Hochfreien von Entringen, nahen Verwandten auch der Zollern. Ita ist 1246 urkundlich belegt und hat noch sehr lange, über 1273 hinaus, gelebt. Die große Zahl der Kinder – wobei wir nicht sicher alle urkundlich kennen und von etwa Frühgestorbenen naturgemäß nichts wissen –, aber auch der weite Altersabstand innerhalb des Geschwisterkreises legt es zwingend nahe, daß diese Kinder aus *zwei* Ehen ihres Vaters stammen. Swigger dürfte zum erstenmal im Zeitraum 1206/07 bis etwa 1209 geheiratet und diese Frau etwa 1228/30 verloren haben. Darauf folgte dann, wohl gegen 1230/32, die Ehe mit Ita von Entringen. Die Beobachtung, daß die Kinder Itas an der Begüterung im Stuttgarter Raum offensichtlich nicht teilhaben, ebenso die Tatsache, daß unter Swiggers eigenen Vorfahren (nach neueren, in der Dissertation noch nicht verwerteten Erkenntnissen ist er der Sohn des Hochfreien Swigger (IV.) von Gundelfingen und der Gräfin Margarethe von Urach, die etwa um 1185 geheiratet haben) ein solcher Besitz ebenfalls nicht nachweisbar ist, läßt darauf schließen, daß diese Besitztümer von Swiggers erster Frau herrühren.

Die später mehrfach bezeugte, sonst aber nicht rekonstruierbare Verwandtschaft zwischen Gundelfingern und Wirtembergern, ebenso die Tatsache, daß die Nachkommen Swiggers später diesen Besitz durchweg wieder an Wirtemberger oder Verwandte der Wirtemberger verkauften, legt es nahe, die schon bisher anzunehmende wirtembergische Ahnfrau der späteren Gundelfinger mit Swiggers (VI.) erster Ehefrau gleichzusetzen. Sie muß um 1190 ff geboren und nach der Geburt von (mindestens) elf Kindern etwa 1228/30 verstorben sein. Sie gehört damit in die Generation des Hermann filius comitis de Wirtenperg. Als ihre Eltern haben wir dann das einzige Paar im Grafenhause, das um 1190 Kinder hatte,

nämlich Graf Hartmann von Wirtemberg und die Erbtochter des Hauses Veringen.
Wirtembergisches Gut im engeren Sinne kann es nicht sein, was die Gundelfinger im Stuttgarter Raum erbten, denn Stuttgart und das Stuttgarter Tal kamen ja mit Sicherheit erst durch die Heirat Graf Ulrichs des Stifters mit der badischen Markgrafentochter Mechthild/Mathilde an das Haus. Erst ab etwa 1245 gelangten – und zunächst wohl nur zögernd – badische Güter endgültig in die Hand Ulrichs. Damals aber hatte Swigger von Gundelfingen den »Stuttgarter« Besitz bereits lange Zeit in Händen, ihn vielleicht sogar schon an einen Teil seiner älteren Kinder weitergegeben. Die Gundelfinger Begüterung kann zeitlich mit der Heirat Ulrichs des Stifters und der Mathilde von Baden nichts zu tun haben, er muß vielmehr in eine ältere Zeit und auf eine zeitlich frühere Erbin zurückgehen. Hier kann man, wenn man Hartmann von Wirtemberg und die Veringer Erbtochter als die Zwischenglieder zu den Gundelfingern ansieht, nur die schon mehrfach genannte Frau des Grafen Eberhard von Veringen als die eigentliche Vorbesitzerin betrachten. Wir sahen schon, daß sie aus einem Geschlecht stammen muß, in dem der Vorname Hermann üblich war, und daß sie diesen Namen über die Veringer zu den Wirtembergern gebracht hat. Das gibt nun einen guten Sinn und führt zu einer ungekünstelten und einleuchtenden Lösung. War die Frau des Eberhard von Veringen nämlich die Tochter eines Hermann aus dem Hause der Markgrafen von Baden, dann sind alle jene Teilbesitzungen, die wir bei Veringern, Gundelfingern, Steußlingern und ihren Erben rund um Stuttgart wiederfinden, ursprünglich einmal badisch gewesen und gehören mit zum altbadischen Besitzkomplex um Murr, Neckar, Enz und Glems. Daß das, was die mutmaßliche badische Erbtochter an Veringen und weiter an Wirtemberg und Gundelfingen brachte, mehr an der Peripherie des badischen Kernbesitzes um Backnang lag, paßt zu der vielbeobachteten Sitte der Dynasten, den Söhnen den Kern des Besitzes zu erhalten, den Töchtern aber eher Besitz an den Rändern zur Mitgift zu geben.

Eine Übersicht über die Gundelfinger im 13. Jahrhundert mag dies verdeutlichen:

I, 1 Swigger (IV.) Hochfreier von Gundelfingen
ꝏ um 1185f Margarethe Gräfin von Urach

II, 2 (1) Swigger (VI.) Hochfreier von Gundelfingen
* um 1185 † 1249/51
ꝏ I um 1207 bis 1209 N Gräfin von Wirtemberg
* um 1190ff † um 1228/30
Tochter des Grafen Hartmann von Wirtemberg und einer Gräfin von Veringen; diese war die Tochter des Grafen Eberhard von

Veringen und einer Markgräfin von Baden, Tochter eines Hermann
⚭ II um 1230/32 Ita Hochfreie von Entringen

Kinder aus erster Ehe (Gundelfingen mit Wirtemberg): III, 3–13

III, 3 (2) Tochter
⚭ I spätestens 1226/27 Konrad Freiherr von Markdorf
⚭ II ab 1237/38 Rudolf Freiherr von Hewen (Höwen)

4 (2) Tochter
⚭ um 1225/30 N Freiherr von Blankenstein

5 (2) Ulrich Freiherr von Gundelfingen, Ritter
† 1269 (vor 18. 7.)
⚭ I um 1235 ff N Freiin von Otterswang
⚭ II N, verwitwete von Gauingen

6 (2) Tochter
⚭ ab etwa 1231 Egilolf Freiherr von Steußlingen

7 (2) Guta, Nonne im Kloster Heiligkreuztal 1245 ff

8 (2) Swigger (VIII.) Freiherr von Gundelfingen, Ritter
† nach 1291
⚭ um 1240/41 Agnes Gräfin von Graisbach-Lechsgemünd, Tochter des Grafen Heinrich

9 (2) Tochter
⚭ ab etwa 1237 N (Konrad?) Freiherr von Stöffeln (Stöffeln-Gönningen mit dem Wappen: Schwarzer Löwe in Weiß und mit den Linien Winberg, Metzingen, Bonlanden)

10 (2) Swigger (IX.) der Lange, Freiherr von Gundelfingen, Ritter, Erbauer der Burg Nieder-Gundelfingen
⚭ ab 1245 Mechthild Gräfin von Lupfen

11 (2) Mangold, Mönch auf der Reichenau, wird Dominikaner, wohl zuerst in Konstanz, dann in Eßlingen
† nach 1303

12 (2) Tochter
⚭ um 1230/40 Heinrich Graf von Wartstein

13 (2) Tochter
⚭ vor 1237 Sigeboto Freiherr von Hundersingen

Die Nachkommenschaft des Paares Gundelfingen ⚭ Wirtemberg ist es wert, sie eingehend und in allen Verzweigungen zu erforschen. Sicher werden manche Vorgänge der bisher schwer oder gar nicht erklärbaren territorialen Entwicklung in unserem Land durchsichtiger, wenn dies geschehen sein wird. Die vielfachen Hinweise auf wirtembergischen Familienzusammenhang und zugleich auf letztlich badischen Vorbesitz werden vielleicht über die hier vorläufig skizzierten Vorgänge deutbar. Wesentliche weitere Erkenntnisse hierzu kann die umfassende Dokumentation »Die mittelalterlichen Burgen im Gebiet der Stadt Stuttgart« bieten, die Gerhard Wein 1967 und 1971 vorgelegt hat, und ebenso die bereits genannte Dissertation von Alfons Uhrle, deren Drucklegung nach wie vor ein dringendes Desiderat der Landesgeschichte bleibt.

In der Festschrift »900 Jahre Haus Württemberg« konnte ich versuchsweise die Geschwisterreihe des Grafen Ulrich des Stifters, des Stammvaters der Dynastie Württemberg, aufstellen. Ab Ulrich haben wir in Gerhard Raffs Werk jetzt ein »Grundbuch«, ja fast so etwas wie eine »Wirtemberg-Bibel«. Nun werden weitere Forscher von sicherer Basis aus in die älteste Hausgeschichte hinaufsteigen können. Das 12. Jahrhundert ist gerade für den wirtembergischen Stamm besonders quellenarm. Indem jetzt ein Anfang gemacht ist, die Kinderreihe für die Ehe Wirtemberg ⚭ Veringen zusammenzufügen, haben wir einen weiteren Ansatz, noch ältere gesicherte Personengruppen zusammenzubringen. Das Schema

Hartmann
Graf von Wirtemberg
⚭ N
Erbtochter von Veringen

Konrad Stammvater der Grafen von Grüningen-Landau	Elisabeth ⚭ I Öttingen ⚭ II Thüringen	Tochter ⚭ Gundelfingen	Hermann Stammvater der Grafen von Wirtemberg	weitere Kinder

erschöpft sicher nicht alles, was an verstreuten Nachrichten noch bekannt ist und so oder so noch eingefügt werden kann. Es scheint Verwandtschaften zwischen Wirtemberg und Magenheim, Wirtemberg und Calw, Wirtemberg und Lechsgemünd gegeben zu haben, die in diesem Zeitraum begründet sein können. Es gibt die merkwürdige, aber immerhin nicht schlecht bezeugte Verknüpfung des Hauses Wirtemberg mit dem norddeutschen Geschlecht der Vögte von Salzwedel. Und es gibt die vielen Fragen zur Entwicklung des wirtembergischen Stammes im frühstaufischen Zeitraum. Auch hier festen Grund zu erreichen, muß das Ziel der weiteren Bemühungen werden.

Anhaltende Krankheit, vor allem eine langwierige Behinderung der Sehkraft zwangen den Verfasser, statt einer langen Abhandlung mit breitem Anmerkungsapparat diesen mehr vorläufigen Text als Einleitung zu Gerhard Raffs großem Opus zu erstellen. Es sollen so einige Funde zu den Anfängen des Hauses Württemberg wenigstens skizzenhaft für weitere Forschungen vorformuliert und einige Beobachtungen, die vor allem der Beschäftigung mit Gabelkovers Riesennachlaß, dieser zusammengestürzten Goldgrube, zu verdanken sind, künftiger weiterer Beachtung empfohlen werden. Gabelkovers Handschrift ist eine Crux schon für gesunde Augen. Wenn weitere Beschäftigung mit den goldeswerten Kritzeleien und Krakeleien des größten Kenners der württembergischen Überlieferung mir nochmals möglich sein werden, soll eine Geschichte der württembergischen Genealogie im 12. Jahrhundert Gabelkovers geplantem großen Bau einen bescheidenen Notabschluß hinzufügen.

Stuttgart, am 542. Geburtstag Eberhards im Bart

Hansmartin Decker-Hauff

Die goldene Rose Graf Eberhards im Bart 1482;
bei Sebastian Küng.

Dr. Oswald Gabelkover 1539–1616.
Herzoglicher Leibarzt und Historiograph.
Stammvater der württembergischen Geschichtsschreibung.
Kupferstich von Lucas Kilian 1617.

Generation I

Ulrich I. † 1265
⚭ I Mechthild von Baden † n. 1258
⚭ II Agnes von Schlesien-Liegnitz † 1265

Ulrich I.

†1265

Graf von Württemberg

»mit dem Daumen«[1] »der Stifter«[2]

Urkundlich seit 1238[3]
Regent bis 1265[4]

S. v. Graf Hermann von Württemberg[5]
u. v. Gräfin Irmengard von Ulten

Geboren nach 1220
auf Burg Ulten/Eschenlohe in Südtirol[6]

Vermählt vor dem 4. April 1251
mit Markgräfin Mechthild von Baden †n. 1258[7]

Zweite Ehe zwischen 1259 und 1263
mit Herzogin Agnes von Schlesien-Liegnitz †1265[8]

Vater von drei Töchtern und zwei Söhnen[9]
Ulrich II. †1279
Agnes †1305
Mechthild †v. 1284
Irmengard †v. 1278/1295
Eberhard I. †1325

Gestorben am 25. Februar 1265[10]
in

Beigesetzt 1265
in Beutelsbach in der Stiftskirche[11]

»Da was ain styfft vnd was der herschaft von Wirtemberg lychlegin und begrebte daselbs«[12]

»zu Beutelspach vff dem gestifften daselbens, vmb welchen herrlicher vnd gueter Wein wächst, begraben worden«[13]

Grabmal[14]
»† ANNO. DÑI. MCCLXIIII. Ø. DÑA. AGNES. FILI/A. DUCIS. POLONIE. COMITISSA. DE. WIRTNWERG. III. ID. MARC/II. † EODEM. ANNO. Ø. VLRICVS. COMES. DE/. WIRTENBERG MARIT̄ PRESCRIPTE. DÑE. AGNETIS. V. K̄L̄. MARCII«[15]

Überführung der Gebeine und des Grabmals 1316/20 nach Stuttgart in die Stiftskirche[16]

Epitaph[17]
»Anno Domini M.CC.LXV. V. Kalend.Marcij ϴ Generosus Dominus Ulricus de Wirttemberg, fundator Collegij in Beutelspach, cuius ossa hic sepulta sunt, cuius anima requiescat in pace.«[18]

Standbild von Sem Schlör[19]
»ILLVSTRIS PRINCEPS ET DÑS. DÑS VLRICVS CO-/MES WIRTEMBERGAE ET COLLEGIATAE ECCLE-/SIAE BEVTELSPACENSIS FVNDATOR ϴ. XXV. FEB./(AN.) CHR. MCC. LXV.«[20]

»De comitibus Sueviae. In probitate, nobilitate, et honestate virtutum fulget prae omnibus Suevis comes Ludovicus de Oetingen. Ille de Wirtenberch fulget consanguineis militibus et potentia militari, consanguineorum adjutorio Sueviae imperando«[21]

»His temporibus etiam claruit apud Suevos admirabilis Comes ille Wirtenbergensis Vdalricus animo et viribus etiam Romano Imperio formidabilis, qui cum civitatibus et Principibus multis plura fortiter praelia gessit et semper triumphavit. Uxorem habuit filiam Ducis Poloniae, de qua filios genuit duos, et filias quatuor, qui quidem Comes Udalricus Duci Conradino, et ejus tutoribus sicut et antea patri, quamvis essent Suevi, salis contrarius fuit, nec aliquando se illis humiliare vel subdere voluit.«[22]

»Eodem quoque anno mortuus est Comes Udalricus de Wirtenberg dictus cum Pollice, Princeps non minus animo ferox, et constans, quam rebus locuples, et potentia formidandus etiam magnis Principibus, qui octies bello triumphavit, semper victor existens, nunquam victus. Conrado Regi et ejus similiter filio Conradino Suevorum Ducibus, ut plurimum contrarius fuit, quem armis, nunquam beneficijs et muneribus sibi aliquando consentaneum quidem fecerant, subjectum vero nunquam.«[23]

»inprimis praesertim de Eberhardo quondam Wirtembergensium comite, qui inter sui temporis generosos et nobiles multum in terra (propter sua magnifica facta) fuit notatus. Qui et fundator fuit collegii in Bittelspach et ibidem sepultus fuit. Cuius ossa denuo ad Stutgardiam translatum fuit. Qui Eberhardus comes obiit anno Domini M.CC.LXV.« (»non vocatus fuit Eberhardus sed Ulricus«)[24]

»Ulrich Graf von Wirtemberg ain frumer redlicher Herr, Stifter des Collegium zu Peitlspach, starb anno Domini MCCLXV.«[25]

»Ulrich mit dem domen zugenant, ein sun graff Ludwigs, ist anno 1264 gestorben, weiter hab ich von im nitt finden megen.«[26]

»ein sunderer liebhaber aller gaistlichen, darum er auch den stifft Beutelspach gestifft und dahin ain probst, sechs chorhern und sechs vicarier verordnet und dieselbigen nach aller noturff reichlich versehen.«[27]

»von ime fünd ich nit weiter geschriben, dan das er A.D.1265. gestorben. Vnd zu Beutelspach vff dem gestifften daselbens, vmb welchen herrlicher vnd gueter Wein wächst, begraben worden.«[28]

»Der erste berühmte Würtembergische Graf war Ulrich.«[29]

»Bey dißem Graff Vlrichen hab ich diß auch gleichsamb sonderlichs funden, daß Er sich in allen seinen Brieffen geschriben hatt Vlrich von Gottes Gnaden Graff zue Württemberg«[30]

»führete sonsten ein fridliches Regiment«[31]

»Ein kluger, tapfferer und im gantzen Römischen Reich angesehener Herr, unter welchem die Macht, und das Ansehen des Hauses Wirttemberg noch weiter zugenommen; wie Er dann nicht nur seine Lande, wie sein Herr Vatter mercklich vermehret, und sich in allen Briefen und Documenten, gleich andern Fürsten, von Gottes Gnaden geschrieben; sondern es wurden auch von solcher Zeit an, die Grafen von Wirttemberg, unter die Fürsten des Reichs gezehlt. Er machte sich sonsten wie durch viele löbliche Thaten, in Kriegs- und Friedens-Zeiten, also auch absonderlich durch Fundation des Stiffts Beutelsbach berühmt, deßwegen Er auch der Stiffter genannt worden.«[32]

»Er war ein kluger, tapferer, und in dem ganzen römischen Reich angesehener Herr, unter welchem die Macht und das Ansehen des Hauses Wirtenberg noch weiter zugenommen.«[33]

»Grav Ulrich führte ebenfalls viele Kriege mit verschiedenen Fürsten und Städten und siegete allezeit. Wie dann Trithemius von ihm ferner meldet, daß er den Hohenstaufischen Herzogen sehr entgegen gewesen. Manchmal hätten sie ihn durch Geschencke auf ihre Seiten gebracht, aber unterwürfig hätten sie ihn niemalen machen können. Anfänglich scheinet es, daß er es mit Kayser Friderichen und seinem Sohn Conraden gehalten habe. Dann als Kayser Friderich von dem Papst im Jahr 1246. in den Bann gethan und Landgrav Heinrich von Thüringen zu Frankfurt erwählet wurde, nahmen es die Schwaben sehr hoch auf und verbanden sich mit dem Kayserlichen Prinzen, Herzog Conraden von Schwaben, dem neuerwählten Heinrichen eine Schlacht zu liefern. Sie wurden zwar den 5ten Augusti dieses Jahres solches ihres Wunsches theilhafftig; aber Heinrich siegete über sie, daß Herzog Conrad sein Herzogthum und Lande mit dem Rucken ansehen mußte. Den Verlust dieser Schlacht konnte er nicht verschmerzen und verwies den Schwaben mit empfindlichen Worten, daß sie das ihrige nicht gnug beobachtet hätten. Dieses that ihnen hinwiederum wehe und die meiste wurden durch solchen Vorwurf bewogen auf Heinrichs Seite zu übergehen. Er gieng ohnehin auf Schwaben siegend los. Ohne Zweifel haben die Graven von Würtenberg bey solchen Umständen Heinrichen für ihren Herrn und Kayser erkennen und sich ihm unterwerfen müssen. Doch mag es nicht so leicht geschehen seyn, weil man sichere Nachricht hat, daß Henricus Raspo denselben gute Worte geben und neue Lehen versprechen müssen.«[34]

»In den Zeiten des so genannten grossen Zwischenreichs, da mancher Ritter, welchem selbst die geschwächte Macht Kaiser Friedrichs II. immer noch zu drückend war, nun einmal freyere Luft gewann, erhub sich endlich auch mit fortdaurendem Glück ein Graf von Wirtemberg, der die Macht seines Hauses durch alle ritterliche Künste seines Zeitalters so vermehrte, daß eben der Name, den vorher der Ruhm der Grafen von Calw, von Tübingen, von Urach ganz verdrängt hatte, nun bald der berühmteste in ganz Schwaben wurde. Ulrich mit dem Daumen hieß dieser stattliche Ritter. Der Beyname klingt seltsam, aber er zeichnet den Mann so gut, als Götzen von Berlichingen seine eiserne Hand. Schade, daß ein grosser Theil seines Bildes, weil auch in den Zeiten des grossen Zwischenreichs die Wirtembergische Geschichte kaum dämmert, von Vergessenheit bedeckt ist, das wenige aber, was man weis, läßt das übrige errathen.[35]

»Die Knospe war nun endlich aufgesprungen. Es gieng mit den Wirtembergischen Grafen, wie wir es bey manchen Privatpersonen täglich vor unsern Augen sehn. Sie sparen und kümmern und behelfen sich mehrere Jahre hindurch, ohne daß sich ihr Vermögen beträchtlich vermehrt. Die erste zehentausend Gulden erwirbt man sich mühselig, ist aber erst ein solcher Satz gewonnen, so gibt sich von selbst, was vorher Arbeit und Sorgfalt kostete. Die Zeiten in Schwaben waren damals so beschaffen, daß wer itzt nicht aufblühte, kam nie mehr auf, wer aber erstarkt genug war, um von der damals allgemeinen Verwirrung Vortheil ziehen zu können, dem konnten Reichthümer und Macht nicht fehlen. So machte Ulrichs Tapferkeit sein Haus zu einem der mächtigsten in Schwaben, indeß die Familie seines Bruders des Graf Hartmann von Gröningen, der doch mehrere Grafschaften zusammen besaß, schon im dritten Gliede völlig verarmt war.«[36]

»Sorgsamer erwies sich das Schicksal für die Erhaltung des unterländischen Zweiges den Graven von Wirtemberg. Schon das war ein glückliches Zeichen für sein Emporkommen, daß in der Mitte des dreyzehnten Jahrhunderts, wo die Umstände, um ihre Kreise zu erweitern, für kräftige Gemüther so günstig erschienen, sein ganzer Besitzthum in den Händen eines Mannes war, und daß dieser eine Mann, genannt Ulrich mit dem Daumen, Klugheit und Beharrlichkeit genug hatte, um die Vortheile, die ihm seine Zeit für sich und für sein Haus darbot, zu benützen. Er befolgte einen nicht zu billigenden Grundsatz, indem er sich in den Stürmen der Zeit immer nur an die siegende Partie anschloß; aber die Erfolge bestätigten die Richtigkeit seiner Berechnung. Wohl zog er mit dem Könige Konrad IV. nach Frankfurt hinunter (im Jahr 1246.), um dessen Gegenkönig, Heinrichen, Landgraven von Thüringen, zu demüthigen. Aber als die Schlacht mit einer gänzlichen Niederlage des erstern endigte, und Heinrich siegreich nach Schwaben herauf kam, fielen ihm die Herren des Landes beynahe ohne Ausnahme zu, unter ihnen auch Ulrich, welcher Abfall mit Lehen und Gütern belohnt wurde.«[37]

»Die ersten Grafen waren so wenig verschwenderisch, daß sie vielmehr die klügste Sparsamkeit, die Geld und Gut zusammenhielt zu immer größeren Erwerbungen, wie ein Familienerbtheil von einem auf den andern vererbten. Dazu kam eine eigene Geschicklichkeit bei ihnen, die großen politischen Zeitverhältnisse für sich zu benützen. Dieses verstand besonders Graf Ulrich mit dem Daumen oder der Stifter zubenannt.«[38]

»Es herrscht im Württemberger Land
Graf Ulrich einst, ›der Stifter‹,
Und so mit Ehren zubenannt,
Als sein Zusammenschifter;
Ein tapfrer Ritter seiner Zeit,
Sieghaft auf Heinrich Raspo Seit
In heißer Schlacht bei Frankfurt.
Und auf der Hohenstaufen Gut,
Vom edeln Stamm verlassen,
Auf Beutelsbachs und Urachs Huth
Thät festen Fuß er fassen.
Drum, seyd ihr würtembergisch gern,
Hold eurem Vaterland und Herrn,
So weiht ein Glas dem Stifter.«[39]

»Graf Ulrich I. regirte von 1250 bis 1265. Er heißt auch ›Ulrich mit dem Daumen‹, weil er an seiner rechten Hand einen ungewöhnlich großen Daumen hatte, und ›Ulrich der Stifter‹, weil er das Stift zu Beutelsbach, das Erbbegräbniß seiner

Vorfahren, erweiterte. Sonst finden wir übrigens nur sehr selten, daß die Grafen von Wirtemberg etwas an Kirchen und Klöster verschenkten, was damals so häufig geschah; sie hielten ihr Eigenthum zusammen, und suchten es vielmehr zu vergrößern, wozu ihnen auch, namentlich in dieser ersten Zeit, die Umstände sehr günstig waren. Der Stern des hohenstaufischen Kaisergeschlechts, das so lange den päpstlichen Anmaßungen rühmlich und nicht ohne Erfolg widerstanden hatte, fing an zu erbleichen, und die emporstrebenden Grafen von Wirtemberg merkten, daß auf dieser Seite nichts mehr zu gewinnen war, und schlugen sich zur Gegenpartei, zu dem vom Papst aufgestellten Gegenkönig, Heinrich Raspe von Thüringen. Dagegen ist nun an und für sich nicht viel zu sagen. Der Kaiser war von dem Papst geächtet, und alle Die, welche ihm helfen würden, waren mit dem Bann bedroht. Zu der Berechnung des Eigennutzes kam somit auch noch die Rücksicht auf die Macht der Kirche, vor welcher man alle Ursache hatte, sich zu fürchten, und die Forderung, es solle Einer seinem Zeitalter in der Erkenntniß um ein Paar Jahrhunderte voran seyn, ist jedenfalls unbillig. Eben so gut könnte man einem Manne zumuthen, auf seinen eigenen Schultern zu stehen. Aber daß Graf Ulrich und sein Bruder Graf Hartmann von Grüningen in der Schlacht bei Frankfurt mit 2000 Gewaffneten von König Konrad IV. zu Heinrich übergingen und dadurch diesem den Sieg verschafften, war wenigstens nicht ehrlich und offen gehandelt, obwohl in damaliger Zeit ein solcher Schritt nicht auffallend war, denn im Namen der Kirche und des Papstes war Alles erlaubt.«[40]

»Am 25. Februar 1265 starb Graf Ulrich, der auch in einem weiteren Sinne der Stifter genannt zu werden verdient, denn er legte den Grund zu der Macht des wirtembergischen Fürstenhauses, und seine Grafschaft war, als er von hinnen zog, fast um die Hälfte vermehrt.«[41]

»Durch derartige kluge Benützung der Zeitumstände vergrößerte Graf Ulrich seine Hausbesitzungen ungemein, so daß er seinen Söhnen ein ansehnlich vermehrtes Erbgut hinterließ und den Grund zur Macht des wirtembergischen Fürstenhauses legte. Diesen Grafen meint der Zeitgenosse Albertus Bohemus, wenn er sagt: ›der Graf von Wirtemberg leuchtet hervor durch blutbefreundete Streiter und kriegerische Macht und beherrscht Schwaben mit Hilfe seiner Blutsfreunde‹.«[42]

»Er war ein Fürst von ausgezeichneter Geistes- und Thatkraft, beharrlich in der Ausführung seiner Entwürfe, ausgezeichnet als Krieger und stets siegreich. Sein Erbe hinterließ er ansehnlich vermehrt und legte den Grund zu der Macht des wirtembergischen Fürstenhauses.«[43]

»Ulrich mit dem Daumen und sein naher Verwandter Graf Hartmann von Grüningen wußten die Zeitumstände trefflich zur Vergrößerung ihrer Macht und ihrer Besitzungen zu benützen und mit ihnen beginnt die eigentliche Geschichte von Württemberg. Sie traten im Jahre 1246 in der Schlacht bei Frankfurt zu den Gegnern der Staufer über und beteiligten sich auch noch später an den Kämpfen gegen König Konrad IV.«[44]

»So wird er denn von seinem Zeitgenossen Albrecht von Behaim als ein Mann geschildert, ›der durch blutsverwandte Streiter und kriegerische Macht hervorleuchte und Schwaben mit Hilfe seiner Blutsfreunde beherrsche‹, und gilt als der Begründer der Macht des württembergischen Hauses.«[45]

»In der Zeit, da die dem Untergange geweihten Staufer durch Begünstigung des Fürstenstandes die Schwächung der kaiserlichen Gewalt herbeiführten und zugleich die Stellung der Grafen und freien Herren gegenüber den Fürsten herabdrückten, gelang es Graf Ulrich I. von Württemberg (etwa 1240–1265) sich ein größeres Gebiet zu schaffen, dessen Regierung einheitlicher zu gestalten und, wenn auch nicht die Stellung eines Fürsten, so doch die eines nur von Kaiser und Reich abhängigen größeren Landesherrn zu erringen. Freilich mußte diese Errungenschaft von seinen Nachfolgern in langen Kämpfen gegen das Reich wie gegen die auf dieses Emporsteigen eifersüchtigen Mächte des Adels und der Reichsstädte verteidigt werden.«[46]

»Er hat den Grund gelegt, auf welchem die Grafschaft zu ihrer Bedeutung auswuchs und sich weit über die Nachbarn erhob. Nicht bedenklich in der Wahl seiner Mittel, suchte er aus den Wirren im Reiche Nutzen zu ziehen. War er darin nicht besser als viele seiner Zeitgenossen, so erscheint er überlegen durch die Zielbewußtheit, mit welcher er seinen Einfluß vergrößerte. Man sagte von ihm, er zeichne sich durch kriegerische Macht aus und beherrsche Schwaben mit Hilfe seiner Blutsfreunde. Jedenfalls ist er der erste württembergische Graf, der ein ansehnliches, verhältnismäßig abgerundetes Herrschaftsgebiet hinterließ.«[47]

»Unter den Geschlechtern der Herren und Grafen, die uns im Laufe der Untersuchung noch zahlreich entgegentreten werden, bemerken wir vor allem die Württemberger Grafen. Die Geschichte dieses Geschlechts hatte sich seit seinem ersten Auftreten (1083) bis gegen Friedrichs II. Ende hin aufs engste an die des Reiches und der regierenden Häuser, erst der Salier, dann der Staufer, angeschlossen. Mit Ausnahme des gregorianisch gesinnten Konrad I. (ungefähr bis 1092) arbeiten sich die Grafen von Württemberg – seit 1135 führen sie nachweisbar diesen Titel – in engem Anschluß an das Königthum zu einer ansehnlichen Macht mit langsamer Sicherheit herauf.

Verständige Sparsamkeit in Schenkungen an die Kirche, durch die sich andere, wie die Tübinger Grafen, schwächten, sowie ein beschränkter männlicher Nachwuchs ließen keine Zersplitterung aufkommen. Tüchtige und sparsame Herren waren sie alle. Eine durchaus neue Richtung schlägt im Einklang mit der allgemeinen deutschen Geschichte Ulrich I. (1240–1265) ein. Er benützt, wie die andern Herrengeschlechter Schwabens, das Sinken der staufischen Macht, um das Interesse seines Hauses, unbekümmert um Reich und Kaiser, zu fördern, und er übertrifft dabei seine schwäbischen Standesgenossen an Zielbewußtsein. Als Ulrich der Stifter, nicht nur der neuen Bedeutung des Stiftes und Erbbegräbnisses von Beutelsbach im alten Remstalbesitz, sondern der jetzt stetig steigenden Geltung Württembergs, lebt er mit Recht in der württembergischen Geschichte fort.«[48]

»Die Schlacht, die bei Frankfurt am 5. August 1246 zwischen Friedrichs II. Sohn, dem noch nicht 18jährigen König Konrad, und dem etwa 44jährigen Gegenkönig Heinrich Raspe, Landgrafen von Thüringen, geliefert wurde, ist kein Ereignis, von dem wir in Württemberg gern hören mögen. Denn sie ging für den Hohenstaufen bekanntlich durch den schnöden Verrat des Grafen Ulrich I. von Württemberg und seines Vetters Hartmann von Grüningen und anderer schwäbischer Edelleute verloren.«[49]

»Viele der Gehilfen und Gefährten des hochbegabten, aller ritterlichen Bildung zugetanen Staufergeschlechts beseelte jener hohe, mächtige Schwung des Geistes und der Seele, wie ihn der Dienst für eine große Sache, der Hinblick auf hervorragende Herrscherpersönlichkeiten und auf eine weltumspannende Staatskunst zu geben vermag. Die Härte der furchtbaren Zeit des inneren Kriegshaders hatte einen völligen Wandel der Stimmung und Gesinnung hervorgerufen: während der zweiten Hälfte des 13. Jahrhunderts lebt in Deutschland ein ganz anders geartetes Geschlecht von Fürsten und Herren. Deren Trachten ist darauf gerichtet, inmitten des Widerstreits der Weltmächte, den sie nicht beherrschen können, ihren eigenen Vorteil zu wahren, bei der Neugestaltung der Macht und bei dem allgemeinen Jagen nach Mehrung des Besitzes hinter den Genossen nicht zurückzubleiben. Kühles Berechnen der Nützlichkeit, unbedenkliches Zugreifen galten als das einzig Sichere und Rechte; rücksichtslos suchen sie sich Platz zu schaffen, und meist erscheint ihnen jedes Mittel erlaubt, wenn es nur zum Ziele führt. Unter diese Männer ist Ulrich einzureihen, wenn er auch im Laufe der Jahre durch Erfahrung an Menschenkenntnis und staatsmännischem Weitblick gewachsen sein mag. Als er starb, hatte er ein reiches Leben voll harter Mühen und erfolgreichen Machtstrebens hinter sich. Der damalige Streit zwischen Kaiser und Papst war kein Kampf der Weltanschauungen, auch nicht ein Widereinander verschiedener Ideale der Kirche und des Staats, vielmehr nur ein Ringen um die Macht; auch Ulrich hat ihn gewiß nicht anders aufgefaßt.«[50]

»Graf Ulrich ist der Stammvater des Hauses Württemberg; mit ihm beginnt die württembergische Geschichte.«[51]

»Ulrich mit dem Daumen, Ulrich der Stifter, Ulrich I. von Wirtemberg, der erste Graf, der in der wirtembergischen Geschichte scharf profiliert und mit überragender Tatkraft begabt vor uns tritt.«[52]

»Mit vollem Recht steht Ulrich von Wirtemberg jedem, der sich mit den Anfängen der wirtembergischen Landesgeschichte befaßt, als die beherrschende Gestalt vor Augen.«[53]

»Mit Ulrich steht nun plötzlich ein Mann vor uns, der so profiliert, so unverwechselbar in seiner Stärke und Härte erscheint, daß man ihn genauer als viele seiner Zeitgenossen zu kennen glaubt. Der energische hochbefähigte Ahnherr einer stattlichen Reihe ihm gleichgestimmter Nachfahren steht am Anfang jener Grafenreihe im Chor der Stuttgarter Stiftskirche, die zwar alles andere ist als eine Ahnengalerie im engsten Porträt-Sinne, die aber doch seit Generationen die Betrachter in ihren Bann zieht: Das waren Kerle! Mächtig, selbstbewußt, sicher steht er da, der Mann, dem Härte nicht fremd und dem notfalls Verrat nicht zu ruchlos war, wenn er sein Haus damit erhöhen konnte. Aber doch war er alles andere als ein Emporkömmling: ›die Grafen von Wirtemberg‹ – so sagt ein sachkundiger Zeitgenosse über sie – ›ragen vor den anderen Großen Schwabens hervor durch ihre Macht und die Vornehmheit ihrer Verwandtschaft‹. Ein Mann, der sich um 1246 eine Zeitlang zutraute, selbst an Stelle der gestürzten Staufer so etwas wie ein Herzog in Schwaben zu werden, und der es gleichwohl später fertig brachte, dem staufischen Knaben Konradin in seiner Scheinherrschaft einigen Schutz angedeihen zu lassen: er ward 1259 Konradins Marschall für das Herzogtum Schwaben und half – vielleicht notgedrungen – wieder festigen, was er selbst dreizehn Jahre zuvor mit anderen eingerissen hatte. In der Zwischenzeit aber sah er sein Haus erhoben, hatte er seine eigene Stellung gefestigt.«[54]

»Über Lebensalter, Eltern und Jugendgeschichte des Grafen Ulrich I. von Wirtemberg liegt tiefstes Dunkel. 1238 oder 1241 begegnet er uns erstmals in Urkunden, offensichtlich noch jung an Jahren. Von 1245/46 an griff er entscheidend in die Geschicke Deutschlands ein: sein Ehrgeiz und seine Energie trieben ihn zum Verrat an der staufischen Sache, der lange insgeheim geplant, am Morgen der Schlacht von Frankfurt – 5. August 1246 – den Zeitgenossen erkennbar wurde. Ulrich verließ mit seinen Truppen das Heer des jungen staufischen Königs Konrad IV. (Sohn Kaiser Friedrichs II.) und rückte – als Bannerträger des Staufers! – mit eingerollten Fahnen über den Fluß in das Lager des vorher verständigten Gegenkönigs Heinrich Raspe. Der vom Verrat überraschte Stauferkönig erreichte – ohne Heer – in wilder Flucht das rettende Süddeutschland. Franken aber und der Mittelrhein waren von da an für die staufische Sache verloren. Frankfurt bedeutete einen Wendepunkt in dem Geschick des staufischen Hauses in Deutschland, Ulrich von Wirtemberg aber hatte sich damit zum Füh-

rer der antistaufischen Großen in Schwaben und Franken aufgeschwungen. Er erhielt die unvorstellbar hohen Summen, die ihm der Papst insgeheim für diesen Verrat versprochen hatte – sie bleiben riesig, selbst wenn man, wie bei allen von gegnerischer Propaganda gebrauchten Zahlen die Hälfte streicht –, und er wurde so zum energiegeladenen, diplomatisch geschickten, vielgewandten, weitgereisten Oberhaupt der süddeutschen Staufergegner.
Mit ihm beginnt jene merkwürdige Reihe, wie sie kaum in einem anderen deutschen Dynastenhaus in so ununterbrochener Folge mehr vorkommt, jene Reihe ausgesprochen tatkräftiger, umsichtiger, unerschrockener, aber auch skrupelloser, streitbarer, erwerbstüchtiger und erfolgsbegünstigter Landesherren, die – ohne einen einzigen schwachen oder auch nur mittelmäßigen Mann in dieser sechsmaligen Aufeinanderfolge jeweils von Vater und Sohn! – aus einer kleinen Herrschaft am mittleren Neckar die größte Grafschaft des Heiligen Römischen Reiches zusammenfügten. Mit dem Sturz der Staufer begann der Aufstieg des Hauses Wirtemberg. Aus dem zusammenstürzenden Bau der staufischen Macht in Schwaben und Franken holte sich Ulrich mit sicherem Griff die Bausteine für das von ihm gegründete und von seinen Söhnen und Enkeln kongenial weiterentwickelte Herrschaftsgefüge.«[55]

»Ulrich I., ebenso erfolgreich wie unbedenklich in der Wahl seiner Mittel, ist der eigentliche Begründer der Stellung seines Hauses.«[56]

»Ulrich ›mit dem Daumen‹ hat man ihn genannt, den Grafen Ulrich I. von Württemberg, wahrscheinlich nicht nur deshalb, weil sein berühmter rechter ›daumb‹ so groß schien, sondern weil er überhaupt ein rechter Haudegen war.«[57]

»Im August 1246 ließen Graf Ulrich I., der Stifter, und sein Vetter Graf Hartmann von Grüningen sowie andere von ihnen geführte schwäbische Grafen den staufischen König Konrad IV. während der Schlacht gegen den Gegenkönig Heinrich Raspe bei Frankfurt im Stich. Der Abfall, der offensichtlich unter dem Einfluß päpstlichen Geldes, aber bei Ulrich I. wohl auch aus persönlichen Motiven geschah und bereits von den Zeitgenossen als Verrat empfunden wurde, trug wesentlich zum Niedergang der staufischen Macht in Deutschland bei. Man kann in ihm aber auch den Beginn einer neuen Politik der Grafen von Württemberg sehen. Wenngleich sich Ulrich I. bereits 1254 in Urach wieder mit dem Staufer Konradin aussöhnte und sogar Marschall des Herzogtums Schwaben wurde, war fortan die Politik Ulrichs I., des eigentlichen Begründers der Grafschaft Württemberg, und seiner Nachfolger darauf ausgerichtet, das württembergische Territorium zu vergrößern und zu festigen. Konsequent und in der Wahl der Mittel bedenkenlos, scheuten sie sich nicht, dieses Ziel auch auf Kosten der Staufer bzw. der späteren Könige zu verfolgen.«[58]

Anmerkungen

1 Hermannus Minorita Cod. hist. 2° 269, 44r: »Anno Domini M.CC.LXV. Comes antiquus Vdalricus de Wirtemberg obijt cognomine mit dem dumen qui habuit in manu dextra pollicem magnum«; Naucler 2,226v: »Vldricus comes de Vuirtenberg dictus cum pollice«; Küng 49: »Ulrich mit dem domen zugenant«; Crusius Ann. 2, 539: »Ulricus, cum pollice (quem, maiorem in dextra habuit) dictus«; Crusius 1, 690: »Ulrich mit dem Daumen, (weil sein Daum an der rechten Hand größer war)«; O. Gabelkover Cod. hist. 2° 586, 111v: »mit dem Daumen, entweder daher, daß er in der einen Hand ein scheinbarlich größern Daumen gehabt, daß er wohl auch ein gespalten vnd gleichsamb 2. Daumen gehabt hatt«; Heimführung 9: »Ulricus Zugenahmt mit dem Daumen. Graf Ulrich hatte an seiner rechten Hand einen grössern Daumen als an der lincken, von dannen ihme obangeregter Zunahme erwachsen«; Lohmeier 52: »Ulricus mit dem grossen Daumen; weil ihm der Rechte weit grösser gewesen als an der lincken Hand«; Pregitzer 1, 6: »den Zunahmen mit dem Daumen aber bekam Er daher, dieweil Er an der einen und zwar rechten Hand, einen scheinbarlich grössern Daumen, nach Crusio, oder wie andere wollen, einen gespaltenen und gleichsam doppelten Daumen gehabt«; Hübner 200: »Ulricus mit dem Zunahmen Pollex«; Sattler Würtenberg 636: »Er wurde übrigens Ulrich mit dem Daumen genennet, weil der Daum an der rechten Hand grösser, als sonst gewöhnlich war«; Pfaff Ursprung 36: »Von dem ungewöhnlich großen Daumen an seiner rechten Hand erhielt er den Beinamen mit dem Daumen«; Moll 276f: »Als Gründer des Stiftes Beutelsbach wurde Ulrich der Stifter, von seinem grossen Daumen aber mit dem Daumen genannt. Die alten Urkunden sprechen sich über den Ursprung des grossen Daumens nicht aus; es ist deshalb zweifelhaft, ob derselbe angeboren oder erworben ist. Die Statue Ulrichs I. in der Stiftskirche in Stuttgart deutet diesen Daumen an der rechten Hand an. Sein Bildniss auf dem liegenden Grabstein in eben dieser Kirche zeigt den grösseren Daumen nicht, stellt aber den Grafen in jüngeren Jahren dar. Hiedurch könnte die Vermuthung entstehen, dass dieser Finger in späteren Jahren seines Lebens, etwa in Folge einer Verletzung im Kampfe entstanden seie. Indessen sagt Gabelchover (Steinhofer 1, 26): »Den Zunamen mit dem Daumen bekam er daher, weil er an der einen und zwar an der rechten Hand einen scheinbarlich grösseren Daumen, oder einen gespaltenen und gleichsam doppelten Daumen gehabt«; Decker-Hauff Stuttgart 171f: »Ulrichs rechter Daumen war sehr groß: Wie so oft in der Geschichte, haftete auch hier das zufällige äußerliche Zeichen am stärksten im Gedächtnis der Nachwelt. Auf dem Grabmal, das von Beutelsbach nach Stuttgart überführt worden war, sei ›der daumb‹ recht deutlich und stattlich zu sehen gewesen. Man zeigte ihn den Kindern, und solange die Tumba noch im Chor der Stuttgarter Stiftskirche für alle sichtbar aufgestellt war, wurde Graf Ulrichs Daumen zum Stuttgarter Wahrzeichen. Wie die Handwerksburschen zum Beweis, daß sie in Nürnberg gearbeitet hatten, den kleinen abgegriffenen Messingring am Gitter des Schönen Brunnens gedreht haben mußten, so galt der Daumen des Landesvaters als geheimes Erkennungszeichen für Stuttgart! Ein herabstürzendes Gewölbe traf das allgemein geschätzte Prachtstück; ›und war der daumb nit mehr zu sehen‹ klagt der Chronist. Bei der Erneuerung im vorigen Jahrhundert, die vielleicht eine Spur zu glatt und romantisierend geriet, vor allem was die junge Fürstin anlangt, wurde von patriotischer Seite angeregt, doch ja den Daumen wieder recht kräftig herzustellen. Allein, man überlegte höheren Orts, ›es

möchte ein solches an sich begrüßenswertes Vorhaben dem geläuterten Geschmacke des predigthörenden Publikums unwillkommen und den Herren Kanzelrednern möglicherweise befremdend seyn‹. Dementsprechend ist der neue Daumen ausgefallen: wohlproportioniert.«

2 Ulrich wird in den Annales Stuttgartienses 6 als »Fundator collegii in Butelspach«, als Stifter des Beutelsbacher Stifts, das jedoch nachweislich weitaus älter ist, bezeichnet. Als Beiname wird ihm jedoch bis ins 18. Jahrhundert hinein ausschließlich der Name ›mit dem Daumen‹ beigelegt. Noch in Heimführung 9, wo seine angebliche Funktion als Stifter Beutelsbach ausdrücklich genannt wird, führt er allein den auf die abnorme Beschaffenheit seines Daumens hinweisenden Beinamen. Erstmals bei Pregitzer 1, 6 u. 7 führt er zusätzlich, und dies sogar an erster Stelle, den Zunamen ›der Stiffter‹ (Anm. 32). Beide Namen werden in der Folge genannt bei: »Steinhofer 1, 26; Sattler Top. 123; Barth 40; Stälin 2, 484; Pfaff Wirtemberg 2, 21; Schneider 19. Bei Pfaff Ursprung Tf 1 u. Schön Nr 11 u. Katalog Württemberg 7 ist lediglich der Beiname ›der Stifter‹ genannt; weiterhin nur mit dem Zunamen ›mit dem Daumen‹ wird Ulrich versehen bei: Hübner 200; Spittler 10; Pahl 1, 98; Behr 169; Voigtel-Cohn 91; P. Stälin 375 u. 717; Giefel Nr. 11 Krüger Tf 8; Isenburg 1, 75; Freytag 1, 75; Decker-Hauff Stuttgart 142 u. 162. Materialien Beutelspach 6: Graf Ulrich mit dem Daumen hat zwar 1260. das Stift Beutelsbach neuerdings dotirt; aber es ist unwidersprechlich, daß vorher schon ein Stift vorhanden war, indem 1247. desselben schon Meldung geschieht. Er war also nur der zweite Stifter, und kann man von dem ersten weder den Namen noch das Jahr der Stiftung angeben.« Stälin 2, 484: »Ulrich erhielt von seinem großen Daumen den Beinamen ›mit dem Daumen‹; bei Späteren heißt er der Stifter, weil er das Stift Beutelsbach neu hergestellt haben soll. Der erste Gründer des Stiftes war er wohl nicht; denn Papst Johann XXII. beruft sich in einer Bulle von 1320 Jun. 17. (Stuttgarter Urkundenbuch 19 Nr 51) auf ein Schreiben Graf Eberhards des Erlauchten, wonach dieses Stift schon ›dudum‹ von des Grafen ›progenitores‹ (also nicht erst von des Grafen Vater, Graf Ulrich mit dem Daumen) gestiftet worden war.« Stälin 2, 745: Beutelsbach wurde »schon vor den Zeiten Graf Ulrichs von Wirtemberg mit dem Daumen gegründet; meist gilt indeß dieser Graf, welcher sich um weiteres Emporkommen des Stiftes verdient gemacht haben mochte, selbst als Stifter«. Schneider 19: »Von einem ungewöhnlich großen Daumen hat Ulrich den Beinamen ›mit dem Daumen‹ erhalten; spätere haben ihn als Neubegründer des Stiftes Beutelsbach mit dem dortigen Familienbegräbnis als ›Stifter‹ bezeichnet«. Vgl. Anm. 11.

3 WUB 3, 405f Nr 903; Urkunde von 1238 (ohne Tag) nur noch in einer Abschrift erhalten, dabei Wappen Württemberg mit drei Türmen; vgl. dazu: Alfred Klemm in WVJH 9, 1886, 272f u. Eugen Schneider in Beil. Staatsanzeiger 1887, 211f.

4 Zu Ulrich und seiner Regierungszeit: O. Gabelkover Cod. hist. 2° 586, 111v–128r; Sattler Würtenberg 630–654; Spittler 9–18; Pahl 1, 98–101; Zimmermann 1, 417–421; Barth 38–43; Stälin 2, 195f u. 482–485; Pfaff Wirtemberg 2, 15–25; P. Stälin 375–380; Schneider 15–19; Egelhaaf (Anm. 49) 45–53; Weller Wirtemberg 119–136; Decker-Hauff Stuttgart 138–172.

5 Lag für Decker-Hauff Stuttgart 140 (Anm. 55) »über Lebensalter, Eltern und Jugendgeschichte« Ulrichs I. noch immer »tiefstes Dunkel«, so konnte Decker-Hauff im Rahmen seiner Forschungen zur 900-Jahrfeier der Burg Württemberg erstmals Ulrichs Eltern urkundlich nachweisen: Hansmartin Decker-Hauff, Der fehlende Brückenbogen im Hause Wirtemberg oder Gedanken zu einer neugefundenen Urkunde, Privatdruck Tübingen/Stuttgart 1983: »Über die älteren Mitglieder des Hauses Wirtemberg sind wir so gut unterrichtet, wie wir das beim mittelalterlichen deutschen Hochadel erwarten dürfen: von dem kurz vor 1050 geborenen Stammvater Konrad bis zu dem um 1165 geborenen, um 1239 zuletzt genannten Grafen Hartmann stehen die Lebensdaten, die Generationsfolgen und die Herkunft der Stammütter in groben Umrissen fest. Dann aber klafft – und das ist einmalig in der mittelalterlichen Genealogie – eine vollständige, durch keine Urkunde, keine Chronik, keine Grabschrift, keine einzige Nachricht ausfüllbare Lücke. Eine Generation ist scheinbar völlig ausgefallen; erst mit Hartmanns Enkel Ulrich dem Stifter (Ulrich mit dem Daumen, geboren um etwa 1221/22, dem Stammvater des späteren Hauses) setzt die Überlieferung zögernd wieder ein. Zugleich sehen wir, daß sich in der uns völlig unbekannten Zwischengeneration zwischen Hartmann und Ulrich ein tiefgreifender Wandel in der politischen Stellung des Hauses Wirtemberg vollzogen haben muß: waren die Wirtemberger seit etwa 1100 bis zu den Brüdern Hartmann (s.o.) und Ludwig ›staufertreu bis auf die Knochen‹, so treten Ulrich mit dem Daumen und sein Vetter Hartmann von Grüningen als ganz entschiedene, ja als das Geschick der Staufer entscheidende, harte, rücksichtslose Gegner der Staufer auf. Ist der alte Hartmann noch bis zu seinem Tode 1239ff ein Parteigänger, ja ein Freund Kaiser Friedrichs II., so erweist sich sein mutmaßlicher Enkel Ulrich in der Schlacht von Frankfurt 1246 als unerbittlicher Feind der Staufer. Der tiefgreifende Gesinnungswandel muß auf irgend eine Weise mit der fehlenden Generation zwischen Hartmann und Ulrich zu tun haben.

Seit mehr als vierhundert Jahren wird versucht, die Lücke zu schließen, nicht aus genealogischer, sondern aus landesgeschichtlicher Notwendigkeit. Aber alle bisherigen Vorschläge und Lösungsversuche kranken daran, daß keine einzige Urkunde die unbekannten Personen (es fehlen ja Stammvater und Stammutter!) je nennt. Alle Versuche bleiben letztlich vage; die Lücke scheint unüberwindlich. Damit ist aber auch die Kontinuität in der Hausgeschichte in Frage gestellt.

Sicher kann man bisher nur aussagen, daß das unbekannte Stammelternpaar nicht im Lande gelebt hat, daß durch dieses Paar (genauer: die Frau) der bis dahin im Hause fremde Taufname Ulrich hereinkam und daß in dieser Generation auch die so oft bezeugte Blutsverwandtschaft mit den Habsburgern sowie der spätere Anfall des gräflich urachischen Erbgutes an Wirtemberg begründet sein müssen.

Seit dem Jahre 1932 suchte ich, immer wieder bestärkt durch meinen Vater, alle erreichbaren Urkundenbücher, alle erreichbaren Archive Mitteleuropas durch. Vor sieben Wochen fand ich endlich im Archivio di Stato Trento im Corpus der lateinischen Original-Urkunden der ehemaligen Fürstbischöfe von Trient eine Folge von Urkunden, wohlerhalten, ohne Rasur, ohne Korrekturen, unzweifelhaft echt, von denen zwei für unsere Frage besonders wichtig sind:

Am 4. Februar 1231 verkauft der Graf Ulrich von Ulten (als Nachfahre und Erbe der Markgrafen von Ronsberg gelegentlich auch ›marchio‹ tituliert) in Trient (›in Tridentino‹) dem Fürstbischof Gebhard von Trient, von Not gezwungen, seine gesamte Habe, all seine Aktivlehen, seine Dienstleute, seine Burgen, seine Rechte. Zwei Tage später, am 6. Februar 1231, muß auch noch seine (zweite) Frau Jutta auf der Burg Ulten im Ultental (›in castro de Ultimis‹) diesem Verkauf zustimmen, weil ihr Heiratsgut auf diese Güter gelegt war. Zeuge ist hierbei Hermann, Sohn des Grafen von Wirtenperg (›testibus... Eremano filio comitis de Wirtenperg‹).

Gewinner dieses großen Ausverkaufs aus dem ehemals imposanten Besitz der Markgrafen von Ronsberg, der Grafen von Ulten und deren Vorfahren, der Grafen von Hocheppan, waren die von Friedrich II. gegen die Ultener stark begünstigten Grafen von Tirol, die mit diesen Vorgängen die weit älteren Eppaner Grafen endgültig aus dem Spiel um die Macht in Tirol geworfen haben. Graf Ulrich von Ulten mußte in der Folge das Land verlassen; die letzten Lebensjahre hat er auf Resten seines Ronsberger Erbes im Allgäu verbracht. Der Erbgang des Restbesitzes zeigt, daß Ulrich söhnelos war, daß aber eine Erbtochter Irmgard Reste an die Wirtemberger gebracht haben muß. Von ihr kannte man übrigens in Beutelsbach und/oder Stuttgart noch um 1490 heraldische Erinnerungsstücke mit dem Löwenwappen der Grafen von Ulten!

Die erste Frau des (Mark)Grafen Ulrich von Ulten hieß wahrscheinlich Agnes und war eine Gräfin von Urach; sie brachte den Wirtembergern die Ansprüche auf eine Miterbschaft an Urach zu. Sie begründete weiter durch ihre Mutter Agnes von Zähringen die nahe Verwandtschaft zu König Rudolf: seine Großmutter Anna Gräfin von Kyburg geborene Zähringen war die Mutterschwester der Agnes von Ulten geborene Gräfin von Urach. Mit anderen Worten: König Rudolf (geb. 1218) und Ulrich I. von Wirtemberg (geb. 1221/22) waren die Enkel von Schwestern.

Als der Großvater Ulrich von Ulten 1231 unter dem Druck der staufischen Partei seine Güter verkaufen muß, ist sein Enkel Ulrich von Wirtemberg etwa 10 Jahre alt. Ulrichs Vater Hermann muß bald nach 1231 verstorben sein. Dem Großvater nimmt Kaiser Friedrich II. nach 1241 die letzten Güter weg. 1246 steht der junge Ulrich auf der Seite der Staufergegner.« Dem zitierten Aufsatz von Decker-Hauff beigefügt ist eine Ahnentafel zu vier Ahnen für Ulrich I.:

Großeltern: Hartmann Graf von Wirtemberg (im Siegel: Graf von Kirchberg!) urkundet 1194 bis 1239, geboren um 1160/65, gestorben 1240, verheiratet um 1185 mit (Guta/Agathe) Gräfin von Veringen, Erbin des Wappens mit den drei (schwarzen) Hirschstangen in Gelb, Erbin des Leitnamens Eberhard, Erbin der halben Grafschaft Veringen-Altshausen.

Ulrich Graf von Ulten, Miterbe der Markgrafen von Ronsberg, verarmt 1241, geboren um 1172f. als Graf von Eppan, verheiratet um 1201/02 mit (Agnes) Miterbin von Urach, tot spätestens 1229/30, Mutter: Zähringen.

Eltern: Hermann, Sohn des Grafen von Wirtemberg 1231, geboren um 1195, gestorben bald nach 1231, begraben wohl im Ronsberger Hauskloster Irsee, verheiratet (wohl auf Ulten oder Eppan?) um oder bald nach 1218 (in dieser Zeit erscheinen die Grafen Hartmann von Wirtemberg und Ulrich von Ulten mehrmals unmittelbar nacheinander in den Zeugenreihen wichtiger Urkunden) mit Irmengard, Erbtochter von Ulten, geboren um 1202/03, gestorben nach 1231, begraben wohl in Stift Beutelsbach, (vielleicht nach 1231 wiederverheiratet?).

Der oben zitierte Privatdruck ist unterdessen erschienen in: Schwäbische Heimat 35, 1984, 2f. Eine ausführliche Abhandlung Decker-Hauffs zu seiner Entdeckung der Eltern Ulrichs des Stifters findet sich in Festschrift Württemberg 38–72 (69: Ahnentafel Ulrichs zu 8 Ahnen).

Als Eltern Ulrichs I. wurden bis dahin genannt: Eberhard (urk. 1236–1241), vermählt mit Agnes von Zähringen, Witwe Eginos von Urach: Georg Rüxner, Anfang, vrsprung, vnnd herkommen des Thurnirs in Teutscher nation, Simmern 1530, 411, wo beim Turnier in Würzburg 1235 unter den Gästen genannt werden »Eberhard der Erst seins Namens Graue zu Wirtemberg, bracht sein Gemahel Fraw Angnes ein dochter Hertzogen Berchtolds von Zeringen mit jme«; Küng 61; A. Rüttel d. J. J1 48a, 65 u. 71; Crusius 1, 691 u. Ann. 2, 539; O. Gabelkover Cod. hist. 2° 586, 112r (der 129r diese Angabe Rüxners für »Fabelwerckh« erachtet); Heimführung 9; Lohmeier 52; Imhof 56; Pregitzer 1, 6; Hübner 200 (der irrigerweise Ulrich in zwei Personen aufspaltet, den Gatten der Agnes und den Gatten der Mechthild, wobei der letztere der Vaterbruder Ulrichs des Stifters sein soll); Steinhofer 1, 22; Tiedemann 8 (dort letztmals Agnes von Zähringen als Gattin Eberhards genannt); Heyd Gröningen Tf 1; Pfaff Ursprung Tf 8; Eugen Schneider, Die Abstammung Graf Ulrichs 1. von Wirtemberg in: Beil. Staatsanzeiger 1890, 163f; Giefel Nr 11; Schön Nr 11; Edition Küng 174 Anm. 209.

Ludwig (urk. 1194–1226): Küng 49; O. Gabelkover Cod. hist. 2° 586, 130v; Bauer Ursprung 1849, 37; Behr 169 (Gattin vielleicht Helfenstein); Voigtel-Cohn 91 (Gattin vielleicht Willibirg, Tochter Graf Adalberts von Dillingen); P. Stälin 375 u. 382; Krüger 321 u. 329 u. Tf 8 (Gattin Tochter Ulrichs von Kiburg und Annas von Zähringen); Ernst Diener, Grafen von Kiburg aus dem Hause Dillingen in: Genealogisches Handbuch der Schweizer Geschichte 1, Zürich 1900, 7 (Gattin wie bei Krüger); Isenburg 1, 75 (Freytag 1, 75 u. Schwennicke, 1, 122 ohne Angabe des Vaters). Hartmann (urk. 1194–1239), vermählt mit N. von Veringen: Klemm Wappen 272; Schneider Wappen 212.

6 Vermählung der Eltern nach Decker-Hauff (Anm. 4) »um oder bald nach 1218«. Als Geburtsdaten für Ulrich 1. werden genannt: 1202: Crusius 1, 690 u. Ann. 2, 539; Pregitzer d. Ä. Cod. hist. 2° 426b, 502v. Circa 1205/1210: Krüger 325 u. 337 u. Tf 8. Um 1220 (?): Decker-Hauff Stuttgart 142. Etwa 1221/1222: Decker-Hauff (Anm. 4). Um 1222: Decker-Hauff Festschrift Württemberg 42 u. 69 sowie 41: »kaum vor 1220, schwerlich um 1220 und (wenn wir an die um 1220 geborene Schwester denken, die um 1235 den Pfalzgrafen Rudolf den Schärer von Tübingen heiratete), frühestens um 1221, ja vielleicht erst um 1222 geboren«; Uhland Festschrift 398. 1222: A. Rüttel d. J. J1 35, 502v. Um 1226: Pregitzer 1, 6; Montanus 114: Behr 169 (»angeblich 1226«); Isenburg 1, 75; Freytag 1, 75; Marquardt Stammtafel; Schwennicke 1, 122. 1220/1226: Gottschalk Piastinnen 276. Sonstige Quellen ohne Angaben zum Geburtsjahr. LP Fol. 452 Leichenpredigt für Hzn Anna Johanna †1679 nennt S. 24 den 13. März als Geburtstag Ulrichs 1. (Verwechslung mit Gf Eberhard 1. †1325).

Im Hinblick auf die neuen Erkenntnisse zu Eltern und Großeltern Ulrichs 1. kann Decker-Hauff in Festschrift Württemberg 62 »mit aller gebotenen Vorsicht erstmals eine Vermutung über den Geburtsort Ulrichs des Stifters und seiner Geschwister wagen. Daß sie ›zuhause‹ in Schwaben zur Welt kamen, ist wenig wahrscheinlich: für diese Generation des Hauses Wirtemberg war Südtirol ›zuhause‹. Die Burgen Altenburg und Hocheppan hatten die Ultener Grafen damals schon verloren; als einzig nennenswerte Burg verblieb ihnen Ulten. Sie gab den Namen, war der dauernde, vielleicht sogar der einzig standesgemäße Wohnsitz. Für mittelalterliche Begriffe geräumig, können in ihr, berücksichtigt man die geringen Ansprüche jener Zeit, *zwei* gräfliche Haushalte nebeneinander Platz gefunden, Großeltern, Eltern und Kinder beisammen gewohnt haben. Wahrscheinlicher als an jedem anderen Platz ist Ulrich der Stifter, der Stammvater des engeren Hauses Wirtemberg, auf der Burg seines mütterlichen Großvaters Ulrich von Ulten zur Welt gekommen.«

Albert Kleemann in: Ortsbuch Beutelsbach 2. Aufl. Dätzingen 1976, 67: »Vermutlich ist Ulrich 1. auf der Burg Beutelsbach geboren worden (1226)«.

7 Erstmals von Stälin 2, 484 als erste Gemahlin Ulrichs 1. erkannt. Mechthild wurde zuvor seit O. Gabelkover Cod. hist.

2° 586, 125v dem Hause Ochsenstein zugerechnet (Sattler Würtenberg 636; Pfaff Ursprung 37 u. Tf 1; Barth 42; ja selbst nach Stälin noch bei Pfaff Wirtemberg 2, 21).

8 Als einzige Gattin Ulrichs I. genannt bei: Suntheim 592; Heimführung 10; Pregitzer 1, 6; Hübner 200; Steinhofer 1, 27; Uebelen Eberhard 4.

9 Der ersten Ehe entstammen sicherlich Ulrich II. †1279 und Agnes †1305, wahrscheinlich die von A. Rüttel d. Ä. und O. Gabelkover überlieferte, urkundlich nicht nachgewiesene Mechthild †v. 1284. Aus zweiter Ehe stammt Eberhard I. †1325 und wohl auch die nur von O. Gabelkover überlieferte Irmengard †v. 1278/1295.

10 Den 25. Februar 1265 als Todestag nennen: Grabmal (Anm. 15); Annales Stuttgartienses 6 (Reichenauer Handschrift): »1265 V kal. Martii«; Epitaph (Anm. 18); Standbild (Anm. 20); Eber 76; Crusius 1, 814; O. Gabelkover Cod. hist. 2° 586v, 125v Nockher 76r; Heller 11 (»andere wöllen den 26. andere aber den 1. Martii«); Heimführung 10; Lairitz 453; Pregitzer d. Ä. Cod. hist. 2° 426b, 1538; Pregitzer 1, 6; Mohl 131; Steinhofer 1, 27; Pfaff Ursprung Tf 8; Pfaff Wirtemberg 2, 21; Stälin 2, 484 u. 3, 713; Behr 169; Voigtel-Cohn 91; P. Stälin 377; Maisch Stammtafel; Giefel Nr 11; Krüger 325 u. Tf 8; Schneider Stammbaum; Schön Nr 11; Isenburg 1, 75; Freytag 1, 75; Decker-Hauff Stuttgart 142 u. 172; Gottschalk Piastinnen 276; Schwennicke 1, 122. Den 20. Februar 1265 als Todestag nennen: Scheffer 6 (mit Hinweis auf Sattler Würtenberg 636, dort jedoch: 23. Februar); Viton 10; St. Allais 4, 515; Pahl 1, 101; Zimmermann 1, 421. Den 23. Februar 1265 nennt: Sattler Würtenberg 636. Den 1. März 1265 nennt: Suntheim 595 (»Anno Domini MCC. sexagesimo quinto Kal. Martii obiit generosus Dominus Udalricus Comes de Wirtemberg primus Fundator Collegii in Peutlspach, cujus ossa ad Stuetgardiam translata sunt«). Das Todesjahr 1265 nennen: Suntheim 592; Lohmeier 52; Imhof 56; Hübner 200; Tiedemann 8. Den 13. Juli 1262 als Todestag nennt: J. Frischlin Cod. hist. 2° 73, 31 (Cod. hist. 2° 795, 374 nennt den 13. Juli 1265). Das Jahr 1264 als Todesjahr nennen: Schannat Chronicon 2, 23; Trithemius 1, 611; Küng 49 (der Ulrich mit dem Daumen und Ulrich, den Gatten der Agnes von Schlesien-Liegnitz, für zwei verschiedene Personen ansieht und letzterem 62 in der Inschrift des Grabmals das richtige Sterbedatum hat). Das Jahr 1268 als Todesjahr nennt: Beuttenmüller 387. Ulrichs I. Todestag, der 25. Februar, ist der Geburtstag von Württembergs letztem König Wilhelm II. (1848–1921). Beutelsbach als Sterbeort nennen: Nockher 76r; Heller 11. Kleemann (Anm. 6) 67: »wahrscheinlich ist, daß er hier (Anm.: auf der Burg Beutelsbach) 1265 gestorben ist«. Heimführung 10 spricht davon, er sei »ohnversehens tods verblichen«; Pregitzer 1, 6 nennt seinen Tod »gantz unversehens« und gibt an, seine Gattin Agnes sei »aus allzugrosser Betrübnus wegen dessen unverhofften Todfalls, und zwar in Geburths-Nöthen« verstorben.

11 Die Anfänge des Stifts und der Grablege Beutelbach bleiben dunkel. Während Waltz 68 in seinen genealogischen Phantasien der Barockzeit die Errichtung des Stifts um das Jahr 640 angibt, hält Sattler Würtenberg 648 die Gründung ab Anfang des 10. Jahrhunderts für möglich. Pfaff Stuttgart 1, 315: »Was ältere Württembergische Chronisten erzählen, Graf Emmerich von Beutelsbach habe das Stift im Jahre 640 gegründet, Graf Heinrich von Württemberg es 1014 erneut, entbehrt aller geschichtlichen Glaubwürdigkeit.« Sicher ist, daß Ulrich I. der Stifter das 1247 erstmals genannte Stift Beutelsbach nicht begründet, sondern allenfalls erweitert hat, und daß Stift und Grablege schon längere Zeit vorher bestanden haben: Urkunde Papst Johannes XXII. vom 17. Juni 1320 Avignon: »Exhibita nobis dilecti filii nobilis viri Eberhardi comitis de Wirtenberg peticio continebat, quod dudum progenitores sui de salute propria cogitantes fecerunt unum collegium de prepositura cuiusdam ecclesie in quodam oppido rurali, undecim canonicorum numerum in dicto collegio statuentes, faciendo in dicta ecclesia sua corpora sepeliri« (Stuttgarter Urkundenbuch 19 Nr. 51). Urkunde Eberhards I. des Erlauchten vom 25. Januar 1321 Stuttgart: »diu gestift der corherren zu Butelspach, da unser vordern begraben warn, die sie auch stiften« (A 602 U 12756 bei: Sattler Gf 1 Beil. 59; Schneider Geschichtsquellen 8; Stuttgarter Urkundenbuch 21 Nr. 54). Stuttgarter Stiftschronik 257 (s. Anm. 12). Chronik Kaiser Könige Päpste 93: »butelspach da was jr Stifft, vnd waz der herren von Wirtemberg begrebte«. Lirer 65: »Bütelsbach do was ain stifft vnd was der herschafft von Wirtenberg leichlege vnd begrebtnuß do selbst«. Trithemius 2, 122: »in Ecclesia Collegiata in Butelspach, ubi sepulturam habere solebant«. Zur Rolle Ulrichs I. als »Stifter« von Stift Beutelsbach vgl. Anm. 2; Schneider 19 bezeichnet Ulrich als »Neubegründer des Stiftes Beutelsbach mit dem dortigen Familienbegräbnis«: »Wie der ältere Zweig des Geschlechtes, die Grafen von Grieningen, sich in Heiligkreuzthal ein neues Erbbegräbnis schuf, so scheint Graf Ulrich für das württembergische Haus der Gruft im Stifte zu Beutelsbach eine neue Form kirchlicher Wartung und Pflege gegeben zu haben. Er selbst wurde dort bei seinen Vorfahren beigesetzt.« Die OAB Schondorf 1851, 125f enthält einen Hinweis auf eine angebliche Gruft in der Beutelsbacher Stiftskirche: »Hinter dem Altar führt eine Treppe zu der längst verlassenen Gruft, welche sich um Vieles über die jetzige Kirche hinaus auf den Vorplatz erstreckt, wo eine schöne alte Linde steht.« Heinz Erich Walter in Ortsbuch Beutelsbach (Anm. 6) 216f: »Die alte Oberamtsbeschreibung berichtet, daß sich die ehemalige Gruft vom Altar unter der Kirche hinaus bis zur einstigen Linde erstreckt haben soll. Aber als man 1898 hinter dem Altar nach der Gruft grub, fand man nur eine Grabplatte von 1524 und das Skelett eines Mannes, aber keine Spur von einem unterirdischen Gewölbe, dagegen 3 m vom Altar entfernt eine Mauer, wahrscheinlich eine Apsidenmauer. Doch: die Gruft muß es gegeben haben.« Adolf Schahl (Anm. 16) 1282: »Die Reste gefüllter Rundbogenfriese lassen auf eine *spätromanische basilikale Anlage* der Zeit um 1220/30 schließen, die offenbar bis in die Zeit um 1500 bestand. In Verbindung damit erhebt sich die Frage nach der *Grablege* des wirtembergischen Grafenhauses. Die OABS, 1851, bemerkt: ›Hinter dem Altar führt eine Treppe zu der längst verlassenen Gruft, welche sich um vieles über die jetzige Kirche hinaus auf einen Platz erstreckt, wo eine schöne alte Linde steht.‹ Eine Grabung von 1898 führte zu folgendem Ergebnis: ›Die Gruft kann sich nicht hinter dem Altar befinden...‹ Festgestellt wurde: Hinter dem Altar und Kreuz lag auf dem Fußboden eine ausgetretene Steinplatte, unten mit zwei Tiergestalten am Ende eines faltigen Gewandes, somit ein Grabstein. Die Inschrift war nicht mehr lesbar, doch entzifferte man auf einer Langseite die Jahreszahl 1524. Nachdem dieser Stein zur Seite getan worden war, stieß man in einer Tiefe von 0,56 m auf eine 1 m tiefe und 0,70 m st. Mauer. In einer Tiefe von 2 m lagen Totengebeine, von Kalk umgeben; der obere Teil des Skeletts lag unter dem Altarkreuz, wurde also nicht eingesehen. Man schloß, daß diese Bestattung zum Grabstein von 1524 gehöre. Darunter kam gewachsene Erde. Von dem erhaltenen Wappenstein hielt man es für möglich, daß er den Grufteingang bezeichnete, nahm aber an, daß er ursprünglich nicht dafür bestimmt war. Da die Grabung auf einem zu kleinen Raum vorgenommen worden war und man die Angabe von OABS ›hinter dem Altar‹ zu eng auffaßte, bleiben ihre Ergebnisse zweifel-

haft.« Eine Gruftbestattung in Beutelsbach ist schon im Hinblick auf das nie vorhanden gewesene Gruftgewölbe mit Sicherheit auszuschließen. Die Leichname wurden, wie danach auch in Stuttgart bis zum Bau der gewölbten Gruft 1608, in der Kirche einfach zur Erden, allenfalls einzeln in steinernen Grabkammern bestattet. Dies erklärt auch, daß die Gräber 1310f nicht aufgebrochen wurden (Anm. 16).
Beutelsbach als Begräbnisort für Ulrich I. wird genannt bei: Annales Stuttgartienses 6: »Vlricus comes de Wirtemberg fundator collegii in Butelspach, sepultus ibidem«; Küng 61; Eber 76; Crusius 1, 810; Nockher 76r; Heimführung 10; Lairitz 453; Pregitzer 1, 6; Mohl 131; Steinhofer 1, 27; Tiedemann 8 u. 12; Pahl 1, 101; Stälin 2, 484: Moll 277; P. Stälin 1, 377; Schneider 19; Decker-Hauff Stuttgart 168 u. 172; Ortsbuch Beutelsbach (Anm. 6) 67.

12 Stuttgarter Stiftschronik 257.

13 Wolleber Cod. hist. 2° 934, 125v.

14 Beschreibung des Grabmals bei: Johann Jacob Gabelkover J1 410, 57: »Diß monumentum ist noch eine rechte Antiquitet, darauf berürte beede coniuges Jn lebensgröße, unnd selbiger Zeit Allt Fränckhischen habit, haben zue füeßen, Grau Ulrich zween Lewen, sein Gemahlin zween Brackhen, Jst von Beutelspach alhero gefiehrt worden« (wortgleich in Materialien Beutelsbach 58 und Tiedemann 12). Heideloff Mittelalter 22f: »Unter den Monumenten der Kirche ist unstreitig das interessanteste das steinerne Grabdenkmal des Grafen Ulrich mit dem Daumen, auch ›der Stifter‹ genannt, und seiner zweiten Gemahlin, Agnes, Herzogin von Liegnitz, das Graf Eberhard der Erlauchte nach mehrfachen Zerstörungen des Stifts Beutelspach und der Gräber seiner Ahnen im Jahre 1321 mit den anderen Gebeinen seiner Vorfahren in die damalige Heiligkreuzkirche zu Stuttgart versetzen liess. Es gehört unter die ältesten schwäbischen Grabmonumente mit beinahe ganz freien Figuren und dürfte nicht sehr lange nach dem 1265 erfolgten Tod des gräflichen Ehepaars, vielleicht für die zur genannten Zeit vorgenommene Verlegung des Erbbegräbnisses der Grafen von Württemberg von Beutelspach nach Stuttgart gefertigt worden sein. Im Chor der Kirche blieb es seither aufgestellt, nicht aber ohne im Verlauf der Zeit bedeutende Verstümmelungen erlitten zu haben, wie denn schon im Jahre 1419, als das Chorgewölbe einstürzte, dem Bilde Ulrichs mit dem Daumen ›die Hände abgeschlagen worden, und also der Daum nimmer zu sehen war.‹ Trotzdem hat es sich so erhalten, dass sich auch in seinem dermaligen Zustande immerhin noch Geist und Styl der Darstellung erkennen lassen. Die Figuren sind in Lebensgrösse ausgeführt und das Costüm trägt entschieden den Charakter der Zeit. Ulrich, dessen Füsse auf zwei Löwen, dem Symbol des Heldenmuths, ruhen, ist in den langen Waffenrock gekleidet und mit dem Cingulum militare umgürtet; den Mantel, über der Brust von einem Band zusammengehalten, zieren auf den Schultern die württembergischen Wappenschilde. Das Haupt ist mit einer Krone aus Weinlaub geschmückt. Agnes, seine Gemahlin, zu deren Füssen Hunde, als Symbol der ehelichen Treue, liegen, ist in ein langes, faltenreiches Gewand gekleidet, über dem auf der Brust eine Spange mit dem württembergischen und polnischen Wappen den unter den Armen aufgezogenen Mantel zusammenhält. Ihr Haupt, mit der Laubkrone aus Ulmenblättern und dem zierlichen Kopfputze, dem geröllten, über eine Spitzenhaube geworfenen Schleier und dem darunter hervorwallenden Haare, ruht wie das ihres Gemahls auf einem gestreiften Kissen. Zu Häupten beider sind wiederum Schilde mit dem württembergischen Wappen, den drei Hirschhörnern, und dem herzoglich polnischen Wappen, einem weissen Adler im rothen Felde angebracht. Die auf der abgeschräg-

ten Kante um das Monument laufende Inschrift lautet: (s. Anm. 15). Das ganze Denkmal war, wie aus den noch deutlich vorhandenen Spuren zu erkennen, bemalt, und eine genauere Untersuchung des Herausgebers ergab, dass der Waffenrock des Grafen eine blaue, dessen Futter eine weisse und der Mantel eine dunkelrothe Farbe mit ebenfalls weissem Futter hatte. Die Laubkrone auf seinem Haupte war vergoldet. Der Kopfputz der Gräfin war weiss, das lange Unterkleid strohgelb, der Mantel hellviolett mit goldener Verbrämung und weissem Futter. Die Schuhe waren vergoldet. Die Kopfkissen hatten eine rothe Farbe mit goldenen Streifen. Ergänzt auf unserer Abbildung (Tafel VI) vom Herausgeber sind an der Statue des Grafen: das Kreuz am Griff des Schwerts und der Griff selbst, die beiden Unterarme vom Ellbogen an, der herabhängende Gürtel, die linke Haarparthie und der mittlere Theil der Krone; an der Gräfin: die Hände, ein Theil der Laubkrone und die Haarparthieen zwischen Gesicht, Hals und Schleier. Ueberdiess ist an beiden Gesichtern die Nase abgeschlagen. Beide beinahe ganz frei aus dem Stein herausgearbeitete Statuen zeichnen sich durch den Adel der Auffassung und die grossartige, stylvolle Behandlung aus. Die Figur des Grafen hat zwar bei allem Würdevollen etwas zu Symmetrisches, gleichmässig Wiederkehrendes in den Hauptumrissen, wie in den Falten, etwas Schweres in den Verhältnissen, wie in den Formen, dagegen ist die Gräfin eine Gestalt von hoher Anmuth. Um ihren wohlproportionirten Körper schmiegt sich in grossem Schwung und reizender Bewegung der Linien das lange faltenreiche Gewand, auf das der, unter den Armen zusammengehaltene und Brust und Arme graziös verhüllende Mantel in zierlichem Wurf der Falten niederfällt. Die Behandlung des Steins verräth eine sehr geübte Hand; das Werk ist breit und doch fleissig ausgeführt. Die Formen der Gesichter sind etwas rundlich, voll, die Augen etwas langgeschlitzt; es ist darin mehr auf Ideelles hin gearbeitet, als nach sorgsamer Individualisirung gestrebt.«
Wais Stiftskirche 71f mit dem Hinweis: »Der frühere Zustand der beiden Figuren des Stifter-Denkmals vor der Wiederherstellung im Jahr 1895 ist in Abgüssen im Germanischen National-Museum in Nürnberg erhalten« (Abb. 26: Grabmal vor der Wiederherstellung 1895; Abb. 25: Grabmal nach der Restaurierung). Decker-Hauff Stuttgart 168–171: »In der romanischen Turmkapelle der Stuttgarter Stiftskirche begegnen wir einem anderen Ulrich. Dort ruht er, neben seiner zweiten Frau Agnes von Schlesien-Liegnitz, der Nachfahrin fast aller Dynastien des europäischen Nordens, Ostens und Südostens: ein jugendlich bekränzter, idealisierter, sanft verhaltener Mensch zwischen Tod und Leben, zwischen hingestrecktem Liegen und feierlichem Stehen, zwischen demütiger Vergänglichkeit und fürstlicher Würde. Immer wieder wird es faszinieren, die wenigen Schritte zwischen Chor und Turmkapelle zurückzulegen: im Chor, im harten Licht, der Kraftmensch, wie ihn der Künstler der Spätrenaissance an die Spitze einer machtvollen Kette gewaltig tätiger Landesherren stellte: in der Turmkapelle, im gedämpften Schatten, der neben der zarten Gattin Aufgebahrte in der verklärenden Darstellung, die ein großer unbekannter Bildhauer des späteren 13. Jahrhunderts schuf.« Borst 55: »Auf der Doppeltumba ist aus dem hart zugreifenden Territorialpolitiker ein sanfter und bekränzter Jüngling geworden, er mit den württembergischen Hirschstangen als Mantelschließe, an seiner Seite seine zweite Gattin Agnes von Liegnitz mit dem schlesischen Adler.«
Als Entstehungszeit des Grabmals wird genannt: Bald nach dem Tode von Ulrich und Agnes 1265: Julius Baum, Gotische Bildwerke Schwabens, Augsburg/Stuttgart 1921, 94: »Das Grabmal muß bald

nach 1265 entstanden sein. Die Gesichter sind unverkennbar im Sinne des 13. Jahrhunderts idealisiert« u. 161 f: »nicht lange nach 1265 errichtet«. Julius Baum, Deutsche Grabmalplastik des 13. Jahrhunderts in: Handbuch der Kunstwissenschaft 1933, 3, 2, 357: »unmittelbar nach der Beisetzung errichtet« (Besprechung von Werner Fleischhauer in WVJH NF 39, 1933, 339: »Für das Grabmal Ulrichs mit dem Daumen in der Stuttgarter Stiftskirche nimmt Baum eine Entstehung unmittelbar nach dem Tod 1265 an, trotz der geschichtlichen Nachrichten von der Zerstörung der Beutelsbacher Grablege im Jahr 1311; die Betrachtung der Kostüme gibt dieser Datierung recht«). Hans Koepf, Schwäbische Kunstgeschichte, Konstanz 1963, 3, 75: »aus der Zeit nach 1265«, zeigt »noch ganz den Geist der Naumburger Plastik«. Dekker-Hauff Stuttgart 168: »Doppeltumba wurde wohl bald nach dem Tode der beiden noch jugendlichen Gatten (1265) in Auftrag gegeben« u. 361 Anm. 169: »bald nach 1265« u. 171: »die ein grosser unbekannter Bildhauer des späteren 13. Jahrhunderts schuf«. Albert Kleemann in Ortsbuch Beutelsbach (Anm. 6) 67: »Tumba befand sich von 1265 bis 1323 in der Stiftskirche zu Beutelsbach«. Heinz Erich Walter ebenda 75: »Die Beutelsbacher Herkunft ist zwar schon angezweifelt worden; aber die kunsthistorische Untersuchung der Kostüme weist auf eine Entstehung des Grabmals um 1265 hin, als das Stift noch nicht verlegt war.«
Entstanden in Beutelsbach zwischen 1265 und 1311: J. J. Gabelkover JI 410, 57: »Ist von Beutelspach alhero gefiehrt worden«; Pfaff Stuttgart 1, 65: Grabdenkmal Ulrichs und seiner Gemahlin der Zerstörung zu Beutelsbach entgangen. Letztes Jahrzehnt des 13. Jahrhunderts: Günther Bräutigam, Die Darstellung des Verstorbenen in der figürlichen Grabplastik Frankens und Schwabens vom Ende des 13. Jahrhunderts bis um 1400, Diss. phil. Erlangen 1953, 90 Nr 2. Das seinerzeit noch in der Ruine der Stiftskirche eingemauerte Grabmal war Bräutigam nicht zugänglich. Um 1290: Bräutigam 26. Spätes 13. Jahrhundert: Tafel der Stauferstätten in Baden-Württemberg, angebracht zur Stauferausstellung 1977 am Südturm der Stuttgarter Stiftskirche: »das prächtige Doppelgrab Herzog (!) Ulrichs I. und seiner Gemahlin Agnes«; Handbuch Stuttgart, Stuttgart 1985, 251. Ende 13. Jahrhundert: Theo Sorg, Die Stiftskirche in Stuttgart, Stuttgart 6. Aufl. 1979, 12: »Bedeutend ist das Stiftergrabmal aus dem Ende des 13. Jahrhunderts, das älteste unter den Grabdenkmälern der Stiftskirche, in seiner unpersönlich feierlichen Präsentation. Es erreicht aber nicht die Lebensfülle und die Aussagekraft der Naumburger Stifterfiguren, die eine Generation älter sind.«; Theo Sorg, Die Stiftskirche in Stuttgart, Königstein 1984, 10. Um 1300: Müller 85; Das Land Baden-Württemberg. Amtliche Beschreibung nach Kreisen und Gemeinden, Stuttgart 1978, 3, 31. Entstehung nach 1300: Julius Baum, Deutsche Bildwerke des 10. bis 18. Jahrhunderts, Stuttgart/Berlin 1917, 14: »nicht vor 1300 errichtet«. Hans Hünefeld, Das Grabmal Ulrichs I. ›mit dem Daumen‹ von Württemberg und der Agnes von Liegnitz in der Stiftskirche von Stuttgart in: Schlesien. Vierteljahresschrift für Kunst, Wissenschaft und Volkstum 19, 1974, 79–86. 84: »Im allgemeinen neigt man zu der Ansicht, daß das Grabmal in der Zeit von 1265–1300 entstanden ist. Aus historischen Gründen möchte ich für ein jüngeres Datum eintreten: Wenn es zutrifft, daß die Eßlinger bei der Zerstörung des Stiftes Beutelsbach 1311 die Gebeine der Verstorbenen ›in alle Winde‹ (Missenharter 30) zerstreut haben, kann man sich kaum vorstellen, daß die Eßlinger bei ihrem Zerstörungswerk das Grabmal des Stifterpaares unangetastet gelassen haben sollen. Viel wahrscheinlicher erscheint es dann, daß der pietätvolle Sohn, Eberhard der Erlauchte,

nach der Überführung der Gebeine nach Stuttgart dieses Grabmal herstellen ließ, d. h. um 1321. Nimmt man Porträtähnlichkeit an, verringert sich dann bei dem größeren zeitlichen Abstand diese Wahrscheinlichkeit.«
Entweder nach dem Tod des Paares 1265 oder zur Beisetzung der Gebeine in Stuttgart 1316/20 entstanden: Stälin 2, 485: »nicht sehr lange nach deren Tode, vielleicht für die neue Beisetzung der Gebeine in Stuttgart gefertigt« (nach Sattler Top. 40). Heideloff Mittelalter 22 (s. o.). P. Stälin 377: »welches nicht lange nach seinem Tode, vielleicht bei der neuen Beisetzung der Gebeine, gefertigt wurde«; Mosapp Stiftskirche 28; Harald Schukraft in Festschrift Württemberg 703: »Ob die Doppeltumba noch im 13. Jahrhundert entstanden ist oder erst für die neue Grablege in der Stuttgarter Stiftskirche angefertigt wurde, ist ungewiß. Stilistische Untersuchungen sprechen eher für die letztere Annahme.«
Entstanden 1316/20: Weller Wirtemberg 135: »Wie sehr dieser Sohn (Anm.: Eberhard der Erlauchte) später den Vater ehrte, davon zeugt das schöne steinerne Denkmal mit den liegenden Gestalten von Ulrich und Agnes, die er bei der Übertragung der Gebeine von Beutelsbach nach Stuttgart aushauen ließ.« Nach 1321: Karl Stenzel in Schwäbisches Heimatbuch 1939, 170. 1535 von Herzog Ulrich errichtet: Heimführung 10; Lairitz 453.
Zur Beschädigung des Grabmals beim Einsturz des Chorgewölbes der Stuttgarter Stiftskirche im ersten Viertel des 15. Jh.: Küng 85: »Zu seiner (Anm.: Gf Eberhard IV. d. J. †1419) zeit (1417–1419) fiel das gwelb im gemelten chor herab und zerschlug die wappen, überschrifften und grabstain der vor verstorbenen graffen von Wirtemberg so gar, daß man noch heutigs tags ettliche nitt wol mer sehen kan, will geschweigen, daß man solche noch solte lesen megen«. (Diese Angabe nahezu wortgleich bei Wolleber Cod. hist. 2° 934, 149v und Pregitzer 1, 11: »Nicht lang vor seinem Tod« = Gf Eberhard IV. †1419.) Materialien Beutelsbach 16: »Anno 1400. ungefähr ist das Chorgewölb dieser Kirche ein- und herabgefallen, doch ohne jemands Beschädigung, ausser daß es dem Bild Ulrichs mit dem Daumen die Hände abgeschlagen, und also der Daum nimmer zu sehen war.«
Gewölbeeinsturz 1419 bei: Sattler Top. 25: Pfaff Stuttgart 1, 65. Gewölbeeinsturz 1414: Cod. hist. 2° 795, 376; Demmler 2; Decker-Hauff Stuttgart 171 u. 256. Zeichnung des beschädigten Grabmals bei A. Rüttel d. J. Cod. hist. 2° 130, 17r; Abb. bei Decker-Hauff Stuttgart 170. Kupferstich des beschädigten Grabmals bei Sattler Top. 34. Vorschlag zur Restaurierung bei Heideloff Mittelalter Tf 6.

15 Zitiert nach dem Original in Stuttgart; Inschrift auch bei: Küng 62; A. Rüttel d. J. A 525 Bü 3, 96; Crusius 1, 814; Schmid 6; Tiedemann 12; Heideloff Mittelalter 23; Mosapp Stiftskirche 29f; Baum 1921 (Anm. 14) 161f.

16 Zur Verlegung des Stifts Beutelsbach nach Stuttgart: Christoph Besold, Documenta Concernentia Ecclesiam Collegiatam Stuetgardiensem Dioceseos Constantiensis, Tübingen 1636; Materialien zu einer Geschichte des Stifts Beutelspach und der jezigen Stiftskirche in Stuttgard, Augsburg 1781; Pfaff Stuttgart 1, 314–319; Helmut Schmidt, Das Stuttgarter Chorherrnstift zum Heiligen Kreuz, Diss. jur. Tübingen 1961; Reinhold Rau, Die Verlegung des Beutelsbacher Stifts nach Stuttgart in: ZWLG 20, 1961, 191–198; Decker-Hauff Stuttgart 181–191; Adolf Schahl, Die Kunstdenkmäler des Rems-Murr-Kreises, München 1983, 2, 1280–1282.
In der württembergischen Geschichtsschreibung wurde bis in die jüngste Vergangenheit hinein die Auffassung vertreten, wonach angeblich die Schändung und Zerstörung der Beutelsbacher Grablege im Reichskrieg gegen Eberhard den Erlauchten der eigentliche Grund für die Verle-

gung des Stifts mit dem Erbbegräbnis nach Stuttgart gewesen sein soll: Stuttgarter Stiftschronik 257: »Do geschach das der herschaft zuo schmach und widerdrieß, das die greber, da die herschafft inne lag, zerbrochen und die stain, die darob lagen... Darnach in den nechsten zwain jaren gewan er alle sine stett, schloß, land und lut wieder. Nach dem selben gedaecht der obgenant grave Eberhart von Wirtemberg, wie sinen vordern söllich schmachheit geschehen were, und söllichs zuo furkommen das es nit me in künftig zyt beschehe, do rait er selbs personlich gen Rome, und mit gunst und erlobung unnsers hailgen vater des babsts legt den styft zu Bittelspach gen Stuotgarten in die statt.« Chronik Kaiser Könige Päpste 93: »das geschach der herschafft zuleide vnd zu widerdrieß, daz die greber da die herrschafft jnne lagen zerbrochen wurden, Vnd die stein die da ob den grebern lagen zerschlagen wurden... Do gedacht der selb herre graff Eberhart von Wirtemberg wie sinen vordern gescheen were, vnd wolt jm sinen nachkomen fürkomen daz es nit mer geschee, vnd let den stifft von butelspach gen Stutgarten in die stat.« Lirer 65: »Da zugent die stet gen Bütelspach do was ain stifft vnd was der herschafft von Wirtenberg leichlege vnd begrebtnuß do selbst. Da geschach der herschafft zu schmach vnd widerdrieß das die greber do die herrschafft inen lagent zerbrochen vnd die stain die darob lagen erschlagen worden. Als nun der ee genant kayser Hainrich gestorben was darnach in den nechsten zwaien iaren gewan er all sin stet schlos lant vnd leüt wider. Nach demselben gedacht derselb Graf Eberhart von Wirtenberg wie seinen vordern soliche schmach geschehen wär. vnd soliches zuuerkomen das es nit mer in künfftigen zeitten gescheche do rait er selbs personlich gen rom vnd mit gunst vnd erlaubung vnsers heiligen vaters deß Babsts leget er den stifft zu Bütelspach gen Stogkart in die stat.« Trithemius 2, 122: »Eodem tempore urbium et oppidorum imperialium cives, qui omnes partes sequebantur regales, cum odio Comitum Wirtenbergensium incredibili aestuarent, propterea quod plura dudum suscepissent incommoda, suas cupientes vindicare injurias, factum nimis execrabile ac penitus crudele in mortuos perpetrarunt; sepulchra namque in quibus vita defuncti Comites de Wirtenberg cum armis et inscriptionibus suis in memoriam posteritatis quiescebant in Ecclesia Collegiata in Butelspach. ubi sepulturam habere solebant, perfregerunt, ad invidiam nominis et stirpis, arma delentes cum inscriptionibus cunctis.« Küng 65: »der stifft zu Beutelspach, welchen sein vatter seliger gestifft hett, zugrund gericht und die grabstain seiner altvordern zerschlagen waren.« Crusius 1, 889: »das Beutelspachische Stifft, wo um A. 1310. die Grabmahle seiner Vor-Eltern vom Feind zerstört worden.« O. Gabelkover Cod. hist. 2° 586, 190r: »seiner lieben Eltern vnd Verwandten grabstein zerschlagen vnd sich auch vnderstanden, die Gebein von den Gräbern herauszunemmen, vnd in das freye Veld zu strewen, nicht allein wider alle christliche, sondern auch wider der haiden gewohnheith welche dafür gehalten, daß es ohnbillich seye, wider die todten also zu wüthen.« J. J. Gabelkover Chronik J1 410, 57: »die verenderung des Stiffts von Beutelspach nacher Stuetgardten, fürnemblich darumb beschehen, weil daselbst zue Beutelspach, als Jn einem offnen fleckh unnd unbewehrten ort, der Herrschafft württemberg feind eingefallen, unnd Jhre Feindseelige Uhnthaten sogar auch an den Verstorbenen Gräulichen Persohnen des Hauses Wirtemberg unnd derselben gebeinen verübet haben, deßwegen dann bey Verrückhung der Stiftsherrn wohlgemelter seelig Verstorbner Gräulicher Personen des Hauses Wirtemberg gebein zue Beuttelspach, uss selbiger StifftsKürchen erhebt, nacher Stuetgardten gebracht, unnd alda Jn die newe Stiffts Kürch ehrlich widerumb begraben worden.« Waltz VII f: »Auff gleichen Schlag war auch Anno Christi 1310 Conrad Freyherr von Weinsperg Kaiser Heinrich deß Sibenden Statthalter von dem Kaiser ernstlich befehlet das gantze Land zu Würtemberg gründlich zu verderben. Jnsonderheit aber die übergeblibene Antiquiteten und denckwürdige Mahlzeichen zu Weiblingen und Beutelspach ab dem Weg zu raumen darmit das Würtembergische Geschlecht mit Namen Stammen und Wurtzeln möchte außgereutet werden. Wie dann auch damalen die alte Schwäbische Residenz-Statt Weiblingen widerumb den hartesten Stoß gelitten zu Beutelspach in der Stiffts-Kirchen die alte Württembergische Grabstein verschlagen die alte Schrifften vernichtet alle Zeugnussen von Wappen und Brieffen zu grund gerichtet worden«. Heimführung 12: »weilen aber in berührtem Krieg der Stifft Beutelspach sehr ruiniert worden, als hat sich Graf Eberhard, nach deme er seine Land nach absterben Kaysers Henrici VII. widerumb in Frid und Ruhe regieret, nacher Avenion zu Pabst Johanne XXIII begeben, und bey ihme erlangt, daß Er gemeldten Stifft Beutelspach gen Stuttgart transferiren möchte«. Pregitzer 1, 7: »die Wirttembergische Antiquitäten, biß an einen alten Grab-Stein zu Beutelsbach gar ausgerottet«. Steinhofer 2, 224 f: »Die Feinde haben eine allzu abscheuliche und grausame That wider die Todten begangen, da sie die Gräber, in welchen die verstorbene Grafen von Wirtenberg, mit ihren Wapen und Aufschriften, zum Andenken der Nachkommenschaft ruheten, in der Collegiatkirchen zu Beutelsbach, da sie ihre Begräbnisse zu haben pflegten, aus Neid gegen dero Namen und Stammen, mit denen Wapen verderbeten, und alle Aufschriften vertilgeten (=Übersetzung von Trithemius 2, 122). So weit kann die Wut der erbosten Feinde gehen, wenn sie einmal glauben, Meister zu seyn, daß sie auch der Todten nicht verschonen. Allein die göttliche Vorsehung, welche über das wirtenbergische hohe Haus zu allen Zeiten mit besonderer Gnade gewachet, und solches zu noch grösserem Flor und Glanz aufbehalten, hat denenselben bald ein mächtiges Ziel gestecket, daß sie in ganz kurzer Zeit unsern in dem Glück und Ohnglück geübten und ohnüberwindlichen Helden, Graf Eberhard, mit neuen Lorbeeren geschmücket sehen, und ihme die einem so grossen Fürsten gebührende Hochachtung und Ehrforcht bezeugen müssen.« Sattler Top. 123: »Begräbnisse der ältern Graven von Würtenberg 1309 zerstöret.« Sattler Gf 1, 68f: »Jhre Erbitterung verfolgte so gar die Begräbnüsse seiner Voreltern und die Gebeine derselben wurden zerstreuet. Jch weiß nicht, soll ich dise Calmukische Unmenschlichkeit der damals noch ziemlich ungesitteten Kriegs-Art, oder einer allzugrossen Rachbegierde zuschreiben.« Materialien Beutelsbach 10 f: »Weil aber Graf Eberhard den Schaden, welchen ihm die Reichsstädte auf Befehl Kaiser Heinrichs zugefüget, noch nicht verschmerzen konnte, und besonders ihm sehr empfindlich fiel, daß seiner Voreltern Gebeine und Begräbnüsse von seinen Feinden so übel mißhandelt worden, so gedachte er sich und seinen Nachkommen einen sichern Ort nach dem Tode zu verschaffen. Das Stift Beutelspach war ein offener Ort, in welchem weder die Leichname, noch das Stift vor den Ausfällen der Feinde gesichert war.« Pfaff Stuttgart 1, 316: »noch schlimmer aber ergieng es dem Stift im Jahre 1312, wo die Eßlinger es verbrannten und selbst die Kirche und die Gräber der Württembergischen Fürsten nicht verschonten. Diese letzte Verwüstung gab dem Grafen Eberhard Veranlassung, das Stift nach Stuttgart zu verlegen, wo es vor feindlichen Angriffen mehr gesichert war, als zu Beutelspach, einem offenen Orte.« Stälin 3, 129: »Der Graf, welchem selbst das Erbbegräbniß seiner Ahnen in Beutelspach zertrümmert wurde.« OAB Schorndorf 1851, 129: Um 1311 »fiel auch die Wiege und das Erbbegräbniß seines Geschlechts, die Stammburg Württemberg und das Stift Beutelsbach der Zerstörungswuth der erbitterten Feinde des Grafen anheim; nicht einmal der Grabsteine in Beutelsbach wurde geschont«. Bach 164: »Das Erbbegräbnis des württembergischen Fürstenhauses war manchen Schicksalen unterworfen: sein uralter Sitz in Beutelsbach öfters verwüstet, wurde zuletzt im Reichskrieg gegen Graf Eberhard den Erlauchten 1310–13 gänzlich ruinirt, die Gräber zerstört und die Grabsteine zerschlagen. In Folge dessen verlegte der Graf im Jahr 1321 das Stift Beutelsbach nach Stuttgart.« Haering Reichskrieg 60: »Die Zerstörung des dortigen württembergischen Erbbegräbnisses, jetzt oder später (1310), ist den meisten Zeitgenossen noch in schreckhafter Erinnerung.« Otto Wurster in Eßlinger Heimatbuch, Eßlingen 1931, 143: »Das Stift wurde von den Städtern zerstört, sie erbrachen sogar die Gräber der württembergischen Fürsten, zerstreuten die Gebeine und zerschlugen die Grabsteine.« Wais Stiftskirche 18: »Kirche des Dorfes Beutelsbach mit der Grablege des Grafenhauses vom Feinde verbrannt worden.«

Missenharter 29: »Gelernt aber hat Eberhard aus der letzten gründlichsten Exekution, daß er künftighin das geistliche Fundament seiner Herrschaft, das Chorherrenstift in Beutelsbach, nicht mehr völlig ungeschützt im Remstal belassen dürfe. Daß seine Feinde nicht einmal die Gräber seiner Familie verschont hatten, scheint ihn tief gekränkt zu haben. So reiste er, als er endlich wieder Frieden hatte, selbst nach Avignon zum Papst, um die Verlegung des Stifts nach Stuttgart zu beantragen.« Missenharter 30: »Ulrichs des Stifters in Beutelsbach 1265 beigesetzten Gebeine wurden 1311 von den Eßlingern in alle Winde zerstreut. Übriggeblieben aber waren die überlebensgroßen, wohl bald nach seinem und seiner Frau Agnes Tod gefertigten Rundfiguren, die bei der Verlegung über einer symbolischen Grabstätte in der Halle unter dem Südturm ihren Platz fanden.« Müller 84: »um einer weiteren Schändung der Gebeine seiner ›Anichen‹ in Beutelsbach vorzubeugen«. Die Angabe von der Zerstörung der Beutelsbacher Grablege findet sich nach der Widerlegung durch Reinhold Rau (s. u.) noch bei: Weller Württemberg 87; Hünefeld (Anm. 14) 84; HbHistStätten BaWü 1980, 80: »Grablege des württ. Grafenhauses, bis Gf Eberhard der Erlauchte 1321 das Stift nach seiner Zerstörung im Reichskrieg von 1311 nach Stuttgart verlegte«; Schahl (s. o.) 1282; Festschrift Württemberg 73 u. 480; Handbuch Stuttgart, Stuttgart 1985, 328.

Zweifel an den Berichten von der Schändung der Beutelsbacher Grablege finden sich erstmals bei O. Gabelkover Cod. hist. 2° 586, 218r–v: »die gebain der verstorbenen Grafen außgegraben sollen haben, daß möchte villeicht von etlichen fürgeschlagen, aber doch nicht ins werck gericht sein worden. Dann als Anno 1608. vf absterben deß durchleuchtigsten Hochgebohrnen Fürsten vnd Herrn Herrn Fridrichß Hertzogen zue W. zu Jhr fürstlichen Gnaden begräbnuß alhie zu Stuettgardten im Chor ain neues gewölb zugericht, vnd also nicht allein die alte Grabstein, sondern auch die darunder ruhenden Leichnam, oder ihr noch übrige gebain, ordenlich erhebt worden, hat sich unter andern auch ein sarch befunden da mehrerlay bain vnordenlich beieinandergelegen, darauß zu vermuthen, das es die noch übrigen gebain derjenigen, so zu Beutelspach begraben worden, gewesen seyen.«

Ins Reich der Fabel verwiesen werden konnte die Geschichte von der Schändung der Beutelsbacher Grablege durch Reinhold Rau (s. o.) nach gründlicher Untersuchung der zeitgenössischen Urkunden zur Verlegung des Stifts nach Stuttgart (Sattler Gf 1 Beil. 58–60; Urkundenbuch Stuttgart 19 Nr 51 u. 21 Nr 54 u. 25 Nr. 55). Rau 198:

»Es wird zwar in der letzten zusammenfassenden Behandlung des Reichskrieges unter Heinrich VII. gesagt (=Haering Reichskrieg 60), die Zerstörung des württembergischen Erbbegräbnisses sei den meisten Zeitgenossen in schrecklicher Erinnerung, und das unter Verweisung auf die Stuttgarter und Sindelfinger Annalen. Indessen liegt hier ein Versehen vor: die Sindelfinger Annalen hören mit dem Jahre 1294 auf und bringen nichts von der Zerstörung des Erbbegräbnisses, und die Stuttgarter Annalen (Anm.: Annales Stuttgartienses ohne Hinweis auf die Zerstörung Beutelsbachs, jedoch Stuttgarter Stiftschronik 257, s. o.) rühren nicht von einem Zeitgenossen her. Es ist doch zu bedenken, daß gerade der Eßlinger Trütwein (Gedicht, hg. v. P. Stälin in WVJH 8, 1883, 1 ff), der diesen Krieg erlebt und wohl teilweise mitgekämpft hat (vgl. Nikitsch Dreytwein), von einer Zerstörung des Beutelsbacher Erbbegräbnisses nichts sagt. Die Erinnerung an dieses Ereignis ist lediglich in den Aufzeichnungen des Stuttgarter Stifts vorhanden und muß mit derselben Kritik betrachtet werden wie die sonstige nichturkundliche Überlieferung über die Stiftsverlegung. Maßgebend auch für die Frage nach der Zerstörung des Beutelsbacher Erbbegräbnisses bleibt auch die Aussage unserer zeitgenössischen Urkunden und vor allem, was der Graf selbst als der Urheber der Verlegung hierüber zu sagen hat. Seiner Aussage kommt um so mehr Gewicht zu, als der Zusammenhang ihn nicht veranlassen konnte, den Tatbestand zu verkleinern oder seine Gegner schonend zu behandeln. Aber weder der Graf noch der Papst reden auch nur ein Wort davon, daß das Erbbegräbnis in diesen Wirren Schaden gelitten habe. So wird man nicht umhin können, dieses schreckliche Ereignis nicht nur aus der Geschichte der Stiftsverlegung, sondern überhaupt aus der Reihe der tatsächlichen Begebenheiten zu streichen. Wer sich aber nicht davon abbringen läßt, daß dieses Erbbegräbnis doch irgendwie bei der Verlegung des Stifts eine gewichtige Rolle gespielt hat, der wird sich vor Augen halten, daß diese geweihte Stätte von der Einnahme durch die Eßlinger im Herbst 1311 bis zur Rückgewinnung von Waiblingen durch den Grafen frühestens im Spätherbst 1315, vielleicht auch erst im folgenden Jahr, in den Händen seiner triumphierenden Gegner, der Reichsstädter, war. Diese Schmach mag mehr noch als das Feuer im Dorf und in den Stiftsherrenhäusern in der Seele des erlauchten Grafen gebrannt haben, so lange, bis er den Gebeinen seiner Ahnen auf dem Friedhof (Anm.: in der Stiftskirche! s. u.) innerhalb Stuttgarts Mauern einen anderen und sichereren Platz geben konnte.« Für die Überlegungen Raus und gegen eine Zerstörung der Beutelsbacher Grablege sprechen neben dem von O. Gabelkover berichteten Knochenfund beim Bau der Stuttgarter Gruft (s. o.) auch noch die Tatsache, daß das mit Gewißheit vor 1300 entstandene Grabmal für Ulrich und Agnes unbeschädigt von Beutelsbach nach Stuttgart überführt wurde. Die Vermutung, bei dem in Beutelsbach verbliebenen alten Grabstein handele es sich um einen 1321 bzw. im 15. Jahrhundert errichteten Gedenkstein für das nach Stuttgart verlegte Erbbegräbnis, verdankt ihre Entstehung der nunmehr widerlegten Angabe der Zerstörung der Grabmäler im Reichskrieg 1311 und läßt sich nicht mehr halten, vgl. Gfn Margarethe †v. 1296 Anm. 8 u. 9. Als Zeitpunkt der Verlegung des Stifts von Beutelsbach nach Stuttgart wurde herkömmlich angenommen der Johannestag 1321, beziehungsweise dessen Vortag: Annales Stuttgartienses 7: »Anno domini 1321 generosus dominus Eberhardus de Wirtemberg transtulit collegium in Butelspach ad Stutgarten in vigilia Johannis Baptiste (=23. Juni)«. Tubingius 250 mit Zusatz: »cum ossibus suorum praedecessorum«. Küng 65: »sein die stifftherrn von Beütelspach uff Johannis Baptiste erstmals gen Stutgart komen, vermeg einer verzaichnus, in meß gegossen (Messing; ›meß gegossen‹ durchgestrichen und von späterer Hand ›holtz geschnitten‹ darübergeschrieben) und zu Stutgarten oben in dem chor, zu der linckhen hand, eingemauret, also lautendt: Anno 1321 in die S. Johannis Baptiste superuenerunt canonici de Beutelspach 8 kalendas julii (=24. Juni)«; mit Zeichnung der Tafel; Abb. bei Decker-Hauff Stuttgart 190. Diese Datierung läßt sich mit keiner der vorhandenen Urkunden in Einklang bringen. Nach der Bulle Papst Johannes XXII. vom 17. Juni 1320 war die Verlegung zu diesem Zeitpunkt bereits geschehen (Urkundenbuch Stuttgart 19f Nr. 51: »propter quod idem comes dictum collegium cum prepositura et cum corporibus progenitorum suorum de consensu prepositi et canonicorum ipsius ecclesie, assensu ad id eciam dyocesani loci et capituli Constanciensis accedente, in locum transtulit forciorem, videlicet in oppidum suum Stutgarten, quod est in Constanciensi dyocesi constitutum«). Das Datum der Urkunde »Datum Avinione XV kalendas Julii pontificatus nostri anno quarto« gab möglicherweise den Anlaß zu einer Fehldatierung in den Annales Stuttgartienses: XV wird zu IX kalendas Julii, und es ist fraglich, ob sich der exakte Beginn des Pontifikats Johannes XXII. bis Stuttgart herumgesprochen hatte, so daß die Annahme, der 17. Juni 1320 in der Papsturkunde bedeute den 23. Juni 1321 der Stuttgarter Annalen, nichts allzu Gezwungenes an sich hat. Die Tatsache, daß die von Küng (s. o.) überlieferte hölzerne Tafel im Chor der Stuttgarter Stiftskirche einen Tag später als die Stuttgarter Annalen angibt, nämlich den 24. Juni 1321, legt die Vermutung nahe, daß es sich hierbei um eine wahrscheinlich ebenfalls erst unter Graf Ulrich V. dem Vielgeliebten entstandene Gedächtnistafel handelt, die zugleich mit den hölzernen Epitaphien der einzelnen Grafen, und wie diese nicht in jedem Falle fehlerfrei gefertigt wurde; vgl. Gf Heinrich †1519 Anm. 17. Reinhold Rau (s. o.) weist 196f nach, daß die Verlegung des Stifts aus Beutelsbach zwischen dem 13. November 1316 und dem 9. November 1317 erfolgt ist. Ob zu diesem Zeitpunkt auch bereits die fürstlichen Gebeine samt dem Grabmal für Ulrich und Agnes und möglicherweise weiteren Grabmälern nach Stuttgart gebracht waren, läßt sich nicht sagen. Sicher ist hingegen, daß sie am 17. Juni 1320, dem Ausstellungstag der Bulle Johannes XXII. in Avignon (s. o.), bereits in Stuttgart waren: »collegium cum prepositura et cum corporibus progenitorum suorum ... in locum transtulit forciorem videlicet in oppidum suum Stutgarten«.

Indessen gestattet die Urkunde Eberhards des Erlauchten zur Verlegung des Stifts vom 25. Januar 1321 (Urkundenbuch Stuttgart 21 Nr 54: »das wir ansahen, das diu gestift der corherren ze Bütelspach, da unser vordern begraben warn, die si auch stiften, wan si uf dem lande lag, von unfride dicke gebresten hät an gotzdienst, und das die corherren dannan muzten entwichen; darumb behuben wir von dem bischof und dem capitel ze Costentz, dieselben gestift ze Bütelspach ze legen in unser stat ze Stugarten, dar wir auch geleit haben unsrer vordern libe und gebaine«) die Überlegung, ob die Überführung der Gebeine nicht bereits vor dem Antrag auf Verlegung des Stifts erfolgt ist, zumindest legt die Formulierung der Urkunde dies nahe. Dann hätte Eberhard der Erlauchte unmittelbar nach der Wiedergewinnung seines Landes die Gebeine seiner Eltern und Ahnen aus Beutelsbach nach Stuttgart geholt, einerseits aus Pietät, andererseits um mit dieser Handlung die Entscheidung des Konstanzer Bischofs von vorneherein festlegen zu können. Denkbar ist, daß seinerzeit mit Rücksicht auf – oder gar auf Wunsch von – Eberhards dritter Gemahlin Irmengard von Baden, bei deren Bruder-

sohn er eben im Reichskrieg von 1311ff Zuflucht gefunden hatte, das Grabmal seiner zweiten Gattin, Margarethes von Lothringen, in Beutelsbach verbleiben mußte; vgl. Gfn Margarethe †v. 1296 Anm. 8. Wiewohl Reinhold Rau (s. o.) die in Jahrhunderten zementierte Überlieferung von der Zerstörung der Beutelsbacher Grablege als gänzlich unwahre Angabe späterer Geschichtsschreibung nachweisen konnte (man könnte geneigt sein, das von Abschreiber zu Abschreiber noch schrecklicher gemalte Horrorgemälde als böswillige Erfindung der württembergischen Propaganda im permanenten Krieg mit der Reichsstadt Eßlingen zu empfinden), huldigt Rau weiterhin der von Küng begründeten irrigen Auffassung, wonach die Gebeine aus Beutelsbach nach der Überführung zunächst in Stuttgart auf dem Friedhof beigesetzt worden sein sollen (s. o.): Küng 61: »welcher baider (Anm.: Ulrich und Agnes) gebain und grabstain hernach anno 1321 gen Stutgartenn sein gefiert worden, da sie bis in das jar 1535 uff dem kirchhof an der kormauren gegen auffgang gelegen, aber in gemeltem jar durch hertzog Ulrich oben in den cor zu legen verordnet, welcher baider stain umschrift also lautett: (folgt Inschrift Anm. 15)«. Wortgleich bei Wolleber Cod. hist. 2° 934, 125v, jedoch mit dem Jahr 1521 statt 1321 als Jahr der Überführung nach Stuttgart.
Heimführung 10: »Anno 1321. am Tag Johannis deß Täuffers ... nacher Stuttgart, als einen sichern Orth, mit sampt dem Stifft Beutelspach, transferirt, und anfangs auf den Kirchhof vor der neuen Stiffts-Kirch an die Maur deß Chors gelegt, hernach aber Anno 1335.(!) von Hertzog Ulrichen zu Würtemberg, in dem neuen Chor der Stiffts-Kirchen seynd begraben, und mit einem herrlichen Monumento gezieret worden« (Ebenso Lairitz 453, dort jedoch das Jahr 1535). Tiedemann 6: »verlegte das Stift anno 1320. nach Stuttgart, als einen festern und sichern Ort, und schon im nächstfolgenden Jahr 1321. wurden die noch vorhandene Fürstliche Gebeine aus der Stiftskirche zu Beutelspach nach Stuttgart geführt, und zuerst auf den Kirchhof bei der Stiftskirche gegen Aufgang der Sonnen, und dann im Jahr 1535. von Herzog Ulrich in dem grossen Chor der allhiesigen Stiftskirche, auch gegen Aufgang begraben, allwo sie bis anno 1608. gelegen«. Pfaff Stuttgart 1, 64 hat richtig den Chor der Stiftskirche als Begräbnisstätte: »hier wurden nun, ›unterhalb der Stelle, wo das Crucifix vor den Predigerstühlen stand‹ (ohne Angabe der Quelle des Zitats; =J. J. Gabelkover Chronik J1 410, 57), die Gebeine der Vorfahren Eberhards, welche man deßwegen von Beutelsbach herbeischaffte, in einem steinernen Sarge beigesetzt, auch die Grabdenkmale des Grafen Ulrichs des Stifters und seiner Gemahlin, welche der Zerstörung zu Beutelsbach entgangen waren, aufgerichtet«, hat dennoch 1, 66 die irrige Angabe: »Herzog Ulrich versetzte 1535 in ihn (Anm.: den Chor der Stuttgarter Stiftskirche) die bisher außerhalb der Kirche gegen Osten gelegenen fürstlichen Grabsteine, welcher aber hier ›durch den beständigen Wandel stark abgetreten und verderbt wurden‹ (ohne Angabe der Quelle des Zitats; =Sattler Hz 5, 30, dort lagen die Grabmale jedoch auf dem Boden im Innern der Kirche). Moll 276 und Mosapp Stiftskirche 12 schließen aus den obigen Angaben, daß 1535 lediglich die Grabsteine in den Chor verlegt, die Gebeine aber erst 1608 zum Bau der Gruft aus dem außerhalb der Kirche gegen Osten gelegenen Friedhof ergraben und gesammelt worden sein sollen. Gradmann 194: »in einem Sammelgrab die Ueberreste, die 1321 aus der Stiftskirche zu Beutelsbach hieher überführt und zunächst auf dem Stiftskirchhof, später (1535) im Chor der Kirche bestattet waren«. Demmler 2: Zitiert Pfaff Stuttgart 1, 66 (s. o.) »Leider ist es mir nicht möglich gewesen, den urkundlichen Beleg für diesen Satz aufzufinden. Pfaffs wörtli-

che Zitate in den unmittelbar folgenden Sätzen sind nicht aus den Urkunden selbst, sondern aus Sattler (Hz 5, 30f) entnommen. Sie werden uns weiter unten zu beschäftigen haben. Nur gerade die Maßregel von 1535 läßt sich, soweit ich sehe, nicht aus Sattler belegen. In etwas anderer Form findet sie sich aber auch in« Tiedemann 6 (s. o.). Anders Hartmann Stuttgart 9 u. 15. »Nach ihm hätte man vielmehr anzunehmen, daß die Gebeine und etliche Beutelspacher Epitaphien sofort in den Chor kamen. Die Ursache der Zerstörung der Grabsteine läge vor allem in dem 1414 erfolgten Einsturz des Chorgewölbes. Allein, abgesehen davon, daß dann schwer verständlich wäre, wie Pfaffs Angabe entstehen konnte, ist gerade für das Ereignis von 1414 auch eine andere Version im Umlauf, deren Zuverlässigkeit ich freilich nicht zu kontrollieren mag«. Materialien Beutelsbach 16 »hat die ausdrückliche Nachricht, daß jene Beschädigung nur das Denkmal Ulrichs des Stifters betroffen hat (vgl. Anm. 14). So möchte ich Pfaffs Angabe doch für zuverlässig halten, nicht bloß, weil sie so bestimmt auftritt und den Ort anzugeben weiß, wo die Steine früher lagen, sondern weil auch andere Gründe dafür sprechen, daß Ulrich in jener Zeit den Chor einer neuen Bestimmung zuzuführen beabsichtigte.« Demmler erinnert an die am 2. Februar 1535 erfolgte Abschaffung des Meßgottesdienstes in der Stiftskirche. »Da scheint es doch nahezuliegen, daß der Herzog in dem leer und still gewordenen Chor die außerhalb der Kirche dem Verfall preisgegebenen Grabsteine seiner Vorfahren unterbringen ließ.« Die Auffassung, wonach die Gebeine aus Beutelsbach 1321 auf dem Friedhof bei der Stiftskirche beigesetzt und erst 1535 in den Chor der Kirche gebracht wurden, findet sich noch bei Edition Küng 184 Anm. 330. Ernste Zweifel an der Küngschen Überlieferung äußert erstmals Bach 165: »Erst Herzog Ulrich versetzte im Jahr 1535 die alten fürstlichen Grabsteine in den Chor der Stiftskirche. Nach Pfaff, Geschichte der Stadt Stuttgart 1, 67. Doch ist sehr fraglich, ob diese älteren Steine außerhalb der Kirche angebracht waren, denn aus dem nachfolgenden Erlaß des Herzogs Ludwig geht hervor, daß diese Steine auf dem Boden lagen, was doch unmöglich im Freien gewesen sein kann; denn der alte Begräbnisplatz um die Kirche ist schon seit 1432 eingegangen« (Erlaß Herzog Ludwigs vom 4. März 1574 zur Restaurierung der Stuttgarter Grabmäler nach Sattler Hz 5, 30f). Fleischhauer Renaissance 8: »Die gelegentlich in der alten Literatur erwähnte Bestattung im Kirchhof ist undenkbar!« Ungeklärt bleibt, weshalb der Stuttgarter Ratsherr Sebastian Küng †1561 zu der Aussage kommt, Gebeine und Grabmal Ulrichs I. und seiner Gattin Agnes seien nach der Verlegung von Beutelsbach auf dem Kirchhof an der Ostseite des Chores der Stiftskirche beigesetzt worden, hätten dort 214 Jahre gelegen, bis sie 1535 von Herzog Ulrich in den Chor der Kirche verbracht worden seien. Da Küngs Angabe – angesichts seiner sonstigen Glaubwürdigkeit und historischen Treue bei zeitgenössischen Ereignissen – nicht als völlig unsinnig angesehen werden darf, und auch das genannte Jahr 1535 im Zusammenhang mit der Rückkehr Herzog Ulrichs (1534) und der Ausgestaltung des Chores der Stiftskirche steht (Demmler s. o.), muß nach einem Sinn dieser Aussage gesucht werden. Denkbar wäre, daß in den ersten Jahren der fünfzehnjährigen Abwesenheit Herzog Ulrichs das Grabmal Ulrichs des Stifters und seiner Gattin von der neuen Herrschaft – aus welchen Gründen auch immer – aus der Kirche entfernt, außerhalb der Kirche gelagert und erst nach Herzog Ulrichs Rückkehr wieder an seinen angestammten Platz im Chor der Kirche gebracht wurde, den es zweifellos bei der Verlegung aus Beutelsbach 1316/20 erhalten hatte. Dem 1514/15 geborenen Küng wäre dann die Entfernung nicht mehr be-

wußt gewesen, wohl aber die Wiedereinsetzung des Grabmals, die er als etwa Zwanzigjähriger erlebt und vielleicht sogar beobachtet hatte.
Abgesehen davon, daß im deutschen Hochadel bis ins 19. Jahrhundert hinein eine Bestattung auf dem Friedhof absolut unüblich und undenkbar war, hätte Eberhard der Erlauchte in keinem Falle das Grabmal seiner Eltern aus der Beutelsbacher Stiftskirche, wo es unter Dach und Fach, wenn auch nicht vor feindlichen Einfällen so doch vor den Unbilden des Wetters geschützt war, nach Stuttgart gebracht, um es hier im Freien der Verwitterung und sonstiger Beschädigung preiszugeben. Es spricht mit Ausnahme der Angabe von Küng alles dafür, daß 1316/20 die aus Beutelsbach überführten Gebeine und Grabmäler unmittelbar sofort in den seinerzeit bereits vorhandenen Chor der Stuttgarter Stiftskirche verbracht wurden. Nicht zuletzt auch der Bericht O. Gabelkovers Cod. hist. 2° 586, 218r–v (s. o.): Sattler Gf 1, 88: »D. Gabelkover erzehlet, daß, als man im Jahr 1608. die Grufft in der Stiffts-kirche in Stuttgard erneuren wollte, man unter andern auch einen Sarg gefunden habe, worinn mehrerley Gebeine unordentlich beyeinander gelegen seyen, und daß man daraus gemuthmasset habe, als ob dise die noch übrige Gebeine der Graven zu Würtenberg welche zu Beutelspach begraben worden, gewesen seyn möchten« (ähnlich Materialien Beutelsbach 12). J. J. Gabelkover Chronik J1 410, 57 lokalisiert den Fundort der aus Beutelsbach überführten Gebeine: »deßwegen dann bey Verrückhung der Stifftsherrn wohlgemelter seelig Verstorbner Gräulicher Personen des Hauses Wirtemberg gebein zue Beutelspach, uss selbiger Stifftskürchen erhebt, nacher Stuetgardten gebracht, unnd alda Jn die newe Stiffts Kürch ehrlich widerumb begraben worden, Die waren nun alle zuesamen an einen Hauffen gelegt, allernechst underhalb des orts, da das Crucifix oberhalb der Predigstüel stehet, Jnmaßen selbige bey erbawung des gewelbs Jm Chor diser Kürchen, uff absterben Hertzog Friedrichs zue Wirtemberg als man alda ein Fürstliches begräbnus für die noch uberige lini der Herren Hertzogen zue Wirtemberg zuegerichtet, Jn wehrendem grab selbigen orts, beysamen gefunden worden« (ähnlich Materialien Beutelsbach 57f). Die Anzahl der aus Beutelsbach überführten Personen ist unbekannt und läßt sich auch nicht aus den Angaben O. Gabelkovers annähernd bestimmen. A. Rüttel d. J. A 525 Bü 3, 62v: »Wieviel aber der Graven von Würtemberg gewest, so zu Beutelspach vnd vor der Stifftung auff Würtemberg Jnn der abgangenen Capel begraben gelegen, mag nicht aygentlich, dieweil keine vestigia sepulturae vorhanden angezeigt werden« (Rüttel geht von einer Gründung des Stifts Beutelsbach durch Ulrich I. den Stifter aus und nimmt als Grablege davor die – 1083 geweihte – Kapelle auf der Stammburg Württemberg an). Die beim Bau der Stuttgarter Gruft 1608 aufgefundenen Gebeine aus Beutelsbach wurden gemeinsam mit den seit 1316/20 im Chor der Stiftskirche zur Erden bestatteten Angehörigen des Hauses Württemberg in einem gemeinsamen Grab auf dem Boden der Gruft eingemauert. Cod. hist. 2° 795, 385v: »Damahls hatt man den Chor ihn der Stifftskürchen vffgraben, die alten Graven von Württemberg noch in Baren gefunden, vnd ihre gebeine zue samen ihn ein Sarckh gelegt, ein schön gewelb gemacht wie ein Keller, damitten ein starckhe steinerne Saull von Stein wardt gehawen; also daß man fürtter würt die hertzog von Württemberg dahin ihn ihren Truchen vnd Baaren, als ihn ihren Schlafkämmerlen vnnd Rhuobettlen zusammen stellen, biß an Jüngsten tag, da sie wieder vffstehen ohn alle klag.« Philipp Jakob Zeitter J1 216, 23v spricht 1685 von den »gebein von 31 hohen Personen«, die »in ein besunder eingemauert Grab zusamen gethan«.

Tafel in der Gruft der Stuttgarter Stiftskirche von Hans Konrad Sautter 1611/12 (nach Fleischhauer Renaissance 387). Inschrift bei: Schmid Cod. hist. 8° 18, 48f; Waltz Cod. hist. 2° 320, 23f; Cod. hist. 2° 909 Anhang; Tiedemann 7f; zitiert nach Photo Nr. 42 742 Landesbildstelle Württemberg: »Alls Jm Jahr der Seligmachenden geburt vnnsers lieben Herrn vnd Hailands Jesu Christi 1608. weiland der Durchleuchtig Hochgeborn Fürst vnd Herr Herr Friderich, Hertzog zu Württemberg vnd Teckh, Graue zu Mümppelgart, Herr zu Haydenheim vnd Oberkirch, Pfandtherr deß Hertzogthumbs Alentzon vnd darzu gehöriger Herrschafften etc., Beeder Königlichen Cronen Franckhreich vnd Engelland OrdensRitter etc. vff Freytag den 29. Januarij. nachts vmb Acht vhrn zu Stutgarten seliglich im Herrn entschlaffen Seyen zu Jhrer Fn. Gn. gebürlicher bestattung bey dero hochlobseligen Voreltern vsser gnedigem beuelch deß auch Durchleuchtigen Hochgebornen Fürsten vnd Herrn Herrn Johann Friderichen, Eltisten Sohns vnd Regierenden Hertzogenß zu Württemberg etc. die Fürstliche Gräber im Chor der StifftsKirchen alhie, durch Jnsonnderheit darzu verordnete erhebt, die befundene gebein gewahrsamblich vfbehalten, volgend diß gewolb zu solchen vnd künfftigen Fürstlichen Begräbnußen innerhalb 17 tagen von grund vffgefüehrt, vnd vollendet worden, da dann besagte gebein widerumb in ein besonder mit stainen eingesetztes grab zusamen geordnet, vff welchem ein stain mit dem Württembergischen Wappen bemerckht ligt, Deßgleichen den 26. Februarij, gemelten Jahrs, die Fürstliche Leicht selbsten mit gewonlich Solenniteten auch eingebracht, vnd vfgestellt worden. Der Allmechtig wolle Jhrn F. G. sampt andern diser vnd aller orthen ruhenden Christgläubigen ein fröliche Vfferstehung verleyhen. Amen. N. Wer nuhn die Persohnen, deren gebain vß dem Chor hierunder in zuberaitung obgemelten gewölbs transferiert worden, das ist vß der Tafel, so im Chor bey der Trestkammer hanget, aigentlich zu erkhennen.« Diese im Nachsatz erwähnte Tafel mit dem Verzeichnis der im Sammelgrab in der Gruft bestatteten Personen ist verschollen. Vermutlich waren auf ihr die von Zeitter J1 216, 23v (s. o.) genannten 31 hohen Personen aufgeführt. Die Tafel befand sich an der Chorwand zur Sakristei (Trestkammer; vgl. Fischer Wörterbuch 2, 390) wahrscheinlich an der Stelle links neben der Tür zur Sakristei, wo sich heute das Verzeichnis der Regenten Württembergs befindet, da die restliche Wand seinerzeit bereits an die Grafenstandbilder von Sem Schlör vergeben war. Die Tafel im Chor wird, wie diejenige in der Gruft, ebenfalls aus Messing gewesen sein, Schmid 24 spricht von einer »aerea Tabula« (s. u.). Sattler Hz 6, 6: »Bißher wurden die Herzogliche Leichname zu Tübingen beygesetzt. Herzog Fridrich wollte aber zu Stuttgart sein Ruhebett haben. Die ehemalige Grufft in der Stifftskirche daselbst, wo der Graven Gebeine lagen, war zu eng und meistens angefüllt. Deßwegen ließ Herzog Johann Fridrich die alte Grabsteine aufheben, der grävlichen Personen Cörper und Gebeine unter ein Gewölb zusamen legen und eine neue geraumige Leichlegin oder Grufft erbauen« (Sattler vermutet irrigerweise eine Gruft vor dem 1608 erbauten jetzigen Gewölbe; bis dahin wurden jedoch die Leichname zur Erden, allenfalls in einzeln gemauerten Grabkammern beigesetzt). Nach der Inschrift der Tafel in der Gruft wurden die beim Bau des Gewölbes aufgefunden Gebeine »widerumb in ein besonder mit stainen eingesetztes grab zusamen geordnet, vff welchem ein stain mit dem Württembergischen Wappen bemerckht ligt«. Schmid 24 bemerkt zusätzlich: »Dise schrifft ist dem Stain im Vodern Chor, darunder die Herrn von Württemberg ruohen, vffgetragen worden«: Jllustrissimorum Vetustiorum Wirttembergicorum, aliorumque Principum, et eorundem Conjugum, aerea superioris chori Tabula consignatorum, exuviae, Salutis Anno M.DC.VIII. sub hoc saxum una transpositae. Laetam restaurationem ad Archangeli Tubam expectant in Domino«. Waltz Cod. hist. 2° 320, 11 in seiner Abschrift von Schmid nennt folgende Inschrift: »Jllustrissimorum Uetustiorum Württembergicorum, aliorumque Principum et eorum coniugum, aerea Superioris Chori Tabula, assignatorum, exuuiae, A. C. 1608. sub hoc saxum una transpositae, Ressurectionem exspectant«. Es ist fraglich, ob diese Inschrift tatsächlich auf dem Wappenstein über dem Sammelgrab angebracht wurde: Eine Zeichnung der Gruft von H. Bausch in Cod. hist. 4° 88-Anhang vom Jahr 1656 zeigt den Stein mit dem Hirschhörnerwappen ohne weitere Inschrift, jedoch mit der Beischrift: »Hierunder ligen der alten abgestorbenen Fürstl. vnd Gräfflichen persohnen, so alhier beysahmen in Gott ruhen, ihre gebein begraben«. Eine weitere Zeichnung der seit 1683 erweiterten Gruft in Cod. hist. 2° 909-Anhang vom Jahr 1724 zeigt den bereits teilweise von Särgen bedeckten Wappenstein ebenfalls ohne Inschrift. Mosapp Stiftskirche 36 zur (im Zweiten Weltkrieg unversehrt gebliebenen) Gruft im Chor der Stiftskirche: »Jst auch die Öffnung gewöhnlich durch Kirchenbänke verdeckt, wird es auch den meisten Besuchern der Kirche nicht leicht gelingen, in diese Gewölbe hinabzusteigen, so sollen sie hier doch nicht ganz übergangen werden. Die Gruft besteht aus zwei, durch einen mit Tonnengewölbe überdeckten Gang verbundenen Gewölben, einem größeren unter dem Chor, 10 1/4 m lang, 7 1/4 m breit und in der Mitte 3 m hoch (Anm.: erbaut 1608), und einem kleineren unter der Sakristei, 10 1/2 m lang, 5 m breit (erweitert 1683). Das größere Gewölbe ist in der Mitte durch eine mächtige vierseitige Säule gestützt, an der eine Messingtafel angebracht ist, welche die Entstehung des Gewölbes erzählt. Wenige Schritte links vom Eingang ins große Gewölbe befindet sich auf dem Boden, jetzt allerdings größtenteils durch Särge bedeckt, der mit dem ausgehauenen Herzogswappen (Anm.: Grafenwappen mit drei Hirschhörnern) gezierte Stein, unter welchem in ausgemauerter Gruft die von Beutelsbach herübergeführten (Anm.: und die seit 1316/20 im Chor der Stiftskirche bestatteten und 1608 bei der Ausschachtung der Gruft aufgefundenen) gräflichen Gebeine der Auferstehung warten. Jm übrigen sind beide Gruftgewölbe mit Särgen derart angefüllt, daß man nur schwer sich in ihnen bewegen kann und ein weiterer Sarg keinen Platz fände. Die Metallsärge, welche die eichenen Särge umschließen, sind, soweit sie aus dem 17. und 18. Jahrhundert stammen, über und über mit bildlichen und inschriftlichen Verzierungen bedeckt und teilweise wahre Kabinettstücke hoher künstlerischer Vollendung«; vgl. auch Gradmann 194; Wais Stiftskirche 75. Bauaufnahme der Gruft durch Walter Weber 1946 (Photo Landesbildstelle Württemberg Nr 42 731), darauf die 1683 erweiterte Gruft unter der Sakristei als gegen 1240/50 entstandene »Alte Grafengruft aus dem 13. Jahrhundert« angegeben. Eine weitere Bauaufnahme, ebenfalls von W. Weber 1946, in Wais Stiftskirche Abb. 36 mit der Behauptung S. 76: »Die bisherige Annahme, daß das große Gewölbe der Gruft unter dem Chor das ältere sei, während das kleinere Gewölbe unter der alten Sakristei erst später erbaut worden sei, ist irrig. Die kellerartige Sakristeigruft ist die älteste beider Grabkammern, sie ist wohl 1683 erweitert und gleichzeitig durch einen Gang räumlich mit der Chorgruft in Verbindung gebracht worden«. Diese Behauptung von Weber und Wais läßt sich durch nichts belegen. Abgesehen davon, daß Philipp Jakob Zeitter † 1691 in seinem Bericht über die Erweiterung der Gruft 1683 in J 1, 216, 23v die (doch wahrlich sensationelle) Entdeckung eines mittelalterlichen Gruftgewölbes mit keiner Silbe erwähnt, wäre es doch mehr als merkwürdig, wenn eine Grafen- und Herzogsfamilie, die bis ins 17. Jahrhundert hinein ihre Mitglieder in Tübingen und Stuttgart zur Erden in der Kirche bestattet, seit 1240/50 über eine »Alte Grafengruft aus dem 13. Jahrhundert« verfügt hätte; vgl. Decker-Hauff Stuttgart 68.

17 Vgl. Gf Heinrich †1519 Anm. 17.

18 Schmid 6.

19 Vgl. Gf Heinrich †1519 Anm. 19.

20 Zitiert nach dem Original in Stuttgart.

21 Albertus Bohemus (seit 1239 päpstlicher Legat in Deutschland) in: Bibliothek Litterarischer Verein Stuttgart 1846, 149.

22 Trithemius 1, 609.

23 Trithemius 1, 611.

24 Tubingius 248.

25 Suntheim 592.

26 Küng 49.

27 Küng 61.

28 Wolleber Cod. hist. 2° 934, 125v.

29 Crusius 1, 690.

30 O. Gabelkover Cod. hist. 2° 586, 128r.

31 Heimführung 9.

32 Pregitzer 1, 6.

33 Steinhofer 1, 25 (Plagiat von Pregitzer 1, 6).

34 Sattler Würtenberg 632.

35 Spittler 9f.

36 Spittler 12.

37 Pahl 1, 98f.

38 Zimmermann 1, 417.

39 Heinrich Wagner, Würtemberg und Stuttgart unter seinen ausgezeichnetsten Regenten. In zehn Gesängen mit Anmerkungen, Stuttgart 1840, 1 (Wagner ist auch der Verfasser der zweiten und dritten Strophe des Volksliedes ›Muß i denn, muß i denn zum Städtele naus‹).

40 Barth 40f.

41 Barth 42.

42 Stälin 2, 484.

43 Pfaff Wirtemberg 2, 21.

44 P. Stälin 375.

45 P. Stälin 377.

46 Schneider 15.

47 Schneider 19.

48 Haering Reichskrieg 44.

49 Gottlob Egelhaaf, Die Schlacht bei Frankfurt am 5. August 1246 in: WVJH 31, 1922/24, 45–53, mit Abdruck sämtlicher Quellen zur Schlacht, darunter Bericht des Walter von Ocra an König Heinrich III. von England: »dominus rex in festo S. Jacobi (25. Juli; irrig) cum inimicis incaute congressus per proditionem duorum comitum Suessorum (lies: Suevorum) de Citobergo (lies: Wirtembergo) videlicet et Croheling (lies: Grueninga), qui receptis a summo Pontifice VII milibus marcarum argenti, conventione praeterea facta et per literas Apostolicas confirmata cuilibet eorum de medietate ducatus Suaviae, si rege in campo deducto et hora belli ibidem dimisso de exercitu recederent, sine bello repente proditione, sicut pepigerant, in primo belli congressu depressis vexillis et vadato flumine cum duobus milibus militum et balistariorum fugiendo de exercitu recesserunt. Rex ipse in magno discrimine in medio inimicorum cum mille tantum equitibus remanens, quantumque tam ipse quam sui, qui remanserunt cum eo, pugnarent viriliter, perdidit tamen ad ultimum ducentos de suis et se ipsum servavit in civitate de Franceford.« Bericht des Christian Kuchimeister, Nüwe Casus Monasterii Sancti Galli (1335): »Bi den ziten, das der bapst den kaiser hett angegriffen mit bennen ze welschem land und och ze tütschem land, hett dem bischof von Menz ze tütschem land die sach bevolhen, das er gewalt hett, als der bapst selb zegegni were, und hett och gut herusgeschickt, das man den herrn gen solt. Nu hett küng Cunrat des kaisers sun geworben um lüt, und was der samnung ze Frankenfurt. Nu warent semlich herren bei dem küng, die der bischof bracht mit gut an sinen tail. Das was der von Wirtenberg, der von Grünningen und der von Helfenstain und darzu ander. Nu was unser herr der abt bi dem küng mit vierzig großen rossen, und gebot im der bischof von Menz, daß er von dem küng füer von des bapstes wegen, oder er entsetzte in von er und von gut. Do entbot er (der Abt) im hinwider, unser Gotzhus hetti alle sin er von dem rich; von dem wölt er sich nimmer geschaiden, die wile er lebti. Also wurdent des künges lüt lang fliehen, das man seit, das etlich zehen mil flühent. Und unser abt wart och fliehent mit den sinen, davon er großen schaden gewann.« Decker-Hauff in Festschrift Württemberg 62f sieht eine mögliche Ursache für den Seitenwechsel Ulrichs in der Schlacht bei Frankfurt in dem durch die staufische Partei hervorgerufenen politischen und wirtschaftlichen Niedergang seiner mütterlichen Großeltern: »Mit Sicherheit hat Ulrich von Wirtemberg seinen Großvater Ulten bis zu dessen Tod nach 1242 um sich gehabt, ihn aus der Nähe erlebt, seinen unaufhaltsamen Niedergang miterlitten. Als die staufer-freundlichen, ja mit den Staufern verwandten Gegner seines Großvaters diesen 1231 zur Aufgabe zwangen, war Ulrich der Stifter etwa 9 bis 10 Jahre alt. Als der Großvater auf die Restgüter im Allgäu ausweichen mußte, war der Junge etwa vierzehnjährig. Den Tod des vornehmen, einst so mächtigen Mannes, der sich mehr als kümmerlich durchgeholfen haben muß, hat sein etwa zweiundzwanzig- bis dreiundzwanzigjähriger Enkel miterlebt. Gewinner waren jedesmal die Stauferfreunde. Auch die Staufer selbst zogen durch die Festigung der Positionen ihrer Schützlinge Vorteile aus dem Geschehen. Von dem Tiroler Erbe ist später nichts, vom Ronsberger nur ganz wenig in Wirtemberger Hand. Um 1245 geht auch die Markgrafschaft Ronsberg endgültig in staufischen Besitz über, das Erbrecht der wirtembergischen Geschwister wird dabei nicht erwähnt. Vielleicht ist hier ein Ansatz, Ulrichs des Stifters ganz entschieden anti-staufische Politik auch aus Jugendeindrücken heraus zu erklären. Vielleicht war der Abfall von der staufischen Sache 1246 nicht einfach ein Verrat an Verwandten und einstigen Gönnern. Vielleicht hat Ulrich der Stifter vielmehr eine alte, in seinen Augen offene Rechnung beglichen.

Es hat manch guten Wirtemberger unangenehm berührt, ja betroffen, daß das Herrscherhaus einst durch einen Verrat, ja mehr noch, durch einen Treubruch aufgestiegen ist. Einer, der tief am Lande seiner Geschichte, seinem letzten König hing, sagte über Ulrichs Haltung in der Schlacht von Frankfurt ›Das tut weh und wird immer wehtun‹. Nicht um die Dinge zu beschönigen, sondern in dem Bemühen um Gerechtigkeit darf man fragen: Haben nicht auch die Staufer selbst, samt ihren glücklichen Schützlingen Mitschuld an der Abkehr der Wirtemberger?«

50 Weller Wirtemberg 135f.

51 Marquardt 10.

52 Decker-Hauff Stuttgart 138.

53f Decker-Hauff Stuttgart 168.

55 Decker-Hauff Stuttgart 140.

56 Weller Württemberg 85.

57 Borst 55.

58 Joachim Fischer in: Katalog Württemberg 7.

Mechthild

†n. 1258

Gräfin von Württemberg

T. v. Markgraf Hermann v. von Baden[1]
u. v. Irmengard von der Pfalz[2]

Geboren nach 1225[3]
in

Vermählt vor dem 4. April 1251[4]
mit Graf Ulrich I. dem Stifter von Württemberg †1265

Mutter zweier Töchter und eines Sohnes[5]

Gestorben nach 1258[6]
in

Beigesetzt
in Beutelsbach in der Stiftskirche[7]

Überführung der Gebeine 1316/1320
nach Stuttgart in die Stiftskirche[8]

Tochter des Stuttgarter Stadtgründers
Erbin von Stuttgart[9]

»Die badische Markgrafentochter brachte Ulrich reiches Erbe und zugleich die Verwandtschaft zu der zwar mit dem Bann belegten, aber noch immer von der Welt gefürchteten und bewunderten Stausersippe. Mathildens Großmutter Agnes war Stauferin: Wollte Ulrich für seine Kinder das Blut der ›gens aquilina‹, des Adlergeschlechtes, und sei es auch nur, um den Raub am Staufergut durch die Abstammung seiner Leibeserben von den Beraubten nachträglich zu beschönigen? Vor allem ging es bei dieser Heirat wohl ganz einfach um Machtzuwachs und Gewinn eines Verbündeten. Das Haus Baden stand zur alles bewegenden Stauferfrage genau wie Ulrich: aus Staufergetreuen wurden beide Häuser zu Stauferfeinden, und beide zogen aus dem Frontwechsel gewaltigen Nutzen. Das vor allem verband sie untereinander. Beide Häuser hatten nun die gleichen Feinde: jeden, der das staufische, das Reichsgut wieder an das Reich bringen wollte.«[10]

Anmerkungen

Mechthild (Mathilde) von Baden wird erstmals von Stälin als erste Gemahlin Ulrichs des Stifters erkannt. Bis dahin wurde entweder Agnes von Schlesien-Liegnitz als einzige Gattin angeführt (Suntheim 592; Heimführung 10; Pregitzer I, 6; Hübner 200; Steinhofer I, 27; Uebelen Eberhard 4) oder aber eine Mechthild von Ochsenstein als erste Gemahlin Ulrichs genannt (O. Gabelkover Cod. hist. 2° 586, 125v u. 132v; Sattler Würtenberg 636; Pfaff Ursprung 37 u. Tf I; Zimmermann I, 425; Barth 42; ja selbst nach Stälin noch Pfaff Wirtemberg 2, 21). Zu einer Verbindung Württemberg mit Ochsenstein vgl. Gf Ulrich II. †1279 Anm. 6.

1 Stälin 2, 484: »Tochter Markgraf Hermanns V. von Baden. Urkundlich 1253.1259, beidemal ohne Angabe ihrer Abstammung. Die gewöhnliche Annahme, daß sie eine geborene von Ochsenstein gewesen, ermangelt allen Beweises. Ulrich selbst nennt im Jahr 1251 April 5. die badische Markgräfin Jrmengard, Gemahlin Hermanns V., ›socrus sua‹, und wir sind um so weniger berechtigt, von der Bedeutung dieses Wortes = Schwiegermutter abzuweichen, oder die Tochter Jrmengardens für eine von Machtild verschiedene frühere Gemahlin Ulrichs zu halten, da Rudolf Markgraf von Baden (unter unserer Voraussetzung Ulrichs Schwager) eine Schenkung, welche Ulrich mit Machtild macht, bestätigt (1259). Wenn also Ulrich im Jahr 1259 in Lichtenthal weilte (s. Urkunde), so hat er daselbst seine Schwiegermutter an einem Hauptpunkte ihres Wirkens besucht« (Urkunden: 1251: WUB 4, 262 Nr 1194; 1253: WUB 5, 31 Nr 1267; 1259: WUB 5, 286f Nr 1519). Hermann V. von Baden, der Gründer der Stadt Stuttgart (Anm. 9), starb am 16. Januar 1243 und wurde zunächst in Backnang in der Stiftskirche St. Pankratius, der alten Grablege des badischen Hauses, beigesetzt, bis ihn seine Witwe Irmengard 1248 in das von ihr 1243 begründete Kloster Lichtental als neuer Grablege des Hauses überführen ließ (Stoesser Grabstätten 49f). Mechthild wird als Tochter Hermanns V. von Baden und Gattin Ulrichs I. des Stifters genannt bei: Stälin 2, 475 u. 484: Vierordt Baden 505 Tf 13; Behr 169 (dort Hermann IV.); Voigtel-Cohn 91; P. Stälin 377; Giefel Nr 11; Schön Nr 11; Isenburg 1, 75 (IV.); Freytag 1, 75 (IV.) u. 82 (IV.); Decker-Hauff Stuttgart 142 u. 162; Schwennicke I, 122 (IV.) u. 129 (V.). Joseph Bader, Markgraf Hermann der Fünfte, Karlsruhe 1851 war dessen Tochter

Mechthild noch unbekannt. Gerhard Fritz, Der Backnanger Nekrolog. Studien zur Geschichte des Augustiner-Chorherrenstifts Backnang in: ZWLG 44, 1985, 11–64 mit Ahnentafel für Mechthilds Geschwister 64; ohne Nennung Mechthilds.

2 Johann Christian Sachs, Kurze Beantwortung der Frage: Ob des Marggraven Hermanns des Vierten von Baden Gemahlin Jrmengard Herzog Heinrichs des Schönen oder Langen älteste Prinzessin gewesen sey?, Karlsruhe 1760. Irmengard ist die Enkelin des Welfen Heinrichs des Löwen aus dessen zweiter Ehe mit Mathilde, der Tochter König Heinrichs II. von England und Schwester von Richard Löwenherz. Nach dieser Urgroßmutter erhielt Irmengards Tochter Mechthild ihren Namen. Irmengard ist von der Mutter her zugleich Enkelin des Staufers Konrads des Pfalzgrafen †1195, des Halbbruders Kaiser Friedrichs I. Barbarossa. Irmengards Mutter Agnes †1204, Erbin der Pfalz, wurde 1193 in der bekannten welfisch-staufischen Heirat auf Burg Stahleck bei Bacharach mit Heinrichs des Löwen Sohn, Heinrich dem Langen von Braunschweig †1227, vermählt; vgl. Decker-Hauff Staufer 3, 352 u. 357. Als Mutter Mechthilds wird Irmengard genannt bei: Vierordt Baden 505 Tf 13: »Tochter des Welfischen Pfalzgrafen Heinrich des Langen«; Krüger 325: »Irmengard von Braunschweig«; Chrismar Baden 64: Tochter von Herzog Heinrich dem Schönen von Sachsen; Schön Nr 11: »Pfalzgräfin Irmengard von Rhein«; Freytag 1, 82: »Tochter des Pfalzgrafen Heinrich vom Rhein«; Decker-Hauff Stuttgart 142 u. 162: »Irmgard von der Pfalz«; Schwennicke 1, 129: »Irmingard Herzogin von Sachsen und Bayern«.

3 Regesten Baden 1, 21 Nr 267f: Heirat der Eltern vor September 1225 nachgewiesen. Als Heiratsdaten der Eltern Mechthilds werden genannt: Um 1217: Decker-Hauff Stuttgart 161 (160: um 1217/18). Um 1220: Krüger 325; Freytag 1, 82; Schwennicke 1, 129. Sterbedaten der Eltern: Vater †1243, Mutter †1260. Als Geburtsdaten für Mechthild werden genannt: Nach 1225: Decker-Hauff Stuttgart 142 u. 160; Uhland Festschrift 398. Um 1225: Jasiński 1, 138. Nach 1220: Krüger 325: »Mathilde kann nicht gut vor 1220 geboren sein, da ihre Mutter Irmengard von Braunschweig sich erst um diese Zeit mit Hermann von Baden vermählte. Vielleicht war Mathilde sogar noch später geboren, da Ulrich I. am 19. April 1254 noch ohne Söhne war« (WUB 5, 57). Sonstige Quellen ohne Angaben zum Geburtsjahr.

4 WUB 4, 262 Nr. 1194: Urkunde Papst Innozenz IV. vom 4. April 1251 (II. nonas Aprilis) für Kloster Lichtental, darin Ulrich der Stifter als Schwiegersohn Irmengards von Baden genannt: »dilectus et nobilis vir comes de Wirtinberc« »nobilis mulier Irmengardis relicta marchionis de Baden, socrus sua« (Stälin 2, 496 Regesten datiert die Urkunde auf den 5. April). Als Heiratsdaten für Mechthild und Ulrich I. werden genannt: Vor dem 4. April 1251: P. Stälin 382; Giefel Nr 11; Schneider-Stammbaum; Schön Nr 11. Vor dem 5. April 1251: Behr 169; Freytag 1, 82; Gottschalk Piastinnen 276. April 1251: Isenburg 1, 75; Freytag 1, 75; Schwennicke 1, 122. 1251: Marquardt Stammtafel. Vor 1251: Schwennicke 1, 129. Vor dem 5. September 1253: Voigtel-Cohn 91 (Urkunde WUB 5, 31). Um 1246, vor 1248: Decker-Hauff Stuttgart 142 (ab 1245/46) u. 149 (1246/48) u. 153 (1246/48) u. 160 (um 1246 vor 1248). Um 1245/46: Uhland Festschrift 398. Etwa 1239: Decker-Hauff Festschrift Württemberg 41. Ab 1239: Decker-Hauff ebendort 42.

5 Mechthilds Ehe mit Ulrich I. entstammen: Gf Ulrich II. †1279; Gfn Agnes †1305; Gfn Mechthild †v. 1284.

6 WUB 5, 286f Nr. 1519: Urkunde vom Jahr 1259 (ohne Tagesangabe) für Kloster Pfullingen, darin Mechthild letztmals genannt. Als Sterbedaten für Mechthild werden genannt: Nach 1259: Stälin 2, 475; Voigtel-Cohn 91; P. Stälin 382; Giefel Nr 11; Krüger 325: »lebte 1259 noch, muß aber bald darauf gestorben sein«; Schön Nr 11. Nach 1259/60: Decker-Hauff Stuttgart 142 u. 160; Uhland Festschrift 398. 1259/60: Krüger Tf 8 u. 334: »lebte 1259 noch, dürfte aber wohl noch in diesem Jahre oder 1260 gestorben sein«; Gottschalk Piastinnen 276. 1259: Behr 169; Isenburg 1, 75; Freytag 1, 75 u. 82; Schwennicke 1, 122 u. 1, 129; Hünefeld (s. Gfn Agnes †1265 Anm. 22) 81. Gegen 1260: Maisch Stammtafel; Jasiński 1, 138.

Sonstige Quellen ohne Angaben zum Todesjahr.

7 Sämtliche Quellen ohne Angaben zum Begräbnisort. Als Gattin Ulrichs des Stifters wurde Mechthild mit hoher Wahrscheinlichkeit in der Grablege des Hauses Württemberg in Beutelsbach beigesetzt. Bei einer Bestattung in der von ihrer Mutter Irmengard gegründeten Grablege des Hauses Baden im Kloster Lichtental wäre Mechthild sicherlich im Lichtentaler Nekrolog verzeichnet worden. Auch im Backnanger Nekrolog (Anm. 1) wird Mechthild nicht aufgeführt.

8 Vgl. Gf Ulrich I. †1265 Anm. 16.

9 Decker-Hauff Stuttgart 135–164; Allianzwappen bei Küng 46.

10 Decker-Hauff Stuttgart 168.

Agnes

†1265

Gräfin von Württemberg

T. v. Herzog Boleslaw II. dem Kahlen von Schlesien-Liegnitz[1]
u. v. Gräfin Hedwig von Anhalt

Enkelin v. Herzog Heinrich II. dem Frommen von Schlesien
Urenkelin der heiligen Hedwig von Schlesien

Geboren nach 1242[2]
in Breslau

Vermählt zwischen 1259 und 1263[3]
mit Graf Ulrich I. dem Stifter von Württemberg †1265

Mutter einer Tochter und eines Sohnes[4]

Gestorben am 13. März 1265[5]
in

an den Folgen der Geburt Graf Eberhards I. des Erlauchten durch Kaiserschnitt[6]

Beigesetzt 1265
in Beutelsbach in der Stiftskirche[7]

Grabmal[8]
»†ANNO. DÑI. MCCLXIIII. Ø. DÑA. AGNES. FILI/A. DUCIS. POLONIE. COMITISSA. DE. WIRTNWERG. III. ID. MARC/II. †EODEM. ANNO. Ø. VLRICVS. COMES. DE/. WIRTENBERG MARIT̃ PRESCRIPTE. DÑE. AGNETIS. V. K̃L. MARCII«[9]

Überführung der Gebeine und des Grabmals 1316/1320 nach Stuttgart in die Stiftskirche[10]

Stammutter des Hauses Württemberg[11]
»Hic habuit uxorem dominam Agnetem ducissam Bolonie; hec in brevi ante mortem mariti pregnans et vicina partui cum se sentiret non posse vivam parere,

jussit se incidi, ut salvaretur partus; itaque videt abscissum masculum ait: auferte hinc a me quia temporibus hujus non erit pax in terra ipsius, quod et rei probavit eventus unde dictus fuit ›der krieger‹.«[12]

»Jtem ein herre der hieß Graue Eberhart von Wirttemberg, des muter waz ein Hertzogin von Bolland Von der selben frowen siner muter ward der selb Graue Eberhart von Wirtemberg, do er geborn solt werden geschnitten, die was ein frome frowe Als bald sie den herren gesach do sprach sie tund hin das kinde, die wyle es lept so gibt es allem lande zuschwaben zuschaffen mit kriegen als bald sie daz gesprach do starb sie zuhand, vnd ward ouch solich jr sag war Er ward wol achtzig jar alt vnd kriegt mit allen Romschen keysern vnd küngen die wyle er lebt.«[13]

»Zuo mercken das vor zyten ain herre von Wirtemberg was, der hieß grave Eberhart. Derselb herre hett ain muoter, hieß fröwe Agnes, und was ain hertzogin von Polan, von derselben fröwen siner muoter ward der selbe grave Eberhart geschniten, als er geboren solt werden. Sein muoter was ain guote fröw.«[14]

»Derselb graff Eberhart ward aus seiner muter leib geschnitten als er geborn solt werden. Sein muter was ain erberge fraw genant Agnes. ain hertzogin auß Holland.«[15]

»Agnes sein Gemahel, ain Tochter Herzog Boleslai Hertzogn zu Lignitz in der Slesi«[16]

»Agnes ejus uxor filia Boleslai Ducis Lignitiae in Slesia matrona multum honesta et devota«[17]

»Ulricus mit dem Daumen ist Anno 1265. den 25. Febr. ohnversehens tods verblichen, und zu Beutelspach beygesetzt worden, seine Gemahlin Frau Agnes, Boleslai Calvi, Hertzogen zu Lignitz. und Hedwigen Fürsten zu Anhalt Tochter, starb 17. Tag nach seinem Todfall, auß grossem Leid, und lag anfangs mit ihrem Gemahl zu Beutelspach, in dem allda neu fundirten Stifft begraben, biß Anno 1321. am Tag Johannis deß Täuffers, beeder Gebein von Graf Eberhardo Illustri, ihrem Sohn, nacher Stuttgart, als einen sichern Orth, mit sampt dem Stifft Beutelspach, transferirt.«[18]

»Den gar reichen Fürsten zu Wirtemberg hat sie geheyrath, Graf Ulrichen mit dem grossen Daumen.«[19]

»Agnes, Tochter Boleslai, des Kahlen, Hertzogs zu Lignitz, aus Königlich Piastischem Stammen in Pohlen. † 1265. 13. Mart. nur 17. Tag nach Jhrem Gemahl, aus allzugrosser Betrübnus wegen dessen unverhofften Todfalls, und zwar in Geburths-Nöthen. Jst nebst ihrem Gemahl zu Beutelsbach beerdigt, nachgehends aber ihrer beeder Gebeine, von Jhrem Sohn, Graf Eberhard, dem Durchläuchtigen, vor dar erhoben, und in den Stifft zu Stuttgardt, den Er von Beutelsbach dahin transferirt, begraben worden.«[20]

»Neben Ulrich ruht die Piastin Agnes, jung verheiratet, jung gestorben, kaum mehr als 20 Jahre alt. Sie lebt eindringlicher im Gedächtnis der Stuttgarter fort, als ihr Gatte. Man muß wohl nicht alles, was später die Stuttgarter Stiftsherren über ihr Lebensende aufgezeichnet haben, ganz wörtlich nehmen. Manches mag schon von der Überlieferung ins Rührende, ins Prophetische gewendet worden sein. Der große Sohn Eberhard der Erlauchte hat mit seiner Riesengestalt die Zeitgenossen und die Nachwelt so beschäftigt, daß auch seiner Mutter gedacht werden mußte, wenn man sich des Helden erinnerte.«[21]

»Es muß immerhin überraschen, daß der nüchterne und kühle Rechner Ulrich eine Frau heiratete, von der in materieller Hinsicht eher wenig als viel zu erwarten war. Denn die Aussicht auf Landerwerb bestand bei der räumlichen Entfernung von vornherein nicht, und ob es eine lukrative Heirat werden würde, war kaum zu erwarten. Denn Schlesien litt immer noch unter den verheerenden Verwüstungen des Tatareneinfalls; der notwendige Wiederaufbau verschlang Unsummen! So dürfte es wohl eine reine Liebesheirat gewesen sein, für damalige Zeiten unter Fürsten, die ihre Bräute meist nach materiellen Gesichtspunkten auszuwählen pflegten, ein Sonderfall. Zumindest wird Boleslaus seiner Tochter eine bescheidene Mitgift nicht versagt haben, sofern diese nicht von Ottokar II. gegeben wurde, da der Erwerb der Grafschaft Urach etwa zur Zeit der Eheschließung stattfand, wofür Ulrich die stattliche Summe von 3100 Silbermark zu zahlen hatte, die der Graf ohne das Heiratsgut seiner zweiten Frau wohl kaum hätte aufbringen können.
Sicherlich war Agnes dem Grafen Ulrich eine liebende Gattin – nicht ohne Grund hat der Künstler zu ihren Füßen zwei Hunde als Sinnbild der Treue gemeißelt – und ihren Kindern eine gute Mutter.«[22]

Anmerkungen

1 O. Gabelkover Cod. hist. 2° 586, 127r: »Boleslaf den man den Züchtigen genennt, ein frommer, aber doch etwas schläfferiger Herr.« Hünefeld (Anm. 22) 81: »Dieser dux Boleslaus, der Vater unserer Gräfin Agnes, hat in der Geschichte keinen guten Ruf. ›Ein unbesonnener Jüngling, keck und dreinfahrend und gedankenlos in Lieb und Haß, im Geben und Versagen, den Impulsen seines Wesens oder auch seinen wechselnden Stimmungen folgend‹, so charakterisiert C. Grünhagen, der Altmeister der schlesischen Geschichtsschreibung, den Boleslaus. Noch härter urteilt die polnische Geschichtsschreibung, verständlich bei ihrer schon damals, wenn es um Schlesien geht, sehr nationalistisch gefärbten Tendenz, da der viel gelästerte Boleslaus einer der eifrigsten Förderer des Deutschtums in Schlesien war. Sicherlich hat der leichtfertige Boleslaus, der so etwas wie das schwarze Schaf in dieser frommen und sittenstrengen Familie war, offenbar ein enfant terrible, manchen Anlaß zu Ärgernis

gegeben. So läßt die Vita Hedwigis die Heilige einmal in ihrem Unmut zu ihrem Enkel sagen: ›Ve, Ve, Boleslae, quanta mala tu adhuc inferes terre tue!‹ «. Stammtafeln der Schlesischen Piasten bei: Sommersberg I, 299; Grotefend Stammtafeln I, 36: Wutke Schlesische Stammtafeln Tf 2; Freytag I, 191; Hünefeld (Anm. 22) 86; K. Jasiński, Rodowód Piastów Śląskich (Die Genealogie der schlesischen Piasten), Breslau I, 1973-3, 1977. J1 48a, 70: A. Rüttel d. J. Ahnentafel der Agnes zu 32 Ahnen; J1 48a, 81r: F. Rüttel Ahnentafel der Agnes zu 8 Ahnen. Dames 4f Ahnentafel der ostdeutschen Ahnen von Agnes. Weller Wirtemberg 134 bezeichnet die Großeltern von Agnes irrigerweise als deren Eltern: »Agnes von Liegnitz war dem ursprünglich polnischen, jedoch längst deutsch gewordenen Geschlecht der schlesischen Piasten entsprossen, eine der fünf Töchter Herzog Heinrichs des Frommen, der in der Mongolenschlacht von Liegnitz 1241 sein Leben verlor, und der Agnes von Böhmen«. Berichtigung erfolgt in WVJH NF 40, 1934, 115: Karl Weller, Die Herkunft der Agnes von Liegnitz, der zweiten Gemahlin des Grafen Ulrich des Stifters von Wirtemberg: »Agnes war die Tochter des Herzogs Boleslaw II. von Liegnitz aus dem schlesischen Zweige des Piastenhauses. Das Chronicon Polono-Silesiacum (Scriptores rerum Silesiacarum, Breslau 1835, I, 31) berichtet: Habuit etiam idem Boleslaus tres filias de prima uxore, quarum unam tradidit comiti de Wirtinberc, alteram duci Masovie Cunrado, tercia post abatissa in Trebnicz defuncta est. Jhre Mutter, die erste Gattin Boleslaws, war Agnes von Anhalt (Anm.: Hedwig!), Tochter des Grafen Heinrich I.; diese starb im Dezember 1259. Boleslaw II., Sohn Herzog Heinrichs II. des Frommen, der 1241 gegen die Mongolen fiel, erreichte 1242 die Mündigkeit; nimmt man ihn damals etwa 18jährig an, so mag er 1224 geboren sein. Agnes von Wirtemberg kann darum bei ihrer Vermählung mit dem Grafen Ulrich erst in sehr jugendlichem Alter gestanden haben«. Heinrich II. † 1278 entstammt der Ehe Heinrichs I. † 1238 mit der heiligen Hedwig † 1243. Die irrige Angabe von Weller Wirtemberg 134 findet sich noch bei Theo Sorg, Die Stiftskirche in Stuttgart, 6. Aufl. Stuttgart 1979, 10f. Hünefeld (Anm. 22) 79: »ein Irrtum, der in fast allen historischen und kunsthistorischen Untersuchungen wiederkehrt und endlich einmal eliminiert werden sollte«. Zu Agnes: Theo Dames, Agnes von Liegnitz, Herzogin von Schlesien, Gräfin von Württemberg, Lebensgeschichte und Grabmal in: Liegnitzer Heimatbrief 4, 1952, Nr 3; Jasiński I, 136–139; Hünefeld (Anm. 22); Joseph Gottschalk, Schlesische Piastinnen in Süddeutschland während des Mittelalters in: Zeitschrift für Ostforschung 27, 1978, 275–293 (Agnes 276–279.)

2 Heirat der Eltern zwischen dem 8. Mai und dem 18. Oktober 1242 (Grotefend Stammtafeln I, 36). Die »Genealogia S. Hedwigis« in: Scriptores rerum Silesiacarum, Breslau 1839, 2, 110 schreibt dem Ehepaar drei Söhne und drei Töchter zu und bezeichnet 2, 111 Agnes als älteste Tochter: »Boleslaus autem, primus filius ducis Henrici, filii Sanctae Hedwigis, dux fuit Slesie et dominus Legnicensis, qui ducens uxorem Hedwigis, filiam Henrici, comitis de Anhalt; habuit ex ea filios tres, Henricum, Bolconem, Bernhardum et tres filias, Agnatem, Hedwigim, Ancam sive Annam.« »Prima filia ducis Boleslai, Agnes, nupsit Ulrico, comiti de Wirthenberch.« Agnes kann demnach frühestens im Frühjahr 1243 geboren worden sein. Als Geburtsdaten für Agnes werden genannt: 1245: Sommersberg Stammtafel I, 299 (dort ältere Schwester Hedwig mit Geburtsjahr 1244); St. Allais II, 2, 177; Behr 169; Giefel Nr 11; Schön Nr 11; Isenburg I, 75; Freytag I, 75; Schwennicke I, 122. Circa 1244: Krüger 337. Zwischen 1243 und 1250: Jasiński I, 137 u. Tf Boleslaw II. Um 1243/1245: Decker-Hauff Stuttgart

142 (172: »jung verheiratet, jung gestorben, kaum mehr als zwanzig Jahre alt«); Gottschalk (Anm. 1) 276: Uhland Festschrift 398. Sonstige Quellen ohne Angaben zum Geburtsjahr. Dames (Anm. 1) 3: »Wann sie geboren wurde, wissen wir nicht – ihre Jugend ruht völlig im Dunkel der Geschichte –, wahrscheinlich erst nach ihrem Bruder Heinrich V. Sicherlich hat sie in Breslau das Licht der Welt erblickt, im Piastenschloß, das nicht an der Stelle der kaiserlichen Burg, der heutigen Universität, links der Oder lag, sondern hinter dem Dome auf der ›Dominsel‹, die damals tatsächlich noch eine Insel war.«

3 Todesjahr der 1259 letztmals erwähnten ersten Gattin Ulrichs, Mechthild von Baden, unbekannt. Da Agnes wahrscheinlich mindestens zwei Kinder zur Welt brachte, muß ihre Ehe vor Sommer 1263 geschlossen worden sein. Als Heiratsdaten werden genannt: Nach 1259: Häusler Oels 35; Schön Nr 11; Grotefend Stammtafeln I, 36; Wutke Schlesische Stammtafeln Tf 2. Um 1260: Krüger 337; Schwennicke I, 122. 1261/1262: Hünefeld (Anm. 22) 82. Nach 1260: Decker-Hauff Stuttgart 142; Uhland Festschrift 398. Zwischen 1260 und 1264: Jasiński Tf Boleslaw II. Sonstige Quellen ohne Angaben zum Hochzeitsjahr. Sommersberg I, 536: »Man hat wollen vorgeben, daß sie einen König in Spanien erstlich geheyrath. Aber solcher Jrrthum ist in der Vorrede erörtert« (=I, 489). Dames (Anm. 1) 6: »Es ist sicher ein Zeichen von Ulrichs Machtstreben und seiner wachsenden Geltung, auch wirtschaftlichen Denkens (denn er heiratet Agnes wohl ihres Reichtums wegen), daß er in zweiter Ehe die Tochter eines schlesischen Herzogs wählt, eine Frau mit den besten Ahnen. Dago, der Normanne, der den Polenstaat gründete und später Miesko genannt wird, ist ebenso ihr Vorfahr wie der Sachsenkaiser Otto II. und die Hohenstaufen und schließlich Ottokar I. von Böhmen. Agnes hat ferner die schon 1267 heiliggesprochene Hedwig zur Urgroßmutter. Und es braucht nicht besonders betont zu werden, daß sie trotz des vorhandenen slawischen Blutanteils von den polnischen Piasten und den Przemysliden her eine durchaus deutsche Frau war, wie es die beigefügte Ahnentafel deutlich aufzeigt.« Hünefeld (Anm. 22) 81 f: »Es sei nun der Frage nachgegangen, wie die Piastin Agnes nach Stuttgart kam. Spielten politische Erwägungen, verwandtschaftliche Bindungen oder der Zufall eine Rolle? Wir wissen es nicht. Karl Weller weist in seinem lesenswerten Aufsatz (=Weller Wirtemberg) darauf hin, daß die verwandtschaftlichen Beziehungen der Piasten zu dem bayerischen Herzoghaus entscheidend gewesen sein könnten. Ulrichs erste Gemahlin Mechthild von Baden starb 1259. Ludwig II. von Bayern heiratete in zweiter Ehe Anna von Glogau. Es wäre durchaus denkbar, daß Agnes ihre Base Anna nach Bayern begleitet und an den Hochzeitsfeierlichkeiten des Bayernherzogs teilgenommen hat, wo der Graf Ulrich die junge, offenbar bildhübsche Agnes kennen und lieben lernte. Vielleicht trat, wie im Falle Ludwigs II., Ottokar II. von Böhmen, dem für seine Politik an dem Wohlwollen der süddeutschen Fürsten viel gelegen war, als Vermittler auf und könnte sich aus diesem Grunde sogar zur Zahlung eines angemessenen Heiratsgutes bereit erklärt haben.« Gottschalk (Anm. 1) 276: »Was Ulrich I. zur zweiten Ehe mit der schlesischen Herzogstochter Agnes bestimmte, wissen wir nicht. Da er aber von der Stauferpartei zu ihren Gegnern überging, deren mächtigster Fürst König Ottokar II. von Böhmen war, dürfte Ottokar der einflußreiche Vermittler gewesen sein, wie wir es von der am 25. August 1260 erfolgten Heirat Annas von Glogau mit dem Bayernherzog Ludwig II. wissen.«

4 Agnes ist sicherlich die Mutter Eberhards des Erlauchten †1325, sehr wahrscheinlich die Mutter der von O. Gabelkover überlieferten Irmengard †v. 1278/1295, vermählte Markgräfin von Baden.

5 Den 13. März 1265 als Todestag nennen: Grabmal (Anm. 9); Annales Stuttgartienses 6: 1265 »hec domina Agnes obiit eodem anno III. idus Martii«; Küng 62; Eber 97; Wolleber Cod. hist. 2° 934, 126r; Crusius I, 814; Heller 14; Heimführung 10; Sommersberg I, 536; Pregitzer I, 6; Steinhofer I, 27; Mohl 131; Sattler Würtenberg 636; Viton 10; St. Allais 4, 515; Pfaff Ursprung Tf 1; Stälin 2, 475; Moll 277; Voigtel-Cohn 91; Häusler Oels 35; Giefel Nr 11; Krüger 325 u. Tf 8; Schön Nr 11; Grotefend Stammtafeln I, 36; Wutke Schlesische Stammtafeln Tf 2; Isenburg I, 75; Freytag I, 75 u. 191; Decker-Hauff Stuttgart 172; Schwennicke I, 122; Jasiński I, 137 u. Tf Boleslaw II.; Hünefeld (Anm. 22) 82; Gottschalk (Anm. 1) 277. Den 14. März 1265 als Todestag nennen: St. Allais II, 2, 177; Behr 169 (vermutlich im Hinblick auf die Angabe, wonach Agnes ihren am 25. Februar 1265 verstorbenen Gatten Ulrich um 17 Tage überlebt haben soll; vgl. Annales Stuttgartienses 6). Das Sterbejahr 1265 bei: Lohmeier 52; Imhof 56; Tiedemann 8; Maisch Stammtafel; Uhland Festschrift 398.

6 Annales Stuttgartienses 6 (Anm. 12); Stuttgarter Stiftschronik 256 (Anm. 14); Chronik Kaiser Könige Päpste 92 (Anm. 13); Lirer 63 (Anm. 15); vgl. Gf Eberhard I. †1325 Anm. 11. Moll 277: »Da Zweifel gegen die Wahrheit dieser Erzählung erhoben worden sind, so haben einige Historiker diesen Kaiserschnitt als der Sage angehörig betrachtet. Nach dem altdeutschen Volksglauben pflegten solche ›Ungeborene‹ Helden zu werden, und diess träfe hier zu. Eine eigenthümliche Erscheinung ist indessen, dass der Kaiserschnitt in Schwaben schon in ältester Zeit vorkommt. Im zehenten Jahrhundert wurde Burkard, Graf von Linzgow, nachmals Abt von St. Gallen, aus dem Leibe seiner Mutter geschnitten und desshalb ingenitus genannt. Seine Mutter war ante quatuordecim temporivi partus dies gestorben und infans excisus et arvinae porci recens erutae, ubi incutesceret, involutus. Der nachmalige Bischoff von Constanz, Gebhard Graf von Bregenz, war ex defunctae matris Dietpurgae utero excisus et quibusdam formentis obvolutus usque ad tempus nativitatis« (Moll zitiert Stälin I, 615, dort genaue Quellenangabe und der Hinweis: »in der Geburtshilfe verstand man im 10. Jahrhundert schon die Kunst, ein noch nicht ganz reifes Kind aus der Mutter auszuschneiden – Kaiserschnitt – und durch Einwickeln in warme Speckhaut zu erhalten«). Decker-Hauff Stuttgart 172: »Am 25. Februar 1265 starb Ulrich von Wirtemberg, wenige Tage darauf, am 13. März 1265, seine Frau Agnes von Liegnitz. In Stuttgart wußte man später, daß der Stammhalter des Herrscherhauses am Todestag der Mutter zur Welt gekommen sei, ein ›nonnatus‹, ein ›Ungeborener‹, den man der Mutter aus dem Leibe schneiden mußte. Man glaubte im Mittelalter solche Kinder zu besonderen Heldentaten bestimmt: den Anlaß zu dieser Mär könnte in der Tat das Heldenleben Eberhards gegeben haben. Aber es gibt keinen zwingenden Grund, die Überlieferung anzuzweifeln. Eberhards Lebensalter läßt seine Geburt im Jahre 1265 für durchaus möglich erscheinen, und daß eine Mutter an der Geburt starb, war ja damals keineswegs ungewöhnlich. Höchstens die Worte, mit denen sie ihre Einwilligung zu dem Schnitt gab, von dem sie bloß hoffen konnte, daß er ihr Kind retten, aber sicher wußte, daß er ihr Leben kosten würde, könnten nachträglich im Blick auf das spätere Heldenleben des gesund Geborenen überhöht worden sein. Sie werden verschieden überliefert, im Kern lauten sie ›Nehmet denn das Kind von mir, und wenn es lebt, dann wird bei seinem Leben kein Friede im Land sein‹. Selbst wenn die Worte erfunden sein sollten, vermögen sie zu rühren.« Küng 62 schließt aus der Inschrift des Stuttgarter Grabmals »daß sie nitt mer dann 17 tag nachainander gestorben und veleicht frauw Agnes, aus laidt bewegt, in der geburt graff Eberharts, wie mier heren werden, hingegangen und verschaiden«; 63: »Eberhart, zugenant der Durchleichtig, ain sun graff Ulrichs und frauw Agnes, hertzogin zu Polen, welche, als sie in geboren, gesagt hatt, thondt hinweg, thondt hinweg das kind, dann es sunst dem gantzen reich wirt zu schaffen machen, und zu handt daruff gestorben«. Zur Überlieferung der Geburt Eberhards des Erlauchten durch Kaiserschnitt vgl. auch Nikitsch Dreytwein 45–47.

7–10 Vgl. Gf Ulrich I. †1265 Anm. 11–16.

11 Vgl. Anm. 4.

12 Annales Stuttgartienses 6.

13 Chronik Kaiser Könige Päpste 92.

14 Stuttgarter Stiftschronik 256.

15 Lirer 63.

16 Suntheim 592.

17 Suntheim 595.

18 Heimführung 10.

19 Sommersberg I, 536.

20 Pregitzer I, 6.

21 Decker-Hauff Stuttgart 172.

22 Hans Hünefeld, Das Grabmal Ulrichs I. ›mit dem Daumen‹ von Württemberg und der Agnes von Liegnitz in der Stiftskirche von Stuttgart in: Schlesien. Vierteljahresschrift für Kunst, Wissenschaft und Volkstum 19, 1974, 79–86. Zitat: 82. Nach Hünefeld 82 hat »die junge, offenbar bildhübsche Agnes« ihre Schönheit von der Urgroßmutter, der heiligen Hedwig, vererbt bekommen. 84: »Schönheit scheint den Andechsern und deren Nachfahren, den schlesischen Piasten, in die Wiege gelegt worden zu sein. Agnes, die Schwester der heiligen Hedwig und Frau König Philipps von Frankreich, wird als ›puella utique pulchra‹ (bildhübsches Mädchen) bezeichnet, und den Bruder der Heiligen, Berthold, den Patriarchen von Aquileja, nennt der Chronist Salimbene von Parma einen ›schönen Mann‹.«

Generation II

Ulrich I. † 1265
⚭ Mechthild von Baden †n. 1258
⚭ Agnes von Schlesien-Liegnitz †1265

ULRICH II.	AGNES	MECHTHILD	IRMENGARD	EBERHARD I.
†1279	†1305	†v. 1284	†v. 1278/95	†1325
	I Oettingen	Schenkenberg/	Baden	⚭ I N.N.
	II Truhendingen	Löwenstein		⚭ II MARGARETHE
	III Hohenlohe			von Lothringen
				†v. 1296
				⚭ III IRMENGARD
				von Baden
				†n. 1320

Ulrich II.

†1279

Graf von Württemberg

Urkundet 1265–1279[1]

Regent 1265–1279[2]

S. v. Graf Ulrich I. dem Stifter von Württemberg[3]
u. v. Markgräfin Mechthild von Baden[4]

Geboren nach dem 19. April 1254[5]
in

Mögliche Heirat[6]

Mögliche Nachkommen[7]

Gestorben am 18. September 1279[8]
in

»Anno praedicto MCCLXXIX comes Ulricus de Wirtenberch iunior obijt XIIII Kalendas Octobris«[9]
»Näheres über seinen Tod kennt die Geschichte nicht«[10]

Beigesetzt 1279
in Beutelsbach in der Stiftskirche[11]

Überführung der Gebeine 1316/20
nach Stuttgart in die Stiftskirche[12]

»Es ist aber diser vnser graff Vlrich (wie man vß seinem thun, so viel deßen verzeichnet worden, vnd was noch vorhanden ist, kan abnemmen) ein frommer vnd friedliebender Herr geweßen, vnd der seinem Brudern Graff Eberharden, ob diser schon jünger gewesen, wohl übersehen, vnd Jhm nachgeben hat können.«[13]

»Ulrich der 6. Ulrich des Stiffters Eltester Sohn, ein gütiger und fridfertiger Herr, starb im 1279. Jahr.«[14]

»Ulrich VII. oder IV. Regierender Graf zu Wirttemberg. geboren 1253. oder 1254. Ein frommer, friedliebender Herr. Wurde nebst seinem Herrn Bruder Graf Eberharden, unter der Vormundschafft Jhres Vetters, Graf Hartmanns II. zu Gröningen, vollends auferzogen. Regierte und wohnte hernach mit gedachtem seinem jüngeren Herrn Bruder gemeinschafflich und im Frieden auf dem Stamm-Hauß Wirttemberg. Beede hatten auch einerley Hofhaltung, und waren viel ansehnliche Herrn und von Adel in ihren Diensten.«[15]

»er war ein frommer, friedliebender Herr«[16]

1279. solle nach dem Bericht der Sindelfingischen Chronik Grav Ulrich gestorben seyn. Wenigstens findet man denselben nach diser Zeit in keiner Urkunde mehr. Man weißt auch nicht, ob er eine Gemahlin oder Erben gehabt oder nicht«[17]

Ulrich, der Sechste, Ulrich des Stifters Eltister Sohn, Graf zu Württemberg ein gütiger und friedfertiger Herr, starb im Jahr 1279.«[18]

»So viel aber die Geschichte von Eberhard zu erzählen weiß, so wenig weiß sie von Ulrich, so daß es scheint, er seie ganz das Gegentheil von seinem klugen und thätigen Bruder gewesen.«[19]

»Es schien kein freundliches Zeichen für die Zukunft des Hauses Wirtemberg zu seyn, daß gerade in dem Augenblicke, in dem Alles zu gewinnen und Alles zu verlieren war, das Haupt desselben abfiel, und der ganze Stamm auf zwey unmündigen Erben stand. Es beobachten auch die Urkunden über die ersten Jahre ihres Besitzes ein Schweigen, das uns sogar darüber unwissend läßt, wie im Anfange vormundschaftlicher Beystand sie unterstützt, und ob in der Folge gemeinschaftlicher oder getheilter Besitz unter ihnen statt gefunden. Die Hoffnung und das Glück des Hauses aber lag in dem jüngern Bruder, der, während die Jahrbücher kaum den Namen des ältern nennen, mit einer ritterlichen Kraft und Rüstigkeit hervortritt, die ihn zum Helden seiner Zeit machten.«[20]

»Ulrichs Söhne, Graf Ulrich II. und Graf Eberhard I. gehörten zu denjenigen, die nicht aus der Art geschlagen waren, und hielten einen starken Arm über das Ihrige nicht blos, sondern ließen ihn auch Fremde spüren.«[21]

»des Vaters Geist und Thatkraft ruhten auf ihm, wie auf seinem Bruder, und er wußte in der stürmevollen Zeit die Macht und das Ansehen seines Geschlechtes nicht nur zu erhalten, sondern auch zu vermehren«[22]

»Bereits den 5. April 1265 treten sie urkundend auf, allein es dürfte hier nur eine Handlung ihres in gleichzeitigen Geschichtsquellen nicht erwähnten Vormunds, vielleicht Graf Hartmanns von Grüningen, vorliegen. Überhaupt wird uns aus der Zeit ihrer gemeinschaftlichen Regierung keine wichtigere Handlung, vielmehr größtenteils nur wenig belangreicher Verkehr derselben mit Klöstern und Stiftern überliefert; höchstens verdient erwähnt zu werden, daß Graf Ulrich im Verein namentlich mit den gleichnamigen Grafen von Asperg und von Helfenstein das Kloster Lorch schädigte und dadurch im Jahr 1277 ein Einschreiten Papst Johanns XXI. veranlaßte.«[23]

»Graf Ulrich starb am 18. September 1279 ohne männliche Nachkommen; er war jedenfalls, vielleicht auch aus Kränklichkeit, dem Frieden zugeneigt gewesen, und hatte sich an den Kämpfen seiner Verwandten nicht beteiligt.«[24]

»Als Ulrich der Stifter 1265 etwa vierzigjährig starb, hinterließ er zwei Erben: aus der badischen Ehe den etwa 11jährigen Ulrich, aus der zweiten, schlesisch-piastischen Ehe den neugeborenen Eberhard. Keiner der Söhne war regierungsfähig, beide waren Vollwaisen. Die Herrschaft Wirtemberg und die Stadt Stuttgart blieben also in den folgenden Jahren in der Verfügungsgewalt der Vormünder und Regenten. Im Reich gab es keinen König, das Herzogtum Schwaben bestand nur mehr der Form nach, das staufische Haus, längst von der Höhe seiner Macht gestürzt, sollte wenige Jahre danach mit Konradin zu Ende gehen – keine guten Aussichten für eine eben erst mühsam aufgebaute Herrschaft, sehr schlechte Aussichten für das Aufblühen einer jungen Stadt. Der ›geborene Regierer‹ war Ulrichs I. älterer Sohn, Ulrich II. Aus den Jahren zwischen dem Tod seines Vaters und dem mutmaßlichen Beginn seiner eigenen Regierungszeit (1265 bis etwa 1270/71) ist kaum etwas über diesen Landesherren überliefert; auch später in den Jahren seiner Herrschaft bis zu seinem frühen Tode 1279 hören wir wenig von diesem Stadtherren Stuttgarts. Merkwürdig blaß bleibt seine Gestalt, kaum in Umrissen ist seine politische Einstellung zu den damals ganz Schwaben, Stauferfreunde wie Staufergegner bewegenden Fragen zu erkennen. In der wirtembergischen Geschichte bisher kaum beachtet, wurde Ulrich doch wichtig als der erste Wirtemberger, der zugleich aus dem Blute des Stadtgründers von Stuttgart stammte, als der erste Stadtherr, der von Vaterseite wirtembergisches, von der Mutterseite badisches Blut hatte. Hat Ulrich II., zu Jahren gekommen, die Gründung seines markgräflichen Großvaters kräftig gefördert? Besaß er das Zeug dazu, wie Markgraf Hermann V. in die Reichspolitik einzugreifen, sich wie sein Mutterbruder Markgraf Rudolf von Baden gegen viele Feinde zu wehren? Hat er das Gut, das sein Vater im staufischen Zusammenbruch an sich reißen konnte, kräftig zu verteidigen gewußt? Fast das einzige, was wir von Ulrich II. sicher wissen, ist die Nachricht, daß er mit dem 1273 nach dem Interregnum erwählten König Rudolf von Habsburg sich leidlich gut zu stellen wußte. Sofort nach seiner Königswahl hatte sich Rudolf mit Nachdruck darangemacht, das seit fast einem Menschenalter dem Reiche entfremdete Gut zurückzufordern und, wo er anders nicht zum Ziele kam, mit Waffengewalt wieder zu holen. Solange Ulrich II. regierte, unternahm König Rudolf nie einen Versuch, von Wirtemberg Reichsgut zurückzufordern – obwohl der Wirtemberger davon ja mehr als genug in Händen hatte – oder ihn gar deswegen zu bekriegen. Ulrich II. hat auch nie vormals staufische Güter zurückgegeben. Er gehörte also wohl zu den Bevorzugten, die auf des neuen Königs Seite standen und von ihm deshalb geschont wurden. Vielleicht gilt auch hier der Grundsatz: cherchez la femme, denn nach alten Überlieferungen war die Gattin Ulrichs II. (deren Name keine gleichzeitige Urkunde nennt) eine Verwandte des Habsburgers. Vielleicht hat diese unbekannte Dame Stuttgart davor bewahrt, von 1273 an eine Stadt in der Hand des Königs zu werden. Oder sollte man – im Hinblick auf die spätere Blüte der Reichsstädte – eher sagen: Sie hat Stuttgarts Übergang in Königshand leider verhindert?«[25]

Die Probleme um die Ehe(n) des von 1265 bis 1279 regierenden Grafen Ulrich II. gehören zu den am schwierigsten zu lösenden der wirtembergischen Genealogie. Die älteren wirtembergischen Hausgenealogen wußten von einer Ehe Ulrichs II. (oder eines anderen Wirtembergers) mit einer Herrin von Ochsenstein, einer nahen Verwandten König Rudolfs. War Ulrich II. in seinem kurzen Leben etwa zweimal verheiratet mit einer Neuchâtel *und* einer Ochsenstein? War vielleicht auch die Mutter der Neuchâtel eine Ochsensteinerin? Die Probleme um die Züricher Stickerei sind noch lange nicht alle gelöst, denn die Aussagemöglichkeiten des kostbaren Stücks sind sehr vielseitig. Ganz im Gegensatz zu seinem zierlichen Format ist es für die wirtembergische Haus- und Landesgeschichte von großer Bedeutung.[26]

»Das politische Profil des 1279 jungverstorbenen Grafen Ulrich II. ist wegen der dünnen Überlieferung nicht recht erkennbar.«[27]

Anmerkungen

1 WUB 6, 195 Nr 1805: Urkunde vom 5. April 1265; vgl. Anm. 23. WUB 8, 169 Nr 2879: Urkunde vom 25. April 1279.

2 Zu Ulrich II. und seiner Regierungszeit: O. Gabelkover Cod. hist. 2° 586, 131r–137v; Sattler Gf 1, 1–5; Pahl 1, 101–103; Barth 43–45; Pfaff Wirtemberg 2, 25–28; Stälin 3, 46–49; P. Stälin 451–459; Weller Wirtemberg 136–141; Decker-Hauff Stuttgart 172–174. Zur Vormundschaft für Ulrich II. und Eberhard I. nach dem Tode ihres Vaters vgl. Anm. 23 u. 25. Decker-Hauff Stuttgart 173 nimmt als Zeitpunkt der Volljährigkeit Ulrichs II. 1270/71 an.

3 Als Sohn Ulrichs I. des Stifters genannt bei: O. Gabelkover Cod. hist. 2° 586, 131r u. 137r; Schmid 25; Pregitzer 1, 6; Steinhofer 1, 29; Sattler Gf 1, 3; Pahl 1, 103; Pfaff Ursprung Tf 1; Stälin 3, 47 u. 713; Behr 169; Voigtel-Cohn 91; P. Stälin 717; Giefel Nr 19; Krüger 334 u. Tf 8; Schön Nr 16; Isenburg 1, 75; Freytag 1, 75; Decker-Hauff Stuttgart 172; Schwennicke 1, 122. Verwechslung Gf Ulrichs II. †1279 mit Gf Ulrich †1315 bei: Suntheim 592 u. 595; Küng 61; Heimführung 10; Lohmeier 52;

Imhof 56; Hübner 200. Crusius I, 596, bezeichnet Ulrich (1270) als Sohn eines Heinrich (1226), der ein Vaterbruder Ulrichs I. † 1265 sein soll.

4 Als Sohn aus Ulrichs I. erster Ehe genannt bei: O. Gabelkover Cod. hist. 2° 586, 139r u. 228v (der Mechthild von Ochsenstein als erste Gattin annimmt); Pfaff Ursprung Tf I (wie Gabelkover); Stälin 3, 47; Behr 169; Voigtel-Cohn 91; Giefel Nr 19; Krüger 334; Schön Nr 16; Isenburg I, 75; Freytag I, 75; Decker-Hauff Stuttgart 172; Schwennicke I, 122. Als Sohn der Agnes von Schlesien-Liegnitz (wobei diese als einzige Gattin Ulrichs I. angegeben) genannt bei: Suntheim 592 u. 595; Küng 61; Lohmeier 52; Imhof 56; Pregitzer I, 6; Hübner 200; Steinhofer I, 29.

5 WUB 5, 57 Nr 1293: Urkunde vom 19. April 1254: »Si dominum comitem de Wirtenberg contigerit habere heredes legitimos«; zu diesem Zeitpunkt ist Ulrich I. noch ohne Söhne; vgl. Stälin 3, 47; Krüger 334. Als Geburtsdaten für Ulrich II. werden genannt: Ende 1254/1255: Krüger Tf 8. 1254 oder später: Uebelen Eberhard 5 (1279 verstorben »als junger Mann von 24 bis 25 Jahren); Stälin 3, 47 (1265 beim Tode des Vaters höchstens elfjährig); Weller Wirtemberg 134 (1265 etwa 10 Jahre alt); Decker-Hauff Stuttgart 172 (1265 etwa 11jährig). 1253 oder 1254: O. Gabelkover Cod. hist. 2° 586, 131r (1265 11 oder 12 Jahre alt); Pregitzer I, 6; Mohl 134; Steinhofer I, 29; Moll 277; Behr 169; Giefel Nr 19; Isenburg I, 75; Freytag I, 75; Marquardt Stammtafel; Schwennicke I, 122. Um 1253: Schneider Stammbaum; Schön Nr 16; Uhland Festschrift 398. 1253: Albert Kleemann in: Ortsbuch Beutelsbach, Dätzingen 1976, 68 (der auch Beutelsbach als Geburtsort Ulrichs II. bezeichnet).

6 Seit Oswald Gabelkover, der überhaupt erst Ulrich II. † 1279 als Sohn Ulrichs I. des Stifters † 1265 erkannte und entdeckte, galt Ulrich II. als unvermählt, zumindest aber als ohne Erben verstorben (Cod. hist. 2° 586, 137r u. 158r: »zweifelhafft, ob jemals verheurathet, auch wann solches von ettlichen verzeichnet«). Gabelkover spielt damit vermutlich an auf Angaben bei Ladislaus Suntheim (Suntheim 592 u. 595 wird Gf Ulrich † 1315 irrigerweise als Sohn Gf Ulrichs I. † 1265 und der Agnes von Schlesien-Liegnitz und als Bruder Gf Eberhards I. des Erlauchten † 1325 bezeichnet. Als Ulrichs Gattin wird Irmengard, Tochter Graf Albrechts von Hohenberg, angegeben; das Ehepaar soll kinderlos verstorben sein) sowie bei Andreas Rüttel d. Ä. (J1 1b, 1r u. J1 23, 11f, wo Gf Ulrich † 1315 irrigerweise als ältester Sohn Gf Ulrichs I. † 1265 und älterer Bruder Gf Eberhards I. † 1325 aufgeführt und mit Irmengard von Hohenberg – »filia Burcardi« – vermählt wird. Rüttel beruft sich hierbei auf einen »vßzug des seelbuchs, namblich das er graf vlrich son vnnd sein gmahel Fraw Jrmel von Hohenberg gehayßen hab«, gemeint ist damit vermutlich die Angabe in Annales Stuttgartienses 7) sowie bei Martin Crusius (Ann. 2, 539, wo einem Sohn Gf Ulrichs I. † 1265 und jüngeren Bruder Gf Eberhards I. † 1325 namens Ulrich – ohne Todesjahr – Irmengard von Hohenberg zur Gemahlin und zwei Kinder – Ulrich und Agnes – zugeschrieben werden). Gabelkover (a.a.O. 137r–v) deutet die Angabe einer Gattin Hohenberg für Gf Ulrich II. † 1279 als Verwechslung mit Gf Ulrich † 1315, schließt aber eine Ehe für Ulrich II. nicht aus, ohne freilich irgendwelche Vermutungen zur Herkunft dieser Gattin zu äußern, weist aber zugleich darauf hin, daß mögliche Söhne dieser Ehe vor 1285 verstorben sein müßten (vgl. Anm. 7). Die von Gabelkover als Irrtum erkannte Verwechslung Gf Ulrichs II. † 1279 mit Gf Ulrich † 1315 findet sich in der Folge noch bei Heimführung 10 (Gattin: Irmengard, Tochter Albrechts III. von Hohenberg und der Margarethe von Fürstenberg) sowie Lohmeier 52 u. Imhof 56 (jeweils Irmengard, Tochter Albrechts von Hohenberg) sowie Pregitzer I, 6 (Irmengard, Tochter Burkhards von Hohenberg und der Margarethe von Fürstenberg, als Gattin Gf Ulrichs II. † 1279 – wobei Pregitzer I, 8 Gf Ulrich † 1315, Sohn Gf Eberhards I. † 1325, Irmengard, Tochter Albrechts von Hohenberg, zur Gattin gegeben wird) sowie Hübner 200 (Irmengard, Tochter Burkhards III. von Hohenberg) sowie Steinhofer I, 29 (wie Pregitzer). Christian Friedrich Sattler erkennt diesen Irrtum gleichfalls und vertritt die Auffassung Gabelkovers (Sattler Gf I,5: »Man weißt auch nicht, ob er eine Gemahlin oder Erben gehabt hat oder nicht«). Karl Pfaff (Ursprung Tf I) führt Gf Ulrich II. † 1279 als vermählt auf, hat jedoch keine Angaben zur Gattin. Christoph Friedrich Stälin (3, 49) läßt Gf Ulrich 1279 »ohne männliche Nachkommenschaft« verstorben sein. Als unvermählt und ohne Nachkommen verstorben wird Gf Ulrich II. † 1279 aufgeführt bei: Bauer Ursprung 37; Stälin 3, 713; Behr 169; Voigtel-Cohn 91; P. Stälin 717; Giefel Nr 19; Krüger Tf 8; Schön Nr 16; Isenburg I, 75; Freytag I, 75; Schwennicke I, 122. Hansmartin Decker-Hauff, der bereits früher (Stuttgart 173, vgl. Anm. 25) eine nahe Verwandte König Rudolfs von Habsburg als noch unbekannte Gattin Gf Ulrichs II. † 1279 vermutet hatte, entdeckte im Zusammenhang mit den Forschungen zur 900Jahrfeier der Burg Württemberg 1983 im Depot des Züricher Landesmuseums ein seidenes Damentäschchen (Anm. 26), das auf der einen Seite vier Paare, auf der anderen Seite sechs Wappen, die er als 1. Württemberg, 2. Neuchâtel-Strassberg, 3. Hohenberg, 4. Baden, 5. Strätlingen-Spiez, 6. Geroldseck deutet, zeigt. Decker-Hauff vermutet in dem Täschchen ein Geschenk zu der in den Sindelfinger Annalen genannten Hochzeit vom 18. Dezember 1291 zwischen Württemberg und Hohenberg, wobei er die Wappen 1, 2 und 4 der Nichte Rudolfs von Habsburg, Adelheid von Ochsenstein † 1314 und ihren mutmaßlichen Ehen mit Strassberg, Württemberg und Baden, die Wappen 3, 5 und 6 aber Graf Albrecht von Hohenberg und dessen erster Gemahlin, die einer Verbindung Geroldseck mit Spiez entstammen soll, jeweils als Brauteltern von 1291 zuordnet. Adelheid von Ochsenstein soll nach Decker-Hauff in erster Ehe mit Berthold II. von Strassberg † 1273 vermählt gewesen sein, in zweiter Ehe mit Gf Ulrich II. von Württemberg † 1279, wobei sie diesem vier Kinder geschenkt haben soll (Anm. 7), in dritter Ehe mit Rudolf II. von Baden † 1295. Adelheid von Ochsenstein, Tochter Ottos II. von Ochsenstein und der in der älteren Literatur Kunigunde genannten, namentlich nicht bekannten Schwester Rudolfs von Habsburg, starb nach ihrer Grabschrift im Lichtentaler Anniversarium am 17. Mai 1314 (Regesten Baden I, 71 Nr 716) und wurde im Kloster Lichtental an der Seite ihres am 14. Februar 1295 verstorbenen Gatten Rudolf »in capella ante altare Katerine« beigesetzt. Der Lichtentaler Nekrolog bei Schannat I, 167 nennt als Todestag XVII. Kal.Junii = 16. Mai. Den 17. Mai 1313 als Todestag nennt: Freytag 3, 92 (Tf Ochsenstein) u. 5, 129 (Tf Strassberg). Das Jahr 1332 als Todesjahr nennt: Grellet (s. u.) Handbuch 119; Kindler 3, 262 (Tf Ochsenstein). Adelheids Ehen mit Strassberg (Burgruine bei Bettlach im Kanton Solothurn) und mit Baden sind urkundlich nachgewiesen. Eine Ehe der Witwe Strassberg mit Gf Ulrich II. † 1279 ist jedoch auszuschließen, da entgegen den Angaben bei Jean Grellet, Comtes de Neuchâtel. Seigneurs de Strasberg in: Genealogisches Handbuch zur Schweizer Geschichte, Zürich 1900, I, 103 Tf 17 (Tf Strassberg) und bei Kindler 3, 262 (Tf Ochsenstein), wo der Sohn Bertholds I. von Strassberg, Adelheids Gatte Berthold II. urkundlich 1254–1273 erscheint, dieser tatsächlich noch 1282 urkundet und erst Jahre nach dem Tode Gf Ulrichs II. von Württemberg verstorben ist, wie den Fontes rerum Bernensium. Berns Geschichtsquellen 2–4, Bern 1877ff zweifelsfrei zu entnehmen ist: Fontes 2, 382 Nr 357: Urkunde vom 9. Juli 1254: Berchtold (I.) mit Zustimmung seines Sohnes Berchtold (II.) »et aliorum heredum nostrum«. Fontes 2, 714 Nr 655: Urkunde vom 12. Dezember 1268: Berchtold (I.) und seine Söhne Berchtold (II.) u. Heinrich u. Otto u. Rudolf (dieselben in Fontes 2, 714f Nr 656: U. v. 13. Dezember 1268 und 2, 725f Nr 668: U. v. 22. Juli 1269). Fontes 2, 750f Nr 696: Urkunde vom 1. November 1270: Berchtold (II.) u. Heinrich u. Otto »fratres et domicelli de Strazberc«. Fontes 2, 757f Nr 702: Urkunde von 1270: Berchtold (I.) Siegel. Fontes 2, 758f Nr 703: Urkunde von 1270: Berchtold (II.) u. Heinrich u. Otto »fratres, condomini de Strasperch«. Fontes 3, 28f Nr 34: Urkunde vom 14. März 1273: Heinrich, Sohn des verstorbenen Berchtold (I.) und Bruder von Berchtold (II.) u. Otto u. Rudolf. Fontes 3,46f Nr 56: Urkunde vom 25. September 1273: Berchtold (II.) u. Heinrich (Kirchherr von Granges =KG) u. Otto (noch ohne Siegel). Fontes 3,47f Nr 57: Urkunde kurz vor dem 28. September 1273: Berchtold (II.) u. Heinrich (KG) u. Otto (noch ohne Siegel), Söhne des verstorbenen Berchtold (I.). Fontes 3, 248 Nr 264: Urkunde vom 29. März 1279: Berchtold (II.) als Zeuge. Fontes 3, 275f Nr 295: Urkunde vom Februar 1281: Berchtold (II.) u. Heinrich, Gebrüder. Fontes 3, 297f Nr 317: Urkunde vom 24. April 1281: Berchtold (II.) (Vogt von Granges) u. Heinrich (KG), Gebrüder. Fontes 3, 326 Nr 342: Urkunde vom 6. Juni 1282 (Abschrift): Berchtold (II.). Fontes 3, 539 Nr 548: Urkunde vom 1. September 1292: Ludwig u. Otto (II.) u. Berchtold (III.), Söhne des verstorbenen Berchtold (II.), nennen »unsern oeheim hern Otten von Ochsenstein, lantvoget von Elzaze« (=Adelheids Bruder Otto III. von Ochsenstein, gefallen 1298 in der Schlacht von Göllheim). Fontes 4, 347ff Nr 315: Urkunde vom 14. Februar 1309: Otto (II.) u. Berchtold (III.) teilen unter sich die Herrschaft Strassberg, ihr Bruder Ludwig, Domsänger zu Straßburg, leistet Verzicht. Die drei Brüder nennen: »unser muter, vrow Adelheiden, margrefin von Baden«. Mathias von Neuenburg bezeichnet in seiner Chronik Adelheid vor ihrer Ehe mit Rudolf II. von Baden ausdrücklich als Witwe Strassberg: »relictam comitis de Strasberg sororem Ottonis de Ohsenstein, consobrinam regis (Alberti), ipse rex (Rudolfus de Habsburg), Rudolfo (II.) marchioni dedit de Baden, item unam filiarum eiusdem relicte Rudolfo (III.) iuniori de Baden, senioris (Rudolfi I.) filio, et alteram Walthero de Horburg matrimonio copulavit. Que filie sine liberis obierunt.« (zitiert nach Regesten Baden 1, 53 Nr 551; Chronik Neuenburg übersetzt von Georg Grandaur =Geschichtschreiber der deutschen Vorzeit Bd. 84, dort S. 40 inkorrekt übersetzt; Richtig: König Rudolf gab die Witwe des Grafen von Strassberg, eine Schwester Ottos von Ochsenstein und Base König Albrechts, dem Markgrafen Rudolf von Baden zur Frau. Ferner vermählte er eine der Töchter dieser Witwe mit Rudolf dem Jüngeren von Baden, dem Sohne Rudolfs des Älteren, und eine andere mit Walther von Horburg. Diese Töchter starben kinderlos).

Zu Adelheids Ehe mit Baden:

Regesten Baden 1, 53 Nr 551: Urkunde König Rudolfs vom 2. Mai 1285 mit Wittumsverschreibung für seine Schwestertochter Adelheid, Gattin Markgraf Rudolfs II. von Baden. Regesten Baden 1, 54 Nr 563: Urkunde König Rudolfs vom 27. November 1287, der bekundet, daß Rudolf II. von Baden seiner Gemahlin Adelheid von Ochsenstein, der Schwestertochter des Königs, 1000 Mark Silbers zum Wittum gegeben. Regesten Baden 1, 61 Nr 621: Tod Markgraf Rudolfs II. von Baden am 14. Februar 1295 nach der Grabschrift in der Lichtentaler Kapelle.

Demnach steht fest: Adelheid von Ochsenstein ist die Gattin Berchtolds II. von Strassberg, der nach dem 6. Juni 1282 und vor dem 2. Mai 1285 verstorben ist. Eine denkbare Ehe mit dem 1270 verstorbenen Berchtold I. scheidet im Hinblick auf die Berner Urkunden 3 Nr 548 und 4 Nr 315 aus, ebenso eine Ehe als Witwe Strassberg mit Gf Ulrich II. von Württemberg † 1279. Hingegen ist eine erste Ehe Adelheids mit Gf Ulrich II. und anschließend eine nur kurze Ehe mit Berchtold II. nicht gänzlich undenkbar, zumal die Söhne Berchtolds und Adelheids 1292 noch nicht volljährig gewesen sein müssen und die Teilung der Herrschaft Strassberg ja auch erst spät, im Jahre 1309 erfolgte. Die beiden mit Baden und Horburg vermählten Töchter Strassberg könnten dabei durchaus einer der Heirat mit Adelheid vorangegangenen Ehe Berchtolds II. entstammen. Denkbar wäre schließlich auch eine Vermählung Gf Ulrichs II. mit einer bislang unbekannten Schwester Adelheids. Ein Hinweis auf eine Verbindung Württemberg mit Ochsenstein findet sich erstmals in einer Notiz A. Rüttels d. Ä. in J1 48a, 98r, wo einem (von Rüttel nicht als Sohn Gf Ulrichs I. † 1265 erkannten) Ulricus comes Wirtenbergensis mit dem Todesjahr 1279 eine Mathildis Baronissa in Ochsenstein (1253, mit Nachtrag 1259) zur Gattin gegeben wird. Crusius 1, 596 vermählt einen 1270 genannten Grafen Ulrich von Württemberg mit Mechthildis Freyin von Ochsenstein und schreibt dem Paar einen geistlich gewordenen Sohn Ulrich, genannt der Höfinger zu. O. Gabelkover Cod. hist. 2° 586, 125v erblickt in Unkenntnis der Existenz von Gfn Mechthild von Baden † n. 1258 in Mechthild von Ochsenstein die erste Gemahlin Gf Ulrichs I. des Stifters † 1265: »Er hatt zwo Gemahlen gehabt, die erste war Fraw Mechtild, ein gebohrne Freyen von Ochßenstein, die würdt gleichwohl von andern, auch eim Graff Vlrichen von Württemberg zuegeschriben (dann deßen hat mann genuegsambe Vrkund, daß diße Fraw Mechtild einen Graffen von Württemberg der Ulrich gehaißen, gehabt hab) der diß Graff Vlrichs von dem allhie gehandelt würdt, Patruus oder Vatters Bruder geweßen seye«. Heimführung 9 bezeichnet einen 1264 verstorbenen Grafen Ulrich IV., der der Bruder von Gf Ulrichs I. † 1265 Vater sein soll, als Gatten einer Mechtild, Freyin von Ochsenstein, mit der er eine 1299 mit Theobald II. von Pfirt vermählte Tochter Mechthild gezeugt haben soll. (Ulrich I. † 1265 ist eindeutig der erste Träger dieses, von seiner Mutter her ins Haus Württemberg gekommenen Namens; vgl. Gf Ulrich † 1265 Anm. 5). Daß es zu Ende des 13. Jahrhunderts eine Verbindung Württemberg mit Ochsenstein gegeben haben muß, darauf weist neben dem von Decker-Hauff entdeckten Zürcher Wappentäschchen auch die Urkunde über den Verkauf von Horburg an Württemberg: Am 7. Dezember 1324 verkaufen die kinderlosen Grafen Walther IV. und Burkhard II. von Horburg für den Fall ihres Todes die Grafschaft Horburg/Herrschaft Reichenweiher an ihren Oheim, den Grafen Ulrich von Württemberg (der in der gesamten Literatur als Gf Ulrich III. † 1344 gedeutet wird); vgl. Stälin 3, 177f mit Hinweis auf Abdruck der Urkunde bei Johann Daniel Schöpflin, Alsatia diplomatica, Mannheim 1772–1775, 2, 132; Wörterbuch Elsass 462. Zu den Herren von Ochsenstein (Burgruine bei Reinhardsmünster westlich Maursmünster im Kreis Zabern/Saverne im Elsaß): Bernhard Hertzog, Chronicon Alsatiae, Straßburg 1592, V, 52–60; Schöpflin Alsatia (s. o.); Johann Georg Lehmann, Urkundliche Geschichte der Dynasten von Ochsenstein in: Urkundliche Geschichte der Grafschaft Hanau-Lichtenberg 1862, II, 3–176, Nachdruck Pirmasens 1970; Kindler 3, 261–263; Möller Stammtafeln 1, 18–21; Freytag 3, 92 (Tf Ochsenstein).

7 O. Gabelkover Cod. hist. 2° 586, 126r ordnet in Unkenntnis der erst von Stälin 2, 484 aufgezeigten ersten Ehe Gf Ulrichs I.

des Stifters †1265 mit Mechthild von Baden diesem als erste Gattin eine Mechthild von Ochsenstein zu, wobei er deren Vornamen jenen Urkunden entnahm, die sich auf Mechthild von Baden bezogen. Die ›Mechthild‹ von Ochsenstein scheidet für ihn als Gattin Gf Ulrichs II. †1279 und Mutter von dessen Nachkommenschaft aus im Hinblick auf die Forderungen von Gf Ulrichs I. †1265 Tochter Agnes von Truhendingen †1305 an ihren Halbbruder Gf Eberhard I. den Erlauchten †1325.
Diese Annahme ist jedoch nach Ansicht der Urkunde von Anfang Mai 1285 (WUB 9, 21f Nr 3441) keinesfalls zwingend. Der von Gabelkover Cod. hist. 2° 586, 137r–v als Beweis für ein Absterben Gf Ulrichs II. †1279 ohne Erben aufgeführte Vertrag zwischen Württemberg und Teck vom 14. Februar 1299 (WUB 11, 214f Nr 5234), in dem Eberhard I. der Erlauchte frei über vormaligen Mitbesitz Ulrichs II. verfügt, kann unter Annahme einer vorangegangenen Landesteilung (s. u.) und mit Rücksicht auf die Persönlichkeit Eberhards des Erlauchten als nicht unbedingt stichhaltig angesehen werden. Während große Teile der Literatur im Gefolge Gabelkovers Gf Ulrich II. †1279 ledig und ohne Nachkommen absterben lassen (vgl. Anm. 6), werden ihm in folgenden Quellen folgende Nachkommen zugewiesen: Heimführung 9 weist dem als Vaterbruder Gf Ulrichs I. †1265 angegebenen Grafen Ulrich mit Todesjahr 1264 aus seiner Ehe mit Mechthild von Ochsenstein eine 1299 mit Theobald II. von Pfirt vermählte Tochter Mechthild zu. Heimführung 10 nennt als Sohn Gf Ulrichs †1315, des angeblichen Sohnes Gf Ulrichs I. †1265 und älteren Bruders Gf Eberhards I. des Erlauchten †1325, aus dessen Ehe mit Irmengard von Hohenberg Ulrich den Höfinger, Propst zu Speyer, dann zu Sindelfingen; diese Angabe auch bei Pregitzer I, 6, dort jedoch Ulrichs Todesjahr 1279. Pfaff Ursprung Tf I, der von einer älteren Linie des Hauses Württemberg mit den in den Sindelfinger Annalen zum Jahr 1291 genannten Grafen Ulrich Vater und Sohn ausgeht, gibt Ulrichs II. †1279 als ältesten Sohn Gf Ulrichs I. †1265 eine Tochter Adelheid, vermählte Gräfin von Sigmaringen-Werdenberg; vgl. Gf Eberhard I. †1325 Anm. 15. Decker-Hauff Stuttgart 174: »Männliche Nachkommen hinterließ Ulrich nicht; von einer Tochter besitzen wir nur späte und dürftige Nachricht«. Decker-Hauff Münsingen 35 hingegen geht von einer Landesteilung und der Begründung einer älteren Linie des Hauses Württemberg durch Gf Ulrich II. †1279 aus: »Dagegen hatte dann die Teilung unter die Söhne Ulrichs mit dem Daumen, nämlich unter Ulrichs II. und Eberhard dem Erlauchten, die zwischen 1265/66 und 1279 durchgeführt wurde, einen langen Bestand. Ein unerwarteter Quellenfund (Anm.: das in Anm. 6 genannte Züricher Wappentäschchen) scheint mir zu erhärten, daß Ulrich II. entgegen der bisherigen Annahme einen Sohn, einen Enkel und einen Urenkel hatte, von denen mindestens Sohn und Enkel auf einem real abgeteilten Stück der Grafschaft – und es scheint fast die Hälfte gewesen zu sein? – bis um 1315, vielleicht bis gegen 1320 für sich alleine geherrscht haben. Die Teilung hätte dann etwa gleich lange wie die spätere zwischen Ludwig I. und Ulrich V. (ab 1441 ff) gedauert, nämlich rund 40 Jahre. Mit der Annahme, Eberhard der Erlauchte habe über viele Jahre hinweg gar nicht den ganzen Wirtemberger Besitz in Händen gehabt, sondern sich mit jungen Neffen und Großneffen (die er natürlich überwog und zurückdrängte) in die Herrschaft teilen müssen, können wir manche sonst schwer erklärbare Vorgänge aus dem Anfang des 14. Jahrhunderts besser begreifen, so z. B. die merkwürdige Tatsache, daß die wichtige Stadt Göppingen in den ganzen Auseinandersetzungen des Reichskriegs gegen Eberhard den Erlauchten nie erwähnt wird. Wenn aber Göppingen der älteren Li-

nie gehörte und diese sich im großen Kesseltreiben gegen Eberhard neutral verhielt, wäre dieses Schweigen erstmals sinnvoll erklärt«. Decker-Hauff Wirtemberg weist Gf Ulrich II. †1279 die Witwe Bertholds II. von Strassberg, Adelheid von Ochsenstein, zu (eine Ehe, die sich in dieser Folge nicht halten läßt, da Berthold II. zwischen Sommer 1282 und Winter 1284/85 starb, vgl. Anm. 6) und läßt dieser Ehe zwischen 1275 und 1279 folgende vier Kinder entspringen: 1. Adelheid, geboren ca. 1275, verlobt 1285, vermählt 1289 mit Herzog Nikolaus von Troppau, einem illegitimen Sohn von König Przemysl Ottokar II. von Böhmen (Freytag 1, 198: Tf Hz Troppau: Nikolaus †1318, vermählt um den 8. Februar 1285 mit Adelheid N. †1313). 2. Ulrich, geboren ca. 1276, vermählt 18. Dezember 1291 (nach Annales Sindelfingenses) mit Mechthild von Hohenberg, jeweils ohne Angabe des Todesjahres; Ulrich soll die von seinem Vater begründete ältere Linie des Hauses Württemberg fortgesetzt haben; vgl. Gf Ulrich †1315 Anm. 2 u. Gfn Mechthild †v. 1316 Anm. 4. 3. Irmgard, geboren ca. 1277, vermählt am selben Tag wie ihr Bruder Ulrich mit dem Bruder von dessen Gattin Mechthild, Rudolf von Hohenberg, die beide der ersten Ehe Albrechts von Hohenberg †1298 mit einer Gattin aus einer Verbindung Geroldseck mit Strätlingen-Spiez entspringen sollen; vgl. Gfn Irmengard †1329 Anm. 4. 4. Mechthild, geboren etwa 1278, vermählt mit Theobald d. J. von Pfirt; vgl. Gfn Sophie †1344 Anm. 2.

8 Den 18. September 1279 als Todestag nennen: Annales Sindelfingenses (Anm. 9); Eber 373; O. Gabelkover Cod. hist. 2° 586, 136r; Pregitzer 1, 6; Steinhofer 1, 29; Scheffer 6 u. 8; Uebelen Eberhard 5; Pfaff Ursprung Tf 1 u. Fürstenhaus 53; Barth 45; Stälin 3, 49 u. 713; Moll 277; Behr 169; Voigtel-Cohn 91; P. Stälin 459 u. 717 u. ADB 5, 554; Maisch-Stammtafel; Giefel Nr 19; Krüger 336 u. Tf 8; Schneider Stammbaum, Schön Nr 16; Weller Wirtemberg 141; Isenburg 1, 75; Freytag 1, 75; Gottschalk Piastinnen 276; Schwennicke 1, 122. Das Todesjahr 1279 nennen: Schmid 25; Mohl 134; Sattler Gf 1, 5; Tiedemann 8; Bauer Ursprung 37; Decker-Hauff Stuttgart 160 u. 174; Ortsbuch Beutelsbach (Anm. 5) 68) Das Todesjahr 1315 für Gf Ulrichs I. †1265 ältesten Sohn Ulrich nennen: Suntheim 592 u. 595; A. Rüttel d. Ä. J1 1b, 1r u. J1 23, 11f; Heimführung 10; Lohmeier 52; Imhof 56; Hübner 200. Das Todesjahr 1344 nennt: Küng 63 (der Gf Ulrich III. †1344 als Sohn Gf Ulrichs I. †1265 ansieht und ihn »ungevorlich ob 90 jarn« leben läßt).

9 Annales Sindelfingenses zum Jahr 1279.

10 Moll 277.

11 Beutelsbach als ursprünglichen Begräbnisort nennen: O. Gabelkover Cod. hist. 2° 586, 136v; Tiedemann 8; Ortsbuch Beutelsbach (Anm. 5) 68; vgl. auch Gf Ulrich I. †1265 Anm. 11–13.

12 Mit großer Wahrscheinlichkeit ließ Gf Eberhard der Erlauchte bei der Verlegung des Beutelsbacher Erbbegräbnisses 1316/20 auch die Gebeine seines Bruders nach Stuttgart überführen; vgl. Gf Ulrich I. †1265 Anm. 16. Die Überführung nach Stuttgart nennt: Tiedemann 8; Schön Nr 16 gibt als Begräbnisort an: Stuttgart Stiftskirche. Da Gf Ulrichs II. †1279 Existenz der Geschichtsschreibung im 15. und 16. Jahrhundert verborgen geblieben war – weder die Annales Stuttgartienses noch Suntheim noch Küng noch die beiden Rüttels wissen von ihm zu berichten, beziehungsweise um seine Abkunft von Gf Ulrich I. dem Stifter – konnte seiner unter Herzog Ludwig, als im Chor der Stuttgarter Stiftskirche als Ersatz für die alten, abgetretenen, unleserlich und unkenntlich gewordenen Grabplatten daselbst die Grafenstandbilder von Sem Schlör entstanden, nicht mit einem Denkmal gedacht werden, wohl aber des ständig mit ihm verwechselten Grafen Ulrich † 1315, der, weil in den Stuttgarter Annalen aufgeführt, ein Denkmal erhielt, obwohl er nicht Stammvater des Hauses Württemberg ist. Als O. Gabelkover schließlich die Notiz in den Sindelfinger Annalen entdeckte und den dort genannten Grafen als Sohn Gf Ulrichs I. † 1265 deuten konnte, war die Zeit für eine derartige Ehrung bereits dahin.

13 O. Gabelkover Cod. hist. 2° 586, 132v.

14 Schmid 25.

15 Pregitzer 1, 6.

16 Steinhofer 1, 29.

17 Sattler Gf 1,5.

18 Tiedemann 8.

19 Essich 55f.

20 Pahl 1, 102f.

21 Zimmermann 1, 421.

22 Pfaff Wirtemberg 2, 26.

23 P. Stälin 458f.

24 Weller Wirtemberg 141.

25 Decker-Hauff Stuttgart 172f.

26 Decker-Hauff in Festschrift Württemberg 79. Zu der genannten Wirtemberg-Bursa im Züricher Landesmuseum 76–79 mit Abb. 51.

27 Fritz Löwenstein 20

Agnes

† 1305

Gräfin von Württemberg

I Gräfin von Oettingen
II Gräfin von Truhendingen
III Gräfin von Hohenlohe

T. v. Graf Ulrich I. dem Stifter von Württemberg[1]
u. v. Markgräfin Mechthild von Baden[2]

Geboren vor 1264[3]
in

Vermählt vor dem 7. Mai 1275[4]
mit Graf Konrad von Oettingen † v. 1279[5]

Zweite Ehe vor dem 11. Januar 1282[6]
mit Graf Friedrich II. von Truhendingen † 1290[7]

Dritte Ehe vor dem 3. Juli 1295[8]
mit Kraft I. von Hohenlohe † 1313[9]

Gestorben am 27. September 1305[10]
in

Beigesetzt 1305
in Mergentheim im Dominikanerkloster[11]

»V. kalendas Octobris, Cosme et Damiani martyrum. Anno domini MCCCV. obiit Agnes nobilis de Hohenloch, que ordinavit hic pro se primam missam et dedit fratribus C libras hallensium et multa alia bona fecit eis.«[12]

Anmerkungen

1 Als Tochter Ulrichs des Stifters genannt bei: O. Gabelkover Cod. hist. 2° 586, 141r u. 228v; Pregitzer 1, 6 (dort Mechthild genannt und nur die Ehe mit Truhendingen bekannt); Sattler Gf 1, 9 u. 101; Pfaff Ursprung Tf 1 (dort als Mechthild von Truhendingen und Agnes von Hohenlohe angegeben); Stälin 3, 692 u. 713 (dort erstmals als Gemahlin Oettingen, Truhendingen und Hohenlohe erkannt); Behr 169; Voigtel-Cohn 91; P. Stälin 717; Giefel Nr 20; Krüger 252 u. Tf 8; Schön Nr 15; Isenburg 1, 75; Freytag 1, 75 u. 5, 1 u. 149; Schwennicke 1, 122. Die Dispensurkunde von 1288 für die Ehe Truhendingen (Anm. 6) bezeichnet Agnes irrigerweise als »nata quondam Henrici comitis de Wirtenberc«.

2 Als Tochter aus der ersten Ehe ihres Vaters genannt bei: O. Gabelkover Cod. hist. 2° 586, 141 u. 228v (Mathilde von Ochsenstein); Sattler Gf 1, 9: »allem Vermuthen nach war sie auch (Anm.: wie Gf Ulrich II. † 1279) von der erstern Gemahlin Grav Ulrichs da«; Krüger Tf 8 u. 252: »Aus ihren Ehen und dem Alter ihrer Kinder ergibt sich, daß Agnes um 1255 geboren sein muß. (Früher kann sie nicht geboren sein, da Ulrich I. am 19. April 1254 noch ohne ›heredes legitimos‹ war, Stälin 3, 47) Sie kann also nur Tochter Ulrichs I. aus dessen erster Ehe mit Mathilde von Baden und also Schwester Ulrichs II. gewesen sein«; Schwennicke 1, 122. Als Tochter zweiter Ehe wird Agnes genannt bei: Oettingen Stammtafel 1; Grupp Oettingen 188; Isenburg 1, 75; Freytag 1, 75; Gottschalk Piastinnen 277. Stälin 3, 713 und P. Stälin 717 führen Agnes als jüngere Schwester Eberhards des Erlauchten auf, wobei dieser am Todestag seiner Mutter zur Welt gekommen sein soll. Voigtel-Cohn 91 läßt die Frage der Abkunft aus erster oder zweiter Ehe offen. Giefel Nr 20 nennt Agnes als jüngere Schwester Gf Ulrichs II. † 1279 und ältere Schwester Gf Eberhards des Erlauchten † 1325, ohne irgendwelche Angaben zu ihrer Mutter zu machen. Schön Nr 15 nennt Agnes als ältestes Kind Ulrichs I. und damit der Mechthild von Baden.

3 Da das Todesjahr von Ulrichs I. Gattin Mechthild von Baden unbekannt ist, die zweite Gattin Agnes von Schlesien aber am 13. März 1265 an der Geburt Eberhards des Erlauchten verstarb, muß Agnes auf jeden Fall vor 1264 geboren sein. Eine Geburt um 1255 nimmt Krüger Tf 8 u. 252 im Hinblick auf die erste Ehe von Agnes und die daraus erwachsenen Kinder an, vgl. Anm. 2. Schön Nr 15 läßt Agnes vor dem dort um 1253 zur Welt gekommenen Ulrich II. † 1279 geboren sein. Sonstige Quellen ohne Angaben zum Geburtsjahr.

4 Urkunde vom 7. Mai 1275: »Cunradus comes iunior de Otingen de consensu uxoris suae Agnetis« in: Regesta Boica 3, 459; Hohenlohisches Urkundenbuch 1, 487; Oettingische Regesten 43 Nr 145. Urkunde vom 19. Juni 1275: »Cunradus iunior comes de Oetingen cum assensu uxoris Agnetis de Wirtinberc« in: Regesta Boica 4, 769; Hohenlohisches Urkundenbuch 1, 487; Oettingische Regesten 159 Nr 573. Hochzeit vor dem 7. Mai 1275 bei: Stälin 3, 712–g; Behr 169; Voigtel-Cohn 91; Grupp Oettingen 188; Oettingen Stammtafel 1; Isenburg 1, 75; Freytag 1, 75. Hochzeit vor dem 5. Mai 1275 bei: P. Stälin 717; Giefel Nr 20; Schneider Stammbaum; Schön Nr 15. Hochzeit vor 1275 bei: Schwennicke 1, 122. Hochzeit um 1275 bei: Uhland Festschrift 398. Hochzeit um 1270 bei: Krüger 252. Agnes war mit Konrad von Oettingen im vierten Grade blutsverwandt; dazu Dispensurkunde für die Ehe Truhendingen (Anm. 6) u. Krüger 253–255 mit Verwandtschaftstafeln. Nach Freytag 5, 149 hatte Agnes in erster Ehe zwei Söhne und eine Tochter, eine weitere Tochter wird als unsicher genannt.

5 Literatur und Stammtafeln Oettingen

bei Gfn Agnes † 1317 Anm. 4. Konrad von Oettingen erscheint urkundlich von 1266–1276, nach Krüger 252 u. Tf 8 wurde er um 1245 geboren, sonstige Quellen ohne Angabe zum Geburtsjahr. An Sterbedaten werden für Konrad genannt: Vor dem 7. März 1283: Stälin 3, 692. Vor 1282: Krüger 252 u. Tf 8. 2. Mai wohl 1281: Behr 169. Etwa 1276/1280: Krüger 255. Vor dem 15. Februar 1279: Giefel Nr 20; Grupp Oettingen 188 mit Zusatz »(2. Mai 1278?)«; Oettingen Stammtafel 1 (Zusatz wie Grupp); Schön Nr 15; Isenburg 1, 75; Freytag 1, 75. 1278 oder 1279: P. Stälin 717. Um 1279: Uhland Festschrift 398. 1279 bereits tot: Freytag 5, 1; Schwennicke 1, 122. 1278 bereits tot: Freytag 5, 149.

6 Urkunde vom 11. Januar 1282: Friedrich von Truhendingen »una cum dilecta coniuge nostra Agnete« in: Hohenlohisches Urkundenbuch 1, 488 f (Regesten der Agnes von Wirtemberg). Urkunde vom 21. Februar 1282: »in causa Friderici comitis de Truhendingen et Agnetis uxoris ejusdem« in: Regesta Boica 4, 173; Stälin 3, 714–h; Hohenlohisches Urkundenbuch 1, 489. An Heiratsdaten für Friedrich und Agnes werden genannt: Vor dem 21. Februar 1282: Stälin 3, 714–h; Behr 169; Voigtel-Cohn 91; P. Stälin 717; Giefel Nr 20; Schneider Stammbaum; Schön Nr 15. Vor Januar 1282: Weller Hohenlohe 2, 153. Vor Anfang 1282: Krüger 252. 1282: Grupp Oettingen 188; Schwennicke 1, 122. Um 1282: Uhland Festschrift 398. 1278/1279: Isenburg 1, 75; Freytag 1, 75. Vor 1285: Pfaff Ursprung Tf 1; Krüger Tf 8. Agnes war mit Friedrich von Truhendingen im vierten Grade blutsverwandt: Dispensurkunde vom 13. Juni 1288: »Nicolaus IV. ... episcopo Eistetensi mandat, quatenus cum nobili viro Frederico comite de Truendingen et nobili muliere Agnete nata quondam Henrici comitis de Wirtinberc dispenset, ut quanquam quarto consanguinitatis gradu conjuncti sint et dictus Fredericus quondam Conrado comiti de Oetingen olim viro ipsius Agnetis gradu simili, dum viveret, attineret, in matrimonio, quod olim contraxerunt et in quo plures filios procrearunt, quum hujusmodi impedimentum ignorarent, remanere valeant«, zitiert nach Krüger 254, dort 255 Verwandtschaftstafel Württemberg-Truhendingen. Nach Weller Hohenlohe 2, 153 hatte Agnes in zweiter Ehe drei Söhne und eine Tochter.

7 Friedrich von Truhendingen soll nach Krüger 254 etwa 1240 geboren sein; sonstige Quellen ohne Angaben zum Geburtsjahr. An Sterbedaten werden für Friedrich genannt: Vor dem 10. April 1290: Stälin 3, 714–h (Urkunde vom 10. April 1290: »Agnes comitissa de Truhendingen cum consensu felicissimae recordationis domini Friderici quondam comitis de Truhendingen mariti nostri« mit Quellenangabe); Behr 169; Giefel Nr 20; Oettingen Stammtafel 1; Schön Nr 15. (Anm.: Hohenlohisches Urkundenbuch 1, 492 datiert diese Urkunde auf den 13. April 1290: »idus Aprilis«). Den 15. März 1290 als Todestag nennen: Weller Hohenlohe 2, 153; Isenburg 1, 75; Freytag 1, 75. Sterbejahr 1290 bei: Freytag 5, 1 u. 149; Schwennicke 1, 122. Tod um 1290 bei: P. Stälin 717; Uhland Festschrift 398. Um 1289/1290: Krüger Tf 8.

Zur Erbauseinandersetzung Truhendingen-Württemberg vom Frühjahr 1285: O. Gabelkover Cod. hist. 2° 586, 141r–142v; Sattler Gf 1, 9f u. Beilage 9; Hohenlohisches Urkundenbuch 1, 491. Zu den Grafen von Truhendingen: Johann Rauchpars Oettingische Geschlechtsbeschreibung, hrsg. v. Jakob Paul Lang, Wallerstein 1775, 83 f (mit Stammtafel); Sebastian Englert, Geschichte der Grafen von Truhendingen, Würzburg 1885.

8 Urkunde vom 3. Juli 1295: »Krafto nobilis de Hohenloch, Agnes matrona nobilis, nostra collateralis« in: Stälin 3, 714–i; Hammer Hohenlohe 8; Hohenlohisches Urkundenbuch 1, 398 Nr 571 u. 1, 493 Nr

21 (Regesten der Agnes von Wirtemberg). Hochzeit vor dem 3. Juli 1295 bei: Stälin 3, 676 u. 714–i; Behr 169; P. Stälin 717; Giefel Nr 20; Oettingen Stammtafel 1; Schneider Stammbaum; Schön Nr 15. 1295 bereits als vermählt genannt bei: Pfaff Ursprung Tf 1; Voigtel-Cohn 91; Stammtafeln Hohenlohe (s. Anm. 9); Krüger 252; Schwennicke 1, 122. Heirat um 1295: Isenburg 1, 75; Freytag 1, 75 u. 5, 1; Uhland Festschrift 398. Etwa 1294: Krüger Tf 8. Nach Weller Hohenlohe 2, 154 hatte Agnes in dritter Ehe wahrscheinlich einen Sohn, möglicherweise auch noch weitere Kinder.

9 Literatur und Stammtafeln Hohenlohe bei Gfn Adelheid † 1342 Anm. 5. Kraft I. von Hohenlohe erscheint urkundlich von 1256–1312. Nach Hammer Hohenlohe 7 soll er 1239 schon am Leben gewesen sein; sonstige Quellen ohne Angaben zum Geburtsjahr. An Sterbedaten werden für Kraft I. genannt: 19. September 1313: Behr 169; Giefel Nr 20; Oettingen Stammtafel 1; Schön Nr 15; Isenburg 1, 75; Freytag 1, 75; vgl. Anm. 12. Todesjahr 1313: Voigtel-Cohn 91; P. Stälin 717; Schwennicke 1, 122; Uhland Festschrift 398. Um 1313: Stälin 3, 676; Krüger Tf 8. Nach Weller Hohenlohe 2, 151 f war Kraft I. zuvor vermählt in erster Ehe mit Gräfin Willebirg von Wertheim (urkundlich 1262–1273, † vor Januar 1279) und in zweiter Ehe mit Gräfin Margarete von Truhendingen (Dispens am 30. August 1288 in: Hohenlohisches Urkundenbuch 1 Nr 483, darin bereits Söhne und Töchter aus dieser Ehe bezeugt; † 1293, spätestens am 11. November 1294); zum Todestag vgl. Anm. 12.

10 Den 27. September 1305 als Todestag nennen: Mergentheimer Anniversarium (Anm. 12); Behr 169; Giefel Nr 20; Oettingen Stammtafel 1; Grupp Oettingen 188; Schneider Stammbaum; Weller Hohenlohe 2, 154; Schön Nr 15; Isenburg 1, 75; Freytag 1, 75 u. 5, 1 u. 149; Gottschalk Piastinnen 277; Schwennicke 1, 122. Das Todesjahr 1305 nennen: Stälin 3, 676 u. 713; Voigtel-Cohn 91; P. Stälin 717; Maisch Stammtafel; Krüger 252 u. Tf 8; Uhland Festschrift 398.

11 Hammer Hohenlohe 8: »In Breitenbachs Beschreibung der öffentlichen Gebäude zu Mergentheim steht, daß die dritte Gemahlin Crafts I. anno 1305 im dortigen Dominikaner-Kloster begraben wurde« (Nach Heyd 2, 148 Nr 5220: Collectaneen des Archivars Breitenbach in Mergentheim über Mergentheim und den Deutschorden. Handschrift im HStA Stuttgart). Sonstige Quellen ohne Angaben zum Begräbnisort. Zum Dominikanerkloster Mergentheim: Hermann Bauer in: Württ. Franken 1853, 27–30; OAB Mergentheim 1880, 327–329.

12 Zitiert nach Hohenlohisches Urkundenbuch 1, 487 Nr 676: »Nach dem Anniversarium des Predigerklosters zu Mergentheim (aus dem 14. Jahrhundert) im Staatsarchiv zu Stuttgart«; Auszüge aus dem Mergentheimer Anniversarium auch bei Bauer (Anm. 11) 1853, 29. Darin der 19. September als Jahrtag Krafts I. und der 11. November als Todestag seiner zweiten Gattin Margarete von Truhendingen genannt.

Mechthild (Luitgard)

†v. 1284

Gräfin von Württemberg

Gräfin von Schenkenberg/Löwenstein

T. v. Graf Ulrich I. dem Stifter von Württemberg[1]
u. v. Markgräfin Mechthild von Baden[2]

Geboren vor 1264[3]
in

Vermählt vor 1284[4]
mit Graf Albrecht von Schenkenberg/Löwenstein † 1304[5]

Gestorben vor dem 24. Juni 1284[6]
in

Beigesetzt
in

Anmerkungen

Mechthild wird seit Stälin nicht mehr in den Stammtafeln aufgeführt. Mit Ausnahme von Gabelkover wird sie in den sonstigen Quellen Luitgard genannt. Diese Benennung beruht vermutlich auf der Verwechslung mit der zweiten Gemahlin ihres Gatten, Luitgard von Bolanden; vgl. Anm. 5.

1 Als Tochter Ulrichs des Stifters genannt bei:
O. Gabelkover Cod. hist. 2° 586, 229r (Luitgard) u. 230r (Mechthild); Pregitzer 1, 6 (Luitgard); Hübner 200 (Luitgard); Steinhofer 1, 54 (Luitgard); Sattler Gf 1, 101 (Luitgard); Pfister Eberhard 54 (Luitgard); Pfaff Ursprung Tf 1 (Luitgard, mit der irrigen Angabe einer Vermählung mit Ludwig von Oettingen). Als Tochter Eberhards I. des Erlauchten genannt bei: A. Rüttel d. Ä. J1 48a, 98v (Luitgard).

2 O. Gabelkover Cod. hist. 2° 586, 230r bezeichnet sie als Tochter aus Ulrichs erster Ehe; sonstige Quellen ohne Angaben zur Mutter. Mechthilds Name deutet auf eine Abkunft aus Ulrichs Ehe mit Mechthild von Baden † n. 1258 hin.

3 Vgl. Gfn Agnes † 1305 Anm. 3.

4 Sämtliche Quellen ohne Angaben zum Hochzeitsjahr.

5 Zu den Grafen von Löwenstein: Stälin 3, 682–684 mit Stammtafel 684; zu Albrecht von Schenkenberg/Löwenstein: Oswald Redlich, Rudolf von Habsburg, Innsbruck 1903, 87 u. 316 u. 555 f. Albrecht entstammt einer illegitimen Verbindung Rudolfs von Habsburg mit einer gewissen Ita. Seine Geburt erfolgte wahrscheinlich vor Rudolfs vor dem 8. März 1254 stattgehabter Hochzeit mit Gertrud von Hohenberg (Redlich 87), er urkundet erstmals am 22. Juli 1278 (Redlich 316). Albrecht führte zunächst den Namen von Schenkenberg (Burg im Aargau unweit der Habsburg). Am 11. November 1287 wurde er mit der von seinem Vater am 15. August 1281 von Bischof Berthold von Würzburg erkauften Grafschaft Löwenstein belehnt, der sie 1277 vom letzten Grafen des Hauses Calw-Löwenstein erworben hatte (Stälin 3, 41 u. 682; Redlich 555). Albrecht war seit dem 24. Juni 1284 mit Luitgard von Bolanden vermählt und starb im Mai oder Juni 1304 und wurde im Kloster Murrhardt beigesetzt (Stälin 3, 684). Seine Witwe Luitgard vermählte sich in zweiter Ehe mit Markgraf Rudolf IV. von Baden † 1348 und starb zwischen 1323 und 1326 (Stälin 3, 651). Freytag 1, 82 u. Schwennicke 1, 129 nennen als Todesjahr 1324. Gabelkover, dem die Habsburger Abkunft Albrechts unbekannt ist, bezeichnet ihn Cod. hist. 2° 586, 229r als Sohn Graf Gottfrieds, des Letzten des Hauses Calw-Löwenstein. Diese Angabe erklärt sich wohl damit, daß Albrecht mit der Grafschaft auch das calwisch-löwensteinische Grafenwappen angenommen hatte (Stälin 3, 682). Andererseits kann nicht völlig ausgeschlossen werden, daß Mechthild mit einem sonst unbekannten, vor seinem Vater Gottfried verstorbenen Albrecht aus dem Hause Calw-Löwenstein vermählt wurde. Albrecht, der bei A. Rüttel d. Ä. J1 48a, 98v den Namen Heinrich trägt, hat nach O. Gabelkover Cod. hist. 2° 586, 230r mit Mechthild »zwo, wo nicht mehr Töchtern, so Nonnen gewesen in Lichtenstern« erzeugt. Christa-Maria Mack, Die Geschichte des Klosters Lichtenstern von der Gründung bis zur Reformation, Göppingen 1975, 126 führt für die entsprechende Zeit drei Gräfinnen von Löwenstein an: Mechthild, Kunigunde und Irmgard, die Töchter Gottfrieds des Letzten des Hauses Calw-Löwenstein sein sollen, wobei der Name Mechthild eher auf eine württembergische Abkunft schließen läßt. Daß eine Ehe Löwenstein mit Württemberg tatsächlich geschlossen wurde, steht nach den unabhängig voneinander erfolgten Angaben Rüttels d. Ä. und Gabelkovers außer Zweifel. Mit größerer Wahrscheinlichkeit wurde sie mit Albrecht aus dem Hause Habsburg-Löwenstein als mit einem Glied des Hauses Calw-Löwenstein eingegangen, wenngleich Albrecht bei der Stiftung von Jahrtagen im Kloster Lichtenstern am 18. November 1287 (WUB 9, 166 Nr 3679) seiner Mutter Ita und seiner Frau Luitgard, nicht aber Mechthilds gedenkt.

6 Tag der Vermählung Albrechts mit Luitgard von Bolanden; Annales Sindelfingenses 1284: »Eodem anno Johannis baptistae rex noster Rudolphus maximas nuptias celebravit filio suo (Alberto de Schenkenberg) et alijs in civitate Basilea«. Als Todesjahr für Mechthild wird genannt: 1324: Pregitzer 1, 6; Steinhofer 1, 54 (Verwechslung mit dem Sterbejahr Luitgards von Bolanden). Sonstige Quellen ohne Angaben zum Todesjahr. Begräbnisort unbekannt.

Nachtrag: Gerhard Fritz, Die Geschichte der Grafschaft Löwenstein und der Grafen von Löwenstein-Habsburg vom späten 13. bis zur Mitte des 15. Jahrhunderts, Sigmaringen 1986, 177: »Die Theorie, daß Albrecht I. mit einer Wirtembergerin verheiratet war, wurde Anfang 1983 von Prof. Decker-Hauff auf dessen Vorträgen über die Frühgeschichte des Hauses Wirtemberg geäußert.« Fritz 176 nennt als Geburtsjahr Albrechts »um oder bald nach 1250«, zum Zeitpunkt seiner Ehe mit Luitgard von Bolanden 1284 wähnt er diesen 177 »im Alter von etwa 35 Jahren«, ein

Lebensalter, das bei der damaligen Lebenserwartung eine bereits vorangegangene Ehe geradezu nahelegt. Fritz 177: »Sollte Albrecht tatsächlich eine Wirtembergerin geheiratet haben, ergibt sich eine Reihe bemerkenswerter Aspekte. Zunächst gilt es zu fragen, wann überhaupt eine solche Heirat stattfinden konnte. Albrecht von Schenkenberg war zwar der Sohn des mächtigsten südwestdeutschen Grafen, aber trotzdem blieb er als unehelicher Abkömmling Rudolfs von Habsburg ein anderen Grafengeschlechtern letztlich nicht ebenbürtiger Mann. Unter normalen Umständen hätte also gewiß keine Wirtembergerin – deren Geschlecht in den sechziger und siebziger Jahren des 13. Jahrhunderts ja durchaus schon eine erhebliche Bedeutung besaß – den Schenkenberger geheiratet. Man wird demnach die Jahre vor der Thronbesteigung Rudolfs von Habsburg 1273 ohne weiteres außer Betracht lassen können: Zu jenem Zeitpunkt ist eine Heirat Albrechts mit einer Wirtembergerin so gut wie ausgeschlossen. Nach der Wahl Rudolfs zum König ergab sich aber für die Wirtemberger eine ganz neue Konstellation: Die ehelichen Söhne des Habsburgers waren nun plötzlich als Ehepartner für eine Wirtemberger-Tochter zu groß, der uneheliche Albrecht wurde indessen derartig aufgewertet, daß er als Heiratskandidat durchaus in Frage kam. Als Heiratstermin Albrechts und der Wirtembergerin kommt also frühestens das Jahr 1273 in Betracht, wahrscheinlich erst 1274 oder 1275.« Fritz 24: Heirat 1274/75, 184: ca. 1274. Unter Berufung auf einen Hinweis im Stadtarchiv Stuttgart, Bestand Palm, Bü 518,60b sieht Fritz 178 diese Luitgard von Wirtemberg als Tochter aus der zweiten Ehe Ulrichs des Stifters mit Agnes von Schlesien. Bei dem von Fritz angenommenen Heiratstermin ist jedoch eher an eine Abkunft aus der ersten Ehe mit Mechthild von Baden zu denken. Die Verbindung Löwenstein-Wirtemberg sieht Fritz im Zusammenhang mit einer etwa gleichzeitigen Heirat Graf Ulrichs II. mit Adelheid von Ochsenstein (vgl. dazu Gf Ulrich †1279 Anm. 6): »Damit wird eine typische Kreuzheirat wahrscheinlich: Der Wirtemberger heiratete eine nahe Habsburgerverwandte, der Habsburg-Schenkenberger eine Schwester des Wirtembergers. Unter dieser politischen Konstellation – die sich, wie erwähnt, freilich nicht absolut sicher belegen läßt – wäre das ruhige Verhältnis zwischen Rudolf von Habsburg und Wirtemberg in den ersten Jahren des Königs leicht zu erklären: Beide waren durch Heiratsverbindungen eng liiert. Erst der frühe Tod Ulrichs II. 1279, die Machtübernahme durch dessen energischen Bruder Eberhard den Erlauchten und der Tod der Gemahlin Albrechts von Schenkenberg hätten dann die Grundlagen für das so sehr vergällte Verhältnis zwischen Habsburg und Wirtemberg seit 1285 geschaffen.« Fritz 184 nennt als Geburtsjahr der Luitgard von Württemberg »um 1259/64« und als Todesjahr »vor 1282« sowie als Zeitpunkt der Verlobung Albrechts mit Luitgard von Bolanden »wohl Ende 1282«. Fritz 178: »Spätestens 1282 müßte die Wirtembergerin bereits tot gewesen sein, da Albrecht damals schon mit Luitgard von Bolanden verlobt war.« Indessen finden sich keinerlei Belege für dieses Verlobungsdatum. Ungeklärt ist auch, ob überhaupt und welche Kinder der ersten Ehe Albrechts entsprungen sind. Stammtafel der Grafen von Löwenstein-Habsburg bei Fritz 214.

Bei dem ihm vorliegenden Quellenmaterial sieht Fritz 184 die Ehe Albrechts mit Württemberg weiterhin als unsicher an. Im Hinblick auf Gabelkover und Rüttel sowie auf das Alter Albrechts zum Zeitpunkt seiner Eheschließung mit Luitgard von Bolanden darf eine vorangegangene Verbindung mit einer Tochter Ulrichs des Stifters, die doch wohl den Namen ihrer Mutter Mechthild trug, als gesichert gelten.

Irmengard

†v. 1278/1295

Gräfin von Württemberg

Markgräfin von Baden

T. v. Graf Ulrich I. dem Stifter von Württemberg[1]
u. v. Herzogin Agnes von Schlesien-Liegnitz[2]

Geboren vor Frühjahr 1264[3] in

Vermählt
mit Markgraf Hesso von Baden †1296/97[4]

Gestorben vor 1278 oder vor 1295[5] in

Beigesetzt in

Anmerkungen

Irmengard wird seit Stälin nicht mehr in den Stammtafeln aufgeführt. Diese Entscheidung Stälins, Irmengard aus dem Geschlechtsregister zu streichen, beruht offensichtlich auf der Ablehnung der von Sattler und Pfaff (Anm. 4) vertretenen völlig unsinnigen Ehe zwischen Graf Ulrich des Stifters Tochter und Graf Ulrichs Schwager Rudolf I. von Baden, die sich mit Gabelkovers Angabe einer Ehe Irmengards mit Rudolfs I. Sohn Hesso von Baden ja keinesfalls deckt. Auch beim Fehlen jeglichen urkundlichen Nachweises für Irmengard kann angesichts der sonstigen historischen Zuverlässigkeit Gabelkovers und seiner für seine Zeit überaus kritischen Forschungen im damals noch unversehrten Hausarchiv die Existenz Irmengards und ihrer Ehe mit Hesso von Baden angenommen werden, wenngleich nicht gänzlich auszuschließen ist, daß auch Gabelkover ein Irrtum unterlaufen sein könnte und seine Angabe auf einer Fehldeutung der in Anmerkung 4 genannten Urkunde von 1259 beruht.

Für die Richtigkeit der Angabe Gabelkovers spricht ebenfalls die Überlegung, wonach nach dem Tode Ulrichs des Stifters eine erneute Verbindung zwischen dem Hause Württemberg und dem Haus Baden als Nachkommen der Stuttgarter Stadtgründer angestrebt wurde (vgl. dazu Dekker-Hauff Stuttgart 174).

1 Als Tochter Ulrichs I. des Stifters genannt bei: O. Gabelkover Cod. hist. 2° 586, 229r; Pregitzer 1, 6; Steinhofer 1, 53; Sattler Gf 1, 101; Pfaff Ursprung Tf 1.

2 Im Hinblick auf ihre spätere Heirat mit Baden muß Irmengard der zweiten Ehe ihres Vaters mit Agnes von Schlesien-Liegnitz entstammen, da eine Heirat mit dem

Brudersohn der ersten Gemahlin, Mechthild von Baden, undenkbar ist.

3 Da Agnes von Schlesien-Liegnitz am 13. März 1265 an der Geburt Eberhards des Erlauchten verstarb, muß Irmengard vor Frühjahr 1264 geboren sein; als frühestes Geburtsjahr ist 1260 möglich.

4 Als Gatte Irmengards von Württemberg genannt bei: O. Gabelkover Cod. hist. 2° 586, 229r; Pregitzer 1, 6; Steinhofer 1, 53. Sattler Gf 1, 101 u. Pfaff Ursprung Tf 1 bezeichnen Irmengard irrigerweise als Gemahlin von Hessos Vater Rudolf I. von Baden † 1288. Diese Angabe beruht vermutlich auf einer Fehldeutung der Urkunde für Kloster Pfullingen von 1259 (WUB 5, 286f Nr 1519), die von Ulrich dem Stifter, seiner Gemahlin Mechthild, deren Bruder Rudolf I. von Baden und von Rudolfs und Mechthilds verwitweter Mutter Irmengard von Baden † 1260 ausgestellt und gesiegelt wurde. Markgraf Hesso von Baden starb nach Regesten Baden 1, 62 Nr 639 am 13. Februar 1296 oder 1297 (Todestag im Lichtentaler Nekrolog bei Schannat 1, 165). Als Sterbedaten für Hesso werden genannt: 1297: Vierordt Baden 505 Tf 13. 14. Februar vor dem 5. September 1297: Stälin 3, 651 (WUB 11, 73–75 Nr 5043: Urkunde vom September 1297, darin Hesso als verstorben bezeichnet). 14. Februar zwischen 1293 und 1297: Freytag 1, 82. Vor 1297: Schwennicke 1, 129. Als Gemahlinnen Hessos sind urkundlich nachweisbar: Clara von Klingen und Adelheid von Rieneck. Regesten Baden 1, 48f Nr 511: Urkunde vom 5. Januar 1278, darin Clara, Tochter des Minnesängers Walter von Klingen und seiner Frau Sophie, als Gattin Hessos genannt. Am 9. Mai 1270 war Clara noch ledig. Nach Regesten Baden 1, 58f Nr 596 war Clara am 10. Juni 1291, als ihre Mutter einen Jahrtag für sich selbst, ihren Mann Walter und ihre Tochter Clara im Kloster Klingenthal in Basel, der Begräbnisstätte Claras, stiftet, »wahrscheinlich nicht mehr am Leben«. Als Todestag Claras wird genannt der 14. März im Nekrolog von Sion, der 21. März im Klingenthaler Jahrzeitregister (nach Regesten Baden 1, 48). Als Gattin Hessos wird Clara noch genannt bei: Bader Baden Tf S. 235; Stälin 3, 651; Kindler 2, 2 Tf 294 (Stammtafel Klingen); Freytag 1, 82 (mit der irrigen Angabe † 21. März nach 1297); Schwennicke 1, 129 († um 1300). Adelheid von Rieneck als weitere Gattin Hessos ist genannt in: Regesten Baden 1, 75 Nr 754: Urkunde vom 22. Juni 1320, in der Adelheid als Mutter Rudolf Hessos † 1335 bezeichnet wird. Adelheid ist die namentlich nicht näher bezeichnete Witwe Hessos in der Urkunde Eberhards des Erlauchten vom 5. September 1297 (Sattler Gf 1 Beil. 22; WUB 11, 73–75 Nr 5043; Regesten Baden 1, 63 Nr 643), ihr Siegel ist abgegangen. Adelheid von Rieneck wird trotz ihrer urkundlich nachweisbaren Existenz als Gattin Hessos und Mutter Rudolf Hessos in keiner Stammtafel aufgeführt. Im Hinblick auf die Daten für Clara und Adelheid kann Irmengard sowohl als erste wie auch als zweite Gemahlin Hessos angenommen werden.

5 In jedem Falle muß Irmengard geraume Zeit vor Hesso verstorben sein, da dieser noch eine Ehe mit Adelheid von Rieneck einging und von dieser Gattin noch mindestens ein Kind hatte. Falls Irmengard Hessos erste Gemahlin war, wäre sie in noch jungen Jahren vor 1278 verstorben, wobei in diesem Falle lediglich eine Eheabrede und ein Tod der Braut vor dem Beilager oder aber bei der Geburt des ersten Kindes denkbar wäre. Im anderen Falle aber ist zu bedenken, daß Irmengards Bruder Eberhard der Erlauchte fast zur gleichen Zeit mit Hessos Schwester Irmengard von Baden eine Ehe einging.

Als Sterbedaten für Irmengard werden genannt: Vor 1287: O. Gabelkover Cod. hist. 2° 586, 229r. 1287: Pregitzer 1, 6; Steinhofer 1, 53.

Eberhard I.

1265–1325

Graf von Württemberg

»der Erlauchte«[1] »Illustris«[2]
»der Durchleuchtige wie auch der Zäncker genannt«[3]
»dictus Koche (Köche)«[4] »dictus fuit der krieger«[5]
»qui Greiner dictus fuit«[6]

Regent 1279–1325[7]

»Gottes Freund und aller Welt Feind«[8]
»Theophilos kai Misanthropos«[9]

S. v. Graf Ulrich I. dem Stifter von Württemberg[10]
u. v. Herzogin Agnes von Schlesien-Liegnitz[11]

Geboren am 13. März 1265[12]
in

»fuit caesus ex utero matris suae«[13]
»ward aus seiner muter leib geschnitten«[14]

Vermählt nach 1279
mit N. N.[15]

Zweite Ehe nach Oktober 1291
mit Herzogin Margarethe von Lothringen † v. 1296[16]

Dritte Ehe vor dem 21. Juni 1296
mit Markgräfin Irmengard von Baden † n. 1320

Vater von zwei Söhnen und fünf Töchtern[17]
Ulrich † 1315
Ulrich III. † 1344
Imagina 1293/94[18]
Agnes † v. 1350

Agnes † 1317
Adelheid † 1342
Irmengard † 1329
Zwei Söhne »ausser der Ehe geboren worden«[19]

Gestorben am 5. Juni 1325[20]
in Stuttgart[21]

»vor laid und unmutt gestorben«[22]
Eberhardus »beneficiorum, quae a marchionibus receperat, oblitus castrum Richenberg obsedit, a quo per marchiones et adjutores eorum ignominiose repulsus prae dolore animi et confusione in Stutgarden lecto decumbens impoenitens occubuit, sepultus ibidem«[23]

Beigesetzt 1325
in Stuttgart im Chor der Stiftskirche[24]

»Jst auch zu Stuttgardt im Stifft, als der Erste vom Hauß Wirttemberg beerdigt worden«[25]

Grabmal[26]
»ANNO. D̄N̄Ī. M. CCC. XXV. IN. DIE. SĀC̄TI. BENEDICTI. Θ. DOMINUS. EBERHARDUS. COMES. DE. WIRTENBERG. CUIUS. ANIMA. REQUIESCAT. IN. PACE. A. «[27]

Epitaph[28]
»Anno domini M. CCC. XXV. Nonas Martij obijt generosus dominus Eberhardus, Comes de Wirttemberg, cuius anima requiescat in pace.«[29]

Standbild von Sem Schlör[30]
»ILLVSTRIS PRINCEPS ET DN̄S. DN̄S. EBERHAR-/DVS COMES WIRTEMBERGAE Θ. VII./ MAII. AN. CH̄R̄. MCCCXXV. «[31]

»Zuo mercken das vor zyten ain herre von Wirtemberg was, der hieß grave Eberhart. Derselb herre hett ain muoter, hieß fröwe Agnes, und was ain hertzogin von Polan, von der selben fröwen siner muoter ward der selbe grave Eberhart geschniten, als er geboren solt werden. Sein muoter was ain guote fröw. Alsbald sy das kind ansah, als es von irem lyb geschnytten ward, do sprach sy: duont hin das kind, denn wil es lept, so gyt es allem Swabenland ze schaffen mit kriegen. Alsbald sey dise wort gesprach, do starb sey zehand, und wie die fröwe gesagt hett, also ward es alles darnach war. Der selbe herre ward wol achtzig jar alt und kriegt mit allen römischen kaysern und küngen, die dozemol woren, die wyl er lept.«[32]

»Graff Eberhart von Wirtenberg wolt des selben keysers (Heinrich VII.) gebotten nitt gehörig sein. Darumb füret er über jnn Fürstenn, Graffen, Freyen, Reichstet, vnd wen er auff mocht bewegen, die im vil stett vnnd schloß abgewonnen, vnnd zerbrachen, so vil das er flucht vnd hilffe suchet zu dem Margraffen von Baden kam, den er zu Beseckheym bei dem Necker fand. Aber der selb Graff Eberhart, nach dem todt keyser Heynrichs, bracht wider zuwegen, alles sein verloren gut, Stett, Merckt vnd Schloße. Er kauffet mer darzu, vnd ward mechtiger dann vor, aber er vergaß der guttheyt die jm von dem Margraffen beschehen waz, vnnd legert sich für jr schloßs Richenburg, doch ward er von den Margraffen vnd jrn helffern krefftiglich daruon geschlagen, vnnd inn vnmut kam er gen Stutgarten, ward kranck, vnd starb, da ligt er begraben.«[33]

»homo bellicosus, fortis, audax et quietis impatiens, qui semper vixit in armis, et multa cum vicinis praelia gessit«[34]

»Eberhart Graf zu Wirtemberg der elter, genant Greyner, Gotz Frewnd, und aller Welt Feind, der mit vil Kaysern und Römischen Kunigen kriegt hat, ward von Mueter Leib geschniten, und ward LXXX. Jar alt, und starb anno Domini MCCCXXV. begraben zu Stuetgarden, ist gewesen ain Sun Graf Ulrichs und Fraw Agnesen.«[35]

»Item anno Domini millesimo tricentesimo vicesimo quinto Nonas Junii obiit generosus Dominus Eberhardus senior, Comes de Wirtemberg, qui Greiner dictus fuit, cujus anima vivat Deo, Udalrici Comitis de Wirtemberg et Agnetis de Slesia (filius) frater Udalrici Comitis, qui sine liberis obiit et fuit caesus ex utero matris suae et habuit bella cum pluribus Regibus Romanorum, et uno Imperatore Comite de Nassaw, Alberto I. Rege Romanorum, Duce Austriae filio Rudolfi Regis Romanorum, cum Heinrico VII. ejus nominis Romanorum Imperatore Comite de Lutzlburg per decem annos eo vivente, et post ejus mortem sex annos, etiam cum Ludovico IV. ejus nominis, pro tunc Romanorum Rege, Bravariae Duce et cum Friderice Romanorum Rege, Duce Austriae Ludovici competitore, etiam cum civitatibus Imperialibus, qui arcem Wirtemberg destruxerunt. Primo evasit victor, et postea fuit victus et amisit omnia oppida et castra sua exceptis Aurach, Neiffn, Wittlingen et Seeburg, et omnia recuperavit et plura illis adjecit; et oppida Imperialia destruxerunt Peutlspach, ubi fuit sepultura Dominorum de Wirtemberg, et ipse transtulit ossa suorum antecessorum de Peutlspach ad Stutgardiam, et ista translatio ossium fuit facta anno Domini MCCCXXI. et ipse obiit quatuor annis ante (recte: post) translationem octogenarius et plenus dierum in Stuetgardia in Parochia sepultus.«[36]

»Nun was aber eben zu der selbigen zeit das Romisch reich on ein ordenlich haupt und kaiser gestanden, in welcher zeit graff Eberhart, desgleichen seine vorfarn, sich wol begraßt hetten. So war auch das hertzogthum Schwaben nuilich erblos worden und abgestorben, von welchem gemelte graven ier thail auch bekriegten. Derselbigen fußstapffen volgt graff Eberhart nach und will jemanden nicht nachgeben, welcher im ein finger zwagt, dem understet er sich, den gantzen leib zu klemen.«[37]

»ain man, der all die tag seines lebens im selbs, auch andern leiten, wenig ru gelassen«[38]

»Welcher Eberhard zur Zeit des Jnterregni, da die Hertzogen von Schwaben ausgestorben, an Vermögen und Macht zugenommen (gleichwie auch andere), und unter 5. Kaysern, Rudolph, Adolph, Albrecht, Heinrich und Ludwig, gelebt hat, und sich als einen Krieg-liebenden und streitbaren Mann (wie es seine sterbende Mutter zuvor gesagt), aufgeführt.«[39]

»Der Anfang seiner Regierung fiel auf eine solche Zeit, in welcher das Römische Reich in verwirrtem Zustand begriffen war, dann als das uhralte Geschlecht deren Hertzogen in Schwaben, an deme zu Neapolis, auß Veranlassung Pabsts Clementis IV. enthaupteten Conradino, außgeloschen, und das Reich über 17. oder wie es andere rechnen, 28. Jahr lang ohn ein ordenliches Oberhaupt gestanden, würde bey solcher Beschaffenheit der allgemeine Land-Friden wenig beobachtet, sondern von denen Ständen die untereinander habende Forderungen und praetensiones mehrertheils per viam gladii entscheiden. Sonderlich hatte das verwittibte Hertzogthumb Schwaben vil Freyer, indeme bald da, bald dorten darvon geropfft wurde; weilen aber Graf Eberhard der Durchleuchtige, ein mit denen abgestorbenen Hertzogen zu Schwaben, und Freyherrn von Hohenstauffen, naher Bluts-Verwandter gewesen, als hat er seiner Gerechtigkeit billich wahr- und einen Theil gemeldten Hertzogthumbs in possession genommen, theils auch von denen übrigen praetendenten Kauffsweiß an sich gebracht. Von dessen tapffern und heroischen Thaten nun, köndte ein gantzes Buch geschrieben werden, sintemal Er solche unter 6.regierenden Römischen Kaysern, als Rudolpho, Adolpho, Alberto, Henrico VII, Friderico Pulchro, und Ludovico Bavaro (unter welchen er bey Alberto und Ludovico in sondern Gnaden geweßt) so herrlich erwiesen, daß er daher den rechten Ehr- und Tugend-Nahmen deß Durchleuchtigen geführet.«[40]

»Bemächtigt sich Zeit währenden Kayserl. interregni vieler Oerter in Schwaben«[41]

»dieser tapffere Held, und löbliche Fürst und Regent«[42]

»da Er mit 6.Röm.Kaysern, und vielen benachbarten Fürsten und Ständen viel zu thun gehabt, und im gantzen Röm. Reich, als ein tapfferer und vortrefflicher Kriegs-Held sich sehr berühmt gemacht; wie Er dann ein Herr war, der sein lebtag weder Jhm selbsten, noch andern Leuten viele Ruhe gelassen, und war sein Symbolum: Gottes Freund und aller Welt Feind«[43]

»Bey diesen vielen und schwehren Kriegen nun, stellte dennoch Graf Eberhard dabey eine solche gute Menage in seiner Regierung an, daß Er, welches verwunderlich, unter währenden Kriegen, noch andern Fürsten und Potentaten, in specie dem Hauß Oesterreich und Bayern, ansehnliche Summen Gelds hat vorstrekken können. Darneben so vermehrte er auch seine Lande mit Erkauffung vieler Städte, Schlösser, Flecken, und anderer ansehnlicher Güther, Graf- und Herrschafften.«[44]

»Nachdem nun Graf Eberhard viel Widerwärtigkeiten, und des Glückes Umbstand in seinem Leben erfahren müssen, verließ er alt und Erlebenssatt das Zeitliche.«[45]

»Zänkisch und kriegerischer Art
Jst gwest diser Graf Eberhard
Nennt sich Gotts Freund, der Welt Feind hart
Aus Mutter Leib er geschnitten ward.«[46]

»der durch seine heroische Thaten sich einen grossen Namen bey vielen Kaysern, Königen, Fürsten und Ständen des Reichs erworben, und die Landschaft Wirtemberg ohngemein erhöhet, und mit ansehnlichen Herrschaften erweitert hat.«[47]

»Alle Geschichtschreiber mahlen ihn als einen Herrn ab, welcher allein Gottes Freund und aller Menschen Feind zu seyn sich beeyferte.«[48]

»Was für ein Leben aber doch das wie das seinige war, fünfzig Jahre lang sich herumschlagen und in seinem etlich und siebzigsten Jahr wegen des Heurathguts seiner Gemahlinn, über dem man sich schon vor achtzehn Jahren verglichen hatte, noch einmal einen Ritt ins offene Feld thun müssen. Graf Eberhard, durch viele Kriegsstrapazen wahrscheinlich schon halb zum Krüppel gemacht, zog noch in seinem ein und siebzigsten Jahr gegen den Marggrafen von Baden zu Felde, belagerte seine Burg Reichenberg, starb aber aus Kummer, wie er vergeblich abziehen mußte.«[49]

»Waren dann diese Grafen unter allen übrigen Schwäbischen Herren so gar bey weitem die besten Oekonomen? Läßt es sich leicht erwarten, daß anderthalb Jahrhunderte lang der Geist der Oekonomie in einer Familie gleichsam erblich bleiben werde, indeß sich alle Nachbare der schwächendsten Verschwendung überlassen? Es scheint unbegreiflich, woher sie die Summen aufgebracht haben sollen, welche zu solchen Käufen erfodert wurden. Ohne ergiebige Bergwerke zu besitzen, ohne Handel zu haben, ohne durch Erbschaften und Heurathen glücklich zu seyn, kauften und handelten sie Dörfer und Städte und Grafschaften ein, liessen sich an Waffen und Rüstung und Pferden nichts fehlen, verlohren auch hie und da wie sie gewannen, und hatten doch immer, indeß oft Kaiser und Churfürsten vor Geldschulden sich nicht zu retten wußten, baares Geld zur Bezahlung. Der Sohn Ulrichs mit dem Daumen, Eberhard der Erlauchte, hat allein in den letzten fünf und zwanzig Jahren seiner Regierung, ungeachtet er in beständige Kriege verwickelt und ungeachtet er zwey Jahre von Land und Leuten verjagt war, nur an grössern Summen und nur so viel man aus übriggebliebenen Nachrichten sehen kann, über sechs und fünfzig tausend Pfund Heller für Güterkauf ausgegeben: woher so viel erspartes Geld, zu einer Zeit, da baares Geld so selten war, daß man gewöhnlich zehen Procent Zinse geben mußte, und für ein Gut, das jährlich zehen Gulden trug, nur hundert Gulden bezahlen durfte.«[50]

»Ein Grav, dessen Grosvater nicht einmal mit Gewißheit genannt werden kann; der in dem verwirrtesten Zeitalter, in der Auflösung fast aller Verhältnisse, mitten unter gesetzlosen, zahlreichen Mitständen, in dem gewaltsamen Emporsteigen neuer Häuser und Staaten, zuerst gemeinschaftlich mit seinem Bruder, ein kaum einige Meilen breites Land antritt, steht in kurzer Zeit, fast allein, gegen fünf nach einander folgende Kaiser, wird von jedem derselben gesucht, ist für die Kaiserwürde selbst zu furchtbar, hinterläßt sein verlornes und wieder gewonnenes Land um mehr als die Hälfte erweitert, nicht durch ausserordentliche Glücksfälle oder Eroberungen, sondern durch mühsam erworbene Rechte. Wo finden wir in der älteren Geschichte ein ähnliches Bild?«[51]

»Einen schönen Zug, der bis daher den Wirtembergischen Geschichtforschern entgangen ist, können wir hier noch beifügen. Als König Albrecht gegen seinen Schwager Wenzlaf, König von Böhmen, zu Felde zog, und die Stadt Kuttenberg, welche durch den Bergbau sehr blühend war, stürmen lassen wollte, und niemand wagte, für die unschuldigen Einwohner zu bitten: so trat Grav Eberhard von Wirtemberg hervor, und verwieß dem Könige mit nachdrücklichen Worten die zwecklose Vermehrung der Kriegsübel. Durch diese Rede erhielten auch andere den Muth, sich zu nähern, und der Sturm wurde glücklich abgewandt. Jn einer fremden Landeschronik hat Dankbarkeit dieses zum Ruhme Eberhards aufgezeichnet.«[52]

»Eberhards wahre Größe sah man im Unglück. Auf seiner Grundlage erhob sich Wirtemberg seit fünfhundert Jahren.«[53]

»Sein ganzes Leben hindurch hatte er den Gedanken verfolgt, den Bestand seines Hauses auf möglichst erweiterten Landbesitz zu gründen. Aber er wollte, wie es sonst in der Art trotziger Krieger ist, diesen Gedanken nicht blos durch den glücklichen Gebrauch der Waffen bethätigen, die er in der That meistens nur zur Vertheidigung dessen führte, was er einmal hatte, sondern durch vertragsmäßige Erwerbung. Die Gelegenheit dazu fand er in dem wirthschaftlichen Verfall, in welchen die meisten um ihn her begüterten Geschlechter, durch die Unsicherheit der Zeit und die herrschende Verschwendung gerathen waren, die Mittel aber in dem wohlbenützten Ertrage der Reichslandvogteyen über die Städte, in den reichlichen Dienstgelder, womit ihm, einem mächtigen und bewährten Krieger, seine Hülfsleistungen belohnt wurden, und in der zweckmäßigen Verwendung der Geldvorräthe, die ihm diese Quellen darboten. Dadurch sah er sich in den Stand gesetzt, sein väterliches Erbe mit Besitzungen und Gefällen zu vermehren, durch die dasselbe wohl verdoppelt wurde, und deren Umfang um so unerwarteter ist, da er, in steten Fehden begriffen, sein zahlreiches Kriegsvolk nicht anders als mit bedeutendem Aufwande erhalten konnte, manchmal auch große Verluste erlitt, und ansehnlicher Summen zu seinen Bauten und zur Wiederherstellung der beschädigten Burgen und Städte bedurfte.«[54]

»Er war ein großer Fürst in seiner Zeit, am größten im Unglück. Würdiger der Königskrone, als er, war keiner seiner Zeitgenossen. Nur große Eigenschaften, sein hochstrebender Geist, seine durchgreifende Kraft, das eherne Gewicht seiner siegreichen Faust, waren es, die weil die Fürsten sie fürchteten, ihn von der Krone ausschloßen. Als Feldherr und als Staatsmann war er gleich ausgezeichnet.«[55]

»Wenn schon Graf Eberhards Vater, Ulrich mit dem Daumen, ganz Schwaben mit dem Rufe des Namens Wirtemberg erfüllt hatte, so erhielt nicht nur, sondern erhöhte und vermehrte noch dieses Ansehen der Sohn durch seine gewaltige, kraftvolle Persönlichkeit, durch eine beinah ununterbrochene Reihe blutiger Kriege, die er angreifend und angegriffen zu führen hatte, durch das außerordentliche Glück, womit er den angestammten Länderbesitz seiner Familie zu vergrößern fortfuhr. Er war kühn, tapfer, entschieden, unbeugsam, wie ein Mann seiner Zeit nicht nur in Schwaben, sondern in ganz Teutschland, und kämpfte vierzig Jahre mit Teutschen Königen, Fürsten und Reichsstädten; voll Selbstgefühls, daß er sich in Gedanken keinem König und Kaiser nachsetzte, und doch nicht ohne eine gewisse Gemüthlichkeit, welche, wenn auch selten, doch zuweilen hervor scheint; ein ächtmittelalterlicher Ritter, den freilich die Zeit des großen Zwischenreichs nicht wenig verwildert hatte. Die Noth, in welche durch seine ewigen Fehden ein großer Theil Schwabens versetzt ward, und das Furchtbare seines Namens und seiner Erscheinung mag jene Nachricht, nach welcher schon seine Geburt verhängnißvoll ist, zwar nicht erzeugt, aber doch erhalten, fortgepflanzt und ausgeschmückt haben. Er ward aus dem Leibe seiner Mutter geschnitten. – ›Thut hin das Kind‹, rief sie bei seinem Anblick, ›denn dieweil es lebt, wird es allem Lande zu Schwaben mit Kriegen zu schaffen geben!‹ – Alsbald sie das gesprochen, da starb sie, und ward auch solch ihre Sage wahr. Derselbe Schrecken vor ihm und der Nachklang seines Rufs legt ihm als Wahlspruch in den Mund: ›Gottes Freund, aller Welt Feind!‹ Eben dieser kräftige, kriegslustige, wildtapfre Mann aber war andrer Seits so klug und praktisch-verständig, verfolgte den bereits von seinem Vater gefaßten und in der Ausführung glücklich begonnenen Plan, Wirtemberg höher emporzubringen, mit so richtigem Takt und mit solcher Besonnenheit, daß die Meisten der Schwäbischen Großen, seine Nachbarn und Zeitgenossen, in dieser Hinsicht wie thörichte Knaben gegenüber von ihm sich ausnehmen.«[56]

»Obgleich Eberhard fast nie dazu kam, den Harnisch auszuziehen, hat er doch in diesen stürmischen Zeiten das von seinen Vorfahren ererbte Land beträchtlich vergrößert, und zwar nicht sowohl durch Eroberung als vielmehr durch Kauf, wozu ihm weise Sparsamkeit, kluge Benützung seiner Rechte in den Reichsstädten und die Dienstgelder von dem Hause Oesterreich helfen mußten. Er ging dabei stets darauf aus, sein Gebiet möglichst abzurunden, die Lücken auszufüllen und so ein geschlossenes Ganzes daraus zu machen, das leichter zu regieren und zu vertheidigen war.«[57]

»nicht allein durch Tapferkeit und Kriegsruhm leuchtete er hervor unter den Fürsten seiner Zeit, sondern auch durch Staatsklugheit, welche sich am glänzendsten bei der Wiedergewinnung seines Landes zeigte.«[58]

»Sein Land hat Eberhard, fast allein durch Kauf, ansehnlich vergrößert und hiebei ging er mit großer Klugheit und sichtbarlich nach einem festen Plane zu Werke. Rechte und Besitzungen, welche Fremde noch im Umfang seines Gebietes hatten, kaufte er, wenn sie auch ganz unbedeutend schienen, und wo an sein Gebiet angrenzende Güter verkäuflich waren, scheute er nicht Mühe, Zeit und Aufwand, sie an sich zu bringen. Denn er wollte aus seinen Besitzungen ein möglichst geschlossenes Ganzes bilden, weil er einsah, daß ein solches zur Regierung leichter, zur Vertheidigung wie zum Angriff geschickter sey.«[59]

»dieser Graf, welcher sein Land beinahe um die Hälfte vergrößerte«[60]

»kühn und tapfer, voll Selbstgefühl und unbeugsam, klug und praktisch verständig, erwerbslustig und zugreifend, daher auch mit seinen Nachbarn häufig in Hader und Fehde liegend, kam er verschiedene Male selbst mit dem Reichsoberhaupt in Conflict«[61]

»hinterließ sein Land bei seinem Tode beinahe um die Hälfte vergrößert«[62]

»Werfen wir einen Rückblick auf die Regierung des Grafen, welcher, anfangs freilich noch unter Vormundschaft und zugleich mit seinem älteren Bruder, volle 60 Jahre in einer vielfach stürmischen Zeit in Württemberg waltete, so leuchtet uns aus allen seinen Handlungen als sein höchstes Streben hervor die Vergrößerung seiner Macht und seiner Herrschaft und die Unabhängigkeit vom Reichsoberhaupt in derselben Weise, wie sie den großen Fürsten seiner Zeit bereits zustand. Mit kühner Kriegslust, unermüdlicher Energie, unbeugsamem

Selbstgefühl und weit ausspähender Umsicht hat er diese Ziele verfolgt, viermal hat er, abgesehen von anderen Kriegen trotzig den Kampf gegen die Krone auf sich genommen, und nur das letzte Mal sich dadurch an den Rand des Untergangs gebracht, aber immer weiß er, freilich auch durch die Verhältnisse begünstigt, sich wieder aufzuraffen, und schließlich hinterläßt er die Grafschaft seinen Erben beinahe um die Hälfte vergrößert. Jn den Mitteln zur Befriedigung seines höchsten Ehrgeizes mag der in seiner kriegerischen Zeit verwilderte Mann allerdings nicht wählerisch gewesen sein; von seinen Zeitgenossen weiß wenigstens Peter von Zittau, Abt von Königsaal, der freilich auch sonst in der Beurteilung von Personen parteiisch erscheint und zu dem luxemburgischen Königshaus in näherer Beziehung stand, seine Treulosigkeit und Fehdesucht, seine Habgier und Ungerechtigkeit nicht schwarz genug zu schildern, und auch Johann von Winterthur, ein leidenschaftslos treuer, wenngleich zuweilen unkritischer Berichterstatter, führt unter Berufung auf mehrfache Gewährsmänner für seine Erzählung ein starkes Zeugnis von der Härte des Grafen an (Ein Herr von Württemberg habe kurz vor 1326 – es kann allem nach nur an Eberhard gedacht werden – eines Tages viele Arme in eine Scheune versammeln und diese letztere anzünden lassen, so daß alle in den Flammen den Tod gefunden. Da, habe er sich geäußert, nach dem Evangelium das Himmelreich den Armen gehöre, so habe er sie unvermittelt dahin gesandt.) Allein mochte er auch von der königlichen Partei mit Recht geschmäht werden, so hat er doch, eine fast typische Gestalt in der Reihe seiner Nachfolger und in dem Kreise seiner gleichzeitigen und späteren Standesgenossen, einer ganzen Epoche der deutschen Entwicklung einen vorbildlichen Stempel aufgedrückt.«[63]

»macht Eberhard der Erlauchte mehr den Eindruck eines gewaltthätigen Haudegens«[64]

»Voll unbeugsamen Trotzes, ein harter, fehdelustiger Mann, der nur so lange Treue wahrte, als es ihm nützlich dünkte; ein verwegener Haudegen, der sich nur mit Hilfe des Glückes wieder heraushauen konnte, nachdem er völlig unterlegen war, hat Graf Eberhard sein Ziel erreicht und sich und seinen Standesgenossen endgiltig eine den Fürsten gleiche Stellung errungen. Er hat dadurch die innere Entwicklung Deutschlands auf lange hinaus beeinflußt. Württemberg verdankt ihm die Wahrung seiner Selbständigkeit in entscheidungsvollen Zeiten. Deshalb hat ihm die Nachwelt den Namen des Erlauchten beigelegt, während seine Zeitgenossen ihn mit demselben Rechte als den Kochen, das heißt den Kecken bezeichneten.«[65]

»Seine Regierung ist gekennzeichnet durch eine fast ununterbrochene Reihe von Kriegen und Fehden, von ständigem Wechsel der Parteinahme mit dem einen Ziel, jeder Macht entgegenzutreten, die dem werdenden württembergischen

Territorium gefährlich werden konnte. Ohne Rücksicht auf die Stärke des Gegners, mit unglaublichem Selbstgefühl und unter Anwendung aller Mittel hat der kühne und kriegerische Graf trotz schwerster Rückschläge sein Ziel erreicht: er konnte seinen Besitz nicht nur erhalten, sondern beträchtlich vergrößern und damit seine Stellung sichern.«[66]

»Eberhard hat als kluger Rechner sein Land, dessen Unteilbarkeit er, wie es scheint, bereits verankern wollte, mit großer Sparsamkeit verwaltet und die Gelder dazu verwendet, neue Besitzungen zu erwerben oder Rechte und Ansprüche Fremder in seinem Gebiet abzulösen. Zielbewußt arbeitete er am Auf- und Ausbau seines Besitzes, der unter ihm zu einer politischen Einheit zusammenzuwachsen begann.«[67]

»Eberhard starb sechzigjährig nach einem stürmischen und kampferfüllten Leben. Er hinterließ seinem Nachfolger ein Gebiet, das um die Hälfte größer war als das ihm von seinem Vater vererbte. Ihn wegen seiner oft verwegenen Politik und deren Mitteln tadeln zu wollen, wäre ungeschichtlich. Gewiß ist er nicht mit den Maßstäben heutiger Moral zu messen. Er war der Sohn einer völlig andersgearteten Umwelt mit ganz verschiedenen Voraussetzungen und Anschauungen. Der rasche Wechsel von einer Partei zur anderen, Verschlagenheit, List, ja Treubruch gehörten zu den politischen Waffen einer Zeit, die vom Kampf aller gegen alle um das herrenlos gewordene Erbe des bedeutendsten Kaisergeschlechts unserer Geschichte erfüllt war. Ausgangspunkt und Ziel seiner Politik hatte er mit Freund und Feind gemeinsam: er wollte die Stärke und Ausdehnung seiner Hausmacht. Wo so viele größere und stärkere Geschlechter ermattet den Kampf aufgeben mußten, ist er kraft seiner Kühnheit, Klugheit und unbändigen Tatkraft Sieger geblieben.«[68]

»der stolze, trotzige, ehrsüchtige, ländergierige Graf, der, wohin er auch auf seinen vielen Fahrten kam, immer nur Streit erregte und Fehden anzettelte«[69]

»Fragt man sich, wer von den Landesherren und Stadtherren denn nun am tiefsten, am nachhaltigsten die Geschichte Stuttgarts beeinflußt habe, der Sohn des Sachsenkaisers Ludolf, oder der Salierherrscher Konrad II., die Welfen, die Calwer oder die Staufer, Markgraf Hermann von Baden oder Eberhard von Wirtemberg – die Antwort wird lauten müssen: Durch Leistung und Wirkung der Früheren war Stuttgart aufgewachsen und Stadt geworden. Daß es Hauptstadt werden und bleiben konnte, verdankt es Eberhard dem Erlauchten von Wirtemberg. Der Mann, der sechs deutsche Herrscher erlebte, mit jedem kämpfte, letztlich bei jedem seinen Willen durchsetzte, dieser Landesherr, der nicht ohne Stolz dem Papst zu berichten wußte, daß er ›ein Graf, mit den Kaisern und Königen des Reiches Krieg geführt habe‹, der hat auch darin den folgenden Jahrhunderten den Weg gewiesen.«[70]

»Eberhard der Erlauchte brachte Stuttgart und Wirtemberg in vielen Kriegen an den Rand des Zusammenbruchs, zuletzt aber führte er sie, wie es der Dichter der Biedermeierzeit sagte, ›zu Heil und Blüte‹.«[71]

»Graf Eberhard der Erlauchte, der ein besonders wendiger Politiker der damaligen Zeit war.«[72]

»Seine Willensstärke, Zähigkeit und Wendigkeit hielt das zusammen, was er ererbt und was er hinzuerworben hatte. Weder durch Reichsacht noch durch schwerste Niederlagen ließ er sich beirren. Kaiser Rudolf von Habsburg hatte zweimal Stadt und Burg Stuttgart belagert. Kaiser Heinrich VII. von Luxemburg hatte die Reichsacht durch Städte und Adlige vollstrecken lassen: die Stammburg Württemberg ist zerstört worden. Graf Eberhard hatte sogar außer Landes fliehen müssen; aber nach des Kaisers Tod konnte er zurückkehren und das verlorene Gebiet wieder in Besitz nehmen. Er machte nun Stuttgart endgültig zu seiner Residenz.«[73]

Anmerkungen

1 P. Stälin 458: »Dieser Beiname ist nicht einmal annähernd gleichzeitig und verdankt, wie dies ähnlich bei anderen Großen namentlich dieser Zeit vorkommt, seinen Ursprung einem Mißverständnis der Standesbezeichnung illustris, welche vorzugsweise, aber nicht ganz ausschließlich, für fürstliche Personen gebraucht wurde, für Eberhard selbst aber in gleichzeitigen Urkunden nicht zur Anwendung kommt. Dagegen setzt des Grafen Eberhards Zeitgenosse, Konrad von Sindelfingen, seinem Namen ›dictus Koche‹ bei, eine Bezeichnung, bei welcher wohl am richtigsten an die in Grimm, Wörterbuch V, 376, erwähnte Form koc, koch, choch, für das heutzutage übliche keck gedacht wird, zumal da diese Deutung für Eberhards Charakter als sehr zutreffend erscheint (vgl. Anm. 4); nach den in diesem Teile wohl 100 Jahre jüngeren Jahrbüchern des Stifts Stuttgart führte er den Beinamen ›der Krieger‹ (vgl. Anm. 5).« Küng 63: »Eberhart, zugenant der Durchleuchtig«; O. Gabelkover Cod. hist. 2° 586, 125v: »Eberhard der Erleüchte«; Heimführung 10: »Eberhardus Illustris, Eberhardus der Durchleuchtige genannt«; Lohmeier 52 und Imhof 56: vgl. Anm. 3; Pregitzer 1, 7: »Eberhard der Durchläuchtige«; Sattler Gf 1, 1–102 nennt für Eberhard I. keinen Beinamen; Spittler 18: »illustris«; Tiedemann 9 nennt noch den »Zunahmen der Durchleuchtig«. Seit Pfister (Anm. 7) trägt Eberhard den Beinamen »der Erlauchte«; so bei Pahl 1, 101; Uebelen 1839 (Anm. 7); Barth 45; sowie allen nachfolgenden Darstellungen und Stammtafeln; Pfaff Wirtemberg 2, 59 bezeichnet diesen Beinamen Eberhards als »ihm schon frühe beigelegt.«

2 Pregitzer 1, 7: »Den Zunahmen Illustris, des Durchläuchtigen, bekam Er theils wegen seiner aus Königlich Piastischem Stammen entsprossenen Frau Mutter, theils wegen seiner vielen heroischen Thaten, theils wegen seines Fürstlichen Ansehens, Macht und Würde, darinnen Er gestanden: wie Er dann auch, gleich andern Fürsten selbiger Zeit, sich von Gottes Gnaden geschrieben.«

3 Lohmeier 52; Imhof 56.

4 Annales Sindelfingenses zum Jahr 1286. Pfaff Wirtemberg 2, 59 ff: »Einen anderen

Beinamen Eberhards gibt ein Zeitgenosse desselben an, er heißt ihn Eberhard, genannt Koche, dieß Wort mag soviel als das noch jetzt bekannte Kog, Gog bedeuten und wurde, wie die Anführung selbst zeigt, dem Grafen von seinen Feinden beigelegt«; Uebelen 1839 (Anm. 7) 8 vermutet ein ausgefallenes »n«: Eberhard der Knoche, so genannt wegen seiner Kraft und Derbheit der Knochen; Stälin 3, 47: »Der Beiname der Erlauchte ist natürlich nicht einmal annähernd gleichzeitig. Cunrad. Sindelfing. z. J. 1286 setzt seinem Namen bei: dictus koche, was sich nicht mit Sicherheit deuten läßt. Uebelen 8 hält dies für verschrieben statt knoche, was auch sonst als Beiname vorkommt: Heinrich von Schawnberg der Knoch genannt 1356. Reg. Boic. 8, 358«; vgl. dazu P. Stälin 458 (Anm. 1); Fischer Wörterbuch 4, 560 u. 567.

5 Annales Stuttgartienses 6.

6 Suntheim 592 u. 596; der sowohl Eberhard I. †1325 als auch dessen Enkel Eberhard II. †1392 mit diesem Beinamen belegt.

7 Zu Eberhard I. dem Erlauchten und seiner Regierung: O. Gabelkover Cod. hist. 2° 586, 137v–228v; Sattler Gf 1, 1–102; Spittler 18–21; Johann Christian Pfister, Grav Eberhard der Erlauchte von Wirtemberg in: Schwäbisches Taschenbuch 1820, 6–58; Georg Gottlieb Uebelen, Observationes ad historiam Eberhardi Primi sive Illustris, Comitis Württembergensis, Stuttgart 1822; Pahl 1, 101–126; Zimmermann 1, 421–479; Georg Gottlieb Uebelen, Eberhard der Erlauchte, Graf von Wirtemberg, Stuttgart 1839; Barth 45–52; Pfaff Wirtemberg 2, 25–61; Stälin 3, 46–168; P. Stälin ADB 5, 554f; P. Stälin 458–488; Schneider 19–27; Hermann Haering, Der Reichskrieg gegen Graf Eberhard den Erlauchten von Württemberg in: WJbb 1910, 43–70; Robert Uhland NDB 4, 233; Decker-Hauff Stuttgart 174–196.

8 Suntheim 592 (Anm. 35). Pfaff Wirtemberg 2, 60f: »sein frommer Sinn erhellt aus seinem, oft so falsch erklärtem, Wahlspruche: Gottes Freund aller Welt Feind! denn damit wollte er ohne Zweifel sagen, daß wer Gottes Freund, auch wenn alle Welt ihn anfeinde, nicht verlassen sey.«

9 J. Frischlin Cod. hist. 2° 73, 38v.

10 J1 48a, 71r: A. Rüttel d. J. Ahnentafel zu 32 Ahnen; Pregitzer 3, 1: Tabula progonologica zu 64 Ahnen; beide lückenhaft.

11 Pregitzer 1, 7: »Wegen seiner Geburth kommen die Wirttembergische Scribenten nicht mit einander überein. Dann nach einiger Meynung solle seine Frau Mutter über seiner Geburth gestorben, Und Er aus Mutterleib geschnitten worden seyn, A. 1265. 13. Mart. Andere aber halten davor, Er seye schon A. 1260. oder gar A. 1255. gebohren.« Steinhofer 1, 30: »Graf Ulrich zu Wirtemberg seye A. 1265, als er eben den Stift zu Beutelsbach mit einem Probst, sechs Canonicis, und sechs Vicariis besetzen, und ihren Unterhalt verordnen wollen, ohnvermuthet mit Tod abgegangen; seine Gemahlinn hierauf in höchster Bekümmerniß und Leid sechs Tag in Kindswehen gelegen, und habe doch nicht genesen können; Weil es nun das Ansehen gehabt, daß beedes bey einander verbleiben müste, als habe die geängstigte Fürstinn, da die Zeit der Geburt nicht herbey wollen, das Kind aber in Mutterleib geweinet, sehr gebethen, das Kind von ihr zu schneiden, indem es besser, daß sie alleine, als sammt dem Kind entseelet würde; Endlich seye ihr Wille erfüllet, der Leib geöfnet, und das Kind heraus genommen worden; da sie nun gesehen, daß es ein junges Söhnlein, und man ihr solches auf die Arme geleget, habe sie darüber gesprochen: Nimmt hin das Kind; es wird allen Schwaben zu schaffen geben, und seye darauf bald verschieden.« Annales Stuttgartienses 6: »Hic (Anm. Ulrich I. der Stifter) habuit uxorem dominam Agnetem ducissam Bolonie; hec in brevi ante mortem mariti pregnans et vicina partui cum se sentiret non posse vivam parere, jussit se incidi, ut salvaretur partus;

itaque videt abscissum masculum ait: auferte hinc a me quia temporibus hujus non erit pax in terra ipsius, quod et rei probavit eventus unde dictus fuit ›der krieger‹.« Chronik Kaiser Könige Päpste 92: »Jtem ein herre der hieß Graue Eberhart von Wirttemberg, des muter waz ein Hertzogin von Bolland Von der selben frowen siner muter ward der selb Graue Eberhart von Wirtemberg, do er geborn solt werden geschnitten, die was ein frome frowe Als bald sie den herren gesach do sprach sie tund hin das kinde, die wyle es lept so gibt es allem lande zuschwaben zuschaffen mit kriegen als bald sie daz gesprach do starb sie zuhand, vnd ward ouch solich jr sag war Er ward wol achtzig jar alt vnd kriegt mit allen Romschen keysern vnd küngen die wyle er lebt.« Stuttgarter Stiftschronik 256f (s. Anm. 32); Lirer 63 (s. Anm. 14); Suntheim 592 u. 595f (s. Anm. 35f). Eberhards Geburt durch Kaiserschnitt mit anschließendem Tod der Mutter Agnes von Schlesien-Liegnitz (»Polen«) auch bei: Küng 62 u. 63; Dionysius Dreytwein bei Nikitsch 45–47 u. 67f; Wolleber Cod. hist. 2° 934, 127v; O. Gabelkover Cod. hist. 2° 586, 138v; Heimführung 10; vgl. auch Anm. 12. Uebelen 1839 (Anm. 7) 2f: »Die Zeit der Geburt Graf Eberhards ermittelt sich nicht mit solcher Gewißheit, daß kein Zweifel mehr übrig bliebe. Jn keinem Fall ist er vor dem Jahr 1256 geboren, und er konnte also bei dem Tod seines Vaters, der auf den 25. Februar 1265 fällt, höchstens 9 Jahre alt seyn. Wahrscheinlich aber ist er beträchtlich jünger, und die auf Sage beruhende Nachricht, daß seine Geburt die Mutter getödtet habe, hat geschichtliche Glaubwürdigkeit. Jn diesem Falle wurde er erst einige Wochen nach dem Tod des Vaters geboren, den 13. März desselben Jahrs 1265 – eine Annahme, für welche besonders auch Das spricht, daß er am 6. Jänner des Jahrs 1279, d. i., vor Ablauf seines vierzehnten Jahrs, noch kein eignes Sigill hat, er somit noch nicht als selbständig erscheint, dagegen schon am 21. April 1279, also 39 Tage nach zurückgelegtem vierzehntem Jahr, im Besitz eines Sigills ist, und dasselbe an eine Urkunde des Klosters Offenhausen hängt. So fällt auch nicht mehr auf, daß ihm im Jahr 1285 noch kein Sohn geboren ist, denn er steht damals erst in seinem zwanzigsten Lebensjahre«, Uebelen sieht weiter die Stuttgarter Doppeltumba für Ulrich I. und Agnes als Beweis dafür, daß das Fürstenhaus diese beiden von jeher als seine Stammeltern erachtete, mithin Agnes die Stammutter des Hauses ist. Stälin 3, 47: »Ulrich wurde nach dem Tode seines Vaters geboren, wofern, wie man allgemein annimmt, die Jahrbücher des Stuttgarter Stifts in einem wohl hundert Jahre später niedergeschriebenen Theile wahr berichten, daß seine Geburt seiner Mutter Agnes, einer geborenen Herzogin von Liegnitz, welche am 13. Merz 1265 verschied, das Leben kostete; dieselben Jahrbücher enthalten wohl jedenfalls eine nach dem Erfolg gemachte Geschichtsausschmückung, wenn sie der Mutter, als ihr das Kind aus dem Leibe geschnitten wurde, den Ausspruch in den Mund legen: ›thut hin das Kind, so lang es lebt, wird es keinen Frieden im Schwabenland geben‹.« Stälin 3, 47 Anm. 5: »Vielleicht gehört schon der Sage an, daß Eberhard aus dem Mutterleib geschnitten wurde, da nach dem Volksglauben solche ›Ungeborene‹ Helden zu werden pflegten. Grimm Mythologie, 2. Ausg. 1, 361«. P. Stälin 458: »Dieser Bericht der eben erwähnten Jahrbücher (Anm.: Annales Stuttgartienses) wird übrigens allgemein für wahr angenommen. Wohl eine nach dem Erfolg gemachte Geschichtsausschmükkung enthalten diese Jahrbücher, wenn sie der Mutter, als ihr das Kind aus dem Leibe geschnitten wurde, den Ausspruch in den Mund legen: ›Thut hin das Kind; so lange es lebt, wird es keinen Frieden im Schwabenland geben‹.« Die erste Gemahlin Ulrichs I. des Stifters als Mutter Eberhards I.

des Erlauchten nehmen an: Montanus 129v: »Die Meisten halten dieses (Anm.: Eberhards Geburt von Agnes durch Kaiserschnitt) vor eine Fabel und sagen, daß er schon ao. 1260 oder wohl gar 1255 geboren worden«; Sattler Gf 1, 2 f; Pfister (Anm. 7) 8: »Im allgemeinen ist seine Geburt auf den Anfang der zweyten Hälfte des XIII. Jahrhunderts zu berechnen. Alles übrige ist dunkel, bis Eberhard selbst auftritt«; Krüger Tf 8: »geboren angeblich 13. März 1265, wohl eher 1260/61«; vgl. auch Anm. 12.

12 Den Todestag seiner Mutter, den 13. März 1265, als Geburtstag Eberhards nennen (neben den in Anm. 11 genannten Quellen): Eber 97; Crusius 1, 814; Nockher 88; Pfaff Ursprung 46; Barth 45; Stälin 3, 47 u. 713; Behr 169; Voigtel-Cohn 91; P. Stälin ADB 5, 554; P. Stälin 458 u. 717; Maisch Stammtafel; Schneider 19; Giefel Nr 21; Schneider Stammbaum; Schön Nr 17; Isenburg 1, 75; Freytag 1, 75; R. Uhland NDB 4, 233; Decker-Hauff Stuttgart 142 u. 172; Schwennicke 1, 122. Einen früheren Geburtstermin Eberhards nennen: 1245: Lirer 63: »Derselb graff Eberhart ward wol LXXX. jar alt«. 1254: Spittler 21: Eberhard starb mit 71 Jahren. Um 1254: Essich Stammtafel; 1255: Montanus 121r; Viton 12. 1256: Seubert 38. 1260 oder 1255: Montanus 129v (Anm. 11). 1260/61: Krüger Tf 8 (Anm. 11). Anfang 2. Hälfte 13. Jahrhundert: Pfister 8 (Anm. 11).

13 Suntheim 595.

14 Lirer 63.

15 In frühen Quellen wie den Annales Stuttgartienses, bei Ladislaus Suntheim 592 und Sebastian Küng 66 ist Irmengard von Baden als einzige Gemahlin Eberhards des Erlauchten aufgeführt. Andreas Rüttel d. Ä. vermutet als erster eine weitere Ehe Eberhards (J1 1b, 2r u. J1 23, 11: »muß noch vorhero eine Gemahlin gehabt haben«) und gibt als erste Gattin an (J1 48a, 98v) Adelheid von Tübingen-Sigmaringen mit der Jahreszahl 1290. Diese Auffassung vertritt auch sein Sohn A. Rüttel d. J. (J1 48a, 64: Adelheid Simeringensis comitissa) sowie Crusius 1, 690 (1, 862: Adelheid, Tochter des Barons von Signow) und Heimführung 12 (»seine erste Gemahlin war Frau Adelheid, eine gebohrne Gräfin von Werdenberg oder Sigmaringen«). Weiterhin wird Adelheid von Werdenburg als erste Gattin Eberhards des Erlauchten genannt bei: Lohmeier 52; Imhof 56; Hübner 200; Pregitzer d. Ä. J1 35, 566v; Pregitzer 1, 7 (mit Todesjahr 1296); Steinhofer 1, 53 (mit Todesjahr 1296); Sattler Gf 1, 21; Essich 69; Pfister (Anm. 7) 54; Kleemann in Ortsbuch Beutelsbach (Anm. 72) 70; Schwennicke 1, 122 (mit Todesjahr 1296).
Diese Angaben beruhen wahrscheinlich auf der Gleichsetzung Werdenberg mit Sigmaringen durch Heimführung 12 und der Verwechslung A. Rüttels d. Ä., der in einer 1289 und 1291 urkundenden »Adelhaidis comitissa de Sigemaringen« die Gattin Eberhards des Erlauchten sah. Die beiden Urkunden bei Christoph Friedrich Stälin, Gräfin Adelheid von Württemberg († um 1292), Gemahlin Graf Gotfrieds von Sigmaringen in: WJbb 1853, 196–201 mit Abb. des Siegels. Dieses zeigt Adelheid zwischen den Schilden Württemberg und Helfenstein. Stälin sieht in ihr eine Schwester Graf Ulrichs I. des Stifters, die um 1246 mit Gotfried von Helfenstein-Sigmaringen d. J. vermählt wurde (»beides wenigstens nach höchster Wahrscheinlichkeit«). Die in der Urkunde von 1291 vorkommende Bezeichnung Eberhards als Adelheids »avunculus dilectissimus« ist für Stälin »wie in so vielen Urkunden, ein Höflichkeitsausdruck, welcher keine genaue Bezeichnung der Verwandtschaft gibt«. Als Schwester Gf Ulrichs I. † 1265 wird Adelheid ferner aufgeführt bei: Stälin 3, 713; Behr 169; Voigtel-Cohn 91; P. Stälin 382 (mit ?); Isenburg 1, 75; Freytag 1, 75; Schwennicke 1, 122. Als Tochter Gf Ulrichs II. † 1279 wird Adelheid aufgeführt unter Hinweis auf die Bezeichnung »avunculus« in der Urkunde von 1291 bei: Pfaff Ursprung 4 u.

Tf I. Als Tochter Graf Konrads III. von Grüningen-Landau wird Adelheid genannt bei: WUB 9, 433; Giefel Nr 16; Schön 54 Nr 3. Oswald Gabelkover Cod. hist. 2° 586, 142v nennt eine der Ehe mit Irmengard von Baden vorausgegangene Ehe Eberhards I. mit Lothringen; vgl. Gfn Margarethe † v. 1296. Diese Ehe findet sich in der Folge noch bei: Schmid 21 u. 25; Pregitzer 1, 7; Tiedemann 9 (nach der Angabe bei Schmid). Eine Ehe Eberhards des Erlauchten mit Hohenberg nennen: Schmid 21 (Irmgard, Tochter Graf Alberts von Hohenberg, wahrscheinlich Verwechslung mit Mechthild-Irmengard † v. 1316, Gattin Gf Ulrichs † 1315); Sattler Top. 353. Sattler Gf 1, 21 f führt eine solche Ehe Eberhards I. nicht mehr auf, da er die Aussage einer Urkunde, die er auf den 26. Dezember 1288 datiert, auf die Ehe Gf Ulrichs † 1315 mit Mechthild von Hohenberg † 1316 bezieht (Sattler Gf 1 Beil. 13). In dieser Urkunde (Monumenta Hohenbergica 133 Nr 165 u. WUB 11, 99 f Nr 5076 – hier jeweils auf den 26. Dezember 1297 datiert) spricht Eberhard der Erlauchte von »nobilem virum Albertum comitem de Hohenberc socerum nostrum karissimum«.

Infolge einer Fehldeutung der Dispensurkunde für die Ehe Gf Ulrichs † 1315 mit Mechthild von Hohenberg † v. 1316 nahm Christoph Friedrich Stälin (Graf Eberhard der Erlauchte von Württemberg dreimal vermählt in: WJbb 1859, II, 145 f) für Eberhard drei Gattinnen an: 1. Irmengard von Baden; 2. Mechthild von Hohenberg; 3. Irmengard N. Diese Auffassung übernahm Voigtel-Cohn 91. Die Annahme wurde jedoch widerlegt von Stälins Sohn, Paul Friedrich Stälin (War Graf Eberhard der Erlauchte von Württemberg mehrmals verheiratet? in: WVJH 1879, II, 22–25), für den »die Annahme dieser dritten sonst gar nicht bekannten Gemahlin, welche wiederum den Namen der ersten geführt habe, etwas Gezwungenes hat« und der Mechthild von Hohenberg eindeutig Eberhards Sohn Gf Ulrich † 1315 zuweisen kann. Als einzige Gattin Eberhards des Erlauchten wird Irmengard von Baden neben den obgenannten frühen Quellen noch aufgeführt bei: Pahl 1, 123; Uebelen Eberhard 111; Pfaff Ursprung Tf 1; Stälin 3, 713; Behr 169; P. Stälin 717; Maisch Stammtafel; Giefel Nr 21; Schneider 27; Krüger Tf 8; Schneider Stammbaum; Schön Nr 17; Isenburg 1, 75; Freytag 1, 75; Decker-Hauff Stuttgart 224; Uhland Stammtafel 398. Vor der der Ehe mit Irmengard von Baden vorangegangenen Ehe mit Margarethe von Lothringen muß Eberhard der Erlauchte bereits schon einmal vermählt gewesen sein. Als sein Bruder Ulrich II. 1279 starb, war der damals fast fünfzehnjährige Eberhard der einzige männliche Angehörige des Hauses Württemberg. Schon aus diesem Grunde wird er sehr bald danach die notwendigen Schritte zur Erhaltung seines Stammes unternommen haben. Wer jedoch diese erste Gemahlin Eberhards und mithin die Mutter Gf Ulrichs † 1315 gewesen ist, bleibt ungeklärt. Nicht gänzlich undenkbar wäre eine Verbindung mit dem Hause Teck, da Mitglieder dieses Hauses in Urkunden von 1299 (WUB 11, 214 Nr 5234; Gründer Teck 98 Nr 80) und 1321 f (A 602 U 8358 u. 9755 u. 9758; Gründer Teck 126 Nr 155–157) Eberhard den Erlauchten als ihren Oheim bezeichnen, wenngleich sich dieses auch auf eine noch unbekannte Schwester Eberhards des Erlauchten als Stammutter des Hauses Teck beziehen könnte.

16 Von Decker-Hauff Wirtemberg als Gattin Eberhards des Erlauchten wiederentdeckt; vgl. Gfn Margarethe † v. 1296.

17 Eine weitere Tochter Eberhards I., Margarethe, vermählt mit Graf Eitelfritz von Zollern, wird genannt bei: A. Rüttel d. Ä. J I 48a, 99r; Crusius Ann. 2, 539 u. 1, 690; O. Gabelkover Cod. hist. 2° 586, 233v (der jedoch keinen Beweis für ihre Existenz finden kann und diese anzweifelt); Heimführung 12; Pregitzer 1, 8 (mit Hochzeitsjahr

1305 und Todesjahr 1346); Hübner 200; Steinhofer 1, 67 (wie Pregitzer); Sattler Gf 1, 102: »Margret war an Grav Eitel-Fritzen von Zollern vermählet, wann man einigen Würtenbergischen Geschlechts-Registern trauen darf. Jch muß aber gestehen, daß ich von diser Tochter und ihrer vorgegebenen Vermählung so wenig, als der sonst fleissige Gabelkofer einigen Grund finden können«; Pfaff Wirtemberg 2, 60: »Margaretha, welche mit dem Grafen Eitelfritz von Zollern vermählt war, deren Daseyn jedoch etwas zweifelhaft ist«. Margarethe wird seit Stälin nicht mehr in den Stammtafeln aufgeführt.

18 Die Annales Sindelfingenses berichten zum Jahr 1293/94 von der Anwesenheit von König Adolf von Nassaus Gattin Imagina bei der Taufe der Tochter eines Grafen Ulrich von Württemberg: »Anno domini 1294 per festa nativitatis domini regina fuit Achalme, veniendo de Alsatia et de Ortinberch in vigilia domini. postea in circumcisione domini fuit regina Stuchart vel Wirtinberch ad baptisationem filiae comitis Ulrici«. Dieser Graf wird allgemein als Eberhard I. der Erlauchte gedeutet, zumal die Sindelfinger Annalen zum Jahr 1291 ebenfalls einem Grafen Ulrich von Württemberg einen kriegerischen Einfall in die Grafschaft Hohenberg nachsagen, der zweifellos von Eberhard ausgeführt wurde; vgl. Gfn Mechthild †v. 1316 Anm. 4. Sattler Gf 1, 29 setzt die Taufe einer Tochter Eberhards des Erlauchten in Anwesenheit der Gattin Adolfs von Nassau in das Frühjahr 1293 und zitiert Trithemius zum Jahr 1293: »Regina tamen, quae interea morabatur in castro Achalm in monte prope Rutlingen invitata per Comitissam de Wirtenberg uxorem Eberhardi comitis ad Stuttgardiam venit et baptismo filiae illius interfuit«. Uebelen Eberhard 109 nennt richtig den Neujahrstag 1294 als Tag der Taufe, kann jedoch ebenso wie Stälin 3, 715–t nicht den Namen des Täuflings angeben: »Welche Tochter Graf Eberhards die am 1. Januar 1294 getaufte ist, steht dahin«. A. Rüttel d. Ä. J1 48a, 99r bezeichnet die angeblich »1291 in castro Achelm« geborene Gfn Adelheid †1342 als Täufling der Königin Imagina. Pregitzer 1, 8 hingegen läßt Gfn Irmengard †1329 im Jahre 1291 zu Achalm und Gfn Agnes †v. 1350 im Jahre 1293 zu Achalm zur Welt kommen, – Angaben, die allesamt auf einer Fehldeutung der Sindelfinger Annalen und des Trithemius beruhen. Es ist vielmehr anzunehmen, daß das Kind in der Taufe den Namen seiner königlichen Taufpatin erhalten hat und noch in der Kindheit verstorben ist, da über eine Imagina von Württemberg in den Quellen nichts berichtet wird. Die Ehre eines königlichen Taufpaten wurde dem Hause Württemberg erst wieder in der Mitte des 16. Jahrhunderts durch Maximilian II. zuteil, und auch in diesem Falle ist der Täufling in der Wiege verstorben; vgl. Hz Maximilian †1557.

19 Crusius 1, 896. 1. Ulrich, Propst zu Boll, Sindelfingen und Speyer, †1348. Stälin 3, 715–q: sein Todestag im Speyrer Nekrolog unter dem 8. März, im Verzeichnis der Sindelfinger Pröpste unter dem 9. März 1348; vgl. MGH Necrologia Germaniae 1, 212. Sattler Top. 327: Beigesetzt in Sindelfingen in der St. Martinskirche »wiewol man dermalen keinen Grabstein sehen kan, vermuthlich aber ist er unter den Kirchenstülen verborgen«; Begräbnisort Sindelfingen auch bei Pregitzer 1, 6 u. Steinhofer 1, 55. Zu Ulrich †1348 (genannt Kirchherr, genannt Höfinger): Theodor Schön, Fürstlich Blut Cod. hist. 4° 488 Nr 2943, 1a–34d; Theodor Schön, Herr Ulrich von Wirtemberg, Probst zu St. Guido in Speyer in: Vierteljahrsschrift für Wappen-, Siegel- und Familienkunde, Berlin 31, 1893, 423–428 (jeweils mit sämtlichen urkundlichen Belegen für Ulrich). Vatikanische Register Nr 5 (Württ. Geschichtsquellen 2, 369f): Avignon 22. Juni 1320: Papst Johann XXII. verleiht Ulrich, Graf Eberhards von

Württemberg Sohn, Dispens wegen unehelicher Geburt: »dilecto filio Ulrico nato dilecti filii nobilis viri Eberhardi comitis de Wirtenberg clerico Constantiensis diocesis. Illegitime genitos, quos vite decorat honestas, nature vitium minime decolorat, quia decus virtutum geniture maculam abstergit in filiis et pudicitia morum pudor originis aboletur«. Ulrich wurde erstmals 1893 von Eugen Schneider, dem Herausgeber dieser Urkunde als illegitimer Sohn Eberhards des Erlauchten erkannt; vgl. Schön a.a.O. 423 f. Als illegitimer Sohn Gf Eberhards I. †1325 genannt bei: Decker-Hauff Stuttgart 224. Als legitimer Sohn Gf Eberhards I. †1325 genannt bei: Stälin 3, 713 (unter Hinweis auf die Urkunde vom 27. April 1332 bei Crusius Ann. 3, 227: »deß Edelen Herren Graffen Vlriches Bruder von Wirtemberg, den Kirchherren Korherren zu Spire«); Behr 169; Voigtel-Cohn 91; P. Stälin 487 u. 717; Maisch Stammtafel; sowie nach Veröffentlichung des päpstlichen Dispenses für Ulrich durch Eugen Schneider noch bei: Krüger Tf 8; Isenburg 1, 75; Freytag 1, 75. Als Sohn Gf Ulrichs II. †1279 (mit Gattin Hohenberg) genannt bei: Pregitzer 1, 6; Steinhofer 1, 55 u. 2, 296. Als Sohn Gf Ulrichs †1315 (mit Gattin Hohenberg) genannt bei: Heimführung 10; Lohmeier 52; Imhof 56; Hübner 200; Sattler Gf 1, 97f u. 130 (der annimmt, Propst Ulrich sei identisch mit Gf Ulrichs †1315 Sohn Gf Ulrich †n. 1320/1335; vgl. Gf Ulrich †n. 1320/1335 Anm. 3 u. 16). Pfaff Ursprung 40–42 u. Tf 1 und nach Stälin noch Pfaff Wirtemberg 2, 60 sieht in Ulrich zwei Personen:

1. Ulrich, Propst zu Boll und Sindelfingen, †1348 als Sohn Gf Ulrichs †1315. 2. Ulrich, Propst zu Speyer, als Sohn Gf Eberhards I. †1325. Küng 69 (ohne Angabe des Vaters): »Ungefarlich um dis jar (1315) hatt gelept Ulrich von Wirtemberg, pfarher zu Hefingen, darnach chorher und volgender zeitt probst uff S. Guidons berg zu Speyr, ist graff Eberharts des Greiners, und graff Ulrichs, seines bruders, fürminder oder procurator gewesen, ain sunder gutter und getruier verwalter und haushalter, dann er auff seinen aignen kosten das zerbrochen schloß Wirtemberg widerum erbauwet, das schloß und fürstliche wonung zu Stutgart mittsampt dem keller, desgleichen in Germania nitt funden wirt, von nuiem und von grund aus gebaut und ausgefiert, auch den chor an der stifftskirch daselbst, wie der noch vor augen, durch meister Walther, ainen stainmetz, seinen baumaister, um die jar Christi 1289, auffrichten lassen. Sein nam wirt noch uff disen tag an dem gemelten chor ob der verschloßnen thüren gegen mittag gelesen, an welchem ort also geschriben statt: Ulricus de Wirtemberg prepositus Sancti Gwidonis Spirensis. Von disem fürtreffenlichen gutthater des haus Wirtemberg hab ich weiter nicht megen finden.«

2. Ulrich, Scholar zu Speyer, 1343. Vatikanische Register Nr 87 (Württ. Geschichtsquellen 2, 412): Avignon 15. Januar 1343: Papst Clemens VI. verleiht Ulrich, Sohn des verstorbenen Grafen Eberhard von Württemberg, Dispens wegen unehelicher Geburt: »dilecto filio Ulrico nato quondam Eberhardi comitis de Wirternberg scolari Spirensis diocesis«. Als illegitimer Sohn Gf Eberhards I. †1325 genannt bei: Decker-Hauff Stuttgart 224. Schön a.a.O. 427: »Von Ulrich von Wirtemberg, Domherrn in Speyer (†1348), ist übrigens wohl zu unterscheiden ein anderer Ulrich, ebenfalls natürlicher Sohn eines Grafen Eberhard von Württemberg – wohl niemand anders als Eberhard des Erlauchten –, welcher als Scholar in Speyer 1343 vom Papste Dispens erhielt vom Makel der Geburt. Es ist dies wohl eine Person mit Ulricus de Stutgardia alias de Wirtemberg, der nach 1396 Probst von Sindelfingen war und rector quondam ecclesiae in Metzingen gewesen ist, weshalb er Metzinger genannt wurde.« Die Annahme Schöns, der Speyrer Scholar Ulrich von 1343 und der Sindelfinger

Propst Ulrich vom Ende des 14. Jahrhunderts seien identisch, ist irrig. Letzterer starb nach 1421 und kann demnach nicht der Sohn Gf Eberhards I. †1325 gewesen sein; vgl. Andreas Rüttel, Sindelfingische Chronik 1560, hg. v. Hermann Weisert, Sindelfingen 1963, 72. Rüttel 22 nennt Ulrich, Propst zu Sindelfingen, genannt der Metzinger, einen Sohn Gf Ludwigs I. †1450; auch diese Angabe kann nicht zutreffen. Der illegitime Vater Ulrichs des Metzingers ist Gf Ulrich †1388.

20 Den 5. Juni 1325 als Todestag nennen: Annales Stuttgartienses 7 – Tubingius 250: »Eberhardus comes obiit anno M.CCC.XXV in festo Bonifacii sociorumque eius martyrum«; Hermannus Minorita Anhang Cod. hist. 2° 269, 49v: »Anno dni. M.CCC.XXV. non. Junij obijt Eberhardus comes de Wirtemberg animosus«; Stuttgarter Stiftschronik 258: »an sant Bonifacientag«; Chronik Kaiser Könige Päpste 94; Lirer 65; Suntheim 595: »anno Domini millesimo tricentisimo vicesimo quinto Nonas Junii«; Eber 214; O. Gabelkover Cod. hist. 2° 586, 228v; Nockher 135; Pregitzer 1, 7; Steinhofer 1, 53; Sattler Gf 1, 100; Scheffer 18; St. Allais 4, 516; Pfister Eberhard 57; Zimmermann 4, 479; Uebelen Eberhard 113; Stälin 3, 168 u. 713; Behr 169; Voigtel-Cohn 91; P. Stälin 487 u. 717; P. Stälin ADB 5, 554; Hartmann Stuttgart 9; Maisch Stammtafel; Giefel Nr 21; Krüger Tf 8; Schneider Stammbaum; Schön Nr 17; Isenburg 1, 75; Freytag 1, 75; R. Uhland NDB 4, 233; Decker-Hauff Stuttgart 142 u. 196; Schwennicke 1, 122. Den 5. Januar 1325 als Todestag nennt: Baumeister HB XV 98, 11. Den 7. März 1325 als Todestag nennt: Epitaph (Anm. 29) nach A. Rüttel A 525 Bü 3, 63 u. 98 und Schmid 36. Den 21. März 1325 als Todestag nennt: Grabmal (Anm. 27) nach Entwurf A. Rüttels d. J. Cod. hist. 2° 130, 15r (15v verbessert: Bonifacii statt Benedicti). Den 7. Mai 1325 als Todestag nennen: Küng 66; Standbild Schlör (Anm. 31); Wolleber Cod. hist. 2° 934, 131r (andere an St. Bonifaciustag); Crusius 1, 895; Assum Cod. hist. 4° 130, 13; J. Frischlin Cod. hist. 2° 73, 28v; Heller 24; Heimführung 13; Lairitz 455; Pregitzer d. Ä. Cod. hist. 2° 426b, 1539r (obwohl das nach Bayern verbrachte Manuskript des Johannes Trithemius den Bonifatiustag 1328 nennt); Steinhofer 2, 250. Den 7. Juni 1325 als Todestag nennt: Pfaff Fürstenhaus 57; Pfaff Wirtemberg 2, 59. Den 11. Juni 1325 als Todestag nennt: Nekrolog des Stifts St. Peter zu Wimpfen im Tal bei P. Stälin 487. Den 25. Juni 1325 als Todestag nennen: Viton 21; Tuefferd Montbéliard 217. Das Jahr 1325 als Todesjahr nennen: Lohmeier 52; Imhof 56; Hübner 200. Den 7. Mai 1324 als Todestag nennt: Hengher 145. Das Jahr 1324 als Todesjahr nennt: Chronicon Elvacense zum Jahr 1324: »Eberhardus antiquus de Wirtemberg obiit«. Den 7. Mai 1328 als Todestag nennt: Wolleber Cod. hist. 2° 953, 1062r. Den 5. Juni 1328 als Todestag nennt: Trithemius 2, 168 (Sattler Gf 1, 100 gibt nach Trithemius das Jahr 1325 an).

21 Sterbeort Stuttgart bei: Hermannus Minorita (Anm. 23); Küng 66; Wolleber Cod. hist. 2° 934, 131r; Nockher 135; Stälin 3, 168; Schön Nr 17; Decker-Hauff Stuttgart 196.

22 Küng 66.

23 Hermannus Minorita Cod. hist. 2° 269, 45v; Zitat bei Stälin 3, 168. Chronik Steinhöwel (Anm. 33) 32: »ward er von den Margraffen vnd jrn helffern krefftiglich daruon geschlagen, vnnd inn vnmut kam er gen Stutgarten, ward kranck, vnd starb.« O. Gabelkover Cod. hist. 2° 586, 228v bestreitet die anderwärts geäußerte »falsche Meynung«, »daß wie er bei seynen Lebzeithen wunderliche vnd viel ohnruhige Händel vorgehabt, also sey er auch ohne buß vnd beicht dahin gestorben. Dann weil er in der Kirchen begraben lige, seye kein Zweifel daran, daß er sich zu seinem absterben christenlich vnd wohl geschickht habe. Wie auch kein Zweifel, daß ihm selbiger Zeith gebrauch nach stattliche Exequien gehalten seyen worden«; Hengher 145: »trostloß gestorben«; Pregitzer 1, 7: »starb in hohem Alter und recht Christlich«; Spittler 21: »starb aus Kummer«; Viton 21: »il en conçut un chagrin si vif, qu'il en mourut«; St. Allais 4, 516: »le chagrin lui causa une maladie dont il mourut«; Pahl 1, 124: »Der Schimpf dieser Niederlage verzehrte Eberhards Leben«; Uebelen Eberhard 113f: »unbußfertig, das heißt wohl nicht, er sey als verstockter Sünder, sondern so unerwartet und schnell gestorben, daß man ihn nicht vorher mit den Sterbsakramenten der Kirche versehen konnte«, 114: »Das darf entschieden behauptet werden, daß die mißlungene Belagerung der Burg Reichenberg und der plötzliche Tod des Grafen, wenn sie auch der Zeit nach einander berühren, nicht im reellen Zusammenhang der Ursache und Wirkung standen, sondern erst vom Erzähler in diese Verbindung gebracht wurden«; Stälin 3, 168: Niederlage bei der Belagerung der Burg Reichenberg »Jm Verdruß hierüber starb der Graf«; P. Stälin 486f: »aus Verdruß hierüber erkrankt, starb der greise Graf zu Stuttgart, wie berichtet wird, ›unbußfertig‹, das heißt wohl: nicht mit den Sterbsakramenten versehen, woran vielleicht die rasche Entwicklung der Krankheit die Schuld trug«; Decker-Hauff Stuttgart 196: »Schon die Zeitgenossen rügten Eberhards Undankbarkeit gegen das Haus Baden und hielten es für eine gerechte Strafe, daß Eberhard mit Schimpf und Schande (ignominiose) von der Belagerung ablassen mußte. Zornig zog der Alte nach Stuttgart zurück: sechs deutschen Herrschern hatte er Trutz bieten können, jetzt mußte er vor einem Markgrafen von Baden klein beigeben. Die Wut darüber brachte ihn in solche Raserei, daß er, kaum zurückgekehrt, in Stuttgart starb. Eberhard nahm kein erbauliches Ende: der alte Recke muß bis zuletzt gegen die Badener getobt haben; er verschied, wie der geistliche Geschichtsschreiber milde und betrübt vermerkt, ›höchst unbußfertig‹.«

Die bisherige Annahme, bei der von Eberhard vergeblich belagerten Burg handele es sich um die Burg Reichenberg bei Oppenweiler im Kreis Backnang, wird von Hansmartin Decker-Hauff widerlegt (Südwestdeutsche Blätter für Familien- und Wappenkunde 17, 1983, 253f). Es ist vielmehr die gleichnamige, nördlich von Reichenweiher gelegene Burg bei Rappoltsweiler im Elsaß.

24 Begräbnisort Stuttgart bei: Hermannus Minorita (Anm. 23); Chronik Steinhöwel (Anm. 33); Suntheim 592; Küng 66: »in den cor der Stifftskirch, die er selbs gestifft hett, begraben worden«; Wolleber Cod. hist. 2° 934, 131r; O. Gabelkover Cod. hist. 2° 586, 228r; Heimführung 13; Pregitzer 1, 7 (Anm. 25); Steinhofer 1, 53; Hartmann Stuttgart 10: »am 10. Juni 1325 im Chor der Stiftskirche begraben, wie seine guldene Grabschrift lange noch auswies«; Schön Nr 17 (Begräbnis am 10. Juni 1325); Decker-Hauff Stuttgart 196: »Zu Ende des 16. Jahrhunderts wußte man noch, daß er im Chor der Stiftskirche vor dem Hochaltar begraben liege. Eine ›guldine geschrift‹ an der Wand, wohl ein teilweise vergoldetes Bronze-Epitaph, hielt die Erinnerung an ihn lebendig«. Der von Hartmann und Schön genannte Begräbnistag 10. Juni ist nirgendwo nachzuweisen. Bei der ›guldenen Grabschrift‹ handelt es sich um die mit goldener Farbe aufgetragene Inschrift des Holzepitaphs aus der zweiten Hälfte des 15. Jh. (Anm. 29).

25 Pregitzer 1, 7 u. Steinhofer 1, 53; irrige Angabe, da in Stuttgart bereits die aus Beutelsbach überführten Gebeine, Eberhards Sohn Gf Ulrich † 1315 und vielleicht auch schon seine Gattin Irmengard † n. 1320 beigesetzt worden waren.

26 Zeichnung des Grabsteins 1583: A. Rüttel d. J. Cod. hist. 2° 130, 16r (Die Aufzeichnung über den Zustand der Stuttgarter Grabmale von 1566 in HB XV 77 enthält

Eberhards Grabstein nicht). Entwurf A. Rüttels d. J. zur Restaurierung des Grabsteins 1583 in Cod. hist. 2° 139, 15r (Abb. bei Geissler 89).

27 Zitiert nach Entwurf Rüttel Cod. hist. 2° 130, 15r, mit falschem Todestag, vgl. Anm. 20. Inschrift auch bei: Bach 166.

28 Vgl. Gf Heinrich †1519 Anm. 17.

29 Schmid 36, mit falschem Todestag, vgl. Anm. 20. A. Rüttel d. Ä. J1 1b, 27r nennt Nonas Maij =7. Mai; ebenso Crusius 1, 895. A. Rüttel d. J. A 525 Bü 3, 63 u. 98 und Schmid 36 nennen Nonas Martij =7. März. Schmid 8 hingegen nennt richtig Nonas Junij 5. Juni.

30 Vgl. Gf Heinrich †1519 Anm. 19.

31 Zitiert nach dem Original in Stuttgart, mit falschem Todestag, vgl. Anm. 20.

32 Stuttgarter Stiftschronik 256f.

33 Heinrich Steinhöwel, Beschreibung einer Chronic, Frankfurt am Main 1531, 32.

34 Trithemius 2, 61.

35 Suntheim 592.

36 Suntheim 595f.

37 Küng 63.

38 Küng 66; ähnlich Wolleber Cod. hist. 2° 934, 131r.

39 Crusius 1, 894.

40 Heimführung 10f.

41 Lohmeier 52.

42 Pregitzer 1, 7.

43 Pregitzer 1, 7.

44 Pregitzer 1, 7.

45 Montanus 121.

46 Christoph Bidembach bei Steinhofer 2, 250.

47 Steinhofer 2, 250.

48 Sattler Gf 1, 6.

49 Spittler 21.

50 Spittler 12f.

51 Pfister Eberhard 7.

52 Pfister Eberhard 52.

53 Pfister Eberhard 58.

54 Pahl 1, 124f.

55 Zimmermann 1, 479.

56 Uebelen Eberhard 1f.

57 Barth 52.

58 Pfaff Wirtemberg 2, 60.

59 Pfaff Wirtemberg 2, 61.

60 Stälin 3, 168.

61 P. Stälin ADB 5, 554.

62 P. Stälin ADB 5, 555.

63 P. Stälin 487f.

64 Schneider 43.

65 Schneider 27.

66 R. Uhland NDB 4, 233.

67 R. Uhland NDB 4, 233.

68 Marquardt 16.

69 Müller 87.

70 Decker-Hauff Stuttgart 194.

71 Decker-Hauff Stuttgart 172.

72 Albert Kleemann in: Ortsbuch Beutelsbach 2. Aufl., Dätzingen 1976, 74.

73 Heinz Erich Walter in: Ortsbuch Beutelsbach (Anm. 72) 75.

Margarethe

†v. 1296

Gräfin von Württemberg

T.v. Herzog Friedrich III. von Lothringen[1]
u.v. Margarethe von Navarra[2]

Geboren nach 1255[3]
in

Vermählt nach Oktober 1291[4]
mit Graf Eberhard I. dem Erlauchten von Württemberg †1325

Gestorben vor 1296[5]
in

Beigesetzt
in Beutelsbach in der Stiftskirche[6]

Grabmal[7]

Überführung der Gebeine 1316/1320 nach Stuttgart in die Stiftskirche[8]

Stammutter des Hauses Württemberg[9]

»Man war bisher davon ausgegangen, Eberhards einzig urkundlich genannte Gemahlin, Irmgard von Baden, 1296 und 1320 bezeugt, sei die Mutter aller ehelichen Kinder Eberhards, also auch Mutter Ulrichs III., Stammutter des Gesamthauses gewesen. Daß aber Gabelkover eine noch vornehmere Gattin Eberhards nennt, nämlich die Herzogstochter Margarethe von Lothringen, war vergessen worden. Als ich sie in Gabelkovers Handschrift im Familien-Archiv Decker-Hauff wiedergefunden hatte, gelang es dann auch, diese Margarethe in lothringischem Herzogsurkunden nachzuweisen. Sie muß von etwa 1292 bis etwa 1295 mit Eberhard dem Erlauchten verheiratet gewesen und die Mutter Ulrichs III. geworden sein. So, nur so, ist ja auch das praesumtive Erbrecht der Wirtemberger am Herzogtum Lothringen begreiflich, das in den wirtembergisch-lothringischen Hausverträgen 1363 festgelegt wurde.«[10]

Anmerkungen

Die Ehe Eberhards des Erlauchten mit einer Tochter des Herzogs von Lothringen wird erwähnt bei: A. Rüttel d. Ä. J1 48a, 102v: Notiz, vermutlich Abschrift aus verlorenengegangenem Nekrolog: »N. Comes Wirtembergensis – N. Lotharingie ducissa uxor«. O. Gabelkover Cod. hist. 2° 586, 142v sowie Familienarchiv Decker-Hauff Handschrift A 28 (Historia Wirtembergica), 120: »Eß hatt diser Grav Eberhardt zwey Gemahlin gehabt, die erste ist eine Herzogin von Lothringen gewesen mit der Er Vlricum VII. gezeuget, die andere aber ist eine Marggräfin von Baden gewesen, welche auch einen Sohn namens Vlricum VIII. gebohren. Dise Gemahlin namens Jrmegard ist Marggraf Rudolphs von Baden dochter gewesen.« Schmid 21f: Magdalena (»mortua circiter ann. 1286«), Tochter Herzog Friedrichs II. von Lothringen, als zweite von drei Gemahlinnen Eberhards des Erlauchten genannt. Pregitzer 1, 7: »Magdalena, Tochter Fridrichs, Herzogs zu Lottringen«, als dritte von drei Gemahlinnen Eberhards des Erlauchten genannt: »welche Mariage aber einige in Zweiffel ziehen, und dagegen melden, daß die zweite Gemahlin Irmengardis Graf Eberharden solle überlebt haben«. Die bei Pregitzer infolge der falschen Einordnung der Ehe entstandenen Zweifel an der Heirat mit Lothringen führen dazu, daß in sämtlichen nachfolgenden Stammtafeln und Abhandlungen die Ehe Lothringen weggelassen und schließlich vergessen wird. Selbst Steinhofer, der über viele Seiten hinweg Pregitzer wörtlich zitiert, ohne freilich die Quelle zu nennen, verzichtet auf die Angabe dieser Verbindung Württembergs mit Lothringen. Sie wird erst durch Dekker-Hauff bei Gabelkover wiederentdeckt, und die dort noch namenslose, in späteren württembergischen Quellen als Magdalena bezeichnete lothringische Herzogstochter wird bei anschließenden Forschungen in Nancy als Margarethe, Tochter Herzog Friedrichs III. von Lothringen und dessen Gattin Margarethe von Navarra, erkannt; vgl. Decker-Hauff Wirtemberg (Anm. 9f) und Decker-Hauff in Festschrift Württemberg 73f. Die Stammtafel von Robert Uhland in Festschrift Württemberg 398 nennt für Eberhard den Erlauchten weiterhin nur die Ehe Baden. Nach Katalog Württemberg 8 heiratet Eberhard zunächst »eine Markgräfin von Baden und nach deren Tod eine Herzogin von Lothringen«.

1 Augustin Calmet, Histoire de Lorraine, 7 Bände, 2. Aufl. Nancy 1745–1757; Georges Poull, La maison ducale de Lorraine, Rupt sur Moselle 1968, 1, 49–57. Herzog Friedrich III. von Lothringen 1238–1303, beigesetzt im Kloster Beaupré, Grabmal abgebildet bei Calmet 3, Tf 2. Stammtafel Lothringen: Freytag 1, 13, darin Margarethe nicht erwähnt, dagegen ihre im Testament ihres Bruders von 1291 (Anm. 4) gleichfalls erwähnte Schwester Isabella †1335, in erster Ehe vermählt mit Herzog Ludwig von Bayern †1290, in zweiter Ehe mit Graf Heinrich III. von Vaudemont †1339.

2 Gebhardi Reichsstände 1, 499 u. Tf S. 430. Margarethe von Navarra †1306/07, beigesetzt in Nancy, Neues Kloster; ihr und ihres Gatten Porträt bei Calmet (Anm. 1) 3, 109f. Stammtafel Navarra: Freytag 2, 43.

3 Eheabrede der Eltern 1249, Beilager im Juli 1255. Gebhardi Reichsstände 1, Tf S. 430 nennt Margarethe als siebtes Kind ihrer Eltern. Geburtsort vermutlich Nancy.

4 Laut Testament ihres Bruders Johann vom Oktober 1291 sollen Margarethe »cent sols Toulois, pour leur aider à se marier« gegeben werden; dazu Calmet (Anm. 1) 3, 141 u. Gebhardi Reichsstände 1, 451. Poull (Anm. 1) 1, 57 u. 7, 3 sieht Johann von Lothringen als illegitimen Sohn Friedrichs III. Desgleichen wähnt er 1, 57 Jo-

hanns Schwestern Isabella und Margarethe als illegitime Kinder Friedrichs, während er allerdings in der Begründung seiner Vermutung 7, 3 Margarethe nicht aufführt und stattdessen als illegitime Töchter Isabella und Katharina nennt.
Auch wenn die Vermutung Poulls für Johann zuträfe, so bedeutet dies nicht zwangsläufig, daß auch die im Testament von 1291 genannten Schwestern Isabella und Margarethe von einer »concubine« geboren sein müßten. Zudem hätte dann Friedrich III. von seiner Gemahlin Margarethe von Navarra keine Tochter dieses Namens, jedoch von einer »concubine« eine Tochter Margarethe erhalten. Für den Fall, daß Poulls Vermutung für die nur im Oktober 1291 genannte Margarethe zuträfe, muß dennoch die Existenz einer legitimen Tochter Margarethe (Magdalene?) und ihre Heirat mit Württemberg angenommen werden, wobei dann allerdings das Heiratsdatum nicht mehr im Hinblick auf das Testament vom Oktober 1291 bestimmt werden kann.

5 Am 21. Juni 1296 wird bereits Irmengard von Baden als Gattin Eberhards des Erlauchten genannt; vgl. Gfn Irmengard †n. 1320 Anm. 4. Im Testament ihres Vaters Friedrich von 1297 wird Margarethe nicht mehr erwähnt; Gebhardi Reichsstände 1, 451. Schmid 22 nennt als Todesjahr: »mortua circiter ann. 1286«. Decker-Hauff in Festschrift Württemberg 74: Ehe dauerte von 1292 bis etwa 1295.

6 Vgl. Gf Ulrich †1265 Anm. 11–13.

7 Decker-Hauff Wirtemberg vermutet in der heute an der Nordwand des Chores der Beutelsbacher Stiftskirche angebrachten Grabplatte den Grabstein für Margarethe von Lothringen; vgl. Anm. 9 u. 10. Zeichnung des Grabsteins: Cod. hist. 4° 131, 13v; Sattler Top. 40; Jll GW 296 mit Datierung der Grabplatte ca. 1416; Max Bach, Das Siegel Eberhards des Erlauchten von Württemberg in: WVJH 12, 1890, 1–4: »Dieses im Laufe der Jahre, weil auf dem Boden liegend, sehr abgetretene Denkmal, ist in älteren Werken ungenau abgebildet worden, z. B. bei Sattler, Heideloff und Andern. Man nahm allgemein an, es sei noch ein Überbleibsel von der alten Beutelsbacher Familiengruft und gehöre einem Grafen an, der mindestens noch dem 12. Jahrhundert, ja, wie Heideloff fabelt, sogar noch dem 9. oder 10. Jahrhundert angehöre. Sieht man aber näher zu und vergleicht das Wappen mit andern, sicher datierten heraldischen Denkmalen, so wird man finden, daß die dargestellten Formen einer weit späteren Zeit angehören. Der Helm ist ein Stechhelm, wie solche erst gegen Ende des 14. Jahrhunderts vorkommen und trägt schon als Kleinod das Horn mit den Federn, welche erstmals Graf Eberhard der Jüngere †1419 führt. Weiter ist zu beachten, daß die Hirschstangen schon die stilisierte Form der ausgesprochen gotischen Periode zeigen. Demnach kann von einer Datierung vor 1400 kaum die Rede sein, man darf sogar mit Bestimmtheit annehmen, daß der Stein erst unter Eberhard dem Milden ums Jahr 1416 zum Andenken an das alte Erbbegräbnis des Hauses Württemberg angefertigt worden ist; denn diese Jahreszahl findet man neben dem Stein in dem Boden der Kirche eingemeißelt.« Gaisberg-Schöckingen 12 mit Abb. 10: »Der in der Kirche zu Beutelsbach befindliche Wappenstein macht den Eindruck, dass er etwa von 1420 stammt.« Heinz Erich Walter, Ortsbuch Beutelsbach, 2. Aufl. Dätzingen 1976, 217: »Der berühmte württembergische Wappenstein in der Nordwand des Chores ist sicher kein Grabstein; auf solchen ist ein heilsymbolisches Ornament wie das Blätterviereck nicht üblich. Eher handelt es sich um einen Gedächtnisstein für die einstige Begräbnisstätte der Herren von Württemberg (und Beutelsbach), der 1321 gesetzt wurde, als Graf Ulrich (Anm.: S. 75: Eberhard der Erlauchte) die Gebeine seiner Vorfahren nach Stuttgart überführen und die dortige Stiftskirche erbauen ließ.« Albert Kleemann in: Ortsbuch Beutelsbach 70: »Zum Andenken an das alte Erbbegräbnis in der Beutelsbacher Stiftskirche ließ das Haus Württemberg 1416 einen Denkstein mit dem württembergischen Wappen auf dem Boden vor dem Altar anbringen.« Adolf Schahl, Die Kunstdenkmäler des Rems-Murr-Kreises, München 1983, 2, 1296 in Unkenntnis der Existenz der Margarethe von Lothringen übernimmt die Deutung von Max Bach als Gedenkstein des 15. Jahrhunderts (»Ehem. Gruftplatte?«) und bringt den Hinweis: »Am 31.8.1793 setzte sich der Stiftspfleger gegen den Pfarrer für die Erhaltung der ›antiquitaet‹ ein, ›welche nicht sowohl dem hiesigen Orth als unserer vatterländischen Geschichte interessant seyn muß‹ (HStA, A 288 B 4643 Fasc. Verwahrung ›des in der Kirche zu Beutelsbach zu conservierenden alten Monuments‹).«

8 Vgl. Gf Ulrich † 1265 Anm. 16.

9 Decker-Hauff konnte Margarethe von Lothringen zugleich als Mutter Graf Ulrichs III. † 1344 und damit als Stammutter des Hauses Württemberg nachweisen, wofür bisher Irmengard von Baden, selbst noch bei Decker-Hauff Stuttgart 197, angesehen wurde. Decker-Hauff Wirtemberg: »Ausgang war eine Notiz Gabelkovers, daß Graf Eberhard der Erlauchte † 1325 in erster Ehe mit Margarete von Lothringen verheiratet gewesen sei und daß aus dieser Ehe der Erbe Ulrichs III. † 1344 stamme, aus der späteren Ehe mit Irmgard von Baden auch ein (weiterer) Ulrich. Da diese Margarete tatsächlich im Testament ihres Bruders Johann 1291 (nicht mehr aber 1297) genannt wird, muß sie die früh verstorbene Gemahlin Eberhards gewesen sein. Das wird bestätigt durch den Ehevertrag von 1361, in dem ihre Urenkelin Sofie mit Herzog Johann, dem Urenkel ihres Bruders Theobald II., vermählt wird: denn hier ernennen sich beide Häuser gegenseitig zu Erben im Falle des Aussterbens, was nur möglich ist, wenn auch Sofies Bruder (Ulrich † 1388) eine Lothringer Abstammung besitzt. Möglicherweise ist der rätselhafte Beutelsbacher Stein der Grabstein Margaretes gewesen, die um 1295 gestorben ist. Denn das Lilienkreuz ist ein häufig gebrauchtes Zeichen des Königshauses Navarra, das Horn mit den Federn als Helmzier weist auf Lothringen, und die auf die Spitze gestellte Raute ist ein Frauensymbol. Margarete von Lothringen war die Tochter des Herzogs Friedrich III. † 1303 und der Margarete, einer Tochter Theobalds IV. von der Champagne, des Minnesängers und Königs von Navarra«; vgl. dazu Gfn Sophie † 1369 Anm. 5. Gabelkover weist an sich in dem oben zitierten Text Graf Ulrich (VII. = † 1315) der Ehe Lothringen, Graf Ulrich (VIII. = † 1344) der Ehe Baden zu. Da er jedoch nur von zwei Ehen Eberhards des Erlauchten ausgeht und ihm die frühere Ehe Eberhards (vor der Lothringer Heirat) unbekannt ist, muß angesichts der wechselseitigen Erbeinigung Württemberg-Lothringen vom Jahre 1367 (Stälin 3, 284) Gabelkovers Angabe so gedeutet werden, daß Graf Ulrich † 1315 der ersten Ehe Eberhards des Erlauchten mit N.N., Graf Ulrich III. † 1344 jedoch der zweiten Ehe mit Margarethe von Lothringen zuzuordnen ist.

10 H. Decker-Hauff, Der Wirtemberg-Stein der Beutelsbacher Stiftskirche in: Festschrift Württemberg 73 f. Dort weiter: »In diesem Zusammenhang gewinnt das Denkmal in Beutelsbach andere Bedeutung: Horn und Federn sind die Helmzier des lothringischen Wappens, drei Lilien erscheinen im lothringischen Schild mitunter – selten – statt der drei Adler des Schrägbalkens, und ganz allgemein scheinen die Lilien des Beutelsbacher Steins auf Margarethens mütterliche Abstammung von den Königshäusern Navarra und Frankreich hinzuweisen. Diese vornehme Herkunft von den Herrschern des Westens (in höheren Generationen erscheinen hier auch noch die spanischen und die englischen

Dynastien), die den Wirtembergern durch die Lothringerin zukam, hat sich auch im Wappen niedergeschlagen: das bisher nicht deutbare Horn ist die Lothringer Helmzier, die wohl nach 1292, vielleicht noch später, erst durch Margarethens Sohn Ulrich III. oder Margerethens Enkel Eberhard den Greiner, ins wirtembergische Wappen hereingenommen wurde (und damit die alte Hirschstangen-Helmzier verdrängte). Die Lilien auf dem Beutelsbacher Stein aber legen nahe, daß es sich hier um den Grabstein der Margarethe von Lothringen handelt. Als sie um 1295 starb, war Beutelsbach noch die alleinige Grablege des Hauses. Als man rund ein Menschenalter später das Erbbegräbnis nach Stuttgart verlegte, kamen Margarethens Gebeine zwar wohl auch dorthin, aber der offenbar schon stark beschädigte Stein blieb zurück. Er ist heute das einzige *gleichzeitige* Zeugnis, das in Beutelsbach noch an die große Tradition der wirtembergischen Erbgrablege erinnert.« Harald Schukraft, Die Grabstätten des Hauses Württemberg in: Festschrift Württemberg 704: »War bis vor wenigen Jahren angenommen worden, es handle sich dabei nur um eine Erinnerungstafel an die einstige Hausgrablege, so hat Hansmartin Decker-Hauff nun einleuchtend dargelegt, daß es wohl die Grabplatte der Margaretha bzw. Magdalena von Lothringen, einer der Gemahlinnen des Grafen Eberhard des Erlauchten sein könne. Demnach wäre dies das einzige in Beutelsbach erhaltene originale Grabdenkmal.«

Siehe auch Nachtrag zu Gfn Mechthild †v. 1316.

Irmengard

†n. 1320

Gräfin von Württemberg

T. v. Markgraf Rudolf I. von Baden[1]
u. v. Gräfin Kunigunde von Eberstein[2]

Geboren vor dem 22. April 1284[3]
in

Vermählt vor dem 21. Juni 1296[4]
mit Graf Eberhard I. dem Erlauchten von Württemberg †1325

Mutter von vier Töchtern[5]

Gestorben an einem 8. Februar[6] nach 1320[7]
in

Beigesetzt
in Stuttgart in der Stiftskirche[8]

»keine Monumenta oder vestigia sepulturae mehr vorhanden, an welchem ortt sie inn der Stifft Kirchen mochent begraben ligen«[9]

»Irmingardis ejus uxor filia Rudolfi magni Marchionis de Baden, soror Bernhardi antiqui et Rudolfi Domini in Pforzen Marchionum Badensium, quae erat ei desponsata anno Dom. MCCC.«[10]

»Irmengart sein Gemahel, ein Tochter Margraf Ruedolfn des grossen von nidern Baden«[11]

Anmerkungen

1 Sattler Gf 1 Beil. 22; WUB 11, 73–75 Nr 5043: Urkunde vom 5. September 1297: »quondam Jllustris Rudolfi Marchionis de Baden filia.« A 602 U 1: Urkunde Markgraf Rudolfs von Baden †1332 vom 20. März 1301: »Frau Irmengarten unseren Schwestern«. Irmengards Tochter, Adelheid von Hohenlohe †1342, meldet 1335 Ansprüche an auf Teile des Nachlasses des in diesem Jahr söhnelos verstorbenen Markgrafen Rudolf Hesso von Baden, eines Sohnes von Irmengards Bruder Hesso; dazu Stälin 3, 651 u. 653; Weller Hohenlohe 2, 181 f. Irmengard wird als Tochter Markgraf Rudolfs 1. von Baden genannt bei: Suntheim 592 (Anm. 11); O. Gabelkover Cod. hist. 2° 586, 142v: »Marggraff Rudolphs von Baden dochter«; Heimführung 12: »Rudolphi Marggrafen zu Baden Tochter«; Lohmeier 52 u. Imhof 56: »Marggrafen Rudolps zu Baden Tochter«; Pregitzer. 1, 7: »Tochter Rudolphen 1. Marggrafen zu Baaden«; Hübner 200: »Marckgraf Rudolphi 1. zu Baden Tochter«; Vierordt Baden 505 Tf 13: Rudolf 1.; Stälin 3, 651: Rudolf 1.; Stälin 3, 713: Rudolf von Baden; Behr 169: Rudolf 1.; Voigtel-Cohn 91: Rudolf 1.; P. Stälin 717: Rudolf von Baden; Giefel Nr 21: Rudolf 1.; Krüger 337: Rudolf 1.; Schön Nr 17: Rudolf 1.; Isenburg 1, 75: Rudolf 1.; Freytag 1, 75 u. 82: Rudolf 1.; Decker-Hauff Stuttgart 163: Rudolf 1.; Schwennicke 1, 122 u. 129: Rudolf 1. A. Rüttel d. J. J1 48a, 71v: Ahnentafel für Irmengard von Baden nennt als Eltern: »Rudolphus M. Badensis Joanna Com. de Mumpelgart«. Dieser jedoch ist ihr 1335 verstorbener Neffe Rudolf Hesso von Baden (s. o.).

2 Als Tochter Kunigundes von Eberstein genannt bei: Vierordt Baden 505 Tf 13; Stälin 3, 651 (Stälin 2, 312 bezeichnet Kunigunde als Otto des Ältern, Herrn zu Eberstein, Tochter); Krüger 337; Schön Nr 17 (Gräfin Kunigunde von Eberstein); Freytag 1, 82 (Gräfin Kunigunde von Eberstein); Decker-Hauff Stuttgart 163 (Kunigunde von Eberstein); Schwennicke 1, 129 (Gräfin Kunigunde von Eberstein).

3 Todestag der Mutter nach dem Lichtentaler Nekrolog bei Schannat 1, 166: x. kal. Maji = 22. April, nach den Annales Sindelfingenses zum Jahr 1284: »Eodem anno obijt comitissa de Baden in castro Libincelle 11. Kalendas Maij« = 21. April 1284. Als Geburtsdaten für Irmengard werden genannt: Um 1265/70: Decker-Hauff Stuttgart 142; Uhland Festschrift 398. Um 1265: Krüger 337 u. 339 u. Tf 8. Diese Angaben unter der Annahme Irmengards als einziger Gemahlin Eberhards des Erlauchten. Sonstige Quellen ohne Angaben zum Geburtsjahr.

4 WUB 10, 504 Nr 4868: Urkunde Eberhards des Erlauchten für Kloster Herrenalb vom 21. Juni 1296: »pro nobis et collaterali nostra Irmengardi uxore legittima«. Als Hochzeitsdaten werden genannt, jeweils unter der Annahme Irmengards als einziger Gemahlin Eberhards des Erlauchten: Um 1285: Uhland Festschrift 398. Vor 1285: Krüger Tf 8 u. 337: »wohl kurz vor 1285«; Decker-Hauff Stuttgart 174: »Nicht lange nach 1281, um 1283 vermutlich, sicher aber vor Anfang 1285«. 1284 (?): Maisch Stammtafel. Nach 1285: Stälin 3, 50: Krüger 336 (nach Stälin 3, 50). Vor 1291: P. Stälin 717; Giefel Nr 21; Schneider Stammbaum; Schön Nr 17; R. Uhland NDB 4, 233. Vor 1294: Voigtel-Cohn 91; Isenburg 1, 75; Freytag 1, 75 u. 82. Vor dem 21. Juni 1296: Stälin 3, 651; Behr 169. Vor 1296: Schwennicke 1, 122. 1297: Heimführung 12; Uebelen Eberhard 111. A. Rüttel d. Ä. J1 48a, 98v, der Irmengard als zweite Gattin Eberhards des Erlauchten bezeichnet, nennt das Jahr 1305.

5 Irmengard ist mit Sicherheit die Mutter von Adelheid von Hohenlohe †1342 und Irmengard von Hohenberg †1329, mit Wahrscheinlichkeit von Agnes von Oet-

tingen †1317 und möglicherweise auch von Agnes von Werdenberg †v. 1350. Irmengards noch bei Decker-Hauff Stuttgart 197 und Schwennicke 1, 122 angeführte Rolle als Mutter Gf Ulrichs III. †1344 und Stammutter des Hauses Württemberg wurde von Decker-Hauff Wirtemberg widerlegt, vgl. Gfn Margarethe †v. 1286 Anm. 9.

6 Lichtentaler Nekrolog (»Necrologium Abbatiae Lucidae Vallis«) bei Schannat 1, 165: »VI. Idus Febr. Illustris Jrmingardis de Wirtenberg«.

7 Bulle Papst Johannes XXII. vom 17. Juni 1320, darin Irmengard letztmals erwähnt: »dilecto filio nobili viro Eberhardo comiti de Wirtenberg et dilecte in Christo filie nobili mulieri Irmengardi ejus uxori« (zitiert nach Stälin WJbb 1859, II, 145) = A 602 U 6348. Als Sterbedaten für Irmengard werden genannt:
Nach 1297: Voigtel-Cohn 91 (Irmengard hier als erste von drei Gemahlinnen Eberhards des Erlauchten angeführt); Isenburg 1, 75; Freytag 1, 75 u. 82; R. Uhland NDB 4, 233. Nach 1301 (Diese Angabe vermutlich im Hinblick auf Urkunde A 602 U 1, vgl. Anm. 1): Giefel Nr 21; Schön Nr 17; Dekker-Hauff Stuttgart 142; Uhland Festschrift 398. 1315: Albert Kleemann in: Ortsbuch Beutelsbach 2. Aufl., Dätzingen 1976, 70. An einem 8. Februar nach 1320: Stälin 3, 168 u. 651 u. 712–e; Behr 169; P. Stälin 717; Krüger 336 u. Tf 8. An einem 8. Februar, ohne Jahresangabe: Schwennicke 1, 122.

8 Da Irmengard zweifellos erst nach der Verlegung des Beutelsbacher Erbbegräbnisses verstarb, wurde sie bereits in der Stuttgarter Stiftskirche beigesetzt. Begräbnisort Stuttgart Stiftskirche bei: Tiedemann 9; Schön Nr 17; Decker-Hauff Stuttgart 142; Kleemann (Anm. 7) 70.

9 A. Rüttel d. J. A 525 Bü 3, 63.

10 Suntheim 596; mit der irrigen Angabe ihrer angeblichen Brüder Bernhard (†1431) und Rudolf (†1361).

11 Suntheim 592.

Generation III

Eberhard I. † 1325
⚭ N.N.
⚭ Margarethe von Lothringen † v. 1296
⚭ Irmengard von Baden † n. 1320

ULRICH † 1315 ⚭ MECHTHILD von Hohenberg † v. 1316	ULRICH III. † 1344 ⚭ SOPHIE von Pfirt † 1344	(IMAGINA) 1293/94	AGNES † v. 1350 Werdenberg

AGNES † 1317 Oettingen	ADELHEID † 1342 Hohenlohe	IRMENGARD † 1329 Hohenberg

Ulrich

†1315

Graf von Württemberg

Urkundlich seit 1299[1]

S. v. Graf Eberhard I. dem Erlauchten von Württemberg[2]
u. v. N.N.[3]

Geboren nach Mai 1285[4]
in

Vermählt vor 1303
mit Gräfin Mechthild von Hohenberg †v. 1316[5]

Vater von »etliche Kinder, Söhn vnd Töchter«[6]
Ulrich †n. 1320/1335
Agnes †1373

Gestorben am 1. November 1315[7]
in

Beigesetzt
in Stuttgart in der Stiftskirche[8]

Grabmal[9]

Epitaph[10]
»Anno Domini M.CCC.XV. Kal.Novembris obijt generosus Dominus Ulricus, Comes de Wirttemberg, cuius anima requiescat in pace.«[11]

Standbild von Sem Schlör[12]
»ILLVSTRIS PRINCEPS ET DÑS. DÑS. VLRICVS/ COMES WIRTEMBERGAE Θ K̄L̄. NOVEM-/ BRIS AN. CHR. MCCC. XV.«[13]

»Anno domini M.CCC.XV. in die omnium sanctorum obiit spectabilis dominus dominus Vdalricus comes de Wirtenberg secundum epitaphium lapidis sepulchri sui; hunc quoque vocaverunt Eberhardum. Hic habuit uxorem natam de Hohenberg, cum qua genuit liberos; haec obiit ante obitum domini.«[14]

»Ulrich Graf von Wirtemberg ain Brueder Graf Eberhard obgenant, und Fraw Agnesen, hat die Grafschaft Zoller ser verherrt, und starb an Erben anno Domini MCCCXV. Kal.Nov. Irmengart sein Gemahel ain Tochter Graf Albrechts von Hohenberg in Schwaben, peret nit Kinder.«[15]

»Ulrich, graff zu Wirtemberg, ein sun graff Eberharts des Durchleichtigen und frauw Irmelgart, marckgrafin zu Baden, hatt nach erlangten seinen manbarn jaren zu gemacheln genomen frau Irmlen, die was ein thochter graff Albrechts des jüngern von Hochenberg, hatt mit ier gezuiget Ulrich und Eberhartt, den Greiner, darnach in seinen jungen tagen, zehen jar vor seinem vatter, gestorben anno 1315, den 1. novembris, zu Stutgarten begraben. Sein gemachel ligt zu Echingen am Necker in der stifftskirch begraben, weiters hab ich von inen baiden nicht finden mögen, dann daß durch obgemelten sein heirat ein guter thail des Schwartzwaldts, als namlich Wildperg, Nagoldt, Haiterbach und anders mer an die herrn zu Wirtemberg komen sei.«[16]

»Schier zu End des 1315. jahrs ist graff Eberharden dem Erleuchten, sein älterer sohn graff Vlrich VII. den 1. Novembris gestorben, vnd anfänglichs zu Beütelspach, von dannen aber 1321. mit seinem Herrn Vattern vnd seiner Fraw Mutter, nach Stuttgardt geführt, vnd daselbsten im Chor begraben worden. Sein Gemahl ist gewesen Fraw Irmelgard, graff Albrechts von Hoheberg tochter, die ihm etliche Kinder, Söhn vnd Töchter gebohren, welche doch mehrerntheiles in ihrer kindischen Jugend gestorben, oder ist doch von ihnen nichts aufgezaichnet worden, allein 1. Sohn, der auch graff Vlrich gehaißen.«[17]

»Obgedachter Graf Ulrich mit dem Daumen, hat erzeugt Ulrich den 6. genandt, und Graf Eberharden den Durchleuchtigen, jener hatte zur Gemahlin Frau Irmengard, Alberti deß III. Grafen zu Hohenberg, und Margarethae, Gräfin zu Fürstenberg Tochter, eine Schwester Annae, Kaysers Rudolphi I. Gemahlin, mit deren er eine Tochter Agnes erzeugt, so Anno 1331. mit Eberharden, Grafen zu Werdenberg, Anno 1357. mit Ulrichen Grafen zu Helffenstein, und Anno 1366. mit Conraden, Grafen zu Schlüsselberg sich vermählet, hinderlassen. Er Graf Ulrich ist gestorben Anno 1315. den 1. Novemb. seine Gemahlin aber solle zu Ehingen begraben ligen, ingleichem auch, erzeugte er von ihr Ulricum, den Höfinger genandt, so erstlich Chorherr und Probst in St. Guidons Stifft zu Speyer, folgends Anno 1332. den 1. Septemb. zu Sindelfingen, erwählet worden, und das zerstörte Schloß Würtemberg, wie auch das alte Schloß zu Stuttgart erbaut, starb Anno 1348. den 9. Martij, im hohen Alter, und ligt zu Sindelfingen begraben.«[18]

»So lang der Herr hie zeitlich glebt,
Nach ewigem hat er nur gestrebt.
Arme waren befohlen Ihm,
Erhört und gwehrt ihr weinend Stimm.«[19]

»prince de la plus grande espérance, qui meurt à la fleur de son âge en 1315«[20]

Anmerkungen

1 WUB 11, 244 Nr 5278: Urkunde vom 18. Mai 1299: Albrecht III. von Hohenberg, Sohn des verstorbenen Albrechts II. † 1298, spricht von »graven Eberhart von Wirtemberch und sinem sun Ulrichen unserem swager«.

2 WUB 11, 366–369 Nr 5428: Urkunde vom 1. Februar 1300: »nos Eberhardus comes de Wirtemberg sive dominus et Ulricus filius noster« (Gf Eberhard I. † 1325 u. Gf Ulrich † 1315). WUB 11, 404f Nr 5482f: Urkunden vom 26. Mai 1300: »Wir grave Eberhart von Wirtenberg und wir grave Ulrich sin sun« (s. o.) Esslinger UB 1, 153–156 Nr 348: Urkunde vom 1. August 1302: »grave Eberhart von Wirtenberg und grave Ulrich sin sun«. A 602 U 11 625 (= Gründer Teck 112): Urkunde vom 13. Januar 1305: Graf Simon und Konrad von Teck versetzen die Stadt Rosenfeld und weitere teckische Besitzungen an die Gebrüder Ulrich und Ulrich von Württemberg (Ulrich † 1315 u. Ulrich † 1344). Esslinger UB 1, 216–219 Nr 464f: Urkunden vom 20. Dezember 1316: »Wir grave Eberhard von Wirtenberg, grave Ulrich sin sun unde grave Ulrich des vorgenanten graven Eberharts sunes sun« (Gf Eberhard I. † 1325 u. Gf Ulrich † 1344 u. Gf Ulrich † n. 1320/1335, S. v. Gf Ulrich † 1315). Als Sohn Gf Eberhards I. des Erlauchten wird Gf Ulrich † 1315 genannt bei: A. Rüttel d. Ä. J1 48a, 98v; O. Gabelkover Cod. hist. 2° 586, 138r u. 155v u. 170v u. 197r; Pregitzer 1, 8; Steinhofer 1, 51; Sattler Gf 1, 21 u. 42 u. 77; Tiedemann 9; Essich Stammtafel; Uebelen Eberhard 26; Pahl 1, 110; Pfaff Ursprung 43 u. Tf 1; Stälin 3, 50 u. 713; Pfaff Wirtemberg 2, 60; Behr 169; Voigtel-Cohn 91; P. Stälin 717 u. WVJH 1879, II, 23f; Giefel Nr 22; Krüger 335 u. Tf 8; Schön Nr 18; Isenburg 1, 75; Freytag 1, 75; Decker-Hauff Stuttgart 224; Schwennicke 1, 122; Decker-Hauff Münsingen 35. Infolge einer Verwechslung mit Gf Ulrich † 1279 wird Gf Ulrich † 1315 als Sohn Gf Ulrichs I. des Stifters † 1265 genannt bei: Suntheim 592 u. 595; Tubingius 248 (»filius fundatoris Eberhardi in Bittelspach« – »Qui Eberhardus comes obiit anno Domini M.CC.LXV.« – gemeint ist Gf Ulrich I. der Stifter † 1265); A. Rüttel d. Ä. J1 1b, 1r u. J1 23, 11 (wobei Rüttel jedoch zugleich neben Gf Ulrichs I. † 1265 angeblichem Sohn Ulrich † 1315, vermählt mit Irmengard von Hohenberg, noch einen Sohn Gf Eberhards I. namens Ulrich ohne Todesjahr, vermählt mit einer Tochter N. Graf Albrechts von Hohenberg, anführt); A. Rüttel d. J. A 525 Bü 3, 63v u. 98v; Wolleber Cod. hist. 2° 934, 127r; Crusius 1, 690; Schmid 8; Heimführung 10; Lohmeier 52; Imhof 56; Pregitzer d. Ä. J1 35, 566v; Hübner 200. Decker-Hauff Festschrift Württemberg 78: »Ob Ulrich wirklich leiblicher Sohn Eberhards des Erlauchten war (was große zeitliche Schwierigkeiten schafft) und nicht doch ein Sohn des (angeblich) kinderlosen Grafen Ulrich († 1279) und damit Zieh-Sohn Eberhards (was zeitlich viel besser anzusetzen ist), bleibt vorerst offen.«; vgl. Gfn Mechthild † v. 1316 Anm. 4.

3 Gf Ulrich † 1315 muß vom Alter her der ersten Ehe Eberhards des Erlauchten entstammen; vgl. auch Gfn Margarethe † v. 1296 Anm. 10.

4 Gf Eberhard I. † 1325 war zum Zeitpunkt der Erbauseinandersetzung mit seiner Halbschwester Gfn Agnes † 1305 noch ohne Sohn: WUB 9, 21f Nr 3441: Urkunde König Rudolfs von Anfang Mai 1285: »kumet iz aber also, daz grave Eberhart einen sun gewinnet«. Als Geburtsdaten für Gf Ulrich † 1315 werden genannt: Um 1285: Pfaff Ursprung 43. 1285/86: Krüger 339 u. Tf 8. Zwischen 1285 und 1289: Krüger 335. Sonstige Quellen ohne Angaben zum Geburtsjahr.

5 Ulrichs Gemahlin führt in der älteren Literatur sowie in den Stammtafeln des 20. Jahrhunderts infolge einer Verwechslung mit Gfn Irmengard † 1329 (vermählt mit Rudolf I. von Hohenberg) den Namen Irmengard; ihr richtiger Name Mechthild konnte erst von P. Stälin (WVJH 1879, II, 24) nachgewiesen werden.

6 O. Gabelkover Cod. hist. 2° 586, 197r (Anm. 17). Gf Ulrich † n. 1320/1335 führt in seinem Siegel von 1321 den Wappenschild seiner Mutter Hohenberg, ebenso seine Schwester Gfn Agnes † 1373 auf ihrem Grabmal in Blaubeuren. Diese beiden Kinder werden genannt bei: Sattler Gf I, 77; Stälin 3, 713; Behr 169; Voigtel-Cohn 91; P. Stälin 717; Giefel Nr 22 u. 27f; Krüger Tf 8; Schön Nr 18 u. 23f; Isenburg I, 75; Freytag I, 75; Decker-Hauff Stuttgart 224 (dort nur Söhne aufgeführt); Schwennicke I, 122. Gfn Agnes † 1373 und Ulrich, genannt der Höfinger, Propst zu Speyer und Sindelfingen † 1348, als Kinder Gf Ulrichs † 1315 werden genannt bei: Heimführung 10; Hübner 200; Pfaff Ursprung Tf 1. Dieser Propst Ulrich † 1348 als einziges Kind Gf Ulrichs † 1315 wird genannt bei: Lohmeier 52; Imhof 56. Kinderlos verstorben soll Gf Ulrich † 1315 sein bei: Suntheim 592 (Anm. 15) u. 595 (»sine liberis decessit«; uxor »non peperit proles«); Pregitzer I, 8 (der I, 6 den Propst Ulrich † 1348 Gf Ulrichs I. † 1265 Sohn Gf Ulrich † 1279 und dessen angeblicher Gemahlin Irmengard von Hohenberg zuschreibt). Zu diesem Propst Ulrich † 1348 sowie zu einem Grafen Ulrich, der in Ulm im Wengenkloster begraben sein soll, vgl. Gf Eberhard I. † 1325 Anm. 19 u. Gf Ulrich † n. 1320/1335 Anm. 9.

7 Den 1. November 1315 als Todestag nennen: Annales Stuttgartienses 7 (Anm. 14); Epitaph (Anm. 11); Suntheim 592 u. 595; Tubingius 248; Standbild (Anm. 13); Eber 438; Crusius I, 887; O. Gabelkover Cod. hist. 2° 586, 197r (Anm. 17); Hengher 146r; Nockher 223v; Heimführung 10; Pregitzer I, 8; Mohl 170r; Steinhofer I, 51 u. 2, 233; Stälin 3, 713; Behr 169; Voigtel-Cohn 91; P. Stälin 717; Maisch Stammtafel; Giefel Nr 22; Krüger Tf 8; Schneider Stammbaum; Schön Nr 18; Isenburg I, 75; Freytag I, 75; Schwennicke I, 122. Das Todesjahr 1315 nennen: Wolleber Cod. hist. 2° 934, 127r; Lohmeier 52; Imhof 56; Hübner 200; Sattler Gf I, 77 (»End des Jahrs«); Tiedemann 9; Viton 22 (Anm. 20); Schmid Hohenberg 116; Grossmann Hohenzollern 106 Nr 808; Decker-Hauff Stuttgart 224, Uhland Festschrift 398. Das Jahr 1335 als Todesjahr nennt: Pregitzer d. Ä. J1 35, 566v (der einen Sohn Gf Ulrichs I. † 1265 namens Ulrich mit Todesjahr 1315 und Gattin Irmengard von Hohenberg anführt sowie einen Sohn Gf Eberhards I. 1325 namens Ulrich mit Gattin Irmengard von Hohenberg, wobei zu dessen angeblichem Todesjahr 1335 der Zusatz steht: Gabelkover sagt: † 1315); vgl. zu diesem Todesjahr Gf Ulrich † n. 1320/1335 Anm. 9. Die Übersetzung von Tubingius 248 nennt als Sterbeort Beutelsbach, die Angabe Beutelsbach bezieht sich jedoch im Originaltext auf den angeblichen Gründer des Stifts (s. Anm. 2).

8 Ulrichs Tod fällt in die Zeit der Wiedereroberung der Grafschaft Württemberg durch dessen Vater Eberhard den Erlauchten. Möglicherweise ist der nicht eben alt gewordene Ulrich dabei im Kampf gefallen oder an den Folgen einer im Gefecht erlittenen Verwundung verstorben. Diese Vermutung kann nicht gänzlich entkräftet werden mit dem Hinweis, daß ein derartiger Heldentod des Grafensohnes sicherlich überliefert worden wäre, da sich die Quellen über die Wiedergewinnung des Landes ausschweigen. Im Zusammenhang mit den Untersuchungen und Überlegungen von Reinhold Rau zur Verlegung von Stift und Erbbegräbnis Beutelsbach nach Stuttgart (vgl. Gf Ulrich I. † 1265 Anm. 16) kann der Tod des kaum dreißigjährigen Sohnes – gleichgültig, ob er nun durch niedere oder höhere Gewalt erfolgte – für Eberhard den Erlauchten der bisher übersehene letzte und eigentliche Anlaß gewesen sein, das

Problem der stets gefährdeten, ungesicherten Grablege Beutelsbach durch eine Verlegung hinter Stuttgarts sichere Mauern endgültig zu lösen. In der Annahme der Verlegung des Stifts nach Stuttgart im Jahre 1321 wird Beutelsbach als ursprüngliche Begräbnisstätte Gf Ulrichs †1315 genannt bei: O. Gabelkover Cod. hist. 2° 586, 197r (der Ulrich 1321 mit seinem damals noch gar nicht verstorbenen Vater von Beutelsbach nach Stuttgart überführt worden sein läßt; vgl. Anm. 17); Eber 438; Schmid 25; Pregitzer 1, 8; Mohl 170r; Steinhofer 1, 51; Sattler Gf 1, 77; Tiedemann 9. Stuttgart als Begräbnisort wird genannt bei: Suntheim 595; Wolleber Cod. hist. 2° 934, 127r; Crusius 1, 887; Hengher 146r; Nockher 223v; Schön Nr 18.

9 Nach den Angaben der Stuttgarter Annalen (Anm. 14) muß Gf Ulrich †1315 ein steinernes Grabmal in der Stiftskirche gehabt haben, das Suntheim (592 u. 595) um 1500 vermutlich noch gesehen und ausgewertet hat. Diese Grabplatte muß jedoch in der Folgezeit entweder entfernt oder bis zur Unkenntlichkeit abgetreten worden sein, so daß Andreas Rüttel d. J. bei seiner Bestandsaufnahme der Stuttgarter Grabmale 1566 für eine von Herzog Christoph vorgesehene Restaurierung den Grabstein Gf Ulrichs †1315 weder aufzeichnen kann (HB XV 77) noch die Stelle bekannt ist, wo dieser gelegen hatte (A 525 Bü 3, 63v u. 98v): »Desgleichen mag niemands wissen, an welchen orthen Graf Vlrich von Württemberg des Stiffters Sohn, vnd erstgedachten Grav Eberhardts bruder mit seinem Gemahel, Grav Albrechts von Hohenberg Tochter nach tödlichem Abgang Anno 1315 begraben sey worden, also das seinethalben nichts dan ein Tafel an der Wand mit nachgehender Schrifft gelesen würdt: (Folgt Inschrift Anm. 11)«; zitiert nach Schmid Cod. hist. 8° 18, 8.

10 Vgl. Gf Heinrich †1519 Anm. 17.

11 Schmid Cod. hist. 8° 18, 36.

12 Vgl. Gf Heinrich †1519 Anm. 19.

13 Zitiert nach dem Original in Stuttgart.

14 Annales Stuttgartienses 7.

15 Suntheim 592 (wo versehentlich nach »Fraw Agnesen« das Wort »Sohn« ausgelassen wurde; vgl. Suntheim 595 bei Gfn Mechthild †v. 1316 Anm. 11.

16 Küng 69; zu den Irrtümern vgl. Anm. 18.

17 O. Gabelkover Cod. hist. 2° 586, 197r.

18 Heimführung 10 mit zahlreichen Irrtümern: Gf Ulrich †1315 ist nicht Sohn, sondern Enkel Gf Ulrichs I. †1265; nicht Bruder, sondern Sohn Gf Eberhards I. †1325. Ulrichs Gattin ist nicht Irmengard, sondern Mechthild von Hohenberg; nicht Schwester, sondern Nichte von König Rudolfs Gattin Gertrud-Anna. Ulrichs Tochter Gfn Agnes †1373, in erster Ehe mit Ulrich von Helfenstein †1326, in zweiter Ehe mit Konrad von Schlüsselberg †1347 vermählt, ist nicht identisch mit Gfn Agnes †v. 1350, vermählt mit Heinrich von Werdenberg †1332/34, der Tochter Gf Eberhards I. †1325 und Schwester Gf Ulrichs †1315. In (Rottenburg-)Ehingen liegt nicht Ulrichs Gattin, sondern Schwester Gfn Irmengard †1329 begraben. Zu dem angeblichen Sohn Propst Ulrich †1348 vgl. Gf Eberhard I. †1325 Anm. 19.

19 Christoph Bidembach bei Steinhofer 2, 233.

20 Viton 22.

Mechthild

†v. 1316

Gräfin von Württemberg

T. v. Graf Albrecht II. von Hohenberg[1]
u. v. Gräfin Margarethe von Fürstenberg[2]

Geboren nach Frühjahr 1283[3]
in

Eheabrede nach dem 6. Dezember 1291 in Markgröningen
Vermählung am 18. Dezember 1291 in Rottenburg am Neckar[4]
mit Graf Ulrich von Württemberg †1315
Dispens Papst Bonifatius VIII. vom 19. Mai 1303 Anagni[5]

Mutter eines Sohnes und einer Tochter[6]

Gestorben an einem 26. April[7] vor 1316[8]
in

Grabstätte unbekannt
vielleicht Stiftskirche Stuttgart[9]

Dominus Vdalricus de Wirtenberg »habuit uxorem natam de Hohenberg, cum qua genuit liberos; haec obiit ante obitum domini«[10]

»Anno Domini MCCC. quindecimo Kls. Nov. obiit generosus Dominus Comes de Wirtemberg filius Udalrici Comitis de Wirtemberg et Agnetis de Slesia frater Eberhardi senioris, qui Greyner dictus fuit, sine liberis decessit, cujus anima requiescat in pace.
Irmingardis ejus uxor filia Alberti Comitis de Hohenberg in Suevia non peperit proles, et celebraverunt nuptias in oppido Rotenburg super Neckaro anno Domini millesimo ducentesimo nonagesimo secundo, antea anno MCCLXXXIII. terram Zolren vastavit, in Stuetgardia cum marito sepulta.«[11]

Anmerkungen

Mechthild führt in der älteren Literatur und wiederum in den Stammtafeln des 20. Jahrhunderts irrigerweise den Namen Irmengard. Diese Angabe beruht auf einer Verwechslung mit Mechthilds Zeitgenossen Gfn Irmengard †n. 1320 (Gemahlin Gf Eberhards I. †1325) und Gfn Irmengard †1329 (Tochter Gf Eberhards I. †1325 u. Gemahlin Rudolfs I. von Hohenberg), die erstmals bei Suntheim 592 u. 595 (Anm. 11), später bei A. Rüttel d. Ä. J1 48a, 98 und in einem Nachtrag bei Tubingius 248 auftritt. Die in den Annales Stuttgartienses (Anm. 10) noch namenlose Gräfin von Hohenberg, Gattin Gf Ulrichs †1315, konnte erst nach Veröffentlichung des päpstlichen Dispenses von 1303 (Anm. 5) durch Stälin von dessen Sohn P. Stälin (WVJH 1879, II. 24) mit dem richtigen Namen Mechthild versehen werden.
Als Mechthild genannt bei: P. Stälin 717; Maisch Stammtafel; Giefel Nr 22; Krüger 335 u. Tf 8; Schneider Stammbaum; Grossmann Hohenzollern 106 u. 324–326; Schön Nr 18; Decker-Hauff Stuttgart 224.
Als Irmengard genannt bei: Suntheim 592 u. 595; A. Rüttel d. Ä. J1 48a, 98; A. Rüttel d. J. J1 283, 25; Wolleber Cod. hist. 2° 934, 127r; J. Frischlin Cod. hist. 2° 73, 38r; O. Gabelkover Cod. hist. 2° 586, 155v u. 158r u. 253v; Schmid Cod. hist. 8° 18, 25r; Heimführung 10; Lohmeier 52; Imhof 56; Pregitzer 1, 8; Sattler Gf 1, 21 u. 42 u. 77; Pahl 1, 110; Stälin 3, 669 u. 713; Pfaff Wirtemberg 2, 60; Behr 169; Voigtel-Cohn 91 – und danach trotz P. Stälins Entdeckung des Namens Mechthild – Isenburg 1, 75; Freytag 1, 75; Schwennicke 1, 122 u. 145.

1 »Methildi nate dilecti filii nobilis viri Alberti comitis de Hohenberg« (Dispens von 1303; Anm. 5). »Mahtildis filia Alberti comitis de Hohenberg« (Weissenauer Nekrolog; Anm. 7). Albrecht II. von Hohenberg †1298, genannt der Minnesänger, Bruder von König Rudolfs Gemahlin Gertrud-Anna, wird in sämtlichen Quellen als Vater Mechthilds (Irmengards) genannt, ausgenommen bei: A. Rüttel d. Ä. J1 1b, 1r und 23, 11 (wo einem als Sohn Gf Ulrichs I. †1265 genannten Ulrich mit Todesjahr 1315 Irmengard – »filia Burcardi« – zur Frau gegeben wird); Pregitzer 1, 6 (wo Gf Ulrichs I. †1265 Sohn Gf Ulrich II. †1279 Irmengard, Tochter Burkhards von Hohenberg, zur Frau hat); Hübner 200 (wo einem als Sohn Gf Ulrichs I. †1265 genannten Ulrich mit Todesjahr 1315 Irmengard, »Grafen Burchardi III. zu Hohenberg Tochter«, als Gemahlin zugeschrieben wird). Zu den Grafen von Hohenberg: Stälin 3, 666–672; Ludwig Schmid, Geschichte der Grafen von Zollern-Hohenberg und ihrer Grafschaft, Stuttgart 1862; ders., Monumenta Hohenbergica. Urkundenbuch zur Geschichte der Grafen von Zollern-Hohenberg und ihrer Grafschaft, Stuttgart 1862; Grossmann Hohenzollern 105–111 u. 317–340; Friedrich Gand, Maria-Reuthin. Dominikanerinnenkloster und Hohenberger Grablege, Göppingen 1973; Hansmartin Decker-Hauff, Die Genealogia Reuthinensis. Neue Quellen zur Geschichte des Hauses Zollern-Hohenberg in: Zeitschrift für Hohenzollerische Geschichte 96 (NF 9) 1973, 103–139. Stammtafeln Hohenberg bei: A. Rüttel d. J. u. F. Rüttel J1 283; Stälin 3, 669 und 672; Schmid Hohenberg Tf 1f; Grossmann Hohenzollern 105–111; Schwennicke 1, 145; Decker-Hauff (s. o.).

2 Albrecht II. von Hohenberg war den in Anm. 1 genannten Stammtafeln zufolge dreimal vermählt: I. N. N.; II. Margarethe von Fürstenberg urk. 1281–1295; III. Ursula von Oettingen †1308. Decker-Hauff Wirtemberg, der den Gatten Mechthilds als bisher unbekannten Sohn Ulrich des Grafen Ulrich †1279 ansieht, gibt eine einer Verbindung Geroldseck mit Strätlingen-Spiez entstammende Mutter Mechthilds und damit als erste Gattin Albrechts II. von Hohenberg an; vgl. Anm. 4 und Gf

Ulrich II. † 1279 Anm. 7. Als Tochter der Margarethe von Fürstenberg wird Mechthild genannt bei: Heimführung 10; Pregitzer 1, 6; Stälin 3, 669; Schmid Hohenberg 117 (»ohne Zweifel aber aus der zweiten Ehe entsprossen«); Grossmann Hohenzollern 370; Schön Nr 18; Freytag 1, 145; Schwennicke 1, 145. Im Hinblick auf das Alter von Mechthilds Gemahl Gf Ulrich † 1315 muß von Margarethe von Fürstenberg als deren Mutter ausgegangen werden; vgl. Anm. 4 und Gf Ulrich † 1315 Anm. 4.

3 Vermählung Albrechts II. von Hohenberg mit Margarethe von Fürstenberg am 19. Juli 1282: Annales Sindelfingenses: »MCCLXXXII comes Albertus nuptias suas celebravit in Onfridingen XIIII Kalendas Augusti«. Als Geburtsdaten für Mechthild werden genannt: 1283/88: Krüger Tf 8. 1283/89: Krüger 335 u. 339. Sonstige Quellen ohne Angaben zum Geburtsjahr.

4 Die als gleichzeitig geltenden, seit 1273 von Konrad von Wurmlingen † 1295 verfaßten Annales Sindelfingenses berichten zum Jahr 1291 von einem Mitte August von einem Grafen Ulrich von Württemberg vom Zaune gebrochenen Krieg gegen die Grafschaft Hohenberg, in dessen Verlauf der Graf von Hohenberg im Gegenzug in der Zeit bis zum 1. September genannten Jahres die württembergischen Burgen in Waiblingen, Berg und Endersbach zerstörte. Anschließend berichten die Sindelfinger Annalen von einer Vermählung zwischen den Kindern Graf Albrechts von Hohenberg und Graf Ulrichs von Württemberg, wobei in Markgröningen kurz nach dem 6. Dezember genannten Jahres die Heirat beschlossen und am 18. Dezember 1291 in Rottenburg feierlich begangen wurde. 1291: »Bellum inter comites Wirtenberg et Hohenberg. Anno domini MCCLXXXXI post assumptionem comes Ulricus de Würtenberg cum multis comitibus et cum magno exercitu equitum et peditum, dominari cepit ascendo Bircviler versus Rotinburch et Hagirloe civitates, et villas et vineas omnes circa vias igne de novo devastavit. Et castrum dictum Odinburc prope Tuwingen reedificavit comes Gotfridus de Tuwingen et comes Eberhardus. Haec facta sunt usque Bartholomei. Reversus vero isto tempore comes et sui versus Wirtenberch, castra in Wabelingen, in Berg, in Andrespach destruxit. Haec omnia facta sunt a festo assumptionis usque Egidij confessoris. Item post Nicolai comes Albertus et comes Ulricus de Wirtemberch pueros eorum (Variante: liberos suos) copulaverunt in civitate Groningen et nuptias predictorum puerorum XV. Kalendas Januarij in civitate Rotenburch prope Tuwingen solenniter celebraverunt multis presentibus.« Stälin 3, 74 f deutet den in den Sindelfinger Annalen Ulrich benannten württembergischen Angreifer wohl mit Recht als Graf Eberhard I. den Erlauchten, der nach dem Tode König Rudolfs von Habsburg († 15. Juli 1291 Speyer) gegen dessen Schwager und Vertrauten, Albrecht II. von Hohenberg, einen Krieg beginnt, um das Interregnum zur Begleichung alter Rechnungen aus dem Jahre 1287 auszunützen, wobei jedoch die im Gegenzug zum württembergischen Einfall in die Grafschaft Hohenberg erfolgte Zerstörung dreier bedeutender Burgen im Herzen der Grafschaft Württemberg nicht im Sinne und in der Erwartung des Angreifers gelegen haben mochte. Es kommt zum Waffenstillstand, der durch eine Heirat zwischen den Häusern Württemberg und Hohenberg besiegelt wird. Angreifer und Angegriffener vermählen Mitglieder der nächsten Generation miteinander, jedoch sind den Angaben des Annalisten weder Name noch Anzahl und jeweiliges Geschlecht der Vermählten zu entnehmen, eine Doppel- oder Kreuzheirat kann weder bewiesen noch bestritten werden. Merkwürdig bleibt indessen, daß der zeitgenössische Sindelfinger Geschichtsschreiber den württembergischen Aggressor und

Brautvater des Jahres 1291 Ulrich und nicht Eberhard (den Erlauchten) nennt. Daß aber mit diesem Ulrich, wie seit Stälin 3, 74f allgemein angenommen wird, nur der kriegslüsterne Eberhard der Erlauchte †1325 gemeint sein kann, ergibt sich aus folgenden Überlegungen: Der Krieg mit Hohenberg trägt von Termin und Taktik her die Handschrift Eberhards des Erlauchten. Der päpstliche Dispens von 1303 (Anm. 5) spricht ausdrücklich davon, daß die Eheschließung stattgefunden hatte: »ad sopienda odia, discordias, rancores et guerras, que erant inter utriusque uestrum parentes, consanguineos et amicos«, außer Gf Eberhard †1325 hat niemand im Hause Württemberg Krieg mit Hohenberg geführt. Der Sindelfinger Annalist hätte dann seit 1287 bis zu seinem Tode 1295 den zu den aktivsten und auffälligsten Erscheinungen im deutschen Südwesten zählenden Eberhard den Erlauchten nicht mehr, den urkundlich nicht nachweisbaren Ulrich hingegen mehrfach erwähnt, unter anderem 1292 bei der Zerstörung der Raubritterburg Körsch bei Deizisau im Frühjahr genannten Jahres, eine Tat, die ebenfalls nur Eberhard (genannt Ulrich) zugeschrieben werden kann (Stälin 3, 76). Ein Graf Ulrich von Württemberg tritt in der Zeit zwischen dem Tode Gf Ulrichs †1279 und der ersten Nennung Gf Ulrichs †1315 am 18. Mai 1299 urkundlich nicht in Erscheinung.

Ein etwaiger Sohn Gf Ulrichs II. †1279 mit Namen Ulrich (den Decker-Hauff Wirtemberg als Bräutigam des Jahres 1291 annimmt) wäre bei seinem, der Hochzeit vorangegangenen, Einfall in die Grafschaft Hohenberg höchstens zwanzig Jahre alt gewesen und sein Angriff wäre dann wohl kaum mit der Zerstörung wichtiger Burgen in der Grafschaft Eberhards des Erlauchten beantwortet worden. Sein beim Friedensschluß vermähltes Kind könnte allenfalls fünf Jahre alt gewesen sein; er selbst kommt ja nach den Angaben der Sindelfinger Annalen als Bräutigam nicht in Frage.

Da auch Gf Eberhards des Erlauchten Sohn Gf Ulrich †1315 zum Zeitpunkt der Heirat 1291 höchstens sieben Jahre alt gewesen sein kann, ist in jedem Fall an eine Kinderheirat zu denken, wobei das Beilager erst Jahre später, wahrscheinlich im Zusammenhang mit der Erteilung des päpstlichen Dispenses vollzogen wurde (vgl. Anm. 5): »matrimonium per uerba de presenti de facto adinuicem contraxistis, carnali inter uos postmodum copula subsecuta«. Uebelen Eberhard 26: »nicht mehr unglaublich, aber immer noch unbegreiflich, daß die Kirche einem Knaben von etwa 6 Jahren, und ein ebenso altes, oder etwas älteres oder jüngeres Mädchen durch ihr Sakrament der Ehe beinahe unauflöslich miteinander verknüpfen konnte«; vgl. zu der Eheschließung zwischen Gf Ulrich †1315 und Gfn Mechthild †v. 1316 auch: P. Stälin (WVJH 1879, II, 22–25); Krüger 335–339; Grossmann Hohenzollern 324–326; Annales Sindelfingenses 123 Anm. 213 (deren Herausgeber, Hermann Weisert – 1981 – den mehrfach genannten Ulrich von Württemberg als mit Eberhard dem Erlauchten identisch annimmt, S. 170). Den in den Sindelfinger Annalen genannten Termin im Dezember 1291 als Heiratstermin für Gf Ulrich †1315 und Gfn Mechthild (Irmengard) †v. 1316 nennen: Suntheim 595 (Anm. 11, Rottenburg im 1292. Jahr); A. Rüttel d. J. J1 283, 25r; O. Gabelkover Cod. hist. 2° 586, 155v; Sattler Gf 1, 25; Uebelen Eberhard 26 (Vollzug 1299; dies vermutlich im Hinblick auf die Urkunde vom 18. Mai 1299, vgl. Gf Ulrich †1315 Anm. 1); Stälin 3, 714-1; Schmid Hohenberg 113 u. 115; Behr 169; Voigtel-Cohn 91; P. Stälin (s. o.) u. 717 (mit ?); Giefel Nr 22 (Vollzug 1303); Grossmann Hohenzollern 106 u. 326; Schön Nr 18; Isenburg 1, 75; Freytag 1, 75; Schwennicke 1, 122 u. 145; Dekker-Hauff in Festschrift Württemberg 78. Heirat 1291/1303 bei: Uhland Festschrift

398. Heirat 1302 bei: Pfaff Ursprung 43; Krüger 355 u. Tf 8 (verlobt 1291, vermählt 1302). Heirat 1303 bei: Schneider Stammbaum.

5 Auszug bei: Stälin (WJbb 1859, II, 146); Krüger 335. Bonifatius VIII. erteilt nachträglich Ehedispens wegen Verwandtschaft im vierten Grad: »quia uero quarto consanguinitas gradu« (Verwandschaftstafel bei Krüger 339) für Mechthild, Tochter Albrechts von Hohenberg, und ihren Gatten Eberhard von Württemberg. Auch wenn Gf Ulrich †1315 nach Annales Stuttgartienses 7 auch zeitweise Eberhard genannt worden sein soll – urkundlich tritt er nur als Ulrich in Erscheinung –, so ist im Falle der päpstlichen Urkunde an einen Irrtum des Schreibers im fernen Anagni zu denken, zumal dort der Name von Ulrichs Vater Eberhard bekannter gewesen sein dürfte als der des Antragstellers, andererseits derartige Fehler bei der Kurie keine Ausnahmeerscheinungen sind; vgl. Gfn Agnes †1305 Anm. 1 u. 6.

6 Vgl. Gf Ulrich †1315 Anm. 6 u. 17.

7 MGH Necrologia Germaniae 1, 158: Necrologium Augiae Minoris zum 26. April: »Mahtildis filia Alberti comitis de Hohenberg«.

8 Mechthild starb nach Angaben der Annales Stuttgartienses 7 (Anm. 10) vor ihrem am 1. November 1315 verstorbenen Gatten Ulrich. Als letztmögliches Todesdatum kann im Hinblick auf den Weissenauer Nekrolog (Anm. 7) der 26. April 1315 angenommen werden. Als Sterbedaten für Mechthild werden genannt: Todestag 26. April vor 1316 bei: Giefel Nr 22. Vor 1316: Uhland Festschrift 398. Todestag 26. April vor 1315 bei: Grossmann Hohenzollern 106 u. 325; Schön Nr 18. Vor dem 1. November 1315: Behr 169; P. Stälin 717. Vor dem 26. April 1315: Isenburg 1, 75; Freytag 1, 75. Vor 1315: Schmid Hohenberg 116 u. Tf 2; Voigtel-Cohn 91; Schwennicke 1, 122 u. 145. Todesjahr 1311: Pregitzer 1, 6 (allerdings für Irmengard, Tochter Burkhards von Hohenberg und der Margarethe von Fürstenberg, als Gattin Gf Ulrichs II. †1279; während Pregitzer 1, 8 Irmengard, Tochter Albrechts von Hohenberg, als Gattin Gf Ulrichs †1315 ohne Todesjahr hat; während Heimführung 10, auf die sich Pregitzer beruft, Irmengard, Tochter Albrechts von Hohenberg, als Gattin Gf Ulrichs †1315 anführt, ebenfalls ohne Todesjahr). Sonstige Quellen ohne Angaben zum Todesjahr.

9 Da weder Ort noch Zeitpunkt des Todes von Mechthild bekannt sind und auch keine Angaben zum Aufenthaltsort des Ehepaares in der Zeit der Exilierung Eberhards des Erlauchten überliefert wurden, können über Mechthilds Begräbnisort nur Vermutungen geäußert werden. Merkwürdig ist, daß gerade der Weissenauer Nekrolog, der sonst kein Mitglied des Hauses Württemberg nennt, Mechthild aufführt. Ist es denkbar, daß sie dort beigesetzt wurde und später von ihren Kindern nach Stuttgart an die Seite ihres Gatten Ulrich gebracht wurde? Sollte Mechthild vor Herbst 1311, dem Zeitpunkt der Einnahme Beutelsbachs durch die Esslinger im Reichskrieg gegen Eberhard den Erlauchten, verstorben sein, so wurde sie zweifellos im Erbbegräbnis Beutelsbach beigesetzt und ihre Gebeine kamen 1316/20 mit der übrigen Familie nach Stuttgart. Suntheim 595 (Anm. 11) gibt an: »in Stuetgardia cum marito sepulta«. Sollte Suntheim noch ihr und ihres Gatten Grabmal gesehen haben, als er um die Wende zum 16. Jahrhundert zu genealogischen Studien in Stuttgart weilte? Etwa siebzig Jahre später ist von beider Grabmal keine Spur mehr zu finden; vgl. Gf Ulrich †1315 Anm. 9. Schmid Cod. hist. 8° 18, 8r nimmt ebenfalls Mechthilds Grab an der Seite ihres Gemahls in der Stuttgarter Stiftskirche an. Sonstige Quellen ohne Angaben zum Begräbnisort. Infolge einer Verwechslung mit Gfn Irmengard †1329 wird als Grabstätte für Mechthild (Irmengard) die St. Morizkirche in Rottenburg-Ehingen genannt bei: Küng 69; Wolleber Cod. hist. 2° 934, 127r; J. Frischlin Cod. hist. 2° 73, 38r; Heimführung 10 (vgl. Gf Ulrich †1315 Anm. 18).

10 Annales Stuttgartienses 10.

11 Suntheim 595. (Die Gf Ulrich †1315 zugeschriebene Verheerung der Grafschaft Zollern 1283 erfolgte durch Gf Eberhard I. †1325 im Jahr 1293; vgl. Annales Sindelfingenses; Stälin 3, 81f.)

Nachtrag:
Erich Schorp, Die Hohenberger und St. Moritz in: Jahresgabe des Sülchgauer Altertumsvereins, Rottenburg 1964, 10–15 mit Abb. des 1874 von Kloster Reutin nach Rottenburg verbrachten Grabsteins der am 13. November 1309 verstorbenen Gräfin Luitgard, einer geborenen Pfalzgräfin von Tübingen, Gattin Graf Burkhards IV. von Hohenberg. Der Stein zeigt über den Wappenschilden Hohenberg und Tübingen gleichrangig jenes Lilienkreuz, das ebenfalls auf dem einzigen in Beutelsbach verbliebenen Grabstein des Hauses Württemberg zu sehen ist, der neuerdings der lange vergessenen Gattin Graf Eberhards des Erlauchten zugeschrieben wird, vgl. Gfn Margarethe †v. 1296 Anm. 7–10. Schorp 15 zitiert die Behauptung A. Buhls in der Rottenburger Zeitung vom 31. Oktober 1934, wonach »die Hohenberger mit diesem Kreuzsymbol teilweise auch gesiegelt haben, wie mit einem Wappenzeichen.« Unter diesen Voraussetzungen könnte es sich bei dem Beutelsbacher Stein möglicherweise auch um den Grabstein der nahezu gleichzeitig mit Luitgard von Hohenberg verstorbenen Mechthild von Württemberg aus dem Hause Hohenberg handeln.

Ulrich III.

n. 1291 – 1344

Graf von Württemberg

Regent 1325–1344[1]

»Fortes fortuna juvat«[2]

S. v. Graf Eberhard I. dem Erlauchten von Württemberg[3]
u. v. Herzogin Margarethe von Lothringen[4]

Geboren nach 1291[5]
in

Vermählt vor 1324[6]
mit Gräfin Sophie von Pfirt † 1344

Vater von zwei Söhnen[7]
Eberhard † 1392
Ulrich † 1366

Gestorben am 11. Juli 1344[8]
im Elsaß[9]

»Eodem tempore comes de Wirtenberch inventus cum uxore cuiusdam nobilis in Alsacia miserabiliter est occisus occulte, prout communiter dicebatur. Alii dicebant naturali morte eum mortuum et inprovisa in quodam castro marchionum de Paden, familia sua peritus procurante et ignorante«[10]

Beigesetzt 1344
in Stuttgart im Chor der Stiftskirche[11]

Grabmal[12]
»ANNO. DOMINI. MCCC. XLIIII. V. IDUS. JULII. OBIIT. GENEROSUS. DOMINUS. ULRICUS. COMES. DE. WIRTTENBERG. CUIUS. ANIMA. REQUIESCAT. IN. PACE. AMEN. «[13]

Epitaph[14]
»Anno Domini M.CCC.XLIIII. V. Id. Julij obijt generosus dominus Ulricus, Comes de Wirttemberg, cuius anima requiescat in pace.«[15]

Standbild von Sem Schlör[16]
»ILLVSTRIS PRINCEPS ET DOMINVS VLRICVS/ COMES WIRTEMBERGENSIS. Θ./ XI.IVLII AN. MCCC.XLIIII.«[17]

»Anno Domini MCCCCIIII. V. Idus Julii obiit generosus Dominus Udalricus Comes de Wirtemberg filius Domini Eckhardi senioris Greiner dicti et Dominae Irmengardis Marchionissae de Baden ejus uxoris. Ille Udalricus post patrem suum fuit solus Dominus in Wirtemberg usque in decimum nonum annum, et obiit in translatione S. Benedicti Abbatis, anno ut supra. Hic reliquit duos filios Udalricum et Eberhardum.«[18]

»Anno 1344. den 11. Juli ist er Herr Graf Ulrich der IX. zu Würtemberg, in Gott seelig verschieden, ein kluger fridfertiger Herr, welcher nicht weniger als sein Herr Vatter Graf Eberhard der Durchleuchtige, das Land mit grossem Ruhm helffen erweitern.«[19]

»Ulricus IX. hält treulich bey Kayser Ludewig von Bayern, und befiehlet Pabsts Johannis XXIII. wider denselben ergangene Bann-Brieffe in seinem Lande nirgend zu erkennen noch anzuschlagen. Zur Vergeltung dessen er 1330. zum Kayserlichen Landvoigt in Schwaben und Elsaß ernennet. Bringet die Grafschafft Gröningen von Conrado Gr. zu Schlüsselburg wieder an sein Haus, und wird mit derselben, wie auch mit der Reichs Sturmfahnen belehnt 1336... Bekömmt von beyden Gebrüdern und Pfaltzgr. von Goezzone und Wilhelmo die Stadt Tübingen 1342. st. 1344.«[20]

»Ulrich X. oder V. der Jüngere. Regierender Graf zu Wirttemberg, gebohren ums Jahr 1298. Ein kluger und tapfferer Herr, und sehr löblicher Regent, der seine Lande wohl und friedlich regieret, und auch nicht wenig vermehrt, und zwar mit der Grafschafft Harburg, und Herrschafft Reichenweiher im Elsas, und Grafschafft Gröningen samt dem Sturm-Fahnen des H. R. Reichs, welche Reichs-Grafschafft zum 4.ten mal unter Ihm an das Hauß Wirttemberg gelangt, und forthin bey demselben erblich und eigen verblieben. Hiezu kam Stadt und Schloß Tübingen, Vayhingen, die Stadt Weil bey Kirchheim unter Teck, Grötzingen, Aichelberg, etc. Item die Schutz- und Schirms-Gerechtigkeit über das Closter Bebenhausen, wie auch die Pfandschafft beeder Reichs-Städte Donawerth und Weil. Nicht weniger bekam Er von Kayser Ludwigen aus Bayern, nebst des Reichs Sturm-Fahnen, auch die Land-Vogtey über Schwaben und Elsas, und dieses wegen vieler treu-geleisteten Dienste, sonderlich gegen Pabst Johannem XXIII. Dann als dieser Kayser Ludwigen offentlich in den Bann gethan, und allenthalben im Reich seine Bann-Brief und Excommunications-Bulle anschlagen liesse, auch alle Fürsten, Grafen und Stände des Reichs von dem Gehorsam gegen dem Kayser loßgesprochen, liesse Graf Ulrich solche Päbstliche Bann-Briefe in seinen Landen allenthalben abreissen, auch dieselbe zu Reuttlingen im Nahmen des Kaysers offentlich verruffen. Wie Er nun dardurch, und um anderer Meriten willen bey Kayser Ludwigen in grossen Gnaden gestanden, also war Er auch in und ausser dem Reich in nicht geringem Ansehen.«[21]

»Es starb dieser beliebte Herr Anno 1344. und verließ den Nachruhm eines klugen und löblichen Regenten.«[22]

»Kayser Ludwig aus Bayern wäre nicht Kayser geblieben, und seinen Feinden obgelegen, wann nicht seine getreue Landvögte, die Grafen von Wirtenberg, seine Hoheit mit Macht unterstützet, und alle schwäbische Städte in der Ergebenheit und Devotion für ihre Kayserliche Maiestät erhalten hätten. In dem Jahr 1344 schied Graf Ulrich von Wirtenberg aus dieser Zeitlichkeit, nachdem er sich durch sein löbliches Regiment, und erwiesene Treue gegen den Kayser, einen ewigen Ruhm erworben.«[23]

»Die bißherige Geschichte bezeuget genug, was er für ein vortreflicher Herr und Regent gewesen.«[24]

»Grav Ulrich war dem Kayser Ludwig sehr ergeben. Ganz Schwaben sahe auf ihn, weil er der mächtigste Herr in disen Landen war. Wäre er auf eine andere Seite getretten, so wäre auch ganz Schwaben von dem Kayser abgefallen, welches diser zu verhüten grosse Ursach hatte.«[25]

»Kriegen war nun dessen seine Sache nicht, aber sparen und zusammenkaufen und jede Gelegenheit benutzen, welche ihm der damals unter den Schwäbischen Grossen herrschende Geist der Verschwendung reichlich darbot.«[26]

»Der ritterliche Sinn des Vaters hatte sich nicht auf den Sohn fortgeerbt, wohl aber das durch wirthschaftliche Betriebsamkeit unterstützte Streben auf Erwerb und Vergrösserung, das er mit nicht minderm Glücke, als jener, übte.«[27]

»nicht so streitsüchtig wie sein Vater, aber nicht minder darauf bedacht, das Ansehen und die Macht seines Hauses zu erhalten und seine Besitzungen zu vergrößern«[28]

»Ulrich v., Eberhards Sohn und Nachfolger, obgleich weniger kühnen und trotzigen Muthes als der Vater, wußte doch das Ansehen und die Macht seines Hauses auch in den so unruhigen Zeiten des Kampfes zwischen Ludwig von Baiern und dem Papste zu erhalten. Darin ahmte er seinen Vater getreulich nach, daß er keine Gelegenheit, seine Besitzungen zu vergrößern, unbenutzt vorüber ließ.«[29]

»Weniger ungestüm als sein Vater Eberhard hatte Ulrich sich und seine Grafschaft weniger Fährlichkeiten ausgesetzt, als dieser, und blieb im Gegensatz zu dessen oftmaligen Empörungen gegen die verschiedensten Träger der Krone, nachdem durch K. Friedrichs Tod der Übertritt auf K. Ludwigs Seite zur Notwendigkeit geworden, bis an sein Ende eine Hauptstütze des letzteren. Bedeutendes Ansehen wußte auch dieser Graf sich zu verschaffen, so daß er z. B. bei vielen Bündnissen, welche damals abgeschlossen wurden, unter denjenigen Herren erscheint, welche durch die Parteien von der Befehdung ausgenommen wurden, und wenn er gleich in seiner kampferfüllten Zeit häufig zum Schwerte zu greifen Gelegenheit fand, kam doch auch die mildere und versönliche Seite seines Charakters zur Geltung.«[30]

»Glückte Ulrich auch nicht die Vergrößerung seines Landes in dem gleichen Umfange wie seinem Vater, so machte er sich doch als guter Haushalter durch manche Erwerbungen um dasselbe verdient.«[31]

»Die Regierung Graf Ulrichs III. fiel größtenteils in die Zeit, da das deutsche Königtum durch Begünstigung der Reichsstädte sich eine neue Stütze geschaffen hatte und da es ihm noch gelang, wohl deren Übermacht zurückzudämmen, als auch dieselben mit den Landesherren und dem Adel in ein gutes Verhältnis zu setzen. Demgemäß verlief auch jene Regierung ziemlich friedlich, obgleich der Graf Fehden nicht abhold war.«[32]

»Graf Ulrich III. tritt in der Geschichte seines Hauses wenig hervor. Für uns ist er insofern von Bedeutung, als er offenbar ein kluger Rechner und Mehrer des Reichtums des württembergischen Grafenhauses war. Er erweiterte nicht nur durch Kauf wertvoller Herrschaften den alten Besitz, sondern war auch in der Lage, selbst große Summen auszuleihen. Reiche Klöster baten um seine Schirmherrschaft; als kaiserlicher Landvogt in Schwaben dehnte er seinen Einfluß aus und erhöhte seine Einkünfte. Seinen Nutzen scheint er lebenslang auf der Seite Kaiser Ludwigs des Bayern gefunden zu haben, was in der damaligen Zeit immer wechselnder politischer Bindungen erstaunlich war. Fehden hat auch er freilich mit mehr oder weniger Erfolg genug ausgetragen.«[33]

»ständig in Kriegsdiensten und auf Fahrten«[34]

»besonnen und sparsam«[35]

»Ulrich III. war von anderer Art als der bis zum letzten Atemzug kriegerische, unbeugsame Eberhard. Nicht Unruhe und Fehden, sondern stetes Gleichmaß und schrittweiser Aufbau kennzeichnen seine Regierung. Wo der Vater alles gewagt, alles verspielt und zuletzt doch alles wieder gewonnen hatte, ging der Sohn kühl und besonnen zu Werke. Dem Land tat Ruhe vor allem not; die neugegründeten wie die alten Städte brauchten Erholung. Eine durch fast zwei Jahrzehnte ununterbrochen anhaltende Folge von Mißernten hatte zudem die wirtschaftliche Kraft des Landes geschwächt. Trotzdem setzte Ulrich III. die zielbewußte, zähe Erwerbspolitik des Hauses Wirtemberg fort. Während andere Grafen und Herren in Schwaben ihren Besitz langsam – und dann schneller und schneller – verkaufen mußten, war der sparsame und haushälterische Graf von Wirtemberg immer in der Lage, ein Dorf, eine Pfandschaft, eine Burg, einen Zehnt, einen Kirchensatz zu erwerben. Er verachtete selbst das kleinste Gut nicht und konnte trotzdem, bot sich Gelegenheit dazu, stets auch großes Gut erwerben. Wie ein kluger Kaufmann besaß er immer flüssige Mittel, hielt er stets noch ein Tauschobjekt im Hintergrund.«[36]

Anmerkungen

1 Zu Ulrich III. und seiner Regierung: O. Gabelkover Cod. hist. 2° 586, 234r–291r; Sattler Gf 1, 103–142; Spittler 21 f; Pahl 1, 126–137; Barth 52–54; Pfaff Wirtemberg 2, 61–72; Stälin 3, 169–227; P. Stälin 489–507; Schneider 28–30; Decker-Hauff Stuttgart 197–204.

2 J. Frischlin Cod. hist. 2° 73, 39v (für Gf Ulrich †1366 angegeben, gemeint ist Gf Ulrich †1344); Mohl 177. Die genannte Devise ist nicht historisch; sie wurde in Ermangelung einer solchen von Jacob Frischlin ersonnen.

3 Pregitzer 3, 2: Tabula progonologica zu 64 Ahnen. Küng 62 nennt ihn als Sohn Ulrichs I. des Stifters und dessen zweiter Gemahlin Agnes von Schlesien-Liegnitz; Mohl 170 bezeichnet ihn als Sohn von Gf Ulrich †1315; ebenso Viton 22.

4 Decker-Hauff Wirtemberg bezeichnet Ulrich III. als Sohn Eberhards des Erlauchten aus dessen Ehe mit Margarethe von Lothringen; vgl. Gfn Margarethe †v. 1296 Anm. 9. In den Stammtafeln wird seit Pregitzer 1, 8 u. 3, 2 als Mutter Ulrichs III. Irmengard von Baden angegeben.

5 Ulrichs III. Mutter Margarethe von Lothringen heiratete nach 1291 und starb vor 1296; vgl. Gfn Margarethe †v. 1296 Anm. 4f. Das Jahr 1298 als Geburtsjahr nennen: Montanus 131; Mohl 170; Pfaff Fürstenhaus 57. Um 1298: Pregitzer 1, 8; Steinhofer 1, 56. »Angeblich 1298«: Behr 169. August 1298: Schwennicke 1, 122. Um 1295: Essich Stammtafel. Circa 1292: Marquardt Stammtafel. Circa 1286/90: Krüger Tf 8. Um 1286: Uhland Festschrift 398. Um 1254: Küng 63 (Ulrich starb 1344 »als er ongevorlich ob 90 jarn gelept, dann er ist geborn, als das kaiserthum one ein kaiser stundt«); Eber 271; Wolleber Cod. hist. 2° 934, 132v; Crusius 1, 912. Ulrich III. erscheint erstmals in der Urkunde U 11 625 vom 13. Januar 1305; vgl. Gf Ulrich †1315 Anm. 2.

6 Vgl. Gfn Sophie †1344 Anm. 4.

7 Ulrich III. ist der Vater von Graf Eberhard II. dem Greiner †1392 und Graf Ulrich IV. †1366, etwaige weitere Kinder dürften in früher Jugend verstorben sein; vgl. Gfn Antonia †1405 Anm. 6. Trithemius 2, 194: »mortuus est... duos reliquens filios Udalricum et Eberhardum«; diese beiden Söhne als einzige Kinder Ulrichs III. nennen ebenfalls: Suntheim 592 und Heimführung 14 und Krüger Tf 8 und Decker-Hauff Stuttgart 224. Weitere Kinder Ulrichs III. nennen: O. Gabelkover Cod. hist. 2° 586, 227v: »hat Fraw Sophiam graff Diepolds von Pfürth Tochter zur Ehe gehabt, mit deren Er auch etlich Kinder, vnd sonderlich zween söhn Graff Eberharden den v. der hernach der Greiner genennet worden, vnd graf Vlrichen den x. auch neben denselbigen 3. Töchtern, die zu ihren Jahren vnd in die Ehe kommen erzeugt hat« (ohne nähere Angaben zu diesen Töchtern). Auf 230v nennt Gabelkover Agnes, vermählt mit Ulrich IX. von Helfenstein, nach dessen Tod mit Conrad von Schlüsselberg, als Tochter Ulrichs III. †1344, während er sie auf 217r als Tochter von dessen älterem Bruder Ulrich †1315 bezeichnet, wie es auch seine Richtigkeit hat (Gfn Agnes †1373). Gabelkover nennt in seiner Württembergischen Geschichte Cod. hist. 2° 586, 290v neben Gf Eberhard II. †1392 und Gf Ulrich †1366 noch eine Tochter Katharina aus der Ehe Gf Ulrichs III. †1344 mit Sophie von Pfirt: »welche (Anm.: Eberhard und Ulrich) er neben einer Tochter Catharina, Graf Vlrichs von Helffenstein des XI. ten Gemahlin, vnd vielleicht mehr Kindern, die eintweder in ihrer Kindheith, oder doch ohnverheurath vnd leediger weiß gestorben sind, von deren von Pfürth seiner Gemahlinn gezeugt hat«. Diese Katharina, vermählt mit Ulrich X. von Helfenstein, wird bereits von Andreas Rüttel d. Ä. J1 48a, 99r als Tochter Gf Ulrichs III. †1344 aufgeführt. Pregitzer 1, 8 übernimmt die Angabe Rüttels und Gabelkovers und versieht Katharina mit dem Sterbejahr 1360. Ihre Existenz und Ehe mit Helfenstein wird auch von Hübner 200 und Sattler Gf 1, 142 und Pfaff Wirtemberg 2, 68 als glaubhaft erachtet, während Pfaff Ursprung Tf 1 lediglich eine nicht näher bezeichnete Tochter Gf Ulrichs III. †1344 nennt. Heimführung 14 nennt diese Katharina als Tochter Gf Ulrichs IV. †1366 und seiner Gattin Katharina von Helfenstein †n. 1386, wobei sie »Anno 1369. mit Ulrico dem Jüngern, Grafen zu Helffenstein, Beylager gehalten« haben solle. Stälin 3, 713 und alle nachfolgenden Stammtafeln führen diese mit Helfenstein vermählte Katharina nicht mehr auf. In seiner Geschichte der Grafen von Helfenstein J1 48c, 181v hält Gabelkover Rüttels Angaben zu Katharina für eine Verwechslung: »Rüttel setzt im (Anm.: Ulrich von Helfenstein †1361, S. v. Ulrich †1326 u. Gfn Agnes von Württemberg †1373) noch ein gmahel fr. Catharina grävin zu Wirtenberg welche ich doch über vilfaltiges nachsuchen nicht finden hab könden vnd halt darfür er sey irr worden mit der frawen Catharina von Helffenstein, die graf Vlrichs von Wirtenberg gmahel gewesen.« Küng 63, der Ulrich III. als Sohn Ulrichs I. †1265 und dessen zweiter Gattin Agnes †1265 bezeichnet, gibt als Ulrichs III. einzigen Sohn an: »Sein gemachel ist gesein frauw Sophia, graff Teobaldts oder Diepoldts von Pfirtt tochter, mitt welcher er hatt gezuiget graff Ulrich den jüngern, welcher im 26. jar seines alters zu Ulm gestorben ist und daselbst in das Wengencloster begraben worden«; vgl. dazu Gf Ulrich †n. 1320/1335 Anm. 9. Wolleber Cod. hist. 2° 934, 132v nennt als Sohn Ulrichs III. noch einen Heinrich, der 1373 noch gelebt haben und mit einer Gräfin Sophie von Hohenberg vermählt gewesen sein soll; Lohmeier 52 läßt diesen Heinrich als Sohn Eberhards des Erlauchten und jüngeren Bruder Ulrichs III. im Jahre 1312 als Gatten der »Sophia Marggräfin von Hochberg ohne Leibes-Erben« sterben, eine Angabe, die Lohmeiers Bearbeiter Imhof 56 gänzlich fehlt. Hübner 200 hingegen führt als Söhne Ulrichs III. neben Eberhard dem Greiner noch einen Heinrich, vermählt mit Katharina von Helfenstein, und einen ohne Gemahlin verstorbenen Ulrich an, wobei er die beiden letzten Namen vermutlich im Druck verwechselt hat. Pregitzer 1, 8 nennt folgende Kinder Ulrichs III.: 1. Ulrich † um 1321 (tatsächlich der Sohn von Ulrichs III. Bruder Ulrich †1315); 2. Agnes, vermählt mit Helfenstein, dann Schlüsselberg (tatsächlich die Tochter von Ulrichs III. Bruder Ulrich †1315); 3. Eberhard der Greiner †1392; 4. Ulrich †1366; 5. Catharina †1360, vermählt mit Helfenstein (vgl. oben A. Rüttel d. Ä. und O. Gabelkover); 6. Margaretha, vermählt mit Adolph Graf zu Ravenstein (bei Heimführung 14 als

Tochter Gf Ulrichs IV. †1366 genannt, sonst nirgends nachgewiesen). Stälin 3, 713 und nach ihm: Voigtel-Cohn 91; P. Stälin 717; Giefel Nr 31; Schön Nr 27; Isenburg 1, 75 (mit ?); Freytag 1, 75 (mit ?); Schwennicke 1, 122; Uhland Festschrift 398 (Heirat Ulrichs III. 1312, Heirat seiner angeblichen Tochter Agnes 1313, Tod der Agnes 1317) nennen für Ulrich III. noch eine Tochter Agnes †v. 1319, vermählt mit Oettingen; ein Versehen, das bereits Behr 169 erkannt und berichtigt hat, vgl. Gfn Agnes †1317 Anm. 1. Als illegitimen Sohn Ulrichs III. nennt Decker-Hauff Stuttgart 224: Ulrich Wirtemberg, genannt von Stuttgart, Propst zu Boll (1369).

8 Den 11. Juli 1344 als Todestag nennen: Annales Stuttgartienses 8 – Tubingius 250: »anno Domini M.CCC.XXXXIIII in translatione sancti Benedicti obiit nobilis comes Udalricus a Wirtenberg«; Stuttgarter Stiftschronik 258: »starb an sant Benedicten tag den man nempt translatio nach Cristi gepurt als man zalt 1344 jare«; Lirer 66; Chronik Kaiser Könige Päpste 94; Suntheim 592: »starb anno Domini MCCCXLIIII. Jar v. Idus Julii«; Suntheim 596 nennt durch Druckfehler das Jahr MCCCCIIII., jedoch den Tag richtig: »v. Idus Julii in translatione S. Benedicti Abbatis«; Trithemius 2, 194: 1344 »11. die mensis Julij mortuus est«; Küng 63 nennt den 11. Juli 1344 als Tag der Beisetzung; Grabmal (Anm. 13); Epitaph (Anm. 15); Standbild (Anm. 17) Eber 271; Wolleber Cod. hist. 2° 934, 132v; Crusius 1, 912; Nockher 158r; Heller 37 (»andere wöllen den 11. Juni«); Heimführung 14; Lairitz 456; Pregitzer d. Ä. Cod. hist. 2° 426b, 1541; Steinhofer 1, 66 u. 2, 287; Sattler Gf 1, 141; Viton 30; St. Allais 4, 517; Pahl 1, 137; Zimmermann 1, 505; Pfaff Fürstenhaus 58; Pfaff Wirtemberg 2, 67; Stälin 3, 227 u. 713; Moll 281; Behr 169; Voigtel-Cohn 91; P. Stälin 504 u. 717; Hartmann Stuttgart 10; Maisch Stammtafel; Giefel Nr 26; Krüger Tf 8; Schneider Stammbaum; Schön Nr 22; Isenburg 1, 75; Freytag 1, 75; Schwennicke 1, 122. Den 17. Juli 1344 als Todestag nennt: Hermannus Minorita Anhang Cod. hist. 2° 269, 49v: »Anno dni. M.CCC.XLIIII. In die alexij obijt Vlricus comes de Wirtenberg«. Dazu Stälin 3, 714-n: »was unrichtig sein muß, da Kaiser Ludwig schon am 19. Juli von Regensburg aus den Grafen selig nennt.« Den 11. Juni 1344 als Todestag nennt: O. Gabelkover Cod. hist. 2° 586, 290v. Den 11. Juni oder 11. Juli 1344 nennen: Pregitzer 1, 8; Mohl 177. Das Todesjahr 1344 nennen: Lohmeier 52; Imhof 56; Montanus 131; Hübner 200; Spittler 22; Tiedemann 9; Tuefferd Montbéliard 218; Herrenschneider Horburg 145; Decker-Hauff Stuttgart 204 u. 224. Das Jahr 1340 als Todesjahr nennen: Schultz (Anm. 10) 1, 272; Jung (Anm. 10) 178. Das Jahr 1404 als Todesjahr nennt: Suntheim 596 (Anm. 18).

9 Zum Sterbeort Elsaß vgl. die Zitate in Anm. 10; Nockher 158r nennt als Sterbeort Stuttgart.

10 Zitiert nach MGH Scriptores rerum Germanicarum, nova series 1, Berlin 1922, 57: Chronica Heinrici surdi de Selbach, hg. von Harry Breslau (= Heinrich Rebdorf, Chronik) Zusatz: »Similis eventus mortis contigit Walramo archiepiscopo Coloniensi non multum post hoc tempus« (am 14. August 1349 in Paris). Anmerkung Breslau zu »procurante«: »so offenbar verderbt; non curante gäbe einen Sinn«; zur Todesart: »Diese Ursache seines Todes wird anderweit nicht erwähnt.« Kaiser- und Papstgeschichte von Heinrich dem Tauben (früher Heinrich von Rebdorf), übers. von Georg Grandaur = Geschichtsschreiber der deutschen Vorzeit 85, 46: (1344) »Um dieselbe Zeit wurde der Graf von Wirtenberg mit der Frau eines Edlen aus dem Elsaß betroffen und erbärmlich getödtet.« Ulrichs Todesursache in der Geschichtsschreibung: Annales Stuttgartienses 8 – Tubingius 250: »obiit«. Stuttgarter Stiftschronik 258: »starb«. Wolleber Cod. hist. 2° 934, 132v: »Im friden von diser

Welt Vrlaub genomen«; Cod. hist. 2° 953, 1067: »auß diser welt sein abschid genomen«. Heimführung 14: »in Gott seelig verschieden«. Pregitzer 1, 8: »gestorben«. Sattler Gf 1, 141 f: »Die Art seines Todes ist noch zweifelhaft. Wenn man aber der Nachricht eines Geschichtsschreibers glauben darf, so hat ein gewaltsamer Tod ihn aus diser Welt hinweg genommen. Diser meldet, daß ein Grav von Würtenberg in eben disem Jahr (1344) im Elsaß gewesen und sich in eines Edelmanns Ehegenoßin verliebet habe, in deren Genuß er elendiglich um das Leben gekommen seye (Heinr. Rebdorf ad ann. 1344. Eodem tempore comes de Wirtenberg inventus cum uxore cujusdam nobilis in Elsatia miserabiliter est occisus). Nur wäre noch die Frage, weil diser Grav nicht mit Namen benennet worden, ob es eben unser Grav Ulrich gewesen. Damals lebten nicht mehr, als vier Graven von Würtenberg, nemlich Grav Ulrich, welcher Probst zu St. Wyden zu Speyr ware, sodann der regierende Grav Ulrich und dessen beede Söhne Eberhard und Ulrich. Von disen beeden jungen Graven ist dise Mordgeschichte nicht zu verstehen, weil sie noch lang hernach gelebet haben. Mithin muß nothwendig einer von den ältern der unglückliche Liebhaber gewesen seyn. Von dem regierenden Graven Ulrich weißt man nicht, wo er gestorben. Wann man aber den Jahrgang allein bemerket, auf welchen der gedachte Geschichtschreiber dise Tragödie setzet, so müßte es nothwendig derselbe gewesen seyn, welchen die verbottene Liebe in das Unglück gebracht. Dann er berichtet die Geschichte unter dem Jahr 1344, in welchem unser Grav Ulrich das Zeitliche geseegnet. Gleichwohl hat es dessen ungeacht das Ansehen, daß Grav Ulrich, der Probst zu St. Wyden der unglückliche Liebhaber gewesen. Dann diser war seinem Beruf nach im Elsaß. Und ob er schon erst im Jahr 1348. das Zeitliche geseegnet, so meldet doch 1) der angezogene Geschichtschreiber nicht eben, daß der Mord in dem Jahr 1344. sondern nur, daß er um dise Zeit geschehen seye. Es ist aber bey den alten Historienschreibern nichts ungewöhnliches, daß sie sich eben nicht so genau an die Zeit gebunden, sondern, wann sie nicht gewiß gewußt, wann etwas sich zugetragen, nur die Nachricht hinterlassen, daß es um die Zeit (eodem tempore) sich ereignet habe. Wie dann 2) eben diser Geschichtschreiber vor Meldung diser Geschichte Sachen erzehlet, welche in den Jahren 1345. und 1348. geschehen seyn sollen und auch dise Jahre hingesetzet, hernach aber erst wieder auf das Jahr 1344. zuruck gegangen und ein anderes berichtet, welches würklich dahin gehöret. 3) Meldet er gleich auf das widrige Schicksal dises Graven von Wirtenberg, daß gar nicht lange hernach (non multum post hoc tempus) auch Walram, Erzbischoff von Cölln wegen unanständiger Liebe um das Leben gekommen. Er setzet es ebenfalls in das Jahr 1344. da doch bekannt ist, daß diser im Jahr 1349. das Leben geendet habe. Man kan solchemnach unsern regierenden Graven Ulrichen mit ziemlicher Wahrscheinlichkeit entschuldigen«.

Viton 29 f: »Un voyage que le comte Ulric fait en Alsace en 1344, lui devient fatal. Epris des charmes de la femme d'un gentilhomme, il donne un libre cours à sa passion et finit par le mari qui se précipite sur le prince et le tue«. St. Allais 4, 5517: »d'une manière funeste, ayant été tué en Alsace par un gentilhomme du pays, qui l'avait surpris avec sa femme«. Pahl 1, 137: »Er starb am 11. Juli des Jahres 1344, ohne daß die Geschichtsschreiber seiner Zeit uns eine Kunde von den näheren Umständen seines Todes und von dem Orte, wo derselbe erfolgt ist, hinterlassen hätten.« Zimmermann 1, 505: »Die Art und der Ort seines Todes sind auch zweifelhaft. Nur ein Geschichtschreiber meldet, daß in diesem Jahre einem Grafen von Würtemberg im Elsaß die Liebe zu der Gemahlin eines

Edeln einen gewaltsamen Tod zugezogen habe.« Stälin 3, 227: »am 11. Juli 1344 starb Graf Ulrich, unerwartet schnell im Elsaß, zu welcher Landschaft der Lebende so verschiedenartige Beziehungen gehabt hatte« – »1344 comes de Wirtenberg, inventus cum uxore cujusdam nobilis in Elsatia, miserabiliter est occisus. Heinrich Rebdorf bei Freher Script. 1, 625. (Daß Heinrich von Rebdorf unter dem comes den Grafen Ulrich versteht, erhellt daraus, daß er zum Jahr 1360, S. 645, die Grafen Eberhard und Ulrich bezeichnet als filios comitis de Wirtenberch, de quo supra sub Ludwico.) Uebrigens erwähnt sonst kein Schriftsteller diese Todesart«. Pfaff Wirtemberg 2, 67: »wurde Ulrich noch ehe er die Schwelle des Greisenalters betreten hatte, unerwartet vom Tod weggerafft«. Pfaff Gedenkbuch 289: »starb Ulrich unerwartet schnell im Elsaß«. Moll 281: »Am 11. Juli 1344 starb Ulrich III. unerwartet schnell im Elsass. Der Ort und die Art seines Todes ist zweifelhaft; einige Geschichtsschreiber lassen ihn eines gewaltsamen Todes sterben; die Angaben hiefür haben aber keine bestimmte Anhaltspunkte«. Tuefferd Montbéliard 218: »Il fut tué en Alsace, en 1344, par un gentilhomme dont il avait séduit la femme.« P. Stälin 504f: »starb unerwartet schnell im Elsaß, zu welcher Landschaft er bis an sein Lebensende so vielfache Beziehungen hatte«. »Nach dem, übrigens vereinzelten Zeugnis eines zeitgenössischen Eichstädter Kaplans, des sogenannten Heinrich von Rebdorf, ist er hier bei der Gattin eines Edeln betreten elendiglich getötet worden.« JllGW 1886, 302: »Seine wiederholte Einmischung in Elsässer Verhältnisse ward ihm zuletzt sogar die Ursache eines, wie es scheint, gewaltsamen Todes am 11. Juli 1344.« Alwin Schultz, Deutsches Leben im 14. und 15. Jahrhundert, Wien 1892, 1, 272: »Die Ehen sind damals nicht glücklicher, nicht unglücklicher ausgefallen wie heutigen Tages. Es werden von Zeit zu Zeit Beispiele von Ehebruch in den Chroniken verzeichnet, aber doch überaus selten; wäre es etwas so Gewöhnliches gewesen, würde man es gar nicht vermerkt haben. So machte es doch Aufsehen, als 1330 der Landgraf von Hessen, Heinrich, seine Frau Elisabeth, die Tochter des Markgrafen von Meißen, verstieß, weil er sie im Verdacht hatte, daß sie ihm eines Kämmerers wegen untreu sei (Heinrich Rebdorf). Und als im Juli 1340 der Graf Ulrich von Württemberg von einem elsässischen Edelmann bei seiner Frau betroffen und ermordet wurde, und wie man munkelte, der Erzbischof Walram von Köln in ähnlicher Weise ums Leben kam, da erschien dies doch als etwas höchst Bemerkenswertes (ebendaselbst).« (Zitiert bei Gustav Jung, Die Geschlechtsmoral des deutschen Weibes im Mittelalter, Leipzig 1923, 178). Schneider 30: »Seinen Tod soll Graf Ulrich am 11. Juli 1344 durch die Hand eines elsäßischen Edeln gefunden haben, dessen Ehre er schwer gekränkt, wenige Monate nach seiner Gemahlin Sophie, einer Gräfin von Pfirt.« Schön Nr 22: »ermordet 11. Juli 1344 im Elsaß«. Decker-Hauff Stuttgart 204: »Ulrich hatte 1324 die großen elsässischen Herrschaften Horburg und Reichenweiher erworben, die nun für Jahrhunderte mit Wirtemberg verbunden blieben. Er selbst liebte das Elsaß und weilte oft dort. Wie sehr es dem Landesvater in seinen ›Landen überm Rhein‹ gefiel, verrät die Notiz über seine Todesursache. Der etwa Sechzigjährige wurde im Sommer 1344 von einem elsässischen Hochadeligen erschlagen, der den lebenslustigen Grafen von Wirtemberg an einer Stätte antraf, die er für sich allein vorbehalten wähnte. In Wirtemberg sprach man nicht gerne davon, drückte sich höfisch aus und schrieb, Ulrich sei ›eines elenden Todes‹ gestorben. Dennoch haben ihm Propst und Chorherren des Stifts zum Heiligen Kreuz das Grab im Chor der Stuttgarter Stiftskirche nicht verweigert.«

11 O. Gabelkover Cod. hist. 2° 586, 290v:

»zu Stuttgart begraben worden, zweifelsohn seinem Stand gemäß von seinen Söhnen«; vgl. Decker-Hauff Stuttgart 204 (Anm. 10). Küng 63 nennt Ulrichs Sterbetag, den 11. Juli 1344, als dessen Begräbnistag: »anno 1344 zu Stutgarten in der stiffts-kirchen uff den 11. julii begraben worden«. Stälin 3, 227 Anm. 4: »1345 April 4. Urkunde des Probst Ulrich von Wirtemberg zu S. Guido zu Speier († 1348), daß die Predigermönche zu Eßlingen 4 Morgen Wiesen zu Canstatt gekauft haben, davon jährlich 4 Pfund Heller zu Graf Ulrichs von Wirtemberg sel. und seiner ehelichen Wirtinn Frau Sophie sel. Jahrzeiten verwendet werden sollen« (Esslinger Urkundenbuch 1, 405 Nr 800).

12 A 525 Bü 3, 77v: Gutachten A. Rüttels d. J. 1566: »Darauff das Württembergisch alt Wappen mit beschloßenem Helm ein wenig zu sehen«. Zeichnung des Grabsteins 1566: HB XV 77, 29r; 1583: Cod. hist. 2° 130, 14r; Entwurf A. Rüttels d. J. zur Restaurierung 1583: Cod. hist. 2° 130, 13r. Grabstein bis zum Bau der Gruft 1608 noch im Chor vorhanden; vgl. Gfn Elisabeth † 1524 Anm. 12.

13 Zitiert nach Entwurf Rüttel Cod. hist. 2° 130, 13r. Inschrift auch bei: Schmid 30; Bach 166 (mit falschem Todestag »XI idus Julii«; Anm.: XI. Juli = V. Idus Julii).

14 Vgl. Gf Heinrich † 1519 Anm. 17.

15 Schmid 30.

16 Vgl. Gf Heinrich † 1519 Anm. 19.

17 Zitiert nach dem Original in Stuttgart. Über dem Standbild Ulrichs III. ist jedoch die Inschriftentafel für Gf Ulrich IV. † 1366 angebracht, während über jenem die Tafel für Gf Ulrich III. † 1344 eingelassen ist.

18 Suntheim 596; mit falschem Todesjahr MCCCCIIII statt MCCCXLIIII und der Angabe des Vaters Eckhard der Ältere der Greiner, gemeint ist Eberhard der Erlauchte, der bei Suntheim ebenfalls den Beinamen Greiner hat wie sein Enkel.

19 Heimführung 14.

20 Lohmeier 52.

21 Pregitzer 1, 8; ebenso Steinhofer 1, 56.

22 Montanus 133.

23 Steinhofer 2, 287.

24 Steinhofer, 1, 66

25 Sattler Gf 1, 141.

26 Spittler 21.

27 Pahl 1, 127; der 1, 128 Ulrichs »Sinn für das friedliche Leben eines in dem Anbau und der Mehrung seines Eigenthums thätigen Hausvaters« rühmt.

28 Barth 52.

29 Pfaff Wirtemberg 2, 61.

30 P. Stälin 505.

31 P. Stälin 506.

32 Schneider 30.

33 Marquardt 17.

34 Müller 86.

35 Weller Württemberg 87.

36 Decker-Hauff Stuttgart 197.

Sophie

† 1344

Gräfin von Württemberg

T. v. Graf Theobald II. von Pfirt[1]
u. v. N.N.[2]

Geboren vor 1312[3]
in

Vermählt vor 1324[4]
mit Graf Ulrich III. von Württemberg † 1344

Mutter von zwei Söhnen[5]

Gestorben am 25. März 1344[6]
in

Beigesetzt 1344
in Stuttgart im Chor der Stiftskirche

Grabmal[7]

»ANNO. D̄N̄Ī. MCCC. XXX. OBIIT. D̄N̄Ā. SOPHIA. DE. PFIRT. COMITISSA. IN. WIRTĒBERG. IN. VIGILIA. ANNUNTIATIONIS. BEATE. VIRGINIS. MARIE. «[8]

»Sophia wurde eine Stamm-Muter des ganzen nunmehr Herzoglichen Hauses Würtenberg.«[9]

»Tochter des einflußreichen Grafen von Pfirt im Sundgau«[10]

Anmerkungen

1 A 602 U 2 vom 3. Dezember 1323: »Sophie des Edeln Grafen Thibaldes saeligen tochter von Pfirt«. Schön Nr 22 u. Schwennicke 1, 146 Tf Pfirt nennen als Sophies Eltern Gf Theobald I. von Pfirt und Katharina von Klingen, die aber doch wohl als ihre Großeltern anzusehen sind (Anm. 2).

2 Andreas Rüttel d. Ä. J1 48a, 98v bezeichnet eine namentlich nicht bekannte Tochter Gf Ulrichs I. † 1265 aus der Ehe mit Gfn Agnes † 1265 als Gattin Gf Theobalds von Pfirt und Sophies Mutter. Heimführung 14 nennt Sophie als »Theobaldi Grafen zu Pfirdt und Richsae Gräfin zu Ochsenstein Tochter«, während Heimführung 9 Gf Ulrichs I. † 1265 angeblicher Vater Eberhard einen Bruder Ulrich gehabt haben soll, »welcher Anno 1264. gestorben, und mit seiner Gemahlin Mechthild, Freyin von Ochsenstein, eine Tochter Mechtildin erzeuget, so Anno 1299. Theobaldo dem II. Grafen zu Pfirdt beygelegt worden«. Pregitzer 1, 8 nennt Sophie als Tochter Theobalds II. von Pfirt und Enkelin Ulrichs v. von Württemberg »und mit Jhrem Gemahl im 4.ten Grad lineae inaequalis verwandt«; Pregitzer 1, 4 bezeichnet diesen Ulrich v. wie Heimführung 9 als Vaterbruder Gf Ulrichs I. † 1265, läßt ihn am 18. September (!) 1264 verstorben und mit einer Sophia oder Mechthild, Tochter Ottos II. von Ochsenstein, vermählt sein und dieser Ehe eine Tochter Mechthild, Gattin Theobalds II. von Pfirt und Mutter der Sophie, entspringen. Decker-Hauff Wirtemberg nennt als Eltern der von Pregitzer Mechthild genannten Mutter der Sophie den am 18. September 1279 verstorbenen ältesten Sohn Gf Ulrichs I. † 1265, Gf Ulrich II. mit Gattin Ochsenstein und unterscheidet zwischen Theobald I. von Pfirt, vermählt mit Katharina von Klingen, und beider Sohn Theobald II., vermählt mit der Mechthild genannten Gräfin von Württemberg. Schwennicke 6, 146 Tf Pfirt nennt als Sophies Eltern den Grafen Thiebald, urk. 1256–1309, sowie dessen Gattin Katharina von Klingen, urk. 1256–1292, gestorben vor 1299, die zudem noch Witwe Rudolfs von Lichtenberg gewesen sein soll. Sie kann damit keinesfalls die Mutter der um 1295/1300 geborenen Sophie gewesen sein, desgleichen ist die Annahme zweier Grafen Theobald, Vater und Sohn, zwingend.

3 Sämtliche Quellen ohne Angaben zum Geburtsdatum. Geburtsort vermutlich Pfirt im Sundgau (Ferrette).

4 A 602 U 2: Straßburg 3. Dezember 1323: Graf Ulrich III. von Württemberg und seine Gemahlin Sophie bestätigen Sophies Bruder, dem Grafen Ulrich von Pfirt, den Empfang von 100 Mark Silber als Ehesteuer der Gräfin. O. Gabelkover Cod. hist. 2° 586, 227v: »Vmb dise Zeith (1324), vnd wohl etlich jahr darvor, (dann die jahrzahl nicht aigentlich vfgeschriben worden) hat Graff Vlrich VIII. dises Graff Eberharden des erleuchten jüngern sohn, Fraw Sophiam Graff Diepolds von Pfürth Tochter zur Ehe gehabt.« Sattler Gf 1, 98 f: »Wann die Vermählung geschehen, wüßte ich nicht zu bestimmen. So viel ist aber richtig, daß sie schon vor dem Jahr 1312. mit ihm vermählet gewesen. Dann eben damals befahl Kaiser Heinrich den Städten Naumburg, Breysach, Colmar und Schlettstadt, daß, nachdem zwischen Grav Diepolds von Pfirt Tochter und Grav Ulrichen zu Würtenberg ein Heurat schon längst getroffen seye und auch der Grävin Bruder, Grav Ulrich von Pfirt derselben das Heurathgut und Heimsteur zu Straßburg bezahlen, des Graven Eberhards abgeordnete aber sich zu keiner Widerlegung verstehen wollen, welches doch unbillig seye, dise Städte nicht gestatten sollten, daß jemand sich im Namen Grav Ulrichs von Pfirt bey ihnen zur Leistung oder Geiselschafft einstelle« (Urkunde vom 2. Januar 1312 bei Sattler Gf 1 Beilage 66). Stälin 3, 117f schließt aus der in dieser Urkunde enthaltenen Formulierung »dudum matrimonium comportatum«, daß die Ehe zum Zeitpunkt des Abschlusses eines Schutz- und Trutzbundes zwischen den Grafen von Württemberg, Pfirt und Freiburg am 23. September 1308 bereits geschlossen war. Ebenso ist denkbar, daß zu diesem Anlaß 1308 die Eheabrede getroffen wurde und sich das Beilager der politischen Ereignisse der folgenden Jahre wegen verzögert und wohl erst nach der Wiedergewinnung der Grafschaft durch Eberhard den Erlauchten 1316 stattgefunden hat. Das Jahr 1308 als Hochzeitsjahr nennt: A. Rüttel d.

Ä. J1 48a, 98v. Die Heirat vor 1312 nennen: Voigtel-Cohn 91; P. Stälin 717; Krüger Tf 8. Das Jahr 1312 als Hochzeitsjahr nennen: Schön Nr 22; Isenburg 1, 75; Freytag 1, 75; Marquardt Stammtafel; Schwennicke 1, 122; Uhland Festschrift 398. Die Heirat zwischen 2. Januar und 1. April 1312 nennt: Behr 169. Die Heirat zwischen 27. Januar und 1. April 1312 nennt: Giefel Nr 26.

5 Zu möglichen weiteren Kindern vgl. Gf Ulrich †1344 Anm. 7.

6 Den 25. März 1344 als Todestag nennen: Annales Stuttgartienses 8: »habuit uxorem comitissam de Pfirt, que obiit ante ipsum anno domini 1344 VIII. Kal. April.«; Necrologium Zwifaltense in: MGH Necrologia Germaniae 1, 248 (ohne Jahresangabe); Stälin 3, 227 u. 713; Pfaff Gedenkbuch 289; Behr 170; P. Stälin 717; Herrenschneider Horburg 145; Giefel Nr 26; Krüger Tf 8; Schön Nr 22; Schwennicke 1, 122. Den 23. März 1344 als Todestag nennt: Moll 281. Das Todesjahr 1344 nennen: Maisch Stammtafel; Uhland Festschrift 398. Den 25. März 1336 als Todestag nennen: Pregitzer 1, 8; Steinhofer 1, 66; Pfaff Wirtemberg 2, 68. Das Jahr 1336 als Todesjahr nennt: Pfaff Fürstenhaus 58. Den 26. März 1335 als Todestag nennt: Mohl 177. Den 25. März 1334 als Todestag nennen: Voigtel-Cohn 91 (wohl fehlerhafte Abschrift von Stälin oder Behr); Isenburg 1, 75; Freytag 1, 75. Das Jahr 1334 als Todesjahr nennt: R. Uhland NDB 4, 233; Marquardt Stammtafel. Den 25. März 1330 als Todestag nennen: A. Rüttel d. J. J1 48a, 75v; Eber 114. Den 24. März 1330 als Todestag nennt: Grabmal (Anm. 8) nach Entwurf A. Rüttels d. J. (vigilia annuntiationis Mariae = 24. März). Das Jahr 1330 als Todesjahr nennen: Schmid 22 u. 26; Heimführung 14; Lairitz 456; Lohmeier 52; Imhof 56; Tiedemann 10. Die 1566 angefertigte Zeichnung vom Zustand des ursprünglichen Grabsteins in HB XV 77, 33r läßt annehmen, daß Sophie tatsächlich im Jahre 1344 verstorben ist; von der Angabe des Todesjahres sind noch folgende Ziffern zu sehen: MCCCXLII..., der Rest ist verderbt. Man kann annehmen, daß A. Rüttel d. J. später diese Angabe am Original als MCCCXXX entziffert und damit das irrige Todesjahr 1330 aufgebracht hat. Stälin 3, 714-0: »Den 18. November 1344 verschreibt sich das Kloster Sirnau auf die, von Sophie zu einem Seelengeräth empfangenen 20 Pfund Heller, Sophies und des Grafen Ulrich Jahrzeit an Mariä Verkündigung (25. Merz) oder drei Tage vor oder darnach ewig zu begehen« (Esslinger Urkundenbuch 1, 402 Nr 791).

7 J1 1b, 29r: Beschreibung A. Rüttels d. Ä. 1557: »Ain stain daruff zu lesen ist Dna. Sophia de pfirt weyther nichts mehr dan Beate hat zween fisch vff dem stain gehawen«; A 525 Bü 3, 78v: Gutachten A. Rüttels d. J. 1566: »Jst hefftig zerschlagen«; Schmid (1640) 9: »derselben monumenta noch heutigs tags zu sehen, aber die Schriften altershalben, und das dieselbige abgenossen nit wol zu lesen« u. 34: »hatt zween fisch im schilt ringehawen, aber kein mössing mehr vorhanden. Zudem ist der Stein in der mitt entzwei«. Zeichnung vom Zustand des Grabsteins 1566: HB XV 77, 33r (bereits zerbrochen); 1583: Cod. hist. 2° 130, 41r. Entwurf A. Rüttels d. J. zur Restaurierung des Grabsteins 1583: Cod. hist. 2° 130, 40r. Grabstein bis zum Bau der Gruft 1608 noch im Chor; vgl. Gfn Elisabeth †1524 Anm. 12.

8 Zitiert nach Entwurf A. Rüttels Cod. hist. 2° 130, 40r (mit falschem Todesjahr und Todestag; vgl. Anm. 6). Inschrift auch bei: Schmid 32; Tiedemann 17; Bach 167 (jeweils mit falschem Todesdatum).

9 Sattler Gf 1, 98.

10 Katalog Württemberg 8.

Agnes

†v. 1350

Gräfin von Württemberg

Gräfin von Werdenberg

T. v. Graf Eberhard I. dem Erlauchten von Württemberg[1]
u. v. N. N.[2]

Geboren vor 1300[3]
in

Vermählt vor dem 9. November 1317[4]
mit Graf Heinrich von Werdenberg †1332/34[5]

Gestorben vor dem 27. März 1349[6]
in

Beigesetzt
in Trochtelfingen in der Pfarrkirche St. Martin[7]

Stammutter des Hauses Werdenberg[8]

»So kam diese Linie der Grafen von Werdenberg in verwandtschaftliche Verbindung mit den Grafen von Würtemberg und es knüpfte sich ein Band mit diesem erlauchten, nachmals herzoglichen und königlichen Hause an, welches bis zu dem Erlöschen der Grafen von Werdenberg andauerte, wobei sich die Grafen von Werdenberg, kurze Unterbrechungen abgerechnet, stets als eifrige und treue Anhänger und Diener Würtembergs zeigten.«[9]

Anmerkungen

1 Als Tochter Eberhards des Erlauchten genannt bei: O. Gabelkover Cod. hist. 2° 586, 204r u. 231r; Pregitzer 1, 8; Steinhofer 1, 67; Sattler Gf 1, 83 u. 101; Vanotti 365 u. Tf 3; Pfaff Wirtemberg 2, 60; Stälin 3, 689 u. 713; Behr 169; Voigtel-Cohn 91; P. Stälin 717; Maisch Stammtafel; Giefel Nr 24; Krüger Tf 8; Roller Werdenberg (Anm. 5) 199; Schneider Stammbaum; Schön Nr 20; Isenburg 1, 75; Freytag 1, 75; Schwennicke 1, 122 (mit fehlerhafter Einzeichnung der Deszendenz).

2 In Unkenntnis der früheren Ehen Eberhards des Erlauchten wird in den Stammtafeln seit Pfaff Wirtemberg 2, 60 Irmengard von Baden als Mutter der Agnes angegeben. Es bleibt ungeklärt, welcher Ehe ihres

Vaters Agnes tatsächlich entstammt. O. Gabelkover Cod. hist. 2° 586, 231v bezeichnet Agnes als älteste Tochter Eberhards, sie wäre demnach der ersten Ehe entsprungen. Für diese Einordnung spricht auch die Überlegung, daß Eberhard seiner ältesten Tochter den Namen seiner bei seiner Geburt verstorbenen Mutter Agnes von Schlesien-Liegnitz †1265 verliehen hat, einen Namen, den auch seine mit hoher Wahrscheinlichkeit der dritten Ehe mit Irmengard von Baden entstammende Tochter Agnes †1317 erhalten hat.

3 Die nach Gabelkovers Angaben (Anm. 2) älteste Tochter Eberhards des Erlauchten muß, gleichgültig wen sie nun tatsächlich zur Mutter hat, in jedem Falle vor 1300 geboren sein. Als Geburtsdatum für Agnes wird genannt: 1293: Pregitzer 1, 8 (»zu Achalm«); Steinhofer 1, 67 (»zu Achalm«); Vanotti 365 (»auf der Feste Achalm«); Behr 169; Giefel Nr 24 (Taufe am 1. Januar 1294); Krüger Tf 8; Roller Werdenberg (Anm. 5) 199 u. Tf 21 (»zu Achalm«); Schneider Stammbaum; Schön Nr 20 (Taufe am 1. Januar 1294); Isenburg 1, 75; Freytag 1, 75; Schwennicke 1, 122; Uhland Festschrift 398. Bei den von Pregitzer 1, 8 gemachten Angaben zu Geburtsjahr und Geburtsort, die dann von Steinhofer abgeschrieben und bei diesem von Vanotti übernommen wurden, handelt es sich um eine Fehldeutung der Annales Sindelfingenses, wo einem Ulrich genannten Grafen von Württemberg am 1. Januar 1294 in Stuttgart eine Tochter getauft wird in Anwesenheit der Königin Imagina, die sich an Heiligabend und Weihnachten 1293 auf der Achalm aufgehalten hatte. Stälin, der 3, 82 u. 715 den in den Sindelfinger Annalen genannten Kindsvater als Eberhard den Erlauchten deutet, hat 3, 715-t die Angabe: »Welche Tochter Graf Eberhards die am 1. Januar 1294 getaufte ist, steht dahin«; vgl. Gf Eberhard †1325 Anm. 18. Die bis in die neuesten Stammtafeln hinein übernommenen Angaben Pregitzers zum Geburtsjahr der Agnes sind durch nichts zu belegen, die Angaben zum Geburtsort jedoch eindeutig als irrig anzusehen. Weiteren Angaben bei Pregitzer 1, 8 zufolge soll die zweifellos erst der dritten Ehe mit Irmengard von Baden entstammende Tochter Irmengard †1329 als ältestes Kind Eberhards des Erlauchten im Jahre 1291 ebenfalls auf der Achalm geboren sein, wobei in diesem Falle neben dem genannten Geburtsort auch das Geburtsjahr eindeutig als Irrtum nachzuweisen ist.

4 Stälin 3, 715-r: Urkunde Graf Eberhards 1. des Erlauchten vom 9. November 1317 betreffend den Pfarrsatz zu Cannstatt: »Graf Heinrich von Werdenberg unser Tochtermann«. Als Heiratsdaten werden für Agnes genannt: Vor dem 9. November 1317: O. Gabelkover Cod. hist. 2° 586, 204r; Stälin 3, 715; Voigtel-Cohn 91; P. Stälin 717; Giefel Nr 24; Schneider Stammbaum. Am 9. November 1317: Schön Nr 20. 1317: Uhland Festschrift 398. Vor 1318: Sattler Gf 1, 101. Vor Herbst 1317: Sattler Gf 1, 83. Vor 1316: Pregitzer 1, 8; Steinhofer 1, 67; Behr 169; Isenburg 1, 75; Freytag 1, 75; Schwennicke 1, 122. Um 1316: Pfaff Wirtemberg 2, 60. Vor 1314: Vanotti 365 (mit Berufung auf Sattler Gf 1, 83, dort jedoch 1317). Circa 1310/1312: Krüger Tf 8.

5 Zu den Grafen von Werdenberg: Johann Nepomuk Vanotti, Geschichte der Grafen von Montfort und von Werdenberg; Konstanz 1845; Stälin 3, 685–690; Otto Konrad Roller, Grafen von Montfort und von Werdenberg in: Genealogisches Handbuch zur Schweizer Geschichte 1, Zürich 1900, 145–234 mit Stammtafel 188. Heinrich von Werdenberg urkundlich 1307–1332. Geburtsdatum 1280/85 bei: Krüger Tf 8. Tod zwischen dem 2. März 1332 und dem 27. Juni 1334 (Ulmer Urkundenbuch 2, 145, darin bereits als verstorben genannt). Als Sterbedaten für Heinrich werden genannt: Zwischen dem 2. März 1332 und dem 27. Juni 1334: Roller Werdenberg 199. Nach dem 2. März 1332:

Stälin 3, 689. Zwischen dem 2. März 1332 und dem 27. März 1349: Schön Nr 20. Zwischen 1332 und 1349: Voigtel-Cohn 91; Giefel Nr 24. Zwischen 1333 und 1342: Isenburg 1, 75; Freytag 1, 75. Vor 1343: Schwennicke 1, 122. Um 1348: Behr 169. Sonstige Quellen ohne Angaben zu Geburts- und Todesjahr.

6 Urkunde vom 27. März 1349: Ihre Söhne Eberhard und Heinrich bezeichnen Agnes als »ihre Mutter selig«; Regesta Boica 8, 156; Vanotti 370; Handschriftlicher Nachtrag im Ulmer Urkundenbuch 2, 367 WLB Stuttgart. Tod vor dem 27. März 1349 bei: Roller Werdenberg (Anm. 5) 199. Um 1348: Vanotti Tf 3. Den 28. Februar 1351 als Todestag nennen: Behr 169; Giefel Nr 24; Schneider Stammbaum; Schön Nr 20; Isenburg 1, 75; Freytag 1, 75; Schwennicke 1, 122. Das Jahr 1351 als Todesjahr nennen: Pregitzer 1, 8; Steinhofer 1, 67; Vanotti 369 (nach Steinhofer); Voigtel-Cohn 91; P. Stälin 717; Krüger Tf 8; Uhland Festschrift 398.

7 Sämtliche Quellen ohne Angaben zum Begräbnisort. Agnes wurde wahrscheinlich in der nach dem Stadtbrand von 1320 neuerbauten Pfarrkirche St. Martin ihrer Residenzstadt Trochtelfingen, der Grablege des Hauses Werdenberg, beigesetzt.

8 Nach Roller Werdenberg (Anm. 5) 189 Tf 21 war Agnes Mutter von vier Söhnen und zwei Töchtern; ihr ältester Sohn Eberhard von Werdenberg † 1383 wurde in der Stuttgarter Stiftskirche beigesetzt; Grabschrift bei Crusius Ann. 3, 300 u. Tiedemann 18 (dort irrig als Eberhard von Württemberg).

9 Vanotti 365; der Urenkel von Agnes, Johann III. von Werdenberg † 1465, vermählte sich 1428 mit der Herzog Albrecht II. von Bayern verlobten Gräfin Elisabeth von Württemberg; vgl. Gfn Elisabeth † n. 1475.

Agnes

†1317

Gräfin von Württemberg

Gräfin von Oettingen

T. v. Graf Eberhard I. dem Erlauchten von Württemberg[1]
u. v. Markgräfin Irmengard von Baden[2]

Geboren um 1295/1300[3]
in

Vermählt vor dem 3. März 1313[4]
mit Graf Ludwig VI. von Oettingen †1346[5]

Gestorben am 18. Januar 1317[6]
in

Beigesetzt
im Kloster Kirchheim am Ries[7]

»Stamm-Elter; durch deren Tochter Irmengard, als PfaltzGraf Adolphen, Chur-Fürsten, Gemahlin, das Chur- und Fürstl. Hauß Pfaltz fortgepflantzet worden.«[8]

Anmerkungen

1 Als Tochter Eberhards des Erlauchten genannt bei: Andreas Rüttel d. Ä. J1 48a, 98v; Krüger Tf 8; Anmerkungen zu Chronik Neuenburg (Anm. 5) 106: »Agnes, zweite Gemahlin Ludwigs VI. von Öttingen, kann dem Alter nach unmöglich eine Tochter des Grafen Ulrich III. von Württemberg († 11. Juli 1344) und der Sophie von Pfirt gewesen sein, obwohl 3. Mai 1349 Eberhard und Ulrich von Württemberg den Öttinger ihren verstorbenen Schwager nennen (Regesta Boica 8, 160f). Man wird sie am ersten als Ulrichs III. Schwester, also als Tochter Eberhards des Erlauchten († 1325) und der Irmengard von Baden anzusehen haben.« Als Tochter Ulrichs I. des Stifters † 1265 genannt bei: Andreas Rüttel d. J. J1 35, 19r (Mutter: Agnes von Schlesien); O. Gabelkover Cod. hist. 2° 586, 229v; Pregitzer 1, 6; Hübner 200; Sattler Gf 1, 66 u. 101; Pfaff Ursprung Tf 1 (Luitgard). Als Tochter Ulrichs III. † 1344 genannt bei: Stälin 3, 713. (Diese Einordnung nahm Stälin vermutlich im Hinblick auf die oben erwähnte Urkunde vom 3. Mai 1349 vor. Merkwürdigerweise wurde Agnes als einzige Person der

Stammtafel Württemberg auf 3, 713 mit keinerlei Anmerkung versehen, während sich in der Stammtafel Oettingen auf 3, 692 ein Hinweis auf diese Urkunde findet); Behr 169 (der jedoch Stälins Einordnung bezweifelt und im Hinblick auf das Geburts- und Heiratsdatum der Tochter von Agnes widerlegt: »wessen Tochter war aber Agnes?«); Voigtel-Cohn 91; P. Stälin 717; Maisch Stammtafel; Giefel Nr 31; Oettingen Stammtafel 1; Schneider Stammbaum; Schön Nr 27; Isenburg 1, 75; Freytag 1, 75 u. 5, 149; Schwennicke 1, 122; Uhland Festschrift 398 (Heirat Ulrichs III. 1312, Heirat seiner angeblichen Tochter Agnes 1313, Tod der Agnes 1317).

2 Im Hinblick auf die Überlegungen zum Geburtsjahr von Agnes (Anm. 3) sowie zur Namensgebung ihrer einzigen Tochter Irmengard (Anm. 8) darf Agnes als Tochter der Irmengard von Baden angesehen werden.

3 Krüger Tf 8 nimmt als Geburtsjahr 1283/1285 an; sonstige Quellen ohne Angaben zum Geburtsjahr. Die Überlegung, daß der verwitwete Graf Ludwig von Oettingen Agnes zweifellos im bereits gebärfähigen Alter heiratete, legt die Annahme ihrer Geburt vor dem Jahre 1300 nahe. Bei einer Geburt vor 1295 wäre sie zum Zeitpunkt der Heirat mit Oettingen sehr wahrscheinlich längst anderweitig versprochen oder vermählt gewesen.

4 Urkunde vom 3. März 1313: »maritus noster dilectissimus Ludovicus iunior de Oetingen« bei: Strelin (Anm. 5) 66. Heirat vor dem 3. März 1313 bei: P. Stälin 717; Giefel Nr 31; Oettingen Stammtafel 1. Heirat am 3. März 1313 bei: Schön Nr 27. Vor März 1313: Schneider Stammbaum. Heirat 1313: Uhland Festschrift 398. Vor 1313: Freytag 5, 149; Schwennicke 1, 122. Vor 1304: Behr 169. Um 1300/1305: Krüger Tf 8. 1292: Pfaff Ursprung Tf 1. Um 1290: Lang (Anm. 5) 4, 235.

5 Zu den Grafen von Oettingen: Jakob Paul Lang, Materialien zur oettingischen Geschichte, Wallerstein 1, 1771–5, 1775; Johann Rauchpars Oettingische Geschlechtsbeschreibung, hg. v. J. P. Lang, Wallerstein 1775; Johann Jakob Heinrich Strelin, Genealogische Geschichte der Herren Grafen von Oettingen im mittlern Zeitalter, Nördlingen 1799; Georg Grupp, Oettingische Regesten, Nördlingen 1896. Stammtafeln Oettingen: A. Rüttel d. J. J1 48a, 242–246; Stälin 3, 692; Stammtafel des mediatisierten Hauses Oettingen, 1895; Grupp (s. o.) 188; Krüger 252; Freytag 5, 149. Ludwig VI. von Oettingen erscheint urkundlich 1288–1346. Nach Krüger Tf 8 wurde er um 1270/1275 geboren; sonstige Quellen ohne Angaben zum Geburtsjahr. Nach Strelin (s. o.) 71 starb er am Michaelistag, dem 29. September 1346 in Oesterreich und wurde dort im Stift Zwettl beigesetzt; dieser Todestag einheitlich in sämtlichen Quellen. Nach den Stammtafeln Oettingen seit Stälin 3, 692 war Ludwig VI. in erster Ehe vermählt mit Anna von Dornberg (Heirat vor 3. September 1288), in dritter Ehe mit Guta, Tochter König Albrechts I. (Heirat wohl am 26. April 1319, † 1329). Ludwigs VI. Vater Ludwig V. † 1313 wird irrigerweise als Gatte von Agnes genannt bei: A. Rüttel d. Ä. J1 48a, 98v; A. Rüttel d. J. J1 48a, 244r; O. Gabelkover Cod. hist. 2° 586, 229v; Pregitzer 1, 6; Lang (s. o.) 4, 235; Pfaff Ursprung Tf 1. Dagegen spricht die Angabe in der Chronik des Mathias von Neuenburg in: MGH Scriptores Rerum Germanicarum NS 4, 106: »soror ducum Austrie Ludowico seniori de Ötingen est coniuncta. Qui ante ex sorore comitis de Wirtenberg habuit filium et filiam, uxorem Adolfi Bawari Reni palatini«, vgl. Stälin 3, 693-k.

6 Den 18. Januar 1317 als Todestag nennt: O. Gabelkover Cod. hist. 2° 586, 229v: »an S. Prisca tag den 18. Januar 1317«. Den 18. Januar oder 18. Juni 1317 als Todestag nennen: Behr 169; Oettingen Stammtafel 1; Giefel Nr 31; Schön Nr 27. Den 13. Januar oder 13. Juni 1317 als Todestag nennen: Isenburg 1, 75; Freytag 1, 75. Das Todesjahr 1317 nennen: A. Rüttel d. Ä. J1 48a, 98v; A. Rüttel d. J. J1 48a, 244r; Schneider Stammbaum; Freytag 5, 149; Schwennicke 1, 122; Uhland Festschrift 398. Tod vor 1319 bei: Stälin 3, 713; Voigtel-Cohn 91; P. Stälin 717; Maisch Stammtafel; Krüger Tf 8. Tod um 1314 bei: Sattler Gf 1, 101. Todesjahr 1313 bei: Sattler Gf 1, 66.

7 Strelin (Anm. 5) 33: Grablege des Hauses Oettingen war zunächst Oettingen, seit dem Ende des 13. Jahrhunderts das Kloster Kirchheim am Ries. Stälin 3, 692: »Hauptgrüfte der Familie waren im Mittelalter zu Oettingen und in dem Kloster Kirchheim (im Ries).« Wolf Wirth, Kirchheim am Ries, München 1966, 2: »Im frühen 14. Jahrhundert war es (Anm.: Kloster Kirchheim) samt der großen Klosterkirche, die den Grafen von Oettingen als Grablege diente, vollendet.« Sämtliche Quellen ohne Angaben zum Begräbnisort von Agnes. Zum sehr wahrscheinlichen Ort ihrer Grabstätte auch: Paulus Weißenberger, Die Gründung der Cistercienserinnenabtei Kircheim am Ries im 13. Jahrhundert in: Cistercienser-Chronik 68, 1961, 41–50.

8 Pregitzer 1, 6; Agnes hatte den Angaben der Chronik Neuenburg (Anm. 5) zufolge einen Sohn und eine Tochter: Der Sohn Eberhard, benannt wohl nach seinem Großvater Eberhard dem Erlauchten, starb 1335 als Domherr in Mainz. Die Tochter Irmengard, benannt wohl nach ihrer Großmutter Irmengard von Baden, vermählte sich (Anm.: nachfolgende Angaben nach Häutle Wittelsbach 9) im Jahr 1320 mit Adolf Pfalzgraf bei Rhein (geboren am 27. November 1300 in Wolfratshausen, gestorben am 29. Januar 1327 in Neustadt a. d. Haardt/an der Weinstraße, beigesetzt im Kloster Schönau bei Heidelberg). Nach ihrer sicher nicht ursprünglichen Grabschrift im Kloster Liebenau bei Johann Friedrich Schannat, Historia episcopatus Wormatiensis, Frankfurt/Main 1734, 1, 172 soll Irmengard dort nach vierzigjährigem Klosterleben am Leonhardstag (6. November) des Jahres 1399 verstorben sein. Dieser Todestag wurde von Häutle Wittelsbach 9 und allen nachfolgenden Stammtafeln übernommen und ist sicherlich irrig, da Irmengard dann 32 Jahre im Witwenstand verbracht und dann anschließend noch 40 Jahre als Nonne zugebracht hätte. In den Neuen historischen Abhandlungen der baierischen Akademie der Wissenschaften, München 1779, 1, 487f wird als Todestag der Leonhardstag 1389 angegeben, als Sterbejahr auf der Grabschrift im Kloster Liebenau jedoch das Jahr 1349 genannt. Träfe letzteres Todesjahr zu, so wäre Irmengard vermutlich der Pest erlegen. Andererseits ist zu überlegen, ob die junge Witwe nicht schon bald nach dem Tode ihres Gatten in das Kloster eingetreten ist, etwa im Jahre 1329, und dann nach vierzig Jahren als Nonne im Jahre 1369 verstorben ist, einem Sterbejahr, das im Hinblick auf die damalige Lebenserwartung noch denkbar und wahrscheinlich ist. Als ihre Eltern werden in der Liebenauer Grabschrift genannt: »cujus parens Dominus Ludovicus de Oetingen, Mater vero de Wirtenberg, de Illustribus Comitibus«. Irmengard wurde über ihren Sohn Ruprecht II. (1325–1398) zur Stammutter des Pfalzgräflichen Hauses.

Adelheid

†1342

Gräfin von Württemberg

Gräfin von Hohenlohe

T. v. Graf Eberhard I. dem Erlauchten von Württemberg[1]
u. v. Markgräfin Irmengard von Baden[2]

Geboren vor 1300[3]
in

Vermählt vor dem 21. Dezember 1306[4]
mit Kraft II. von Hohenlohe[5]

Gestorben am 13. September 1342[6]
in

Beigesetzt 1342
in Gnadental in der Klosterkirche[7]

Grabmal[8]
»ANNO. DOMINI. MILLMO. CCCXL. II. ID. SEPTEMB. OBIIT. DNĀ. ADELHEID. DE. HOHENLOCH. FILIA. MAGNIFICI. COMITIS. DE. WIRTENBERG. «[9]

»Stamm-Elter aller Grafen von Hohenlohe«.[10]

Anmerkungen

1 Adelheids Gatte Kraft II. von Hohenlohe wird 1306 als Tochtermann Eberhards des Erlauchten bezeichnet, vgl. Anm. 4. Adelheid wird als Tochter Eberhards des Erlauchten genannt bei: O. Gabelkover Cod. hist. 2° 586, 232v; Heimführung 12; Pregitzer 1, 8; Hübner 200; Sattler Gf 1, 85 u. 101; Stälin 3, 676 u. 713; Behr 169; Voigtel-Cohn 91; P. Stälin 717; Giefel Nr 25; Krüger Tf 8; Schön Nr 21; Isenburg 1, 75; Freytag 1, 75 u. 5, 1; Schwennicke 1, 122.

2 Adelheid muß der Ehe ihres Vaters mit Irmengard von Baden entstammen. Anders lassen sich die Ansprüche, die Adelheids Gatte auf die Güter des am 17. August 1335 söhnelos verstorbenen Markgrafen Rudolf Hesso von Baden namens seiner Gemahlin erhebt, nicht erklären, vgl. dazu Stälin 3, 651 u. 653; Weller Hohenlohe 2, 181f; Hohenlohisches Urkundenbuch 2, Nr 490: Urkunde vom 8. Dezember 1335. Der 1313 genannte Doppelname Adelheid Mechthild (vgl. Anm. 4) läßt ebenfalls auf

eine Abkunft aus der badischen Ehe schließen. In sämtlichen Quellen von Stälin an bis zur Gegenwart wird Irmengard von Baden als einzige Gemahlin Eberhards des Erlauchten und mithin auch als Mutter der Adelheid aufgeführt; Pregitzer 1, 8, der noch um die drei Ehen Eberhards des Erlauchten wußte, nennt Adelheid als Tochter erster Ehe und gibt ihr das Geburtsjahr 1295; in Heimführung 12, wo von zwei Ehen Eberhards des Erlauchten ausgegangen wird, ist Adelheid als Tochter der zweiten Ehe mit Baden genannt.

3 Im Hinblick auf Adelheids Heiratsdaten (Anm. 4) darf ein Geburtsjahr vor 1300 angenommen werden, da aber das Hochzeitsjahr ihrer Eltern nicht feststeht, kann keine Abgrenzung nach oben vorgenommen werden; vgl. Gf Eberhard †1325 Anm. 15f. Das Jahr 1291 als Geburtsjahr nennt Andreas Rüttel J1 48a, 99r mit dem Zusatz des Geburtsortes »in castro Achelm« und der Taufpatin Imagina, Gattin Königs Adolf von Nassau. Dabei handelt es sich um eine Fehldeutung der Annales Sindelfingensis, wo einem Ulrich genannten Grafen von Württemberg am 1. Januar 1294 in Stuttgart eine Tochter getauft wird in Anwesenheit der Königin Imagina, die sich an Heiligabend und Weihnachten 1293 auf der Achalm aufgehalten hatte. Stälin, der 3, 82 u. 715 den in den Sindelfinger Annalen Ulrich genannten Kindsvater als Eberhard den Erlauchten deutet, hat in einer Anmerkung zu Adelheid 3, 715 die Angabe: »Welche Tochter Graf Eberhards die am 1. Januar 1294 getaufte ist, steht dahin«; vgl. Gf Eberhard †1325 Anm. 18. Das angebliche Geburtsjahr 1291 bei Rüttel wird von Sattler Gf 1, 85 übernommen. Das Jahr 1295 als Geburtsjahr nennt Pregitzer 1, 8, der 1291 auf der Achalm Eberhards des Erlauchten Tochter Irmengard, nachmalige Gräfin von Hohenberg †1329, zur Welt kommen läßt; das von Pregitzer genannte Geburtsjahr 1295 wird übernommen von: Behr 169; Isenburg 1, 75; Freytag 1, 75 u. 5, 1; Schwennicke 1, 122; Uhland Festschrift 398. Einen Geburtstag vor dem 24. April 1295 nennen: Giefel Nr 25; Schneider Stammbaum; Schön Nr 21 (jeweils ohne nähere Begründung).

4 In einer Urkunde vom 21. Dezember 1306 (Esslinger Urkundenbuch 1, 169f Nr 379) wird Adelheids Gatte Kraft II. von Hohenlohe bereits als Tochtermann Eberhards des Erlauchten bezeichnet (freundlicher Hinweis von Professor Dr. Hansmartin Decker-Hauff, Stuttgart). Adelheid selbst erscheint erstmals urkundlich 1313: Urkunde vom 3. März 1313 (Hohenlohisches Urkundenbuch 2, 39f Nr 53). Urkunde vom 24. April 1313 (ebenda 2, 43 Nr 56): »Chraft von Hohenloch und Adelheit Mehtilt«. Im Hinblick auf Adelheids Alter darf angenommen werden, daß 1306 bereits die Eheabrede getroffen und 1313 das Beilager schon vollzogen war. Einen Hochzeitstag vor dem 3. März 1313 nennt: Schön Nr 21. Einen Hochzeitstag vor dem 24. April 1313 nennt: P. Stälin 717. Das Jahr 1313 als Hochzeitsjahr nennen: Pfaff Wirtemberg 2, 60; Behr 169; Voigtel-Cohn 91; Giefel Nr 25; Krüger Tf 8; Schneider Stammbaum; Isenburg 1, 75; Freytag 1, 75 u. 5, 1; Schwennicke 1, 122. Im Jahre 1313 bereits vermählt bezeichnet sie Sattler Gf 1, 85 u. 101f: »Adelheid war an Crafften von Hohenloh vermählet, wie auch schon gemeldet worden (Anm.: S. 85). Sie hieße sonst Adelheid-Mechthild, wie solches aus ihrem Sigill zu ersehen, welches Herr Hofrath Hanselmann in seinem vertheidigten Beweiß der Landeshoheit vorgelegt. Es ist hier auch abgeschildert, wo sie den Hohenlohischen Schild und um denselben die 3. Hirschgewichte führet. Artig ist, daß sie hier zween Taufnamen führet, da sie doch in Urkunden meistens nur Adelheid allein genennet wird (Anm.: Sattler Gf 1 Beilage 68 u. 69), aus welchen zugleich erwiesen werden kan, daß sie Grav Eberhards Tochter gewesen. Bemeldter Hofrath hat aber auch eine Urkunde angezogen (Urkunde vom 24. April 1313, Hohenlohisches Urkundenbuch 2, 43 Nr 56, s. o.), worinn sie Adelheid Mechtild heisset, und aus welcher zu erlernen ist, daß sie schon im Jahr 1313. vermählet gewesen, da andere die Zeit ihrer Vermählung um einige Jahre später setzen.« Heirat 1313 bei: Uhland Festschrift 398. Das Jahr 1320 als Hochzeitsjahr nennen: O. Gabelkover Cod. hist. 2° 586, 232v: »ohngefährlich vmb das Jahr 1320 oder auch darvor«; Pregitzer 1, 8: 1320.

5 Kraft II. von Hohenlohe (Hübner 200 nennt ihn Ulricus) ist ein Sohn Krafts I. †1313, der in dritter Ehe mit Gfn Agnes von Württemberg †1305 vermählt war. Kraft II. urkundet von 1290 bis 1344. Den 3. Mai 1344 als Todestag nennen: Öhringer Stifts-Obleybuch bei Hammer Hohenlohe 12: »Anno Domini MCCCXLIIII. in die Inventionis sancte Crucis. Obiit Nobilis et Generosus dominus Krafto de Hohenloch senior«; Stälin 3, 676; Behr 169; Giefel Nr 25; Schön Nr 21; Isenburg 1, 75; Freytag 1, 75 u. 5, 1. Den 8. Mai 1344 als Todestag nennen: A. Rüttel d. J. J1 48a, 214; O. Gabelkover Cod. hist. 2° 586, 232v; Pregitzer 1, 8; Voigtel-Cohn 91. Das Todesjahr 1344 nennen: Stälin 3, 713; P. Stälin 717; Krüger Tf 8; Schwennicke 1, 122; Uhland Festschrift 398. Zum Haus Hohenlohe: Christian Ernst Hanßelmann, Diplomatischer Beweiß, daß dem Hauß Hohenlohe die Landeshoheit zugekommen, Nürnberg 1751; Wilhelm Hammer, Beiträge zur Genealogie des Fürstlichen Hauses Hohenlohe, Öhringen 1843; Hermann Bauer, Die Hohenlohesche Genealogie in: Württ. Franken 1848, 3–20 u. 1855, 16–39; Adolf Fischer, Geschichte des Hauses Hohenlohe, Stuttgart 1, 1866-3, 1871; Karl Weller, Geschichte des Hauses Hohenlohe, Stuttgart 1, 1903-2, 1908; Hubert Prinz zu Hohenlohe-Schillingsfürst u. Friedrich Karl Erbprinz zu Hohenlohe-Waldenburg, Hohenlohe. Bilder aus der Geschichte von Haus und Land = Mainfränkische Hefte 44, 1965. Stammtafeln Hohenlohe bei: A. Rüttel d. J. J1 48a, 206–213 u. 214; Hammer Hohenlohe Tf A; Bauer Hohenlohe 1848 Tf 10–11 u. 1855 Tf 26–27; Stälin 3, 676; Joseph Albrecht, Archiv für Hohenlohische Geschichte I., Öhringen 1857–1860 Tf IB; Christian Belschner, Die verschiedenen Linien und Zweige des Hauses Hohenlohe seit 1153, Ludwigsburg 1926; Freytag 5, 1.

6 Den 13. September 1342 als Todestag nennen: Grabmal (Anm. 9); A. Rüttel d. J. J1 48a, 214; O. Gabelkover Cod. hist. 2° 586, 232v; Pregitzer 1, 8; Pfaff Wirtemberg 2, 60; Stälin 3, 676 u. 713; Behr 169; Voigtel-Cohn 91; P. Stälin 717; Giefel Nr 25; Krüger Tf 8; Schneider Stammbaum; Schön Nr 21; Isenburg 1, 75; Freytag 1, 75 u. 5, 1; Schwennicke 1, 122; vgl. zum Todesjahr Anm. 8.

7 Den Begräbnisort Gnadental nennen: A. Rüttel d. J. J1 48a, 214; O. Gabelkover Cod. hist. 2° 586, 232v; Pregitzer 1, 8; Wibel (Anm. 9) 1, 74; Hammer Hohenlohe (Anm. 5) 12; Stälin 3, 715-s; OAB Öhringen 1865, 227; Albrecht (Anm. 8) 1870, 2, 376; Wieland (Anm. 9) 11. Begräbnisort bei Schön Nr 21 unbekannt.

8 Beschreibung des Grabsteins bei: Friedrich Karl von Hohenlohe-Waldenburg in: Correspondenzblatt des Gesammtvereins deutscher Geschichts- und Alterthumsvereine 1863, 11 mit Abb.; Joseph Albrecht, Hohenlohische Grab-Denkmale in: Archiv für Hohenloh. Geschichte II, Öhringen 1870, 376: »Adelheids Tod erfolgte am 13. September 1342, und ihre Ruhestätte fand sie in der Kirche des damaligen Cisterzienser-Nonnenklosters zu Gnadenthal, wo über ihrem Grabe liegend ihr Denkstein, wovon hier eine Abbildung steht, noch heute vorhanden ist. Derselbe ist 8 Fuß 4 Zoll lang und 3 Fuß 2 Zoll breit, sehr massiv. Die Umschrift ist mit großer Sorgfalt ausgeführt, dagegen sind die beiden, auf dem gegen den Schriftrand um 3 Zoll tiefer liegenden glatten Raum angebrachten Wappen, nicht erhaben dargestellt, sondern vertieft eingegraben«; Friedrich Karl von Hohenlohe-Waldenburg, Mittelalterliche Grabsteine in: Anzeiger für Kunde der deutschen Vorzeit NF 19, 1872, 177–183 mit Abb. S. 180, 181: »Der Grabstein ist 8 Fuß 4 Zoll lang und 3 Fuß 4 Zoll breit und bedeckt noch heute das Grab der Gräfin in der Gnadenthaler Kirche. Die sorgfältig ausgeführte Umschrift und die um 3 Zoll tiefer liegenden, ziemlich rohen Wappenschilde sind vertieft eingegraben. Die ganze Arbeit verräth einen einfachen Steinmetzen und macht an und für sich den Eindruck eines viel höheren Alters.« Abbildung auch in JllGW 297, wo als Todesjahr »1340 oder 1342« genannt wird – dies vermutlich im Hinblick auf die Grabschrift MCCCXL.II.ID.SEPTEMB. Bei einem Sterbejahr 1340 müßte jedoch die Angabe II.ID.SEPT. als PRIDIE ID.SEPT. wiedergegeben worden sein. Das Grabmal befindet sich heutzutage im Eingangsraum der Klosterkirche; nach der sicherlich irrigen Angabe der OAB Öhringen 1865, 227 war das Grabmal seinerzeit nicht mehr vorhanden; ebenso bei Wieland (Anm. 9) 11.

9 Zitiert nach dem Original in Gnadental. Inschrift auch bei: Johann Christian Wibel, Hohenlohische Kirchen und Reformations-Historie, Ansbach 1752, 1, 74; M. Wieland, Das Cistercienserinnen-Kloster Gnadenthal in Württemberg, Bregenz 1906, 11 (der wohl nach der irrigen Angabe der OAB Öhringen 1865, 227 ebenfalls den Grabstein als nicht mehr vorhanden wähnt).

10 Pregitzer 1, 8; nach Freytag 5, 1 entstammen der Ehe Krafts II. mit Adelheid der Stammhalter Kraft III. sowie zwei Töchter; O. Gabelkover Cod. hist. 2° 586, 232v bezeichnet Adelheid auch als Mutter des Friedrich von Hohenlohe, Bischofs zu Bamberg.

Irmengard

†1329

Gräfin von Württemberg

Gräfin von Hohenberg

T. v. Graf Eberhard I. dem Erlauchten von Württemberg[1]
u. v. Markgräfin Irmengard von Baden[2]

Geboren nach 1300[3]
in

Vermählt im April 1318[4]
mit Graf Rudolf I. von Hohenberg †1336[5]

Gestorben am 16. oder 17. Mai 1329[6]
in

Beigesetzt 1329
in Ehingen (Rottenburg am Neckar) in der St. Morizkirche[7]

»an den altare der gewihet ist in Eren vnser vrowen Sant Marien, vnd stat in der kirchun Sant Mauritij, vor vnserre vrowen sälige grap von Wirtenberg ze Ehingen.«[8]

»vnser frown altar der da gestift ist in der underun kilchun ze ehingen in der absitun bi dem Negger.«[9]

Grabmal[10]

»HIC IACET ECCE ROSA QVONDAM NIMIVM SPECIOSA IRMENGART GRATA DE WIRTENBERG GENERATA VXOR R(VDOLFI)«[11]

»Anno domini M.CCC.XXIX obiit Irmengardis comitissa in Hohenberg, nata de Wirtemberg, uirtuosa valde que fuit prima fundatrix hujus collegij.«[12]

»Irmengart Gräfin zu Wirtemberg, ain Swester Graf Eberhard und Graf Ulrichs. Ruedolf ir Gemahel ain Graf von Hohenberg in Schwaben, Stifter der Chorherrn zu Ehingen am Neckar anno Domini MCCCXXXVI. daselbs mit seiner Hawsfrawen begraben.«[13]

»hat eben viel Kinder gebohren«[14]

»Irmengard vermählete sich mit Rudolpho dem ältern, Grafen von Hohenberg, so ein Sohn Graf Albrechts und Ursulae, Gräfin von Oetingen gewesen, welcher die Stiffts-Kirch S. Mauritii zu Ehingen am Neccar, neben und mit seiner Gemahlin gestifftet, wohin er nach seinem Tod so Anno 1336. geschehen, mit diser seiner Gemahlin, die Anno 1340 gestorben, begraben worden, wie solches allda beeder auffgerichtete Monumenta bezeugen, under welchen das jenige so Gräfin Irmengard auffgericht, also lautet: Hic jacet nova Rosa, quondam nimium speciosa, Irmengard gratia Würtemberga nata uxor. R.«[15]

»Ligt zu Ehingen am Neccar in der Stiffts-Kirche beerdigt, allwo noch ihr Grabmahl zu sehen.«[16]

»welcher Grabstein zu Rottenburg zeiget, daß sie sehr schön müsse gewesen seyn«[17]

»Diese liegt zu Rothenburg am Neckar begraben, und muß, wenn ihre Grabschrift nicht schmeichelte, sehr schön gewesen sein.«[18]

»Nach ihrer Grabschrift muß diese sehr schön und angenehm gewesen seyn.«[19]

»Der Grabstein zu Rottenburg zeigt durch seine Inschrift, wie frühe schon die Töchter des würtembergischen Hauses durch Schönheit berühmt waren.«[20]

»Irmengard, an Rudolph von Hohenberg verheirathet, wird an einem Ort, wo an Schmeichelei in dieser Hinsicht wohl nicht mehr zu denken ist – auf ihrem Grabstein zu Rothenburg – als sehr schön angedeutet. Er hat die Aufschrift:

Hic jacet ecce Rosa	Irmengard hier liegt im Schooße
quondam nimium Speciosa,	der Erde, die prächtige Rose,
Irmengard grata	Sie die Holde, Sittsame
de Wirtenberg nata.	aus Wirtenbergischem Stamme.«[21]

die durch ihre Schönheit berühmte Irmengard, die prächtigste der Rosen, wie ihre Grabschrift sie nennet«[20]

»Irmengard, ein Wunder der Schönheit, eine große Wohlthäterin der Armen und Kirchen«[22]

»Als erste des Hauses Hohenberg fand Rudolfs Gemahlin, die schöne Irmengard von Württemberg, in der neuen Gruft ihre Ruhestätte; ihr Grabmal lobt sie noch heute: – was man, etwas frei übersetzen könnte:

Hic iacet ecce rosa	Hier ruht im Erdenschoße
quondam nimium speciosa	die einst so schöne Rose,
Irmengart grata	der Wohltun Lebenswerk,
de Virtemberg generata	Irmgard von Württemberg,
uxor Rudolfi	Rudolfs Gemahlin.«[23]

Anmerkungen

1 Monumenta Hohenbergica 279 Nr 331: Urkunde vom 23. April 1331: »Wir Graue Rudolf von Hohenberg« »vnser lieber Swager Graue Ulrich von Wirtemberg«. Monumenta Hohenbergica 290–292 Nr 343: Urkunde vom 13. Mai 1333: »Jch Graue Vlrich von wirtenberg« »Graue Rudolf von Hohenberg min Sweher« (im Hinblick auf die gesicherte Kenntnis der Eheverbindungen sowohl Gf Ulrichs III. †1344 als auch Rudolfs von Hohenberg muß hier Schweher mit Schwager gleichgesetzt werden; vgl. Schmid Hohenberg 195). Als Tochter Gf Eberhards I. des Erlauchten †1325 wird Irmengard genannt bei: A. Rüttel d. J. J1 35, 19r; O. Gabelkover Cod. hist. 2° 586, 233r u. 253v; Heimführung 12; Pregitzer 1, 8; (bei Hübner 200 nicht aufgeführt); Steinhofer 1, 67; Sattler Gf 1, 102; Uebelen Eberhard 110; Stälin 3, 669 u. 713; Schmid Hohenberg 160; Pfaff Wirtemberg 2, 60; Behr 169; Voigtel-Cohn 91; P. Stälin 717; Giefel Nr 21; Krüger Tf 8; Schön Nr 19; Isenburg 1, 75; Freytag 1, 75; Schwennicke 1, 122 u. 145 (Tf Hohenberg, als Tochter eines Grafen Eberhards II.). Als Tochter Gf Ulrichs I. †1265 genannt bei: Suntheim 592 (Anm. 13) u. 595 (Mutter: Agnes von Schlesien-Liegnitz).

2 O. Gabelkover Cod. hist. 2° 586, 233r nennt in Kenntnis weiterer Ehen Eberhards des Erlauchten dessen dritte Gemahlin Irmengard von Baden †n. 1320 als Mutter Irmengards. Für diese Annahme spricht neben der Namensgebung die Überlegung, daß Irmengard 1318 bei ihrer noch auf dem Grabmal gerühmten Schönheit längst anderweitig versprochen gewesen wäre, wenn sie älter als 14 oder 15 Jahre gewesen wäre, als der im Vorjahr verwitwete Rudolf von Hohenberg um ihre Hand anhielt. Da seit Sattler nur noch eine Ehe Eberhards des Erlauchten angenommen wurde, gilt Irmengard von Baden in der Literatur ohnehin als Mutter Irmengards †1329.

3 Pregitzer 1, 8 gibt infolge einer Fehldeutung der Sindelfinger Annalen für Irmengard als Geburtsjahr 1291 und als Geburtsort »zu Achalm« an; vgl. dazu Gfn Agnes †v. 1350 Anm. 3; zum Geburtsjahr Irmengards vgl. Anm. 2. Das Jahr 1291 ebenfalls bei: Steinhofer 1, 67 (zu Achalm); Behr 169; Giefel Nr 23; Schön Nr 19; Uhland Festschrift 398. Sonstige Quellen ohne Angaben zum Geburtsjahr.

4 Dieser Termin beruht auf einer Vermutung bei Schmid Hohenberg 195: »23. April 1318 war Rudolf zu Stuttgart; feierte er etwa um diese Zeit sein Beilager?« (Monumenta Hohenbergica 220 Nr 269: Rudolf urkundet an diesem Tag in Stuttgart) Rudolfs erste Gemahlin, Agnes von Werdenberg, war am 27. oder 29. Juni 1317 verstorben (Schmid Hohenberg 195: Seelbuch von St. Moritz/Ehingen hat den 27. Juni, Anniversarium des Stifts Ehingen hat den 29. Juni »Petri et Pauli«). Als Heiratsdaten werden genannt: Nach 1310: Krüger Tf 8. Nach 1317: Voigtel-Cohn 91. Vielleicht 23. April 1318: Schmid Hohenberg 195 (s. o.); Behr 169; Giefel Nr 23 (mit ?). April 1318: Grossmann Hohenzollern 327; Schön Nr 19 (in Stuttgart); Isenburg 1, 75; Freytag 1, 75; Schwennicke 1, 122 u. 145. Um 1318: Schneider Stammbaum. Um 1320: P. Stälin 717. Das Jahr 1274 als Heiratsdatum gibt an: F. Rüttel J1 283, 25. Das Jahr 1291 als Heiratsdatum nimmt an: Stälin 3, 714-1; Maisch Stammtafel. Ersterer mit Hinweis auf Suntheim 595, wo jedoch Gf Ulrich †1315 und dessen Gemahlin Mechthild (Irmengard) von Hohenberg †v. 1316 angegeben sind. Stälins Vermutung konnte geäußert werden, da die erste Ehe Rudolfs von Hohenberg mit Agnes von Werdenberg seinerzeit noch unbekannt war; sie bezieht sich auf die Angabe der Sindelfinger Annalen, wonach im Dezember 1291 die noch im Sommer dieses Jahres miteinander kriegenden Grafen von

Württemberg und Hohenberg ihre Kinder miteinander vermählten. Zu der dort geschlossenen Ehe vgl. Gfn Mechthild †v. 1316 Anm. 4. Schmid Hohenberg 113 gibt für 1291 gleichzeitig mit der Verlobung Gf Ulrichs † 1315 mit Gfn Mechthild (Irmengard) †v. 1316 die Verlobung Rudolfs von Hohenberg »mit der reizenden Jrmengard« am 6. Dezember mit anschließender Heirat am 18. Dezember 1291 an, freilich ohne bei der Behandlung von Rudolfs Ehen auf S. 195 auf diese angebliche Ehe einzugehen – im Gegenteil, die »reizende Jrmengard« wird als Nachfolgerin der 1317 verstorbenen ersten Gemahlin Rudolfs, Agnes von Werdenberg, genannt. Decker-Hauff Wirtemberg nimmt neuerdings eine 1291 eingegangene Ehe Rudolfs mit einer Irmgard, Tochter Graf Ulrichs II. † 1279, die nicht identisch ist mit Eberhards des Erlauchten Tochter Irmengard † 1329, an. Gegen diese Vermutung läßt sich anführen: Die Formulierung in den Sindelfinger Annalen, wonach die Kriegsgegner des Sommers 1291 zu Ende dieses Jahres »pueros eorum« beziehungsweise »liberos suos« vermählt haben sollen, zwingt keineswegs zur Annahme einer Doppel- oder Kreuzheirat. Rudolf von Hohenberg muß sich 1291 noch im Säuglingsalter befunden haben; er ist nämlich im Jahr 1300 noch minderjährig (Monumenta Hohenbergica 145 Nr 181: Urkunde vom 10. April 1300: Albrecht III. von Hohenberg »pro nobis et fratribus nostris minoribus«) und ist noch im Sommer 1304 ohne eigenes Siegel (Monumenta Hohenbergica 157f Nr 200: Urkunde vom 7. Juli 1304). Seine angebliche allererste Gattin Irmgard müßte als Tochter Gf Ulrichs II. † 1279 zum Zeitpunkt ihrer Vermählung mit Rudolf mindestens elf Jahre alt gewesen sein. Ihre durch nichts nachgewiesene Existenz muß bestritten werden.

5 Zu den Grafen von Hohenberg vgl. Gfn Mechthild †v. 1316 Anm. 1. Rudolf I. von Hohenberg, Sohn Albrechts II. und der Margarethe von Fürstenberg, starb am 11. Januar 1336 in Oesterreich und wurde in der Kirche des von ihm gegründeten Chorherrenstifts, in St. Moriz in Ehingen (Rottenburg am Neckar) beigesetzt. Sein Grabmal hat sich erhalten und trägt die Inschrift: »DEVOTAS MENTES HAEC HORTOR SCULPTA TUENTES EIUS UT IN PRECIBUS MEMORES SINT PRINCIPIS HUIUS QUI OBIIT ANNO DOMINI M.CCC.XXXVI.III.ID.JAN.« (nach Schmid Hohenberg 196). Rudolfs erste Gemahlin war Agnes von Werdenberg † 1317 (Anm. 4); nach dem Tode seiner zweiten Gattin Irmengard † 1329 vermählte er sich in dritter Ehe 1331 mit Gräfin Elisabeth von Sponheim (Monumenta Hohenbergica 280f Nr 333: Ehevertrag vom 20. Juni 1331), die nach seinem Tode Landgraf Ludwig von Hessen † 1345 heiratete.

6 Grossmann Hohenzollern 327 Nr 28: Eine Handschrift des Ehinger Anniversars setzt Irmengards Tod auf den 16., die zweite auf den 17. Mai 1329. Den 17. Juni 1329 als Todestag nennen: Isenburg 1, 75; Freytag 1, 75; Schwennicke 1, 122 (Tf Württemberg; 1, 145 Tf Hohenberg ohne Angaben zum Todesdatum). Das Todesjahr 1329 nennen: Anniversarium Ehingen (Anm. 12); OAB Rottenburg 1828, 15; Stälin 3, 669 u. 713; Schmid Hohenberg 195 u. Tf 2; Behr 169; Voigtel-Cohn 91; P. Stälin 717; Maisch Stammtafel; Giefel Nr 23; Krüger Tf 8; Schneider Stammbaum; Schön Nr 19; Uhland Festschrift 398. Das Jahr 1340 als Todesjahr nennen: A. Rüttel d. Ä. J1 48a, 99r (Todesjahr des Gatten dort 1325); Heimführung 12 (Anm. 15). Das Jahr 1341 als Todesjahr nennen: A. Rüttel d. J. J1 35, 19r (als Gattin Rudolfs von Baden); O. Gabelkover Cod. hist. 2° 586, 233r (andere haben 1329, das Todesjahr 1341 »ist auß einem gar alten Buch zu Rothenberg am Neccar außgeschriben worden«); Walchische Chronik J6 Bü 1b bei: Karl Kempf, Die Chronik des Christoph Lutz von Lutzenhartt aus Rottenburg am Neckar, Vaihingen/Enz 1986, 107; Pregitzer 1, 8; Steinhofer 1, 67.

7 Schmid Hohenberg 190f: Rudolf und Irmengard »bestimmten dieselbe zum Erbbegräbniß des Hohenbergischen Hauses und stifteten zu würdiger Ausstattung ihrer Grabstätte daselbst ein Chorherrnstift mit den erforderlichen Pfründen. Dabei mögen sie sich das Chorherrnstift Beutelspach (seit 1321 Stuttgart), die Grabstätte des Grafenhauses Wirtemberg, zum Muster genommen haben. Die sterbliche Hülle der schönen Jrmengard war auch die erste, welche (1329) in das neue Grabgewölbe gesenkt wurde.« Begräbnisort Ehingen-Rottenburg genannt bei: A. Rüttel d. Ä. J1 48a, 99r; O. Gabelkover Cod. hist. 2° 586, 233r (mit Grabschrift); Heimführung 12 (mit Grabschrift); Pregitzer 1, 8; Steinhofer 1, 67; Sattler Gf 1, 102 (mit Grabschrift); Uebelen Eberhard 110 (mit Grabschrift); Stälin 3, 714-k (mit Grabschrift); Schmid Hohenberg 195 (mit Grabschrift); Grossmann Hohenzollern 107; Schön Nr 19. Zu St. Moriz in Rottenburg-Ehingen: OAB Rottenburg 1828, 124–126 (mit Grabschrift 126); Anton Staudacher, Die Hohenbergischen Grabdenkmale in der Stadtpfarrkirche zu St. Moriz in Rottenburg-Ehingen in: Beil. Staatsanzeiger, 1879, 21–24 (mit Grabschrift 22); Kunst- und Altertums Denkmale Württemberg, Stuttgart 1897, Schwarzwaldkreis 276–278 (mit Grabschrift 276); OAB Rottenburg 1900, II, 14–17 (mit Grabschrift 17); Erich Schorp, 750 Jahre Stadtpfarrkirche St. Moriz in: Sülchgauer Altertumsverein Rottenburg a.N., Jahresgabe 1960, 83–86; derselbe, Die Hohenberger und St. Moriz in: Jahresgabe 1964, 10–15; Adalbert Baur, Rätsel um St. Moriz. Die Erbauung der Stiftskirche in Ehingen am Neckar nach der schriftlichen Überlieferung in: Jahresgabe 1970, 3–11; Eva Benesch, Die Stiftskirche St. Moriz in Vergangenheit und Gegenwart in: Jahresgabe 1970, 12–26; Dieter Manz, Aus der Bau- und Kunstgeschichte von St. Moriz in: Jahresgabe 1976, 14–26.

8 Monumenta Hohenbergica 287 Nr 340: Urkunde vom 8. Mai 1332: Stiftung Rudolfs von Hohenberg an den Marienaltar in St. Moriz in Ehingen.

9 Monumenta Hohenbergica 259 Nr. 311: Urkunde vom 19. Juni 1328.

10 In St. Moriz befinden sich neben dem Grabmal Irmengards † 1329 das Grabmal ihres Gatten Rudolf † 1336 und dessen Sohnes Albrecht, Bischof von Freising † 1359. Staudacher (Anm. 7) 21: »Die Stadt Rottenburg besitzt in diesen steinernen Figuren nach dem Zeugniß gewiegter Sachverständiger nicht zu verachtende, und auch geschichtlich höchst interessante Kunstdenkmale.« Kunst- und Altertums Denkmale (Anm. 7) 277f: »Die eben genannten, aus Sandstein gearbeiteten drei Grabmale der Hohenberger zeigen noch den edlen Stil der Frühgotik, mit der klaren Gewandung und dem milden, weichen, sanft schwermütigen Ausdruck der Gesichter.« OAB Rottenburg 1900, II, 17: »Die drei Gestalten zeigen ›die einheimische, tief gemütvolle Weise, den edlen, reinen Stil der Frühgotik, mit der klaren Gewandung und dem milden, weichen, sanft schwermütigen Ausdruck der Gesichter‹« (ohne Angabe der Herkunft des Zitats). Bräutigam 127 Nr 52 in seiner Beschreibung des Grabmals schätzt die Entstehungszeit auf circa 1336; (72: »nach 1336«; 121: »um 1336«). Zeichnung des Grabmals in JllGW 299; Abb. in Kunst- und Altertums Denkmale (Anm. 7) 277; Rottenburg am Neckar, Weißenhorn 1974, Tf 26.

11 Inschrift zitiert nach Stälin 3, 714-k; vgl. Anm. 7.

12 Anniversarium des Stifts Ehingen nach Schmid Hohenberg 195.

13 Suntheim 592.

14 O. Gabelkover Cod. hist. 2° 586, 233r. Grossmann Hohenzollern 107 führt vier Söhne und eine Tochter Rudolfs an, wobei ungeklärt bleibt, ob diese der Ehe mit Agnes von Werdenberg oder mit Irmengard von Württemberg entstammen,

S. 327 Nr 29 wird Mathias von Neuenburg zitiert: »ex Rudolfo et domina de Werdenberg descenderunt Albertus, Rudolfus, Hugo, Hainricus et una filia« (Stälin 3, 670-1 deutet diese Angabe in Unkenntnis der Ehe Rudolfs mit Agnes von Werdenberg als Wirtenberg).

15 Heimführung 12.

16 Pregitzer 1, 8.

17 Sattler Gf 1, 102.

18 Essich 70.

19 OAB Rottenburg 1828, 16.

20 Zimmermann 1, 480.

21 Uebelen Eberhard 110.

22 Pfaff Wirtemberg 2, 60.

23 Staudacher (Anm. 7) 22.

24 Sebastian Blau, Rottenburger Hauspostille, Stuttgart, 1976, 80. Zur möglichen Herkunft dieser herausragenden Schönheit vgl. Gfn Agnes † 1265 Anm. 22.

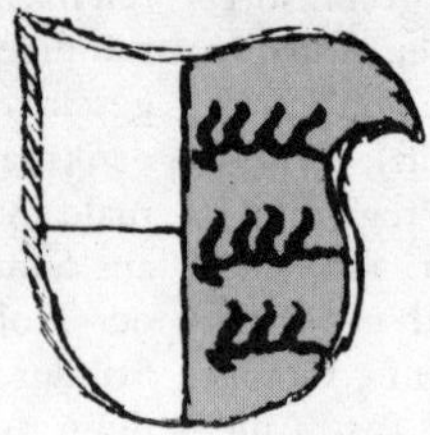

Generation IV

Ulrich †1315
⚭ Mechthild von Hohenberg †v. 1316

Ulrich	Agnes
†n. 1320/1335	†1373
	I Helfenstein
	II Schlüsselberg

Ulrich III. †1344
⚭ Sophie von Pfirt †1344

Eberhard II.	Ulrich IV.
†1392	†1366
⚭ Elisabeth	⚭ Katharina
von Henneberg	von Helfenstein
†1384	†n. 1386

Ulrich

†n. 1320/1335

Graf von Württemberg

»der Sohns Sohn genannt«[1]

Urkundlich 1316–1321[2]

S. v. Graf Ulrich von Württemberg †1315[3]
u. v. Gräfin Mechthild von Hohenberg †v. 1316[4]

Geboren nach 1300[5] oder um 1310/11[6]
in

Unvermählt und »ohne Leibs-Erben«[7]

Gestorben bald nach dem 15. Dezember 1321[8] oder 1335[9]
in

Beigesetzt
in Stuttgart in der Stiftskirche[10]
oder
in Ulm in der Wengenkirche[11]

Grabmal in Stuttgart[12]

»Wir grave Eberhart von Wirtenberg, grave Ulrich sin sun unde grave Ulrich des vorgenanten graven Eberharts sunes sun.«[13]

»Vlricus Comes Wirtenbergensis Vlrici ex Irmengarda Comitiße Hohembergensis Filius obiit sine uxore et liberis Anno M.CCC.XXXV. Aetatis suae XXV. An disem stain mag kain grabschrifft gelesen werden vnnd nichts weythers daruff dan das helm klainot vnd herunden im schilt das halb würtembergisch wappen zu sehen ist vnnd darbei die Jar Zal MCCC.XXXV.«[14]

»Dieweil nun nach disem von Graff Vlrich dem jüngern vnd IX. der Graffe Vlrich des VII. Sohn gewesen ist, fürohin kain meldung geschiehet, hat es ein großes ansehen, daß Er entweder noch in disem 1321. oder gar zu anfang des

1322. jahr gestorben, auch villeicht der erste Graff von Württemberg gewesen seye, der alhie zue Stuettgardten im Chor begraben worden.«[15]

»In diesem 1323. oder dem vorhergehenden Jahr begabe sich Grav Eberhards ältern Sohnes Sohn, Grav Ulrich, dessen schon öfters gedacht worden, daß er mit seinem Großvater und seines Vaters Bruder unterschiedliche Urkunden besigelt, in den geistlichen Stand. Das Recht der Erstgeburt liesse in damaligen Zeiten dem Ansehen nach sich nicht auf die Erben ausdehnen. Dann sonsten würde diser Grav Ulrich nach den heutigen Grundsätzen seines Vaters jüngern Bruder ausgeschlossen haben. Damals aber war das Recht der Erstgeburt noch nicht eingeführt, sondern es würde derselbe entweder als des ältern Bruders Sohn die Regierung allein bekommen haben oder es würde diser mit Grav Ulrichen dem Zweytgebohrnen Sohn Grav Eberhards das Land haben theilen müssen. Diser alte Herr sahe aber die Vertheilung nicht gern und der jüngere Grav Ulrich erwählete seinem Vetter zu lieb den geistlichen Stand und wurde Thumherr zu Speyr. Wir werden seiner hinfüro noch als eines Probsten zu St. Quidon gedenken. Gabelkofer ist der Meynung daß diser Enkel Grav Eberhards um dise Zeit verstorben seye, weil seiner nicht mehr in Urkunden gedacht werde. Wann aber seiner schon nicht mehr als Grav Eberhards Sohnes-Sohns Meldung geschieht, so wird er doch entweder ein Thumherr zu Speyr, oder Probst zu St. Quidon und mithin nach seinem Stand, dabey aber dennoch ein Grave von Würtemberg genennet. Jch wüßte auch sonsten nicht, was diser geistliche Herr für ein Grav von Würtenberg gewesen seyn müßte.«[16]

»Ulrich, der Neundte, Ulrich deß Siebenden Sohn, Eberhards deß Durchleuchtigen Enckhel, Graf zu Württemberg, starb im Jahr 1321. oder ein Kleines hernach.«[17]

»Unter Eberhards eigenen Söhnen und Enkeln ist in den Jahren des Reichskrieges (vielleicht um die Reichsacht zu unterlaufen) wenigstens zeitweilig geteilt worden, sonst wäre die Erwähnung eines Grafen Ulrich, genannt Sohnes Sohn, als Mitregent 1321 schwer verständlich. Denn dieser war kein Sohn des von 1325 bis 1344 regierenden Ulrich, sondern muß von Ulrichs älterem, jung verstorbenen Bruder stammen. Ulrich der ›Sohnes-Sohn‹ hat wohl die Rechte seiner abgeteilten Linie zu vertreten versucht, aber das bekam ihm wenig: er starb jung (um 1325), und den hinterlassenen Sohn ließ der Großoheim Ulrich gleich gar nicht zur Regierung kommen, sondern steckte ihn in ein Kloster. Das war die Art, mit der Ulrich, der Sohn Eberhards des Erlauchten, frühere Landesteilungen wieder rückgängig machte.«[18]

Anmerkungen

1 Pregitzer 1, 8; vgl. Anm. 13.

2 Esslinger Urkundenbuch 1, 216–219 Nr 464f: Urkunden vom 20. Dezember 1316; vgl. Anm. 13. A 602 U 7399: Urkunde vom 15. Dezember 1321 (Württ. Regesten 1, 280 Nr 7399). Die Urkunden von 1316 wurden von Gf Ulrich nicht gesiegelt. Die Beschwörung dieser Verträge am 3. September 1344 (Esslinger Urkundenbuch 1, 401 Nr 788) weist ausdrücklich auf diese Tatsache hin. Die Urkunde von 1321 zeigt Gf Ulrichs Siegel mit dem Wappenschild Württemberg und Hohenberg; Zeichnung bei A. Rüttel d. Ä. J1 1b, 2v u. J1 23, 11.

3 Als Sohn Gf Ulrichs †1315 genannt bei: O. Gabelkover Cod. hist. 2° 586, 197r u. 201r; Pregitzer d. Ä. J1 35, 566v (der für Ulrichs Vater das Todesjahr 1335 nennt); Sattler Gf 1, 22 u. 80 u. 97 u. 130; Tiedemann 9 (Anm. 17); Stälin 3, 713; Behr 169; Voigtel-Cohn 91; P. Stälin 717; Maisch Stammtafel; Giefel Nr 28; Krüger Tf 8; Schneider Stammbaum; Schön Nr 24; Isenburg 1, 75; Freytag 1, 75; Decker-Hauff Stuttgart 224; Schwennicke 1, 122; Decker-Hauff Münsingen 35. Als Sohn Gf Ulrichs III. †1344 genannt bei: Pregitzer 1, 8 (wo auch seine Schwester Gfn Agnes †1373 als angebliche Tochter Gf Ulrichs III. †1344 aufgeführt wird). Die Auffassung, der am 15. Dezember 1321 letztmals urkundlich erwähnte Graf Ulrich sei nicht – wie Gabelkover (Anm. 15) annimmt – bald nach diesem Tage verstorben, sondern habe sich seinerzeit in den geistlichen Stand begeben und sei mit dem 1348 verstorbenen Ulrich, Propst zu Speyer, identisch, vertritt erstmals Sattler Gf 1, 97f (Anm. 16) u. 130: »Jch weiß wohl, daß ihn einige für einen natürlichen Sohn eines Graven von Würtenberg, andere aber für einen Sohn Grav Ulrichs des zweyten halten. Es ist aber der Wahrheit und den Umständen der Zeit am gemässesten, wann man ihn für einen Enkel Grav Eberhards des Durchleuchtigen hält vor seinem ältern Sohn Grav Ulrichen dem dritten. Dann diser ware schon im Jahr 1288. mit der Grävin Jrmengarden von Hohenberg vermählet. Wann man nun voraus setzet, daß er schon damahls gebohren seyn können, so würde er im Jahr seines Absterbens 60. Jahre zuruckgeleget haben. Es ist dises ein Alter, welchem der Tod gefährlich zu werden pfleget. Man erinnere sich dabey, daß so lang Grav Eberhards älterer Sohn, als unsers Probstes zu St. Wyden Vater, noch gelebet, dises letzteren niemals in Urkunden einige Meldung geschehen. So bald aber jener verstorben ware, so zog Grav Eberhard dises verstorbenen Sohnes Sohn in so fern in die Gemeinschafft der Regierung, daß er wichtige Briefe neben ihm besigeln mußte. Von der Zeit an hingegen, da er in den geistlichen Stand tratt oder, wie man damals die Sprache führte, die Welt verließ, so wurde er auch nicht mehr zu Besiglung der Urkunden, welche die Graven von Würtenberg verbindlich machten, gezogen, sondern man betrachtete ihn, als ob er einer künftigen Regierung sich begeben hätte.« Die Auffassung Sattlers wird in der Folge nur von Uebelen Eberhard 102 und Pfaff Ursprung Tf 1 u. Wirtemberg 2, 60 geteilt (wobei Pfaff von zwei Personen ausgeht: einem Ulrich, Propst zu Boll und Sindelfingen †1348 als Sohn Gf Ulrichs †1315 und einem Ulrich, Propst zu St. Guido in Speier, urk. 1327 u. 1347); vgl. Gf Eberhard I. †1325 Anm. 19.

4 Ulrich führt im Siegel das Wappen seiner Mutter Mechthild von Hohenberg †v. 1316 (Anm. 2).

5 Beilager der Eltern um oder bald nach 1300; vgl. Gfn Mechthild †v. 1316 Anm. 4f.

6 A. Rüttel d. J. (Anm. 14) gibt für Ulrich bei einem Sterbejahr 1335 ein Alter von 25 Jahren an; vgl. Anm. 9. Als Geburtsdaten für Ulrich werden genannt: circa 1302:

Uebelen Eberhard 26. Nicht vor 1305: Krüger Tf 8. Sonstige Quellen ohne Angaben zum Geburtsjahr.

7 Pregitzer I, 8.

8 Letzte urkundliche Nennung am 15. Dezember 1321 (Anm. 2). Gabelkover (Anm. 15) nimmt den Tod Ulrichs bald nach diesem Tag an, während Sattler (Anm. 3) statt dessen einen Übertritt in den geistlichen Stand vermutet und das Todesjahr 1348 hat. Den Tod Ulrichs bald nach 1321 nennen: Schmid 25; Pregitzer I, 8 (»ums Jahr 1321.«); Steinhofer I, 62; Tiedemann 9 (Anm. 17); Stälin 3, 713; Behr 169; Voigtel-Cohn 91; P. Stälin 717; Maisch Stammtafel; Giefel Nr 28; Krüger Tf 8; Schneider Stammbaum; Schön Nr 24; Isenburg I, 75; Freytag I, 75 (seit Behr jeweils: nach dem 15. Dezember 1321); Dekker-Hauff Stuttgart 224 (vor dem Großvater Gf Eberhard I. † 1325). Todesjahr 1321 bei: Uhland Festschrift 398. Um 1325: Decker-Hauff Münsingen 35 (Anm. 18). Schwennicke I, 122 ohne Todesjahr, lediglich die Angabe urkundlich 1321.

9 Bei der Bestandsaufnahme der Grabmäler in der Stuttgarter Stiftskirche 1566 fand sich ein sehr schlecht erhaltener Grabstein, der von A. Rüttel d. J. seinerzeit dem Sohn Gf Ulrichs † 1315 und der Mechthild (Irmengard) von Hohenberg † v. 1316 zugeordnet wurde (Anm. 14). Beider Sohn Ulrich wäre demnach um 1310/11 geboren und 1335 im Alter von 25 Jahren verstorben. Die dazugehörige Zeichnung des Grabsteins (HB XV 77, 31r) läßt jedoch nichts von einer Inschrift oder gar Jahreszahl erkennen, so daß zu fragen ist, weshalb Rüttel den Stein nicht etwa Gf Ulrich II. † 1279 oder Gf Ulrich † 1315 zuschrieb, deren Grabmäler in Stuttgart als verschollen galten. Sollte der 1321 letztmals urkundlich erscheinende Ulrich tatsächlich erst 1335 verstorben sein, so muß er als eigentlicher Senior des Hauses Württemberg um das Erbe seines Vaters und die Regierung des Landes gekommen sein. Mögliche Gründe dafür sind entweder in einer Unfähigkeit Ulrichs oder aber wahrscheinlich in dem Bestreben Eberhards des Erlauchten und Ulrichs III., dem Lande die Einheit und dem Hause angesichts des Niedergangs zahlreicher benachbarter Adelshäuser die Macht zu erhalten, zu sehen. Merkwürdig ist in diesem Zusammenhang auch eine Angabe A. Rüttels d. Ä. J1 48a, 99r, wonach ein 1311 geborener Graf Ulrich von Württemberg im Jahre 1335 mit 25 Jahren kinderlos verstorben und in Ulm im Wengenkloster beigesetzt worden sein soll. Ebenso die Angabe bei Küng 63, wonach Gf Ulrich † 1344 als angeblicher Sohn Gf Ulrichs I. † 1265 mit Sophie von Pfirt einen Sohn gezeugt habe: »graff Ulrich den jüngern, welcher im 26. jar seines alters zu Ulm gestorben ist und daselbst in das Wengencloster begraben worden«. Sollte etwa der um sein Erbe geprellte Ulrich sein Recht bei den Reichsstädtern in Ulm gesucht haben und dort im Exil verstorben sein oder entbehrt die Angabe von Rüttel und Küng jeglicher Glaubwürdigkeit?

10 Begräbnisort in Stuttgart nennen: A. Rüttel d. J. (Anm. 14); O. Gabelkover (Anm. 15); Tiedemann 9 (Anm. 17); Schön Nr 24.

11 Begräbnisstätte Ulm bei: Küng und Rüttel d. Ä. (Anm. 9); Wolleber Cod. hist. 2° 934, 126v (Wengencloster Ulm »alß ein guetthatter desselbigen«); Assum Cod. hist. 4° 113, 32r. Die Literatur zur Ulmer Wengenkirche enthält keinerlei Hinweise zu diesem Begräbnis. Edition Küng 185 Anm. 346: »Aus einer Stiftung von 1183 auf dem danach benannten Michaelsberg bei Ulm ging 1215 das Augustinerkloster Wengen auf der Blauinsel im Ulm hervor. Von dem Begräbnis eines Ulrich von Württemberg ist nichts bekannt. Die Meldung Küngs ist nicht ganz unwahrscheinlich; Württemberg hatte, auf Grund der Verwandtschaft mit den Grafen von Dillingen, Besitzungen in der Ulmer Gegend.«

12 Zeichnung HB XV 77, 31r. Sie zeigt entgegen der Angabe Rüttels (Anm. 14) das ganze württembergische Hirschhornwappen. Rüttels Formulierung ist mißverständlich und könnte an ein Frauengrabmal mit entsprechendem Allianzwappen denken lassen. Für den Fall, daß Ulrich tatsächlich 1335 in Ulm beigesetzt worden sein sollte (Anm. 9 u. 11), müßte für Stuttgart ein Kenotaph angefertigt worden sein, wie dies ja auch ein Jahrhundert später für Henriette von Mömpelgard geschehen ist; vgl. Gfn Henriette †1444 Anm. 11. Im Verzeichnis der Stuttgarter Grabmäler aus dem Jahre 1583 Cod. hist. 2° 130 wird Ulrichs Grabmal als einziges unter den 1566 in HB XV aufgezeichneten Grabplatten nicht mehr aufgeführt. Somit konnte auch kein Entwurf für eine Rekonstruktion vorgelegt werden.

13 Einleitung des Friedensvertrages mit Esslingen in den beiden Urkunden vom 20. Dezember 1316 (Anm. 2).

14 A. Rüttel d. J. HB XV 77, 31v; nahezu wortgleich mit Gutachten Rüttel 1566 in A 525 Bü 3, 78r.

15 O. Gabelkover Cod. hist. 2° 586, 217r.

16 Sattler Gf I, 97f; vgl. Gf Eberhard I. †1325 Anm. 19.

17 Tiedemann 9 (wortgleich bereits bei Schmid 25).

18 Decker-Hauff Münsingen 35 (wobei unklar ist, wer der ins Kloster gesteckte Sohn des Sohnes-Sohns war). Ulrich gilt in allen Quellen als unvermählt und kinderlos verstorben. Ausnahme: A 266 Bü 8: Eine zwischen 1534 und 1544 entstandene, sehr fehlerhafte Genealogie des Hauses Württemberg nennt den Sohn Gf Ulrichs †1315 als Vater Gf Eberhards II. des Greiners †1392 und Gf Ulrichs IV. †1366 und damit als Stammvater des Hauses.

Agnes

†1373

Gräfin von Württemberg

I Gräfin von Helfenstein
II Gräfin von Schlüsselberg

T. v. Graf Ulrich von Württemberg †1315[1]
u. v. Gräfin Mechthild von Hohenberg †v. 1316

Geboren vor 1315[2]
in

Vermählt um 1320/21[3]
mit Graf Ulrich von Helfenstein †1326[4]

Zweite Ehe nach dem 20. Oktober 1330[5]
mit Graf Konrad von Schlüsselberg †1347[6]

Gestorben am 21. Januar 1373[7]
in

Beigesetzt 1373
in Blaubeuren in der Klosterkirche[8]

Grabmal[9]

»Wie auch in disem oder dem nechsten Jahr davor dises Graff Vlrichen IX. von Württemberg Schwester, Fräulein Agnes Graff Vlrichen von Helffenstein auch dem IX. in selbigem Geschlechtsregister, Graff Vlrichen VIII. Sohn, vnd Graff Hansen von Helffenstein des III. Bruder verheurathet worden, bey dem Sie gleich wohl wenig jahr gelebt, aber Jhm doch ein Sohn gebohren, der den Stammen noch etlich jahr erhalten hat.«[10]

»Hingegen ist Grav Eberhards Enkel, und Graf Ulrichs III. Tochter Agnes noch zu berühren, welche um das Jahr 1318. an Grav Ulrichen von Helfenstein vermählet worden. Sie lebte aber mit ihm nicht lang in dem Ehestand, weil er im Jahr 1326. verstarb und nur einen einzigen Sohn mit ihr erzeugete. Allein sie verheurathete sich gar bald wieder mit Conraden von Schlüsselberg, welchem K. Ludwig im Jahr 1322. die Stadt Gröningen zur Belohnung seiner Verdienste in dem Treffen bey Mühldorf zu Lehen gab, und ihm zur gebührenden Zeit die Reichs- oder, wie man sie insgemein heisse, die Sturmfahne zu führen anvertrauete, weil er in gedachter Schlacht die Haupt- oder Reichsfahne führete. Nach seinem erfolgten Absterben kam sie wieder zu ihrem Sohn, dem Graven von Helfenstein, bey welchem sie bis in ihr hohes Alter verbliebe und zu Blaubeuren in der Closter-Kirche begraben wurde.«[11]

Stammutter der 1517 erloschenen Linie Helfenstein-Blaubeuren.[12]

Anmerkungen

1 Als Tochter von Graf Ulrich † 1315 genannt bei: O. Gabelkover Cod. hist. 2° 586, 217r; Heimführung 10; Pregitzer 1, 8; Hübner 200; Steinhofer 1, 69; Sattler Gf 1, 77 u. 102; Pfaff Ursprung Tf 1; Stälin 3, 713; Behr 169; Voigtel-Cohn 91; P. Stälin 717; Giefel Nr 27; Krüger Tf 88; Schön Nr 23; Isenburg 1, 75; Freytag 1, 75; Schwennicke 1, 122. Als Tochter von Graf Eberhard I. dem Erlauchten † 1325 genannt bei: O. Gabelkover Cod. hist. 2° 586, 231v. Als Tochter von Graf Ulrich III. † 1344 genannt bei: O. Gabelkover Cod. hist. 2° 586, 230v. Die Ahnenprobe am Grabmal von Agnes in Blaubeuren (Anm. 9) deutet auf eine Abkunft aus der Ehe Graf Ulrichs † 1315 mit Mechthild von Hohenberg † v. 1316 hin.

2 Todesjahr des Vaters 1315, die Mutter starb vor Mai 1315. Als Geburtsdaten für Agnes werden genannt: 1294: O. Gabelkover Cod. hist. 2° 586, 230v; Sattler Gf 1, 78; Giefel Nr 27; Isenburg 1, 75; Freytag 1, 75; Schwennicke 1, 122; Uhland Festschrift 398. Bei dieser Angabe handelt es sich um eine Fehldeutung der Annales Sindelfingenses zum Jahr 1294, wo einem Ulrich genannten Grafen von Württemberg am 1. Januar 1294 in Stuttgart eine Tochter getauft wird in Anwesenheit der Königin Imagina, Gattin Adolfs von Nassau. Stälin, der 3, 82 u. 715 den in den Sindelfinger Annalen genannten Kindsvater als Eberhard den Erlauchten deutet, hat 3, 715-t die Angabe: »Welche Tochter Graf Eberhards die am 1. Januar 1294 getaufte ist, steht dahin«; vgl. Gf Eberhard † 1325 Anm. 18. Abgesehen davon, daß das 1294 getaufte Mädchen mit hoher Wahrscheinlichkeit den Namen seiner königlichen Taufpatin, Imagina, erhalten hat, hätte Agnes bei einem Geburtsjahr 1294 erst im unwahrscheinlich späten Alter von mindestens 26 Jahren erstmals geheiratet. Ihr zweiter Gemahl, der als Letzter seines Geschlechtes ein elementares Interesse an einem männlichen Nachkommen hatte, hätte sie dann als mindestens 36jährige Frau geheiratet, und Agnes wäre dann im seinerzeit extrem hohen Alter von 79 Jahren verstorben.
Circa 1305/1306 als Geburtsjahr nennt: Krüger Tf 8. Sonstige Quellen ohne Angaben zum Geburtsjahr.

3 O. Gabelkover Cod. hist. 2° 586, 230v gibt an, Agnes habe ihren 1326 verstorbenen ersten Gatten »nicht viel über 5 Jahr gehabt«. Als Hochzeitsdaten der Ehe Helfenstein werden genannt: 1320/1321: O. Gabelkover Cod. hist. 2° 586, 217r (Anm. 10). 1321: Pregitzer 1, 8; Steinhofer 1, 69. Um 1318: Sattler Gf 1, 102. 1318: Behr 169; Giefel Nr 27; Schneider Stammbaum; Schön Nr 23; Isenburg 1, 75; Freytag 1, 75; Schwennicke 1, 122; Uhland Festschrift 398. Eine der Ehe mit Ulrich von Helfenstein vorangegangene Ehe mit Graf Eberhard von Werdenberg nennen: A. Rüttel d.

Ä. J1 48a, 99r; Heimführung 10. Bei diesen Angaben handelt es sich um eine Verwechslung mit Gfn Agnes †v. 1350.

4 Literatur und Stammtafeln zu den Grafen von Helfenstein bei Gfn Katharina †n. 1386 Anm. 1. Ulrich †1326 entstammt der Ehe Graf Ulrichs von Helfenstein †1315 mit Gräfin Margarethe von Toggenburg; vgl. die Ahnenprobe auf dem Grabmal in Blaubeuren (Anm. 9). O. Gabelkover Helfenstein J1 48c, 162r: »Er ist aber gar jung gestorben. A. 1326. wie im seelzedel zu Wisenstaig verzaichnet ist. welchs doch zu end deß jars geschehen muß sein, dann er zu anfang deß septembris vm S. Mangen tag (= 6. September) noch gelebt.« Ende 1326 als Todesdatum für Ulrich nennen neben Gabelkover: Stälin 3, 663; Behr 169; Giefel Nr 27; Krüger Tf 8; Schön Nr 23; Isenburg 1, 75; Freytag 1, 75. Das Todesjahr 1326 nennen: O. Gabelkover Cod. hist. 2° 586, 230v; Pregitzer 1, 8; Steinhofer 1, 69; Sattler Gf 1, 102; Pfaff Ursprung Tf 1; Kerler Helfenstein 48 u. 49; Voigtel-Cohn 91; P. Stälin 717; Schwennicke 1, 122; Uhland Festschrift 398. Agnes hatte aus dieser Ehe einen Sohn, Ulrich von Helfenstein †1361; sein und seiner Mutter Doppelgrabmal in Blaubeuren (Anm. 9). Seine Gemahlin war Beatrix von Schlüsselberg †1355, vgl. Anm. 6.

5 Stälin 3, 664-h: Urkunde Kaiser Ludwigs des Baiern vom 20. Oktober 1330 für die Witwe Agnes von Helfenstein. Als Heiratsdaten für die Ehe mit Schlüsselberg werden genannt: Nach dem 20. Oktober 1330: Behr 169; Giefel Nr 27; Krüger Tf 8; Schneider Stammbaum; Schön Nr 23; Heirat 1330 bei: Uhland Festschrift 398. Nach dem 20. Oktober 1331: Isenburg 1, 75; Freytag 1, 75. Hochzeitsjahr circa 1331: Krüger Tf 8. Heirat »gar bald wieder« nach 1326: Sattler Gf 1, 102.

6 Zedler 25, 246: Konrad von Schlüsselberg, Letzter seines Stammes. Das Todesjahr 1347 nennen: Stälin 3, 664-h u. 713; Behr 169; Voigtel-Cohn 91; P. Stälin 717; Giefel Nr 27; Krüger Tf 8; Schön Nr 23; Schwennicke 1, 122; Uhland Festschrift 398. Tod vor November 1347: Isenburg 1, 75; Freytag 1, 75. Tod zwischen 1336 und 1349: O. Gabelkover Cod. hist. 2° 586, 230v.
Die Ehe mit Agnes blieb kinderlos. Nach Voigtel-Cohn 91 war Konrad in erster Ehe vermählt mit Leucardis, Tochter Konrads IV. von Nürnberg. Konrads aus dieser Ehe entstammende Tochter Beatrix vermählte sich mit Ulrich von Helfenstein †1361, ihrem Stiefbruder, dem Sohn aus Agnes erster Ehe. Sie starb 1355 unter Hinterlassung eines Sohnes und einer Tochter und wurde in Königsbronn in der Klosterkirche beigesetzt. Zu ihrem Grabmal und dessen Schicksal nach der Zerstörung des Klosters 1552: O. Gabelkover Helfenstein J1 48c, 181vf; Beschreibung mit Inschrift bei Stälin 3,665-n.

7 Todestag 21. Januar in: MGH Necrologia Germaniae 1, 166: Fragmenta Necrologii Blauburani: »XII kal. Febr. Agnes com[a] de Helfenstain«. Todesjahr 1373 bei: O. Gabelkover Helfenstein J1 48c, 162v (ohne Angabe des Todestages); Uhland Festschrift 398. Stälin 3, 715-v nennt unter Berufung auf Gabelkover Helfenstein den 12. Februar 1373 als Todestag. Dort findet sich jedoch keinerlei Angabe zum Sterbetag von Agnes. Zudem ist die Fehldeutung XII. kal. Febr. als 12. Februar bei Gabelkovers genauer Kenntnis des Römischen Kalenders undenkbar. Den falschen Todestag 12. Februar 1373 nennen: Stälin 3, 663 u. 713; Behr 169; Voigtel-Cohn 91; P. Stälin 717; Maisch Stammtafel; Giefel Nr 27; Krüger Tf 8; Schneider Stammbaum; Schön Nr 23; Isenburg 1, 75; Freytag 1, 75; Schwennicke 1, 75. Sonstige Quellen ohne Angaben zum Todesjahr. Sterbeort vielleicht Blaubeuren, zumindest aber ein Ort in dem Landesteil der Grafschaft, der der Linie Helfenstein-Blaubeuren nach der Teilung von 1356 verblieben war, vgl. Stälin 3, 661.

8 Begräbnisort Blaubeuren erstmals bei Sattler Gf 1, 102 (Anm. 11); O. Gabelkover Helfenstein J1 48c, 162v: »wo sie begraben ligt, ist vngewiß«; Schön Nr 23 ohne Angabe des Begräbnisortes.

9 Doppelgrabmal für Graf Ulrich von Helfenstein † 1361 und seine Mutter Agnes † 1373. Beschreibung bei O. Gabelkover Helfenstein J1 48c, 181vf, von diesem jedoch nicht als Grabmal für Agnes erkannt.

Die Deutung der weiblichen Figur als Ulrichs Gattin Beatrix von Schlüsselberg kann Gabelkover ausschließen, da ihm deren Grabmal im Kloster Königsbronn bekannt ist (Anm. 6). Stälin 3, 665-m: »Grabdenkmal in der Nordwand der Blaubeurer Klosterkirche mit Ulrichs und seiner Mutter Bildniß und der Inschrift: Anno domini 1361 obiit nobilis comes Ulricus de Helfenstein 13 kl. Maji in die Leonis papae; dabei auch vier Wappen, das helfensteinische, wirtembergische, toggenburgische, hohenbergische (da seine Mutter eine geborne Gräfin von Hohenberg zur Mutter hatte)«; Abb. in JllGW 308. Kunst- und Altertumsdenkmale in Württemberg, 1914, Donaukreis 1, 2, Oberamt Blaubeuren 32 (mit Abb. 35): »Epitaph des Ulrich von Helfenstein († 1361) und seiner Mutter Agnes von Württemberg. Schönes Werk um 1480. Jn hohem Relief die Frauengestalt rechts, der Ritter in Rüstung links, auf ihren Wappentieren stehend. Jm spätgotischen Rundbogen die Wappen von Württemberg und Helfenstein, unten von Hohenberg und Dockenburg. Randschrift: Anno Domini millesimo trecentesimo sexagesimo primo obiit nobilis comes vlricus de Helfenstein XIII kalendas maii in die leonis pape« (Grabmal im Kapitelsaal). Julius Baum, Kloster Blaubeuren, Augsburg 1926, 13 (mit Abb. 41): »Eine bedeutende Schöpfung der Ulmer Kunst aber ist das Denkmal für Ulrich von Helfenstein, gestorben 1361, und seine Mutter Agnes von Wirtenberg. Das stattliche Denkmal zeigt die beiden Wohltäter des Klosters aufrecht stehend, den Ritter in Rüstung, seine Mutter in reicher Gewandung. Es gehört zu den besten Arbeiten der Ulmer Steinplastik der achtziger Jahre des 15. Jahrhunderts und ist stilistisch mit dem Grabstein des Ulrich von Westerstetten und seiner Gattin Sibylla von Pappenheim in der Kirche von Drackenstein eng verwandt.« Gertrud Otto, Kloster Blaubeuren, Berlin 1947, 4: »Unter den Grabsteinen in Blaubeuren ist als bestes Werk das spätgotische Doppelgrabmal für Ulrich von Helfenstein † 1361 und seine Mutter Agnes von Wirtenberg hervorzuheben.« Albert Gaub in: Blaubeurer Heimatbuch, Blaubeuren 1950, 430: »Unter den aus der Kirche hierher (Anm.: in den Kapitelsaal) verlegten Grabsteinen ist besonders zu nennen das Doppelgrabmal des Ulrich von Helfenstein († 1361) und seiner Mutter Agnes von Wirtemberg. Es ist ein Bekenntnis der Verbundenheit über den Tod hinaus, das die beiden Menschen, die hier auf dem Stein nebeneinander stehen, gemeinsam aussprechen. Dieses Bekenntnis bringen Mutter und Sohn in feiner und schlichter Form dadurch zum Ausdruck, daß sie miteinander mit gefalteten Händen in tapferer gläubiger Haltung einem unsichtbaren vor ihnen stehenden Ziele entgegensehen, indem ihre Blicke sich kreuzen. Dieses Ziel ist, da es ein Grabstein ist, natürlich der Tod, dem sie mit der Zuversicht entgegengehen, daß er ihre Verbundenheit nicht lösen kann.«

Sollte die Datierung um 1480 zutreffen, wie einmütig angenommen wird, und das Grabdenkmal tatsächlich mehr als hundert Jahre nach dem Tod von Mutter und Sohn angefertigt worden sein, so ist als Auftraggeber dieses Gedenksteines für Württemberg und Helfenstein mit hoher Wahrscheinlichkeit der mit dem damaligen Blaubeurer Abt Johannes Fabri engstens befreundete Graf Eberhard im Bart † 1496 anzusehen, dessen Vater Ludwig I. † 1450 im Jahre 1447 von den Urenkeln Graf Ulrichs von Helfenstein †1361, den völlig verarmten Grafen Ulrich und Konrad das Amt und die Klostervogtei Blaubeuren erworben hatte. Katalog Kloster Blaubeuren 1085–1985, Sigmaringen 1985, 70: Sandsteinepitaph um 1480, Standort: ursprünglich Laienkirche des Klosters (jetzt Klosterkirchensaal); heute Kapitelsaal, Südwand. »Nach Ansicht von Prof. Dr. H. Decker-Hauff wurde dieses Epitaph in seiner ungewöhnlichen Ausgestaltung im Kloster angebracht, um schon für das 14. Jahrhundert Beziehungen zwischen Württemberg und Kloster Blaubeuren nachzuweisen.«

10 O. Gabelkover Cod. hist. 2° 586, 217r.

11 Sattler Gf 1, 102.

12 Stälin 3, 661.

Eberhard II.

†1392

Graf von Württemberg

»der jünger auch Greiner genant«[1]
»den man hieß den gryner oder den Rußenbart«[2]
»welchen etliche Historienschreiber den Greiner, etliche aber wegen seiner vielfältig geführten Kriegen, den Rauschebart zu nennen pflegen«[3]
»Seinen Zunamen bekam Er, entweder, weil Er in Mutter-Leib solle geweint haben, oder weil Er viele Kriege geführt, daher Er Contentiosus, der Zäncker, Graner, oder Greiner, wie auch der Rauschen-Bart genennt worden«[4]

Regent 1344–1392[5]

»Per castra per ignes«[6]

S. v. Graf Ulrich III. von Württemberg[7]
u. v. Gräfin Sophie von Pfirt

Geboren nach 1315[8]
in

Vermählt vor dem 17. September 1342
mit Gräfin Elisabeth von Henneberg 1319–1384

Vater eines Sohnes und einer Tochter[9]
Ulrich n. 1340–1388
Sophie n. 1340–1369

Gestorben am 15. März 1392[10] um 6 h[11]
»vmb die Zeitt, do die Zeittglock sechssin schlug vormittentag«[11]
in Stuttgart[12]
»Anno domini 1392 idus Martii obiit spectabilis dominus Eberhardus comes de Wirtemberg confessus contritus et sacramento eucharistie et

extreme unctionis premunitus per confessorem suum fratrem ordinis minorum«[13]

Beigesetzt 1392
in Stuttgart im Chor der Stiftskirche[14]

Grabmal[15]
»ANNO. DOMINI. M. CCC. LXXXXII. IDUS. MARCII. OBIIT. SPECTABILIS. DOMINUS. EBERHARDUS. COMES. DE. WIRTTEMBERG. CUIUS. ANIMA. REQUIESCAT. IN. PACE. AMEN.«[16]

Epitaph[17]
»Anno domini .M.CCC.XCIII. Jd. Martij obiit generosus dominus Eberhardus Comes de Wirtemberg. Cuius anima requiescat in pace.«[18]

Standbild von Sem Schlör[19]
»ILLVSTRIS PRINCEPS ET DOMINVS/ EBERHARDVS COMES WIRTEMBERGENSIS/ OBIIT XV. MARTII. AN. M. CCCC. XCII.«[20]

»Der selb herre (graff Vlrich) von Wirtemberg ließ zwen Süne graff Eberharten vnd graff Vlrichen von wirtemberg die lebten übel mit einander, vnd ward daz land zerteilt Vnd graff Eberhart den man hieß den gryner oder den Rußenbart der saß zu Stutgarten vnd het ein wib ein gräfin von Hennenberg... Jtem als man zalt Tusent drühundert Sechßtzig vnd acht jare erhub sich ein mißhelle zwüschent dem alten herren Graue Eberharten von Wirtemberg vnd den Rychstetten zu swaben Also das ein teil vff den andern kriegte by vier jaren, vnd ward swaben land als gar verhergert das wenig dörffer vff beyden syten vnverbrennt beliben Jtem die herren teten den rychstetten vil schmacheit Sie verhergerten vor den stetten vnd in den dörffern was sie mochten Jtem sie erten die äcker vnd die wisen vmb vnd sauten sempff daryne Sie huwen jnen die Reben ab vnd ouch die bernden bom vnd teten also einander vil mercklichs schadens.«[21]

»Derselb herr graff Eberhart het auch etwe vil zeit vnd manig iar krieg vnd verlüge mit des reichs steten.«[22]

»Eberhart Graf zu Wirtemberg der jünger auch Greiner genant, hat nach Abgang seines Brueders Ulrich allein regiert in das zwai- und zwaintzigist Jar, ist gewesen ain frischer frewer Kazpalger und Kriegsman, starb anno Domini MCCCLXXXXII. Jar, ain Sun Graf Ulrichs und Fraw Sophia.«[23]

»vir audax, fortis, et bellicosus, qui multa praelia gessit, et raro victus, pluries autem victor gloriosus evasit«[24]

»Zu letzt weil Niemand dem Tod zue Mechtig ist der Sighafft Manlich Held den 15. Martij Jm Jar des Herrn 1393. zu Bezahlung der schuld menschlicher Natur Jn Christo seliglich Endtschlaffen.«[25]

»diser treffliche Held Graf Eberhard der Greiner hat das Land umb ein grosses erweitert«[26]

»Der Tugend het er mehr dann viel,
Die zu erzehlen ist kein Ziel,
Einfältig war er und ganz still,
Gotts Wort hören, das war sein Will.«[27]

»dieser tapfere Held und höchstlöbliche Regent«[28]

»Er war ein heroischer und kluger Herr, und unter denen mächtigsten Fürsten und Grafen zu seiner Zeit, dabey ein streitbarer und sieghaffter Held. Hatte die beste Kriegs-Leuth, und den ausserlesensten Adel in seinen Diensten, und gab fast dem gantzen Reich, sonderlich denen Reichs-Städten viel zu schaffen... Zeit seiner 50.jährigen Regierung führte Er meistens immer Krieg. Und zwar I. mit Kayser Carln IV. bey welchem Er sonsten in grossen Gnaden stunde, gleichwie Er auch demselben getreue und nutzliche Dienste geleistet, welcher aber von denen Reichs-Städten wider Graf Eberharden wegen der Reichs-Vogtey in Harnisch gebracht, und dahin bewogen worden, daß Er Jhn, weil Er die vom Kayser vorhin Jhm verliehene Reichs-Vogtey auf Kayserlichen Befehl so schlechterdings nicht abtretten wolte, mit 3. Arméen, davon der Kayser selbst in Persohn die stärckste commandirt, mit Chur-Pfaltz, denen Bischöffen zu Costantz und Augspurg, auch Rheinisch- und Schwäbischen Reichs-Städten, über 40000. Mann starck, feindlich überfallen,... doch bothe der großmüthige und tapffere Graf Eberhard seinen Feinden allenthalben die Spitze, und brachte es durch seine kluge Gegen-Verfassung und tapffere Gegenwehr, wie auch die Mediation Chur-Mayntz, und anderer Fürsten dahin, daß dieser schädliche Krieg, darinnen 1200. Dörffer meistens ruinirt, A. 1360. in einen Frieden verwandelt worden. II. Mit Fürsten... III. Mit dene Reichs-Städten, und zwar zum 4.ten mahl... Dieser langen und schweren Krieg ohnerachtet, hatte dennoch Graf Eberhard viele Städte, Schlösser, Dörffer und Güther erkaufft, und dadurch, wie auch auf andere Weise, seine Lande sehr vermehret... Endlich starb diser tapffere und löbliche Regent in hohem Alter.«[29]

»Er wurde Gräner, contentiosus, le querelleux genannt, wegen seiner vielen Händel. So viel aus seinem Lebenslauf zu ersehen, fieng er selbsten fast niemalen Krieg an, und es scheinet, daß er ungern zu den Waffen gegriffen um seine Lande und Leute zu schützen und sich bey seinen Rechten zu handhaben. Dann man nimmt bey seinen vielen Kriegen wahr, daß er meistens, wo nicht allemal, von seinen Feinden zuvor angegriffen und er zu einer Notwehre gezwungen worden. Er war dabey leicht wieder zu versöhnen und suchte das Schwerd wieder in die Scheide zu stecken. Seine Regierung fiel gerade in die unruhigsten Zeiten, da er bald für sich, bald für den Kayser, bald für seine Bundsgenossen die Waffen ergreifen mußte. Dises machte ihm viele Unkosten und seine Lande wurden dabey sehr verödet. Nichts destoweniger war er so glücklich, daß er seine Lande mit ansehnlichen Herrschaften und Gütern vermehrete.«[30]

»Seine beiden Söhne, die ihm nachfolgten, Eberhard der Greiner und Ulrich schlugen mehr dem Großvater nach als dem Vater, und besonders war der erstere ein Schwäbischer Renommiste seines Zeitalters, ein alter rauher Degenknopf, der keinen Feind unbarmherziger schlug als den Reichsstädter. Was für ein furchtbarer Ritter er gewesen seyn muß, er dem schon sein Zeitalter den Namen des Greiners (Zänkers) gab. Für uns hat das Altteutsche Wort seine erinnernde Emphase verlohren, der andere Zuname, den er manchmal bekam, Eberhard der Rauschebart, ist für uns brauchbarer.«[31]

»Ihr – ihr dort außen in der Welt,
Die Nasen eingespannt!
Auch manchen Mann,
auch manchen Held,
Im Frieden gut und stark im Feld,
Gebar das Schwabenland.
Prahlt nur mit Karl und Eduard,
Mit Friedrich, Ludewig!
Karl, Friedrich, Ludwig, Eduard
Ist uns der Graf, der Eberhard,
Ein Wettersturm im Krieg...
Drum hangen wir so treu und warm
Am Grafen, unserm Herrn.
Allein ist er ein Heldenschwarm,
Der Donner rast in seinem Arm,
Er ist des Landes Stern.
Drum, ihr dort außen in der Welt,
Die Nasen eingespannt!
Auch manchen Mann,
auch manchen Held,
Im Frieden gut und stark im Feld,
Gebar das Schwabenland.«[32]

»ein streitbahrer Held«[33]

»Ist denn im Schwabenlande verschollen aller Sang,
Wo einst so hell vom Staufen die Ritterharfe klang?
Und wenn er nicht verschollen, warum vergißt er ganz
Der tapfern Väter Thaten, der alten Waffen Glanz?
Man lispelt leichte Liedchen, man spitzt manch Sinngedicht,
Man hönt die holden Frauen, des alten Liedes Licht;
Wo rüstig Heldenleben längst auf Beschwörung lauscht,
Da trippelt man vorüber und schauert, wann es rauscht.
Brich denn aus deinem Sarge, steig aus dem düstern Chor
Mit deinem Heldensohne, du Rauschebart, hervor!
Du schlugst dich unverwüstlich noch greise Jahr' entlang,
Brich auch durch unsre Zeiten mit hellem Schwertesklang!«[34]

»Das ächte Abbild seines Großvaters und voll Gefühls der ihm inne wohnenden Kraft, wollte er in Allem seines eigenen Willens seyn; sein Vortheil war sein Gesetz; sein Recht sah er in seinem Schwerte; seinen Genuß und seinen Ruhm in ritterlichen Kämpfen und Kriegen; rasch faßte er seine Entschlüsse; kühn führte er sie aus; keine Gefahr schreckte ihn.«[35]

»Während seines langen Lebens sah er rings um sich her so viele der edeln schwäbischen Geschlechter, unter ihnen mehrere der bedeutendsten, wie die Herzoge von Teck, die Pfalzgraven von Tübingen, die Graven von Hohenberg, die von Helfenstein, verarmen und schmählich ihrem Untergang entgegensinken; daß aber in diesem allgemeinen Schiffbruche Wirtemberg, als ein sich immer mehr erkräftigendes und ausbreitendes Ganzes, sich erhalten, verdankt das regierende Haus und das Land nur ihm, seiner Festigkeit, dem richtigen Blicke, mit dem er, in einer gesetzlosen Zeit, die jeden auf sich selbst zurück gebracht, seine Stellung ermessen, und seinem wirthschaftlichen Sinne.[36]

»Unter den größten Wechseln rauschte sein Leben vorüber. Er war eigentlich ein halbes Jahrhundert lang der Mittelpunkt, um den sich die Bewegungen und Kämpfe in Schwaben drehten. Mehrmals am Rande des Untergangs, erhob er sich immer wieder mit neuer Stärke. Der ersten Häuser Glanz sah er während seines Lebens um sich her erlöschen, aber noch mit brechendem Auge den Stern seines Hauses höher und kräftiger seine Bahn hinaufsteigen.«[37]

»Am 15. März 1392 starb Eberhard der Greiner nach einer fast 48jährigen Regierung, die nur wenige friedliche Jahre kannte. Obwohl man aber denken sollte, er habe genug zu thun gehabt, um die angeerbten Besitzungen zu behaupten, und die Kriege werden ihn Geld genug gekostet haben, hinterließ er doch sein Land, in einer Zeit, wo fast alle seine Nachbarn verarmten, bedeutend vergrößert; und zwar hatte er Alles durch Kauf erworben, nicht ein einziges Dorf mit dem Schwerd erobert.«[38]

»Er starb am 15. März 1392 nach einer beinahe acht und vierzigjährigen Regierung. Weder an Klugheit noch an Tapferkeit steht er seinem Ahnherren nach, rastlos war er, gleich diesem, bemüht, die Macht und das Besitzthum seines Geschlechtes zu vergrößern. Ruhige Zeiten erlebte er wenig, fast stets war er in Kriege und Fehden verwickelt und erfuhr manchen Wechsel des Glücks, doch hatte er noch in den letzten Zeiten seines Lebens die Freude, seine heftigsten Gegner, die Städte, tief zu demüthigen und so seines Hauses Herrschaft von Neuem fest zu begründen.«[39]

»Graf Eberhard zeigte sich – ein ächtes Abbild seines gleichnamigen Großvaters – als einen fehdelustigen Haudegen, weshalb er in der Geschichte – neben dem Beinamen ›Rauschebart‹ – auch den des ›Greiners (d. i. Zänkers‹) erhielt.«[40]

»während seiner 48jährigen Regierung in einer wilden kampfvollen Periode als emsiger, politisch berechnender Mehrer seines Hausbesitzes und dabei fehdelustiger Haudegen ein echtes Abbild seines Großvaters, zugleich aber auch ein ›ausgezeichnetes Beispiel der Fürsten mittlerer Lage in jener Zeit‹ «[41]

»Eberhard der Greiner ist ein getreues Ebenbild seines Großvaters Eberhards des

Erlauchten. Der Sohn einer rauhen Zeit, welche eigensüchtig den Idealen der früheren Jahrhunderte entsagt hatte und in kleinlicheren Kämpfen sich aufrieb, war er den Anforderungen, welche dieselbe an ihn stellte, vollkommen gewachsen. Ein ritterlicher Haudegen, welcher vor keinem Kampfe zurückschreckte oder, wie Ladislaus Suntheim sagt, ›ein frischer freier Katzbalger und Kriegsmann‹, aber ebenso sehr ein klug berechnender Politiker, welcher zur rechten Zeit zuzugreifen sowie einzulenken verstand, und ein haushälterischer Rechner, welcher den Wert des Geldes sehr zu schätzen wußte, hat derselbe während seiner 48jährigen Regierung sein Ziel: die Mehrung seiner Hausmacht, mit aller Kraft und nie ermattender Ausdauer verfolgt, die beträchtliche Vergrößerung seines Landes übrigens mehr seiner Geschicklichkeit im Kaufen als seinem Schwerte zu verdanken gehabt.«[42]

»Am 15. März 1392 schloß der greise Eberhard sein Leben. Von seinen Feinden ist er viel gescholten worden; namentlich die Reichsstädte waren schlecht auf ihn zu sprechen. Ein späterer Schriftsteller hat ihn einen frischen freien Katzbalger und Kriegsmann genannt, ohne damit sein Wesen völlig zu kennzeichnen. Richtig ist, daß er sich mit seinen Feinden unter dem Adel und mit den Städten vielfach herumschlug; aber jene hatten ihn im friedlichen Bade überfallen, diese verheerten sein Land bei jeder Gelegenheit; auch als er sie bei Döffingen aufs Haupt schlug, waren sie auf einem Raubzug begriffen. Eberhard der Greiner war ein tapferer, streitbarer Fürst, aber seine Streitigkeiten waren hervorgerufen durch die Auflösung der Ordnung im Reiche und das Bestreben der Reichsstädte, sich eine übermächtige Stellung zu Ungunsten des Landesherrn zu verschaffen. Graf Eberhard kämpfte mit Nebenbuhlern, die auch von der Reichsgewalt häufig als Feinde betrachtet wurden; nur einmal ist er mit dem Kaiser selbst im Kriege zusammengestoßen, als er sein Auge über die Dinge in Schwaben hinaus erhob und auf die künftige Königswahl einzuwirken versuchte. Daß er, wo er konnte, die Reichsstädte drückte, ist bei der gegenseitigen Spannung leicht erklärlich. Darin übertraf er noch seine Vorfahren. Aber während Eberhard der Erlauchte mehr den Eindruck eines gewaltthätigen Haudegens macht, der mit jedermann anband, hat die Dichtung Uhlands nicht mit Unrecht den Greiner als reckenhafte Heldengestalt aufgefaßt und in ihm die schönsten Züge aus Sage und Geschichte seiner Zeit vereinigt. Eberhards Thatkraft war mit Weisheit verbunden: er war es, der das erste württembergische Hausgesetz über die Unteilbarkeit des Landes ins Leben rief und die Gerichtseinheit desselben schuf. Sein kirchlicher Sinn zeigte sich darin, daß er sich und seiner Gemahlin vom Papste das Recht geben ließ, einen tragbaren Altar weihen und sich auf dem Sterbebette völligen Ablaß erteilen zu lassen. Die letztere Gnade knüpfte der Papst übrigens an die Bedingung, daß der Graf jetzt Gewänder tragen müsse, die bis zu den Knien gehen, ein Beweis, daß sich Eberhard über die Sitte seiner Zeit kecklich hinwegsetzte.«[43]

»In Wesen und Begabung seinem Großvater, Eberhard dem Erlauchten, sehr ähnlich, hat Eberhard dessen Werk fortgesetzt, den Bestand seines Territoriums im Kampf gegen die Städte gesichert.«[44]

»Eberhards 48jährige Regierung kannte kaum eine friedliche Periode; nicht die Folgen seiner unbezähmbaren Kriegslust – mögen ihn auch die Zeitgenossen den Zänker genannt haben –, sondern bedingt durch die Notwendigkeit des Sichbehauptens in einer wirren, von Krieg und Fehden erfüllten Zeit. Wiederholt versuchte er, seine Streitfragen auf friedlichem Wege zu regeln: die Ereignisse waren stärker als er. Als Staatsmann und Kriegsheld gehört er zu den eindrucksvollsten Gestalten der frühen württembergischen Geschichte, noch heute durch Uhlands Balladen lebendig.«[45]

»Zu weiterer Macht hat Graf Eberhard II. das Haus Württemberg geführt. Man kennt ihn unter dem Namen ›der Greiner‹ (d. h. der Zänker). Ein Ehrentitel sollte dies in den Augen seiner Zeitgenossen gewiß nicht sein. Er war streitbar, dabei aber auch klug und staatsmännisch begabt. Ein bequemer Nachbar ist er sicherlich nicht gewesen. In vielen Zügen glich er seinem Großvater, dessen Namen er trug, und hat ihn an Bedeutung erreicht.[46]

»Eberhard der Greiner gleicht auffällig seinem Großvater Eberhard dem Erlauchten: Er war gleich trotzig, gleich unverzagt, gleich entschlossen, das, was er besaß, gegen alle und jeden, sei es auch den Kaiser, zu verteidigen, und sich das, was er noch haben wollte, zu holen. Gleich dem Großvater setzte er die Existenz seiner Herrschaft rücksichtslos aufs Spiel, brachte er seinen werdenden Staat an den Rand des Abgrunds, verlangte er alles oder nichts. Und er erlebte schließlich im Alter den Triumph über seine Feinde, sah seine unbeugsame Halsstarrigkeit, seine Zähigkeit gerechtfertigt. Wir wissen nicht, wie es in der Seele dieses Mannes ausgesehen haben mag, ob er ein kühler Rechner oder ein von seiner Aufgabe – Wirtemberg stark zu machen – Besessener war. Wir kennen kaum einen Hinweis auf seine religiöse Haltung. Immerhin: Anders als seine Standesgenossen ließ er auch der Kirche gegenüber jene eiserne Sparsamkeit walten, die man außerhalb der wirtembergischen Grenze schlicht Geiz nannte. Sein Gottvertrauen war ›wohl wie ein Eichenholz geschnitzt‹, seine Geistesgegenwart ist bis heute berühmt geblieben. Wer im Augenblick des Todes des einzigen Sohnes blitzschnell eine das Kriegsglück wendende Kriegslist ersinnen und ausnützen, wer noch als Urgroßvater Schlachten schlagen und gewinnen kann, der lebt mit Recht im Bewußtsein der Nachwelt weiter. Eberhard der Greiner ist der erste unter den Stuttgarter Stadtherren, dem nicht nur ein Gedächtnis in Geschichtsbüchern, sondern im Herzen vieler Württemberger sicher ist. Der Mann, der zwischen sich und dem geschlagenen Sohn Ulrich 1377 das Tafeltuch entzweischnitt (richtiger: entzweigeschnitten haben soll), lebt mit dieser Geste und mit vielen anderen überlieferten Zügen im Herzen gerade auch der Stuttgarter.«[47]

»Strahlend sind die Spuren des Grafen Eberhard II. (1344–1392), der den Beinamen ›der Greiner‹ oder ›der Rauschebart‹ trug. Diese volkstümliche, zielbewußte Haudegen konnte sich auf eine stark erweiterte Machtbasis stützen, die ihm sein 1325–1344 regierender Vater Ulrich III. hinterlassen hatte. Keine Geringeren als Schiller in Graf Eberhard der Greiner, 1782, Uhland und Kerner in Graf Eberhard der Greiner im Wildbad haben ihn verewigt. Uhland machte mit seinem Balladenzyklus in wuchtigen, plastisch verbildlichenden Nibelungenstrophen Graf Eberhard der Rauschebart einige der lokalen Fehden des mittelalterlichen Herrschers im gesamten deutschen Sprachraum bekannt.«[48]

Anmerkungen

1 Suntheim 592 (Anm. 22).

2 Chronik Kaiser Könige Päpste 94v.

3 Heimführung 15.

4 Pregitzer 1, 9; ebenso Steinhofer 1, 70. Hübner 200: »der Greiner, oder Rauschebart, Lat. Contentiosus zugenahmt«; Fischer Wörterbuch 3, 822: »Der Beiname ist schon alt, = Zänker, Streithahn gefasst, bezieht sich aber wohl von Haus aus nur auf eine Gewohnheit, das Gesicht zu verziehen.« 3, 821: »›Als sein Muetter... mit im gangen, do hat er in irem Leib grinen, das fur ain besonders Presagium ist gemerkt worden‹, Zimmerische Chronik 1, 164. ›Wie man dann von im schreibet klar, Dass er in seiner Muotter Leib Soll greinett haben... Drum er der Greiner wardt genantt, Weil er greint, eh er d'Welltt erkandt'‹ Fizion Chronica von Reutlingen 171.« Vgl. auch Dionysius Dreytwein bei Nikitsch 67f, wo Eberhard der Greiner mit Eberhard dem Erlauchten verwechselt wird.

5 Zu Eberhard dem Greiner und seiner Regierung: Küng 71–76; O. Gabelkover Cod. hist. 2° 587, 160v; Heimführung 15–19; Sattler Gf. 1, 143–266; Spittler 22–34; Pahl 1, 137–195; Zimmermann 1, 520–567; Barth 54–65; Pfaff Wirtemberg 2, 71–116; Stälin 3, 227–354; P. Stälin ADB 5, 555f; P. Stälin 508–572; Schneider 30–44; Hermann Niethammer, Graf Eberhard der Greiner und sein Sohn Graf Ulrich in den Kämpfen der Jahre 1367–1388 in: WVJH NF 41, 1935, 1–31; Robert Uhland NDB 4, 233f; Decker-Hauff Stuttgart 204–229.

6 J. Frischlin Cod. hist. 2° 73, 48r; Mohl 234; vgl. Gf Ulrich †1344 Anm. 2.

7 Pregitzer 3, 3: Tabula progonologica zu 64 Ahnen (lückenhaft).

8 Das Jahr 1315 als Geburtsjahr nennen: Montanus 134v; Behr 169; Maisch Stammtafel; Giefel Nr 29; Schneider Stammbaum; Schön Nr 25; Isenburg 1, 75; Freytag 1, 75; R. Uhland NDB 4, 233; Marquardt Stammtafel; Schwennicke 1, 122; Uhland Festschrift 398. Geburt um 1315: Pregitzer 1, 9; Steinhofer 1, 70; Essich Stammtafel. Das Jahr 1300 als Geburtsjahr nennt: Seubert 44. Eberhard ist der ältere der beiden bekannten Söhne Graf Ulrichs III., vgl. Gf Ulrich †1366 Anm. 4. Das Beilager Ulrichs III. mit Sophie von Pfirt wird herkömmlich für einen Zeitpunkt vor 1312 angenommen, kann aber durchaus auch später stattgefunden haben, vgl. Gfn Sophie †1344 Anm. 4. Das durch nichts belegte Geburtsjahr 1315, das von Pregitzer willkürlich errechnet und nicht genau festgelegt wurde, jedoch von seinen Abschreibern exakt auf das Jahr 1315 bestimmt wurde, wäre dann entsprechend dem Beilager der Eltern zu verschieben. Bei einem Geburtsjahr 1315 hätte Eberhard im Jahre 1340 erst verhältnismäßig spät im Alter von 25 Jahren geheiratet und hätte mit 73 Jahren noch in der Schlacht bei Döffingen

1388 mitgekämpft. Bei seinem Tode 1392 hatte er dann das für die damalige Zeit unwahrscheinlich hohe Alter von 77 Jahren erreicht, eine außergewöhnliche Lebensdauer, wie sie von keinem anderen männlichen Mitglied des Hauses Württemberg bis in das 19. Jahrhundert hinein jemals wieder erlangt wurde: Erst König Wilhelm I. † 1864 erzielt mit 82 Jahren ein höheres als das für Eberhard angenommene Alter. Alle anderen männlichen, und bis in das 17. Jahrhundert hinein auch die weiblichen, Angehörigen des gräflichen und herzoglichen Hauses starben weitaus jünger: Eberhards II. Großvater, Eberhard I. der Erlauchte † 1325, starb mit 60 Jahren; Eberhards Vater, Ulrich III. † 1344 (allerdings eines unnatürlichen Todes), wurde weniger als 60 Jahre alt; Eberhards Bruder Ulrich starb bereits 1366; Eberhards Sohn, Ulrich † 1388 (in der Schlacht), wurde höchstens 47 Jahre alt; Eberhards Enkel, Eberhard III. der Milde † 1417, wurde höchstens 55 Jahre alt; Eberhard IV. der Jüngere † 1419 erreichte 31 Jahre; Ludwig I. † 1450: 38 Jahre; der in den Augen seiner Zeit hochbetagte Ulrich V. der Vielgeliebte † 1480 starb mit 67 Jahren; Eberhard V./I. im Bart † 1496: 50 Jahre; Eberhard VI./II. der Jüngere † 1504: etwa 57 Jahre; Heinrich † 1519: etwa 71 Jahre; Hz Ulrich † 1550: 63 Jahre; Gf Georg † 1558: 60 Jahre; Hz Christoph † 1568: 53 Jahre; mit Dorothea Maria † 1639, einem der 12 Kinder Herzog Christophs, übertrifft erstmals ein weibliches Mitglied des Hauses mit 79 Jahren das für Eberhard den Greiner angenommene Lebensalter von 77 Jahren (ihre sieben Schwestern, die allesamt als verheiratete Erwachsene starben, erreichten jedoch nur ein durchschnittliches Lebensalter von 44,5 Jahren); Hz Ludwig † 1593: 39 Jahre; Hz Friedrich † 1608: 50 Jahre; Hz Johann Friedrich † 1628: 46 Jahre; auch die Angehörigen der württembergischen Nebenlinien des 17. und 18. Jahrhunderts starben in auffallender Weise sehr jung; Hz Eberhard III. † 1674: 59 Jahre; Hz Wilhelm Ludwig † 1677: 30 Jahre; Hz Friedrich Karl † 1698: 46 Jahre; Hz Eberhard Ludwig † 1733: 57 Jahre; Hz Karl Alexander † 1737: 53 Jahre; Hz Karl Friedrich (Oels) † 1761: 71 Jahre; Hz Karl Rudolf (Neuenstadt) † 1742: 75 Jahre; Hz Carl Eugen † 1793: 65 Jahre; Hz Ludwig Eugen † 1795: 64 Jahre; Hz Friedrich Eugen † 1795: 65 Jahre; König Friedrich I. † 1816: 62 Jahre; Kg Wilhelm I. † 1864: 82 Jahre; Kg Karl I. † 1891: 68 Jahre; Kg Wilhelm II. † 1921: 73 Jahre. Mit diesem Überblick über das erreichte Lebensalter im Hause Württemberg und unter Berücksichtigung des Heiratsdatums Eberhards des Greiners sowie seiner Kampffähigkeit im Jahre 1388 kann eine Neufestsetzung seines Geburtsjahres auf etwa 1320 überlegt, aber nicht bewiesen werden. Entsprechend wäre dann auch das Geburtsjahr seines jüngeren Bruders Ulrich † 1366 zu verändern.

9 Sattler Gf I, 265 f: »Seine Gemahlin war Elisabeth, Grav Heinrichs X. von Henneberg Tochter, mit welcher er nur einen Sohn, Ulrichen und eine Tochter Sophia erzeugete. Es werden zwar von einigen noch ein Sohn, namens Eberhard und eine Tochter Adelhaid angegeben, deren jener auch der Schlacht bey Weyl oder Töffingen beygewohnt haben und dise zu Baaden begraben seyn solle. Es ist aber noch unerwiesen, daß beede jemals bey Leben gewesen. Und wann ein Grav Eberhard von Würtenberg auch in disem Treffen seine Tapferkeit bezeugt, so ist es wahrscheinlich Grav Ulrichs Sohn gewesen, welchen sein Großvater zu Erlernung der Kriegskunst mag angeführet haben. Es mag aber auch seyn, daß diser Eberhard mit dem in bemeldter Schlacht ebenfals gebliebenen Graven von Werdenberg vermischt worden, indem die beede Geschlechter von den Geschichtschreibern öfters vor eines genommen und verwechselt worden.« In den Stuttgarter Annalen, bei Suntheim, Küng, Wolleber, O. Gabelkover, Crusius, Heimführung, Pregitzer, Hübner und allen folgenden Stammtafeln sind für Eberhard nur ein Sohn und eine Tochter, nämlich Gf Ulrich † 1388 und Gfn Sophie † 1369 aufgeführt. Es ist anzunehmen, daß dem Ehepaar darüber hinaus weitere, jedoch jung verstorbene Kinder geboren worden waren; vgl. Gfn Antonia † 1405 Anm. 6. Als illegitimen Sohn Eberhards des Greiners nennt Decker-Hauff Stuttgart 224: Ulrich Wirtemberg, genannt von Stuttgart, Domherr zu Speyer, Dekan zu Allerheiligen (1394).

10 Den 15. März 1392 als Todestag nennen: Annales Stuttgartienses 13: »idus martii«; Gütersteiner Nekrolog Cod. hist. 2° 421, 37v: »Jd. Marti«; Grabmal (Anm. 16); Suntheim 596: »proxima feria sexta ante Gertrudis virginis«; A. Rüttel d. Ä. J1 48a, 335r; A. Rüttel d. J. J1 48q, 26v u. A 525 Bü 3, 75; Standbild (Anm. 20); Eber 100; O. Gabelkover Cod. hist. 2° 587, 160r: »Freitag vor Gertrudis, welches der 15. März«; Ochsenbach Cod. hist. 4° 164, 31v: »Freitag vor Oculi 1392«; Heller 14; Heimführung 18; Lairitz 458; Hübner 200; Steinhofer 2, 494; Sattler Gf 1, 265 u. 2, 1; Zimmermann 1, 567; Pfaff Fürstenhaus 61; Barth 64; Pfaff Wirtemberg 2, 116; Stälin 3, 353 u. 713; Moll 281; Behr 169; Voigtel-Cohn 91; P. Stälin ADB 5, 555; P. Stälin 570 u. 717; Hartmann Stuttgart 13; Maisch Stammtafel; Giefel Nr 29; Krüger Tf 8; Schneider Stammbaum; Schön Nr 25; Isenburg 1, 75; Freytag 1, 75; R. Uhland NDB 4, 233; Dekker-Hauff Stuttgart 229; Schwennicke 1, 122. Den 5. März 1392 als Todestag nennen: A. Rüttel d. J. A 525 Bü 3, 64v u. 100v; Schmid 11. Den 16. März 1392 als Todestag nennen: Lirer Chronik 69: »am nechsten tag vor sant Gerdrutten tag«; Spittler 34; Viton 40; St. Allais 4, 518; Tuefferd Montbéliard 218. Den 22. März 1392 als Todestag nennen: Stuttgarter Stiftschronik 259: »am nechsten frytag nach sant Gerdruten tag«; Tubingius 254: »feria sexta post Gertrudis«. Den 15. Mai 1392 als Todestag nennt: Nockher 124v (der wohl das falsche Todesjahr bei Crusius verbessert, den falschen Todestag aber von ihm übernommen hat). Das Todesjahr 1392 nennen: Suntheim 592; Lohmeier 52; Imhof 56; Tiedemann 10; Uhland Festschrift 398. Den 15. März 1393 als Todestag nennen: Epitaph in Stuttgart (vgl. Anm. 18); nach diesem wohl Küng 76; Wolleber Cod. hist. 2° 934, 142; J. Frischlin Cod. hist. 2° 73, 48; Hengher 157; J. U. Pregitzer d. Ä. Cod. hist. 2° 426b, 1544; Pregitzer 1, 9; Mohl 233; Steinhofer 1, 109; Baumeister HB XV 98, 19v. Den 15. Mai 1393 als Todestag nennt: Crusius 2, 8 (mit Hinweis: Gabelkover hat 1392). Das Jahr 1393 als Todesjahr nennt: Montanus 134v (155v: 1392). Das Jahr 1368 als Todesjahr nennt: Trithemius 2, 255.

11 Sterbestunde bei: Eber 100; Ochsenbach Cod. hist. 4° 164, 31v (Zitat); Sattler Gf 1, 265.

12 Sterbeort Stuttgart bei: Stuttgarter Stiftschronik 259; Chronik Lirer 69; Pregitzer 1, 9; Decker-Hauff Stuttgart 229.

13 Annales Stuttgartienses 13 f.

14 Küng 76: »zu Stutgarten bei seinen voreltern begraben worden«; Pregitzer 1, 9: »zu Stuttgardt in der Stiffts-Kirche besenckt«.

15 J1 1b, 29: Bericht A. Rüttels d. Ä. u. Sebastian Ebingers 1557: »Das Jagerhorn sieht man noch vnd anzaygung wo der helm vnd schilt gefunden«. A 525 Bü 3, 75: Gutachten A. Rüttels d. J. 1566: »Alt Wurtembergisch Wappen vf dem Helmlin ein Jägerhörnlein vnd Jm Schilt nichts mehr zu sehen«. Zeichnung des Grabsteins 1566: HB XV 77, 20r; 1583: Cod. hist. 2° 130, 12r. Entwurf A. Rüttels d. J. zur Restaurierung 1583: Cod. hist. 2° 130, 11r. Grabstein bis zum Bau der Gruft 1608 noch im Chor (Schmid 33: »Das Jägerhorn ist noch alda zu sehen, dazu auch die Vestigia an Schilt und Helm«); vgl. Gfn Elisabeth † 1524 Anm. 12.

16 Zitiert nach Entwurf Rüttel Cod. hist.

2° 130, 11r. Inschrift auch bei: Küng 76; A. Rüttel d. J. A 525 Bü 3, 56 u. 64v u. 75 u. 100v; Wolleber Cod. hist. 2° 934, 142 (mit Todesjahr 1393, dieses auch in anderen Handschriften Wollebers); Schmid 11 u. 33; Mohl 234; Bach 166.

17 Vgl. Gf Heinrich † 1519 Anm. 17.

18 Schmid 36, mit falschem Todesjahr 1393. Es ist anzunehmen, daß sich der Maler des Epitaphs – wie übrigens auch bei Eberhards Bruder Ulrich † 1366, vgl. dort Anm. 13 – vertan hat bei der Jahreszahl und dieser Fehler von Küng und von dessen Abschreibern übernommen wurde, vgl. Anm. 10.

19 Vgl. Gf Heinrich † 1519 Anm. 19.

20 Zitiert nach dem Original in Stuttgart (mit falschem Todesjahr M.CCCC.XCII.).

21 Chronik Kaiser Könige Päpste 94r f.

22 Lirer Chronik 68.

23 Suntheim 592.

24 Trithemius 2, 255.

25 Wolleber Cod. hist. 2° 934, 142 (mit falschem Todesjahr).

26 Heimführung 18.

27 Christoph Bidembach bei Steinhofer 2, 494.

28 Steinhofer 1, 109.

29 Pregitzer 1, 9.

30 Sattler Gf 1, 265.

31 Spittler 22.

32 Friedrich Schiller, Graf Eberhard der Greiner (der Rauschebart) von Württemberg bei Beyttenmiller 49–51; vgl. Anm. 34.

33 Tiedemann 10.

34 Ludwig Uhland, Einleitung zum Gedichtzyklus Graf Eberhard der Rauschebart bei Beyttenmiller 52–61:
1. Der Überfall im Wildbad. 1367
2. Die drei Könige zu Heimsen. Erst 1395 unter Eberhard dem Milden
3. Die Schlacht bei Reutlingen. 1377
4. Die Döffinger Schlacht. 1388

Rudolf Krauß, Württembergische Fürsten in Sage und Dichtung, Stuttgart 1894, 8f: »Eberhards Heldenthaten sind von berufenen Dichtern besungen worden. Ludwig Uhland vor allem mit seinen vier zusammenhängenden Rhapsodien hat es zu stande gebracht, daß der Greiner ein wahrer Volksheld geworden ist für die übrigen deutschen Stämme so gut wie für den schwäbischen. Wer sonst auch noch so schlecht in der württembergischen Geschichte Bescheid weiß, vom Überfall im Wildbad, vom Reutlinger Sieg der Städter, von ihrer Niederlage bei Döffingen hat er gewiß Kunde erhalten. Und dabei wird es der Mehrzahl begegnen, daß sie mit Uhland auf unseren Grafen ein Abenteuer überträgt, das die Geschichtsforschung ihm längst aberkannt hat. Das in dem zweiten Stück ›Die drei Könige zu Heimsen‹ gefeierte Ereignis fällt in Wirklichkeit in die Regierungszeit Eberhards des Milden, und ebenso gehört der Bund der Schlegler, den Uhland auch im Überfall im Wildbad schon vorführt, erst jener späteren Periode an. Jndessen läßt sich der Jrrtum des Dichters – denn ein solcher liegt vor, nicht etwa absichtliche poetische Licenz – damit entschuldigen, daß auch Quellen, denen man früher unbedingte Zuverlässigkeit beimaß, wie die Hirsauer Annalen des Johannes Trithemius, dieselbe Verwechslung begangen haben. (Anm.: Trithemius 2, 254) ... Es würde hier zu weit führen, in jedem einzelnen Fall feststellen zu wollen, welche von Uhland benützten Züge der Überlieferung historischer, welche sagenhafter Natur sind. Nicht minder glücklich als in der Auswahl ist Uhland in der Gestaltung des Stoffs gewesen. Da ist alles echt und volkstümlich, anschaulich und lebendig bis zu dramatischer Schlagkraft, dabei schlicht, prunklos und knapp, eben darum dem Gedächtnis sich rasch und unauslöschlich einprägend. Uhlands Gesänge von Eberhard dem Rauschebart sind so tief in das deutsche Volksbewußtsein eingedrungen, daß anderes dagegen unmöglich aufkommen kann. Jst doch selbst durch jene Schillers frisches Kriegslied von unserem Grafen, das ohne solchen Wettbewerb wohl heute noch Geltung hätte, verdrängt worden. Ebensowenig ist – von kleineren ganz zu schweigen – Justinus Kerner durchgedrungen, der in einem kleinen Gedicht den Überfall im Wildbad nach seiner Weise, unhistorisch und stark romantisch, behandelt und die Rettung des Gefährdeten, statt durch den biederen Hirten, durch – die Enzfee bewerkstelligt. Und an dem Felsen der Uhlandschen Muse müssen alle Versuche scheitern, den schon an und für sich mehr epischen als dramatischen Stoff zu dramatisieren. Über der glänzenden Rolle, die Eberhard der Greiner in der Dichtung unserer Tage spielt, kann er es leicht verschmerzen, daß aus seiner Zeit keine Gedichte über ihn oder doch keine zu seinem Preis auf die Nachwelt gekommen sind. Jn einem auf Seite der Städter gesundenen Volkslied, in dem die verschiedenen Reichsfürsten nicht ganz ohne Witz mitgenommen sind, erhält auch unser Graf sein Teil. ›Eberhard von Wirtenberg, du tribest vor jaren wunderwerk mit untugend und hoffart groß, des etzlich graf nicht vil genoß‹ beginnen die etlichen zwanzig ihm gewidmeten Verse. Reimereien, wie die über die Schlacht bei Döffingen in der Wolfenbüttler Handschrift aus dem 16. Jahrhundert, sind zu belanglos, als daß darauf eingegangen werden müßte.« P. Stälin 572: »Vgl. auch das von einem zeitgenössischen, wohl mitteldeutschen Dichter verfaßte Gedicht bei v. Liliencron, Die historischen Volkslieder der Deutschen I, 103, welches dem Grafen namentlich die Ermordung Graf Ulrichs von Helfenstein zur Last legt und ihm Unzuverlässigkeit und Geldgier vorwirft.«

35 Pahl, 2, 138.

36 Pahl, 2, 195.

37 Zimmermann 1, 567.

38 Barth 64f.

39 Pfaff Wirtemberg 2, 116.

40 Stälin 3, 228.

41 P. Stälin ADB 5, 555.

42 P. Stälin 571f.

43 Schneider 43f.

44 Robert Uhland NDB 4, 233.

45 R. Uhland NDB 4, 234.

46 Marquardt 17.

47 Decker-Hauff Stuttgart 207; vgl. auch Gf Ulrich † 1366 Anm. 20.

48 Hartmut Fröschle, Das Haus Württemberg in der Literatur in: Festschrift Württemberg 537–553. Zitat 537.

Elisabeth

1319–1384

Gräfin von Württemberg

T. v. Graf Heinrich VIII. dem Reichen von Henneberg-Schleusingen[1]
u. v. Markgräfin Jutta von Brandenburg

Geboren 1319[2]
in

Vermählt vor dem 17. September 1342[3]
mit Graf Eberhard II. dem Greiner von Württemberg † 1392

Mutter eines Sohnes und einer Tochter[4]

Gestorben am 23. März 1384[5]
in Stuttgart[6]

Beigesetzt 1384
in Stuttgart im Chor der Stiftskirche[7]

Grabmal[8]
»ANNO. DOMINI. M. CCC. LXXXIX. III. KL. APPRILLIS. OBIIT. EGREGIA. DOMINA. ELISABETH. DE. HENNENBERG. COMITISSA. DE. WIRTTEMBERG. CUIUS. ANIMA. REQUIESCAT. IN. PACE. AMEN. «[9]

»Christoph Bidembach rühmet diese Fürstin wegen ihrer sonderbaren Frömmigkeit in folgenden Reimen:
Sie hat geführt ein frommes Lebn, Gotts Wort ghört und glesen gern,
Sich wohl begnügt was Gott gebn Jhr Hoffnung stund zu Gott dem Herrn«[10]

»Durch die Heirat Eberhards des Greiners mit Elisabeth von Henneberg-Schleusingen kam erstmals das Blut der gekrönten Hohenstaufen aus dem Stamme Barbarossas in das Haus Wirtemberg. Zugleich gehörten durch diese Ehe die Wirtemberger von der nächsten Generation an zu den Nachfahren des Königs Rudolf von Habsburg. Beide Herrscherabstammungen stärkten das Ansehen des Hauses Wirtemberg; sie bildeten die Voraussetzung für die in der nächsten

Generation geschlossene Ehe mit einer deutschen Kaisertochter. Diese Verbindung wiederum ließ den Stuttgarter Stadtherren um 1400 in den engen Kreis der für die deutsche Krone Wählbaren aufrücken.«[11]

»eine der reichen Erbtöchter der mit den Markgrafen von Brandenburg verwandten letzten Grafen von Henneberg-Schleusingen«[12]

Anmerkungen

1 Cyriacus Spangenberg, Hennebergische Chronica, Straßburg 1599, 197f; 2. Aufl. Meiningen 1755, 363; Stälin 3, 282f: »Graf Eberhards reiche Schwiegereltern, Graf Heinrich und dessen Gemahlin Jutta geborene Markgräfin von Brandenburg, welche ein sehr ansehnliches Heiratsgut zubrachte, waren, jener im J. 1347, diese am 1. Februar 1353, söhnelos gestorben und so gelangte ein großer Theil der hennebergischen Lande an ihre vier Töchter, und, da eine derselben sich als Nonne einkleiden ließ, vornehmlich an die drei verehelichten und deren Gemahle, Graf Eberhard von Wirtemberg, Landgraf Friedrich von Thüringen und Burggraf Albrecht von Nürnberg. (Schultes Gesch. von Henneberg 1, 151. 2, 62–66.) Diese drei Schwäger machten sogleich nach dem Tode der Gräfin Jutta eine Erbsonderung, bei welcher der Graf Eberhard die, meist mit Burgen befestigten Orte Königshofen, Jrmelshausen, Marksteinach, Sternberg, Rotenstein, Schweinfurt, Münnerstadt und Wildberg, die drei letzteren blos hälftig, als Antheil bekam. Jndeß verkaufte dieser Graf mit seiner Gemahlin bereits am 20. Dec. 1354 in dem wirzburgischen Orte Röttingen an den Bischof Albrecht von Wirzburg, welchen er kurz zuvor mit seinen Waffen unterstützt hatte, diesen entlegenen Besitz für 90000 Gulden, welche Summe bei den Ankäufen, die er in Schwaben beabsichtigte, ihm trefflich zu Statten kam.« Wilhelm Füßlein, Der Übergang der Herrschaft Coburg vom Hause Henneberg-Schleusingen an die Wettiner 1353 in: Zeitschrift Verein Thüringische Geschichte NF 28, 1929, 325–434; Georg Lilie, Geschichte der gefürsteten Grafschaft Henneberg und ihrer Regenten, Meiningen 1931, 23; Eilhard Zickgraf, Die gefürstete Grafschaft Henneberg-Schleusingen, Marburg 1944, 96f = Schriften Institut geschichtliche Landeskunde Hessen-Nassau 22; Decker-Hauff Stuttgart 215: Ahnentafel der Elisabeth (Auszüge): Nachfahrin der Heiligen Elisabeth, Landgräfin von Thüringen, König Andreas II. von Ungarn, Heinrichs des Löwen, König Wenzels I. von Böhmen, Philipps von Schwaben, Irene-Maria von Byzanz, Kaiser Friedrichs I. Barbarossa, König Albrechts I., König Rudolfs I. von Habsburg. Freytag 3, 77: Stammtafel Henneberg-Schleusingen.

2 Das Geburtsjahr 1319 nennt: Füßlein (Anm. 1) 370 (Hochzeit der Eltern im August 1317). Das Jahr 1320 als Geburtsjahr nennt: Schwennicke 1, 122 (errechnet, vermutlich vom Heiratsdatum ausgehend). Das Jahr 1329 als Geburtsjahr nennt: R. Uhland NDB 4, 233 (mit Todesjahr 1402; Verwechslung mit Gfn Elisabeth † 1402). Sonstige Quellen ohne Angabe des Geburtsjahres.

3 In der Eheabrede für Elisabeths jüngere Schwester Katharina mit Landgraf Friedrich von Thüringen vom 17. September 1342 wird Eberhard bereits als vermählt erwähnt; vgl. Stälin 3, 715; Füßlein (Anm. 1) 369f. Heirat vor dem 17. September 1342 bei: Stälin 3, 715; Voigtel-Cohn 91 (1340?); P. Stälin 717; Giefel Nr 29; Schön Nr 27. Heirat vor September 1342: Schneider

Stammbaum. Heirat 1342 bei: Uhland Festschrift 398. Um 1342: Essich Stammtafel. Vielleicht 1340, spätestens 1342: P. Stälin 532. Vor 1344: P. Stälin ADB 5, 556. Das Jahr 1340 als Hochzeitsjahr nennen: Heimführung 18: »Anno 1340. Beylager gehalten«; Pregitzer 1, 9; Steinhofer 1, 109; Behr 169; Füßlein (Anm. 1) 389; Lilie (Anm. 1) 23; Isenburg 1, 75; Freytag 1, 75; R. Uhland NDB 4, 233; Marquardt Stammtafel; Dekker-Hauff Stuttgart 214; Schwennicke 1, 122. Die Tatsache, daß O. Gabelkover Cod. hist. 2° 587 kein Heiratsdatum nennt, läßt vermuten, daß die Urkunde mit der Eheabrede bereits damals nicht mehr im Stuttgarter Archiv vorhanden war. Ort des Beilagers unbekannt, wahrscheinlich Stuttgart. Ehewappen Württemberg-Henneberg bei Küng 77.

4 Vgl. Gf Eberhard † 1392 Anm. 9.

5 Das Todesjahr 1384 nennen die Annales Stuttgartienses 14 (Reichenauer Handschrift). Den 23. März als Todestag nennt der Gütersteiner Nekrolog Cod. hist. 2° 421, 41v: »x. kl. aprilis eodem die ist vnsern frowen von henneberg Jartag«. Den 23. März 1384 als Todestag nennt die Zeichnung vom Zustand des Grabsteins 1583 in Cod. hist. 2° 130, 37r: »M.CCC.LXXXIV.X.KL.APRILIS«. Die Zeichnung vom Zustand des Grabsteins 1566 in HB XV 77, 18r läßt hingegen von der abgetretenen Inschrift noch folgende Angaben zum Todesdatum entnehmen: »M.CCC.LX— —III—K.APRILIS«. Obwohl die Zahl III eindeutig Bestandteil der Jahreszahl ist und sich wegen des weiten Abstandes keinesfalls auf die Zahl der Kalenden beziehen kann, haben A. Rüttel d. Ä. und sein Sohn A. Rüttel d. J. daraus irrigerweise den Todestag »III.KAL.APRILIS« (= 30. März) erschlossen.

Das Todesjahr ist A. Rüttel d. Ä. J1 1b, 29r im Jahr 1557 nur so lesbar: »M.CCC.LX—«; A. Rüttel d. J. A 525 Bü 3, 74v im Jahr 1566: »M.CCC.LXX—«, dabei hat Rüttel d. J. als Todesjahr »M.CCC.LXXX«, das später den Nachtrag »VIIII« erhielt. In den nachfolgenden Gutachten A 525 Bü 3, 64v und A 525 Bü 3, 100v, letzteres vom Jahre 1574, hat Rüttel d. J. bereits das Todesjahr »M.CCC.LXXXIX« angegeben, wobei ungeklärt bleibt, woher er diese Jahreszahl erschlossen hat. Küng 76 hat in der Wiedergabe von Elisabeths Grabschrift lediglich die Zahl 13 für das Jahrhundert angegeben und läßt den Platz zur Nennung von Jahr, Monat und Tag leer. Demgemäß ist auch seinem Abschreiber Wolleber das Todesjahr Elisabeths unbekannt. Auch bei O. Gabelkover ist kein Todesdatum genannt, wenngleich bei ihm das Sterbejahr 1389 vorausgesetzt wird, wenn er Cod. hist. 2° 587, 145 als Todesursache angibt: »hat sich über ires ainzigen sohns tod hart bekümmert, also das sie fürohin auch nicht lenger zu leben begert«, eine Vermutung, die sich auf den Tod Graf Ulrichs am 23. August 1388 in der Schlacht bei Döffingen bezieht. Für die Festsetzung des Todesdatums bleibt aber entscheidend, daß die Zeichnung des Grabsteins vom Jahre 1583 in Cod. hist. 2° 130, 37r den 23. März 1384 als Todestag auf der Grabinschrift hat und damit die Angaben des Gütersteiner Nekrologs und der Reichenauer Handschrift der Stuttgarter Annalen bestätigt. Diesen Quellen ist mehr Vertrauen zu schenken als Rüttel d. J., der vermutlich die Endziffern des Todesjahres LXXXIX und LXXXIV verwechselt hat. Für das Todesjahr 1384 der Stuttgarter Annalen spricht ebenfalls die Urkunde A 602 U 7, in der am 21. August 1386 das Kloster Wittichen die Feier von Jahrtagen für Elisabeth und ihre Tochter Sophie, Herzogin von Lothringen † 1369 übernimmt. Den 23. März 1389 als Todestag nennt: Schön Dt. Herold 25, 1894, 101 mit Hinweis auf den Gütersteiner Nekrolog: »Folio 41 findet sich: X kalendas Aprilis (d. h. 23. März): eodem die ist vnser frowen von henneberg Jartag. Diese Notiz bezieht sich zweifelsohne auf die 1389 gestorbene Elisabeth, Tochter (Anm.: Gattin!)

Graf Eberhards des Greiner oder Rauschebart. Sonst wird als ihr Todestag der 30. März bezeichnet, unter Berufung auf den bei Tiedemann und Merckel, Beschreibung der fürstlichen Denkmale und Grabschriften in der Stiftskirche, 17 mitgetheilten Grabstein in der Stiftskirche. Da 1419, als der Chor der Stiftskirche einfiel, die fürstlichen Epitaphia verdorben wurden, so liegt es nahe, daß der 30. März auf eine irrige Lesart der undeutlich gewordenen Inschrift zurückgeht, nämlich II kal. statt x kal. (Anm.: 30. März = III Kal. Aprilis, 31. März = Pridie Kal. Aprilis, nicht: II. Kal. Aprilis) Jedenfalls verdient die Gütersteiner Notiz den Vorzug.« Der 23. März 1389 als Todestag auch noch bei: Giefel Nr 29; Schön Nr 27 (der den 30. März 1389 als Begräbnistag hat). Den 30. März 1389 (III. Kal. Aprilis) als Todestag nennen: Grabmal (Entwurf A. Rüttel d. J. Cod. hist. 2° 130, 36r; Anm. 9); A. Rüttel d. J. J1 48a, 75 u. J1 48q, 27 u. A 525 Bü 3, 57 u. 64v u. 74v u. 100v; Eber 120; Pregitzer 1, 9; Mohl 230; Steinhofer 1, 109; Pfaff Gedenkbuch 111; Stälin 3, 713 (715: Hinweis auf das Jahr 1384 in den Stuttgarter Annalen); Behr 169; Voigtel-Cohn 91; P. Stälin 717; Isenburg 1, 75; Freytag 1, 75; Schwennicke 1, 122. Den 21. März 1389 als Todestag nennt: Suntheim 592 u. 596: jeweils XII. Kal. Aprilis. Das Jahr 1389 als Todesjahr nennen: Spangenberg (Anm. 1) 1599, 198 u. 1755, 363; Imhof 131; Maisch Stammtafel; Lilie (Anm. 1) 23; Decker-Hauff Stuttgart 214 u. 215 u. 224; Uhland Festschrift 398. Den 30. März 1370 als Todestag nennt: Steinhofer 2, 357; Hartmann Stuttgart 12 (der Elisabeth auf 13 noch einen Weinberg kaufen läßt anno 1382). Den 1. April 1393 als Todestag nennt: Steinhofer 2, 475. Das Jahr 1393 als Todesjahr nennen: Schmid 22 u. 26; Steinhofer 2, 357; Tiedemann 10 (17: 1389). Das Jahr 1402 als Todesjahr nennt: R. Uhland NDB 4, 233 (Verwechslung mit Elisabeths Schwiegertochter Elisabeth von Baiern). Keinerlei Angaben zum Todesjahr machen: Crusius; O. Gabelkover; Heimführung; Sattler; wohl deshalb, weil sie den Angaben Rüttels mißtrauten und ihnen andererseits die Reichenauer Handschrift der Stuttgarter Annalen mit dem Todesjahr 1384 unbekannt war.

6 Sterbeort Stuttgart bei: Decker-Hauff Stuttgart 214.

7 Crusius 2, 8: Stuttgart Stiftskirche »woselbst im Chor noch mehr Frauenzimmer von vornehmen Stand begraben liegen, alleine die Grabschrifften seynd entweder gar nicht mehr vorhanden, oder doch nimmer zu lesen«. Schön Nr 25 nennt als Begräbnistag den 30. März 1389 (wohl in der Annahme, daß bei einem Todestag 23. März 1389 der in den Quellen häufig genannte 30. März 1389 dann der Beisetzungstag sein muß); vgl. Anm. 5.

8 J1 1b, 29: Bericht A. Rüttels d. Ä. u. Sebastian Ebingers 1557: »hat kein schilt mehr«. A 525 Bü 3, 74v: Gutachten A. Rüttels d. J. 1566: »Schilt darinnen nichts mehr zu sehen, aber Jn der Vmbschrifft des Grabsteins noch wenig zu leßen.« Zeichnung des Grabsteins 1566: HB XV 77, 18r (mit dem Todesdatum »M.CCC.LX—III—K.APRILIS«); 1583: Cod. hist. 2° 130, 37r (mit Todestag »M.CCC.LXXXIV.X.KL.APRILIS«). Entwurf A. Rüttels d. J. zur Restaurierung 1583: Cod. hist. 2° 130, 36r (mit Todestag »M.CCC.LXXXIX.III.KL.APPRILLIS«). Grabstein bis zum Bau der Gruft 1608 noch im Chor; vgl. Gfn Elisabeth † 1524 Anm. 12.

9 Zitiert nach Entwurf Rüttel Cod. hist. 2° 130, 36r (mit falschem Todestag 30. März 1389); Inschrift auch bei: Küng 76 u. 77 (Todestag ausgelassen); A. Rüttel d. J. A 525 Bü 3, 57 u. 64v u. 100v (jeweils 30. März 1389); Schmid 11 u. 32 (jeweils 30. März 1389); Steinhofer 2, 475 (Todestag 1. April 1393); Tiedemann 17 (30. März 1389); Bach 167 (30. März 1389).

10 Steinhofer 2, 357.

11 Decker-Hauff Stuttgart 214.

12 Katalog Württemberg 8.

Ulrich IV.

†1366

Graf von Württemberg

Mitregent 1344–1362[1]

»Fortes fortuna juvat«[2]

2. S. v. Graf Ulrich III. von Württemberg[3]
u. v. Gräfin Sophie von Pfirt

Geboren nach 1315[4]
in

Vermählt vor 1350
mit Gräfin Katharina von Helfenstein v. 1333–n. 1386

»der verließ kain leibs erben«[5]

Gestorben am 24.[6] oder 26. Juli[7] 1366[8]
auf Burg Hohenneuffen[9]
»an der Pest«[10]

Beigesetzt 1366
in Stuttgart im Chor der Stiftskirche[11]

Epitaph[12]
»Anno Domini M.CCC.LXX.VII. Kal. Augusti, obijt generosus dominus Ulricus, comes de Wirttemberg. Cuius anima requiescat in pace.«[13]

Standbild von Sem Schlör[14]
»ILLVSTRIS PRINCEPS ET DOMINVS VLRICVS/ COMES WIRTEMBERGENSIS. Θ. XXVI./ IV-LII. ANNO. MCCC.LXVI.«[15]

»Mit-Regierender Graf zu Wirttemberg. Wurde neben seinem Hr. Bruder Gr. Eberhard wohl erzogen; regierte auch nachgehends mit demselben 18. Jahr lang gemeinschafftlich wohl und friedlich, welche Er endlich nach entstandener Mißhelligkeit seinem Hr. Bruder A. 1362. völlig überlassen, und wurde damahlen der Erste Vertrag im Hauß Wirttemberg aufgerichtet, daß das Land forthin immer und ewig ohnzertheilt bleiben solle.«[16]

»Achtzehn Jahre lang regierten diese zwey Brüder das Land gemeinschaftlich. Sie waren ein Herz und eine Seele, zogen mit einander zu Feld, kauften mit einander Güter, wo einer war, war auch der andere. Der ältere hatte, wie sichs gebührte, seine Vorrechte, und das größte derselben hatte ihm schon die Natur gegeben, eine rüstigere Faust und einen unerschrockeneren Muth. Den Bruder Ulrich würde es kaum verdrossen haben, daß Eberhard überall gefürchteter und selbst auch beym Kaiser geehrter war als er, aber seine Frau erklärte ihm alles sehr gehäßig; die Brüder können oft mit einander auskommen, wenn sich die Schwägerinnen zu vertragen wüßten.«[17]

»Bey seinem anspruchslosen und sanftmütigen Sinne hatte aber Grav Ulrich es bisher ohne Mißtrauen und Eifersucht geschehen lassen, daß alle Geschäfte durch den Bruder Eberhard gelenkt, daß in allen Fehden und Kriegen die Macht des Hauses durch ihn angeführt, und daß überall sein Name genannt wurde.«[18]

»ein günstiger Umstand, daß Ulrich, von ruhiger Gemüthsart und gleichgültig gegen die Reize des Ehrgeizes, für die er von seinem leidenschaftlichen Hange zu den Vergnügungen der Jagd und des Waidwerks Entschädigung fand, die geistige Ueberlegenheit des älteren Bruders anerkannte, und ihm in allem den Entschluß und die That überließ, während er sich blos die Rolle der Zustimmung vorbehielt. Weiter hätte auch Eberhard nicht ertragen.«[19]

»Ein Bruderzwist drohte jetzt Würtemberg gefährlich zu werden. Der Greiner, der an geistiger und körperlicher Kraft seinem Bruder überlegen war, hatte bisher das Regiment in der That allein geführt, Ulrich hatte zu Allem fast nur den Namen hergegeben. Ulrichs Gemahlin, Catharina von Helfenstein, hatte diesem schon längst mit beleidigtem Stolze zugesehen. Sie reizte ihren Gemahl auf, daß er eine Theilung des Landes verlangte. Gegen dieses Ansinnen erklärte sich Eberhard entschieden, er war entschlossen, die Ungetheiltheit des Landes mit Gewalt zu behaupten.«[20]

»Graf Ulrich nahm seinen Sitz auf dem Schlosse zu Neuffen, und jagte und fischte in den Wäldern, Weihern und Seen des Landes, bis er 1366 starb.«[21]

»Eberhard war ein energischer, kühner, zu allem entschlossener, ja rücksichtsloser und mitunter gewaltsamer Herrscher, aus härtestem Holz geschnitzt, unnachgiebig und zäh, verschlagen, durch keinen Schicksalsschlag wirklich unterzukriegen. Ulrich daneben, nach der herkömmlichen Zählung der Vierte, war der jüngere Bruder: minder geschickt, weniger wendig, vielleicht etwas leichtgläubig, tatenlos, mitunter unentschlossen; er wurde vom älteren Bruder immer wieder zur Seite geschoben, ja vielleicht sogar geradezu geprellt. Während der

Greiner mit Tugenden und Fehlern scharf profiliert vor uns steht, gewissermaßen im Rampenlicht und deutlich erkennbar, bleibt Ulrich IV. im Schatten des älteren Bruders und bald verschwindet er aus der Geschichte der Stadt und des Landes, ohne daß sein Ende viel Spuren hinterlassen hat.«[22]

Anmerkungen

1 Zu Ulrich und seiner Mitregierung neben Eberhard dem Greiner: Sattler Gf 1, 143–199; Spittler 22–24; Pahl 1, 137–166; Barth 54–59; Pfaff Wirtemberg 2, 71–90; Stälin 3, 227–293; Pfaff Gedenkbuch 307f; P. Stälin 508–537; Schneider 30–34; Dekker-Hauff Stuttgart 204–206 u. 219f; Dekker-Hauff Münsingen 35f. Ulrich hatte seit 1352, wohl auf Drängen seiner Gattin Katharina, mehrere Versuche unternommen, eine Landesteilung zu erreichen, ein Unterfangen, das an der Hartnäckigkeit seines älteren Bruders, Eberhards des Greiners, scheiterte, der mit Recht einen späteren Übergang des Erbes des kinderlosen Bruders an das Haus Helfenstein befürchtete. Nach heftigen Auseinandersetzungen überließ Ulrich am 1. Mai 1362 dem älteren Bruder die Alleinregierung des Landes; dazu Stälin 3, 285–290.

2 J. Frischlin Cod. hist. 2° 73, 40; vgl. Gf Ulrich †1344 Anm. 2.

3 Vgl. Gf Eberhard †1392 Anm. 7.

4 Ulrich war jünger als sein Bruder Eberhard der Greiner; Stälin 3, 715: »Eberhard wird fast immer vor Ulrich genannt und ist ohne Zweifel der ältere« (mit Beispiel: Sattler Gf 1, Beil. 102: 14. März 1343 ›Graf Ulrich von Wirtemberg und Graf Eberhard und Graf Ulrich unser Sune‹). Als Geburtsdaten für Ulrich werden genannt: Nach 1315: Marquardt Stammtafel; Uhland Festschrift 398. 1320: Schwennicke 1, 122 (»errechnet«). Sonstige Quellen ohne Angaben zum Geburtsjahr.

5 Lirer 68; vgl. Gfn Katharina †n. 1386 Anm. 5.

6 Den 24. Juli als Todestag nennen: Annales Stuttgartienses 9 – Tubingius 252: »in vigilia sancti Jacobi apostoli«; zum Todesjahr vgl. Anm. 8.

7 Den 26. Juli als Todestag nennen: Annales Stuttgartienses 9 (Reichenauer Handschrift): »crastino Jacobi apostoli«; Stuttgarter Stiftschronik 258: »am nechsten tag nach sant Jacobß tag«; zum Todesjahr vgl. Anm. 8.

8 Nach der Urkunde H 51 U 721 vom 20. Oktober 1366, in der Kaiser Karl IV. den Grafen Ulrich von Helfenstein zum Vogt von dessen Schwester Katharina Gräfin von Württemberg bestellt, war deren Gatte Ulrich zu diesem Zeitpunkt nicht mehr am Leben. Das häufig angegebene Todesjahr 1370 ist demnach irrig; vgl. auch Anm. 13. Den 24. Juli 1366 als Todestag nennen: Annales Stuttgartienses 9; Stälin 3, 290 u. 713; Pfaff Gedenkbuch 308; Mohl 281; Behr 170; Voigtel-Cohn 91; P. Stälin 537 u. 717 (oder 26. Juli); P. Stälin ADB 5, 555; Maisch Stammtafel; Schneider 34; Krüger Tf 8; Isenburg 1, 75; Freytag 1, 75; Schwennicke 1, 122. Den 26. Juli 1366 als Todestag nennen: Annales Stuttgartienses 9 (Reichenauer Handschrift); Standbild (Anm. 15); Eber 292; Crusius 1, 940 u. 943; J. Frischlin Cod. hist. 2° 73, 39v; Heimführung 14; Lairitz 456; Pregitzer 1, 8; Mohl 180; Montanus 134v; Steinhofer 1, 69; Sattler Gf 1, 199; Scheffer 28; Pahl 1, 166; Pfaff Fürstenhaus 59; Pfaff Wirtemberg 2, 90. Den 24. oder 26. Juli 1366 als Todestag nennen: P. Stälin 717 (26. Juli eingeklammert); Giefel Nr 30. Juli 1366: Schneider Stammbaum. Den Monat September 1366 als Sterbedatum nennt: Schön Nr 26. Das Todesjahr 1366 nennen: Lohmeier 52; Imhof 56; Sattler Gf 1, 266; Tiedemann 10; Essich Stammtafel; Zimmermann 1, 539; Uhland Festschrift

398. Irrige Angaben mit Todesjahr 1370: Den 14. Juli 1370 als Todestag nennt: Hengher 147. Den 15. Juli 1370 nennen: Küng 70: »nach erlangtem alter anno 1370, den 15. tag julii, zu Neyffen gestorben«; Wolleber Cod. hist. 2° 934, 134r. Den 24. Juli 1370 nennt: Tubingius 252 (vgl. Anm. 13). Den 26. Juli 1370 nennen: Stuttgarter Stiftschronik 258 (vgl. Anm. 13); Epitaph (Anm. 12f); Lirer Chronik 68; A. Rüttel d. Ä. J1 1b, 27 (der J1 48a, 355r sowohl 1366 als auch 1370 als Todesjahr angibt); Hartmann Stuttgart 12. Das Jahr 1370 als Todesjahr nennen: Suntheim 592 (26 Jahre nach dem 1344 verstorbenen Vater); Suntheim 596 hat die mißverständliche Angabe: »Ipse post suum genitorem Udalricum in vicesimo sexto anno vita excessit, et obiit anno Domini millesimo tricentesimo septuagesimo septimo Kal. Augusti, proximus die post Jacobi« (Todesjahr des Vaters mit 1344 angegeben, Tag nach Jacobi = 26. Juli = VII Kal. Augusti). Der Angabe bei Lairitz 456 zufolge »etliche setzen 1377« muß die Suntheimsche Formulierung des Sterbedatums zu Mißverständnissen Anlaß gegeben haben; Hübner 200 (der Ulrich als Heinrich ausgibt, der noch einen jüngeren Bruder Ulrich haben soll). Das Jahr 1362 als Todesjahr nennt: Marquardt Stammtafel.

9 Chronik Kaiser Könige Päpste 94v: »Jtem deselben Gryners bruder graff Vlrich satzt sich mit huß gen Niffen Diser graff Vlrich starb one erben«; vgl. Stälin 3, 288f. Neuffen als Sterbeort genannt bei: Küng 70; Wolleber Cod. hist. 2° 934, 134r; Crusius 1, 943; Eber 292; Hengher 147; Schmid 9; Pregitzer 1, 8; Mohl 180; Montanus 134v; Steinhofer 1, 69; Moll 281; Hartmann Stuttgart 12; Schön Nr 26. Die Annales Stuttgartienses 9 (Reichenauer Handschrift): »anno domini 1366 crastino Jacobi apostoli obiit Vlricus comes de Wirtemberg, qui residentiam habuit ad tempus in Byttenfelt« lassen vielleicht auch die Deutung von Bittenfeld als Sterbeort zu; HbHist Stätten Ba-Wü 90: »Ulrich IV. († 1366), Mitregent seines Bruders Eberhard des Greiners, hielt sich zeitweise in einer abgegangenen Burg in Bittenfeld auf.«

10 Moll 281: »1365 grassierte in Schwaben eine Pest, auch Ulrich IV. soll ein Opfer derselben geworden sein.« Für Ulrichs Todesursache waren ansonsten keine Belege auffindbar; es ist denkbar, daß sein Tod im Zusammenhang steht mit den reichen Schenkungen seiner Gattin Katharina an das von ihr gestiftete Katharinen-Spital in Stuttgart; vgl. Gfn Katharina † n. 1386 Anm. 20.

11 Den Beisetzungsort Stuttgart nennen: Suntheim 596: »in Stuetgardia sepultus«; Küng 70: »zu Neyffen gestorben und gen Stutgarten zu seinen voreltern begraben worden«; Eber 292; Wolleber Cod. hist. 2° 934, 134; Crusius 1, 934; Hengher 147; Schmid 9: »zu Neuffen gestorben, Vnd gen Stutgardt transferirt, wie dann solches die Tafel an der Wand mit diesem Epitaphio ausweiset: Inschrift Anm. 13; Hartmann Stuttgart 12; Schön Nr 26. Ulrichs Beisetzung in Stuttgart ist nicht gesichert, jedoch wahrscheinlich: In den Aufzeichnungen über die Stuttgarter Grabmäler (HB XV 77 von 1566; Cod. hist. 2° 130 von 1583) ist kein Grabmal für Ulrich enthalten, während der Grabstein der nur drei Jahre später verstorbenen Tochter Eberhards des Greiners darin verzeichnet ist; vgl. Gfn Sophie † 1369 Anm. 11. Es ist möglich, aber nicht wahrscheinlich, daß Ulrichs Grabstein beim Einsturz des Chors zu Beginn des 15. Jahrhunderts beschädigt wurde; vgl. Gfn Elisabeth † 1402 Anm. 12. Es ist kaum anzunehmen, daß Eberhard der Greiner seinem Bruder, dessen Erbe er erhielt, das Begräbnis in der Stuttgarter Stiftskirche verweigert hat, eher ist denkbar, daß Ulrich in Stuttgart beigesetzt wurde, aber aus irgendwelchen Gründen keinen Grabstein erhalten hat. Ulrichs Epitaph (Anm. 12) stammt aus der Zeit Ulrichs des Vielgeliebten; das darauf genannte Sterbedatum wurde wohl den Stuttgarter Annalen entnommen, wobei das Todesjahr MCCCLXVI mit MCCCLXX verwechselt wurde. Suntheim und Küng, die diese Tafel in der Stiftskirche gesehen haben, geben vermutlich danach Stuttgart als Begräbnisort an. Die Möglichkeit, daß Ulrich auf Wunsch seiner Witwe nicht in Stuttgart, der Residenzstadt des ungeliebten Schwagers, sondern etwa vom Neuffen aus nach Wiesensteig verbracht und in der dortigen Grablege der Helfensteiner beigesetzt wurde, ist nicht sehr wahrscheinlich. Eine solche Ausnahmebestattung hätte sich in der Erinnerung des Volkes erhalten, und Küng, der die Unnormalität der Beisetzung der württembergischen Grafenwitwe Katharina bei ihrer helfensteinischen Familie ausdrücklich erwähnt, hätte dies dann auch bei Ulrich getan.

12 Vgl. Gf Heinrich †1519 Anm. 17.

13 Schmid 36 (mit falschem Todesjahr 1370). O. Gabelkover Cod. hist. 2° 587, 56: Ulrich starb 1366. »Es haben gleichwol etliche darfür gehalten, er sey erst A. 1370. gestorben, wie solches auch sein tafel im chor allhie meldet. Dieweil aber selbige tafeln biß vff zwo oder 3. die lezste all einer form, hat es das ansehen, als wann graf Vlrich dises graf Vlrichs ex fratre abnepos (= der Sohn des Urenkels: Ulrich der Vielgeliebte) solche machen lassen und sich der Maler am Schreiben geirret hatt.« Eber 292: »seine Tafel... mit 1370 ist falsch«. Schmid 11: Todesjahr 1370 ist ein Irrtum, da »die Tafel nit zur Zeitt seines Absterbens, sonder vil Jahr hernacher sey zu eines gedächtnus vfgerichtet worden«. Steinhofer 2, 349: Todesjahr 1366 »Seine in nachfolgender Zeit verfertigte Tafel in dem Chor zu Stuttgard setzet das Jahr 1370, aus Verstos des Mahlers, wordurch verschieden in den Jrrthum gerathen, Graf Ulrich wäre erst A. 1370 Todes verfahren (folgt Hinweis auf die Urkunde Karls IV. vom 20. Oktober 1366; vgl. Anm. 8). Es ist in der Tat anzunehmen, daß den Stuttgarter Annalen das richtige Todesjahr 1366 entnommen wurde und der Maler des Epitaphs die Jahreszahl MCCCLXVI in MCCCLXX verschrieben hat. Die Stuttgarter Stiftschronik und Tubingius haben dann nach Besichtigung dieser Tafel in Unkenntnis des wahren Sachverhalts das auf dem Epitaph genannte Datum für das richtige gehalten und haben in der Meinung, diese zu verbessern, die Angaben der Stuttgarter Annalen verfälscht.

14 Vgl. Gf Heinrich †1519 Anm. 19.

15 Zitiert nach dem Original in Stuttgart.

16 Pregitzer 1, 8.

17 Spittler 23.

18 Pahl 1, 159.

19 Pahl, 2, 138.

20 Zimmermann 1, 537.

21 Zimmermann 1, 539.

22 Decker-Hauff Stuttgart 204; auf 206: Abb. des Porträts Ulrichs aus: Ochsenbach Cod. hist. 4° 164, 77; 206: »Das kleine Aquarell hat kaum Porträtcharakter; ob es auf eine ältere, vor allem auf eine glaubwürdige Vorlage zurückgeht, muß offenbleiben«; 362: »Die einzige bekannte ältere Darstellung des Grafen, jedoch wahrscheinlich ohne Porträtwert im engeren Sinne.«

Katharina

v. 1333–n. 1386

Gräfin von Württemberg

T. v. Graf Johann von Helfenstein[1]
u. v. Gräfin Adelheid von Hohenlohe[2]

Geboren vor 1333[3]
in

Vermählt vor 1350[4]
mit Graf Ulrich IV. von Württemberg † 1366

»ohne hinderlaßne Leibserben«[5]

Gestorben nach 1386[6]
in Wiesensteig[7]

Beigesetzt
in Wiesensteig in der Stiftskirche St. Cyriacus[8]

»Jnn der Kürchen zu Wisensteig, alda die Graven von Helfenstein Jer Begräbnus haben zu Jren Voröltern Begraben worden.«[9]

»daselbst begraben worden, wie noch ain tafel mit den wapen Wirtenberg vnd Helffenstain inn der Kirche daselbst hanget«[10]

Steinerne Bildsäule in Stuttgart im Hospitalhof[11]

»Katherina sein Hausfraw von Geschlecht ain Gräfin von Helfenstain, geperet kain Kind«[12]

»Sein gemachel was frauw Katharina, gravin zu Helffenstain, welche auch S. Katharine spittal zu Stütgarten gestifft und angefangen und das selbig mitt einem gutten thail des weinzehenden daselbst erlich versehen, und nach ierem thod zu Wisenstaig begraben.«[13]

»Sie stiftete den St. Catharinen-Hospithal zu Stuttgardt, starb als Wittib, und ist zu Wiesensteig beerdigt.«[14]

»Bey seinem anspruchslosen und sanftmütigen Sinne hatte aber Grav Ulrich es bisher ohne Mißtrauen und Eifersucht geschehen lassen, daß alle Geschäfte durch den Bruder Eberhard gelenkt, daß in allen Fehden und Kriegen die Macht des Hauses durch ihn angeführt, und daß überall sein Name genannt wurde. Diese Ergebung war aber nicht in seiner Gemahlin Katharina, einer geborenen Grävin von Helfenstein, deren Eitelkeit durch die Kraft, mit der Eberhard ihren Gemahl überglänzte, manche bittere Kränkung erleiden mochte.«[15]

»weihte den Rest ihres Lebens den Uebungen der Andacht und Wohthätigkeit; der von ihr zu Stuttgart gestiftete Katharinenspital erhielt der Nachwelt das Gedächtnis ihres Namens«[16]

»Katharina, Graf Ulrichs von Würtemberg Gemahlin, eine gebohrne Gräfin von Helfenstein, ließ im Jahr 1350 in derjenigen Gegend der Stadt, wo gegenwärtig die Stadtschreiberey steht, damals bey dem obern Thor, den Bau eines von ihr mit bedeutenden Einkünften begabten Spitals, nebst Kirche beginnen. Sechzehn Jahre später (1366) ward er vollendet und zum Andenken an die Stifterin Sct. Katharinen-Hospital genannt. Nach Einführung der Reformation in Würtemberg übergab Herzog Ulrich im Jahre 1536 dem Vogt, Bürgermeister und der gemeinen Stadt Stuttgart das noch unausgebaute Predigerkloster, aus welchem die Mönche mit Leibgedingen entlassen wurden, um dieses geräumige Gebäude zu einem Hospital einzurichten, und aus dem Erlös des alten, die Kosten des neuen, noch gegenwärtig vorhandenen Hospitals zu bestreiten.
Die Erinnerung an die wohlthätige Stifterin wurde theils durch den auf diesen Bau übergegangenen Namen: Sct. Katharinen-Hospital, theils durch ein in Stein ausgehauenes Bild der edlen Gräfin erhalten, welches auf dem in dem Spitalhofe befindlichen Brunnen aufgestellt war. Wegen einer in dem Jahre 1808 vorgenommenen Brunnen-Reparatur mußte dasselbe herabgenommen werden und blieb seit jener Zeit in einer entlegenen Kammer verwahrt.
Die bey dem hiesigen Bürger-Hospital beschäftigten Professionisten haben, mit Genehmigung der würdigen Vorsteher dieses gemeinnützigen Jnstituts, aus Dankgefühl das erwähnte Bild der Verborgenheit entzogen, und, – gereiniget von den Flecken der Zeit, – es auf die ihm früher angewiesene Stelle wieder gesezt, damit in dem Gemüthe jedes Stuttgarter Bürgers bey dessen Anblick ein gleiches Gefühl gegen die erlauchte Stifterin erweckt werde.«[17]

»Von den Zänkereien zwischen den beiden Brüdern Eberhard und Ulrich will ich nichts erzählen: denn sie wurden durch eine Frau angestiftet, und es ist immer etwas Peinliches, wenn man sehen muß, wie ein Geschöpf, das Gott zum Friedenstiften geschaffen hat, sich zum Werkzeug des Haders erniedrigt. Eberhard hat zwar vor seinen Zeitgenossen den Beinamen ›der Greiner‹ (Zänker) oder ›der Rauschebart‹ bekommen, und nicht mit Unrecht, aber gegenüber von seinem

Bruder war er nicht der Zänker, sondern Ulrichs Gemahlin war's, Catharina, geborene Gräfin von Helfenstein. Sie konnte es in ihrem Hochmuth nicht mit ansehen, daß Ulrich als der jüngere Bruder, obwohl Mitregent, doch eben nur der zweite Regent war, und steifte deßhalb ihren Gemahl, der sonst ein friedlicher Mann war, immer wieder auf, eine Theilung des Landes zu verlangen, weil er dann in seinem Theil wenigstens der Erste gewesen wäre.«[18]

»Daß die Gemahlin Graf Ulrichs, Katharina, in ihren Gemahl gedrungen habe, er solle sich sein Stück Landes abtheilen lassen, und daß sie mit einem solchen ihren Verwandten, den Grafen von Helfenstein, gut thun wollte, dieß ist eine unerwiesene Annahme Neuerer.«[19]

»Die Gräfin war eine gute Frau.«[20]

»Ulrichs Witwe Katharina, die eine geborene Gräfin von Helfenstein aus der ›vertuischen‹, nicht aus der ›sparsamen‹ Linie dieses Hauses war, zeigte sich doch so anhänglich an die Stadt, in der sie etwa 20 Jahre lang gelebt hatte, daß sie aus ihren und ihres Gatten reichen Mitteln eine Stiftung machte, die ihr durch Jahrhunderte die Erinnerung der Stuttgarter sicherte. Am Westende der Stadt, beim Oberen Tor, kaufte sie eine ganze Anzahl von Häusern und Hofstätten zusammen und errichtete auf ihnen das erste große Spital innerhalb der Stadtmauern. Sie weihte es der Heiligen Katharina, der ja auch andernorts, etwa in der Reichsstadt Esslingen, große und reiche Spitäler geweiht worden waren. Aber sicher wurde der Name auch darum gewählt, weil er der Name der Stifterin, Katharina von Wirtemberg-Helfenstein war. Die Gräfinwitwe stattete ihre Stiftung reich mit Gütern aus, das Spital war so durch Jahrhunderte finanziell unabhängig und für seine vielfachen Aufgaben gut gerüstet. Neben der eigentlichen Krankenpflege war es zugleich eine Art von Altersheim, und zwar sowohl für Bedürftige, wie in einer eigenen Abteilung auch für sehr reiche alte Leute, die sich hier zur Ruhe setzen wollten. Daneben diente es als Pilgerherberge, in Seuchenzeiten als Lazarett, und als Zentrum der städtischen Armenfürsorge. In der Reformation um einige eingezogene Kirchengüter erweitert und in das beschlagnahmte Dominikaner-Kloster in der Reichen Vorstadt (daher heute ›Hospital-Kirche‹ und ›Hospital-Hof‹) verlegt, besteht diese Gründung bis heute, wenn auch in veränderter Form. Als Katharinen-Spital nahm es einen Namen vorweg, der dann Jahrhunderte später durch die Stiftungen der zweiten württembergischen Königin, Katharina von Rußland, zu neuer, noch größerer Bedeutung gelangen sollte.«[21]

Anmerkungen

1 Zu Helfenstein: Oswald Gabelkover, Historia und Beschreibung deß uralten herrlichen Geschlechts der Graven von Helffenstain von Anno 860 biß uff 1604 (J 1 48c); Gabriel Bucelinus, Germania II, Ulm 1662: Stammtafel Helfenstein; Heinrich Friedrich Kerler, Geschichte der Grafen von Helfenstein, Ulm 1840; J. Kindler von Knobloch, Oberbadisches Geschlechterbuch, Heidelberg 1905, 2, 26–32; E. Grupp, Stammbaum Helfenstein, Geislingen 1936 (bei Heyd 8, 401 Nr 8557); Mitteilungen von Geislingen und Umgebung 12, 1949; Blaubeurer Heimatbuch, Blaubeuren 1950, 80–83 mit Stammtafel Helfenstein; Hansmartin Decker-Hauff, Ulm, Helfenstein und Wirtemberg auf der Hohen Alb im 14. Jahrhundert in: Aus Archiv und Bibliothek, Weißenhorn 1969, 147–151.

2 Katharinas Mutter ist eine Tochter von Gräfin Adelheid von Württemberg † 1342. Katharina ist die Schwester von Graf Ulrich X. von Helfenstein, der 1372 zum Vorteil Graf Eberhards des Greiners ermordet wurde und mit Herzogin Maria von Bosnien, einer Verwandten Kaiser Karls IV. und möglichen Erbin Bosniens vermählt gewesen war, dazu: Mitteilungen Geislingen (Anm. 1) 12, 1949, 33–62.

3 Nach den Stammtafeln bei Bucelinus und Kerler (Anm. 1) starb Katharinas Vater 1331; sie muß spätestens 1332 geboren worden sein. Sämtliche Quellen ohne Angaben zum Geburtsjahr.

4 Das Hochzeitsjahr kann mangels Archivalien nur geschätzt werden: Um 1348/50: Kerler (Anm. 1) Stammtafel. Zwischen 1348 und 1350: Behr 169; Giefel Nr 30. Um 1350: Schneider Stammbaum; Schön Nr 26; Marquardt Stammtafel; Uhland Festschrift 398. Um 1348 (mit?): Voigtel-Cohn 91. Um 1348: Isenburg 1, 75; Freytag 1, 75. 1348: Kindler (Anm. 1) 2, 28; Schwennicke 1, 122 (»errechnet«). Vor 1361: P. Stälin 717. Vor 1344: Decker-Hauff Stuttgart 204 (bei Gf Ulrichs III. Tod am 11. Juli 1344 bereits vermählt); 219: Dauer des Aufenthalts Katharinas in Stuttgart etwa 20 Jahre. Es darf als sicher angenommen werden, daß Ulrich erst nach seinem älteren Bruder Eberhard dem Greiner in den Ehestand trat. Ehewappen Württemberg-Helfenstein bei Küng 70.

5 O. Gabelkover Cod. hist. 2° 587, 56; auch andere, noch frühere Quellen schreiben dieser Ehe keine Nachkommenschaft zu: Annales Stuttgartienses 9 (Reichenauer Handschrift): »non habuerunt liberos« »obiit sine liberis«; Chronik Kaiser Könige Päpste 94v: »starb one erben«; Lirer Chronik 68: »verließ kein leibs erben«; Suntheim 592: »geperet kain Kind«; Suntheim 596: »non habuerunt proles«. Küng 70f erwähnt als erste Quelle eine Tochter: »hatt ein einige thochter geborn, welche marckgraff Rüdolphen von Baden ist vermechlett worden und mitt im vier sun gezuiget, ligt zu Badenn im stifft begraben« (Edition Küng 194f Anm. 467 vermutet entweder eine Verwechslung mit einer Gräfin Adelheit von Werdenberg, deren Grabstein in Lichtental teilweise noch lesbar ist oder eine Verwechslung mit Markgraf Rudolfs V. von Baden († 1361) Gemahlin Adelheid von Baden († 1374), Tochter Rudolfs Hessos von Baden und der Johanna von Mömpelgard, die nach dem Tode der Mutter einen Teil des Mömpelgarder Erbes erhielt). Denkbar wäre auch eine Verwechslung mit Markgraf Rudolfs III. von Baden-Hachbergs erster Gattin, Adelheid von Lichtenberg (1353–1379). Für eine Ehe Baden mit Württemberg gibt es in jener Zeit keine Anhaltspunkte. Küngs Angabe einer mit Baden vermählten Tochter wird von Wolleber Cod. hist. 2° 934, 134 übernommen, wobei die vier Söhne obendrein noch mit Namen versehen werden: Hermann, Burkhard, Rudolph und Friedrich. Die angebliche Tochter wird in der Folge auch von Crusius Ann. 3, 280 (= Crusius 1, 943);

Hengher 147; Pregitzer 1, 8; Mohl 180 übernommen. Heimführung 14 indessen weiß gar von drei Töchtern dieser Ehe: »von ihnen ward gebohren eine Tochter Adelheit, so Marggraf Rudolphen von Baaden Ehelich vertrauet worden, wie auch II. Fräulein Margaretha, so einem Herrn von Ravenstein vermählet worden, und III. ein Fräulein Catharina, welche Anno 1369. mit Ulrico dem Jüngern, Grafen zu Helffenstein, Beylager gehalten«. Sattler Gf 1, 199: starb »ohne einen Leibeserben zu hinterlassen« und nach ihm alle folgenden Quellen gehen von einer Kinderlosigkeit des Ehepaares aus; Spittler 23: »sie hatte wohl keine Kinder« »Jch bin hier Herrn Sattler gefolgt«, verweist aber noch auf die Angaben in Heimführung 14. Eine merkwürdige Notiz von A. Rüttel d. J. findet sich in A 525 Bü 3, 95v. Danach wurde am 26. August 1353 eine Eheabrede getroffen zwischen einem Kind Eberhards des Greiners von Elisabeth von Henneberg und einem Kind Ulrichs IV. von Katharina von Helfenstein. Sollte diese Verlobung ihre Richtigkeit haben (»Actum Stuttgart Montag nach St. Bartholomaei Anno 1353«), dann wäre dem Ehepaar tatsächlich eine, dann aber jung verstorbene Tochter geboren worden, wobei als Ehepartner Graf Ulrich †1388, oder aber ein bislang unbekannter, ebenfalls jung verstorbener Sohn Eberhards des Greiners vorgesehen war. Die Gründe zu dieser kirchenrechtlich nicht ganz einwandfreien Verbindung von Vetter und Base lagen vermutlich in dem Bestreben, eine Teilung des Landes unter den beiden Brüdern zu verhindern.

6 Nach Gabelkover Helfenstein J1 48c, 178v wird Katharina noch in einer Urkunde von 1387 erwähnt; vgl. Stälin 3, 715-aa. 1387 noch am Leben bei: Kerler Helfenstein (Anm. 1) 65; Behr 169; Voigtel-Cohn 91; P. Stälin 717. Tod nach 1387: Isenburg 1, 75; Freytag 1, 75; Schwennicke 1, 122. Tod vor 1387: Giefel Nr 30; Schön Nr 26. Das Jahr 1370 als Todesjahr nennen: Pfaff Wirtemberg 2, 90; Decker-Hauff Stuttgart 224; Uhland Festschrift 398. In den verschiedenen Handschriften der Annales Stuttgartienses 9 finden sich folgende Angaben: vor 1366, 1357 u. 1367, welche allesamt irrig sind.

7 Sterbeort Wiesensteig bei: Kerler Helfenstein (Anm. 1) 65.

8 Begräbnisort Wiesensteig bei: Küng 70 (Anm. 12); Wolleber Cod. hist. 2° 934, 134 (Anm. 9); Crusius 1, 943; O. Gabelkover Helfenstein J1 48c, 178; Schmid 10; Heimführung 14; Lairitz 456; Pregitzer 1, 8; Hengher 47; Montanus 135; Mohl 180; Steinhofer 1, 70; Kerler Helfenstein (Anm. 1) 65. Zur Helfensteiner Grablege: Anton Nägele, Eine Helfensteiner Originalurkunde im Vatikanischen Archiv in: WVJH 1912, 152f: »Die Grablege der Helfensteiner in der Stiftskirche, in der auch der letzte Helfensteiner Rudolf (†1627) mit Schild und Helm seine Ruhestätte fand, scheint unter dem jetzigen Barbaraaltar gewesen zu sein. Nach dem im Stuttgarter Staatsarchiv befindlichen ›Verzeichnis, wie die Altäre in der Stüftskürchen vor dem Brandt geweßen‹, von Wunder im Archiv für christliche Kunst 27, 1909, 61ff verwertet, hatte die alte spätgotische Kirche 12 Altäre, als zehnten den sogenannten ›Herrschaftsaltar‹, in dessen Nähe wohl die Helfensteiner Gruft zu suchen ist. Zu dem Epitaphium oder Begräbnisaltar verwilligten noch lange nach dem Aussterben des Mannesstammes die Nachkommen aus dem Fürstenbergischen Hause milde Gaben.« Gerhard Klaiber, Kloster und Stift St. Cyriacus von Wiesensteig, Diss. Tübingen 1954, 61f. Zu einer möglichen Beisetzung Katharinas in der Stuttgarter Stiftskirche: Schmid 22: »Dubitatur num hic spultus«; Tiedemann 10: »ob diese allhie begraben ist ungewiß«.

9 Wolleber Cod. hist. 2° 934, 134.

10 O. Gabelkover Helfenstein J1 48c, 178v. Gabelkovers Formulierung läßt an ein inzwischen verschwundenes Epitaph für Katharina denken. Theodor Wurm in Geschichtliche Mitteilungen von Geislingen und Umgebung 14, 1955, 140: »Ihr Grab in der Stiftskirche in Wiesensteig ist nicht mehr bekannt. Dekan Göttler, ein früherer Stiftsherr, erzählt in der von ihm angelegten katholischen Pfarrchronik von zahlreichen Grabdenkmälern, die bei der Renovierung, um das Jahr 1780, beseitigt worden seien. Es findet sich aber kein Hinweis auf die Gemahlin eines regierenden Grafen von Württemberg.«

11 Vgl. Anm. 16. Decker-Hauff Stuttgart 219: »Noch bis in die Tage des Zweiten Weltkriegs hinein erinnerte die kleine Katharinen-Statuette auf der Brunnen-Säule unter den alten Linden des Äußeren Spitalhofs an die Heilige und damit an die gräfliche Stifterin. Es war schon lange nicht mehr die hochgotische Figur des ersten Katharinabrunnens, aber dankbar erneuerte die Stadt die Gestalt mehrfach, sogar noch in evangelischer Zeit. Der Dichter und Oberhofprediger Karl Gerok gab um 1870 einer treuen Seele, die durch das kleine Figürchen mit Palme, Krone, Rad und Schwert in ihrem Glauben sehr angefochten wurde und das Erbe der Reformation von so viel finsterem Papsttum bedroht sah, den fröhlichen Rat: ›Aber liebe Frau Amtsrichter, denken Sie doch zuerst an das Kunstwerk, dann an das Liebeswerk eines Mitgliedes unseres Königshauses, und wenn Sie dann noch können, dann erst an das Teufelswerk!‹«

12 Suntheim 592.

13 Küng 70.

14 Pregitzer 1, 8.

15 Pahl 1, 160.

16 Pahl 1, 166.

17 »Die steinerne Bildsäule. Zum Andenken an Katharina von Würtemberg, gebohrene Gräfin von Helfenstein«, Stuttgart 1822 (wirt. Gesch. 4° Kaps. Gedichte auf fürstliche Personen 1822). Vorwort zu folgendem Gedicht:

»Seht ihr dieß Bild aus grauer Zeit,
Einfach und ohne Glanz?
Es ist, – voll Ehrfurcht müßt ihr's schaun, –
Das Bild der edelsten der Fraun,
Der Mutter ihres Lands.
Vor dem lag jeder Pflege blos
Jm Alter Mann und Weib;
Und sich erbarmend ihrer Noth
Reicht sie den Schwachen Trank und Brod
Und deckte ihren Leib.
Und sprach: ›für Stuttgardts Bürger soll
Hier ein Spital erstehn,
Jn diesem, von mir reich begabt,
Soll dann der Dürftige gelabt,
Nicht mehr um Hülfe flehn.
Und beym Spital am obern Thor
Bau ich ein Kirchlein dran,
Daß jeder, hat der Leib sein Theil,
Auch täglich für sein Seelenheil
Und meines beten kann.‹
So gab dem Bürger Stuttgardts Schuz
Und Pflege dieser Ort;
Und er empfand die Wohlthat tief.
Die edle Stifterin entschlief.
Was sie erschuf, lebt fort.
Dort auf dem Brunnen steht ihr Bild
Beglänzt vom Sonnenstrahl!
Jhr Name. – prägts den Kindern ein –,
War Katharine Helfenstein,
Graf Ulrichs Ehgemahl.«

Zu der Bildsäule Katharinas im Hospitalhof: Gustav Wais, Die St. Leonhardskirche und die Hospitalkirche zu Stuttgart, Stuttgart 1956, 63 (»war 1916 stark verwittert und ist dann verschwunden«) mit Abb. 82.

18 Barth 58f.

19 Stälin 3, 286.

20 Hedwig Lohß, Alt-Stuttgarter Geschichten und Sagen, Stuttgart 1936, 82–92: »Wie der Kathrein-Spittel entstanden ist«, Zitat 85.

21 Decker-Hauff Stuttgart 219.

Generation V

Eberhard II. † 1392
⚭ Elisabeth von Henneberg † 1384

Ulrich † 1388 ⚭ Elisabeth von Bayern † 1402	Sophie † 1369 Lothringen

Ulrich

n. 1340–1388

Graf von Württemberg

»Per tela per hostes«[1]

S. v. Graf Eberhard II. dem Greiner von Württemberg[2]
u. v. Gräfin Elisabeth von Henneberg

Geboren nach 1340[3]
in

Vermählt 1362
mit Herzogin Elisabeth von Bayern 1329–1402

Vater von
Eberhard III. dem Milden n. 1362–1417
Heinrich[4]
Ulrich[4]
Tochter N.[4]

Gestorben am 23. August 1388[5]
bei Döffingen in der Schlacht[6]

Beigesetzt 1388
in Stuttgart im Chor der Stiftskirche[7]

Grabmal[8]
»ANNO. DOMINI. M. CCC. LXXXVIII. IN. VIGILIA. SANCTI. BARTHOLOMEI. OBIIT. SPECTABILIS. DOMINUS. VLRICUS. COMES. DE. WIRTTEMBERG. CUIUS. ANIMA. REQUIESCAT. IN. PACE. AMEN. «[9]

Epitaph[10]
»Anno Domini M.CCC.LXXXVIII. VIII. Kal. Septemb. obijt Generosus dominus Ulricus, Comes de Wirttemberg, cuius anima requiescat in pace.«[11]

Standbild von Sem Schlör[12]

»ILLVSTRIS PRINCEPS ET DOMINVS DN̄S. VLRICVS/ COMES WIRTEMBERGENSIS OCCVBVIT/ XXIII. AVGVSTI. ANNO M/CCCCLXXXVIII.«[13]

Gedenkstein bei Döffingen 1888[14]

»Hie gut Württemberg allewege. Zur Erinnerung an die Schlacht bei Döffingen am 23. August 1388. Gestiftet von der Gemeinde Döffingen.«[15]

»M.CCC.LXXXVIII. anno scilicet, in vigilia Bartholomei apostoli, nobilis dominus comes Eberhardus Wirtembergensis in bello interfecit de civitatibus imperialibus 8900 et multos captivavit in Toffingen prope oppidulum Wilam. Sed tamen filius eius Udalricus in eadem pugna occisus fuit. Qui Ulricus habuit uxorem filiam Ludovici imperatoris ducis Bavariae.«[16]

»Ulrich Graf von Wirtemberg ain Sun Graf Eberhart des jungern genant Greiner und Frawen Elisabethen Grafen von Hennenberg, ist erschossen worden in der Reichstätt Krieg vor dem Dorf Tefingen im Streit, den die Reichstätt mit im und seinen Vatter Eberhard hatten anno Domini MCCCLXXXVIII.«[17]

»Ulrich, graff zu Wirtemberg, ein sun graff Eberharts und frauw Elisabet, gravin zu Hennenberg, ist von seinem vatter als einem rechten kriegsfürsten zu allen ritterlichen sachen dermaßen aufferzogen, underwisen und geiebt, daß hernach, wan graff Eberhart usser dem landt zoch, wie er dann vil bei Carolo dem vierten gewesen, hatt er alle zeit diesem graff Ulrichenn, seinem sun, das landt zu beschitzen vollen, dann er ine für ein klugen und manlichen jüngling erkandt.«[18]

»Der Meßpriester zu Weil soll noch allwegen vf St. Bartholomaei abend die Namen der jenigen erzehlen, die in der Schlacht vmbkommen, vnd sprechen: Gedenket vmb Gottes Willen deren, so im streit vor Thöfingen seindt vmbkommen.«[19]

»Ein Herr, der von Jugend auf zu allen Ritterlichen Ubungen wohl erzogen und unterwiesen worden, und von seinem Hn. Vattern, als dem besten Kriegs-Helden seiner Zeit, die Kriegs-Kunst bestens erlernt. Er verrichtete auch, theils unter Commando seines Hn. Vatters, theils allein, zerschiedene Kriegs Expeditiones, darinnen Er beedes seine Klugheit und Tapfferkeit jedesmahl vortrefflich hervorleuchten lassen, sonderlich in denen 4. Städt-Kriegen, die sein Herr Vatter geführt, da Er A. 1370. die Stadt Augspurg helffen zur raison bringen, und A. 1372. das Kriegs-Herr der damahligen feindlichen Reichs-Städte bey Altheim im Ulmischen geschlagen, dardurch Er seinem Herrn Vatter einen herrlichen Sieg erfochten. Nachgehends aber war Er unglücklich, indem Er nicht nur A. 1377 in einem hitzigen und blutigen Scharmützel bey Reuttlingen, so tapffer und ritterlich Er sich auch dabey verhalten, einen empfindlichen Verlust von Rittern und Edelleuthen erlitten, sondern auch im 4.ten und letzten Städt-Krieg das Leben endlich gar eingebüßt, da Er im Treffen sich an die vorderste Spitze der Schlacht-Ordnung gestellt, und Ritterlich gefochten, um sich wegen vorgemeldten Verlusts bey Reuttlingen zu revangiren, wurde aber gleich anfangs tödtlich verwundet, und muste noch unter währender Schlacht seinen Helden-müthigen Geist aufgeben, A. 1388. 23. Aug. Als nun durch diesen Fall das Wirttembergische Kriegs-Herr erschreckt, und im Fechten den Muth wolte sincken lassen, sprach der alte Graf Eberhard, als Vatter, denen Seinigen mannlich zu, mit diesen Worten: Laßt Jhn liegen, Er ligt wie ein anderer Mann, greiffts an; Kam dabey mit frischem Volck denen wanckenden zu rechter Zeit zu Hülff, machte dardurch, wie auch durch sein Feld-Geschrey: Frisch dran, schlagt zu, siehe sie fliehen! denen Seinigen einen Muth, und dem Feind eine Confusion, gewann damit den Vortheil, schlug die Feinde in die Flucht, und erhielte dardurch einen vollkommenen, wiewohl theuren und blutigen, Sieg, indem neben Graf Ulrichen, als seinem Sohn, auch 3. Grafen von Zollern, Löwenstein und Werdenberg, 60. von Adel, und darunter viel Ritter, nebst etlich 100. Mann von Gemeinen geblieben. Der Feind aber, der weit stärcker war, verlohr in diesem Treffen gegen 2500. Mann, darunter 800. zu Pferdt waren, und hinterliesse noch 600. Gefangene zurück. Wobey merckwürdig, daß, als der alte Graf Eberhard noch auf der Wahlstatt gestanden, und seines Sohns Tod betraurte, wurde Jhm die Bottschafft gebracht, daß Jhme Graf Eberharden ein Ur-Enckel, als des erschlagenen Sohns, Gr. Ulrichen, Enckel, von dessen Sohn, Graf Eberhard, dem Milden, seye gebohren worden, so Graf Eberhard der Jüngere gewesen, worauf der alte Graf Eberhard in diese Wort voller Freuden ausgebrochen: Nun seye es Gott gelobt, Finck hat wieder Saamen. Graf Ulrichs verblichener Leichnahm wurde nachgehends in der Stiffts-Kirche zu Stuttgardt mit grossem Leyd-Wesen beygesetzt.«[20]

»Dieser Graf soll eine ungemeine Liebe bey seinen Unterthanen sich erworben haben.«[21]

»Ob nun wohl Graf Ulrich XIII nicht selbst zur Regierung gekommen, so hat er sich doch in seiner glorwürdigen Nachkommenschaft, auch in Ansehung des Regiments, verewiget.«[22]

»Der junge Graf, voll Löwengrimm,
Schwang seinen Heldenstab,
Wild vor ihm ging das Ungestüm,
Geheul und Winseln hinter ihm,
Und um ihn her das Grab.
Doch weh! ach weh! ein Säbelhieb
Sank schwer auf sein Genick.
Schnell um ihn her der Helden Trieb –
Umsonst! umsonst! erstarret blieb
Und sterbend brach sein Blick.«[23]

»Hei! wie der Löwe Ulrich so grimmig tobt und würgt!
Er will die Schuld bezahlen, er hat sein Wort verbürgt.
Wen trägt man aus dem Kampfe, dort auf den Eichenstumpf?
›Gott sei mir Sünder gnädig!‹ er stöhnt's, er röchelt's dumpf.
O königliche Eiche, dich hat der Blitz zerspällt!
O Ulrich, tapfrer Ritter, dich hat das Schwert gefällt!
Da ruft der alte Recke, den nichts erschüttern kann:
›Erschreckt nicht! der gefallen, ist wie ein andrer Mann.
Schlagt drein! die Feinde fliehen!‹ – er ruft's mit Donnerlaut;
Wie rauscht sein Bart im Winde! hei, wie der Eber haut!«[24]

»Graf Ulrich hat nicht den weitschauenden Blick seines Vaters. Er ist der tapfere Ritter und Draufgänger aber kein Heerführer. Er kämpft, ohne auf die Besonderheit der gegebenen Lage zu achten, unbeirrt taktisch nach dem gleichen Muster. Er läßt seine Schar absitzen und wirft sich mit ihr oder stellt sich mit ihr dem Gegner frontal entgegen. Er will allein mit dem Mute und der Geschicklichkeit, mit der überlegenen Kampfgeübtheit seiner Ritter wirken. Graf Ulrich ist zweifellos ein hervorragender Ritter gewesen, geübt und erfahren im Waffenhandwerk, ein Vorbild der Tapferkeit und Kampftüchtigkeit. An zahlreichen Kämpfen von 1370 und 1380 war er an hervorragender Stelle beteiligt, bei der Belagerung von Frankfurt im August 1380 war er Hauptmann der Löwengesellschaft, aber wenn er in die Lage kam, selbständig führen zu müssen, wie bei Reutlingen und als Führer der Vorhut bei Döffingen, da hat seine Kunst versagt. Bei Döffingen mußte der Tapfere sein Ungestüm mit dem Tode büßen.«[25]

»Ulrich von Wirtemberg, der Sohn Graf Eberhards des Greiners, hat ›von seinem Herrn Vattern, als dem besten Kriegs-Helden seiner Zeit, die Kriegs-Kunst bestens erlernt‹. In der Schlacht von Döffingen 1388 gefallen, ist Ulrich trotz früherer Niederlagen der Ruhm eines tapferen Kriegers geblieben. Er konnte nie zeigen, was er als Stadtherr Stuttgarts, als Landesherr der Herrschaft Wirtemberg hätte leisten können: Fast 50 Jahre hat Ulrichs Vater Eberhard der Greiner regiert. Auf Eberhard den Greiner folgte 1392 unmittelbar dessen Enkel Eberhard der Milde. Dennoch fehlt Ulrich in der Stuttgarter Stiftskirche in der monumentalen Reihe der Stadtherren nicht: als Stammhalter des Hauses Wirtemberg hat er seinen Platz auch in der Stadtgeschichte.«[26]

Anmerkungen

Zu Ulrich †1388: Zedler 49, 805f; Sattler Gf 1, 254f; Spittler 32f; Pahl 1, 178ff u. 189ff; Barth 60–63; Pfaff Wirtemberg 2, 101–110; Stälin 3, 320–323 u. 344–347; P. Stälin 551–567; Eugen Schneider ADB 39, 235; Schneider 38–42; Hermann Niethammer, Graf Eberhard der Greiner und sein Sohn Graf Ulrich in den Kämpfen der Jahre 1367–1388 in: WVJH NF 41, 1935, 1–31;

Decker-Hauff Stuttgart 216 u. 225–227.
1 J. Frischlin Cod. hist. 2° 73, 50v; vgl. Gf Ulrich † 1344 Anm. 2.
2 Pregitzer 3, 4: Tabula progonologica zu 64 Ahnen.
3 Hochzeit der Eltern um 1340; Geburtsjahr der Mutter 1319. Das Jahr 1342 als Geburtsjahr Ulrichs nennen: Pregitzer 3, 4; Montanus 155v; Mohl 230; Häutle Wittelsbach 12; Behr 170; Giefel Nr 32; Schneider Stammbaum; Schön Nr 28; Isenburg 1, 75; Freytag 1, 75; Marquardt Stammtafel; Schwennicke 1, 122; Uhland Festschrift 398. Geburtsjahr um 1342: Pregitzer 1, 10. Etwa 1343: E. Schneider ADB 39, 235. Um 1340: Krüger Tf 8. Geburtsort unbekannt.
4 David Wolleber Cod. hist. 2° 934, 146 bezeichnet Graf Ulrich als Vater von drei Söhnen und einer Tochter: 1: Eberhard der Milde, 2: »Heinrich, welcher Anno 1409 canonicus zu Augsburg gewesen«, 3: Sohn N.N., 4: Tochter N.N. »ein Fräwlein, der gleichwohl zu Jhren mannbaren Jahren kommen« (ebenso Cod. hist. 2° 953, 1099). Crusius 2, 8 nennt neben Eberhard dem Milden zwei weitere Söhne Ulrichs »Heinrich und Ulrich beede † jung«; ebenso J. Frischlin Cod. hist. 2° 73, 48. Heimführung 18: »Graf Ulrich hinderließ Graf Eberharten, den Milden genandt, welchen er neben Heinrichen, so auff dem Concilio zu Costnitz gewesen, und Ulrichen, so ein Thumbherr zu Augspurg worden, mit seiner Gemahlin, Frauen Elisabetha ... erzeugt.« Lairitz 458: Eberhard der Milde und Heinrich, der vermutlich in der Jugend verstorben. Pregitzer 1, 10: Neben Eberhard dem Milden noch zwei Söhne und eine Tochter: »Heinrich v. Gr. zu Wirttemberg. War auf dem Concilio zu Costantz. † / Ulrich XIV. Graf zu Wirttemberg. Dom-Herr zu Augspurg. † / N. Gräfin zu Wirttemberg. geb. 1387. Lebte noch 1415. Von Jhrem Tod wird unterschiedlich gesprochen. Und solle sich von solcher Zeit an bey dem Hauß Wirttemberg eine gewiese Vorbedeutung bey bevorstehenden hohen Todtfällen zuweilen spühren lassen.« Sattler Gf 1, 266: »So vil ich bisher finden können, zeugte Grav Ulrich auch nur einen einigen Sohn, nemlich Grav Eberharden den Milden. Es werden ihm zwar noch zween Brüder, Heinrich und Ulrich, und eine Schwester zugeschriben davon jener mit Grav Eberharden auf der Kirchenversammlung zu Costanz gewesen und der andere als Dom-Herr zu Augspurg gestorben seyn solle. Allein ich habe noch keinen zulänglichen Beweiß von ihrem Daseyn finden können. Und ich muß um so mehr daran zweifeln, weil sonsten einer oder der andere auch einen Theil Landes bekommen oder an der Regierung Theil genommen hätte, weil das Recht der ersten Geburt damahl noch die nachgebohrne nicht ausschlosse. Wann auch Grav Eberhard der Milde noch mehrere Brüder gehabt hätte, so würde Grav Eberhard der ältere keine solche Freude auf dem Schlachtfeld bey Weyl bezeuget haben. Dann er hätte Hoffnung haben können, daß, wann auch der Stamm in Grav Eberhards des Milden Saamen abgienge, solcher durch seine andere Söhne fortgepflanzt werden konnte. So ruft er aber aus: Fink hat wieder Saamen.« Es ist zu vermuten, daß Ulrich und Elisabeth neben Eberhard dem Milden noch weitere Kinder hatten, die jung verstorben sind, vgl. Gfn Antonia † 1405 Anm. 6. Wie in anderen Fällen auch hat Wolleber diese mutmaßlichen Kinder mit historisch möglichen und sinnvollen Namen versehen, ohne dafür aber irgendeinen Nachweis zu haben, vgl. Gf Eberhard † 1417 Anm. 15; Gfn Barbara † n. 1474 Anm. 9. Als illegitimen Sohn Ulrichs nennt Decker-Hauff Stuttgart 224: Ulrich Wirtemberg genannt von Stuttgart, Propst zu Sindelfingen (1396).
5 Ulrich fiel in der Schlacht bei Döffingen am 23. August 1388, dem Vortag des Bartholomäustages, vgl. Anm. 6. Den 23. August 1388 als Todestag nennen: Grabmal (Anm. 9); Standbild (Anm. 13); Annales Stuttgartienses 13 – Tubingius 246

u. 254 (Anm. 16); Chronicon Elvacense 43: 1388 »proxima dominica post assumptionis Mariae... Ulricus interemptus est«; Annales Zwifaltenses zum Jahr 1388: »Hoc anno in vigilia sancti Bartholomei occidebatur Uolricus comes de Wirtenberg a civitatibus imperialibus, et tamen obtinuit victoriam, et illud contigebat circa Wilam«; Chronik Kaiser Könige Päpste 96: »in dem jar alz man zalt .m.ccc.lxxxviii. jar an sant Bartlomei aubend... ward der jung herr von wirttenberg erschlagen«; Naucler 2, 263; Chronik Königshofen (Anm. 6); Trithemius 2, 289; Lirer Chronik 68: »das beschach auf sant Bartholomeus abend« 1388; Suntheim 596: »Anno Domini MCCCLXXXVIII. X. Kal. Sept. decidit in bello«; Küng 75: »den 23. tag augusti« 1388; Küng 80: »anno 1388, an S. Bartolomey abendt« (Küng 198 Anm. 518: »Hier – Küng 75 – ist das Datum der Schlacht richtig angegeben; bei Küng 80 wird hingegen der 24. August = Bartholomäustag genannt. Die verschiedenen Daten deuten auf verschiedene Quellen Küngs für dieses Ereignis hin«; vgl. dazu unten Martens 777); Eber 334; Wolleber Cod. hist. 2° 934, 145v; Crusius 2, 4; J. Frischlin Cod. hist. 2° 73, 50v; Nockher 181v; Heller 44; Heimführung 18; Imhof 56; Pregitzer 1, 10; Steinhofer 1, 106; St. Allais 4, 517 u. 518; Pfaff Gedenkbuch 353; Stälin 3, 345 u. 713; Häutle Wittelsbach 12; Behr 170; Voigtel-Cohn 91; P. Stälin 717; Maisch Stammtafel; Giefel Nr 32; Krüger Tf 8; Schneider Stammtafel; Schön Nr 28; Isenburg 1, 75; Freytag 1, 75; Decker-Hauff Stuttgart 227; Schwennicke 1, 122. Den 22. August 1388 als Todestag nennt: Gütersteiner Nekrolog Cod. hist. 2° 421, 117v: »XI Kl. Sept. 22. Aug. Obiit udalricus Comes de wirtemberg habens anniversarium perpetuum.« Den 24. August 1388 als Todestag nennen: Stuttgarter Stiftschronik 259: »diß geschach uff sant Bartholomäus tag« 1388; Suntheim 596 (der zwölf Zeilen darunter richtig »x. Kal. Sept.« nennt): »Actum in die S. Bartholomaei Apostoli anno Domini MCCCLXXXVIII.«; Sattler Gf 1, 255; Spittler 33; weitere Beispiele unten bei Martens 777. Den 25. August 1388 nennt: Epitaph (Anm. 11): »VIII. Kal. Septemb.« Den 29. August 1388 (= IV. Kal. Sept.) nennt: A. Rüttel d. Ä. J1 48a, 335r und J1 1b, 27. Das Todesjahr 1388 nennen: Suntheim 592; Lohmeier 52; Hübner 200; Tiedemann 10; Uhland Festschrift 398. Todesjahr 1387 bei: Crusius 2, 3. Todesjahr 1488: Tafel über dem Standbild in Stuttgart (Anm. 13). Zum Tag der Schlacht: Karl von Martens, Geschichte der innerhalb der gegenwärtigen Gränzen des Königreichs Württemberg vorgefallenen kriegerischen Ereignisse, Stuttgart 1847, 777: »Der 23. August, Sonntag vor Bartholomäus, ist ohne Zweifel der richtige Tag der Schlacht. Einige Schriftsteller halten den 24. August für solchen, wie z. B. Sattler, Grafen 1.281, Gayler, Reutlingen 1.96, Hortleder 1.618. Dr. Klüpfel in Baurs Schwaben 1.35. u. A. Dieser Jrrthum rührt daher, daß in einigen Quellen der Ausdruck ›am Bartholomäi-Abend‹ vorkommt. Dieser Ausdruck bedeutet aber immer den Tag vorher (die Vigilia), und nicht den Tag des Heiligen selbst. Pfaff, Gesch. II. 110 sagt: ›am Freitag den 23. August‹; der 23. August war aber ein Sonntag. Rink, Gesch. von Gmünd 32 giebt irrig den Sonntag nach Bartholomäus, 30. August an. Gehres, Weil 50 läßt das Treffen am 23. August beginnen, und am 24. Abends endigen, wahrscheinlich auch in Folge jenes Jrrthums. Entscheidend ist Ulrichs Grabschrift, die sich in der Stiftskirche zu Stuttgart befand, und den 23. August als seinen Todestag bezeichnete.«

6 Zur Schlacht bei Döffingen: Chronik Kaiser Könige Päpste 96f; Chronik des Jacob Twinger von Königshofen in: Die Chroniken der deutschen Städte 9, 839f; Naucler 2, 263r–v; Trithemius 2, 289f; Tubingius 244–246; Küng 74f; Steinhofer 1, 104–106; Martens (Anm. 5) 83–85; Stälin 3, 344–347; Pfaff Gedenkbuch 352f; Theophil Rupp, Die Schlacht von Döffingen in: Forschungen zur deutschen Geschichte 14, 1874, 551–559; Niethammer (s. o.) 20–31; Decker-Hauff Stuttgart 225–227. Gedichte zur Schlacht von Schiller (Anm. 23) und Uhland (Anm. 24). Chronik Königshofen (Anm. 6) 139f: »Der strit zu Wile. Also geschach zu disen ziten, das die vorgenanten ahte hundert glefen und uf zwei tusent fusgonder geweffent us den swebeschen steten stürmetent einen kirchhof in Swoben genant Töffingen, bi der stat Wile. der kirchof was der herren von Wurtenberg. do mahtent sich uf die zwene herren, der alte und sin sun grofe Ulrich der junge, mit 5½ hundert glefen die sü und der alte herzoge Rupreht und der junge marggrave von Baden und ire helfere binander hettent, und uf zwei tusent geburen us der von Wurtenberg lande, und zogetent ouch zu dem vorgenanten kirchofe do die stette vor logent. und do bede her einander sihtig wurdent, do sassent die herren ir das mereteil abe iren hengesten und gingent zu fusse an das volg von den stetten, und sunderliche der junge von Wurtenberg drat für die andern an den strit. do stelletent sich die stette zu gewer, das ritterlichen do gevohten wart zu beden siten. Der von Wurtenberg wart erslagen. Und zehant wart der junge herre grofe Ulrich von Wurtenberg erslagen, und ein grofe von Lowestein, einre von Zolre, einer von Werdenberg und uf 60 rittere und edelknehte die in nochvolgetent. und wart der erste drug des strites den herren anegewunnen, das sü bi verzaget worent. do sterkete sü der alte von Würtenberg und schrey die herren ane und sprach: ›sehent, wie die stette fliehent! vehtent unerschröckenliche, sü sint zehant alle unser!‹ do wondent etliche die hyndenan bi dem strite worent, es were also, und begundent fliehen. under disen dingen so kument die herren von Bitsche und der vougt von Rosenfelt zugerant mit 100 glefen, die worent geruwet und entworhtent der stette her. do wart zehant den stetten der drug wider anegewunnen, das sü underlogent. also gesigetent die herren und behubent des velt. hiemitte was der strit ergangen und wurdent der von den stetten erslagen uf tusent man und uf 6 hundert gefangen. die andern entrunnent. aber in der herren her wart erslagen der junge von Wurtenberg und andere also vor ist geseit, und etwie vil geburen. dirre strit beschach an einem sunnentage fruge an sant Bartholomewes obende, noch gotz gebürte 1388 jor.« Todesursache: Annales Stuttgartienses 13 – Tubingius 254: »occisus est«; Chronicon Elvacense 43: »interemptus est«; Annales Zwifaltenses zum Jahr 1388: »occidebatur«; Chronik Kaiser Könige Päpste 96: »ward erschlagen«; Chronik Königshofen (s. o.) 140: »wart erslagen«; Lirer Chronik 68: »ward erschlagen«; Suntheim 592: »ist erschossen worden«; 596: »cecidit« »decidit in bello«; Küng 75 u. 80: »erschlagen«; Standbild (Anm. 12f): »occubuit«; Crusius 2, 3: »Er wurde aber bald tödlich verwundet, und fiel mit etlich andern gantz krafftlos zu Boden. Worauf er zwar aus der Schlacht weggetragen, und auf einen Stumpen eines abgehauenen Baumes gesetzt worden, aber alsbalden den Geist aufgegeben«; Heimführung 18: »gleich in dem ersten Angriff tod gebliben«; Steinhofer 1, 105: wie Crusius 2, 3; Schiller (Anm. 23): »ein Säbelhieb sank schwer auf sein Genick«; Uhland (Anm. 24): »O Ulrich, tapfrer Ritter, dich hat das Schwert gefällt!«; Pfaff Wirtemberg 2, 110: »sank, von einer Lanze durchbohrt, tödtlich verwundet nieder«; Pfaff Gedenkbuch 353: »durch Lanzenstich tödlich verwundet«.

7 Naucler 2, 255v: »in ecclesia collegiata sanctae Crucis in oppido Stutgardiensi maximo cum honore sepelitur«; Pregitzer 1, 10: »Graf Ulrichs verblichener Leichnahm wurde nachgehends in der Stiffts-Kirche zu Stuttgardt mit grossem Leyd-Wesen beygesetzt.«

8 J1 1b, 29v: Bericht A. Rüttels d. Ä. und Sebastian Ebingers 1557: »Ein Stain daruff gelesen wirt Ulricus comes de Wirtenberg, weyters nit, der schilt vnnd helm eingehawen ist mit holz ußgefueret.« A 525 Bü 3, 76v: Gutachten A. Rüttels d. J. 1566: »Württembergisch wappen, ist wenig daran zu sehen, vnd aus dem schilt noch ein kleines schiltlin, aber auch nichts mehr darinnen zu sehen.« Zeichnung des Grabsteins 1566: HB XV 77, 25r; 1583: Cod. hist. 2° 130, 10r. Entwurf A. Rüttels d. J. zur Restaurierung 1583: Cod. hist. 2° 130, 9r (mit Wappen der Gattin Elisabeth von Bayern im kleinen Schild). Grabmal bis zum Bau der Gruft 1608 noch im Chor; vgl. Gfn Elisabeth † 1524 Anm. 12.

9 Zitiert nach Entwurf Rüttel Cod. hist. 2° 130, 9r; Inschrift auch bei Schmid 30; Bach 166.

10 Vgl. Gf Heinrich † 1519 Anm. 17.

11 Schmid 36.

12 Vgl. Gf Heinrich † 1519 Anm. 19.

13 Zitiert nach dem Original in Stuttgart (mit falschem Todesjahr MCCCCLXXXVIII).

14 Errichtet zur 500-Jahrfeier der Schlacht bei Döffingen, enthüllt in Anwesenheit des nachmaligen Königs Wilhelm II. am 23. August 1888; dazu Schwäb. Merkur-Chronik 1888, 1533–1535 vom 25. August 1888 (mit Wiedergabe der Festrede von Eugen Schneider). Empfangsansprache des Schultheißen Schmidt von Döffingen: »Gestatten Euer Kgl. Hoheit gnädigst, daß ich Namens der Gemeinde Döffingen Höchst Ihnen unseren unterthänigsten Dank dafür ausspreche, daß Euer Kgl. Hoheit unser bescheidenes, aber der Anhänglichkeit an unser angestammtes Fürstenhaus entsprossenes Fest mit Höchst Ihrer Gegenwart zu beehren geruht haben. Möge das Gefühl, sich unter treuen Württembergern zu befinden, Euer Kgl. Hoheit entschädigen für das Wenige, das wir bieten können.« Ansprache des Schultheißen beim Festessen: »Von alten Zeiten her suchen wir Württemberger unsere Ehre, unseren Stolz darin, daß wir keinem Volke, keinem Stamme gestatten, es uns in Treue an unser angestammtes Fürstenhaus zuvorzuthun. Auch der heutige Tag ist nur ein neuer Beleg dieser unserer Gesinnung! Ehren wir doch damit denjenigen, der vor 500 Jahren für den Glanz und die Macht seines, unseres Fürstenhauses hier auf blutiger Wahlstatt ruhmvoll gefallen ist. Wie damals die Württemberger treu zu ihren Grafen standen, so beweisen wir durch unser Fest heute aufs Neue, daß wir diesselben geblieben sind, und ermahnen durch die Gedenksteine, die wir enthüllen, Kinder und Kindeskinder, nicht zu erlahmen in der Treue, der schönsten Zierde eines biederen Volkes. Ich bitte Sie, Ihre Gläser mit mir zu erheben und einzustimmen in den Ruf: Seine Majestät der König und Ihre Majestät die Königin leben hoch!«
Der Ulrichstein wurde an der Stelle errichtet, an der Ulrich 1388 gefallen sein soll: »Jn Döffingen selbst hat sich die Kunde von der Stelle, da Graf Ulrich gefallen, von Geschlecht zu Geschlecht fortgepflanzt, was um so leichter möglich scheint, als einige Jahre nach seinem Tod dessen Witwe Elisabeth in Döffingen zur Erinnerung an ihn Güter kaufte, zu welchen ohne Zweifel jene Stelle auch gehörte«; vgl. dazu Steinhofer 2, 545; Sattler Gf 1, 266; Stälin 3, 347.

15 Inschrift des Gedenksteines.

16 Tubingius 254.

17 Suntheim 592.

18 Küng 76.

19 Hengher 156.

20 Pregitzer 1, 10.

21 Zedler 49, 805.

22 Steinhofer 1, 110.

23 Friedrich Schiller, Graf Eberhard der Greiner (der Rauschebart) von Württemberg bei Beyttenmiller 49–51.

24 Ludwig Uhland, Die Döffinger Schlacht bei Beyttenmiller 59–61.

25 Niethammer (s. o.) 31.

26 Decker-Hauff Stuttgart 227.

Elisabeth

1329–1402

Gräfin von Württemberg

T. v. Kaiser Ludwig IV. dem Bayern[1]
u. v. Gräfin Margarethe von Holland[2]

Geboren 1329[3]
in

Vermählt 1350[4]
mit Cangrande della Scala von Verona 1332–1359[5]

Zweite Ehe 1362
mit Ulrich Graf von Württemberg † 1388
Eheabrede am 26. April 1362 Donauwörth[6]
Beilager 1362 in Stuttgart[7]

Mutter von Graf Eberhard III. dem Milden von Württemberg[8]

Gestorben am 2. August 1402[9]
in Stuttgart[10]

Beigesetzt 1402
in Stuttgart im Chor der Stiftskirche[11]

»Erstgedachte Pfaltzgreffin hat gar kein Grabstein Jnn der Stifft Kirchen ligen, also das niemandes wissen mag, an welchem ortt dieselbig begraben, doch möchte der Grabstein Jnn Anno MCCCC. XIX. als der Chor in der pfarrkirchen nidergefallen, vnd die Monumenta mehrertheils, wie noch heutigstags scheinbarliche anzeigungen vorhanden, verbrochen seien worden.«[12]

»filia Ludovici Romani imperatoris, ducis Bavariae, dicta Elisabeth, quae obiit in festo S. Stephani papae et martyris«[13]

»Elisabeth ejus uxor Ducissa Bavariae filia Ludovici IIII. Caesaris quam duxit in uxorem anno Domini MCCCLXII.«[14]

»Sein gemachel ist gewesen frauw Elisabett, ain thochter hertzog Ludwigs von Bayern, welcher auch Romischer kaiser gewesen, und frau Margrett, gravin zu Hollandt... anno 1362 durch marckgraff Ludwigen von Brandenburg, ieren bruder, graff Ulrichen von Wirtemberg vermechlett worden, und nach erleptem alter ain wittfrauw zu Stutgarten gestorben und in dem chor der stifftskirch, dahin sie ain aigne capplonei gestifft, begraben worden.«[15]

»Elisabetha, Ludovici Bavari Römischen Kaysers Tochter, die Er ihme Anno 1362. zu Stuttgart, mit ansehnlichem Pomp beylegen lassen, wardurch abermahlen das Hauß Würtemberg, mit vilen gekrönten Häuptern, und hohen Fürstlichen Häusern verbunden und befreundet worden.«[16]

»Sie war eine kluge und löbliche Fürstin.«[17]

»Diese vortrefliche Fürstinn«[18]

»Die Ehe mit der Kaisertochter besiegelte den Aufstieg des Hauses Wirtemberg, zugleich war damit die Richtung eingeschlagen, in der nun für mehrere Generationen die Heiratspolitik der Wirtemberger gehen sollte: in das Gebiet romanischer Sprache.«[19]

Anmerkungen

1 Häutle Wittelsbach 8–10; Schwennicke 1, 24.

2 Elisabeth entstammt Kaiser Ludwigs zweiter Ehe mit Margarethe, Tochter Graf Wilhelms III. von Holland. Schön Nr 28 hat als Mutter Elisabeth von Holland.

3 Geburtsjahr 1329 bei: Häutle Wittelsbach 12; Schön Nr 28; Isenburg 1, 75; Freytag 1, 75; Schwennicke 1, 122; Katalog Wittelsbach 1 Tf 2. Geburtsjahr 1332 bei: Schwennicke 1, 24; Uhland Festschrift 398.

4 Eheabrede am 22. November 1350 Verona; Häutle Wittelsbach 12; Schön Nr 28. O. Gabelkover Cod. hist. 2° 587, 236 (und nach ihm sein Plagiator Steinhofer 2, 586) nennt 1349 als Hochzeitsjahr. Eine dieser Ehe vorangegangene Ehe, beziehungsweise Verlobung Elisabeths mit Herzog Johann von Niederbayern geben an: O. Gabelkover Cod. hist. 2° 587, 235: »war Johann versprochen«; Pregitzer 1, 10: »Wittib Johannis, des letzten H. in Nieder-Bayern«; ebenso Hübner 200. Tatsächlich war Herzog Johann I. von Niederbayern (1329–1340) mit Elisabeths älterer Schwester Anna (um 1326–1361) am 16. Februar 1339 in Ingolstadt verlobt und im Frühjahr 1339 in München vermählt worden, so Häutle Wittelsbach 107, der auch Hinweise gibt, wonach Johann auch mit König Kasimirs von Polen ältester Tochter Elisabethe verlobt gewesen sein soll.

5 Nach Häutle Wittelsbach 12 u. Schön Nr 28 u. Freytag 2, 135: geboren am 8. Juni 1332, ermordet am 14. Dezember 1359 in Verona, beigesetzt in Verona in der Kirche S.Maria antica. Grabschrift bei: Giovanni Bragadino, Notizie Storiche delle Chiese di Verona 1, 422. Steinhofer 2, 856f: »Den 14. Dec. des Jahrs 1359 wurde obgedachter ihr Gemahl, Herr Canis von seinem leiblichen Bruder, Cane Signorio, als er bey Nacht zu seiner Maitresse reiten wollen, ermordet.«

6 Stälin 3, 285: »1362 April 26. Graf Eberhards von Wirtemberg Verschreibung von wegen 24000 fl. Widerlegung Frau Elisabeth, K. Ludwigs Tochter, seinem Sohne Graf Ulrich von Wirtemberg zugebrachten Heiratsguts«. »Das Stück mangelt« Staatsarchiv Repertorium Heiratsachen. Gabelkover und aus ihm Steinhofer 2, 340, von denen der erstere die wohl im 30jährigen Krieg nach München weggeführte Urkunde vor sich hatte, nennen obigen Ort der Abrede (Donauwörth). Den 26. April 1362 als Verlobungstag nennen: O. Gabelkover Cod. hist. 2° 587, 236; Steinhofer 2, 340; Stälin 3, 285; Häutle Wittelsbach 12; Behr 170; Voigtel-Cohn 91; P. Stälin 717; Giefel Nr 32; Schön Nr 28. Den 26. April 1362 als Hochzeitstag nennen: A. Rüttel d. J. J1 48a, 75v; Pregitzer 1, 10; Mohl 230; Steinhofer 1, 110; Hartmann Stuttgart 12.

7 Das Beilager fand noch im gleichen Jahr in Stuttgart statt: Naucler 2, 255v; Hengher 151; Heimführung 18 (Anm. 16); Steinhofer 1, 86f u. 2, 587; Stälin 3, 285 u. 713; Häutle Wittelsbach 12; Voigtel-Cohn 91; P. Stälin 717; Giefel Nr 32; Isenburg 1, 75; Freytag 1, 75; Decker-Hauff Stuttgart 224; Schwennicke 1, 122. Zu der aus der Mitgift Elisabeths stammenden Glocke der Stuttgarter Stiftskirche (»die alt bairische Glock«) s. Decker-Hauff Stuttgart 216.

8 Küng 80 nennt drei Kinder erster Ehe, dazu Küng Anmerkungen 202 Nr 564: »Elisabeth von Bayern war in erster Ehe verheiratet mit Cangrande II. della Scala, Herrn von Verona, dem Sohn Mastinos II. Kinder dieser Ehe waren Fregnano, Tebaldo und Guglielmo della Scala. Küng hat die Heirat von Elisabeth in eine Generation früher verschoben. Mastino war nicht der Gemahl, sondern der Schwiegervater Elisabeths. Die angeblichen Kinder waren in Wirklichkeit Geschwister ihres Gatten: Cansignorio, Alboin II. und Beatrix. Letztere wurde Gemahlin von Barnabas Visconti; ihre Tochter Antonia wurde die Gemahlin Graf Eberhards (des Milden) von Württemberg«; Freytag 2, 135: ohne Kinder. Zu möglichen weiteren Kindern zweiter Ehe vgl. Gf Ulrich †1388 Anm. 4.

9 Den 2. August 1402 als Todestag nennen: Annales Stuttgartienses 13: »obiit anno domini 1402 in die beati Stephani pape et martyris« (= 2. August; von Herausgeber Stälin irrigerweise als 26. Dezember – Stephanustag – bezeichnet) und 18: »obiit anno domini 1402 in festo sancti Stephani pape et martyris«; O. Gabelkover Cod. hist. 2° 587, 235; Steinhofer 2, 585; Sattler Gf 2, 166; Stälin 3, 713 u. 715; Häutle Wittelsbach 12; Behr 170; Voigtel-Cohn 91; P. Stälin 717; Maisch Stammtafel; Schön Nr 28; Isenburg 1, 75; Freytag 1, 75. Den 12. August 1402 nennt: Giefel Nr 32 (Diesen Tag hat Schön Nr 30 als Todestag der Antonia Visconti). Den 26. September 1402 nennen: Pregitzer 1, 10; Steinhofer 1, 110; Moll 282. Den 26. Dezember 1402 nennen: A. Rüttel d. J. J1 48a, 75v; Stälin als Herausgeber der Stuttgarter Annalen 13 u. 18. Das Todesjahr 1402 nennt: Katalog Wittelsbach 1 Tf 2; Uhland Festschrift 398. Den 20. September 1400 als Todestag nennt: Mohl 230. Den 2. August 1404 als Todestag nennt: Schwennicke 1, 122. Das Jahr 1395 als Todesjahr nennen: Schmid 22 u. 26; Tiedemann 10. Todesjahr »circa 1394« nennt: Cod. hist. 4° 113, 92.

10 Sterbeort Stuttgart nennen: Küng 81 (Anm. 15); Pregitzer 1, 10; Häutle Wittelsbach 12; Schön Nr 28.

Andere Quellen allesamt ohne Angabe eines Sterbeortes; der Witwensitz Elisabeths ist unbekannt, jedoch ist denkbar, daß Eberhard der Milde seine Mutter, die Kaisertochter, ihren Lebensabend am Hofe in Stuttgart zubringen ließ.

11 Beisetzungsort Stuttgart nennen: Küng 81 (Anm. 15); O. Gabelkover Cod. hist. 2° 587, 236; Pregitzer 1, 10: »zu Stuttgardt, allwo Sie auch nebst ihrem Gemahl besenckt«; Steinhofer 2, 587: »zu Stuttgard in dem Chor der Stiftskirche, welche von ihr mit Stiftung eines neuen Altars und einer neuen Meß reichlich begabet worden, beygesetzet«; Tiedemann 10; Häutle Wittelsbach 12; Schön Nr 28.

12 Gutachten Andreas Rüttels d. J. 1566: A 525 Bü 3, 65; wortgleich mit Gutachten A. Rüttels 1574: A 525 Bü 3, 101v u. Schmid 13. Wenn Elisabeth, was anzunehmen ist, in Stuttgart beigesetzt wurde, so hat ihr dort ihr Sohn auch zweifellos ein Grabmal errichtet. Merkwürdig ist, daß von diesem Grabstein der ranghöchsten Dame, die jemals in der Stuttgarter Stiftskirche beigesetzt wurde (wenn man von der vorübergehenden Bestattung der Zarentochter Katharina † 1819 absieht), schon nach etwa 150 Jahren keine Spur mehr vorhanden war, während weitaus ältere Grabmäler um die Mitte des 16. Jahrhunderts noch erhalten waren. Eine gewaltsame Zerstörung durch den Einbruch des Chorgewölbes, wie sie Rüttel annimmt, ist denkbar, wenn auch nicht wahrscheinlich: Einerseits haben alle anderen Grabmäler diesen Einsturz wenigstens in der Substanz überstanden, was bei flachen Bodenplatten auch nicht weiter verwunderlich ist, andererseits wäre selbst unter der vormundschaftlichen Regierung einer Henriette von Mömpelgard die beschädigte Grabplatte einer derartig aus dem sonstigen Connubium des Hauses Württemberg herausragenden Dame schon aus Prestigegründen, wenn nicht Pietätsgründen, restauriert worden. Es sei denn, man hätte sich mit dem heraldischen Hinweis auf Elisabeth auf der Grabplatte ihres Gatten Ulrich begnügt. Möglicherweise war Elisabeths Grabstein aus Motiven der Repräsentation an so exponierter Stelle der Kirche eingelassen, daß er früher als die anderen, mehr abseits gelegenen Platten von den Kirchenbesuchern abgetreten und bis zur Unkenntlichkeit beschädigt wurde. Der von Rüttel in das Jahr 1419 gesetzte Einsturz des Chorgewölbes der Stiftskirche wird von anderen Quellen auf das Jahr 1414 gelegt: Cod. hist. 2° 795, 376: »Anno 1414 fiel das gewelb ihm Chor der Stifftskürchen zue Stutgartt herunder, vnnd zerschlug der alten Graven Grabstein also gar, daß man vff disen heittig tag nicht woll die grabschrifft lesen kan«; 1414 auch bei: Hartmann Stuttgart 15; Demmler 2; Decker-Hauff Stuttgart 171 u. 256. Das Jahr 1419 bei: Sattler Top. 25; Pfaff Stuttgart 1, 65. Küng 85: »Zu seiner (Anm.: Eberhard d. J. † 1419) zeit fiel das gwelb im gemelten chor herab und zerschlug die wappen, überschrifften und grabstain der vor verstorbenen graffen von Wirtemberg so gar, daß man noch heutigs tags ettliche nitt wol mehr sehen kan, will geschweigen, daß man solche noch solte lesen megen. Darum ich auch ettwa die namen und jarzal hievor nitt alle mal hab megen aigenlich anzaigen, wie, wer oder wan ieren einer abgangen oder gestorben were«; Wolleber Cod. hist. 2° 934, 149v: wortgleich mit Küng; Pregitzer 1, 11: »Nicht lang vor seinem (Anm.: Eberhard d. J. † 1419) Tod fiel das Gewölb in dem Chor der Stiffts-Kirche daselbst herab, und zerschlug die Wappen, Uberschrifften, und Grabstein, der verstorbenen Grafen zu Wirttemberg, so gar, daß man viele nicht mehr lesen, oder erkennen kan, dardurch ein grosser Defect der Wirttembergischen Genealogie, so noch zu beklagen, zugestossen ist.«

13 Tubingius 256.

14 Suntheim 596.

15 Küng 80f.

16 Heimführung 18.

17 Pregitzer 1, 10.

18 Steinhofer 2, 585.

19 Decker-Hauff Stuttgart 216; Elisabeth hat bekanntlich dank ihrer Beziehungen aus erster Ehe die Heirat ihres Sohnes mit Antonia Visconti (1380) in die Wege geleitet und hat noch erlebt, wie ihr Sohn – vermutlich auch dank ihrer Reputation – die Ehe Eberhards d. J., ihres Enkels, mit der Erbin der Grafschaft Mömpelgard (1397) vertraglich sichern konnte.

Sophie

†1369

Gräfin von Württemberg

Herzogin von Lothringen

T. v. Graf Eberhard II. dem Greiner von Württemberg[1]
u. v. Gräfin Elisabeth von Henneberg

Geboren nach 1340[2] in

Vermählt 1353/61
mit Herzog Johann I. von Lothringen 1346–1390/91[3]
Eheabrede am 6. April 1353 Baden[4]
Beilager am 16. Dezember 1361 in Stuttgart[5]

Gestorben am 26.[6] oder 27.[7] April 1369[8] in Stuttgart[9]

Beigesetzt 1369 in Stuttgart im Chor der Stiftskirche[10]

Grabmal[11]
»ANNO. DOMINI. M. CCC. LXXXI. OBIIT. ILLVSTRIS. DOMINA. SOPHIA. FILIA. EBERHARDI. COMITISSA. DE. WIRTTĒBERG. DUCISSA. LUTRINGIE. CUIUS. ANIMA. REQUIESCAT. IN. PACE. AMEN.«[12]

»Sophia, gravin zu Wirtemberg, graff Eberharts des Greiners und frauw Elisabeth gravin zu Hennenberg thochter, hatt zu gemachel gehapt hertzog Hannsen von Lotharingen, mitt welchem sie anno 1361 zu Stutgart ain herliche hochzeit gehalten und nachvolgender zeit Carolum, hertzogen zu Lütringen, geboren, volgens ain wittfrau zu Stutgarten begraben worden.«[13]

»Stamm-Elter aller nachfolgenden Hertzoge von Lottringen und deren von dießem Hauß heutigs Tags abstammenden und florirenden Fürstl. Linien, von Elboeuf, Harcourt, und Lilibonne, auch deren erloschenen Linien, von Vaudemont, auch Guise, Mayenne, Chevreuse, Joyeuse, und Aumale«[14]

Stammutter des Hauses Habsburg-Lothringen[15]

»die erste einer Reihe von Ehen zwischen dem Haus Württemberg und vornehmen Familien des romanischen Sprach- und Kulturkreises«[16]

Anmerkungen

Zu Sophie und ihrer Ehe mit Lothringen: Augustin Calmet, Historie des Herzogthums Lothringen, Frankfurt/Main. Leipzig 1743, 212 u. 229f; derselbe, Histoire de Lorraine, 7 Bde. 2. Aufl. Nancy 1745–1757, Bd. 3, 1748, 371ff u. 403ff; derselbe, Suite des portraits des ducs et duchesses de la maison royale de Lorraine, 2 Bde. Florenz 1762 u. 1763, Bd. 1, 92–95; Gebhardi Reichsstände 1, 460f (mit Stammtafel der Herzöge von Lothringen 1, 459 Tf 5); Stälin 3, 283–285; Decker-Hauff Stuttgart 214–216; Margareta Reichenmiller, Zur Vormundschaft Graf Eberhards des Greiners von Württemberg über Herzog Johann von Lothringen in: Ova minima. Festschrift für Hansmartin Decker-Hauff, Tübingen 1967, 1–17; Georges Poull, La maison ducale de Lorraine, Rupt sur Moselle 1968, 1, 79–83. Freytag 1, 13: Stammtafel Lothringen.

1 Vgl. Gf Eberhard †1388 Anm. 2.

2 Hochzeit der Eltern um 1340; Geburtsjahr der Mutter 1319. Das Jahr 1343 als Geburtsjahr Sophies nennen: Pregitzer 1, 9; Mohl 232; Behr 170; Giefel Nr 33; Schneider Stammbaum; Schön Nr 29; Isenburg 1, 75; Freytag 1, 13 u. 75; Schwennicke 1, 122; Uhland Festschrift 398. Stälin 3, 715: »Sophie war jünger als ihr Bruder (Ulrich †1388). Königsfelder Chronik bei Gerbert De translatis cadav. 98«. Das Geburtsjahr 1343 ist durch nichts belegt und wurde von Pregitzer wohl vom Heiratsdatum 1361 her errechnet.

3 Das Jahr 1346 als Geburtsjahr Johanns nennen: Behr 170; Giefel Nr 23; Schön Nr 29; Isenburg 1, 75; Freytag 1, 75; Reichenmiller (s. o.) 11; Poull (s. o.) 1, 79: »né vraisemblablement au début de 1346.«; Uhland Festschrift 398. Calmet (s. o.) 1743 u. 1748 u. 1762 enthält keine Angaben zum Geburtsjahr. Auf dem barocken und nicht eben zuverlässigen Epitaph von Johanns zweiter Gemahlin (s. u.) wird als dessen Todestag nach Calmet 1743, 229 der 27. September 1389, nach Calmet 1748, Bd. 3, 403 der 27. September 1390 genannt. Den 27. September 1390 als Todestag Johanns nennen auch: Behr 170; Giefel Nr 33; Schön Nr 29; Isenburg 1, 75; Freytag 1, 13 u. 75. Den 22. September 1390 nennt: Poull (s. o.) 1, 82 mit Hinweis auf die Angabe im Nekrolog der Begräbnisstätte St. Georges in Nancy. Nach Calmet 1748, Bd. 3, 405 starb Johann zwischen August 1390 und März 1391 in Paris; ebenso bei Voigtel-Cohn 91 sowie auch Calmet 1743, 230. Das Todesjahr 1390 nennen: Calmet 1748, Bd. 3, 403 u. 1762, Bd. 1, 92; Stälin 3, 713; Schwennicke 1, 122; Uhland Festschrift 398. Um 1390 nennt: P. Stälin 717. Todesjahr 1389 bei: Pregitzer 1, 9. Todesjahr 1382 bei: Wolleber Cod. hist. 2° 934, 142v (der Sophie dann als Witwe nach Stuttgart heimkehren läßt); Hübner 200. Herzog Johann starb in Paris und wurde in Nancy beigesetzt: Calmet 1743, 230: in der »Collegial-Kirche S. Georgii vor dem Altar der von ihm gestifteten und reichlich beschenckten Capelle Unser Lieben Frau in seine Grufft geleget.« Calmet 1748, Bd. 3, 405: wie im Testament verfügt, vor dem Altar der Kapelle Notre Dame beigesetzt. Calmet 1762, Bd. 1, 92: »à Nancy dans l'Eglise Collegiale de Saint George, où l'on voyoit son Tombeau en marbre noir. En 1745 cette collegiale fut réunie à la Primatiale de Nancy et l'église démolie. Les cendres de ce Prince furent transportés dans le Caveau des Ducs, au Couvent des P. P. Cordeliers.« Poull (s. o.) 1, 82: »inhumé en la collégiale Saint-Georges de Nancy sous un massif de marbre noir supportant son gisant. Il a été transporté en la chapelle ronde de l'église des Cordeliers en 1746.« In zweiter Ehe war Johann mit Markgräfin Margarethe von Loos und Chiney vermählt. Diese Ehe wird bei Poull 1, 83 nicht aufgeführt. Nach Calmet 1743, 229 u. 1748, Bd. 3, 403 nennt die Inschrift ihres barocken Epitaphs an ihrer Grabstätte in Orval das Jahr 1372 als ihr Todesjahr. Den 1. Oktober 1372 als Todestag Margarethes nennen: Stälin 3, 715; Möller 2, 136 Tf 48 (Stammtafel Markgrafen von Loos und Chiney); Freytag 1, 13 (Stammtafel Lothringen). Margarethe kann keinesfalls 1372 verstorben sein, da sie nach Calmet 1743, 229 »1377 zur Executorin des Testaments ernannt wurde«; a.a.O. 230: Testament Johanns 1. im September 1377. Während Johanns zweite Ehe kinderlos blieb, hat ihm Sophie nach Freytag 1, 13 vier Kinder geboren:

1. Herzog Karl 1. der Kühne 1364–1431
2. Marie, Nonne zu Trier
3. Isabella †1409/11, vermählt mit Enguerrand von Coucy
4. Herzog Friedrich v. gefallen 1415.

Calmet 1743, 230 nennt drei Kinder dieser Ehe: Karl, geboren 1364; Friedrich von Vaudemont; Isabella/Elisabeth, die nach dem Tode Enguerrands de Coucy mit einem Herzog von Bayern vermählt worden sein soll (Häutle Wittelsbach ist diese Ehe unbekannt). Poull (s. o.) 1, 83 nennt ebenfalls drei Kinder aus der Ehe mit Sophie: Karl, geboren um 1364; Friedrich, gefallen 1415 bei Azincourt; Isabella, die nach dem Tode ihres Gatten Enguerrand de Coucy mit Stephan von Bayern-Ingolstadt vermählt gewesen sein soll. Nach Schwennicke 1, 24 war dieser in erster Ehe mit Thaddäa Visconti, in zweiter Ehe mit Margarethe von Cleve vermählt.

4 A 602 U 18: Baden 6. April 1353: Herzogin Maria von Lothringen verlobt ihren Sohn Johann mit Gräfin Sophie von Württemberg »Heyratsbrieff Heirats abred«; A 602 U 19: Kopie des Lothringer Exemplars der Urkunde. Vertragsort Baden nach Stälin 3, 283: Badonviller in Lothringen; ebenso Schön Nr 29. Reichenmiller (s. o.) 1: es kann auch die Feste Baden, später Baden-Baden gemeint sein.

5 Das Hochzeitsjahr 1361 nennen: Naucler 2, 258r; Trithemius 2, 245; Küng 73 u. 81; Wolleber Cod. hist. 2° 934, 142v; Pregitzer 1, 9; Hübner 200; Gebhardi Reichsstände 1, 460; Spittler 23; Stälin 3, 713; Voigtel-Cohn 91; P. Stälin 553 u. 717; Decker-Hauff Stuttgart 224; Reichenmiller (s. o.) 1; Uhland Festschrift 398. Den 16. Dezember – jedoch mit dem Jahr 1366 – als Hochzeitstag nennt: Eber 494 (mit Hinweis: »Naucler 1361«). Den 16. Dezember 1361 nennen: Behr 170; Schneider Stammbaum; Schön Nr 29; Isenburg 1, 75; Freytag 1, 75; Schwennicke 1, 122. Das Jahr 1362 als Hochzeitsjahr nennt: Poull (s. o.) 1, 83: »Il est difficile de fixer avec précision l'époque de la célébration de ce mariage, qui a sans doute eu lieu en 1362.« Hochzeit um 1366: Calmet (s. o.) 1762, Bd. 1, 94: »avoit epousé environ l'an 1366«. Hochzeit 1353: Heimführung 19: »welche, vermög vorhandener Heyraths Brieff, Anno 1353. in Stuttgardt vermählet worden«. Calmet 1748, Bd. 3, 371: »Les Historiens ne sont pas d'accord sur le tems auquel se fit son mariage. Les uns le placent en 1356 après la bataille de Poitiers, d'autres en 1362 et d'autres seulement en 1366.«

Beilager in Stuttgart: Trithemius 2, 245: 1361 »Anno quoque praescripto Eberhardus Comes de Wirtemberg filiam suam nomine Sophiam Duci Lotharingiae dedit uxorem, nuptijs in oppido suo Stutgard magna cum pompa celebratis«. Küng 73: »anno 1361 hatt graff Eberhart sein thochter Sophiam hertzog Hansen aus Lotharingen vermechelt und ier ein herlich hochzeit zu Stutgarten gehalten«; ähnlich Küng 81 (Anm. 13). Calmet (s. o.) 1743, 212: »Das Freuden Fest währete dreyzehn Tage mit allerhand Ritter-Spielen, wobey die Fürsten ihren Staat und ihre Herrlichkeit sehen liessen.« Spittler 23: »Es war bey dieser Hochzeit zu Stuttgart ein ritterliches Wohlleben, Turnieren und Schmausen, als nicht leicht bey einer fürstlichen Hochzeit gewesen.« Decker-Hauff Stuttgart 214f: »Nichts kann die Stellung des Hauses Wirtemberg in jenen Tagen deutlicher bezeichnen, als diese große Heirat. Im Jahre 1361 war das (1353 verlobte) Kinder-Brautpaar alt genug geworden, um in Stuttgart feierlich die Ehe schließen zu können. Es ist dies die erste von jenen großartigen, aufwendigen Fürstenhochzeiten, die von nun an bis zum Beginn des Dreißigjährigen Krieges und bis zur Verarmung im 17. Jahrhundert spektakuläre Höhepunkte der Stadtgeschichte bilden und aus dem Leben der Stadt und ihrer Bürger nicht mehr wegzudenken sind.« Stälin 3, 284: »Bei den innigen Beziehungen, welche sofort zwischen Wirtemberg und Lothringen statt hatten, schlossen am 7. Februar 1367 die Grafen Eberhard und sein Sohn Ulrich mit ihrem Tochtermann, beziehungsweise Schwager eine Erbeinigung, worin sie sich gegenseitig alle ihre Lande und Herrschaften vermachten, für den Fall, daß sie ohne Leibeserben abstürben.«

6 Den 26. April als Todestag nennt: Gütersteiner Nekrolog Cod. hist. 2° 421, 58v: »VI. Kl. maij Anniversarium domine de Lutringen«; vgl. Schön Deutscher Herold 25, 1894, 101. Den 26. April 1369 als Todestag nennen: Giefel Nr 33; Schneider Stammbaum; Schön Nr 29.

7 Den 27. April als Todestag nennt: Annales Stuttgartienses 14 (Reichenauer Handschrift): »Sophiam, que fuit uxor legitima domini ducis Lothringie. Hec obiit anno domini 1389 V. Kal. Maji«. Den 27. April 1369 als Todestag nennt: Behr 170 (mit Zusatz: vielleicht).

8 Das Todesjahr 1369 nennen: Calmet (s. o.) 1762, Bd. 1, 94; Stälin 3, 713; Voigtel-Cohn 91; P. Stälin 717; Maisch Stammtafel; Isenburg 1, 75; Freytag 1, 75; Schwennicke 1, 122; Uhland Festschrift 398. Todesjahr 1389 in den Stuttgarter Annalen (Anm. 7) vermutlich Verwechslung mit 1369; ebenso A. Rüttel d. J. Cod. hist. 2° 130, 38v. Das Todesjahr 1381 nennen: Grabmal (Entwurf A. Rüttel d. J., vgl. Anm. 12); A. Rüttel d. J. J1 48q, 27 u. A 525 Bü 3, 57; O. Gabelkover Cod. hist. 2° 587, 115; Schmid 22 u. 26 u. 32; Tiedemann 10 u. 17. Todesjahr 1381 oder 1382 bei: Pregitzer 1, 9. Tod nach 1372: Gebhardi Reichsstände 1, 459. Tod nach September 1377: Poull (s. o.) 1, 83 (Sophie soll im Testament ihres Gatten vom September 1377 als Testamentsvollstreckerin eingesetzt sein. Tatsächlich handelt es sich dabei um die Poull unbekannte zweite Gemahlin Margarethe von Loos und Chiney, s. Anm. 3). Tod nach 1382: Wolleber Cod. hist. 2° 934, 142v: Nach dem Tode des Gatten 1382 zieht Sophie als Witwe nach Stuttgart, unbekannt, wann diese gestorben: »Die Zeit vnnd Jahr seind mir verborgen«, Grabinschrift ohne Jahreszahl: »nit mehr zu lesen«.

9 Küng 81 (Anm. 13) und nach ihm Wolleber Cod. hist. 2° 934, 142v geben an, Sophie sei nach dem Tode ihres Mannes als Witwe wieder nach Stuttgart gezogen, hier verstorben und begraben worden; diese Angabe ist irrig, da Sophie lange vor ihrem Gatten gestorben ist und dieser noch eine zweite Ehe einging (Anm. 3). O. Gabelkover Cod. hist. 2° 587, 115 vermutet, daß Sophie bei einem Besuch ihrer Eltern in Stuttgart erkrankte, hier verstarb und darum in Stuttgart beigesetzt wurde. Angesichts der engen Beziehungen zwischen den Höfen in Nancy und Stuttgart ist die Vermutung Gabelkovers weitaus wahrscheinlicher als die Annahme einer Verstimmung oder gar Trennung der beiden Ehepartner, gegen diese Überlegung spricht auch die Erbeinigung von 1367 (Anm. 5).

10 Das Vorhandensein eines Grabmals für Sophie in Stuttgart deutet auf eine Beisetzung in der Stiftskirche hin. Anders als etwa im Falle der Henriette von Mömpelgard hätte es bei Sophie keinen Grund gegeben, ihr in Stuttgart ein Kenotaph zu errichten. Die Begräbnisstätte Stiftskirche Stuttgart nennen: Küng 81 (Anm. 13); Wolleber Cod. hist. 2° 934, 142v; O. Gabelkover Cod. hist. 2° 587, 115; Schmid 32 u. 35; Tiedemann 10 u. 17. Nancy als Begräbnisort nennt: Calmet (s. o.) 1762, Bd. 1, 94: »elle mourut en l'année 1369, et a été inhumée dans l'Eglise Collegiale de Saint George«. Calmets Angabe beruht wahrscheinlich auf der Annahme, daß Sophie an der Seite ihres Gatten beigesetzt wurde. Er nennt keine Belege für eine Bestattung Sophies in Nancy und anders als bei ihrem Gemahl, weiß er von einer Translation der sterblichen Überreste Sophies nach Abbruch der Kirche 1745 nichts zu berichten (Anm. 3). Poull (s. o.) 1, 83: »peut-être décédée dans sa famille en Allemagne. De toutes manières, elle ne semble pas avoir été inhumée en Lorraine, à Saint-Georges de Nancy ou à Beaupré.«

11 Zustand des Grabsteins 1557: JI 1b, 29v: Bericht A. Rüttels d. Ä. u. Sebastian Ebingers: »Vff disem stain siht man Jm schilt zum halben teyl das Lutringisch Wappen.« A 525 Bü 3, 75v: Gutachten A. Rüttels d. J. 1566: »Auff dißem Stein wurdt allein der Luthringer Schilt mit dreyen Vögelln, zum halben theyll Jn rothem gebachen stein vnd den Übrigen mit britter zugedeckt gesehen.« Zeichnung des Grabsteins 1566: HB XV 77, 22r; 1583: Cod. hist. 2° 130, 39r. Entwurf A. Rüttels d. J. zur Restaurierung 1583: Cod. hist. 2° 130, 38r. Grabstein bis zum Bau der Gruft 1608 noch im Chor; vgl. Gfn Elisabeth †1524 Anm. 12.

12 Zitiert nach Entwurf A. Rüttels d. J. Cod. hist. 2° 130, 38r (mit falschem Todesjahr 1381); Inschrift auch bei: A. Rüttel d. J. A 525 Bü 3, 57; Wolleber Cod. hist. 2° 934, 142v (ohne Todesjahr); O. Gabelkover Cod. hist. 2° 587, 115; Schmid 32; Tiedemann 17; Bach 167 (jeweils mit falschem Todesjahr 1381).

13 Küng 81; vgl. Anm. 9.

14 Pregitzer 1, 9.

15 Stälin 3, 284: »Stammutter eines blühenden Geschlechtes, der jetzigen Kaiser von Oesterreich«.

Decker-Hauff Stuttgart 216: »Aus der Ehe Sophiens von Wirtemberg mit dem jungen Herzog von Lothringen stammen alle späteren Linien dieses Hauses, also auch das heutige Haus (Neu-) Habsburg-Lothringen (durch die Ehe des Kaisers Franz I. Stephan mit der letzten Habsburgerin Maria Theresia)«.

16 Katalog Württemberg 8 (der 11 Zeilen zuvor jedoch bereits die Ehe Eberhards des Erlauchten mit Lothringen aufführt).

Generation VI

Ulrich †1388
⚭ Elisabeth von Bayern †1402

|

Eberhard III. †1417
⚭ I Antonia Visconti von Mailand †1405
⚭ II Elisabeth von Nürnberg †1429

Eberhard III.

n. 1362–1417

Graf von Württemberg

»Zugenahmbt der Aeltere oder Mildte«[1] »cognomento Pius«[2]
»den man nante den veyßten vnd ouch den tugenthafften herren«[3]
»genant der Fridsam«[4] »zugenant der Giettig«[5] »der Gelinde«[6]
»der Sanfftmüthige und Friedfertige, wie auch der Salomon seiner Zeiten beygenamet«[7]
»zugenahmt PACIFICUS, oder MITIS, das ist der Sanfftmüthige«[8]

Regent 1392–1417[9]

Im Gespräch als Nachfolger des abgesetzten Königs Wenzel bei der Wahl des deutschen Königs 1400[10]

»Comite fortuna et spe duce«[11]

S. v. Graf Ulrich von Württemberg † 1388[12]
u. v. Herzogin Elisabeth von Bayern

Enkel v. Kaiser Ludwig IV. dem Bayern

Geboren nach 1362[13]
in

Vermählt 1380
mit Antonia Visconti von Mailand n. 1350–1405

Zweite Ehe 1406/12
mit Burggräfin Elisabeth von Nürnberg 1391/92–1429

Vater von »ettlichen Kindern«[14]
Eberhard 1388–1419
Ulrich n. 1380[15]
Ludwig n. 1380[15]
Elisabeth n. 1412–n. 1476

Gestorben am 16. Mai 1417[16] zwischen 6 u. 8h[17]
in Göppingen »in der Bad-Cur«[18]
»an einem hitzigen Fieber«[19]

Beigesetzt am 21. Mai 1417[20]
in Stuttgart im Chor der Stiftskirche

Grabmal[21]
»ANNO. DÑĪ. M. CCCC. XVII. VII. KALENDAS. IUNII. OBIIT. MAGNIFICUS. DOMINUS. DOMINUS. EBERHARDUS. COMES. DE. WIRTTEMBERG. CUIUS. ANIMA. REQUIESCAT. IN. PACE. AMEN.«[22]

Epitaph[23]
»Anno M. CCCC. XVII. obijt generosus dominus Eberhardus Comes de Wirttemberg. XVII. Kal. Junij. Cuius anima requiescat in pace.«[24]

Standbild von Sem Schlör[25]
»ILLVSTRISS. PRINCEPS ET DÑS. DÑS. EBERHAR-/DVS COMES WIRTEMBERGICVS EX HAC VITA/ MIGRAVIT. XVII. CALEN. IVN. AN. CHR. MCCCC./ XVII.«[26]

Tafelbild Graf Eberhards III. des Milden und seiner Räte[27]

»Eberhard Graf zu Wirtemberg, Graf Ulrichs und Fraw Elspeten von Bayrn Sun, genant der Fridsam, hat allein geregiert in das XXV. Jar. Bey seinen Zeiten was vast gueter Frid in Schwaben Lande. Er starb anno Dom. MCCCCXVII. Jar.«[28]

»Eberhart, zugenant der Giettig, graff zu Wirtemberg, ein sun graff Ulrichs und frauw Elisabett hertzogin zu Bayernn, ist nach dem sein vatter in dem streit vor Weyl erschlagen und sein anher anno 1392 gestorben, in das regment getretten und sich anfangs understanden, die landtschafft, welche seine voreltern mitt viel blutvergießens erweitert und beschitzt hetten, mitt giettickhaitt und friden zu behalten; vertrug sich mit allen seinen nachbaurn und gab je zu zeiten auch ettwas an seinen rechten nach, daß er nur friden hette.
Derhalben ward er anno 1395 als ein waichling von seinem adel, welcher bis anher nicht dann kriegens gewont war, so gar verachtet, daß sie auch ain bundt wider in machten und wolten in auch für kain herrn mer haben; erwelten demnach under inen selbs vier hauptleit, die sie iere Kunig nanten und triben also aus ieren schlossen, deren sie hin und wider im land ain gutte anzal ligen hetten, allen muttwillen. Nun graff Eberhart als ein gietickher her sach durch die finger und ließ sie ier mietlin so wol erkülen, daß sie vermeinten, das spil wer nunmer woll halbs gewunnen, legen demnach ain taglaistung, ferner in der handlung fürzugeen und zu folfiern, in das stettlin Haimssenn, dahin sie all uff benanten tag zusamen kamen.

Aber graff Eberhart verschlieff die rechte zeit nitt, sunder samlet in einer eil ain volcklin, so still er immer kan und mag, und frie vor tag überfelt er den adel, umringt das stettlin und zint das an, der geengstigt adel sicht, daß er sich nitt erworen, vil weniger entrinen kann, hept die hend auff und ergipt sich mitt sampt dem stettlin graff Eberhartenn auf gnad, der sie auch also nach seiner angebornen giette uff- und annam; und also ward dise rebellion gestiltt.
Volgender zeit hatt er sein graffschafft mitt gutten ordnungen versehen und gefaßt und alle ding recht und weislich angericht, dann er die besten und verstendigsten leit bei im gehapt, so zu seiner zeit haben mogen leben, zu seinen rhäten gebraucht und an seinem hof zwen bischoff, namlich Augspürg und Costnitz, den apt von Elwangen, die hertzogen von Deck und Urslingen, den marckgraven von Badenn, 8 graven, 5 freihern und ob 70 vom adel gehalten hatt, daher er im gantzen reich in ein sollich ansichen komen, daß selten ein span oder contrackt erortert oder aufgericht hatt worden, darzu er nitt als ain schidman were gezogen worden... In summa ein rechter fridliebender Salomon und Numa gewesen, zwai eeweiber, wie mir hören wellen, gehapt und im friden, wie er auch gelept, anno 1417 gestorben und zu Stütgarten bei seinen altvorderen begraben worden.«[29]

»welcher sein Land, so zwar von seinen Vor-Eltern durch Kriegen erweitert worden, dabey aber von den Feinden vieles ausgestanden hatte, mit Sanfftmuth und Leutseeligkeit zu regieren sich jeder Zeit angelegen seyn lassen«[30]

»Sonsten wird diser Graf Eberhard der Milde, wegen hohen Verstands und fridliebenden Gemüths von denen Historicis sehr gerühmt, welcher, ob er wohl jung ins Regiment getretten, hatt er dannoch seine Graffschafft mit guten Ordnungen fassen, und versehen lassen, und alle Ding weißlich und wohl angerichtet; dann er die besten und verständigste Leut beysammen gehabt, als zu seiner Zeit in Teutschland und dem Römischen Reich haben leben mögen, die er zu seinen Räthen gebraucht.«[31]

»Ein Herr von stillem, sanfftmüthigem und friedfertigem Gemüth, dabey hohem Verstand, der auch Frommkeit, Gerechtigkeit, Frieden und Ruhe über alles liebte, daher Er den Zunahmen des Milden, auch Güthigen und Friedfertigen, in der That geführt, und der andere Salomo seiner Zeit genennt worden; wie Jhn dann die meiste Fürsten und Stände des Reichs in denen wichtigsten Strittigkeiten und Angelegenheiten zu einem Schiedsmann gebraucht, auch so gar die Chur-Fürsten nach Absetzung Kays. Wenceslai, bey der Kayserlichen Wahl Ruperti, Churf. und Pfaltz-Gr. bey Rhein, neben diesem in Bedencken gezogen. Er regierte seine Lande überaus löblich, welche er mit guten Ordnungen versehen, hatte dabey die beste und qualificirteste Räthe in seinen Diensten, und führte einen so prächtigen Hof, als ein Fürst des Reichs.«[32]

»Er bezeigte seinen Unterthanen, vermöge seines gütigen Natürells, auch über dieses so viel Gerechtigkeit und Sanfftmuth und denen Nachbarn so viel Freundschafft und Gefälligkeit, daß er sich dadurch jedermann Liebe und Hochachtung zugleich den Bey-Nahmen des Gütigen und Salomonis seiner Zeit erwarb.«[33]

»War fromb, regiert weißlich und klug,
Mit grosser Gdult viel Unglücks trug,
Welchs doch endlich ein Ende nam,
Und durch viel Creutz in Himmel kam.«[34]

»unser Graf Eberhard von Wirtemberg, der Gütige oder Milde genannt, von dessen ohnvergleichlichen Eigenschaften das, was bißher angeführet worden, ein ohnläugbares Zeugnis geben«[35]

»die kluge Regimentsanstalten unsers glorwürdigen Graf Eberhards von Wirtenberg«[36]

»Sein Enkel Eberhard der milde folgte, aber der ganze Ton bey dem Hofe des Grafen änderte sich gewaltig. Eine Pracht, die unter dem alten Herrn gar nicht gekannt gewesen war, nahm plötzlich überhand, die Zahl der Räthe und Diener vermehrte sich, die Dienstgelder wurden kostbarer, und es war kein geringer Aufwand, wenn der Graf im Gefolge seiner Ritter irgendwo hinzog. Schon unter dem alten Eberhard ließ sich voraussehen, daß eine solche Veränderung kommen müßte. Die Grafen heuratheten jetzt nach einander in lauter fürstliche Familien... Der Schaden zeigt sich gewöhnlich nicht so gleich, wenn auf einen solchen Herrn von biederer Sparsamkeit, als der alte Eberhard war, ein Enkel kommt, der es beweist, daß er glaube, es sey für ihn gespart worden, aber je später die Folgen zu kommen schienen, desto sichtbarer kamen sie.«[37]

»Sa tombe fut arrosée des larmes de ses sujets, qui pleurèrent en lui un père et un souverain.«[38]

»Minder kriegslustig, als der Vater und Großvater gewesen waren, befestigte sich Eberhard in dem erlangten Besitze, indem er das freundliche Benehmen mit seinen Nachbarn herstellte und die obschwebenden Zwistigkeiten auf gütlichem Wege erledigte.«[39]

»Sein Andenken blieb bey seinen Nachbarn und Hintersassen in Ehren, weil er, wohlwollenden und friedfertigen Gemüthes, nie zum Schwerd gegriffen, als wo es Recht und Noth geboten, und in einer rauhen, stürmischen Zeit durch Bündnisse und glückliche Verträge, die Ruhe des Landes gesichert, und jedem redlichen Besitze Schutz und Bestand gewährt hatte. Jndem er zugleich das lange gestörte Vertrauen zwischen seinem Hause und den Städten wieder herstellte, die Zwiste seiner Nachbarn durch Vermittlung schlichtete, die Entscheidungen der eigenen den ernannten Richtern anheim stellte, und in allen Verhältnissen das einmal gegebene Wort bieder erfüllte, ward ihm die edelste Art von Achtung zu Theil, die nur der treuen und rechtlichen Gesinnung gewährt wird, während ihm auch diejenige nicht entgieng, die sich aus dem Ruhm seiner kräftigen Väter und aus seiner einflußreichen Stellung unter den angesehensten Ständen des Reichs bildete; woraus es sich denn von selbst ergab, daß bey erledigtem Königsthrone vieler Augen auf ihn gerichtet waren, und daß am königlichen Hoflager die Frage zur Sprache kam, ob ihm, der bereits im Besitze fürstlichen Ansehens sey, nicht auch der Name eines Fürsten gebühre? Dieses Ansehen erhöhte sich sehr durch die Eindrücke, welche, im scharfen Abstiche mit dem einfachen ritterlichen Leben seiner Väter, die Pracht des seinigen machte. Sein Hoflager war eines der glänzendsten in Teutschland; selbst Fürsten und Grafen verschmähten nicht, ihm zu dienen; auf Reichstagen und Turnieren verdunkelte er durch die Menge und den Schmuck seines Gefolges die meisten Anwesenden; die vornehmsten schwäbischen Herren, geistlichen und weltlichen Standes, verherrlichten seine Feste durch ihre Gegenwart. Es ist nicht zu zweifeln, daß er, indem er dieser Art von Glanz und Genuß sich ergab, seiner eigenen Neigung folgte; aber gewiß hätte die letztre weniger die Schranken überschritten, wenn ihr nicht Nahrung und Ermunterung durch seine beyden Heurathen zu Theil geworden wären.«[40]

»Auf den streitfertigen Eberhard den Greiner, folgte sein Enkel, der friedfertige Eberhard III., auch der Milde genannt, ein seltener Beiname in einer Zeit, wo die Schwerder den Pflugschaaren kaum Zeit genug übrig ließen und viel fleißiger waren als die Sicheln. Auch ist's gar nicht so gemeint, als ob Eberhard sein Schwerd hätte verrosten oder in die Scheide hineinwachsen lassen, wo es freilich am besten aufgehoben ist; nein, wo es die Noth erforderte, da war er auch als rüstiger Krieger bei der Hand. Aber einestheils war er wirklich mehr friedliebender Natur, andererntheils hatten sich auch die Zeiten ein wenig geändert, Fürsten und Städte waren der langen Kämpfe müde, in denen ihre Kräfte nutzlos vergeudet und die Künste des Friedens, die allein den Wohlstand eines Landes befördern, fortwährend gestört wurden.«[41]

»Er besaß einen sanften Charakter, ohne dabei der nöthigen Thatkraft zu entbehren, auch zeichnete er sich durch Staatsklugheit aus. Hiedurch erwarb er sich allgemeines Ansehen, seine Dienste wurden von geistlichen und weltlichen Fürsten gesucht.«[42]

»Eberhard hinterließ den Nachruhm eines sehr angesehenen Grafen, dessen Schiedsspruch die wichtigsten Angelegenheiten unterstellt wurden; unähnlich seinem gleichnamigen Großvater führte er für sich selbst nur einmal, zur Züchtigung der Schlegler, einen Krieg und sonst war überhaupt Friede in seinem Lande. Freilich gelangen ihm, zum Theil weil die Kaufsgelegenheit doch einmal ein Ende nehmen mußte, nicht mehr so große Gebietserweiterungen wie seinen Vorgängern; ja er schritt, bei öfters eintretenden Geldverlegenheiten, zu ansehnlichen Veräußerungen.«[43]

»seine friedliebende Natur, vermöge der es ihm gelang, fast seine ganze Regierungszeit über seine Lande den Frieden zu erhalten.«[44]

»Daß er, ritterlich wie seine Ahnen, vor dem Kampfe nicht zurückgeschreckt, hat auch dieser Graf in manchem Streite bekundet und in dem einzigen Kriege, welchen er für sich selbst führte, gegen die Schlegler, hat er große Kraft entwikkelt. Jm allgemeinen aber zeigte sich Eberhard ›der Milde‹ im Gegensatz zu seinem Großvater als friedlich und versöhnlich gesinnter Fürst, den freilich des Greiners rastloser Thätigkeitsdrang nicht beseelt zu haben scheint. Denn nicht nur auf dem Schlachtfelde, sondern auch auf den vielen Reichs-, Fürsten- und Städtetagen dieser Zeit begegnet er uns viel weniger als jener. Dennoch aber hat er eine sehr angesehene Stellung unter seinen Zeitgenossen eingenommen, wurde ja sein Schiedsspruch häufig in den wichtigsten Angelegenheiten erbeten und war man von vielen Seiten, selbst wo ganz andere Machtverhältnisse stattfanden, bestrebt, im Bündnis mit ihm zu stehen. Endlich aber liegt eine Anerkennung seiner Bedeutung immerhin darin, daß er bei der Verschwörung der Kurfürsten und Fürsten gegen König Wenzel sein Haus als eines derjenigen bezeichnet wurde, aus welchen der neue König am ehesten sollte genommen werden, mochte auch von den maßgebenden Mächten nie die Absicht gehegt sein, ihn wirklich zum Reichsoberhaupte zu wählen.«[45]

»Graf Eberhard der Milde war, vielleicht schon aus äußeren Gründen – man nannte ihn früher auch den Feisten – mehr ein Mann der Verhandlungen als des Schwertes. Als solcher hat er es trefflich verstanden, eine entscheidende Stellung in Schwaben einzunehmen. Neben dem Ansehen, das seine Vorfahren dem Hause errungen hatten, genoß er die Vorteile reicher Beibringen und gewichtiger Familienverbindungen. Mußte das Bestreben noch seines Großvaters darauf gerichtet sein, die württembergische Herrschaft gegen grundsätzliche Feinde zu sichern und festzustellen, so konnte Eberhard der Milde das Gewicht einer allgemein anerkannten Macht in die Wagschale legen und auch in Fragen der großen Politik sich mehr Geltung verschaffen.«[46]

»von Natur friedlich und versöhnend, beteiligte er sich an verschiedenen Einungen zur Erhaltung des Friedens«[47]

»war mehr ein Mann des Verhandelns als des Krieges«[48]

»erstmals in der langen Reihe der knorrigen, zähen, sparsamen, erwerbstüchtigen, kriegsgewohnten, kampflustigen Wirtemberger regierte nun ein friedfertiger, unkriegerischer, diplomatisch gewandter, sein Leben genießender, dickleibiger und – o altwirtembergische Sparsamkeit – gelegentlich sogar etwas verschwenderischer Mann«[49]

»Eberhards Tod hat seine Zeitgenossen bewegt. Ein Vierteljahrhundert friedlicher Regierung durch einen gescheiten, wohlwollenden, glückbegünstigten Herrn war in jenen Zeiten selten. Stuttgart vor allem hatte diesem Stadtherren vieles zu danken. Er vergrößerte die Stadt auf ihren doppelten Umfang, auch die Einwohnerschaft wuchs unter seiner Herrschaft an, vor allem aber konnte sich Stuttgart nachhaltig erholen.«[50]

»Im Rückblick mußte die Zeit Eberhards wie ein glückliches goldenes Zeitalter erscheinen.«[51]

Anmerkungen

1 Heimführung 19; P. Stälin 573: »von etwas jüngeren Schriftstellern der Friedsame, der Fromme, der Tugendhafte, auch der Feyste (d. h. fette, wohlbeleibte), seit neuerer Zeit in der Regel der Milde zubenannt«; Steinhofer 1, 1, 122: »der Gütige oder Milde genannt«; Viton 46: »le pacifique ou le débonnaire«; vgl. Anm. 50.

2 Naucler 2, 255v.

3 Chronik Kaiser Könige Päpste, Augsburg um 1480, 94v.

4 Suntheim 592; dort 596: »Eberhardus pacificus«.

5 Küng 82.

6 Crusius 2, 8.

7 Lohmeier 52.

8 Hübner 200.

9 Zu Eberhard dem Milden und seiner Regierung: O. Gabelkover Cod. hist. 2° 587, 160–290; Friedrich Theophil Balthasar Seeger, Dissertatio historica de... Eberhardo Miti, Tübingen 1767; Ludwig J. Uhland, Dissertatio de Eberhardo miti comite Wirtembergico, Tübingen 1767; Sattler Gf 2, 1–58; Spittler 35–38; Pahl 2, 1–20; Zimmermann 1, 567–597; Barth 72–75; Pfaff Wirtemberg 2, 117–136; Stälin 3, 354–409; P. Stälin ADB 5, 556f; P. Stälin 573–592; Schneider 45–50; Eberhard Gönner NDB 4, 234; Decker-Hauff Stuttgart 235–257; vgl. Anm. 27.

10 Stälin 3, 368: »König Wenzel bei seiner Unfähigkeit und Charakterlosigkeit konnte sich als deutscher König nicht länger halten; fast alle Kurfürsten verschworen sich gegen ihn. Sie und die mitverbündeten Reichsfürsten und Herren faßten am 1. Februar 1400 den Beschluß, einen neuen König zu wählen, welcher aber nur aus den Häusern Baiern, Sachsen, Meissen, Hessen, von den Burggrafen von Nürnberg und den Grafen von Wirtemberg genommen werden sollte« »Welend sie dann einen zu eime römischen Könige uß den Geslechten und Gepurten von den Wapen von Bayern, von Sachssen, von Missen, von Hessen, von den Burggraven von Nuremberg oder den Graven von Wirtenberg« »Sattler Grafen 2 Beil. Nr 18, dasselbe lateinisch übersetzt bei Martene Collectio 4, 11. Dies ist die von wirtembergischen Publicisten oft benützte Stelle über die Aussicht Graf Eberhards, des einzigen damals volljährigen Grafen von Wirtemberg, auf den deutschen Königsthron«; vgl. dazu Anm. 32 u. 40 u. 45 sowie Decker-Hauff Stuttgart 253f.

11 J. Frischlin Cod. hist. 2° 73, 51; Mohl 252; vgl. Gf Ulrich †1344 Anm. 2.

12 Pregitzer 3, 5: Tabula progonologica zu 64 Ahnen; F. Warnecke, Zum beiliegenden Stammbaum des Grafen Eberhard des Milden von Württemberg in: Deutscher Herold 6, 1875, 138f.

13 Eheabrede der Eltern am 26. April 1362, Beilager noch 1362. Geburt »etwa 1363«: Decker-Hauff Stuttgart 223. Das Jahr 1364 als Geburtsjahr nennen: Mohl 234 u. 239; Pfaff Fürstenhaus 61; Behr 170; Maisch Stammtafel; Giefel Nr 34; Grossmann Hohenzollern 13; Schneider Stammbaum; Schön Nr 30; Isenburg 1, 75; Freytag 1, 75; E. Gönner NDB 4, 234; Marquardt Stammtafel; Schwennicke 1, 122; Uhland Festschrift 398. Geburtsdatum um 1364 bei: Seeger (Anm. 9) 3; Pregitzer 1, 10; Steinhofer 1, 110; Krüger Tf 8 (1363/64). Den 23. August 1388 als Geburtstag Eberhards des Milden nennen: Lairitz 458; Lohmeier 52 (Verwechslung mit dem Todestag von Eberhards des Milden Vater Ulrich und dem Geburtstag von Eberhards Sohn Eberhard d. J.). Geburtsort unbekannt.

14 Eberhard hatte nach Angaben der Stuttgarter Annalen noch weitere, frühzeitig verstorbene Kinder aus seiner Ehe mit Antonia Visconti, vgl. Gfn Antonia †1405 Anm. 6. Decker-Hauff Stuttgart 224 nennt einen illegitimen Sohn Eberhards: Ulrich Wirtemberg genannt von Stuttgart, Propst zu Sindelfingen und Stiftsherr zu Stuttgart (1421). Dieser wiederum hat einen illegitimen Sohn Ulrich Propst, Bürger zu Sindelfingen (1461).

15 David Wolleber Cod. hist. 2° 953, 1123 versieht zwei der in den Stuttgarter Annalen genannten jung verstorbenen Kinder Eberhards des Milden mit den Namen Ulrich und Ludwig und zählt noch eine nicht näher bezeichnete Tochter Antonias auf, die jedoch nicht mit Elisabeth, der Tochter aus Eberhards zweiter Ehe identisch ist. Die Benennung der beiden Söhne ist historisch sinnvoll und vermutlich sogar richtig, aber durch nichts belegt; vgl. zu dieser Verfahrensweise Wollebers die Bemerkungen bei Graf Eberhards im Bart einziger Tochter Gfn Barbara †n. 1474 Anm. 9. Während O. Gabelkover Cod. hist. 2° 587, 249 von Antonia und ihren jung verstorbenen Kindern ausdrücklich sagt: »etliche kinder geboren, deren namen vnd geburtstag aintweder vß großer Vnachtsamkeit nicht auffgezaichnet, oder solche Verzaichnus verlohren oder villeicht zerrißen worden«, werden Wollebers durchaus sinnvoll erfundene Angaben von Crusius 2, 8: »Ulrich und Ludwig † beede frühzeitig« übernommen und damit zitierfähig: J. Frischlin Cod. hist. 2° 73, 48: »† in der Jugend 1405« (= Todesjahr der Mutter); Heimführung 20: »beede in ihrer Jugend unvermählet gestorben«; Lairitz 459; Pregitzer 1, 10; »† beede jung«; Montanus 164v; Hübner 200: »Ulricus † als ein Kind. Ludovicus † als ein Knabe«; Steinhofer 1, 129: »Ulrich und Ludwig starben beede jung«; Tuefferd Montbéliard 218. Zur Namenswahl Ludwig vgl. Decker-Hauff Stuttgart 235: Eberhard der Milde »Der Enkel eines Kaisers, der Nachfahr König Rudolfs von Habsburg, der Nachkomme der Könige von Böhmen und Ungarn, England und Sizilien, Dänemark und Aragonien, der Kaiser von Konstantinopel und vor allem der König von Frankreich muß ein sehr starkes Selbstbewußtsein besessen haben. Die Verehrung für seinen Ahnen, den Heiligen Ludwig von Frankreich, förderte er sehr nachdrücklich. Er ließ ihm in der Stuttgarter Stiftskirche einen Altar errichten, seinen erstgeborenen Enkel nannte er Ludwig. Nebenbei konnte er damit an seinen kaiserlichen Großvater Ludwig den Baiern erinnern.« Zu einer, noch bei Tuefferd Montbéliard (1877) 218f genannten, dritten Ehe Eberhards des Milden vgl. Pregitzer 1, 10: »Die von einigen Scribenten vorgegebene 2.te oder 3.te Mariage mit einer Teckischen Erb-Printzeßin, H. Fridrichs, des Letzten, Tochter, ist erdichtet, und hat keinen Grund, wie aus Zusammenhaltung der Historie, Genealogie und Chronologie erhellet, massen das Herzogthum Teck nicht durch Heyrath, sondern theils durch Kauff, theils durch Krieg, nach und nach an das Hauß Wirtemberg kommen«; Crusius 2, 8: »Die erste (Ehe mit der Tochter Herzog Friedrichs von Teck) spricht ihm D. Gabelkover ab«; Decker-Hauff Stuttgart 365.

16 Den 16. Mai 1417 (= XVII. Kal. Junii) als Todestag nennen: Annales Stuttgartienses 18 – Tubingius 256: »M.CCCC.XVII. idem iam dictus Eberhardus comes obiit XVII. Kalend. Junii«; Epitaph (Anm. 24); Standbild (Anm. 26); A. Rüttel d. J. J1 48a, 75v: »Jn reditu ex Consilio Constantiensi Febri ardentissima correptus, Göppingae obijt Anno Christi 1417. Die 16. Maj inter 6 et 7 a. m.«; Wolleber Cod. hist. 2° 934, 147v; Crusius 2, 27; Nockher 125r; Heller 26; Heimführung 20; Lairitz 459; Pregitzer d. Ä. Cod. hist. 2° 426b, 1546; Pregitzer 1, 10; Mohl 254; Steinhofer 2, 642; Seeger (Anm. 9) 52; Sattler Gf 2, 55: »Jn einem alten Lehenbuch finde ich von seinem Absterben folgende glaubwürdige Nachricht, wodurch die Zeit seines Hinscheidens erwiesen wird: Anno dnj MCCCCXVII. do gieng min gnediger Herre Her Eberhart Graf zu Wirtemberg von Todeswegen ab und starb zu Geppingen an suntag vor unsers Heren Vffertag zwischen Siben und acht Vren vormittag und ward also gen stutgard gefiret und da begraben«; Viton 46; St. Allais 4, 518; Pfaff Fürstenhaus 62; Stälin 3, 407 u. 713; Behr 170; Voigtel-Cohn 91; P. Stälin 590 u. 717 u. ADB 5, 557; Hartmann Stuttgart 15; Maisch Stammtafel; Giefel Nr 34; Grossmann Hohenzollern 13; Schneider Stammbaum; Schön Nr 30; Isenburg 1, 75; Freytag 1, 75; E. Gönner NDB 4, 234; Decker-Hauff Stuttgart 257; Schwennicke 1, 122. Den 15. Mai 1417 als Todestag nennen: A. Rüttel d. J. HB XV 77, 28r u. A 525 Bü 3, 77; Ochsenbach Cod. hist. 4° 164, 35. Den 17. Mai 1417 nennen: Stuttgarter Stiftschronik 259: »Derselb herr grave Eberhart starb zuo Göppingen uf den crützmentag in dem jar nach Cristi gepurt als man zalt 1417 jare« (Kreuzmontag 1417 = 17. Mai); J. Frischlin Cod. hist. 2° 73, 51. Küng 83: »anno 1417, den 17. tag gestorben« (Monat ausradiert) Den 26. Mai 1417 (= VII. Kal. Junii) nennt: Grabmal (Anm. 22) nach dem Entwurf A. Rüttels d. J. Cod. hist. 2° 130, 7r; ebenso Rüttel d. J. HB XV 77, 28r. Den 29. Mai 1417 (= IV. Kal. Junii) nennt: A. Rüttel d. J. J1 48q, 26v. Das Todesjahr 1417 nennen: Suntheim 592 u. 596; Hübner 200; Uhland Festschrift 398. Den 29. Mai 1428 als Todestag nennt: Cod. hist. 2° 795, 376.

17 Zwischen 6 u. 7h: A. Rüttel d. J. J1 48a, 75v (Anm. 16); Eber 187; Crusius 2, 27; Steinhofer 1, 122. Zwischen 7 u. 8h: Sattler Gf 2, 55 (Anm. 16).

18 Steinhofer 1, 122; Sterbeort Göppingen in sämtlichen Quellen einheitlich. Vom Sterben Eberhards des Milden existiert eine zeitgenössische Schilderung des aus Isny gebürtigen Dominikaners Johannes Nider († 1438): Johannes Nider, Formicarius, Straßburg 1517, 22r–v, Faksimile Graz 1971, 62; nacherzählt bei: Crusius 2, 26f; O. Gabelkover Cod. hist. 2° 587, 283ff; Steinhofer 1, 122f; Sattler Gf 2, 55f; Zimmermann 1, 596f; Pfaff Gedenkbuch 206; Stälin 3, 407; Moll 282 (der Niders Erzählung als »eine schöne Sage« bezeichnet und 283 den Hinweis gibt, wonach bei Eberhard erstmals ein Leibarzt genannt wird: Nicolaus von Schwerdt); Decker-Hauff Stuttgart 257. Steinhofer 1, 122f: »Johann Nider von Jsny, der zu denen Zeiten des Costanzer- und baselischen Concilii gelebet, und ein Buch von 5 Theilen geschrieben, mit dem Titel Formicarium«. »Es sind wenige Jahre, seit ein Graf von Wirtemberg, Costanzer Bistums, verstorben, dessen Tod sich auf folgende Art verhielte, wie der Castellan von Stuttgard in Gegenwart unseres Provincials, von dem ichs habe, und anderer glaubwürdigen Männer, erzählet hat. Hochgedachter Graf ware bey seinem fast sechzigjährigen Alter zwar etwas schwächlich, doch vor menschlichen Augen ohne Gefahr des Todes; dahero er sich in das Bad bey Göppingen begabe. Als er sich dessen ganz wohl und munter bediente, sagte einsmals sein Medicus zu ihme: Gnädiger Herr, sie bestellen dero Hauß, und sorgen fürnämlich für dero Seele, sie werden innerhalb fünf Stunden abgefordert werden. Worauf er geantwortet: wie kann das seyn, da ich und ihr kein Anzeigen vom Sterben an mir wahrnehmen? Ueber dieß ist mir längstens prophezeyet worden, daß in der Stadt allhier ein Weibsbild in eben der Stunde mit mir sterben werde, die meines wissens noch nicht einmal krank ist. Der Medicus meldete so gleich, daß besagtes Weibsbild wirklich mit allen Sacramenten versehen worden seye, und in Zügen lige. Der Graf führte noch ein Merkmaal an, das sich vor seinem Tod zeigen müste: Es werde nämlich, wie ihm geoffenbaret worden, ein ihme und dem Medico bekannter Baum zuvor umfallen. Auch dieses ist erfüllt, versetzte der Medicus, indem er heute gefallen; mithin auch dero Fall nahe. woraus denn der Graf abgenommen, daß sein Tod vor der Thür, welcher hernach in 6 Stunden erfolget, indeme er schnell verstorben.« Der Bericht Johannes Niders vom Sterben Eberhards des Milden wurde in Verse gefaßt von Gustav Schwab, Eberhard der Gütige in: Beyttenmiller 64f.

19 Pregitzer 1, 10; Steinhofer 1, 110. A. Rüttel d. J. J1 48a, 75v: »Jn reditu ex Consilio Constantiensi Febri ardentissima correptus, Göppingae obijt«.

20 Den 21. Mai 1417 als Beisetzungstag nennen: Pfaff Stuttgart 1, 191; Schön Nr 30. A 602 U 28: Anordnungen für das Leichenbegängnis 1417: »Jtem begengniss ains hern von wirtemberg« »Graff Eberharden des Eltern, Vt credo«; auch bei: O. Gabelkover Cod. hist. 2° 587, 299–301; Steinhofer 2, 642–645; Sattler Gf 2, 56f. Ältestes erhaltenes Trauerprotokoll im Hause Württemberg. Steinhofer 2, 642–645: »Die fürstliche Leiche wurde von Göppingen nach Stuttgardt geführet, und daselbst in des H. Creutzes Stiftskirchen, neben seinen Voraltern, und erster Gemahlinn, Antonia, beygesetzet. Sein Sohn und Regimentsnachfolger gleiches Namens, Graf Eberhard der jüngere hielte diesem seinem glorwürdigen Herrn Vater ein stattliches Leichenbegängnis, wovon ein noch vorhandenes kurtzes ›Verzeichnis, wie man die gaist- und weltliche Fürsten, Grafen und Herrn, sammt dem Frauenzimmer, gespeiset, wessen ihnen in der Kirchen zu verrichten befohlen, und wie das Vfwarten angestellet worden‹, folgende Vmstände der Nachwelt hinterlassen: ›Daß us den nechstgelegnen Aembtern in die 150 gewapnete Mann beschriben worden. Von denen unter den zweyen Stadthoren, dem Tunzhofer und Eßlinger Thor, unter iedem 20 Mann sollen hüten, das Oberthor aber beschlossen sein. Vnder dem Burgthor im Schloß sollen 12 gewapneter stehen, 6 unden an der Stiegen, und 6 an der Dürniz. Auch sollen 6 unter jeder Kirchthüren stehen, und das kleine Thürlin bey S. Georgen beschlossen sein. Diese sollen, wann die Aembter in der Kirchen vollbracht sind, in die Burg gehen, und daselbsten thun, was man sie heißt. Morgens um 5 Uhr wurde insonderheit befohlen, daß man anfahe die prim zu leüten, daß die zwischen 5 und 6 Uhr verricht mög werden. Darauf man die Vigili zu singen soll anfahen. Und daß die Herrn im Stift in dem alle Meß gelesen haben, das soll man versehen, daß es auch von der fremden Priesterschaft ordentlich nach einander geschehe, doch also, daß die vigili, prim, terz, sext, und non, und darzwischen baide Ambt von der Seelen auf die zehende Stund Vormittag gänzlich vollbracht und geschehen seyen. So sein zum Opfer in allem 8 Pferdt geritten und gezogen worden.

Vf dem ersten ist gesessen ainer Aberlin zum Baner genant, der hatt einen schwarzen glatt anligenden Rock angehabt. Das Roß ist verdeckt gewesen mit einer schwarzen Deckin, und uf der Deckin die

Wapen. Der Knecht ist in einem Raiß-Sattel gesessen, hat ein Hauben aufgehabt, mit Panzer, Brust, blechin Handschue und Baingewandt, hat ein baner geführt, an welches Stangen das Eisen herabgehangt. Das ander zum Schwert ist auch mit einer schwarzen Deckin verdeckt gewesen, darauf ein Knecht in einem Wapenrock mit Baingewanden und Blechhandtschuehen, und einem Panzer in einem Raiß-Sattel gesessen, der hat ein Hauben aufgehabt, das Schwert in der Handt gefürt, und den Spitz under sich gekehrt.
Das dritt zum Helm und Thurnierzeug ist ebenmässig mit einer schwarzen Deckin mit dem Wapen verdeckt gewesen. Darauf ist ein Knecht gesessen in ganzem Thurnierzeug, mit Thurnierhauben und Thurnierhelm, darauf das Kleinod gebunden gewesen, und zur rechten Hand abgehangt. Der Knecht hat auch ein schwarzen Rock mit den Wapen, und Thurnierknüttel in der Handt geführt an dem, daß unden über sich gekehrt gewesen.
Das vierdt gleichwie die obern ist auch mit einer schwarzen Deckin mit dem Wapen bedeckt gewesen, darauf ein Knecht gesessen, in einem ganzen Stechzeug, auch mit einem schwarzen Rockh mit dem Wapen, mit einem Stechhelm, darauf die Wapen gebunden gewesen, und zu der rechten Seiten abgehangt haben. Dieser hat auch geführt ein Stechschild mit schwarzem überzogen, darauf die Wapen gemacht, und ein schwarze Stangen in der Hand, daran ein Crönlein gehangt.
Das fünfte Pferdt ist gewesen ein Strassenroß mit einem schwarzen Gerät, mit ganzem Trabgeschirr, Panzer und Eisenhut. Der Knecht hat in der Handt geführt ein Spieß, daran das Eisen under sich gekehrt, und ein schwarzes Klagfähnlein gewesen.
Das sechste ist gewesen ein zeltend Pferd mit ainem schwarzen Gerät, darauf ein Knecht mit schwarzem Kleid.
Das siebende und achte Pferdt haben zween Samerknecht in schwarz geklaidt geritten, deren hat ieder ein Samroß gezogen, darauf die waidsäck gelegen, mit schwarzem Tuch überlegt, und uf iedem Samroß zween güldine Gürtel Creutzweiß. Jm gehen auß der Kirch ist folgende Ordnung gehalten worden. Erstlich sind vorgangen die Frawen. Darnach die Fürsten, Herren, Ritter und Knecht. Nach disen der Probst zu Stuettgardten, uf welchen alle Priesterschaft in ihrer Ordnung gefolgt; Letztlich die von den Stätten, und all andere Burgerschaft‹.«
Am 26. Mai 1417 feierliches Hochamt für Eberhard den Milden im Dom von Konstanz; Steinhofer 2, 645: »Den 26 Mai. welcher war der Mittwoch vor Pfingsten, begingen auch die von Costantz des hochsel. Graf Eberhards Opfer zum Thumm auf das feyerlichste, und meldet schongerühmter Ulrich Reichenthal, in seiner costanzischen Beschreibung, daß bey solchem Opfer die Räth zu allen Altaren gegangen«; Sattler Gf 2, 57; Stälin 3, 407. Zu Ulrich Reichental vgl. Gfn Elisabeth † 1429 Anm. 26.
Zum Nachlaß Eberhards des Milden: A 602 U 29: Verzeichnis des von Eberhard hinterlassenen Silbergeschirrs und der Kleinode, verfaßt nach seinem Tode 1417.

21 A 525 Bü 3, 77: Gutachten Andreas Rüttels d. J. 1566: »Württembergisch Wappen gar schön mit Meß vnd Kupffer geziert geweßen. Jst wenig daran mehr zu sehen.« Zeichnung des Grabsteins 1566: HB XV 77, 27r; 1583: Cod. hist. 2° 130, 8r; Entwurf A. Rüttels d. J. zur Restaurierung 1583: Cod. hist. 2° 130, 7r.

22 Zitiert nach Entwurf A. Rüttels d. J. Cod. hist. 2° 130, 7r (mit falschem Todestag VII. Kal. Junii = 26. Mai); Inschrift auch bei: A. Rüttel d. Ä. u. Sebastian Ebinger J1 1b, 29v (VII. Kal. Junii); A. Rüttel d. Ä. J1 48a, 335r (VII. Kal. Junii); A. Rüttel d. J. A 525 Bü 3, 56 (XVII. Kal. Junii) u. 65v (VII. Kal. Junii, verbessert XVII.) u. 77 (VII. Kal. Junii) u. 102v (VII. Kal. Junii); Schmid 14 u. 29f u. 34 (jeweils VII. Kal. Junii); Bach 166 (VII. Kal. Junii).

23 Vgl. Gf Heinrich † 1519 Anm. 17.
24 Schmid 37.
25 Vgl. Gf Heinrich † 1519 Anm. 19. Sem Schlör hat den 1417 verstorbenen Grafen Eberhard den Milden mit dem Orden des Goldenen Vlieses versehen, den Herzog Philipp der Gute von Burgund erst am 10. Januar 1429 (LThK 4, 1042) gestiftet hat, und dessen erster Träger im Hause Württemberg Eberhards des Milden Urenkel Eberhard im Bart war; vgl. Katalog Württemberg 53 f.
26 Zitiert nach dem Original in Stuttgart.
27 Kopie (angefertigt zwischen 1575 und 1585) eines verschollenen Originals (entstanden zwischen 1406 und 1417) unter anderem im Württ. Landesmuseum Stuttgart; dazu Küng 83 (Anm. 29); Steinhofer 1, 123 f; Stälin 3, 355 (mit Angabe weiterer Kopien und Einzelangabe der um Eberhard Versammelten); Max Bach, Eine Ratsversammlung Graf Eberhards des Milden von Württemberg in: Bes. Beil. Staatsanzeiger 1896, 4–11; Werner Fleischhauer, Die sogenannte Ratssitzung des Grafen Eberhards des Milden von Württemberg in: WVJH NF 40, 1934, 198–212; Decker-Hauff Stuttgart 238 u. 254–256 u. 364 f (mit farb. Abb. 255); Katalog Württemberg 78
28 Suntheim 592; der 596: »qui solus rexit, usque in vicesimum quintum annum post avi sui mortem et dicebatur pacificus, quia ipse valde pacificus«. »Eberhardus pacificus Comes de Wirtemberg filius Udalrici Comitis et Elisabeth Ducissae Bavariae, rexit solus provinciam Wirtemberg usque in vicesimum quintum annum. Ejus tempore fuit bona pax per totam Sueviam. Obiit anno Dom. MCCCCXVII. habuit duas uxores, Anthoniam et Elisabeth.«
29 Küng 82 f; ähnlich Wolleber Cod. hist. 2° 934, 147v; Heimführung 20. Zu dem genannten Schleglerkrieg 1395: Stälin 3, 362–366. Trithemius 2, 254 und nach ihm wohl Ludwig Uhland haben dieses Ereignis in die Zeit Graf Eberhards des Greiners versetzt; vgl. Gf Eberhard † 1392 Anm. 34.
30 Crusius 2, 8.
31 Heimführung 19.
32 Pregitzer 1, 10.
33 Montanus 157.
34 Christoph Bidembach bei Steinhofer 2, 642.
35 Steinhofer 1, 122.
36 Steinhofer 2, 645.
37 Spittler 35.
38 Viton 46.
39 Pahl 2, 1 f.
40 Pahl 2, 17 f.
41 Barth 72.
42 Pfaff Wirtemberg 2, 118.
43 Stälin 3, 408.
44 P. Stälin ADB 5, 556.
45 P. Stälin 591.
46 Schneider 49 f.
47 Eberhard Gönner NDB 4, 234.
48 Weller Württemberg 89.
49 Decker-Hauff Stuttgart 235.
50 u. 51 Decker-Hauff Stuttgart 256; der 236: »Mild freilich nicht im sanften Sinne des vorigen Jahrhunderts, sondern im guten mittelalterlichen Wortverstand: der Freigebige. Solche Freigebigkeit muß nun freilich seinen Untertanen aufgefallen sein, sie stellte – man darf es wohl sagen – einen neuen Charakterzug im Geschlecht der Wirtemberger dar. Vielleicht wären die älteren Eberharde auch gerne als Wohltäter ihrer Untertanen aufgetreten, hätten ihnen die Zeitläufe nur die Möglichkeit dazu gelassen. Nun setzte unter und durch den ›Milden‹ ein Zustand des Wohlstandes und des Wohlbehagens ein; dem Lande war im letzten Jahrhundert des Mittelalters ein sonniger, reicher Herbst gegönnt.«

Antonia

n. 1350–1405

Gräfin von Württemberg

T. v. Barnabo Visconti von Mailand[1]
u. v. Beatrice della Scala von Verona[2]

Geboren nach 1350[3]
in

Vermählt 1380
mit Graf Eberhard III. dem Milden von Württemberg n. 1362–1417
Eheabrede am 1. Juli 1380 Mailand[4]
Beilager im Oktober 1380 in Urach[5]

Mutter »ettlicher Kinder«[6]

Gestorben am 26. März 1405[7]
in Stuttgart im Alten Schloß[8]

Beigesetzt 1405
in Stuttgart im Chor der Stiftskirche

Grabmal[9]
»ANNO. DOMINI. M. CCCC. V. VII. KALENDAS. APRILIS. OBIIT. DOMINA. ANTHONIA. DE. MEDIOLANO. COMITISSA. DE. WIRTEMBERG. CUIUS. ANIMA. REQUIESCAT. IN. PACE. AMEN.«[10]

»Hic dominus Eberhardus comes primo duxit dominam Antoniam, filiam domini ducis Mediolanensis que peperit ei unicum filium nomine Eberhardum. Quamvis tamen multos habuerit filios, omnes tamen obierunt in infantia. Quae domina obiit M. CCCC. V. anno scilicet quinto Kalend. Aprilis.«[11]

»Antonia sein Gemahel die ein Tochter Herrn Bernabo Visconto und Furst zu Mailand, gebar im ain Sun genant Eberhart. Sy starb anno Domini MCCCCV.«[12]

»Sein erste gemachel ist gewesen ain thochter hertzog Barnabas von Maylandt und ein nachgelaßne wittfrauw kunig Friderichs aus Sizilien und frauw Anthonia genant worden, mitt welcher er gezuiget hatt graff Eberharten den jüngern und ein thochter, Elisabett genant. Und ist frauw Anthonia anno 1405, den 16. martii, zu Stütgarten gestorben und begraben worden, nachdem sie mitt ierem überschwencklichen heiratgutt ieren gemachel graff Eberharten wol erfrowet und reich gemacht hette.«[13]

»Diß soll fürwahr gewesen sein,
Von Tugend voll ein schöner Schrein,
Jhres Namens Volg das Frewlin frum
Darmit sie in den Himmel kumm«[14]

»Von dem prächtigen Mailand in eine bescheidene Ritterburg nach Schwaben versetzt, konnte doch seine erste Gemahlin die Angewöhnungen ihrer Jugend nicht auf einmal gegen die rauhen Sitten ihrer neuen Heimath aufgeben, zumal der Brautschatz, den sie mitbrachte, sie wohl berechtigte, die Hausordnung etwas vornehmer einzurichten.«[15]

»Die alte wirtembergische Sparsamkeit aber bekam einen Riß durch seine beiden Gemahlinnen, Antonia von Mailand, und nachher Elisabeth, Tochter des Burggrafen von Nürnberg. Durch sie kam mehr Pracht und Aufwand an den wirtembergischen Hof, als bisher der Brauch gewesen war, und da auch sonst die Regierungskosten sich vermehrten, so blieb nicht mehr so viel Geld übrig, um auch noch neue Erwerbungen zu machen, wie Eberhards Vorfahren gethan.«[16]

»durch seine erste Gemahlin Antonia, die Tochter des Barnabas Visconti, Beherrschers von Mailand, war neben größerer Pracht auch feinere Sitte an seinem Hofe heimisch geworden«[17]

»Eberhard der Milde hatte sich zu Lebzeiten seines Vaters, Graf Ulrichs († 1388), im Jahre 1380 vermählt, mit Antonia, Tochter des Beherrschers von Mailand, Barnabo Visconti, und früheren Braut König Friedrichs III. von Sizilien, welcher im Jahre 1377 vor dem Beilager gestorben war; er hatte mit ihr ein Heirathgut von 70000 Gulden einschließlich der Gewänder und der Kleinodien erhalten, was zur Vermehrung des Glanzes am wirtembergischen Hofe beitrug«[18]

»die Lombardin Antonia, eine ungewöhnlich schöne und reiche Frau«[19]

»Der glücklichen Ehe verdankt die Residenz die ansehnliche Erweiterung des Burgbezirks, die italienische Gartenanlage, die schachbrettartig angelegte ›reiche Vorstadt‹, wo die Räte wohnten, den Ausbau der Stadt Bietigheim mit der schönen gotischen Kirche (Morgengabe für Antonia) und sonstige Verschönerungen des Landes mehr.«[20]

»Wenn wir das bis heute erhaltene Verzeichnis der Güter und Kleinodien durchgehen, die Antonia Visconti 1380 nach Stuttgart mitgebracht hat, so sind auch wir von soviel Reichtum, Prunk, Geschmeide, Gewändern und Köstlichkeiten überrascht. In der armgewordenen Stadt, an dem sparsamen, altväterlichen Hof muß das alles faszinierend oder befremdend gewirkt haben. Es fehlte darum nicht an warnenden Stimmen, und später brachte man den Verfall der ererbten Sparsamkeit und den Beginn eines unnötigen Luxus (sagen wir vorsichtiger: verfeinerter Lebenskunst) in Stuttgart mit Antonias Ankunft zusammen. Von dieser Zeit an gab es in Stuttgart einen Einfluß aus Europas Süden und Westen. Denn auch die nachfolgenden Landesmütter waren Romaninnen oder hatten doch Mütter mit romanischer Sprache und Kultur.«[21]

»Zudem wäre Antonia beinahe Königin geworden, wenn nicht ihr um Jahrzehnte älterer Bräutigam Friedrich III. von Sizilien kurz vor der Hochzeit verstorben wäre. Nun residierte sie in Stuttgart, nicht in Palermo, und zum Wittum bekam sie statt Catania Bietigheim und Brackenheim. Ob sie gerne in der Stadt lebte, die für 25 Jahre ihre Heimat wurde, in der sie ihren einzigen Sohn gebar, in der sie starb und in der man sie begrub? Sie brachte Bücher und Musikinstrumente aus Italien mit, liebte also wohl die Musik. Hatte es nur das Mailänder Geld bewirkt, daß genau ein Jahr nach ihrer Ankunft (1381) in dem immer noch armen Stuttgart die erste Orgel aufgerichtet werden konnte? Gab nicht mehr noch Antonias Interesse, Antonias Wunsch den Anstoß dazu? Begann vielleicht mit Antonia Visconti recht eigentlich die Musikpflege in Stuttgart? Männer wie Eberhard der Erlauchte oder Eberhard der Greiner mochten vielleicht einige kräftige Trinklieder gekannt haben. Wir hören aber aus der Zeit vor Antonias Einzug nichts von Dichtung oder Musik am Hof und in der Stadt. Brachte sie die musica nova nach Wirtemberg, die mehr war, als bloß Tanz-, Trink- und Reiterlied? Haben die Instrumente aus der Lombardei schwäbische Musik geweckt?«[22]

»Erstmals unter der Regierung Eberhards des Milden hören wir von einem Garten, der mehr war, als nur ein braver Nutzgarten mit ein paar Blumen am Rande. Wieder ist es Antonia Visconti, deren Name in diesem Zusammenhang genannt wird: ›der fraw von Mailant garten‹ lag südlich vor dem Schloß, um den Blicken der Herrschaft nach der schönsten Aussichtsseite hin, auf die Weinberge und den Wald, einen farbigen Vordergrund zu geben. Noch vor dreißig Jahren erinnerten wenigstens einige Rasenflächen an den alten Park; heute ersetzt die Farbigkeit der gedrängt parkenden Autos die stilleren Farben der Blumen, die hier einst prangten. Es mögen auch die früheren Herrinnen des Stuttgarter Schlosses ihre Gärten gehabt haben, aber schon der Name sagt, daß es mit diesem Garten der jungen Antonia etwas besonderes auf sich hatte. Italien war schon im 14. Jahrhundert das Gartenland vor anderen; die herrlichen Gärten der Visconti waren berühmt. Begann mit Antonia von Mailand Stuttgarts Aufblühen als Garten-

stadt, so wie mit ihr die Musikpflege in Stuttgart ihren Anfang nahm? Jetzt, in den friedlichen Jahren Eberhards des Milden, konnten wohl die aus dem Süden eingeführten Lauten und Gamben in den Gärten auf schwäbischem Boden erklingen. Der Zusammenklang der Landschaften nördlich und südlich der Alpen mag hier schon als ganz vertraut empfunden worden sein, lange ehe es Hölderlin aussprach:
›Glückselig Suevien, meine Mutter,
Auch du der glänzenderen der Schwester
Lombarda drüben gleich,
Von hundert Bächen durchflossen!
Und Bäume genug, weißblühend und rötlich,
Und dunklere, wild, tiefgrünenden Laubes voll...
Und deine Kinder, die Städte,
Am weithin dämmernden See,
An Neckars Weiden, am Rheine,
Sie alle meinen, es wäre
Sonst nirgend besser zu wohnen.‹
Lombardische Vorbilder hatten wohl auch Pate gestanden, als nach der Ankunft Antonias im Stuttgarter Tal Seen geschaffen wurden, wie sie bis dahin – wenigstens in größerem Umfang – nicht vorhanden waren.«[23]

»Mit einer endlos scheinenden Maulesel-Herde, die ihre viel bewunderte Aussteuer trug, war die lombardische Herzogin über die Pässe der Alpen in ihre neue Heimat am Neckar gereist. Noch weist ein altes, vergilbtes Verzeichnis aus, was ihr Reisegepäck alles in Ballen, Kisten und Körben enthielt, ein Dokument von vielen Seiten. Demnach hat sie sehr viele Bücher nach Schwaben mitgebracht, daneben Musikinstrumente. Staunen mußten auch ihre kostbaren Kleider erregen, ihre Pelze, Brokat- und Seidengewänder und die zierlichen italienischen Schuhe mitsamt den Zoccoli, die dicke Sohlen und hohe Absätze hatten. Auch lösten die modischen Zierlichkeiten, die neben dem blitzenden Schmuck zutage kamen, einen inneren Zwiespalt und dennoch das Entzücken der schlichten schwäbischen Damen aus.
Bis heute verbindet sich ja mit dieser Landesherrin aus dem Haus Visconti hintergründig die Erkenntnis, wobei die schwäbische Sparsamkeit insgeheim mitschwingen mag, daß sie den Luxus der italienischen Welt in Stuttgart und auf ihren Schlössern eingeführt und dadurch viel Bewunderung, aber ebenso Verwunderung erregt hat. Denn ihre genügsam einfachen Untertanen fanden solch einen festlich prunkenden Lebensaufwand fast ein wenig sündhaft. Erwiesen ist, daß die verwöhnte, reiche Dame die Stadt Bietigheim durch ihre Bauten zu verschönern suchte. Leider blieb davon nur weniges erhalten. Wer jedoch etwa durch den weiten Rundtorbogen des Brackenheimer Schlosses tritt, wo sie mit Vor-

liebe Hof hielt, der glaubt, etwas von jenem Hauch des Südens zu verspüren, der ihrem Wesen angemessen war. Luftig und offen umziehen die Galerien den Hof.«[24]

»Übrigens hat in Mailand bald die letzte Visconti, Bianca, dem Söldnerführer Sforza die Hand und dadurch ihr Land gegeben. Als man vor etlichen Jahren die Kunstwerke zeigte, die aus der Epoche der Sforza und der Visconti versammelt wurden, Gemälde und Bildhauerwerke, wurde der Reichtum dieser einstigen Herren von Oberitalien den Menschen von heute erstaunend bewußt. Ein Glanz dieser musischen Welt fiel durch die reiche Antonia Visconti auch auf das Schwabenland und, weil es ihre Stadt geworden war, auf Bietigheim. Man kennt jedoch kein Bild von ihr, nur ein paar Münzen aus ihrer Zeit und nur den Umriß einer anmutigen Gestalt in einer Stammbaum-Zeichnung, wie sie ein späterer Künstler sich gedacht hat. Neben den wirtembergischen Grafen wurde sie in der Stuttgarter Stiftskirche beigesetzt, sicher nach einer prunkvollen Trauerfeier, wie sie damals üblich wurde. Nur ihr Name taucht mit seinem fremden Klang und Glanz in manchen uralten Urkunden auf: Antonia Visconti.«[25]

»Der *liber iocalium* verzeichnet die Wert- und Aussteuergegenstände, die Antonia Visconti bei ihrer Heirat mit Eberhard III., dem Milden, im Oktober 1380 aus Mailand nach Württemberg brachte. Er ist so umfangreich, daß er bereits bei seiner Abfassung ein Inhaltsverzeichnis erhielt, um die näheren Angaben zu den Ringen, Silbersachen, Saumsätteln, Beuteln, Taschen, Leuchtern, Kelchen, Kissen, Hemden, Paternoster, Tuchen, Spindeln, Büchern, Musikinstrumenten usw. leichter ermitteln zu können. Der Gesamtwert der Aussteuer betrug 70000 Goldgulden – eine damals unerhört hohe Summe.
Die Ehe zwischen Eberhard III. und Antonia Visconti, die zuvor mit dem 1377 gestorbenen König Friedrich III. von Zypern verlobt gewesen war, wurde vermittelt durch Eberhards Mutter, eine Tochter des Wittelsbacher Kaisers Ludwig IV., die in erster Ehe mit Cangrande von Verona verheiratet und damit Schwägerin der Brautmutter gewesen war. Die Verbindung, die 1392 das württembergische Haus auch in enge Verwandtschaft zum französischen Königshaus brachte, mag dadurch noch gefördert worden sein, daß auch andere deutsche Hochadelige (Habsburger, Wittelsbacher, Zollern) Töchter des in Mailand mit tyrannischer Gewalt regierenden Barnabas Visconti heirateten. Antonia ermöglichte durch ihre überreiche Aussteuer eine aufwendige Hofhaltung, die Sanierung der württembergischen Finanzen und eine Fortsetzung der territorialen Erwerbspolitik Württembergs.«[26]

Anmerkungen

1 Freytag I, 131: Stammtafel Visconti von Mailand; Anm. 12f u. 17f.

2 Decker-Hauff Stuttgart 223: »Beatrice, wegen ihrer großen Schönheit in Italien enthusiastisch Regina genannt, hatte ihrem Gatten Barnabo Visconti, Stadtherren von Mailand, 15 Kinder geboren und die zwölf unehelichen Kinder ihres Gatten gleich mit großgezogen«, 225: »Die Mailänder Goldstücke halfen Wirtemberg auf. Was verschlug es da, wenn die Vorfahren der kleinen Braut nach deutschen Begriffen nicht ganz ebenbürtig waren? Die Stadtherren von Mailand und Verona, die Dogenfamilien aus Venedig und Genua, von denen Antonia herkam, hatten bisher nie in den deutschen Hochadel eingeheiratet. Aber bei den Töchtern des Barnabo Visconti war das anders geworden.«

Pregitzer I, 10: »Diese Mariage veranlaßte und beförderte Gr. Eberhards Fr. Mutter, durch Jhres Bruders Sohn, H. Stephan II. in Bayern zu Jngolstatt, welcher mit Antoniae Schwester Thadaea vermählt war, gleichwie nachgehends und bald darauf, H. Stephans Bruder, H. Fridrich zu Landshut, und des 3.ten Bruders, H. Johannis zu München, Sohn, H. Ernst, der Antoniae und Thadaeae Schwestern, Magdalenam und Elisabetham zu Gemahlinen bekommen, daß demnach Gr. Eberhard 3. Hertzoge in Bayern, die zugleich mit Jhme Geschwisterig Kind waren, auch von seiner Gemahlin her zu leiblichen Schwägern hatte, dahero beede Häuser Bayern und Wirttemberg damahlen vielfältig und aufs genaueste mit einander verbunden waren, und im besten Vernehmen gestanden, deßgleichen hatte Gr. Eberhard auch zu Schwägern, Petrum, König in Cypern, Leopoldum III. H. in Oesterreich, Johann Galeacium, H. zu Mayland, und Franciscum Gonzagam, Marggrafen zu Mantua, welche alle mit Antoniae leiblichen Schwestern vermählt waren.«

3 Heirat der Eltern 1350, Todesjahr der Mutter 1384, dieser Ehe entsprangen 15 Kinder. Sämtliche Quellen ohne Angabe des Geburtsjahres, ausgenommen Schwennicke I, 122, der 1360 nennt. Geburtsort vermutlich Mailand.

4 Antonia war vor ihrer württembergischen Heirat mit König Friedrich III. von Sizilien (1342–1377) verlobt gewesen. Küng 83: »ein nachgelaßne wittfrauw kunig Friderichs aus Sizilien«; O. Gabelkover Cod. hist. 2° 587, 110: zitiert Thomas Fazellus, Sizilianische Historien 9. Buch II. Theil 6. cap.: Antonia soll zuvor König Friedrich III. von Sizilien versprochen gewesen sein, der jedoch noch vor dem Beilager verstorben war; Pregitzer I, 10: »verlobte Braut Fridrichs III. Königs in Sizilien, der 1377. vor dem Beylager gestorben«; vgl. Anm. 22.

Verlobung Antonias mit Eberhard III. dem Milden: Decker-Hauff Stuttgart 223: »Was kann im Augenblick der größten Verarmung von Land und Herrscherhaus am schnellsten helfen? Nach gut schwäbischem Brauch sah sich Eberhard (der Greiner) nach einer reichen Heirat um. Zwar waren er und sein einziger Sohn Ulrich seit langem verheiratet. Aber da gab es ja den einzigen Enkel, wieder ein Eberhard (der Milde), geboren etwa 1363, jetzt also sechzehnjährig; er sollte Haus und Land retten. Seine Mutter, die Kaisertochter Elisabeth, erinnerte sich ihrer kurzen ersten Ehe mit Cangrande della Scala in Verona; damals vor 20 Jahren hatte sie Cangrandes Schwester Beatrice kennengelernt (vgl. Anm. 2). An diese umsichtige Dame, nicht an deren meist kriegerisch engagierten Gatten, wandte sich Elisabeth von Wirtemberg, und die beiden Schwägerinnen von ehedem brachten die Heirat ihrer Kinder zustande.« A 602 U 30: Aufzeichnung über die Antwort der Beatrice della Scala, Gattin Barnabo Viscontis von Mailand, auf die

Werbung um ihre Tochter Antonia 1380: »Responsio Dominae Reginae de la Scala Vicecomitißae Mediolanensis, data Wirtenbergico legato Petro de Torberg militi, ambienti pro Eberhardo Miti dicto Comite Wirtenbergico in matrimonium filiam eius Magdalenam (verbessert: Antoniam)«. Enthält Angabe über die für die damalige Zeit geradezu unvorstellbar hohe Mitgift von 70000 Goldgulden (in manchen Quellen, etwa Pregitzer 1, 10, werden daraus sogar 100000 Gulden). Zur Höhe dieser Mitgift vgl. die Bemerkungen zur Mitgift von Antonias Enkelin Anna † 1471 Anm. 6 und die von Antonias Nachfolgerin in der Ehe mit Eberhard dem Milden beigebrachten 20000 Gulden. A 602 U 31: Mailand 2. Juli 1380: Barnabo Visconti zeigt den Grafen Eberhard dem Greiner, Ulrich und Eberhard dem Milden von Württemberg die mit dem Stellvertreter des letzteren vollzogene Verlobung seiner Tochter Antonia und die Abreise der beiderseitigen Gesandten an (»heri disponsata fuit«).

5 A 602 U 32: Verzeichnis über die Aussteuer, die Kleinodien, die Gewänder und die sonstige fahrende Habe der Antonia Visconti aufgestellt anläßlich der Heirat, Oktober 1380. Dabei ein Zettel: »Das Verzeichnis ist eines der wertvollsten Zeugnisse für Art und Ausmaß von Mitgift und Habe einer reichen Prinzessin aus dem Lande, in dem der damalige Welthandel sich zusammenballte. Kulturgeschichtlich von einmaligem Wert läßt dieses Dokument erkennen, wenn man später in Schwaben alle verfeinerten Moden, allen Luxus und allen Prunk auf die Heirat Antonias zurückführte und seit diesem Jahr ›die neue mayländische Ueppigkeit‹ datierte«; vgl. Anm. 21 u. 26. Stälin 3, 356: »Dem Jnventar ist ein aus 4 Blättern bestehendes Verzeichniß derjenigen Ländereien und Einkünfte des Hauses Wirtemberg angehängt, worauf die Braut versichert wurde; dieses Verzeichniß bezeugt der Notar Johannes Falconus aus Bergamo, in Gegenwart genannter italiänischer Edler (Dr. Faustinus Lantana und Paganinus de Blassano) im Saale des Schlosses zu Urach am 27. October 1380 angeheftet zu haben. Damals war wohl die Hochzeit.« Diese Auffassung vertritt bereits O. Gabelkover Cod. hist. 2° 587, 111: »Dannenher ich auch das abnim, daß die Hochzeit daselbsten zu Vrach gehalten sey worden, vnd nicht zu Stutgarten.« Den 27. Oktober 1380 als Hochzeitstag nennen: Voigtel-Cohn 91 (mit ?); P. Stälin 717 (um 1380, Okt. 27); Giefel Nr 34 (mit ?); Schwennicke 1, 122. Das Hochzeitsjahr 1380 nennen: A. Rüttel d. J. J1 48a, 76r; Hübner 200; Viton 47; Maisch Stammtafel; Schneider 45; Schneider Stammbaum; Schön Nr 30; E. Gönner NDB 4, 234; Decker-Hauff Stuttgart 223; Uhland Festschrift 398. Das Jahr 1386 als Hochzeitsjahr nennen: Pregitzer 1, 10; Schönhaar Tab I; Steinhofer 1, 125; Behr 170; Isenburg 1, 75; Freytag 1, 75 u. 2, 131; Marquardt Stammtafel.

6 Antonia hatte neben Eberhard dem Jüngeren † 1419 noch weitere, bereits in früher Jugend verstorbene Kinder: Annales Stuttgartienses 18: »hi genuerunt filium unum adhuc vivum, dominum Eberhardum comitem de Wirtenberg; ipsa tamen genuit plures filios, qui moriebantur infantes.« Tubingius 256 (Anm. 11): »peperit ei unicum filium nomine Eberhardum. Quamvis tamen multos habuerit filios, omnes tamen obierunt in infantia.« O. Gabelkover Cod. hist. 2° 587, 249: Antonia starb 1405 »im fünf vnd zwainzigsten Jar Jrer eheliche beywohnung, die hat Jm gleichwol etliche kinder geboren, deren namen vnd geburtstag aintweder vß großer Vnachtsamkeit nicht auffgezaichnet, oder solche Verzaichnus verlohren oder villeicht zerrißen worden.« (danach Steinhofer 2, 595: »ettliche Kinder gebohren; ... in ihrer Kindheit wieder verschieden«). Zur Namensgebung dieser jung verstorbenen Kinder vgl. Gf Eberhard † 1417 Anm. 15. Beim Bau der Gruft im Chor der Stuttgarter Stiftskirche 1608 wurden zahlreiche Gebeine von Kindern und Jugendlichen gefunden, deren Namen und Lebensdaten vermutlich wegen Kürze und Bedeutungslosigkeit ihrer Existenz für die Landesgeschichte nicht aufgezeichnet und überliefert wurden: Schmid 28: »ist vermuetlich, das etliche der Graven zu Württemberg Junge Hern vnd frawlin, so theils in ihrer Kindheit, theils daher wachsend Jugend gestorben, dieser orten auch begraben seyen, welches die kleine gebein, die man hie vnd wider befunden, zu erkennen geben, deren Namen vnd Elter man doch kein eigentliche Nachrichtung nach der Zeit geben mag.«

7 Den 26. März 1405 als Todestag nennen: Annales Stuttgartienses 18 (Reichenauer Handschrift): »obiit anno domini 1405 VII. Kal. Aprilis« = 26. März; Grabmal (Anm. 10), dessen ursprüngliche Inschrift 1566 noch mit dem Todestag VII Kl. Aprilis lesbar war (A 525 Bü 3, 74); A. Rüttel d. J. J1 48a, 76r; Eber 116; Crusius 2, 17; O. Gabelkover Cod. hist. 2° 587, 249: †26. März 1405 »vff Donnerstag nach Mariae Verkündigung«; Nockher 97; Heller 16; Heimführung 20; Schmid 22; Pregitzer 1, 10; Mohl 249; Steinhofer 1, 118 u. 125 u. 2, 595; Sattler Gf 2, 42 u. 58; Essich 101; Moll 283; Behr 170; Isenburg 1, 75; Freytag 1, 75 u. 2, 131; Schwennicke 1, 122. Den 28. März 1405 als Todestag nennen: Annales Stuttgartienses 18 – Tubingius 256 (Anm. 11): »v. Kal. Aprilis« = 28. März; Pfaff Wirtemberg 2, 132. Den 26. oder 28. März 1405 als Todestag nennen: Stälin 3, 713; Voigtel-Cohn 91; P. Stälin 717; Giefel Nr 34; Grossmann Hohenzollern 217. Den 10. März 1405 nennt: Hengher 162. Den 16. März 1405 nennen: Küng 83 (Anm. 13); A. Rüttel d. J. A 525 Bü 3, 74 u. HB XV 77, 17r: XVII. Kal. Aprilis; Wolleber Cod. hist. 2° 934, 147v (andere 28. März); Heller 14. Den 25. März 1405 nennt: Hartmann Stuttgart 15. Den 1. April 1405 nennt: J. U. Pregitzer d. Ä. Cod. hist. 2° 426b, 1546. Den 12. August 1402 als Todestag nennt: Schön Nr 30 (vermutlich Verwechslung mit Gfn Elisabeth †1402; deren Todestag: 2. August). Das Todesjahr 1405 nennen: Crusius 2, 8; Lohmeier 52; Imhof 56; Hübner 200; Tiedemann 10; Viton 47; St. Allais 4, 518; Maisch Stammtafel; E. Gönner NDB 4, 234; Decker-Hauff Stuttgart 224; Uhland Festschrift 398.

8 Sterbeort Stuttgart nennen: Küng 83 (Anm. 13); Wolleber Cod. hist. 2° 934, 147v; Hengher 162; Nockher 97; Heimführung 20; Mohl 249; Pregitzer 1, 10; Steinhofer 1, 125; Decker-Hauff Stuttgart 225 (Anm. 22).

9 A 525 Bü 3, 74: Gutachten A. Rüttel d. J. 1566: »Schilt dar Jnnen nichts, allein die vmbschrifft zu sehen.« Zeichnung des Grabsteins 1566: HB XV 77, 16r; 1583: Cod. hist. 2° 130, 35r; Entwurf A. Rüttels d. J. zur Restaurierung des Grabsteins 1583: Cod. hist. 2° 130, 34r. Grabstein bis zum Bau der Gruft 1608 noch im Chor; vgl. Gfn Elisabeth †1524 Anm. 12.

10 Zitiert nach Entwurf Rüttel Cod. hist. 2° 130, 34r. Inschrift auch bei: A. Rüttel d. Ä. u. Sebastian Ebinger J1 1b, 29v; A. Rüttel d. J. A 525 Bü 3, 65v u. 74 u. 103; O. Gabelkover Cod. hist. 2° 587, 250; Schmid 14 u. 32; Steinhofer 2, 595; Tiedemann 17; Bach 167.

11 Tubingius 256.

12 Suntheim 592.

13 Küng 83f; die Tochter Elisabeth entstammt der zweiten Ehe Eberhards des Milden.

14 Christoph Bidembach bei Steinhofer 2, 595f.

15 Pahl 2, 18f.

16 Barth 73.

17 Pfaff Wirtemberg 2, 118.

18 Stälin 3, 355.

19 Missenharter 32; der dort unter der Überschrift: »Krankes Blut« Antonia als Urheberin der im Hause Württemberg aufgetretenen Fälle von Geisteskrankheit bezeichnet: »Dieser Antonia nun, die geschlechtskrank war, verdankte das Grafenhaus den Keim zu jenen Geisteskrankheiten, die dann zweihundert Jahre lang unsere Geschichte verdüsterten und das Alte Schloß immer wieder zur Szene tragischer Geschehnisse machten... Man soll die Augen vor diesem Familienunglück nicht verschließen, hing doch in jenen fernen Zeiten das Glück und Leid des ganzen Landes und fast jedes einzelnen von der Fürsten Klugheit und Menschlichkeit und nicht zuletzt auch von ihrer Gesundheit ab«; zu dieser – nicht von Antonia Visconti ins Land gebrachten Erbkrankheit vgl. Gfn Henriette †1444 Anm. 39.

20 Müller 87.

21 Decker-Hauff Stuttgart 223.

22 Ebenda 225.

23 Ebenda 236.

24 Otto Rombach, Atem des Neckars, Stuttgart 1970, 33f.

25 Ebenda 34.

26 Joachim Fischer in Katalog Württemberg 9.

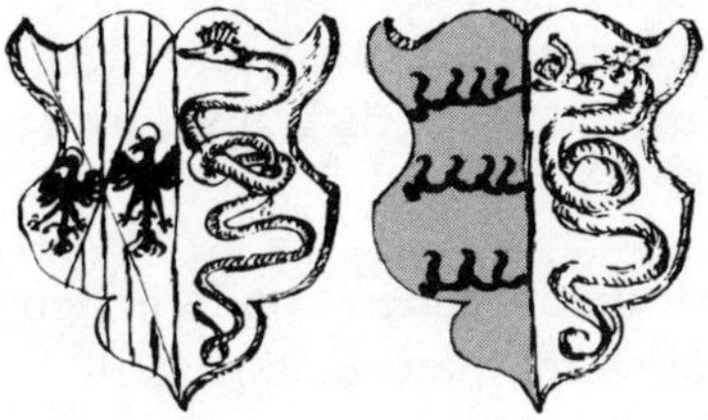

Elisabeth

1391/92–1429

Gräfin von Württemberg

T. v. Burggraf Johann III. von Nürnberg[1]
u. v. Herzogin Margarethe von Luxemburg
Enkelin von Kaiser Karl IV.

Geboren zwischen 29. September 1391 und 1. Mai 1392[2] in
»a die Michaelis 1391 usque festum Walpurgis 1392«[3]

Vermählt 1406/12
mit Graf Eberhard III. dem Milden von Württemberg n. 1362–1417
Eheabrede am 27. März 1406 Neustadt/Aisch[4]
Beilager im November 1412 in Stuttgart[5]

Mutter einer Tochter

Gestorben am 29. April 1429[6]
in Schorndorf im Schloß[7]

Beigesetzt 1429
in Stuttgart im Chor der Stiftskirche

Grabmal[8]
»ANNO. DÑĪ. M. CCCC. XXIX. III. KALEÑ. MAII. OBIIT. ILLUSTRIS. DOMINA. DNĀ. ELISABETH. COMITISSA. DE. WIRTEMBERG. ET. BURGGRAUIA. DE. NURMBERG. CUIUS. ANIMA. REQUIESCAT. IN. PACE. AMEN.«[9]

»praefatus dominus duxit in uxorem illustrem dominam Elisabeth, filiam Burgravii in Nürnberg. De qua genuit filiam quae postea contraxit cum domino Joanne comite de Werdenberg. Quae domina Elisabeth obiit anno M.CCCC.XXIX. 3. Kal. Maii.«[10]

»Elisabeth secunda uxor Eberhardi pacifici Comitis in Wirtemberg, filia Johannis Burgravii Nurnbergensis et ejus uxoris Margarethae filiae Karoli IIII. Caesaris, Regis Bohemiae genita, ex qua genuit filiam Elisabeth Comitissam de Wirtemberg uxorem Johannis Comitis de Werdenberg, ex qua plures filios et filias genuit, ut est in arbore vulgari hujus familiae.«[11]

»Die ander gemachel ist gewesen frauw Elisabett, ein thochter burckgraff Friderichs von Nurnberg und frauw Margret, kaiser Caroli des vierten thochter, hatt kaine kinder geborn und nach ieres gemachels thodt 12 jar im wittwenstat verharret und anno 1428, den 29. maii, gestorben und zu Stutgarten begraben worden. Ich hab funden, daß sie in kaiser Sigmunden frauwenzimer sei erzogen worden.«[12]

»hat sie hin vnd wider gelld vffgenommen vnd schulden gemacht, wie sie auch ihre kostlichen kleider und kleinoter eben viel hin vnd wider bey Juden vnd Judengenossen versetzt hat«[13]

»hat selzam Haußgehalten«[14]

»So ist sie nach Jrem absterben den Mezgern zue Schorndorf (da sie dann Jren widum gehabt) schuldig blieben über die 200 Gulden, den Fischern zu Ulm 199 Gulden.«[15]

»Elisabeth, Johannis III. Burg-Grafen zu Nürnberg einige Tochter, und durch dessen Gemahlin Mariam eine Enckelin Kays. Carls IV. welche an dem Hof Kays. Sigismundi, als Jhrer Frau Mutter Bruders, erzogen worden, dahero auch Kays. Sigmund, der Graf Eberharden vor andern Fürsten hoch aestimirt, diese Mariage gestifftet.«[16]

»Ohne Zweifel war ihre prächtige Hofhaltung, und grosse Freygebigkeit gegen ihrem Hofgesinde daran schuld; denn sie ihre Jungfrauen, wenn sie sich mit ihrem Wissen, und der Freundschaft Rhat und Willen verheurathet, mit stattlichen Hofgaben bedacht.«[17]

»sie hinterließ nichts, als Schulden und Unrichtigkeiten, welche Grav Ludwig in Ordnung zu bringen gemüßigt ware und die Schulden zu bezahlen sich entschloß, so viel die Umstände es gestatteten«[18]

»Uebrigens aber machte sie mit ihren vielen Schulden nachmals vielen Verdruß, wordurch die Graven Ludwig und Ulrich zu einem schweren Krieg kamen.«[19]

»war zwar nicht von so viel edlerem Geschlecht, daß durch sie in einer Familie, wie damals die Wirtembergische war, der Ton hätte steigen sollen, aber sie war am Hofe Kaiser Sigismunds erzogen worden, und der bekannten Gemahlinn Sigismunds, der gebohrnen Gräfin von Cilley, an Gesinnungen sehr ähnlich«[20]

»Ihr vertrauter Umgang mit der durch ihre Ausschweifungen berüchtigten Gemahlinn Siegmunds, Barbara von Cilley, wirft ein sehr ungünstiges Licht auf sie; auch vermehrte sie durch ihre Verschwendung die Schulden ihres Gemahls um ein Namhaftes. Sie gebar demselben eine Tochter, Elisabeth, welche durch ihre Heurath mit Grav Johann von Werdenberg die Stammutter der Häuser Hohenzollern und Fürstenberg wurde.«[21]

»die zweyte Gemahlin aber an dem wollüstigen Hofe des Königs Sigmund erzogen, und von der leichtfertigen Gemahlin des letztern, Barbara von Cilley, zu ihrer Vertrauten auserlesen, brachte Ansprüche und Bedürfnisse mit, die den bisherigen Ton des Hofes nur noch höher stimmten, und die zu befriedigen, ihre 20000 Gulden betragende Ausstattung bey weitem nicht zureichte«[22]

»Durch sie kam mehr Pracht und Aufwand an den wirtembergischen Hof, als bisher der Brauch gewesen war.«[23]

»wurde von den würtembergischen Geschichtsschreibern als eine genußsüchtige, verschwenderische und zur Wollust geneigte Frau geschildert, deren Beispiel auf ihre junge Tochter einen nachtheiligen Einfluß gehabt haben soll«[24]

»Elisabeth, am üppigen Hofe des Königs Sigmund erwachsen, war so prachtliebend, dabei aber viel verschwenderischer als Antonia.«[25]

»Elisabeth mochte sich als unverheiratet mit ihrem Vater längere Zeit an dem ungarischen Hofe König Sigmunds (des nachherigen römischen Königs) aufgehalten und vielleicht hier bei der übelberüchtigten Königin Barbara nicht viel Gutes gelernt haben. Daß sie mit dieser jedenfalls näher bekannt war, ist daraus ersichtlich, daß beide Frauen mit einander bei der Constanzer Kirchenversammlung einzogen.«[26]

»Noch größere Unannehmlichkeit als die Tochter bereitete ihre Mutter, die Gräfin-Witwe Elisabeth selbst, als sie am 29. April 1429 auf ihrem Witwensitz Schorndorf tief verschuldet starb. 10000 Gulden mußten ihre Stiefenkel für die verschwenderische Frau bezahlen und im Streite wegen 30 Gulden rückständiger Dienstgelder und des Ersatzes für ein Pferd, welches er in Elisabeths Dienste verloren hatte, griff Friedrich Bock von Staufenberg in der Ortenau sogar zu den Waffen. Er verband sich mit seinem Nachbar Berthold von Schauenburg, welcher um Martini 1430 in die württembergische Vogtei Nagold einfiel.«[27]

»Elisabeth hinterließ – ganz unwirtembergisch – eine riesige Summe Schulden. Waren die Stiefenkel so geizig gewesen und hatten die Großmutter zu knapp gehalten? Oder war etwas Wahres an den Klagen, die alte schöne Sparsamkeit am Stuttgarter Hof habe seit Antonia Visconti einen nie wieder gutzumachenden Stoß erlitten? Oder konnte eine Enkelin Karls IV. einfach nicht anders: aus dem vollen wirtschaften, großzügig planen, großartig bauen, mit reicher Hand schenken – auch wenn sie nur in Stuttgart und Schorndorf residierte und bloß die Witwe eines Grafen war?«[28]

Anmerkungen

1 Grossmann Hohenzollern 13; Günther Schuhmann, Die Markgrafen von Brandenburg-Ansbach, Ansbach 1980, 8f; Schwennicke 1, 152.

2 Das Geburtsdatum zwischen 29. September 1391 und 1. Mai 1392 nennen: Grossmann Hohenzollern 13 u. 216 (nach Stillfried, Anm. 3); Schön Nr 30. Geburtsdatum 1391/92 bei: Isenburg 1, 75; Freytag 1, 75; E. Gönner NDB 4, 234; Schwennicke 1, 122 u. 152. Geburtsdatum vor 1394: Behr 170; Giefel Nr 34; Uhland Festschrift 398. Geburtsort vermutlich Nürnberg.

3 Das Patengeschenk des Abtes von Heilsbronn für Elisabeth ist in den Rechnungsbüchern des Klosters (libri computationum II) gebucht worden in der Zeit »a die Michaelis 1391 (= 29. September) usque festum Walpurgis 1392 (= 1. Mai)«; vgl. Rudolf Graf Stillfried, Kloster Heilsbronn, Berlin 1877, 20.

4 A 602 U 33: Neustadt an der Aisch 27. März 1406: Burggraf Johann III. von Nürnberg und Graf Eberhard III. der Milde von Württemberg bereden des letzteren Ehe mit des Burggrafen Tochter Elisabeth, abgedruckt in: Monumenta Zollerana 8, 342–345. A 602 U 33: Neustadt an der Aisch 27. März 1406: Burggräfin Elisabeth von Nürnberg und die Abgesandten Graf Eberhards III. des Milden von Württemberg beurkunden die in Stellvertretung durch Ringwechsel vollzogene Vermählung: »Dartzu haben wir (Anm.: Sifrid von gottes gnaden Abbte des Gotzhuß zu Ellwangen Augspurger bistumbs Sanct Benedicten ordens) die obgemelten frow elßbethen zu hand nach solichen worten begabet vnd bezeichnet mit einem gulden vingerlin das wir Jr an Jren vinger gesteckt habend zu bestettigung die obgemelten gemahelschaff als billich ist Vnd wir Elßpeth obgenant bekennen das wir sollichs so obgeschehen stat mit guten sinnen vnd vernunfft vnbezwungen on vorcht vnd on alle gevard sunder wolbedachtiglich vnd mit fryem willen auch durch rät des durchlichtigen fürsten vnd Herrn Herrn Johannsen Burggrave zu Nüremberg vnsern lieben Herren vnd vatter haben den obgenannten Hochgebornen Herrn Eberharten Graven zu Wirtemberg Jn glicher maß zu einem waren vnd rechten elichen gemahel empfangen vnd vffgenomen durch rechte gnugsame eliche wort Jn person des Erwirdigen Abbt Sifrids vorgenannt denselben auch zu begaben vnd bezeichnen mit einem guldin vingerlin als gewonlich ist Jn maß als ob der selb min herr vnd gemahel selb Jn eigner person gegenwertig were zu einem rechten vnd waren zeichen vnd vrkund einer rechten vnd waren gemahelschafft yetzo volbracht. Das aber soliche gemahelschafft so yetzo volbracht ist durch personlichs abwesens wegen des Hochgebornen Herren Grave Eberharts von Wirtemberg hinfürs von menglichem vngehindert vnzertrent vnd vngeirt sunder stet vast vnd vnverbrochenlich gehalten werde So haben wir Sifrid abbt vorgenannt vnser gerechten hand gelegt vff vnser brust vnd wir Cunrat vnd hans (Anm.: Cunrat Herr zu Geroltzecke vnd Hanns Truchsäß von Hefingen) vorgenannt haben auch vnser ieglicher besunder mit vff erhebten vingern liplich gelert eyd gesworen zu got vnd dem Jungsten gericht vff des vorgemelten Grave Eberharts vnsers Herren sele nach dem vnd vns von Jm bevolhen ist alles das was stet vnd vest ze halten zu ewigen ziten vnd nichtzit dawider zu tund noch schaffen geton werden weder heimlich noch offenlich all arglist vnd gevard herinn gantz vnd gar vßgeschlossen vnd hindan gesetzt.« Zitiert nach A 602 U 34; abgedruckt in: Sattler Gf 2, Beil. 31 u. Monumenta Zollerana 6, 330–332.

Zu den Motiven für diese Verbindung: Sattler Gf 2, 42f: »Das Hauß Würtenberg hatte damals schlechte Hoffnung zur Fortpflanzung. Dann es war nur der einzige

Grav Eberhard der Jüngere, ein schwächlicher Herr vorhanden, welcher mit seiner Gemahlin Henrietta von Mömpelgard noch keinen Leibeserben erzeugt hatte.« Decker-Hauff Stuttgart 253: »Als 1405 Antonia Visconti starb, holte sich Eberhard die ranghöchste Dame, die es überhaupt in Deutschland gab, die einzige Enkelin Kaiser Karls IV. in heiratsfähigem Alter: Elisabeth von Nürnberg (1406). Ihre Mutter Margarethe von Luxemburg war die Tochter Kaiser Karls IV. und seiner vierten Gemahlin, der Kaiserin Elisabeth, Prinzessin von Pommern. So war zwar nicht Stuttgarts Stadtherr der deutsche König, aber die neue Stadtherrin immerhin die Enkelin Karls IV., Schwestertochter des Königs Wenzel und vor allem des späteren Kaisers Sigismund. Diese vornehme Ehe sollte wohl Eberhard für eine mögliche Thronkandidatur nach Ruprechts Tode empfehlen.«

5 Das Beilager wurde aus unbekannten Gründen erst im November 1412 in Stuttgart abgehalten. A 602 U 14 779: Stuttgart 22. November 1412: Burggraf Johann von Nürnberg und Graf Eberhard III. der Milde erläutern die Bestimmungen des Ehevertrags von 1406; abgedruckt in: Monumenta Zollerana 8, 372–374 u. 7, 138–140. Grossmann Hohenzollern 217: »Stillfried und Giefel datieren die Vermählung Elisabeths mit Eberhard von Württemberg schon vom 27. März 1406. Indessen können wir die an diesem Tage zu Neustadt an der Aisch stattgehabten Vorgänge der ganzen konditionellen Form der Urkunden nach nur als eine besonders feierliche Verlobung mit Ringwechsel betrachten, da noch keine Trauung stattfand, im Gegenteil sogar der Fall ins Auge gefasst wurde, dass einer der beiden Versprochenen noch vor dem wirklichen ›Beilager‹ (Hochzeit) sterben könnte. Dieses selbst wurde dabei noch gar nicht terminiert. Andernfalls wären die, am 22. November 1412 zu Stuttgart erfolgten, sonst ganz ungewöhnlichen Erneuerungen der Eheverträge im Beisein der beiderseitigen Angehörigen kaum zu erklären. Und auch erst in diesen Urkunden traf man die üblichen Bestimmungen über die eventuelle Hinterlassung von Kindern, Erbschaft des verstorbenen Ehegatten etc. Die eigentliche Hochzeit hat daher ohne Zweifel erst damals, d. h. im November 1412, in Stuttgart stattgefunden. Diese Auffassung teilt auch das Kgl. H.- und St. A. zu Stuttgart.« Den Hochzeitstag um den 22. November 1412 nennen: Voigtel-Cohn 91; Isenburg 1, 75; Freytag 1, 75. Den 22. November 1412 nennt: Schön Nr 30. Das Jahr 1412 nennt: Marquardt Stammtafel; Schwennicke 1, 122. Den 27. März 1410 nennt: Schneider 48. Den 27. März 1406 nennen: Behr 170; P. Stälin 717; Giefel Nr 34; Schneider Stammbaum. Das Jahr 1406 nennen: A. Rüttel d. J. J1 48q, 25; Heimführung 20; J. U. Pregitzer d. Ä. Cod. hist. 2° 426b, 1547; Pregitzer 1, 10; Hübner 200; Mohl 249; Steinhofer 2, 600; Stälin 3, 713; Maisch Stammtafel; Decker-Hauff Stuttgart 224; Uhland Festschrift 398.

6 Den 29. April 1429 als Todestag nennen: Annales Stuttgartienses 18 – Tubingius 258 (Anm. 10): »obiit M.CCCC.XXIX 3. Kal. Maii«; Grabmal (Anm. 9); A. Rüttel d. J. J1 48q, 27; Eber 166; O. Gabelkover Cod. hist. 2° 588, 51: »freitags vor Philippi vnd Jakobi«; Heller 22; Steinhofer 2, 600 u. 743; Sattler Gf 2, 95; Stälin 3, 434 u. 713; Moll 283; Behr 170; Voigtel-Cohn 91; P. Stälin 717; Hartmann Stuttgart 16; Giefel Nr 34; Grossmann Hohenzollern 13; Schön Nr 30; Isenburg 1, 75; Freytag 1, 75; Schwennicke 1, 122 u. 152. Den 28. April 1429 nennen: Pregitzer 1, 10; Steinhofer 1, 126. Den 29. Mai 1429 nennen: Nockher 131v; J. U. Pregitzer d. Ä. Cod. hist. 2° 426b, 1547. Das Sterbejahr 1429 nennt: Crusius 2, 36; Maisch Stammtafel; Uhland Festschrift 398. Den 29. Mai 1428 als Todestag nennen: Küng 84; Wolleber Cod. hist. 2° 934, 148 (andere 29. April); Hengher 162. Das Sterbejahr 1430 nennen: Viton 48; St. Allais 4, 518; Decker-Hauff Stuttgart 224 u. 257.

7 Den Sterbeort Schorndorf, ihren Witwensitz, nennen: Sattler Gf 2, 95; Stälin 3, 434; Moll 283; Grossmann Hohenzollern 13; Schön Nr 30. Zu den dort hinterlassenen Schulden vgl. Anm. 13–15 u. 18f u. 27f. Den Sterbeort Stuttgart nennen: Pregitzer 1, 10; Steinhofer 1, 126.

8 Sattler Gf 2, 95: »wurde in der Stiffts-kirche zu Stuttgard beygesetzt, wo ihr Grabmahl noch zu sehen ist.« Zeichnung des Grabsteins 1566: HB XV 77, 35r; 1583: Cod. hist. 2° 130, 33r. Entwurf A. Rüttels d. J. zur Restaurierung 1583: Cod. hist. 2° 130, 32r. Schmid 35: »hatt das Burggraffthumbs Wappen, neben Württemberg im Schilt.« Grabstein bis zum Bau der Gruft 1608 noch im Chor; vgl. Gfn Elisabeth †1524 Anm. 12. Das Messingwappen des Grabmals hat sich erhalten und ist in der Südwestwand der Läutekapelle der Stuttgarter Stiftskirche eingemauert worden. Abgesehen von der Doppeltumba für Ulrich den Stifter und seine zweite Gemahlin Agnes (beide †1265) ist das Wappen Elisabeths der einzige Rest eines mittelalterlichen Grabmals des Hauses Württemberg, das in der Stuttgarter Stiftskirche bis in die Gegenwart überdauert hat.

9 Zitiert nach Entwurf Rüttel Cod. hist. 2° 130, 32r. Inschrift auch bei: A. Rüttel d. Ä. J1 1b, 29v; A. Rüttel d. J. J1 48q, 25 u. A 525 Bü 3, 65v u. 79 u. 103; O. Gabelkover Cod. hist. 2° 588, 51; Schmid 15 u. 32; Steinhofer 2, 743; Tiedemann 17; Bach 167.

10 Tubingius 265ff.

11 Suntheim 596, der jedoch als Schwiegersohn Wirtenberg statt Werdenberg nennt.

12 Küng 84.

13–15 O. Gabelkover Cod. hist. 2° 588, 51f.

16 Pregitzer 1, 10.

17 Steinhofer 2, 743.

18 Sattler Gf 2, 95.

19 Sattler Gf 2, 58, der Gf 2, 92f im Zusammenhang mit der Werdenbergischen Heirat über Mutter und Tochter schrieb: »konnte man sich nicht versprechen, daß sie eben viel gutes bey ihrer Frau Mutter gelernet hätte, als welche der Wollust sehr ergeben war«.

20 Spittler 35.

21 Essich 101.

22 Pahl 2, 19.

23 Barth 73.

24 Johann Nepomuk von Vanotti, Geschichte der Grafen von Montfort und von Werdenberg, Konstanz 1845, 393.

25 Pfaff Wirtemberg 2, 118.

26 Stälin 3, 434; vgl. dort 3, 399f mit Hinweis auf Ulrich Reichental, Conciliumbuch, Augsburg 1483, 23r: »kam mit ir (der Künigin) die von Wirdtenberg, geborene Burggrävin von Norinberg«. Ulrich Richental, Das Konzil zu Konstanz 1414–1418. Hg. v. Otto Feger, Starnberg/Konstanz 1964, fol. 19a: »und mit ir die geborn fürstin frow Anna von Wirtemberg, ain geborn grafin von Nuremberg.« Fol. 19b: Die deutsche Königin Barbara, Königin Elisabeth von Bosnien und Gräfin Elisabeth von Württemberg unter einem Baldachin. Fol. 21a: Dieselben beim Weihnachtsgottesdienst.

27 P. Stälin 605; vgl. dazu A 602 U 35: Verzeichnis der von Gräfin Elisabeth hinterlassenen Schulden und dessen, was Graf Ludwig I. von Württemberg daran bezahlt hat 1429: »Zuwissen Das dy Hochgeborn furstin und fraw, fraw Elisabeth Burggrefin der der Allmechtig got genedig sein wöll, diß nachgeschriben schuld schuldig bleibt vnd hinder Jr verlassen hat zu Francken vnd zu Schwaben.« – »Diß nachgeschriben hat min gnediger Herr von Wirtemberg betzalt von miner frowen von Nuremberg seligen an den 10000 Gulden.«

28 Decker-Hauff Stuttgart 257.

Generation VII

Eberhard III. †1417
ⵔⵔ I Antonia Visconti von Mailand †1405
ⵔⵔ II Elisabeth von Nürnberg †1429

EBERHARD IV.	ELISABETH
†1419	†n. 1475
ⵔⵔ HENRIETTE	Werdenberg
von Mömpelgard	
†1444	

Eberhard IV.

1388–1419

Graf von Württemberg

»der Jüngere«

Regent 1417–1419[1]

»Deus dat omne bonum«[2]

S. v. Graf Eberhard III. dem Milden von Württemberg[3]
u. v. Antonia Visconti von Mailand

Geboren am 23. August 1388[4]
in Stuttgart im Alten Schloß[5]
»Sei es Gott gelobt; Finck hat wieder Samen«[6]

Vermählt 1397/nach 1400
mit Gräfin Henriette von Mömpelgard n. 1383–1444

Vater von zwei Söhnen und einer Tochter[7]
Anna 1408–1471
Ludwig 1412–1450
Ulrich 1413–1480

Gestorben am 2. Juli 1419[8]
in Waiblingen[9]
»an einer weitverbreiteten pestartigen Krankheit«[10]

Beigesetzt 1419
in Stuttgart im Chor der Stiftskirche

»zur Erden bestetigt, vnd seine Exequiae, selbiger zeit gebrauch nach gehalten vnd celebriert worden«[11]

Grabmal[12]
»ANNO. DOMINI. M. CCCC. XIX. VI. NONAS. IULII. OBIIT. SPECTABILIS. DOMINUS.

DOMINUS. EBERHARDUS. IUNIOR. COMES. DE. WURTEMBERG. CUIUS. ANIMA. REQUIESCAT. IN. PACE.«[13]

Epitaph[14]
»Anno domini M. CCCC. XIX. VI. Nonas Julij obijt generosus dominus Eberhardus Comes de Wirtemberg. Cuius anima requiescat in pace.«[15]

Standbild von Sem Schlör[16]
»ILLVSTRISS. PRINCEPS ET DÑS. D̄. EBERHARDVS/ COMES WIRTEMBERGENSIS. ETC. VITA DEFVNC-/TVS EST. V̄Ī. NON. IULII. ANNO CHR̄Ī. MCCCCXIX.«[17]

»Ist zumal auch gar ein gietiger herr gewesen, der wenig gekriegt hatt.«[18]

Eberhardus Comes de Wirtemberg filius Eberhardi pacifici Comitis et Dominae Anthoniae de Mediolano, solum duos annos post mortem patris patriam Wirtemberg rexit, obiit spectabilis Dominus Eberhardus in oppido Wablingen anno Domini millesimo quadringentesimo decimo nono in die visitationis sanctae Mariae VI. Non. Julii. Et fuit natus quando Dominus Udalricus Comes de Wirtemberg avus suus apud villam Teffingen fuit interfectus, et sic simul et semel quatuor Domini de Wirtemberg vixerunt, et Dominus Eberhardus junior, Greiner dictus fuit abavus Eberhardi, et Eberhardus pacificus ejus pater et Udalricus in villa Teffingen occisus fuit, ejus avus, et ejus uxor fuit Domina Henriata.«[19]

»Ein ansehnlicher und gar gütiger Herr. Besuchte mit seinem Herr Vatter das Concilium zu Constantz, A. 1414. und machte sich allda sowohl bey Kayser Sigmunden, als denen anwesenden vielen Geist- und Weltlichen Fürsten, durch seine Tugenden und Fürstl. Qualitaeten sehr beliebt. Succedirt 1417. seinem Herrn Vatter, und regiert löblich, aber eine gar kurtze Zeit; Vermehrt doch seine Lande mit der Gefürsteten Graffschafft Mömpelgardt.«[20]

»Graf Eberhard von Wirtenberg starb ganz ohnvermuthet in der besten Blüte seiner Jahre nach einer kurzen doch höchstrühmlich geführten Regierung von 2 Jahren.«[21]

»So gut aber dise Regierung eingerichtet ware, so kurz daurete sie.«[22]

So kurz diese Regierung dauerte, so wenig bietet sie auch Merkwürdiges dar, eben so wenig läßt sich daraus auf den Karakter des Regenten ein zuverlässiger Schluß machen.«[23]

»Die Geburt Eberhards, des Jüngern, da sie unter den Schrecken der Schlacht bey Döffingen erfolgte, konnte für ein Zeichen gelten, daß in dem neuen Ankömmlinge die Kriegslust seiner Ahnen wieder aufleben werde. Aber der Erfolg entsprach diesem Zeichen nicht. Im Gegentheile war in Eberharden derselbe friedfertige Sinn, wie in seinem Vater, dessen Weise in der Verwaltung des Landes und in der an dem Hofe eingeführten Art des Lebens und der Bedienung von ihm, wie es scheint, unverändert beybehalten wurde.«[24]

»Eberhard IV., welcher unter dem Döffinger Waffengetöse geboren war, trat ganz in die friedlichen Fußstapfen seines Vaters, und suchte die früheren Veräusserungen durch neue Erwerbungen zu ersetzen. Aber eine aus dem menschenüberfüllten Constanz ausgehende Seuche zerstörte schon im Sommer 1419 sein junges Leben, das durch die Stürme, die er in seinem Hause von seiner Gemahlin erfuhr, längst erschüttert war.«[25]

»Denkt man sich lebhaft in diese Zeit hinein, wo die Fürsten und Herren immer im Krieg, die geistlichen Führer des Volks in offenbaren Sünden, und die wenigen Anhänger und Zeugen der Wahrheit in Druck und Verfolgung lebten, so möchte man fast dem Nachfolger Eberhards des Milden, seinem Sohn Eberhard IV., Glück wünschen, daß seine Regierung nur so kurz dauerte; denn schon am 2. Juli 1419 wurde er von derselben durch den Tod abgerufen. Aber auch noch in einer anderen Hinsicht, wovon gleich nachher die Rede sein wird, war sein Tod für ihn selbst eine Wohlthat. Er war geboren an demselben Tage, da sein Urgroßvater einen glänzenden Sieg über seine gefährlichsten Feinde errang, und sein Großvater auf dem Schlachtfelde von einer Lanze durchbohrt wurde. Schon in seinem eilften Jahr wurde er mit der Gräfin Henriette von Mömpelgard verlobt, die er dann später auch wirklich heirathete. Die Grafschaft Mömpelgard, die dadurch an Wirtemberg kam und über 400 Jahre wirtembergisch blieb, gehörte damals noch zum deutschen Reich, ist aber später an Frankreich gekommen. Die Gräfin Henriette durfte aber wohl eine erkleckliche Mitgift bringen, denn von dem Gift, durch welches der Hausfriede und das eheliche Leben vergiftet wird, besaß sie auch eine ziemliche Portion. Sie hatte ein herrschsüchtiges, eigensinniges Wesen und war in ihrem Benehmen gegen Eberhard so widerwärtig, daß er keinen Umgang mehr mit ihr haben wollte. Alle Vermittlungsversuche des Pfalzgrafen Ludwig waren vergeblich, Eberhard blieb bis an seinen Tod von ihr getrennt. Nach einem bekannten Sprüchwort ist es bei Streitigkeiten im ehelichen Leben gewöhnlich, daß das Eine die Schüssel zerbricht, das andere den Deckel, und man könnte vielleicht fragen, ob es da nicht auch so gegangen sei. Allein nichts davon zu sagen, da die Gräfin Henriette ihren zanksüchtigen Charakter auch späterhin noch reichlich zu erkennen gab, weiß doch die Geschichte nichts davon, daß Eberhard unverträglich gewesen, und so wenig sie uns überhaupt von ihm erzählt, enthält doch dieß Wenige einen Beweis, daß er kein abstoßender Charakter gewesen sein muß. Er hatte eine Fehde mit dem Pfalzgrafen Otto, dessen Diener in wirtembergischen Orten Gewaltthätigkeiten begangen hatte. Diese Fehde wurde durch den Pfalzgrafen Ludwig vermittelt, und bei einer persönlichen Zusammenkunft wurden Otto und Eberhard so gute Freunde, daß der Pfalzgraf auf Eberhards Bitte die Belagerung von Sulz aufhob mit den Worten, er wolle ihm lieber als irgend einem andern Freunde etwas zu Gefallen thun. Das ist doch ein Beweis, daß Eberhard etwas Gewinnendes in seiner Persönlichkeit gehabt haben muß. Er starb an einer Seuche, die sich von Constanz her durch ganz Schwaben verbreitet hatte.«[26]

»Eberhard der Jüngere steht ganz im Schatten seines Vaters. Wie ein künftiger Fürst am Königshofe Sigismunds erzogen, mit seinem Herrscher in Frankreich und Spanien, auch in Deutschland, Böhmen und Ungarn gereist, als Regent für seine Gattin Henriette in deren burgundischen Erblanden im Regieren geübt, noch ehe er die Herrschaft über Wirtemberg antreten konnte, war er eigentlich als Fürst bereits ausgewiesen. Bei Sigismund scheint er in hohem Ansehen gestanden zu haben. Der Humanist Enea Silvio Piccolomini – der spätere Papst Pius II. – berichtet, Sigismund hätte einer ausdrücklichen Erhebung des Wirtembergers in den Fürstenstand wohl zugestimmt, aber Eberhard der Jüngere habe das abgelehnt: lieber ein großer Graf als ein kleiner Fürst!«[27]

Anmerkungen

1 Zu Eberhard IV. d. J. und seiner Regierung: O. Gabelkover Cod. hist. 2° 587, 290–297; Sattler Gf 2, 58–66; Spittler 36–39; Pahl 2, 20–22; Barth 75–77; Pfaff Wirtemberg 2, 137–141; Stälin 3, 409–416; P. Stälin 593–596; Schneider 50f; Decker-Hauff Stuttgart 258f.

2 J. Frischlin Cod. hist. 2° 73, 52v; vgl. Gf Ulrich †1344 Anm. 2.

3 J1 1b, 25c: Sebastian Ebinger Ahnentafel zu 32 Ahnen; Pregitzer 3, 6: Tabula progonologica zu 64 Ahnen.

4 Eberhard soll am Tag der Schlacht von Döffingen, am 23. August 1388, dem Todestag seines Großvaters Ulrich zur Welt gekommen sein. Am Tage danach soll sein Urgroßvater Eberhard der Greiner die Nachricht von der Geburt erhalten haben und in den Jubelruf »Sei es Gott gelobt; Finck hat wieder Samen« (Anm. 6) ausgebrochen sein. Den 23. August 1388 als Geburtstag nennen: Suntheim 597 (Anm. 18); Eber 334: »eben diß tags kam Graff Eberhard die botschafft ins lager« (am 23. August); Crusius 2, 3f: »Den andern Tag darauf solle er eine fröliche Nachricht erhalten haben«; Imhof 57: »an selbigen Tag, da sein Groß-Vatter bey Weyl erschlagen worden«; Pregitzer 1, 11: »Solle A. 1388. 23. Aug. an dem Tag gebohren seyn, woran sein Herr Groß-Vatter, Gr. Ulrich, in der Schlacht bey Weilerstatt umkommen«; Mohl 252; Steinhofer 1, 106 u. 126; Sattler Gf 2, 65: »derjenige Grav, welcher an dem Tag da sein Großvater Gr. Ulrich in der Schlacht bey Weyl um das Leben gekommen, gebohren worden, wie es sehr glaublich ist«; Viton 50; St. Allais 4, 518; Behr 170; Maisch Stammtafel; Giefel Nr. 35; Roller Baden 7; Schneider Stammbaum; Schön Nr 31; Isenburg 1, 75; Freytag 1, 75; Schwennicke 1, 122. Den Monat August 1388 nennen: Stälin 3, 347 u. 409; Voigtel-Cohn 91; P. Stälin 717.

5 Crusius 2, 4; O. Gabelkover bei Stälin 3, 347; Steinhofer 1, 106; vgl. dazu Ludwig Uhland, Die Döffinger Schlacht 1388:
»Sie reiten rüstig fürder, sie sehn aus grünem Thal
Das Schloß von Stuttgart ragen, es glänzt im Morgenstrahl;
Da kommt des Wegs geritten ein schmukker Edelknecht:

›Der Knab will mich bedünken, als ob er Gutes brächt.‹
›Ich bring euch frohe Mähre: Glück zum Urenkelein!
Antonia hat geboren ein Knäblein, hold und fein.‹
Da hebt er hoch die Hände, der ritterliche Greis:
›Der Fink hat wieder Samen, dem Herrn sei Dank und Preis!‹« (Beyttenmiller 61).

7 Andreas Rüttel d.J. J1 48a, 68: Tafel der legitimen Nachkommen Gf Eberhards d.J. und der Henriette von Mömpelgard bis in die zweite Hälfte des 16. Jahrhunderts. Neben weiteren, schon in frühester Jugend verstorbenen Kindern (vgl. Gfn Henriette †1444 Anm. 5) hatte Eberhard noch eine stattliche Anzahl illegitimer Sprößlinge. Decker-Hauff Stuttgart 259: »Der Graf hatte die Tochter eines Stuttgarter Ratsherren aus dem alten und begüterten Stadtgeschlecht derer von Dagersheim zu seiner Geliebten gemacht, sie gebar ihm eine Reihe von Kindern; ähnlich wie sein Großvater Barnabo Visconti hatte er von anderen Frauen weitere Sprößlinge. Einer dieser Söhne Eberhards, Wilhelm von Dagersheim, ist später viele Jahre lang ein guter Bürgermeister von Stuttgart gewesen; mit großen Festlichkeiten heiratete er Margarethe von Enzberg, die Tochter des Bischofs von Speyer. Von diesem Paar stammt eine sehr zahlreiche, bis heute blühende Nachkommenschaft in den großen ›landständischen‹, ›ehrbaren‹ Familien Altwirtembergs. Die Nachkommen des Bürgermeisters nahmen an diesen Familienverhältnissen keinen Anstoß: sie errichteten 1478 dem verdienten Mann in der Hospitalkirche einen Grabstein, der die wirtembergischen Hirschstangen mit dem Bastardbalken zeigte und Wilhelm ›einen Ledigen von Wirtemberg‹ nannte. Seine Tochter Agnes von Dagersheim heiratete den Stuttgarter Ratsherren Hans Welling und wurde die Mutter jenes Sebastian Welling, der als Stuttgarter Bürgermeister und Mitregent des Landes Wirtemberg während der Minderjährigkeit Ulrichs sich einen guten Namen gemacht hat. Eine Tochter des Grafen (angeblich mit dem Namen Antonia!) heiratete den Stuttgarter Kanzler Konrad Lyher und ist die Vorfahrin von Hegel, Schelling, Hölderlin, Uhland, Mörike, Hauff, Kerner und vielen anderen Schwaben. Zahlreiche Stuttgarter Bürgerfamilien sind Nachkommen einer dritten Tochter Graf Eberhards. Es gibt wenige alteingesessene Stuttgarter, die nicht irgendwie aus dieser weit verzweigten Nachkommenschaft stammen und also die älteren Stadtherren – meist ohne es zu wissen – mit zu ihren Ahnen zählen können.« Decker-Hauff Stuttgart 224 nennt einen weiteren Sohn: Ulrich Wirtemberg, genannt von Stuttgart, Geistlicher. Decker-Hauff Tübingen 24f mit Auszug aus der Genealogia Naucleriana des Sebastian Ebinger zeigt Gf Eberhard d.J. als Großvater der Gebrüder Ludwig und Johann Vergenhans (Naucler). Diese Abkunft wird von Dieter Stievermann in Festschrift Württemberg 84 bestritten und als unberechtigte Spekulation des 16. Jahrhunderts angesehen. Dagegen Peter Amelung in Katalog Württemberg 169: »Nauklers Mutter war höchstwahrscheinlich eine illegitime Tochter von Eberhards Großvater Eberhard IV. mit einem Fräulein Agnes von Dagersheim.« Zu »Antonia« von Dagersheim vgl. Ahnentafel Dreher in Deutsches Geschlechterbuch 170, 71f, Limburg an der Lahn 1975.

8 Annales Stuttgartienses 19: »Anno domini 1419 ipsa die visitationis Marie virginis ad Elizabetham, crastino octavarum Johannis baptiste obiit spectabilis dominus dominus Eberhardus comes de Wirtenberg junior« (auch VI. nonas Julii); Stuttgarter Stiftschronik 259: »Der lebt nit me, denn zway jare nach sines vatters tod, und starb zuo Waiblingen uff unnser frowentag visitationis genant von Christi gepurt als man zalt 1419 jar«. Den Tag Mariae Heimsuchung = VI. Nonas Julii = 2. Juli 1419 als Todestag nennen ebenfalls: Grabmal (Anm. 13); Epitaph (Anm. 15); Suntheim 592 u. 597 (Anm. 18); Eber 256; Standbild Schlör (Anm. 17); Crusius 2, 29; O. Gabelkover Cod. hist. 2° 587, 297; Nockher 150v; Heller 36; Heimführung 20; Lairitz 470; Pregitzer 1, 11; Mohl 254; Hübner 200; Steinhofer 1, 128 u. 2, 679; Sattler Gf 2, 65; Viton 50; St. Allais 4, 518; Pfaff Fürstenhaus 63; Moll 383; Stälin 3, 415 u. 713; Behr 170; Voigtel-Cohn 91; P. Stälin 595 u. 717; Hartmann Stuttgart 15; Maisch Stammtafel; Giefel Nr 35; Roller Baden 7; Schneider Stammbaum; Schön Nr 31; Isenburg 1, 75; Freytag 1, 75; Decker-Hauff Stuttgart 258; Schwennicke 1, 122. Den 2. Mai 1419 als Todenstag nennt: Küng 85. Den 5. Mai 1419 nennt: A. Rüttel d. J. J1 48q, 26v und Cod. hist. 2° 130, 5v (dort jedoch verbessert: VI. Nonas Julii). Den 2. März 1419 nennen: Wolleber Cod. hist. 2° 934, 149v; Pregitzer d. Ä. Cod. hist. 2° 426b, 1548. Den 28. Juni 1419 nennt: Randnotiz A 525 Bü 3, 79.

9 Sterbeort Waiblingen: Stuttgarter Stiftschronik 259 (Anm. 8); Suntheim 592 (»Baiblingen«) u. 597 (»Wablingen«); A 525 Bü 3, 103v: A. Rüttel d. J.: »starb zu Waiblingen, wie das ein allther Bebenhausischer Zedel Jnn Anno 1431 geschriben anzeigt«; Eber 256; O. Gabelkover Cod. hist. 2° 587, 297; Pregitzer 1, 11; Mohl 254; Steinhofer 1, 127 u. 2, 679; Sattler Gf 2, 65; Moll 283; Stälin 3, 415; P. Stälin 595; Roller Baden 7; Schön Nr 31; Decker-Hauff Stuttgart 258.

10 Stälin 3, 415. Die Todesursache Eberhards ist weder in den Stuttgarter Annalen noch in den Quellen des 16. Jahrhunderts, etwa Suntheim, Küng, Crusius, Wolleber oder Gabelkover angegeben. Selbst im 18. Jahrhundert ist sie Pregitzer (1, 11: »† frühzeitig«) und damit auch dem Abschreiber Steinhofer (2, 679: »starb ganz ohnvermuthet in der Blüthe seiner Jahre«) noch unbekannt. Erst bei Sattler (Gf 2, 65: »wurde von einer damals einreissenden Krankheit ergriffen, welche ihn den 2. Julii 1419 in die Ewigkeit versetzte«) findet sich eine nähere, wenn auch noch unbestimmte Angabe. Pahl 2, 22 wird präziser: »wie es scheint, von der aus dem Menschengedränge von Constanz sich verbreitenden Seuche ergriffen«. Pfaff Fürstenhaus 63 spricht ebenfalls von einer Seuche, während er später Gedenkbuch 506 »eine pestartige Krankheit« annimmt, nachdem zuvor Moll in seiner Untersuchung der Todesfälle im Hause Württemberg die Pest als Todesursache angegeben hatte (Moll 283). Die zitierte Angabe Stälins wird wörtlich von P. Stälin 595 übernommen, während Decker-Hauff Stuttgart 258 wieder von einer Seuche spricht. Die Annales Stuttgartienses 18f berichten – ohne sie als Todesursache Eberhards anzugeben – von einer verheerenden Pestepidemie in Süddeutschland und Frankreich im Todesjahr Eberhards: »Anno domini 1419 quasi per totum annum regnavit universalis et magna pestilentia in Francia, Burgundia, Sabaudia, Elsatia et per totam Sueviam et in quam pluribus regnis et provinciis, ita ut putaretur medietas hominum periisse et obiisse.« Es ist anzunehmen, daß auch Eberhard ein Opfer dieser Epidemie geworden ist.

11 O. Gabelkover Cod. hist. 2° 588, 1; es ist jedoch zu vermuten, daß die Beisetzung – im Gegensatz zu der seines Vaters zwei Jahre zuvor – mit Rücksicht auf die Pest ohne jedes Gepränge in aller Stille erfolgte.

12 Zustand des Grabsteins 1557: J1 1b, 29v: Bericht A. Rüttel d. Ä. und Sebastian Ebinger: »Diser stain hatt ain messin schilt darinn drey Hirschhorn, vnd ain bleyin Turnierhelm daruff, das jegerhorn ist davon« (ohne Zeichnung). A 525 Bü 3, 79v: Gutachten A. Rüttel d. J. 1566: »Alt württembergisch Wappen, mit schönen meßinen spitzen oder dächlein ob dem Wappen, ein wenig zu sehen«. Zustand des Grabsteins 1566: HB XV 77, 37r. A 525 Bü 3, 104:

Gutachten A. Rüttel d. J. 1574: wie 1566. Zustand des Grabsteins 1583: Cod. hist. 2° 130, 6r. Entwurf A. Rüttels d. J. zur Restaurierung 1583: Cod. hist. 2° 130, 5r. (Abb. bei Decker-Hauff Stuttgart 258). Grabstein bis zum Bau der Gruft 1608 noch im Chor; vgl. Gfn Elisabeth †1524 Anm. 12.

13 Zitiert nach Entwurf Rüttel Cod. hist. 2° 130, 5r (mit Todestag VI. NONAS JULII). Inschrift auch bei: A. Rüttel d. Ä. J1 1b, 29v u. J1 48a, 335r; A. Rüttel d. J. A 525 Bü 3, 56 u. 79v; Schmid 29; Bach 166 (mit Todestag III. nonas Julij); Decker-Hauff Stuttgart 258 (mit Todestag NONAS IULII).

14 Vgl. Gf Heinrich †1519 Anm. 17.

15 Schmid 37.

16 Vgl. Gf Heinrich †1519 Anm. 19.

17 Zitiert nach dem Original in Stuttgart.

18 Küng 85.

19 Suntheim 597.

20 Pregitzer 1, 11; Steinhofer 1, 126f.

21 Steinhofer 2, 678f.

22 Sattler, Gf 2, 65.

23 Essich 102.

24 Pahl, 2, 20f.

25 Zimmermann 1, 597.

26 Barth 75ff; zur Fehde mit Pfalzgraf Otto (1390–1461) vgl. Stälin 3, 412f.

27 Decker-Hauff Stuttgart 258; zu Enea Silvio Piccolomini vgl. Stälin 3, 412 mit Quellenangabe: Eberhard »saepe potuit illustrari principsque fieri, cum Sigismundo caesari multum serviisset eumque ad Hispanias comitatus fuisset; sed respondit: malo comes magnus esse, quam parvus princeps«.

Becksmann Glasmalereien 1986, 267f deutet die Stifterfiguren auf zwei Tübinger Chorfenstern im Hinblick auf »die eigentümliche Architekturbekrönung mit den Wappen von Württemberg, Mömpelgard, Mailand und Chatillon« (Beschreibung 305f mit Abb.Tf 132 Nr 415) als Großeltern Eberhards im Bart. Chorfenster nord II: Eberhard IV. von Württemberg als Stifter, Straßburg um 1477. Beschreibung bei Becksmann 292 mit Abb.Tf 120 Nr 375. Bei der Restaurierung von 1847/49 wurde der Kopf Eberhards durch eine Nachbildung ersetzt.

Das Original hat sich auf Schloß Lichtenstein erhalten, Becksmann 117 mit Abb.Tf 136 Nr 440.

Henriette

n. 1383–1444

Gräfin von Württemberg

T. v. Heinrich von Orbe, Graf von Montbéliard-Montfaucon[1]
u. v. Maria von Châtillon

Geboren nach 1383[2]
in

Vermählt 1397/nach 1400
mit Graf Eberhard IV. dem Jüngeren von Württemberg 1388–1419
Eheabrede am 13. November 1397 Mömpelgard[3]
Beilager nach 1400[4]

Mutter von zwei Söhnen und einer Tochter[5]

Testament im April 1442 Nürtingen[6]

Gestorben am 14. Februar 1444[7] vor 20h[8]
in Mömpelgard im Schloß[9]

Beigesetzt 1444 in Mömpelgard in der Kirche St. Maimboeuf[10]

Kenotaph in Stuttgart in der Stiftskirche[11]
»ANNO. DOMINI. M. CCCC. XLIIII. DIE. SANCTI. VALENTINI. OBIIT. DOMINA. HENRIETHA. FILIA. HENRICI. COMITIS. DE. MUMPELGART. HAERES. CUIUS. ANIMA. REQUIESCAT. IN. PACE. «[12]

»ain Hertzenhafte Fraw wie ain Mann, von Geburt ain Grafin von Mumpelgart, hat das Land Wirttemberg nach ires Hawswirts Tod wol in gueten Friden regiert«[13]

»es hatt frauw Henrica nach ieres herren absterben die graffschafften Wirtemberg und Mumpelgart ain lange zeit, wider alle anstöß, mer dann einem weibsbild müglich sein solt, bis zu ierer sun manbarn jaren weislich regiert und erhalten«[14]

»eine scharpfe schulmaisterin«[15]

»Nach Absterben Graf Eberharden hat die Frau Wittib Henrica sich deß Regiments biß zu ihrer beeder Söhn mannbaren Jahren unternommen und beede Grafschafften Würtemberg und Mömpelgart mit grossem Ruhm und treffentlicher guter Haußhaltung wider alle Anstöß, mehr als einem Weibsbild müglich (wie alle Würtembergische Zeit-Bücher Ihro dises Lob geben) sein solt, mit Rath und Zuziehung vil und dapfferer Fürsten, Grafen, Herren und Edlen regiert.«[16]

»Henrica, Henrici Gr. von Montfaucon und Montbeliard, der 1395. im Treffen bey Nicopoli von den Türcken erschlagen, Tochter und Erbin 1397. Hat nach langen Zwist die Grafschafft Mümpelgard endlich an das Haus Wirtenberg gebracht.«[17]

»Henrica, Aelteste Tochter und Erbin Heinrichs, des Letzten Gefürsteten Grafen zu Mömpelgardt, der A. 1395. in der Schlacht bey Nicopolis wider die Türcken umkommen, durch welche Mariage dann Mömpelgardt an Wirttemberg kommen, und nach langem Proceß dabey verblieben. Sie war nicht nur eine kluge Regentin, sondern auch eine tapffere großmüthige Heldin. Führte nach frühzeitigem Absterben ihres Gemahls die Vormundschafft und Administration überaus klug und rühmlich, und mit grosser Reputation.«[18]

»Von diser kompt her Mömpelgard
Zu Gott sie in den Himmel fahrt,
Am Armen sie gar nichts erspart,
Deß wird gelobt die Fürstin zart«[19]

»führte den von einer Menge vortreflicher Edelleute glänzenden Staat nach Graf Eberhards, ihres Gemahl Absterben, gleichfalls glücklich fort, behielte solches kluge Ministerium vernünftig bey, und machte dadurch Wirtenberg, wie sich selbst, überall berühmt und formidable«[20]

»eine sehr heroische Dame, die alles nach ihrer Anordnung geführet wissen wollte«[21]

»Eine unanständige Herschsucht plagte beedes Frauenzimmer.«[22]

»Daß sie einen unruhigen Geist gehabt, wird man aus der Folge diser Geschichte erlernen, daß auch ihre Söhne genöthigt wurden sie in eine Verwahrung zu setzen. Töchtern, welche gleiche Gesinnungen mit ihren Mütern haben, werden von disen zärtlicher geliebet. Henriette wollte ihren Söhnen alles entziehen und ihrer Tochter Annen zuwenden, weil sie der Mutter Lehren und Beyspiel wohl gefasset hatte. Uebrigens führte sie ein artiges Sigill, worinn neben dem Wappen in den Zieraten Engel, Drachen und Fledermäuse in einer Gesellschaft stehen.«[23]

»Henriette spielte im Betragen gegen ihren Gemahl die reiche Erbtochter.«[24]

»Der Abend seiner Tage war für Eberhard kein freundlicher gewesen, da er, der so eifrig und so glücklich für öffentliche Ruhe und gemeinen Frieden gewirkt hatte, keines Friedens in seinem Hause genoß, indem Henriette, seine Gemahlinn, durch ihr heftiges Gemüth, ihren Stolz und ihren starren Sinn, ihm das Leben so unerträglich verbitterte, daß er in die Nothwendigkeit kam, sich von ihr zu entfernen.
Sein Tod eröffnete aber ihrer Herrschsucht eine willkommene Aussicht, indem ihr durch dieselbe Vormundschaft über ihre beyden minderjährigen Söhne Ludwig und Ulrich anfiel, die sie unter Mitwirkung eines ihr zur Seite stehenden Vormundschaftsraths verwaltete.«[25]

»Die Mömpelgarder Henriette war sein Plagegeist, so daß er sie von sich entfernen mußte. Ihr Sigill ist für sie bezeichnend: neben dem Wappen stehen in den Zierrathen Engel, Drachen und Fledermäuse in einer Gesellschaft.«[26]

»die zanksüchtige, herrschsüchtige Gräfin Henriette«[27]

»Die Gräfin hatte einen störrischen, herrschsüchtigen Charakter und behandelte ihren Gemahl so, daß er sie von sich entfernte.«[28]

»Der Tod des Grafen Eberhard d. j. eröffnete seiner mannhaften und herrschsüchtigen Gemahlin Henriette, mit welcher reicher Erbtochter er in mißvergnügter Ehe gelebt hatte, eine willkommene Aussicht, indem ihr über ihre beiden minderjährigen Söhne, Ludwig und Ulrich, die einzigen lebenden Glieder des wirtembergischen Mannsstamms, die Vormundschaft anfiel, welche sie unter Mitwirkung eines Vormundschaftsraths verwaltete.«[29]

»femme d'une énergie rare«[30]

»mannhafter und herrschsüchtiger Sinn«[31]

»Henriette von Mömpelgard ist die erste Frau des Hauses Württemberg, die für uns nach ihren menschlichen Anlagen und Fähigkeiten wenigstens in Umrissen erkennbar ist. Sie war eine energische, um nicht zu sagen herrsch- und streitsüchtige Frau, besaß einen klaren Verstand und politisches Verständnis. In ihren Fehden nahm sie es mit jedem Manne auf, und wer sie angriff, konnte sicher sein, daß sie zurückschlagen würde. Das bekam der Graf Friedrich von Zollern zu spüren, als er die Gräfin in einer selbst für die damaligen Anschauungen ungewöhnlich rüden, heute nicht mehr wiederzugebenden Form räuberischer Absichten auf sein Haus verdächtigte. Henriette schrieb ihm mit deutlichen Worten zurück: Jawohl, sie habe nicht nur auf ihn Absichten, sondern auch auf seine Burg Hohenzollern und alles, was ihm sonst noch gehöre; sie lasse ihn dies wissen, damit er nicht sagen könne, er sei von einem schwachen Weib gereizt worden, sondern von seiner Gebieterin. Die Waffen entschieden dann für Henriette.«[32]

»Sie wurde zum Gespött ihrer südwestdeutschen Standesgenossen, die sich stets als Schiedsrichter bei den mißglückten Unternehmungen der kriegerischen Witwe betätigen mußten!«[33]

»Es läßt sich kaum verheimlichen, daß die Nachkommenschaft aus der Henriettenehe in ihrer biologischen Substanz gründlich gestört war. Man kann an eine Seuche denken, die das Haus bis ins dritte Glied verdorben und den Bestand des Landes mehr als einmal in Frage gestellt hat.«[34]

»arrogant, herrschsüchtig, unstet, in romantische Pläne versponnen, gewalttätig, sprunghaft, später mit den eigenen Söhnen zerfallen«[35]

»1419 verlobte sie den ältesten Sohn und künftigen Landesherren, den siebenjährigen Ludwig, mit Kurfürst Ludwigs eben geborener Tochter Mechthild von der Pfalz. Henriette hat in vielem eine unglückliche Hand gezeigt; doch hätte sie nichts anderes getan, als die Ehe ihres Sohnes mit dieser einzigartigen Fürstin anzubahnen, so wäre das schon Grund genug, Henriette dankbar zu sein.«[36]

»Sie verwickelte sich in einen Krieg mit dem Grafen Fritz von Zollern, der als übler ›Frauenmann‹ verrufen, aber anscheinend der jungen Witwe doch wieder nicht ganz uninteressant war. Die Burg Zollern wurde zerstört, Henriette tat sich dabei, wenigstens in den Augen späterer Historienmaler, in goldener Rüstung glänzend hervor. In dem Freskenzyklus aus der wirtembergischen Geschichte, mit denen König Wilhelm I. im vorigen Jahrhundert das Stuttgarter Neue Schloß ausschmücken ließ, ist dieses Ereignis in bewegten Szenen festgehalten. Der Zollern brennt und raucht, der Zollernschild liegt zerbrochen und beschmutzt im Kot, die schwarzweißen Fahnen sind zerfetzt und schleifen an der Erde, der Hohenzollerngraf selbst kniet gefesselt – doch munter flattern die schwarzgelben Fahnen, aufrecht stehen die wirtembergischen Lanzen, golden strahlt der Schild mit den Hirschstangen. Dieses Bild war im vorigen Jahrhundert, als Preußen immer übermächtiger wurde, für viele Stuttgarter ein Quell der Genugtuung. Es hing als Umrißstich in den meisten Honoratiorenhäusern und war nach den Worten einer Dekanswitwe ›a rechte Herzstärkung‹. Am Hofe schätzte man das großflächige Original und hielt es stets in Ehren: bei Besuchen aus dem Norden wurde es – je nach Herzlichkeit der Beziehungen durch ein Arrangement von Lorbeerbäumen verdeckt, halbverdeckt oder offen dargeboten. Königin Olga liebte es besonders bei Besuchen preußischer Militärs diese im Laufe des Gesprächs so zu dirigieren, daß sie unmittelbar vor der Bildecke mit dem am Boden liegenden Zollernwappen zu stehen kamen. Der letzte König, versöhnlich und großzügig, verdeckte wieder mit Lorbeerblättern, was hätte verletzen können. Nur als Kaiser Wilhelm II. bei seinem letzten Besuch in Stuttgart eine völlig verfehlte Kritik über den Zustand der württembergischen Truppen von sich gegeben hatte, brummte der König im Heraufreiten vom Wasen zu seiner Umgebung: ›Desmol kommt der Lorbeer weg – aber ganz!‹ «[37]

»die schwierige und herrschsüchtige Henriette, durch sie, wenn nicht schon durch Eberhards III. Gemahlin Antonia Visconti, kam geistige Krankheit in das Grafenhaus, die sich durch mehrere Generationen, zuletzt bei Herzog Ulrich verhängnisvoll ausgewirkt hat.«[38]

»Henriette wurde eine der genealogisch am meisten exponierten Stammütter des Hauses Württemberg. Man kann als sicher annehmen, daß ein großer Teil der Erbanlagen, die in späteren Generationen abnorme Persönlichkeitsmerkmale – so bei Heinrich dem Narren und Herzog Ulrich – hervorbrachten, durch sie in das Haus Württemberg eingebracht wurden.«[39]

»Henriette ist die Stammutter des Gesamthauses Wirtemberg geworden; die mömpelgardischen Herrschaften und Lande blieben fast genau vier Jahrhunderte beim Hause Wirtemberg. Ihr Verlust an Frankreich im Gefolge der französischen Revolution bildete die Grundlage für die – mehr als großzügige – Entschädigung, die Napoleon seinem Bundesgenossen König Friedrich I. zukommen ließ: Oberschwaben und Hohenlohe, die Reichsstädte und die Reichsabteien, Vorderösterreich und das Gebiet der Reichsritterschaft.«[40]

»Henriette brachte nicht nur reiche Länder an ihre Nachkommen, sie brachte auch – was damals kaum beachtet, ja kaum gewußt war – eine schwere erbliche Belastung in ihre neue Familie. Mehrfach konnten im Hause Montbéliard Regenten ihr Amt überhaupt nicht oder nur mit Vormundschaftsräten ausüben. Diese Belastung hat sich bei Henriettens Nachfahren zum Teil kraß und deutlich, zum Teil in abgeschwächter Form, bis ins 16. Jahrhundert hinein immer wieder gezeigt; sie ist durch deren Töchter in andere Häuser getragen worden. Manches, was frühere Historiker als Charakterfehler – etwa bei Herzog Ulrich – ankreideten, wird man unter dem Gesichtspunkt unausweichlicher erblicher Belastung noch einmal überprüfen müssen. Nicht weniger bemerkenswert ist das Vorkommen genial begabter und außergewöhnlich tüchtiger Regenten neben Kranken: Herzog Eberhard im Bart, Herzog Christoph neben Ludwig II. oder Graf Heinrich.«[41]

»Wie kam es zum Auseinanderbrechen eines bisher geschlossenen Landes, das die Vorfahren der teilenden Territorialherren mit aller verfügbaren Kraft und Energie geschaffen und gestaltet hatten, warum nahm man die damit verbundene Einbuße an politischer Bedeutung hin? Eine Frau soll daran schuldig oder wenigstens mitschuldig gewesen sein, so sehen es württembergische Geschichtsschreiber: nämlich die Gräfin Henriette, die Mutter der teilenden Grafen. Die Gräfin hat tatsächlich eine Rolle in der württembergischen Geschichte gespielt. Sie war es, die der Dynastie die burgundische Grafschaft Montbéliard, württembergisch ›Mömpelgard‹, als Erbe zugebracht hatte, das französischsprachige Nebenland, das Württemberg über Jahrhunderte hinweg eine eigene Note verlieh. Henriette übernahm aber auch selbstbewußt eine aktive Rolle: nämlich nach dem frühen Tod ihres Mannes als mitregierende Vormünderin ihrer jungen Söhne, und dabei erwies sie sich als eigenwillige, unruhige, streitbare Frau (und man hat Grund zur Annahme, sie habe schwierige Erbanlagen in die Familie eingebracht). Es mag zutreffen, daß Henriette ihrem munteren, draufgängerischen jüngeren Sohn näher stand als dem bedächtigeren älteren, Ludwig. Aber für die Landesteilung ist sie kaum verantwortlich zu machen, schon deshalb nicht, weil ihre Söhne vorher acht Jahre lang gemeinsam regiert haben. Wie gering der Einfluß der Mutter damals war, mag man daraus ersehen, daß sie kurz nach der Teilung von den eigenen Söhnen interniert wurde, weil sie, trotzig wie sie war, einen Teil ihres Erbes der Tochter zukommen lassen wollte.«[42]

»Die Dynastie zeigte eine Zeitlang Anzeichen des Verfalls; offenbar wurde gerade durch Henriette von Mömpelgard eine erbliche Belastung vermittelt, die einige Generationen lang das Herrscherhaus heimsuchte. Ein halbes Jahrhundert hindurch war Württemberg geschwächt durch endlosen Zwist im Grafenhause. Er begann schon unter Henriette selbst, einer ebenso energischen wie unruhigen Frau, und er erneuerte sich unter ihren Söhnen und Enkeln. Nach dem frühen Tode ihres Gatten Eberhard IV. (1419) regierte Henriette Mömpelgard und Württemberg bis 1426 als Vormünderin ihrer Söhne Ludwig und Ulrich mit fester Hand. Als sie jedoch 1442 die von ihr beigebrachten Mömpelgarder Lande ihrer Tochter Anna, Gemahlin des Grafen Philipp von Katzenelnbogen, testamentarisch vermachte, drohte der linksrheinische Besitz Württembergs (außer Horburg-Reichenweiher) schon wieder verloren zu gehen. Die entrüsteten Söhne setzten darauf ihre Mutter im Nürtinger Schloß gefangen. Erst nach einigen Monaten kam sie wieder frei auf Grund eines Vertrages, der ihr zwar auf Lebenszeit Mömpelgard mit Nebenlanden überließ, im übrigen aber die Nachfolge der Söhne dort sicherte. Henriette zog sich nach Mömpelgard zurück und starb 1444; als ›la bonne comtesse‹ stand sie dort noch lange Zeit in besserem Andenken als in Württemberg.«[43]

Anmerkungen

Zu Henriette und ihrer Vormundschaft über ihre Söhne: Sattler Gf 2, 22–141; Spittler 36–42; Pahl 2, 22ff; Zimmermann 1, 597–606; Barth 76–81; Pfaff Wirtemberg 2, 137–169; Stälin 3, 409–411 u. 416–431 u. 459f; P. Stälin 593–615; Schneider 50–54; Decker-Hauff Stuttgart 248f u. 258–261.

1 Paul Berthold Rupp, Die Vorfahren von Henriette von Mömpelgard, Stuttgart 1977 = Schriften zur südwestdeutschen Landeskunde 15: Ahnentafel zu 1024 Ahnen; mit Vorwort von Hansmartin Dek-

ker-Hauff. A 266 Bü 1–5: Mömpelgarder Genealogien. Zum Übergang der Grafschaft Mömpelgard an Württemberg: Spittler 37f; Stälin 3, 410f: »Die Grafschaft Mömpelgard, deren ursprüngliche Grafen im J. 1162 ausgestorben waren, war durch Erbinnen zuerst an das Haus Montfaucon, dann im J. 1282 an das Haus Chalons, hierauf im J. 1332 wieder an das Haus Montfaucon gekommen; in diesem hatte Graf Stephan am 1. November 1397 den Mannsstamm beschlossen in schmerzhafter Ungewißheit über dem Schicksal seines einzigen ehlichen Kindes, des tapfern Heinrichs, Herrn von Orbe (welcher am 28. September 1396 bei Nikopolis in der unglücklichen Schlacht der Christenheit gegen ihren Erbfeind, die Türken, geblieben war). Graf Stephan hatte durch Testament vom 31. Oktober 1397 (vgl. Anm. 3), dem Vorabend seines Todes, für den Fall, daß Heinrich nicht mehr leben würde, unter dessen vier noch im Kindesalter stehenden Töchter, welche er unter die Vormundschaft des Grafen Heinrichs von La Roche stellte, den ausgedehnten Hausbesitz vertheilt und der ältesten, Henriette, die Grafschaft Mömpelgard, die Herrschaften Brundrut, Granges, Etobon, Saulnot, Clerval, Passavant und die Oberlehensherrlichkeit über La Roche, desgleich von den Hauskleinodien die gewichtige Goldkrone, den großen Goldbecher und die dicke Spange zugeschrieben. Bei dem reichen Erbe der Enkeltöchter waren sie trotz ihrer Kindheit fast alle schon ein paar Wochen nach Stephans Tod verlobt, Henriette mit dem erst 9jährigen Grafen Eberhard dem jüngern von Wirtemberg, dessen Vater von seinen elsäßischen Besitzungen, wo er sich gerade aufhielt, auf die Nachricht von Stephans Tod zu dessen glänzender Leichenfeier herbeieilte und bereits am 13. November zu Mömpelgard für den Sohn mit dem eben genannten Grafen von La Roche den Ehevertrag abschloß (vgl. Anm. 3). In diesem Vertrag wies Graf Eberhard der Vater seiner künftigen Schwiegertochter 3000 fl. jährlich, von der Zeit der wirklichen Heirat zu rechnen, als Widerlage auf die Stadt und das Amt Tübingen und Umgegend an und übernahm zum Drittheil die Befriedigung der Ansprüche, welche Beatrix, geborene Gräfin von Fürstenberg, die Stiefmutter derselben Schwiegertochter, von ihrer Heirat her auf Zugehörden der Grafschaft Mömpelgard hatte; auch stellte er am folgenden 2. Dezember eine Verschreibung aus, daß, wenn sein Sohn und dessen Gemahlin ohne männliche Leibeserben stürben, die erheirateten Besitzungen des Sohnes den übrigen Erben Graf Stephans heimfallen sollten. Der Vater verwaltete darauf die Grafschaft Mömpelgard und die damit verbundenen Besitzungen, bis im Jahre 1409 sein Sohn die Regierung übernahm. Die Grafschaft Mömpelgard, welcher der einzige bedeutende Landesbesitz ist, den Wirtemberg erheiratete, blieb bei diesem Hause fortan 400 Jahre.«
Zur Verbindung Württemberg-Mömpelgard: Eugen Adam, Mömpelgard und sein staatsrechtliches Verhältnis zu Württemberg und dem alten deutschen Reiche in: WVJH 7, 1884, 181–200 u. 278–285; Walter Grube, Mömpelgard und Altwürttemberg in: Alemannisches Jahrbuch 1959, 235–254, dort weitere Literatur; Walter Grube, 400 Jahre Haus Württemberg in Mömpelgard in: Festschrift Württemberg 438–458. Zu der vom Hause Mömpelgard vererbten Geisteskrankheit s. Anm. 41.

2 Eheabrede der Eltern am 24. April 1383. Geburt nach diesem Datum: Roller Baden 8. Geburtsjahr 1383/85: Freytag 5, 127. Geburtsjahr 1387: Behr Suppl. 39; Isenburg 1, 75; Freytag 1, 75; Schwennicke 1, 122. Geburtsjahr 1391: Uhland Festschrift 391. Sonstige Quellen ohne Angaben zum Geburtsjahr. Rupp Ahnentafel (Anm. 1) gibt unter Hinweis auf den Ehevertrag der Eltern vom 24. April 1383 als Geburtsjahr »nach 1384« an, 104: »Vergleiche mit dem Heiratsdatum der Eltern. Sie wurde vor Ende 1389 geboren, da ihre Mutter im Februar 1394 starb und sie noch drei jüngere Schwestern hat.« Unter Annahme des Todes der Mutter (†25. Februar 1394) bei der Geburt der jüngsten Tochter und eines Abstandes von zehn Monaten zwischen den Geburten, jedoch unter Ausschluß der Annahme einer Zwillingsgeburt oder in der Wiege verstorbener jüngerer Geschwister, könnte Henriette noch im Herbst 1391 zur Welt gekommen sein; zum Geburtsjahr Henriettes vgl. auch Anm. 4. Geburtsort vermutlich Mömpelgard.

3 A 602 Ü 36: Mömpelgard 13. November 1397: Graf Eberhard III. der Milde von Württemberg und Graf Heinrich von La Roche, Administrator von Mömpelgard, verloben Graf Eberhard IV. den Jüngeren von Württemberg mit Henriette, Tochter Graf Heinrichs von Mömpelgard; abgedruckt in: Actes, pièces et procès de Christophle, Duc de Wirtemberg... contre... Françoise de Longuy, dicte de Rye..., 1563, 605–608; dazu Sattler Gf 2, 22f; Spittler 37f; Stälin 3, 410f (Anm. 1); Tuefferd Montbéliard 218; Decker-Hauff Stuttgart 248f. A 602 U 37: 2. Dezember 1397: Graf Eberhard III. der Milde von Württemberg verspricht, daß im Falle einer Trennung oder bei Absterben Henriettes ohne männliche Nachkommen, die Mömpelgarder Besitzungen den Schwestern Henriettes zufallen werden; abgedruckt in: Actes... 1563, 611. Sattler 2, 23: »Dise Heurath ist auch darum merkwürdig, weil sie die einige ist, wordurch dem Hauß Würtenberg eine Erbschafft zugefallen.«

4 Das Hochzeitsjahr Henriettes ist ebenso wie ihr Geburtsjahr unbekannt; Sattler Gf 2, 65: »Wann dise würkliche Vermählung geschehen seye, ist unbekandt, so viel aber gewiß, daß es noch etliche Jahre angestanden«; Stälin 3, 411: Eberhard d. J. übernahm im Jahre 1409 die Regierung in Mömpelgard. »Die Hochzeit mit Henriette ist noch früher vollzogen worden, da ihre Tochter Anna bereits im Jahre 1408 geboren wurde, doch weiß man nicht genau, wann sie gefeiert wurde.« Beilager vor 1408: Stälin 3, 411; P. Stälin 717; Giefel Nr 35; Schneider Stammbaum; Schön Nr 31. 1408 vielleicht 1407: Roller Baden 8. Das Jahr 1407 als Hochzeitsjahr nennen: Maisch Stammtafel; Isenburg 1, 75; Freytag 1, 75; Marquardt Stammtafel; Decker-Hauff Stuttgart 249; Rupp Ahnentafel (Anm. 1) Schwennicke 1, 122; Voisin (Anm. 10). Heirat 1397 bzw. 1407: Uhland Festschrift 398. Hochzeitsjahr 1397 bei: Heimführung 20; Hübner 200. Das Geburtsjahr von Henriettes Tochter Anna steht mit 1408 fest, da deren Beilager 1422 stattfand und zwei Jahre zuvor in der Eheabrede auf deren 14. Lebensjahr festgesetzt worden war (Gfn Anna †1471 Anm. 2). Sollte Anna das älteste Kind Henriettes gewesen sein, darf 1407 als Heiratsdatum angenommen werden. Da jedoch zwischen 1408 und 1412, dem Geburtsjahr Graf Ludwigs I. (†1450), keine Geburten Henriettes überliefert sind, obwohl es solche sehr wahrscheinlich gab (Anm. 5), können ältere, in der Wiege verstorbene Geschwister Annas ebenfalls möglich sein. Graf Eberhard der Milde, der in der Zusatzvereinbarung zur Eheabrede 1397 die Rückgabe der Grafschaft Mömpelgard für den Fall eines söhnelosen Absterbens der Henriette zugesichert hatte (Anm. 3), hatte schon aus diesem Grunde im Hinblick auf die mittelalterliche Sterblichkeitsrate ein großes Interesse, das Beilager der in Stuttgart mit dem künftigen Gemahl aufwachsenden Henriette zum frühest möglichen Termin abzuhalten. Bei dem spätest möglichen Geburtsdatum Henriettes im Herbst 1391 (Anm. 2) und einem Beilager im Alter von 14 Jahren (wie im Falle von Henriettes Tochter Anna) wäre bereits 1405 als Hochzeitsjahr anzusehen, wobei der Bräutigam dann ein Alter von 17 Jahren gehabt hätte. Die Eheabrede von 1397 (Anm. 3) setzt das Beilager auf den Zeitpunkt der natürlichen Ehereife fest: Actes (Anm. 3) 1563, 605:

»secundum Deum et sacras sanctiones ad inuicem legali matrimonio copulabuntur, dum ad matrimonij congruum tempus aduenient«. Da außer dieser unbestimmten Angabe kein weiterer Beleg zum Datum des Beilagers überliefert ist, muß das Hochzeitsjahr weiterhin als unbestimmbar gelten. Die Angabe 1407 in der neueren Literatur ist durch nichts bewiesen und von Isenburg vermutlich in Kenntnis der Stälinschen Angabe (3, 411: vor 1408) willkürlich festgesetzt worden. Die allein aus finanziellen und territorialpolitischen Gründen über die Köpfe eines Kinderpaares hinweg verabredete Ehe, deren Vollzug in Stuttgart, wo Henriette seit dem Abschluß des Ehevertrages 1397 aufgewachsen war, anzunehmen ist, war aus Ursachen, die in der geistigen und seelischen Struktur der Gattin zu suchen sind, sehr unglücklich und scheint nach erfolgter Geburt zweier Stammhalter, Ludwig 1412 und Ulrich 1413, nicht mehr fortgesetzt worden zu sein; selbst Vermittlungsversuche des befreundeten pfälzischen Kurfürsten waren fehlgeschlagen; vgl. dazu Sattler Gf 2, 65 f; Decker-Hauff Stuttgart 258 f sowie Anm. 23 ff und Gf Eberhard † 1419 Anm. 25 f.

5 Neben diesen drei bekannten Kindern muß Henriette auch noch weitere, bereits in der Wiege verstorbene Kinder zur Welt gebracht haben. In einer Ehe, deren einziger Sinn in der Geburt eines Stammhalters für die noch auf vier Augen (Gf Eberhard † 1417 und sein Sohn Gf Eberhard † 1419) stehende Grafschaft Württemberg und die eben im Mannesstamm erloschene Grafschaft Mömpelgard besteht, ist selbst bei großer Abneigung der Ehepartner eine Gebärpause von vier Jahren (Anna 1408 bis Ludwig 1412) undenkbar und lediglich mit der Tatsache zu erklären, daß die jung verstorbenen Kinder der Überlieferung nicht für wert gehalten wurden; vgl. Gfn Antonia † 1405 Anm. 6. J1 48a, 68: Andreas Rüttel d. J., Tafel der Nachkommen aus der Ehe Graf Eberhards d. J. mit Henriette von Mömpelgard bis in die zweite Hälfte des 16. Jahrhunderts (Eine Untersuchung im Hinblick auf die in Anm. 41 genannte Erbkrankheit aus dem Hause Mömpelgard erbringt sehr aufschlußreiche Ergebnisse). Decker-Hauff Vorwort zu Rupp Ahnentafel (Anm. 1) VI: »Der gesamte europäische Hochadel der neueren Jahrhunderte stammt von Henriette ab: Maria Theresia wie Friedrich der Große, die Zarin Katharina II. wie Victoria von England, die Hohenzollern und die Habsburger, die Hessen und die Coburger, alle regierenden und vormals regierenden Häuser des Gotha. Gleich zahlreich – wahrscheinlich zahlreicher, aber schlechter zu erfassen – sind die Nachfahren in Niederadel, Patriziat, Großbürgertum, aber auch in den sogenannten ›Unterschichten‹ (ganze Dörfer auf der schwäbischen Alb oder im Rems- und Murgtal etwa). Statt vieler Nachfahren seien nur Hegel, Hölderlin, Feuerbach und Moerike genannt.«

6 A 602 U 47: Nürtingen April 1442: Gräfin Henriette vermacht testamentarisch ihren Söhnen Ludwig und Ulrich ihre Herrschaften Mömpelgard, Etobon, Granges, Clerval und Passavant mit Nacherbrecht ihrer Schwester Anna, dieser außerdem die Herrschaften Pruntrut, Wildberg und Bulach, Dorf Ensingen bei Nürtingen und allerlei Einkünfte. (Nebst Akten über den daraus entstandenen Streit mit den beiden Grafen): »Wir Henrieta Gräfinne zu wirtemberg vnd zu mümppelgart wittwen Bekennen vnd tun kunt offembar mit dißem brieff Allen den die Jn sehent lesent oder horent lesen wann wir angesehen vnd betrachtet haben, das Jn disem krancken vnd vergenglichen leben nit sichers ist, dann der tode, vnd nit unsichers ist, dann die stunde des todes vmd das vns nu die vinsternusse des bittern todes, oder krankheit, vnsers libs da durch der leste wille dick gehindert wird, nit schnellenglich begriffe vnd vbervalle vngeordent, vnser sach vnd vnfürsichteglich So haben wir by gesundem libe vnd guter vernunfft, vnser synne mit guter vorbetrachtung vnd zyttigem Rate got dem almechttigen vnd der Himel kunginne marien siner liben muter vnd allen Heiligen zu eren, vnd zu nutz vnsern kinden Darumb das ycht zweyunge vnder Jn entstee, eingesetzt, vnd ordnung vnsers lesten willen als dann vnser meynung, ist das es nach vnserm tode vnwidersprochenlich gehalten werden solle vnd auch vnser Testament vnd lesten willen gesetzt, geordent vnd gemacht, ordenen setzen vnd machen Jn krafft diß brieffs vestenglich vnverbrochenlich gehalten zu werden in der maße form vnd wise als hernach geschriben stet...«

Der diesem Testament folgende Streit mit den Söhnen, auf dessen Höhepunkt Henriette von diesen in Nürtingen eingesperrt wurde, endete am 13. August 1442 in Kirchheim durch einen Vergleich (A 602 U 48); dazu Stälin 3, 459f; Katalog Württemberg 38. Nach O. Gabelkover Cod. hist. 2° 588, 145 hat Henriette acht Tage vor ihrem am 14. Februar 1444 erfolgten Tode noch ein Testament zugunsten ihrer Mömpelgarder Bediensteten gemacht. A 602 U 50: Am 12. März 1444 teilen Meister und Rat von Straßburg mit, daß die Fahrnis der verstorbenen Gräfin in Straßburg abgeholt werden könne. A 602 U 51: Am 18. März 1444 bestätigen Graf Ludwig und Ulrich den Empfang des Hausrats ihrer Mutter in Straßburg. A 602 U 163: Verzeichnis des Silbergeschirrs von Henriette, das Graf Ulrich zugeteilt wurde, von 1445. A 602 U 52: Urach 10. September 1446: Der Beichtvater der Gräfin beurkundet, daß Magister Heinrich Bastard von Mömpelgard vergeblich die Gräfin auf dem Totenbett zu einem Vermächtnis an die Kinder ihrer Schwester zu bestimmen versucht habe: »Jnstrumentum vber Die Disposition Herr Wilhelmi Montani canonici zu Mümpelgart Was Heinrich der Bastard von Mümpelgart, vff sant valentins tag Anno 1444 bey frowe Heinrieta als sie in extremis gelegen gehandelt hab, ob sie ihr schwester sönen wole 1000 fl. sampt dem silbergeschirr legieren, Darauf Sie frowe Heinrieta doch kein antwort geben«; vgl. Stälin 3, 460.

7 Nach A 602 U 52, dem Bericht des Beichtvaters (s. Anm. 6) starb Henriette »die sancti valentini« des Jahres 1444. Den 14. Februar 1444 (St. Valentinstag) als Todestag nennen: Grabinschrift (Anm. 12); Eber 61; Ochsenbach Cod. hist. 4° 164, 29; O. Gabelkover Cod. hist. 2° 588, 145; Heller 9; Hübner 200; Steinhofer 2, 854; Tiedemann 10 u. 17; Stälin 3, 460 u. 713; P. Stälin 615 u. 717; Voigtel-Cohn 91; Giefel Nr 35; Schneider 54; Roller Baden 8; Schön Nr 31; Isenburg 1, 75; Freytag 1, 75. Den 13. oder 14. Februar 1444 nennen: Pregitzer 1, 11; Steinhofer 1, 129 u. 150. Den 13. Februar 1444 als Todestag nennen: Annales Stuttgartienses 19 – Tubingius 258: »Praefata domina Henrietha obiit M.CCCC.XLIIII Id. Februarii«; Wolleber Cod. hist. 2° 934, 150; Heimführung 21; Lairitz 471; Mohl 256; Viton 51; Behr 170 (verbessert Suppl. 39: 14. Februar); Freytag 5, 127; Schwennicke 1, 122. Den 14. oder 15. Februar 1444 nennt: Rupp Ahnentafel (Anm. 1). Den 15. Februar 1444 als Todestag nennen: Steinhofer 2, 854: »an St. Valentins Tag, den 15. Februarii«; Sattler Gf 2, 141; Duvernoy Eph. 56; Moll 283; Tuefferd Montbéliard 231; Mériot Eph. 67. Den 16. Februar 1444 nennen: Schmid 27; Sattler Top. 162. Den 21. Februar (ohne Jahr) als Todestag nennt: Gütersteiner Nekrolog Cod. hist. 2° 421, 26v: »IX. Kl. marti obierunt Jllustrissima domina domina margaretha comitissa de Wirtemberg junioris domini conthoralis. Et generosa domina domina henrieta comitissa montispelligardi mater dominorum de Wirtemberg« (Anm. Der genannte Todestag trifft weder auf Margarethe von Cleve † 1444 noch auf Margarethe von Savoyen † 1479 noch auf Henriette von Mömpelgard zu). Den 3. Februar 1444 nennt: Nockher 59v (mit Rand-

notiz: 14. Februar). Den 5. Februar 1444 nennt: Hengher 164 (andere: 3. Februar). Das Todesjahr 1444 nennen: Lohmeier 53; Imhof 57; Maisch Stammtafel; Uhland Feschrift 398. Das Todesjahr 1442 nennen: Crusius 2, 8 u. 51; Frischlin Cod. hist. 2° 73, 48; Montanus 167v. Das Todesjahr 1443 nennt: Barth 81. Den 13. Februar 1443 als Todestag nennt: St. Allais 3, II, 64. Den 15. Februar 1443 als Todestag nennt: Pfaff Wirtemberg 2, 169. Den 14. Februar 1446 als Todestag nennt: Schön Nr 31. Den 10. November 1400 als Todestag nennt: Suntheim 597: »Obiit anno gratiae MCCCC. in vigilia S. Martini Confessoris«.

8 Bericht von Henriettes Beichtvater (Anm. 6): Am »die sancti Valentini« »circa octauam horam« war Henriette kurz zuvor gestorben; Ochsenbach Cod. hist. 4° 164, 29: »Heinrietha Comitißa moritur anno 1444 in die Valentiny inter 7 & 8 horam post meridiem«; Stälin 3, 460.

9 Sterbeort nach Bericht des Beichtvaters (Anm. 6) ist das Schloß zu Mömpelgard; Mömpelgard nennen ebenfalls: Eber 61; Wolleber Cod. hist. 2° 934, 150; O. Gabelkover Cod. hist. 2° 588, 145; Nockher 59v; Schmid 27; Moll 283; Stälin 3, 460; Tuefferd Montbéliard 231; Schneider 54; Roller Baden 8; Schön Nr 31; Decker-Hauff Stuttgart 261. Waiblingen als Sterbeort nennen: Heimführung 21; Lairitz 471; Pregitzer d. Ä. Cod. hist. 2° 426b, 1548; Pregitzer 1, 11; Mohl 256; Steinhofer 1, 129 u. 150. Nürtingen als Sterbeort nennt: Sattler Top. 162.

10 Henriette wurde sicherlich auf eigenen Wunsch in ihrem Geburts- und Sterbeort Mömpelgard in der alten Grablege des Hauses Montbéliard-Montfaucon in der Gruft der Kirche St. Maimboeuf beigesetzt. Sie hatte anscheinend kein Bedürfnis in Stuttgart, der Stätte ihre unglücklichen Ehe an der Seite des ungeliebten Mannes und im Lande ihrer mit ihr zerstrittenen Söhne begraben zu werden. Den Beisetzungsort Mömpelgard nennen: Suntheim 597: mit der unsinnigen Angabe des Todestages 10. November 1400 »Obiit anno gratiae MCCCC. in vigilia S. Martini Confessoris in Monte Pelegardo sepulta«; O. Gabelkover bei Annales Stuttgartienses 19: »obiit in Mümpelgart ibidem sepulta anno domini 1444 idibus Februarii«; Nockher 59v; Heimführung 21: »starb Anno 1444. den 13. Februar zu Weiblingen und wurde zu Mömpelgart auff ihr Begehren beygesetzt«; Lairitz 471; Pregitzer d. Ä. Cod. hist. 2° 426b, 1548; Pregitzer 1, 11; Steinhofer 1, 129 u. 150 u. 2, 854; Moll 283; Stälin 3, 460: »in St. Mainboeuf in der Stadt Mömpelgard beerdigt«, ihre Söhne Ludwig und Ulrich waren bei der Leichenfeier zugegen, sie bestätigen am 9. März 1444 der Stadt Mömpelgard ihre Freiheiten; P. Stälin 615; Tuefferd Montbéliard 231: »dans les caveaux de l'église collégiale de St. Maimboeuf à coté des membres de sa famille«; Schön Nr 31; Mériot Eph. 67: »dans les caveaux de l'église St. Maimboeuf; Rupp Ahnentafel (Anm. 1). Stuttgart als Beisetzungsort nennen: Crusius 2, 27; Tiedemann 10; Roller Baden 8 (mit Hinweis auf die Angabe von Tuefferd Montbéliard 231 auch Mömpelgard). Zur Mömpelgarder Grablege St. Maimboeuf: Georges Goguel, Le château de Montbéliard, ses anciennes églises et leurs caveaux, Paris-Straßburg 1866, 24: »Henriette fut inhumée dans les vastes caveaux de l'église St. Mainboeuf au nombre de trois, dont le principal était destiné à la sépulture des princes« 24 f: »Vingt marches conduisaient à ce vaste caveau qui avait des compartiments où reposaient les corps sur des tables de pierre, enfermés dans leurs cercueils, dont l'un était de chène et l'autre d'étain.« 25: »le corps était descendu par une large ouverture que couvrait une pierre à anneaux de fer, placée devant l'autel, et qu'on soulevait à chaque inhumation. Ce caveau était creusé dans le rocher sur lequel tout le château est bâti, peut-être sera-t-il bientôt mis à découvert.« Die Gruft St. Maimboeuf wurde 1676 bei der ersten Eroberung Mömpelgards durch französische Truppen im Auftrag Ludwig XIV. geplündert. Tuefferd Montbéliard 560: Am 8. November 1676 Eroberung der Stadt durch den Maréchal de Luxembourg: »les tombeaux des princes, qui se trouvaient dans les caveaux de St. Maimboeuf, furent même profanés et les ossements qu'ils contenaient jetés sur la voie publique.« Bei dieser Gelegenheit ging vermutlich der Sarg mit den Gebeinen der Henriette verloren, falls er überhaupt zu dieser Zeit noch vorhanden gewesen war. Mitte Oktober 1793 erfolgte eine erneute Plünderung der Gruft mit Zerschlagung der Grabdenkmäler: Tuefferd Montbéliard 647: »les monuments et les tombeaux qui se trouvaient dans les caveaux de l'église furent brisés et les corps des comtes jetés à la voirie.« Die Kirche St. Maimboeuf (geweiht 1147) wurde 1810ff abgebrochen und die Grüfte mit Bauschutt aufgefüllt. Bei Arbeiten zur Wasserversorgung Mömpelgards wurden 1880 zwei der drei Grüfte wiederentdeckt, dazu: Clément Duvernoy, Montbéliard au dix-huitième siècle in: Mémoires de la Société d'Emulation de Montbéliard 22, 1891, 47f; sowie Jean Marc Debard, Heurs et malheurs de l'Eglise Saint Maimboeuf de Montbéliard in: Bulletin et Mémoires de la Société d'Emulation de Montbéliard 76, 1980, 149–162. Querschnitt der Kirche St. Maimboeuf mit Ansicht der drei Grüfte bei: Jean Claude Voisin u. a., Histoire de la Ville de Montbéliard, Roanne 1980. Aussehen, Inschrift und Verbleib von Henriettes Grabstein, den diese 1444 sicherlich erhalten hatte, ist unbekannt.

11 In der Stuttgarter Stiftskirche wurde für Henriette inmitten der Grabmäler der hier beigesetzten Grafen von Württemberg ein Kenotaph errichtet, was Crusius 2, 27 zu der (von Tiedemann 10 übernommenen, irrigen) Ansicht verleitete, die Erbin Mömpelgards sei in Stuttgart an der Seite ihres Gatten begraben worden. Decker-Hauff Stuttgart 260f: »Henriette wurde im Alter wieder betont zur Mömpelgarderin, residierte auf ihrer Stammburg und starb schließlich auch dort 1444. Sie wollte nicht in Stuttgart, nicht zusammen mit den Wirtembergern begraben sein; in Saint-Mainboeuf in Montbéliard, der alten Grablege ihres Hauses, wurde sie bestattet. In Stuttgart empfand man das als peinlich und setzte ihr darum wenigstens einen Gedenkstein, ein Kenotaph, in der Stiftskirche; bis ins 16. Jahrhundert war der Stein noch zu sehen. Er berichtet mit keinem Wort, daß Henriette die Gräfin von Wirtemberg war; nur aus der Stellung der Grabplatten ließ sich das ersehen. Sie war und blieb die Mömpelgarderin.« Rupp Ahnentafel (Anm. 1) 104: »In der Literatur ist diese Frage (Anm. des Beisetzungsortes Mömpelgard oder Stuttgart) nicht geklärt worden, doch scheint mir die Sache so zu sein, daß sie wohl bei ihren Vorfahren in St. Maimboeuf in Mömpelgard begraben ist, in der Stiftskirche aber dennoch ein Grabdenkmal erhalten hat, weil sie dieser Kirche Stiftungen gemacht hat, und auch, weil durch die betonte Zugehörigkeit zu den Württembergern das durch sie an Württemberg gefallene Erbe, das nicht immer unbestritten war, gesichert werden sollte.« Es ist anzunehmen, daß Graf Ulrich der Vielgeliebte, seit 1442 Inhaber des Stuttgarter Teils der Grafschaft Württemberg, den Auftrag zur Aufstellung dieses Gedenksteins für seine im fernen Mömpelgard ruhende Mutter erteilte. Denkbar ist auch, daß die unglücklich verheiratete Gräfin Anna von Katzenelnbogen †1471, die zeitlebens Henriettes Lieblingskind gewesen war, das Andenken ihrer Mutter in Stuttgart gefestigt und verewigt sehen wollte und ihren Bruder Ulrich in dieser Hinsicht bestärkt hatte. Merkwürdig bleibt indessen das Fehlen jeglichen schriftlichen oder heraldischen Hinweises über die Zugehörigkeit Henriettes zum Hause Württemberg auf dem Stuttgarter Gedenkstein, was möglicherweise auf eine persönliche Anordnung Henriettes zu Gestaltung und Inschrift des Steines zurückzuführen ist. Zustand des Gedenksteins 1557: J1 1b, 29v: Bericht A. Rüttels d. Ä. und Sebastian Ebingers: »Ein stain darauff das mümpelgartisch wapen von messing vnd kupfer gemacht, aber khein schrifft kan man mehr lesen« (ohne Zeichnung). A 525 Bü 3, 73v: Gutachten A. Rüttels d. J. 1566: »Mümppelgartisch Wappen, das Fräulein vf dem Haubt ein cronen, aber vf dem Helmlin keine«. »Auff dießem stayn Jst allein frau Henriethen grävin von Mümpelgart Wappen in Kupffer vnd Meß gemacht, aber die grabschrifft allerdings hinweg gerissen worden.« Zeichnung vom Zustand des Gedenksteins 1566: HB XV 77, 14r; 1583: Cod. hist. 2° 130, 31r. Entwurf A. Rüttels d. J. zur Restaurierung 1583: Cod. hist. 2° 130, 30r; Abb. bei Decker-Hauff Stuttgart 260. Kenotaph bis zum Bau der Gruft 1608 noch im Chor; vgl. Gfn Elisabeth †1524 Anm. 12.

12 Zitiert nach Entwurf Rüttel Cod. hist. 2° 130, 30r. Inschrift auch bei: Schmid 32; Tiedemann 17; Bach 167; Decker-Hauff Stuttgart 260.

13 Suntheim 592; der 597 von einer »mulier cordata et virilis adinstar viri« spricht.

14 Küng 85.

15 Küng 91.

16 Heimführung 21.

17 Lohmeier 53; Imhof 57.

18 Pregitzer 1, 11; Steinhofer 1, 128f.

19 Christoph Bidembach bei Steinhofer 2, 854.

20 Steinhofer 2, 680.

21 Steinhofer 2, 709.

22 Sattler Gf 2, 65.

23 Sattler Gf 2, 66; Sattler hat als erster Geschichtsschreiber die dunklen Züge im Charakter Henriettes erkannt und ausgesprochen. Als Hofhistoriograph Herzog Carl Eugens von Württemberg konnte er sich diese Abkehr von der Heroifizierung Henriettes vermutlich im Hinblick auf die unglückliche und gescheiterte Ehe seines fürstlichen Auftraggebers erlauben.

24 Spittler 39.

25 Pahl 2, 22.

26 Zimmermann 1, 597.

27 Barth 76.

28 Pfaff Wirtemberg 2, 139.

29 Stälin 3, 416.

30 Goguel Montbéliard (Anm. 10) 24.

31 P. Stälin 596.

32 Marquardt 39.

33 Müller 92.

34 Müller 93f, der diese Erkenntnis als Gasthörer der Tübinger Vorlesung von Prof. Decker-Hauff entnommen hat.

35 Decker-Hauff Stuttgart 258.

36 Decker-Hauff Stuttgart 259, der dort auch von »ihrem ungezügelten Stolz, ihrem nahezu krankhaften Selbstbewußtsein, ihrem Mißtrauen« spricht.

37 Decker-Hauff Stuttgart 259f.

38 Weller Württemberg 89.

39 Rupp Ahnentafel (Anm. 1) Einleitung.

40 Decker-Hauff bei Rupp Ahnentafel (Anm. 1) Vf.

41 Decker-Hauff ebenda VI; Decker-Hauff hat als erster die im Hause Württemberg im ausgehenden Mittelalter und der frühen Neuzeit auftretenden Geisteskrankheiten und Sinnesverwirrungen als Erbgut der Henriette und des Hauses Montbéliard-Montfaucon erkannt, nachdem die Literatur bis dahin unbegründeterweise Antonia Visconti als Urheberin dieser auffälligen Erscheinungen angesehen hatte; vgl. Gfn Antonia †1405 Anm. 19.

42 ZWLG 43, 1984, 90.

43 Walter Grube in Festschrift Württemberg 429f.
Zu der Darstellung Henriettes auf einem Chorfenster in der Tübinger Stiftskirche vgl. Gf Eberhard †1419 Anm. 27. Chorfenster nord II: Henriette von Mömpelgard als Stifterin, Straßburg um 1477. Beschreibung bei Becksmann 292f mit Abb. Tf 120 Nr 376.

Elisabeth

n. 1412–n. 1475

Gräfin von Württemberg

Gräfin von Werdenberg

T. v. Graf Eberhard III. dem Milden von Württemberg[1]
u. v. Burggräfin Elisabeth von Nürnberg

Geboren nach 1412[2]
in

Verlobt am 15. Januar 1428 Heidelberg[3]
mit Herzog Albrecht II. von Bayern 1401–1460[4]

Vermählt 1428[5]
mit Graf Johann III. von Werdenberg † 1465[6]

Gestorben nach dem 29. April 1476[7]
in

Beigesetzt
in Trochtelfingen in der Pfarrkirche St. Martin[8]

»filia quae postea contraxit cum domino Joanne comite de Werdenberg«[9]

»Elisabeth ain Gräfin von Wirtemberg ain Tochter Graf Eberhard des Fridsamen und Fraw Elzpeten Burgräfen von Nurnberg. Johan Graf zu Werdenberg und zum heiligen Berg Frau Elspethen eelicher Gemahel haben vil Sün und Töchter miteinander gehabt.«[10]

»Elisabett, ain thochter graff Eberharts des Gietigen, geborn von frauw Anthonia, hertzogin zu Maylandt, ist erstlich mitt graff Hannsenn von Werdenberg vermechelt worden und Johannem, der nachmals bischoff zu Augspurg worden, geborn. Als aber graff Hanns gestorben, hatt sie sich hernach mitt hertzog Albrecht aus Bayernn verheirat und bei im one kinder gestorben.«[11]

»Elisabeth wurde noch in Ihrer Jugend von Ihrem Hn. Vatter an H. Albrechten III. in Bayern, der mit Ihro Geschwisterig Kind war, ehlich versprochen, und darüber zwischen beeden Vättern, H. Ernsten, und Gr. Eberharden, welche zugleich leibliche Schwäger waren, ein Ehe-Pactum aufgerichtet, als aber Elisabeth Ihre mannbare Jahre erreicht, hatte Sie zu dieser Mariage durchaus keine Lust, dahero solche mit beederseits Belieben, wiederum aufgehoben, und Elisabeth an obgedachten Graf Johannem (von Werdenberg) auf ihr Begehren vermählet worden. Von welchen beede Gräf- und Fürstl. Häuser Hohenzollern und Fürstenberg durch die Weibliche Lini abstammen.«[12]

»Es scheint aber, daß dise junge Grävin eben nicht die beste Auferziehung genossen. Wenigstens konnte man sich nicht versprechen, daß sie eben viel gutes bey ihrer Frau Mutter gelernet hätte, als welche der Wollust sehr ergeben war. Der Erfolg zeigte, daß die junge Grävin wegen ihrer Unart wenig gute Hoffnung von sich machte.«[13]

»es ist bekandt, daß Herzog Albrecht sich in eine Baders-Tochter von Augspurg verliebet habe und aller väterlichen Erinnerung unerachtet dennoch nicht von derselben ablassen wollen, biß sie sein Herr Vater in der Donau ertränken ließ. Und die Grävin Elisabeth war gegen Grav Hannsen von Werdenberg verliebt und konnte sich nicht entschließen in eines andern Arme zu kommen. Weil die Zeit zur Vollziehung des Beylagers kurz ware, so wurde sie sich mit ihrem geliebten Graven eins, demselben vorzukommen und sich ehlich trauen zu lassen. Allem Ansehen nach liesse sie sich von ihm entführen, wordurch Grav Ludwig und das ganze Hauß Würtenberg in grosse Verlegenheit gesetzt wurde. Die Herzoge von Bayern verlangten die anbedingte Strafe und Gabelkofer hat keine Ursache zu zweifeln, ob dieselbe bezahlt worden, indem der Bayrische Geschichtschreiber ganz recht schreibet, daß Herzog Ernst und Albrecht den Salz-Zoll zu Regenspurg damit an sich erhandelt. Nur darinn fehlet er, daß er Grav Eberharden die Schuld beymißt, als ob diser die Vermählung hintertrieben hätte, da er doch lang zuvor verstorben ware. Es wurden ihr auch nach der Zeit dise Strafgelder an ihrem Zugeld richtig abgezogen. Weil sie ohne Vorwissen des Grävlichen Hauses sich vermählet und demselben viel Verdruß zugezogen hatte, so mußte sie lang um ihre Fräulensteur vergeblich ansuchen.«[14]

»Ob nun eben die Mutter die unbesonnene Vergehung ihrer Tochter oder das Verfahren der Herrschaft Würtenberg mit derselben in Ansehung der gebrauchten Ahndung mehr zu Gemüth gegangen, wollte ich eben nicht errathen. Weil aber die eine so leichtsinnig, als die andere gewesen, so dörfte man eher auf das letztere schliessen.«[15]

»Graf Hans von Werdenberg und sein Bruder hielten sich am Hofe ihres Vormunds, des Grafen Eberhard von Würtemberg des Milden, und später bei dessen Sohn, dem Grafen Eberhard dem jüngeren sowie bei Graf Ludwig auf. Da entspann sich eine Bekanntschaft zwischen dem Grafen Hans von Werdenberg und der noch jungen Gräfin Elisabeth von Würtemberg, welche von ihrer verwitweten Mutter, der Gräfin Elisabeth, geborene Burggräfin von Nürnberg, erzogen wurde. Letztere wurde von den würtembergischen Geschichtsschreibern als eine genußsüchtige, verschwenderische und zur Wollust geneigte Frau geschildert, deren Beispiel auf ihre junge Tochter einen nachtheiligen Einfluß gehabt haben soll. Dieser nachtheiligen Schilderung von dem Charakter der jungen Gräfin Elisabeth entspricht ihr späteres Leben nicht, indem sie mit dem Grafen Hans von Werdenberg in vieljähriger, zufriedener Ehe lebte und sich als eine besorgte, liebende Mutter, als eine gute Haushälterin, dabei aber auch als eine herrschsüchtige, stolze und hartnäckige Frau, wo es sich um ihr vermeintes Recht und das Wohl ihrer Kinder handelte, zeigte.«[16]

»Bei dieser Verabredung (der Ehe mit Herzog Albrecht von Bayern) scheint man, was leider! nur zu oft der Fall ist, wo allein Familienrücksichten entscheiden, die junge Gräfin nicht befragt zu haben.«[17]

»Nicht lange nach diesem Romanstreich der Tochter starb die Mutter.«[18]

»Für Elisabeth wurde im Jahre 1428 eine Eheberedung mit Herzog Albrecht, Sohn des Herzogs Ernst von Bayern-München abgeschlossen, wobei festgesetzt wurde, wer diese Beredung nicht halte, solle dem andern Teile ein Strafgeld von 10000 Gulden zu leisten haben. Allein Elisabeth folgte ihrer älteren Neigung und ließ sich, unbekümmert um das Strafgeld, welches die Württemberger Grafen zahlen mußten, mit ihrem Geliebten Graf Johann von Werdenberg heimlich trauen. Der verlassene Bräutigam tröstete sich übrigens bald in den Armen der schönen Augsburgerin Agnes Bernauer.«[19]

»Elisabeth war mit dem bairischen Herzogssohn Albrecht verlobt (dem späteren Gatten der schönen Agnes Bernauerin), und man hatte eine sehr hohe Strafsumme ausbedungen für den Fall, daß Albrecht die Wirtembergerin nicht bekäme. Elisabeth ließ sich dem ungeachtet von ihrem Ritter Hans von Werdenberg entführen, forderte Erbe und Mitgift vom Hause Wirtemberg und ließ die Bezahlung der Tausende von Goldgulden nach Baiern Sache der Neffen sein.«[20]

Anmerkungen

1 Einziges Kind aus der zweiten Ehe Graf Eberhards III. des Milden; vgl. Annales Stuttgartienses 18 – Tubingius 256. Küng 85 nennt als Mutter irrigerweise Eberhards erste Gattin Antonia Visconti; Stälin 3, 433 bezeichnet Elisabeth mißverständlich als »Halbschwester ihres Vaters« (gemeint sind Gf Ludwig I. und Gf Ulrich V., vgl. Anm. 3).

2 Beilager der Eltern im November 1412; vgl. Gf Elisabeth † 1429 Anm. 5; sämtliche Quellen ohne Angaben zum Geburtsjahr.

3 A 602 U 53: Heidelberg 15. Januar 1428: Die Herzöge Ernst und Albrecht von Bayern und die Grafen Ludwig I. und Ulrich V. von Württemberg treffen eine Eheberedung zwischen Herzog Albrecht und Gräfin Elisabeth von Württemberg, der Halbschwester des 1419 verstorbenen Vaters der beiden Grafen, Eberhards IV. des Jüngeren. Das Beilager wird darin auf die Zeit zwischen Pfingsten (= 23. Mai) und Johannistag (= 24. Juni) 1428 festgelegt. Als Strafgeld für den Fall eines einseitigen Bruches der Abmachung wird die Summe von 10000 Gulden festgesetzt; vgl. Anm. 19f. Nach Vanotti (Anm. 6) 394 und Roller Werdenberg (Anm. 6) 221 soll Elisabeth zuvor schon mit Markgraf Bernhard d. J. von Baden verlobt gewesen sein, der aber vor der Vermählung verstorben ist; Schwennicke 1, 130: Bernhard 1412–1424 (Sohn Bernhards I. von Baden † 1431).

4 Nach Häutle Wittelsbach 30: geboren am 27. März 1401 in München; gestorben am 29. Februar 1460 in München; beigesetzt in Andechs in der Klosterkirche. Erste Gemahlin: Agnes Bernauer aus Augsburg 1410–1435 (auf Befehl ihres Schwiegervaters, Herzog Ernsts von Bayern, am 12. Oktober 1435 in Straubing in der Donau ertränkt; beigesetzt in Straubing auf dem Kirchhof St. Peter in der Agnes-Bernauer-Kapelle). Zweite Gemahlin: (seit dem 22. Januar 1437 München) Herzogin Anna von Braunschweig-Grubenhagen um 1420–1474; beigesetzt in Nannhofen, später Andechs.

5 Entgegen der Eheabrede mit Bayern und trotz des darin festgesetzten Strafgeldes von 10000 Gulden (Anm. 3) ließ sich Elisabeth, ihrer Herzensneigung folgend und nicht der Staatsraison, mit ihrer Jugendliebe, dem am Hofe seines Vormundes, Graf Eberhards III. des Milden, und dessen Nachfolger in Stuttgart aufgewachsenen Grafen Johann III. von Werdenberg, heimlich trauen. Das Jahr 1428 als Hochzeitsjahr nennen: Behr 170; Voigtel-Cohn 91; P. Stälin 717; Giefel Nr 36; Schneider Stammbaum; Isenburg 1, 75; Freytag 1, 75; Schwennicke 1, 122. Hochzeit nach dem 15. Januar 1428 (Tag der Eheabrede): Schön Nr 32. Heirat 1429 bei: Uhland Festschrift 398. Das Jahr 1430 als Hochzeitsjahr nennt: Sattler Gf 2, 58. Den 24. April 1430 als Hochzeitstag nennt: Pregitzer 1, 10. Am 27. April 1430 wurde in Stuttgart der Heiratsbrief für das zu diesem Zeitpunkt bereits vermählte Paar (»zu wissen, als der wolgeporn Grave Hans von Werdemberg, und die wolgeporn Frowlin Elisabeth zu Wirttemberg zu der heiligen Ee gegriffen hond«) ausgefertigt. Urkunde bei Vanotti (Anm. 6) 591–593 Nr 41. Es ist anzunehmen, daß die Heirat zwischen dem Abschluß der Ehevereinbarung mit Bayern Mitte Januar und dem darin festgelegten Termin des Beilagers zum Frühsommer 1428 (vgl. Anm. 3) stattgefunden hat, da nur eine rasch erfolgte Trauung mit Werdenberg eine zwangsweise angeordnete Eheschliessung mit Bayern abwenden konnte. A 602 U 54: Am 2. August 1429 berichtet Hans Truchseß von Bichishausen der Gräfin Henriette von Württemberg über seine Sendung in Angelegenheiten des Streits, der durch die heimliche Vermählung der Gräfin Elisabeth mit Graf Johann III. zwischen Württemberg und Werdenberg entstanden ist. A 602 U 115: Um 1447 Verzeichnis der Ausgaben Graf Ludwigs I. von Württemberg für die wegen Bruchs der Verlobung der Gräfin Elisabeth notwendig gewordenen Entschädigungen: »Verzeichnuß der kauf, ablosungen der Pfandschaften vnd Gülten, auch waß sonsten Graf Ludwig von W. wegen Elisabeth Gräfin von W., so an Hertzog Albrecht in Bayern versprochen gewesen, so wohl disem, als auch seinem brudern Graf Ulrichen, wegen Mömpelgartt bezahlen müßen.« Zu der Verlobung Bayern und Heirat Werdenberg: Sattler Gf 2, 92–95; Vanotti (Anm. 6) 393 ff; Stälin 3, 433 f.

6 Zu den Grafen von Werdenberg: Johann Nepomuk Vanotti, Geschichte der Grafen von Montfort und von Werdenberg, Konstanz 1845; Stälin 3, 685–690; Otto Konrad Roller. Genealogisches Handbuch zur Schweizer Geschichte 1, Zürich 1900, 187–234: Werdenberg, mit Stammtafel. Graf Johann III. von Werdenberg: geboren vor 1416 (Todesjahr des Vaters 1416, noch zwei jüngere Brüder vorhanden; Vanotti 386; Stälin 3, 689; Roller Werdenberg 221); gestorben am 27. April 1465. Diesen Todestag nennen: Vanotti 414; Stälin 3, 689; Behr 170; Giefel Nr 36; Roller Werdenberg 190 u. 221 (mit Hinweis: Sterbetag auf Totenschild in Trochtelfingen); Schön Nr 32; Isenburg 1, 75; Freytag 1, 75. Das Todesjahr 1465 nennen: Vanotti Tf IV; Stälin 3, 713; Voigtel-Cohn 91; P. Stälin 717; Schwennicke 1, 122. Das Jahr 1460 als Todesjahr nennen: Pregitzer 1, 10; Hübner 200. Begräbnis in Trochtelfingen in der Pfarrkirche St. Martin; Vanotti 414; Roller Werdenberg 221; Schön Nr 32.

7 Nach einer Urkunde Graf Eberhards im Bart für das Haus Werdenberg war Elisabeth am 29. April 1476 noch am Leben; abgedruckt bei Vanotti (Anm. 6) 631 f Nr 54. Todestag nach dem 26. April 1460 (Todestag des Gatten: 27. April 1460) nennen: Behr 170; Giefel Nr 36; Isenburg 1, 75; Freytag 1, 75. Tod nach April 1460: Schneider Stammbaum; Schön Nr 32. Tod nach 1460: Pregitzer 1, 10.

8 Obwohl sich kein Grabstein und kein sonstiger Hinweis erhalten hat, ist anzunehmen, daß Elisabeth neben ihrem Mann in der Grablege der Linie Werdenberg-Trochtelfingen beigesetzt wurde; die Umstände der Eheschliessung sowie die hohe Abkunft Elisabeths als Urenkelin Kaiser Karls IV. sprechen für diese Annahme.

9 Tubingius 256f.

10 Suntheim 592; nach Vanotti (Anm. 6) Tf IV 7 Töchter u. 6 Söhne.

11 Küng 85 mit irriger Angabe zur Heirat mit Bayern.

12 Pregitzer 1, 10.

13 Sattler Gf 2, 92f.

14 Sattler Gf 2, 94.

15 Sattler Gf 2, 95.

16 Vanotti (Anm. 6) 393.

17 Vanotti 394.

18 Stälin 3, 434; die Bezeichnung »Romanstreich« bereits bei Spittler 40: »aber Elisabeth vergaß, daß wechselweise Liebe zu den politischen Heurathen nicht erfordert werde, sie machte mit Graf Hans von Werdenberg einen Romanstreich, für ein empfindsames Mädchen war Albert von Baiern kein Bräutigam, seine Geschichte mit der Barbiererstochter Agnes Bernauerinn war doch bekannt«.

19 P. Stälin 605.

20 Decker-Hauff Stuttgart 257.

Generation VIII

Eberhard IV. † 1419
⚭ Henriette von Mömpelgard † 1444

ANNA † 1471 Katzenelnbogen	LUDWIG I. † 1450 ⚭ MECHTHILD von der Pfalz † 1482	ULRICH V. † 1480 ⚭ I MARGARETHE von Cleve † 1444 ⚭ II ELISABETH von Bayern- Landshut † 1451 ⚭ III MARGARETHE von Savoyen † 1479

Anna

1408–1471

Gräfin von Württemberg

Gräfin von Katzenelnbogen

T. v. Graf Eberhard IV. dem Jüngeren von Württemberg[1]
u. v. Gräfin Henriette von Mömpelgard

Geboren 1408[2]
in Waiblingen[3]

Vermählt 1420/22
mit Graf Philipp von Katzenelnbogen 1402–1479[4]
»letzter seines Stammes und Namens«[5]
Eheabrede am 6. Februar 1420[6]
Beilager am 24. Februar 1422 in Darmstadt[7]
Trennung 1446[8]
»Ehscheidung von Tisch und Bett« nach dem 1. Januar 1456[9]
Heimkehr nach Württemberg 1457[10]

Gestorben am 2.[11] oder 16. April 1471[12]
in Waiblingen[13]

Beigesetzt 1471
in Waiblingen in der Michaelskirche in der Marienkapelle[14]

Grabmal[15]
»Anno Domini millesimo, quadringentesimo septuagesimo primo, die secunda Aprilis, obiit illustris Domina, Domina Anna, Comitissa de Catzenelenbogen, nata de Wirtemberga. cuius anima requiescat in pace.«[16]

»Anna, graffin zu Wirtemberg, ein thochter graff Eberharts des Jüngeren und frauw Hainrica gravin zu Mumpelgart, hatt zu gemacheln gehapt herrn Philipsenn, graven zu Catzenelnbogen, den letsten dises geschlechts. Volgender zeit kam sie, frauw Anna, mit ierem gemachel in ein widerwillen, deshalb sie haim zu ieren briedern gezogen, die ier zu Waiblingen ier gebürlich underhaltung bis in ieren thodt gegeben und verordnet haben, letstlich anno 1471, den 16. aprilis, zu Waiblingen gestorben und in ein sunder darzu verordnete cappell, dahin sie auch ain gantz güldin kelch, 300 gulden schwer, vergabett hatt, begraben worden.«[17]

»Anna, Gräfin zu Wirttemberg. Sie war von sonderbarer Klugheit, Zucht und heroischem Gemüth.«[18]

»In Gott sie seliglich verstirbt,
Für zeitlichs sie ewigs erwirbt,
Den Armen gab's von Herzen gern,
Von Zucht sie gleicht eim schönen Stern«[19]

»Frau Anna lebte noch bis auf das Jahr 1471 zu Waiblingen, und that denen Bürgern daselbst, besonders aber denen armen Leuten, sehr viel Gutes, so daß sie für eine rechte Mutter des Orts von iedermann angesehen und verehret worden.«[20]

»Es hat aber das Ansehen, daß dise Tochter von ihrer Muter eine Unart abgelernet den Ehgemahlen mit einer Sprödigkeit zu begegnen. Eine unanständige Herschsucht plagte beedes Frauenzimmer. Daraus entstunden bey beeden mißvergnügte Ehen.«[21]

»Man rühmet sie wegen ihrer Gutthätigkeit gegen den Armen.«[22]

»Die Tochter war ihrer Mutter, der Henriette von Mömpelgard, vollkommen würdig und eben diese Übereinstimmung der häßlichsten Charaktere machte sie für ihre Tochter so geneigt.«[23]

»So glänzend die Umstände Graf Philipps von aussen waren, so fehlte ihm doch, was jenen Schimmer allein noch erheben kann, häusliches Glück. Ich habe schon erzehlt, daß er an Anna, eine Tochter Graf Ludwigs von Würtemberg, vermählt war, daß ihr 16000 fl. Ehgeld, nach dem Tod ihrer Mutter aber noch andere 16000 fl. zugesichert wurden. Er würde indessen in seinen Umständen dieser Gaben leicht entbehrt haben, hätte sie ihm dagegen ein beßres Herz und weniger spröden Stolz und Herrschsucht zugebracht. Sie war darin nur allzu sehr ihrer Mutter, der Henriette von Mömpelgard, Tochter, die eben diese Eigenschaften mit ihrem Gemahl, und nachher auch mit ihren Söhnen entzweit hatten.«[24]

»starb in Waiblingen, wo sie durch ihre den dortigen Bürgern erzeigte Gutthaten ein noch jezo dauerndes Andenken hinterlassen haben soll«[25]

»Anna, welche mit ihrem Gemahle, dem Grafen Philipp von Katzenellenbogen, eine ebenso betrübte Ehe führte, als die Ehe ihrer Aeltern war, weil die Tochter ganz den Karakter ihrer Mutter hatte«[26]

»der Mutter Liebling und derselben an Sinnesart sehr ähnlich, lebte in Unfrieden mit ihrem Gemahl, welcher sich durch Bulle Papst Calixts III. vom 1. Januar 1456 von Tisch und Bett von ihr scheiden ließ und sie nach Hause schickte«[27]

»eine sich im unstillbaren Verlangen einer Haßliebe verzehrende Frau, die infolge ihrer ungezügelten und verworrenen Art wohl nie den Zugang zu der rechnerisch klaren und kühlen Persönlichkeit Philipps gefunden hat«[28]

»So können wir uns das Bild der Braut noch heute vergegenwärtigen: ein gerade 14jähriges Mädchen, fast noch ein Kind, im Schmuck seiner Jugend, seines Goldes und seiner Perlen, das uns dennoch die Last seines Geschmeides und seiner Prunkkleidung fast zu erdrücken scheint. Und wenn, wie der Volksglaube will, Perlen Tränen bedeuten, dann hat er sich an Anna und Philipp in verhängnisvoller Weise erfüllt, denn die Ehe hat für Anna in demütigender Verlassenheit und für Philipp mit dem Erlöschen seines Geschlechts geendet. Die Hauptschuld lag wohl bei Anna, denn sie erwies sich als ein geradezu heißblütig leidenschaftlicher Charakter und von einem Temperament, das gegen die gelassene Ruhe Philipps grell abstach. Obwohl sie ihrem Manne drei Kinder geboren hat, hat sie sich hinreißen lassen, Liebeszauber gegen ihn anzuwenden, um ihn noch enger zu umschlingen und an sich zu fesseln. Der eine Zauber schrieb vor, eine Spinne in eine Nußschale einzuschließen, diese in den Mund zu nehmen und den begehrten Mann damit zu küssen, was diesen zu unbedingter Liebesbereitschaft zwinge. Der andere Zauber verlangte ein Sitzbad in entkleidetem Zustand, wobei der Oberkörper trocken zu halten war; der durch das heiße Bad ausbrechende Schweiß mußte zwischen den Brüsten aufgefangen, auf eine Semmel getropft und dem, der bezaubert werden sollte, zum Essen vorgesetzt werden. Wer von einer so vorbereiteten Semmel gegessen hatte, mußte die Urheberin des Zaubers ebenfalls grenzenlos lieben. Die Folgen dieser Zauberbezichtigungen waren für Anna schwer, denn der Graf verwies sie darauf in ihr Wittum Lichtenberg im Odenwald, ließ ihren Verkehr mehr und mehr zum Erliegen kommen und erreichte es schließlich, daß seine Ehe mit Anna im Hinblick auf ihre bösartigen Anschläge gegen seine Person 1456 durch Papst Calixt III. getrennt wurde. Ein Jahr später zog Anna nach Württemberg zurück. Ihr Mann gab ihr bis an ihr Lebensende eine jährliche Rente von 1000 fl., ihr Bruder Graf Ulrich wies ihr einen Hof mit freiem Unterhalt fern seiner Residenz in Waiblingen an. Dort ist sie nach vierzehnjähriger Trauer und Trennung 1471 im Alter von 63 Jahren verlassen und vergessen gestorben.«[29]

Anmerkungen

1 Vgl. Gf Ludwig † 1450 Anm. 3.

2 Das Beilager wird in der Eheabrede (Anm. 6) auf das 14. Lebensjahr Annas festgesetzt; die Hochzeit der Eltern fand nach 1400 statt, vgl. Gfn Henriette † 1444 Anm. 4. Das Geburtsjahr 1408 nennen: Stälin 3, 713; Behr 170; Voigtel-Cohn 91; P. Stälin 717; Giefel Nr 37; Schneider Stammbaum; Roller Baden 4; Schön Nr 33; Isenburg 1, 75; Freytag 1, 75; Decker-Hauff Stuttgart 259; Schwennicke 1, 122; Uhland Festschrift 398. Das Geburtsjahr 1409 nennt: OAB Waiblingen 1850, 107.

3 Geburtsort Waiblingen bei: OAB Waiblingen 1850, 107; Schön Nr 33.

4 Nach Helfrich Bernhard Wenck, Hessische Landesgeschichte, Darmstadt/Giessen 1783, 1 Stammtafel der Grafen von Katzenelenbogen: geboren 1402, gestorben am 27. Juni 1479. Nach Karl E. Demandt, Hessen und Katzenelnbogen 1479–1979 = Marburger Reihe 13, Marburg 1979, 30: Sterbeort Burg Rheinfels; beigesetzt im Katzenelnbogischen Erbbegräbnis Kloster Eberbach im Rheingau; Grabmal, Abb. auf Titelblatt. Johann-Just Winkelmann, Gründliche und Warhafte Beschreibung der Fürstenthümer Hessen und Hersfeld, Bremen 1697, 116: Grabinschrift (nennt als Todestag v. Kal. Julii = 27. Juni 1479), ebenso der Eberbacher Nekrolog. Den 28. Juli 1479 als Todestag nennen: Behr 170; Giefel Nr 37; Schön Nr 33; Freytag 3, 81 (der 1, 75 den 27. Juni 1479 nennt). In zweiter Ehe am 24. Januar 1474 verheiratet mit Gräfin Anna von Nassau-Dillenburg † 1514, Witwe von Herzog Otto von Braunschweig † 1471; diese Ehe blieb kinderlos. Zu Katzenelnbogen: Karl E. Demandt, Regesten der Grafen von Katzenelnbogen 1–4, 1953–1957 = Veröff. Hist. Kommission Nassau XI; Ders., Die letzten Katzenelnbogener Grafen und der Kampf um ihr Erbe in: Nassauische Annalen 66, 1955, 93–132; weitere Literatur bei Demandt Hessen und Katzenelnbogen 72.

5 Steinhofer 3, 199; Küng 89: »hatt zu gemacheln gehapt herrn Philipsenn, graven zu Catzenelnbogen, den letsten dises geschlechts«. Der Ehe mit Anna von Württemberg entsprangen: Philipp d. J., geboren 1427, gestorben nach Wenck (Anm. 4) 1 Stammtafel am 30. Januar 1454, nach Freytag 3, 81 am 27. Februar 1453, nach Demandt Hessen (Anm. 4) 29 »im Alter von 25 Jahren in Darmstadt an der Schwindsucht«; er war vermählt mit Gräfin Ottilia von Nassau-Dillenburg 1437–1493; beider einziges Kind Ottilia 1451–1517 heiratet 1468 den Markgrafen Christoph von Baden † 1527 (Daten nach Wenck Stammtafel). Eberhard (Bei Wenck nicht erwähnt, nach Freytag 3, 81 † 1456, Domherr zu Köln, nach Demandt Hessen [Anm. 4] 29 »zu Brügge in Flandern von Meuchelmördern erstochen«.) Anna, geboren am 5. September 1443, gestorben am 16. Februar 1494, seit 24. Januar 1457 Gemahlin von Landgraf Heinrich III. von Hessen † 1483 (Daten nach Freytag 3, 81); nach dem Tode Philipps d. Ä. Erben der Grafschaft Katzenelnbogen, dazu Demandt Erbe (Anm. 4) 107–132.

6 A 602 U 65: Eheabrede vom 6. Februar 1420, getroffen zwischen Gräfin Henriette von Württemberg und dem Vater des Bräutigams, Graf Johann III. von Katzenelnbogen. A 602 U 66: Verzeichnis der Kleider und Kleinode der Hochzeitsausstattung der Gräfin Anna, abgedruckt bei Steinhofer 2, 714–716; auszugsweise bei Demandt Erbe (Anm. 4) 94 f und Demandt Hessen (Anm. 4) 27 f: »Damit waren die nach den Reichsmatrikeln reichsten Grafenhäuser Westdeutschlands in verwandtschaftliche Beziehungen getreten, und so brachte Anna von Württemberg dem Katzenelnbogener Grafenhaus eine Mitgift ein, wie sie bis dahin noch nicht zu verzeichnen war. Sie betrug insgesamt 32 000 fl., von denen nach den Bestimmungen des

Ehevertrages 16000 fl. in bar zum Beilager mitzubringen waren und 16000 fl. beim Tode von Annas Mutter Henriette von Mömpelgard fällig wurden. Dem Wert der Mitgift entsprach die Brautausstattung Annas. Ihr Verzeichnis – eine kulturgeschichtliche Kostbarkeit – ist erhalten« (es folgt Aufzählung und Erklärung der Aussteuer Annas); vgl. O. Gabelkover Cod. hist. 2° 588, 11; Steinhofer 2, 698; Wenck (Anm. 4) 1, 524; Stälin 3, 419.

7 Das Beilager fand an Faßnacht 1422 (= 24. Februar) in Darmstadt statt, Wenck (Anm. 4) 1, 524; Demandt Erbe (Anm. 4) 93; Demandt Hessen (Anm. 4) 26; Freytag 3, 81. Den 22. Februar 1422 als Hochzeitstag nennen: Behr 170; Giefel Nr 37; Schneider Stammbaum; Schön Nr 33; Isenburg 1, 75; Freytag 1, 75; Schwennicke 1, 122. Diese Angabe beruht wohl auf einer Verwechslung zwischen Herrenfaßnacht (= Estomihi 22. Februar) und Faßnacht (= Dienstag nach Estomihi 24. Februar) des Jahres 1422. Das Hochzeitsjahr 1422 nennen: Steinhofer 2, 698; Stälin 3, 419 und 713; Voigtel-Cohn 91; P. Stälin 717; Maisch Stammbaum; Uhland Festschrift 398. Hochzeitsjahr 1420 bei: Heimführung 21; Sattler Gf 2, 65. Hochzeitsjahr 1434 bei: Tuefferd Montbéliard 223. Wenck (Anm. 4) 93: »eine der bemerkenswertesten Hochzeiten des Katzenelnbogener Grafenhauses. Sie war nicht nur eine der reichsten und glanzvollsten, die das Haus jemals erlebt hatte, sondern auch eine der unglücklichsten und verhängnisvollsten, die seine Geschichte kennt.« Zu dieser unglücklichen Ehe: Steinhofer 2, 1012f; Sattler Gf 2, 65f u. 81 u. 227; Wenck (Anm. 4) 1, 591f; Demandt Erbe (Anm. 4) 93–96: Die württembergische Heirat und ihre Folgen; Demandt Hessen (Anm. 4) 26–29.

8 Wenck (Anm. 4) 1, 592: »Jhre Gemüthsart fiel ihm zuletzt unerträglich, er entschlug sich aller Gemeinschaft mit ihr, und wies ihr gegen das Jahr 1446 eine eigene Wohnung auf dem Schloß Lichtenberg an, worauf sie bewitthumt war«; s. Anm. 29.

9 Wenck (Anm. 4) 1, 256 Urkunde Nr 345: Rom 1. Januar 1456 »Pabst Calixtus trägt dem Erzbischof von Mainz auf, in der von Graf Philipp von Katzenelnbogen gesuchten Ehscheidung von Tisch und Bett nach den Canonischen Gesetzen zu entscheiden.« Wenck (Anm. 4) 1, 592: »Der Unfriede kam demungeachtet so weit, daß Graf Philipp des Lebens und seiner Gesundheit nicht mehr bei ihr sicher zu seyn behauptete, und daher vom Papst Calixtus III. die Scheidung von Tisch und Bett (quoad thorum et sanitatem) verlangte.« Demandt Erbe (Anm. 4) 96: »Wohl schon mit dem Tode des ältesten Sohnes, Graf Philipp d. J. (†1453), ward das letzte Band zwischen beiden Eheleuten zerrissen, und so kam es schließlich dazu, daß Graf Philipp seine Ehe mit Anna im Hinblick auf ihre bösartigen Anschläge gegen seine Person 1456 durch Papst Kalixt III. trennen ließ«; vgl. dazu den Giftmordanschlag auf Philipps zweite Gattin 1474 bei Demandt Erbe (Anm. 4) 117.

10 A 602 U 80: Am 20. August 1459 weist Graf Ulrich V. der Vielgeliebte der Gräfin Anna, in Waiblingen auf Lebenszeit ein Haus an, »vß sonderlicher bruderlicher trew vnd liebe bewegt«; vgl. Anm. 13. Sattler Gf 2, 65: »sie lebte sehr mißvergnügt in diser Ehe, daß Graf Philipps sie endlich nach Hauß zu schicken dienlich erachtete.«

11 Den 2. April 1471 als Todestag nennen: Wolleber Grabschrift (Anm. 16); Crusius Grabschrift (Anm. 16); J. Frischlin bei: Wilhelm Glässner, Waiblingen in den Chroniken des 16. Jahrhunderts, Waiblingen 1978, 59; Steinhofer 3, 199; Sattler Gf 3, 81; Schahl (Anm. 14) 1156.

12 Den 16. April 1471 als Todestag nennen: Wenck Grabschrift (Anm. 16); Küng 91; Eber 145; Wolleber Cod. hist. 2° 934, 34 u. 150v; Crusius 2, 29; Hengher 164; Heimführung 21; Lairitz 471; Pregitzer 1, 11; Steinhofer 3, 199; Sattler Gf 2, 227; Wenck (Anm. 4) 1, 277 u. 593; St. Allais 4, 518; Duvernoy Eph. 129; Tuefferd Montbéliard 223; Behr 170; Giefel Nr 37; Schneider Stammbaum; Roller Baden 4; Schön Nr 33; Isenburg 1, 75; Freytag 1, 75 u. 3, 81; Schwennicke 1, 122. Den 2. oder 16. April 1471 nennen: Stälin 3, 459; Voigtel-Cohn 91; P. Stälin 717. 26. April 1471 bei: Steinhofer 1, 149. April 1471 nennen: Stälin 3, 713; OAB Waiblingen 1850, 108. Das Todesjahr 1471 nennt: Hübner 200; Maisch Stammtafel; Uhland Festschrift 398.

13 Sterbeort Waiblingen in sämtlichen Quellen einheitlich. Ihr Wohnhaus (Anm. 10) ist wohl mit ihrem Sterbehaus identisch: Crusius 2, 94: »Jhre Wohnung hatte sie in dem schönen und großen Haus des Caspar Wölfflins, nicht weit von dem alten Waiblinger Schloß«, vgl. Crusius bei Glässner (Anm. 11) 83; Wolleber bei Glässner 36: »in Caspar Wölflins Behausung, die nicht sehr weit vom Schloß zu Waiblingen steht. Die herrlich schöne und weite Behausung ist vor vielen Jahren der Haapen Wohnung gewesen.« Sattler Gf 2, 227: in dem einige Jahre zuvor von Ulrich dem Vielgeliebten von der Dürnerin erkauften Haus. OAB Waiblingen 1850, 108: Anna starb »in einem Hause, welches ihr Bruder Graf Ulrich der edlen Witwe Dürner abgekauft. Dieses Haus wurde gleich nach ihrem (Anm. Annas) Tode an Reinhard von Gärtringen verkauft, von diesem an Kaspar von Kaltenthal, dem es 1482 Graf Eberhard d. J. freite.« Da Graf Ulrich v. in A 602 U 80 (Anm. 10) ausdrücklich von »vnser Huß vnd Hofreitin zu Weiblingen gelegen« bei der Zuweisung eines Wohnsitzes für die heimgekehrte Schwester spricht, müssen die folgenden Angaben Sattlers und Stälins als Irrtum angesehen werden: Sattler Gf 2, 65: »Gr. Ulrich ihro das Schloß zu Waiblingen einraumete, wo sie auch ohne mit ihrem Gemahl ausgesöhnet zu werden das Zeitliche verließ«; Gf 3, 81: »wohnte bis an ihr Ende in dem Schloß zu Waiblingen, wo Grav Ulrich ihro einen Unterhalt verschaffet.« Stälin 3, 459: »wo sie in dem ihr zur Wohnung angewiesenen Schloß Waiblingen verschied«. Es darf angenommen werden, daß die Wahl Waiblingens als Alterssitz für Anna mit ihrer hier verbrachten Kindheit in Verbindung zu setzen ist.

14 Demandt Erbe (Anm. 4) 96: »Anna wurde nicht in der katzenelnbogischen Erbbegräbnisstätte der Kirche des Klosters Eberbach im Rheingau, sondern in der Kirche zu Waiblingen bestattet, was gleichfalls ihren völligen Zerfall mit ihrem Mann verdeutlicht.« Küng 91: »zu Waiblingen gestorben und in einer sunder darzu verordnete cappell, dahin sie auch ain gantz güldin kelch, 300 gulden schwer, vergabett hatt, begraben worden«; Eber 145: »in unser Frawen Capell«; Wolleber Cod. hist. 2° 934, 150v: »in ein sonder darzu verordnet cappellin, wie man vf der linckhen Hand in die Kirch gehet, in vnser frawen Chörlin genannt«; Wolleber bei Glässner (Anm. 11) 36: »In der Pfarrkirche ist noch ein Chörlein, das der heiligen Jungfrau Maria geweiht und gestiftet, mit einem besonderen Altar. Es ist im Jahre 1459 gebaut worden«; Crusius 2, 29: »in einer besonderen Kapelle zu Waiblingen«; Crusius 2, 94: »in der H. Marien-Capell«; Crusius Ann. 3, 433: »Sepulta est in Sacello S. Mariae«; J. Frischlin bei Glässner (Anm. 11) 59: »Sie liegt in der Pfarrkirche zu Waiblingen begraben. Auch hat sie ein eigenes Chörlein und einen Altar dahin gestiftet und einen goldenen Kelch darin verehrt«; Steinhofer 1, 149: »in der H. Marien-Capell beerdiget«; Steinhofer 3, 199: »zu Weiblingen in ein sonders dazu verordnetes Capellin, auf der lincken Hand, wie man in die Kirche gehet, in unser Frauen Chörlin genannt«; OAB Waiblingen 1850, 108: »in der an die äußere Kirche angebaute Mariencapelle beerdigt«. Zu dieser Kirche: Adolf Schahl, Die Baugeschichte der Michaelskirche in Waiblingen in: Waiblingen in Vergangenheit und Gegenwart 1, 1962, 7–31; derselbe, Die Kunstdenkmäler des Rems-Murr-Kreises, München 1983, 2, 1135–1161.

15 Crusius Ann. 3, 433: »Sepulta est in Sacello S. Mariae, cum hoc ex orichalco in lapide Epitaphio« (Es folgt die Grabinschrift, s. Anm. 16); Crusius 2, 94: »mit dieser Grab-Schrifft, welche ihr aus Meßing in einen Stein gesetzt wurde«; Pregitzer 1, 11: »zu Waiblingen, allwo Sie beerdigt, und Jhr Epitaphium in Meßing noch zu sehen«; Mohl 257: »allwo ihr Epitaphium in Messing eingehauen worden«; Steinhofer 1, 149: »ihr Epitaphium in Messing noch zu sehen«. Wenck (Anm. 4) 1, 277: Sammlung Katzenelenbogischer Grabschriften Nr 27: »Diese Grabschrift steht in der Kirche zu Waiblingen, wo die Gräfin begraben liegt. Das Katzenelenbogische und Würtenbergische Wappen sind in ihrem Schild vereinigt«. Aus diesen Angaben kann geschlossen werden, daß Annas Grabmal in Waiblingen in seiner Gestaltung den gräflichen Grabmälern im Chor der Stuttgarter Stiftskirche nachempfunden war: eine auf dem Boden liegende Steinplatte, in die Grabumschrift und Wappen in Messing eingelassen waren. Das weitere Schicksal des Grabmals ist ungeklärt. Es scheint zumindest in der ersten Hälfte des 18. Jahrhunderts noch vorhanden gewesen zu sein, wie Pregitzers Angabe vermuten läßt. Steinhofer, der Pregitzer abgeschrieben hat, und Wenck haben den Grabstein wahrscheinlich nicht mit eigenen Augen gesehen, sondern bezogen ihre Erkenntnisse aus schriftlichen Aufzeichnungen. Um die Mitte des 19. Jahrhunderts war das Grabmal sicher nicht mehr vorhanden, die OAB Waiblingen 1850, 108 enthält keinen Hinweis mehr. Glässner (Anm. 11) 19: »In der Michaelskirche befanden sich viele Grabmäler, die durch Reformation und Renovierungen vernichtet worden sind«; Schahl (Anm. 14) 1156: »Abgegangen: Grabplatte für Anna Gräfin von Wirtemberg geb. Gräfin von Katzenelnbogen.«

16 Nach Crusius Ann. 3, 433; übersetzt bei Crusius 2, 94 und Glässner (Anm. 11) 83, jeweils mit Todestag 2. April. Wolleber bei Glässner (Anm. 11) 36: »Anno domini millesimo quadringentesimo Septuagesimo Primo, die secunda Apprilis obyt illustris, domina, domina Anna Comitissa de Katzenelenbogen, nata de Württenberga, Cuius Amma requiescat in Pace«. Die Sammlung Katzenelnbogischer Grabschriften von Wenck (Anm. 4) 277 Nr 27 nennt als Todestag den 16. April: »Anno 1471. 16. Apr. obiit illustris Domina Anna Comitissa de Katzenellnbogen nata de Wurtenberg cuius anima requiescat in pace«.

17 Küng 89–91;

18 Pregitzer 1, 11; Steinhofer 2, 149: »von sonderbarer Klugheit, Zucht und heroischen Gemüth«.

19 Christoph Bidembach bei Steinhofer 3, 199f.

20 Steinhofer 2, 1013.

21 Sattler Gf 2, 65.

22 Sattler Gf 3, 81.

23 Wenck (Anm. 4) 1, 525.

24 Ebenda 1, 591.

25 Ebenda 1, 593.

26 Essich 103.

27 Stälin 3, 459; bei Anna muß eine von ihrer Mutter Henriette ererbte Geisteskrankheit angenommen werden; vgl. Anm. 21 u. 23f u. 26ff sowie Gfn Henriette †1444 Anm. 23 u. 41.

28 Demandt Erbe (Anm. 4) 95.

29 Demandt Hessen (Anm. 4) 28f; den angesprochenen Liebeszauber bezeichnet Demandt Erbe (Anm. 4) 95 als »sittengeschichtlich außerordentlich aufschlußreiches Dokument, das zugleich eines der frühesten zeitgenössischen Zeugnisse für den aufkeimenden Hexenwahn des ausgehenden Mittelalters darstellt, und ein grelles Licht in den seelischen Abgrund Annas wirft«; zu diesem Liebeszauber: Demandt Regesten (Anm. 4) Nr 4425. Weitere Belege für Annas »außerordentlich schwierigen, leidenschaftlichen Charakter« bei Demandt Erbe (Anm. 4) 95.

Ludwig

1412–1450

Graf von Württemberg

Regent 1419/26–1450[1]

»Pietas ad omnia utilis«[2]

l. S. v. Graf Eberhard IV. dem Jüngeren von Württemberg[3]
u. v. Gräfin Henriette von Mömpelgard

Geboren 1412[4]
in Waiblingen[5]

Vermählt 1419/36
mit Pfalzgräfin Mechthild bei Rhein 1419–1482

Vater von drei Söhnen und zwei Töchtern[6]
Mechthild n. 1436–1495
Ludwig 1439–1457
Andreas 1443
Eberhard 1445–1496
Elisabeth 1447–1505

Gestorben am 23.[7] oder 24. September 1450[8]
in Urach im Stadtschloß[9]
»an der pestilentz«[10]

Beigesetzt 1450 in Güterstein in der Klosterkirche[11]

Grabmal[12]

Seit 1486 in Güterstein in der Andreaskapelle[13]

Überführt am 16. April 1554[14]
nach Tübingen in den Chor der Stiftskirche St. Georg[15]

Grabmal von Jakob Woller[16]

»ANNO DO. M̄ C̄C̄C̄C̄ L̄ĪĪĪĪ ILLVSTRISS. / FAMILIAE WIRTEMBERGENSIS COMES LVDOVICVS SENIOR ĪX̄ KL̄N̄S̄ OCTOBRIS MORTVVS. / ET IN AEDE BEATAE VIRGINIS / AD BONVM LAPIDEM SEPVLTVS / AB EODEM PRINCIPE CHRISTOPHORO OFFICIOSAE PIETATIS ERGŌ TVBINGAM / HVC TRADVCTVS EST.«[17]

»vir magnificus et potens dominus Ludwicus Comes de Wirtenberg«[18]

»der so warhaft gewesen ist, daz sine wort für brief vnd sigel wurden geachtet«[19]

»Ludwig Graf zu Wirtemberg und Mumpelgart ain gerader stoltzer und hoflicher Herr, Graf Ulrichn genant Gotznieswurtz Brueder, was elter dan er auch ain Sun Graf Eberhartz und Fraw Heinriata von Mumpelgart tailen die Lande miteinander, Ludwigen gefiel Awrach Statt und Slos mit seiner Zugehörung und Ulrichem sein Brueder gefiel Stuetgarten Stat und Slos auch mit seiner Zugehörung. Starb anno MCCCCLVI.«[20]

»Lüdouicus, graff zu Wirtemberg und Mumppelgart, graff Eberharts und frauw Heinrica sun, ist mittsampt Ulrico, seinem bruder, under der zucht seiner mutter als einer scharpfen schulmaisterin ufferzogen worden, und als er seine manbarn jar erlangt, die graffschafften für sich selbs und als ein fürminder graff Ulrichs, seines bruders, der noch minderjarig was, so lang loblich und wol regiert, bis derselbig auch seine manbaren jar erlangt hatt. Alsdann hatt er die graffschafft mitt im gethailt, und er als der elter die thailung gemacht, aber graff Ulrich als der jünger die wal gehapt, und demnach das underthail genumen und graff Ludwigen das oberthail gelassen. Der hatt nun füran sein hofleger zu Urach gehalten, loblich, erlich und fürstlich regiert und des stettkriegs, darein sich sein bruder gewicklett hett, nicht angenumen, wiewol er des dannoch ein mercklichen schaden genumen, die abgangne und zervalne schloß Urach herlich ernuiert, an kirchen und clöster vil vergabett und sunderlich in die stifftskirch zu Stütgartenn in anno 1427 ein lobliche predicatur gestifft, auch unlang vor seinem thodt anno 1447 die statt und closter zu Blaubeyrnn von graff Ulrichen von Helffenstain um 40000 guldin erkaufft und darnach anno 1450 zu Urach an der pestilentz gestorben und in das closter zum Guttenstain begraben worden.«[21]

»hat nit krieg geführt, aber löblich und fürstlich regiert«[22]

»Er ist ein überaus verstendiger weisser Herr gewesen.«[23]

»regierte seine Lande sehr löblich«[24]

»Die Klöster und Stiffter hatten auch einen grossen Gutthäter an ihme, welcher an denenselben vil erbauet.«[25]

»War ein friedliebender, kluger, frommer und tapfferer Herr, absonderlich ein grosser Liebhaber der Geistlichkeit, und milder Begaber der Kirchen. Regierte eine Zeitlang gemeinschafftlich mit seiner Fr. Mutter, und theilte hernach mit seinem jüngern Herrn Bruder das Land A. 1442. überliesse demselben aus Generosité die Wahl, und bekam den Theil ob der Steig, neben der Grafschafft Mömpelgardt, auch Harburg und Reichenweiher im Elsas. Nahm seine Residentz zu Urach, allwo Er das verfallene Schloß und Vestung Hohen-Urach trefflich wieder aufgebaut, und das Closter zum Gutterstein zu einer Carthaus gemacht. Erweitert seinen Theil Lands zimmlich, an welches Er das Fürstliche Stamm-Hauß Teck, Blaubeuren, Stadt und Amt nebst der Vogtey über das Closter, item Achalm, Bahlingen, Ebingen, Rosenfeld, Dußlingen, Nehren, Breitenholtz, Dornhan, Dornstetten, Hornberg, Neuenbürg, etc. etc. gebracht. Schickte dem Hauß Oesterreich Hülff wider die Schweitzer. Verbindet sich mit Basel, Straßburg, Colmar, Mühlhausen, Slettstatt und anderen Reichs-Städten, und zog allezeit den Frieden dem Krieg vor, dardurch Er seinen Theil Lands wohl erhalten, welches Er trefflich regiert, wie Er dann sehr tapffere und vornehme Räthe hatte, worunter die Grafen von Zollern, Helffenstein, Werdenberg und Nellenburg, wie auch der Abbt zu Salmansweil gewesen.«[26]

Ludwig lebte nicht lange genug, um sich recht im Contrast mit seinem Bruder zeigen zu können.«[27]

»Während aber Ludwig seinen Landes-Antheil immer mehr erweitert und im Genusse eines ruhigen Wohlstands sah, verzehrte Ulrich die Kräfte des seinigen in einem schweren Kriege mit den Städten, jedoch minderte die Friedfertigkeit und der milde Sinn des ersten das Ansehen nicht, das er, bey einem fröhlichen Ritterleben, durch treue Uebung der Künste des Friedens sich erworben hatte. Seine Nachbarn, die Fürsten und die Städte, suchten und achteten seine Gunst.«[28]

»Graf Ludwig erweiterte seinen Landesantheil in wenigen Jahren sehr. Sein Hof war glänzend durch viele Grafen, Ritter und Edle, und das Volk fühlte um so mehr die wohltuende Milde seines friedfertigen Herrn, je näher es vor seinen Augen die Lasten und Leiden seiner Landsleute sah, die dem Grafen Ulrich zugefallen waren, und betrauerte um so tiefer seinen Verlust, als ihn schon im Jahre 1450 eine im Lande herrschende Epidemie hinwegraffte.«[29]

»Klüger war Graf Ludwig gewesen; er hatte sich nicht in den Krieg gemischt; denn er war ein Herr von mildem, ruhigem Charakter, der lieber genießen als kämpfen wollte.«[30]

»gleich seinem Großvater war er von sanftem Charakter, ein Freund des Friedens und ein Gönner der Geistlichkeit, ein stattlicher Herr von höfischen Sitten, der Pracht und Wohlleben liebte«[31]

»Im Vergleich zu seinem Bruder zeichnete sich Ludwig durch kluge Zurückhaltung und friedlichen Sinn aus und war dementsprechend auch glücklicher in der Vermehrung seiner Landeshälfte als jener.«[32]

»Für die Wohlfahrt und den Frieden seines Landes hat Graf Ludwig weise gesorgt und dasselbe in stürmischer Zeit vor Gefahren bewahrt... vielleicht nicht so ›vielgeliebt‹ wie sein im Unglück geprüfter Bruder Ulrich, war er, viele Fürsten an Macht übertreffend, ein staatskluger und vorsichtiger Herrscher; sein Geist ist auf seinen Sohn und Nachfolger Eberhard im Bart übergegangen.«[33]

»Ludwig von Wirtemberg-Urach kannte Frankreich und Italien, deren Sprachen er sprach, deren Fürsten ihm verwandt waren. Energisch baute er das kleine Urach zur Residenz aus. Schlösser und Kirchen sollten vergessen helfen, daß der Landesherr nur noch über ein halbes Land gebot. Seinen Söhnen wollte er eine gesicherte Herrschaft hinterlassen; aber er starb früh, sein Bild steht für uns im Schatten.«[34]

Anmerkungen

1 Vormundschaft der Mutter unter Mitwirkung eines Vormundschaftsrates bis 1426; dazu Stälin 3, 416ff. 1426 Volljährigkeit nach Vollendung des 14. Lebensjahres; Stälin 3, 432. Zu Ludwig und seiner Regierung: O. Gabelkover Cod. hist. 2° 588, 1–190; Sattler Gf 2, 88–175; Spittler 39–43; Pahl 2, 29–44; Barth 77–82; Pfaff Wirtemberg 2, 150–186; Stälin 3, 432–493; P. Stälin 604–632; Schneider 54–62; Dekker-Hauff Stuttgart 260–271. Zur Namenswahl Ludwig vgl. Gf Eberhard † 1417 Anm. 15.

2 Jakob Frischlin Cod. hist. 2° 73, 53v; Mohl 269; vgl. Gf Ulrich † 1344 Anm. 2.

3 Pregitzer 3, 7: Tabula progonolocica zu 64 Ahnen.

4 Annales Stuttgartienses 20: 1419 beim Tode des Vaters »Ludewicus fuit in octavo anno et Vlricus in septimo vel citra«; Volljährigkeit Ludwigs 1426 mit 14 Jahren, vgl. Anm. 1. »Bestimmung der Geburtsjahre der beeden Brüder, Ludwigs I. und Ulrichs v. Grafen von Würtemberg« in: Gelehrte Ergözlichkeiten und Nachrichten 1774 I, 326–333 u. II, 62–64, dort I, 332: geboren im Jahre 1412; dazu Stälin 3, 416 u. 432. Das Geburtsjahr 1412 nennen: Essich Stammtafel; Stälin 3, 432 u. 713; Behr 170; P. Stälin 717; Maisch Stammtafel; Giefel Nr 38; Schneider Stammbaum; Kübler Gal. 36; Schön Nr 34; Isenburg 1, 75; Freytag 1, 75; Marquardt Stammtafel; Decker-Hauff Stuttgart 259; Wunder Dänemark (Anm. 6) 372; Schwennicke 1, 122; Uhland Festschrift 398. Geburtsjahr zwischen 1408 und 1411: Häutle Wittelsbach 29. Das Jahr 1409 als Geburtsjahr nennen: Montanus 165; Viton 53. Um 1409: Pregitzer 1, 11; Steinhofer 1, 144.

5 Den Geburtsort Waiblingen nennen: Pregitzer 1, 11; Steinhofer 1, 144; Kübler Gal. 36; Schön Nr 34.

6 Ludwig hatte, offenbar von derselben Frau, zwei illegitime Söhne: 1. Dr. Ulrich Wirtemberger, Dechant der Stiftskirche zu Mömpelgard und Propst des Stifts zu Stuttgart, † Juni oder Juli 1476 auf einer Romreise.

2. Dessen Bruder und Erben, Hans Wirtemberger † Lätare (= 17. März) 1504 nach Epitaph in Stuttgart bei Crusius 2, 163: »Jn seinem Wapen hatte er 3. Creutzweiß gelegte Hirsch-Hörner, und 2. Creutz-weiß gelegte Fische, welche von einer Linie durchschnitten waren«. Zu diesen Kindern: Sattler Gf 3, 93 u. Top. 44; Rieber Beilage Staatsanzeiger 1901, 159f; Schön Fürstlich Blut Cod. hist. 4° 488 Nr 2943, 47ff u. Reutlinger Geschichtsblätter 14, 1903, 56f; Andreas Rüttel, Sindelfingische Chronik, Hg. v. Hermann Weisert, Sindelfingen 1963, 22; Gerd Wunder, Ahnentafel

Dänemark in: Archiv für Sippenforschung 36, 1970, H. 37, 372.

7 Den 23. September 1450 (IX Kal. Octobris) als Todestag nennen: Gütersteiner Nekrolog Cod. hist. 2° 421, 133v: »IX Kal. Octobris. Obiit vir magnificus et potens dominus Ludwicus Comes de Wirtemberg«; Andreas Rüttel d. Ä. J1 48a, 88; Eber 381; J. Frischlin Cod. hist. 2° 73, 53v; Cod. hist. 4° 113, 113; Heller 49; Imhof 57; Mohl 269; Hübner 201; Sattler Gf 2, 173; Viton 54; Essich 109; St. Allais 4, 518; Stälin 3, 491 u. 713; Häutle Wittelsbach 29; Behr 170 (verbessert Behr Suppl. 39: 24. Sept.); Voigtel-Cohn 91; Maisch Stammtafel; Schön Nr 34.

8 Den 24. September 1450 (VIII Kal. Octobris) nennen: A 602 U 118: Notifikation des Todes 24. September 1450 Urach, Mechthild zeigt dem Freiherrn von Zimmern den Tod ihres Gemahls an: »Vnsern freundtlichen grues zuvor, Edler lieber getreuer, Wir klagen dir, das der Hochgeboren, Vnnser lieber Herr vnd gemahel Vff heut leyder von todt abgangen ist, Des Sele der Allmechtige gott gnedig vnnd Barmhertzig sein wölle«. Datum »am Donderstag nach Mathei Apostoli» 1450 Urach (= 24. September). Stuttgarter Stiftschronik 260: »starb grave Ludwig zuo Urach in dem jare als man zalt 1450 jare, uff dornstag nach Mauricii (= 24. September). Zwiefaltener Nekrolog Cod. hist. 4° 141, 201r: VIII Kal. Octobris (Stälin 3, 716 liest IX Kal. Oct.), Necrologium Zwifaltense in: MGH Necrologia Germaniae 1, 261: VIII Kal. Oct.; O. Gabelkover Cod. hist. 2° 588, 189v: »vf donnerstag nach S. Mathaei tag den 24. September«; Steinhofer 2, 922; Pfaff Fürstenhaus 67; P. Stälin ADB 5, 557; Kübler Gal. 36; Martin Mechthild 9 u. 153; Isenburg 1, 75; Freytag 1, 75; Schwennicke 1, 122. Den 23. oder 24. September 1450 als Todestag nennen: Pregitzer 1, 11; Steinhofer 1, 145; P. Stälin 630 u. 717; Giefel Nr 38. Den 25. September 1450 nennen: Annales Zwifaltenses in: WVJH 12, 1889: »1450. Hoc anno septimo Kal. Octobris obiit generosus dominus Ludwicus comes de Wirtenberg«. Den 20. September 1450 nennt: Borst Herren 26. Den 21. September 1450 nennen: Bunz Tübingen 89; Westermayer-Wagner-Demmler 7 (verwechselt IX Kal. Oct. = 23. Sept. mit XI Kal. Oct. = 21. Sept.). Den Monat September 1450 nennt: Schneider Stammbaum. Den 9. Oktober 1450 nennen (in Unkenntnis des Römischen Kalenders: IX Kal. Oct.): Heimführung 22; Lairitz 471; Montanus 174v. Den 16. Oktober 1450 nennt: Moll 284. Das Todesjahr 1450 nennen: Annales Stuttgartienses 29 – Tubingius 258; Küng 91; Wolleber Cod. hist. 2° 934, 151; Crusius 2, 40 u. 65; Lohmeier 53; Voigtel-Cohn 92; Uhland Festschrift 399. Das Jahr 1451 als Todesjahr nennen: Schannat Chronik 31; Trithemius 2, 424. Das Jahr 1454 als Todesjahr nennen: Grabmal Tübingen (Anm. 17); Ochsenbach 28v; Nockher 199v (verbessert 23. Sept. 1450). Das Jahr 1456 als Todesjahr nennen: Suntheim 594 u. 597; Cod. hist. 2° 953, 1140. Das Jahr 1457 als Todesjahr nennt: Dappische Handschrift Cod. hist. 2° 698, 276v (auf 24r: 1454).

9 Sterbeort Urach bei: Notifikation (Anm. 8); Naucler 2, 283v (Anm. 10); Schannat Chronik 31; Trithemius 2, 2, 424; Küng 91; A. Rüttel d. Ä. J1 48a, 88; Eber 381; Wolleber Cod. hist. 2° 934, 151; Crusius 2, 40; Nockher 199v; Pregitzer 1, 11; Steinhofer 1, 145; Moll 284; Stälin 3, 491; P. Stälin 630; Kübler Gal. 36; Schön Nr 34.

10 Küng 91; Todesursache Pest auch bei: Naucler 2, 283v: »ex pestilentia obiit in Vrach«; Schannat Chronik 31 u. Trithemius 2, 424: »correptus peste Ludovicus... in Aurach moritur«; A. Rüttel d. Ä. J1 48a, 88: »propter peste«; Wolleber Cod. hist. 2° 934, 151; Crusius 2, 40; O. Gabelkover Cod. hist. 2° 588, 189v: »wirt gehlingen kranckh vnd stirbt ohnversehens dahin, vf donnerstag nach S. Mathaei tag den 24. September dannenher vil leut darfür gehallten, er seye an der Pestilentz gestorben«; Cod. hist. 4° 113, 113: »Anno 1450 als die Pest zuo Urach eingerissen, ist diser löblich Graff den 23. Septembris auch alda gestorben. Doch ob es an der Erbkranckheit gelegen, find ich nicht«; Heller 49; Pregitzer 1, 11; Montanus 165; Steinhofer 1, 45 u. 2, 922; Sattler Gf 2, 173: Ludwig starb »unvermuthlich und zwar, wie die meiste Geschichtschreiber melden, an der Pest. Unsere Alten hiessen alle graßierende Krankheiten die Pest, wann viele dardurch aus dem Lande der Lebigen dahingerissen wurden, oder die damalige elende Aerzte keine behörige Wissenschaft besassen und sich nicht zu helfen wußten, weil sie die Ursach der Krankheit nicht untersuchten, sondern die Symptomata für die Krankheit selbsten hielten«; Moll 284. Todesursache »eine ansteckende Krankheit« bei: Pfaff Gedenkbuch 397; P. Stälin 630; Martin Mechthild 153. Die Notifikation des Todes (Anm. 8) und frühe Quellen wie die Annales Stuttgartienses (Anm. 8) enthalten keinen Hinweis zur Todesursache; Nauclers Angabe einer Pesterkrankung ist glaubhaft, er war beim Tode Ludwigs in Urach vielleicht anwesend, zumindest aber als Erzieher Eberhards im Bart von der auf dem Sterbebett erlassenen Anweisung, den Jungen kein Latein lernen zu lassen, persönlich betroffen, vgl. Gf/Hz Eberhard † 1496 Anm. 16.

11 Annales Stuttgartienses 29 – Tubingius 258: »tumulatus fuit in cenobio Carthusiensium prope Urach, dicto Gütelstain«; Schannat Chronik 31 u. Trithemius 2, 424: »apud Chartusienses in Gutenstein cum honore sepelitur«; Küng 91 (Anm. 21); O. Gabelkover Cod. hist. 2° 588, 190: »Er ist seinem begeren nach zum Güterstain inn die Carthaus begraben worden«; Steinhofer 2, 810 u. 923: »Um eben dieser Ursach (Anm.: die Pest) ist auch die Beysetzung des gräflichen Leichnams zu Guterstain ohne vieles Gepräng geschehen, und von Wernhern von Zimmern, welchen die Wittwe beschrieben, vornemlich besorget worden« (Als Jahr der Beisetzung nennt Steinhofer 2, 923 1451) Moll 284: »Die Beisetzung des Grafen erfolgte wegen der herrschenden Pest sehr schnell und sehr einfach.« Zur Grablege Güterstein vgl. Gf Andreas † 1443 Anm. 5.

12 G 47 Bü 24, 5: Skizze des Gütersteiner Grabsteins 1554; Abb. bei: Demmler Tf 1; Schmitt (s. Gfn Mechthild † 1482 Anm. 16) 185; Katalog Württemberg 63. Zu Ludwigs Gütersteiner Grabmal vgl. Gfn Mechthild † 1482 Anm. 16.

13 Am 16. Juli 1486 erfolgte die Weihe der von Peter von Koblenz erbauten Andreaskapelle in Güterstein, deren Bau Eberhard im Bart sehr wahrscheinlich zur Aufnahme der Grabstätte seiner 1482 verstorbenen Mutter Mechthild veranlaßt hatte und in die vielleicht schon zur Weihe, sicher aber bald danach die Gebeine der Eltern Eberhards gebracht wurden; vgl. dazu OAB Urach 1909, 590 u. 594; Demmler 15.

14 Herzog Christoph ließ 1554 die sterblichen Überreste seiner Schwester Anna † 1530 und der Eltern des bereits 1537 vom Einsiedel nach Tübingen verbrachten Grafen Eberhard im Bart aus der seit der Auflösung durch die Reformation 1534 dem Verfall preisgegebenen Karthause Güterstein in die Grablege im Chor der Tübinger Stiftskirche verbringen. Sattler Hz 4, 62: »Der Herzog (Anm.: Christoph) wurde aber zugleich erinnert neben der Fortpflanzung seines Hauses auch auf die Erhaltung des Angedenckens seiner Vorfaren bedacht zu seyn. Dann es war zu besorgen, daß die Carthauß Güterstein, wo des Herzogs Prinzessin Schwester Anna nebst Grav Ludwigen dem ältern und seiner Gemahlin Mechthilden begraben lagen, gar abgehen und die Leichname unter freyem Himmel verwahrloset bleiben müßten. Ob wohl er nun kein Nachkömling dises Graven war, so hatte er doch so viele Ehrfurcht für disen wackern Herrn, daß er samtliche Leichname da zu erheben und in Begleitung seiner Räth, Amtleut und Hofdienerschafft auf drey mit schwarzem Sammet bedeckten Wägen in die Stifftskirche zu Tübingen führen und beerdigen ließ, wo deren Grabsteine noch prächtig ausgearbeitet zu sehen sind, welche ihnen der Herzog hat verfertigen lassen.« G 47 Bü 24: »Schrifften Betreffend Graf Ludwigs zu Würtemberg vnd seiner gemahel frauwen mechthilden, Pfaltzgrevin bej Rhein, auch fröwlin Annae Hertzogin zu Würtemberg Begrebnußen Translation, vom Guetelstein gehen Tüwingen« 1554–1556. G 47 Bü 24, 1: »Bedencken, Wie graf Ludwigs zu Würtemberg vnd seiner gemahel, auch meines gnedigen Fürsten vnd Herrn Hertzog Christoffs zu Würtemberg schwester, begrebnußen, Translation vom Guetterstein gehen Tüwingen beschehen möcht« 1554. G 47 Bü 24, 2: »Instruction Wie Severin von Massenbach, vnd Johann Engelmann, neben dem Obervogt zu Urach (Anm.: Claus von Grafeneck, s. Bü. 24, 11), Graf Ludwigs zu Württemberg, vnd seiner gemahel. Einer grevin von Würtemberg vnd meines gnedigen Fürsten vnd Herrn Hertzog Christoffs zu Würtemberg schwester, begrebnußen. vff dem Guetterstein, suchen sollen« 29. März 1554 Stuttgart: »Jn aller dreier gegenwärtigkeit, ein vertrauwter maurer oder steinmezen, neben zweien oder dreien knechten ab dem Schloß, Graff Ludwigs zu Wirttemberg, auch s. f. g. gemahels, vnd einer Gräffin zu Wirttemberg, auch vnnsers gnedigen fürsten vnd Herrn Schwester, aller seliger vnd hochloblicher gedechtnus, begrebnussen zum Gietteltein, mit höchster bescheidenheit graben, vnd fleissig suchen lassen, ob all vier J. f. g., Jnn bleye Sarchen begraben seien, vnnd ob sie gleich an aim oder mer orten anfanngs allein hilze Sarch funnden, Sollen sie doch diesselbigen holzin Sarch aufffthon, vnd mit fleis sehen, ob nit bleye Sarch Jnn dem hilzin stannden vnd so sie das eigentlich auch gruntlich erfaren haben, Sollen sie alle vier begrebnussen, wider ordenlich zumachen, vnd volgentz drob vnnd daran sein, das die Capell dermassen verschlagen vnd verwart werdenn, Damit die wilden Thier, oder vich nit hinein kommen kunden, auch daneben alle grabstein mit fleis sambt den vberschrifften, vnd wappen fürderlich abreissen (Bü 24, 1: »abmalen«) vnd Seinen f. g. zukommen lassen«. G 47 Bü 24, 5–7: Skizzen der Grabsteine von Ludwig (7 Schuh 8 Zoll = 2,23m), Mechthild (6 Schuh 2 Zoll = 1,77m) und Anna (5 Schuh 5 Zoll = 1,57m). G 47 Bü 22, 4: Severin von Massenbach und Johannes Engelmann, Bericht vom Zustand der Grablege in Güterstein vom 31. März 1554: »Relation Was Wir zu Gietelstein außgericht haben«: »Zum ersten des Durchleuchtigen vnd Hochgebornen Fürsten vnd Herrn Graff Ludwigs zu Würtemberg hochlöblicher vnd seliger gedechtnus begrebnus auff graben lassen vnd ein vermoderte faule sarch welcher mit mer dan tritt halb schuch lang vnd anderhalb breitt gewest all da funden darin S. G. der merertheil bein vnordenlich gelegt also das zu vermuten es seyen hochermelten Graff Ludwigs leichnam hie vor an einen andern ort gelegt vnd daher in die Capell transferirt worden, ist gemelter Sarch nit vber anderhalb schuch vnder dem erdreich gewest«.

Dieser Befund deckt sich mit der 1554 anscheinend nicht mehr bekannten Tatsache, daß der 1450 in der Klosterkirche Güterstein beigesetzte Leichnam 1486 in die Andreaskapelle verbracht worden war, wobei für die noch vorhandenen Gebeine ein neuer, wesentlich kleinerer Sarg angefertigt wurde.

Weitere Angaben aus dem Bericht über die Grabungen in Güterstein bei: Gfn Mechthild †1482 Anm. 18; Hzn Anna †1530 Anm. 13; Gfn Barbara †n. 1474 Anm. 7. Die sterblichen Überreste von Ludwig I., Mechthild und Anna wurden in Holzsärgen geborgenen Bleisärgen nach Tübingen überführt: G 47 Bü 24, 12: »die pleihine vnd hilzine sarchen darzu nunmer fertig sin worden«. Die Überführung erfolgte »vff montag nach Jubilate« (Bü 24, 13) am 16. April 1554; dieser Tag auch bei Eber 145. G 47 Bü 24, 10: »Bedencken, welchermaßen Translation ossium comitum Wirtempergensium vom Güettelstein gehen Tüwingen beschehen solte« vom 8. April 1554. Das Jahr 1555 irrigerweise bei: Küng 91 (Nachtrag: »Anno 1555 ist er widerum ausgegraben, gen Tubingen gefiert und alda in S. Jorgenkirch gelegt worden«); Wolleber Cod. hist. 2° 934, 151v; Crusius 2, 65; Heimführung 22; Lairitz 471; Montanus 174v; Moll 284; Stälin 3, 491.

15 G 47 Bü 24, 2: Auf der Rückseite eigenhändige Anweisung Herzog Christophs: »graff ludwig vnd sein gemahel sollen neben Hertzog Eberhartten gelegt werden mein schwester zu den fuessen vnd wie es sich am besten schickht meines Herrn Vatters, die grabstein mueßen auch alle fürderlich dahin gefiert werden und was daran zerbrochen widerumb gemacht werden«. Zum Ort der neuen Bestattung im Chor in Tübingen vgl. Demmler 26ff.

16 Aus archivalisch nicht erschließbaren Gründen wurde das Gütersteiner Grabmal Ludwigs nach der Überführung nicht mehr in Tübingen aufgestellt, sondern durch eine Neuschöpfung ersetzt. Vermutlich war der Erhaltungszustand doch schlechter, als es die Skizze von 1554 (G 47 Bü 24, 5) ahnen läßt; vgl. Hzn Anna † 1530 Anm. 18. Eine Beschädigung auf dem Transport von Güterstein nach Tübingen kann ausgeschlossen werden, da dies in den Akten (bei Demmler 22f), wo selbst eine geringfügige Beschädigung am wieder aufgestellten Grabmal Mechthilds ausdrücklich erwähnt wird, ebenfalls aufgeführt worden wäre. Allenfalls kann an einen Bruch des Grabmals beim Ausbrechen des Steines in Güterstein gedacht werden, wobei die zerbrochene Figur dennoch nach Tübingen gebracht wurde und dem Bildhauer als Vorlage für das neue Grabmal gedient hat. Den Auftrag zur Neuschaffung eines Grabmals für Herzog Christophs Schwester Anna und für Ludwig, diese jetzt als Doppeltumba mit der aus Güterstein geretteten Figur Mechthilds, erhielt der Bildhauer Joseph Schmid, der in Tübingen 1551 bereits die Grabmäler für Herzog Ulrich und Eberhard im Bart geschaffen hatte. Er hat aus naheliegenden Gründen zunächst mit dem Grabmal der Schwester des Herzogs begonnen und dieses 1555 als letzte Arbeit seines Lebens verfertigt. Nach Schmids Tod schuf Jakob Woller das Grabmal Ludwigs 1556, bemalt hat es Hans Schickhart; zu diesem Grabmal: Wintterlin 23; Klemm 146; Demmler 22ff u. 131–134; Westermayer-Wagner-Demmler 6–9 u. 352; Walter Klein, Jakob Woller in: Gmünder Heimatblätter 1931, 97–110, bes. S. 108; Fleischhauer Ren. 128f Tuschzeichnung 18. Jahrhundert: Cod. hist. 4° 59 Nr v; Kupferstich: Sattler Gf 2, 174.

17 Zitiert nach dem Original; Inschrift auch bei: J. Frischlin Cod. hist. 2° 73, 54v; Crusius 2, 392; Baumhauwer 1; Montanus 174v; Zeller 86; Kümmerle 7; Lenz 1; Tiedemann 185; Bunz 89; Westermayer-Wagner-Demmler 7 mit dt. Übersetzung. G 47 Bü 24, 19: Entwurf der Grabinschrift, dort bereits das falsche Todesjahr 1454.

18 Gütersteiner Nekrolog Cod. hist. 2° 421, 133v.

19 Niclas von Wyle, Translationen in: Bibliothek Litterarischer Verein Stuttgart 57, 1861, 283.

20 Suntheim 594.

21 Küng 91; bei der von Küng in das Jahr 1427 gesetzten Stiftung einer ›loblichen predicatur‹ handelt es sich um die 1429 ins Leben gerufene ›Salve-Bruderschaft‹, die bereits ein Jahrhundert vor der Reformation einen Prediger an der Stuttgarter Stiftskirche anstellte: vgl. Decker-Hauff Stuttgart 261.

22 Cod. hist. 2° 953, 1139.

23 O. Gabelkover Cod. hist. 2° 588, 190; Steinhofer, der Plagiator Gabelkovers, schreibt 2, 924: »Alle dieienigen, welche dieses grossen wirtenbergischen Fürsten in ihren Schriften gedenken, müssen dessen Verstand und Klugheit, seine auf die Wolfart und Besserung des Landes gerichtete Regierung, und andere hohe Eigenschaften bewundern, wobey er es doch an prächtig- und recht fürstlicher Hofhaltung und Bedienung niemalen ermanglen lassen.«

24 Crusius 2, 40.

25 Heimführung 22.

26 Pregitzer 1, 11.

27 Spittler 43.

28 Pahl 2, 43 f.

29 Zimmermann 1, 606.

30 Barth 82.

31 Pfaff Wirtemberg 2, 186.

32 P. Stälin 631.

33 Schneider 62.

34 Decker-Hauff Tübingen 8.

Zur Darstellung Ludwigs auf einem Holzschnitzwerk in der Herrenberger Stiftskirche und auf einem Chorfenster der Tübinger Stiftskirche vgl. Gfn Mechthild † 1482 Anm. 21. Chorfenster süd II: Ludwig I. von Württemberg als Stifter, Straßburg nach 1478. Beschreibung bei Becksmann 304 mit Abb. Tf 121 Nr 381.

Mechthild

1419–1482

Gräfin von Württemberg

T. v. Kurfürst Ludwig III. dem Bärtigen von der Pfalz[1]
u. v. Gräfin Matilda Mafalda von Savoyen-Achaja

Geboren am 7. März 1419[2]
in Heidelberg im Schloß[3]

Vermählt 1419/36
mit Graf Ludwig I. von Württemberg 1412–1450
Eheabrede am 25. November 1419[4]
Beilager am 21. Oktober 1436 in Stuttgart[5]

Zweite Ehe 1451/52
mit Erzherzog Albrecht VI. von Oesterreich 1418–1463[6]
Bruder Kaiser Friedrichs III.
Eheabrede am 3. November 1451 Böblingen[7]
Beilager um den 10. August 1452[8] in Böblingen

Mutter von drei Söhnen und zwei Töchtern[9]

»Quae genuit ei duos filios, Ludovicum videlicet et Eberhardum, et duas filias. Habuerunt et alios pueros, sed in infantia interierunt«[10]

Testament am 1. Oktober 1481 Rottenburg[11]

Gestorben am 22. August 1482[12]
in Heidelberg im Schloß[13]

»erlag vermutlich der Gicht«[14]

Beigesetzt 1482
in Güterstein in der Klosterkirche[15]

Grabmal[16]

Seit 1486
in Güterstein in der Andreaskapelle[17]

Überführt am 16. April 1554[18]
nach Tübingen in den Chor der Stiftskirche St. Georg[19]

Grabmal[16]
»EADĒ PIETATE ET RŌĒ HVC QVOQ. TRALATA EST / D. MECHTILDIS PALATINA RHENI AC BAVARIAE DVX. CLARISS. LVDOVICI SENIORIS CONIVNX SVAVISSIMA. QVAE LICET POST / ALBERTO AVSTRIACO NVPSISSET. / DEFVNCTA T̄M̄ HAIJDELBERGAE AÑ. M̄.C̄C̄C̄C̄./ L̄X̄X̄X̄II̅ K̄L̄Ñ. XI OCTOB. EVIDENTISS. SIJNCERI AMORIS ARGVMENTO ILLIC PRIORE MARITO. ET EODEM HIC / SIMVL CONDITORIO REPONI PLACVIT«[20]

Sandsteinrelief in Sindelfingen in der Stiftskirche St. Martin[21]

»JLLUSTRISSIMA. DÑA. MECHTILDIS. NATA. PALENTINA. RHENI. AC. ARCHIDUCISSA. AUSTRIE. ET. ILLUSTRIS. EBERHARDUS. COMES. DE. WIRTEMBERG. ET. EIUSDEM. FILIUS. HUIUS. SACRI. CENOBIJ. POST. PRIORIS. COLLEGIJ. TRĀLATIONĒ. AD. TIWINGĒ. RESTAURATORES. ATQ. CANONICE. REGULE. INSTITUTORES. ANNO. DOMINI. M. CCCC. LXXVII. «[22]

»eine Ehre und besondere Zier der wirtembergischen Lande«[23]

»in schwaben, da ein fürstin ist, namlich frow mechilt geborne pfaltzgreuin by ryne und ertzhertzogin zu österrich wytwe ain grosse liebhaberin aller künsten, dero guter lümde aller wyshait tugend und menschlichkait so grosz ist, das der mit loben nit mag werden gemeret noch mit schelten gemindert«[24]

»haec vidua huic monasterio Hirsaugiensi fuit ut mater et multa illi bona fecit«[25]

»excellens in matre fuit virtus, quae filias summa grauitate rexit«[26]

»für alle fürstin des teutsch lands, so diser zeit gelept, disen rum, eer und lob hinder ier verlassen, daß durch ier anstifften und fürdern hertzog Albrecht von Osterreich, ier gemachel. die hoch schul zu Freyburg anno 1461 gestifft, desgleichen die hoch schul zu Tubingen durch graff Eberhart, iern sun, den bardtthern zugenant, anno 1477 aufgericht ist worden, um welcher baider sachen willen sie als ein hochverstendige frauw von allen liebhabern guter künsten billich zu loben und, so lang solche künsten im schwanck gangen, sie zu riemen und zu preisen baider schulen studenten nitt underlassen sollen«[27]

»Dise herzogin ist ires herkommens ein pfalzgrefin gewesen, hat erstlichs gehapt graf Ludwig von Würtemberg; nach desselbigen absterben hat sie herzog Albrecht von Österreich genomen, der kaiser Friderrichs des dritten brueder war.

Er hat bei ir auch nit lang gelept. Also ist sie hernach ir lebenlang zu Rotenburg bliben. Jr wesen und hofhalten ist aller frewden und wollusts, so man erdenken und gehaben mogt, überflissig vol gewesen; hett auch fraw Venusperg künden genennt werden, darin man sprücht sovil frewden sein, daher auch der alt ritter, herr Herman von Sachsenhaim, ein schön gedicht von ihr gemacht, genannt die Mörin, wie sollichs von bemeltem ritter in reimenweis geschriben und auch in druck ist außgangen, ganz lustig zu lesen. Sie hat zu Rotenburg große höf, auch cöstliche vasnachten gehalten, dann sie nach absterben herzog Albrechten von Österreich so mangierig gewesen, das sie der wal sich beflüssen. Da ist kainer, er sei dann sonderlich mit aim langen und starken penicill begabt gewesen, zugelassen worden. Vil gueter gesellen, wie ich von den alten gehört, die auch gern das böst hetten gethon, warden außgemustert, die dörften nit mehr hierzu schmekken.«[28]

»Mechtilda Palatinissa Wirtembergiaci primi Ducis optima mater. Hortatu cuius duo sunt constructa Lycea: Vnum Brisgoiae, post quod Schola clara Tybingae«[29]

»Dise Mechtildis hat vor allen Fürstinen in Teuschland disen Ruhm erlangt, daß auf Ihr einrathen und befördern An. 1461. Ihr anderer Gemahl, Hertzog Albrecht zu Oesterreich, die hohe Schul Freyburg im Breißgaw, und Anno 1477. ihr Sohn Graf Eberhard zu Würtemberg im Bart die hohe Schul Tübingen aufgerichtet, daß Selbige deßwegen von allen Gelehrten hochzuschätzen, dahero die alten Verß, von einem alten Scriptore von ihr geschrieben worden: Hie ligt die Mutter aller Schul, Der freyen Künsten edler Buhl.«[30]

»Sie war eine besondere Liebhaberin Freyer Künsten, welche Ihren andern Gemahl, H. Albrechten zu Oesterreich, zur Fundation der Universität Freyburg im Brissgow A. 1461. und Ihren Sohn, H. Eberhard I. im Bart, A. 1477. damahlen noch als Grafen, zu Stifftung der Universität zu Tübingen bewogen.«[31]

»Wohl blesen war sie in der Schrift,
Viel Heiligthumbs zum Guterstein gstift,
War ganz getrew zu aller Zeit,
Des haben gwißt all arme Leut.«[32]

»Ich habe den Lebenslauf diser Prinzeßin mit Bedacht berühren müssen, weil sie vielen Antheil an der Geschichte der Graven von Würtemberg gehabt und als eine kluge Dame öfters in Strittigkeiten als Schiedsrichterin gebraucht worden.«[33]

»Eberhards geistreiche Mutter«[34]

»Sie war eine weise, treffliche Fürstin von großer Bildung und Einsicht, auch in die heilige Schrift, und so lag es ihr auch sehr daran, ihren Söhnen eine sorgfältige Erziehung zu geben.«[35]

»Mechthild wird von ihren Zeitgenossen als eine Fürstin voll Tugend und Weisheit gerühmt, welche namentlich in die heilige Schrift bessere Einsichten hatte, als mancher Geistliche, und an ihrem Hofe streng auf Sitte und Zucht hielt; auch war sie eine Kennerin der Gelehrsamkeit und eine Freundin der Gelehrten.«[36]

»eine Fürstin, welche ihre Rechte nach Außen hin so thatkräftig geltend machte und so klug ihren Vortheil wahr nahm und auch in der Verwaltung ihres Landes und der Bestellung ihres Hofes ihre Herrscherfähigkeiten bewies«[37]

»Sie führte einen glänzenden Hofhalt und leuchtete nicht nur als Wohlthäterin von Kirchen und Klöstern, sondern vorzugsweise als Beschützerin edler Künste, namentlich der schönen Litteratur, hervor, wobei sie nicht allein der alten ritterlichen Dichtung eine der letzten Zufluchtsstätten gewährte, sondern auch der neuen an der italienischen Renaissance gebildeten deutschen Prosalitteratur als eine der ersten volles Verständnis entgegenbrachte. Wie sie ohne Zweifel schon an der Stiftung der Universität Freiburg i. B. durch ihren zweiten Gemahl beteiligt war, so wurde sie, stets in enger Verbindung mit ihrem Sohne Eberhard und ihm häufig mit Rat und That zur Seite, Mitbegründerin der Universität Tübingen.«[38]

»Sie war eine Fürstin von klarem, festem Charakter, die ebenso nach aussen hin ihre Rechte jederzeit energisch geltend zu machen wusste, wie sie auch in ihrem eignen Lande, zumal an ihrem Hofe weise und klug zu schalten verstand. Ihrem ihr allezeit in kindlicher Liebe ergebenen Sohne Eberhard war sie in schwierigen Regierungsangelegenheiten mit Rat und That zur Seite, schlichtete – ein echt weiblicher Beruf – seine Streitigkeiten mit Verwandten und Nachbarn und war gemeinsam mit ihm bestrebt, in den Klöstern eine strengere Zucht wiedereinzuführen. Gegen ihre Unterthanen war sie gerecht, leutselig, milde und wohlthätig.«[39]

»Mechthild, die Mutter des Grafen Eberhard im Bart, gehört nicht nur um ihres großen Sohnes willen zu den am meisten beachteten Frauen des württembergischen Fürstenhauses.«[40]

»Manchen Unfug mochten Übelwollende der Herzogin zur Last schreiben. Die Nachwelt in Rottenburg wie in Württemberg hat sich dadurch den Blick für ihre Bedeutung nicht trüben lassen und zählt sie unter die bedeutenden Frauen ihrer Zeit. Unter den Frauen des württembergischen Fürstenhauses aber war sie bis in die Gegenwart herein eine einmalige Erscheinung.«[41]

»Frau Mechthild aus dem Geschlecht der Heidelberger Pfalzgrafen lag die Liebe zu den Künsten und Wissenschaften als Erbteil von Ahnen und Heimat im Blut. An der Wende zweier Zeiten geboren, sah sie mit lebhaftem, empfänglichem Geist das Alte versinken und Neues emporsteigen. In ihr, zu deren Preis die letzten Ritterharfen klangen, und deren Lob die hellen Fanfaren von Humanismus und Renaissance kündeten, versöhnten sich die Gegensätze. So ward ihr Hof weithin mit Ehren genannt als Heimstätte aller schönen Künste.«[42]

»Als Landesherrin hat Frau Mechthild ein gnädiges und gerechtes Regiment geführt und allzeit auf gute Ordnung gehalten bei Amtleuten wie Untertanen. Deren Rechte verfocht sie bis vor das Hofgericht und wo es nötig war, fehlte Mechthilds Schutz und Förderung nie. Wie hoch Graf Eberhard die Einsicht und Klugheit seiner Mutter eingeschätzt, mag man daraus ersehen, daß er beim Antritt seiner Reise ins Heilige Land seine Regentschaft anwies, in schwierigen Fragen bei Frau Mechthild Rat zu holen, wie denn Mutter und Sohn überhaupt in herzlichem Vertrauen zueinander standen.«[43]

»In summa: die Chronisten sind ihres Lobes voll, weil sie gerecht, milde, leutselig und wohltätig gewesen.«[44]

»Fast 50 Jahre lang, von 1434 bis zu ihrem Tode 1482 blieb Mechthild mit der Geschichte des Landes untrennbar verbunden, auch wenn sie nur von 1434 bis 1442 im engeren Sinne Stadtherrin von Stuttgart war. Aber auch als Landesmutter des Uracher Landesteils und auch nach dem Tode ihres Gatten (1450), sogar noch nach ihrer Wiederverheiratung mit Erzherzog Albrecht von Österreich und dann erst recht wieder als Witwe hat sie sich um das Land gekümmert, Aufstieg und Herrschaft ihres Sohnes gefördert und begleitet, ›immer ein gut wirtembergisch Herz gehabt‹. Von der Mutter her romanischen Geblüts, Nachfahrin jener überfeinerten, gebildeten Fürstenfamilien, die, aus Frankreich und Italien stammend, in Griechenland jene eleganten kleinen Fürstenhöfe regierten, die wir aus dem ›Sommernachtstraum‹ kennen, war Mechthild der modernen Literatur ihrer Zeit, vor allem Italiens und Frankreichs aufgeschlossen. Zugleich war die im Umkreis der Heidelberger Hochschule aufgewachsene Mechthild, die später an der Gründung zweier Universitäten maßgeblich beteiligt war (Freiburg 1457, Tübingen 1477), wenn auch nicht selbst gelehrt, so doch eine Freundin der Gelehrten, eine ›wahre Mutter aller Künste‹. Alles andere als ein Blaustrumpf, vielmehr eine Frau, die wenn es nötig war, rasch zupacken konnte, verstand sie doch überall, wo sie Hof hielt, einen Kreis von Dichtern, Musikern, Gelehrten, Künstlern um sich zu sammeln, einen Musenhof nach dem Vorbild ihrer mittelmeerischen Vorfahren zu bilden, an dem Theologie und Naturwissenschaften, Liebesdichtung und Astrologie gleichermaßen getrieben wurden. Mechthild, die man später ›das fröwelin von österrich‹ nannte, hat es verstanden, aus einem in Ehren ergrauten Großvater, Hermann von Sachsenheim, einen Dichter zu machen, sie ermutigte Übersetzer, den Decamerone ins Deutsche zu übertragen, sie konnte ihre jeweilige Residenz – ob Stuttgart, Urach, Böblingen, Freiburg oder zuletzt Rottenburg – für die feinsten Köpfe ihrer Zeit anziehend machen. Es muß etwas von jenem Geist in ihr mächtig gewesen sein, der später etwa eine Anna Amalia befähigte, eine kleine, unbedeutende Residenz zum Mittelpunkt zu machen, der die Großen des Jahrhunderts unwiderstehlich anzog. Und so wie Goethe sich einmal fragte, wie denn die junge Witwe Anna Amalia ›mit ihrem Herzen fertig werde‹, beschäftigte sich auch die schwäbische Umwelt Mechthilds – bloß derber und direkter – mit dieser Frage und fand – natürlich – eine weniger feinsinnige Antwort. Eine Frau, die den Decamerone las und der ergraute Ritter Dichtungen widmeten, mußte sich schon auf widrige Nachrede gefaßt machen. Die zierlichste, die geistvollste unter den Stadtherrinnen Stuttgarts wurde vom Klatsch wie keine andere heimgesucht. Man läßt eben nicht Bocaccio ins Deutsche übersetzen, jedenfalls nicht als Regentin von Wirtemberg.«[45]

»Mechthild gehört durch ihre geistigen Interessen und ihre Wirkung auf die Zeit zu den Vorbereitern des Humanismus und der Neuzeit in unserem Lande.«[46]

»die kluge und energische Mutter Eberhards«[47]

»Steht Eberhards Vater Ludwig im Schatten, so steht die Mutter Mechthild in um so hellerem Licht. Hochgeboren und strahlend schön, geistvoll und gebildet, voll Charme und Mutterwitz, beredt und belesen, heiter gesellig und doch nachdenklich – schon den Zeitgenossen schien diese Frau ein Wunder.«[48]

»So tritt Mechthild bei Niklas (von Wyle) deutlich als eine Fürstin hervor, die durch ihre gelehrte Bildung und ihr Interesse an Renaissance und Humanismus, aber auch durch ihre hervorragenden menschlichen Qualitäten über aller Kritik steht und so auch als Frau ein Ideal verkörpert.«[49]

»Auf Grund ihrer Bildung, ihrer literarischen und künstlerischen Interessen, die schließlich auch Eberhard entscheidend geprägt haben, gehört sie zu den am meisten beachteten Frauen des württembergischen Fürstenhauses.«[50]

Anmerkungen

Zu Mechthild: Daniel Pareus, Historia Bavarico-Palatina, Frankfurt/M. 1717, 217f; Ernst Martin, Erzherzogin Mechthild, Gemahlin Albrechts VI. von Oesterreich, Freiburg/Brsg. 1871, auch in: Zeitschrift der Gesellschaft für Beförderung der Geschichts-, Alterthums- und Volkskunde von Freiburg, dem Breisgau und den angrenzenden Landschaften 2, 1872, 145–271 mit Nachtrag 3, 1873, 207f; Philipp Strauch, Pfalzgräfin Mechthild in ihren literarischen Beziehungen, Tübingen 1883; Theodor Schön, Erzherzogin Mechthild von Oesterreich in: Reutlinger Geschichtsblätter 14, 1903, 18–21 u. 56–59 u. 65–68 und 15, 1904, 1–10 u. 33–40 u. 65–87 und 16, 1905, 1–12 u. 17–28; Theodor Schön, Regesten zur Geschichte der Erzherzogin Mechthild, Stuttgart 1903 in: Cod. hist. 4° 488, Nr 3376f; Sebastian Blau (d. i. Josef Eberle), Rottenburger Hauspostille, 2. Aufl. Stuttgart 1976, 85–100; Hermann Werner, Erzherzogin Mechthild und ihr Musenhof in: Die Schwäbin, Stuttgart 1947, 69–77; Hermann Kiefner, Mechthild, das Fräulein von Österreich in: Schwäbische Heimat 1953, 172–175; Franz Manz, Erzherzogin Mechthild und ihre Familie in: Sülchgauer Altertumsverein Rottenburg a. N. Jahresgabe 1963, 10f; Berent Schwineköper, Der Marktbrunnen in Rottenburg am Neckar in: Veröff. Komm. gesch. Landeskunde BaWü, Reihe B 92, 1977, 131–168, bes. 136ff; Ekhard Nadler, Mechthild Pfalzgräfin bei Rhein in: Genealogie 29, 1980, 65–72; Theil (Anm. 49).

1 J1 154–23, 24v u. 35r: O. Gabelkover Ahnentafel zu 64 Ahnen; Häutle Wittelsbach 27 u. 29; Schwineköper (s. o.) 168: Verwandtschaftstafel; Schwennicke 1, 27. Pregitzer 1, 11: »Tochter Ludwigs III. des Bartigen, Churf. und Pfaltz-Grafen bey Rhein, und Mechtildis, Gräfin von Savoyen, und nicht, wie fast alle Scribenten irrig melden, Churf. Ludwigs IV. Tochter, sondern dessen Schwester, massen dieser erst A. 1424. Mechtildis aber schon 1419. gebohren«; dieser Fehler selbst noch bei Stälin 3, 501; Müller 93 bezeichnet Mechthild als Enkelin von Herzog Amadeus von Savoyen (Papst Felix V.); vgl. Gfn Margarethe † 1479 Anm. 5. Decker-Hauff Tübingen 8: »In Heidelberg 1419 als Tochter des Kurfürsten Ludwig des Bärtigen von der Pfalz geboren, aufgewachsen in der geistigen Umwelt der jungen Hochschule, die ihr Urgroßvater Kurfürst Rupprecht gegründet (Anm.: Heidelbergs Universität wurde 1386 von dem in zwei Ehen kinderlos verstorbenen Kurfürsten Rupprecht I. [1309–1390], dem Onkel von Mechthilds Urgroßvater Rupprecht II. [1325–1398] gegründet, Häutle Wittelsbach 9ff), ihr Großvater König Rupprecht gefördert hatte, war Mechthild empfänglich für die Anregungen eines reichen und für seine feine Kultur berühmten Fürstenhofes. Entscheidend war für sie ihre Mutter: Mechthild/Mathilde von Piemont-Achaja aus dem Hause Savoyen gehörte zu jenen Familien romanischer Zunge und mediterraner Kultur, deren kleine Residenzen mit ihrer Freude an Dichtung und Musik, antiken Texten und moderner Malerei, Architektur und schmückender Kleinkunst die große europäische Wende des 15. Jahrhunderts vorbereiteten und trugen. Auf die Tochter und durch sie noch auf den Enkel hat ›Mafalda d'Achaja‹ nachhaltig gewirkt.«

2 Den 7. März 1419 als Geburtstag nennen: Eber 90; Friedrich Rüttel Horoskop G 400 Bü 14; Häutle Wittelsbach 29; Behr 170; Giefel Nr 38; Schön Mechthild 1903, 18; Kübler Gal. 37; Isenburg 1, 75; Freytag 1, 75; Schwennicke 1, 14 u. 27. Den 17. März 1419 nennt: Manz Mechthild 10. Den 22. März 1419 nennt: Schwennicke 1, 122. Ende 1418/Anfang 1419 nennen: Martin Mechthild 1871, 6 u. 1872, 150; Strauch Mechthild 1; Nadler Mechthild 66. Das Geburtsjahr 1419 nennen: A. Rüttel d. Ä. J1 48q, 10v; Pregitzer 1, 11: Stälin 3, 419; Uhland Festschrift 399. Den 7. März 1410 als Geburtstag nennt: Schön Nr 34. Nach Häutle Wittelsbach 27 vermählten sich Mechthilds Eltern am 30. November 1417 in Pinerolo in Piemont. Bei dieser Angabe handelt es sich doch wohl um die Eheabrede und nicht um das Beilager, denn es ist kaum denkbar, daß der regierende Pfälzer Kurfürst zur Hochzeit, seiner zweiten, nach Savoyen reiste; Mechthild war allem nach das älteste Kind der zweiten Ehe ihres Vaters. Wenn man annimmt, daß die Heimführung der Braut über die Alpen erst im Frühsommer 1418 möglich war, ist der Geburtstag Mechthilds am 7. März 1419 nicht unwahrscheinlich.

3 Geburtsort Heidelberg bei: Häutle Wittelsbach 29; Martin Mechthild 1871, 6 u. 1872, 150; Strauch Mechthild 1; Schön Mechthild 1903, 18; Kübler Gal. 37; Schön Nr 34; Manz Mechthild 10; Decker-Hauff Tübingen 8.

4 A 602 U 119: Eheabrede vom 25. November 1419; abgeschlossen von den Eltern des Brautpaares, Ludwig III. von der Pfalz für seine acht Monate alte Tochter, die eben verwitwete Henriette von Württemberg für ihren sieben Jahre alten Sohn; dazu Steinhofer 2, 685–687; Stälin 3, 419; Martin Mechthild 1871, 7; Schön Mechthild 1903, 18–21. Decker-Hauff Stuttgart 259: »Eberhards des Jüngeren legitime Söhne Ludwig und Ulrich waren bei seinem Tode 1419 noch Kinder. Ihre Mutter Henriette beanspruchte die Regentschaft, die ihr jedoch von vielen Seiten streitig gemacht wurde. Um ihre Stellung zu stützen, suchte sie Hilfe bei der benachbarten Kurpfalz. Der Kurfürst Ludwig war einer von jenen, die einst versucht hatten, Henriettes Ehe zu kitten. Sie mochte damals Zutrauen zu ihm gefaßt haben. 1419 verlobte sie den ältesten Sohn und künftigen Landesherren, den siebenjährigen Ludwig, mit des Kurfürsten eben geborener Tochter Mechthild von der Pfalz. Henriette hat in vielem eine unglückliche Hand gezeigt; doch hätte sie nichts anderes getan als die Ehe ihres Sohnes mit dieser einzigartigen Fürstin anzubahnen, so wäre das schon Grund genug, Henriette dankbar zu sein.«

5 Die Annales Stuttgartienses 21 – Tubingius 258 nennen den Sonntag nach dem Gallustag 1434 als Tag des Beilagers: »M.CCCC.XXXIIII. anno scilicet, dominica post festum Galli, generosus dominus Ludovicus comes Würtembergensis celebravit nuptias in oppido Stutgardia cum illustri domina Mechthilde, filia palatini Rheni et ducis Bavariae« = 17. Oktober 1434. Diese Angabe wurde nahezu einheitlich von der nachfolgenden Geschichtsschreibung übernommen. Den 17. Oktober 1434 als Hochzeitstag nennen: Andreas Rüttel d. Ä. J1 48q;, 10v; Eber 416; O. Gabelkover Cod. hist. 2° 588, 2; Steinhofer 1, 139; Stälin 3, 442; Häutle Wittelsbach 29; Behr 170; Martin Mechthild 1871, 7 u. 1872, 151; Voigtel-Cohn 91; P. Stälin 717; Hartmann Stuttgart 17 (dort auch 1436); Giefel Nr 38; Schneider Stammbaum; Schön Mechthild 1903, 21; Kübler Gal. 37; Schön Nr 34; Isenburg 1, 75; Manz Mechthild 10; Decker-Hauff Stuttgart 265; Freytag 1, 75; Schwennicke 1, 122. Den 19. Oktober 1434 als Hochzeitstag nennen: Heimführung 22; Pareus (s. o.) 217; Montanus 170; Pregitzer 1, 11; Hübner 200. Das Jahr 1434 nennen: Crusius 2, 40; Lohmeier 53; Imhof 57; Steinhofer 1, 164 u. 2, 783 f; Uhland Festschrift 399. Das Hochzeitsjahr 1434 wird von Sattler Gf 2, 115 f mit Hinweis auf eine nicht näher bezeichnete Aussage Gabelkovers angezweifelt mit der Tatsache, daß die Urkunde mit der Versicherung des Wittums für Mechthild erst am 18. Oktober 1436, an Donnerstag nach Gallus, ausgestellt wurde (A 602 U 120; abgedruckt bei Mechthild Martin 1871, 99–106 u. 1872, 243–250). Sattler bemerkt, daß die Sicherung der Altersversorgung – und darum handelt es sich bei der Verschreibung des Wittums – stets vor dem Vollzug der Ehe rechtlich festgelegt wird: Gf 2, 116: »Weil nun alle Geschichtschreiber darinn übereinkommen, daß das Beylager nach Gallitag vollzogen worden und das datum diser Urkunde damit übereintrifft auch gebräuchlich ist, daß dergleichen Verschreibungen noch vor dem Beylager gegeben und richtig gemacht werden, so wollte ich eher glauben, daß alle angeführte Geschichtschreiber in dem Jahrgang geirret haben und vielmehr solches Beylager erst im 1436. Jahr gehalten worden«. Sattler hält die von allen späteren Chronisten übernommene Angabe des Hochzeitsjahres 1434 in den Stuttgarter Annalen für einen Irrtum: Gf 2, 115: »Allein es scheinet, daß auch disem Geschichtschreiber etwas menschliches begegnet seye«. Die Überlegungen Sattlers werden in der Folge lediglich von Pfaff Stuttgart 1, 161 übernommen, der jedoch in Unkenntnis der Chronologie das Beilager am 17. Oktober 1436, das ist Mittwoch nach Gallus, stattfinden läßt. Hartmann Stuttgart 17 vermählt das Brautpaar sowohl am 17. Oktober 1434 als auch, wenige Zeilen darunter, am 17. Oktober des Jahres 1436. Daß die Stuttgarter

Annalen, wie Sattler für die Angabe zu Ludwigs Hochzeit vermutet, durchaus irren können, zeigt die Angabe zur Vermählung von Ludwigs Bruder Ulrich mit Margarethe von Cleve, die dort (Annales Stuttgartienses 21: »dominica et secunda feria post conversionem sancti Pauli« = 29. u. 30. Januar; Tubingius 258: »secunda feria post conversionem S. Pauli« = 30. Januar) in das Jahr 1440 gesetzt wird. Die Eheabrede wurde aber erst am 8. Oktober 1440 (A 602 U 217) ausgefertigt, demnach kann das Beilager erst nach diesem Termin stattgefunden haben. Die nachfolgende Geschichtsschreibung verbessert die Angabe des Jahres, übernimmt jedoch die Angabe des Tages aus den Stuttgarter Annalen und gibt als Hochzeitstag Ulrichs den 29. Januar 1441 an. Man darf annehmen, daß bei einem frühzeitigen Verlust der Urkunde mit der Eheabrede der Angabe des Jahres 1440 in den Stuttgarter Annalen von sämtlichen Chronisten Glauben geschenkt worden wäre. Nachdem nun den Stuttgarter Annalen in unmittelbarer zeitlicher Nachbarschaft zu den Angaben zu Ludwigs Hochzeit ein Irrtum unterlaufen ist, kann dies, wie Sattler meint, auch für die Angabe zum Hochzeitsjahr Ludwigs zutreffen. Abgesehen davon, daß die römische Zahl IV sehr leicht mit der VI verschrieben werden kann, hat die Feststellung Sattlers mit der Wittumsverschreibung vom 18. Oktober 1436 ein solches Gewicht, daß das Hochzeitsjahr 1434 der Stuttgarter Annalen ebenfalls als Irrtum anzusehen ist. Es ist nahezu undenkbar, daß die Juristen des Pfälzer Hofes eine rechtliche Regelung der Altersversorgung der ältesten Tochter ihres Kurfürsten erst zwei Jahre nach dem Beilager zugelassen hätten, zumal beim damaligen Stand der Medizin und angesichts ständig grassierender Epidemien der Tod eines Ehegatten jeden Tag Wirklichkeit werden konnte. Die noch erhaltenen Wittumsverschreibungen im Hause Württemberg wurden allesamt vor Vollzug der Ehe ausgefertigt (etwa A 602 U 229 u. 524 u. 528). Die Ausstellung der Urkunde für Mechthild am 18. Oktober 1436, dem Donnerstag nach Gallus, läßt ebenfalls ein Beilager am Sonntag nach Gallus 1436 annehmen. Die Stuttgarter Annalen haben demnach (wie auch im obengenannten Fall der ersten Heirat Ulrichs des Vielgeliebten) im Jahr geirrt, den Hochzeitstag jedoch richtig überliefert: »dominica post festum Galli«. Der Sonntag nach Gallustag des Jahres 1436 ist der 21. Oktober 1436, mithin der Tag des Beilagers in Stuttgart.

Die Eheabrede von 1419 (A 602 U 119; Pfälzer Kopie abgedruckt bei Martin Mechthild 1871, 83–97 u. 1872, 227–241) enthält folgende Bestimmungen zum Beilager: Das Zugeld der Braut beträgt 30000 Gulden, zahlbar in drei Jahresraten, wovon die erste am Hochzeitstag fällig werden soll: »sollen vnd wollen auch derselben vnser lieben dochter frauwelin Methil drissig dusent gulden zu czugelt zu dem obgenant graue Ludwigen von Wirtemberg geben, off diese nachgeschriben ziele vnd zyt: das ist mitnamen zehen dusent gulden, die sie mit ir bringen sal, so man sie zulegen vnd hochczyt haben wirdet; vnd von demselben tage vber eyn jare aber zehen dusent gulden; item vnd von demselben tage der andern beczalunge vber eyn jare die lehsten zehen dusent gulden«. Das Beilager soll stattfinden, wenn Mechthild 13 oder 14 Jahre alt sein wird, demnach 1432 oder 1433: »als balde das vorgenant frauwelin Methild druczehen oder vierczehen jare alt wirdet, vngeuerlichen«. Mechthild soll ausdrücklich vor Abhaltung des Beilagers ihres Wittums und Zugelds versichert werden: »Auch ist beredt, das der obgenant graue Ludwig von Wirtenberg, die vorgenant frauwe Mechtild, sin eliche hussfrauwe zuuor vnd ee sie druczehen jare alt, vnd yme zugeleget wirdet, yres wiedemes vnd zugeltes bewisen vnd sie des sicher machen sal, nach dem als vorgeschriben stet.« Die Zahlung der ersten Jahresrate von 10000 Gulden, die an sich nach der Eheabrede am Tag des Beilagers fällig sein sollte, erfolgte am 2. Oktober 1435. An diesem Tage stellte Ludwig in Stuttgart die Quittung dafür aus (abgedruckt bei Martin Mechthild 1871, 97f u. 1872, 241f). Die Zahlung der letzten Jahresrate wurde am 5. November 1439 in Waiblingen – von Ludwig und Mechthild gemeinsam – quittiert (a. a. O. 106f u. 250f). Damit kann das Beilager keinesfalls 1434 bereits stattgefunden haben, da zu diesem Zeitpunkt nicht einmal die erste Rate des Zugelds bezahlt gewesen war. Die in der Eheabrede von 1419 als wichtigster und umfangreichster Punkt abgehandelte Versicherung des Wittums, die als unabdingbare Voraussetzung für die Abhaltung des Beilagers angesehen werden darf, erfolgte am 18. Oktober 1436 (s. o.), mithin drei Tage vor dem von Sattler erkannten Hochzeitstermin, dem 21. Oktober 1436. Der Archivarius Sattler, Hofhistoriograph Herzog Carl Eugens von Württemberg, wurde und wird gelegentlich für seine trockene, unlesbare Geschichte Württembergs getadelt, weil sie eben Urkunde an Urkunde reiht und den Standpunkt vertritt »quod non est in chartis non est in mundo«; hier hat sich diese Haltung bewährt.

Für das Heiratsdatum 1436 sprechen auch die Geburtsjahre der Kinder Mechthilds: Ludwig 1439, Andreas 1443, Eberhard 1445, Elisabeth 1447, wobei das Geburtsjahr der Tochter Mechthild unbekannt ist und weitere Söhne jung verstorben sind (Anm. 9). Für das Datum 1434 spricht allenfalls noch die in der Eheabrede von 1419 getroffene Vereinbarung, das Beilager zu vollziehen, wenn Mechthild 13 oder 14 Jahre alt sein wird. Wenn jedoch selbst bei erwachsenen Partnern der in der Eheabrede festgelegte Termin häufig nicht eingehalten wird, so kann dies bei einem bereits in der Wiege verabredeten Ehebündnis um so mehr zutreffen.

Im Jahre 1436 fand zudem möglicherweise ein großes Turnier zur Hochzeit statt: Steinhofer 1, 139: »A. 1436 wurde ein ansehnlicher Turnier zu Stuttgard gehalten«; Pfaff Stuttgart 1, 161: Beilager Ludwigs mit Mechthild 17. Oktober 1436 »Bei dem damals gehaltenen Turnier erschienen 29 Grafen, 316 Freiherrn und Adeliche aus Schwaben, Baiern, Franken und vom Rhein«. Dieses Turnier beschreibt: Georg Rüxner, Anfang, ursprung und herkomen des Thurniers inn Teutscher nation, Simmern 1532, 151–154: »der Thurnir zu Stuckarten in Schwaben gehalten, als graue Vlrich von Wirtenberg beischlieff, mit Hertzog Heinrichs Dochter von Beyern, im jar des heyls ... 1436«. Das Beilager Ulrichs mit Elisabeth von Bayern-Landshut fand jedoch am 8. Februar 1445 statt, zu einer Jahreszeit also, die sich nicht eben für Ritterturniere eignet. Es ist nicht auszuschließen, daß Rüxner (»deme man aber, weil er offt die Unwahrheit sagt, nicht überall trauen darff«, Crusius 2, 56) das Beilager Ludwigs, den er als Turnierteilnehmer aufführt, mit dem Beilager Ulrichs verwechselt; vgl. Gfn Elisabeth † 1451 Anm. 4. Der Humanist Enea Silvio Piccolomini, der nachmalige Papst Pius II., »lobt die sittliche Wirkung dieser Ehe: Ludovicus in juventute admodum enormis fuit, libidini ac voluptati deditus. Sed ubi uxorem duxit, mores mutavit, alterque vir effectus multa probitatis ostendit indicia«, Stälin 3, 442 mit Quellenangabe.

Die über die Köpfe des kindlichen Paares hinweg geschlossene Ehe Ludwigs mit Mechthild darf, anders als die 80 Jahre danach unter ähnlichen Bedingungen gestiftete Ehe Herzog Ulrichs mit Sabine von Bayern, als glückliche Verbindung zweier füreinander bestimmter, sich harmonisch ergänzender und in Eintracht lebender Partner angesehen werden.

6 Nach Häutle Wittelsbach 29: geboren 1419 (Schwennicke 1, 14: 18. März 1418); gestorben am 2. Dezember 1463 in Wien; beigesetzt in Wien im Dom St. Stephan. Zu

Albrecht VI. ›dem Verschwender‹: Martin Gerbert, Taphographia Principum Austriae, St. Blasien 1772, I, 194–197 u. II Tab XVII (Grabschrift in der Crypta Archiducalis); sowie die Literatur zu Mechthild.

7 A 602 U 122: »Die abred der Hyrath durch Marggraff Albrecht von Brandenburg zwischen Hertzog Albrechten von Osterreich vnd meiner frowen seligen« vom 3. November 1451 Böblingen; dazu Gerbert (Anm. 6) II, 118–126; Steinhofer 2, 940f; Martin Mechthild 1871, 12 u. 1872 156; Schön Mechthild 1903, 67. A 602 U 121: Vollmacht Albrechts für vier seiner Räte zu Verhandlungen über seine Ehe mit Mechthild vom 15. September 1451 Neustadt.

8 Annales Stuttgartienses 29f: »Predicta vero domina Mechtildis post obitum lamentabilem prefati mariti sui comitis Ludewici veste viduali et lamentationum cito more femineo deposita et carissimi sponsi sui, uti eo vivente cunctis gestibus et moribus presimulabat, dulcissimis complexibus oblita, brevi sub temporis spacio copulavit se matrimonialiter a. 1451 in grave damnum relictorum orphanorum illustri principi ac dno. dno. Alberto duci Austrie, fratri serenissimi imperatoris Friderici, adhuc tamen regis et ducis Austrie, sibi condormiendo in opido dotis sue videlicet Böblingen, presentibus Stephano comite palatino Rheni et duce Bavarie, fratre predicte Mechtildis, et Vdalrico comite de Wirtemberg, fratre Ludewici comitis defuncti anno domini 1452.« Der Tag des Beilagers in Böblingen ist unbekannt. Stälin 3, 493: »Herzog Albrecht urkundet den 10. August 1452 zu Böblingen (für die Karthause Güterstein); vermuthlich war damals die Hochzeit.« Den 10. August 1452 als Hochzeitstag nennen: Häutle Wittelsbach 29; Schön Nr 34 (jeweils mit Fragezeichen versehen). Zwischen 7. und 10. August 1452: Schön Mechthild 1903, 68. August 1452: Martin Mechthild 1871, 13; Strauch Mechthild I; Manz Mechthild 11. Das Jahr 1452 nennen: O. Gabelkover Cod. hist. 2° 588, 208v; Pareus (s. o.) 217; Pregitzer I, 11; Hübner 200; Giefel Nr 38; Schwennicke I, 14.

Blau Rottenburg (s. o.) 88f: »Die Ehe mit Frau Mechthild, kühl und lieblos von beiden Seiten aus Vernunftgründen geschlossen, blieb kinderlos und war wenig dazu angetan, den ewig Ruhelosen zu halten und zu binden. So reiste er bald nach Freiburg, bald nach Wien und Prag, dann wieder zu seinem kaiserlichen Bruder oder zu dessen Gegnern, wie seine politischen Umtriebe es forderten. Kam er dann auf einen Sprung wieder einmal in seine Residenz Rottenburg, so lebte das erzherzogliche Paar, die Konvention wahrend, höflich nebeneinander her, zeigte sich bei Gelegenheiten in landesväterlicher Eintracht dem jubelnden Volke, hatte aber sonst wenig Gemeinsames. Die beiden waren in ihrem Wesen zu verschieden: Herr Albrecht sei, so sagen die Chronisten, protzigem Prunk und politischer Ränkesucht zugeneigt, auch unbeständig, gewalttätig und selbstsüchtig gewesen und habe für die Musen wenig Neigung gezeigt. Aus ganz anderem Holz war nun freilich Frau Mechthild.« Das Ehepaar lebte seit Anfang 1456 getrennt und sah sich nur noch einmal im Juni 1459 bei einem prunkvollen Einreiten Albrechts in Augsburg.

9 Nach den Angaben der Stuttgarter Annalen (Anm. 10) hatte Mechthild in ihrer Ehe mit Ludwig außer den genannten zwei Söhnen und zwei Töchtern noch weitere, in der Kindheit verstorbene, Söhne. Einer von diesen ist durch den Gütersteiner Nekrolog überliefert: Andreas † 1443. Der Formulierung in den Stuttgarter Annalen ist zu entnehmen, daß Ludwig und Mechthild mindestens noch einen weiteren, wenn nicht sogar noch mehr jung verstorbene Söhne gehabt haben. Diese sind sehr wahrscheinlich vor dem am 19. Mai 1443 im Alter von acht Tagen verstorbenen Andreas geboren und gestorben, da ihnen sonst zweifellos auch ein Begräbnis in Güterstein bereitet worden wäre, von dem der Gütersteiner Nekrolog jedoch nichts berichtet. Sie sind vermutlich noch vor der Landesteilung von 1442 verstorben und noch in Stuttgart in der Stiftskirche beigesetzt worden. Den Stuttgarter Stiftsherren, unter denen die Verfasser der Stuttgarter Annalen zu suchen sind, waren Anzahl und Namen der weiteren Kinder Ludwigs wohl bekannt, deren kurze Lebensdauer aber war der Grund, weshalb keine näheren Angaben über sie überliefert wurden; vgl. Gfn Antonia †1405 Anm. 6.

10 Annales Stuttgartienses 21 – Tubingius 258.

11 Von Mechthilds Testament wurden zwei gleichlautende Ausfertigungen hergestellt: Das Stuttgarter Exemplar, das Gabelkover (Anm. 15) noch eingesehen hatte und das 1634 durch bayrische Plünderer abhanden kam. Ferner das Heidelberger Exemplar, dessen Empfang Mechthilds Neffe, Kurfürst Philipp, am 19. März 1482 bestätigte (A 602 U 158). Eines der Exemplare befindet sich heute im Bayerischen Hauptstaatsarchiv München, Geheimes Hausarchiv, Hausurkunde 2860 und wurde 1985 in der Ausstellung »Württemberg im Spätmittelalter« in Stuttgart gezeigt (Katalog Württemberg 13). Eine Edition durch Joachim Fischer ist vorgesehen. Katalog Württemberg 13: »Es zeigt den großen Reichtum der Fürstin ebenso wie ihr Bemühen, durch ihre Wohltätigkeit für ihr Seelenheil zu sorgen und zugleich ihr Andenken bei der Nachwelt zu erhalten; es ist aber auch ein Zeugnis ihrer engen Beziehung zu ihrem ›hertzlieben son‹ Eberhard, den sie sowohl zu ihrem Haupterben wie zu ihrem ›principalselwärter‹ (Haupttestamentsvollstrecker) bestimmte.«

12 Den 22. August 1482 als Todestag nennen: Gütersteiner Nekrolog Cod. hist. 2° 471, 177v: »XI Kal. Septembris Obiit Jllustrissima domina domina Methildis archiducissa austrie anno 1482 in die sancti andre et in die huius anniversarii debere pietanciam beneficia quaere in libro benefactorum nostrorum conventualibus decrevimus istuis anniversarii missam singulis annis cantare in conventu et post missam turrificari scilicet mariti ejus scilicet Ludwici de Wirtemberg vide XXIII septembris die« (zitiert nach Schön Regesten Cod. hist. 4° 488 Nr 3377, 570). Schannat Chronik 35 u. Trithemius 2, 512: »1482. Moritur Mechtildis... circa Festum S. Bartholomaei Apostoli«. Den 22. August 1482 nennen ebenfalls: Eber 332 (der 395 den 1. Oktober als unrichtig gestrichen hat); Heller 44; Stälin 3, 495 u. 589 u. 713; Behr 170; Voigtel-Cohn 91; Martin Mechthild 1871, 28 u. 1872, 172; Wintterlin 24; P. Stälin 717; Strauch Mechthild 2; Maisch Stammtafel; Giefel Nr 38; Schön Mechthild 1904, 10 (der 1908, Schön Nr 34, den 1. Oktober nennt); Kübler Gal. 37; Isenburg 1, 75; Manz Mechthild 11; Freytag 1, 75; Himmelein Eberhard 139; Schwennicke 1, 14 u. 122; Katalog Württemberg 13. Den 21. August 1482 als Todestag nennt: Notizzettel in A 602 U 158: »An mitwoch vor Bartholomei A.D.LXXXII Jst min gnedig frow von osterreich vß diser zyt geschieden« = 21. August 1482. Auf der Rückseite dieses Zettels nur die Bemerkung: »vf mitwoch oder dornstag nach Barth.« = 28. oder 29. August 1482, vielleicht Tag der Beisetzung in Güterstein. Den 21. September 1482 (= XI Kal. Octobris) als Todestag nennen: Grabmal in Tübingen (Anm. 19); A. Rüttel d. Ä. J1 48a, 88; Wolleber Cod. hist. 2° 934, 152; Gadner Cod. hist. 2° 16, 9; O. Gabelkover Cod. hist. 2° 588, 538v; Steinhofer 3, 351. Den 20. September 1482 nennen: Westermayer-Wagner-Demmler 10 (in Unkenntnis des Römischen Kalenders: XI Kal. Oct.); Schmitt (Anm. 16) 180; Hell (Anm. 16) 18. Den 1. Oktober 1482 (= Kal. Octobris) als Todestag nennen: Die Grabinschrift bei Crusius 2, 392, der irrigerweise »KLN OCTOB.« statt »KLN. XI OCTOB.« angibt; diese fehlerhafte Angabe eines ohnehin falschen Datums übernehmen von Crusius: Hengher 168; Nockher 205v; Heimführung 23; Lairitz 471; Pareus (s. o.) 217; Pregitzer 1, 11; Hübner 200; Steinhofer 1, 164 u. 3, 351; Montanus 170; Mohl 268; Sattler Gf 2, 175; Gerbert (Anm. 6) 1, 236f; Moll 284; Bunz 89; Häutle Wittelsbach 29; Schön 34; Kiefner Mechthild 173. Den 11. Oktober 1482 nennt: Kümmerle 7 (in Unkenntnis des Römischen Kalenders: XI Kal. Oct.). Das Todesjahr 1482 nennen: Suntheim 594 u. 597; Crusius 2, 117; Steinhofer 3, 350; Uhland Festschrift 399. Das Jahr 1484 als Todesjahr nennen: Lohmeier 53; Imhof 57; Pregitzer d. Ä. Cod. hist. 2° 426b, 1550. Die Ursachen der verschiedenen fehlerhaften Angaben zu Mechthilds Todestag liegen zunächst darin, daß der eigentliche Todestag, der 22. August (XI Kal. Sept.), auf dem Gütersteiner Grabmal nicht, oder zumindest 1554 nicht mehr, verzeichnet war. Beim Entwurf der Inschrift für die Doppeltumba in Tübingen hat der Archivar und Hofgenealoge Andreas Rüttel d. Ä. die Angabe des Gütersteiner Nekrologs »XI Kal. Sept.« mit »XI Kal. Oct.« verwechselt, oder aber aus einer Quelle geschöpft, in der diese beiden Daten bereits verwechselt waren. Das von Rüttel abgesegnete falsche Datum »XI Kal. Oct.« (21. September) wird vom Bildhauer in den Grabstein eingemeißelt als »KLN. XI OCTOB.«. Martin Crusius, der 1595 in seinen Annales Suevici als erster Mechthilds Grabinschrift veröffentlicht, hat diese entweder falsch abgeschrieben, oder aber, was zu Crusius' Ehrenrettung angenommen werden darf, sein Frankfurter Drucker hat die Angabe »KLN. XI OCTOB.« als Druckfehler »KLN. OCTOB.« weiterverbreitet. Der von Crusius genannte 1. Oktober wird denn auch von zahlreichen Geschichtsschreibern bis in die Gegenwart hinein übernommen. Ohne weitere Folgen blieb jedoch dank der geringen Auflage und Verbreitung die 1790 von Johann Friedrich Kümmerle in seinem Verzeichnis der Tübinger Grabschriften gemachte Angabe des Todes der Mechthild am 11. Oktober, der in Unkenntnis des Römischen Kalenders die Grabinschrift »KLN. XI OCTOB.« als XI. Oct. wiedergibt. Bei dem von Georg Lohmeier 1695 genannten, in der Folge von anderen Genealogen übernommenen falschen Todesjahr 1484 dürfte es sich um einen Druckfehler handeln.

13 Sterbeort Heidelberg bei: Grabmal Tübingen (Anm. 20); A. Rüttel d. Ä. J1 48a, 88; Eber 332; Gadner Cod. hist. 2° 16, 9; O. Gabelkover Cod. hist. 2° 588, 538v; und in sämtlichen Quellen einheitlich, ausgenommen Küng 93: »nach erlangtem alter zu Rotenburg am Neckher gestorben«; Wolleber Cod. hist. 2° 934, 152: Rottenburg, verbessert Heidelberg; Paul Beck in: Diöcesanarchiv Schwaben 1904, 63: Rottenburg.

14 Schön Mechthild 1905, 24; zu Mechthilds Gicht- oder Rheumaerkrankung: Schön Mechthild 1904, 10.

15 Mechthild verfügt in ihrem Testament 1481 (Anm. 11) ihre Beisetzung in Güterstein. HU 2860, 2r: »alda vnnser lib empfangen vnd in die kirch getragen vnd begraben werden an der lincken syten by der wannd«. A 602 U 158: »Verordnung vnd Verzeichnus Frawen Mechtilden von osterreich, gebornen Pfaltzgrävin bey Rhein, vnd graf Ludwigs zu Württemberg geweßener Ehegemahlin wie es nach ihrem Tode mit der Begrebnus, Begengnuss, vnd anderem was sie vnderschiedlichen Personen verschaffe solle gehalten werden«, enthält keinen Hinweis auf die Stätte ihres Begräbnisses, jedoch zahlreiche Stiftungen für Güterstein. Nachdem ihre Ehe mit Albrecht von Österreich nicht eben als glücklich zu bezeichnen war, schied eine Beisetzung an der Seite ihres zweiten Mannes in Wien aus verständlichen Gründen aus. Die in Heidelberg verstorbene Mechthild wollte im Land ihres Sohnes, an der Seite des geliebten ersten Mannes begraben sein.

O. Gabelkover Cod. hist. 2° 588, 538v: »ihrem begern nach in Güterstein begraben«; Steinhofer I, 164: »ward auf ihr Begehren nebst ihrem ersten Gemahl beygesetzt«; Martin Mechthild 1872, 173: »nach ihrem Willen«; Strauch Mechthild 2: »ihrem Willen gemäß«. Martin Gerbert (Anm. 6) II, Index Mechtildis hat die Angabe einer Beisetzung Mechthilds in Heidelberg und späteren Überführung nach Tübingen. Eine vorläufige Bestattung am Geburts- und Sterbeort Heidelberg mit späterer Überführung nach Güterstein, etwa nach Fertigstellung der Andreaskapelle 1486, ist denkbar, aber sehr unwahrscheinlich. Nach dem Befund der Gebeine Mechthilds bei der Beisetzung der Herzogin Anna 1530 und der Untersuchung vor der Überführung nach Tübingen 1554 wurde keine Einbalsamierung vorgenommen.

16 Harald Schukraft in Festschrift Württemberg 709: »Das erhaltene Mechthild grabmal wird heute meist dem Ulmer Bildhauer Hans Multscher zugeschrieben, es dürfte demnach in den fünfziger Jahren des 15. Jahrhunderts – drei Jahrzehnte vor dem Tode der Dargestellten – ausgeführt worden sein. Es ist jedoch durchaus möglich, daß die Figur erst 1488 durch einen Schüler Multschers geschaffen wurde, da in diesem Jahre Arbeiten quellenmäßig belegt sind.« Joachim Fischer in Katalog Württemberg 63f: »Die künstlerisch bedeutsame Alabasterplastik wurde vielleicht in Ulm von einem Schüler Hans Multschers um 1488 geschaffen, jedenfalls, wie sich aus dem Testament der Erzherzogin Mechthild schließen läßt, kaum zu ihren Lebzeiten.« Das 1634 aus Stuttgart verschwundene und der Forschung erst jetzt wieder bekanntgewordene Testament Mechthilds von 1481 (Anm. 11) enthält folgende Bestimmung ihr Grabmal betreffen: HU 2860, 2v: »wir setzen ordnen schaffen vnd wollen och das vff vnser grab ayn Erlicher wercklicher grabstain gehowen vnd gemacht werd So bald das gesin mag mit vnnserm wappen Österrich vnd bayrn vnd Sanndt Endris Crütz mit der schrifft vnnsers tytels vnd anzall der Jar vnd dem tag Jn dem wir vß diser zitt verschaiden syen was der yetzgemelt Stayn Cost das sol der gemelt vnnser hertzlieber Son Graue Eberhartt gutlich vnd onverzogenlich entrichten vnd bezahlen.« Ebenso sprechen die Anordnungen für die Beisetzung Mechthilds Anm. 15: A 602 U 158) von einem neuen Grabmal: »Miner gnedigen frowen ordnung, Jtem ain grabstain etc.« Daß für Mechthild nach ihrem Tode in Ulm ein Grabmal in Auftrag gegeben wurde, zeigt Hans Rott, Quellen und Forschungen zur südwestdeutschen und schweizerischen Kunstgeschichte im 15. und 16. Jahrhundert, Stuttgart 1934, II, 251. Er hat dazu in den württembergischen Landschreibereirechnungen für 1484/1485 folgende Notiz gefunden: »Item Martin Holtzwart, küchenmeister, hat zu Ulm umb den grabstein unser gnedigen frowen von Österreich seligen ußgeben XLI gulden I ß VI hl guter müntz.« Zu Mechthilds Grabmal: Wintterlin 19–25; Schön Mechthild 1905, 25; Demmler 14–26; Westermayer-Wagner-Demmler 10–12 u. 344f; Julius Baum, Niederschwäbische Plastik des ausgehenden Mittelalters, Tübingen 1925, 16 u. 23 u. Tf 6f; Otto Schmitt, Die Grabfigur der Gräfin Mechthild von Württemberg in Tübingen in: Zeitschrift des Deutschen Vereins für Kunstwissenschaft 8, 1941, 179–194; Peter Goeßler in: Tübinger Blätter 33, 1942, 50f (Besprechung von Schmitt); Manfred Schröder, Das plastische Werk Multschers in seiner chronologischen Entwicklung, Tübingen 1955 = Tübinger Forschungen zur Kunstgeschichte 10; Vera Hell, Das Grabmal der Mechthild von Württemberg in: Baden-Württemberg 15, 1968, H. 8, 18f; Alfred Schädler, Beiträge zum Werk Hans Multschers in: Anzeiger des Germanischen Nationalmuseums 1969, 40–62, bes. 56f; Manfred Tripps, Hans Multscher. Seine

Ulmer Schaffenszeit 1427–1467 = Forschungen zur Geschichte der Stadt Ulm 8, 1969; Fleischhauer Renaissance 128f. Im Gefolge der falschen Deutung eines bei Wintterlin 24 wiedergegebenen Schriftstücks zur Abrechnung der nach der Überführung von Güterstein angefertigten Tübinger Grabsteine gilt in der älteren Literatur (etwa Wintterlin 19; Bunz 75f; Wilhelm Lübke, Geschichte der Plastik, 3. Aufl. Leipzig 1880, II, 874; Klemm 145) die Grabfigur der Mechthild als ein von Joseph Schmid geschaffenes Werk der Renaissance. Theodor Demmler 19ff hat als erster den spätgotischen Ursprung des Grabmals erkannt, eine Auffassung, die durch Hinweis Demmlers in der ein Jahr zuvor erschienenen OAB Urach 1909, 603ff bereits Eingang gefunden hatte. Westermayer-Wagner-Demmler 344 wähnt die Entstehung der Figur unmittelbar nach Mechthilds Tod 1482, wahrscheinlich durch einen Uracher Bildhauer. Baum 16 sieht das Grabmal noch zu Mechthilds Lebzeiten entstanden. Otto Schmitt unternimmt 1941 den Versuch, im Stilvergleich mit dem Sterzinger Altar die Figur der Mechthild als Werk Hans Multschers nachzuweisen. Er setzt 188 die Entstehung zwischen Ludwigs Tod am 23. September 1450 und Mechthilds zweiter Heirat im August 1452. Schmitt 190: »Meines Erachtens ist das Gütersteiner Grabmal eine Ulmer Arbeit, und ich glaube, es dem bedeutendsten Meister der Jahrhundertmitte: Hans Multscher selbst zuschreiben zu sollen. Qualitativ steht dieser Bestimmung nichts im Weg, und, was wichtiger ist, die Mechtild läßt sich, wenn gleich nach 1450 entstanden, mühelos in die Entwicklung Multschers einordnen. Sie ist die nächste und wichtigste Vorstufe zum Sterzinger Altar (1456/58), dem spätesten bis heute bekannten Werk des Meisters«. Schmitt verweist auch auf die bereits bekannte Tatsache, daß Hans Multscher zuvor den Hochaltar für Güterstein geschaffen hatte. 192: »Wir haben allen Grund anzunehmen, daß Hans Multscher ziemlich genau um die Jahrhundertmitte für die Kirche der Kartause Güterstein, dieselbe, in der das Grabmal der Mechtild ursprünglich stand, ein Altarwerk schuf. Wieder verdanken wir Hans Rott die Auskunft: Bald nach 1449 erwähnt das Gütersteiner Anniversar zum 23. August ein Jahrgedächtnis für Meister Johannes, Bildhauer aus Ulm, und seine Angehörigen auf Grund von 70 Gulden, die der Meister bei der Bezahlung des Gütersteiner Hochaltars nachgelassen hat (Hans Rott, Quellen und Forschungen 2, 1934, 48). Zwar wird der Familienname des Meisters nicht genannt, aber dank Rotts Forschungen kennen wir die Ulmer Bildhauer des mittleren 15. Jahrhunderts so genau, daß wir mit Sicherheit auf Hans Multscher schließen können, und wenn Multscher ›bald nach 1449‹ (das ist das Datum des dem Multscher-Eintrag unmittelbar vorausgehenden Postens) für die Grabkirche des Hauses Württemberg-Urach den Hochaltar lieferte, so lag nichts näher, als auch bei dem bald nötig werdenden Grabmal Ludwigs († 23. September 1450) an ihn zu denken. Nach der Sitte der Zeit ließ die Witwe gleichzeitig auch ihr eigenes Denkmal oder ein Doppelgrabmal errichten«.

Schmitt 188f nimmt an, »daß die Wiedervermählung Mechtilds unmittelbar den Anstoß gab, nach ihrem Tod einen zweiten Grabstein zu bestellen. Schwerlich hat man sie an der ursprünglich vorgesehenen Stelle, Seite an Seite mit Ludwig beigesetzt, sondern vielmehr eine andere Grabstätte gewählt, und es wäre wohl möglich, daß damit der 1484/85 bezahlte Grabstein zusammenhängt. Leider erlaubt die Rechnungsnotiz von 1484/85 keinen sicheren Schluß, ob es sich damals um eine verhältnismäßig einfache, vielleicht nur mit dem Wappen oder einem Flachrelief versehene Grabplatte handelte; der gezahlte Preis scheint für ein aufwendiges Denkmal etwas niedrig, aber wir wissen ja nicht, ob nicht andere Zahlungen vorausgingen oder folgten.« Schröder 6 rückt das Werk zeitlich in die Nähe des Sterzinger Altars 1458. Hell und Schädler bringen eine gekürzte Wiedergabe der Studio von Otto Schmitt. Hell 18: »Kompliziert wird die bisher verhältnismäßig klare Situation durch eine Rechnungsnotiz aus Güterstein vom Jahre 1484/1485, die sich auf einen Grabstein für die Gräfin Mechthild bezieht. Dieser wurde also nach ihrem Tode (1482) in Auftrag gegeben, vielleicht weil sie nicht in dem Doppelgrab neben ihrem ersten Gemahl beigesetzt worden war, sondern mit Rücksicht auf ihre zweite Ehe nur in der Nähe. Eventuell war hier überhaupt nur ein Epitaph gemeint, denn die erhaltene Figur kann, formalkritisch gesehen, nicht in dieser Zeit entstanden sein.« Decker-Hauff Stuttgart 264 u. 365 bezeichnet die »prachtvoll ausgeführte Alabasterplastik« der Mechthild als »Höhepunkt der Ulmer Kunst«. Tripps 66 sieht das »eigenhändige Werk des Meisters« zwischen 1450 und 1455 entstanden, behauptet jedoch 263 Mechthilds Grabmal befinde sich noch »an seinem ursprünglichen Platz in der Grablege des Hauses Württemberg« und sei ein Bronzeguß: »Der Guß selbst nicht vergoldet, sondern – nach Entfernung der Gießhaut mittels Schrupp- und Schlichtfeilen – mit Kaltmeißel und Ziseliernadel nachgearbeitet und anschließend daran mit Bräuniersalz und Öl patiniert« (!). Fleischhauer Renaissance 128f verweist auf die Tatsache, daß Ludwigs ebenfalls von Multscher gefertigte Grabfigur 1556 als Vorlage für die neugeschaffene Sandsteinplastik von Jakob Woller gedient hat, »sonst hätte der spätgotische Harnisch nicht mit solcher Genauigkeit gerade auch des Technischen wiedergegeben werden können«, eine Auffassung die Fleischhauer bereits im Münchner Jahrbuch NF 13, 1938/39, 51 vertrat, wo er auf die Ähnlichkeit zu der Statue Ulrichs des Vielgeliebten vom Stuttgarter Herrenhaus hinweist. (vgl. Gf Ulrich † 1480 Anm. 24). Himmelein Eberhard 84: »Ihr herrliches Grabdenkmal, das sich heute in der Tübinger Stiftskirche befindet, hatte sie sich schon bei Lebzeiten in Ulm (wahrscheinlich von Hans Multscher) anfertigen lassen.« Allem nach darf gesagt werden: Das Gütersteiner Grabmal Graf Ludwigs I. † 1450, das 1554 bei der Überführung der Gebeine nach Tübingen skizziert wurde (G 47 Bü 24, 5), stammt mit hoher Wahrscheinlichkeit von Hans Multscher. Möglicherweise hat Multscher mit diesem auch gleich das Grabmal Mechthilds geschaffen, wie dies die stilkritische Untersuchung Otto Schmitts nahelegt. Mechthilds Testament und die Rechnungsnotiz von 1484/85 sprechen jedoch eher für eine Entstehung des Grabmals der Mechthild nach deren Tode 1482 als Werk der Ulmer Schule. Es sei denn, man nimmt an, daß für Mechthild ein zweites Grabmal, etwa eine lediglich mit den im Testament erbetenen Wappen versehene Grabplatte oder ein Wandepitaph in Ulm gefertigt wurde. Mechthilds testamentarisch geäußerter Wunsch nach der Herstellung eines »grabstain« – bei einem möglicherweise bereits vorhandenen Grabmal von Hans Multscher – könnte damit erklärt werden, daß in den 31 Jahren zwischen Ludwigs Tod und Mechthilds Testament eine neue Auffassung von Sepulchralarchitektur aufgekommen ist. Man denke etwa an die schlichte Grabplatte Eberhards im Bart vom Einsiedel und an die verschiedenen Epitaphien Eberhards. Es ist denkbar, daß Eberhard als Testamentsvollstrecker seine Vorstellungen eines Grabdenkmals bei seiner Mutter ebenfalls verwirklicht hat. Von dem dann aus Ulm 1484/85 gelieferten Werk hätte sich schon 1554 bei den Untersuchungen, die der Überführung nach Tübingen vorausgingen, nichts mehr vorgefunden. Allerdings könnte das 1554 genannte, unterdessen nicht mehr vorhandene »theffelin«, wohl ein Messing- oder

Steinepitaph, das an der Wand der Andreaskapelle hing, vielleicht mit der besagten Ulmer Arbeit von 1484/85 identisch gewesen sein, zumindest aber würde dessen anscheinend ausführliche Inschrift wichtige Aufschlüsse geben können; vgl. Anm. 18. Das Grabmal der Mechthild – sei es nun nach 1450 durch Hans Multscher selbst oder erst nach 1482 durch einen seiner Schüler geschaffen worden – darf als das herausragendste und qualitätvollste unter den Tübinger, ja unter den Grabdenkmälern des Hauses Württemberg überhaupt bezeichnet werden. Hell 18 würdigt die Figur als »eine der schönsten deutschen Frauendarstellungen aus dem späten Mittelalter.« Demmler 20 beschreibt das Grabmal so: »Die Gräfin ist nicht als alte Frau, sondern durchaus in der jugendlichen Anmut spätgotischer Madonnen wiedergegeben. Das feine von der Haube eng umschlossene Gesicht und die zarten Hände verraten keine Absicht auf Porträtmäßigkeit, aber viel Gefühl für den allgemeinen Reiz jugendlicher Weiblichkeit. Der Körper zeigt die typische Ausbiegung nach links. Auf den untersten Partien des Gewandes, das die Füße verhüllt, stemmt sich ein bulldoggenartiger Hund energisch gegen den linken Fuß der Figur. Der Nachdruck liegt ganz auf der Schilderung des Gewandes: die malerische Wirkung der unregelmäßigen Faltenzüge mit ihrem unaufhörlichen Wechsel von Licht und Schatten, von Erhöhung und Vertiefung ist dem – offenbar gereiften und viel geübten – Künstler das Wichtigste gewesen und sie ist ihm gut gelungen.« G 47 Bü 24, 6: Skizze von Mechthilds Grabmal in Güterstein vor der Überführung nach Tübingen. Die Figur Mechthilds liegt in einer gewölbten Wandnische, an der sichtbaren Längsseite der Tumba sieben nicht näher bezeichnete, vermutlich allegorische Figuren. Länge des Grabmals 6 Schuh 2 Zoll = 1,77m. Abb. der Skizze bei: Demmler Tf 2; Schmitt 184; Katalog Württemberg 63. Tuschzeichnung der Tübinger Doppeltumba 18. Jahrhundert: Cod. hist. 4° 59 Nr v. Kupferstich bei: Sattler Gf 2, 174; Gerbert (Anm. 6) II, Tab. XXII. Zur Aufstellung der Doppeltumba in Tübingen vgl. Anm. 18.

17 Der Bau der 1486 geweihten Andreaskapelle in Güterstein erfolgte sehr wahrscheinlich zur Aufnahme der Grabstätte der 1482 verstorbenen Mechthild, vgl. Gf Ludwig †1450 Anm. 13.

18 Zur Überführung nach Tübingen vgl. Gf Ludwig †1450 Anm. 14; Gfn Barbara †n. 1474 Anm. 7; Hzn Anna †1530 Anm. 13. G 47 Bü 24, 4: Severin von Massenbach und Johannes Engelmann, Bericht vom Zustand der Gütersteiner Grablege vom 31. März 1554: »Weitter so befinden wir ein grab in welchem S. F. G. schwester (hoch seliger gedechtnus) in einem hultzin Sarch, vnd darneben hin vnd wider der Durchleuchtigen vnd Hochgebornen fürstin graff Ludwigs gemahel beyder hochloblich gedechtnus gebein zerstreut ligen. Hie neben G. F. vnd H. wollen wir S. F. G. nit bergen, das gedachter alter man den der vogt mit sich gebracht (Anm.: »welcher vor vilen iaren zu dem Gitelstein den münchen gedienet vnd alle gelegenheit gewißt«) vnß bericht, das hochgedachten graff Ludwigs gemahel selliger in einem andern ort in der kirchen gelegen vnd von dannen vor vilen iaren (wie dan in einem theffelin welches darbey gehangt doch ietzt verloren geschriben ist gewest) transferirt in disse Capel von wegen bawens doch hab man allein die bein in einen Sarch (welcher hultze gewest) gelegt. Nachvolgens als S. F. G. schwester hochloblicher vnd seliger gedechtnus auch mit thott verschiden hab er hoch gedachts freulin selbs in das grab da vormals hochermelte fürstin begraben gewest helffen legen, als man aber darzumal graben, hab man hochermelter fürstin vnd frauen gebein funden, welche sie wider in die begrebnus doch neben den Sarch gelegt also auch nachdem wir das grab eröffnet haben wir die gebein neben S. F. G. schwester seliger Sarch funden, vnd als wir vermeint das mertheil doch in keinem Sarch haben derhalben solche ordenlich zu samen gelesen vnd dieweil kein Sarch behalben beyder hochermelter graff Ludwigs vnd ir F. G. gemahel gebein doch ein ieder insunderheit in zween hiltzin kasten gethon, vnd beschriben, die selbigen widerumb in das grab gesetzt biß S. F. G. ferners der gelegenheit nach solche in die pleyen Sarch thon laßt.« Dieser Bericht bestätigt die ursprüngliche Beisetzung Mechthilds und ihres ersten Gatten in der Gütersteiner Klosterkirche und die spätere Umbettung in die Andreaskapelle. Die Inschrift des von dem ehemaligen Klosterbediensteten genannten, 1554 bereits verschollenen Epitaphs (»theffelin«) enthielt offensichtlich auch einen Hinweis zum Bau der Andreaskapelle als gemeinsame Grabstätte für die Eltern Eberhards im Bart. Mechthilds Leichnam wurde 1486 sehr wahrscheinlich im noch unversehrten Holzsarg von 1482 in die neue Grabstätte gelegt. Die Angabe des alten Mannes, man habe ihre Gebeine bei der Umbettung in die Andreaskapelle aufgesammelt und in einem neuen Holzsarg beigesetzt, erklärt sich wohl aus dessen Beobachtungen 1530 beim Begräbnis von Herzog Christophs Schwester Anna, die in Mechthilds Grabkammer beigesetzt wurde. Dabei wurden die Gebeine der offensichtlich nicht einbalsamierten Mechthild wohl mit Resten des verfaulten Holzsarges auffunden und neben Annas Sarg gelegt, wo sie sich 1554 wieder vorfanden und geborgen werden konnten.

19 Bei der Überführung von Güterstein nach Tübingen ist der Grabstein Mechthilds leicht beschädigt worden; vgl. dazu die Rechnungsnotiz von 1569 bei Demmler 22f, wo berichtet wird, was die Bildhauer Joseph Schmid und Jakob Woller für die Herstellung der Grabsteine von Graf Ludwig I. und Herzogin Anna, sowie für die Ausbesserung von Mechthilds Grabmal erhalten haben: Ludwig Riepp an die Stuttgarter Rentkammer: »Ich find in meinen Rechnungen der Grabstain halb, wie folgt: Item von Anno d. 55, das ich Maister Joseph, Stainmetzen von Urach selgen, Für das er an meines gnedigen Fürsten und herrn Hertzog Christoff von Wirtenberg etc. Schwester, Graf Ludwigen von Wirtemberg etc. und seines Gemahels drey Grabstain verdient, geben hab – 112 Pfd. h. Item von A. 56 bis 57 hat Maister Jacob Woller, Stainmetz von Gmünd, was Maister Joseph an yetz gemelten dreyen Grabstainen nach seinem Absterben zumachen uberpliben, Vols außgemacht. Im daruor geben – 91 Pfd. h. Under wölchen dreyen grabstainen die Zwen, Namlich Graf Ludwigs und des Fröllins von neuem gemacht, der dritt etwas ußgepessert, dann der amm herüberfiern vom Gieterstain etwas beschedigt worden.« Die Ausbesserungsarbeiten am Grabmal Mechthilds werden von Demmler 25 dem über der Arbeit an den Tübinger Grabmalen verstorbenen Joseph Schmid zugeschrieben: »am Kopfkissen ist die Arbeit der Tübinger Meister deutlich sichtbar: dessen Ornamentierung weist mit ziemlicher Sicherheit auf Schmid«; ähnlich Schmitt (Anm. 16) 181f, der die Tatsache, daß Mechthilds Grabstein im Gegensatz zu dem ihres Gatten in Tübingen wiederverwendet werden konnte, auf den Standort in der Andreaskapelle in Güterstein zurückführt. Die Figur der Mechthild war, wie in der Skizze von 1554 sichtbar (G47 Bü 24, 6 s. Anm. 16), durch ihre Aufstellung in einer Nische gegen herabstürzenden Bauschutt und auch gegen Verwitterung und gewaltsame Beschädigung besser geschützt als das vor der Wand stehende Grabmal Ludwigs; zur Beteiligung Joseph Schmids bei der Aufstellung der Doppeltumba in Tübingen s. auch Fleischhauer Renaissance 128f.

20 Zitiert nach dem Original; Inschrift auch bei: Crusius 2, 392 (der das auf dem Grabstein vermerkte, ohnehin falsche Todesdatum K̄L̄N̄. XI OCTOB. = 21. September fehlerhaft als KLN. Octob. = 1. Oktober wiedergibt und dessen falsche Angabe der Grabschrift bis in unser Jahrhundert hinein kritiklos übernommen wurde); Baumhauwer 1f; Heimführung 23; Lairitz 471; Pareus (s. o.) 218; Montanus 140v; Zeller 86; Sattler Gf 2, 174; Gerbert (Anm. 6) 1, 236f; Kümmerle 7; Lenz 1; Tiedemann 185; Bunz 89; Strauch Mechthild 32f; Schön Mechthild 1905, 25; Westermayer-Wagner-Demmler 10 mit dt. Übersetzung. G 47 Bü 24, 19: Entwurf der Grabschrift wahrscheinlich von Andreas Rüttel d. Ä.; zu den fehlerhaften Angaben von Mechthilds Todestag vgl. Anm. 12.

21 Zum Gedächtnis der Übertragung des Chorherrenstifts Sindelfingen nach Tübingen 1477, geschaffen vom Meister des Volland-Epitaphs; Decker-Hauff Tübingen 16 u. 19; Schmitt (Anm. 16) 179ff, dort auch Bemerkungen zur Darstellung Mechthilds in den Chorfenstern der Tübinger Stiftskirche mit Abb.; Chorfenster süd II: Mechthild von der Pfalz als Stifterin, Straßburg um 1478. Beschreibung bei Becksmann 305 mit Abb.Tf 121 Nr 382. Zwei sich um Eichenstämme windende Spruchbänder zu jeder Seite offenbaren möglicherweise die Devise Mechthilds: »gutte mere« (»Das Gute vermehren«).

Die beiden dargestellten Personen auf einem Chorfenster nord II deutet Becksmann als Mechthild mit einer illegitimen Tochter ihres Sohnes Eberhard, vgl. Gf Eberhard †1496 Anm. 19. Bei Himmelein Eberhard 29f Darstellung Mechthilds und ihres zweiten Gatten im Wappenbuch des Hans Jngeram von 1459; bei Heideloff Mittelalter 7 Beschreibung eines unterdessen verschollenen spätgotischen Holzschnitzwerkes aus der Herrenberger Stiftskirche mit den zu Füßen einer Madonna knieenden Stiftern des Bildes, Ludwig I. und Mechthild, Abb. Tf II.

22 Zitiert nach Abb. bei Himmelein Eberhard 55.

23 Nikolaus von Wyle, nach Kiefner Mechthild 175.

24 Nikolaus von Wyle, Translationen in: Bibliothek Litterarischer Verein Stuttgart 57, 1861, 333.

25 Trithemius 2, 513.

26 Philipp Melanchthon, Oratio de illustri principe Eberardo (gehalten 1552 in Wittenberg), Nürnberg 1777, 9.

27 Küng 93.

28 Zimmerische Chronik, ed. Paul Herrmann, Leipzig o. J., 1, 454; auf 1, 453 ist die Rede von Mechthild als »disem überflaischgirigen weib«. Zu diesen verleumderischen Vorwürfen vgl. Anm. 45; sowie die Apologie Mechthilds bei Martin Mechthild 1871, 35f: »Diese Geschichten scheinen mit dem für Kunst und höhere Bildung in seltenem Maße empfänglichen Sinne der Fürstin, der allgemeinen Achtung, in der sie stand, und der kindlichen Liebe des trefflichen Eberhard ganz unvereinbar; sie dürfen getrost den ritterlichen Trinkstuben zur Last gelegt werden, die an der Selbständigkeit und geistigen Ueberlegenheit der Erzherzogin die ihnen angemessene Rache nahmen. Jst doch auch sonst die Zimmerische Chronik eine nichts weniger als zuverlässige Quelle; bringt sie doch auch sonst mit Vorliebe schmutzige Witze zusammen. Freilich liefen schon zur Lebenszeit der Fürstin schlimme Gerüchte über sie um, wie die 1480 vor Herzog Albrecht von Sachsen ausgestellte Ehrenerklärung des Ritters Lutz Schott beweist. Gegen diese Gerüchte scheint Niclas von Wyle sich zu wenden, wenn er bemerkt, daß Mechthild eine seiner Töchter in ihrer Umgebung so erzogen habe, daß ihm das lieber sei, als wenn sie während der Zeit in einem Kloster reformierter Schwestern von der Observanz gewesen wäre. Es bleibt daher noch immer die Annahme als zuläßig bestehen, daß Mechthild durch die Freiheit und Ungezwungenheit in ihrem Leben und noch mehr in ihren literarischen Neigungen, welche freilich den Anforderungen jener Zeit an das Verhalten einer Wittwe nicht entsprachen, sich jene Verleumdungen zuzog; aber von einer Anna Amalia zu einer Katharina II ist doch gewiß noch ein weiter Schritt.« Die genannte Ehrenerklärung: A 602 U 153: Herzog Albrecht von Sachsen beurkundet am 9. November 1480 in Nürnberg, daß sein Hofdiener Ritter Lutz Schott, der einer üblen Nachrede über Mechthild beschuldigt wird, erklärt habe, nichts Nachteiliges von ihr zu wissen: »gesaget das er von der genannten fürstynn vnnßer lieben Muhmen nichts arges wiße Vnnde wiße von ir liebe nichts annders denn alßo von einer loblichen fromen furstynne zureden«, abgedruckt bei Martin Mechthild 1871, 110f. Die Bemerkung des Nikolaus von Wyle (Anm. 24) 333: »ir gnaud haut mir ain tochter in irem gezimber zuo hofe also gezogen das ich nit wölt die sölich zyt darfür in aim closter geformierter schwestern von der observantze gestanden sin«. Zuvor hatte Wyle Mechthilds Gelehrsamkeit gerühmt: »O hoche scharpfe vernunft in wyblichem hertzen!«

29 Martin Crusius, Oratio de... Eberhardo Barbato, Tübingen 1593, 38: Epitaphium für Mechthild, vertont von Zacharias Schaeffer 39ff.

30 Heimführung 23; Gründungsjahr der Universität Freiburg ist 1457.

31 Pregitzer 1, 11; ebenso Steinhofer 1, 164.

32 Christoph Bidembach bei Steinhofer 3, 351.

33 Sattler Gf 2, 175.

34 Pahl 2, 97.

35 Barth 82.

36 Pfaff Wirtemberg 2, 188.

37 Martin Mechthild 1871, 30.

38 P. Stälin 632.

39 Strauch Mechthild 2f, der 33f eine bisher ungedruckte Urkunde vom 30. März 1467, betreffend die Hilfe nach dem Stadtbrand von Herrenberg, mitteilt »als Probe für die Art, in der Mechthild mit ihren Unterthanen verkehrte« (Anm. die Herrenberger sind ihre ehemaligen Untertanen).

40 Schmitt (Anm. 16) 179.

41 Werner Mechthild 77.

42 Sebastian Blau, Rottenburger Hauspostille 2. Aufl. Stuttgart 1976, 94.

43 Ebenda 91.

44 Ebenda 92.

45 Decker-Hauff Stuttgart 265; die genannte Dichtung des »in Ehren ergrauten Großvaters«: Hermann von Sachsenheim, Die Mörin, Straßburg 1512, herausgegeben und kommentiert von Horst Dieter Schlosser = Deutsche Klassiker des Mittelalters NF 3, Wiesbaden 1974, der 9f »zur festen Überzeugung gelangt, daß der Autor der Zimmerischen Chronik Graf Froben Christoph im 16. Jahrhundert mit seiner Deutung, diese Dichtung sei eine Schlüsselerzählung, der Wahrheit noch näher war als seine späteren germanistischen Kritiker«; vgl. dazu Martin Mechthild 1871, 42–50; Philipp Strauch, Pfalzgräfin Mechthild in ihren literarischen Beziehungen, Tübingen 1883; Festschrift Württemberg 538f. Rudolf Krauß, Württembergische Fürsten in Sage und Dichtung, Stuttgart 1894 erwähnt merkwürdigerweise Mechthild mit keiner Silbe.

46 Hell (Anm. 16) 18.

47 Himmelein Eberhard 12.

48 Decker-Hauff Tübingen 8.

49 Bernhard Theil, Literatur und Literaten am Hofe der Erzherzogin Mechthild in Rottenburg in: ZWLG 42, 1983, 125–144.

50 Becksmann Glasmalereien 290.

Nachtrag zu Mechthild:
Katalog Fürstliche Witwen auf Schloß Böblingen. Hg. v. Günter Scholz, Böblingen 1987. Darin: Günter Scholz, Mechthild von der Pfalz 37–44; Sabine Ferlein, Mechtild von der Pfalz als Literaturmäzenin 57–66 und Mechtild von der Pfalz als literarische Gestalt 67–78; Karlheinz Geppert, Gräfin Mechthild heute 97–99.

Ulrich V.

1413–1480

Graf von Württemberg

»Beneamatus« »der Vielgeliebte«[1] »Gotznieswurtz«[2]

Regent 1419/33–1480[3]

»Ferrum tuetur principem, melius fides«[4]

2. S. v. Graf Eberhard IV. dem Jüngeren von Württemberg[5]
u. v. Gräfin Henriette von Mömpelgard

Geboren 1413[6]
in

Vermählt 1440/41
mit Herzogin Margarethe von Cleve 1416–1444

Zweite Ehe 1444/45
mit Herzogin Elisabeth von Bayern-Landshut 1419–1451

Dritte Ehe 1453
mit Herzogin Margarethe von Savoyen 1420–1479
»Mit allen 3. Gemahlinen lebte Gr. Ulrich vergnügt, sonderlich mit der letzteren«[7]

Vater von 9 Töchtern und 3 Söhnen[8]
Katharina 1441–1497
Eberhard n. 1444–1504
Heinrich n. 1445–1519
Margarethe n. 1444–1479
Ulrich (Georg) n. 1444 †jung
Tochter n. 1444 †jung[9]
Tochter n. 1444 †jung[10]
Elisabeth 1450–1501
Margarethe n. 1453–1470

Philippine n. 1453–1475
Helene n. 1453–1506
Tochter n. 1453 †jung[11]

»Über diese Kinder hat er auch ausserhalb der Ehe etliche Kinder erzeugt, alls ein Sohn, Caspar, und etliche Töchtern, die er hin und wider in die Clöster versteckht hat«[12]

Gestorben am 1. September 1480[13]
in Leonberg im alten Burgbau[14]
»alß er vihl Herzstöß erlitten, auch schier erblindet«[15]

Beigesetzt am 8. Oktober 1480[16]
in Stuttgart im Chor der Stiftskirche[17]

Grabmal[18]
»ANNO. DÑĪ. MCCCC. LXXX. KALENDAS. SEPTEMBRIS. OBIIT. VLRICUS. PATRIE. CLERIQUE. AMICUS. DE. WIRTTEMBERG. HERUS. PACIS. ZELATOR. SINCERUS. CUI. TERRA. SIMILEM. NON. HABUIT. PLANGITE. TALEM. QUEM. CUM. PROLE. PIA. BEET. ORO. UIRGO. MARIA. «[19]

Epitaph[20]
»Anno Domini M.CCCC.LXXX. Kal. Septemb. obijt Ulricus patriae clerique amicus, de Wirtemberg Heros pacis Zelator sincerus, cui terra similem non habuit, plangite talem, quem cum prole pia beet oro Virgo Maria«[21]

Standbild von Sem Schlör[22]
»ILLVSTRISS. PRINCEPS ET DOMINVS DOMINVS / VDALRICVS COMES WIRTEMBERGAE AC MONTIS-/ PELIGARDI ETC. NATVRA SATISFECIT KALEN-/ DAS SEPTEMBRIS ANNO SALVTIS MCCCCLXXX«[23]

Denkmal am Stuttgarter Herrenhaus[24]

»Princeps magnificus, humanitate, mansuetudine, beneficentia, virtute simul et prudentia insignis, et ab omni populo sibi subjecto dilectus ut pater.«[25]

»Ulrich Graf zu Wirtemberg ain starckher frolicher hoflicher Furst genant Gotznieswurtz, das was sein Spruch Wort, hat gern gejagt und paist, ist ain rechter Frawen Mann gewesen, und er was der erst Graf zu Mumpelgart von seiner Muetter wegen, ain Sun Graf Eberharts von Wurtenberg und Fraw Heinriata Gräffin von Mumpelgart, ward gefangen mit Graf Karl von Baden und Bischof Georgn von Metz, Margraf Karls Brueder von Pfalzgraf Fridrich von Rein, und wurden all drew umb gros Guet geschezt. Er starb anno MCCCCLXXX. begraben zw Stuetgarden im Thuemb daselbs.«[26]

»vil guter, schöner gebeiw volbracht und sonderlich die statt Stutgartenn erweittert und in ein sollich wesen und auffgang gebracht, daß er billich der ander stiffter, anfenger und widerbringer diser statt mag und soll geriempt werden«[27]

»nachdem nun graff Ulrich sein seckell durch die erzelten krieg, auch durch volgendt überschwencklich bauwen gelert, so gieng das alter auch nunmer daherr. Deshalb er mitt der hoffhaltung ettwas eingezogner worden, aber doch sein angeborne früntlichait gegen seinen underthone nitt verendertt, sunder inen alle fürstliche miltickhait erzaigt und bewisen. Darumb er auch widerum von inen so lieb und werd gehalten.«[28]

»ein solcher holdseliger und gegen meniglich freundtlicher Herr gwesen, das er daher den zunamen bekommen, Beneamatus, das ist der vil, oder Wolgelibt«[29]

»ein schöner liebreicher und holdseliger Herr, der seine Unterthanen mit einer angebohrnen Clemenz und Freundlichkeit regiret, dannen hero Er von denselbigen auf das höchste geliebet und geehret, und männiglichen der Wohlgeliebte genennet worden«[30]

»Ulricus der Wohlgeliebte oder Gottes Nießwurtz von dem ihm gewöhnlichen Sprichwort beygenahmet, lässet die Stadt Stuttgard, welche ihm mit dem Untern Wirtenbergerland zu Theil worden, herrlich ausbauen.«[31]

»Ein sehr leutseeliger und gütiger Herr, von schönen Leibs- und Gemüths-Gaben, in welchem kein Betrug war, auch wohlthätig gegen jedermann, sonderlich denen Armen, deßwegen er den Zunahmen des Vielgeliebten bekommen; darneben war Er in allen Fürstlichen Künsten und Ritter-Spielen vortrefflich geübt und erfahren.«[32]

»Jn dem Umgang bezeugte er sich offenherzig und seine Freundlichkeit war mit einer Annehmlichkeit verbunden, in welcher nichts falsches zu finden. Selten kam er in einen Ort seines Landes, wo er keine Merkmale seiner Gnade hinterlassen hätte. Daher kam es, daß jeder Stadt Einwohner mit Freuden seine Ankunft erwarteten, wann andere Unterthanen mit der grösten Beschwerde die Gegenwart ihres Fürsten tragen müssen. Ehrfurcht und Liebe empfiengen ihn sowohl als ihren Herrn, als auch Vater, wo er hinkam. Sie hatten genugsam erfahren, daß er nicht sowohl ihre Obrigkeit, sondern vielmehr ihr Wohlthäter seye. Man verspürete an ihm eine Hochachtung der Religion, eine wahre Gottesfurcht und eine Liebe zu dem Wort Gottes und er war versichert, daß er hinwiederum in der Gnade Gottes stehe. Er liebte die Jagd über die massen, seine gröste Freude aber war dabey, wann andere auch von dem erlegten Wild etwas genossen. Dessen ungeacht zeigte er als ein Mensch seine ihm eigene Schwachheiten, welche er öfters zu bereuen hatte, weil sie seine Hoheit in das Nidere setzten. Dann er folgte nicht allzeit gutem Rath und war unvorsichtig in Beurtheilung dessen, was aus seinen Handlungen entstehen könnte. Er wurde deßwegen öfters von Leuten, welchen er sich ohne Vorsicht anvertraute, durch Vorspieglung grossen Nutzens oder Ehre in Händel eingeflochten, woraus er sich hernach schwerlich heraus wicklen konnte. Dann was er einmal versprach, darauf konnte man sich sicher verlassen, daß er auch mit seinem Schaden sein gegeben Fürstenwort halten würde. Er hielte solches für allzukostbar, als daß er es mit dessen selbstiger Hintansetzung verächtlich machte.«[33]

»Die unerwartete Botschaft von seinem Hinscheiden erfüllte das Land mit Betrübniß. Denn obwohl sein Leben, durch seine verderblichen Kriege, seinem übermässigen Aufwand, und die Verirrungen eines gegen die Verführung nicht befestigten Gemüths, für seine Unterthanen oft drückend und für das Wohl des Ganzen zerstörend wurde, so versöhnte er doch, wie das den Fürsten leicht zu gelingen pflegt, durch die freundliche Milde und das huldvolle Wohlwollen, das in seiner Persönlichkeit war und sich durch unerschöpfliche Gunst gegen Einzelne erprobte, seine Fehler, und mit Liebe und Ergebung nannte das Volk seinen Namen.«[34]

»Seine Zeitgenossen gaben ihm den Beinamen des Vielgeliebten. Aber ihm fehlte dasjenige, ohne was ein Fürst bei der größten Herzensgüte nichts weniger als ein Segen seines Volkes seyn kann, ein selbstständiger Wille. Jahr aus Jahr ein wurde bankettirt, gebaut, gejagt, die glänzendsten Dienstgelder wurden gegeben, und den unumschränktesten Einfluß an seinem Hofe übten die Frauen und die Pfaffen. Zu den ersten hatte er einen unüberwindlichen Hang, gegen die letzten die demüthigste Verehrung, und Frauen und Pfaffen am Ruder waren von jeher verderblich für Fürst und Volk.«[35]

»Er war nach damaligen Begriffen sehr fromm, besuchte fleißig den Gottesdienst, obgleich das Wort Gottes noch nicht lauter und rein gepredigt wurde, und beschenkte Kirchen und Klöster, was für ein sehr verdienstliches Werk galt. Zugleich war er ein getreuer Anhänger des Papstes, aber doch aus Gutmüthigkeit auch mild gegen Andersdenkende, die man damals Kezer und Jrrlehrer nannte, so daß der Papst ihn ermahnen ließ, die Hussische Kezerei in seinem Lande kräftiger zu unterdrücken.«[36]

»Das Volk sah in ihm seinen Vater und nannte ihn den Vielgeliebten; er wäre einer der glücklichsten Fürsten gewesen, hätte nicht allzugroße Nachsicht gegen seine Söhne und allzugroßes Vertrauen auf Leute, die sich in sein Vertrauen einzuschmeicheln wußten, ihm manches Ungemach bereitet.«[37]

»Er war ein gottesfürchtiger, leutseliger und liebenswürdiger Herr, den seine Zeitgenossen den Vielgeliebten nannten; sein Lieblingsvergnügen war die Jagd, die Schattenseite seines Wesens war die Unbesonnenheit, und die vielen, sein Leben trübenden Unfälle waren zum Theil die Folgen dieser Schwäche.«[38]

»Ulrichs Regierung hatte Württemberg nicht zum Segen gereicht; die Teilung der Grafschaft zu seinen Gunsten schwächte diese selbst, seine Unbesonnenheit, seine zu große Vertrauensseligkeit gegenüber von schlechten Ratgebern, seine stete Bereitwilligkeit, sich in Händel, mochte sein eigenes Jnteresse mehr oder weniger dabei beteiligt sein, einzulassen und sich in Kriege zu stürzen, brachten über seine Landeshälfte vieles und schweres Unglück. Allein seine Gutmütigkeit und Leutseligkeit, sein fröhlicher, zur Versöhnung geneigter Sinn, seine Fürsorge für das Wohl der Unterthanen und seine Freigiebigkeit bei eigener Einfachheit ließen seine Zeitgenossen seine Schattenseiten vielfach übersehen. Wie einen Vater schätzten ihn seine Unterthanen und beehrten ihn mit dem Beinamen des Vielgeliebten.«[39]

»Der einst mit kühnem Muthe in die Händel der Welt eingegriffen, ist schwer enttäuscht ins Grab gesunken. Ueber Württemberg hat er viel Schlimmes gebracht; aber der volksthümliche Fürst, der selbst so Bitteres erdulden mußte, hat sich durch seinen wohlwollenden und versöhnlichen Sinn den Ehrennamen des Vielgeliebten erworben.«[40]

»Graf Ulrich hat zuerst viel Selbstvertrauen gezeigt und sich mit großen Hoffnungen getragen. Unklugheit, Verwegenheit und unglückliche Umstände haben ihm schwere Enttäuschungen eingetragen. Trotzdem gewann er die Herzen seiner Unterthanen. Auf seine Volkstümlichkeit weist schon sein zeitgenössischer Beiname ›Botz Nieswurtz‹; den schöneren des Vielgeliebten hat er seinem biederen, versöhnlichen Sinn, seiner Kirchlichkeit und Freigebigkeit zu verdanken. Für Württemberg war die von ihm veranlaßte Teilung gefährlich; seiner Landeshälfte hat er durch unnötige Einmischung in allerlei Händel großen Schaden zugefügt.«[41]

»Ritterlich kühn und doch politisch unüberlegt, den Armen geneigt und doch prunksüchtig und verschwendungstoll, leutselig und doch der zur Mitverantwortung drängenden Ehrbarkeit gegenüber hochfahrend, fromm im Sinne seiner Zeit und doch ein vielfach ungetreuer Ehemann seiner drei Gattinnen, ist er von den Zeitgenossen wie den Späteren bald als Unglück, bald als Glück für das Land geschildert worden. Stuttgart verdankt ihm seine größte mittelalterliche Erweiterung (bis ins 19. Jahrhundert behält die Stadt den Umfang und auch das Gepräge, das Ulrich ihr gab), doch sie wurde durch ihn auch in die größte Verschuldung ihrer mittelalterlichen Stadtgeschichte gestürzt. Aber zuletzt überwogen in der Erinnerung doch freundliche Züge, er wurde ›der Vielgeliebte‹, ›Udalricus bene amatus‹, und ist es bis heute geblieben.«[42]

»der leutselige, aber schwache und politisch wenig kluge Ulrich«[43]

»Auch der Regent des Stuttgarter Teils der württembergischen Grafschaft, Ulrich der Vielgeliebte (1419–1480), fand in der Literatur nicht die ihm gebührende Beachtung. Seine Devotion gegenüber dem Papst, die Enttäuschungen mit seinen mißratenen Söhnen Eberhard und Heinrich fanden die Aufmerksamkeit der Forschung und der Hofhistoriographen, doch ist darüber seine Bedeutung als Politiker übersehen worden. Es ist erstaunlich, daß gerade die Person Ulrichs in der Forschung kaum Aufmerksamkeit fand. Bis zum heutigen Tage liegt keine Biographie des württembergischen Grafen vor, der nahezu ein halbes Jahrhundert regierte.«[44]

»Ein rechter ›Frauenmann‹ war dahingegangen, ein Freund der Geselligkeit, der Jagd, des Tanzes, dessen fürstenmäßiges Aussehen den Zeitgenossen ungemein imponiert hat. Doch sein Bild in der Geschichte Württembergs wird bestimmt durch sein außenpolitisches Unvermögen, und das mag der Grund sein, warum sein Andenken vor dem Glanz seines Neffen Eberhard im Bart so verblaßt ist.«[45]

»Man sagt den Württembergern eine seltsame Fähigkeit nach, nämlich als Untertanen Herren zu lieben, die das so gar nicht verdient haben. Die Geschichte kennt Ulrich den Vielgeliebten, ein fahriger, zerfahrener, flatterhafter, unsteter, unglücklicher Graf, aber er führt mit Recht diesen Beinamen.«[46]

Anmerkungen

1 Naucler 2, 296r: »Vdalricus, cognomento Beneamatus«; Küng 101: »Ulrich, zugenant der Vilgeliept«; vgl. Anm. 29ff.

2 Suntheim 593: »genant Gotznieswurtz, das was sein Spruch Wort«; Cod. hist. 4° 113, 137: »Er soll auch schreibt Antonius Albitius, Patricius Florentinus, Nießwurtz genannt sein worden, von seinem Sprichwort her, Botz Nießwurtz«; Lohmeier 53: »Gottes Nießwurtz von dem ihm gewöhnlichen Sprichwort beygenahmet«; Pfaff Wirtemberg 2, 266: »Von seinem Lieblings-Betheurungswort gab ihm, wie ein Zeitgenosse erzählt, das Volk auch den Beinamen Gotts Nießwurz«; P. Stälin 676: »Der andere Beiname, welchen ihm seine Zeitgenossen gaben: Botz Nieswurtz (Botz, heutzutage Potz = Kotz ist nach Grimm Euphemismus oder Parodie von Gotts), rührte von seinem Lieblings-Beteuerungswort her«; man vergleiche dazu die Bemerkung von Theodor Heuss, er sei der ›Kotzkübel der Nation‹, die in der Presse als ›Gottesgiebel der Nation‹ wiedergegeben wurde.
Der Beiname »Gotznieswurtz« deutet möglicherweise auf die durch Ulrichs Mutter Gfn Henriette von Mömpelgard † 1444 ins Haus Württemberg gekommene Erbkrankheit hin. In dem Kräuterbuch »Gart der Gesundheit«, Mainz 1485 steht im Kapitel 165 (Elleborus albus-wyß nyeßwortz«): »Der meister Ypocras spricht daz die schwartz wurtz dribet vß melancoly durch den stulgang... Vnd die wyß nyeßwurtz benymbt die melancoly durch das brechen oben vß.« Erstere »benympt das heubt wee vn benymbt auch die dobende sucht mania genant vnd benymbt den swyndel deß heubtes.« Nach dem Kräuterbuch des Hieronimus Bock aus der Mitte des 16. Jahrhunderts (Hg. v. Brigitte Hoppe, Stuttgart 1969, 206) hilft die »Schwartz Nießwurtz« gegen »Wahnsinn, Melancholie, Epilepsie, Schwindel«. Nach dem Botaniker Gerard (1597) ist sie »good for mad and furious men«.

3 Volljährig 1433 nach zurückgelegtem 20. Lebensjahr; Reyscher 1, 66; Stälin 3, 441. Abdankung am 8. Januar 1480 zugunsten seines Sohnes Eberhards d. J.; Sattler Gf 3, 148; Stälin 3, 597; Decker-Hauff Stuttgart 288. Zu Ulrich dem Vielgeliebten und seiner Regierung: Naucler 2, 296; O. Gabelkover Cod. hist. 2° 588, 1–513; Zedler 49, 806–811; Sattler Gf 2 u. 3; Spittler 39ff; Pahl 2, 36–92; Zimmermann 1, 607–639; Barth 77–90; Pfaff Wirtemberg 2, 141–271; Stälin 3, 416–599; P. Stälin 613–677; Eugen Schneider ADB 39, 235–237; Schneider 56–77; Decker-Hauff Stuttgart 262–288; Peter Haußmann, Die Politik der Grafen von Württemberg im Konstanzer Schisma der Jahre 1474–1480 in: Engel 320–355; Katalog Württemberg im Spätmittelalter, Stuttgart 1985.

4 J. Frischlin Cod. hist. 2° 73, 78r; Mohl 362; vgl. Gf Ulrich † 1344 Anm. 2.

5 J1 48a, 72r: Andreas Rüttel d. J. Ahnentafel zu 16 Ahnen; Pregitzer III, 7: Tabula progonologica zu 64 Ahnen.

6 Annales Stuttgartienses 20: 1419 beim Tode des Vaters »Ludewicus fuit in octavo anno et Vlricus in septimo vel citra«; Volljährigkeit Ulrichs 1433 mit 20 Jahren, vgl. Anm. 3. »Bestimmung der Geburtsjahre der beeden Brüder, Ludwigs I. und Ulrichs V. Grafen von Würtemberg« in: Gelehrte Ergözlichkeiten und Nachrichten 1774, 1, 326–333 u. II, 62–64. Dort 1, 331 das Geburtsjahr 1413. Ebenso bei: Essich Stammtafel; Maisch Stammtafel; Schneider ADB 39, 235; Decker-Hauff Stuttgart 259; Wunder Dänemark (Anm. 12) 372. Geburtsjahr um 1413: Cod. hist. 2° 113, 138 (»bei 67 Jahr alt worden«); Stälin 3, 713; Behr 170; Voigtel-Cohn 91; Giefel Nr 39; Schneider Stammbaum; Kübler Gal. 39; Schön Nr 35; Isenburg 1, 76; Freytag 1, 76; Marquardt Stammtafel; Schwennicke 1, 123; Uhland Festschrift 398; Katalog Württemberg 32. Um 1412: Häutle Wittelsbach 26 u. 114; Cornaz (s. Gfn Margarethe † 1479 Anm. 5) 336. 1410: J1 132, 189v B. Fallot Table généalogique de Montbéliard; Viton 56. Um 1410: Pregitzer 1, 12; Steinhofer 1, 145.

7 Pregitzer 1, 12; vgl. Decker-Hauff Stuttgart 271.

8 Diese Zahl der legitimen Kinder Ulrichs nach Ladislaus Suntheim, der seine Angaben den im Dreißigjährigen Krieg zerstörten Glasfenstern von Peter Hemmel im Chor der Stuttgarter Stiftskirche mit der Darstellung Ulrichs des Vielgeliebten und seiner Familie entnommen hat; vgl. dazu die Mütter: Gfn Margarethe † 1444 Anm. 6; Gfn Elisabeth † 1451 Anm. 5; Gfn Margarethe † 1479 Anm. 8.

9 Diese Tochter zweiter Ehe bei Suntheim 593 u. 598 und bei Andreas Rüttel d. Ä. J1 48q, 12v (mit nachträglicher Benennung ›Agnes‹ durch A. Rüttel d. J.); vgl. Gfn Elisabeth † 1451 Anm. 5.

10 Diese Tochter nur bei Suntheim 593 u. 598; zur Wahrscheinlichkeit dieser Angabe vgl. Gfn Elisabeth † 1451 Anm. 5.

11 In sämtlichen Quellen werden der dritten Ehe vier Töchter zugeschrieben: Elisabeth † 1501, Margarethe † 1470, Philippine † 1475 und Helene † 1506. Suntheim hat als einziger Elisabeth der zweiten Ehe zugeordnet, was nach der Ahnenprobe an ihrem Grabmal auch zutrifft, vgl. Gfn Elisabeth † 1501 Anm. 1, und als einziger die Existenz einer jung verstorbenen vierten Tochter aus dritter Ehe den Stuttgarter Glasfenstern entnommen; zur Wahrscheinlichkeit dieser Angabe vgl. Gfn Elisabeth † 1451 Anm. 5 und Gfn Margarethe † 1479 Anm. 8. Zu den jung verstorbenen Mitgliedern des Hauses Württemberg vgl. Gfn Antonia † 1405 Anm. 6.

12 O. Gabelkover Cod. hist. 2° 588, 511r. Decker-Hauff Stuttgart 288: »ein vielfach ungetreuer Ehemann seiner drei Gattinnen«.

Illegitime Kinder Ulrichs:

1. Elisabeth, Nonne in Kirchheim unter Teck. O. Gabelkover Cod. hist. 2° 588, 450r: vermutlich zu Kirchheim geboren und aufgezogen; Steinhofer 3, 245 f; Sattler Gf 3, 128.

2. Margarethe, Nonne in Reutin seit 1466. Steinhofer 3, 136f: von Stuttgart gebürtig; Festschrift Württemberg 479.

3. Margarethe Wirtemberger. Decker-Hauff Tübingen 25 mit Auszug aus der Genealogia Naucleriana des Sebastian Ebinger: vermählt mit Hans Königsbach, Stadtschreiber zu Stuttgart.

4. Kaspar Möwer gen. Bastard gen. Forstmeister, Forstmeister in Kirchheim unter Teck 1474, Mutter: Margaretha Mör (Möwer, Mäur) aus Calw. Nach Gerd Wunder, Die bürgerlichen Vorfahren des Prinzgemahls Henrik von Dänemark in: Archiv für Sippenforschung 35, 1969, H. 33, 10–23 u. 36, 1970, H. 37, 363–373. Vgl. auch Gerd Wunder, Von den alten Sielminger Familien in: Ortsbuch Sielmingen, Ludwigsburg 1974, 284–286 (dort Gf Ulrich †1480 Ahnherr unter anderem von: Hegel, Mörike, Bonhoeffer, Steinbeis, Ph. M. Hahn, Maybach, G. Werner); Decker-Hauff Tübingen 25. Anatole France, Das Leben der heiligen Johanna, Nürnberg 1946, 435f schreibt Ulrich dem Vielgeliebten ein Liebesverhältnis zu einer falschen Jungfrau von Orléans zu (1436 in Köln mit Johanna Du Lÿs, nachmals Frau von Tichemont). Dies beruht jedoch auf einer Verwechslung von Wirtemberg mit Virnenburg durch Johannes Nider, s. Stälin 3, 442f.

13 A 602 U 211: Beschreibung Leichenbegängnis (Anm. 16): »min gnediger Herr selig starb zu Löwenberg Jn bysin, sins sons meins gnedigen Herren Grave Eberharten, auch der Hochgebornen fürstinn vnd gnedigen frowen der ertzhertzogin von Osterreich, vnd Jrs sons vnsers gnedigen Herren graff Eberhart von wirtemberg der elter, vnd viel erbar person geistlichen vnd weltlichen mit allen Sacramenten ordenlich verwart, vff den ersten tag des Monats Septembris das war ein freitag vnd sant Egidien tag, Anno Domini MCCCCLXXX.« Den 1. September 1480 als Todestag nennen: Grabmal (Anm. 19); Epitaph (Anm. 21); Gütersteiner Nekrolog Cod. hist. 2° 421, 122v; Suntheim 598; Küng 108; Standbild (Anm. 23); Eber 348; Wolleber Cod. hist. 2° 934, 184; Crusius 2, 113; O. Gabelkover Cod. hist. 2° 588, 500; Nockher 188r; Heimführung 27; Lairitz 475; Imhof 57; Mohl 362; Pregitzer 1, 12; Hübner 201; Zedler 49, 810; Steinhofer 1, 149 u. 200 u. 3, 304; Sattler Gf 3, 150; Tiedemann 11; Viton 61; Stälin 3, 597 u. 713; Behr 170; Häutle Wittelsbach 26 u. 114; Voigtel-Cohn 91; Hartmann 26; P. Stälin 717; ADB 39, 237; Maisch Stammtafel; Giefel Nr 39; Schneider Stammbaum; Kübler Gal. 39; Schön Nr 35; Isenburg 1, 76; Freytag 1, 76; Decker-Hauff Stuttgart 288; Schwennicke 1, 123, Katalog Württemberg 67. Das Jahr 1482 nennt: St. Allais 4, 518.

14 Franz Bühler, Heimatbuch Leonberg, Bietigheim 1954, 43f; Sterbeort Leonberg in sämtlichen Quellen einheitlich.

15 Cod. hist. 2° 953, 1211f; Küng 108: »Nachgender zeit starb im frauw Margrett, sein dritter gemachel, anno 1479, des er sich aber hartt bekümert. Und also ein hertzstoß über den andern erleiden mußt, bis er auch kurtz vor seinem thodt schier wer erblindett. Nachdem er aber von solcher kranckhait erledigt, ward er letstlich anno 1480 von seines bruders sun, graff Eberharten im Bartt, uff die hirschbaissin gen Leonberg geladen, da er kranckhait halb den 1. septembris gestorben«; Naucler 2, 296v: »inter manus Eberardi expirauit«; Crusius 2, 113: »allda in eine Kranckheit verfallen, an deren er den 1. Septembris in den Armen Eberhardi verschieden«.

16 A 602 U 211: Beschreibung des am 8. Oktober 1480 erfolgten Leichenbegängnisses: »Ordnung, der begrebde oder begengknuß meines gnedigen Herrn Grave Vlrichs von wirttemberg seligen, zu Stutgarten vff Sontag vor Dionisy Anno LXXX«: »Sin begrebde ward fürgenomen zu Stutgart vff Sontag vor Dionisy, zu nacht mit vigili vnd selvesper, vnd morgens am Montag sant Dionisy tag mit Sel ampt vnd messen wie hernach stet...« Diese Beschreibung auch bei: O. Gabelkover Cod. hist. 2° 588, 500vff; J. Frischlin Cod. hist. 2° 73, 80ff; Cod. hist. 2° 43, 244–255; Cod. hist. 4° 113, 138ff; J1 25, 131ff; »Gründliche Deduction, daß dem Hoch Fürstl. Haus Würtemberg das Reichspannerer- oder Reichs-Fendrich-Ambt... zustehe, Stuttgart 1693, Beylage T; Steinhofer 3, 304–315; Friedrich Carl von Moser, Kleine Schriften 11, 323–340, Frankfurt/M. 1764. Pfaff Stuttgart 1, 191f: »Bei Ulrichs Leichenbegängnisse am 8. Oktober 1480 erschienen zu Stuttgart außer den nächsten Verwandten auch die Weihbischöfe von Constanz und Augsburg, 33 Pröbste und Aebte und gegen 900 Priester, die Botschaften 16 geistlicher und weltlicher Fürsten und der Reichsstädte, 10 Grafen, 2 Freiherrn und 119 Adeliche mit 1300 pferden. Früh morgens wurde eine Messe, hierauf das ›erste Amt vom heiligen Geist auf dem obersten Altar‹ gehalten; indeß ordnete sich der Leichenzug, voraus sieben Reiter auf schwarzverhängten Rossen, jedes von zwei Adelichen geführt, mit des Grafen Banner, Schwerdt, Spieß, Turnierzeug und Streitaxt, einem Klagfähnlein und seinem Leibrosse, dann die Leidtragenden, auch die Frauen, die Botschafter und die Adelichen, zuletzt die Stuttgarter Bürger, die Mägde und das gemeine Volk. Jede Person trug in der rechten Hand eine Wachskerze mit einem Geldstück und ein zweites in der linken Hand, zum Opfer in der Kirche. Jm Chor stand ein bis auf den Boden mit schwarzem Tuch verhängtes, mit einem ›schwarzgüldnen‹ Tuch bedecktes Grab und um dieses her waren zehn große Kerzen aufgestellt, weiter unten befand sich ein schwarz verhängtes Häuslein mit 200 kleinen und 6 großen Wachskerzen, welches 6 schwarzgekleidete, Sterbeleuchter in den Händen tragende Schüler umstanden. Jn den ebenfalls beleuchteten Chorstühlen stellten sich die Fürsten und Herrn, in der Kirche selbst die übrigen zum Trauergefolge gehörigen Personen auf; das Todtenamt hielt der Weihbischof von Augsburg, die Trauerrede der Stiftsprediger Dr. Werner Unzhäuser. Nach geendigter Feier speiste man im Schlosse die anwesenden Fremden, auf dem Rathaus die Armen der Stadt und brauchte hiebei 6000 Herrn-, 21 300 Gesinde-, und 1080 Schnittbrode nebst 64 Eimern Wein.« Decker-Hauff Stuttgart 288: »Die Beisetzung in der Stuttgarter Stiftskirche war Ulrichs des Vielgeliebten würdig. Noch im Tode ließ er einen so ungeheuren Pomp entwickeln, wie ihn die größten Höfe Europas im Herbst des Mittelalters nicht großartiger zu feiern vermochten. Der unmäßige Aufwand, der in Stuttgart den weithergereisten Gästen dargeboten wurde, hat die Gemüter noch lange beschäftigt. Man glaubt die Mißbilligung des Berichterstatters zu hören, wenn er Zahl oder Maß der Gesindbrote und der Herrenbrote, der ›vertrunkenen‹ Eimer Wein, der kostbaren Stoffe zum Auskleiden der Stiftskirche, der Botengelder und der Verehrungen nennt. Für den Sohn der Henriette von Montbéliard, den Gatten der Burgunderenkelinnen Margarethe von Cleve und Margarethe von Savoyen war Burgund, der glanzvollste Hof Europas, lebenslang das unerreichte Vorbild gewesen. Noch im Tode wetteiferte Ulrich mit Karl dem Kühnen, wetteiferte Stuttgart mit Dijon oder Brügge.« Siehe auch Katalog Württemberg 67 u. 74.

17 Naucler 2, 296 und Trithemius 2, 509: »Studgardiae in Collegiata Ecclesia Sanctae Crucis cum tribus legitimis uxoribus suis nobilissimis, quas successive duxerat, cum debito honore sepultus«; Küng 108: »gen Stütgarten gefiertt und in des stiffts chor neben seine drei gemachel begraben«; O. Gabelkover Cod. hist. 2° 588, 500: »zu Stutgarten aber herrlich vnd löblich, mit aller Gaistligkait vnd gemeinlich von jedermann empfangen worden, mit vil kerzen vnd großem Beweinen vnd klagen vnd großem proceß«; Pregitzer 1, 12: »zu Stuttgart mit ansehnlichem Pomp und allgemeinen Betrauren seiner Unterthanen beygesetzt«. Letzte Beisetzung eines regierenden Grafen von Württemberg in der Stuttgarter Stiftskirche.

18 A 525 Bü 3, 72: Gutachten Andreas Rüttel d. J. 1566: »Es ist vor etlich Jahren (Anm.: 1557, J1 1b, 30) vff dießem Stain allein das wappen Wurtemberg vnd Mümpelgart mit zwayen Helmen Jn kupffer vnd meß gesehen worden vnd kein weitter Grabschrifft dann ›Anno Domini MCCCC.L.XXX. Kalend. Septemb. obijt Ulricus, patriae clerique amicus de...‹ Heuttigs tags ist alles hinweg gerißen vnd weytter nichts dan allein der Stein vorhanden«; A 525 Bü 3, 105v: Gutachten A. Rüttel d. J. 1574: »Es hatt auch obgemelter Grave Ulrich Beneamatus genanndt ain schön Monumentum Jnn der Stifftkürchen mit nachgesetztem Epitaphio dartzuo Das Wappen mit zweyen Helmen, Württemberg vnd Mümppelgardt Jnn Kupffer vnd Meß gegoßen gehabtt, das alles hinweckh gerißenn. Vnd zu Vnnsern Zeyten nichts vmb vnd Ob dem Grabstein gesehen noch gelesen würdt.« Zustand des Grabsteins 1583: Cod. hist. 2° 130, 4r (HB XV 77 von 1566 ist ohne Zeichnung des Grabsteins). Entwurf A. Rüttels d. J. zur Restaurierung 1583: Cod. hist. 2° 130, 3r. Grabstein bis zum Bau der Gruft 1608 noch im Chor; vgl. Gfn Elisabeth † 1524 Anm. 12. Zum Vorschlag der Aufstellung eines weiteren Grabmals unter Herzog Ulrich vgl. Gf. Heinrich † 1519 Anm. 15.

19 Nach Entwurf A. Rüttel d. J. Cod. hist. 2° 130, 3r. Inschrift mit geringen Varianten auch bei: Suntheim 598; Küng 108 (»pacis relator«); A. Rüttel d. Ä. J1 48a, 335r; A. Rüttel d. J. A 525 Bü 3, 56 u. 67. u. 72; Schmid 18; Zedler 49, 810 (»pacis felator«); Bach 166 (»chorique«).

20 Vgl. Gf. Heinrich † 1519 Anm. 17.

21 Schmid 37.

22 Vgl. Gf. Heinrich † 1519 Anm. 19.

23 Zitiert nach dem Original in Stuttgart.

24 Heideloff Mittelalter 32 mit Abb.; Julius Baum, Deutsche Bildwerke des 10. bis 18. Jahrhunderts, Stuttgart Berlin 1917, 205 f mit Abb.: Etwa 1470 errichtet, stand an dem 1435 begonnenen Herrenhaus auf dem Stuttgarter Marktplatz, seit 1746 in der Herzoglichen Kunstkammer, im 2. Weltkrieg zerstört.

25 Trithemius 2, 509; Naucler 2, 296 (jedoch ›humilitate‹ statt ›humanitate‹).

26 Suntheim 593; Lat. Fassung 598: »Venationi et aucupio deditissimus et mulierum amator, patriae clerique amicus, herus noster pacis zelator sincerus, cui terra nostra similem non habuit. Plangite eum quaeso, quem cum prole pia protegat virgo Maria, Amen. Decessit laudabilis Dominus Udalricus dictus Gotznieswurtz anno Dom. MCCCCLXXX. Kal. Sept. Stuetgardiae in Parrochiali Ecclesia sepultus.«

27 Küng 102.

28 Küng 107, der im Anschluß daran Ulrich dem Vielgeliebten die Geschichte vom ›reichsten Fürsten‹ (vgl. Gf/Hz Eberhard † 1496 Anm. 86) zuschreibt: »von inen (Anm. seinen underthone) so lieb und werd gehalten, daß er sich des auff ein zeit in ainer versamlung viler fürsten, da ieder, was er in seiner herschafft fürtrefflichs hett, anzaigen solt; und aber diser die berckwerck, iener die saltzpfannen, der dritt seine zöll, der viert die vorstlich oberkait, und also fort ainer dis, der ander ain anders anzaigt und riemet, hatte er, graff Ulrich, nachdem die redt auch an ine kam, geantwurt, wie daß er in seinem landt nicht liebers noch bessers hab, dann daß er mitt ainem ieden seiner underthonen frölich und on alle sorg ain suppen essen oder ein trunck thon meg, es sei gleich zu haus oder veldt; mitt disem seinem warhafftigen anzaigen erlangt, daß alle fürsten, so zugegen waren, sollich seine fürstliche milte und demutt und hinwider seiner underthonen rechtgeschaffne trui und liebe, auch guttwillige gehorsame für alle iere berckwerck, saltzpfannen, zöll, vorstliche gerechtickhait und dergleichen geriempt und ine, als der das best einkomen besitzen thett, gebrisen haben«.

29 Oswald Gabelkover Cod. hist. 2° 588, 511.

30 Heimführung 27.

31 Lohmeier 53.

32 Pregitzer 1, 12.

33 Sattler Gf 3, 150.

34 Pahl 2, 92f.

35 Zimmermann 1, 607.

36 Barth 90.

37 Pfaff Wirtemberg 2, 266.

38 Stälin 3, 597f.

39 P. Stälin 675f.

40 Eugen Schneider ADB 39, 237.

41 Schneider 77.

42 Decker-Hauff Stuttgart 288; dort 270 Abb. des Flügelaltärchens mit dem Bildnis Ulrichs und seiner drei Gemahlinnen aus der Stuttgarter Stiftskirche, jetzt Württ. Landesmuseum Stuttgart; vgl. dazu Stälin 3, 598. Decker-Hauff Stuttgart 271: Zur Zeit der dritten Ehe Ulrichs des Vielgeliebten mit Margarethe von Savoyen (1453–1479) entstand ein kleines Flügelaltärchen, das wahrscheinlich einst in der Stuttgarter Stiftskirche aufgestellt war. Im Bildersturm wurde es seines Mittelteils (Madonna mit den Namensheiligen der Wirtemberger?) beraubt; die Flügel mit den anbetenden Stiftern blieben jedoch erhalten. Wie sein Großvater, Eberhard der Milde, war Ulrich rothaarig; Eberhards fröhliche Rundheit und dessen ausgeglichenes Temperament hat Ulrich nicht geerbt. Die tiefdunklen Augen, die nervösüberschlanken Hände, das hagere Gesicht könnten ein Erbe seiner Mutter Henriette von Montbéliard gewesen sein.« Borst 54 (mit Abb.): »Man muß gewiß manches im Duktus des Kopfes und der Gestalt der spätgotischen Kunstmaxime zugutehalten; das Körperlose, das Durchsichtige wird zum Ideal. Indessen ist wohl auch die Vermutung – und damit die stillschweigende Akzeptierung eines gewissen Porträtcharakters – zu berücksichtigen, die Sensibilität und Feinnervigkeit des Gesichts und der Hände könnten ein Erbe der Mutter, der Henriette von Montbéliard sein.«

43 Weller Württemberg 91.

44 Peter Haußmann (Anm. 3) 323f.

45 Wolfgang Irtenkauf in Katalog Württemberg 32.

46 Hansmartin Decker-Hauff in: Die Geschichte Baden-Württembergs. Hg. v. Reiner Rinker und Wilfried Setzler, Stuttgart, 1986, 159.

Margarethe

1416–1444

Gräfin von Württemberg

T. v. Herzog Adolf I. dem Weisen von Cleve[1]
u. v. Herzogin Marie von Burgund
Enkelin von Herzog Johann ohne Furcht von Burgund

Geboren am 23. Februar 1416[2] in

Vermählt 1432/33
mit Herzog Wilhelm III. von Bayern-München 1375–1435[3]

Zweite Ehe 1440/41
mit Graf Ulrich V. dem Vielgeliebten von Württemberg 1413–1480
Eheabrede am 8. Oktober 1440 Köln[4]
Beilager am 29. Januar 1441 in Stuttgart[5]

Mutter von zwei Söhnen (Bayern) und einer Tochter (Württemberg)[6]

Gestorben am 20. Mai 1444[7]
in Stuttgart im Alten Schloß[8]

Beigesetzt 1444 in Stuttgart im Chor der Stiftskirche[9]

Grabmal[10]
»ANNO. DNĪ. M. CCCC. XLIIII. XIII. KL. IUNII. OBIIT. ILLUSTRIS. DOMINA. DOMINA. MARGRETHA. DUCISSA. DE. CLEUE. ET. MARCK. NEC. NON. COMITISSA. IN. WIRTTEMBERG-. CUIUS. ANIMA. REQUIESCAT. IN. PACE.«[11]

»ain luitseliger, giettiger fürst, in dem kain betrug was, hatt sich noch jung mitt frauw Margrett. des ersten hertzogen von Cleue, Adolph genant, thochter, verheirett, aber ein klaine zeit in ansehung ieres schnellen absterbenns mitt ier früntlich gelept«[12]

Die Vermählung Ulrichs des Vielgeliebten mit Margarethe von Cleve war die auslösende Ursache der Landesteilung von 1442[13]

Anmerkungen

1 J1 48a, 72v: Andreas Rüttel d. J. Ahnentafel zu 16 Ahnen; Stamm-Register, Des Fürstlichen Geschlechts und Hauses Gülich, Clef, Berg und Marck, etc., Arnheim 1610, 22; Schwennicke 6, 17.

2 Den 23. Februar 1416 als Geburtstag nennen: Häutle Wittelsbach 26; Behr 170; Giefel Nr 39; Schön Nr 35; Isenburg 1, 76; Freytag 1, 76. Den 24. Februar 1416 nennt: Schwennicke 1, 123 u. 6, 17. Das Geburtsjahr 1416 nennt: Uhland Festschrift 399.

3 Nach Häutle Wittelsbach 26 und Hans Rall, Wittelsbacher Lebensbilder. Führer durch die Münchner Fürstengrüfte, München 1978, 20: geboren 1375 in München, gestorben am 12. September 1435 in München, beigesetzt in München im Liebfrauendom. A 602 U 212: Eheabrede am 17. September 1432 Köln. Beilager am 11. Mai 1433 in Basel, Wilhelm weilte dort als Protektor des Konzils von Basel 1431–1433. Nach Häutle Wittelsbach 26 Anm. 4 soll Margarethe vorher (seit 1424) mit Landgraf Ludwig II. von Hessen verlobt gewesen sein.

4 A 602 U 217: Heiratsbrief vom 8. Oktober 1440 Köln; O. Gabelkover Cod. hist. 2° 588, 112; Steinhofer 2, 816ff; Stälin 3, 443; Häutle Wittelsbach 26.

5 Annales Stuttgartienses 21 – Tubingius 258, allerdings irrigerweise zum Jahr 1440: »M. CCCC. XL. anno scilicet frater eius Udalricus comes vero etiam secunda feria post conversionem S. Pauli celebravit nuptias in Stutgardia cum domina Margaretha, filia ducis de Cleve et Marck comitis.« Sonntag und Montag nach Pauli Bekehrung 1441 ist der 29. und 30. Januar. Den 29. Januar 1441 als Hochzeitstag nennen: O. Gabelkover Cod. hist. 2° 588, 114 (der 92: 1440 hat); Steinhofer 2, 817; Stälin 3, 443 (29. u. 30.); Häutle Wittelsbach 26; Behr 170; Voigtel-Cohn 91 (29. u. 30.); Hartmann 18 (29. u. 30.); Giefel Nr 39 (29. oder 30.); Schön Nr 35 (29. oder 30.); Isenburg 1, 76; Decker-Hauff Stuttgart 266; Freytag 1, 76; Schwennicke 1, 123. Den 27. Januar 1441 nennt: Eber 39. Das Heiratsjahr 1441 nennen: Marquardt Stammtafel; Uhland Festschrift 399; Katalog Württemberg 32. Den 27. Januar 1440 nennen: Wolleber Cod. hist. 2° 934, 184v; Heller 6; Pregitzer 1, 12; Steinhofer 1, 143 u. 201; Heideloff Ornements 28. Den 28. Januar 1440 nennt: Nockher 55v. Den Monat Januar 1440 nennt: Schneider Stammbaum. Das Heiratsjahr 1440 nennen: O. Gabelkover Cod. hist. 2° 588, 92; Crusius 2, 56; Heimführung 27; Lairitz 435; Lohmeier 53; Imhof 57; Montanus 184; Essich 122; Mohl 357; Maisch Stammtafel.

6 Die beiden Söhne erster Ehe nach Häutle Wittelsbach 26: Adolph, geboren am 7. Januar 1434 in München, gestorben zwischen dem 26. Mai und 24. Oktober 1441 in München, beigesetzt in München im Liebfrauendom. Wilhelm (Posthumus), geboren am 25. September 1435 in München, gestorben kurz vor dem 16. Oktober 1435 in München, beigesetzt in der Karmeliten-Kirche zu Straubing.
Zu der einzigen Tochter zweiter Ehe vgl. Gfn Katharina † 1497 Anm. 2. Eine weitere Tochter, Margarethe (die jedoch eindeutig der Ehe Ulrichs des Vielgeliebten mit Elisabeth von Bayern-Landshut entstammt, vgl. Gfn Margarethe † 1479 Anm. 2), wird ihr irrigerweise von Behr 170; Giefel Nr 45 u. 46; Schön Nr 41 u. 42; Isenburg 1, 76; Freytag 1, 76; Schwennicke 1, 123 zugeschrieben. Voigtel-Cohn 93 (mit ?) weist ihr noch den jung verstorbenen Sohn Ulrich zu, vgl. Gf Ulrich (Georg) n. 1444 Anm. 1.

7 Den 20. Mai 1444 als Todestag nennen: Grabmal (Anm. 11); Annales Stuttgartienses 21 f – Tubingius 260: »Deinde anno Domini M. CCCC. XLIIII, XIII. Kalend. Junii, praefata domina Margaretha obiit«; Eber 192; Wolleber Cod. hist. 2° 934, 184v; A. Rüttel d. J. J1 48q, 26; O. Gabelkover Cod.

hist. 2° 588, 151v; Stälin 3, 471 u. 713; Häutle Wittelsbach 26; Behr 170; Voigtel-Cohn 91; Maisch Stammtafel; Giefel Nr 39; Schön Nr 35; Isenburg 1, 76; Freytag 1, 76; Schwennicke 1, 76. 30. Mai 1444: Steinhofer 2, 868; Heideloff Ornements 28. Ende Mai 1444: Sattler Gf 2, 145. 13. Juni 1444: Heller 32; Schmid 23; Tiedemann 11. 1. Juni 1443: Suntheim 593 (der 595 durch Druckfehler den 1. Januar 1451, den Todestag der zweiten Gemahlin Ulrichs nennt). 8. Juni 1443: Pregitzer 1, 12; Steinhofer 1, 150 u. 201. 19. Juni 1443: Crusius 2, 114; Hartmann 18; Hübner 200. 20. Juni 1443: A. Rüttel d. Ä. J1 48a, 335r. 21. Juni 1443: Nockher 120r. 1443: Heimführung 27; Lairitz 435; Lohmeier 53; Imhof 57; Mohl 357; Viton 60; St. Allais 4, 518. 1432: Küng 108. 1445: Crusius 2, 56. Der Gütersteiner Nekrolog Cod. hist. 2° 421, 26 nennt als Todestag einer »margaretha comitissa de Wirtenberg Junioris domni conthoralis« den 21. Februar, vgl. Gfn Margarethe † 1479 Anm. 9.

8 Sterbeort Stuttgart: Häutle Wittelsbach 26; Hartmann 18; Schön Nr 35.

9 Begräbnisort bei: Eber 192; Wolleber Cod. hist. 2° 934, 184v; O. Gabelkover Cod. hist. 2° 588, 151v; Nockher 142r; Steinhofer 2, 868; Häutle Wittelsbach 26; Hartmann 18; Schön Nr 35.

10 Zeichnung des Grabsteins 1566: HB XV 77, 4r (ohne Umschrift, mit Wappenschild); 1583: Cod. hist. 2° 130, 29r (ohne Schild) Entwurf A. Rüttels d. J. zur Restaurierung 1583: Cod. hist. 2° 130, 28r. Grabstein bis zum Bau der Gruft 1608 noch im Chor, vgl. Gfn Elisabeth † 1524 Anm. 12. Zum Vorschlag der Aufstellung eines weiteren Grabmals unter Herzog Ulrich vgl. Gf Heinrich † 1519 Anm. 15.

11 A. Rüttel d. J. Cod. hist. 2° 130, 28r. Inschrift auch bei: A. Rüttel d. J. A 525 Bü 3, 57 u. 67 u. 71 u. 106; Schmid 18 u. 31; Tiedemann 17; Bach 167.

12 Küng 102.

13 Beilager am 29. Januar 1441. A 602 U 86: Am 13. März 1441 verpflichten sich die Grafen Ludwig I. und Ulrich V. von Württemberg, untereinander Frieden zu halten und Streitigkeiten durch ein Schiedsgericht auszutragen: »so sollen vnd wollen wir einander bruderlichen vnd mit gantzen waren vnd guten truwen meinen haben vnd halten vnd miteinander nit zu vnfryden oder vintschafft komen vmb kein sach diewile wir leben«.
A 602 U 87: Am 23. April 1441 verabreden Graf Ludwig I. und sein Bruder Graf Ulrich V. eine Teilung des Landes zunächst auf vier Jahre. A 602 U 88: Am 25. Januar 1442 im Nürtinger Vertrag teilen die Brüder das Land endgültig.
Decker-Hauff Stuttgart 266 hat erstmals auf den Zusammenhang zwischen der Ehe mit Margarethe von Cleve und der Landesteilung hingewiesen: »Zwei Landesmütter in einem Land, zwei Stadtherrinnen in einer Stadt; zwei Hausherrinnen in einer gar nicht besonders großen mittelalterlichen Burg. Beide aus königlichem Stamm. Keine vornehmer als die andere, und beide die Frauen gemeinsam regierender Grafen: Die ältere (Margarethe), von der Mutterseite sogar aus dem Hause Frankreich stammend, nur die Frau des jüngeren und schwächeren, des unbedeutenden Bruders; die jüngere (Mechthild) aber geistvoll, witzig, politisch erfahren und diplomatisch gewandt und die Gattin des Regierenden! Von 1426 bis 1441 hatten die Brüder gute Eintracht gehalten, ihr Land gemeinsam beherrscht und die Herrschaft, den Mahnungen der Väter eingedenk, nicht geteilt. Am 29. Januar 1441 hat Ulrich Margarethe von Cleve geheiratet und am 13. März versicherten sich die Brüder, ihre Zwistigkeiten durch ihre Räte austragen lassen zu wollen, am 23. April willigte Ludwig in die vom jüngeren Bruder geforderte Landesteilung.« Vgl. auch: H. Decker-Hauff, Landeseinheit und Landesteilung in: Münsingen – Festschrift zum Jubiläum des württembergischen Landeseinigungsver-

trages von 1482, Sigmaringen 1982, 31–36, bes. 32f; ZWLG 43, 1984, 89–132: Von der Landesteilung zur Wiedervereinigung. S. 90: »Auffallend ist, daß die Teilung drei Monate nach der Heirat des jüngeren Bruders vollzogen wurde. Wenn schon eine Frau, dann war es eher die junge Gemahlin Ulrichs, Margarete von Kleve, eine verwitwete Herzogin von Bayern, die einen eigenen Hof begehrte. Wahrscheinlich aber ist, daß es der tatendurstige Ulrich selbst war, der die Teilung und damit eine eigene Herrschaft für sich forderte.«

Elisabeth

1419–1451

Gräfin von Württemberg

T. v. Herzog Heinrich IV. dem Reichen von Bayern-Landshut[1]
u. v. Herzogin Margarethe von Oesterreich

Geboren 1419[2]
in

Vermählt 1444/45
mit Graf Ulrich V. dem Vielgeliebten von Württemberg 1413–1480
Eheabrede am 9. September 1444 Nürnberg[3]
Beilager am 8. Februar 1445 in Stuttgart[4]

Mutter von vier Töchtern und drei Söhnen[5]

Gestorben am 1. Januar 1451[6]
in Landshut auf Burg Trausnitz[7]
»an der Geburth eines andern fräwlins«[8]

Beigesetzt 1451
in Stuttgart im Chor der Stiftskirche[9]

Grabmal[10]
»ANNO. DN̄Ī. MCCCC. LI. K̄L̄. IANUARII. Θ. ILLUSTRIS. PRINCEPS. ET. DN̄Ā. DN̄Ā. ELISABETH. COMITISSA. PALATINA. RHENI. ET. BAVARIAE. DUCISSA. NEC. NON. IN. WIRTTEMBERG. CUIUS. ANIMA. REQUIESCAT. IN. PACE. AMEN. «[11]

»anno Domini M.CCCC.XLV, praefatus dominus Udalricus comes Wirtembergensis secundo nuptias celebravit in Stutgardia cum illustri domina Helizabetha, filia domini principis Henrici palatini Rheni et ducis utriusque Bavariae. Et hoc factum est secunda feria post dominicam Esto mihi. Que peperit ei duos filios, Eberhardum videlicet et Henricum et duas filias, et in partu novissimae filiae obiit in oppido Landtshut apud fratrem suum Ludovicum Bavariae ducem, ad quem tempore pestilentiarum perrexit, et ad peragendum etiam exequias patris sui Henrici ducis, qui eodem anno obierat. Ipsa autem obiit anno Domini M.CCCC.LI in die circumcisionis Domini, Kalen. Januarii. et de Landtshut ducta fuit Stutgardiam, et ibidem tumulata.«[12]

»Wiewol sie aber inn Bayern gestorben, hat sie doch begehrt, das sie nach Stutgardten geführt und daselbsten inn der Stifftskirchen begraben möchte werden. Welches auch geschehen und ins Werckh gericht ist worden.«[13]

»In Elisabeth von Baiern (der Stammutter des späteren Gesamthauses) erhielt sie (Margarethe von Cleve † 1444) eine Nachfolgerin. Wieder wurde die Heirat mit ungeheurem Prunk gefeiert; für die Turniere wurden nördlich der Stadt auf dem flachen Gelände viele Äcker und Gärten aufgekauft, abgeräumt, eingeebnet und mit Kies bestreut. Der ›Turnieracker‹, wohl der älteste ›Sportplatz‹ auf Stuttgarter Boden, war geschaffen. Er gab später der Vorstadt, die nördlich des Grossen Grabens (Königstraße) entstehen sollte, für lange Zeit den Namen: Turnieracker-Vorstadt (später dann Liebfrauen-, Spital- oder Reiche Vorstadt genannt). Auch die 1445 geschlossene Ehe dauerte nur kurz: Elisabeth starb schon 1451 bei ihrem Vater in Landshut, wohin sie vor der Stuttgarter Pest geflohen war, im Wochenbett. Wie Margarethe von Cleve hat sie als Stadtherrin wenig Spuren hinterlassen. Der pietätvolle Gatte ließ gelegentlich an Stadttoren und an der im Bau langsam wachsenden Stiftskirche die Wappen der Gattinnen anbringen; keines von ihnen hat bis zur Gegenwart gedauert.«[14]

Anmerkungen

1 JI 48a, 73r: Andreas Rüttel d. J. Ahnentafel zu 16 Ahnen; Häutle Wittelsbach 113f; Schwennicke 1, 24.

2 Geburtsjahr 1419 bei: Häutle Wittelsbach 114; Schön Nr 35. Um 1419: Behr 170; Giefel Nr 39; Kübler Gal. 40; Isenburg 1, 76; Freytag 1,76; Uhland Festschrift 399. Schwennicke 1, 24: ohne Jahr (zwischen 1417 und 1421). Geburtsort wohl Burghausen, wo nach Häutle Wittelsbach 113f Elisabeths Mutter starb, zwei ihrer Brüder im Kindesalter starben und ihr dritter Bruder, Herzog Ludwig IX. der Reiche, geboren wurde; zur Bedeutung Burghausens als Familiensitz der Linie Bayern-Landshut siehe Katalog Wittelsbach 1, 248.

3 A 602 U 220: »Hyratbrieff miner frowen von Beyern seligen« vom 9. September 1444 Nürnberg; O. Gabelkover Cod. hist. 2° 588, 152v; Steinhofer 2, 868; Sattler Gf 2, 145; Häutle Wittelsbach 114; Stälin 3, 471. Häutle Wittelsbach 35 u. 114: Elisabeth sollte eigentlich nach einer am 10. Februar 1427 zu Landshut geschlossenen Eheabrede mit Friedrich I. von der Pfalz (1425–1476) verheiratet werden. Die Sache zerschlug sich aus unbekannten Gründen. Friedrich wurde durch seine 1459 eingegangene morganatische Ehe mit dem herzoglich bayrischen Hoffräulein Klara Tettin aus Augsburg Ahnherr des gräflichen und fürstlichen Hauses Löwenstein-Wertheim.

4 Annales Stuttgartienses 22 – Tubingius 260: »nuptias celebravit in Stutgardia ... secunda feria post dominicam Esto mihi«. Chronicon Elvacense in: WVJH 11, 1888, 49: irrigerweise zum Jahr 1446 »Hoc anno comes Udalricus de Wirtemberg iunior celebravit nuptias Stutgardiae in carnisprivio cum filia ducis Hainrici de Bavaria de

Landshut, Elisabeth dicta, praesentibus ibidem duce Alberto de Austria, marchionibus Brandenburgensi Alberto et Jakobo Badensi.« Montag nach Estomihi 1445 ist der 8. Februar, diesen Hochzeitstag nennen: Eber 54; Stälin 3, 471; Behr 170; Voigtel-Cohn 91; Hartmann 18; Giefel Nr 39; Schneider Stammbaum; Kübler Gal. 40; Isenburg 1, 76; Freytag 1, 76; Schwennicke 1, 123. Den 5. Februar 1445 nennen: Pregitzer 1, 12 (»zu Stuttgardt mit grossem Pracht und bey stattlichem Turnier«); Steinhofer 1, 152 u. 201. Den 6. Februar 1445 nennt: Schön Nr 35. Den 7. Februar 1445 nennt: Häutle Wittelsbach 114. Den 21. Februar 1445 nennt: Nockher 72r. Das Hochzeitsjahr 1445 nennen: Lohmeier 53; Imhof 57; Essich 122; Maisch Stammtafel; Marquardt Stammtafel; Uhland Festschrift 399; Katalog Württemberg 32. 1444 oder 1445: Lairitz 171. 1436 oder 1445: Crusius 2, 42. Küng 102: »anno 1436, anderwerts mitt frauw Elisabeth, hertzogin zu Bayern, verheirett und zu seinem beischlaffen ainen herrlichen thurnier allem adel zu Stutgarten gehalten, uff welchem ritterspil 6 fürsten, 24 graven, 19 freihern und bis in die 300 von rittern und edlen knechten sein erschinen, wie sich das Thurnierbuch hievon weitleiffiger vernemen laßt; wer lust hatt, mag sollichs am selbigen ort aigentlich erkundigen« d. i. Georg Rüxner, Anfang, ursprung und herkommen des Thurniers inn Teutscher nation, Simmern 1532, 151v ff. Crusius 2, 55 f: »In ihrem Gefolg waren 7. Ritter, 7. Carossen mit Frauenzimmer, 7. Kammer-Wägen, und in allem gegen 200. Pferde mit Wägen. Diesem Beylager haben Albrecht, des Kaysers Bruder, Marggraf Albrecht von Brandenburg, viele Edle Grafen, tapffere Ritter, und Adeliche Dames beygewohnt. So wird selbiges in der Augspurgischen Chronick erzehlt, obwohlen es Ryxner in das Jahr 1436 zuruck setzt, deme man aber, weil er offt die Unwahrheit sagt, nicht überall trauen darff.« Stälin 3, 471: »Als die Braut auf ihrer Hinreise nach Stuttgart am 31. Januar nach Augsburg kam, hatte sie bei sich ›7 Ritter und 7 Wegen mit Frawen und Jungfrawen und 7 Kammerwegen, was alles bey 200 Pferden mit den Wegen.‹ Chronica new: manicherlay Historien. Augsburg o. J. (bis 1528 herabgehend) z. J. 1445.« Zum Abschied der Braut von Landshut am 26. Januar 1445 siehe Landshuter Ratschronik (Anm. 7) 290; vgl. Gfn Mechthild † 1482 Anm. 5.

5 Die Annales Stuttgartienses 22 – Tubingius 260 (s. Anm. 12) nennen folgende Kinder Elisabeths: 1. Eberhard (Gf/Hz Eberhard † 1504); 2. Heinrich (Gf Heinrich † 1519); 3. Tochter; 4. Tochter; 5. Tochter, an deren Geburt die Mutter Neujahr 1451 stirbt (Gfn Elisabeth 1450–1501).

Ladislaus Suntheim, der sich auf die im Dreißigjährigen Krieg zerstörten Glasfenster im Chor der Stuttgarter Stiftskirche beruft (594: »Item zu Stuetgarden in der Pfarrkirchen in ainem Glasfenster steend Graf Ulrichs säligen drew Hawsfrawen mit iren Kindern Sün und Tochter gemalt«), zählt 593 sieben Kinder auf: »Eberharden und Heinrichen, und ain Sun Ulrich starb jung. Ein Tochter Elspeten Gräfin zu Henneberg. N.ain Tochter starb jung. N.ain Tochter starb jung, und ain Tochter ist ain Klosterfraw gewesen bey Würms.« Suntheim 598: »ex qua habuit filios Eberhardum juniorem, Hainricum, Udalricum, qui juvenis obiit, et duas filias, quae etiam juvenes obierunt et Elisabeth Comitissam de Hennenberg; et una filia fuit monialis Ordinis Praedicatorum prope Wormatiam.«

Elisabeth hatte nach Suntheim demnach vier Töchter und drei Söhne: 1. Eberhard d. J. (Gf/Hz Eberhard † 1504); 2. Heinrich (Gf Heinrich † 1519); 3. Ulrich † jung (Gf Ulrich/Georg n. 1444); 4. Elisabeth – Henneberg (Gfn Elisabeth † 1501); 5. Tochter † jung; 6. Tochter † jung; 7. Tochter – Nonne bei Worms (Gfn Margarethe † 1479).

Naucler 2, 296v nennt fünf Kinder Elisabeths ohne weitere Angaben zu Name oder Geschlecht.
Küng, der die Wappen der Glasfenster in der Stuttgarter Stiftskirche in seine Chronik eingezeichnet hat, gibt drei Kinder an: 108: »mitt welcher frauw Elisabett hatt graff Ulrich gezuigett Eberhart den Jüngern und Henricum, desgleich ein thochter, Margaritha genant«. 1. Eberhard d. J. (Gf/Hz Eberhard † 1504); 2. Heinrich (Gf Heinrich † 1519); 3. Margarethe (Gfn Margarethe † 1479).
Andreas Rüttel d. Ä. J1 48q, 11v–13r, der sich ebenfalls ausdrücklich auf die Stuttgarter Glasfenster beruft (Solchs Jst alles ab dem gemeldt So zu Stutgarten Jn der Stifft Kürchen Jm Chor vff der linckhe seytten Jm hohem fenster gemacht, ab zu nemen«), nennt fünf Kinder Elisabeths: 1. Eberhard d. J. (Gf/Hz Eberhard † 1504); 2. Heinrich (Gf Heinrich † 1519); 3. Sohn † jung (Gf Ulrich/Georg n. 1444); 4. Tochter – Nonne (Gfn Margarethe † 1479); 5. Tochter † jung. Andreas Rüttel d. J. hat Kind Nr 3 (»N. Juvenis obiit«) mit dem Nachtrag »Georgius 1474«, das Kind Nr 5 mit dem Nachtrag »Agnes geboren 1451 Landshut« versehen, nachdem Rüttel d. Ä. von diesem Kind nur zu berichten wußte »Palatinae filia moritur in pueritia«.
Wolleber Cod. hist. 2° 934, 184v ff nennt vier Kinder Elisabeths: 1. Eberhard d. J. (Gf/Hz Eberhard † 1504); 2. Heinrich (Gf Heinrich † 1519); 3. Margarethe – Nonne (Gfn Margarethe † 1479); 4. Tochter, an deren Geburt die Mutter stirbt. Elisabeth, nachmalige Gräfin von Henneberg, an deren Geburt Elisabeth an Neujahr 1451 gestorben ist, wird von Wolleber der dritten Ehe Ulrichs des Vielgeliebten mit Margarethe von Savoyen zugerechnet. Im Anschluß an die Aufzählung von vier Töchtern dritter Ehe nennt Wolleber noch einen Georg † jung und eine Tochter, wobei deren Name Agnes und die Mitteilung, sie habe sich nachmals einem Freiherrn von Limburg verbunden, von Wolleber wieder durchgestrichen wurde.
Crusius 2, 114 nennt drei Kinder Elisabeths: 1. Eberhard d. J. (Gf/Hz Eberhard † 1504); 2. Heinrich (Gf Heinrich † 1519); 3. Margarethe (Gfn Margarethe † 1479). Crusius fügt jedoch in einer Tafel der Kinder Ulrichs des Vielgeliebten auf derselben Seite einen Sohn Georg † jung und eine Tochter † jung ohne Angabe der Mutter hinzu.
Oswald Gabelkover Cod. hist. 2° 588, 510v–511, der sich auf Naucler beruft, nennt folgende fünf Kinder Elisabeths: 1. Eberhard d. J. (Gf/Hz Eberhard † 1504); 2. Heinrich (Gf Heinrich † 1519); 3. Margarethe (Gfn Margarethe † 1479); 4. Kind † jung; 5. Kind † jung.
Pregitzer 1, 12 nennt folgende vier Kinder Elisabeths: 1. Eberhard d. J. (Gf/Hz Eberhard † 1504); 2. Heinrich (Gf Heinrich † 1519); 3. Ulrich † jung (Gf Ulrich/Georg n. 1444); 4. Margarethe (Gfn Margarethe † 1479). Pregitzer, der Margarethe eindeutig als Tochter Elisabeths angibt, versieht sie jedoch mit dem irrigen Geburtsjahr 1442. Hübner 201 wie Pregitzer, jedoch ohne Geburtsjahr Margarethes. Stälin 3, 713 nennt als Kinder Elisabeths in dieser Folge Margarethe, Eberhard, Heinrich und läßt offen, ob Ulrich † jung und Elisabeth – Henneberg der zweiten oder dritten Ehe Ulrichs des Vielgeliebten entstammen.
Behr 170 nennt als Kinder Elisabeths nur Eberhard d. J. und Heinrich. Margarethe mit dem von Pregitzer übernommenen falschen Geburtsjahr 1442 ist der ersten Ehe, Ulrich † jung der dritten zugeschrieben.
Voigtel-Cohn 93 wie Stälin, jedoch Ulrich † jung mit Fragezeichen der ersten Ehe zugeschrieben.
Paul Stälin 717 nennt folgende fünf Kinder Elisabeths: 1. Margarethe (Gfn Margarethe † 1479); 2. Eberhard d. J. (Gf/Hz Eberhard † 1504); 3. Heinrich (Gf Heinrich † 1519); 4. Ulrich † jung (Gf Ulrich/Georg n. 1444); 5. Elisabeth (Gfn Elisabeth † 1501). P. Stälin

ist sich jedoch nicht sicher, ob Elisabeth nicht doch der dritten Ehe Ulrichs des Vielgeliebten zuzuordnen ist. Giefel Nr 46ff und Schön Nr. 42ff wie Behr 170.
Isenburg 1, 76, Freytag 1, 76 und Schwennicke 1, 123 nennen nur noch Eberhard d. J. und Heinrich als Kinder Elisabeths, Margarethe mit dem falschen Geburtsjahr 1442 ist der ersten Ehe, Elisabeth † 1501 der dritten Ehe zugeordnet, frühverstorbene Kinder werden nicht angeführt.
Von ursprünglich wohl sieben Kindern der Elisabeth, die von Suntheim 593 u. 598 überliefert wurden, sind in den Stammtafeln des 19. und 20. Jahrhunderts, bei Behr, Giefel, Schön, Isenburg, Freytag und Schwennicke noch ganze zwei Kinder erwähnt. Ladislaus Suntheim † 1513, neben Naucler und Tubingius die früheste noch vorhandene Quelle, hat als einziger Elisabeth sieben Kinder zugeschrieben, und Suntheim hat als einziger die bis in die neuesten Stammtafeln hinein irrigerweise als Tochter Margarethe von Savoyens angegebene Elisabeth, nachmalige Gräfin Henneberg, der richtigen Mutter Elisabeth von Bayern-Landshut zugeordnet (vgl. Gfn Elisabeth † 1501 Anm. 1). Er hat diese Angabe ausdrücklich den Stuttgarter Glasfenstern entnommen, die er auf seinen Reisen als Hofhistoriograph Kaiser Maximilians I. (vgl. ADB 37, 161f; WJbb 1884, 125) in Augenschein genommen hat. Diese durch die Landshuter Ratschronik (Anm. 7) und die Wappen an ihrem Grabmal bestätigte, nur von Suntheim richtig überlieferte Abkunft der nachmaligen Elisabeth Gräfin Henneberg als Tochter als Ulrichs zweiter Ehe mit Elisabeth von Bayern-Landshut läßt auch die weiteren Angaben Suntheims an Glaubwürdigkeit gewinnen, wonach außer den vier zu Jahren gekommenen Kindern, Eberhard d. J., Heinrich, Margarethe und Elisabeth noch drei jung gestorbene Kinder, ein Sohn Ulrich und zwei Töchter, der zweiten Ehe entstammen sollen.

Rein rechnerisch ist – bei einem im besten Mannesalter stehenden und auch außerhalb der Ehe ohnehin recht zeugungsfreudigen Vater Ulrich – die Geburt von sieben Kindern in sechs Ehejahren durchaus möglich, ohne daß dazu Früh- oder gar Zwillingsgeburten angenommen werden müßten, zumal auch davon ausgegangen werden kann, daß die Geburtsdaten Eberhards und Heinrichs durch keine frühere Quelle belegte Angaben des 17. Jahrhunderts sind (vgl. Gf/Hz Eberhard † 1504 Anm. 5; Gf Heinrich † 1519 Anm. 5). Küng, der ebenfalls die Stuttgarter Fenster gesehen und für seine zahlreichen Wappenillustrationen in seiner Chronik ausgewertet hat, verzichtet vermutlich auf eine Erwähnung der vielleicht schon nach Tagen oder gar Stunden verstorbenen Kinder, da er – Chronikschreiber und nicht Genealoge – nur an den erwachsen gewordenen Nachkommen Ulrichs ein historisches Interesse hat: 112: »Es ist vorhin angezaigt, daß graff Ulrich von Wirtemberg drei gemacheln gehabt und mitt allen dreien kinder gezuigett, von welhen sich die erzelung ieres lebens und hendel also soll anheben.«
Andreas Rüttel d. Ä., der Hofgenealoge Herzog Ulrichs und Christophs, hat die Aussage der Stuttgarter Fenster genauer überliefert als Küng und erwähnt noch zwei jung gestorbene Kinder zweiter Ehe, nämlich:
1. Einen Sohn unbekannten Namens, dem Andreas Rüttel d. J. den Namen Georg und das unsinnige Todesjahr 1474 nachträgt, der aber bei Suntheim den Namen Ulrich trägt – den historisch sicher richtigen Namen, nachdem Ulrich der Vielgeliebte einen Sohn Eberhard schon nach dessen Großvater väterlicherseits (Graf Eberhard d. J. † 1419) und einen Sohn Heinrich nach dessen Großvater mütterlicherseits (Herzog Heinrich der Reiche von Bayern-Landshut † 1450) benannt hat.
2. Eine Tochter, deren Name auch Suntheim unbekannt ist, und die durch einen

irrigen Nachtrag A. Rüttels d. J. den Namen Agnes und das Geburtsjahr 1451 erhalten hat. Mit dieser Tochter kann aber keinesfalls das in Landshut geborene Kind gemeint sein, an dessen Geburt die Mutter starb. Es steht fest, daß dort Elisabeth †1501 zur Welt kam, die nachmalige Gräfin Henneberg, die zudem von Rüttel d. Ä. zu den vier Töchtern dritter Ehe gezählt wird.

Es ist vielmehr eine von Küng aus den obgenannten Gründen nicht aufgeführte Tochter, von der Rüttel d. Ä. nach Kenntnis der Glasfenster schreibt: »Palatinae filia moritur in pueritia« und gemeinsam für die Nonne Margarethe †1479 den Hinweis bringt: »Jm Chor ein anzeigen, das das ein frowlin ain grauwe kloster frow gewest vnd das ander jung gestorben sey«. Rüttel d. Ä. hat demnach zwei der drei bei Suntheim genannten jung gestorbenen Kinder zweiter Ehe bestätigt. Die von Suntheim darüber hinaus noch angegebene zweite jung verstorbene Tochter zweiter Ehe kann nun ihre Existenz auch einem Irrtum Suntheims bei der Besichtigung der Glasfenster oder bei Niederschrift und Druck seiner Notizen verdanken, wobei ein Druckfehler mit hoher Wahrscheinlichkeit ausgeschlossen werden kann, da in der lateinischen Fassung von »duas filias, quae etiam juvenes obierunt« die Rede ist, während in der deutschen Version einzeln »N.ain Tochter starb jung. N.ain Tochter starb jung« aufgeführt wird.

Letztere Angabe für sich alleine betrachtet, ohne Kenntnis des lateinischen Textes, könnte vielleicht als Versehen des Drukkers angesehen werden. Die Tatsache aber, daß Suntheim die Abkunft der Tochter Elisabeth, nachmals Henneberg, aus zweiter Ehe als einziger den Glasfenstern richtig entnommen hat, und daß ihm die verhältnismäßig kurze Dauer der zweiten Ehe Ulrichs bekannt war und er dieser dennoch sieben Kinder zugeschrieben hat, gestattet es, auch die Angabe eines nur von ihm erwähnten dritten jung gestorbenen Kindes der Elisabeth von Bayern-Landshut für glaubhaft zu erachten. Zudem hat Suntheim die Fenster im Chor der Stuttgarter Stiftskirche etliche Jahrzehnte vor Küng und Rüttel d. Ä., vermutlich noch im Urzustand gesehen, wobei es denkbar ist, daß in der dazwischenliegenden Zeit, etwa in den Jahren der Vertreibung und Heimkehr Herzog Ulrichs oder der Besetzung Stuttgarts im Schmalkaldischen Krieg, durch Vandalismus militärischen, alkoholischen oder infantilen Ursprungs oder auch durch Hagelschlag Fensterteile zerstört oder beschädigt wurden und entfernt, ersetzt oder ausgetauscht werden mußten.

Ein solcher ohne größere technische Probleme zu bewältigender Austausch von Teilen der Fenster könnte auch die sonst nur schwer einleuchtende Tatsache erklären, daß die in Stuttgart ansässigen und in der Stiftskirche aus und ein gehenden Historiker Küng und Rüttel, ja selbst Oswald Gabelkover die Tochter Elisabeth, nachmals Henneberg, der falschen Mutter zurechnen, während der reisende Historiograph Suntheim als einziger den Fenstern die richtige Angabe entnommen hat. Es ist zwar nicht unmöglich, daß Suntheim zusätzlich die Kenntnis der Wappen auf dem Hennebergischen Grabmal in Römhild hatte, jedoch undenkbar, daß der Auftraggeber der Stuttgarter Fenster, Ulrich der Vielgeliebte, der selbst die jung verstorbenen Kinder der Mutter Elisabeth von Bayern-Landshut der Nachwelt überliefert sehen wollte, ausgerechnet die noch lebende Tochter Elisabeth von Henneberg fälschlicherweise der dritten Ehe zugeordnet hätte.

Nach alledem darf angenommen werden, daß Elisabeth von Bayern-Landshut in den sechs Jahren ihrer Ehe vom 8. Februar 1445 bis zum 1. Januar 1451 ihrem Gatten Ulrich drei Söhne und vier Töchter geboren hat; vgl. Gf Ulrich v. †1480 Anm. 8–11. Zu den mehrfach genannten, im Dreißigjährigen Krieg zerstörten Chorfenstern der Stuttgarter Stiftskirche siehe Becksmann Glasmalereien 354f u. 373.

6 Den 1. Januar 1451 als Todestag nennen: Grabmal (Anm. 11); Landshuter Ratschronik (Anm. 7); Annales Stuttgartienses 22 – Tubingius 260: »obiit anno Domini M.CCCC.LI in die circumcisionis Domini, Kalen. Januarii«; Suntheim 593 (der 598 durch Druckfehler den Todestag der Margarethe von Savoyen nennt); Küng 108; Eber 3; Wolleber Cod. hist 2° 934, 185; O. Gabelkover Cod. hist. 2° 588, 199v; Steinhofer 2, 938 (der 1, 166 u. 201 den 29. Dezember 1451 nennt); Tiedemann 11; Stälin 3, 471; Häutle Wittelsbach 114; Behr 170; Voigtel-Cohn 91; Hartmann 19 (der unter der Nachricht vom Tode der Elisabeth am 1. Januar 1451 eine weitere Gattin Ulrichs, Elisabeth geborene Pfalzgräfin bei Rhein, am 29. Dezember 1451 sterben läßt); Giefel Nr 39; P. Stälin 717; Schön Nr 35; Isenburg 1, 76; Freytag 1, 76; Schwennicke 1, 123; Katalog Württemberg 32. Den 2. Januar 1451 nennt: Cod. hist. 2° 953, 1217. Den 17. Januar 1451 nennt: Crusius 2, 114 (St. Antoniustag 1451). Den 29. Dezember 1451 nennen: Pregitzer 1, 12 (mit Druckfehler 1351); Pregitzer Eph. 5; Steinhofer 1, 166 u. 201; Hartmann 19; Hübner 200. Das Todesjahr 1451 nennen: Heimführung 27; Lairitz 171; Lohmeier 53; Imhof 57; Sattler Gf 2, 178 (Anfang 1451); Uhland Festschrift 399. Das Jahr 1457 als Todesjahr nennen: Crusius 2, 42; Mohl 357.

7 Annales Stuttgartienses 22 – Tubingius 260: »in partu novissimae filiae obiit in oppido Landtshut apud fratrem suum Ludovicum Bavariae ducem, ad quem tempore pestilentiarum perrexit, et ad peragendum etiam exequias patris sui Henrici ducis, qui eodem anno obierat«. Landshuter Ratschronik in: Chroniken der deutschen Städte, Leipzig 1878, 15, 301: »Darnach zu Weinachten in Vigilia Vigilie genas Frau Elspett zu Wirttnburg hie zu Landtshuet auf der Purgk aines Kündleins genannt Elspett und starb mein bemelte Fraue von Württnburg, meines genedigen Herrn Hertzog Hainrichs Tochter, an dem Neuen Jars Tag.«

8 Cod. hist. 2° 953, 1217. Elisabeth starb an den Folgen der Geburt ihrer Tochter Elisabeth, nachmalige Gräfin von Henneberg (vgl. Gfn Elisabeth † 1501 Anm. 1–3); Sattler Gf 2, 178 vermutet Geburt von Gfn Helene † 1506.

9 Annales Stuttgartienses 22 – Tubingius 260: »de Landtshut ducta fuit Stutgardiam, et ibidem tumulata«. Wolleber Cod. hist. 2° 934, 185: »begehrend das sie zue Stutgardten begraben würde«; O. Gabelkover Cod. hist. 2° 588, 199v (Anm. 13). Die Beisetzung der in Landshut verstorbenen Elisabeth in Stuttgart darf – neben der hohen Kinderzahl – als Zeichen eines guten Einvernehmens zwischen den Ehegatten gewertet werden. Ulrich unterhielt auch noch nach dem Ableben Elisabeths freundschaftliche Beziehungen zum Hause Bayern-Landshut; s. Stälin 3, 472.

10 A 525 Bü 3, 27v: Gutachten A. Rüttel d. J. 1566: »Schilt samt der vmbschrift von Meß.«; Zeichnung des Grabsteins 1566: HB XV 77, 10r; 1583: Cod. hist. 2° 130, 27r (Wappenschild und eine Längs- und Breitseite der Messingumschrift noch vorhanden). Entwurf A. Rüttels d. J. zur Restaurierung 1583: Cod. hist. 2° 130, 26r; Grabstein bis zum Bau der Gruft 1608 noch im Chor, vgl. Gfn Elisabeth † 1524 Anm. 12. Zum Vorschlag der Aufstellung eines weiteren Grabmals unter Herzog Ulrich vgl. Gf Heinrich † 1519 Anm. 15.

11 Nach A. Rüttel d. J. Cod. hist. 2° 130, 26r. Inschrift auch bei: A. Rüttel d. Ä. J1 48a, 335v; A. Rüttel d. J. A 525 Bü 3, 56v u. 67 u. 72v u. 106; Schmid 18f u. 31; Tiedemann 17; Bach 167.

12 Annales Stuttgartienses 22 – Tubingius 260.

13 O. Gabelkover Cod. hist. 2° 588, 199v.

14 Decker-Hauff Stuttgart 267f; vgl. Gfn Margarethe † 1479 Anm. 14.

Margarethe

1420–1479

Gräfin von Württemberg

T. v. Herzog Amadeus VIII. von Savoyen (1439–1449 Papst Felix V.)[1]
u. v. Herzogin Marie von Burgund
Enkelin v. Herzog Philipp dem Kühnen von Burgund

Geboren im Frühjahr oder Sommer 1420[2]
in Morges im Schloß[3]

Vermählt 1431/32
mit Herzog Ludwig III. von Anjou, Titularkönig von Neapel
1403–1434[4]

Zweite Ehe 1444/45
mit Kurfürst Ludwig IV. von der Pfalz 1424–1449[5]

Dritte Ehe 1453
mit Graf Ulrich v. dem Vielgeliebten von Württemberg 1413–1480
Eheabrede am 9. Juli 1453[6]
Beilager um den 11. November 1453 in Stuttgart[7]

Mutter einer Tochter und eines Sohnes (Pfalz) und von vier Töchtern (Württemberg)[8]

Gestorben am 30. September 1479[9]
in Stuttgart im Alten Schloß

Beigesetzt 1479
in Stuttgart im Chor der Stiftskirche[10]

Grabmal[11]
»ANNO. DOMINI. M. CCCC. LXXIX. PRIDIE. KALENDAS. OCTOBRIS. OBIIT. ILLVSTRIS. DOMINA. DOMINA. MARGARETHA. DVCISSA. SABAVDIAE. NEC. NON. REGINA. SICILIAE. ET. APVLIAE. DVCISSA. ANDEGAVIAE. PALATINA. COMES. RHENI. COMITISSA. IN. WIRTEMBERG. CVIVS. ANIMA. REQVIESCAT. IN. PACE. AMEN.«[12]

»C'est une reine belle et sage
Tant de vertu enluminée
Quelle est à tout humains visage
Comme la claire matinée.«[13]

»Margaretha ain Hertzogin von Saphoy Graf Ulrichs dritte Gemahel. Die nam er Wittib weis. Hett vor gehabt zwen Mannen Ludwigen, Kunig zu Neapolis und Sicilia, bey dem het sie kain Kind, nach dem nam sie Ludwigen Pfaltzgrafen am Rhein, ain frumen, guetigen Fursten, dem gepar sy Pfalzgraf Philippn am Rhein, der in kurzer Zeit verschaiden ist, nach dem nam sy Graf Ulrichen von Wiertenberg, hat gepert vier Tochter. Sy starb anno MCCCCLXXVIIII. prid. Kal. Octobris, Kunigin zu Sicilia, Pfalzgrävin am Rhein und Gräfin zu Wirtemberg.«[14]

»Nauclerus rühmt Sie, als eine schöne, sittsame und tugendsame Fürstin. Mit allen 3. Gemahlinen lebte Gr. Ulrich vergnügt, sonderlich mit der letzteren.«[15]

»Nauclerus rühmet dieselbe, als eine schöne, sittsame und tugendhaffte Fürstin.«[16]

»Die Fürstin von königlichem Geschlecht
Thut allen Guts und allzeit recht.
Und ob sie schon im Glauben schlecht
Nimbt doch sie auf Gott für gerecht.«[17]

»von Hübsche und Geberden ein trefenliches Weib«[18]

»Sie war schön, tugendsam und reich«[19]

»Ihr Gemahl liebte sie sehr und wußte ihre Tugenden zu schätzen. Die bisherige Erzählung gibt dabey zu erkennen, daß ihre Umstände in die Geschichte desselben einen merklichen Einfluß haben. Sie gebahr ihm keinen Sohn, sondern vier Töchtern.«[20]

»Im Jahre 1453 heiratete Ulrich zum drittenmal; diesmal bekam Stuttgart eine Herrin, wie es noch keine kannte. Margarethe von Savoyen war schon zum zweitenmal Witwe; ihr erster Gatte war ein König gewesen, freilich nur der Titular-König von Neapel, Ludwig III. von Anjou. Dann hatte sie den Kurfürsten Ludwig von der Pfalz geheiratet, und nahm in dritter Ehe schließlich in Stuttgart einen Grafen zum Mann. Am bemerkenswertesten war jedoch ihre Abkunft: ihr Vater war ein rechter Papst und sie seine rechte Tochter!«[21]

»Nun bestaunte man in Stuttgart die fremdländische, gelehrte Briefe schreibende, schöne Fürstin. Sie hat Ulrich dem Vielgeliebten vier Töchter geboren. 1479 starb sie in Stuttgart. Treuherzig bemerkt der Chronist von ihr: ›mit allen drey Gemahlinnen lebte Grav Ulrich vergnuegt, sonderlich mit der letzteren‹.«[22]

»Für das wirtembergische Grafenhaus bedeutete diese Ehe – Ulrich war schon zweimal Witwer, als er 1453 die gleichfalls zweimal verwitwete Kurfürstin aus Heidelberg in das bescheidenere Stuttgart holte – zweifellos eine Stärkung des Prestiges. Auch wenn Margarethe keinen lebenskräftigen Sohn geboren und den Mannesstamm der Dynastie nicht fortgepflanzt hat, so hat doch ihre Existenz als erste Dame des Stuttgarter Hofes, als die sie ein Vierteljahrhundert im Lichte der Öffentlichkeit stand, ohne Zweifel zum Glanz des Hauses beigetragen.«[23]

»Nach dem Urteil ihrer Zeitgenossen war sie schön, glänzend und geistvoll.«[24]

»Dreimal war Graf Ulrich der Vielgeliebte verheiratet: in erster Ehe mit Margarete von Kleve, in zweiter mit Elisabeth von Bayern-Landshut und in dritter mit Margarete von Savoyen. Er heiratete sie 1453. Sie starb 1479, ein Jahr vor Ulrich. Aber auch für Margarete war es bereits die dritte Ehe, die sie einging. Auch wenn man ihren ersten Mann ›nur‹ als Titular-König ansprechen will, so war es eben doch der König von Neapel, Ludwig III. von Anjou. Nach ihm heiratete sie Ludwig IV., Kurfürsten von der Pfalz. In dritter und letzter Ehe verband sie sich mit Ulrich. Die Ehe muß, glaubt man dem Chronisten, besonders glücklich verlaufen sein; sie war denn auch mit vier Töchtern gesegnet. Es ist nun erstaunlich, daß diese Frau, die in einem so glänzenden Kulturkreis wie dem Savoyens aufgewachsen war (man denke an das Stundenbuch ihres Vaters, Herzogs Amadeus VIII., der zugleich als Felix V. der letzte Gegenpapst der katholischen Kirche war), dann mittel- bzw. süditalienische Kultur kennenlernte, um erst am Heidelberger Hofe des Kurfürsten oberdeutschen Einflüssen ausgesetzt zu sein, sich ausgesprochen schwäbische ›Hausmannskost‹ in Bezug auf die künstlerische Ausgestaltung von Handschriften aussuchte. Sicher wäre es ihr möglich gewesen, international renommierte Künstler an den Stuttgarter Hof zu ziehen. So entsteht das Bild einer literarisch äußerst versierten Frau, die ausschließlich Texte in einer für sie erlernten, nämlich der deutschen Sprache bevorzugt und sich ihnen zuwendet. Kein französisch-italienischer Anklang fällt in ihnen auf, nichts von Feudalität ist darin zu bemerken. Was der Vater in einem Übermaß hatte – denken wir nur an den feudalen »Einsiedlerbau« am Genfer See –, das war bei seiner Tochter gleichsam reduziert auf das Bürgerliche, vielleicht noch mit einem Hauch von späthöfischer Literatur verbunden.«[25]

Anmerkungen

1 Jı 48a, 73v u. 250: A. Rüttel d. J. Ahnentafel zu 16 Ahnen. Jı 154-23, 21v u. 36r: O. Gabelkover Ahnentafel zu 64 Ahnen. Samuel Guichenon, Histoire Généalogique de la Royale Maison de Savoie, Turin 1778, 2, 75–77; Häutle Wittelsbach 31; Freytag 2, 112. Decker-Hauff Stuttgart 271: »Als dem Herzog Amadeus VIII. von Savoyen nach 20jähriger Ehe seine Frau Marie de Bourgogne gestorben war, heiratete er nicht wieder, sondern gründete in Ripaille am Südufer des Genfer Sees nahe bei Evian jenes merkwürdige Kloster, in dem er zwi-

schen Naturfreude und klösterlicher Askese pendelnd, gleichgesinnte Damen und Herren des savoyischen Adels um sich scharte. Voltaire hat später seinen Spott über den ›Heuchler‹ Amadeus ausgegossen; seine Zeitgenossen aber nahmen den Herzog ernst. Auf dem Basler Konzil erhob eine starke Gruppe 1439 den frommen Amadeus kurzerhand zum Papst. Als Felix V. regierte er, nicht von der ganzen Kirche anerkannt, bis 1449. Dann dankte er zugunsten von Nikolaus V. ab, wurde dafür Kardinal von Santa Sabina, zog sich in sein geliebtes Ripaille zurück und starb dort 1451. Als Papst förderte er seine Kinder überaus wirksam; die Tochter Margarethe hatte dank seiner Vermittlung den Pfälzer Kurfürsten bekommen.« Katalog Württemberg 146: Stundenbuch für Herzog Amadeus VIII. von Savoyen. Alberta Rommel, Margarethe von Savoyen. Die Lebensgeschichte der Frau Ulrichs des Vielgeliebten von Wirtemberg. Biographischer Roman, Mühlacker 1986.

2 Frühjahr oder Sommer 1420: Cornaz (Anm. 5) 24. Um 1410: Häutle Wittelsbach 31; Schön Nr 35. 1410: Uhland Festschrift 399. 1416: Decker-Hauff (Anm. 23) 210. Sonstige Quellen ohne Geburtsdatum.

3 Guichenon (Anm. 1) 75; Häutle Wittelsbach 31; Schön Nr 35; Cornaz (Anm. 5) 22f.

4 Nach Freytag 2, 34: geboren am 25. September 1403, gestorben am 12. November 1434 (Häutle Wittelsbach 31: †6. November). A 602 U 221: Eheabrede am 22. Juli 1431 Thonon (Schön Nr 35 und Freytag 2, 34: Ehevertrag am 31. August 1432). Diese Ehe blieb kinderlos. Irrtum von Küng 110: »Die dritt gemachel ist gewesen frauw Margrett, ain thochter Amadei, des ersten hertzogen in Saphoi (welcher nachmals pabst und Felix der dritt genant ist worden), hatt erstlich zu gemachel gehapt Ludouicum, künig zu Sicilien und Apulien, hertzogen zu Andegauien, mitt dem sie gezuigett Ludouicum den jüngeren, hertzogen zu Andegauien, und Renatum, kunig zu Sicilien und Apulien, hertzogen zu Lotharingenn etc.« (Die beiden angeblichen Söhne Margarethes sind in Wirklichkeit ihr Gatte Ludwig III. und dessen Bruder Renatus = »le bon roi René« in Tarascon, Söhne Ludwigs II. von Anjou).

5 Ernest Cornaz, Le mariage palatin de Marguerite de Savoie, Lausanne 1932 = Mémoires et Documents publiés par la Société d'Histoire de la Suisse Romande 2. Sér. Bd. 15. Nach Häutle Wittelsbach 31: geboren am 1. Januar 1424 in Heidelberg, gestorben am 13. August 1449 in Worms in der Dompropstei, beigesetzt in Heidelberg in der Stiftskirche zum Heiligen Geist. A 602 U 222: Eheabrede am 22. Oktober 1444 Mainz. Beilager am 18. Oktober 1445 in Heidelberg.

Nach Häutle entstammt dieser Ehe ein Sohn, Kurfürst Philipp 1448–1508, nach Freytag 1, 31 noch eine Tochter Margarethe geb. u. gest. 1447. Die Angabe bei Suntheim 593: »nach dem nam sie Ludwigen Pfaltzgrafen am Rhein, ain frumen, guetigen Fursten, dem gepar sy Pfalzgraf Philippn am Rhein, der in kurzer Zeit verschaiden ist« ist leicht mißverständlich; in der lateinischen Fassung 598 jedoch eindeutig: »cui peperit Philippum Rheni Palatinum ante paucos annos defunctum«. Küng 100: »Zu dem andern mal hatt sich frauw Margreth verheirett mitt Ludouico dem Giettigen, churfürsten und pfaltzgraven bei Rhein, und mitt im gezuiget Philippum, churfürsten und pfaltzgraffen bei Rhein.« Irrtum von Stälin 3, 501: Margarethe von Savoyen soll als Gattin des 1449 verstorbenen Pfälzer Kurfürsten Ludwig die Mutter von Graf Eberhard im Barts Mutter Mechthild sein (»Als Mutter seiner Schwägerin stund Margarethe im dritten Grade der Schwägerschaft mit dem Grafen Ulrich, welcher durch diese Ehe der Stiefgroßvater seiner Neffen, der Grafen Ludwig und Eberhard, wurde«). In Wirklichkeit ist Mechthild die Tochter Kurfürst

Ludwigs III. † 1436; Margarethe von Savoyen war die Gemahlin von Mechthilds Bruder Ludwig IV. † 1449; vgl. Gfn Mechthild † 1482 Anm. 1. Siehe auch Anm. 23.

6 A 602 U 227: Eheabrede am 9. Juli 1453. Steinhofer 2, 954; Sattler Gf 2, 180; Stälin 3, 500; Behr 170; Katalog Württemberg 33. Als Hochzeitstag bei: Steinhofer 1, 201; Häutle Wittelsbach 31; Schön Nr 35.

7 O. Gabelkover Cod. hist. 2° 588, 214: »Wann die Hochzeit gehalten seye worden, hab ich nicht funden, aber das halt ich das es ohngfahrlich vmb Martini oder gar nicht lang hernach geschehen«. An Katharina 1453 (= 25. November) war sie jedenfalls schon erfolgt; Steinhofer 2, 955: »ohngefähr um Martini«; Behr 170. Hochzeitstag »nach 9. Juli 1453« bei: Voigtel-Cohn 91; P. Stälin 717; Giefel Nr 39. Das Hochzeitsjahr 1453 nennen: Essich 122; Maisch Stammtafel; Schneider Stammbaum; Isenburg 1, 76; Freytag 1, 76; Marquardt Stammtafel; Schwennicke 1, 123; Uhland Festschrift 399; Katalog Württemberg 32. Das Jahr 1451 nennt: Mohl 358.

8 Erste Ehe Anjou kinderlos (Anm. 4). Zweite Ehe Pfalz ein Sohn und eine Tochter (Anm. 5). Dritte Ehe Württemberg vier Töchter: Die Annales Stuttgartienses 22 – Tubingius 260 nennen die Kinder erster und zweiter Ehe Ulrichs des Vielgeliebten, schweigen sich aber über Kinder dritter Ehe aus (vgl. Gfn Elisabeth † 1451 Anm. 12). Ladislaus Suntheim, der sich auf die im Dreißigjährigen Krieg zerstörten Glasfenster im Chor der Stuttgarter Stiftskirche beruft (594: »Item zu Stuetgarden in der Pfarrkirchen in ainem Glasfenster steend Graf Ulrichs säligen drew Hawsfrawen mit iren Kindern Sün und Tochter gemalt«), zählt 593 f vier Töchter auf: »Margaretha ain Hertzogin von Saphoy... hat gepert vier Tochter...Helena Gräfin von Wirtemberg ain Gemahel Graf Kraften von Hohenloch... N.Gräfin von Wirtemberg ain Swester Fraw Helena, ain Gemahel ains Herrn von Kungstain... N.Gräfin von Wirtemberg Fraw Margareten und Graff Ulrich obgenannt dritte Tochter, ain Gemahel ains Grafen von Hurn im Lande zu Geldern... N.Gräfin von Wirtemberg starb jung«, letztere hat allein Suntheim. Dort 598: »cui peperit quatuor filias« Aufzählung wie 593.

Margarethe von Savoyen hatte in dritter Ehe nach Suntheim demnach folgende vier Töchter: 1. Helene – Hohenlohe (Gfn Helene † 1506); 2. Margarethe – Königstein (Gfn Margarethe † 1470); 3. Philippine – Horn (Gfn Philippine † 1475); 4. Tochter † jung.

Johann Naucler 2, 296v nennt vier Töchter dritter Ehe ohne weiteren Angaben.

Sebastian Küng, der die Wappen der Stuttgarter Fenster in seine Chronik eingezeichnet hat, gibt 212–214 vier Töchter dritter Ehe in folgender Reihenfolge an: 1. Elisabeth – Henneberg (Gfn Elisabeth † 1501); 2. Helene – Hohenlohe (Gfn Helene † 1506); 3. Margarethe – Königstein (Gfn Margarethe † 1470); 4. Philippine – Horn (Gfn Philippine † 1475). Die Zuordnung der Tochter Nr 1 Elisabeth zur dritten Ehe ist ein Irrtum; sie entstammt vielmehr noch der zweiten Ehe Ulrichs mit Elisabeth von Bayern-Landshut, wie dies Suntheim 593 u. 598 als einziger richtig überliefert hat (vgl. Gfn Elisabeth † 1451 Anm. 5; Gfn Elisabeth † 1501 Anm. 1).

Andreas Rüttel d. Ä. J1 48q, 11v–13r, der sich ebenfalls ausdrücklich auf die Stuttgarter Glasfenster beruft (»Solchs Jst alles ab dem gemeldt So zu Stutgarten Jn der Stifft Kürchen Jm Chor vff der linckhe seytten Jm hohem fenster gemacht, ab zu nemen«), nennt vier Töchter dritter Ehe in folgender Reihenfolge: 1. Philippine – Horn (Gfn Philippine † 1475); 2. Elisabeth – Henneberg (Gfn Elisabeth † 1501); 3. Margarethe – Königstein (Gfn Margarethe † 1470); 4. Helene – Hohenlohe (Gfn Hohenlohe † 1506). Zu Tochter Nr 2 Elisabeth siehe die Bemerkung zu Küngs Angaben.

David Wolleber Cod. hist. 2° 934, 184v ff

nennt vier Töchter dritter Ehe und fügt noch zwei jung verstorbene Kinder zu: 1. Elisabeth – Henneberg (Gfn Elisabeth †1501); 2. Helene – Hohenlohe (Gfn Helene †1506); 3. Margarethe – Königstein (Gfn Margarethe †1470); 4. Philippine – Horn (Gfn Philippine †1475); 5. Georg †jung (Gf Ulrich/Georg n. 1444); 6. Agnes – Limburg. Zu Tochter Nr 2 Elisabeth siehe die Bemerkung zu Küngs Angaben. Sohn Nr 5 Georg entstammt der zweiten Ehe, vgl. Gfn Elisabeth †1451 Anm. 5; Gf Ulrich/Georg n. 1444 Anm. 1. Tochter Nr 6 »N. Ein frewlin, Agnes genannt«, deren Name und die Mitteilung sie habe sich mit einem Freiherrn von Limburg vermählt, von Wolleber als Irrtum erkannt und wieder durchgestrichen wurde, ist als eine der beiden jung gestorbenen Töchter zweiter Ehe anzusehen, vgl. Gfn Elisabeth †1451 Anm. 5.
Crusius, 2, 114 nennt die vier Töchter in der Reihenfolge Wollebers und fügt in einer Tafel der Kinder Ulrichs des Vielgeliebten auf derselben Seite einen Sohn Georg †jung und eine Tochter †jung ohne Angabe der Mutter hinzu.
Oswald Gabelkover Cod. hist. 2° 588, 510v–511 nennt vier Töchter dritter Ehe in folgender Reihenfolge: 1. Elisabeth – Henneberg (Gfn Elisabeth †1501); 2. Helene – Hohenlohe (Gfn Helene †1506); 3. Philippine – Horn (Gfn Philippine †1475); 4. Margarethe – Königstein (Gfn Margarethe †1470).
Hübner 201 nennt vier Töchter dritter Ehe in der Reihenfolge von Küng, Wolleber und Crusius.
Sattler Gf 3, 137; Stälin 3, 713 und Voigtel-Cohn 93 und P. Stälin 717 nennen vier Töchter in der Reihenfolge ihrer Vermählung Elisabeth, Margarethe, Philippine und Helene, sind jedoch in der Frage der Abkunft Elisabeths aus zweiter oder dritter Ehe unentschieden. Behr 170 hat ohne Angabe der Mutter die Reihenfolge Philippine, Helene, Elisabeth, Margarethe und Ulrich †jung und läßt Elisabeth 1454 zur Welt kommen.
Giefel Nr 49–52 und Schön Nr 45–48 übernehmen die Reihenfolge von Behr und schreiben neben Ulrich †jung der 1479 verstorbenen Margarethe von Savoyen beide noch irrigerweise die Geburt der 1496 als Tochter Graf Heinrichs †1519 zur Welt gekommenen Gräfin Maria †1541 zu, Elisabeth erhält von beiden das Geburtsjahr 1456. Isenburg 1, 76 und Freytag 1, 76 und Schwennicke 1, 123 übernehmen die Reihenfolge von Stälin nach den Heiratsdaten, Elisabeth ist jeweils mit dem Geburtsjahr 1454 eine Tochter dritter Ehe. Damit ist in den Stammtafeln des 20. Jahrhunderts trotz der zaghaften Abkehr Stälins, Voigtel-Cohns und P. Stälins im vorigen Jahrhundert der Irrtum einer Abkunft der Elisabeth, nachmaligen Gräfin Henneberg, aus der Ehe Ulrichs mit Margarethe von Savoyen wieder festgeschrieben.
Die von Wolleber aufgebrachte und wieder dementierte Existenz einer fünften Tochter Margarethes namens Agnes, die in kinderloser Ehe mit einem Freiherrn von Limpurg verheiratet gewesen sein soll, wird mehrfach noch in Quellen des 17. Jahrhunderts übernommen, so etwa bei J. C. Widmann Cod. hist. 4° 131, 302v und anderen mehr. Dieser Irrtum beruht vermutlich auf dem Nachtrag A. Rüttels d. J. in J1 48q, 12v, wo dieser aus einer von Rüttel d. Ä. überlieferten »in pueritia« verstorbenen »Palatinae filia« »N.« eine »AG-N-ES nata Landshuti A. 1451.« macht. Diese in Landshut zur Welt gekommene Tochter ist nicht in der Kindheit verstorben und ist zudem eindeutig Elisabeth, die nachmalige Gräfin Henneberg †1501. Es ist allenfalls denkbar, daß der von Rüttel d. J. angeführte Name Agnes für eine der beiden jung verstorbenen Töchter der Elisabeth von Bayern-Landshut zutrifft – oder aber für die allein von Suntheim angegebene vierte und jung verstorbene Tochter der Margarethe von Savoyen, deren Existenz

angesichts der Glaubwürdigkeit der Suntheimschen Angaben zu den Kindern zweiter Ehe (vgl. Gfn Elisabeth Anm. 5) angenommen werden darf, vgl. Gf Ulrich v. †1480 Anm. 11. Zu der Frage eines jung gestorbenen Sohnes der Margarethe vgl. Gf Ulrich/Georg n. 1444 Anm. 3.
Nach alledem darf angenommen werden, daß Margarethe von Savoyen in ihrer in einem Alter von fast 35 Jahren eingegangenen dritten Ehe mit Ulrich dem Vielgeliebten noch vier Kinder zur Welt brachte: Eine jung verstorbene Tochter und drei Töchter, die vermutlich in der Reihenfolge ihrer Verheiratung geboren wurden: Margarethe †1470, Philippine †1475 und Helene †1506, vgl. Gf Ulrich †1480 Anm. 8 u. 11. Siehe auch Anm. 23.

9 Den 30. September 1479 (= Pridie Kal. Octobris) als Todestag nennen: Grabmal (Anm. 12); Suntheim 593 (der 598 durch Druckfehler an diesem Datum die zweite Gemahlin Ulrichs, Elisabeth von Bayern-Landshut, sterben läßt); A. Rüttel d. J. J1 48q, 26; Eber 391; O. Gabelkover Cod. hist. 2° 588, 491v; Nockher 205r; Heller 50; Pregitzer Cod. hist. 2° 426b, 1554; Pregitzer 1, 12; Steinhofer 1, 159 u. 3, 296; Sattler Gf 3, 136f; Häutle 31; Behr 170; Voigtel-Cohn 91 (30.? September 1479); Hartmann 25; Schön Nr 35; Cornaz (Anm. 5) 80; Isenburg 1, 76; Freytag 1, 76; Schwennicke 1, 123; Katalog Württemberg 67. Den 29. September 1479 (= St. Michaelstag) als Todestag nennen: Küng 110 (in Unkenntnis des Römischen Kalenders: pridie Kalendas octobris); Simon Studion J1 1, 162; Wolleber Cod. hist. 2° 934, 185v (wie Küng); Crusius 2, 114; Tiedemann 11 (wie Küng). Den 26. September 1479 nennt: Cod. hist. 2° 795, 377v. Den 20. Mai 1479 nennt: A. Rüttel d. J. Cod. hist. 2° 130, 24v (†13 kal. Juni mit Hinweis auf den Grabstein pridie Kal. Oct.), der 20. Mai ist der Todestag der ersten Gemahlin Ulrichs, Margarethe von Cleve †1444. Das Todesjahr 1479 nennen: Imhof 57; Stälin 3, 597 (der sich 3, 716 nicht zwischen der Angabe der Grabinschrift und der des Gütersteiner Nekrologs entscheiden kann); Maisch Stammtafel; Uhland Festschrift 399; Katalog Württemberg 32. Das Todesjahr 1480 nennen: Trithemius 2, 509; Lohmeier 53; Viton 61; St. Allais 4, 519. Das Todesjahr 1468 nennen: Lohmeier 3. Auflage von Johann Ludwig Gebhardi, Lüneburg 1730, 211; Guichenon (Anm. 1) 2, 77. Todesjahr 1459: Essich 122.
Mit den Einträgen des Gütersteiner Nekrologs befaßt sich Theodor Schön, Ein Beitrag zur Genealogie des Fürstenhauses Württemberg in: Deutscher Herold 25, 1894, 101, wo er zu Margarethe von Savoyen schreibt: »Die auf folio 26 sich vorfindende Notiz: IX. kalend. Marci (d. h. 21. Februar) Anniversaria externea: obierunt Illustrissima domna margaretha comitissa de Wirtenberg Junioris domni conthoralis u. s. w., kann sich nur auf eine Gemahlin des 1480 gestorbenen Grafen Ulrich v. des Vielgeliebten beziehen. Den Todestag seiner ersten Gemahlin Margarethe von Cleve fand Ch. v. Stälin in den Annal. Stuttg.: 1444 XIII kal. Jun. obiit (also 20. Mai 1444). Den der dritten Gemahlin Margarethe von Savoyen setzt das oben citirte Werk über die Stuttgarter Grabinschriften (Anm. gemeint ist Tiedemann) auf den 30. September. Die Notiz (aus der Karthause, die doch sicher den Todestag der Gattin ihres Stifters kannte), welche sich, da der Angabe der Stutgarter Annalen über das Todesdatum der ersten Gattin Graf Ulrichs Glauben zu schenken ist, nur auf dessen dritte Gemahlin Margarethe von Savoyen beziehen kann, verdient entschieden den Vorzug vor der Stuttgarter Inschriftensammlung, welche ja... nicht durchaus zuverlässig ist. Der 30. September (II. kal. Octobris) muß daher auf einem Irrthum beruhen.« Den 21. Februar 1479 als Todestag infolge der unbestimmten Angabe im Gütersteiner Nekrolog nennen: Giefel Nr 39 (1895, Mitverfasser Schön);

Schön Güterstein 167 (1898) – wobei sich Schön Nr 35 (1908) entgegen seiner obigen Ausführungen wieder für den 30. September als Todestag entschieden hat. Die Angabe im Gütersteiner Nekrolog läßt sich vielleicht mit einer Verwechslung der dritten Gattin Ulrichs, Margarethe von Savoyen †1479, mit beider Tochter Margarethe, nachmalige Gräfin von Eppstein-Königstein †1470 erklären. Letztere starb am 21. April 1470 (= XI kal. Maii). Dann müßte in Güterstein IX kal. marcii mit XI kal. maii verwechselt worden sein. Gegen den 21. Februar 1479 als Todestag spricht auch die Urkunde A 602 U 259, in der Kurfürst Philipp von der Pfalz »an Sant Martins aubent des Hailigen bischoffs« (= 10. November, nicht wie Württ. Regesten 259: 11. November) 1479 bescheinigt, die ihm von seiner Mutter Gräfin Margarethe (Anm. 5) vermachten Gegenstände, unter andrem »alle Jre bücher«, von Ulrich dem Vielgeliebten erhalten zu haben. Eine solche Bestätigung zu diesem Termin ist bei einem Todestag 21. Februar doch wohl kaum denkbar, denn es ist nicht anzunehmen, daß der Kurfürst in Heidelberg ein dreiviertel Jahr lang auf sein Erbteil aus Stuttgart gewartet haben soll.

10 O. Gabelkover Cod. hist. 2° 588, 494v: »Von begangnus nun hochermeldter fürstin hab ich nichts funden, trag aber keinen Zweiffel, dann das solche statlich gehalten seye worden«.

11 A 525 Bü 3, 73: Gutachten A. Rüttel d. J. 1566: »Der Schilt ist nichts mehr dar Jnnen zu sehen«. Zeichnung des Grabsteins 1566: HB XV 77, 12r; 1583: Cod. hist. 2° 130, 25r; Entwurf A. Rüttels d. J. zur Restaurierung 1583: Cod. hist. 2° 130, 24r. Grabstein bis zum Bau der Gruft 1608 noch im Chor, vgl. Gfn Elisabeth †1524 Anm. 12; zum Vorschlag der Aufstellung eines weiteren Grabmals unter Herzog Ulrich vgl. Gf Heinrich †1519 Anm. 15. Bei Carl Heideloff, Les ornements du moyen âge, 16. Heft, Nürnberg 1847, 27f (Abb. auch in JllGW 330) findet sich die Zeichnung eines im 19. Jahrhundert verschwundenen Gedenksteines aus der Stuttgarter Stiftskirche mit dem Allianzwappen Württemberg-Savoyen, gehalten von der auf besiegtem Drachen stehenden heiligen Margarethe, und den etwas kleineren Wappen Cleve und Bayern in den oberen Ecken. Am unteren Bildrand ist Platz für eine nicht mehr vorhandene Inschrifttafel. Heideloff berichtet, daß die »in der Composition eines Albrecht Dürers würdige« Bildhauerarbeit 1811 an einem Pfeiler der Stiftskirche wegen Aufstellung der Orgel des Klosters Zwiefalten weggebrochen wurde und wähnt sie 1847 »wahrscheinlich noch vorhanden«. Entstehungszeit und Verbleiben dieses Gedenksteins sind unbekannt. Er kann schon bald nach der Hochzeit Ulrichs mit Margarethe von Savoyen 1453, vielleicht als Stiftung Ulrichs für die Namenspatronin seiner ersten und dritten Gattin, es kann aber ebenso erst nach Ulrichs Tod verfertigt worden sein, etwa daß Eberhard im Bart angesichts der nicht eben gleichrangigen Ehepartnerinnen Graf Heinrichs den Rang des Hauses unter Ulrich dem Vielgeliebten dokumentiert sehen wollte. Gegen eine Funktion als Epitaph spricht die Tatsache, daß es in keinem der späteren Verzeichnisse der Grabmäler der Stiftskirche, weder bei Rüttel d. J. noch bei J. J. Gabelkover als Denkmal Margarethes erwähnt worden ist. Vermutlich ist es eine der zahlreichen Wappendarstellungen, die Ulrich an mehreren Stellen der Stadt anbringen ließ, vgl. Sattler Gf 2, 178 und Decker-Hauff Stuttgart 268: »Der pietätvolle Gatte ließ gelegentlich an Stadttoren und an der im Bau langsam wachsenden Stiftskirche die Wappen der Gattinnen anbringen; keines von ihnen hat bis zur Gegenwart gedauert.« Die bei Küng 109 abgebildeten Allianzwappen der drei Ehen Margarethes stammen von den Glasfenstern der Stuttgarter Stiftskirche und nicht, wie dort in der Anmerkung angegeben

»von dem im 19. Jahrhundert zerschlagenen Grabmal der Margarethe in der Stuttgarter Stiftskirche«.

12 Küng 110 (dort jedoch Margaritha). Inschrift mit geringen Varianten auch bei: A. Rüttel d. Ä. J1 48a, 335v; A. Rüttel d. J. A 525 Bü 3, 67 u. 73 u. 106 und HB XV 77, 13r und Cod. hist. 2° 130, 24r; Wolleber Cod. hist. 2° 934, 185v; O. Gabelkover Cod. hist. 2° 588, 492; Schmid 19 u. 31; Sattler Gf 3, 137; Tiedemann 18; Bach 167; sämtliche mit Todestag 30. September 1479.

13 Martin le Franc bei Strohhäcker (Anm. 24) 1.

14 Suntheim 593.

15 Pregitzer 1, 12.

16 Steinhofer 1, 158.

17 Christoph Bidembach bei Steinhofer 3, 296.

18 Friedrich Hortleder bei Steinhofer 2, 270.

19 Sattler Gf 2, 186.

20 Sattler Gf 3, 137.

21f Decker-Hauff Stuttgart 271.

23 Decker-Hauff in Württembergisch-Franken 50, NF 40, 1966, 206f mit Hinweis auf eine wieder gelöste Verlobung Kaiser Friedrichs III. mit Margarethe zwischen deren erster und zweiter Ehe sowie mit Tafel der Nachkommen Papst Felix V., worin Margarethe vier Töchter (Philippine * um 1454 ⚭ 1470 Horn; Elisabeth * 1456 ⚭ 1469 Henneberg; Margaretha * um 1457 ⚭ 1469 Eppstein-Königstein; Helena * um 1459 ⚭ 1476 Hohenlohe) und ein Sohn Ulrich (um 1458–um 1469) zugeschrieben werden.

24 Erich Strohhäcker, Die Herzogin Margarete von Savoyen in: Schwaben und Franken 21, 1975, Nr. 9, 1–3.

25 Wolfgang Irtenkauf in Katalog Württemberg 144.

Generation IX

A Linie Württemberg-Urach

Ludwig I. † 1450
⚭ Mechthild von der Pfalz † 1482

MECHTHILD	LUDWIG II.	ANDREAS	EBERHARD V./I.	ELISABETH
† 1495	† 1457	† 1443	† 1496	† 1505
Hessen			⚭ BARBARA GONZAGA von Mantua	I Nassau-Saarbrücken
			† 1503	II Stolberg

Mechthild

n. 1436–1495

Gräfin von Württemberg

Landgräfin von Hessen

1. T. v. Graf Ludwig I. von Württemberg[1]
u. v. Pfalzgräfin Mechthild bei Rhein

Geboren nach 1436[2]
in

Vermählt 1453/54
mit Landgraf Ludwig II. dem Freimütigen von Hessen 1438–1471[3]
Eheabrede am 12. Januar 1453 Büdingen[4]
Beilager am 28. August 1454 in Marburg[5]

Gestorben am 6. Juni 1495[6]
in Rotenburg an der Fulda im Schloß[7]

Beigesetzt 1495
in Marburg in der Elisabethkirche[8]

Grabmal[9]

Ohne Inschrift[10]

»Stamm-Elter des gantzen H. F. Haus. Hessen«[11]

»Dieses kriegerischen Fürsten Gemahlin, die ihn um vier und zwanzig Jahre überlebte, war die sanfte, fromme, wohlgebildete Mechtildis, die Schwester jenes ersten württembergischen Herzogs, der von sich rühmen konnte, daß er nirgends sicherer ruhe, als in dem Schooße seiner eigenen Unterthanen, die Tochter der Mechtildis von der Pfalz, welche die römischen Schriftsteller in zierlichen Briefen nachbildete, und selbst Geistliche in der Kenntniß der damals nur lateinisch bekannten heiligen Schrift übertraf.«[12]

»theilte ihre Zeit zwischen der sorgfältigsten Erziehung ihrer Söhne und der Reform der hessischen Klöster«[13]

»Wenn der Einfluß der Erziehung fürstlicher Kinder für alle Zukunft unberechenbar ist, so muß das, was Mechtildis Sohn, der Zögling Eberhards des Bärtigen, Wilhelm der Mittlere, für Hessens geistige Bildung begann, und ihr Enkel Philipp ausführte, zum Theile dieser Prinzessin von Würtemberg zugeschrieben werden, eine Schuld, die Philipp großmüthig zahlte, als er dem Lande Würtemberg seinen angeborenen Fürsten zurückgab.«[14]

»Auf ihrem Witwensitz zu Rotenburg erwarb sich Mechthild von Württemberg Verdienste um die Reform der Klöster.«[15]

Anmerkungen

1 Vgl. Gf/Hz Eberhard † 1496 Anm. 12.

2 Beilager der Eltern wahrscheinlich im Jahre 1436; vgl. Gfn Mechthild † 1482 Anm. 5. Sattler Gf 2, 174: »von welcher man nicht eigentlich weißt, wann sie gebohren worden«. Das Jahr 1444 als Geburtsjahr nennen: Schön Nr 38; Uhland Festschrift 399. In den Stammtafeln bei Stälin 3, 713; Behr 170; Voigtel-Cohn 92; P. Stälin 717; Giefel Nr 42; Schön Nr 38; Isenburg 1, 75; Freytag 1, 75 wird Mechthild stets als drittes Kind der Eltern, nach Ludwig II. (1439) und Andreas (1443), vor Eberhard im Bart (1445) aufgeführt und müßte demnach 1444 geboren sein – ein Geburtsjahr, das bei einem Beilager 1454 unmöglich ist. Schwennicke 1, 122, der Andreas (1443) unterschlägt, läßt Mechthild nach 1439 und vor 1445 zur Welt kommen. Hübner 201 nennt sie als erstes Kind ihrer Eltern noch vor Ludwig II. (1439). Diese Angabe ist wahrscheinlich zutreffend, wenn man annimmt, daß Mechthild nicht schon mit 14 Jahren ihrem 1438 geborenen Gemahl beigelegt wurde und demnach 1440 zur Welt gekommen wäre. Da der Geburtstag Ludwigs II., der 3. April 1439, in den Stuttgarter Annalen bezeugt ist, kann Mechthild als ältestes bekanntes Kind ihrer Eltern, die wahrscheinlich am 21. Oktober 1436 Hochzeit feierten, nur zwischen Sommer 1437 und Frühjahr 1438 zur Welt gekommen sein, ein Zeitraum, der mit ihrem Beilager 1454 in Einklang steht.

3 Nach Hoffmeister Hessen 22 und Knetsch 1, 57: geboren am 7. September 1438; gestorben am 8. November 1471 in Reichenbach bei Spangenberg über Melsungen wahrscheinlich an einem Giftanschlag, beigesetzt am 18. November 1471 in Marburg in der Elisabethkirche. Dieser Ehe entsprangen 2 Söhne und 2 Töchter; der von Eberhard im Bart erzogene Sohn seiner Schwester, Wilhelm der Mittlere, war von diesem für den Fall eines Aussterbens des Hauses Württemberg als Nachfolger im Regiment vorgesehen, vgl. Decker-Hauff Stuttgart 289 u. Anm. 13.

4 A 602 U 272: Eheabrede vom 12. Januar 1453 Büdingen; Steinhofer 2, 944 hat 1452.

5 Tag des Beilagers 28. August 1454 in Marburg bei Knetsch 1, 57 mit Quellenangabe: »Treysaer Schultheißenrechnung 1454: ›... geyn Marpurg ... uff sante Johans obint decollacionis ... also der hob do sulte sin und der hochgeborn furste unser gnediger herre der jonger sulte byslaffen ...‹; auch nach der Marburger Stadtrechnung waren die Hochzeitsfeierlichkeiten ganz kurz nach dem 27. August in Marburg, vgl. Bücking in ZHG 16, S. 40 und Knetsch in ZHG 40, S. 277–280.« Den 28. August 1454 nennen ebenfalls: Isenburg 1, 75; Freytag 1, 75; Schwennicke 1, 122. Den 1. September 1454 als Hochzeitstag nennen: Steinhofer 2, 967f; Rommel Hessen 2, 348; Behr 170;

Hoffmeister Hessen 23; Voigtel-Cohn 92; P. Stälin 717; Giefel Nr 42; Schneider Stammbaum; Schön Nr 38 (mit der irrigen Angabe Rottenburg am Neckar).

6 Den 6. Juni 1495 als Todestag nennen: Rommel Hessen 2, 348 u. 3, 46; Stälin 3, 713; Behr 170; Küch (Anm. 9) 187; Knetsch 1, 57; Isenburg 1, 75; Freytag 1, 75; Schwennicke 1, 122. Den 3. Juni 1495 nennen: Voigtel-Cohn 92; P. Stälin 717; Giefel Nr 42; Schneider Stammbaum; Schön Nr 38. Todesjahr 1495 bei: Hübner 201; Maisch Stammtafel; Uhland Festschrift 399. Todesjahr 1493 bei: Pregitzer 1, 11.

7 Rommel 3, 45: Schloß Rotenburg, von ihrem Gatten Ludwig erbaut; Hoffmeister Hessen 23; Küch (Anm. 9) 187: Ihre Leiche wurde nach Ausweis der Rotenburger Rentschreibereirechnung nach Marburg transportiert und dort beigesetzt; Knetsch 1, 57 mit Quellenangabe: Analecta Hassiaca XI S. 106, Rotenburger Rentschreiberrechnung 1495 im St. A. Marburg; auch in der Biedenkopfer Amtsrechnung von 1495 ein auf ihren Tod bezüglichen Eintrag. Schön Nr 38 nennt als Sterbeort Rottenburg am Neckar.

8 Knetsch 1, 57; Beisetzungsort Marburg bei: Hoffmeister Hessen 23 u. Schön Nr 38.

9 Doppeltumba für Mechthild und ihren Gatten; dazu: F. Küch. Die Landgrafendenkmäler in der Elisabethkirche zu Marburg in: Zeitschrift Verein Hessische Geschichte (ZHG) NF 26, Kassel 1903, 145–225, 187: »Sehr auffällig ist, daß das Bild der Mechthild viel besser gearbeitet ist als die Hauptfigur. Es hat fast das Ansehen, als ob sie von einem besseren Künstler später, und dann vermutlich erst nach Mechthilds Tode 1495 hinzugefügt worden sei«, 219 u. 223: Bericht über Ausgrabung und Restaurierung des Grabmals 1854.

10 Küch (Anm. 9) 187: Keine Inschrift, das hessisch-württembergische Doppelwappen an der oberen Schmalseite ersetzt sie.

11 Pregitzer 1, 11.

12–14 Rommel Hessen 3, 44f; gemeint ist die Hilfe Landgraf Philipps I. von Hessen für Herzog Ulrich bei der Wiedereroberung des Landes 1534 in der Schlacht von Lauffen; unerwähnt bleiben die hessischen Verdienste um den Fortbestand des Hauses Württemberg durch Landgraf Philipps Tochter Barbara.

15 Philippi Hessen 47.

Ludwig II.

1439–1457

Graf von Württemberg

Regent 1450/53–1457[1]

1. S. v. Graf Ludwig I. von Württemberg[2]
u. v. Pfalzgräfin Mechthild bei Rhein

Geboren am 3. April 1439[3]
in Waiblingen[4]
»natus est in Waiblingen anno Domini M.CCCC.XXXIX., in die sanctae Parascaves«[5]

Gestorben am 3. November 1457[6] zwischen 7 u. 8 h[7]
in Urach im Stadtschloß[8]
»sonderlich schwehre Hauptkranckheit, daran er inn seiner blühenden Jugend verschiden«[9]

Beigesetzt am 9. Dezember 1457[10]
in Güterstein in der Klosterkirche[11]

»III. N. Novembris Anniversarium Illustris dni. dni. Ludwici comitis junioris de Wirtenberg qui in juventute sua obiit 1457«[12]

»Mins herre Graffe Ludwigs, des Jungen, verhaiß.
Nota, dis sind die gelüpt, die von des Hochgebornne mins gnedigen hern wegen verhaisen sind.
1. Item zu dem Ersten sol er sin Lepptag ein briefflein an sinem Halß tragen, daran geschriben also: O valentine, destructor magnae Ruinae, per te fugatur epileus atque domatur.
2. Item sin gnad sol sin lebtag all Jar Sant valentins vnd sant vits Aubent vasten zu wasser vnnd zu brot...«[13]

»Er hat glebt fromlich mit Gedult,
Und bezahlet der Sünden Schuld,
Sein Seel ist jetzt in Gottes Huld.«[14]

»Daß Ludwig, der an Leib und Seele ein elender Schwächling und mit der fallenden Sucht behaftet war, für die Geschäffte nur den Namen hergeben konnte, war von jedermann anerkannt.«[15]

»Litt von Kindheit auf an der fallenden Sucht und war daher schwach an Körper und Geist.«[16]

»Herzog Eberhard im Bart war nicht nur das treffende Beispiel der heute abgegriffenen Metapher vom ›Landesvater‹, sondern auch ein regierender Fürst, dem man uneingeschränkt Vertrauen zuwenden konnte bzw. der es förmlich auf sich zog. Diese Entwicklung war dem dritten Sohn aus der Ehe von Graf Ludwig I. von Württemberg und der Pfalzgräfin Mechthild nicht vorgezeichnet, denn zunächst war sein älterer Bruder Ludwig II. für die Nachfolge im Regierungsamt ausersehen gewesen. Doch dessen gnädiger Tod – der Junge litt an nicht heilbaren epileptischen Anfällen – schob Eberhard in den Vordergrund, zumal der zweite Bruder schon sehr früh gestorben war.«[17]

»Es waren Krankheit und Ohnmacht in seiner eigenen Familie. Er hatte noch eine Schwester Mechthild, später kam eine Elisabeth hinzu; beide waren keine unmittelbaren Konkurrentinnen für ihn als zukünftigen Grafen. Aber sein älterer, sechs Jahre vor ihm geborener Bruder Ludwig war's, der sollte einmal an die Regierung kommen. Ludwig indes war schwächlich, schlimmer noch, er litt an der ›fallenden Sucht‹, an Epilepsie, weshalb er lebenslang ein Brieflein mit der Inschrift am Halse trug: ›O Valentin, du mächtiger Schützer im Fall, du linderst und verscheuchst die fallende Sucht.‹ Man hat sich sehr bemüht um den armen Buben.«[18]

Anmerkungen

1 Dazu Stälin 3, 499–505; Ludwig blieb seiner körperlichen und geistigen Schwäche wegen (Anm. 9 u. 13) auch nach Erreichen der Volljährigkeit 1453 unter Vormundschaft.

2 Vgl. Gf/Hz Eberhard † 1496 Anm. 12.

3 Den 3. April 1439 als Geburtstag nennen: Annales Stuttgartienses 21 -Tubingius 258 (Anm. 5); Eber 127; Friedrich Rüttel Horoskop G 400 Bü 14; Wolleber Cod. hist. 2° 934, 34 u. 152v; O. Gabelkover Cod. hist. 2° 588, 107; Pregitzer Cod. hist. 2° 426b, 1550; Pregitzer 1, 11; Steinhofer 1, 206 u. 2, 808; Sattler Gf 2, 126 u. 174; Moll 284; Stälin 3, 499 u. 713; Behr 170; Voigtel-Cohn 92; P. Stälin 633 u. 717; Maisch Stammtafel; Giefel Nr 40; Schneider Stammbaum; Isenburg 1, 75; Freytag 1, 75; Schwennicke 1, 122. Den 2. April 1439 nennen: Hengher 166; Schön Reutlinger Geschichtsblätter 14, 1903, 58. Den 7. April 1439 nennen: Montanus 170; Hübner 201. Den 10. November 1439 nennt: Heller 57 (»andere wöllen Karfreitag 1439). Den 25. Dezember 1439 nennt: Nockher 254v. Das Jahr 1439 nennen: Heimführung 23; Lairitz 471; Marquardt Stammtafel; Uhland Festschrift 399. Den 3. April 1429 nennt: Mohl 269.

4 Geburtsort Waiblingen bei: Annales Stuttgartienses 21 – Tubingius 258 (Anm. 5); Eber 127; F. Rüttel Horoskop G 400 Bü 14; Wolleber Cod. hist. 2° 934, 34 u. 152v;

O. Gabelkover Cod. hist. 2° 588, 107; Hengher 166: »Waiblingae, quo propter pestem migraverat pater«; Mohl 269; Pregitzer Cod. hist. 2° 426b, 1550; Pregitzer 1, 11; Steinhofer 1, 206 u. 2, 808; Sattler Gf 2, 126 u. 174; Moll 284; Stälin 3, 499; P. Stälin 633. Geburtsort Urach bei: Schön Nr 36.

5 Annales Stuttgartienses -Tubingius 258.

6 A 602 U 271: Notifikation des Todes von Graf Ulrich v., Urach 3. November 1457: »vff heut donrstag vormittag, zwischent der sibenden vnd achtenden stund, leider von tode abgangen, vnd von diser welte gescheiden ist, des sele gott der allmechtig gnedig vnd barmhertzig sin wölle, Geben an Donrstag nach aller gläubigen selen tag Anno domini LVII«. Den 3. November 1457 als Todestag nennen: Gütersteiner Nekrolog (Anm. 12); Stuttgarter Stiftschronik 260: »vff dornstag nach aller hailgentag«; Eber 441; O. Gabelkover Cod. hist. 2° 588, 249v; Heller 57; Steinhofer 2, 996; Sattler Gf 2, 209; Pfaff Fürstenhaus 68; Moll 284; Stälin 3, 505 u. 713; Behr 170; Voigtel-Cohn 92; P. Stälin 635 u. 717; Maisch Stammtafel; Giefel Nr 40; Schneider Stammbaum; Schön Nr 36; Isenburg 1, 75; Stolz (Anm. 13) 78; Freytag 1, 75; Grube Landtag 13; Schwennicke 1, 122; Borst Herren 27. Den 2. November 1457 nennen: Andreas Rüttel d. Ä. J1 48a, 88; Montanus 170; Mohl 269; Hübner 201; Tuefferd Montbéliard 251. Den 2. oder 3. November 1439 nennen: Pregitzer 1, 11; Steinhofer 1, 206. Den 9. November 1457 nennt: Pregitzer Cod. hist. 2° 426b, 1550. Den 10. November 1457 nennen: Wolleber Cod. hist. 2° 934, 152v; Gadner Cod. hist. 2° 16, 4; Crusius 2, 66; Nockher 229r. Das Jahr 1457 nennen: Suntheim 594; Heimführung 23; Lairitz 471; Lohmeier 53; Imhof 57; Marquardt Stammtafel; Uhland Festschrift 399. Das Jahr 1460 nennen: Küng 93; Wolleber Cod. hist. 2° 934, 34; Hengher 168. Der Tod Ludwigs II. war der Anlaß für den Leonberger Landtag vom 16. November 1457, Stälin 3, 505f; Grube Landtag 13f.

7 Notifikation (Anm. 6); Eber 441; O. Gabelkover Cod. hist. 2° 588, 249v; Steinhofer 2, 996.

8 Notifikation (Anm. 6); Sterbeort Urach in sämtlichen Quellen einheitlich.

9 O. Gabelkover Cod. hist. 2° 588, 249v. Ludwig II. war als Enkel der Henriette von Mömpelgard schwerstens erblich belastet; s. Anm. 13.

10 Den Tag der Beisetzung hat nur Eber 485 überliefert. Da Eber 127 den richtigen Geburtstag und Eber 441 das richtige Todesdatum bis hin zur Uhrzeit nennt, darf auch dieser Angabe Glauben geschenkt werden.

11 Gütersteiner Nekrolog (Anm. 12); Eber 485; Wolleber Cod. hist. 2° 934, 152v; Crusius 2, 66; Gadner Cod. hist. 2° 16, 4; O. Gabelkover Cod. hist. 2° 588, 249v; Hengher 168; Nockher 299r; Steinhofer 1, 171 u. 206 u. 2, 996; Schön Nr 36. Ludwig II. wurde 1554 nicht wie seine Eltern nach Tübingen überführt, da in Stuttgart von seiner Existenz bzw. seinem Begräbnis nichts mehr bekannt war. Sein Grabmal, das er sicherlich erhalten hat, muß demnach schon längere Zeit vorher nicht mehr vorhanden oder erkennbar gewesen sein. Ungewiß ist ebenfalls, ob Ludwig II. 1486 gemeinsam mit seinen Eltern von Eberhard im Bart in die neuerbaute Andreaskapelle in Güterstein verbracht worden ist. Zur Grablege Güterstein vgl. Gf Andreas † 1443 Anm. 5.

12 Nekrologium und Anniversarienbuch der Kartause Güterstein Cod. hist. 2° 421, 154r.

13 Anfang des Gelübdes für den an Epilepsie erkrankten Grafen Ludwig II.; Fortsetzung: »vnd die tag baid firen als den hailigen Cristag, vnnd vff die baid tag gesungen Empter von In haisen singen; vnd die hörn, dartzu meß frumen vnd opffern, nit minder denn mit pfennigen oder was sin gnad gott me hermant.

3. Item sin gnad sol ouch jarlich sin leptag

Sant vallentin vnd sant Apolunnuus Ein opffer gen Rufach bringen oder by sim aigen botten schicken, jn wölichem gelt sin gnad woll, es sy von silber oder golt oder ain lebend opffer, als denn sin gnad sy, doch nit vnder eim guldin.
4. Vnd Sant ludwigen ain guldin och jarlich sin leptag oder souil wachs vnd ein hun geben.
5. Item vnnd wenn sin gnad zu sinen tagen kumpt, so sol sich sin gnad mit sin selbs lib gen Rufach dem lieben herren Sant valentin antwurten vnd Im ain bild mit Im bringen, das x guldin wol wert sy, von welicherlay sin gnad wil.
6. Item ob es sich schickt, das sin gnad die obgenannten Tag oder aubend nicht begen mocht, als vorgeschriben stet, so sol er es vff ander (art) tun, so er erst mag, vnd das nit vnderwegen lausen.
7. Item sin gnad sol ouch vnser lieben frowen gen vpffingen sin lebtag all Jar ein opfer bringen oder schicken, als denn sin gnad ist.
8. Item sin gnad sol ouch, diewil er lebt, all fritag meß hörn vnd vff den tag dartzu meß frumen vnnd opfern mit pfenningen.
9. Item sin gnad sol ouch sin lebtag dehainerlay höpter essen, hat man och verhaisen.
10. Item etwiefil fert warend verhaisen, hat sin gnad geton.
11. Item all maister vnd ander, die denn von den sachen wissen, Rauten Insunderhait, sin gnad jn guttem mut vnd frowlich halten, wa man mag, daß sy vast gut, dann Zorn vnd vnmut jn zu den sachen beweg.
12. Item sant allexandern alle Jar ein guldin opffern gen Marppach, ist dem Keller von Asperg empfolhen.«
Zitiert nach E. Stolz, Das große Gelübde für den kranken Grafen Ludwig II. von Württemberg in: WVJH NF 40, 1934, 65–78, dort 66 f; auch bei Sattler Gf 2, 148 f; Theodor Schön, Reutl. Geschichtsblätter 14, 1903, 58 u. 16, 1905, 19, der das Gelübde auf den 2. April 1453 und damit auf den von Schön a.a.O. 58 genannten 14. Geburtstag, den Tag der Volljährigkeit legt. Stolz 67 verwirft diese Datierung im Hinblick auf Bestimmung 5 des Gelübdes, und läßt die Niederschrift »noch zu Lebzeiten des jungen Grafen« von einem Beamten der Uracher Herrschaft entstanden sein. Sebastian Blau (d. i. Josef Eberle) Rottenburger Hauspostille 2. Aufl. Stuttgart 1976, 208 f nennt als Verfasser den aus Rottenburg gebürtigen Leibarzt Ludwigs I., Johannes Spänlin, der in seiner Eigenschaft als Propst von Herrenberg auch Eberhard im Bart getauft hatte, vgl. Gf Eberhard † 1496 Anm. 16. Stolz 67: »Die ganze Verheißung stellt sich als Vereinbarung einer religiösmedizinischen Kur dar, die dem kranken Grafen Heilung von seinem schweren Leiden bringen sollte. Um diese Vereinbarung mit ihren einzelnen Bestimmungen recht zu würdigen, ist im Auge zu behalten, daß die Epilepsie zu den ärgsten Leiden gehört, die den Menschen befallen können und deren Heilung noch heute äußerst selten ist. Die noch wenig entwickelte medizinische Wissenschaft des späteren Mittelalters zeigte sich ihr gegenüber sehr hilflos und dies um so mehr, als man damals diese Krankheit ähnlich dem Aussatz und der Pest für ansteckend hielt, weshalb man die von ihr Befallenen strenge von den Gesunden absonderte«; zu Ludwigs Krankheit auch: Steinhofer 2, 996; Pfaff Gedenkbuch 397; Stälin 3, 501.

14 Christoph Bidembach bei Steinhofer 2, 996.

15 Pahl 2, 50.

16 Pfaff Gedenkbuch 397.

17 Katalog Württemberg 11.

18 Borst Herren 27.

Andreas

1443

Graf von Württemberg

2. S. v. Graf Ludwig I. von Württemberg[1]
u. v. Pfalzgräfin Mechthild bei Rhein

Geboren am 12. Mai 1443[2]
in Urach[3]

Gestorben am 19. Mai 1443[4]
in Urach

Beigesetzt 1443
In Güterstein in der Klosterkirche[5]

»XIIII. Kl. Junij: Obiit isto die Comes Andreas adhuc puer octo dierum, hic in nostra ecclesia sepultus 1443«[6]

»ettlich wellen, daß graff Ludwig vorgemelt mitt der pfaltzgravin noch ein sun, Andreas genant, hab gezuigett, der sei aber in seinen kindparn jarn gestorben und zu dem Guttenstain begraben worden, dahin im sein vatter ein besundere begengnus soll gestifft haben.«[7]

Anmerkungen

1 Vgl. Gf/Hz Eberhard † 1496 Anm. 12.

2 Errechnet nach der Angabe des Gütersteiner Nekrologs (Anm. 6). Den 11. Mai 1443 als Geburtstag nennt: Schön Nr 37 (Schön Mechthild in: Reutlinger Geschichtsblätter 14, 1903, 58 nennt den 11. März 1443, vgl. Anm. 4).

3 Geburtsort Urach: Schön Nr 37 (1908); vermutlich Urach: Schön Mechthild (Anm. 2) 58 (1903). Das Stadtschloß in Urach wurde 1443 von Gf Ludwig I. † 1450 erbaut, HbHistStätten BaWü 829.

4 Gütersteiner Nekrolog (Anm. 6). Den 19. Mai 1443 als Todestag nennen: Giefel Nr 41; Schön Güterstein (Anm. 5) 154; Schön Nr 37; Schön Mechthild (Anm. 2) 58 nennt als Todestag den 9. Mai 1443 bei einer Geburt am 11. März 1443 und einer Lebensdauer von 8 Tagen. Das Todesjahr 1443 nennen: Pfaff Fürstenhaus 68; Behr 170; Isenburg 1, 75; Freytag 1, 75. Andreas wird aufgeführt bei: Küng 93 (Anm. 7); Wolleber Cod. hist. 2° 934, 152v; Crusius 2, 40: »† jung«; Hengher 168: »gar jung verstorben«; Heimführung 23: »† in der Kindheit«; Lairitz 472: »† in früher Kindheit«; Montanus 170v: »† in der Jugend«;

Pregitzer I, 11: »†in der Wiegen«; Hübner 201: »†in früher Kindheit«; Steinhofer I, 207: »†in der Wiegen«; Moll 284: »†in frühester Kindheit«; Stälin 3, 713: »†früh« (3, 716: †vor 1472); Voigtel-Cohn 92: »†jung«; P. Stälin 717: »†früh«. Nicht erwähnt bei: Maisch Stammtafel; Schneider Stammbaum; Schwennicke I, 122; Uhland Festschrift 399.

5 Gütersteiner Nekrolog (Anm. 6) 70r: »hic in nostra ecclesia sepultus 1443«. Die Kartause Güterstein wurde nach der Landesteilung von 1442 die Grablege der Linie Württemberg-Urach, der im Alter von acht Tagen verstorbene Andreas erhielt 1443 das erste Begräbnis. Decker-Hauff Tübingen 11: »nach dem Muster des tonangebenden burgundischen Hofes hatte auch Urach seine Kartause als Erbbegräbnis der Dynastie: was Champmol für Dijon, war Güterstein für Urach«. Ursprünglich 1226 von den Grafen von Urach als Zisterzienserkloster gestiftet und 1254 gegründet, war Güterstein an die Benediktiner von Zwiefalten gekommen, die hier im 14. Jahrhundert eine Propstei errichteten. 1439 wurde Güterstein von Graf Ludwig I. †1450 und Graf Ulrich V. †1480 gemeinsam in eine Kartause – die einzige in Württemberg – umgewandelt. (A 486 U 11: Gründungsurkunde vom 13. März 1441 in Katalog Württemberg 62f). Als Ludwig I. nach der Teilung von 1442 mit der bisherigen Residenz Stuttgart auch die dortige Grablege in der Stiftskirche seinem Bruder Ulrich V. überlassen mußte, lag es nahe, die seiner neuen Residenz Urach benachbarte Kartause Güterstein zur künftigen Grablege seines Hauses zu erwählen. Hier wurde 1443 sein Sohn Andreas, 1450 er selbst, 1457 sein ältester Sohn Ludwig II. und 1482 seine in Heidelberg verstorbene Gemahlin Mechthild beigesetzt. Graf Eberhard im Bart, der sehr wahrscheinlich auch seine jung verstorbene, einzige Tochter hier begraben ließ (vgl. Gfn Barbara †1474 Anm. 7), beauftragte seinen Baumeister Peter von Koblenz mit dem Bau der 1486 geweihten Andreaskapelle an der bisherigen Marienkirche. In der Gruft dieser ›capella domnorum‹ wurden die Gebeine der Eltern Eberhards nunmehr beigesetzt. 1530 wurde der Sarg der im gleichen Jahr in Urach verstorbenen Tochter Herzog Ulrichs, Anna, in die Grabnische Mechthild beigestellt. Nach der Aufhebung der Kartause im Gefolge der Reformation nach der Rückkehr Herzog Ulrichs aus dem Exil 1534 wurden die Klostergebäude dem Verfall preisgegeben. 1554 ließ Herzog Christoph in Güterstein nach den Gräbern Ludwigs I., Mechthilds, Annas und einer weiteren Gräfin von Württemberg suchen und die noch aufgefundenen Gebeine der drei Erstgenannten samt ihrer Grabmäler nach Tübingen überführen und dort im Chor der Stiftskirche St. Georg neben dem bereits 1537 vom Einsiedel hierhergebrachten Eberhard im Bart und dem 1550 verstorbenen Herzog Ulrich beisetzen (vgl. Gf Ludwig †1450 Anm. 13f; Gfn Mechthild †1482 Anm. 16f; Hzn Anna †1530 Anm. 13ff).

Ein Grabmal für Andreas, sofern ein solches je angefertigt worden war, war 1554 nicht mehr vorhanden oder wurde als solches nicht mehr erkannt, zumal ja auch kein Auftrag Herzog Christophs, nach seinen Überresten zu suchen, ergangen war. Unklar bleibt auch, ob Andreas 1486 gleichfalls mit seinen Eltern in die Andreaskapelle verbracht worden ist.

Zur Geschichte der Kartause Güterstein: Steinhofer 2, 809f; Sattler Gf 4, 55f u. Beil. 25–27; Stälin 3, 491 u. 742; Theodor Schön, Güterstein vor 400 Jahren in: Blätter Schwäb. Albverein 6, 1894, 102ff, mit Abb. Güterstein 1776 von Karl Ernst Gottfried Kuhn, Urach; Th. Schön, Geschichte der Kartause Güterstein in Württemberg in: Freiburger Diöcesan-Archiv 26, 1898, 135–192; OAB Urach 1909, 586–592 u. 594; Demmler 14ff; Wilfried Setzler, Güterstein in: Germania Benedictina V, Ba-Wü,

Augsburg 1975, 261–264; HbHistStätten Baden-Württemberg 830; Festschrift Württemberg 480f u. 704; Katalog Württemberg 62f.

6 Nekrologium und Anniversarienbuch der Kartause Güterstein Cod. hist. 2° 421, 70r; vgl. dazu Theodor Schön, Ein Beitrag zur Genealogie des Fürstenhauses Württemberg in: Deutscher Herold 25, 1894, 101; Katalog Württemberg 125f.

7 Küng 93; zu diesem Jahrtag Sattler Gf 3, 183: »als Grav Eberhard dem Closter zum Güterstein im Jahr 1472. eine Vischenz zu Oeningen bestetigte, so bediente er sich in der Urkunde diser Worte: ›und diewyl die Hochgebornen Herr Ludwig vnd Ludwig ouch Endris Grauen zu Wirtenberg vnser lieber Herr Vatter vnd brüder löblicher gedechtnuß Jr begrebten zu den güterstein habend, So sollen furterhin zu öwigen zyten vff Jren Jerlichen begengnußtag Ein jeglicher Prior daselbst dem Conuent schuldig und pflichtig sein zu geben ein Pictantz Visch, damit sie Jrs mauls vff die zyt besserung empfahen‹.«

Eberhard V./I.

1445–1496

Graf/Herzog von Württemberg

»im Bart«[1] »Barbatus«[2] »Probus«[3] »mit dem Part«[4]
»der Frum mit dem Zunamen Bartmann«[5] »der Bartige«[6]
»der Ältere«[7]

Regent 1457/59–1496[8]

»Attempto«[9] »Initium sapientiae timor Domini«[10]
»Hie gut Wirtemberg alleweg«[11]

3. S. v. Graf Ludwig I. von Württemberg[12]
u. v. Pfalzgräfin Mechthild bei Rhein

Geboren am 11. Dezember 1445[13] um 12h 41min[14]
in Urach im Stadtschloß[15]

Taufe am 18. Dezember 1445 in Urach[16]

Vermählt 1474[17]
mit Markgräfin Barbara Gonzaga von Mantua 1455–1503

Vater einer in der Wiege verstorbenen Tochter[18]
Barbara †n. 1474
Kinder von »ledigen frowen vsserhalb der hailgen ee geboren«[19]

Testament am 26. Dezember 1492 Urach[20]

Gestorben am 25. Februar 1496[21] um 17h[22]
in Tübingen im Schloß[23]
»Das fieber, die rottrur, der stain, das gries und blasenwee waren seine taglichen kranckhaiten, daran er auch letstlich gestorben«[24]

Beigesetzt vor dem 9. März 1496[25]
im Einsiedel in der Kirche des Stifts St. Peter[26]

Conrad Summenhart, Oratio funebris..., Tübingen 1498[27]

Grabmal[28]

»Eberhardus probus dux in Wirtemberg Dectiorumque tum montis Pelligardiae comes, fundator collegii S. Petri in Schonbuch obiit VI kalendas martii anno 1496«[29]

Epitaph[30]

»ANNO DOMINI MCCCCLXXXXVI V KL / MARTII OBIIT ĪLL̄. PRINCEPS EBERHARDVS PRIMVS DVX WIRTEMBER/ḠN̄. ET TECK COMES MONTISPELIGARDI / HVIVS COENOBII FVNDATOR CVIVS ĀĪĀ REQVIESCAT IN PACE«[31]

Holzstatue mit Gedächtnistafel[32]

»ILLVSTRISSIMVS. PRINCEPS. EBERHARDVS. DVX. WIRTEMBERGENSIS. ET. TECCENSIS. ETC. COGNOMENTO. BARBATVS. QVEM. SVBDITI. PROBVM. MERITO. DIXERERVNT. LVDOVICO. COMITE. WIRTEMBERGICO. ET. MECHTILDA. COMITE. PALATINA. RHENI. ORTVS. AD. OMNEM. VIRTVTEM. ET. PIETATEM. INSTITVTVS. IN. VARIIS. ET. PERICVLOSIS. BELLIS. VICTOR. PATERNVM. REGNVM. ADEPTVS. RELIGIONIS. ERGO. SEPVLCHRVM. D. SERVATORIS. VISITAVIT. ET. ACADEMIAM. TOTA. EVROPA. CELEBREM. TVBINGAE. CONSTITVIT. HVNC. BELLO. ET. PACE. PRAESTANTISSIMVM. LITERARVM. AMATOREM. SINGVLAREM. CLEMENTEM. IVSTVM. PIVM. MAXIMVS. ADMIRATVS. IMPERATOR. MAXIMILIANVS. PRIMVS. SVMMOQVE. DIGNVVM. IVDICANS. HONORE. IN. FAMILIAM. SVAM. ALLECTVM. P. IMP. D. VORMATIAE. DVCIS. AVXIT. TITVLO. QVI. ANNVM. AGENS. L. HOC. QVEM. CERNIS. VVLTV. ATQVE. STATVRA. VIDENDVS. ERAT. «[33]

Epitaph im Chor der Stuttgarter Stiftskirche[34]

»Eberhardus Probus Wirtembergensis Dux primus Deciumque tum montis peligardi comes. Collegij S. petrij Jn Schonbuch ubi sepultus Fundator. obijt VI kal. Marcias ANNO DN̄Ī MCCCCXCVI. «[35]

Überführung des Leichnams 1537[36]

vom Einsiedel nach Tübingen in den Chor der Stiftskirche St. Georg[37]

Joachim Camerarius, Oratio funebris..., Tübingen 1537[38]

Grabmal von Joseph Schmid[39]

»ILLVSTRISSIMVS PIETATE ET PRVDENTIA PRINCEPS EBERHARDVS/ BARBATVS. I. DVX WIRTEMB. ET TECK/ MONTISQ. PELIGARDI COMES, HVIVS SCHOLAE FVNDATOR./ Θ. K̄L̄N̄. MAR. ANN. M̄. C̄C̄C̄C̄. X̄C̄V̄Ī. «[40]

Epitaph[41]

»Illustrissimus et tā sapiā quam/ honestate vite excelsus princeps Eberhardus dei grā primus dux Wirtember-/gensis et de Teck ac Comes Montis-/pelligardi Fūdator huius scholae. Obiit. ī. die. S. Mathie aplī Año dn̄i. 1.4.9.6. «[42]

Chorfenster von Peter Hemmel[43]

Sandsteinrelief in Sindelfingen in der Stiftskirche St. Martin[44]

Grabmal in Hohenheim im Englischen Garten[45]

Büste in der Walhalla bei Donaustauf von Theodor Wagner 1830[46]

Denkmal in Stuttgart im Hof des Alten Schlosses von Ludwig von Hofer 1859[47]

Denkmal in Stuttgart in den Schloßgartenanlagen von Paul Müller 1881[48]

Denkmal in Tübingen an der Neckarbrücke von Adolf Fremd 1903[49]

»sie de anny 36 pizollo Magro peloxo con Naxe aquilino E asay bon ajero«[50]

»cortesissimo certamente e modestissimo«[51]

»conservator autorque pacis et optimus princeps«[52]

»principem, quo haec nostra Germania nihil habet excellentius, nihil illustrius, quippe qui singulari sua virtute atque beneactae vitae suae praeconiis cantatissimum ducale nomen militarisque Romani imperii disciplinae supremum magisterium jure meritissimo jam pridem a sacrosancta regia majestate obtinere meruit«[53]

»omnibus principibus non modo nostri temporis praeferendus, sed et priscis clarissimis et illustribus viris comparandus merito videtur ob virtutem«[54]

»Desiderabam equidem iam diu (quod et Plato optare se praedicabat) cognoscere principem, in quo quemadmodum in Pallade, vna cum potentia, pariter sapientia conspiraret, nec non, vt in Caesare magnanimitas cum clementia, sicut in Scipione gravitas cum comitate concurreret. In quo praeterea floreret et iustitia Minois, et religio Numae, sub quo pax illa rediret Octauiani, qui denique pacis studia rebus bellicis anteponeret, Templa fundaret, publica literarum Gymnasia faceret, quem subditi non tam metuant, quam ament, et obseruent, atque mirentur. Eiusmodi quidem est legitimi princeps idea, et optata quodam a Platone, et a nobis in primis desiderata, atque, vt constans iam fama perhibet, in te praecipue ingens, vt non mirum sit, me iam, meosque Academicos omnes, tot virtutum tuarum radijs inflammatos, te, quasi coeleste numen, colere ante alios principes, atque venerari«[55]

»Du hochherzig und weise, der Weisen erhabener Gönner,
Treuer Verehrer des Rechts, der Sitte strenger Bewahrer,
Der du der Religion ein frischeres Leben, der Hochschul
Blüte verliehen, du Wirtembergs Sohn, durch Tugend sein Herzog,
Keiner ist edler als du.«[56]

»Hoc uiuo stetit, hoc cecidit Germania lapso!«[57]

»quondam Suevorum gloria prima«[58]

»So mogen wir doch leid verstan,
so jetz dem heilig römisch Reich
vnd teutschen nacion desgleich
geschehen ist in dieser fart
durch abgang herczog Eberhart
von Wirtemberg, des fürsten milt,
der des reichs sturmfan in sim schilt
mit grossen eren hat gefürt,
durch des vernunft pillich regiert
wern alle land vnd künigreich.
Gott geb dem fürsten tugendreich
pei Jhm freudt in des himmelstron!
Worlich ist er den Teutschen Kron
vnd spiegel aller tugend gesin.
Gott geb im die ebig rue! er ist dahin.«[59]

»anno 1498 da hatt Sein Kay.May. dieses verstorbenen fürsten grab besichtigen wöllen, vnd hat ob dem grab offentlich mit seuffzern vnd trenen bezeuget, das alda ein solcher fürst lige, der mit fürstlichen tugenden vnd fürtrefflicher hoher weißheit also begabt geweßt, dergleichen er in seinem Reich keiner gehabt, deßen weisen Rhats er sich offtermahls ersprießlich gebraucht habe«[60]

»princeps sapientissimus Germaniae iudicatus fuit, in senectute non in iuventute«[61]

»Eberhart mit dem Part Graff Ludwigen und Fraw Mechtilden Pfalzgravin ander Sun, ward erster Hertzog zu Wirtemberg und Tegk, anno videlicet MCCCCLXXXXIII. von dem Römischen Kunig Maximilian Erzherzogen zu Oesterreich Herzog zu Burgundi in der Stat Wurms am Rhein gemacht ain fraidiger vernunftiger Fürst klain von Person, aber grosmächtig von Hertzen ain Liebhaber aller Kunst und Gelehrten, und ist gestorben anno MCCCCLXXXXVI. begraben in seiner Stift zu Sand Peter im Schainpuech.«[62]

»virum justum, inclytum et prudentissimum«[63]

»Eberhardum seniorem Barbatum Comitem de Wirtenberg virum sciens prudentum, strenuum, et non minus armis, quam rebus atque divitijs potentem«[64]

»Vuirtembergensis familiae lumen«[65]

»Ciuibus suis lacrimas, omnibus mortalibus admirationem et memoriam sui reliquit«[66]

»Dominus Philippus Melanchthon sagte ein Mal D. M. Luthern uber Tische: ›Daß er in seiner Jugend gehört hätte, daß auf einem Reichstage etliche Fürsten gerühmet hätten von den Gaben und Herrlichkeiten ihrer Fürstenthum und Lande. Und hätte der Herzog zu Sachsen gesagt, daß er silberne Berge in seinem Lande hätte und also ein Bergwerk gerühmet, welchs damals große Ausbeute gab. Der Pfalzgraf aber hatte seine gute Wein gelobet, die ihme am Rheinstrom wüchsen. Als nu Herzog Eberhard von Würtenberg auch sagen sollt, was er fur Herrlichkeit in seinem Lande hätte, da antwortete er: ›Jch bin wol ein armer Fürst und Euer Liebden beiden nicht zu vergleichen, jedoch so hab ich auch ein groß Kleinod in meinem Fürstenthum, daß, wenn ich mich verritten hätte und aufm Felde gar alleine wäre, so kann ich doch in eines jeden meiner Unterthanen Schoß sicher schlafen.‹ Wollt sagen, daß seine Unterthanen ihn so lieb hätten, daß er bey ihnen hausen und herbergen könnte und sie ihm alles Liebes und Gutes thun würden. Und seine arme Leute haben ihn auch gehalten für den Patrem patriae. Als solchs die andern Fürsten, als Sachsen und Pfalz gehört hatten, da hatten sie selbs erkannt, daß dies das edelste Kleinod und Gut wäre.‹«[67]

»Diligebatur ergo et a suis et ab urbibus Imperii, et a uicinis Principibus, ac de beneuolentia populi erga ipsum, recitabatur haec ipsius narratio. In conuentu Vourmaciensi cum Saxonie Duces uocassent ad coenam Duces Bauariae, Palatinos, et ipsum, et singuli suarum ornamenta praedicarent, alii uenas metallicas, alii urbes, frumenta, uinum, sedit tacitus auditor Eberardus. Ibi tandem Albertus Saxoniae Dux: Cur non iubemus etiam Ducem Vuirtebergensem de sua patria loqui? Respondet hic modeste: ›scio, uestras familias potentia, autoritate, et opibus antecellere, nec uobiscum certare possum, sed contentus sum meo, et scio me Deo gratitudinem debere. Ac unum hoc praedicare me posse existimo, securus in medio aestu in campo, et solus in gremio cuiuslibet meorum ciuium dormire possum‹. Quid significaret, non obscurum erat.«[68]

»Videmus autem signa animi uere a Deo illustrati, quare iudicandum est, hanc eius mortem fuisse iter ad coelestam Ecclesiam.«[69]

»Als er aber die kindtsschuch ein wenig zertretten und zu manbarn jaren komen, hatt er sich gantz und gar umgewendt und gar ein ander wesen angenumen, darauff mitt einem eerlichen zuig zu dem Hailgen Landt gezogen und ritter worden. Als er nun mitt friden wider anhaimisch kumen, des fürsten von Mantua thochter zu gemachel genumen und also gar ain anderer man worden, Dann wie zuvor niemandt frecher und mutwilliger, also ward ietzundt nitt bald ein eingezognerer und ernsthafftiger herr funden, allen sachen mitt allem ernst und sunderm fleiß nachgetracht, darum er die gelerten leit in hochem, theirem werd gehalten. Und ob er gleichwol der lateinischen schprach nitt bericht, hatt er doch gelerte leit wol um sich leiden megen, auch inen jederzeit von allerlai sachen zu disputirn ursach geben, einer solchen zehen gedechtnus, daß er nitt baldt vergessen, was er also gehort oder gelernnt hett, demnach kundt er ein sach dermaßen mit allen umstenden, so wol und eben widerum erzelen, daß einer vermeint hett, er were aller künsten volgesteckt. Er las gern in biechern, bevalch demnach vil lateinischer biecher in teutsch vertolmetschen. damitt er solche auch lesen mechte und mitt den sprichen und geschichten, so er also sunderlich auffmerckt, sein reden und meinung dester baß zierte und an tag brechte. Jedoch waren seine reden kurtz und gemainlich mitt haimlichen stichworten gesaltzen. In summa, es was bei im kain feirn und mießiggeen, sunder ain geschefft trib und truckt das ander, also daß gar kain underleibung da was, dann wan er nitt zu kirch oder in rhätten saß oder jagett, so lag er stettigs ob den biechern; da ward weder karten- oder brettspill bei im funden, sunder nur für und für in den biechern gelesen, darum er auch anno 1477 aus anstifften frauw Mechthilt, seiner mutter, damitt er gelerter leit genug haben mechte, die hoche schul zu Tubingen auffgericht und die professores mit erlichen und gebürlichen besoldungen versehen.«[70]

»Er ward auch gezigen, er were zu geschwind auff geltt und hielte zu gnauch hof wider seiner vorfarn herkomen, klaidet sich nitt zartlich und lebt nitt kostlich. Aber mitt bauwen, stett und schloß zu bevestigen hatt er mer dann gnug kostenns dargelegt.«[71]

»Princeps quo non sapientior alter Doctrinae nec erat magis, ac virtutis, amicus«[72]

»ein gerechter und kluger Herr, dahero er auch einige Gesetze und Rechten in seinem Land, welche nicht sonderlich gut und nützlich schienen, mit Zuziehung gelehrter Männer, nach deren reiflicher Überlegung und Urtheil bessert. Den Frieden liebte er dergestalten, daß er selbigen zu erhalten auch das Unrecht erduldete.«[73]

»auch denen gelehrten Italiänern sind seine Christ-Fürstlichen Tugenden bekannt gewesen«[74]

»in geschäfften war er arbeitsamb, beharrlich vnd embsig, er kundt nit feyern, sonder er muoste allzeit etwas zu thuon vnd zu schaffen haben, ein geschäfft drang das ander vnd macht iedermann Vnrhuo, doch handelt er allezeit auß hohem Verstand, mit gebührendem Ernst, dapffer, bedächtlich, vnd vernünfftig; allen vberfluß, wollust, vnd ohnnötigen Costen stellet er ab, vnd wolte auß begird, in weitter erkandtnus zu kommen nicht anversuocht lassen, sondern alles selbs erfahren, daher war sein Sprichwort, reim oder Symbolum, Ich wags, bey disem Symbolo hat er auch gefüeret ein Zederbaum, darmit sein hochbestendig, vnbewglich, heroisch, fürstlich vnd gerecht gemüeth zu bedeuten.«[75]

»Guette gerechtigkeit hat er gehalten, vnd ist drob vnd daran geweßt, das niemand zu kurtz, oder Vnrecht geschehe.«[76]

»Was Hertzog Eberhard fieng an, Blib wie ein Cedern lang bestahn«[77]

»eine überaus grosse Liebe und Affektion gegen Jhme in seiner Unterthanen Hertzen«[78]

»Eberhardus der Bartige. geb. 1445. Ersetzet die Versaumnus seiner Jugend-Jahre mit einem erfolgten löblichen Tugend-Wandel, und sorgfältigen Regierung. Ziehet ins gelobte Land 1468. Stifftet die hohe Schul zu Tübingen 1477. von welcher er die Worte zu gebrauchen pflegen, Er habe einen Brunnen des Lebens gegraben. Jmgleichen das Closter im Schonbuch, welches er herrlich begabet 1482. Führet in diesen Jahr mit Einstimmung seines Vettern Eberhardi II. und vermög des Münsingischen Vergleichs das Recht der Erstgeburt in seiner Familia ein. Wird Ritter deß güldenen Flüsses 1492. Aufm Reichs-Tage zu Worms von König Maximil. I. in den Fürstenstand erhoben, und zum ersten Hertzog zu Wirtemberg und Teck gemacht 21.Jul. 1495. Rühmet auf eben demselben Reichs-Tage von seinen Unterthanen, daß keiner unter denselben sey, in dessen Schooß er zur heissen Sommers-Zeit nicht sicher ruhen könne. st. 24.Febr. 1496. mit grossem Leidwesen der Seinigen, als welche von ihm zu sagen pflegen: Wenn Gott nicht Gott wäre, wer solte billiger Gott seyn, denn unser Herr von Wirtemberg?«[79]

»Ein Herr von raren Tugenden, und vortrefflichem Verstand. Führte nachgehends das Regiment so rühmlich und löblich, daß Er vor einen der besten Regenten in der Welt zu halten, auch von seinen Unterthanen deßwegen wie ein Vatter geliebet und geehret worden, so gar, daß sie auch von Jhme pflegten zu sagen: Wann Gott nicht Gott wäre, so solte niemand billicher Gott seyn, als ihr Gnädiger Herr. Gleichwie Er hingegen eine solche Liebe und Vertrauen zu seinen Unterthanen hatte, daß Er öffters, und einstmahls auf offentlicher Reichs-Versammlung in Gegenwart vieler Chur- und Fürsten von seinen Unterthanen rühmte und sagte: Er getraue, in eines jeden Schooß, in dem dicksten Wald bey Nacht sicher zu ruhen und zu schlaffen, wann Er irgendwo verirren möchte in seinem Lande. Reysete A. 1468. in Palästinam, nach damahliger Gewohnheit, und zwar mit einem ansehnlichen Gefolg von Adel, und ward zu Jerusalem zu einem Ritter des Heil. Grabs geschlagen. Erzeigte hernach öffters seine Treu und Kriegs-Dienste gegen dem Kayser und dem Reich. Hatte grosse Zuneigung zu gelehrten Leuthen und stattlichen Wissenschaften, und suchte die Versaumnuß seiner Jugend, die Er offt bereuet, auf alle Weise zu ersetzen; deßwegen Er auch

1477. die Hohe Schul zu Tübingen gestiftet, und herrlich begabet, verlegte auch die Probstey Sindelfingen in den Stifft gen Tübingen. Richtete A. 1482. in dem Münsinger Vertrag das Recht der Ersten Geburt in seinem Hauß wieder auf, mit Consens seiner Agnaten, von der Stuttgardt- und Mömpelgardtischen Lini. Stifftet A. 1492. das Closter zum Einsidel, oder St. Peter im Schönbuch, zum blauen Mönch, vor 1. Probst und 12. Canonicos von Adel nebst 12. Layen-Brüdern von Burgerlichem Stand. Wünschte dabey, eine General-Reformation der Kirche zu erleben, hangte auch nicht in allen Stücken an dem Römischen Papst, und reformirte ein und andere in dem Land gelegene Clöster in der Disciplin und Sitten.

Stunde wie bey Kays. Fridrichen IV. also auch bey Kays. Maximiliano I. allezeit in besonderen grossen Gnaden, wurde auch von diesem nicht nur in den Ritter-Orden des güldenen Vliesses aufgenommen, sondern auch aus eigener Bewegnuß A. 1495. 21. Jul. auf dem Reichs-Tag zu Worms, zu einem Hertzogen zu Wirttemberg und Tekh erhöhet, und über die Marggrafen und Landgrafen gesetzt, auch dabey absonderlich mit des H. R. Reichs Sturmfahnen belehnet. Starb aber bald darauf auf dem Schloß zu Tübingen recht Christ-Fürstlich A. 1496. 24. Febr. Wurde anfangs in dem von ihm gestiffteten Adelichen Closter St. Peter im Einsiedel beerdiget, allwo Kayser Maximilianus I. als Er bald hernach durch Wirttemberg gereiset, und absonderlich dieses Closter dem verstorbenen H. Eberhard zu lieb besucht, demselben bey dessen Grab stehend, offentlich diesen Ruhm beygelegt, und mit Thränen gesagt: In dieser Begräbnuß ligt ein solcher Fürst, dessen Rath ich offt gebraucht, und deme ich an Verstand und Tugend im gantzen Röm. Reich keinen zu vergleichen weiß. Sein Fürstl. Leichnahm aber wurde nachgehends aus diesem Closter, welches in folgenden Zeiten abgebrandt, hinweg, und nach Tübingen in die Fürstl. neue Begräbnuß der Ersten Hertzoglichen Lini versetzt, allwo noch sein Grabmahl und Epitaphium zu sehen.«[80]

»Die Göttliche Vorsicht schenkte disen Herrn, welcher durch seinen vortrefflichen Verstand und kluge Regierung sich den Verdienst erworben, daß die Gravschafft Würtenberg zu einem Herzogthum erhoben worden.«[81]

»Ein schlecht erzogener Prinz, den man wie wildes Gesträuch im Wald aufwachsen ließ, verdient Entschuldigung, wenn er die erste Jahre seiner Regierung, die er im vierzehnten Jahr antratt, ein wenig menschlich braust; aber gewiß alsdenn unerwartet, wenn er, wie Eberhard, schon im drey und zwanzigsten Jahr sich zu wenden anfängt, und im neun und zwanzigsten Jahr von allen Ausschweifungen sich loszureissen weiß. Freylich wie wunderbar es oft in einer Seele durch einander dämmern mag, die sich ganz erst nur durch eigene Bemühungen bessern muß, und zwischen den dunklen Divinationen ihres eigenen Wahrheitsgefühls und den Eindrücken, welche die herrschende Denkart des Zeitalters machte, unentschieden hin und her irrt. Eberharden blieb die Erinnerung ewig bitter, wie viel Aergerniß seine Jugend angerichtet, wie manche Nonne er dem Himmel geraubt habe; er stiftete Klöster den Schaden zu vergüten, er reformirte die Klöster, in welchen er Kräfte und Gesundheit seiner Jugend verlohren; noch war aber immer etwas in ihm rege, das ihn die Ungereimtheit eines solchen vermeynten Aequivalents fühlen ließ, und öffentlich gegebene Aergernisse schienen öffentliche Abbitte zu fordern. Ich habe es mir immer aus solchem Empfinden erklärt, warum Eberhard in seinem Testamente befahl, daß öffentlich von der Kanzel verkündigt werden solle, wenn er jemand an Ehre, an Leib oder Gut beschädigt hätte, so möchte man ihm doch um Gottes willen verzeihen. Regentenwürde und beobachtete Christenpflicht vereinigten sich beide in diesem Geständniß; erstere würde durch eine deutlichere Anzeige verlohren haben, und letztere, besonders wie sie Eberhard im Geist seiner Religion fühlen mußte, war doch dabey hinlänglich beobachtet.«[82]

»Graf Eberhard kam auf den Gedanken, eine Universität zu stiften, in einem Zeitalter, da der größte Theil der Teutschen Fürsten, der alten Fehdezeiten noch nicht ganz entwöhnt, völlig unbekümmert um die Wissenschaften war. Er war der erste Graf in Teutschland der ein solches Werk unternahm, und selbst der Churfürst von Brandenburg, des größten Theils der übrigen Fürsten nicht zu gedenken, wurde auf dieses Bedürfniß seiner doch so viel ausgebreitetern Länder erst ungefähr zwanzig Jahre nachher aufmerksam.«[83]

»sein Name hat dadurch unter uns die edelste Art von Unsterblichkeit erlangt, daß er sein sinkendes Haus in seiner Neige gestützt und wieder zum Emporkommen gebracht, das Land aus einem Familiengute oder einer großen Edelmannshube, in einen Staat verwandelt, durch die Vereinigung des Getrennten der Gesammtheit Festigkeit und Kraft und einen neuen Geist gegeben, durch die Beyziehung des Volks zu den öffentlichen Verhandlungen die Herrschaft der Gesetze und die allgemeine Freyheit gesichert und seinem Hause die Fürstenwürde erworben hat, die für dasselbe das Vorzeichen immer grösserer Verherrlichung geworden ist; wie wir uns denn alles dessen nicht erfreuen können, ohne die dankbare Erinnerung, daß Eberhard solches Ruhms und Segens erster Stifter sey.
Und wenn ihm seine Zeit und seine Lage nicht gestatteten, den Umfang des Landes, so wie seine Väter, durch große Erwerbungen zu erweitern, so blieb ihm das Verdienst, das Erworbene durch weise Verwaltung zu sichern und zu einem höhern Werthe zu bringen; ohnehin war er im Besitze des höchsten Reichthums der Fürsten, der in den Herzen ihrer Unterthanen besteht. Dieser Reichtum war sein Trost und sein Stolz.«[84]

»Der Graf, getreu und gut«[85]

»Der reichste Fürst.

Preisend mit viel schönen Reden
Ihrer Länder Wert und Zahl,
Saßen viele deutsche Fürsten
Einst zu Worms im Kaisersaal.

Herrlich, sprach der Fürst von Sachsen,
Ist mein Land und seine Macht,
Silber hegen seine Berge
Wohl in manchem tiefen Schacht.

Seht mein Land in üpp'ger Fülle,
sprach der Kurfürst von dem Rhein,
Goldne Saaten in den Thälern,
Auf den Bergen edlen Wein!

Große Städte, reiche Klöster!
Ludwig, Herr zu Bayern, sprach,
Schaffen, daß mein Land dem euren
Wohl nicht steht an Schätzen nach.

Eberhard, der mit dem Barte,
Württembergs geliebter Herr,
Sprach: Mein Land hat kleine Städte,
Trägt nicht Berge silberschwer;

Doch ein Kleinod hält's verborgen:
– Daß in Wäldern, noch so groß,
Ich mein Haupt kann kühnlich legen
Jedem Unterthan' in Schoß.

Und es rief der Herr von Sachsen,
Der von Bayern, der vom Rhein:
Graf im Bart! Ihr seid der reichste,
Euer Land trägt Edelstein.«[86]

»Es bleibt das schönste Denkmal, wie Eberhards ganzes Dichten und Trachten nur darauf ging, das Volk gegen jede Willkür, gegen jeden Gewaltmißbrauch des Regierenden zu sichern. Graf Eberhard im Bart war und blieb darum der Lieblings seines Volks, aber er war nicht minder geliebt und geachtet im ganzen Reiche.«[87]

»Eberhards Scharfsinn und Klugheit waren allgemein, auch im Auslande, berühmt und er galt für einen der weisesten Fürsten seiner Zeit, Seine Unterthanen pflegten von ihm zu sagen: ›Wenn Gott nicht Gott wäre, so müßte unser Eberhard Gott seyn.‹ «[88]

»So war Eberhard, der erste Herzog in Wirtemberg, glänzend durch Frömmigkeit und Tugend, ausgezeichnet durch Kenntnisse und Klugheit, beliebt bei allen, den Guten werth, den Bösen furchtbar, gerecht gegen jedermann, ein Muster für die Fürsten aller Zeiten.«[89]

»überhaupt einer der besten deutschen Fürsten«[90]

»Zeitgenossen nannten unter den ehrendsten Beinamen den herrlichen Mann, welcher in dem Erstgeburtsrecht, der Untheilbarkeit des wirtembergischen Landes in Schwaben und im Herzogshut seinen Nachkommen ein unschätzbares Vermächtniß hinterließ, dessen Klugheit, Rechtschaffenheit, Gerechtigkeitsliebe, Friedfertigkeit, Religiosität, Eifer für die christliche Lehre und Liebe zu den Wissenschaften und deren Pfleger fast sprichwörtlich wurde.«[91]

»Nach einer ungestümen Jugend, in welcher gleichwol seine große geistige Begabung öfters Gelegenheit fand, sich zu beweisen, wurde er in der Folge ein durch Klugheit, Rechtschaffenheit, Gerechtigkeitsliebe, Friedfertigkeit, Religiosität, Eifer für die christliche Lehre, Liebe zu der Wissenschaft ausgezeichneter Fürst.«[92]

»Für sein engeres Vaterland, welchem er nach außen möglichst Ruhe verschaffte und im Innern eine Reihe trefflicher Anordnungen zuteil werden ließ, bleiben die Wiedervereinigung der Grafschaft und die Begründung der Unteilbarkeit mit fester Erbfolgeordnung durch die Hausverträge, die im Herzogsbrief reichsgesetzliche Anerkennung fanden, die Gründung der Universität Tübingen seine Hauptverdienste, wie auch die Erhebung Württembergs zum Herzogtum ihm verdankt wird.«[93]

»Ihm verdankt Württemberg mehr als irgend einem seiner Vorgänger. Durch Künste des Friedens hat er, dank seinen glänzenden staatsmännischen Fähigkeiten, die Errungenschaften der Väter gesichert und befestigt, hat das getrennte Land nicht nur wieder vereinigt, sondern auch mit weiser Vorsicht künftiger Zersplitterung vorgebeugt. Bei seinen Mitfürsten, bei allen Reichsständen erfreute er sich großer Beliebtheit, beim Kaiser stand er in gewaltigem Ansehen.«[94]

»Mit Eberhard im Barte starb ein Fürst, den schon die Zeitgenossen als Zierde der Herrscher Deutschlands bezeichneten, als klein von Person, aber großmächtig von Herzen. Seine Thätigkeit erstreckte sich namentlich auf die geistige und sittliche Hebung seines Landes, nachdem er an sich selbst den Anfang gemacht. Zu diesem Zwecke umgab er sich mit tüchtigen, gelehrten Männern, wie Johann Reuchlin, dem berühmten Humanisten, und den Brüdern Johann und Ludwig Vergenhans, von denen jener als Kanzler der Universität Tübingen, dieser als Probst zu Stuttgart starb; auch mit auswärtigen Gelehrten stand er in regem Verkehr. Um sich und seinem Volke fremdsprachige Bücher zugänglich zu machen, ließ er sich solche in größerer Zahl übersetzen; Nikolaus von Wyle und Heinrich Steinhöwel waren vor allen dafür thätig und schufen nach Lessings Urteil die Prosa der deutschen schönen Litteratur. Darum pflegte Eberhard auch die neue Kunst des Buchdruckes: schon als er noch in Urach Hof hielt druckte hier Conrad Fyner das vielgelesene Buch der Beispiele der alten Weisen mit einer Widmung an Eberhard. Der Sinn für die Kunst zeigt sich an den zahlreichen Kirchen, die er aufführen ließ, namentlich der zu Tübingen und der zu Urach mit seinem herrlichen Betstuhle.

Sein Volk wies er zur Reinigung der Sitten und zur Gottesfurcht an und bemühte sich in erster Linie dessen Erzieher, den geistlichen Stand, zur Zucht anzuhalten. Deshalb setzte er in Frauenklöstern Reformen durch, führte Brüder des gemeinsamen Lebens, nach ihrer Bedeckung Kappenherren genannt, als Vorbilder werkthätiger Frömmigkeit im Lande ein. Auch unter der Weltgeistlichkeit suchte er die in Schwange gehenden Laster zu unterdrücken.

In allen öffentlichen Verhältnissen begann er neue Ordnung zu schaffen, bisher Übliches oder Willkürliches in die Form von Gesetzen zu fassen. Dem Reiche gegenüber fühlte er sich als Glied des Ganzen verpflichtet und leistete ihm eifrige Dienste, so daß Kaiser Maximilian beim Besuch seines Grabes ihn als den verständigsten und tugendhaftesten Fürsten pries.

Ein Mann des Friedens, wenn auch stets bereit Kränkungen abzuweisen, ein Vater seines Volkes, ein Schöpfer frischen Lebens, die Bewunderung seiner Zeitgenossen, ist Eberhard im Bart für Württemberg der Bringer einer neuen Zeit. Wenn Gott nicht Gott wäre, so müßte Eberhard Gott sein, so rühmten seine dankbaren Unterthanen. Wohl drohte seiner Schöpfung bald nach seinem Tode mehrfacher Untergang; daß sie dennoch Bestand hatte, das war nicht zum Wenigsten Wirkung des festen Gefüges, das ihr der erste Herzog gegeben.«[95]

»In dem Grafen Eberhard dem Bärtigen nun erscheint eine Herrscherpersönlichkeit von ganz einziger Geschlossenheit und Zielstrebigkeit. Das ›Attempto‹ seines Wappens bedeutet nicht: ›ich wag' es‹, sondern: ›ich versuch' es‹. Die Reihe der Verträge, in denen er sich mit seinen Vettern von der Stuttgarter Linie auseinandersetzt, zeigt ein ebenso bedächtiges wie konsequentes Weiterschreiten auf einer abgesteckten Bahn. Die Herzogswürde, die er 1495 zu Worms für Württemberg erhält, ist keine Dekoration, sondern die Krönung eines sorgfältig ausgeführten Gebäudes. Von seiner ›Fürstlichkeit‹ hatte er mindestens ebenso hohe Begriffe wie seine Standesgenossen, aber er strebt mit Bewußtsein von da zu einer wirklichen Landesherrschaft. Er weiß Ungehorsam mit den Waffen zu brechen, wo es nötig ist – Geistliche und Weltliche haben das erfahren –; aber er zieht, wo immer möglich, den Weg der Verhandlungen und des Vertrages vor. Als ›Teidungsmann‹ wird er immer wieder nach auswärts berufen. Denn sein Ansehen im Reich und beim Kaiser wächst immer mehr über das seiner Mitfürsten hinaus. Nur Albrecht Achilles von der älteren Generation und Berthold von Henneberg unter seinen Zeitgenossen kommen ihm darin gleich; in der nächsten nimmt Friedrich der Weise von Sachsen eine auffallend ähnliche Stellung ein.«[96]

»Württemberg hat Grund, in ihm einen seiner begabtesten und erfolgreichsten Herrscher zu sehen.«[97]

»Tatsache ist, daß Eberhard im Bart, unter dem Einfluß und der Mitarbeit kluger und bedeutender Berater, bald den Durchschnitt der damaligen Zeit und besonders seiner adeligen Zeitgenossen überragte und, trotzdem er die überkommenen ritterlichen Neigungen zeitlebens hochhielt und übte, zugleich Künder und Vorkämpfer eines neuen Zeitalters auch in Deutschland wurde. Ihm verdankt das Land die Gründung der Universität Tübingen (1477), die Wiedervereinigung der beiden Landeshälften und die künftige Unteilbarkeit, eingeleitet unter Heranziehung der Landstände im sog. Münsinger Vertrag (1482), zäh und geschickt verteidigt gegenüber den Machenschaften seines Vetters Eberhard, der im Unterschied von ihm, dem Älteren, der Jüngere benannt wird, bis zum endgültigen, vierten sog. Eßlinger Vertrag (1492) und besiegelt in der schon erwähnten Erhebung Württembergs zum Reichsfürstentum (Herzogtum) auf dem Wormser Reichstag durch Kaiser Maximilian I. (1495).
In der inneren Politik ein kluger, rechtlich gesinnter Organisator und Reformer, der alle Gebiete – Verfassung in Land und Stadt, Heerwesen, Kirchenwesen, Gerichtsbarkeit, Finanzen und Wirtschaft – unter sozialen Gesichtspunkten z. T. seiner Zeit weit vorausschauend, neu ordnete, und der nichts sein wollte, als der getreue Verwalter seines Landes, in der äußeren Politik ein stets auf Ausgleich und Vermittlung bedachter, in Hauptfragen aber zielbewußt und kämpferisch seine Interessen vertretender Fürst, der seinem Land im Schwäbischen Bund (gegründet 1488) Rückhalt und Einfluß, jedoch immer im Einklang mit den wohlverstandenen Reichsinteressen, zu sichern wußte – ohne zu ahnen, daß sich diese Gründung dereinst gegen sein eigenes Haus (unter Herzog Ulrich) auswirken würde – im ganzen einer der begabtesten und erfolgreichsten württembergischen Fürsten, so steht Eberhard im Bart, der sich der neuen herzoglichen Würde nur ein halbes Jahr erfreuen durfte, in der Geschichte und im Gedächtnis der Nachwelt.«[98]

»Als Einiger des Landes und erster Herzog von Württemberg hat er dem Lande ein Ansehen verschafft, von dem seine Nachfolger gezehrt haben.«[99]

»Eberhard im Bart, der größte Regent, den Wirtemberg im Mittelalter hatte«[100]

»Stuttgart hatte den großartigsten, besten, weitestblickenden Herren, den es im Mittelalter besaß, nach allzu kurzen Jahren seines Wirkens verloren.«[101]

»Eberhard, der mit dem Barte, Württembergs geliebter Herr, der sich wie kein anderer deutscher Fürst rühmen durfte, daß er ›sein Haupt konnt kühnlich legen, jedem Untertan in Schoß‹, wie Justinus Kerner ihn besungen hat, was, hätten die Schwaben einen Gusto für so etwas wie eine Nationalhymne, zweifellos zu dieser erklärt worden wäre. Dieses ›preiswürdige Muster-Bild für jeden teutschen Fürsten‹ gab seinem Land eine geordnete Verwaltung und kluge Gesetze, gründete die Universität Tübingen, verlegte die Residenz nach Stuttgart und fixierte die Unteilbarkeit des Landes in einem Vertrag.«[102]

»Bald darauf, am 24. Februar 1496, starb Eberhard, erst 50 Jahre alt. Eine selbständige, charaktervolle Persönlichkeit, hat er mit großer Menschenkenntnis die fähigsten und erfahrensten Männer zu seinen Räten gewonnen. Staatsmännische Weitsicht und Willenskraft haben ihn in den Stand gesetzt, das zerrissene, verschuldete, zur politischen Bedeutungslosigkeit herabgesunkene Land in entscheidender Zeit wieder so zu festigen, daß es die Stürme der folgenden Jahrzehnte überdauern konnte. Für Eberhards Auffassung vom Regentenberuf wie für das Andenken, das diesem bedeutenden Fürsten im Volk Württembergs bewahrt wird, ist Melanchthons Erzählung vom ›reichsten Fürsten‹ bezeichnend, die Justinus Kerner im 19. Jahrhundert zum Dichter des Liedes ›Preisend mit viel schönen Reden‹ werden ließ.«[103]

»Was in dem Bericht über Leben und Taten Eberhards nur indirekt sichtbar wird, sein Ansehen, sein Ruhm und Ruf unter den Zeitgenossen, sein Rang, nicht nur als Fürst, sondern auch als Freund und Mensch, wird nach seinem Tode in den Schriften und Reden der ihm nahestehenden Humanisten geschrieben und gesagt. Er wird gepriesen als Vater des Vaterlandes, als der großherzigste Fürst, als Mäzen der Gelehrten, Stifter und Erhalter des Friedens. Johannes Vergenhans schreibt in seiner Chronik: ›Deutschland stand fest, so lange er lebte, und sank hin mit seinem Tode‹.«[104]

»auch in Rom fiel es auf, daß noch nie ein Graf eine Hochschule ins Leben gerufen hatte, und man nahm es wohl nicht zuletzt deshalb mit der kirchlichen Zustimmung zur wirtschaftlichen Ausstattung der jungen Gründung besonders ernst. Papst Sixtus IV. sah in Eberhards Gründung eine Tat, die es auszuzeichnen, anderen Landesherren als Vorbild vor Augen zu halten galt. Darum verlieh er, als Tübingens Gründung abgeschlossen war, Eberhard die höchste Ehrung, die ein Papst verleihen konnte, die Goldene Rose. War Eberhard der erste Deutsche überhaupt, der das Goldene Vließ erhielt, so war er auch der erste deutsche Graf, der die Goldene Rose trug.«[105]

»Von allen Männern des Hauses Wirtemberg ist Eberhard im Bart unstreitig der bedeutendste. Als einziger lebt er bis heute nicht nur in Gedichtsammlungen, sondern im wirklich gesungenen Lied weiter. Sein Bart, seine Hochschule, sein

Palmbaum, seine Palästinafahrt und sein Weißdorn sind feste Begriffe, fast so etwas wie ein Gütezeichen. Sein Wahlspruch ›Attempto‹ gilt neben dem A.E.I.O.U. Kaiser Friedrichs III. als die am meisten zitierte mittelalterliche deutsche Fürstendevise, und ihr Sinn ›Ich wags‹ ist auch bei vielen Nicht-Lateinern geläufig. Der Mensch noch mehr als der Fürst blieb in seinem Lande unvergessen.«[106]

»Der Humanist, der kein Latein konnte, unter den ersten Gelehrten der Nation, der Landesherr, ein schwäbischer Renaissance-Mensch, inmitten der Juristen und Theologen, der fromme und sendungsbewußte Regent im Kreise der Freunde: So haben ihn seine Berater geschildert, Vergenhans in der *Weltchronik* allen voran, einem durch Generationen-Abfolgen (nicht, wie es üblich war, durch die Sequenz der Weltalter) markierten Geschichtswerk, das mit Adam und Eva begann und mit – Eberhard endete; so haben ihn die Wissenschaftler der Zeit dargestellt; Melanchthon ebenso wie der Rechtsgelehrte und Theologe Summenhart oder Camerarius, der große Gräzist, haben ihn gefeiert als einen der ihren: einen Mann, der sich seiner Grenzen bewußt war und seine drei großen Pläne, die Gründung der Tübinger Universität, die Wiedervereinigung des Landes und die Errichtung des Peters-Stifts im Schönbuch, in enger Kooperation mit seinen gelehrten Freunden durchführte.«[107]

»Er war, im Gegensatz zu der überwältigenden Mehrheit seiner Mitregenten, ein gebildeter Mann. Keiner aus der Gilde jener, denen es ums Fechten und ums Trinken ging, sondern ein Intellektueller, der von seiner Mutter gelernt hatte, was Kunst und Wissenschaft für ein menschenwürdiges Leben bedeuten.«[108]

»Die geschichtliche Bedeutung des Grafen und Herzogs Eberhard im Bart liegt darin beschlossen, daß er den bald aufbrechenden Dissonanzen der Renaissance-Epoche die ruhig gegründete, aber auch geistvolle Festigkeit seiner Persönlichkeit entgegengesetzt, daß er, nicht ohne Sinn für die weiterwirkende Kraft von Herrschaftssymbolik, den württembergischen Staat im tieferen Sinn des Wortes gegründet hat.«[109]

»Eberhard im Bart (1450–1496), eine der schillerndsten Herrscherpersönlichkeiten der württembergischen Geschichte, durch das bekannte Gedicht Ludwig Uhlands zum liebenswerten Landesvater verklärt, erscheint bis in die neueste Forschung hinein mit dem Nimbus der weisen Humanisten und des idealen Herrschers umgeben.«[110]

»Die Gestalt des Grafen Eberhard V. von Württemberg, genannt Eberhard im Bart, seit 1495 als Eberhard I. erster Herzog von Württemberg, steht nicht nur nach seinen Lebens- und Regierungsdaten an der Schwelle vom Mittelalter zur Neuzeit: auch in seiner Politik und in seinem Lebenswerk, die nicht zufällig immer wieder das Interesse von Literaten und Historikern auf sich zogen, mischen sich in eigentümlicher und bemerkenswerter Weise Altes und Neues – wobei das Neue, Zukunftsträchtige so stark bereits ausgeprägt erscheint, daß aus seiner Epoche vieles bis in unsere Gegenwart überdauern konnte, etwa die Universität Tübingen sowie zahlreiche stolze kirchliche Bauten, darunter die Stiftskirchen zu Herrenberg, Tübingen und Urach. Aber nicht nur stofflicher Art zeigt sich sein Erbe: auch Grundzüge der politischen und geistigen Kultur unseres Landes dürfen wir nicht unwesentlich mit diesem Landesherrn in Verbindung bringen. Erneut sei an die Universität erinnert, dazu auch an die kräftige Förderung rechtsstaatlicher Bestrebungen und moderner Verwaltungsstrukturen, nicht zuletzt jedoch an den Aufschwung, den das ständische Wesen zu seiner Zeit genommen hat und der zu jener in Mitteleuropa singulären Verfassung Altwürttembergs führte, die – in welchen Brechungen auch immer – als Fundament auch demokratischer Entwicklungen wirken konnte. Schließlich wird Eberhard im Bart die nach seinem Tode nicht mehr in Frage gestellte Einheit Altwürttembergs verdankt – keine kleine Sache, wenn man damit etwa die Geschicke Badens oder Hohenlohes vergleicht.«[111]

»Auf Melanchthon geht die Anekdote zurück, die Justinus Kerner in das Gedicht ›Preisend mit viel schönen Reden‹ umgeformt hat: Eberhard sei auf dem Reichstag von Worms als der reichste deutsche Fürst gepriesen worden, weil er jedem seiner Untertanen unbedenklich den Kopf in den Schoß legen könne. Das rührende Bild ist im denkmalsfreudigen 19. Jahrhundert von einem Bildhauer nachgestaltet worden; die Plastik steht heute im Stuttgarter Schloßgarten. Aber der Kern dieser Anekdote ist nicht rührselig. Sie verdeutlicht, daß es Eberhard gelungen ist, das Vertrauen der von ihm Regierten zu erwerben. Allzuvielen Politikern kann das nicht nachgesagt werden.«[112]

»Die überragende Herrscherpersönlichkeit des Grafen Eberhard im Bart, der, selbst noch ganz in mittelalterlichen Kategorien herangewachsen, die zukunftsweisenden Zeichen der Zeit in besonderer Weise verstand und verkörperte. Er gab dem geteilten Territorium die Einheit zurück, schuf mit der Universitätsgründung einen geistigen Mittelpunkt, erreichte die Erhebung Württembergs zum Herzogtum und führte das Land auf einen Höhepunkt. Sein Ansehen wuchs weit über Württemberg hinaus, und die Erinnerung an ihn, von Justinus Kerner besungen, ist über die Jahrhunderte hinweg bis heute lebendig geblieben.«[113]

»Kein Herrscher unseres Landes hat die Nachwelt so beschäftigt wie er: Herzog Ulrich (1498–1550) war der Empfänger seiner privaten Habe, Herzog Christoph machte ihn zum Mittelpunkt der Tübinger Grablege in der dortigen Stiftskirche, und das 19. Jahrhundert erhob ihn in des Wortes wahrstem Sinne zum Denkmal.«[114]

»Man hätte Eberhard den Ehrennamen ›der Gründer‹ geben können. Er hat im eigentlichen Sinne das Land Württemberg gegründet, seine Landesuniversität, den Orden der Brüder vom Gemeinsamen Leben in Württemberg, das Stift St. Peter auf dem Einsiedel, und schließlich das Herzogtum Württemberg. Er hat dieses respektable Lebenswerk nicht irgendwie zufällig sich so arrangieren lassen.«[115]

»Eberhard der Jüngere und noch Ulrich gaben allemal Anlaß zum Zwist und zum Gegensatz, Eberhard gab den Grund zur Sammlung. Er ist der erste und wichtigste in jenem Prozeß, aus dem heraus sich ein württembergisches Staatsgefühl entwickelt hat. Darin liegt seine geschichtliche Bedeutung: daß er Württemberg zu einem Staat gemacht hat; mit vielen nachweisbaren organisatorischen und gesetzgeberischen Entscheidungen, um darüber keine Mißverständnisse aufkommen zu lassen. Neben Eberhard dem Scholar und ›Gelehrten‹ steht der hart ringende Landesherr, der Württemberg einen Platz im südwestdeutschen territorialpolitischen Kräftespiel und im Reich verschafft, und daheim im Finanzwesen, im Heerwesen, in der Kirchenpolitik, in der Gerichtshoheit und in der Wirtschaftsförderung mit teilweise großartigen Reformen aufwartet.«[116]

Anmerkungen

1 Stälin 3, 549: »Der Kurfürst Ludwig der Bärtige von der Pfalz († 1436) (Anm. Eberhards Großvater) hatte sich seit dem Ritterschlage über dem Grabe des Erlösers zu Jerusalem den Bart wachsen lassen; und bei Graf Eberhard war es wohl derselbe Fall«; Ernst Eberhard (Anm. 8) 237: »er hatte sich wohl nach einer Krankheit einen Bart stehen lassen«.

2 Grabmal Tübingen (Anm. 38); Suntheim 597; Hübner 201.

3 Grabmal Einsiedel (Anm. 29).

4 Suntheim 594.

5 Küng 93.

6 Lohmeier 53; Imhof 57.

7 In den Urkunden zur Unterscheidung Eberhards von seinem Vetter und Nachfolger Eberhard II. d. J. † 1504.

8 1457–1459 unter Vormundschaft, s. Stälin 3, 505f. 1459 Volljährigkeit mit 14 Jahren, s. Stälin 3, 549; vgl. Anm. 43. Am 21. Juli 1495 Erhebung zum Herzog durch Kaiser Maximililan I. auf dem Reichstag zu Worms, s. Stälin 3, 638–643. A 602 U 364: Herzogsbrief und Berichte »Wie das Land Wirtemberg zu ain fürstenthumb ist erhöht worden.« Zu Eberhard im Bart und seiner Regierungszeit: Naucler 2, 301r–302r u. 383v; Küng 93–98; Philipp Melanchthon, Oratio de illustri principe Eberado (gehalten 1552 in Wittenberg), Nürnberg 1777, auch in Corpus Reformatorum 11, ed. Carl Gottlieb Bretschneider, Halle 1843, 1021–1030, Übersetzung in Haug, Schwäb. Magazin 1779, 155–173, vgl. dazu Eberhard Nestle Beil. Staatsanzeiger 1910, 96; Martin Crusius, Oratio de... Eberhardo Barbato, primo Wirtembergensi Duce, Tübingen 1593; Georg Gadner, Historia Eberhardts, genandt im Barth, Ersten Hertzogen zu Württemberg Cod. hist. 2° 16, 3r–15r; Oswald Gabelkover Cod. hist. 2° 588, 279r–699v; Jakob Frischlin Cod. hist. 2° 332, 1–19; Dappische Handschrift Cod. hist. 2° 698, 21–63; Johannes Harpprecht, Oratio de vita et obitu... Eberhardi, Tübingen 1619; Wilhelm Christian Faber, Eberhardus redivivus, Tübingen 1619; Pregitzer Cod. hist. 2°

53, 1, 1–70; Steinhofer 3, 627–651; Sattler Gf 2–4 u. Hz 1, 1–4; Gottfried Daniel Hoffmann, Ehren-Gedächtnis Eberhards des Stifters der hohen Schule Tübingen, Tübingen 1777; Spittler 53ff; Johann Friedrich Rößlin, Leben des ersten und merkwürdigen Herzogs von Wirtemberg, Eberhard im Bart, Tübingen 1793; Eberhard Friedrich Hübner, Herzog Eberhards Wiedergedächtnisfeier, Stuttgart 1795; Karl Friedrich Le Bret, Über den ersten Herzog von Württemberg in: Schwäb. Taschenbuch 1820, 159–210; Friedrich Gutscher, Eberhard der Erste, Herzog von Würtemberg, Stuttgart 1822, ders. auch in: Sophronizon 1828 1, 62–78 u. 3, 87–95; Johann Christian Pfister, Eberhard im Bart, erster Herzog zu Wirtemberg, Tübingen 1822; Pahl 2, 52–132; Zimmermann 1, 612–683; Pfaff Wirtemberg 2, 163–341; Barth 85–100; Christian Gottlob Barth, Eberhard im Bart in: Piper, Ev. Jahrbuch 1853; Stälin 3, 499–648; P. Stälin ADB 5, 557–559; Gustav Bossert, Eberhard im Bart, Stuttgart 1884 (= Württ. Neujahrsblätter 1, 1884); P. Stälin 633–711; Schneider 79–95; Fritz Ernst, Eberhard im Bart, Stuttgart 1933; Wilhelm Hoffmann u. a., Graf Eberhard im Bart im geistigen Leben seiner Zeit, Stuttgart 1938; Grube Landtag 19–57; Eberhard Gönner NDB 4, 234–235; Decker-Hauff Stuttgart 288–299; Volker Himmelein, Eberhard der mit dem Barte, Bilder und Stationen aus seinem Leben, Tübingen 1977; Decker-Hauff Tübingen 1–32; Michael Bayer, Die Darstellung des ersten Herzogs von Württemberg, Eberhard im Bart, in den Chroniken von Wolleber, Gadner und Fessler, Zulassungsarbeit Tübingen 1979; Dieter Stievermann, Herzog Eberhard im Bart (1459–1496) in Festschrift Württemberg 82–109; Felix Berner, Wirtembergs geliebter Herr, Eberhard im Bart, Graf und Herzog von Wirtemberg. 1445–1496. in: Berner 84–88; Katalog Württemberg im Spätmittelalter, Stuttgart 1985; Volker Himmelein, Graf Eberhard V. von Württemberg in: Die Geschichte Baden-Württembergs. Hg. v. Reiner Rinker u. Wilfried Setzler, Stuttgart 1986, 88–101; Borst Herren 21–40.

9 Grabmal, Epitaph und Glasfenster im Chor der Tübinger Stiftskirche, vgl. Gadner Cod. hist. 2° 16, 6r (Anm. 72); P. Stälin 683f; Decker-Hauff Tübingen 1 u. 11 (Anm. 16).

10 Melanchthon Oratio (Anm. 8) 1777, 14: »Saepe inculcans iunioribus hanc ipsam sententiam: Initium sapientiae timor Domini«; Löbe 258.

11 Dielitz 411; zu dieser wohl schon unter Eberhard gebräuchlichen Devise Fischer Wörterbuch 1, 145f: »Der Wahlspruch ›hie gut Württemberg allweg‹ wird gewöhnlich (so noch Schneider Württ. Gesch. 129) auf die Zeit der Verbannung Hz Ulrichs 1519–1534 zurückgeführt und ist in der That 1522 (Sattler Hz 2, 100) zuerst bestimmt nachgewiesen. Er kann aber doch älter sein, wenn Crusius' Erzählung (Fürst. 6, 446) echt und nicht erst später gemodelt ist, nach welcher ein (württ.) Tuttlinger, als 1465 ein (fürstenb.) Geisinger beim Tanzen fiel, ausrief: ›Hie Württemberg alle Tag, do Fyrstenberg im Dreck lag‹.« Maria Zelzer, Weg und Schicksal der Stuttgarter Juden, Stuttgart 1965, 237: »Die schwäbischen Häftlinge verbindet die gemeinsame Heimat. Wir betonen unsre Herkunft aus Württemberg und reden kräftig schwäbisch, wenn wir einander begegnen. Ein Stuttgarter Rechtsanwalt, Erich Dessauer, der in der Gaskammer von Auschwitz endete, grüßt sogar einmal ›Hie gut Württemberg allewege!‹« Borst 7: »Im KZ Theresienstadt, dort, wo die Feueröfen standen, haben sich Stuttgarter Juden 1944 mit ›Hie gut Württemberg allweg‹ begrüßt. Heimat-Trotz vor den Schlünden der SS-Hölle, Tränen müßte es einem in die Augen treiben.«

12 JI 48a, 80r: Friedrich Rüttel Ahnentafel zu 8 Ahnen; Pregitzer III, 9 Tabula progonologica zu 64 Ahnen; Müller 98:

»Stammbaum Eberhards im Bart«; Heraldische Ahnentafeln angefertigt für Eberhard im Bart in G 1–8 Bü 14 und A 266 P1 u. P2; vgl. Katalog Württemberg 9f. Zu Eberhards Ahnentafel auch Crusius Oratio (Anm. 8) 4f; Decker-Hauff Tübingen 8: »Lehrreich ist ein Blick auf die Ahnentafel, die er sichtlich stolz in den Palmensaal des Uracher Schlosses malen ließ, als er seine Braut Barbara von Mantua heimführen wollte: da standen unter 16 Ahnen elf ›welsche‹: Visconti, della Scala, Montbéliard, Châlons-Salins, Châtillon, Coucy, Sizilien, Piemont-Achaja, Baux-Orange, Genève und Auvergne. Die fünf ›deutschen‹ sind daneben: Wirtemberg, Bayern, Pfalz, Nürnberg und Meißen – aber in jedem dieser Quartiere treten in höheren Generationen wiederum mediterrane und französische, später auch slavische und englische Vorfahren auf (u. a. Ferette, Valois, Anjou, Hauteville). Von Vater- und von Mutterseite war Eberhard im Bart ganz überwiegend Romane; will man's genau nach Quartieren auszählen, wie es die Barockzeit liebte, dann ist er zu drei Vierteln diesem Sprach- und Kulturkreis zuzurechnen.«

13 Den 11. Dezember 1445 als Geburtstag nennen: Spänlin Bericht (Anm. 16) 435; Eber 488; Friedrich Rüttel Horoskop G 400 Bü 14; Crusius 2, 56 u. Oratio (Anm. 8) 6; Gabelkover Cod. hist. 2° 588, 159; LP Hz Johann Friedrich Bd XVII, 72; Geburtregister 1; Heimführung 23; Imhof 57; Wolffgang 4; Pregitzer Eph. 1; Pregitzer 1, 14; Hübner 201; Steinhofer 1, 153 u. 2, 878; Sattler Gf 2, 147; Moll 321; Stälin 3, 449 u. 3, 713; Behr 170; Voigtel-Cohn 92; P. Stälin 633 u. 717 u. ADB 5, 557; Maisch Stammtafel; Giefel Nr 47; Schneider Stammbaum; Kübler Gal. 36; Schön Nr 39; Isenburg 1, 75; NDB 4, 234; Freytag 1, 75; Schwennicke 1, 122; Festschrift Württemberg 82; Katalog Württemberg 11; Borst Herren 21 u. 25. Den 2. oder 11. Dezember 1445 nennt: Lairitz 472. Den 1. Dezember 1445 nennt: Pregitzer Cod. hist. 2° 53, I, 1. Das Geburtsjahr 1442 oder 1443 nennt: Tubingius 270: »M.CCCC.L. pater Eberhardi comitis de Wirtemberg obiit, dum filius vix 7 vel 8 annorum fuit«; dagegen hat Küng 95 richtig: »hatt seinen vatter im fünfften jar seines alters verloren«.

14 Vermutlich willkürliche Angabe der Hofastrologen des späten 16. Jahrhunderts. 12h 41min: Eber 488. 12h 40min 56sec: Friedrich Rüttel Horoskop G 400 Bü 14.

15 Spänlin Bericht (Anm. 16) 434; Crusius Oratio (Anm. 8) 6: »in ipso Vracensi oppido primam lucem vidit«; Stälin 3, 499.

16 Johannes Spänlin, Bericht über »Geburt und Taufe des Grafen Eberhard im Bart« in: WJbb 1828, II, 434–437; Crusius 2, 56; Gabelkover Cod. hist. 2° 588, 159ff; Steinhofer 2, 878–881; Stälin 3, 499. Reutlinger Geschichtsblätter 14, 1903, 58f; Borst Herren 25f. Zur Erziehung Eberhards nach dem frühen Tod des Vaters s. Stälin 3, 549f mit Belegen für das auf dem Sterbebett ausgesprochene Verbot des Vaters, den Jungen Latein zu lehren: Johann Geiler von Kaysersberg: »Simile de patre Eberhardi comitis postea primi ducis wirtembergensis certo et vere dicebatur: qui moriens iureiurando consules suos aulicos constrinxit: ne eundem filium suum Eberhardum literas latinas discere permitterent. Et ita factum est: qui mihi ipsi cum latine sibi loquerer, respondit, se non intellegere, sed de se hoc plurimum dolere asseruit«; Naucler 2, 301v: »Ego primas literas tradens prohibitus sum ne eum latinem facerem.« Decker-Hauff Tübingen 8: »Eberhard hat später bedauert, daß der Vater auf dem Totenbett verbot, den Jungen Latein lernen zu lassen. Aber Graf Ludwig hatte es wohl anders gemeint: ›ne latinus fieret‹ bedeutete eher, daß er verhindern wollte, daß der jüngere Sohn eine gelehrte, auf die Laufbahn des hohen Geistlichen hinführende Bildung erhalte.« Decker-Hauff vermutet, daß diese Anordnung im Hinblick auf die beim Tode des Vaters bereits voraussehbare Unfähigkeit des älteren Sohnes, Ludwigs II. † 1457, zum Regiment und die schon damals erkennbaren außergewöhnlichen Qualitäten Eberhards im Bart und dessen Pflicht zur Nachfolge erging. Zu Eberhards wilder Jugend (»Des Jünglings Verirrungen«, Pfister Eberhard 26): Tubingius 270: »post mortem patris libertate potitus mox effrenis efficitur et die nocteque venationibus et aucupiis insistebat. Postea pubertatis annis potitus luxuriae operam dabat gulae et illecebris deserviebat virgines et vestales constubrabat: Quid plura tot et tanta perpetrabat in iuventute mala que vel qualia postea de nullo homine potuit audire senex«; Küng 95; Pfister Eberhard 27: »Daß er dem Volltrinken ergeben gewesen, welches damals an den Höfen, wie unter dem gemeinen Mann herrschend war, wird nicht gemeldet, aber desto stärkere Klagen finden sich über ausgelassenen Umgang mit dem andern Geschlecht«; Stälin 3, 549; Decker-Hauff Tübingen 11: »Eberhards Jugend war ›wild‹, so jedenfalls sagten schon seine ersten Biographen. Der Hochbegabte und Feinempfindende war kein Mensch, dem Jagd und Umtrunk allein genügten; die Musik hatte es ihm angetan und er fand sie am besten gepflegt in den kleinen Frauenklöstern seines Landes. Wenn er später die Notwendigkeit betonte, die Zucht der Klöster wieder herzustellen, wußte er durchaus, wovon er sprach.«

Eine Pilgerreise zum heiligen Grab in Jerusalem vom 10. Mai bis zum 2. November 1468 brachte die Wende in seiner Lebensführung; dazu Küng 95: »Als er aber die kindtsschuch ein wenig zertretten und zu manbarn jaren komen, hatt er sich gantz und gar umgewendt und gar ein ander wesen angenumen, daruff mitt einem eerlichen zuig zu dem Hailgen Landt gezogen und ritter worden«; Stälin 3, 552–555; Decker-Hauff Tübingen 11: »Die Wallfahrt nach Jerusalem (1468), Bildungsreise und Bußübung zugleich, brachte die große ›Kehr‹ in seinem Leben. Der Dreiundzwanzigjährige kommt als ein anderer zurück: entschieden, geläutert, klargeworden, fest. Nun ist der Palmbaum sein persönliches Zeichen. ›Attempto/ Ich wags‹ sein Wahlspruch.«

17 Auch die Ehe mit Barbara Gonzaga wirkte sich vorteilhaft auf Eberhards Charakter aus; Naucler 2, 301r: »paulo post uxorem duxit Mantuani principis filiam virginem illustrissimam adeoque in alterum mutatus virum«; Küng 95: »Als er ... des fürsten von Mantua thochter zu gemachel genumen und also gar ain ander man worden, Dann wie zuvor niemandt frecher und mutwilliger, also ward ietzundt nitt bald ein eingezogenerer und ernsthafftiger herr funden, allen sachen mitt allem ernst und sonderm fleiß nachgetracht, darum er die gelerten leit in hochem, theirem werd gehalten«; Stälin 3, 587 spricht von einem »ihn sittlich sehr hebenden Ehebund«. Andere Heiratsprojekte: Bayern-Landshut: Ernst Eberhard 8 schließt aus Briefen Ulrichs des Vielgeliebten vom 20. und 28. November 1459 und bayrischen Quellen auf einen Heiratsplan mit der Tochter Herzog Ludwigs IX. des Reichen von Bayern-Landshut (nach Häutle Wittelsbach 115: Margarethe 1456–1501, seit 1474 mit dem nachmaligen Kurfürsten Philipp von der Pfalz vermählt). »Der Plan zerschlug sich an der weiteren Entwicklung, die Ludwig und Eberhard zu Gegnern machte«; zu diesem Heiratsplan: Maximilian Buchner, Zur Biographie des ersten Herzogs von Württemberg Eberhard im Bart † 1496 in: WVJH NF 18, 1909, 173–179, nach dem zwischen 1459 und 1462 entstandenen Konzept der Eheabrede sollte das Beilager am 26. Januar 1472 stattfinden; Himmelein Eberhard 25ff. Baden: A 602 U 283: Tübingen 25. März 1460 »Herzog Eberhard der Elter Graff zu Wirtemberg, bittet seinen vettern Graff Vlrichen vmb raht, betreffend die Heüraht mitt Marggraff Carlins Tochter, so ihm angetragen worden«.

Es ist dies wohl Markgraf Karls I. von Baden älteste Tochter Katharina 1449–1484, seit 1464 Gräfin von Werdenberg-Sargans, dessen zweite Tochter Zimbarka 1450–1501 wird 1469 Gräfin von Nassau, Schwennicke 1, 130. Auch dieser Plan wurde durch die kriegerischen Auseinandersetzungen von 1462 hinfällig, vgl. Ernst Eberhard 8; Himmelein Eberhard 27. Oesterreich: A 602 U 284: Cadolzburg 21. September 1465 u. Neuenhof 25. September 1265: Zwei Schreiben des nachmaligen Kurfürsten Albrecht Achilles von Brandenburg über den Plan einer Heirat mit der Tochter des Kaisers: »Wir lassen euch in geheym wissen, das an vnns bracht ist wie der hochgeborn vnnser lieber oheim Graf Eberhart zu Wirtemberg vnd Mumppelgart sich gern mit vnnsers allergnedigsten Herrn des Romischen Kaysers tochter verheyraten wolt«. Kaiser Friedrichs III. einzige damals noch lebende Tochter Kunigunde, nachmalige Herzogin von Bayern und Mutter der Herzogin Sabina von Württemberg, war am 16. März 1465 zur Welt gekommen. Eine Heirat des 20 Jahre alten Grafen mit der zu diesem Zeitpunkt ein halbes Jahr alten Kaisertochter ist, nicht zuletzt im Hinblick auf die damalige Lebenserwartung, undenkbar. Himmelein 27 nennt als Urheber dieses Heiratsplanes Albrecht Achilles, der von diesem Projekt, das deutlich den Rang Eberhards und Württembergs im Gefüge des Reiches zeigt, selbst nicht allzusehr überzeugt gewesen zu sein scheint. Der Brandenburger, seit 1467 Schwiegervater von Gf/Hz Eberhard VI./II. † 1504, hatte bereits die Ehe von Eberhard im Barts Mutter Mechthild mit Erzherzog Albrecht II. von Oesterreich vermittelt und ist auch als Stifter der Ehe Eberhards mit Barbara Gonzaga anzusehen; Sattler Gf 3, 95; Himmelein Eberhard 16ff. Peter Amelung in Katolog Württemberg 16f sieht das Haus Wittelsbach als möglichen Stifter der Ehe Eberhards. Zum politischen und kulturellen Hintergrund dieser Heirat Peter Haußmann, Die Politik der Grafen von Württemberg im Konstanzer Schisma der Jahre 1474–1480 in: Engel 327f: »Sie ist mehr als die Liebesheirat eines idealen württembergischen Herrschers, wie es in der Historiographie oft dargestellt wird; diese Heirat hat ein über das Dynastische hinausgehendes politisches Motiv. Ihr kam von Anfang an eine bestimmte Funktion in der Kirchenpolitik des württembergischen Grafen zu. Diese Heirat stellt den Versuch dar, unter Ausnützung der Verhältnisse an der Kurie und in Italien für die eigene Politik Kapital zu schlagen. Hier zeigt sich deutlich die wachsende Selbständigkeit und das diplomatische Geschick des Grafen. Durch die Verbindung mit einem der bedeutendsten Fürstenhäuser in Italien sollte auf Aktionen und Entscheidungen der Kurie Einfluß genommen werden, die württembergische Interessen, speziell diejenigen des Uracher Teils der württembergischen Grafschaft betrafen. Die vielfältigen Beziehungen des mantuanischen Hauses zur Kurie ermöglichten es Eberhard im Bart, Einblicke in die Politik und die Pläne des Papstes zu erlangen, die in anderen Fällen nur durch immense finanzielle Leistungen zu erhalten waren.« 328: »Es ist offensichtlich, daß eine Verbindung des württembergischen Grafen mit dem Hause Gonzaga der württembergischen Kirchenpolitik nur entgegenkommen konnte. Neben diesen politischen Momenten dürften auch kulturelle Aspekte eine nicht zu unterschätzende Rolle gespielt haben, war doch Eberhard eine Herrscherpersönlichkeit, deren Liebe den Künsten und Wissenschaften gehörte. Mantua war als eines der bedeutendsten kulturellen Zentren und zugleich als ein Mittelpunkt der Renaissance Italiens weit über die Grenzen hinaus bekannt geworden. Die Verbindung mit diesem Musterbeispiel eines Renaissancehofes ist für Eberhard verlockend gewesen. Dieses Ansehen des mantuanischen Fürstenhauses, von dem sich Eberhard eine Aufwertung Württembergs im kulturellen Leben des deutschen Südwestens erhoffte, dürfte neben dem politischen Element ein weiterer Grund gewesen sein, der zu Eberhards Heiratsprojekt führte.«

18 Eberhard hatte im Gegensatz zu den Angaben in zahlreichen Genealogien nur eine einzige Tochter aus der Ehe mit Barbara Gonzaga; vgl. Gfn Barbara n. 1474 Anm. 9.

19 Sattler Gf 3 Beil. 103: Graz 16. Februar 1484: »Kayser Friderich eelicht zween unehliche Söhne Grav Eberharden des ältern«: »Wir Friderich von gotes gnaden Römischer Kayser, zu allen ziten merer des Richs zu Hungern, Dalmacien, Croacien etc. Kunig etc. Bekennen offenlich mit disem brieue und tun kunt allermenglich, nachdem unns als Römischen kayser allen unsern und des hailigen Richs undertanen und getruwen ouch denen die Jr mangel und gebrechen nit uß aigen, Sonnder fremder Schulden tragen und Jr zuflucht zu unser Kaiserlichen miltigkait haben gnad hilff und gütikait zu bewisen getzimet und Wir dann durch den Wolgebornen unnsern schwager und des richs lieben getruwen Eberharten den eltern Grauen zu Wirtemberg und zu Mumpelgart, demutiglich angeruffen und gebetten sin worden, das Wir Ludwigen und Hannsen sinen Sönen, die von Jm und zwaien ledigen frowen usserhalb der hailgen ee geborn weren, die gnad und senfftmutigkeit unnser kaiserlichen Dispensacion mitzutailen und solich makkel und vermailigung Jrer unelichen geburt von Jnen zu nemen die uffzuheben abzuthun und zu vertilgen und sie in die Wirde ere und recht des eelichen stands zu erheben und zu setzen, Sie auch aller und Jeglicher eren Wirden rechten stennden und Wesen mit ämptern und Lehen zu haben halten und zutragen, Lehengericht und recht zu besitzen, urtail zu sprechen und dartzu tüglich und schicklich zu sein in gaistlichen und Weltlichen stennden und sachen, ouch Was er den obgemelten sinen Sönen von siner varnnden hab und gut on nachtail und schaden der Grauen zu Wirtemberg siner vetter geben oder gekoufft hete oder hinfür geben oder kouffen wurde, Sie des tailhefftig, wirdig, und empfengklich zu machen gnedigclich geruchten, so haben Wir angesehen des benanten Graff Eberharts von Wirtemberg flissig bet, ouch der egerurten Ludwigs und Hannsens schicklichait, Gut tugend und sitten, damit sie vor unnser kaiserlichen Majestat berumbt sein und darumb mit wolbedachtem mut, gutem Rate aigner bewegnuß und rechter wissen ouch von sondern unnsern kaiserlichen gnaden mit den egenanten Ludwig und Hansen dispensirt und solich obgemelt mackel, vermailigung und gebrechen der unelichen geburt von Jn genomen, die gantz uffgehept, vertiligt und abgetan, sie dauon enthept, entledigt und Jn all Ere Wirde und recht des eelichen stands gesetzt« (A 602 U 314). Sattler Gf 3, 173: »Der Kayser liesse sich aber zum Mitleyden bewegen, weil dise unehliche Söhne ohne ihr Verschulden die Schande tragen mußten, welche ihre Eltern begangen hatten. Sie konnten ungeacht ihrer Gemüthsfähigkeit zu keinen geist- oder weltlichen Aemtern gelangen, keine Lehen tragen, noch bey Lehengerichten sitzen. Alle dise Mängel hebte der Kayser auf und setzte sie in den Stand, als ob sie ehlich geboren wären. Sie nennten sich Ludwig und Hannß Würtenberger und des letzteren Grabstein ist noch vor wenigen Jahren in dem Creutzgang der Hospitalkirche zu Stuttgard zu sehen gewesen. (Verwechslung mit Hans Wirtemberger, Sohn von Gf Ludwig I. † 1450) Es war darauf der quadrierte Würtenbergische Schild mit dem Würtembergischen und Mömpelgardischen Wappen, aber auch mit einem von der rechten zur linken Hand gehenden Schrägbalken als dem gemeinen Zeichen der unehlich gebornen in Stein gehauen. Ungeacht diser Kayserlichen Gnade der

Ehlichmachung mußte er also dannoch den Vorwurf seiner befleckten Empfängnuß nach seinem Tode noch ertragen.« Tubingius 24: »dux Eberhardus barbatus duos filios nothos: unum Ludovicum in comitem de Griffenstein, alterum Joannem in nobilem de Karpffen erexit«. 1. Dr. Ludwig Wirtemberger, seit 1493 mit der Herrschaft Sulz belehnt und dem Titel eines Herrn von Greiffenstein versehen, †1495 ohne Erben, beigesetzt in Güterstein. 2. Hans Wirtemberger, seit 1491 mit der Herrschaft Karpfen belehnt, die er auf seine 1663 erloschene Nachkommenschaft, die neuere Familie der Ritter von Karpfen vererbt. Zu Eberhards illegitimen Söhnen Ludwig und Hans Wirtemberger: Steinhofer 3, 506 u. 534f u. 542; Stälin 3, 549; P. Stälin 411; Alberti 1, 243 u. 389; Schön Reutlinger Geschichtsblätter 1901, 76 u. 1905, 22f; Schön Fürstlich Blut Cod. hist. 4° 488 Nr 2943, 72ff; Westermayer-Wagner-Demmler 15; Katalog Württemberg 12. Decker-Hauff Tübingen 25 mit Auszug aus der Genealogia Naucleriana des Sebastian Ebinger nennt Dr. Gregor Lamparter von Greifenstein als weiteren illegitimen Sohn Eberhards im Bart, der wie sein älterer Bruder Dr. Ludwig Wirtemberger von Greifenstein †1495 einer vorehelichen Verbindung mit Ottilie von Gosheim gen. Sternenfels entstammt. Möglicherweise handelt es sich bei der bei Eifert-Klüpfel 1, 88 genannten Franziskanernonne Katharine Württemberger, die 1495 von Eberhard im Bart von Tübingen nach Owen unter Teck verlegt wird, ebenfalls um eine illegitime Tochter Eberhards.

Becksmann Glasmalereien 1986, 268 deutet die Personen auf zwei Tübinger Chorfenstern als illegitime Kinder Eberhards im Bart: »Als erster vermutete Hans Wentzel auf Grund von Hinweisen von Hansmartin Decker-Hauff in den Dargestellten vor der Ehe mit Barbara Gonzaga geborene Kinder Eberhards und verband diese mit dem Sündenfall und dem Jüngsten Gericht, was ihm ›theologisch wie soziologisch‹ besonders sinnvoll erschien.« Chorfenster nord II: Ludwig, Sohn Eberhards im Bart, als Stifter, Straßburg um 1477. Beschreibung bei Becksmann 289f mit Abb.Tf 121 Nr 379. (Ludwig von Greifenstein, geboren vermutlich um 1465, gestorben 1495). Chorfenster nord II: Mechthild von der Pfalz mit Margarete, Tochter Eberhards im Bart, als Stifter, Straßburg um 1477. Beschreibung bei Becksmann 290f mit Abb.Tf 121 Nr 380. 290: »Die Lebensumstände der offensichtlich unter ihrer (Mechthilds) Obhut aufgewachsenen Tochter Eberhards liegen im Dunkel. Margarete Württemberger dürfte jedoch eine Schwester des (oben) dargestellten Ludwig (von Greifenstein) gewesen sein, die zu einem unbekannten Zeitpunkt ein Mitglied der Familie Schultheiß in Weil im Dorf geheiratet hat und 1493 in der Amanduskirche zu Urach beigesetzt worden ist.« – »Die Historiographen schweigen sich über diese Tochter Eberhards aus. Die einzigen Angaben über sie finden sich bei Alberti II,1073.« Dort: Margaret Wirtemberger, Schultheißin von Weil dem Dorf, gestorben 1493, beigesetzt in St. Amandus in Urach.

20 A 602 U 363: Testament vom 26. Dezember 1492 Urach. Mit Protokoll über die Eröffnung am 22. März 1496; 2 Abschriften in G 27 Bü 22; abgedruckt bei Reyscher 2, 7–14; vgl. Pfaff Gedenkbuch 534f; Katalog Württemberg 26f. Pfister Eberhard 325 nennt noch zwei weitere, verschollene Testamente, von denen das erste vor der Abreise ins Heilige Land 1468, das zweite auf dem Höhepunkt der Auseinandersetzung mit Eberhard d. J. verfaßt wurde.

21 Zu Eberhards Todestag: Peter Amelung, Wann starb Herzog Eberhard im Bart von Württemberg? in: ZWLG 45, 1986, 319–326. Amelung widerlegt den in der gesamten neueren Literatur genannten 24. Februar 1496 als Sterbetag. 321: »Die Unstimmigkeiten bei der Ermittlung von Eberhards Todesjahr rühren daher, daß

Eberhard im Bart in einem Schaltjahr ausgerechnet in der letzten Februarwoche unmittelbar nach dem Schalttag gestorben ist und sein Todestag in den zeitgenössischen Quellen nicht in moderner Datierung, sondern entweder nach dem römischen Kalender oder nach dem Heiligenkalender angegeben wird und man nie ganz sicher ist, ob das Schaltjahr dabei berücksichtigt wurde oder nicht.« Den 25. Februar 1496 als Todestag nennen: Brief von Eberhards Witwe Barbara an Francesco Gonzaga in Mantua vom 3. März 1496 (Amelung 321): »VI kalendas marcij vitam cum morte commutavit«; Brief von Eberhards Landhofmeister Hugo von Werdenberg an Francesco Gonzaga in Mantua vom 3. März 1496 (wie oben); Grabmal Einsiedel (Anm. 29): »VI kalendas martii«; Epitaph Einsiedel (Anm. 31) nach Abschrift Pregitzer Cod. hist. 2° 53, 62: »VI. Kl. MARCY« (mit Todesjahr MCCCXXXXVI !); Epitaph Stuttgart (Anm. 33): »VI Kal. Marcias«; Epitaph Tübingen (Anm. 40): »die S. Mathie apli.«; Gütersteiner Nekrolog Cod. hist. 2° 421: »VI Kal. Marci Matthie apli.«; Naucler 302r: »1496 in die S. Matthiae apostoli VI Kal. Martii hora post meridiem circiter quinta«; LP Summenhart (Anm. 27): »in festo beati Mathie apostoli«; Trithemius 2, 560 offenbar in Kenntnis des römischen Kalenders im Schaltjahr 1496: 25. Februar; Küng 97: »den 25. februarii«; Wolleber Cod. hist. 2° 934, 165r; Crusius 2, 392; LP Hz Johann Friedrich Bd XVII, 72; Geburtregister 2; Heimführung 25; St. Allais 4, 519; Tuefferd Montbéliard 282; Katalog Württemberg 11 u. 23 u. 169. Himmelein 1986, 101 (Anm. 8). Nach Hermann Grotefend, Zeitrechnung des deutschen Mittelalters und der Neuzeit, Hannover 1891, 1, 120 u. 167 bezeichnet VI kalendas Martii und dies S. Matthiae in einem Schaltjahr den 25. Februar. Den 26. Februar 1496 als Todestag nennen: Brief von Eberhards Schwager Gianfrancesco Gonzaga an Isabella d'Este in Mantua vom 18. März 1486 (Amelung 25f); Naucler 2, 301r: »V Kal. Martii«; Epitaph Einsiedel (Anm. 31) nach Zeichnung Rüttel Cod. hist. 4° 58, 11: »V KL MARTII«. Den 24. oder 25. Februar 1496 nennt: Lairitz 473. Den 24. Februar 1496 als Todestag nennen in Unkenntnis des römischen Kalenders im Schaltjahr: Eber 74; Crusius 2, 145; O. Gabelkover Cod. hist. 2° 588, 699v; Lohmeier 53; Imhof 57; Wolffgang 6; Hübner 201; Pregitzer 1, 14 u. Cod. hist. 2° 53, 61; Steinhofer 1, 230 u. 3, 629; Sattler Gf 4, 34 u. 39 u. Hz 1, 4; Pfister (Anm. 8) 332; Zimmermann 1, 682; Moll 321; Stälin 3, 645 u. 713; Behr 170; Voigtel-Cohn 92; ADB 5, 557; P. Stälin 707 u. 717; Maisch Stammtafel; Giefel Nr 43; Schneider Stammbaum; Kübler Gal. 36; Schön Nr 39; Ernst (Anm. 8) 235; Isenburg 1,75; NDB 4, 235; Freytag 1, 75; Weller Württemberg 96; Himmelein Eberhard 140; Schwennicke 1, 122; Festschrift Württemberg 105; Borst Herren 21 u. 339. Den 21. Februar 1496 nennt: Wentzel (Anm. 41) 31. Den 28. Februar 1496 nennt: Hortleder bei Steinhofer 3, 641. Den 1. März 1496 nennt: Grabmal Tübingen (Anm. 38) »KLN. MAR.«; Bunz Tübingen 88 (der in Unkenntnis der Kalenderreform dieses Datum mit dem »alten, Julian'schen Kalender« erklärt). Das Todesjahr 1495 nennt: Löbe 258.

Tod und letzte Worte Eberhards bei: Naucler 2, 302r: »Creator coeli terraeque deus, te quaeso fac agnoscam, si quisquam est cui praeter aequitatem graue nimis fuit imperium meum fuit restituetur is rebus meis impensis omnibus«; Küng 97f: »O Gott, ain schepfer himels und der erden, ich bitte dich, daß ich erkenne, ist jemand, dem mein regiment zu schwer ist gewesen, dem soll es mit meinen güttern widerlegt werden; raicht aber mein gutt nitt so weit, daß ich damitt bezale und gnug thun kan, sihe, so ist hie, daß ich dier opffere und übergib mein leib, verschon des nitt, das sei mein bezalung und genugthon«; Melanchthon Oratio (Anm. 8) 1777, 15; Crusius Oratio (Anm. 8) 25; Steinhofer 3, 629–632 u.

641–644; Pfister 331; Moll 322f; Stälin 3, 645. Elisabeth Nau, Neues von Eberhard im Bart in: Jahrbuch der Staatl. Kunstsammlungen in Baden-Württemberg 20, 1983, 7–18: Beschreibung einer neu entdeckten Sterbemedaille Eberhards von 1496; Katalog Württemberg 29.

22 17 h: Naucler 2, 302r: »hora post meridiem circiter quinta«; O. Gabelkover Cod. hist. 2° 588, 699v; Steinhofer 3, 632; Sattler Gf 4, 39; Pfister (Anm. 8) 332; Zimmermann 1, 682; Stälin 3, 645. Zwischen 17 u. 18h: Eber 74. 16h 30min: Steinhofer 1, 230. 15h 30min: Crusius 2, 145 u. Oratio (Anm. 8) 25; Cod. hist. 2° 698, 48.

23 Naucler 302r: »in arce sua opidi Tubingen«; Pregitzer 1, 14: »Starb auf dem Schloß zu Tübingen recht Christ-Fürstlich«; Stälin 3, 645: »zu Tübingen, dem Lieblingsaufenthalt seiner späten Tage, wo er mit Gelehrten traulichen Umgangs pflog«. Eber 74 nennt als Sterbeort Urach.

24 Küng 97 (rottrur = Rote Ruhr, stain = Gallen- oder Blasenstein, gries = Harngries, Harnsand); Naucler 2, 302r: »corpus illi exiguum natura dedit sed neruosum, quod tamen crebri labores attriuerant; accedebant morbi frequentes febris, dysenteria, calculus, et super omnia vesicae excoriatio«; Schannat Chronik 36: »excoriatione vesicae aliisque corporibus doloribus cruciatus diem clausit extremum«; Crusius 2, 145 u. Oratio (Anm. 8) 25; Gadner Cod. hist. 2° 16, 13v–14r; Cod. hist. 2° 698, 62v; Steinhofer 1, 230; Sattler Gf 4, 22 u. 39; Moll 322; Pfister (Anm. 8) 324f; P. Stälin 707; Ernst Eberhard 226; Katalog Württemberg 12: »Häufiges Fieber, Durchfall, Zahnschmerzen und Blasengeschwüre sind als Ursachen für den Tod Eberhards im Bart genannt worden.« Ursache für Eberhards Alterskrankheiten waren nach Küng 95: »Da war nicht dann ringen, springen, fechten, rennen, stechen, jagen und dergleichen übungen für und für one underlaß, in welchen sachen, als er für ander der best sein wollt, hatt er die krefft seines leibs, die von inen selbs schwach wären, dermaßen abgemerglet, daß er im alter vil und mancherlai kranckhaiten überkomen hatt«; Gadner Cod. hist. 2° 16, 13v: »das Fieber, die Ruor, der Stein, das grieß vnd das Blasenweh war sein schier tägliche kranckheit, die ihn in seinem Alter hefftig zusetzt, darauß haben seine Medici vnd leibärzt geschloßen, das Jhm diselben seine in der Jugendt vnmäßige Übungen, darvon oben angezeigt, verursacht haben«.

25 Die Beisetzung erfolgte vor dem 9. März 1496; an diesem Tage gedachte die Universität Tübingen in einer Feierstunde mit einer Leichenrede von Professor Konrad Summenhart des Todes ihres Gründers (Anm. 27). Pregitzer Cod. hist. 2° 53, I, 62 nennt als Tag der Beisetzung den 25. Februar 1496.

26 Eberhard hatte seine Beisetzung in dem am 2. Juni 1492 von ihm gegründeten Stift St. Peter im Einsiedel in seinem Testament vom 26. Dezember 1492 (Anm. 20) verfügt: »Jtem Wir erwällent vnnser begräbte Jn der Kirchen Sant Peters von vns gestifft Jn dem Schainbuch in mit der Edeln Layen prüder Chor Aldahin man über vnns ain glaten grabstain wie die zu Stutgarten Jn dem Chor ligent mit vnnserm wappen vnnd libery legen soll, vnnd wir ordnen vnnd begeren vnnseren lybe zu der erden zimlich vnnd ordenlich bestattet vnnd begraben zu werden besonnder nach gewonhait solches Huses mit singen lesen vnnd allen gebetten wie die selben ainen Jrer mitbrüder pflegenn zu begraben... Jtem wir bitten vnnd begerent, das vff den tag vnnser ersten Begengnus allen prelaten vnnd gemainer priesterschafft der Herschafft Wirtemberg geschreiben vnnd sy gebetten werdent vnnseren tode zu began Als hernach steet Nemlich yeglicher prelat Jn sinem Closter yeglicher probst Jn sinem Stifft vnnd die techant pfarrer vnnd Cappläne Jn den Kirchen darhin sie bepfründet sind, Vnnd die Dreyssig tag vß Jn allen Jren messen vnnser zu gedencken vnnd den almachtigen got für vnnser seele zu biten. Jtem, Wir wöllend och das vff vnnser begräpnüs kainerlay fürgenomen noch gebrucht werde das zu hoffart diene Sonnder allain Was zu dem lobe gottes vnns vnnser Seele säligkeit dienet, vnnd nieman dartzu beschreiben werde dann die man von Not haben muß.« Naucler 2, 302r: »Sepultus est enim in ecclesia S. Petri apostoli quam ipse fundauerat in habitu fratrum domus ipsius«; Schannat Chronik 36 u. Trithemius 2, 560: »cujus corporis ut petierat, habitu Fratrum ordinis S. Petri, quem ipse, ut supra diximus, instituerat, in volutum et ad novum Monasterium ab eo constructum in nemore Schönbach evectum solemni funere sepelitur«. Johann Thetinger, Wirtembergiae libri duo..., Freiburg im Brsg. 1545, nachgedruckt bei Schardius Redivivus 2, 31–80, Giessen 1673, 69: »Princeps Ebrardus in eodem coenobio uita functus uoluit sepeliri. Qui non ita diu postquam creatus in ducem fuerat, morbo Tubingae correptus obijt diem suum, tralatus illuc, magna Canonicorum, monachorumque ueneratione sequentibus Tubingensis Academiae (cuius author erat) proceribus atque adeo studiosis omnibus, una cum nobilibus aulicis, atque cum senatu populoque Tubingensi, deducitur extra portam Lustuoiam, postea quadrigis impositum examine adhibitis sacrificiorum quibisdum, ducitur ad eum, quem destinauerat ipsius in uiuis adhuc existens locum, de sepulchro magnificentius extruendo laborare uetabat, maluit enim sancte magis quam sumptuose terris mandari, sepulchrum (uulgatioribus haud impar) extabat a terra cubito non altius uno, incisa ducis armati statua, cum gentilitijs insignibus, aerea quod opinor arca tenebatur humi corpus, eodem quo caputiati habitu uestitum, tum quo seruaretur a putredine uarijs illitum ferebatur unguentis«. Dies ist der früheste Nachweis einer Einbalsamierung im Hause Württemberg (Übersetzung: Der Leichnam lag in einem, wie ich glaube, ehernen Sarg und war mit der Kutte eines Kappenbruders bekleidet, und um ihn vor der Verfäulnis zu bewahren, soll er mit verschiedenen Salben eingerieben worden sein). Noch Eberhards Mutter Mechthild †1482 war in nichtbalsamiertem Zustand in Güterstein beigesetzt worden; vgl. Gfn Mechthild †1482 Anm. 15. Küng 97: »gestorben zu Tubingen und von dannen zu S. Peter in den Schonbach gefiert; da haben im die minch ain blauwe kuth angethon und in damitt under ain stain mitt nachgesetzter überschrifft begraben«. Wolleber Cod. hist. 2° 934, 165: »Die Blawen Münch zum Einsiedel im Schonbuch, seiner newen stifftung, haben seinen Toten Leichnam, vielleicht seiner Verordnung nach, mit Einer Blawen kutten Jenes Ordens Beklaidet, Vnd darein, alls den hochgeehrten fundatoren, mit gepürlichen vnd gebräuchlichen Ceremonien zu der Erden bestettiget.« Crusius 2, 146: »protestirte auf seinem Todbett wider eine pompeuse und prächtige Leich-Begängniß«; vgl. auch O. Gabelkover Cod. hist. 2° 588, 699v; Pfister Eberhard 332; Stälin 3, 646; P. Stälin 707; Himmelein Eberhard 132.

Zum Stift St. Peter im Einsiedel: Gabriel Biel, Ain buchlin inhaltend die Stifftung des Stiffts Sannt Peters zum Ainsidel im Schainbuch für priester Edeln vnd Burger des landes zu Wirttemberg vnnd Swaben, geschehen von dem Hochgebornen herren herrn Eberharten Grauen zu wirttemberg vnd zu Mümppelgart etc. dem Eltern. Jn dem Jar nach der geburt Cristi vnsers herren Tausent vierhundert vnd im zway vnd Neüntzigisten, Ulm 1493, Abschrift in: Cod. hist. 4° 113, II, 168–238; Nikolaus Ochsenbach HB XV 5, 39v: Ansicht Kloster Einsiedel, 40r: Jagdschloß Einsiedel (»mitt dem Grossen Hagendorn« = Graf Eberhards Weißdorn), Abb. der beiden Ansichten bei Himmelein Eberhard 101 u. 78; Steinhofer 1, 303 u. 387f u. 3, 524–529; Sattler Gf 4, 19–21; Pfaff Gedenkbuch 230–232; Stälin 3, 740f; Otto Meyer, Die

Brüder des gemeinsamen Lebens in Württemberg 1477–1517 in: BWKG NF 17, 1913, 97–138 u. 18, 1914, 142–160, bes. 146f; Siegwalt Schiek, Der Einsiedel bei Tübingen, Sigmaringen 1982, dort 36f weitere Literatur.

27 »Oratio funebris et luctuosa: per magistrum Conradum Summenhart de Calw sacre theologie professorem habita ad uniuersitatem Tuwingensem in officio exequarium: quod eadem uniuersitas pro illustri principe domino Eberhardo primo duce in Wirtemberg et Deck: tanquam pro suo patrono et fundatore: VII. ydus Martij. Anno. M.CCCC.XCVI: pie peregit« (UB Tübingen) Titelblatt bei Himmelein Eberhard 127; Auszüge bei: Crusius 2, 146f u. Oratio (Anm. 8) 27ff; Steinhofer 3, 645. Die erste Leichenpredigt im Hause Württemberg und die erste erhaltene Leichenpredigt eines Tübinger Professors; dazu: Horst Schmidt-Grave, Leichenpredigten und Leichenreden Tübinger Professoren, Tübingen 1974 = Contubernium 6, 40: »Obwohl sie humanistische Bildung verrät, folgt sie doch nicht dem Rhetorenschema«; vgl. Katalog Württemberg 30. »Epitaphium ducis Eberhardi senioris quod ad tumbam eius positum per Heinricum Bebelium Justingensem.« Dieses Epicedion Heinrich Bebels, das mit keiner der Grabschriften Eberhards identisch ist und wohl bei der Beisetzung verlesen und am Grab in schriftlicher Form niedergelegt wurde, findet sich im Anhang von Summenharts Leichenpredigt; ebenso bei Thetinger (Anm. 26) 69f; Crusius 2, 147 (der noch ein weiteres Epicedion eines Michael Augustus von Marbach bringt); Steinhofer 3, 650f. »M. Crusii Epitaphium in ducem Eberhardum« mit Vertonung von Zacharias Schaeffer in: Crusius Oratio (Anm. 8) 38ff.

28 Thetinger (Anm. 26) 69: Was die Errichtung eines allzu prächtigen Grabmals anbelangt, so verbot er, ein solches zu machen, denn er wollte seinen Körper viel lieber einer heiligen als einer teuren Erde anvertrauen. Das Grabmal – durchaus gewöhnlicheren Grabmälern ähnlich – ragte nicht mehr als eine Elle aus dem Boden heraus, eine Statue des Herzogs in voller Rüstung war mit den Wappen seines Geschlechts in Stein gemeißelt (Übersetzung Volker Trugenberger, Eltingen/Württ.); Küng 97: »gestorben zu Tubingen und von dannen zu S. Peter in den Schonbach gefiert und in damitt under ain stain mitt nachgesetzter Überschrift begraben: »folgt Inschrift Anm. 29; David Wolleber übernahm die Inschrift von Küng und übertrug diese auf Phantasiezeichnungen des Grabmals. Daß Wolleber die Grabplatte auf dem Einsiedel nicht mit eigenen Augen gesehen hat, sondern nach seinen Vorstellungen wiedergegeben hat, ergibt sich daraus, daß die Zeichnungen in der Anordnung der von Küng abgeschriebenen Inschrift stark voneinander abweichen: Wolleber Cod. hist. 2° 108, 396 u. Cod. hist. 2° 699, 139 u. Cod. hist. 2° 934, 165. Demmler 8: »Von dem Grabmal Eberhards auf dem Einsiedel hat sich nichts erhalten«; nach Decker-Hauff Tübingen 41 soll Eberhards Grabplatte bei der Umbettung nach Tübingen zerstört worden sein. Gemäß den Anordnungen in seinem Testament (Anm. 26) hat Eberhard auf dem Einsiedel eine den gräflichen Grabmälern im Chor der Stuttgarter Stiftskirche nachempfundene einfache Grabplatte mit Wappen und Umschrift erhalten, die nach Thetinger (Anm. 26) nicht mehr als eine Elle aus dem Boden ragte, um so vermutlich vor der Zerstörung durch das Abtreten bewahrt zu werden. Die von Sebastian Küng überlieferte Inschrift (Anm. 29) ist mit ziemlicher Wahrscheinlichkeit nicht die Umschrift des Grabsteins auf dem Einsiedel. Es ist zu vermuten, daß Küng seine Angabe ohne Kenntnis der originalen Grabplatte von dem in der Stuttgarter Stiftskirche vorhandenen Epitaph (Anm. 34f) entnommen hat. Die Tatsache, daß Eberhard in Stuttgart als »Fundator Collegij S. petrij Jn Schonbuch ubi sepultus«, bei Küng im Einsiedel als »fundator collegii S. Petri in Schonbuch« gerühmt wird, läßt dies annehmen. Die Inschrift am Grabe im Einsiedel hätte Eberhard wohl eher als »fundator huius coenobii« bezeichnet, wie es ja auch auf dem Epitaph im Einsiedel (Anm. 30f) geschieht. Da Eberhard erst 1551 unter Herzog Christoph sein heutiges Grabmal (Anm. 39) erhalten hat, darf angenommen werden, daß Herzog Ulrich 1537 mit Eberhards Leichnam auch dessen Grabplatte vom Einsiedel nach Tübingen überführt hat. Es ist kaum wahrscheinlich, daß Herzog Ulrich die neue Grabstätte im Chor der Tübinger Stiftskirche ohne irgendwelchen sichtbaren Hinweis auf den hierher verbrachten ersten Herzog von Württemberg gelassen hätte. Vermutlich wurde die schlichte Grabplatte Eberhards nach dem Tode Herzog Ulrichs nicht mehr als repräsentativ und zeitgemäß empfunden und dem Bildhauer Joseph Schmid der Auftrag zur Schaffung eines dem Rang der beiden Herzöge Eberhard und Ulrich angemessenes Grabmal erteilt.

29 Inschrift bei Küng 97; auch in Cod. hist. 2° 953, 1269. Zur Authentizität dieser Inschrift vgl. Anm. 28.

30 Das Holzepitaph Eberhards vom Einsiedel war in der ersten Hälfte des 18. Jahrhunderts noch auf Schloß Hohentübingen vorhanden: Pregitzer Cod. hist. 2° 53, 62 läßt Eberhards Beisetzung am 25. Februar 1496 auf dem Einsiedel erfolgen, »allwo er ein Epitaphium gehabt mit der Vmbschrifft: (folgt Inschrift Anm. 31) welches Epitaphium annoch auf einer Tafel von Holtz zu Tübingen in dem Schloß zu sehen ist«. Andreas Rüttel d. J. Cod. hist. 4° 58, 11: Zeichnung des Epitaphs, das sich seinerzeit bereits im Schloß Einsiedel und nicht mehr an seiner ursprünglichen Stelle in der Klosterkirche befand; Überschrift über der Skizze: »Jn Castello non procul a coenobio Schonbuchen̄. talis tabulae inscriptio legitur« (Umschrift s. Anm. 31). Abbildung dieser Zeichnung in ZWLG 1964, 425; Reinhold Rau als Editor der Rüttelschen Handschrift schreibt dazu 425f: »Die Gestalt der Grabplatte war meines Wissens bisher nicht bekannt. Joh. Chr. Pfister, Eberhard im Bart, 1822 S. 741 Anm. 343 sagt darüber unter Berufung auf ein nicht näher bekanntes Manuscript: Eberhardus probus stand auf dem ersten Epitaphium zu Einsiedel. Es war laut seines letzten Willens ein glatter Grabstein mit seinem Wappen und Symbol.« Abbildung auch bei Schiek Einsiedel (Anm. 26) 77; Beschreibung 31: »Das Blatt zeigt uns eine flache Platte, darauf, im Original wohl als Flachrelief gearbeitet, die Palme mit dem Spruchband ATTEMPTO (ich wags), des Herzogs Devise, und das Wappen mit den wirtembergischen Hirschstangen, den Wecken von Teck, der Reichssturmfahne und den Barben (Fischen) von Mömpelgard. Daneben und nach unten abgesetzt steht das kleinere, aber nicht voll wiedergegebene Wappen seiner Frau Barbara Gonzaga. Auf den wohl abgeschrägten Seitenbahnen des Steines steht folgende Inschrift: (s. Anm. 31). Zu deutsch: Im Jahre des Herrn 1496, an den 5. Kalenden des März (= 24. Februar), starb der berühmte Eberhard, der erste Herzog von Wirtemberg und Teck, Graf von Mömpelgard, Gründer dieses Klosters, dessen Seele in Frieden ruhe. Über die Zeichnung schrieb Rüttel: ›In Castello non procul a coenobio Schonbuchen̄. talis tabulae inscriptio legitur‹. (In dem Schloß, nicht weit vom Kloster Schönbuch. Die Inschrift der Tafel lautet...). Schon bald nach Eberhards Tod widmete die Universität Tübingen ihrem Stifter und Gönner eine kupferne, in Blei eingelassene Gedenkplatte. Sie hängt im Chor der Stiftskirche und zeigt eine gewisse Verwandtschaft mit der Grabplatte vom Einsiedel. Sollte jene der Tübinger Platte als Vorlage gedient haben?« Katalog Württemberg 30f: »Zeichnung der Grabplatte Herzog Eberhards I. im Stift Einsiedel« (mit Abb.). Amelung (Anm. 21) 321:

»ursprüngliche Grabplatte Eberhards«. Entgegen der Annahme von Rau, Schiek, Katalog Württemberg und Amelung handelt es sich bei dem von Rüttel ausdrücklich als ›tabula‹ bezeichneten Epitaph nicht um die steinerne Platte über dem Grab Eberhards (Anm. 28), sondern um eine ursprünglich in der Klosterkirche Einsiedel angebrachte hölzerne Tafel, die später im Jagdschloß Einsiedel hing und von dort nach Hohentübingen verbracht wurde, wo sie noch von Pregitzer gesehen wurde. Die von Rau genannte Stelle bei Pfister bezieht sich auf die Inschrift der Grabplatte (Anm. 29), wie sie Küng und nach ihm Wolleber wiedergegeben hat.

31 Zitiert nach der Zeichnung Andreas Rüttels d. J. Cod. hist. 4° 58, 11 (mit Todestag v. Kal. Martii = 26. Februar); Inschrift auch bei: Pregitzer Cod. hist. 2° 53, 62 (der als Todestag VI. Kal. Martii = 25. Februar nennt); Rau (Anm. 30) 425; Schiek (Anm. 30) 31 (der Rüttels Angabe v. Kal. Martii als 24. Februar ansieht).

32 Pregitzer Cod. hist. 2° 53, 64–67: »Auff dem Fürstlichen Schloß Hohen-Tübingen ist auch noch ein GedächtnußTafel von Hertzog Eberharden mit disen güldenen Buchstaben überschrieben: (folgt Inschrift Anm. 33). Aber die vormale schöne bildniß vnd kniende Statua Hertzog Eberhards deren in dieser Gedächtnißtafel meldung geschiehet, vnd welche in der Rüstkammer auff dem Schloß zu Hohen Tübingen gestanden, ist von denen Frantzosen, alß sie solches Schloß im Jahr 1688... eingenommen vnd bald wieder verlaßen in der Nacht vor ihrem Abzug schändlicher vnd leichtfertiger weise verstümpelt... vnd ruiniert worden.« Diese Holzstatue, die nach Aussage der Gedächtnistafel (Anm. 33) Eberhard in seinem 50. Lebensjahr, mithin im Jahr der Herzogserhebung 1495 zeigt, stammt aus der Grablege Eberhards, der Klosterkirche auf dem Einsiedel, wenn die Stelle bei Thetinger (Anm. 26 u. 28) richtig gedeutet ist, wo dieser unmittelbar zwischen der Beschreibung von Eberhards Grabplatte und seines Sarges eine Statue des Herzogs in voller Rüstung erwähnt, wobei die Übersetzung des Textes auch eine Ausführung in Holz möglich sein läßt. Das Schnitzwerk ist demnach unmittelbar nach der Herzogserhebung, spätestens aber bald nach Eberhards Tod 1496 entstanden, während die von Pregitzer genannte Gedächtnistafel vermutlich erst in der zweiten Hälfte des 16. Jahrhunderts entstanden ist. Die Bezeichnung Kaiser Maximilians als Primus läßt an eine Entstehung unter oder nach Kaiser Maximilian II. denken. Die Angaben Pregitzers erlauben keine Entscheidung, ob die Tafel aus Holz oder Messing gefertigt worden war.
Eine Zeichnung der Statue, der sogenannte »blaue Eberhard«, findet sich eingeklebt in das Mariale Aureum des Jacobus de Voragine (Incun. 4° 16 095 B. 128) Abb. in: Hoffmann Eberhard (Anm. 8) 2 (Erstveröffentlichung); Decker-Hauff Tübingen 26 (der in der Zeichnung einen Entwurf für eine Glasmalerei vermutet und die Überschrift »EBERHARHDVS BARBATVS DVX WIRTEMBERGENSIS. ANNO 1492.« Andreas Rüttel zuschreibt); Festschrift Württemberg 12: »Kolorierte Federzeichnung Anfang des 16. Jahrhunderts« (Anm. 101); Becksmann Glasmalereien 280: Mitte 16. Jahrhundert; Borst Herren 23 (mit Abb.): »Zeitgenössische Aquarellskizze«; Peter Amelung in Katalog Württemberg 185–187: »Darüber hat Ochsenbach ins Buch geschrieben EBERHARDVS BARBATVS DVX (!) WIRTEMBERGENSIS. ANNO 1492. Die feine Ausführung der Zeichnung und der Aquellierung könnte daran denken lassen, daß Ochsenbach tatsächlich eine aus dem Jahr 1492 stammende Arbeit eines Berufskünstlers ausgeschnitten hat. Es ist jedoch wahrscheinlicher, daß der nicht unbegabte Dilettant Ochsenbach das Bild nach einer älteren Vorlage (Plastik?) selbst geschaffen hat.« (Abb. 187). In der Tat hat wohl der Tübinger Schloßhauptmann Nikolaus

Ochsenbach die auf Hohentübingen gelagerte Statue dort an Ort und Stelle abgezeichnet. Zu Statue und Zeichnung: Werner Fleischhauer, Zur Kunst der Spätgotik in und bei Tübingen in: Speculum Sueviae. Festschrift für Hansmartin Decker-Hauff, Stuttgart 1982, II, 522–525. Fleischhauer sieht in der knienden Figur Eberhards den Teil einer Kreuzigungsgruppe, wobei er als weiblichen Partner Eberhards Gattin Barbara Gonzaga vermutet. Er zitiert eine Briefstelle, wonach 1680 die gänzlich schadhaften Bildnisse Eberhards und seiner Mutter Mechthild im Oberen Zeughaus auf Hohentübingen von einem Schreiner restauriert wurden, sowie die Rechnung des Schreiners, wonach dieser zwei fürstliche in Holz geschnittene lebensgroße Bilder des Herzogs und seiner Mutter repariert und mit Gold und Farbe überall ausgestrichen habe. Pregitzer, der über die Zerstörung der beiden Statuen beim Einfall der Franzosen in Tübingen 1688 berichtet, vermutet in der weiblichen Figur die Gattin Eberhards oder auch Herzog Christophs. Mit Fleischhauer ist anzunehmen, daß es sich dabei tatsächlich um Eberhards Gattin Barbara gehandelt hat. Sollte jedoch aus irgendwelchen Gründen, etwa aus Verehrung für die Mitbegründerin der Universität Tübingen, dennoch Mechthild als Partnerin ihres Sohnes an dessen Grabstätte verewigt worden sein statt der unförmig gewordenen, ihren agrarischen Neigungen zur Viehzucht nachgehenden Gattin, so könnte darin ein Grund gesehen werden, weshalb sich Barbara Gonzaga nicht an der Seite ihres geliebten Gatten auf dem Einsiedel, sondern im Kloster Kirchheim unter Teck beisetzen ließ. Zur Frage des Künstlers dieser Kreuzigungsgruppe schreibt Fleischhauer 525: »Unbekannt bleibt auch der Bildschnitzer, der nach der Zeichnung zu urteilen, ein Werk geschaffen hat, das zu den bemerkenswertesten der schwäbischen Spätgotik gehört haben könnte. Man ist versucht, an einen Ulmer Künstler zu denken, zumal in der Residenz Stuttgart damals, wie es scheint, kein namhafter Bildschnitzer ansässig war. Ein Vermittler zur Ulmer Kunst könnte der enge Berater Graf Eberhards, Heinrich Fabri, der Abt des Benediktinerklosters Blaubeuren, gewesen sein, der gerade in diesen Jahren 1493/94 den Hochaltar seines Klosters durch Ulmer Bildschnitzer und Maler hat ausführen lassen.« Die Vorstellung ist in der Tat reizvoll und nicht abwegig, wonach ähnlich wie bei Eberhards Vater, wo der Ulmer Hans Multscher nach Fertigstellung des Gütersteiner Hochaltars den Auftrag für das dortige Grabmal Graf Ludwigs I. erhalten hatte, bei Eberhard selbst der Ulmer Gregor Erhart die Kreuzigungsgruppe im Kloster Einsiedel geschaffen hat, nachdem er kurz zuvor in der von Eberhards Baumeister Peter von Koblenz erbauten Kirche des von Eberhards Freund und Berater Heinrich Fabri geleiteten Klosters Blaubeuren die Figuren des Hochaltars vollendet und Eberhard dort bereits mit einer Holzbüste verewigt hatte.

33 Zitiert nach Pregitzer Cod. hist. 2° 53, 65f. Inschrift auch in Cod. hist. 2° 924, 24.

34 Nach dem Verzeichnis der Epitaphien und Tafeln im Chor der Stuttgarter Stiftskirche von Andreas Rüttel d. Ä. und Sebastian Ebinger J1 1b, 27v hatte auch Eberhard in Stuttgart eine Gedenktafel erhalten; vgl. dazu Gf Heinrich † 1519 Anm. 17. Daß Eberhard später nicht in der Reihe der Grafenstandbilder vom Sem Schlör verewigt wurde, läßt sich damit erklären, daß er weder in Stuttgart begraben liegt noch ein Vorfahre des Herzogs Ludwig, des Auftraggebers der Standbilder, ist.

35 Zitiert nach Rüttel-Ebinger J1 1b, 27v. Crusius Ann. 3, 504 u. Crusius 2, 147 geben diese Inschrift als von Eberhards Grabmal stammend aus.

36 Nach der am 12. Juni 1537 gehaltenen Oratio Funebris von Joachim Camerarius (Anm. 38) hat die Überführung der Gebeine Eberhards vom Einsiedel kurze Zeit zuvor stattgefunden: Camerarius D4: »Tum fuit sepultus eo in loco unde nuper hoc ossa eius transportata sunt.« Den 30. Mai 1537 als Überführungstag nennt: Eber 206 (Vorabend des Fronleichnamstages); ebenso Cod. hist. 2° 266, 1. Den 26. Mai 1537 nennen: A 266 Bü 32 (Kopie von A 602 U 373d) mit dem Zusatz »auffarttag«; ebenso Crusius 2, 243: an Himmelfahrt 26. Mai 1537; ebenso Steinhofer 1, 103 (Himmelfahrt 1537 ist jedoch der 10. Mai; 1536 der 25. Mai; 1538 der 30. Mai). Den 10. Mai 1537 nennt: Festschrift Württemberg (Himmelfahrt 1537). Den 24. Mai 1538 nennt: Dappische Handschrift Cod. hist. 2° 698, 63. Das Jahr 1536 nennt: Küng 97; Wolleber Cod. hist. 2° 934, 165v (Anm. 37). Das Jahr 1538 nennt: Crusius 2, 147 (andere 1537). Das Jahr 1554 nennt: Himmelein Eberhard 144.

37 Zur Überführung nach Tübingen: Küng 97: »anno 1536, hatt in hertzog Ulrich widerum lassen ausgraben und in gen Tübingen gefiert und in S. Jorgenkirchen in den chor erlich gelegt und mitt einem fürstlichen monument geziert«; Eber 206: »im Chor da der Altar gestanden«; Wolleber Cod. hist. 2° 934, 165v: »anno 1536. hat Hertzog Ulrich von Württemberg den Cörper Barbati zu S. Peter, widerumb außgraben vnd auf Einem Wagen mit vier Rosen gehn Tübingen füeren lassen, vnd Jnn S. Georgen Kürchen Jn dem Chor Ehrlich gelegt, auch mit einem fürstlichen Monument gezieret«. Demmler 7: »Auch nach den Ereignissen von 1536 und 1540 (Anm.: Bildersturm in Tübingen am 27. Oktober 1536 und am 3. Mai 1540) war der Chor nicht unbenützt. Bis zur Neuerbauung des 1534 abgebrannten Sapienzhauses im Jahre 1548 fanden dort die Vorlesungen der theologischen Fakultät statt. Da dies aber wohl schon in den 30er Jahren nicht als eine endgültige Unterkunft für die Fakultät angesehen wurde, so ist es wohl verständlich, daß Ulrich den Chor schon damals zum Mausoleum bestimmte. In diesem Sinne wird man die 1537 erfolgte Ueberführung der Gebeine Eberhards im Bart und ihre Bestattung unter dem Chorboden zu deuten haben. Denn wenn auch damals zunächst kein sichtbares Denkmal die Ruhestätte des Grafen geziert haben sollte, so war doch die Errichtung eines solchen in diesem Raum nur eine Frage der Zeit, und Ulrichs Wunsch, ebenfalls dort bestattet zu werden, zeigt, daß der Herzog nicht bloß an die Sicherung der Ueberreste Eberhards gedacht hat.« Demmler 8: »Nur ein einziges Aktenstück, soweit ich habe finden können, bewahrt noch eine Erinnerung an diese Ueberführung. Ein Gutachten der Räte Herzog Christofs, das ins Jahr 1554 zu setzen ist, macht Vorschläge über die damals geplante Ueberführung fürstlicher Gebeine von Güterstein nach Tübingen. Dabei heißt es am Schluß, Herzog Christof sollte womöglich selber mitreiten, ›wie dann hochgedachter E.F.G. her vatter unseres behalts mitt Herzog Eberharts Translation vom einsiedel bis gen Lustnau gezogen‹« (G 47 Bü 24, 1: »Bedencken wie Graf Ludwigs zu Würtemberg vnd seiner gemahel, auch meines gnedigen Fürsten vnd Herrn Hertzog Christoffs zu Würtemberg schwester, begrebnußen, Translation, vom Guetelstein gehen Tüwingen ...«). Westermayer-Wagner-Demmler 346f; Fleischhauer Renaissance 109: Herzog Ulrich bestimmte den Chor der Tübinger Stiftskirche zur Grablege seines Hauses und brachte 1537 die Gebeine Eberhards hierher. Herzog Christoph führte diesen Gedanken einer repräsentativen Grabstätte für sein Geschlecht aus. »Die großartige Landgrafengrablege mit Tumbengräbern in der Marburger Elisabethkirche, die Ulrich und Christoph gut bekannt sein mußte, hat wohl die Anregung zu der Grablege in Tübingen gegeben«; ähnlich Decker-Hauff Tübingen 40f; Festschrift Württemberg 704 u. 709. Zur möglichen Translation der ursprünglichen Grabplatte Eberhards vom

Einsiedel nach Tübingen vgl. Anm. 28.

38 Joachim Camerarius, Oratio Funebris..., Tübingen 1537 (LP 23 598 u. LP Bd XXXVII, 15); gehalten 1537 »prid. Jd. Junij« = 12. Juni aus Anlaß der Überführung der Gebeine Eberhards vom Einsiedel in die Tübinger Stiftskirche; erste protestantische Leichenpredigt in Württemberg, dazu Schmidt-Grave (Anm. 27) 41 f. Im Anhang der Oratio sieben Epicedia von: Joachim Camerarius; Bartholomäus Amantius; Jacob Schegg; Benignus Buticamensis; Sebaldus Noricus; Johannes Hospinianus; Caspar Bruschius.

39 G 41 Bü 11 enthält Vertrag mit Bildhauer Joseph Schmid zur Anfertigung der Grabmäler für Eberhard im Bart und Herzog Ulrich vom 24. November 1550, abgedruckt bei Wintterlin 19 und Hz Ulrich †1550 Anm. 23. Zu Eberhards Tübinger Grabmal: Demmler 101–107; Westermayer-Wagner-Demmler 12–22 u. 349; Fleischhauer Renaissance 126f. Kupferstich des Grabmals von Andreas Matthäus Wolfgang in: Gründliche Deduction, daß dem Hoch Fürstl. Haus Würtemberg das Reichspannerer- oder Reichs-Fendrich-Ambt... zustehe, Stuttgart 1693, Beylage X; Sattler Gf 4, 38 Tab. I.

40 Zitiert nach dem Original in Tübingen; Inschrift auch bei: Crusius 2, 392; Cod. hist. 4° 113, 167v; Baumhauwer 2; Heimführung 26; Zeller 83f; Steinhofer 3, 645; Lenz 2; Tiedemann 186; Westermayer-Wagner-Demmler 12 (jeweils mit dem falschen Todestag Kal. Martii = 1. März).

41 Demmler 7: »Die Gedächtnistafel, die die Universität ihrem Stifter Eberhard im Bart gewidmet hatte, eine ornamentierte Bleiplatte, hing wahrscheinlich schon damals (1537) im Chor, wenn auch nicht an ihrer jetzigen Stelle. In einer Rede, die Joachim Camerarius nach der Überführung, am 12. Juni 1537, gehalten hat, heißt es gegen den Schluß: Iam etiam oratione nostra monumentum ponamus Eberhardo Principi, et marmora vel potius aera insigniamus versibus etc., eine Stelle, die sich am ungezwungensten erklärt, wenn der Redner jene Gedächtnistafel vor Augen hatte.« Demmler 8: »Die Behauptung, diese Tafel stamme aus dem Einsiedel (Inventar Schwarzwaldkreis 516; OAB Urach 1909, 600), kann durch nichts gestützt werden. Vielmehr spricht alles dafür, daß sie, die den Verstorbenen ›hujus scholae fundator‹ nennt, als eine von der Universität gestiftete Ehrentafel von Anfang an in der Tübinger Kirche hing.« Fleischhauer Renaissance 108: Gedächtnistafel vermutlich schon bald nach Eberhards Tod von der Universität im Chor der Stiftskirche aufgehängt, wurde dann zusammen mit der wohl gleich nach dem Tode Herzog Ulrichs 1550 gegossenen Eisentafel für Ulrich von dem Bildhauer Joseph Schmid in einem ornamentalen Steinrahmen angebracht; dazu Demmler 11–13. Himmelein Eberhard 130: »Die Universität errichtete ihrem Stifter im Chor der Stiftskirche eine prächtige Gedächtnistafel aus gefärbtem Blei mit Einlagen aus vergoldetem Kupfer«, mit Abb. 129; ebenso Decker-Hauff Tübingen 55. Kupferstich der Gedächtnistafel von Andreas Matthäus Wolfgang in: Gründliche Deduction (Anm. 39) Beylage Y; Sattler Gf 4, 40 Tab. II. Tuschzeichnung 18. Jahrhundert in: Cod. hist. 4° 59 ad Nr 1. Nach Westermayer-Wagner-Demmler 344 findet sich eine Nachbildung der Gedächtnistafel im Germanischen Nationalmuseum in Nürnberg.

42 Zitiert nach dem Original in Tübingen; Inschrift auch bei: Wolleber Cod. hist. 2° 934, 165v; Cod. hist. 4° 113, 167v; Baumhauwer 2; Lairitz 473; Pregitzer Cod. hist. 2° 53, I, 64; Montanus 203; Zeller 44; Steinhofer 3, 645; Lenz 2; Tiedemann 186; Westermayer-Wagner-Demmler 21 (mit dt. Übersetzung); ebenso bei: Decker-Hauff Tübingen 55; Himmelein Eberhard 130.

43 Hans Wentzel, Glasmalereien in der Stiftskirche zu Tübingen von Peter von

Andlau, Berlin 1944 = Der Kunstbrief 19. Decker-Hauff Stuttgart 292f (mit Abb.) u. 366: Glasfenster des Straßburger Meisters Peter Hemmel von Andlau im Chor der Stiftskirche zu Tübingen, um 1476/1477 »(Unbegreiflicherweise hat man zugelassen, daß eine Glasmalereifirma in aufdringlichster Weise ihren Firmennamen wie einen Reklametext neben das Wappen Eberhards im Bart setzte und dafür zwei echte Scheiben unterdrückte, und dies, obwohl die Firma nur mit dem Wiedereinglasen der im Kriege geborgenen Scheiben befaßt war.)« Decker-Hauff Tübingen 12f: Glasmalerei um 1476/78 (mit Abb.). Zu den Chorfenstern der Tübinger Stiftskirche: Rüdiger Becksmann, Die mittelalterlichen Glasmalereien in Schwaben von 1350 bis 1530 = Corpus Vitrearum Medii Aevi. Deutschland I, Schwaben II. Berlin 1986, 257–316. Chorfenster I: Eberhard im Bart als Stifter, Straßburg um 1478. Beschreibung bei Becksmann 278–280 mit Abb. Farbtf IX u. Tf 106 Nr 356 u. Tf 126 Nr 401. Chorfenster nord II: Eberhard im Bart als Stifter, Straßburg nach 1478. Beschreibung bei Becksmann 288 mit Abb. Tf 120 Nr 377.

44 Vgl. Gfn Mechthild † 1482 Anm. 21f.

45 Taschenkalender auf das Jahr 1799 für Natur- und Gartenfreunde, Tübingen 1798, 59f: Grabmal Eberhards im Bart im Englischen Garten in Hohenheim, in Stukko ausgeführt, »das der Witterung nicht lange Trotz bieten kann«. »Der Herzog ist in sitzender Stellung abgebildet, mit dem Palmbaum, einigen Genien und den Attributen seiner Würde umgeben. Am Fußgestell sind Basreliefs angebracht, die sich auf seine Tugenden und seine Erhöhung beziehen«; mit Titelkupfer des Hohenheimer Grabmals von Christian Friedrich Traugott Duttenhofer, vgl. ADB 5, 498. Elisabeth Nau, Hohenheim Schloß und Gärten, Konstanz 1967, 66: »Am 23. April 1782 lesen wir (im Tagebuch der Franziska von Hohenheim): ›u. dan fierden mich der herzog herum, wo Sie wollen die Grabmehler von allen hertzogen machen lassen.‹ Ausgeführt als erstes und einziges wurde während der folgenden Monate nur das Grabmal Eberhards im Bart, der dem Hause Württemberg 1495 die Herzogswürde erworben hatte. In billigem und vergänglichem Gips gefertigt, wurde es in der Nähe des Römischen Gefängnisses aufgestellt. Von wem es gearbeitet wurde, wird nirgendwo gesagt, doch kam es sicher, wie das Grabmal des Gelehrten Albrecht von Haller, unter dem Protektorat Guibals auch aus dem Kreis der Karlsschule«; vgl. Hz Christoph † 1568 Anm. 25.

46 Walhalla. Amtlicher Führer, Regensburg 1983, 21. Büste Nr 23. Dort befindet sich auch eine Büste für Herzog Christoph (Nr 60).

47 Landeskirchliches Archiv Stuttgart A 26-575-7: Enthüllung des Denkmals von Herzog Eberhard 1859; dazu Schwäb. Merkur – Chronik 1859, 2025 u. 2035f u. 2047 u. 2071, auf 2048 Annonce für: Wilhelm Schöttlen, Eberhard im Bart und sein Standbild in Stuttgart, Festschrift 6 kr., auf 2071 Auszug aus der Ansprache Friedrich Römers bei der Enthüllung am 10. Dez. 1859: »Als Präsident der Kammer der Abgeordneten fühle ich mich gedrungen, dem Andenken des ersten Herzogs von Württemberg, des Begründers der Ordnung und bürgerlichen Freiheit in unserem Lande, meine Huldigung darzubringen. Jch kann dieß nicht besser, als wenn ich auf das Wohl des Stifters dieses Standbildes, des Wiederherstellers unserer Verfassung, des Nachahmers seiner Tugenden ein Hoch ausbringe, in welches, das weiß ich sicher, wir Alle aus vollem Herzen einstimmen. Seine Majestät, der König Wilhelm von Württemberg, lebe hoch!«; Wais Stuttgart 18; Gerhard Raff, Chronik der Stadt Stuttgart 1954–1960, Stuttgart 1978, 42f: »Das Denkmal des Grafen und ersten Herzogs von Württemberg, Eberhard im

Bart, wird (am 16. August 1954) an die Planie versetzt. Das am 10. Dezember 1859 zum 400. Jahrestag der Mündigkeitserklärung des jungen Eberhard im Hof des Neuen Schlosses enthüllte Werk des Bildhauers Ludwig Hofer war 1865 auf Anordnung König Karls in den Innenhof des Alten Schlosses versetzt worden«; seit dem Bau des Schloßplatzstraßentunnels Mitte der sechziger Jahre wieder im Hof des Alten Schlosses.

48 Enthüllt am 17. Mai 1881; Marmor aus Laas im Vintschgau. Schwäb. Merkur-Chronik 1881, 885 u. 909 u. 917f; Wais Stuttgart 18; Raff Chronik (Anm. 47) 298.

49 Enthüllt am 19. Mai 1903 in Anwesenheit des Königspaares. Schwäb. Merkur-Chronik 1903, Nr 230 vom 20. Mai 1903; Tübinger Blätter 6, 1903, 1 f (mit Abb.). Im Zweiten Weltkrieg zerstört; Bestrebungen zur Wiederaufstellung mit Spendenaktion unter der Tübinger Bevölkerung wurden sehr positiv aufgenommen. Eine Marmorbüste Eberhards im Bart befindet sich in der Eingangshalle der Neuen Aula der Universität Tübingen.

50 »er ist 36 Jahre alt, klein, mager, mit starkem Haarwuchs, Adlernase und ziemlich guten Gesichtszügen.« Bericht des Andrea da Schivenoglia über den Aufenthalt Eberhards im Bart in Mantua im April 1474 in: Katalog Württemberg 14f. Dort auch der Hinweis: »er konnte weder Italienisch noch Latein, so daß man sich mit einem Dolmetscher mit ihm unterhalten mußte«; vgl. Anm. 16.

51 »zweifellos äußerst höflich und bescheiden«. Bericht des Augustinus de Rubeis über seine Begegnung mit Eberhard im Bart am 16. April 1474 in: Katalog Württemberg 19f.

52 Johann von Dalberg, Bischof von Worms bei Stälin 3, 647; Barth 98: »Johann Dalberg nannte ihn den Urheber und Erhalter des Friedens und den besten Fürsten. Sebastian Brandt sagt von ihm: ›Ganz Deutschland hat nichts Herrlicheres, nichts Erhabeneres als diesen Fürsten.‹ Ein Anderer schreibt, er sey die Zierde der Fürsten Deutschlands. Und alle diese Aeußerungen sind nicht als Schmeicheleien zu betrachten, denn sie stehen in Privatbriefen, die dem Grafen nicht zu Gesicht kamen.«

53 Sebastian Brant bei Stälin 3, 647.

54 Johann Wolf von Hermannsgrün bei Stälin 3, 647.

55 Marsilius Ficinus bei Crusius Ann. 3, 502; dt. Übersetzung bei Crusius 2, 144; vgl. Anm. 74; Himmelein Eberhard 63 f.

56 Jacob Wimpfeling, Carmen heroicum (Huldigungslied zur Herzogserhebung): »ad illustrissimum Principem Eberhardum Wyrtenbergensem Theccensemque ducem Carmen Heroicum. Hecatosthicon cum ejus explanatione: que nonnulla principibus decora et rebus publicis salutaria continet. Jacobi Wynpfelingii Sletstattini«; dt. Übersetzung bei Gutscher Sophronizon (Anm. 8) 89–93; Julius Hartmann, Eberhard im Bart in der Dichtung seiner Zeit in: Beil. Staatsanzeiger 1896, 33–37 (danach die Anfangsverse zitiert); Gottlieb Merkle, Wimpfelings Carmen Heroicum auf Herzog Eberhard von Württemberg in: Schwäb. Heimat 19, 1968, 85–91 (mit Originalfassung und Übersetzung).

57 Naucler 2, 302r; vgl. Himmelein Eberhard 132 (Anm. 98); Katalog Württemberg 169.

58 Heinrich Bebel; vgl. Anm. 27.

59 Regensburger Handschrift; vgl. Stälin 3, 619 u. 647; auch in: JllGW 360; Hartmann (Anm. 56) 37; Himmelein Eberhard 132.

60 Gadner Cod. hist. 2° 16, 14r. Kaiser Maximilian I. besuchte am 29. Mai 1498 Eberhards Grab auf dem Einsiedel; dazu Crusius Ann. 3, 50: »ibi iacere talem Principem, ea prudentia et virtute ornatum, quali nullum in Jmperio habuerit. Se consilijs eius saepe vtiliter vsum esse«; Crusius 2, 147: »Als in folgender Zeit Kayser Maximilian durch dieses Herzogthum paßirte, besuchte er sein Grab, und sprach dabey mit seuffzen. Hier lige ein solcher, mit Klugheit und Tugend dermassen begabter Fürst, deßgleichen er im gantzen Reich keinen gehabt, dahero er sich seines Raths offt mit Nutzen bedienet habe«; Steinhofer 3, 638 nach Spener: »latere in hoc tumulo talem principem, cui sapientia et multis virtutibus parem ab Imperio nullum noverit«; Sattler Hz 1, 32: »Hier liegt ein solcher Fürst, welchem ich in dem ganzen Römischen Reich an Verstand und Tugend keinen zu vergleichen weiß«; Stälin 3, 646f; Pfaff Gedenkbuch 80f; P. Stälin 710; Himmelein Eberhard 134 (133: Abb. der Ölskizze von Anton Gegenbauer: Kaiser Maximilian I. am Grabe Graf Eberhards im Bart, dargestellt ist das Tübinger Grabmal von Joseph Schmid!; das Gemälde diente als Vorlage für die 1837ff entstandenen Historienmalereien im Stuttgarter Neuen Schloß, die nicht durch die Bomben des Zweiten Weltkriegs, sondern durch die Unvernunft der Nachkriegszeit, die das Schloß dem Abbruch preisgeben wollte, zerstört wurden).

61 Tubingius 270.

62 Suntheim 594.

63 Trithemius 2, 424.

64 Trithemius 2, 558; der 560f weitere Lobpreisungen hat.

65 Camerarius (Anm. 38) D4.

66 Camerarius (Anm. 38) D3.

67 Martin Luther, Tischreden IV, Leipzig 1846, 174f; dazu: Eberhard Nestle, Der reichste Fürst in: Beil. Staatsanzeiger 1895, 161–163; Joseph Karlmann Brechenmacher. Der reichste Fürst in: Beil. Staatsanzeiger 1903, 125–127; vgl. Anm. 68 u. 86 u. Gf Ulrich † 1480 Anm. 28.

68 Melanchthon Oratio (Anm. 8) 1777, 13f.

69 Melanchthon Oratio (Anm. 8) 1777, 16.

70 Küng 95.

71 Küng 97.

72 Crusius Oratio (Anm. 8) 38: Epitaphium.

73 Crusius 2, 145.

74 Crusius 2, 142.

75 Gadner Cod. hist. 2° 16, 6r.

76 Gadner Cod. hist. 2° 16, 10r.

77 Heimführung 25; Barth 93; Löbe 258; von Dielitz 375 irrigerweise Hz Eberhard III. † 1674 zugeschrieben.

78 Heimführung 25.

79 Lohmeier 53.

80 Pregitzer 1, 14.

81 Sattler Gf 2, 148.

82 Spittler 50f.

83 Spittler 65.

84 Pahl 2, 129f.

85 Ludwig Uhland, Graf Eberhards Weißdorn in: Beyttenmiller 72f; Stälin 3, 554f: »Aus Palästina soll der Graf Eberhard einen Hagedorn auf dem Hut mitgebracht haben, welcher zu Einsiedel im Schönbuch in die Erde gesteckt nach der Sage zu einem mächtigen Baum heranwuchs. Schon Fischart († 1591) in Gargantua Cap. 39 spricht von einem hohen Baum, welcher aus des heiligen Martins Pilgerstab gewachsen, ›wie der Dornstrauch im Schönbuch von des Hertzogs Eberhard mit dem Bart Laubstrauß.‹ Auch Cedern vom Libanon (auf welchem Berg übrigens Eberhard nicht selbst war) soll der Graf mitgebracht haben, welche im Schloß in Mömpelgard gepflanzt worden seien und von denen eine noch im vorigen Jahrhundert gegrünt habe. Clerc Essai sur l'histoire de la Franche-Comté 2, 511«; vgl. Nikolaus Ochsenbach HB XV 5, 40r: Ansicht Jagdschloß Einsiedel »Das Schlößlin Schonbuch oder Stuetthauß genant mitt dem Grossen Hagendorn«, Abb. bei Himmelein Eberhard 79; Schiek (Anm. 26) 48f.

86 Justinus Kerner, Der reichste Fürst in: Beyttenmiller 75f; Krauß (Anm. 90) 13: »Daß ein Ereignis, wie die Gründung der Universität Tübingen im Jahre 1477, nicht unbesungen geblieben ist, versteht sich fast von selbst; namentlich hat die vierhundertjährige Jubelfeier die Poeten rings im Lande zu verschiedenartigen Festgedichten ermuntert. Weder sie noch die anderen Lieder alle, die in unserem Jahrhundert zu Ehren Eberhards im Bart ertönt sind, darunter solche von Karl Grüneisen, Rudolf Magenau, Adolf Seubert, können hier einzeln namhaft gemacht werden. Jnsgesamt hat sie Justinus Kerner mit seinem ›Reichsten Fürsten‹ in den Schatten gestellt. Dieses Gedicht hat des artigen Vorwurfs, des ethischen Gehalts und der volkstümlichen Behandlung wegen in ganz Deutschland Verbreitung gefunden und in zahllose Gedichtsammlungen und Lesebücher sich Eingang verschafft. Jn Württemberg vollends genießt das Lied fast beispiellose Popularität: von den Schulkindern wird es auswendig gelernt, in allen Ständen des Volkes wird es gesungen, so daß es mit Hilfe einer geschickten Melodie zu einer förmlichen württembergischen Volkshymne geworden ist. Und sein Wert wird noch dadurch erhöht, daß ihm ein geschichtlicher Vorgang zu Grunde liegt«; vgl. Anm. 67f u. 102; sowie das Gedicht bei Zimmermann 1, 481f.

87 Zimmermann 1, 674.

88 Barth 98.

89 Pfaff Wirtemberg 2, 341.

90 Stälin 3, 549.

91 Stälin 3, 646.

92 P. Stälin ADB 5, 557.

93 P. Stälin 710.

94 Rudolf Krauß, Württembergische Fürsten in Sage und Dichtung, Stuttgart 1894, 12.

95 Schneider 94f; zu Eberhards Betstuhl: Elisabeth Nau, der Betstuhl des Grafen Eberhard v. von Württemberg (1459 bis 1496) in der Amanduskirche zu Bad Urach, Stuttgart 1985 u. München 1986.

96 Paul Joachimsen, Zwei Universitätsgeschichten in: ZKG 48, 1929, 390–415. Zitat 392f. Ebenfalls in: Gesammelte Aufsätze, Aalen 1970, 249–274. Zitat 251f.

97 Ernst Eberhard 241.

98 Theodor Frey, Vorwort zu: Graf Eberhard im Bart im geistigen Leben seiner Zeit, Stuttgart 1938, 10f; der auf 12 die folgende zeitbedingte Entgleisung nicht unterlassen hat: »Und wenn der geniale, politische Führer des deutschen Volkes von heute im Vollgefühl der erfüllten, tausendjährigen Sehnsucht aller Deutschen mit Stolz aussprechen konnte, er sei der reichste Mann der Welt, er besitze das Höchste, das einem Manne auf dieser Erde geschenkt werden könne: ein ganzes Volk!, so durfte sich Eberhard im Bart zu seiner Zeit mit gleichem Stolz und in seinem bescheidenen Rahmen rühmen, der ›reichste Fürst‹ zu sein.«

99 Eberhard Gönner NDB 4, 235.

100 Decker-Hauff Stuttgart 265.

101 Decker-Hauff Stuttgart 299.

102 Thaddäus Troll (d. i. Hans Bayer), Deutschland deine Schwaben, Hamburg 1967, 40–42.

103 Weller Württemberg 96.

104 Himmelein Eberhard 132.

105 Decker-Hauff Tübingen 16; auf 63 Abb. der Zeichnung der Goldenen Rose von Sebastian Küng; dazu: Küng 96: »anno 1482 gen Rom gezogen, da er uff den Suntag Letare von Xisto, dem babst, für ander fürsten und herren, so zugegen waren, ist begabett worden mitt der Güldin Rosen«, Küng 212 Anm. 719: »1482 machte Eberhard eine Reise zu Papst Sixtus IV. Bei diesem Besuch wurde ihm am 17. März die Goldene Rose übergeben. Eberhard machte die Rose der Amanduskirche in Urach zum Geschenk. – Bei den Kloster- und Kirchenvisitationen 1535 wurde sie mit dem Uracher Kirchenschatz nach Stuttgart gebracht, um dann in der Münze eingeschmolzen zu werden. Küngs Zeichnung ist die einzige erhaltene Darstellung von ihr«; vgl. dazu: Stälin 3, 592f; Eugen Stolz, Von der goldenen Rose und ihrer Verleihung an Graf Eberhard im Bart 1482 in: Rottenburger Monatsschrift für praktische Theologie 5, 1921/22, 1, 13–18; Otto Hohnerlein, Die goldene Rose des Grafen Eberhard im Bart in: Beil. Staatsanzeiger

1927, 102–104; Katalog Württemberg 24–27. Zum Goldenen Vlies vgl. Gf Eberhard III. † 1417 Anm. 25 u. Katalog Württemberg 53 f.

106 Decker-Hauff Tübingen 54.

107 Walter Jens, Eine deutsche Universität. 500 Jahre Tübinger Gelehrtenrepublik, München 1977, 26.

108 Ebenda 23.

109 Borst 72.

110 Peter Haußmann in: Engel 323.

111 Dieter Stievermann in Festschrift Württemberg 82.

112 Berner 88.

113 Katalog Württemberg 5.

114 Ebenda 12.

115 Borst Herren 31.

116 Ebenda 39.

Nachtrag:

Die in Anm. 49 genannte Büste in der Tübinger Neuen Aula schuf 1860/61 der Bildhauer Theodor Wagner. Dazu: Monika Wagner in: Jahrbuch der Staatl. Kunstsammlungen in Baden-Württemberg 20, 1983, 102, mit Abb. S. 99.

Barbara

1455–1503

Gräfin/Herzogin von Württemberg

»Fides«[1] »Vider Kraft«[2]

T. v. Markgraf Ludwig II. Gonzaga von Mantua[3]
u. v. Markgräfin Barbara von Brandenburg

Geboren am 11. Dezember 1455[4]
in Mantua[5]

Vermählt 1474[6]
mit Graf Eberhard V. im Bart von Württemberg 1445–1496
Beilager am 4. Juli 1474 in Urach[7]

Mutter einer in der Wiege verstorbenen Tochter[8]
»Ermeldte Eheleut haben fridlich vnd wol mitainander gelebt, aber keine Kinder, die zu Jren Jahren kommen weren, erzeugt.«[9]

Gestorben am 30. Mai 1503[10]
in Böblingen im Schloß[11]

Beigesetzt 1503
in Kirchheim/Teck im Chor der Klosterkirche[12]

»Ungeacht sie mit ihrem Gemahl sehr vergnügt lebte, so wurde sie doch nicht neben ihn, sondern in dem Frauenkloster zu Kircheim begraben.«[13]

Ohne Grabmal[14]
»Sie ist gen Kirchen ins Closter begraben worden ohn Zweiffel vf ihr begehren, wiewohl Jch kain stain oder tafel finden können, die Jhr zur gedächtnuß gemacht wär worden.«[15]

Eine 1551 beabsichtigte Überführung nach Tübingen scheiterte, da ihr Leichnam seit 1537 verschollen ist.[16]

»Madona barbarina Era de anny 18 E bela grasisima E piasite Molte a questo conte Iverardo.«[17]

»Barbara Margrafin von Montua, sein Gemahl was am ersten ain rane schöne gerade Fürstin, die gepert im ain Tochter, die starb in der Kindhait, darnach ward sy so gros und faist, das kain Man kain grössere Fraw nie gesehen hat, und ligt begraben zu Kirchn der Stat und Slos an der Lawtter gelegen daselbs im Frawn Kloster Prediger Ordens.«[18]

»das allerhauslichest weib gewesen, so man zu ierer zeit hatt finden megen, mitt vichziehen iern ainigen lust und fröd gehapt. Darum sie auch das mererthail zu Waltenbuch bei ierem vich hausgehalten und in ierem alter zu ungewonlicher große und faiste geratten, deshalb auch zu Beblingen uff ier morgengab gestorben und gen Kirchen in das frauwencloster begraben worden.«[19]

»Postea Mantuae uxorem duxit filiam Marchionis Mantuani, natam matre germanica, filia marchionis Brandenburgensis, ex qua ei filia tantum nata est. Et quanquam postea non peperit, tamen semper cum ea amanter vixit, et adfirmabat doctor Vendelinus, fidem et castitatem coniugalem nunquam ab eo violatam esse.«[20]

»außbündig schön ist sie in ihrer jugendt, also daß man dafür gehalten, es sollte Jhres gleichen in vilen Landen nicht gefunden werden, hergegen ist sie im alter so groß und schwer worden, daß auch in disem fall wenig ihres gleichen zu finden gewesen.«[21]

»Sie war eine verständige Fürstin, eine gute Haußhälterin, hatte großen Lust zur Viehzucht, darumb wohnt sie vihl zu Waltenbuch, da sie schön weiß Vieh hatte.«[22]

»Sie hat wohl glebt, und ist wohl gstorbn,
Das ewig Himmelreich erworbn
Von hohem Gschlecht und edler Arth
War sie, ist jetz ein Engel zart«[23]

»Eberhard fand in seiner Gemahlin seine angenehmsten Erwartungen erfüllt. Sie übertraf an Schönheit die meisten ihrer Zeit. Jhr Geist und Herz besaßen vorzügliche Eigenschaften und ihre Kenntnisse bewiesen eine sorgfältige Erziehung. Durch beydes gewann sie Eberhards Liebe und Achtung. Sie schrieb lateinische Briefe und verstand die teutsche Sprache vollkommen. Ob sie gleich in Jtalien viel glänzenderes gesehen, so wußte sie sich doch in den Kreis der teutschen Hausmutter zu finden. Welch ein Abstand von den herrlichen Ufern des Po gegen die Wälder und Gebirge Wirtembergs, und doch war sie recht gern auf ihrer Majerei im Schönbuch, (Hasenhof bei Waldenbuch) von welcher sie die fürstliche Küche versorgte. Als einst das Land von Theurung gedrückt war, hörte man sie auf der Weinsteig (bei Stuttgart) sagen: ›sie wolle gern (mit den Landleuten) Speck und Erbsen essen‹; welche Rede lange zu ihrem Andenken im Sprüchwort geblieben.«[24]

»Eberhard hatte das Glück in der trefflichen, klugen und gebildeten Barbara, aus dem markgräflichen Hause von Mantua, eine Gemahlin zu finden, mit welcher er in größter Eintracht und Liebe lebte und die namentlich auch eine gute Haushälterin war. Gegen die Unterthanen bewies sie sich so theilnehmend, daß sie einst bei einer Theurung sagte, sie wolle lieber mit den Bauern Speck und Erbsen essen als sie Hunger leiden lassen. Der geneigte Leser denkt freilich, Speck und Erbsen sey gerade keine zu verachtende Kost: er vergesse aber nicht, daß man auf der markgräflichen Tafel in Mantua dergleichen geringe Speisen das ganze Jahr nicht gesehen hat.«[25]

»Eberhards Wahl war eine glückliche: Barbara war gleich ihrer Mutter durch Geistes- und Herzensvorzüge und vielfache Kenntnise vorteilhaft ausgezeichnet, wie alle älteren württembergischen Schriftsteller rühmen.«[26]

»Barbara, die durch Geistesgaben und Herzensgüte begnadete Tochter des Markgrafen von Mantua«[27]

»sie gebar dem Grafen nur ein Mädchen, das früh wieder starb, aber sie war fromm und wohltätig, vielseitig interessiert und hinterließ im Lande ein gutes Andenken«.[28]

»Die Ehe Eberhards mit Barbara galt den Zeitgenossen, obgleich sie kinderlos blieb, als gute Ehe, und Barbara hat sich, so berichten wenigstens später die wirtembergischen Historiographen, im Lande recht wohl gefühlt. Im Chor der Tübinger Stiftskirche, dem ersten Festsaal der jungen Hochschule, ließ Eberhard sein und seiner Gattin Bildnis in den berühmten Glasmalereien des Peter Hemmel von Andlau anbringen. Barbara kniet betend in einer Rosenlaube; rote und weiße Rosen – die Farben der Gonzaga – ranken ihr zu Häupten, und kleine Blumenkörbe sind in der Laube aufgehängt.«[29]

»das charmante Porträt eines klugen jungen Mädchens, das später als Gattin eines genialen Regenten die von allen verehrte Mutter ihres neuen Landes wurde.«[30]

»Bei aller echten Zuneigung zu ihrem Mann, die in manchen Äußerungen spürbar wird, hat Barbara Gonzaga in den drei Jahrzehnten ihres Aufenthalts in Württemberg immer unter Heimweh nach Mantua und ihrer Familie gelitten. In vielen ihrer Briefe ist ein resignierter Unterton nicht zu überhören, der mit den Jahren stärker wird. Ihre depressive Grundstimmung wurde sicher noch durch den Umstand verstärkt, daß ihre Ehe abgesehen von der frühverstorbenen Tochter kinderlos blieb. Die württembergische Geschichtsschreibung hat in Unkenntnis der Briefe Barbaras ihr Leben an der Seite Eberhards in ein zu idyllisches Licht getaucht und fast verklärt.«[31]

»eine Frau, die trotz ihrer Belastungen nicht hart und bitter geworden war, sondern es trotz allem verstanden hatte, die Herzen ihrer Mitmenschen so nachdrücklich zu gewinnen, daß sie noch heute bei vielen weiterlebt wegen ihrer Solidarität mit den Armen, ihrer Mildtätigkeit, ihrer Liebe zu Pflanzen, Tieren und Menschen und wohl auch deshalb, weil viele ahnten oder wußten, was dieser Frau aufgebürdet war und wie sie es zu tragen verstand.«[32]

Anmerkungen

Zu Barbara: Jakob Frischlin, De vita et obitu... Barbarae uxoris divi Eberhardi Barbati, Cod. hist. 2° 330, 19v; Christian Heinrich Günzler, Barbara von Mantua, J1 103b, 2f; Julius Schall, Herzogin Barbara von Württemberg 1455–1503 in: Beil. Staatsanzeiger 1895, 163–167; Katalog Württemberg 14–31; Schulz (Anm. 32).

1 Dielitz 104: Wahlspruch des Hauses Gonzaga von Mantua.

2 Dielitz 352 (= Wider Kraft); Dielitz 34: Biderkraft.

3 J1 48a, 80v: Friedrich Rüttel, Ahnentafel zu 8 Ahnen; Grossmann Hohenzollern 14 u. 223; Freytag 2, 129. A 602 U 369: »Burggraf Fridrichs Kinder vnd Genealogia, Das Graf Eberhart zu Wirtemberg der elter vnnd frewlin Barbara von Mantua ainander, im vierden grad consanguinitatis, verwandt seyen.« Splendours of the Gonzaga. Katalog zur Ausstellung im Victoria and Albert Museum London, London 1981, Stammtafel S. XVIIf; 118f: Abb. der 1474 fertiggestellten Fresken der herzoglichen Familie von Andrea Mantegna in der »Camera degli sposi« im Herzogspalast von Mantua mit Bildnis der jugendlichen Barbara; s. auch Gesamtwerk Mantegna, Luzern 1967, 6ff u. 105ff u. Tf 44ff.

4 Barbara Gonzaga kam am 10. Geburtstag ihres späteren Gatten Eberhard im Bart zur Welt. Den 11. Dezember 1455 als Geburtstag nennt: Peter Amelung in Katalog Württemberg 16 u. 17. Den Geburtsmonat Dezember 1455 nennen: Behr Suppl. 39; P. Stälin Heirat (Anm. 6) 4; Kübler Gal. 37; Isenburg 1, 75; Freytag 1, 75 u. 2, 129; Schwennicke 1, 122. Das Geburtsjahr 1455 nennen: Schön Nr 39; Uhland Festschrift 339. Um 1455: Behr 170; Giefel Nr 43.

5 Geburtsort Mantua: Schön (1908) Nr 39. Geburtsort unbekannt: Kübler Gal. (1905) 37.

6 A 602 U 365–378: Heiratsakten: U 366: Aufzeichnung über die vorläufige Eheberedung 1474. U 368: Ehevertrag vom 14. April 1474 Mantua. U 369: Anordnung Papst Sixtus IV., Graf Eberhard und Markgräfin Barbara vom Ehehindernis der Verwandtschaft im vierten Grad zu dispensieren vom 1. Juni 1474 Rom (vgl. Anm. 3). U 373: Schriften betr. die am 3. und 4. Juli 1474 zu Urach abgehaltene Hochzeitsfeier: »Verzaichnüs vnnd Ordnung Welcher massen der Hochgebornn fürst vnnd Herr Herr Eberhart der Elter Grave zu Wirtemberg vnd Mumpelgart mit der durchleuchtigen Fürstin Fraw Barbara Marggrevin zu Mantua etc. dess geschlechts der Gonzaga zu Aurach Hochzeit gehalten, was auch für Fürsten, Graven, Herrn vnnd vom Adel Frauen vnd mans Personen sampt Jren zugehorigen an angezaigte orth erschinen seyen. Das geschehen an S. Vlrichstag anno 1474.« Paul Friedrich Stälin, Die Heirath des Württembergischen Grafen, nachherigen Herzogs, Eberhard im Bart mit der Markgräfin Barbara von Mantua im Jahre 1474 in: WJbb 1872, 2, 1–17; Otto Rombach, Die italienische Hochzeit in Urach in: Beiträge zur Landeskunde 1975, 5, 1–7; Katalog Württemberg 14–22. Beschreibung bei O. Gabelkover Cod. hist. 2° 588, 436ff; Steinhofer 3, 226ff. Sattler Gf 3, 96: »Weil die Stadt Urach eben nicht groß ist, so muß man sich wundern, wo alle dise Leute (Anm. 14000 Gäste) Unterschlauf gefunden haben. Man kan aber desto leichter begreifen, daß 165000. Laib Brod, 4. Aymer Malvasier, 12. Aymer Rheinwein und 500. Aymer Landwein aufgezehret worden. Mit weitläuftiger Beschreibung dises Beylagers gedenke ich nicht beschwerlich zu seyn (Man sehe eine weitläuftere Beschreibung in Steinhofer 3, 223 ff). Gleichwol muß ich bemerken, daß die Mannspersonen ihre eigene, und das Frauenzimmer auch ihre besondere Tafeln gehabt und erstere herrlicher, als dise gespeiset worden. Dann nach dem Empfang der grävlichen Braut wurden den 3. Julii auf die Herrentafel 15. Schüsseln und auf die Frauenzimmer-Tafel nur 8. Speisen aufgetragen. An dem Tag des Beylagers wurden auf der erstern 22. Richten und ein Schauessen, für dise aber nur 12. Platten aufgestellt. Die Frauenspersonen ungeacht eine Erzherzogin und eltlich Fürstinen darunter begriffen waren, wurden darinn den Graven, Freyherrn und Edlen, welche in der Graven von Würtenberg Diensten stunden, gleich gehalten. Man muß demnach das Frauenzimmer mit ganz andern Augen, als heut zu Tag, angesehen und demselben wenigere Höflichkeit erwiesen haben.« Zu dieser Hochzeit auch Himmelein Eberhard 62 u. 81 f; zu dem »ihn sittlich sehr hebenden Ehebund« (Stälin 3, 587) vgl. auch Anm. 20 und Gf/Hz Eberhard †1496 Anm. 17.

Anderes Heiratsprojekt: A 602 U 365: Um 1467. Auf eine durch Gesandte Kaiser Friedrichs III. vorgetragene Werbung um die Hand der Markgräfin Barbara von Mantua für den Markgrafen Christoph von Baden †1527 wird zusagende Antwort erteilt. Zu diesem und weiteren Heiratsprojekten mit Georg von Bayern-Landshut, dem polnischen Königssohn Ladislaus König von Böhmen und dem Grafen Leonhard von Görz siehe Peter Amelung in Katalog Württemberg 16f.

7 A 602 U 373 (Anm. 6): Das Beilager fand am 4. Juli 1474 in Urach statt. Den 4. Juli 1474 als Hochzeitstag nennen: O. Gabelkover Cod. hist. 2° 588, 436v; Crusius 2, 98; Lairitz 473; Sattler Gf 3, 95 f; Stälin 3, 587; Behr 170; P. Stälin 717; Giefel Nr 43; Schneider Stammbaum; Kübler Gal. 37; Schön Nr 39. Den 3. Juli 1474 nennen: Pregitzer 1, 14 u. Eph. 14; Hübner 201; Pfister Eberhard 44; Festschrift Württemberg 91. Den 9. Juli 1474 nennt: LP Hz Johann Friedrich †1628 Bd XVII, 72. Den 12. April 1474 als Hochzeitstag nennen: Isenburg 1, 75; Freytag 1, 75; Himmelein Eberhard 139 (der 62 diesen Tag als Verlobungstag nennt); Schwennicke 1, 122. Das Hochzeitsjahr 1473 nennt: Chronicon Elvacense »1473 In Festo sancti Udalrici Eberhardus comes de Wirtenberg nuptias cum filia marchionis de Mantua celebravit«. Trithemius 2, 483 nennt als Ort der Heirat Stuttgart.

8 Barbara hatte im Gegensatz zu den Angaben in zahlreichen Genealogien nur eine Tochter; vgl. Gfn Barbara †n. 1474 Anm. 9.

9 O. Gabelkover Cod. hist. 2° 588, 445v.

10 Den 30. Mai 1503 (= III. kal. Junii) als Todestag nennen: Nekrolog des Dominikanerinnenklosters Kirchheim/Teck (Abschrift 16. Jh. in A 493 – Sonstiges); LP Hz Johann Friedrich †1628 Bd XVII, 72. Den 31. Mai 1503 nennen: Heller 29; Heimführung 25; Lairitz 473; Wolffgang 5; Pregitzer 1, 14 u. Cod. hist. 2° 53, 1, 10; Steinhofer 3, 830; Behr 170; Isenburg 1, 75; Freytag 1, 75; Schwennicke 1, 122. Den 21. Mai 1503 nennen: O. Gabelkover Cod. hist. 2° 589b, 49; Hübner 201; Steinhofer 3, 829; Sattler Gf 4, 40; Günzler J1 103b, 3; Pfister Eberhard 326 (andere 31. Mai); Moll 323; Voigtel-Cohn 92; P. Stälin 717; Giefel Nr 43; Schön Nr 39. Den 13. Mai 1503 nennen: Wolleber Cod. hist. 2° 934, 165v; Crusius 2, 159 (andere 31. Mai); Gadner Cod. hist. 2° 16, 14v; J. Frischlin Cod. hist. 2° 330, 19v; Cod. hist. 2° 795, 377; Cod. hist. 4° 16,

62; Cod. hist. 4° 216, 2v; Nockher 123v; Steinhofer 3, 829; Schall Barbara 167; Kübler Gal. 37. Den 13. oder 31. Mai 1503 nennen: Steinhofer 1, 247; Stälin 4, 50 (3, 713: Mai 1503); P. Stälin Hochzeit (Anm. 6) 16. Den 3. Mai 1503 nennt: Geburtregister 1. Ende Mai 1503: Katalog Württemberg 12 u. 23. Den 13. März 1503 nennt: J. Frischlin Cod. hist. 2° 73, 56v. Barbaras Todestag und Todesjahr ist weder bei Naucler noch bei Trithemius, Suntheim, Küng oder Rüttel überliefert und wird erst gegen Ende des 16. Jahrhunderts mit wechselnden Daten genannt. Ein Grabmal für Barbara wurde nicht errichtet (Anm. 14). Vor allen anderen Daten ist der Angabe des Kirchheimer Nekrologs Glauben zu schenken, der den 30. Mai (III. kal. Junii) als Jahrtag der Barbara nennt und den 31. Mai (II. kal. Junii) als Jahrtag der am 31. Mai 1518 verstorbenen Markgräfin Elisabeth von Baden, einer geborenen Markgräfin von Brandenburg, deren Grabmal mit dem Todestag in der Stuttgarter Stiftskirche noch vorhanden ist, angibt, vgl. Hz Ulrich † 1550 Anm. 15. Wenn der Kirchheimer Nekrolog den Todestag einer nichtwürttembergischen und in Stuttgart beigesetzten Fürstin richtig nennt, darf die Angabe des Todestages der im Kirchheimer Frauenkloster beigesetzten ersten Herzogin von Württemberg erst recht als richtig angesehen werden, auch wenn diese im entfernten Böblingen gestorben war.

11 Böblingen als Sterbeort nennen: Küng 98 (der als Todesursache ihre im Alter hervorgetretene Fettleibigkeit angibt): »in ierem alter zu ungewonlicher große und faiste geratten, deshalb auch zu Beblingen uff ier morgengab gestorben«; Wolleber Cod. hist. 2° 934, 165v; Crusius 2, 159; J. Frischlin Cod. hist. 2° 330, 19v: »in urbe et arce« Böblingen; Nockher 123v; Heimführung 25; Wolffgang 5; Pregitzer Cod. hist. 2° 53, 1, 10; Steinhofer 1, 247 u. 3, 829; Sattler Top. 159; Moll 323; Stälin 4, 50; P. Stälin Hochzeit (Anm. 6) 16; Schall Barbara 167; Kübler Gal. 37; Schön Nr 39. Waiblingen als Sterbeort nennen: Cod. hist. 2° 953, 1270; Lairitz 473; Pregitzer 1, 14. Nürtingen als Sterbeort nennen: Cod. hist. 4° 216, 2v »Consignation und Beschreibung aller fürstl. Witwen, so im fürstl. Burgschloß zu Nürtingen fürstl. verwidumbt gewesen«; Sattler Top. 162: Witwensitz Nürtingen. Kirchheim/Teck als Sterbeort vermutet: Ehrenfried Kluckert in: Schwäbische Heimat 1983, 131: »Nach dem Tode Eberhards zog Barbara nach Hohenentringen, das ihr der Gemahl vermacht hatte. Dort pflegte sie den Garten und nahm sich in Notzeiten der Armen an. Gestorben ist sie wahrscheinlich in Kirchheim/Teck, denn dort wurde sie im Dominikanerfrauenkloster beigesetzt.« Nachlaß G 41 Bü 1, 9: »Verzeichnis der Kleinode, die Marschall Conrad Thumb und Jörg Gaisberg aus dem Nachlaß der Herzogin Barbara genommen, als Herzog Ulrich zu Herzog Philipp von Bayern nach Augsburg reiten wollte« vom 29. August 1503; vgl. hiezu A 602 U 380: Drei Verzeichnisse des Silbergeschirrs der Gräfin Barbara, ihrer Kleider, Kleinodien, ihrer Teppiche und Tücher, u. a., 1491 u. 1494/95 u. o. J. Dazu: Werner Fleischhauer, Der Silberschatz des Grafen Eberhard im Bart von Württemberg in: ZWLG 29, 1970, 15–52; Ulrike von Lyncker, Die Edition und Kommentierung dreier Besitzverzeichnisse der Barbara Gräfin, später Herzogin von Württemberg. Zulassungsarbeit Tübingen 1972; Katalog Württemberg 131f.

12 Küng 98: »gen Kirchen in das frauwencloster begraben worden«; Gadner Cod. hist. 2° 16, 14v: »daselbsten zu der Erden nach fürstlichem gebrauch bestättiget worden«; Begräbnisstätte Dominikanerinnenkloster Kirchheim/Teck in sämtlichen Quellen einheitlich. Zu diesem Kloster: Kunst- und Altertums-Denkmale in Württemberg, Donaukreis 2, 44–48.

13 Sattler Gf 4, 40; O. Gabelkover (Anm. 15): »ohn Zweiffel vf ihr begehren«; Pre-

gitzer Cod. hist. 2° 53, 1, 10: »wie sie vor ihrem End verlangt«; Steinhofer 3, 829: »auf ihr Begehr«; Pfaff Gedenkbuch 229; P. Stälin Heirat (Anm. 6) 16: »ohne Zweifel in Folge ihrer eigenen Anordnung in dem ihr lieben Frauenkloster Kirchheim stattlich und fürstlich zur Erde bestattet«; Dieter Stievermann in Festschrift Württemberg 481: »fand ihr Grab bei den Dominikanerinnen zu Kirchheim, denen sie sich schon zu Lebzeiten geistlich verbunden gefühlt hatte.« Obwohl kein Testament vorhanden ist, darf angenommen werden, daß die Beisetzung in Kirchheim – und nicht an der Seite des Gatten im Einsiedel – auf ausdrücklichen Wunsch Barbaras erfolgte. Der Grund für diese Trennung im Tode ist allem nach nicht in einer etwa im Alter aufgetretenen Verstimmung zwischen den Ehepartnern zu suchen, die nach übereinstimmenden Aussagen der Chronisten »fridlich vnd wol mitainander gelebt« (Gabelkover Anm. 9) haben. An Gründen für die Wahl der Begräbnisstätte Kirchheim sind denkbar: Enge menschliche Beziehungen zu den dortigen Dominikanerinnen, die sie in den letzten Lebensjahren zu einer Wohltäterin dieses Konvents werden ließen (P. Stälin Heirat 15, Anm. 6; Katalog Württemberg 23).
Wiedergutmachung für die geradezu als verbrecherisch zu bezeichnende Drangsalierung des Klosters im Winter 1487/88 durch Eberhard II. d. J. (Sattler Gf 4, Beil. 42, 152–247; Stälin 3, 611).
Mehr Vertrauen in die Intensität und Qualität des kirchlichen Dienstes an den verstorbenen Seelen in einem Frauenkloster. Die Gründe gegen eine Beisetzung im Einsiedel an der Seite des geliebten Gatten (Sattler Gf 4, 40: »Ungeacht sie mit ihrem Gemahl sehr vergnügt lebte«) müssen sehr gravierend gewesen sein. Denkbar sind: Etwa persönliche Kränkungen im Zusammenhang mit ihrer Leibesfülle oder ihrer Neigung zu Viehzucht und Ackerbau (Anm. 19). Negative Erfahrungen bei der Beisetzung und mit dem Totengedächtnis Eberhards im Bart. Abneigung gegen die Vorstellung, als einzige Frau inmitten der Mitglieder eines elitären Männerordens zu ruhen. Mangelndes Vertrauen in den längeren Fortbestand des noch jungen Klosters nach dem Tode seines kinderlosen Stifters und Förderers. Vgl. auch Gf Eberhard †1496 Anm. 32. Überlegungen, wonach etwa Herzog Ulrich aus Gründen einer persönlichen Aversion gegen die dickliche, in ihrem Lebenswandel mehr einer Bäuerin denn einer Fürstin gleichende und darob zum Gespött ihrer fürstlichen Zeitgenossen gewordene Barbara dieser das Begräbnis im Einsiedel verwehrte, dürfen nicht unterlassen werden, zumal jener unablässig um das Ansehen seines neugeschaffenen Herzogshauses besorgt war und auf Neckereien und Spöttereien sehr allergisch reagieren konnte. Unwahrscheinlich ist jedoch der Gedanke, Barbara habe das Begräbnis in Kirchheim gewünscht, um dem Kloster die bei einem fürstlichen Begräbnis anfallenden Einnahmen und Gelder zukommen zu lassen; sie hätte sich dann ohne weiteres neben ihrem Gatten begraben und dem Kirchheimer Kloster einen entsprechenden, wenn nicht um vieles höheren Betrag aus ihrem Nachlaß übergeben lassen können. Alle diese Überlegungen können das Rätsel nicht lösen, weshalb dieses erste Herzogspaar von Württemberg im Tode nicht vereint sein durfte oder konnte. Herzog Christoph hat ein halbes Jahrhundert nach Barbaras Tod diese Trennung als so unmöglich empfunden, daß er bereits 1551, gerade ein Jahr nach seinem Regierungsantritt den Leichnam Barbaras von Kirchheim an die Seite Eberhards nach Tübingen überführen lassen wollte, ein Gedanke, der seinem Vater Herzog Ulrich zu einer Zeit, da dies noch möglich, ja dringend erforderlich gewesen wäre, niemals gekommen war; vgl. Anm. 16.

14 Barbara hat allem Anschein nach nie

einen Grabstein erhalten. Nach Karl Mayer, Aus Kirchheims Vergangenheit, Kirchheim 1913, 38 machten 1514 die Kirchheimer Klosterfrauen Herzog Ulrich den Vorschlag, das Grab der ihrem Wunsch entsprechend im hiesigen Kloster beigesetzten Herzogin Barbara mit einem Gedenkstein zu schmücken. Diese Anregung scheint ohne weitere Folgen gewesen zu sein, weder Oswald Gabelkover (Anm. 15: »wiewohl Jch kain stain oder tafel finden können, die Jhr zur gedächtnuß gemacht wär worden«) noch Martin Crusius (2, 159: »nichts mehr vom Stein zu sehen«), vor allem aber auch nicht dem mit der Suche nach Barbaras Leichnam beauftragten Hans von Remchingen (Anm. 16) ist ein solches Grabmal aufgefallen. Das Fehlen jeglichen Gedenksteines erklärt auch die Tatsache, daß um die Mitte des 16. Jahrhunderts, etwa bei Küng und Rüttel, das Todesdatum unbekannt war und die späteren Quellen derart verschiedene Angaben zum Todestag Barbaras machen. Die Behauptung, das Grabmal sei bei dem Brand des Klosters 1626 (ausgelöst durch einen Blitzschlag am 11. April, Steinhofer 1, 497; Sattler Gf 4, Beil. 42, 152) zerstört worden, bei P. Stälin Heirat (Anm. 6) 16: »ging wohl auch ihr Grabstein zu Grunde« und Schall Barbara 167: »Da dieses Kloster 1626 niederbrannte, ist uns der Grabstein nicht erhalten« und Lyncker (Anm. 11) II kann demnach als Irrtum angesehen werden. Das merkwürdige Los, einerseits nicht an der Seite des geliebten Gemahls begraben worden zu sein und andererseits nicht einmal ein Grabmal erhalten zu haben, hat Barbara mit der gleichfalls in Kirchheim beigesetzten Herzogin Franziska von Württemberg †1811, der zweiten Gemahlin des in der Familiengruft des Ludwigsburger Schlosses ruhenden Herzogs Carl Eugen †1793 gemein, deren nicht näher bezeichnete Grabstätte im Chor der Kirche St. Martin jahrzehntelang vergessen und verschollen war und die erst 1906 einen Gedenkstein in der Kirche erhalten hat. Es wäre an der Zeit, das Andenken an die Gattin Eberhards im Bart und erste Herzogin von Württemberg ebenfalls durch eine Gedenktafel in Kirchheim zu ehren.

15 O. Gabelkover Cod. hist. 2° 589b, 49.

16 Herzog Christoph ließ bereits 1551, drei Jahre vor der Überführung seiner Schwester Anna †1530 und der Eltern Eberhards im Bart aus der Grablege Güterstein nach Tübingen, nach dem Grabe Barbaras in Kirchheim forschen, um ihre sterblichen Überreste im Chor der Tübinger Stiftskirche neben ihrem Gatten Eberhard im Bart beisetzen zu können: A 364 Bü 3: Bericht des Kirchheimer Obervogts Hans von Remchingen an Herzog Christoph betr. »die begrebnus der hertzog von teckh vnd annderen herren, auch vom Adel Jn dem Closter daßelbst vnd zu Owen« vom 27. November 1551:
»vf E.f.g. gnedigem bevelch, vonn wegen ettlicher begrebnus, dero vorältern hochloblicher gedachtnus seligen, so allhie Jm closter begrabenn sein solten, vnd mich dessenn zuerkundigen, an welchen orten, vnd Endenn, dieselbigenn gelegen weren, damit die vßgegraben vnnd an anndere ordt gefurt werden mochten« »Das hab ich also gehorsamlich erstatt, Anfanngs den Platz, daruf der khor gestannden, dar Jnnen dann die begrebnussen gewessen, erkhundigt, auch was vonn noten sein, was zugraben, vnnd zusuchen were, ich bin aber Jn erfarung khomen, durch martin pfauten das zween herzogen vnnd zwei frowlin, Jn der kirchen Jm closter begraben gelegen syen, so closterfrowen gewesst, vnnd die frow vonn mantua, die Jm khor Jn dryen gewelben gelegen, vnnd Jn abbrechung der kirchen all dry vßgegraben, vnd geofnet. Das gebein was nit verwesen, denn closterfrowen vberantwurt wordn, also das zubesorgen, obgleich wyter gegrabn vnnd gebain gefunden werdenn solten, wurde doch niemannds beweiss sein, von weem

das were, E.f.g. wolte dann zum vberfluß, denn platz daruf der khor gestannden, durchgrabenn lassenn. (wiewol die closterfrowen dess nit gestendig sein wolln)« (Frdl. Hinweis von Herrn Rolf Götz, Kirchheim/T.). Demnach wurde Barbara 1503 in einer gemauerten Gruft im Chor der Klosterkirche beigesetzt. Beim Abbruch der Klosterkirche im Gefolge der Reformation (Rolf Götz: 1537) wurde das Grab und der Sarg mit der unverwesten (weil wohl balsamierten) Barbara und die Särge von vier (sicherlich nicht mehr unverwesten) Mitgliedern des Herzogshauses Teck geöffnet. Diese fünf Leichname sollen (sicherlich nach Entfernung sämtlicher wertvoller Grabbeigaben) angeblich den 1537 noch anwesenden Nonnen übergeben worden sein, was aber von den 1551 wieder anwesenden Klosterfrauen bestritten wird. Eine Ausgrabung des Geländes, auf dem der Chor gestanden hatte, unterblieb wohl im Hinblick auf die von Obervogt Remchingen angedeutete Sinnlosigkeit eines derartigen Unterfangens. Der weitere Verbleib von Barbaras Leichnam indessen bleibt ungeklärt. Es ist denkbar, daß die Gebeine im Durcheinander der Abbrucharbeiten einfach achtlos ihrem Schicksal überlassen wurden und auf dem Ruinengelände liegenblieben. Im Jahre 1551, da in Stuttgart ein Herzog regiert, der diese Reliquien nach Tübingen bringen will, müssen nun die Klosterfrauen als Vorwand herhalten, um einem zu erwartenden Tadel Herzog Christophs für die amtliche Pietätlosigkeit des Jahres 1537 entgehen zu können. Sollten die Gebeine jedoch tatsächlich den Nonnen übergeben worden sein, oder, was wahrscheinlicher sein dürfte, von diesen – aus alter Anhänglichkeit den Klosterstiftern des Hauses Teck und der Wohltäterin Barbara von Württemberg gegenüber oder aber in der Überlegung, daß nach den Wirren des Bildersturms und der Reformation einst wieder ein rechtgläubiger Regent auftreten kann – aus den Ruinen des Klosters geborgen worden sein, so ist anzunehmen, daß die fürstlichen Gebeine erneut auf dem Klostergelände beigesetzt wurden. Eine Verbringung in das katholisch gebliebene Ausland ist undenkbar; abgesehen davon, daß die Nonnen 1537 sicher andere Sorgen hatten, wäre eine solche Wegführung entweder unmöglich gewesen oder aber der Umwelt sicher nicht verborgen geblieben.

Wenn nun die Klosterfrauen des Jahres 1551, die mit dem Restkonvent von 1537 nur noch wenige personelle Gemeinsamkeiten gehabt haben dürften, die Lage von Barbaras Grabstätte nicht angeben wollten oder konnten, so geschah dies entweder in tatsächlicher Unkenntnis über deren weiteren Verbleib; andererseits kann das möglicherweise doch noch vorhandene Wissen um die Lage der Gebeine dem württembergischen Obervogt bewußt nicht mitgeteilt worden sein, um einen Abtransport der 1537 so geringgeschätzten Herzogin in das protestantische Oberzentrum Tübingen zu verhindern, zumal die Klosterfrauen sich um diese Zeit des Interim gewisse Hoffnungen auf einen Fortbestand ihres Klosters Kirchheim machen konnten.

Die Verantwortung, daß den sterblichen Überresten der Herzogin Barbara 1537 nicht die ihr gebührende Achtung entgegengebracht wurde, ist den damaligen Stadtvätern und Beamten Kirchheims zuzuschreiben, ihrer Pietätlosigkeit und ihrem mangelnden Geschichtsbewußtsein, Eigenschaften also, die in diesen beiden Bevölkerungsgruppen bis zum heutigen Tage überproportional auftreten. Die Hauptschuld aber, daß der Leichnam Barbaras seit 1537 verschollen ist, trifft zweifellos Herzog Ulrich selbst. Er, der möglicherweise eine gemeinsame Grabstätte der Ehegatten Eberhard und Barbara verhindert hat (Anm. 15), der es trotz sicher mehrfacher Bitten nicht einmal für nötig fand, der ersten Herzogin von Württemberg ein Grabmal oder wenigstens eine Gedenktafel zu errichten, hat es 1537, dem Jahr der Überführung Eberhards im Bart vom Einsiedel nach Tübingen, nicht nur unterlassen, das erste Herzogspaar im Tode zu vereinen, mehr noch, er hat Barbara bewußt der Vergessenheit anheimgegeben, wobei die Gründe hierfür wohl im persönlichen Verhältnis Ulrichs zu Barbara zu suchen sind. Als Herzog Christoph das Unrecht seines Vaters wiedergutmachen wollte, war es zu spät.

17 »Fräulein Barbarina war 18 Jahre alt, schön und ziemlich korpulent und gefiel dem Grafen Eberhard sehr.« Bericht des Andrea da Schivenoglia über den Aufenthalt Eberhards im Bart in Mantua im April 1474 in: Katalog Württemberg 14f.

18 Suntheim 594.

19 Küng 98. Zu Barbaras Lieblingsaufenthalt, dem Hofgut Hasenhof bei Waldenbuch s. Richard Reichert, Die Chronik der Stadt Waldenbuch, Waldenbuch 1962, 25f = wortgleich mit Otto Springer, Geschichte der altwürttembergischen Landstadt Waldenbuch, Stuttgart 1912, 16f. Zu der von Küng als Todesursache angedeuteten Fettleibigkeit im Alter s. Moll 323: »um sie von einem Bette ins andere zu tragen, seien sechzehn starke Männer erforderlich gewesen«.

20 Philipp Melanchthon, Oratio de illustri principe Eberardo (gehalten 1552 in Wittenberg), Nürnberg 1777, 12.

21 Oswald Gabelkover Cod. hist. 2° 589b, 49 = Steinhofer 3, 829.

22 Jakob Frischlin Cod. hist. 2° 73, 56v.

23 Christoph Bidembach bei Steinhofer 3, 830.

24 Pfister Eberhard 44f.

25 Barth 88.

26 P. Stälin Heirat (Anm. 6) 14.

27 Maximilian Buchner in: WVJH NF 18, 1909, 179.

28 Himmelein Eberhard 82.

29 Decker-Hauff Tübingen 12. Zu den Chorfenstern in Tübingen: Becksmann Glasmalereien 257–316. Chorfenster I: Barbara Gonzaga als Stifterin, Straßburg um 1478. Beschreibung bei Becksmann 281 mit Abb.Tf 107 Nr 357. Decker-Hauff Stuttgart 292. Chorfenster nord II: Barbara Gonzaga als Stifterin, Straßburg nach 1478. Beschreibung bei Becksmann 289 mit Abb.Tf 120 Nr 378 u. Tf 126 Nr 402. Dekker-Hauff Tübingen 13. Nach diesem Fenster Nikolaus Ochsenbach HB XV 2: Miniatur der Barbara, Abb. in Siegwalt Schiek, Der Einsiedel bei Tübingen, Sigmaringen 1982, 43.

30 Hansmartin Decker-Hauff zu Alberta Rommel, Die junge Barbara. Die Brautfahrt des Grafen Eberhard im Bart, Mühlacker 1984.

31 Peter Amelung in Katalog Württemberg 23. Die Edition der Briefe Barbaras durch Peter Amelung ist in Vorbereitung.

32 Siegfried Schulz, Von einem anderen Leben der Gräfin Barbara von Mantua in: Amtsblatt der Stadt Waldenbuch, Januar 1987, 37–39.

Nachtrag zu Barbara:

Katalog Fürstliche Witwen auf Schloß Böblingen. Hg. v. Günter Scholz, Böblingen 1987. Darin: Günter Scholz, Barbara von Mantua 79–86; Peter Amelung, Herzogin Barbaras Böblinger Briefe nach Italien 87–92; Siegfried Schulz, Barbara von Mantua und Waldenbuch 101–104. Zu Anm. 12 und 16: Werner Frasch, Kirchheim unter Teck, Kirchheim 1985, 131: »1503 auf dem Friedhof des Klosters beigesetzt«.

Elisabeth

1447–1505

Gräfin von Württemberg

I Gräfin von Nassau-Saarbrücken

II Gräfin von Stolberg

2. T. v. Graf Ludwig I. von Württemberg[1]
u. v. Pfalzgräfin Mechthild bei Rhein

Geboren am 4. Oktober 1447[2]
in Urach im Stadtschloß[3]

Vermählt 1470
mit Graf Johann III. von Nassau-Saarbrücken 1423–1472[4]
Eheabrede am 29. August 1470 Maulbronn[5]
Beilager am 30. Oktober 1470 in Saarbrücken[6]
Zweite Ehe 1474
mit Graf Heinrich dem Älteren von Stolberg 1436–1511[7]
Eheabrede am 21. Oktober 1474 Maulbronn[8]

Gestorben am 3. Juni 1505[9]
in Wernigerode[10]

Beigesetzt 1505
in Stolberg in der Kirche St. Martin »vor dem Predigtstuhle«[11]

Grabmal von 1506[12]
»AÑO DNI. 1505. TEТIO NON/ JUNIJ. OBIJT JLLUSTR. ET GÑŌSA DÑĀ. ELIZABET NATA/DE WIRTĒBḠ. NOBI/LIS HEINRICI COMIT. DE STAL/BERG SENIORIS CONTHORALIS. HIC SEPULTA. CUI. AĪA. REQESCAT IN PACE.«[13]

»Here dein barmherzigkeit sey alzeit ube mich. Alß ich gehoffet hab in dich.«[14]

Kenotaph in Saarbrücken im Stift St. Arnual[15]
»HIE LIGET BEGRABEN DIE WOLGEBORNE FRAUWE ELIZABETH GEBORNE VON WIRTEN-BERG VND MYMPELGART GRAUYINNE ZU NASSAUWE VND ZU SARBRUCKEN ETC. DIE

GESTORBEN IST IN DEN IAREN VNSERS HERREN M CCCC (CV) DES ( ) DAGES DES MANDES ( ) DER SELEN GOT ALMECHTIG BARMHERTZIG SIN WOLLE.«[16]

»Ueberblickt man Elisabeths Leben und Wirksamkeit, so erscheint sie von gutem, wohlwollendem Character und von Pflichttreue gegen ihre Angehörigen beseelt; daneben war sie der Kirche treu ergeben und von rechtschaffener, christlicher Gesinnung, aber sie war eigenwillig und trug in früheren Jahren kein Bedenken, für Schmuck und prächtige Ausstattung größere Summen zu opfern. Jedenfalls übte sie einen guten, wohlthätigen Einfluß auf ihr Haus und ihre Umgebung.«[17]

Anmerkungen

Zu Elisabeth: Botho Graf zu Stolberg-Wernigerode, Geschichte des Hauses Stolberg vom Jahre 1210 bis zum Jahre 1511, Magdeburg 1883, 459–484; Albert Ruppersberg, Geschichte der ehemaligen Grafschaft Saarbrücken, Saarbrücken 1899, 1, 222–229.

1 Vgl. Gf Eberhard † 1496 Anm. 12.

2 Den 4. Oktober 1447 als Geburtstag nennt: Eber 397. Den 3. Oktober 1447 nennt: Giefel Nr 44. Den 5. Oktober 1447 nennt: Schön Nr 40. Das Geburtsjahr 1447 nennen: Pregitzer 1, 11; Hübner 201; Sattler Gf 2, 174; Behr 170; P. Stälin 717 (mit ?); Isenburg 1, 75; Freytag 1, 75; Schwennicke 1, 122. Das Geburtsjahr 1444 nennt: Schwennicke 1, 110. Stälin 3, 713 ohne Angabe des Geburtsjahres; ebenso Voigtel-Cohn 92. Elisabeth wird nicht aufgeführt bei: Uhland Festschrift 399.

3 Geburtsort Urach nennt: Schön Nr 40. Es ist anzunehmen, daß Elisabeth, wie auch die anderen nach der Landesteilung von 1442 geborenen Kinder Ludwigs I. in der neuen Residenz zu Urach zur Welt kamen; vgl. Gf Eberhard † 1496 Anm. 15.

4 Nach Ruppersberg (s. o.) 1, 212: geboren am 4. April 1423 in Kirchheim; gleiches Geburtsdatum auch bei: Behr 170; Giefel Nr 44; Isenburg 1, 75; Freytag 1, 75; Schwennicke 1, 110 (Stammtafel Nassau-Saarbrücken). Den 4. April 1425 als Geburtstag nennt: Schön Nr 40. Nach Ruppersberg (s. o.) 1, 226: gestorben am 25. Juli 1472 in Vaihingen a. d. Enz, auf der Reise zu seinem Schwager, Graf Eberhard im Bart nach Urach; Sterbeort und Datum auch bei Pregitzer 1, 11; Sterbedatum auch bei: Behr 170; Voigtel-Cohn 92; Giefel Nr 44; Schön Nr 40; Isenburg 1, 75; Freytag 1, 75; Schwennicke 1, 110. Beigesetzt in Saarbrücken im Stift St. Arnual, Grabmal vgl. Anm. 15. Johann III. war in erster Ehe seit dem 10. September 1446 mit Johanna von Loen vermählt, gestorben am 3. September 1469, beigesetzt in Saarbrücken im Stift St. Arnual, Grabmal vgl. Anm. 15.

5 A 602 U 386: Heiratsbrief vom 29. August 1470 Maulbronn, darin Beilager auf 28. Oktober 1470 festgelegt.

6 Ruppersberg (s. o.) 1, 223: »Elisabeth traf am 29. Oktober (1470) in Saarbrücken ein, worauf die Vermählungsfeier am folgenden Tage stattfand« (mit Quellenangabe: »Dagbuch 29. Oktober: quam myn Frauw von Württemberg gein Saarbrükken«). Den 30. Oktober 1470 als Hochzeitstag nennen: Steinhofer 3, 186; Stälin 3, 716; Behr 170; Voigtel-Cohn 92; Isenburg 1, 75; Freytag 1, 75; Schwennicke 1, 122. Den 28. Oktober 1470 nennen: Pregitzer 1, 11; Hübner 201 (vermutlich nach der Vereinbarung im Heiratsbrief, Anm. 5). Den 28. August oder 30. Oktober 1470 nennen: P. Stälin 717; Giefel Nr 44; Schön Nr 40 (vermutlich wurde dabei das Datum der Eheabrede 29. August und das darin festgelegte Datum des Beilagers 28. Oktober zur Angabe 28. August vermischt, vgl. Anm. 5). Zu dieser Heirat: Ruppersberg (s. o.) 1, 222f, dort Saarbrücken Ort des Beilagers; Schön Nr 40 nennt Rottenburg am Neckar. Dieser Ehe entstammt: Johann Ludwig (Postumus), geboren am 20. Oktober 1472, gestorben am 4. Juni 1545, Schwennicke 1, 110.

7 Nach Isenburg 1, 75: geboren am 12. Mai 1436. Das Geburtsjahr 1436 nennen: Behr 170; Giefel Nr 44; Schön Nr 40. Geburtsjahr circa 1433 nennt: Stolberg-Wernigerode (s. o.) Tab II. Den 17. September 1511 als Todestag nennen: Behr 170; Stolberg-Wernigerode (s. o.) 456 u. Tab II; P. Stälin 717; Giefel Nr 44; Schön Nr 40; Isenburg 1, 75; Freytag 1, 75. Das Jahr 1508 als Todesjahr nennen: Pregitzer 1, 11; Hübner 201; Stälin 3, 713. Nach Stolberg-Wernigerode (s. o.) 456: beigesetzt in Stolberg/Kreis Sangershausen in der Hauptkirche St. Martin in der von ihm neu ausgestatteten Gruft, Grabmal nicht mehr erhalten. Heinrich der Ältere war in erster Ehe seit 1454 mit Gräfin Mechthild von Mansfeld 1436/38–1468 vermählt; nach Stolberg-Wernigerode Tab. II.

8 A 602 U 395: Heiratsbrief vom 21. Oktober 1474 Maulbronn. Den 21. Oktober 1474 als Hochzeitstag nennen: Pregitzer 1, 11; Behr 170; Voigtel-Cohn 92; Giefel Nr 44; Schneider Stammbaum; Isenburg 1, 75; Freytag 1, 75; Schwennicke 1, 122. Den 12. Oktober 1474 nennt: Steinhofer 3, 226 (wohl Druckfehler). Den 12. oder 21. Oktober 1474 nennt: P. Stälin 717. Den 4. Oktober 1474 nennt: Sattler Gf 3, 96. Das Hochzeitsjahr 1474 nennen: Hübner 201; Stälin 3, 713; Stolberg-Wernigerode (s. o.) Tab II; Maisch Stammtafel. Das Beilager fand wohl Anfang Januar 1475 nach erfolgter Wittumsverschreibung statt, wahrscheinlich in Stolberg; Stolberg-Wernigerode (s. o.) 464f. Diese Ehe blieb kinderlos; die von Ruppersberg (s. o.) 1, 229 genannten zwei Söhne Heinrich und Bodo entstammen der ersten Ehe ihres zweiten Gatten.

9 Den 3. Juni 1505 als Todestag nennen: Grabmal (Anm. 13) Behr 170; Isenburg 1, 75; Freytag 1, 75; Schwennicke 1, 110 u. 122. Den 2. Juni 1505 als Todestag nennen: P. Stälin 717; Giefel Nr 44; Schneider Stammbaum; Schön Nr 40.
Das Todesjahr 1505 nennen: Kenotaph (Anm. 16); Stälin 3, 713; Voigtel-Cohn 92; Stolberg-Wernigerode (s. o.) Tab II; Maisch Stammtafel; Ruppersberg (s. o.) 1, 229. Das Jahr 1487 als Todesjahr nennen: Pregitzer 1, 11; Hübner 201.

10 Sterbeort Wernigerode bei: Stälin 3, 716; Ruppersberg (s. o.) 1, 229.

11 Stolberg-Wernigerode (s. o.) 484; ohne Angabe von Todesdatum und Sterbeort; vgl. Anm. 13.

12 Georg Dehio, Handbuch der deutschen Kunstdenkmäler, Bezirk Halle, München, Berlin 1976, 448: Stolberg Stadtkirche St. Martin: »Wahrscheinlich aus der gleichen Werkstatt (Anm.: aus der Gießhütte Peter Vischers d. Ä. in Nürnberg) die Bronzegrabplatte für Elisabeth von Stolberg †1505, mit der Darstellung der Verstorbenen in flacher Zeichnung, als Standfigur auf perspektivisch wiedergegebenem Fußboden vor schönem Rankenhintergrund.«
Stolberg-Wernigerode (s. o.) 484: »Jhr Leichenstein wurde im Herbste 1506 nach Stolberg abgeliefert. Sie fand ihre Ruhestätte in der Pfarrkirche vor dem Predigtstuhle. Jhrem Gedächtnisse galt eine Vicarie in der Kluft des Erbbegräbnisses. Auf dem Leichenstein war nach Zeitfuchs Bericht (Anm.: Zeitfuchs Stolbergische Kirchen- und Stadt-Historie 35) ihr Bildniß von Messing eingelegt und dabei folgende Jnschrift um ihr Haupt: Herr dien Barmherzigkeit sey alzeit über mich, als ich gehoffet hab in dich. Leider hat sich aber von dem Leichensteine nichts mehr erhalten.«
Beschreibende Darstellung der älteren Bau- und Kunstdenkmäler der Provinz

Sachsen 5, Kreis Sangershausen, Halle 1879, 96–99: Stolberg St. Martin ohne Erwähnung des Grabmals.

13 Inschrift zitiert nach Photo Schukraft. An den Ecken die Evangelistensymbole.

14 Inschrift zu Häupten Elisabeths, darüber die Wappen Stolberg und Nassau-Saarbrücken, zu ihren Füßen das Allianzwappen Stolberg-Württemberg.

15 Stolberg-Wernigerode (s. o.) 464 u. 484; Ruppersberg ((s. o.) 1, 227f mit Inschrift u. Abb.; Walther Zimmermann, Die Kunstdenkmäler des Stadt und Landkreises Saarbrücken, Düsseldorf 1969, 141–180: Stift St. Arnual, 161–163: »Grabmal für Graf Johann III., gest. 1472 und seine Gemahlinnen Johanna von Loen und Elisabeth von Württemberg. Sandstein in farbig erneuerter Fassung, 265 cm lang 252 cm breit, Höhe des Sockels 100 cm. Höhe der Engel 143 cm. Das Grabmal stand ursprünglich frei im Chor, auf den vier Seiten des Sockels waren die drei Inschriftplatten und auf der Vorderseite die an Riemen hängenden Wappen der Verstorbenen angebracht. Zwei der Platten sind heute in der Wand über dem Denkmal eingelassen. Die Verstorbenen liegen auf einfacher rechtekkiger Platte. Der Graf ruht in voller Rüstung mit betend erhobenen Händen auf einem ausgebreiteten Tuch, das Haupt mit freiem Haar auf einem Doppelkissen; zu Füßen ein Löwe. Zu seiner Linken liegt die Gräfin Johanna in langem faltigem Gewand, einen Rosenkranz in den betend erhobenen Händen, das von großer Haube mit herabhängender Schleife umrahmte Haupt auf einem Kissen, zu Füßen ein Hund. Zu seiner Rechten liegt die Gräfin Elisabeth in gleicher Haltung in langem aufgeschlagenem Mantel, die Haube mit unter dem Kinn vorbeigeführter Schleife befestigt. Am Kopfende stehen zwei Engel, die mit zierlicher Hand Schild und Helm des gräflichen Wappens halten. Neben ihnen je ein kniender Leuchterengel. Das Denkmal ist künstlerisch das wertvollste in der ganzen Kirche. Es gehört in die Reihe der von der niederländischen Welle erfaßten Werke der Bildhauerkunst des 15. Jahrhunderts« (es folgen die Inschriften »in gotischer Zierschrift«); mit vier Abb. HbHistStätten v Rheinland-Pfalz-Saarland 317: Stift St. Arnual von 1456 bis 1627 Grablege der gräflichen Familie von Nassau-Saarbrücken.

16 Zitiert nach Kunstdenkmäler Saarbrücken (Anm. 15) 163.

17 Stolberg-Wernigerode (s. o.) 484.

Generation IX

B Linie Württemberg-Stuttgart

Ulrich V. † 1480
⚭ I Margarethe von Cleve † 1444
⚭ II Elisabeth von Bayern-Landshut † 1451
⚭ III Margarethe von Savoyen † 1479

Katharina
† 1497

Eberhard VI./II.
† 1504
⚭ Elisabeth
von Brandenburg
† 1524

Heinrich
† 1519
⚭ I Elisabeth von
Zweibrücken-Bitsch
† 1487
⚭ II Eva von Salm
† 1521

Margarethe
† 1479

Ulrich
n. 1444

Elisabeth
† 1501
Henneberg

Margarethe
† 1470
Eppstein-Königstein

Philippine
† 1475
Horn

Helene
† 1506
Hohenlohe

Katharina

1441–1497

Gräfin von Württemberg

Nonne in Adelberg, Lauffen am Neckar und Gerlachsheim[1]

1. T. v. Graf Ulrich V. dem Vielgeliebten von Württemberg
u. v. Herzogin Margarethe von Cleve[2]

Geboren am 7. Dezember 1441[3]
in

Gestorben am 28. Juni 1497[4]
in Würzburg[5]
»mit schwerer leibskranckheit behafft gewesen«[6]

Beigesetzt 1497
in Adelberg in der Klosterkirche[7]

»vf ihr zuvor Begehren gehen Adelberg gefüert. Daselbsten in S. Ulrichs Kürch vor des Altars Antrith zur Erden Bestettiget worden«[8]

Graf Ulrichs erste Gemahlin »hat Jrem Herrn zu end diß Jars ain ainzige tochter geboren, Catharina genannt, welche aintweder das sie leibarm gewesen, oder villeicht das sie sich nicht mit Jrer Stieffmuotter volgender zeit nicht betragen könden, anfenglichs gen Adelberg Jnn das Nonnen Closter gethon worden«[9]

»wird wegen ihrer Gottesfurcht gerühmet«[10]

»wird wegen ihrer Gottesforcht sehr gerühmet«[11]

Es ist zu vermuten, »daß die unruhige Natur ihrer Brüder Eberhard und Heinrich ihr nicht fremd war«[12]

»Schwierig wurde es mit Katharina, dem ältesten Kind aus seiner Ehe mit der Klever Herzogstochter: bereits 1458 plante der Graf, diese und ihre jüngere Schwester Margarethe in das Kloster Pfullingen zu geben, das Vorhaben zerschlug sich jedoch. Margarethe erscheint später als Nonne zu Liebenau bei

Worms, während Katharina in das Doppelkloster der Prämonstratenser zu Adelberg eintrat. Als die Nonnen 1467 in das ehemalige Dominikanerinnenkloster Lauffen verlegt wurden, stand Katharina an der Spitze des Konvents – wie noch heute auf einem Tafelbild zu diesem Vorgang zu sehen ist. Nach der im reformerischen Geist erfolgten Übersiedlung fühlte sich die Grafentochter aber im Konvent nicht mehr wohl, obwohl sich dieser vornehmlich aus Töchtern des württembergischen Adels zusammensetzte. Gegen den Willen der Familie und des Ordens verließ sie Lauffen – offenbar infolge von Erbschaftsregelungen 1487 – und suchte sich weniger strenge Aufenthaltsorte aus. Damit wie auch mit der Forderung auf ihre väterliche Legate konnte sie sich durchsetzen, trotz einer päpstlichen Bulle, die das Haus Württemberg 1488 gegen sie erwirkte. Als sie 1497 starb, wurde sie auf ihren eigenen Wunsch in Adelberg bestattet. Ihren Nachlaß, Haus und Hof zu Würzburg, veräußerte Herzog Eberhard II. Katharina war die letzte Klosterfrau aus dem Hause Württemberg.«[13]

Anmerkungen

Zu Katharina: Eugen Schneider, Die Klosterfrau Katharine Gräfin von Württemberg in: Beil. Staatsanzeiger 1895, 35–37.

1 O. Gabelkover Cod. hist. 2° 588, 114: »anfenglichs gen Adelberg Jnn das Nonnen Closter gethon worden«, 449 f: Das »ärgerlich leben der gaistlichen Personen zu Adelberg« führte 1476 zur Verlegung des Nonnenkonvents von Adelberg nach Lauffen am Neckar, 458 f: Translation. Crusius 2, 104: »1476: In eben diesem (andere setzen im folgenden) Jahr, da noch Graf Ulrich von Würtemberg regierte, und Berchtold Dyrr Abt zu Adelberg, Prämonstratenser-Ordens, war, wurden die dortige Nonnen, welche biß dahin allda besonder gelebt, auf Erlaubnuß des Pabsts in das Nonnen-Closter bey dem Städtlein Lauffen transferirt, und musten also wieder ihrem Willen, und auch ohne ihre Schuld, nur allein um des Grafen und des Abten willen, welcher letztere das Closter zu Lauffen in seinem Schutz hatte, von Adelberg weg ziehen. Jhrer waren an der Zahl 17. Adeliche Fräulein, unter welchen Katharina… des Grafs Ulrichs Tochter… Zur Ursach dieser Translation wurde folgendes in den Brieffen angegeben, damit die Nonnen in der Absonderung von denen Mönchen Gott desto andächtiger und sicherer dienen könnten, weilen es sehr gefährlich und darzu aller Religion und Ehrbarkeit zuwider seye, wann Weibs-Bilder bey Manns-Bildern, besonders bey Religiosen oder Ordens-Leuten, in einem Hause oder Closter beysammen wohnen.« Christoph Besold, Documenta… Monasteriorum… in ducatu Wirtenbergico sitarum…, Tübingen 1636, 552 zitiert Crusius: »Caussa translationis, in litteris legitur, segregatim a Monachis devotius, securiusque Deo famulandi, cum sit valde periculosum, et ab omni honestate, ac religione alienum mulieres viris, praesertim Religiosis, cohabitare«. Steinhofer 3, 255–257: Verlegung erfolgte, da Graf Ulrich »das ärgerliche Leben zu Adelberg, da Mönche und Nonnen in einer Ringmauer beysammen gewesen, nicht mehr dulden wollte«. In Cod. hist. 2° 308, 6 f eine farbige Darstellung der Übersiedlung von Adelberg nach Lauffen 1476 unter Anführung der Gräfin Katharina, mit Allianzwappen Württemberg-Cleve. A 602 U 418: Am 10. Mai 1488 gibt Papst Innozenz VIII. in Rom den Auftrag, auf Bitte des Klosters Lauffen und des Grafen Eberhards im Bart, die heimlich aus dem Kloster entwichene Gräfin Katharina, nach Lauffen zurückzuführen. A 602 U 419: Am 28. Januar 1489 bittet Abt Christoph von Oberzell den Abt von Adelberg, Gräfin Katharina, die wegen Erbstreitigkeiten mit dem Hause Württemberg aus dem Kloster Lauffen entfloh und sich unter den Schutz des Bischofs von Würzburg stellte, vom Gehorsam zu entbinden, damit sie in ein Kloster seiner Diözese aufgenommen werden könne. A 602 U 422: Am 6. Februar 1489 verzichtet Katharina gegen ein Leibgeding von 300 Gulden auf alle Erbansprüche; vgl. Steinhofer 3, 495: als Nonne in Gerlachsheim. Katharina verläßt später auch dieses Kloster und bezieht ein eigenes Haus in Würzburg, wo sie 1497 stirbt. Stälin 3, 716: »Ursprünglich Nonne in Adelberg, kam sie bei Verlegung dieses Klosters nach Lauffen, wurde dort Aebtissin, verließ aber dieses Kloster wieder und trat in das zu Gerlachsheim ein. Sie starb zu Würzburg und wurde ihrem Begehren gemäß in Adelberg beerdigt.« Schneider Katharina 36 bestreitet die auch bei Crusius 2, 104 angegebene Stellung einer Äbtissin von Lauffen.

Als Motiv für den Eintritt ins Kloster vermutet Oswald Gabelkover (s. Anm. 9) körperliche Gebrechen oder mangelndes Verständnis mit der Stiefmutter; Hauptgrund dürfte jedoch gewesen sein, daß Margarethe von Savoyen die eigenen Töchter vor ihren Stieftöchtern standesgemäß versorgt und verheiratet sehen wollte. Nachdem die Tochter zweiter Ehe Margarethe bereits seit 1453 im Kloster Liebenau untergebracht war (s. Gfn Margarethe †1479 Anm. 5), beabsichtigte Graf Ulrich im Herbst 1458 eine oder zwei seiner Töchter in das Kloster zu Pfullingen zu bringen: A 602 U 412: Am 29. Oktober 1458 dankt der Provinzial des Barfüßerordens in Söflingen Graf Ulrich, daß er eine oder zwei seiner Töchter in das Kloster Pfullingen schicken wolle. Damit sind doch wohl die beiden noch lebenden Töchter erster und zweiter Ehe, Katharina und Elisabeth (nachmalige Gräfin Henneberg), gemeint. Weshalb Katharina dann doch nach Adelberg kam, ist unbekannt, ebenso der genaue Zeitpunkt ihres Eintritts. Quittungen über die Zahlung ihres Leibgedings sind von den Jahren 1462 bis 1466 erhalten (A 602 U 413). Im Kloster Lauffen war 1605 noch ihr Wappen vorhanden mit beigeschriebener Jahreszahl 1459 (Cod. hist. 2° 308, 1). Da Katharina jedoch erst im Jahre 1476 von Adelberg nach Lauffen kam, hat die Jahreszahl 1459 in Lauffen nur einen Sinn, wenn damit das Jahr des Eintritts Katharinas in den geistlichen Stand gemeint ist.

2 Tubingius 260: »Margaretha, filia ducis de Cleve et Marck comitis. Quae unicam peperit filiam Catharinam nomine.« Suntheim 593: »Margaretha Hertzogin von Cleff sein erste Gemahel, mit der hett er ain Tochter genant Katherina ain Klosterfraw zu Lauffen am Necker.« Küng 112: »Katharin, graff Ulrichs thochter, geborn aus frauw Margret, hertzogin zu Cleue.« O. Gabelkover Cod. hist. 2° 588, 510v: Einzige Tochter der ersten Ehe Ulrichs mit Margarethe von Cleve. Diese Abkunft in sämtlichen Quellen einheitlich. Nicht aufgeführt bei: Maisch Stammtafel; Uhland Festschrift 399. Katharinas Wappen Württemberg-Cleve in Cod. hist. 2° 308, 1 u. 6f und Cod. hist. 2° 909 zum Jahr 1476.

3 Den 7. Dezember 1441 als Geburtstag nennen: Pregitzer 1, 12; Hübner 201; Moll 284; Behr 170; Voigtel-Cohn 93 (mit ?); Giefel Nr 45 (mit ?); Isenburg 1, 76; Freytag 1, 76; Schwennicke 1, 123. Ende 1441 bei: O. Gabelkover Cod. hist. 2° 588, 114 (s. Anm. 9); Steinhofer 2, 818. Ende 1441/Anfang 1442 bei: Steinhofer 2, 847; Schneider Katharina 35. Den 7. September 1441 nennt: Mohl 358. Geburtsjahr 1441: Montanus 184. Um 1441: Schön Nr 41. Um 1440: Schneider Stammbaum. Andreas Rüttel d. Ä. J1 48q, 12 mißt ihr bei einem Todestag 28. Juni 1497 ein Lebensalter von

51 Jahren 6 Monaten zu, was einem Geburtsdatum Neujahr 1446 entspricht. Crusius 2, 104 läßt sie »um das 90. Jahr ihres Alters« (»jam nonagenaria«) sterben, macht demnach Katharina zu einer älteren Schwester ihres Vaters. Das Beilager der Eltern fand am 29. Januar 1441 statt.

4 Adelberger Nekrolog (MGH Necrologia Germaniae 1, 144): »Catharina ducissa de Clef, com[a] de Wirtenberg ob. 1497«. Den 28. Juni 1497 als Todestag nennen: A. Rüttel d. Ä. J1 48q, 12; Eber 248; O. Gabelkover Cod. hist. 2° 588, 709v; Cod. hist. 2° 141, 294; Pregitzer Cod. hist. 2° 426b, 1554; Pregitzer 1, 12; Hübner 201; Steinhofer 1, 159 u. 3, 672; Sattler Hz 1, 22; Stälin 3, 713; Behr 170; Voigtel-Cohn 93; Schneider Katharina 37; Giefel Nr 45; Schneider Stammbaum; Schön Nr 41; Isenburg 1, 76; Freytag 1, 76; Schwennicke 1, 123. Das Todesjahr 1497 bei: Wolleber Cod. hist. 2° 934, 112; Crusius 2, 104 »A. 1497. um das 90. Jahr ihres Alters gestorben... (anderwärts zwar wird ihr Tod in das 1477. Jahr, den 5. Juli gesetzt. Allein sie ist wahrhafftig erst A. 1497 mit Tod abgangen)«; Heimführung 27; Lairitz 475; Mohl 358; Festschrift Württemberg 479. Den 18. Januar 1497 als Todestag nennt: Moll 284.

5 Sterbeort Würzburg bei: Eber 248; O. Gabelkover Cod. hist. 2° 588, 709v: Ihr Wohnhaus (wohl auch Sterbehaus) in Würzburg erwirbt Zinstag vf Bartholomei 1497 Conrat Jäger, Schultheiß zu Thalheim, um 490 Gulden von Herzog Eberhard II.; Steinhofer 3, 672; Stälin 3, 716; Schneider Katharina 37; Festschrift Württemberg 479. Sterbeort Lauffen am Neckar bei: Küng 112; Wolleber Cod. hist. 2° 934, 112 u. 186; Steinhofer 2, 818.

6 Wolleber Cod. hist. 2° 934, 112. Küng 112: »ist gantz eines bloden und bresthafftigen leibs gesein, derhalber sie zu Lauffen in dem frauwencloster ier leben verschlissen, da sie auch nach ierem absterben begraben worden«.

O. Gabelkover Cod. hist. 2° 588, 709v: »vermuthlich aintweder leibarm oder sonst immerzu kranckh und baufällig gewesen«.

7 Simon Studion J1 1, 163: »Sepulta in monasterio Adelberg ante aram, mortua 1497«; Eber 248; Wolleber Cod. hist. 2° 934, 112: als Katharina ihr »nahend Stündlin vermörckht, Begert sie Jren leichnam Jn das closter Adelberg Begraben zu werden«; Crusius 2, 104: »zu Adelberg, wo man zu dem hohen Altar hinauf gehet, auf ihr Begehren begraben worden«; O. Gabelkover Cod. hist. 2° 588, 709v; Pregitzer Cod. hist. 2° 426b, 1554; Mohl 355; Steinhofer 3, 672; Sattler Hz 1, 22; Schneider Katharina 37; Festschrift Württemberg 479. Den Begräbnisort Lauffen am Neckar nennt Küng 112; Cod. hist. 2° 308: »Verzeichnus der Wappen, so im Closter zu Lauffen in Zellen vnd Gemachen auch Kirchen vnd vf den Grabsteinen diser Zeit befunden werden. Actum den 12. Tag Apprilis A. 1605« ist ohne Nachweis eines Grabsteins für Katharina.

8 Wolleber Cod. hist. 2° 934, 186. Katharina hatte sich demnach jenes Kloster als letzte Ruhestätte erwählt, in dem sie ihre Jugendzeit verbracht hatte, und das sie 1476 bei der Verlegung des Nonnenkonvents nach Lauffen nur unter Zwang verlassen hatte. Abt des Klosters Adelberg war seinerzeit und noch beim Tode Katharinas Bertold Dürr, dessen Amtszeit sich von 1460 bis 1501 erstreckt. Er ließ 1500 die 1054 erbaute und 1227 erneuerte Ulrichskapelle abbrechen und durch den 1504 geweihten, heute noch bestehenden Bau der Ulrichskapelle ersetzen; vgl. dazu: Karl Kirschmer, Chronik von Adelberg, Adelberg 1964, 46f; Walter Ziegler, Kunstdenkmale des Kreises Göppingen, Göppingen 1974, 7; Manfred Akermann, W. Ziegler, Adelberg (Kunstführer), München 1977, 9. Demnach ist anzunehmen, daß Katharina nach ihrem Tode 1497 von Würzburg nach Adelberg überführt wurde und dort – als Schwester des damals regierenden Herzogs Eberhards II. – den Ehrenplatz vor den Stufen zum Aufgang des Altars erhalten hat. Ihr Grabstein mit Inschrift, den sie doch wohl erhalten hat, ist entweder nicht in den Neubau der Kirche übernommen oder aber durch seine exponierte Lage bald abgetreten worden, so daß er schon um die Mitte des 16. Jahrhunderts nicht mehr lesbar war. Andreas Rüttel d. Ä., der ihren Todestag vermutlich schriftlichen Überlieferungen, die auch noch Gabelkover zur Verfügung standen, entnommen hat, hätte ihre Grabschrift ansonsten sicherlich aufgezeichnet.

9 O. Gabelkover Cod. hist. 2° 588, 114.

10 Pregitzer 1, 12.

11 Steinhofer 1, 159.

12 Schneider Katharina 37.

13 Dieter Stievermann in Festschrift Württemberg 479.

Eberhard VI./II.

n. 1444–1504

Graf/Herzog von Württemberg

»der Jüngere«

Regent 1480/1496–1498[1]
»Rexit autem, ne dicam destruxit, Wirtenbergensem Ducatum annis fere duobus; postea fumositate cerebri agitatus principatum deseruit«[2]

»Spes fovet afflictos«[3]

1. S. v. Graf Ulrich V. dem Vielgeliebten von Württemberg[4]
u. v. Herzogin Elisabeth von Bayern-Landshut

Geboren nach Oktober 1445[5]
in Waiblingen[6]

Vermählt 1465/67
mit Markgräfin Elisabeth von Brandenburg 1451–1524
»welche Ehe weder friedlich noch fruchtbar gewesen«[7]
»ohne hinderlasne Eeliche Leibs Erben«[8]

Gestorben am 17. Februar 1504[9]
auf Burg Lindenfels im Odenwald[10]
»vermutlich an Dementia praecox«[11]

Beigesetzt am 5. oder 6. März 1504[12]
in Heidelberg in der Stiftskirche zum Heiligen Geist[13]

Ohne Grabmal[14]

»min son Graff Eberhart understett sich abermals mir mit allen dingen widerwertig zu sind und kan an Jm kain besserung erfinden«[15]

»homo fuit inhumano sidere natus«[16]

»cujus tam perdita fuit libido, ut ne a bestiis abstinuerit«[17]

»ist in seiner jugendt an frembder fürsten und herrn höffen aufferzogen worden und demnach frembder nation sitten und gebreuch gelert und an sich genumen«[18]

»Also griffe er die regierung und haushaltung widerum an und endert zu handt alles, was sein vorfarn hett geordnet, und erzaigt sich nitt anders, als ob er einen sundern haß und widerwillen zu seinen ordnungen und satzungen trüge, urlaubt ettlich der eltesten und fürnemsten rhätt; und ob er gleichwol ander an ier statt ordnet, ließ er inen doch wenig gewaltz, hielt also mitt haillausen, liederlichen und schlechten leiten haus, gab durch solche frembden und haimschen beschaidt, fürdert allain solche an die empter etc.«[19]

»Ich hab von alten leiten, die in selbs persönlich kent und gesehen haben, gehort, daß er gantz ein gaistlich mann gewesen und deshalb gern über nacht in den frauwenclostern gelegen, also daß man auch liedlen davon uff der gassen gesungen.«[20]

»so hatte er auß gefaßtem Haß wenig Lust zu der Regierung, zu dem war er verdroßen, träg vnd faul, villeicht das er selbs spührt, vnd sich erinnert, das sich seine Sitten, dero er in frembden Ländern gewohnt hett, vnd die nicht löblich waren, mit seinem Landvolckh gar nit vergleichen wolten«[21]

»Eberhart der jünger Graf zu Wiertemberg und Mumpelgard der ward nach Abgang seines Vettern säligen Eberhard des eltern der erster Herzog was zu Würtemberg und Tegkh und Graf zu Mimpelgart, der ander Herzog zu Wirtemberg und Teckh, und ward durch sein unordentlich Wesen durch Herrn Maximilian Römischen Kunig Ertzherzog von Oesterreich Herzog zu Burgundi seiner Regierung entsezt anno Domini MCCCCLXXXXVIII. und starb in des Pfaltzgraven Lande im Ellende anno MDIIII. Verschied an Kinder.«[22]

»Wurde jung an den Hof H. Carls von Burgund, und hernach K. Ludwigs IX. in Franckreich verschickt, um in allen Fürstlichen Sitten und Ritterlichen Ubungen wohl erzogen zu werden, dabey Jhm aber die fremde Sitten schädlich worden.«[23]

»Er war ein wunderlicher Herr.«[24]

»Die Tollheit seiner Jugend zu mildern, war ihm die treffliche Elisabeth, Albrechts von Brandenburg Tochter, vermählt worden; aber umsonst, weder die Liebe seiner Gemahlin, noch die Liebe, die Thränen und Bitten seines Vaters, der ihn von Kindesbeinen an, allzunachsichtig und väterlich schwach, verzogen hatte, konnten ihn von seinem ärgerlichen Leben abbringen. Tag und Nacht, an Feiertagen und Werktagen, umlagert von rohen Gesellen, trieb er in öffentlichen Häusern sein rohes Wesen, verhöhnte alle Sitte und Religion, und am Charfreitage, wie sein Vater ihm in einem eigenen Briefe vorwirft, trieb er, während die ehrbaren Leute die Messe hörten, seine ›Büberei bei seinen Klebsäcken in dem Bruderhaus zu Frickenhausen so arg, daß Jedermann solche thörichte Aufführung erfuhr und verabscheute.‹ Das Frauenkloster zu Kirchheim war besonders der Tummelplatz seiner wüsten Orgien. Ganze Nächte hindurch trieben er und seine Gesellen sich darin um mit den Nonnen unter Tanzen, Schreien, Trinkgelag und Wollust, ›so arg, wie sein Vater sagt, daß wäre es in offenem Frauenhaus geschehen, es doch zu arg gewesen wäre.‹ Gott erbarm's! schließt der unglückliche Vater seinen Brief, aber ohne Erfolg. Der Sohn wurde nur noch roher gegen den Vater.«[25]

»Mit welcher Verschwendung, Unsittlichkeit und Verkehrtheit er bisher gelebt und regiert, und wie er sich hiebei an Räthe und Gesellschafter von schlechtem Rufe gehalten hatte, erhellt aus den wenigen Blättern seiner Geschichte genugsam. Seine Unbeständigkeit und Wortbrüchigkeit, der Wechsel zwischen Aufgeblasenheit und Wegwerfung seiner Selbst, das Sonderbare seiner Launen und Gewohnheiten führte an sich und im Hinblick auf seinen Bruder Heinrich zu der Vermuthung einer angeborenen Verkehrtheit der Geistes- und Gemüths-Anlagen.«[26]

»Mit Eberhard starb ein unruhiger, zerfahrener Kopf; ein selbstsüchtiger Genußmensch, der um augenblicklichen Nutzens willen auf alles einging, was man von ihm verlangte, um hinterdrein sich für übervorteilt zu erklären und an eben abgeschlossenen Verträgen zu rütteln; ein Fürst, der seinem Berufe nicht das mindeste Verständnis entgegenbrachte. Entschuldigend kommt für ihn nur in Betracht, daß er seiner Sinne nicht ganz mächtig war. Seine Absetzung befreite Württemberg aus einer unerträglichen Lage.«[27]

»Der sogenannte Eberhard der Jüngere, der einen viel drastischeren Beinamen verdient hätte, dieser degenerierte Sohn des ›Vielgeliebten‹ hatte sich seither im Ausland herumgetrieben, mit Vorliebe in Paris, wo er sich, wie die höfischen Chronisten beschönigend sagten, ›französische Sitten‹ angewöhnt hatte. Deutlicher gesprochen: er war ein liederlicher, verschwenderischer Lebemann, ein vornehmer Taugenichts, dem seine Gattin, die brave Elisabeth, schon gleich nach der Hochzeit voller Ekel davongelaufen war.«[28]

»ein Mann von verminderter Zurechnungsfähigkeit, der seit mehr als zwanzig Jahren seine Unberechenbarkeit und Untüchtigkeit zur Regierung immer wieder bewiesen hatte«[29]

»Zum Regieren ungeeignet, hat Eberhard II. nur als – sehr ungleicher – Gegenspieler Eberhards im Bart eine Bedeutung erlangt.«[30]

»Eberhards Lebenswandel gab Anlaß zu Klagen und Verdruß, er war ein Verschwender, gewissenlos, verschlagen und ernster Arbeit abgeneigt.«[31]

»ist wegen seines krampfhaften, verschwenderischen Wesens und seiner gegen jede Sitte und die Regierungspraxis gerichteten Taten von den eigenen Mitregenten abgesetzt und des Landes verwiesen worden«[32]

»Die Stuttgarter erwarteten von ihrem neuen Herrn wenig Gutes. So viele Jahre hatte er sich als unberechenbarer, launischer, sprunghafter, sittlich verwilderter Quertreiber erwiesen.«[33]

»wo Eberhard Widerstand gegen seinen Willen spürte oder zu spüren glaubte, wurde er unnachsichtig hart. Ohne Untersuchung setzte er Bürger gefangen, die nicht mehr fliehen konnten, zog Vermögen ein, ließ Menschen foltern. Eben noch von einem Herrscher gelenkt, für den Recht und Gewissen, Gottesfurcht und Vertragstreue unerschütterliche Grundpfeiler seines Handelns waren, mußten sich die Untertanen nun einem zerfahrenen Manne fügen, dessen Schrekkensregiment von Gewalt und Willkür strotzte. Angst verbreitete sich in Stuttgart. Der fröhliche Kreis um Reuchlin zerstreute sich, die erste zarte Blüte humanistischer Bildung aus den Tagen Eberhards im Bart verwelkte.«[34]

»Eberhard war ein unglücklicher Herrscher, die Jahre seiner Herrschaft über Stuttgart haben kein gutes Andenken hinterlassen.«[35]

»führte ein ziemlich liederliches Leben, ja er war von einer Unbeständigkeit und Unruhe, die manchmal ans Krankhafte grenzte, dabei ein gewaltiger Verschwender und Lebemann, mit dem der Vater nicht mehr fertig wurde«[36]

»Der junge Graf, am üppigen, ungebundenen Hofe des Herzogs von Burgund erzogen, griff zu, schöpfte aus dem Vollen, genoß das fürstliche Leben, erhöhte seinen Aufwand, und als der Vater seinen Lebensstil und Aufwand rügte, versuchte er, ihn an die Wand zu spielen. Sorgenvolle Briefe des Vaters an den allzu lebenslustigen Sohn sind erhalten: Er wirft ihm unter anderem vor, er habe am Heiligkreuztag, statt die Messe zu hören, in einem Bruderhaus geschwitzt und ein ander Mal mit seinen Gefährten im Nonnenkloster Kirchheim bis nach Mitternacht getanzt und ein Geschrei verführt, das man von weitem hörte. Wieder gab es also Krach im Stuttgarter Hause, aber schlimmer noch war die finanzielle Misere, denn zwei kostspielige Hofhaltungen bei schlechter Haushaltsführung, das war zuviel.«[37]

»Da ist der jüngere Eberhard, erbberechtigtes Mitglied eines herrschenden Grafenhauses. Leichtlebig, zu Vergnügungen neigend, erliegt er den Lockungen des Reichtums, der Verführung der Macht. Und dann passiert es ihm, daß er vom eigenen Vetter langsam, aber zielstrebig der Herrschaft entsetzt wird. Er fühlt sich um sein Erbe, sein Recht, sein Leben betrogen. Freunde und Berater flüstern ihm zu, bestärken ihn im Gefühl erlittenen Unrechts und wecken seinen Widerstand, und einflußreiche Verwandte setzen sich für ihn ein. Aber er verfängt sich immer mehr in den Schlingen seiner eigenen Fehler.«[38]

»Die wohlgemeinten Vorkehrungen seines Vorgängers allerdings bedeuteten für Eberhard II. (1496–1498) nur ein paar Fetzen Papier. Er schaltete sofort nach seinem Herrschaftsantritt den ständischen Zwölferausschuß aus und regierte mit seinen Günstlingen. Der beiseite geschobene ständische Ausschuß berief daraufhin im März 1498 ohne Wissen des Herzogs einen Landtag nach Stuttgart. Die anwesenden herzoglichen Beamten kündigten ihrem Herrn den Gehorsam auf, der Landtag erließ ohne den Landesfürsten eine Regimentsordnung, der Kaiser entzog Eberhard II. die Reichslehen und übertrug sie auf seinen noch unmündigen Neffen Ulrich. Der abgesetzte Herzog mußte ins Exil gehen; der ständische Zwölferausschuß aus je vier Prälaten, Adligen und Städtevertretern regierte das Land für den unmündigen Ulrich – in der deutschen Verfassungsgeschichte ein ziemlich einmaliger Vorgang.«[39]

»Krankheiten des schizophrenen Formenkreises, um die es sich im Falle Eberhards zumindest in milderem Sinne handeln kann, tun einem den Gefallen einer Eindeutigkeit nie, das gehört zu ihrem Charakteristikum. Daß allen ihren Erscheinungsformen ein zutiefst gestörtes Ich-Verhältnis zugrunde liegt, scheint zweifellos. Eberhard war kein eigentlich böser Mensch, und ein Tyrann, wie der Mönch Veßra in seiner Hennebergischen Chronik meinte, schon gar nicht. Er war eher ein armer Mensch, getrieben freilich von mancherlei Agilität und Aggressionen, aber immer unfähiger, den an ihn gestellten Forderungen wie den Finessen der ›Landhofmeister, Canzler, Räthe, Prälaten, Ritter und Landschaft‹ auch im geringsten gerecht zu werden.«[40]

Anmerkungen

1 Zu Eberhard II., seiner Regierung und Absetzung 1498: Gadner Cod. hist. 2° 16, 15v–18v »Historia Eberhardts, des Jüngern, des andern hertzogs zue Württemberg«; O. Gabelkover Cod. hist. 2° 589b, 66ff; J. Frischlin Cod. hist. 2° 332, 20–25; Pregitzer Cod. hist. 2° 53, 1, 71–97; Sattler Gf 2–4 u. Hz 1, 1–44 u. Beil. 10ff; Spittler 46ff u. 87–92; Pahl 2, 132–142; Zimmermann 2, 14–35; Heyd Ulrich 1, 12–37; Pfaff Regenten 1–3; Pfaff Wirtemberg 2, 522–538; Stälin WJbb 1870, 535f; Stälin 3, 596f u. 602ff u. 4, 2–23; Paul Friedrich Stälin ADB 5, 559; Schneider 77f u. 105–109; Wilhelm Ohr, Die Absetzung des Herzogs Eberhard II. von Württemberg in: WVJH NF 15, 1906, 337–367; Grube Landtag 58–66; Eberhard Gönner NDB 4, 236; Decker-Hauff Stuttgart 286–303; Dieter Stievermann, Der Augustinermönch Dr. Conrad Holzinger – Kaplan, Rat und Kanzler des Grafen bzw. Herzogs Eberhard d. J. von Württemberg am Ende des 15. Jahrhunderts in: Engel 356–405; Borst Herren 41–52.

2 Trithemius 2, 561; Stälin 4, 8: »Der Mönch von Veßra in seiner Hennebergischen Chronik (bei Reinhard Beitr. zur Hist. Frankenlands 1, 105) läßt den Herzog ›ob facinorosa, quae non principem, sed tyrannum decent acta‹ abgesetzt werden«;

Schannat Chronik z. J. 1498: »Videns ergo Maximilianus rex, quod hominem ad sanae mentis integritatem non posset reducere«; A 602 U 453: Ausschreiben der Landschaft vom 9. April 1498; bei Sattler Hz 1, Beil. 11, 20: »nit allain vns allen zu verderplichem vnwiderbringenlichem schaden vnd öwigem verwiß verachtung schimpff vnd spott, sonder ouch dem hailigen römischen Rych küniglicher maiestat dem land zu Swaben ouch allen anstössern nachpuren vnd aller erberkait zu schmelerung vnd nachtail lichtlich gereicht vnd gedient«. »So die vrsachen vnd bewegungen sölichs vnwesens hingethan, vnd ain loblich eerlich nutzlich vnd fürstlich Regiment mit auffrechten erbern gottförchtenden verstendigen dapfern vnd redlichen mannen fürgenommen vnd besetzt, die dis fürstenthumbs, ouch des namens vnd stamens land lütt zugehöriger vnd verwandten lob eer vnd nutz zu fürdern vnd zubetrachten mit begirden genaigt seyn, das durch dieselben als ain bequemlich vnd gesundmachend ertzney sölich wurmessig (Anm. wurmstichig) vnwesenlich vnd vntougenlich Regiment geheilet reformiert vnd tügig (Anm. tauglich) gemacht werde«; Gadner Cod. hist. 2° 16, 18: »hat nur zwey Jahr, doch gar widersinnig regiert«.

3 J. Frischlin Cod. hist. 2° 73, 90; Mohl 363; vgl. Gf Ulrich †1344 Anm. 2. Löbe 258 und Dielitz 199: »Nach Gottes Willen gehet's«; vgl. Hz Ludwig †1593 Anm. 3.

4 Vgl. Gf Heinrich †1519 Anm. 4. Dammann (s. Anm. 10) 23 bezeichnet Eberhard II. als Sohn Eberhards im Bart.

5 Das Beilager der Eltern fand am 8. Februar 1445 statt und die Mutter starb am 1. Januar 1451 an den Folgen der Geburt einer Tochter. Da Eberhard noch einen jüngeren Bruder Heinrich hatte, muß seine Geburt demnach zwischen Ende 1445 und Anfang 1449 erfolgt sein; vgl. Gf Heinrich †1519 Anm. 5 u. Gfn Elisabeth †1451 Anm. 5. Die Chronisten am Ende des 16. Jahrhunderts geben das Jahr 1447 als Geburtsjahr an, ohne dafür einen früheren Beleg zu haben. Der 1. Februar 1447 als Geburtstag ist eine Angabe des 17. Jahrhunderts. Er erscheint erstmals 1675 (Heimführung 28), während 1668 (Geburtregister 3) noch »Ende 1447« genannt wird, eine Angabe, die 1620 (Hengher 191) erstmals gemacht wird. Das Jahr 1447 als Geburtsjahr nennen: Gadner Cod. hist. 2° 16, 15v; Wolleber Cod. hist. 2° 934, 187; Crusius 2, 59; O. Gabelkover Cod. hist. 2° 588, 174; Lohmeier 53; Essich Stammtafel; Marquardt Stammtafel; Uhland Festschrift 398; Katalog Württemberg 32. Die Angabe »Ende 1447« als Geburtsdatum bei: Cod. hist. 2° 266, 2; Hengher 191; Geburtregister 3; LP Hz Johann Friedrich Bd. XVII, 72. Den 1. Februar 1447 als Geburtstag nennen: Heimführung 28; Lairitz 475; Wolffgang 6; Pregitzer Cod. hist. 2° 426b, 1555; Pregitzer 1, 14; Hübner 201; Steinhofer 1, 155 u. 210 u. 2, 900; Sattler Gf 2, 157; Moll 324; Stälin 3, 555; Behr 170; Voigtel-Cohn 93; P. Stälin ADB 5, 559; Maisch Stammtafel; Giefel Nr 47; Schneider Stammbaum; Kübler Gal. 45; Schön Nr 43; Isenburg 1, 76; E. Gönner NDB 4, 236; Freytag 1, 76; Schwennicke 1, 123; Borst Herren 41.

6 Geburtsort Waiblingen bei: O. Gabelkover Cod. hist. 2° 588, 174; Steinhofer 2, 900; Sattler Gf 2, 157: geboren und getauft zu Waiblingen; Stälin 3, 555; P. Stälin 1, 677; Kübler Gal. 45; Schön Nr 43. Geburtsort Stuttgart bei: Gadner Cod. hist. 2° 16, 15v; Wolleber Cod. hist. 2° 934, 187; Hengher 191; Geburtregister 3; Heimführung 28; Wolffgang 6; Borst Herren 41.

7 Lohmeier 53; vgl. Gfn Elisabeth †1524 Anm. 6. A 266 Bü 1 enthält eine zwischen 1593 und 1608 entstandene Genealogie der Grafen von Mömpelgard, in der Eberhard II. als Vater von Herzog Ulrich und Gräfin Maria †1541 angegeben ist.

8 Wolleber Cod. hist. 2° 934, 188. Schön Fürstlich Blut Cod. hist. 4° 488 Nr 2943, 117: Udalricus Wirtenberger de Kirche, immatrikuliert 1. April 1506 Tübingen

»wohl Sohn Herzog Eberhards II., der in Kirchheim sein sündlichs schändlichs Wesen trieb«; vgl. Anm. 15 u. 20. Zu seiner Verbindung mit der Sängerin Barbara Hafnerin von Augsburg und möglicher Nachkommenschaft s. Stälin 4, 21 und Decker-Hauff Stuttgart 303.

9 Den Todestag 17. Februar 1504 nennen: Andreas Rüttel d. Ä. J1 48q, 25; Wolleber Cod. hist. 2° 934, 188; Gadner Cod. hist. 2° 16, 18; O. Gabelkover Cod. hist. 2° 589b, 66; J. Frischlin Cod. hist. 2° 332, 20; Crusius 2, 160; Hengher 191; Nockher 69r; Heller 9; Heimführung 29; Lairitz 475; Wolffgang 7; Pregitzer Cod. hist. 2° 426b, 1555; Pregitzer 1, 14 u. Cod. hist. 2° 53, 1, 97; Steinhofer 1, 210 u. 248 u. 3, 895; Hübner 201; Sattler Hz 1, 44; Pahl 2, 142; Zimmermann 2, 34; Heyd Ulrich 1, 14; Moll 324; Stälin 4, 22 u. Tab VII; Behr 170; Voigtel-Cohn 93; P. Stälin ADB 5, 559; Maisch Stammtafel; Giefel Nr 47; Schneider Stammbaum; Kübler Gal. 45; Schön Nr 43; Huffschmid (Anm. 13) 205; Isenburg 1, 76; E. Gönner NDB 4, 236; Freytag 1, 76; Schwennicke 1, 123; Borst Herren 41 u. 52. Den 16. März 1504 nennen: Eber 102; LP Hz Johann Friedrich Bd XVII, 72; Cod. hist. 2° 266, 2; Geburtregister 3. Diese irrige Angabe erklärt sich mit G 41 Bü 1, 14: »16. März 1504 Räthe zu Stuttgartt Schreiben, Das Hertzog Eberhart von Wirttemberg zu Haidelberg todes verschieden und das sich der Pfaltzgraf zum Krieg rüste« (Im Text geht hervor, daß Eberhard gestorben – ohne Ort und Datum – und zu Heidelberg in der Heiliggeistkirche beigesetzt ist). Den 7. Februar 1504 nennt: Cod. hist. 2° 953, 1303. Das Jahr 1503 als Todesjahr nennt: Wolleber Cod. hist. 2° 108, 485. Das Jahr 1505 als Todesjahr nennt: Montanus 211v.

10 Naucler 302v: »Postea nescio quas ob causas in arce Lindenfels in sylva Othonis vulgo Odenvald ditionis eiusdem comitis Palatini clausus exul tandem diem clausit extremum anno salutis nostrae M.D.IIII. in ecclesia collegiata S. Spiritus Haidelbergae iacet sepultus.« Sterbeort Burg Lindenfels in sämtlichen Quellen einheitlich. C. F. M. L. Marchand, Lindenfels, Darmstadt 1858, 90; Walter Dammann, Lindenfels, Gießen 1913, 23.

11 Missenharter 45. Zu Eberhards Geisteskrankheit: Heyd Ulrich 1, 14; Stälin 4, 8; Anm. 2 u. 26f.

12 Urkundenbuch der Universität Heidelberg 1886, II, Nr 605: »1504 März 5. Kurfürst Philipp ersucht Dr. Pallas Spange zu veranlassen, daß die Universität am Leichenzuge seines Oheims Eberhard von Württemberg in der gebührenden Ordnung theil nehme.« A 602 U 470: »1504. März 6. Heidelberg Kurfürst Philipp von der Pfalz teilt Herzog Ulrich mit, daß Herzog Eberhard gestorben und im Stift zum heiligen Geist in Heidelberg beigesetzt worden sei«: »von dießer welt vnd Zittlicheit erfordert also das derselb sin leben Christlich vernonfftlich, mit vorberraiten heiligen Sacramenten andechtlich geendet und beschlossen hatt das wir dan devil er sich by vnns verhalten vnnd sin leben Jn vnnserm fürstenthumb geendet hat, allhie zu Heidelberg Jn dem Königlichen vnnserm Stifft zum heiligen geist, an orten, da vnnsere voreltern leblicher gedechtnus Jre begrebde, zur erden bestatten vnd begraben lassen han... früntlicher bitt, ewer lieb woll Jn ewerem lannde verfügen, das der Selen guts nachgethan, Jn Clöstern Stifften vnd pfarren belütet loblich vnd erlich begangen, vnnd der almechtig für die sele gebetten werd, wie sich Jme als eym fromen Christenlichen fürsten von Wirtemberg gezimbt vnd gebürt Gleicher massen Jn vnnßerm fürstenthumb, vnd by aller vnnßer geistlicheit zugeschehen verfügt haben«; vgl. O. Gabelkover Cod. hist. 2° 589b, 66.

Das Begräbnis hat demnach am 5. oder 6. März stattgefunden, eher jedoch am 6. März, da die Teilnahme der Universität eine gewisse Zeit der Vorbereitung erfordert haben dürfte. Der zeitliche Abstand zwischen dem Tod auf Lindenfels und der Beisetzung in Heidelberg kann seine Ursache in den Witterungsverhältnissen, in den Überlegungen des Begräbnisortes oder darin haben, daß nicht der erst spät bezeugte 17. Februar, sondern ein anderer Tag vor dem 5. März 1504 der tatsächliche Todestag ist. Den 16. März als Begräbnistag nennen: Heimführung 29 und Lairitz 475, wobei sich dieser Irrtum ebenfalls mit dem in Anm. 9 aufgeführten Schreiben G 41 Bü 1, 14 vom 16. März 1504 erklären läßt.

13 A 602 U 470 (Anm. 12): G 41 Bü 1, 14 (Anm. 9); Naucler (Anm. 10); Assum Cod. hist. 4° 130, 41v: »zu Haidelberg im Stifft zum H. Geist, neben die Churfürsten begraben«; Begräbnisort in sämtlichen Quellen einheitlich. Maximilian Huffschmid, die Heiliggeistkirche zu Heidelberg als Begräbnisstätte bis 1693 in: Neues Archiv für die Geschichte der Stadt Heidelberg 12, 1920, 191–213, 205: Eberhard II. † 17. Februar 1504.

14 Melchior Adam, Apographum Monumentorum Haidelbergensium, Heidelberg 1612 und Johann Peter Kayser, Historischer Schau-Platz der… Stadt Heydelberg, Frankfurt/Main 1733, 47–61: Verzeichnis der Inschriften in der Kirche zum Heiligen Geist haben weder das Begräbnis noch eine Grabschrift Eberhards erwähnt. Es ist anzunehmen, daß aus Gründen des Pfälzer (Bayrischen, Landshuter) Erbfolgekriegs, der am 17. April 1504 offen ausbrach, und an dem Herzog Ulrich als Gegner des Heidelberger Pfalzgrafen teilnahm, es unterlassen wurde, Eberhard ein Grabmal zu errichten.

15 »Schreiben Grav Ulrichs zu Wirtenberg an seinen Vetter Grav Eberharden den ältern wegen seines Sohns Grav Eberharden des jüngern ungebürlichen Verhaltens. sine dato 1477« abgedruckt bei Sattler Gf 3, Beil. 72; vgl. dazu die Klage Ulrichs des Vielgeliebten über seine beiden mißratenen Söhne bei Küng 107, s. Gf Heinrich † 1519 Anm. 23, sowie den bei Sattler Gf 3, 119f auszugsweise wiedergegebenen Brief Ulrichs des Vielgeliebten an seinen Sohn Eberhard vom Jahre 1477 (A 602 U 430d): »10) Warf er ihm Sachen vor, welche ich lieber mit Grav Ulrichs eigenen Worten ausdrücken will: Werest billich by dinem byderwen Wib gelegen, wann diner Bubery zu warten und du mir warlich zugesagt hast solichs nit zu thun, und mir nit leiders tust und dir schenntlich und gott plagt dich darumb… und wolt gern das du als from werest an dir selbst und solichs nit tetest. 11) Als wir hinweg gefarn und geritten sin zu unserm Herrn und Ohaim dem pfalzgrauen, ist yetz an montag nach Sannt franciscustag siben wochen, hast du gehapt in dem Marstal, die man dir gefütert hat, me dann Sybenhundert pferit. Wenn hot das Oeßen und das verderplich Leben noch ain End. 12) Jn ainer kurzen Zit bist du gen kirchain komen und hast ain Dantz angefangen in dem closter zwu stund nach mitternacht, das dann wider gott und grosse sind ist und darzu in hohen Bann bist. Last ouch den buben und ander in das clouster stigen by nacht mit dinem wissen und willen, und ist ain yeglicher schuldig vor Gott, wa er weis, das die sinen unrecht tund, das er Jnen nit gestatten sol und du sy darumb nit straffst und Jnnen vergonst zutun, und bist daran glich als schuldig als tettest du das selbst und ob du dann das selbs getan hetst, so schribt Lucus nit davon. Doch ist es ain spruchwort, wa der abbt wurffel trett, so spilt der convent gern. Yetz am letzten 13) als ich zu Kirchain bin gewesen, so hat din sündlichs schändlichs Wesen, die du und die dinen getrieben hand, nit benügt, du hast dinen Bruder ouch mit dir hynyn genommen und hand ain solichs Dantzen darinnen gehept und ain schryen, das dann in offem frowen Huß bescheen wer, so wer es doch zu vil. Das hat ouch gewärt lang nach mitternacht. Lassent gott ergeben lut got sin und lassent die met ein fyncken Jr zit mit andacht betten und singen. Dann wann ainer ain clousterfrowen helst (Helsen ist so viel als umhalsen, embarassieren), ist als sünd, als helst ainer sin Schwester, wann frowenflaisch ist neher zu uberkomen wann kalbsflaisch, gott Erbarmß.« Siehe auch: Katalog Württemberg 33.

16 Johannes Trithemius, Annales Hirsaugienses 2, 561.

17 Ulrich von Hutten, nach Heyd Ulrich 1, 14 (opp. ed. Münch. 2, 182); Huttens Phalarismus (s. Hz Ulrich † 1550 Anm. 30) endet mit den Worten: »Phalaris: Hör noch ein anders: Willtu deinen alten Vettern sehen, der etwan des Lands verjaget ist von den Seinen? Tyrann (Hz Ulrich): Gern und begierlich. Phalaris: Er ist sehr gern allein, des verwondert sich jedermann. Hat sein Spiel mit einer Äffin und etwan sieht man ihn auch under dem Fich desselben Königs Plutoni. Grüß ihn und nimm wahr, hie ist Mercurius, will dich wieder hinausführen. Biß gesegnet und leb als ein Tyrann.«

18 Küng 114.

19 Küng 114.

20 Küng 114; vgl. Wolleber Cod. hist. 2° 934, 187v und Anm. 8 u. 15.

21 Gadner Cod. hist. 2° 16, 17.

22 Suntheim 595.

23 Pregitzer 1, 14.

24 Johann Hübner, Kurtze Fragen aus der Politischen Historia, Leipzig 1710, v, 514; ähnlich Lohmeier 53: »Ein unverständiger Herr.«

25 Zimmermann 1, 637f.

26 Heyd Ulrich 1, 14, mit weiteren Belegen für Eberhards Geistesgestörtheit; vgl. auch Gf Heinrich † 1519 Anm. 9.

27 Schneider 109.

28 Missenharter 44f.

29 Grube Landtag 66.

30 E. Gönner NDB 4, 236.

31 Marquardt 47.

32 Müller 93.

33 Decker-Hauff Stuttgart 299.

34 Decker-Hauff Stuttgart 301; vgl. Stälin 4, 10f.

35 Decker-Hauff Stuttgart 301.

36 Himmelein Eberhard 58; der ihm 88 einen »schwierigen, fast krankhaft unsteten Charakter« nachsagt.

37 ZWLG 43, 1984, 103.

38 ZWLG 43, 1984, 112.

39 Rainer Jooß in Katalog Reformation 19.

40 Borst Herren 46, der 31 vom »aggressiven und ganz unberechenbaren Eberhard« spricht.

Elisabeth

1451–1524

Gräfin/Herzogin von Württemberg

T. v. Kurfürst Albrecht Achilles von Brandenburg[1]
u. v. Markgräfin Margarethe von Baden

Geboren am 29. November 1451[2]
in Ansbach[3]

Vermählt 1465/67
mit Graf/Herzog Eberhard VI./II. von Württemberg n. 1444–1504
Eheabrede am 3. Juni 1465 in Ansbach[4]
Beilager zwischen 10. März und 17. Mai in Stuttgart[5]

»hetten nit Kinder miteinander«[6]

Testament am 15. Juli 1518 Nürtingen[7]

Gestorben am 11. März 1524[8] um 12 h[9]
in Nürtingen im Schloß

Beigesetzt am 15. April 1524[10]
in Stuttgart im Chor der Stiftskirche[11]

Grabmal[12]
»ANNO. DOMINI. M̄. C̄C̄C̄C̄. X̄X̄ĪĪĪĪ. III. K̄L̄. MAII. OBIIT. ILLUSTRIS. DOMINA. DOMINA. ELISABETH. MARCHIONISSA. DE. BRANDENBURG. AC. COMITISSA. IN. WIRTTEMBERG. CUIUS. ANIMA. REQUIESCAT. IN. PACE. AMEN. «[13]

»ain vernunftige frume Fürstin«[14]

»Frauw Elisabet, sein gemachell, ist nach seinem hinwegziehen gen Nurtingen auff ier morgengab gezogen und sich da, wie einer hochloblichen fürstin gebürt, wol gehalten, das verbrunnen stetlin Nurtingen widerum auffgericht und so vil guts gethon, daß sie diser statt widerbringerin billich soll geriempt werden.«[15]

»Mulier haec Princeps in Deum religiosissima«[16]

»Eine fromme und tugendsame, auch sehr gutthätige Fürstin; Erzeugte mit ihrem Gemahl keine Kinder.«[17]

»Eine kluge und fromme Prinzeßin, welche durch ihre Tugenden die Liebe und Ehrfurcht der Unterthanen erworben hatte.«[18]

»Elisabeth lebte in Stuttgart lange im Gedächtnis der Bürger als eine trotz aller schweren Schicksalsschläge und ehelichen Widrigkeiten geduldige, wohltätige Frau; ihr Grabmal in der Turmkapelle der Stiftskirche wurde noch im 17. Jahrhundert zuweilen mit Blumen geschmückt.«[19]

»Zwei Jahre haben Eberhard genügt, so meinte der Abt Trithemius, um das Land Wirtemberg zu ruinieren. Stuttgart wußte später wenig an dem Herzog zu rühmen. Sein Grab liegt außer Landes. Seine Gattin, die unglückliche Elisabeth von Brandenburg, fand in der Stuttgarter Stiftskirche ihre letzte Ruhe. Mild, immer zur Versöhnung bereit, gelassen, wohltätig, vom Vertrauen ihrer Stuttgarter getragen, so erscheint sie späteren Generationen. Ist ihr Bild ein wenig verklärt, um diesen unerfreulichen Eberhard etwas aufzuhellen?«[20]

Anmerkungen

1 Grossmann Hohenzollern 17 u. 234; Schuhmann Brandenburg 41–56, 45: Von ihrer Mutter, Margarethe von Baden, wird berichtet, »sie habe ein Haar wie Golddrähte vom Scheitel bis zur Ferse gehabt. Albrecht habe sie hart gehalten und ihrethalben angeordnet, daß die lange stuben, d. i. das Frauengemach, im Schloß zu Ansbach vergittert werde«; Schwennicke 1, 153.

2 Den 29. November 1451 als Geburtstag nennen: Lairitz 323; Pregitzer Cod. hist. 2° 426b, 1556: »nata pro festo S. Andrae Apostoli 1451«; Pregitzer Cod. hist. 2° 53, 1, 98; Günzler J1 103b, 7; Behr 170; Giefel Nr 47; Grossmann Hohenzollern 17; Kübler Gal. 45; Schön Nr 43; Isenburg 1, 76; Freytag 1, 76; Schwennicke 1, 123 u. 153. Das Geburtsjahr 1451 bei: Geburtregister 3; Heimführung 28; Uhland Festschrift 399.

3 Kübler Gal. 45; Schön Nr 43; vgl. Schuhmann Brandenburg 45, s. Anm. 1; Elisabeth war das dritte von sechs Kindern aus der ersten Ehe des Vaters.

4 A 602 U 471: Heiratsbrief vom 3. Juni 1465 Ansbach; Steinhofer 1, 182 u. 3, 119; Stälin 3, 556. A 602 U 475: »Dispensationsbrief zwischen Graf Eberhard und Elisabeth, als sie ainand zum dritten glid verwandt gewest seind« vom 14. März 1467 Konstanz, abgedruckt bei Sattler Gf 3, Beil. 32; Dispens nach Stälin 3, 556 mit Berufung auf Sattler Gf 3, Beil. 32 am 16. August 1466 von Rom aus erteilt.
Verwandtschaft war derartig: Eberhard II. – Mutter Elisabeth von Bayern-Landshut – Großvater Heinrich von Bayern-Landshut – Urgroßvater Friedrich von Bayern-Landshut. Elisabeth – Vater Albrecht von Brandenburg – Großmutter Elisabeth von Bayern-Landshut – Urgroßvater Friedrich von Bayern-Landshut. Genealogische Skizze bei O. Gabelkover Cod. hist. 2° 588, 359.

5 Die Hochzeit sollte am 8. Februar 1467 in Ansbach stattfinden und wurde wegen einer Erkrankung Eberhards verschoben: A 602 U 474: »1467 Februar 17. Stuttgart Die Grafen Ulrich V. und dessen Sohn Eberhard verpflichten sich, das wegen Krankheit Eberhards verschobene Beilager in der Zeit bis Pfingsten erfolgen zu lassen und dem Vater der Braut solches drei bis vier Wochen vorher anzuzeigen«: »das eelich beyschlaffen itzund vff diß nechstvergangen Vaßnacht (Anm. d. i. der 8. Februar 1467) fürgenomen vnd beschlossen gewest vnd zu Onoltzbach vollendt solt worden sein, Wiewol nu darein gefallen das von schickung des almechtigen wir Grave Eberhart Jn sulch leybs kranckheyt komen vnd damit also beladen vnd vmbgeben sind, das dadurch sulch eelich beyschlaffen vff die benanten zeyt verhindert worden ist, vnd seinen fürganck nicht hat mogen haben oder nemen.« Es wird festgelegt »das sulch beyschlaffen hiezwischen vnd pfingsten nechstkünfftig vff einen nemlichen tag vnd nicht anders geschehen soll«. Der Brautvater soll vier, mindestens aber drei Wochen von dem Termin des Beilagers unterrichtet werden, um rechtzeitig nach Stuttgart anreisen zu können.

Das Beilager erfolgte demnach frühestens am 10. März, spätestens am 17. Mai 1467. Beilager zwischen 9. April u. 17. Mai 1467 bei: Schön Nr 43; Schwennicke 1, 123. Zwischen 15. Februar u. 17. Mai 1467 bei: Stälin 3, 556; Behr 170 (verbessert Suppl. 39: Fastnacht 1468); Voigtel-Cohn 93; Giefel Nr 47. April/Mai: Isenburg 1, 76; Freytag 1, 76. 16. Februar 1467: Kübler Gal. 45; 1467: Maisch Stammtafel; Schneider Stammbaum. 3. Juni 1465: Lairitz 476; Wolffgang 7; Pregitzer 1, 14; Hübner 201; Steinhofer 1, 182 u. 210. 3. Juni 1468: Viton 81; Tuefferd Montbéliard 284. 29. Mai 1468: Sattler Gf 3, 50. 1468: Katalog Württemberg 32. 1476: Gadner Cod. hist. 2° 16, 16r. Chronicon Elvacense hg. v. J. A. Giefel in: WVJH 11, 1888 = Württ. Geschichtsquellen 2, 1888, 33–55, 53: »1467. Hoc anno comes Eberhardus de Wirtemberg iunior hymenaeos celebravit nuptiarum honores cum filia Alberti marchionis de Brandenburg«. (Frehersche Ausgabe dieser Chronik nennt das Jahr 1468, s. Stälin 3, 556.) Diese Ehe war durch das alleinige Verschulden Eberhards (vgl. Gf/Hz Eberhard II. † 1504 Anm. 7 u. 8 u. 15 u. 17 u. 20 u. 28) von Anfang an unglücklich und wurde schon nach kurzer Zeit nicht mehr fortgesetzt. Küng 114: »Sobald er nun seine manbar jar erracht, hatt er sich mitt frauw Elisabett, marckgraff Albrechts zu Brandenburg thochter, verelicht. Was aber die ursach oder wie er sich mitt ier gehalten, das ist nitt kundtbar, iedoch ist sie nach kurtzer zeit durch iern vatter wider anhaimsch gefordert worden.«

Bei Eberhards II. Regierungsantritt 1496 kam es zu einer kurzfristigen Wiedervereinigung der bisher getrennt lebenden Ehegatten. Küng 114: »so ward im sein gemachel, frauw Elisabett, auch widerum gegeben und haim gefiert«; Stälin 4, 8: »Aber nur zu bald kamen die übeln Neigungen des Herzogs und die Verkehrtheit seines Sinnes überhaupt zu Tage«. Eberhard regte unter dem Vorwand der Sparsamkeit eine Trennung von seiner Gemahlin und eine Verlegung der herzoglichen Kanzlei aus Stuttgart an. A 602 U 445: »(1496) Anbringen der herzoglichen Räte an Eberhard d. J. betr. Trennung von seiner Gemahlin, Verlegung der Kanzlei von Stuttgart, Rüstung zum Krieg«. Sattler Hz 1, 10f: »Jhr Gutachten fiel aber gar nicht nach des Herzogs Meynung aus. Dann ob sie schon wegen des ersten Puncten seinen Vorwand, die Sparsamkeit lobten, durch welche sich ein Herr jedesmal bey seinen Unterthanen beliebt zu machen pflegt, so bemerkten sie doch, daß diese Tugend eben nicht die Triebfeder von seinem Vorhaben, sondern nur seine Absicht seye die liebenswürdigste Gemahlin von sich zu entfernen. Sie machten ihm deßwegen eine Vorstellung, daß das Hauß schon lange Zeit in solchem Fürstenmäßigen Stand gewesen, daß es an Macht und Pracht sich mit andern Fürsten wohl vergleichen können. Churfürst Albrecht von Brandenburg habe deßwegen keinen Anstand gefunden seine Tochter an ihne Grav Eberharden als einen fürstenmäßigen Herrn zu vermählen. Diese seye eine fromme, gottsfürchtige und tugendhafte Fürstin, welche einen besonderen Vorzug verdiene. Sie werde deßwegen von Kayserlicher Majestät, Chur- und andern Fürsten, und auch von dem Land gerühmt und geliebet. Da sie nun wieder zu ihme, als ihrem Gemahl, gekommen, seye solches allen wohlgesinnten sehr erfreulich gewesen. Nur hätten des Herzogs Feinde sich darüber betrübt. Sie habe sich gegen ihm auch mit solcher Freundlichkeit und Demuth verhalten, daß er um so weniger solche wieder mit Fug wegschicken könne, als er ihro versprochen sie und ihr Hofgesind gnädig zu bedenken und sie in der ihro beliebten Stadt Stuttgard bleiben zu lassen. Sie seye auch nicht willens von dannen zu weichen und bitte den Herzog sie bey demjenigen zu lassen, was er ihro mit Brief und Siegel versprochen hätte.« Elisabeth blieb in Stuttgart und bezog nach Eberhards Absetzung 1498 ihren Witwensitz in Nürtingen.

6 Suntheim 595.

7 A 602 U 490: Testament am 15. Juli 1518 Nürtingen. Tiedemann 18: 5. Juli; Nachlaßinventar s. Anm. 8.

8 Den 11. März 1524 als Todestag nennen: A. Rüttel J1 48q, 25 »Die Veneris post Letare« = 11.3.; Eber 143, der neben der Angabe 15. April 1524 den Hinweis hat »andere Die Veneris post Letare 11. Martii«; LP Hz Johann Friedrich Bd XVII, 72; Geburtregister 3; Wolffgang 7; Pregitzer Cod. hist. 2° 53, 1, 101; Mohl 384. A 602 U 492, 5: Schreiben Markgraf Kasimirs von Brandenburg an Hofmeister und Räte zu Nürtingen vom 18. März 1524 Nürnberg: »als Jr vns diser tag geschriben vnd verkunt habt, das wyland ... Elisabeth ... cristenlich vnd vernunfftiglich todes verschieden sey«. A 602 U 492, 5: Befehl Erzherzog Ferdinands, den Nachlaß der »mit tod abganngnen« Elisabeth zu inventarisieren vom 17. März 1524 Nürnberg. A 602 U 492, 3: Inventar vom 29. März 1524 Nürtingen. Demnach ist Elisabeth ganz sicher einige Tage vor dem 17. März, wahrscheinlich am 11. März 1524 verstorben, die nachfolgenden Todesdaten sind damit allesamt falsch: 28. März 1524: Heller 16 (»andere wöllen 15. April«); Pregitzer 1, 14; Hübner 201; Sattler Hz 1, 44; Günzler J1 103b, 8; Moll 234; Stälin 4, 23; Grossmann Hohenzollern 17; Kübler Gal. 45; Schön Nr 43; Isenburg 1, 76; Freytag 1, 76; Schwennicke 1, 123 (1, 153: oder 15.4.) 31. März 1524: Behr Suppl. 39. 15. April 1524: Eber 143 (andere 11. März); Wolleber Cod. hist. 2° 934, 188v; Crusius 2, 205; Gadner Cod. hist. 2° 16, 18; J. Frischlin Cod. hist. 2° 73, 91; Nockher 108r; Heimführung 29; Lairitz 323 u. 476; Pregitzer Cod. hist. 2° 426b, 1556; Steinhofer 1, 210 u. 278; Behr 170 (verbessert Suppl. 39: 31. März); Voigtel-Cohn 93; Giefel Nr 47. 24. April 1524: Tuefferd Montbéliard 284. 25. April 1524: Cod. hist. 2° 953, 1306. 29. April 1524 = III. Kal. Maii: Grabmal Rüttel Cod. hist. 2° 130, 22r; A. Rüttel d. J. J1 48q, 26 u. A 525 Bü 3, 71v; Schmid 31. 1. Mai 1524: J. J. Gabelkover Chronik 60 (Kal. Maii). 24. April 1515: Viton 81. 1519: Küng 115. Sterbeort Nürtingen (Witwensitz im Schloß) in sämtlichen Quellen einheitlich.

9 »hora meridiana«: Eber 143; A. Rüttel J1 48q, 25.

10 Begräbnistag 15. April 1524: Geburtregister 3 (mit dem richtigen Todestag 11. März); ebenso bei: Cod. hist. 2° 266, 2 und Pregitzer Cod. hist. 2° 53, 1, 101; Kübler Gal. 45 (mit dem falschen Todestag 28. März).

11 Begräbnisstätte Stiftskirche Stuttgart in sämtlichen Quellen einheitlich, ausgenommen Crusius 2, 114: »lebte noch A. 1520. ware sehr dick, und ligt in dem Closter zu Nürtingen begraben«, bei Crusius 2, 205 jedoch richtige Angabe des Ortes der Beisetzung. Ihr Testament vom 15. Juli 1518 (A 602 U 490) enthält folgende Bestimmungen zur Beisetzung:

»zum ersten so beschaid vnd bevilh ich gott meynem schöppfer vnd erlöser mein seel, wan sie abgeschaidet von meynem leichnam Jn sein barmhertzig hend, bittend yetzo als dan, das er die Jn crafft seyner bittern marter gnediglich zu seyner selikait an nem. – Zum andern so beschaid ich meynen leichnam zu cristenlicher begreptnys gen stutgarten Jn chor Nach ordnung vnd Eeren ayner hertzogin zu wurtemberg vnd Teck zu begraben, an meynes hertzen liebes schwehers seytten (Anm. d. i. Gf Ulrich v. der Vielgeliebte †1480), do auch yetzo mein hertzen liebes bäßlin fraw elisabeth margrefin zu baden vnd geborne marggrefin zu brandenburg (vgl. Hz Ulrich †1550 Anm. 15) begraben leytt. – Zum dritten ordnen vnd beschaid ich das mir Jn den dreyssig tagen Jn der Pfarkirchen zu Nurtingen alle tag ain sonder seelampt gesungen werd darzu alle tag Jm dreyssigsten ain vigily darumb so verorden ich XXXVII gulden yedem priester wan er vigily singt VIII den. da sollen meyne Jungkfrawen die dreyssig tag zu nurtingen alle tag zu dem seelampt gan Man sol auch mein ersten tag, den sibenden, vnd den dreyßigsten allweg begon mit funffzig priestern oder so vil man der yberkomen mag, vnd sollen an yedem der gemelten dreyer tag allweg trey ämpter gesungen werden, das erst von vnser lieben frawen, als ir der engel den gruß bracht. Das ander von der hailgen tryvaltikait vnd das drytt ain seelampt. Diser trey ampter sollen alle zu end außgesungen werden, vnd darnach ain salve. Es sol auch mit kertzen bey der bar auch mit vffsetzen wein vnd brott morgens vnd nachts die dreyssig tag herlich vnd loblich gehalten werden, wie dem stand ayner hertzogin zu wurtemberg zugehort vnd wol geburtt. Jtem so sol vff die drey yetz gemelten begengnys armen leutten allweg nach den ämptern ain grosse spend geben werden. Darzu vff den ersten tag meyner besingnys dreyssig armen fromen menschen yedem ain grawen rock vm gotteswillen gemacht vnd geben werden. – Zum viertten so beschaid vnd orden ich das mir Jm closter vnser lieben frawen brüder ordenns zu eßlingen funffhundert seelmeß gelesen werden, die hundert in den dreyssig tagen vnd die andern vierhundert hernach furderlich so bald sie konnen auch lesen. Vnd danach fur auß Jn ewig zeitt jarlichs vnd alle jär vff den tag daran ich aus diesem zeit geschaiden bin anfahen vnd biß Jn die dreyssig tag hernach volgend funffzig seelmeß lesen Darumb so verschaff ich gemeltem closter hundert vnd zwaintzig gulden weytter so sol man mir noch funffzehenhundert meß lesen in den gereformirten clöstern Jm land darumb orden ich LXXV guldin allweg fur hundert meß funff gulden – Zum funfften ...« Die Beisetzung Elisabeths 1524 ist das letzte vorreformatorische Begräbnis des Hauses Württemberg in Stuttgart.

12 A 525 Bü 3, 71: Gutachten Andreas Rüttels d. J. 1566: »Dißer Schilt sambt der Vmbschrift des Grabsteins ist von Meßing«. Zeichnung vom Zustand des Grabsteins 1566: HB XV 77, 6r; 1583: Cod. hist. 2° 130, 23r; Entwurf A. Rüttels d. J. zur Restaurierung 1583: Cod. hist. 2° 130, 22r; Abb. in JllGW 361. Elisabeths Grabstein blieb wie die übrigen Grabplatten der Stiftskirche bis zum Bau der Gruft 1608 zur Beisetzung Herzog Friedrichs I. im Chor. J. J. Gabelkover Chronik J1 410, 58f: »Uff dem Boden des Chors sein der Herren Grauen zue Wr. Verstorbner Gemahlen monumenta und grabstein noch in Anno 1607. gelegen, doch bey erbawung der newen Fr. Begräbnus underhalb des Chors, seyen erstbemelte Grabstein, weil selbige mehrers theil vast abgenoßen unnd unleßlich, Jn die Sacristey transferirt worden, und noch darinnen zue finden, außgenommen eines eintzigen de Anno 1524. so noch gar schön, welcher widerumb heraußer gelegt worden.« Die bei den Ausschachtungsarbeiten zum Bau der Gruft vorgefundenen Gebeine wurden in einem mit dem württembergischen Wappen bezeichneten Sammelgrab im Boden der Gruft beigesetzt; vgl. Gf Ulrich I. †1265 Anm. 16. Elisabeths Grabmal kam seines guten Erhaltungszustandes wegen nach der Fertigstellung der Gruft wieder in den Chor. Die übrigen Grabplatten verblieben in der Sakristei, vermutlich bis 1683, als die Gruft um ein zweites Gewölbe unter der Sakristei erweitert wurde. Tiedemann 16: »Gabelkofer sagt in seiner Chronik, daß die Denkmale der Herren Grafen zu Wirtemberg, verstorbener Gemahlinnen noch Anno 1607. im Chor gelegen, aber bei Erbauung der Fürstl. Gruft, weil selbige mehrentheils abgenuzt und unleßbar gewesen, in die Sacristei transferirt worden, ausser eines einzigen, von Anno 1524. welcher noch schön war, wurde wiederum heraus gelegt. Gegenwärtig (Anm.: im Jahr 1798) aber ist von diesen keines mehr daselbsten befindlich, sondern auf dem Boden hinter dem Altar, welche man noch aus einigen Merkmalen erkennen kann.« Möglicherweise handelt es sich bei den von Tiedemann erwähnten Relikten um die wieder in den Chor verbrachten Grabmäler aus der Sakristei, eher ist jedoch denkbar, daß es sich dabei um solche Grabsteine handelt, die beim Bau der Gruft 1608 gar nicht entfernt werden mußten, weil die Gruft nur die Hälfte des Chorraums einnimmt. Die von Tiedemann 1798 noch vorgefundenen Grabsteinreste sind vermutlich im Zusammenhang mit dem Einbau der aus Kloster Zwiefalten 1811 nach Stuttgart verbrachten Orgel im Chor der Stiftskirche entfernt worden. Als einziges Relikt der mittelalterlichen Grabmäler des Hauses Württemberg in Stuttgart hat sich – neben der Grabtumba für Gf Ulrich I. †1265 und Gfn Agnes †1265 – der Wappenschild vom Grabstein der Gfn Elisabeth †1429 erhalten.

13 Inschrift nach Entwurf Rüttel Cod. hist. 2° 130, 22r mit falschem Todestag; am Grabmal war bereits 1566 (HB XV 77, 6r) der obere Teil der Messingumschrift mit dem Sterbedatum nicht mehr vorhanden gewesen. Inschrift auch bei: A. Rüttel d. Ä. J1 1b, 30v; A. Rüttel d. J. J1 48q, 25 und A 525 Bü 3, 56v u. 71v; Schmid 31; Bach 166 jeweils mit dem falschen Todestag III. Kal. Maii = 29. April.

14 Suntheim 595; 599: »honesta casta et prudentialis Domina«.

15 Küng 115; ähnlich Hengher 194.

16 Trithemius 2, 594.

17 Pregitzer 1, 14.

18 Sattler Hz 1, 8.

19 Decker-Hauff Stuttgart 288.

20 Decker-Hauff Stuttgart 303; vgl. auch Cod. hist. 2° 735, 13–15: Biser, Lob der Herzogin Elisabeth.

Heinrich

n. 1445–1519

Graf von Württemberg

»le fou (der tolle Heinrich)«[1] »der Einsame«[2]

»Dominus protector meus«[3]

2. S. v. Graf Ulrich V. dem Vielgeliebten von Württemberg[4]
u. v. Herzogin Elisabeth von Bayern-Landshut

Geboren nach August 1446[5]
in Stuttgart[6]

Vermählt 1485
mit Gräfin Elisabeth von Zweibrücken-Bitsch n. 1464–1487

Zweite Ehe 1488[7]
mit Gräfin Eva von Salm um 1468–1521

Vater von drei Kindern[8]
Ulrich 1487–1550
Maria 1496–1541
Georg 1498–1558

Geisteskrank, seit 1490 in Verwahrung auf Hohenurach[9]

Gestorben am 15.[10] oder 16. April 1519[11]
auf Burg Hohenurach[12]

Beigesetzt am 19. April 1519[13]
in Stuttgart im Chor der Stiftskirche[14]

Grabmal[15]
»Vnder dißem grabstein ligt begraben Graue Heinrich von Württemberg vf welchen weder grabschrifft noch Wappen auch niemahls gehawen worden, also das des hochgemelten Herrn außer der Taffel, so an der Wand hangt, kein gedechtnuß vorhanden«[16]

Epitaph[17]

»Anno Domini M.D.XIX. Die XV. mensis Aprilis obijt Generosvs Heinricvs comes de Wirttemberg et Montepeligardo«[18]

Standbild von Sem Schlör[19]

»ILLVSTRISS. PRINCEPS ET DOMINVS, DOMINVS/ HENRICVS COMES WIRTEMBERGAE AC MONTIS-/ PELIGARDI. ETC. FATIS CONCESSIT IN VIGILIA PAL-/ MARVM. ANNO CHRISTI M.D.XIX. AETATIS. LXXIII.«[20]

Denkmal von Paul Mair in Urach im Stadtschloß[21]

»Heinrich Graf zu Wirtemberg und Mumpelgard hat gestudirt zu Paris in Franckreich, und ist gewesen Coadjutor zu Maintz ward von Herzog Carl von Burgundi gefangen. Der wolt ihn geschezt haben umb Mumpelgart, das nit beschach, ist ein langer starcker Furst, und ligt gefangen auf dem Slos Hohawrach.«[22]

»Es hatt auch graff Ulrich großen fleiß uff zucht seiner kinder gewendet und im kain sach harter angelegen, dann daß seine zwen sun Eberhart und Hainrich gar zu vil frech, mutt- und aigenwillig sein wolten, auch nit vil um den vatter gaben. Deshalb er sich mermals vernemen lassen, er weltte, daß under seinen zwaien sunen der ain ain waschgeltt und der ander ain schmaltzhaff were, uff daß er solche seinen nachbaurn auch leichen mechte; hatt damitt wellen anzaigen, daß sie zu allen sachen untaugenlich weren.«[23]

»was fur ain unutz man das gewest seins haltens und wesens halb, das bedarf ains aignen capitels«[24]

»HENRICUS geboh. 1449. Coadjutor zu Mayntz, welchen Stand er wegen abgehender Mannes-Erben bey seiner Familie quitiret, und darauf die Mümpelgartische Grafschafft beherrschet. Wird endlich wegen Unfähigkeit und blöden Verstandes auf dem Schloß Hohen-Aurach verwahrlich behalten, und st. daselbst 1519.«[25]

»Es hatte dieser Graf Heinrich in seinem Leben nicht Viel Guter Tag gehabt, sondern war vielem Unglück, sonderlich in seiner Gefangenschaft, unterworffen, doch waltete über Jhm die Göttliche sonderbahr Schickung dermaßen, daß Er über alles Verhoffen, ein Stamm Vatter und Erhalter des gantzen Hochfürstl. Haußes Württemberg worden und alßo in diesem Stück glücklich genug gewesen ist.«[26]

»Auch der Geisteskranke ist in den Händen der Vorsehung noch ein brauchbares Werkzeug.«[27]

»war ein Glück für Wirtemberg, denn sonst wäre der Fürstenstamm ausgestorben und das Land unter eine fremde Regierung gekommen«[28]

»Graf Heinrich (1448–1519) neigte zu wilden und unkontrollierten Wutanfällen und wurde noch durch Eberhard im Bart 1490 auf Hohenurach festgesetzt.«[29]

»Vom Vater Heinrich hörte man, daß er in Reichenweiher auf offener Straße habe mit der Armbrust auf einen elsässischen Ritter schießen lassen, nur weil der nicht sagen wollte, woher er komme. Den Pfarrherrn in Reichenweiher, der Heinrich wegen einer unanständigen Tat in der Kirche verwies, ließ er prügeln. Von Dienern und von Bürgern entlehnte er Geld. Und wenn sie's verweigerten oder wieder forderten, jagte er sie fort. Die kaiserlichen Kuratorien sprechen von einem Geisteszustand wie dem ›eines Mondsüchtigen‹. Im Sommer 1490, Ulrich ist gerade drei Jahre, ist Heinrichs Krankheit so weit fortgeschritten, daß Eberhard ihn in Reichenweiher gefangen nehmen und nach Hohenurach bringen lassen muß. Dort lebt Heinrich noch volle 29 Jahre.«[30]

Anmerkungen

Zu Heinrich: Wolleber Cod. hist. 2° 934, 188v–189v; Pregitzer Cod. hist. 2° 53, 1, 102–121; Ludwig Friedrich Heyd, Graf Heinrich zu Württemberg in: Christoph Benjamin Klaiber, Studien der evangelischen Geistlichkeit Wirtembergs 4, 1832, II, 163–184; Heyd Ulrich 1, 74–85; Stälin 3, 557–559 u. 575–577 u. 599–606; Tuefferd Montbéliard 257–277; P. Stälin ADB 11, 627–628; Ensfelder Riquewihr 92–97; Verfasserlexikon. Die deutsche Literatur des Mittelalters, Berlin 1936, 2, 366–369.

1 Ensfelder Riquewihr 92; 93: »il mérite le surnom qui le désigne dans l'histoire du Wurtemberg, Henry le fou.«

2 Kübler Gal. 39.

3 J. Frischlin Cod. hist. 2° 73, 95; Mohl 385; vgl. Gf Ulrich † 1344 Anm. 2; Stälin 3, 575: »Die k. öff. Bibliothek in Stuttgart bewahrt unter Cod. med. et phys. 2° 14 eine Papierhandschrift des Buchs der Natur von Konrad von Megenberg, welche der Graf Heinrich während seiner Gefangenschaft in Luxemberg von dem dortigen Rentmeister geschenkt erhielt. Letztere Thatsache hat der Graf selbst eigenhändig auf der innern Seite des hintern Deckels angemerkt und dort auch eine Reihe von Denksprüchen beigeschrieben, unter andern: Rerum irrecuperabilium suma (sic) felicitas est oblivio. Quidquid agas prudenter agas et respice finem. Quoniam id non potest fieri quod vis, id velis quod possis. Schimpfflß ist gnuog.«

4 J1 48a, 74r: Andreas Rüttel, Ahnentafel zu 16 Ahnen; Pregitzer 3, 10: Tabula progonologica zu 64 Ahnen. Ensfelder Freiheitsbriefe 268 bezeichnet Heinrich irrigerweise als jüngeren Bruder Eberhards im Bart.

5 Den 7. September 1448 als Geburtstag nennen: Eber 358; Staat Tab B; Pregitzer Cod. hist. 2° 53, 1, 102; Pregitzer 1, 13; Hübner 201; Steinhofer 1, 202; Heyd Ulrich 1, 75; Moll 285; Stälin 3, 557; Behr 170; Voigtel-Cohn 93; P. Stälin ADB 11, 627; P. Stälin 1, 677; Maisch Stammtafel; Giefel Nr 48; Herrenschneider Horburg 149; Schneider Stammbaum; Roller Baden 96; Kübler Gal. 39; Schön Nr 44; Isenburg 1, 76; Freytag 1, 76; Schwennicke 1, 123. Den 1. September 1448 nennt: nach Stälin 3, 557 »Scheffer, Chronol. Darst. 52«. Das Jahr

1448 als Geburtsjahr nennen: Essich Stammtafel; Marquardt Stammtafel; Uhland Stammtafel 399, Festschrift Württemberg 110. Das Jahr 1446 nennen: Friedrich Rüttel Horoskop G 400 Bü 14; Wolleber Cod. hist. 2° 934, 188v; Heimführung 29; Lairitz 475 (der 747 verbessert: 1449 nicht 1446). Das Jahr 1449 nennen: Hengher 195; Lohmeier 53. Der 7. September 1448 als Heinrichs Geburtstag ist eine Angabe des 17. Jahrhunderts, die durch keine frühere oder gar zeitgenössische Quelle belegt ist. Es war weder Tubingius noch Küng noch Andreas Rüttel noch Crusius noch Gabelkover bekannt. Der erste Nachweis des 7. September 1448 ist bei Eber 358 die Notiz Friedrich Rüttels, der jedoch im Horoskop G 400 Bü 14 das Geburtsjahr 1446 ohne Tag hat. Die Inschrift über dem Standbild von Sem Schlör (Anm. 20) nennt ein Lebensalter von 73 Jahren, was einem Geburtsjahr 1445/46 entspricht. Als gesichert darf jedoch gelten, daß Heinrich der zweiten Ehe Ulrichs des Vielgeliebten entstammt und nach Eberhard II. geboren wurde. Seine Geburt kann demnach frühestens im September 1446, spätestens im Februar 1550 erfolgt sein; vgl. Gfn Elisabeth †1451 Anm. 5.

6 Eber 358; Forst (s. Gfn Eva †1521 Anm. 3) 1: vermutlich in Waiblingen; Kübler Gal. 39: Ort unbekannt, 142: vermutlich Schloß Waiblingen.

7 Vor der Vermählung Heinrichs mit Eva von Salm suchte Eberhard im Bart eine Verbindung mit dem Hause Pfalz-Veldenz zu stiften: A 602 U 512: »1487 Dez. 29. Graf Eberhard d. Ä. dankt einem Ungenannten für dessen Bemühungen um die Vermählung des Grafen Heinrich mit einer Tochter des Herzogs Ludwig Grafen zu Veldenz«. Nach Häutle Wittelsbach 146–148 hatte Herzog Ludwig I. der Schwarze von Zweibrücken-Veldenz (1424–1489) sechs Töchter, von denen die älteste seit 1470 vermählt, die zweite bis fünfte seit 1469 Klosterfrauen waren. Die jüngste Tochter, Elisabethe, scheint von Eberhard im Bart für Heinrich auserwählt gewesen zu sein. Elisabethe, geb. im Jahre 1469, verlobt am 7. Dezember 1482 mit dem Grafen Johann von Solms-Münzenberg, welcher vor vollzogener Ehe zu Alexandria in Aegypten am 31. Oktober 1483 starb, worauf sich Elisabethe am 26. Dezember 1487 mit Graf Johann Ludwig I. von Nassau-Saarbrücken (1472–1545) verlobte. Das Beilager fand erst am 29. Januar 1492 in Saarbrücken statt. Sie starb am 23. Juni 1500, nachdem sie sechs Töchter geboren hatte, und ist begraben in der Stiftskirche St. Arnual in Saarbrücken. Der ungewöhnliche zeitliche Abstand zwischen Verlobung und Beilager und die Wahl eines fünfzehnjährigen Bräutigams legt die Vermutung nahe, daß diese Verlobung erfolgte, um einer ehelichen Verbindung mit Heinrich aus dem Wege zu gehen.

8 Lairitz 476 schreibt Heinrich noch zwei »in zarter Jugend« verstorbene Kinder namens Ludwig und Maria zu, für die es aber sonst keine Belege gibt. J1 154–23, 65: Oswald Gabelkover, Tafel der Nachfahren Heinrichs. Illegitime Kinder: Heyd Ulrich 1, 85: »Natürlicher Sohn Urban, wurde bei einem beim Zoll in Basel Angestellten in die Kost gegeben und nach Rechnungen von 1485 und 1486 vom Magistrat zu Mömpelgard mit Kleidung und Wäsche versehen.« Schön Fürstlich Blut Cod. hist. 4° 488 Nr 2943, 112: Natürliche Tochter Katharina, Nonne.

9 A 602 U 519: »1490–1491 Schriften betr. Graf Heinrichs Geisteskrankheit und Verwahrung auf Hohenurach«. Tubingius 270: »Iste Henricus comes Wirtembergensis ob quaedam facinora (quia lunaticus erat) inclusus fuit in arce Urach.« Küng 116: »in seinem haupt dermaßen zerritt worden, daß er je zu zeiten, nach lauff des mons, nitt so gar wol bei im selbs was und demnach zu der regierung gleich ettwas untaugenlich... Dieweil aber der obgemelt feel und mangel an graff Hainrichen ettwas mitt dem alter zunam, besorgt man, er mechte ettwa, von der blodickhait übereilt, im selbs oder andern leiten schaden zufiegen und ward hieruff erstlich zu Stutgartenn und volgender zeit uff Hohenurach in einer fürstlichen wonung sampt seiner gemachel enthalten, und er im innern thail des gemachs verwaret bis er anno 1519, den 15. aprilis, gestorben.« Zimmersche Chronik (s. Gfn Elisabeth † 1487 Anm. 4): »Es schos im der duppel ins hirn.« Steinhofer 1, 202: »bißweilen nach dem Lauf des Monds eine Hauptblödigkeit verspüret«. Heyd Heinrich 176: »Anselm, Chronik von Bern. 1826. II. 246 nennt Heinrich taub d. h. blödsinnig, mit dem französischen dupe und dem schwäbischen dippelicht verwandt«. Johann Nohen, Hessische Chronik: »Der was mit dem Haupt nit wohl verwahret, der Sinn entbrach ihm, daß er fast phantasirt« zitiert bei Stälin 3, 601. Zu Heinrichs Geisteskrankheit: Steinhofer 3, 500 f; Sattler Gf 4, 8 f; Heyd Ulrich 1, 80 f; Moll 286 f; Stälin 3, 575 f u. 601. Die Geisteszerrüttung wird in der gesamten Literatur als Folge der unmenschlichen Mißhandlung Heinrichs in seiner Gefangenschaft 1474–1477 durch Herzog Karl den Kühnen von Burgund angesehen, erst Decker-Hauff Stuttgart 307 hat sie als Erblast der Großmutter Henriette von Mömpelgard erkannt.

Die von sämtlichen Geschichtsschreibern übernommene, theatralisch eindrucksvolle Szene der drohenden Enthauptung Heinrichs auf dem der belagerten Stadt Mömpelgard gegenüberliegenden Berg La Crotte ist erstmals bei Küng 116 überliefert: »hertzog Carolus... fieng demnach graff Hainrichen, welcher one gevar seinen geschefften nachritt, nitt fer von Lutzelburg und fieret in gefencklich für Mumpelgart, fordert die statt und schloß auff mitt angehengter trouhung, wa im die nitt übergeben werde, welle er dem gefangnen graven den koppff abschlachen lassen; und ine daruff zu dem offtermals auff ein samatin tuch, so uff dem berg (der gegen dem schloß Mumpelgart über ligt, da man auch solche handlung wol sehen mochte) gesprait was, als ob er gleich herhalten solte, niderknuien lassen. Aber der burckvogt im schloß ließ sich diese grausamen handlungen nicht bewegen, sunder hielt vest und gab zu antwurt, es hette hertzog Carle seinen herrn graff Hainrichen one alle vorgende verwarnung und demnach wider recht gefangen, und ob er ine gleich ietzundt thottet, solte er dannocht wissen, daß noch mer graven von Wirtemberg vorhanden, die sollichs zu gebürender zeit nitt würden onegerochen lassen. Den selbigen were er auch gleich so wol gelopt und geschworn als graff Hainrichen, welte demnach die statt one vorwissen derselbigen niemanden, wer der were, einromen. Als hertzog Carolus solche bestendickhait erkannt, füret er den gefangnen graven mitt im darvon.« Vgl. dazu die Bemerkung Herzog Ulrichs vom 8. Januar 1519 bei Sattler Hz 1, Beil. 103, wonach Karl der Kühne von Burgund den Grafen Heinrich, um die Übergabe Mömpelgards zu erzwingen, »besunder einsmals vor Mümpelgart füren, Seiner Lieb ein rot seiden thuch fürspreiten und den nachrichter gegen ir allergestalt handeln und geparn lassen, als ob er im geleich onverzug sein haupt solt abschlagen« sowie die eigenhändige Eintragung Heinrichs in Cod. med. et phys. 2° 14 (s. Anm. 3): »Diez hon ich geschriben, da ich wider gen Lützenburg gefurt ward, da ich verwond, man wellt mich duon döten.«

10 Den 15. April 1519 als Todestag nennen: das verschollene Epitaph in der Stuttgarter Stiftskirche (Anm. 17 u. 18); Küng 116; Wolleber Cod. hist. 2° 934, 188v; O. Gabelkover Cod. hist. 2° 589b, 510; Hengher 195; Pregitzer 1, 13 u. Cod. hist. 2° 53, 1, 120; Steinhofer 1, 203 u. 268; Heyd Heinrich 181; Heyd Ulrich 1, 84; Moll 287; Stälin 3, 601 (3, 787: »richtiger 16. April«);

Voigtel-Cohn 93; Tuefferd Montbéliard 277; P. Stälin ADB 11, 627; Giefel Nr 48; Schneider Stammbaum; Roller Baden 96; Kübler Gal. 39; Schön Nr 44. Den 15. oder 16. April nennt: Steinhofer 4, 577.

11 Den 16. April 1519 (»Vigilia Palmarum«) als Todestag nennen: die Inschrift über dem Standbild von Sem Schlör (Anm. 20); Crusius 2, 190; Eber 146; Heller 20; Heimführung 29; Lairitz 476; Staat Tab B; Mohl 391; Hübner 201; Sattler Hz 2, 13; Stälin 4, Tab VII; Behr 170; Maisch Stammtafel; Isenburg 1, 76; Freytag 1, 76; Schwennicke 1, 123. Den 17. April 1519 nennen: Cod. hist. 2° 953, 1313 (and. 15. April); Nockher 109r (verbessert: 16. April). Den 18. April 1519 nennt: Simon Studion JI 1, 172. Den 25. April 1519 nennt: Herrenschneider Horburg 150. Den 6. April 1519 nennen: HB XV 98, 29v; Imhof 57. Tod nach dem 21. Juli 1519 bei: Borst Herren 57.

12 Sterbeort Hohenurach: Küng 116f (s. Anm. 9) und sämtliche Quellen, ausgenommen Tubingius 270: »inclusus fuit in acre Urach sed postea anno Domini M.D.XIIII. ad Stutgardiam ductus fuit et liber ut dictum dimissus«. Sobald die Leiche Heinrichs am 17. April aus der Burg gebracht worden war, ermordete die Besatzung ihren Hauptmann und übergab die bis dahin noch württembergische Feste den Truppen des Schwäbischen Bundes; dazu O. Gabelkover Cod. hist. 2° 589b, 510: »haben sie nicht lang hernach, namlich so bald man mit der leich den 17. April vß dem Schloß kommen, sich übel gehalten, ihren Hauptmann tödtlich verwundt, darumb das Er ihren Mainaid gescholten«; Steinhofer 4, 578; Moll 287. Stälin 4, 159: Beim Empfang der Nachricht von seines Sohnes Überfall auf die Stadt Reutlingen (21. Januar 1519), dem Anlaß für das Eingreifen des Schwäbischen Bundes und der Vertreibung Herzog Ulrichs, »sprach sein blödsinniger, dem Grabe zuwankender Vater Graf Heinrich die Worte der Weissagung: ›O er wird aus dem Lande ziehen.‹ Gabelkover bemerkt hierzu: ›welches ich vor viel Jahren von armen Leuten, die Graf Heinrichen gekannt, selbs gehört hab‹.«

13 Überführung nach Stuttgart am 17. April 1519: O. Gabelkover (Anm. 12); Steinhofer 4, 577. Sattler Hz 2, 13: 19. April 1519.

14 Grabstein im Chor der Stiftskirche (vgl. Anm. 15); Eber 146; Wolleber Cod. hist. 2° 934, 188v; J. Frischlin Cod. hist. 2° 330, 6v. Die Angabe bei Wolleber Cod. hist. 2° 699, 208v und Wolleber Cod. hist. 4° 339, 159: »Nachgehenden Zeiten ward diessem Graff Heinrich ein Epitaphium zue Stuttgarten bey St. Leonhard gemacht, diß Jnhalts:« (Inschrift wie über dem Standbild von Sem Schlör, s. Anm. 20) dürfte ein Irrtum sein, da ein solches Grabmal in den recht genauen Inschriftensammlungen von Rüttel oder Schmid Cod. hist. 8° 18 oder Waltz Cod. hist. 2° 230 nicht verzeichnet ist. Die Angabe Wollebers wurde jedoch von Heyd Heinrich (s. o.) 181 übernommen, wo der Eindruck erweckt wird, Heinrich sei in Stuttgart in der Leonhardskirche begraben worden. Einen Schritt weiter in der falschen Richtung geht Monsignore Karl Kümmel in seiner 1902 begonnenen Serie über die Begräbnisse des Hauses Württemberg im Katholischen Sonntagsblatt, wenn er dort 1905, S. 549 über Heinrich schreibt: »Er wurde in Stuttgart beigesetzt, und zwar zweifellos auf dem Gottesacker, welcher damals die St. Leonhardskirche umgab. Ein ganz einfacher, glatter Stein deckte sein Grab, erst später wurde ihm in der Leonhardskirche ein Stein mit Inschrift gesetzt.« Ebenso unsinnig ist die Behauptung Wollebers von einer späteren Überführung Heinrichs nach Tübingen: Cod. hist. 2° 105, 365 und Cod. hist. 2° 934, 188v: »Diser graff Heinrich Jst volgender Zeiten widerumb vßgraben, gehen Tüwingen gefüert, vnd alda bey den Hertzogen zu Württemberg, Jn ein herrlichs grab gelegt worden«. Abgesehen davon, daß ein »herrlichs grab« einer breiteren Öffentlichkeit aufgefallen, ja bis in die Gegenwart erhalten geblieben sein dürfte, wissen weder Andreas Rüttel Vater und Sohn, die sich jahrzehntelang von Amts wegen mit den Begräbnissen des Hauses Württemberg beschäftigt haben, noch Oswald Gabelkover von einer Beisetzung Heinrichs in Tübingen. Die durch keinerlei sonstiges Zeugnis belegte Behauptung Wollebers wird jedoch von Heyd Ulrich 1, 84 übernommen, der Heinrich von einer nicht näher bezeichneten Grabstätte in Stuttgart durch Herzog Ulrich nach Tübingen bringen und dort in der Gruft beisetzen läßt. Moll 287 übernimmt die Angaben von Heyd wörtlich; Stälin 3, 601 ohne Quellennachweis: »Zuerst war er in der Stuttgarter Stiftskirche begraben, bis ihn sein Sohn Herzog Ulrich in der Gruft zu Tübingen beisetzen ließ«; Stälins Angabe wird von Roller Baden 96 und Kübler Gal. 39 und Schön Nr 44 übernommen. Lairitz 476: begraben in Stuttgart, »Jrren demnach diejenigen, welche sein Grab zu Heidelberg suchen«.

15 Heinrich starb und wurde beigesetzt »eben zu der Zeit als der Schwäbisch bund das land Württemberg das erste mal eingenommen« (Hengher 195) und »wurde offenbar in aller Stille begraben« (Demmler 48). Er erhielt einen Grabstein ohne Wappen und Inschrift (s. Anm. 16); Zeichnung in Cod. hist. 2° 130, 2r. Entwurf eines neuen Grabsteins von Andreas Rüttel 1583 in Cod. hist. 2° 130, 1r, wurde nicht ausgeführt. Inschrift des Rüttelschen Entwurfs: »ANNO. SALVTIS. HVMANAE. M̄.D̄XĪX̄./ XVII. K̄L̄. MAII. Θ. ILLVSTRIS. ET. GENEROS. DOMIN. HEINRIC./ COMES. DE. WIRTEMBERG. ET./ MŌT̄PELIGARDO. CVIVS. ANIMA. DEO. VIVAT. AMEN.«; vgl. Bach 166. Schmid 29 zitiert diese Inschrift mit der fehlerhaften Angabe M.D.IX. VII. Kal. Maij (= 25. April 1509) und der irrigen Meinung, dieser Grabstein habe bis zum Bau der Gruft 1608 im Chor der Stiftskirche gelegen. Hansmartin Decker-Hauff versah die auf einem Konzeptzettel niedergeschriebene Notiz in J1 48a, 339 mit der Anmerkung: »Notiz (wahrscheinlich Andreas Rüttel d. Ä. an Herzog Ulrich) betr. die Restaurierung des (bisher unbekannten) Monuments für Graf Ulrich v. den Vielgeliebten und seine drei Gemahlinnen Cleve, Bayern und Savoyen sowie des Monuments für Graf Heinrich von Mömpelgard († 1519) in der Stiftskirche zu Stuttgart, das ›zerbrochen‹ (wohl in der Reformation beschädigt?) war, undatiert, vor 1550.« Die Notiz lautet: »Derweil dan efg die zerbrochen grabstain widerumb zu restaurieren gesinnet, mocht derselben undertheniglich zu rathen sein, das drey erhepten monumenta mit ganzen bildern nemlich graff Ulrichen sampt seiner ersten gemaheln von Bayern als dan den beeden andern von Cleve und Saphoi und fuglich graff Heinrichen, ligend och auffrecht an die wand hinder dem altar des chors neben dem Stiffter von Beutelspach auffgericht werden.« Dafür, daß hier nicht die Restaurierung vorhandener, jedoch beschädigter Grabmäler, sondern die Neuschaffung von noch nicht vorhandenen Tumben für die genannten Personen vorgeschlagen wird, sprechen folgende Überlegungen: Die Absicht des Herzogs, »die zerbrochen grabstein widerumb zu restaurieren«, bezieht sich auf die in Jahrhunderten bzw. Jahrzehnten beschädigten, abgetretenen, teilweise zerbrochenen Grabsteine des Hauses Württemberg, wie sie in Cod. hist. 2° 130 und HB XV 77 von Andreas Rüttel 1566 und 1583 aufgezeichnet wurden, und deren Restaurierung nach den Vorschlägen Rüttels noch in den letzten Lebensjahren Herzog Ludwigs † 1593 beabsichtigt, aber aus unbekannten Gründen nicht ausgeführt worden war. Selbst wenn für Ulrich v., seine drei Gemahlinnen und Graf Heinrich außer den vorhandenen und bei Rüttel aufgezeichneten Grabsteinen noch jeweils ein »erheptes monument« vorhanden gewesen wäre, was zumindest im Falle Heinrichs gänzlich ausgeschlossen werden kann, da auf seinem Grabstein ja nicht einmal Name oder Wappen eingehauen wurden, dann hätte sich auch der feurigste Bilderstürmer nicht getraut, in der herzoglichen Grablege den Grabfiguren des Vaters, des Großvaters und der Großmutter des eben erst zurückgekehrten Reformationsherzogs Ulrich irgendeinen Schaden zuzufügen. Auch ist die Anordnung jeweils einer Doppeltumba für Ulrich v. mit der (2. Gemahlin und) Stammutter Bayern sowie für die 1. Gemahlin Cleve mit der 3. Gemahlin Savoyen nur sinnvoll und denkbar, wenn diese infolge dieser Anregung in Auftrag gegeben werden. Zu überlegen ist allerdings, weshalb in dieser Ahnenreihe Herzog Ulrichs Mutter kein Monument erhalten soll. Aber einerseits liegt sie zu Reichenweiher begraben und hätte schon vor Herzog Ulrichs Vertreibung nach Stuttgart überführt werden können, andererseits scheint es dem ob des Alters seines Herzogtums von Komplexen Geplagten (vgl. Hz Ulrich † 1550 Anm. 42) angenehmer gewesen zu sein, statt seiner nicht ganz so vornehmen Mutter Zweibrücken-Bitsch die hochedlen Gattinnen seines Großvaters im Chor der Stiftskirche neben dem (im Bildersturm nicht zerbrochenen!) Grabmal Ulrich des Stifters dokumentiert zu sehen. Weshalb diese Anregung Rüttels nicht ausgeführt wurde, ist unbekannt, vermutlich hätte man dann auch zuerst die alten Grabsteine restauriert, wie dies der Herzog ja beabsichtigte, ehe ihn der Vorschlag zur Neuschaffung der drei »erhepten monumenta mit ganzen bildern« erreichte.

16 Gutachten Andreas Rüttel d. J. 1566 in: A 525 Bü 3, 80; ebenso bei Rüttel in Bü 3, 67v u. 106v und HB xv 77, 39r; ebenso bei Schmid 19 u. 35. Die genannte »Taffel, so an der Wand hanget« ist das in Anm. 17 behandelte Epitaph.

17 Im Chor der Stuttgarter Stiftskirche hingen – zumindest noch 1624, als Johann Jacob Gabelkover seine »Chronica der fürstlichen württembergischen Haubtstatt Stuetgardten« (J1 410) verfaßte – Epitaphien der in Stuttgart beigesetzten Grafen sowie Eberhards im Bart. Sie dürfen nicht verwechselt werden mit den erst später geschaffenen steinernen Tafeln über den Standbildern von Sem Schlör (Anm. 19 u. 20). Andreas Rüttel d. Ä. hat ihre Inschriften 1557 aufgezeichnet: J1 1b, 27–27v: »Epitaphia der Hern zuo Wirtemberg abgeschriben von den Tafeln so zu Stuotgarth Jn der Stiffts Kirch Jm Chor hangen«; gleichlautende Abschriften bei: Andreas Rüttel d. J. A 525 Bü 3, 84 und 85–86; Schmid 36–37; Mütschelin 291–292. Nach J. J. Gabelkover Chronica 58 waren sie 1624 oberhalb der Standbilder von Sem Schlör und deren Epitaphien (Anm. 19 u. 20) »Jn langlechten Viereckheten Tafeln zue finden«. Eine Angabe zur Entstehung dieser Tafeln findet sich bei Oswald Gabelkover in Cod. hist. 2° 587, 56 im Zusammenhang mit der Erklärung des irrigen Todesjahrs 1370 auf der Tafel Graf Ulrichs IV. † 1366: »Dieweil aber selbige tafeln biß vff zwo oder 3. die lezste all einer form, hat es das ansehen, als wann graf Ulrich dises graf Ulrichs ex fratre abnepos (Anm. d. i. der Ururenkel von Ulrichs IV. Bruder Eberhard dem Greiner = Ulrich v. der Vielgeliebte † 1480) solche machen lassen und sich der Maler am Schreiben geirret hat«. Die drei letzten, neuesten Tafeln sind diejenigen von Ulrich v., Eberhard im Bart und Heinrich, die wohl deshalb eine andere Form haben, da sie in Einzelfertigung und nicht in Serie, wie die ihrer Vorgänger hergestellt wurden. Wann nun die Tafel Heinrichs gefertigt wurde, nach seinem Tode 1519 oder erst nach 1534, ist nicht mehr festzustellen, ebenso nicht der Zeitpunkt, an dem die Tafeln aus dem Chor der Stiftskirche entfernt worden sind. Obwohl sie nach Aufstellung der Standbilder von Sem Schlör überflüssig geworden waren, zumal ihre Inschriften nahezu gleichlautend waren mit den noch vorhandenen Epitaphien (Anm. 19 u. 20), sind sie jahrzehntelang übereinander gehangen, wie J. J. Gabelkover Chronica 58 angibt, der keinen Hinweis auf ihre Beschaffenheit hat, die jetzigen Epitaphien aber aus Stein geschaffen weiß. Man darf wohl annehmen, daß es sich dabei um gemalte Holzepitaphien gehandelt hat, die vom Holzwurm zerfressen und unansehnlich geworden, irgendwann im 17. oder 18. Jahrhundert ausgeräumt wurden.

18 Schmid 19.

19 Im Rahmen der jahrzehntelangen, bereits nach Herzog Ulrichs Rückkehr aus dem Exil angestellten Überlegungen, die alten, im Lauf der Zeit abgetretenen und beschädigten Grabsteine der württembergischen Grablege im Chor der Stuttgarter Stiftskirche zu restaurieren, bzw. zu ersetzen (Sattler Hz 5, 30: »die durch die Zeit in merkliches Verderben gerathene Denkmale der alten Graven und Herrn zu Würtenberg in der Stifftskirche zu Stuttgard wieder erneuert werden sollten. Sie lagen bißher in Stein gehauen auf dem Boden und wurden durch den beständigen Wandel abgetretten«), entstand unter Herzog Ludwig in den Jahren 1578 bis 1583/84 (Demmler 56 u. 182 nach den Landschreiberei-Rechnungen, abgedruckt bei Demmler Anhang XXXIII; alle anderen Daten, etwa bei Sattler Hz 5, 31, Pfaff Stuttgart 1, 67; Mosapp Stiftskirche 12: Beginn 1574 oder OAB Stuttgart Stadt 1856, 184: Beginn 1574, Vollendung unter Hz Friedrich † 1608, sind demnach falsch) durch den Schwäbisch Haller Bildhauer Sem Schlör von Laudenbach die bis in unsere Tage erhalten gebliebene Reihe von elf Standbildern der hier im Chor der Stiftskirche beigesetzten Grafen von Stuttgart. Johann Jacob Gabelkover Chronik J1 410, 57: »Sonsten sein Jn diser Stiffts Kürchen die fürnembste Herren Grauen zue Wr. Von Grau Ulrichen dem Fundatore an, biß uff Grau Heinrichen, c. Unßers g. Fr. unnd Herren c. Uhranherrn, Jn Lebensgrößin, unnd schöne stein gehawen, Jeder seiner gehabten gestallt unnd form ehnlich, stehend uff ligenden Lewen, zue de Herren Grauen Häubtern, seind dero Gemahlin wappen (Anm.: irrige Angabe, lediglich Gf Ulrich v. † 1480) und Gf Heinrich † 1519 mit quadriertem Schild Württemberg-Mömpelgard), auch Jn stein, darinn auch Jedes derselben (Anm. Grafen) Epitaphium, die lauten einander nach also:« (folgt 58 die Aufzählung der elf Inschriften); ähnlich auch Tiedemann 15. Zur Entstehung der ursprünglich als Eisenguß (s. Anm. 21) vorgesehenen Standbilder: Demmler 41–56 u. 226–239; Fleischhauer Renaissance 110 u. 137ff. Die vom Hofmaler Johann Steiner angefertigten Entwürfe zu den Standbildern wurden vermutlich 1634 aus Stuttgart entwendet und befinden sich jetzt im Museum der Schönen Künste Budapest, s. dazu: Heinrich Geissler, Zeichner am württembergischen Hof um 1600 in: Jahrbuch Staatl. Kunstsammlungen Ba-Wü 6, 1969, 91–94, Abb. 86f und Katalog Renaissance 1, 354f mit Abb. An eine Fortsetzung der Grafenreihe durch Standbilder der nachfolgenden Herzöge scheint zumindest zeitweise gedacht worden zu sein: Fleischhauer Renaissance 340, Abb. 169: Entwurfzeichnung für ein in den Schlörschen Formen gehaltenes Grabmonument für Hz Johann Friedrich † 1628, jetzt im Anton-Ulrich-Museum Braunschweig, Sammlung Berlepsch K 5, 64. Bei einem heute in Montbéliard aufbewahrten Modell eines Standbildes (Höhe 38 cm, Breite 22,5 cm, Tiefe 19 cm) für Herzog Ludwig aus dem Jahre 1576 könnte es sich um eine Arbeitsprobe Sem Schlörs vor Erhaltung des Auftrages handeln, s. Frédéric Rossel, Bas-relief représentant le duc Louis I le Pieux à Montbéliard 1576 mit Nachwort von John Viénot in: Bulletins de la société de l'histoire du protestantisme français 82, 1933, 86–89 mit Abb. Nachdruck in: Bulletin et Mémoires de la Société d'Emulation de Montbéliard 76, 1980, 156–158. Rossel vermutet in der Figur einen Altarschmuck der Mömpelgarder Schloßkapelle. Die Stuttgarter Standbilder, die von 1807 bis 1840 durch den Einbau der Orgel des Klosters Zwiefalten im Chor der Stiftskirche den Blicken der Betrachter entzogen waren, wurden 1875 von Professor Karl Kopp im Auftrag König Karls I. restauriert. Den Bombenhagel des Zweiten Weltkriegs haben sie unversehrt überstanden, da sie rechtzeitig durch die weise Voraussicht von Oberbaurat Wilhelm Speidel an Ort und Stelle eingemauert worden waren. Schwäbischer Merkur, Chronik 1840, 1349: Bericht über die nach Versetzung der Zwiefaltener Orgel wieder sichtbaren, von einem »Meißel von nicht gewöhnlichem Werthe« geschaffenen Standbilder: »Wenn nun aber auch diesen Bildern in geschichtlicher Hinsicht nur eine beschränkte Geltung zugestanden werden darf, so sind sie doch wegen der Seltenheit solcher Denkmale aus der württembergischen Geschichte von hohem Werthe, und überdieß gewährt ihre lange, mannigfaltige Reihe der Kirche einen nicht gemeinen Schmuck. Mögen sie nie wieder einem Zeitalter in die Hände fallen, das sie als unnüzen Plunder mißhandelt.« OAB Stuttgart Stadt 1856, 184: »Diese Monumente gehören zu den schönsten Werken des Renaissancestyls in Württemberg.« Zeichnungen der Standbilder: Johann Steiner, Entwürfe (s. oben); J1 48ee: Christian Friedrich Sattler, Stemmatographia sigillaris Wirtembergica, um 1750; J1 48h, 234–249 (nur 8 Standbilder, von Gf Ulrich I. †1265 bis Gf Ulrich †1388); HB XV 98: Johann Sebald Baumeister, Gallerie der Familienbilder, Schwäbisch Gmünd 1818; Lithographien: Eduard Herdtle, Standbilder der Wirtenbergischen Grafen in der Stiftskirche zu Stuttgart in: Jahreshefte des Wirtenbergischen Alterthums-Vereins Heft 2–6, 1845–1851; Mosapp Stiftskirche 38–42 (9 Standbilder).

20 Zitiert nach dem Original in Stuttgart. Die Inschriften der elf Standbilder bei: J. J. Gabelkover Chronik J1 410, 58; Schmid Cod. hist. 8° 18, 38f: »Jnscriptiones der alten in Stein gehawenen Hern von Württemberg, im Chor der Stiffts-Kirchen innerhalb des Eisernen Gitters« (Mosapp Stiftskirche 14: Die restaurierten Standbilder werden 1884 mit einem eisernen Schutzgitter umgeben); Mütschelin Cod. hist. 2° 126; Materialien Beutelsbach 58f; Tiedemann 15.

21 Als Modell für eine Ausführung der Stuttgarter Grafenstandbilder in Eisenguß von Mai bis November 1577 geschnitzt. Vermutlich waren es technische Gründe, die schließlich doch zu einer Ausführung der Denkmäler in Stein führten; zu Paul Mair aus Augsburg und seinem Uracher Werk: Demmler 51ff u. 67–76 u. Anhang X-XXXII; Himmelein Eberhard 91f; Volker Himmelein in Katalog Renaissance 2, 555 mit Abb.

22 Suntheim 595.

23 Küng 107.

24 Zimmersche Chronik in: Bibliothek Litterarischer Verein, Stuttgart 93, III, 8.

25 Lohmeier 53.

26 Pregitzer Cod. hist. 2° 53, I. 121.

27 Heyd Heinrich 184.

28 Barth 114.

29 Volker Press in Festschrift Württemberg 110.

30 Borst Herren 56f.

Elisabeth

n. 1464–1487

Gräfin von Württemberg

T. v. Graf Simon Wecker von Zweibrücken-Bitsch[1]
u. v. Freiin Elisabeth von Lichtenberg

Geboren nach 1464[2] in

Vermählt 1485
mit Graf Heinrich von Württemberg n. 1445–1519
Eheabrede am 10. Januar 1485[3]
Beilager am 10. Januar 1485 in Reichenweiher[4]

Mutter eines Sohnes

Gestorben am 17. Februar 1487[5] zwischen 8 u. 9h[6]
in Reichenweiher im Schloß[7]
»in misslingung der geburt« von Herzog Ulrich[8]

Beigesetzt 1487 in Reichenweiher im Chor der Liebfrauenkirche[9]

Grabmal[10]
»ANNO. M. CCCC. LXXXVII. DIE. XVII. FEBRAVRII. / OBIIT. GENEROSA. DÑA. ELIZABET. COMITISSA. DE. ZWAINBRVCK. NATA. DE. / BITSCH. VXOR. ILLVSTRIS. COMITIS. DÑI. / HEINRICI. DE. WIRTEMBERG. ET. MŌTEBELLIGARDO. CVIVS. ANIMA. REQVIES-/ CAT. IN. PACE.«[11]

»starb zu grossem Leidwesen ihres Herrn und aller der seinigen, weil sie sich in seinen Sinn richten, und denselben, wie unlustig er auch gewesen, wider zu Frieden bringen können«[12]

»Als Gattin erhielt sie den Ruhm, sie habe sich in ihren Herrn finden, und ihn, wie unlustig er auch gewesen, wieder können zufrieden bringen.«[13]

»eine wackere Gemahlin, die sich in den widerwärtigen Mann zu schicken und ihn mit Weisheit zu behandeln wußte«[14]

»Elisabeth durch Herzensgüte ausgezeichnet«[15]

Anmerkungen

1 Johann Georg Lehmann, Urkundliche Geschichte der Grafschaft Hanau-Lichtenberg, 2 Bde. 1862, Nachdruck Pirmasens 1970; Möller Stammtafeln 1, 16; Freytag 3, 91; Schwennicke 6, 153.

2 Lehmann (Anm. 1) 2, 336 u. Freytag 3, 91: Heirat der Eltern am 14. Februar 1464. Lehmann 1, Tf 1 u. 2, Tf 3: Lebensdaten der Mutter, geb. 9. August 1444, gest. 21. Januar 1495. Lehmann 2, 353: Der Ehe entstammen vier Töchter und zwei Söhne, Elisabeth ist nach Lehmann die älteste Tochter. Geburtsort vermutlich Bitsch, jetzt: Bitche, Département Bas-Rhin.

3 A 602 U 523: Heiratsbrief vom 10. Januar 1485; vgl. Oswald Gabelkover Cod. hist. 2° 588, 590v. Sattler Gf 3, 176: Verlobung am 5. Januar 1485, »wann solchs Verlöbnuß vollzogen worden, habe ich nicht finden können«.

4 Beilager am 10. Januar 1485: Eber 16; O. Gabelkover Cod. hist. 2° 588, 590v; Pregitzer 1, 13; Steinhofer 1, 204 u. 3, 434f; Duvernoy Eph. 13; Ensfelder Reichenweier 7; Behr 170; Tuefferd Montbéliard 275; Giefel Nr 48; Schneider Stammbaum; Kübler Gal. 40; Schön Nr 44; Isenburg 1, 76; Freytag 1, 76; Schwennicke 1, 123. Den 11. Januar 1485 nennen: Pregitzer Cod. hist. 2° 53, 1, 122; Hübner 201; Voigtel-Cohn 93. Den 8. Januar 1485 nennt: Lehmann (Anm. 1) 2, Tf 3. Das Jahr 1485 nennt: Marquardt Stammtafel. Das Jahr 1486 nennt: Lohmeier 53. Zimmersche Chronik in: Bibliothek Litterarischer Verein Stuttgart 93, III, 8: »Kurzlich darvor, ehe er (Anm. Gf Heinrich) sich verheurat, do hat man dem alten graff Haugen von Montfort ain frölin von Bitsch vermehelt; dasselbig furten etlich von der frundtschaft herauf in das land zue Schwaben zu irem herr und gemahel. Fuegt sich aber, das sie mit dem frawenzimmer durch das landt zu Wurtenberg raisen mußten und graf Hainrich von Wurtenberg, der nit lang darvor sein canonicat zu Straßburg verlasen, zu inen kam. Es schos im der duppel ins hirn und vergafft sich dermaßen ab dem frölin Bütsch, das er kurzum die haben wollt, auch damit denen anwesen von der frundtschaft angst und not macht, wie sie desselben sich mit glimpf entledigen mögten, seitmals sie dem grafen von Montfort versprochen war. Als aber grave Hainrich ie nit absehen, do ward er doch damit abgewissen, seitmals die hochzeitere noch ain jungere schwester hett, die vil schener wer (also ruempt mans ime, nur das man ine geschwaigen und mit glimpf uf dißmal abweisen könnte), so sollte ime dieselbig werden. Und das ist domals der anfang gewest des wurtenbergischen heurats mit Bitsch; dann nach dem vertrösten hat er darnach dasselbig frölin nit ußgesetzt, sonder sich mit ime vermehelt. Die hat im den herzog Ulrich, der gleichwol in seiner jugent nur Graf Ulrich genennt warde, geporn, und wie man sagt, soll sie nit lang darnach gelept haben.«
Carl Theodor Griesinger, Heinrich von Mömpelgard und Elisabeth von Bitsch. Historischer Roman aus dem Ende des fünfzehnten Jahrhunderts, Stuttgart 1–2, 1860.

5 Sattler Gf 3, 184: »Zu Anfang dises Jahres 1487. wurde Grav Heinrich mit der Geburt eines Sohnes erfreuet und dagegen durch den tödlichen Hingang seiner Gemahlin betrübet. Ich beweise solches mit einer Nachricht, welche ich in einem zu selbiger Zeit geschriebenen Buch gefunden habe. Sie lautet also: Als man zalt von der Geburt Christi MCCCCLXXXVII. am Donnerstag nach Liechtmess (den 8. Febr.) morgens zwischen Sechß vnd siben Uhr ward geborn Gr. Heinrich von Wirtemberg Graue Heinrichs Son, der darnach in der Firmung genennt ward Graue Ulrich, als er auch den Namen behalten soll. Sin Mutter Frow Elizabeth greuin von zweybrück geborn von Bitsch starb darnach in dem obgenanten Jar an Samstag der da war der zehendtag nach seiner geburt vor mittag zwischen acht und neun uhr.« Küng 116: »den 17. tag Hornungs anno 1487 mit thodt abgieng und zu Reichenweyr begraben worden«. Den 17. Februar 1487 als Todestag nennen: Grabschrift (Anm. 11); Eber 65; Wolleber Cod. hist. 2° 934, 189v; Hengher 198; Nockher 69v; Heller 9; Heimführung 30; Lairitz 747; Pregitzer 1, 13 u. Cod. hist. 2° 53, 1, 122; Hübner 201; Steinhofer 1, 204; Tiedemann 11; Stälin 3, 600; Behr 170; Voigtel-Cohn 93; Giefel Nr 48; Schön Nr 44. Den 14. Februar 1487 als Todestag nennen: Isenburg 1, 76; Freytag 1, 76; Schwennicke 1, 123 u. 6, 153. Den 7. Februar 1487 nennt: Herrenschneider Horburg 149. Die unterschiedlichen Angaben, wonach die Mutter neun, zehn bzw. zwölf Tage nach der Geburt verstorben sein soll, lassen sich so erklären: Zehn Tage (O. Gabelkover Cod. hist. 2° 588, 596; Sattler Gf 3, 184 u. a.): Geburtstag und Todestag werden jeweils mitgezählt; zwölf Tage (Küng 116; Wolleber Cod. hist. 2° 934, 189v u. a.): Geburtstag Hz Ulrichs wird irrigerweise auf den 5. Februar gelegt, vgl. Hz Ulrich †1550 Anm. 12.

6 Sattler Gf 3, 184 (s. Anm. 5); Eber 65.

7 Eber 65; Heimführung 30; Lairitz 476; Pregitzer 1, 13; Steinhofer 1, 204; Ensfelder Freiheitsbriefe 269; Kübler Gal. 40; Schön Nr 44. Ihr Sterbehaus, das alte Schloß in Reichenweiher, wurde 1540 von Graf Georg †1558 abgebrochen und durch den jetzigen Bau ersetzt, Ensfelder Riquewihr 91; Kübler Gal. 42.

8 Wolleber Cod. hist. 2° 934, 189v. Küng 116: »es mißlang ier in der geburt«. Lairitz 476: »an Kindes-Schmerzen«. Heyd Ulrich 1, 87: »Fugger II, 326 erwähnt, daß ihr der Sohn aus dem Bauche geschnitten worden sey« (die Suche nach der angegebenen Stelle bei Fugger blieb erfolglos). Moll 286: »Einige Schriftsteller geben an, sie sei an den Folgen eines Kaiserschnitts verstorben.« Die Tatsache allein, daß keiner der württembergischen Chronisten, weder Gabelkover noch Sattler, ja nicht einmal Herzog Ulrichs Zeitgenosse Küng, von dieser doch außergewöhnlichen Geburtsmethode zu berichten weiß, gestattet nicht, die Anwendung eines Kaiserschnitts für unwahrscheinlich zu halten. Eher jedoch die Überlegung, daß die Mutter beim damaligen Stand der Gynäkologie einen derartigen Eingriff wohl keine neun Tage überlebt hätte. Unsere Heimat. Württ. Blätter für Heimat- und Volkskunde 10, 1930, 142: »Eine überaus romantische alte Erzählung berichtet, daß eine Feindin des gräflichen Paares, als Zigeunerin verkleidet, das neugeborene Kind habe rauben wollen. Darüber sei die Mutter vor Schrekken gestorben.«

9 Steinhofer 3, 478: »in unser Fraw Capell zu Reichenweyer«; Ensfelder Reichenweier 7; Kübler Gal. 40. O. Gabelkover Cod. hist. 2° 588, 602v u. Voegeli 95: Am 11. März 1487 stiftet Graf Heinrich wöchentlich fünf hl. Messen in der Liebfrauenkirche für die Seelenruhe der verstorbenen Gräfin sowie aller Verstorbenen des Hauses Württemberg.

10 Zur Liebfrauenkirche: Ensfelder Reichenweier 6f; Voegeli 91–99, 97: Nach Einführung der Reformation in Reichenweiher wird die Liebfrauenkirche »in ein Privathaus umgewandelt und dem Superintendenten und seinem Diakon als Wohnung zugewiesen«. »Der Chor jedoch wurde als solcher beibehalten, weil er mehreren verstorbenen Mitgliedern des Hauses Württemberg als Begräbnisstätte gedient hatte.« 98: Am 4. November 1797 wird die Liebfrauenkirche als Nationalgut versteigert um den Preis von 3420 Francs. »Der letzte Rest der Liebfrauenkirche, der bis zur Revolution in seiner ursprünglichen Form beibehalten worden war, nämlich der Chor und das Kirchentürmchen, wurde von seinen neuen Eigentümern abgebrochen.« »Leider kümmerte man sich damals sehr wenig oder gar nicht um Altertum!« Ensfelder Riquewihr 95: »Au dernier siècle l'ancien sanctuaire fut converti en grange«; Kübler Gal. 40: Chor der ehemaligen Liebfrauenkirche jetzt Scheuer. Walter Grabschriften 30f: Vom Grabmal Elisabeths »sind nur die beiden Längskanten erhalten, die lange Jahre als Türpfosten an einem Stalle gedient haben. Der Altertumsverein hat die Erinnerungsstücke eingelöst und an ihre jetzige Stelle bringen lassen« – an der Protestantischen Kirche in Reichenweiher. Die Reste des Grabmals befinden sich seit 1974 im Lapidarium Reichenweiher neben dem Schloß und sind dort sehr stark der Witterung ausgesetzt.

11 Erhaltene Teile der Inschrift »ANNO. M —— VARII. OBIIT. GENEROSA. DÑA. ELIZABET. COMITISSA. DE. ZWAINBRVCK. NATA. DE. BITSCH. —— DÑI. HEINRICI. DE. WIRTEMBERG. ET. MŌTEBELLIGARDO. CVIVS. ANIMA. REQVIESCA ——« ergänzt mit der Inschrift bei Sebastian Ebinger in J1 1b, 31: »ANNO MCCCCLXXXVII. DIE XVII. Februarij ⊖ Generosa Dña ELIZABETH comitißa de Zweibruckh nata de Bitsch uxor illustris comitis Henrici de Wirtemberg & montebelgardo cuius anima requiescat in pace«. Inschrift auch bei: Ochsenbach 26: »Zweibrück« »Würtenberg«; Ensfelder Freiheitsbriefe 269: Abschrift aus Kirchenbuch Reichenweiher 1631 »Zwainbrucken« »Montbeliard«, ohne Sterbetag; Ensfelder Riquewihr 95: »Au dernier siècle on lisait encore sur l'une des dalles son inscription tumulaire« »Zwainbrucken« »Montbeliard«, ohne Sterbetag; Ensfelder Reichenweiher 7: Abschrift aus Kirchenbuch Reichenweiher 1728 »Zwainbrucken« »Würtemberg« »Montbeliard«, ohne Sterbetag.

12 Steinhofer 3, 442; Zitat O. Gabelkover.

13 Heyd Heinrich 178; Zitat O. Gabelkover.

15 Barth 114.

15 Stälin 3, 601.

Eva

um 1468–1521

Gräfin von Württemberg

»beygenahmt die Gedultige geheissen«[1]

T. v. Graf Johann von Salm[2]
u. v. Freiin Margarethe von Sierck[3]

Geboren um 1468[4]
in

Vermählt 1488
mit Graf Heinrich von Württemberg n. 1445–1519
Eheabrede am 21. Juli 1488[5]
Beilager am 21. Juli 1488 in Reichenweiher[6]

Mutter einer Tochter und eines Sohnes

Gestorben am 26. April 1521[7]
in Reichenweiher im Schloß[8]

Beigesetzt 1521
in Reichenweiher im Chor der Liebfrauenkirche[9]

Grabmal[10]
»ANNO DÑI. MDXXI. DIE XXVI. APRILIS OBIIT GENEROSA DÑA. EVA COMITISSA IN WIRTENBERG NATA DE SALM VIDVA CVIVS ANIMA REQVIESCAT IN PACE«[11]

»ain frume guetige Fürstin«[12]

Graf Heinrich erklärte seinen Schwiegereltern und Schwägern, »das er nichts von ihnen zur Ehesteur begere, dann er ihr tochter vnd schwester nicht vmb ihres guths, sondern vor ihre berühmte zucht, ehr vnd geburt willen geliebt habe«.[13]

»Eberhard im Bart Hertzog zu Württemberg, war mit dieser Heurath nicht wohl zu friden, und verwise dieselbe einmahlen Graf Heinrichen, seinem Vetter in einem Schreiben, alß wann derselbe nicht seinem stand gemäß und wider das herkommen des Hauses Württemberg sich zu gering also verheurathet hätte. Aber er vermeldete, daß er mit dieser Heurath auf nichts anders, als die sonderbare Tugend seiner Gemahlin gesehen hab. Welche auch ihren Gemahl in acht genommen, und viel mit Jhm außgestanden hat.«[14]

»Sie war eine getreue Pflegerin Jhres blöden Gemahls.«[15]

»Grav Heinrich fand mehrers Vergnügen, indem er sich mit Eva, einer Grävin von Salm, vermählete. Sie wurde ihm wegen ihrer Zucht und Ehre gerühmt und von ihm besonders geliebet.«[16]

»Eva von Salm, welche sein Schicksal getreulich theilte. Als er nämlich eine Thorheit um die andere beging und endlich gar nach Heidelberg ritt, um sein Gebiet zu verkaufen, so ließ ihn Eberhard d. ä. gefangen nehmen und nach Hohenurach führen, wo er so armselig ankam, daß der Vogt ein zweites Hemd für ihn bettelte. Seine Gemahlin folgte ihm aber in die Gefangenschaft, wo er 29 Jahre verharren mußte, und pflegte sein. Das Kind erster Ehe war Ulrich; das Kind zweiter Ehe Georg, der Stammhalter des wirtembergischen Hauses.«[17]

»Eva, Tochter Johanns Grafen von Salm, gleich Elisabeth durch Herzensgüte ausgezeichnet, wurde Nachfolgerin in der nicht beneidenswerthen Ehe.«[18]

»Heinrich verfiel in seinen älteren Jahren dem Trübsinn. Als er 1490 verschiedener Torheiten wegen durch Eberhard im Barte ins Gefängnis zu Hohenurach gesetzt wurde, begleitete ihn Eva aus freien Stücken dahin und verblieb während der langjährigen Gefangenschaft eine treue, tröstende Gefährtin.«[19]

Anmerkungen

1 Lairitz 476; Kübler Gal. 42

2 Cod. hist. 2° 887: Stammtafel der Grafen von Salm (von Christi Geburt bis 1500); Stammtafel des mediatisierten Hauses Ober-Salm, 1898; Möller Stammtafeln 2, 53; Freytag 3, 134; Schwennicke 4, 93. Walter Grabschriften 39 nennt Eva irrigerweise eine Gräfin von Solms.

3 Otto Forst, Die Abstammung der Gräfin Eva zu Salm in: WVJH NF 20, 1911, 1–4: Mutter Evas ist Margarethe von Sierk; bei der vielfach als Mutter Evas angegebenen Anna von Haraucourt handelt es sich um die Gemahlin von Evas Bruder Johann. Die irrige Angabe Haraucourt u. a. bei: Hübner 451; Roller Baden 96; Kübler Gal. 42; Schön Nr 44. Die richtige Angabe Sierck (Sirk, Sirch, Sierk, Sierckh) bei: Stammtafel Salm Cod. hist. 2° 887; Eber 162; Oswald Gabelkover Cod. hist. 2° 588, 623v; Pregitzer 3, 8 Tabula progonologica für Gf Georg †1558; Möller Stammtafeln 2, 53; Freytag 3, 134; Schwennicke 4, 93 (Salm) u. 7, 32 (Sirck).

4 Um 1468: Kübler Gal. 42. Geburtsjahr unbekannt: Friedrich Rüttel Horoskop J1 36, 716. Lebensdaten der Eltern nach Schwennicke 4, 93 u. 7, 32: Vater 29. Juni 1431–4. Juni 1485, Mutter 1437–14. Februar 1520, Heirat 26. Oktober 1451; s. auch Möller Stammtafeln 2, 53 u. 3, 121.

5 Steinhofer 3, 479; Sattler Gf 3, 183 u. 3, 203: »Weil sie allem Vermuthen nach sehr arm ware, so erklärte er sich gegen ihrer Muter und Geschwistern, daß er keine Ehesteur verlange.«

6 Steinhofer 3, 479: »ohne einiges Gepräng vollzogen«. Sattler Gf 3, 204: »Das Beylager muß allem Vermuthen nach an disem Tag (21. Juli 1488) vollzogen worden seyn.« Dieser Tag als Hochzeitstag auch bei: Duvernoy Eph. 271; Moll 286; Stälin 3, 601; Behr 170; Voigtel-Cohn 93; Herrenschneider Horburg 149; Giefel Nr. 48; Kübler Gal. 42; Isenburg 1, 76; Freytag 1, 76; Schwennicke 1, 123. Den 20. Juli 1488 nennen: Schneider Stammbaum; Roller Baden 96; Schön Nr 44. 1489: Lohmeier 53. 1490: Mohl 390.

7 Den 26. April 1521 als Todestag nennen: J1 1b, 31 Sebastian Ebinger Grabschrift; Eber 162; Pregitzer Cod. hist. 2° 53, 1, 124; Pregitzer 1, 13; Hübner 201; Steinhofer 1, 204 u. 4, 837; Tiedemann 11; Duvernoy Eph. 114; Stälin 3, 601 u. 3, 713 u. 4, 202; Behr 170; Herrenschneider Horburg 149; Giefel Nr 48; Stammtafel Ober-Salm Anhang 1, Tf 3; Kübler Gal. 42; Schön Nr 44; Isenburg 1, 76; Möller Stammtafeln 2, 53; Freytag 1, 76 u. 3, 134; Schwennicke 1, 123 u. 4, 93. Den 16. April 1521 nennen: Ensfelder Freiheitsbriefe 269; Ensfelder Riquewihr 97; Ensfelder Reichenweiher 7; Voegeli 95; vgl. Anm. 11. Den 25. April 1521 nennen: Forst (Anm. 3) 2; Roller Baden 96. Den 27. April 1521 nennt: Ochsenbach 26. Das Jahr 1529 als Todesjahr nennt: Mohl 391.

8 Küng 117: »gen Reichennweyr auff ier morgengab gezogen, und daselbst ein wittfrauw nach wenig jarn gestorben und alda begraben worden«; Eber 162; Kübler Gal. 42; Schön Nr 44. Ihr Sterbehaus, das alte Schloß in Reichenweiher, wurde 1540 von Graf Georg †1558 abgebrochen und durch den jetzigen Bau ersetzt, Ensfelder Riquewihr 91; Kübler Gal. 42.

9 Ensfelder Riquewihr 97: »inhumée à côté de la première femme de son mari«; vgl. Gfn Elisabeth †1487 Anm. 9. Voegeli 95f: »Graf Georg vermacht als letzte Stiftung zugunsten der Liebfrauenkirche am 26. April 1521 1000 Gulden zum Seelenheil seiner Stiefmutter (Anm. seiner leiblichen Mutter) Eva.«

10 Nicht mehr vorhanden; vermutlich beim Abbruch der Kirche 1797 beseitigt; vgl. Gfn Elisabeth †1487 Anm. 10.

11 Grabschrift nach Sebastian Ebinger J1 1b, 31. Inschrift auch bei: Ochsenbach 26 (mit Todestag 27. Aprilis); Ensfelder Freiheitsbriefe 269 (Abschrift aus Kirchenbuch Reichenweiher 1631, Todestag 16. April, »Wirtemberg et Montbeliard, nata de Salms«); Ensfelder Riquewihr 97 (»on a relevé sur sa tombe dans le choeur de la chapelle Notre-Dame l'inscription suivante: Anno MDXXI die XVI Aprilis obiit generosa domina Eva Comitissa in Wirtemberg et Montbeliard, nata de Salms, cujus anima requiescat in pace.«); Ensfelder Reichenweiher 7 (Abschrift aus Kirchenbuch Reichenweiher 1728, Todestag 16. April, »Würtemberg« »Salms«); Walter Grabschriften 39 (Todestag 16. April, »Wirtemberg« »Solms«); Voegeli 95 (Todestag 16. April, »Württemberg« »Montbeliardis«).

12 Suntheim 595.

13 Oswald Gabelkover Cod. hist. 2° 588, 623v; vgl. Steinhofer 3, 479.

14 Pregitzer Cod. hist. 2° 53, 1, 123.

15 Pregitzer 1, 13.

16 Sattler Gf 3, 203f.

17 Barth 114f.

18 Stälin 4, 601.

19 Walter Grabinschriften 39.

Margarethe

n. 1444–1479

Gräfin von Württemberg

Nonne im Kloster Liebenau

T. v. Graf Ulrich V. dem Vielgeliebten von Württemberg[1]
u. v. Herzogin Elisabeth von Bayern-Landshut[2]

Geboren zwischen November 1445 und Februar 1450[3]
in

Gestorben am 21. Juli 1479[4]
in Liebenau im Kloster St. Agnes[5]

Beigesetzt 1479
in Liebenau im Kloster St. Agnes[6]

Grabmal[7]
»Anno Dom. MCCCCLXXIX. in Vigilia beatae Mariae Magdal. Ob. Nobilis Dom. Margareta, soror Ord. praedicatorum velata; Filia Domini comitis Udalrici de Wirtemberg legitima«[8]

Anmerkungen

1 Vgl. Gf Heinrich † 1519 Anm. 4.

2 Margarethe entstammt der zweiten Ehe ihres Vaters, ihre Mutter ist Elisabeth von Bayern-Landshut. So Suntheim 593 mit Berufung auf die Glasfenster im Chor der Stuttgarter Stiftskirche: »ain Tochter ist ain Klosterfraw gewesen bey Würms«; Küng 112: »Margaretha, graff Ulrichs thochter, geborn von frauw Elisabett, hertzogin zu Bayernn, ist ein closterfrauw zu Liebenauw gewesen, alda gestorben und begraben worden«; ebenso A. Rüttel d. Ä. J1 48q, 12v; O. Gabelkover Cod. hist. 2° 588, 511; Hübner 201; Stälin 3, 713; Voigtel-Cohn 93.
Die irrige Angabe, wonach sie der ersten Ehe mit Margarethe von Cleve entstammen soll, bei: Behr 170; Giefel Nr 46; Schön Nr 42; Isenburg 1, 76; Freytag 1, 76; Schwennicke 1, 123. Nicht aufgeführt bei: Maisch Stammtafel.

3 Beilager der Eltern am 8. Februar 1445 (s. Gfn Elisabeth † 1451 Anm. 4); das jüngste Kind dieser Ehe kam am 23. Dezember 1450 zur Welt, wobei die Mutter an der Geburt starb (s. Gfn Elisabeth † 1501 Anm. 2f). Geburtsjahr 1449 bei: Mohl 359 (ohne

Begründung). A 602 U 424: Am 11. April 1457 quittiert die Priorin von Liebenau, Katharina von Rüdesheim, den Empfang der 60 Gulden jährlicher Ausstattung für Margarethe und berichtet dem Vater über Fortschritte in deren Erziehung: sie gibt »zu wißen das es ir von den gnaden gottes wol get vnd kan den psalter vnd alle ir geziten gelesen hett sie das alter so leret man das gesange aber sie ist noch zu junge«. Das falsche Geburtsjahr 1442 bei: Pregitzer 1, 12; Behr 170; Giefel Nr 46; Schneider Stammbaum; Schön Nr 42 (um 1442); Isenburg 1, 76; Freytag 1, 76; Schwennicke 1, 123.

4 Todestag 21. Juli 1479 auf dem Grabstein (s. Anm. 8); ebenso bei: Stälin 3, 713 (3, 716: »dagegen hat Suntheim 598 als Todestag pridie kal. Oct.« d. i. ein Druckfehler, gemeint ist die dritte Gemahlin Ulrichs des Vielgeliebten, Margarethe von Savoyen; vgl. Suntheim 593); Behr 170; Voigtel-Cohn 93 (dort in Klammern »30. Sept.?« d. i. pridie kal. Oct.); Giefel Nr 46; Schneider Stammbaum; Schön Nr 42; Isenburg 1, 76; Freytag 1, 76; Schwennicke 1, 123. Das falsche Todesjahr 1470 bei: A. Rüttel d. Ä. J1 48q, 12v; Lairitz 470; Pregitzer Cod. hist. 2° 426b, 1555; Hübner 201; Montanus 184; Mohl 359.

5 Margarethe war noch vor der dritten Eheschließung ihres Vaters in das Kloster Liebenau gebracht worden. A 602 U 423: Am 14. April 1453 bescheinigt das Kloster Liebenau dem Grafen Ulrich v. von Württemberg den Empfang der 60 Gulden, die er seiner Tochter Margarethe jährlich ausgesetzt hat.

6 Küng 112: »ist ein closterfrauw zu Liebenauw gewesen, alda gestorben und begraben worden«; Wolleber Cod. hist. 2° 934, 186; Crusius 2, 114. Zu Kloster Liebenau: Zedler 10, 976; im Lexikon für Theologie und Kirche nicht erwähnt; ebenfalls nicht bei L. H. Cottineau, Répertoire... des abbayes, Mâcon 1939. Friedrich Illert, Die Ausgrabungen im Liebenauer Klostergebiet in: Der Wormsgau 1, 1932, 354–359, mit Hinweis auf dessen im Manuskript im Stadtarchiv Worms vorliegende Geschichte des Klosters, »dessen Kirche und Bauten erst im 19. Jahrhundert abgetragen wurden«.

7 Das Grabmal ist nicht mehr vorhanden. Illert (Anm. 6) fand bei seinen Ausgrabungen 1928–1931 auf dem seinerzeit als Schrebergarten und Weinberg genutzten ehemaligen Klostergelände im Chor der Klosterkirche zahlreiche Gräber, jedoch keine Grabsteine. In den Verzeichnissen »Mittelaltrige Grabmäler und Grabschriften im Paulusmuseum in Worms« in: Quartalblätter Hist. Verein Großherzogtum Hessen 1887, 94 ff u. 144 ff u. 180 ff und 1892, 230 ff u. 268 ff wird das Grabmal nicht erwähnt.

8 Inschrift bei: Johann Friedrich Schannat, Historia episcopatus Wormatiensis, Frankfurt/Main 1734 1, 172.

Ulrich (Georg)

n. 1444

Graf von Württemberg

S. v. Graf Ulrich v. dem Vielgeliebten von Württemberg
u. v. Herzogin Elisabeth von Bayern-Landshut[1]

Geboren nach Oktober 1445[2]
in

Gestorben »in juvenis obiit«[3]
in

Beigesetzt
in Stuttgart im Chor der Stiftskirche[4]

»Solches Jst alles ab dem gemeldt zu Stutgarten Jn der Stifft Kirchen Jm Chor vff der linckhe seyten Jm hohen fenster gemacht, abzunemen.«[5]

»Deßhalb findt man nichts bey der Registratur, allein gibt daß obgemelt gemelde Jm finster Jn der Stifft Kurchen Jn Stutgarth ein anzeigung das er Jung gestorben.«[6]

Anmerkungen

1 Suntheim 593 u. 598 mit Berufung auf die Glasfenster im Chor der Stuttgarter Stiftskirche: »Elisabeth sein andere Gemahel... mit der hett er Sün und Töchter, Eberharden und Heinrichen, und ain Sun Ulrich starb jung.« »Elisabeth ejus uxor secunda... ex qua habuit filios Eberhardum juniorem, Hainricum, Udalrimum, qui juvenis obiit.« Bei der Aufzählung der Kinder Ulrichs des Vielgeliebten bei Tubingius 260 und Küng 112 wird außer Eberhard und Heinrich kein weiterer Sohn erwähnt. Andreas Rüttel d. Ä. J1 48q, 12 nennt neben Eberhard und Heinrich noch einen »jungen Herrn«: »N. filius Vlrici Beneamati ex palatina Rheni natus. Juvenis obijt«, daneben ein Nachtrag A. Rüttels d. J. »Georgius 1474«; ebenso J1 23, 1040. Wolleber Cod. hist. 2° 934, 187, sicher wie Rüttel ohne Kenntnis der Stelle bei Suntheim, übernimmt den Namen Georg für einen dritten Sohn zweiter Ehe Ulrichs des Vielgeliebten; ebenso Crusius 2, 114. Heimführung (1675) 27 kennt außer Eberhard † 1504 und Heinrich † 1519 noch zwei weitere Söhne Ulrichs aus zweiter Ehe: »Graf Georgen und Graf Ulrichen so beede

in ihrer Kindheit gestorben.« Diese auch von Lairitz 475 übernommene Angabe von vier Söhnen ist unwahrscheinlich, vgl. Gfn Elisabeth †1451 Anm. 5. Pregitzer d. Ä. Cod. hist. 2° 426b, 1555 nennt einen dritten Sohn Georg; Pregitzer d. J. 1, 12 nennt einen dritten Sohn Ulrich; ebenso Hübner 201; Steinhofer 1, 201. Behr 170 u. Giefel Nr 53 u. Schön Nr 49 nennen Ulrich als Sohn dritter Ehe mit Margarethe von Savoyen. Voigtel-Cohn 93 nennt (mit Fragezeichen) Ulrich als Sohn erster Ehe mit Margarethe von Cleve. Nicht aufgeführt bei: Maisch Stammtafel; Schneider Stammbaum; Isenburg 1, 76; Freytag 1, 76; Schwennicke 1, 123.

2 Beilager der Eltern am 8. Februar 1445; die Mutter starb an der Geburt eines am 23. Dezember 1450 zur Welt gekommenen Kindes; Ulrich ist demnach zwischen November 1445 und Februar 1450 geboren; vgl. Gfn Elisabeth †1451 Anm. 2–4.

3 Suntheim 593: »starb jung«. 598: »juvenis obiit«; A. Rüttel d. Ä. J1 48q, 12: »Juvenis obijt«; Crusius 2, 114: »†jung«; Pregitzer Cod. hist. 2° 426b, 1555: »in seiner Jugend«; Pregitzer 1, 12: »†jung«; Hübner 201: »in der ersten Jugend«; Steinhofer 1, 201: »in seiner Jugend«; Montanus 184: »frühzeitig«; Mohl 359: »†jung«; Moll 285: »starb sehr frühe«; Stälin 3, 713: »†jung«; Behr 170: »†jung«; Voigtel-Cohn 93: »†jung«; Giefel Nr 53: »†jung«; Schön Nr 49: »†jung«.

Der Nachtrag Andreas Rüttels d. J. J1 48q, 12: »Georgius 1474« ist unsinnig, wenn Rüttel d. Ä. von einer Mutter Elisabeth von Bayern-Landshut ausgeht, denn ein dann ja mindestens 25 Jahre alt gewordener dritter Sohn Ulrichs des Vielgeliebten hätte tiefere Spuren in der Geschichte hinterlassen und wäre zumindest Naucler und Küng nicht entgangen. Denkbar wäre jedoch, daß 1474 ein Schreibfehler Rüttels – statt 1444 – ist, undenkbar, daß es sich bei Georg um einen 1474 geborenen Sohn dritter Ehe von einer dann 54jährigen Mutter Margarethe von Savoyen handelt. Zu der Glaubhaftigkeit der Angabe Suntheims über Ulrich vgl. Gfn Elisabeth †1451 Anm. 5.

4 Vgl. Gfn Antonia †1405 Anm. 6.

5 A. Rüttel d. Ä. J1 48q, 12.

6 A. Rüttel d. Ä. J1 48q, 12.

Elisabeth

1450–1501

Gräfin von Württemberg

Gräfin von Henneberg

5. T. v. Graf Ulrich V. dem Vielgeliebten von Württemberg
u. v. Herzogin Elisabeth von Bayern-Landshut[1]

Geboren am 23. Dezember 1450[2]
in Landshut auf Burg Trausnitz
»Darnach zu Weinachten in Vigilia Vigilie genas Frau Elspett zu Wirttnburg hie zu Landtshuet auf der Purgk aines Kündleins genannt Elspett und starb mein bemelte Fraue von Württnburg, meines genedigen Herrn Hertzog Hainrichs Tochter, an dem Neuen Jars Tag«[3]
Vermählt 1468/69
mit Graf Friedrich II. von Henneberg-Aschach 1429–1488[4]
Eheabrede am 28. September 1468 Schorndorf[5]
Beilager am 13. September 1469 in Münnerstadt[6]

Gestorben am 6. April 1501[7]
in

Beigesetzt 1501
in Römhild in der Stadtkirche[8]

Grabmal[9]
»Anno dm MCCCCCI Auf den sechste tag des Mondis Aprillis ist vorschieden die/ hochgebornn furstin vnnd fraw fraw Elisa-/ beth gebornn von Wirtemberg rc. Grefin vnnd frav zv henneberg der got gnedig u barmh. sey«[10]

Anmerkungen

1 Am Grabmal der Elisabeth von Henneberg in Römhild (Anm. 9) finden sich folgende fünf Wappen: Württemberg (Vater Ulrich v. der Vielgeliebte † 1480). Henneberg (Gemahl Friedrich II. † 1488). Bayern (Mutter Elisabeth † 1451). Mömpelgard (Vaterseite Großmutter Henriette † 1444). Oesterreich (Mutterseite Großmutter Margarethe † 1447). Nach dieser Ahnen-

probe ist Elisabeth von Henneberg eindeutig eine Tochter aus zweiter Ehe Ulrichs des Vielgeliebten mit Elisabeth von Bayern-Landshut. Die Abkunft von dieser Mutter auch bei Suntheim 593 u. 598, der dies den Glasfenstern im Chor der Stuttgarter Stiftskirche entnommen hat (vgl. Gfn Elisabeth † 1451 Anm. 5); ebenso bei Cyriacus Spangenberg, Hennebergische Chronica, 2. Aufl. Meiningen 1755, 289, der vermutlich den Grabstein mit den Wappen gesehen hat. Stälin 3, 713 und Voigtel-Cohn 93 sind unentschieden, ob Elisabeth der zweiten Ehe Bayern-Landshut oder der dritten Ehe Savoyen entstammt. Die irrige Angabe, wonach »Elisabett, graff Ulrichs thochter geborn aus frauw Margret, hertzogin zu Saphoi« (Küng 112) sei, findet sich auch bei Andreas Rüttel d. Ä. J1 48q, 13r und bei Wolleber Cod. hist. 2° 934, 186r, wobei Küng und Rüttel ihre Erkenntnisse ausdrücklich ebenfalls den Stuttgarter Glasfenstern entnommen haben wollen. Der Irrtum einer Abkunft Elisabeths aus der dritten Ehe ihres Vaters mit Margarethe von Savoyen auch bei: Hübner 201; Steinhofer 3, 298 u. 819; Behr 170; Giefel Nr 51; Schön Nr 47; Isenburg 1, 76; Freytag 1, 76; Schwennicke 1, 123.

2 »Vigilia Vigilie« = 23. Dezember, s. Anm. 3. Das falsche Geburtsjahr 1454 bei: Isenburg 1, 76; Freytag 1, 76; Schwennicke 1, 123. 1456 bei: Giefel Nr 51; Schneider Stammbaum; Schön Nr 47.

3 Landshuter Rathschronik in: Die Chroniken der deutschen Städte, Leipzig 1878 Nr 15, 30; Wittelsbach Katalog 1980 1, 249.

4 Geboren 1429, gestorben am 16. November 1488, nach: Spangenberg Chronica (Anm. 1) 288f; Lilie Henneberg 19; Behr 170; Giefel Nr 51; Schön Nr 47; Freytag 1, 76 u. 3, 76. Beigesetzt in Römhild (s. Anm. 9).

5 A 602 U 534: Heiratsbrief vom 28. September 1468 Schorndorf, darin Beilager nicht festgelegt, der Erbverzicht Elisabeths sollte jedoch spätestens am 25. November 1468 erklärt sein; Steinhofer 3, 156f; Sattler Gf 3, 63f, 63: »Das Hauß Würtenberg stund in solchem Ansehen, daß man sich eine Ehre daraus machte mit selbigem verschwägert zu seyn.«

6 Die Heimführung mit Kirchgang und Beilager erfolgte am 13. September 1469 in Münnerstadt bei Bad Kissingen, Spangenberg Chronica (Anm. 1) 289; Steinhofer 3, 170; Sattler Gf 3, 63: in Munderstatt; Stälin 3, 716; Behr 170.

7 Todestag 6. April 1501 auf dem Grabmal sowie in sämtlichen Quellen einheitlich.

8 Stälin 3, 716: Römhild; Schön Nr 47: unbekannt. Küng 112: »Wann aber sie gestorben oder wa sie begraben worden, hab ich diser zeit nitt finden megen.«

9 Bau- und Kunstdenkmäler Thüringens, Herzogthum Sachsen-Meiningen II, Kreis Hildburghausen, Jena 1904, 418f: Grabstein an der Nordseite des Chores in der Stadtkirche zu Römhild: »Die Verstorbene, mit vor der Brust gefalteten (frei herausgearbeiteten) Händen, von welchen ein Rosenkranz herabhängt, in langem, schwarzem Kleid, von einer weissen Haube mit Kinntuch bedeckt, deren Zipfel lang bis über die Knie herabfallen, steht (ausnahmsweise, wohl als Regentin nach des Gatten Tode) auf einem Löwen. Sie ist in starkem Hochrelief gemeisselt, vor einer rechteckigen Blende, in deren oberem Theil links und rechts vom Kopf noch Platz für recht fein gearbeitetes Rankenwerk bleibt. Die Wappen von Württemberg sowie von Römhild und Bayern sind jetzt oberhalb des Grabsteines an der Wand befestigt, die von Mömpelgard und Oesterreich (die beiden Grossmütter) unten an Ecken des Grabsteines.« 418: Abb. der Grabsteine Elisabeths und ihres Gatten, letzterer wird 419 beschrieben.

10 Zitiert nach Kunstdenkmäler (Anm. 9) 418.

Margarethe

n. 1453–1470

Gräfin von Württemberg

Gräfin von Eppstein-Königstein

T. v. Graf Ulrich V. dem Vielgeliebten von Württemberg[1]
u. v. Herzogin Margarethe von Savoyen

Geboren nach 1453[2]
in

Vermählt 1469
mit Graf Philipp von Eppstein-Königstein † 1481[3]
Eheabrede am 21. Januar 1469 in Stuttgart[4]
Beilager am 23. April 1469[5]

Gestorben am 21. April 1470[6]
in

Beigesetzt 1470
in Hirzenhain in der Klosterkirche[7]

Grabmal[8]
»ANNO. DM. M°. CCCC°. LXX°. XI. KL. MAII. OBIIT. MARGARETA. DE. WIRTĒBERG. DÑA. I. KŌIGSTEI«[9]

»ain Gemahel ains Herrn von Kungstain, haben nit Kinder gehabt«[10]

»quae strabonisavit, non habuerunt proles«[11]

»Margreta, graff Ulrichs thochter, geborn von frauw Margrett, hertzogin zu Saphoi, hatt zu gemachel gehapt Philippum, graven zu Küngstain und herrn zu Epstain, mitt welchem sie hatt gezuiget Eberhardum, den letsten graven zu Kungstain. Von ierem thodt und begrept waiß ich nicht zu schreiben.«[12]

»Drey silbern rothe Sparn sind in dem Feld zuschauen,
Und oben auf dem Helm ein Schwanz von schönen Pfauen;
Diß Wappen war die Zier der Herrn von Eppenstein,
Sie waren am Verstand reich, wie das Land an Wein.«[13]

Anmerkungen

1 Margarethe entstammt der dritten Ehe Ulrichs des Vielgeliebten; vgl. Gfn Margarethe †1479 Anm. 8.

2 Beilager der Eltern im November 1453. Sämtliche Quellen ohne Angabe des Geburtsjahres. Im Hinblick auf die Hochzeitsdaten darf Margarethe als die älteste Tochter aus dritter Ehe angesehen werden, da ihre Schwestern erst nach ihr Beilager hielten; dabei muß allerdings bedacht werden, daß noch eine, namentlich nicht bekannte, in der Kindheit verstorbene Schwester vorhanden war; vgl. Gfn Margarethe †1479 Anm. 8 u. Gf Ulrich †1480 Anm. 11.

3 Zu den Grafen von Eppstein-Königstein: Zedler 4, 1447f; Otto Stamm, Die Herrschaft Königstein. Ihre Verfassung und Geschichte, Diss. phil. Frankfurt am Main 1952; Friedrich Battenberg, Eppsteiner Urkunden. Regesten zu den Urkunden der Herren von Eppstein und der Grafen von Eppstein-Königstein, Darmstadt 1980; Stammtafeln Eppstein-Königstein bei: Georg Christian Joannis, Rerum Moguntiacarum, Frankfurt am Main 1722, 1, 815b; Möller Stammtafeln 3, 219–221 Tf 89; Freytag 3, 89. Sämtliche Quellen ohne Angaben zum Geburtsjahr Graf Philipps. Den 21. Dezember 1481 als seinen Todestag nennen: Giefel Nr 52; Schön Nr 48. Das Jahr 1481 als Todesjahr nennen: Joannis (s. o.) 1, 815b; Stälin 3, 713; Voigtel-Cohn 93; P. Stälin 717; Möller Stammbaum 3 Tf 89; Freytag 3, 89. Den 21. Dezember 1480 als Todestag nennen: Behr 170; Isenburg 1, 76; Freytag 1, 76. Das Jahr 1480 als Todesjahr nennt: Schwennicke 1, 123. Philipp war in zweiter Ehe mit Ludovica Gräfin von der Mark †nach 1499 vermählt; vgl. Anm. 12.

4 A 602 U 544: Eheabrede am 21. Januar 1469 Stuttgart, darin Beilager auf den 23. April 1469 (»an sant Jörgen tag«) festgesetzt. Den 21. Januar 1469 als Hochzeitstag nennen: Steinhofer 3, 179; Behr 170; Giefel Nr 52; Schön Nr 48; Isenburg 1, 76; Freytag 1, 76; Schwennicke 1, 123. Den 23. April 1469 nennt: Schneider Stammbaum. Das Hochzeitsjahr 1469 nennen: Joannis (Anm. 3) 1, 815b; Sattler Gf 3, 67; Anfang 1469; Stälin 3, 713; Voigtel-Cohn 93; P. Stälin 717; Maisch Stammtafel; Möller Stammtafeln 3 Tf 89.

5 In der Eheabrede auf diesen Tag festgelegt (Anm. 4). Beilager vermutlich in Königstein.

6 Den 21. April 1470 als Todestag nennen: Grabmal (Anm. 9); Möller Stammtafeln 3 Tf 89; Freytag 3, 89; Schwennicke 1, 123. Den Todestag vor dem 19. Januar 1471 nennen: Stälin 3, 713; Behr 170; Voigtel-Cohn 93; Giefel Nr 52; Schön Nr 48; Isenburg 1, 76; Freytag 1, 76. Sterbeort vermutlich Königstein. Todesursache: vielleicht an den Folgen ihrer ersten Geburt verstorben, vgl. Anm. 12.

7 Hirzenhain im Kreis Büdingen; Hb Hist Stätten Hessen 224. Begräbnisort in der württembergischen Literatur bisher unbekannt. Zum Augustinerchorherrenstift Hirzenhain als Grablege der Grafen von Eppstein-Königstein: Kunstdenkmäler im Großherzogthum Hessen, Kreis Büdingen, Darmstadt 1890, 157–169; Friedrich Stöhlker, Überführung der Leiche des Grafen Eberhard IV. von Königstein nach Hirzenhain im Vogelsberg in: Burgverein Königstein Taunus. Weihnachtsgruß 1977, 10–25; Hans Dietrich Moritz, Die evangelische Kirche zu Hirzenhain, Hirzenhain 1978.

8 Kunstdenkmäler Hessen (Anm. 7) 167: »Auf einer vor dem Lettner im Boden des Mittelschiffs liegenden Denkmalplatte mit flach gearbeiteter Figur liest man: ANNO. DM. M°. CCCC°. LXX°. XI. KL. MAII. OBIIT.——
G–RETA. DE. WIRTĒBERG. DÑA. I. KŌIGSTEI.
Dies ist das Grab der Margareta von Wirtemberg, der ersten Gemahlin des Grafen Philipp von Eppenstein; ihr Todestag, wofür bislang urkundliche Belege nicht er-

bracht waren, ist hiernach 1470, April 21. Das auf der Brust der Figur einst angebrachte Wappen ist herausgespitzt.« Moritz Hirzenhain (Anm. 7) 6: »An der Südseite der Kirche und in dem nahen Mauerwerk befinden sich noch einige bedeutende Grabsteine mit Inschriften in gotischen Minuskeln. Sie lagen vor der letzten Renovierung (1968 ff) zum Teil als Bodenplatten im Chorraum und im Hauptschiff. Leider sind Wappen und Aufschriften schon stark verwittert und oft unkenntlich. Auf einer früher vor dem Lettner im Boden des Mittelschiffs liegenden Denkmalplatte stand der Name Margareta von Wirtemberg, der Gemahlin des Grafen Philipp von Eppstein, und ihr Todestag, der 21. April 1470«; ebenda 8: »Im Fußboden des Hauptschiffs konnten während der dortigen Erneuerung vierzehn Grabstätten festgestellt werden, zwei davon in Altarnähe. Drei dieser Gräber wurden geöffnet und in etwa 1½ m Tiefe noch vollständig erhaltene Skelette vorgefunden.«

9 Zitiert nach Kunstdenkmäler Hessen (Anm. 7) 167.

10 Suntheim 598; dort auch der Hinweis auf die zweite Gemahlin nach dem Tode Margarethes: »Ipsa obiit et ipse habuit aliam uxorem«. Suntheim, dem Margarethes Vorname nicht bekannt ist (»N. soror Helenae ex utroque parente« »Helena filia Udalrici et Dominae Margaretae de Sabaudia«), berichtet von ihr, daß sie geschielt habe und kinderlos verstorben sei. Es ist denkbar, daß er seine Angabe zu Margarethes Sehfehler den Glasfenstern der Stuttgarter Stiftskirche, auf denen Ulrich der Vielgeliebte, seine Gattinnen und Kinder abgebildet waren und die im Dreißigjährigen Krieg zerstört wurden, entnommen hat, wobei dann immer noch unklar ist, ob es sich bei der schielenden Grafentochter um eine realistische Darstellung oder um einen Kunstfehler des Glasmalers handelte. Sollte Suntheim jedoch dieses Wissen den Berichten von Zeitgenossen verdanken, so könnte der dann doch außergewöhnliche Schönheitsfehler – neben der dank Ulrichs des Vielgeliebten Schulden niederen Mitgift – die Ursache für die dem bisherigen Connubium des Hauses Württemberg nicht angemessene Eheverbindung gewesen sein.

12 Küng 112. Während Suntheim (Anm. 10 u. 11) die Ehe als kinderlos bezeichnet, gibt Küng Margarethe als Mutter des letzten Grafen von Eppstein-Königstein, Eberhard IV., an. Ebenso Crusius 2, 114 und Joannis (Anm. 3) 1, 815b.

Hübner 201 nennt Margarethe als Gattin Eberhards von Königstein. Philipp Jakob Spener, Theatri Nobilitatis Europeae, Frankfurt am Main 1673, 3 Tf 13 Eppstein-Königstein schreibt alle Kinder Philipps der zweiten Ehe zu, auch den ältesten Sohn Eberhard, dessen Name auf eine württembergische Abkunft deuten könnte. Spener nennt unter den Anmerkungen und Belegen als Hauptquelle: »Tabulam hanc exhibeo, uti ex veteribus chartis mihi communicata est.« (Frdl. Hinweis von Prof. Dr. Hansmartin Decker-Hauff, Stuttgart.)

Freytag 3, 89 schreibt der einjährigen Ehe Philipps mit Margarethe drei Kinder zu: Eberhard IV. †1535, Philipp, Domherr in Mainz †1509 und Georg †1527, während die Königsteiner Erbin Anna †1538, seit 1500 mit Graf Botho zu Stolberg †1538 vermählt, der zweiten Ehe mit Ludovica Gräfin von der Mark entstammen soll. Möller Stammtafeln 3, Tf 89 nennt die vier Kinder Philipps ohne Angaben zur Mutter. Die Herausgeberin der Küngschen Chronik 220f Anm. 878 gibt Margarethe als Mutter sämtlicher vier Kinder Philipps an. Angesichts des Hochzeits- und des Sterbedatums von Margarethe kann diese allenfalls die Mutter Eberhards IV. sein, wobei nicht auszuschließen ist, daß sie an den Folgen seiner Geburt verstorben ist. Stöhlker (Anm. 7) 10 läßt Eberhard IV. 1535 im 62. Lebensjahr – und damit als Sohn zweiter Ehe – sterben. Nach Stöhlker 17 wurden an

Eberhards Epitaph über seinem Grab im Chor der Klosterkirche zu Hirzenhain die vier Ahnenwappen, die ursprünglich in Metallform zu beiden Seiten des Reliefs in den Stein eingelassen waren, aus ihren Vertiefungen entfernt. Eine Klärung der Mutterschaft auf diesem Wege ist demnach nicht mehr möglich. Der Angabe Suntheims (Anm. 10 u. 11) eines kinderlosen Absterbens Margarethes darf schon aus zeitlichen und geographischen Gründen der Vorzug vor Küngs Behauptung, Margarethe sei die Mutter des letzten Königsteiners, gegeben werden. Sie schließt nicht aus, daß Margarethe an der Geburt ihres ersten Kindes oder deren Folgen verstorben sein kann.

13 Johann Just Winkelmann, Gründliche und Warhafte Beschreibung der Fürstenthümer Hessen und Hersfeld, Bremen 1697, 143. Allianzwappen Eppstein-Königstein mit Württemberg bei Küng 113.

Philippine

n. 1453–1475

Gräfin von Württemberg

Gräfin von Horn

T. v. Graf Ulrich V. dem Vielgeliebten von Württemberg[1]
u. v. Herzogin Margarethe von Savoyen

Geboren nach 1453[2]
in

Vermählt 1459/70
mit Graf Jakob II. von Horn † 1502[3]
Eheabrede am 7. März 1459 Weert[4]
Beilager zwischen dem 22. April und dem 10. Juni 1470[5]

Gestorben am 4. Juni 1475[6]
in Weert[7]

Beigesetzt 1475
in Weert in der Kirche des Franziskanerklosters[8]

»in choro ante summum altare«[9]

Grabmal »immediate ante summum altare«[10]

»ain Gräfin von Wirtenberg Fraw Margareten und Graff Ulrich obgenannt dritte Tochter, ain Gemahel ains Grafen von Hurn im Lande zu Geldern«[11]

»Philippa, graff Ulrichs thochter, geborn aus frauw Margrett, hertzogin zu Saphoi, hatt zu gemachel gehabt graff Jacob von Hornn, und weiters hab ich von ier nicht erfarn megen.«[12]

Anmerkungen

1 Philippine entstammt der dritten Ehe Ulrichs des Vielgeliebten; vgl. Gfn Margarethe †1479 Anm. 8. Sie wurde nach dem Vetter ihrer Mutter, Herzog Philipp dem Guten von Burgund, benannt; Katalog Württemberg 47.

2 Beilager der Eltern im November 1453; sämtliche Quellen ohne Angaben zum Geburtsjahr. Im Hinblick auf die Heiratsdaten der Töchter Ulrichs des Vielgeliebten kann Philippine als zweite Tochter der dritten Ehe ihres Vaters angesehen werden, wobei jedoch merkwürdig ist, daß sie als erste unter ihren Schwestern bereits 1459 verlobt wurde (Anm. 4). Möglicherweise hängt dies mit einem Schönheitsfehler ihrer älteren Schwester Margarethe zusammen; vgl. Gfn Margarethe †1470 Anm. 11.

3 Zu den Grafen von Horn (Hoorn, Horne, Hornes): Zedler 13, 859–865; Mathias Joseph Wolters, Notice historique sur l'ancien comté de Hornes, Gent 1850; Schwennicke 6, 63: Stammtafel Horn. Jakob II. von Horn wurde um 1450 geboren. Nach Wolters 49 starb sein älterer Bruder Wilhelm am 29. Mai 1453 mit vier Jahren, nach Wolters 51 war er 1461 beim Tode seiner Mutter kaum elf Jahre alt; sonstige Quellen ohne Angaben zum Geburtsjahr. Er starb nach niederländischen Quellen am 8. Dezember 1502 (Frdl. Mitteilung von Herrn J. Henkens, Stadtarchivar von Weert.). Den 8. Oktober 1503 als Todestag nennen: Behr 170; Isenburg 1, 75; Freytag 1, 75. Das Jahr 1503 als Todesjahr nennen: Zedler 13, 860 (Jakob II. †1503; Jakob III. †1530); Voigtel-Cohn 93; Schwennicke 1, 123. Den 8. Oktober 1530 als Todesjahr nennen: Wolters (s. o.) 56; Giefel Nr 49; Schön Nr 45; Schwennicke 6, 63. Das Jahr 1530 als Todesjahr nennen: Stälin 3, 713; P. Stälin 717. Jakob II. war in zweiter Ehe mit Johanna von Brügge vermählt, die nach Schwennicke 6, 63 am 8. Dezember 1502 verstorben sein soll, jenem Tag, der in niederländischen Quellen als Todestag ihres Gatten genannt wird. Bei Wolters (s. o.) 57 und Behr 170 trug sie den Namen Johanna de Gruthuysen. Dieser zweiten Ehe Jakobs II. wurden nach Wolters 57f und Schwennicke 6, 63 zwei Söhne (darunter Jakob III.) und zwei Töchter geschenkt, während die erste Ehe mit Philippine kinderlos blieb.

4 A 602 U 548: Am 7. März 1459 bereden in Weert Graf Ulrich V. von Württemberg und Graf Jakob I. von Horn die Vermählung ihrer noch unmündigen Kinder Philippine und Jakob mit der Bestimmung, daß Philippine zur Erziehung zur Familie Horn gebracht werden soll.

5 Nach A 602 U 554 fand das Beilager zwischen Ostern (= 22. April) und Pfingsten (= 10. Juni) 1470 statt. Das Jahr 1470 als Hochzeitsjahr nennen: Stälin 3, 712; Behr 170; P. Stälin 717; Maisch Stammtafel; Giefel Nr 49; Schneider Stammbaum; Schön Nr 45; Isenburg 1, 75; Freytag 1, 75; Schwennicke 1, 123 u. 6, 63.
Kasel aus der Barbarakirche in Leveroy-Nederweert, Provinz Limburg, jetzt im Bonnefantenmuseum in Maastricht, nach Ansicht von Hansmartin Decker-Hauff gefertigt zu Philippines Hochzeit. Beschreibung von Dora Heinz in Katalog 800 Jahre Franz von Assisi. Franziskanische Kunst und Kultur des Mittelalters, Wien 1982, 703f. 703: »Unter dem obersten Bildfeld des Rückens befinden sich drei Wappenschilde: Wurtemberg-Altona, Horn und Savoyen-Burgund.« Das Wappen »Wurtemberg-Altona« (!) als Württemberg-Mömpelgard erkannt, ergibt mit dem Wappen Savoyen-Burgund eine Ahnenprobe zu 4 Ahnen für die Tochter Ulrichs des Vielgeliebten und der Margarethe von Savoyen. Philippine starb nach Wolters (Anm. 3) 56 kinderlos; dies schließt nicht aus, daß sie jung verstorbene Kinder zur Welt gebracht hat, deren Namen nicht aufgezeichnet wurden.

6 Den 4. Juni 1475 als Todestag nennen:

Wolters (Anm. 3) 56; Stälin 3, 713; Voigtel-Cohn 93; P. Stälin 717; Giefel Nr 49; Schneider Stammbaum; Schön Nr 45; Isenburg 1,75; Freytag 1, 75; Schwennicke 1, 123 u. 6, 63. Todesjahr 1475: Maisch Stammtafel. Das Jahr 1479 als Todesjahr nennen: Pregitzer 1, 12; Behr 170.

7 Sterbeort Weert, Provinz Limburg, Niederlande; Mitteilung J. Henkens (Anm. 3).

8 Wolters (Anm. 3) 57: »inhumée à Weert dans le caveau de la famille de son époux«; Stälin 3, 717: »in der Hornschen Familiengruft im Franziscanerkloster zu Weert im Limburgischen beigesetzt«.

9 Mitteilung J. Henkens (Anm. 3) nach Daniel Wely, Horne en de Minderbroeders, 1961.

10 Philippines Grabstein mit Inschrift befand sich unmittelbar vor dem Hochaltar und ist seit etwa 1644 verschwunden; Mitteilung J. Henkens nach Wely (Anm. 9).

11 Suntheim 594.

12 Küng 114.

Helene

n. 1453–1506

Gräfin von Württemberg

Gräfin von Hohenlohe

T. v. Graf Ulrich V. dem Vielgeliebten von Württemberg[1]
u. v. Herzogin Margarethe von Savoyen[2]

Geboren nach 1453[3]
in

Vermählt 1475/76
mit Graf Kraft VI. von Hohenlohe † 1503[4]
Eheabrede am 10. Oktober 1475 Stuttgart[5]
Beilager am 26. Februar 1476 in Waldenburg[6]

Gestorben am 19. Februar 1506[7]
in

Beigesetzt 1506
in Öhringen in der Stiftskirche St. Peter und Paul[8]

Grabmal[9]
»Die hochgeborn fraw fraw helena gebornn vo / Würtennberg ec. Gravenn Craffts von hohenlohe ec. Eeliche gemahel starb am / XIX tage des Monats February, nach Cristi / geburt M.CCCCC. und im VI Jare die hie begraben ligt. Der gott gnade. Amen.«[10]

»Helena Gräfin von Wirtemberg ain Gemahel Graf Kraften von Hohenloch, haben Sun und Tochter.«[11]

»Helena, graff Ulrichs thochter, geborn von frauw Margret, hertzogin zu Saphoi, hatt zu gemachel gehabt graff Crafftenn von Hochenloe und ist nach ierem absterben zu Öringen begraben worden.«[12]

Mutter von 18 Kindern und Stammutter des Hauses Hohenlohe[13]

Anmerkungen

Zu Helene: Hansmartin Decker-Hauff, Helena von Hohenlohe, ›des Kaysers Muhme‹ in: Württembergisch-Franken 50, NF 40, 1966, 203–211 mit Verwandtschaftsnachweis Helene als Tante von Kaiser Maximilians I. zweiter Gemahlin, Bianca Maria Sforza.

1 J1 48a, 72r: A. Rüttel Ahnentafel des Vaters; Ahnentafel zu 16 Ahnen, mit Wappen in: Joseph Albrecht, Archiv für Hohenlohische Geschichte, Kupferzell 1837.

2 Die Abkunft aus der dritten Ehe ihres Vaters in sämtlichen Quellen einheitlich, ausgenommen Sattler Gf 2, 178, der »allem Vermuthen nach« Elisabeth von Bayern-Landshut, die zweite Gattin, als Mutter Helenes annimmt.

3 Beilager der Eltern im November 1453. Suntheim 593, der sich auf die Glasfenster im Chor der Stuttgarter Stiftskirche beruft, zählt Helene als erste der vier Töchter Ulrichs mit Margarethe von Savoyen auf; Küng 112, der ebenfalls die Glasfenster gesehen hat, nennt Helene an zweiter Stelle nach Elisabeth (Henneberg). Diese aber entstammt nachweislich der zweiten Ehe mit Elisabeth von Bayern-Landshut, vgl. Gfn Elisabeth † 1501 Anm. 1. A. Rüttel d. Ä. J1 48q, 13r, der seine Erkenntnisse ebenfalls ausdrücklich den Stuttgarter Fenstern entnommen hat, führt Helene als vierte und jüngste Tochter Ulrichs aus der dritten Ehe mit Margarethe von Savoyen an, wohl im Hinblick auf das beigefügte Heiratsdatum; Hübner 201 wie Küng; Stälin 3, 713 nennt Helene als jüngste Tochter dritter Ehe gemäß der Abfolge der Heiraten; Stälin folgen: Voigtel-Cohn 93; Isenburg 1, 76; Decker-Hauff (s.o.) 210: geboren um 1459; Freytag 1, 76; Schwennicke 1, 123. Behr 170 hat Helene als zweite Tochter dritter Ehe; Behr folgen: Giefel Nr 50; Schön Nr 46.

4 Todestag Krafts VI. ist der 2. August 1503, beigesetzt in Öhringen im Schiff der Stiftskirche. Adolf Fischer, Geschichte des Hauses Hohenlohe, Stuttgart 1, 1866-2, 1871, 1, 145; Freytag 5, 3; Hubert zu Hohenlohe-Schillingsfürst u. Friedrich Karl zu Hohenlohe-Waldenburg, Hohenlohe. Bilder aus der Geschichte von Haus und Land = Mainfränkische Hefte 44, 1965, 18.

5 A 602 U 557 Heiratsbrief.

6 Den 26. Februar 1476 als Hochzeitstag nennen: A. Rüttel d. Ä. J1 48q, 13; Fischer Hohenlohe 1, 119 (mit Ortsangabe Waldenburg); Behr 170; Voigtel-Cohn 93; Giefel Nr 50; Schneider Stammbaum; Schön Nr 46; Isenburg 1, 76; Freytag 1, 76; Schwennicke 1, 123.

7 Todestag 19. Februar 1506 auf dem Grabmal (Anm. 10); in sämtlichen Quellen einheitlich, ausgenommen Fischer Hohenlohe 1, 145 und Becksmann 115, dort das Todesjahr 1505.

8 Küng 112: »ist nach ierem absterben zu Öringen begraben worden«; Wolleber Cod. hist. 2° 934, 186v (mit Skizze des Grabmals mit lat. Inschrift); ebenso Cod. hist. 4° 131, 301v; Crusius 2, 114; Fischer Hohenlohe 1, 145: beigesetzt im Schiff der Stiftskirche; Schön Nr 46.

9 Joseph Albrecht, Die Stiftskirche zu Oehringen, Öhringen 1837, 45: Grabmal Helenes und Krafts VI.; Ernst Boger, Die Stiftskirche zu Öhringen in: Württ. Franken NF 2, 1885, 1–99, 91: Grabdenkmale im Schiff, Helenes Grabmal mit Messingwappen; Karl Schumm, die Stiftskirche Öhringen, Öhringen 1957, 10–12: Grabmal Helenes und Krafts VI. neuerdings an der Ostseite des Querschiffes.

10 Inschrift nach Albrecht Stiftskirche 45, dort auch Inschrift des Grabmals Krafts VI.; ebenso bei Boger Stiftskirche 91.

11 Suntheim 593.

12 Küng 112.

13 Fischer Hohenlohe 1, 145. In der Pfarrkirche St. Nikolaus in Ingelfingen: Chorfenster nord II: Kraft VI. von Hohenlohe und Helena von Württemberg als Stifter, historisierende Nachbildung von 1871 nach verschollenem Original, Heidelberg um 1500. Beschreibung bei: Georg Himmelheber, Die Kunstdenkmäler des ehemaligen Oberamts Künzelsau, Stuttgart 1962, 168f mit Abb; Becksmann Glasmalereien 102 mit Abb.Tf 37 Nr 128f. Dort auch Hinweis auf Wappen Hohenlohe und Württemberg am vierten und fünften Schlußstein des Chorgewölbes mit der Umschrift: »Craft grave von hohenloe Anno domini MCCCCCII« und »helena geborn von Wirtemberg anno dni MCCCCCII«. In der Stadtpfarrkirche in Langenburg: Chorfenster I: Helena von Württemberg als Stifterin, Kopie von 1906. Dazu Becksmann 112 mit Abb.Tf 41 Nr 143. Original Heidelberg 1499, seit 1906 in einem Fenster des Speisesaales von Schloß Langenburg, dort 1962 beim Schloßbrand zerstört. Beschreibung bei Becksmann 115 mit Abb.Tf XI.

Generation X

A Linie Württemberg-Urach

Eberhard V./I. † 1496
⚭ Barbara Gonzaga von Mantua † 1503
|
Barbara
† n. 1474

Barbara

†n. 1474

Gräfin von Württemberg

T. v. Graf Eberhard im Bart von Württemberg
u. v. Markgräfin Barbara Gonzaga von Mantua

Geboren am 2. August 1475 nach Oh 30[1]
in Urach im Stadtschloß[2]

Gestorben nach dem 15. Oktober 1475[3]
in
»in cunis denata«[4] »in ieren kindlich jarn gestorben«[5]

Beigesetzt n. 1474
in Güterstein in der Klosterkirche[6]

»2 des augost hat der almechtig got fraw Barbare, ewr gnaden tochter, ain hubsche tochter geben. Di wetagen werten ir von 23 pis ain halb stund nach miternacht. Sie gedacht vil an ewr gnad. Der von Wirtenberg was stetcz pey fraw Barbare und trost si als lang, pis si des kind wolt gepern.«[7]

»una bella Barbarina«[8]

»Eberardus ex uxore filia Ludouici Marchionis Mantuae Barbara unicam generauit filiam quae et mox mortua est.«[9]

»Das aber gemelter graf Eberhart ain tochter mit der von Mantua gezilt, so Elisabeth soll gehayssen haben, zaygt an Eberlin Kayser alter schuldthayß zu Walthenbuch, das im solchiß woll wissend sey, dan genante von Mantua sey zu Waltenbuch In Kindsbeth gelegen vnnd sey das Jung frewlin in der wiegen gestorben.«[10]

»Allem Anschein nach war die Ehe zwischen Barbara und Eberhard glücklich. Leider blieb sie ohne Kinder. Eine Tochter, die am 2. August 1475 zur Welt kam, starb noch im Säuglingsalter.«[11]

Anmerkungen

1 Peter Amelung hat im Zusammenhang mit der Vorbereitung der Ausstellung »Württemberg im Spätmittelalter« (Stuttgart 1985) die der württembergischen Forschung bislang unbekannten Quellen im Staatsarchiv Mantua ausgewertet und dabei Namen, Geburtsdatum und Geburtsort der Tochter Eberhards im Bart festgestellt, vgl. Anm. 7f.

2 Eberhards Tochter wurde in der genealogischen Literatur im Gefolge einer nunmehr offensichtlichen Fehlangabe bei Ebinger und Rüttel Elisabeth genannt und als Geburtsort wurde Waldenbuch aufgeführt: Sebastian Ebinger u. Andreas Rüttel d. Ä. (Anm. 10); J. U. Pregitzer d. Ä. Cod. hist. 2° 426b, 1553; J. U. Pregitzer d. J. Cod. hist. 2° 53,I,70: »welche zu Waldenbuch gebohren und alda auch als ein junges Kind gestorben«; Stammtafel Cod. hist. 2° 884.

3 Katalog Württemberg 22 u. 24: Nach dem Brief ihrer Mutter nach Mantua vom 15. Oktober 1475 war Barbara zu diesem Zeitpunkt noch am Leben, sie muß aber bald danach verstorben sein. Naucler 2, 283v: »quae et mox mortua est«; Trithemius 2, 483: »quae in pueritia morte fuit sublata«; Schannat Chronicon 31: »quae Juvencula mortua est«; Suntheim 594: »die starb in der Kindheit«, 597: »in pueritia vita functa est«; Ebinger u. Rüttel (Anm. 10): »in der wiegen gestorben«; Küng 98: »in ieren kindlich jarn gestorben«; Wolleber Cod. hist. 2° 934, 165v: »Jn Jrer Jugent mit tod abgangen«; Gadner Cod. hist. 2° 16, 14: »in der Kindheit verstorben«; Crusius Oratio de Eberhardo Barbato 26: »in pueritia amisit«, Crusius 2, 147: »in ihrer Jugend gestorben«, Crusius Ann. 3, 506: »in puerili aetate mortui erant«; Lairitz 474: »nicht alt geworden«; Pregitzer Cod. hist. 2° 426b, 1553: »in cunis denata«; Pregitzer Cod. hist. 2° 53,I,70: »als ein jungs Kind gestorben«; Stammtafel Cod. hist. 2° 884: »gar jung wieder gestorben«. Decker-Hauff (Frauen im Hause Württemberg: Barbara Gonzaga) vermutet als Todesursache eine Unverträglichkeit der elterlichen Blutgruppen.

4 Pregitzer Cod. hist. 2° 426b, 1553.

5 Küng 98.

6 Die Kartause Güterstein war seit 1443 Begräbnisstätte der Linie Württemberg-Urach; vgl. Gf Andreas † 1443 Anm. 5. 1554, im Zusammenhang mit der von Herzog Christoph angeordneten Überführung der Gebeine Graf Ludwigs I. († 1450), von Ludwigs Gattin Mechthild († 1482) und von Herzog Christophs Schwester Anna († 1530) nach Tübingen, wurde in Güterstein nach einer weiteren Gräfin von Württemberg geforscht: G 47 Bü 24, 2: »Instruction Wie Severin von Massenbach, vnd Johann Engelmann, neben dem Obervogt zu Urach, Graf Ludwigs zu Württemberg, vnd seiner gemahel, Einer grevin von Würtemberg vnd meines gnedigen Fürsten vnd Herrn Hertzog Christoffs zu Würtemberg schwester, begrebnußen, vff dem Guetterstein, suchen sollen« vom 29. März 1554. G 47 Bü 24, 4: »Relation Was Wir zu Gietelstein außgericht haben« vom 31. März 1554: »Wir haben auch ferners gesucht vnd dissen alten man gefragt (Anm. »welcher vor vilen iaren zu dem Gitelstein den münchen gedienet vnd alle gelegenheit gewißt«), ob nit noch ein fürstin von Würtemberg alda begraben wer, so kunden wir nichts finden, dan etlich von adel welche alda (wie S. F. G. gnediglich wol bewist) ligen.«; vgl. Gfn Mechthild † 1482 Anm. 17 u. Gf Ludwig † 1450 Anm. 14. Mit dieser in Güterstein gesuchten Gräfin von Württemberg ist mit großer Wahrscheinlichkeit Eberhards Tochter gemeint, außer ihr und den beiden nach Tübingen gebrachten Leichnamen der Gräfin Mechthild († 1482) und der Herzogin Anna († 1530) war kein weiteres weibliches Mitglied des Hauses Württemberg in Güterstein beigesetzt worden. Eberhard im Bart, dessen Grab im

Einsiedel nur eine schlichte Grabplatte bedeckte, hat offenbar auch seiner Tochter kein Grabmal anfertigen lassen, das die mindestens siebzig Jahre von ihrem Tod bis zur Verlegung der Gütersteiner Gräber nach Tübingen überdauert hätte. Gewißheit über die Begräbnisstätte Güterstein und den genauen Todestag könnte vielleicht eine Edition des Gütersteiner Nekrologs Cod. hist. 2° 421 erbringen. Johann Christian Pfister, Eberhard im Bart, Tübingen 1822, 325: »Vergeblich habe ich gehofft, in dem kürzlich aufgefundenen Necrolog. Boni Lapidis den Todestag von Eberhards Sohn (s. Anm. 9) zu finden, ungeachtet die meisten fürstliche Personen jener Zeit darin aufgezeichnet sind.« Theodor Schön, der in seinem Stammbaum des Gesamthauses keine Kinder Eberhards im Bart aufführt, ist bei der Durchsicht des Gütersteiner Nekrologs (Deutscher Herold 25, 1894, 101) Eberhards Tochter nicht aufgefallen.

7 Schreiben des Tristano de Sassoduro an Eberhards Schwiegermutter Barbara Gonzaga in Mantua vom 3. August 1475 aus Urach in: Katalog Württemberg 23 f.

8 Peter Amelung in Katalog Württemberg 24: »Aus dem ersten Brief, den Barbara nach ihrer Niederkunft am 28. August an ihre Mutter schrieb, wissen wir, daß auch das Neugeborene den Namen Barbara erhielt. Zärtlich nennt sie es ›la mia Barbarina‹, wie sie vor ihrer Heirat im Unterschied zu ihrer Mutter Barbara von den Ihren genannt wurde. Auch der Mantuaner Geistliche Stefanino Guidotti, der nach Urach geeilt war, schreibt in seinem Brief vom selben Tag, Barbara habe ›una bella Barbarina‹ zur Welt gebracht.«

9 Naucler 2, 283v. Johann Naucler und sämtliche Quellen des späten 15. und frühen 16. Jahrhunderts schreiben Eberhard im Bart nur eine einzige Tochter und keine weiteren Kinder zu: Trithemius 2, 424: »de qua genuit unicam filiam, quae juvencula mortua est«, 2, 483: »liberos tamen de ea non habuit, praeter unicam filiam, quae in pueritia morte fuit sublata«; Schannat Chronicon 31 (zu 1451): »de qua genuit unicam Filiam, quae Juvencula mortua est«; Suntheim 594: »Barbara... gepert im ain Tochter, die starb in der Kindhait«, 597: »peperit ei unam filiam, quae in pueritia vita functus est«; Melanchthon Oratio de... Eberardo, Nürnberg 1777, 12: »ex qua ei filia tantum nata est. Et quanquam postea non peperit...«; Küng 98: »Sein gemachel ist gewesen frau Barbara..., hatt nun ein einige thochter, welche in ieren kindlich jarn gestorben, mitt hertzog Eberhartenn, ierem gemachel, gezuiget«; Sebastian Ebinger und Andreas Rüttel d. Ä. (Anm. 10) sagen nicht ausdrücklich, daß »Elisabeth« das einzige Kind Eberhards im Bart ist, kennen aber keine weiteren legitimen Nachkommen. Daß um die Mitte des 16. Jahrhunderts keine weiteren Kinder aus der Ehe Eberhards mit Barbara bekannt waren, ergibt sich auch aus der Instruktion zur Erforschung der Grablege in Güterstein (Anm. 6).

Erst im Jahre 1585 – genau 111 Jahre nach der Heirat Eberhards im Bart mit Barbara Gonzaga – erscheint bei David Wolleber ein zweites Kind dieser Ehe: Cod. hist. 2° 934, 165v: »hat mit Jrem gemahel Ein frewlin, Elisabeth, vnd ain Jungen Herrn, Ludwig genandt, welche Beede Jn Jrer Jugent mit tod abgangen«. Wollebers historiographischen Qualitäten, die teilweise zu Unrecht von seinen Zeitgenossen sehr geringgeschätzt wurden (vgl. Eugen Schneider, WVJH NF 20, 1911, 289 ff), soll hier vorurteilsfrei begegnet werden. Aber wenn ein Johann Naucler-Vergenhans, der Eberhard im Bart nahestand wie kaum ein zweiter Weggenosse (Decker-Hauff Tübingen 8 u. 10 spricht vom »Vorbild und lebenslangen Freund. Wie Johann Wolfgang Goethe neben Carl-August steht Johannes Vergenhans neben Eberhard im Bart«), in seiner Chronik der Ehe Eberhards ausdrücklich nur ein Kind »unicam filiam« zuschreibt, dann muß die Angabe Wollebers als unrichtig angesehen werden. Denn zweifellos hätte Naucler, den als Landes- und Hausjuristen und Mitverfasser des Münsinger Vertrages das Problem des fehlenden Stammhalters in der Linie Württemberg-Urach und der sich daraus ergebenden Konsequenzen für die Wiedervereinigung des Landes und die Nachfolge nach Eberhards Tod geradezu ständig in tiefster Seele bewegt haben muß, einen legitimen Sohn Eberhards im Bart nicht unerwähnt gelassen, wenn es einen solchen jemals gegeben hätte, ja er hätte ihn in seiner Chronik als dahingegangene Hoffnung des Vaters wie des Landes und als verstorbenen Stammhalter noch vor der Tochter nachdrücklich genannt.

Gegen eine weitere Mutterschaft Barbaras sprechen neben Naucler ebenso die anderen Zeitgenossen Eberhards, zu denen Johannes Trithemius, der Chronist bei Schannat, Ladislaus Suntheim, und in einem gewissen Sinne auch Philipp Melanchthon als Großneffe Johannes Reuchlins zu zählen ist. Angesichts dieser Namen und der bisher dargelegten Argumente kann auf die ansonsten nötige Überlegung, ob Wolleber nicht irgendwo durch einen glücklichen Fund neue genealogische Erkenntnisse zu Eberhards Nachkommenschaft erworben und als erster weitergegeben hat, verzichtet werden.

Man denke in diesem Zusammenhang auch an Gf/Hz Eberhard †1496 Anm. 28, wie Wolleber den Eindruck erweckt, er habe den längst verschollenen Grabstein Eberhards im Bart auf dem Einsiedel gefunden und abgezeichnet, während er in Wirklichkeit die bei Küng abgeschriebene Inschrift in eine Phantasiezeichnung überträgt. Dabei können Wollebers Motive für seine Erfindung eines Sohnes Ludwig durchaus ehrenwert gewesen sein. Vielleicht hatte er irgendwie – auf dem Umweg über Kollegen, die Zugang zum Stuttgarter Archiv hatten – Kenntnis erhalten von einem Schreiben Eberhards im Bart vom 21. Dezember 1487 (vgl. Gf Heinrich †1519 Anm. 7): A 602 U 512: »doch wiewol wir einen son haben, ist das doch nit genug, vns gelust derselben mer zu vberkommen« (Sattler Gf 3, 183 hat später diese mißverständliche Bemerkung so interpretiert, daß dieser Sohn Ludwig noch 1487 am Leben war; diese Annahme wird von Pfister Eberhard 142 übernommen, von Heyd Ulrich 1, 86 f jedoch sinnvoll widerlegt, indem Eberhard im Bart im Zusammenhang mit einer Wiederverheiratung des verwitweten Grafen Heinrich von dessen Sohn, dem nachmaligen Herzog Ulrich spricht). Wolleber versieht den bisher unbekannten, angeblichen Sohn Eberhards im Bart mit dem durchaus denkbaren Namen seines Großvaters Ludwig; spätere Genealogen, etwa der Verfasser der Stammtafel Cod. hist. 2° 884 verwechseln diesen nie geborenen Sohn mit Eberhards jung verstorbenem Bruder Andreas †1443 und geben ihm dessen Namen, ja machen aus ihm gar noch zwei Söhne, so Cod. hist. 2° 795, 377.

Solange sich kein früherer Nachweis findet, darf behauptet werden, daß der angebliche Sohn Ludwig von David Wolleber in die Welt gesetzt wurde, möglicherweise auch infolge einer Verwechslung mit Eberhards gleichnamigem illegitimem Sohn Ludwig von Greifenstein. Diese Wollebersche Nachgeburt wird als weiteres Kind neben »Elisabeth« übernommen von Georg Gadner Cod. hist. 2° 16, 14 und Martin Crusius Oratio de... Eberhardo Barbato, Tübingen 1593, 26 u. Crusius 2, 40 u. 147. Nachdem nunmehr Hofhistoriographie und Universitätsgeschichtsschreibung die mehr als zweifelhafte Angabe Wollebers zitierfähig gemacht haben, wird sie kritiklos von den nachfolgenden Genealogen und Geschichtsschreibern übernommen: Heimführung 25 (mit Ludwigs Geburts- und Sterbejahr 1476); ebenso Lairitz 474; J. U. Pregitzer d. Ä. Cod. hist. 2° 426b,

1552f; Pregitzer 1, 14; Pregitzer Cod. hist. 2° 53, 1, 70 (mit Sterbejahr 1476); Sattler Gf 3, 183 (mit Sterbejahr n. 1487 vgl. oben); St. Allais 4, 519; Pfister Eberhard 45 u. 142 u. 325; Heyd Ulrich 1, 86f (der das Sterbejahr 1476 für glaubhaft hält und Sattlers Annahme eines 1487 noch lebenden Sohnes Eberhards widerlegt, vgl. oben); Pfaff Fürstenhaus 76; Behr 170 (Die Angabe: »Ludwig geb. 1476. †nach 1487 vor dem Vater.« wird in Behr Suppl. 39 gestrichen); Voigtel-Cohn 92 (der neben Ludwig zwei, neben »Elisabeth« ein Fragezeichen hat); Julius Schall in: Beil. Staatsanzeiger 1895, 166 (Sterbejahr Ludwigs wahrscheinlich Anfang 1488 mit Berufung auf die Stelle bei Sattler, vgl. oben); Kübler Gal. 37.

Die nach allem richtige Angabe einer einzigen Tochter aus der Ehe Eberhards mit Barbara Gonzaga findet sich seit Melanchthon und Küng erstmals wieder bei Stälin 3, 606 u. 716. Ebenfalls nur eine Tochter »Elisabeth« nennen: P. Stälin WJbb 1873, II, 15; Giefel Nr 54; Isenburg 1, 75; Freytag 1, 75; Marquardt 63; Himmelein 82. Keinerlei Nachkommen Eberhards im Bart werden aufgeführt bei: Lohmeier 53; Imhof 57; Maisch Stammtafel; Schneider Stammbaum; Schön Stammbaum; Schwennicke 1, 122; Uhland Festschrift 399.

10 Sebastian Ebinger J1 1b, 6r; Andreas Rüttel d. Ä. J1 48q, 11. Bei der Angabe handelt es sich offensichtlich um einen Irrtum des Waldenbucher Schultheissen.

11 Katalog Württemberg 11.

Generation X

B Linie Württemberg-Stuttgart

Heinrich † 1519
⚭ I Elisabeth von Zweibrücken-Bitsch † 1487
⚭ II Eva von Salm † 1521

ULRICH	MARIA	GEORG
† 1550	† 1541	† 1558
⚭ SABINA	Braunschweig-	⚭ BARBARA
von Bayern	Wolfenbüttel	von Hessen
† 1564		† 1597

Ulrich

1487–1550

Herzog von Württemberg

Ursprünglich Eitel Heinrich[1]

»der Hertzhaffte«[2] »der Vielgeprüfte«[3]

Regent 1498/1503–1519 1534–1550[4]

»Stat animo«[5] »Manet alta mente repostum«[6]
»Da gloriam Deo et eius genetrici Mariae«[7]
»Da gloriam Deo omnipotenti«[8]
»V.D.M.I.AE.« »Verbum Domini Manet In AEternum«[9]
»Auspice Christo«[10]

1. S. v. Graf Heinrich von Württemberg[11]
u. v. Gräfin Elisabeth von Zweibrücken-Bitsch

Geboren am 8. Februar 1487[12] zwischen 6 u. 7h[13]
in Reichenweiher im Schloß[14]

Vermählt 1498/1511
mit Herzogin Sabina von Bayern 1492–1564[15]

Vater von zwei Kindern[16]
Anna 1513–1530
Christoph 1515–1568

Gestorben am 6. November 1550[17] zwischen 5 u. 6h[18]
in Tübingen im Schloß[19]
nach langem Gichtleiden an der Ruhr[20]

Beigesetzt am 7. November 1550[21]
in Tübingen in der Stiftskirche St. Georg[22]

Grabmal von Joseph Schmid[23]

»PRINCIPIS VLRICI POTVISTI TOLLERE CORPVS INVIDA MORS, / ANIMAM TOLLERE NVLLA POTES/ SCILICET HOC SOLO FVERAT MORTALIS. AT IDEM PARTE/ TAMEN VIVIT NOBILIORE SVI«[24]

Epitaph von Friedrich Keßler[25]

»D.O.M.S.

ILLVSTRISS. PRINCEPS HVLDERICHVS DVX A WIRTEMBERG ET TECK, MONTISQ. PELIGARDI COMES. DVM INTER MORTALES FVIT, VARIIS FORTVNAE PROCELLIS AGITATVS, ET PATRIA SVA DESTITVTVS, EXILIVM X̅V̅. ANNIS CONSTANTER TVLIT, QVA TANDEM RECVPERATA, SACROSANCTVM CHRISTI EVANGELIVM SIJNCERE PRAEDICARI CVRAVIT, IDOLOLATRIAM COM̅INVIT, POTENTIAM ANTICHRISTI DEBILITAVIT, LAVDABILEM VRBIS HVIVS INCLIJTAE SCHOLAM RESTITVIT, DOCTIS PROFESSORIBVS, IVSTIS SALARIIS ET STIPENDIIS, AVITOS SECVTVS MORES, ILLVSTRAVIT, REMPVB. PRVDENTIA NON VVLGARI SICQ. SATIS FOELICITER ADMINISTRAVIT, CVIVS GVBERNACVLA INTER TOT QVOQ. GRAVISSIMOS ADVERSARIORVM INSVLTVS, AD EXTREMVM VSQ. VITAE SVAE HALITVM, FORTITER RETINVIT. TANDEM DEO OPT. MAX. FINEM AERVMNIS DANTE, SPIRITVM, COELO RELIQVVM VERO MORTALITATIS SVAE, HOC DEPONI VOLVIT CONDITORIO. REGNAVIT ANN. L̅I̅I̅ MEN. V̅ VIX. ANN. LX̅I̅I̅I̅ MEN. V̅I̅I̅I̅ DI. XXVI. Θ. ANN. CHRISTI. M̅.D̅.L̅. MEN. I̅X̅B̅R̅. DI. V̅I̅

HOC LECTOR POTES AESTIMARE SAXO,
HVMANI NIHIL ESSE NON CADVCVM,
HEROVM QVONIAM TEGIT DVORVM
EBRARDI DVCIS OSSA, ET HVLDERICI.
EX IIS ALTER ERAT BONIS AMANDVS,
EX IIS ALTER ERAT MALIS TIMENDVS,
ET DILECTVS VTERQ. VALDE CHRISTO
CORRVPTA TAMEN HIC VTERQ. CARNE
LETO DEPOSITA, SIMVL QVIESCVNT.«[26]

»Udalricus ille Princeps magnificus, qui hodie annorum aetatis XXVI. Ducatum Wirtenbergensium strenue gubernat, pacem servat, justitiam cunctis administrat, divitijs, gloria, virtute ac potentia nulli Ducum secundus, non minus ad bellum (si oportuerit) quam ad pacem dispositus.«[27]

»Ulrich der dritte Herzog zu Wirtemberg und Tegkh Graf zu Mumpelgart ain starcker fraidiger milter Fürst, der guet Glück zu kriegen hat, und ist trostlich und redlich als sich das am negsten in dem Pfaltzgräfischen Krieg ausgewisen hat, unsern Herrn Kayser gueten Beystand in Bayrischen Krieg gethon.«[28]

»Auf, ihr Schwaben, ergreifet die Freiheit, nach der ihr deutlich verlangt! Ihr werdet doch nicht einen Räuber und Meuchelmörder als Fürsten dulden, ihr, deren Vorfahren sich nicht einmal Könige gefallen lassen wollten. Darum entreißt dem blutigen Untier die Herrschaft, befreit andere von der Furcht davor, vor allem euch selbst vom Verderben und von der Schmach, verpflichtet euch alle durch eine würdige und dankenswerte Wohltat und beseitigt diese neue Ursache neuer Unruhen. Er ist kein Fürst, kein Edler mehr, kein Deutscher und kein Christ. Ja kein Mensch ist er mehr. Er hat die Menschlichkeit abgestreift. Vom Menschen hat er nichts mehr als das Gesicht; doch auch das ist so grimmig und entsetzlich, daß es nicht mehr als ein menschliches gelten kann. Alles übrige hat er mit der wildesten Bestie gemein.«[29]

»Er, der viele gemordet hat, die übrigen noch zu morden trachtet, der allen Verderben bereitet, der den Frauen ihre Männer, den Vätern die Söhne, dem Freunde den Freund, der dem gesamten Deutschland seine Hoffnung und seine Erwartung genommen hat – er, der Heiligtümer geplündert, an Priester frevelnde Hand gelegt und Tempel beraubt hat, der Deutschland verkauft, Freiheit, Leben und Gut redlicher Bürger feil geboten hat, der den von ihm Gemordeten das heimatliche Begräbnis vorenthält, der uns verbietet, daß wir um unsere Toten trauern – er, der Meister in Grausamkeiten, der Erfinder von Unmenschlichkeiten, der Mörder und Bandit, der Henker der Guten, der Widersacher der Unschuld, der Feind der Götter und Menschen: er werde zerrissen, zerstückelt, zerschmettert, hingerichtet und vernichtet, dem Schwert, dem Feuer, dem Kreuz und dem Stricke überantwortet.«[30]

»Inn anno dominny 1550 denn 8. tag Novembris starb hertzog Ullrich von Wyrttennberg der gros thyranisirer, der wildenn seuw vatter, ein ungettrewer nachbar der statt Eslingenn, die sich doch in allweg als gutts gegenn im gefleissenn habenn.«[31]

»Wie nun Hertzog Vlrich durch bitten vnd flehen, auch anderer Fürsten Intercession nichts erhalten kundte, hat ihme letstlich zu eingang deß sechtzehenden Jahrs seines ellendts Landtgrafe Philips zu Hessen, weilen vnder dessen König Ferdinand mit dem Türggenkrieg beladen war, hilff gethan, vnd den mehrern theil deß Landts eingenommen. Darüber ist Hertzog Vlrich auff vorgehende vergleichung mit König Ferdinanden völliglich widerum eingesetzt worden. Folgendts im Schmalkaldischen Krieg hat ihme Keyser Carl, der vber die Protestierende gesiget, sein Landt zum drittenmal abgedrungen, welliches er ihme doch, weil er vmb genad gebetten, vndter etlichen Conditionen widerumb eingeraumbt. Als er nun endtlich frid vnnd rhue erlangt, aber beydes vom Alter vnd langaußgestandner Kranckheit vnd Schmertzen, gar abgemergelt vnd krafftloß worden, schiede er in dem Jahr tausent fünff hundert vnd funfftzig seines Alters aber im dreyvndsechtzigisten von diser Welt ab.«[32]

»Ein großmüthiger über der Evangelischen Wahrheit eyffrig haltender, und in allem Unglück standhaffter Fürst, dabey ein tapfferer ohnverzagter Kriegs-Held.«[33]

»Er hinterließ bey seinen Unterthanen das Angedenken eines Gottesförchtigen Fürsten. Der Abt von Tritheim gibt ihm schon das Lob, daß er diese grosse Tugend besessen habe. Das Liecht des Evangelij drang bey ihm durch, daß er das Wort Gottes von Herzen verehrte. Sein ehmaliger Hofprediger Gräter rühmet von ihm, daß er niemalen ausgeritten wäre ohne vorher in dem Wort Gottes seine Fürsten-Seele zu erbauen. Die Gerechtigkeit liebte und handhabete er mit ganzem Ernst, nur mochte er manchmal allzustreng gewesen sein, weil er die Laster äusserst hassete. Besonders konte er keine Hurerey ertragen, und man findet keine Spur, daß er sich mit verbottener Liebe beflecket hätte. Sein Wort und Würde wußte er gebürend zu schätzen. Dann er glaubte durch Verletzung des erstern die letztere verächtlich zu machen. Seine Befugsamen und Rechte der Landes-Hoheit befleisse er sich eben sowohl, als die Warheit seiner Religion eyfrig zu beschirmen. Unter seine widrige Schicksale gehöret dahero nicht unbillich, daß noch heut zu tag diese Fürst nur auf der bösen Seite angesehen und als ein Tyrann betrachtet wird, weil ihn seine Feinde vor der ganzen Welt mit ihren Verleumdungen also geschildert haben und diese bißher mit Unterdrückung seiner Tugenden allein bekant gemacht worden.«[34]

»Doch ist auch nicht zu vergessen, daß Ulrich gerad in solche Zeiten fiel, wo sich jeder Fehler seines Charakters entwickeln konnte. Was für ein Unglück für ihn und sein ganzes Land, daß ihn der Kaiser schon im sechzehnten Jahr volljährig erklärte! Ulrich blieb, wenn ich nicht irre bis an sein Ende, ein Mensch der Leidenschaft, abwechselnd, wie es die Umstände mit sich brachten, trotzig und verzagt, oft eben so kriechend gegen höhere, als despotisch gegen diejenige, die er mißhandeln zu dörfen glaubte.«[35]

»Ulrich selbst bewies sich immer als eifrigen aufrichtigen Freund der neuen Lehre, und von bloß politischer Annahme einer Religion war er nach der ganzen Anlage seines Charakters völlig entfernt, aber in Gesinnungen und Temperament blieb er doch immer der alte, das Podagra würkte fast mehr auf Veränderung derselben als der neue Hofprediger. Es sah recht fromm bey Hofe aus. Wer Hoflivree trug, hatte auf dem Aermel mit den Anfangsbuchstaben eingenäht, Gottes Wort bleibt ewig, aber gegen das Zutrinken, Gotteslästern und Vollsaufen mußten doch die Edicte immer erneuert werden, und Ulrich, der alle Tage seine Predigt hörte, alle Tage sein Stück in der Bibel las, war mit seinem vortrefflichen Sohn Christoph unversöhnlich entzweyt, kündigte seinem Bruder Georg die Freundschaft auf, da ihn dieser zu seiner nothwendigen Subsistenz um Geld ansprach, zankte sich mit allen seinen Nachbarn und selbst auch mit seinem glücklichen Beschützer Landgraf Philipp von Hessen, griff manchmal die Freyheiten des Landes auf so kühne Art an, als in den vorigen Zeiten ohne veranlaßte Empörung nicht hätte geschehen können. Freylich war seine ganze Lage nach geschehener Restitution so schwürig, daß sich vielleicht kaum der weiseste Regent mit Vortheil würde herausgezogen haben.«[36]

»Erst viele Jahre nachher gelang es dem Herzog, Württemberg wieder zu erobern. Doch als er, geläutert durch Unglück, als ein weiser Fürst zurückkehrte, als er die alten Rechte ehrte und die Herzen seiner Bürger für sich gewann, als er jene heiligen Lehren, die er in fernem Lande gehört, die so oft sein Trost in einem langen Unglück geworden waren, seinem Volke predigen ließ und einen geläuterten Glauben mit den Grundgesetzen seines Reiches verband, da erkannten Georg und Marie den Finger einer gütigen Gottheit in den Schicksalen Ulrichs von Württemberg, und sie segneten den, der dem Auge des Sterblichen die Zukunft verhüllt und auch hier wie immer durch Nacht zum Licht führte.«[37]

»Am letzten Tage verweigerte er jedem den Zutritt zu sich: er wollte allein sterben, einsam und ohne Liebe, wie er so lange gelebt.
Als ein frommer, religiöser Fürst ward er von seiner Geistlichkeit gepriesen, weil er ihr Werk befördert; von ihm und seinem ganzen Hofe wurden die Worte: ›Gottes Wort bleibet ewig‹ auf dem Aermel getragen; er hörte täglich seine Predigt und las alle Tage sein Stück in der Bibel; so liebte es die Zeit. Aber der letzte Theil seines Daseyns zeigt, wie sein Anfang und seine Mitte, daß die Religion nie bei ihm Leben und That ward. Viel geschah unter ihm für die geistige und politische Freiheit des Landes; aber dieses wider seinen Willen, jenes großen Theils nicht von ihm aus reinem Willen. Von jeher hat es solche gegeben, auch in der allerneusten Zeit fehlt es nicht daran, welche anrüchige, ja vom Urtheil der Zeitgenossen und den Verwünschungen eines seufzenden Volkes gebrandmarkte Charaktere der Geschichte zu beschönigen, ihre Ehrenrettungen, sogar ihre Lobreden zu schreiben, sich aus besondern Sympathieen und Interessen zur undankbaren Aufgabe sezten. Aber die Geschichte kennt keine Rücksicht, als die der Wahrheit. Wenn auch der ernste Raum der Geschichte nicht mehr ein strenger Gerichtshof ist, sondern zu einem Putzladen gemacht wird, wo durch langes Sündenleben ruinirte Gestalten schön gefärbt, und die schwärzesten Thaten weiß gemacht werden: wohin käme es noch? –
Das Feld, auf welchem und um welches Ulrichs Despotismus 52 Jahre geherrscht und gekämpft, liegt bei seinem Tod verworren, wüste und düster, und sein Anblick ist um so unerfreulicher, als der lichte, milde Mondglanz der Regierung seines Sohnes sich unmittelbar darüber legt. An die Stelle der ungebändigten Leidenschaft, der Selbstsucht, des Eigenwillens, der sich gegen jede gesetzliche Freiheit des Volkes und Adels als gegen eine Fessel sträubte, und des Trotzes, der das Rechte nicht erkennen wollte, tritt die in der Schule des Unglücks er-

probte Ruhe, eine schöne Volksfreundlichkeit, die rarste Tugend bei Fürsten, eine helle Vernunft, die das Gesetz als unverbrüchliche Richtschnur erkennt, und ein Charakter, in dem sich Kraft und Milde vereinen.«[38]

»Lebensmüde sank der greise Fürst ins Grab, er hatte viel gefehlt, aber auch viel gebüßt. Wenn er zurück blickte auf die lange Reihe seiner Regentenjahre, welche Gefühle da wohl in seinem Innern aufsteigen mochten! In früher Jugend schon wurden ihm Glück und Ruhm in reichem Maß zu Theil, doch sie frommten ihm nicht, denn er vergaß darüber der Mäßigung und Besonnenheit. Da erhielt er eine strenge Lehrerin, das Unglück; aber auch dieses vermochte nicht, tiefeingewurzelte Jugendfehler in ihm ganz auszurotten. Eine Neigung jedoch ergriff ihn jetzt stark und innig, die zur evangelischen Lehre und durch sie wurde er der Wohlthäter seines Landes. Aber wie früher das Schlimme, so sollte ihm jetzt auch das Gute nicht recht gelingen; mit banger Sorge um das Schicksal des Besten, was er während seiner Regierung ausgeführt hatte, mußte er von der Erde scheiden. Ein Anderer, ebenfalls vielfach geprüft, aber geläuterter als er aus der Prüfung hervorgegangen, sollte vollenden, was Ulrich nur hatte anfangen dürfen.«[39]

»Herzog Ulrich hatte ein stattliches Aussehen, einen starken, festen Körperbau, graue, feurige Augen und krauses Haar. Ein großes Unglück für ihn war es, daß er allzu früh zur Regierung gelangte und, ehe er selbst die schwere Tugend der Selbstbeherrschung gelernt hatte, schon über Andere herrschen sollte. Selbst das Mißgeschick, welches er zu erdulden hatte, vermochte ihn nicht gründlich zu bessern, auch jetzt noch galt ihm häufig sein Willen statt des Rechts, seine Laune statt der Gesetze und auch jetzt noch erlaubte er sich manche Gewaltthaten gegen Einheimische und Fremde. Seine Hauptfehler blieben fortwährend eine leicht reizbare Empfindlichkeit und ein unbegründetes Mißtrauen selbst gegen seine nächsten Blutsverwandten und seine besten Freunde.«[40]

»Herzog Ulrich war freilich durch mancherlei Erfahrungen weiser und durch das Alter milder geworden; aber auch ein alter Wein kann Feuer haben, und Funken sprühen oft noch aus weißen Haaren. Seine Lieblingsneigung, unabhängig und nach Wüllkür zu handeln, hatte er noch nicht ganz überwunden; auch das Reformationswerk führte er fast ganz ohne Mitwirkung der Landstände aus. Ebenso fehlte es nicht an Streitigkeiten mit einzelnen Herren und Städten, in denen sein alter Eigensinn wieder recht hervorbrach. Mit den Eßlingern war er im Streit bis an seinen Tod, und mit seiner Gemahlin Sabina hat er sich nie ausgesöhnt. Noch ungerechter bewies sich Ulrich gegen seinen Sohn Christoph… Nach den Begriffen seiner Zeit war er ein frommer Mann, und als er evangelisch geworden, las er alle Tage einen Abschnitt im Wort Gottes und ließ sich täglich eine Frühpredigt halten. Daß nach einer solchen Erziehung und Jugend, und nach einem so wilden zügellosen Leben doch noch das aus ihm geworden ist, darüber haben wir uns zu wundern; nicht über die Runzeln und Flecken, die er nie ganz ausgetilgt hat.«[41]

»Unbeschränkte Selbstherrlichkeit war das Ziel seines Handelns. Das schloß nicht aus, daß er auch herablassend, ja demüthig sein konnte. Mit den Jahren ist er maßvoller geworden; seine Natur ist die gleiche geblieben. Auch die äußere Frömmigkeit, auf welche er später hielt, hat sein Herz nicht viel berührt. Bedeutung hat seine Regierung durch den Abschluß des Tübinger Vertrags und die Einführung der Reformation. Das Unglück, dem er muthig Trotz bot, die Anhänglichkeit, die ihm sein treues Volk nach bitteren Erfahrungen bewies, die Sage, die seine Persönlichkeit umwob, hat Herzog Ulrich zu einer der volksthümlichsten Gestalten der württembergischen Geschichte gemacht.«[42]

»Ulrich war wild und jähzornig, rasch zufahrend und unüberlegt. Von seinem geisteskrank gestorbenen Vater her war er wohl erblich belastet.«[43]

»Herzog Ulrich von Württemberg hat sein schweres Schicksal selbst verschuldet. Jähzorn, Brutalität und Rachsucht sind abstoßende Züge seines Wesens.«[44]

»Die Schattenseiten seines Wesens sind auf eine vererbte Anlage und seine unglückliche Jugend zurückzuführen.«[45]

»Die Regierungszeit Ulrichs, des dritten Herzogs, für den die Geschichte keinen Beinamen beigebracht hat, war die bewegteste, längste (von 1503 bis 1550), am stärksten durch tiefsten Fall und anscheinend glanzvollen Aufstieg, durch Verbannung und anscheinend triumphale Heimkehr, durch einen so gewaltigen Umbruch, wie den der Reformation gekennzeichnet, durch soziale Rebellionen, wie die der Bauern Südwestdeutschlands und die Loslösung der ›Gebursleute‹, der Eidgenossen vom Reich, im Gedächtnis stehende Epoche. Die württ. Geschichtsschreibung, gipfelnd in L. F. Heyds dreibändigem Ulrich-Werk, hat ein Bild des Herzogs auf dem Aspekt: Einheit des Reiches und Sieg der Reformation in Württemberg entworfen, das dem Hegelschen Dreitakt (Heyd 1840) entsprach: Gärungsstufe eines wilden, widersprüchlichen Charakters bis 1519, die Absetzung Eberhards d. J. 1498 in Parallele stehend zu der Absetzung und Ächtung Ulrichs 1519, wozu die dunkle, katholische Antithese, die österreichische Zwischenregierung bis 1534 kam, die sich dann zu einer triumphalen Synthese der Heimkehr eines Siegers in sein wiedergeborenes, durch die Reformation gesundetes Land ausgestaltete, indem der Zurückgekehrte als der Bekehrte, der Geläuterte, der Sohn des Neuen Glaubens dargestellt wurde, der seinem Volk das Heil und eine neue Zukunft geschenkt hat.«[46]

»Die Ehe mit Sabina war bald und ganz überwiegend durch Ulrichs Schuld zerrüttet. Sicher war Sabina ahnenstolz, und sie mag gelegentlich durch kleine Be merkungen Ulrichs tiefste Wunde – die Tatsache, daß der Herzogshut noch so neu war – aufgerissen haben. Aber wenn wir nicht mit den höfischen Geschichtsschreibern und den Erzählern früherer Generationen den Herzog von vornherein entschuldigen und rings um ihn her Sündenböcke (Herzogin Sabina, Hans von Hutten, Dietrich Späth, den Kanzler Ambrosius Volland) suchen und finden wollen, dann müssen wir zugeben: in jedem einzelnen Falle hatte Ulrich die überwiegende Schuld. Und zuletzt werden wir erkennen, daß hier, von all seiner Brutalität, von all seinen Rechtsbrüchen gezeichnet, ein kranker, vom Verfolgungswahn geplagter, vom Mißtrauen verzehrter, von Haßausbrüchen geschüttelter Kranker vor uns steht. Kein Antreiber, sondern ein Getriebener, keiner der lenkte, sondern ein Mensch, den sein Schiff in die Klippen trug.«[47]

»keineswegs eine unbegabte, aber doch eine widersprüchliche und menschlich wenig erfreuliche Erscheinung«[48]

»Herzog Ulrich (unter Regentschaft 1498–1503, Herzog von 1503 bis 1519, vertrieben, nochmals Herzog 1534–1550) jagte mit maßloser Verschwendungssucht Wirtemberg in den Staatsbankrott, provozierte den Bauernaufstand des ›Armen Konrad‹, versprach im Tübinger Vertrag 1514 der Ehrbarkeit, die ihn aus der wirtschaftlichen und politischen Katastrophe rettete, zwar ein gewichtiges Mitspracherecht für alle Zeiten, brach aber alle Verträge, führte ein Schrekkensregiment mit willkürlichen Verhaftungen, Scheinprozessen, Folterungen und Justizmorden. Viele Ehrbare flohen außer Landes, darunter der Stuttgarter Kanzler und ehemalige Tübinger Rektor Gregor Lamparter. Als Ulrich seinen engsten Freund Hans von Hutten heimtückisch ermordete und die eigene Gattin Sabina von Bayern, Nichte Kaiser Maximilians, mit dem Tod bedrohte, war sein Maß voll. Sabina floh zum Kaiser, die Hutten'schen forderten ihr Recht, der Kaiser sprach über Ulrich die Acht aus, vollstreckte sie aber nicht. Zuletzt brachte des Herzogs gröbster Rechtsbruch, ein grundloser Überfall auf die Reichsstadt Reutlingen mitten im Frieden, die Reichsexecution endlich 1519 in Gang.
Der Schwäbische Bund vertrieb Ulrich, der neugewählte Kaiser Karl v. nahm das Land, entschädigte den Schwäbischen Bund (der Wirtemberg unter sich hatte aufteilen wollen) und übertrug das Herzogtum 1522 seinem jüngeren Bruder Erzherzog Ferdinand von Österreich.«[49]

»Wer Ulrich wirklich war, werden wir kaum ganz erfahren. Ein unruhiger Kopf, der sein Staatsschifflein doch noch zum Ziele brachte? Ein wirrer Improvisator, nicht ganz ohne pathologische Züge? Einer der schwer am Erbe seines Vaters trug?«[50]

»Inmitten dieser Konflikte steht Herzog Ulrich, gewiß der problematischste, aber auch einer der bedeutendsten Regenten des Landes und ebenso gewiß einer der markantesten Fürsten seiner Epoche. So heftig umstritten seine Person und

Regierung unter seinen Zeitgenossen war, so umstritten ist er bis heute geblieben, und dies vielleicht gerade auch deshalb, weil in ihm alle Spannungen und Widersprüche seiner Zeit und seines Standes zusammenkommen, Renaissance und Reformation sich hier zu einem Fürstentypus verbinden, wie ihn auch Heinrich VIII. von England verkörpert. Sofern man, was manchen schwerzufallen scheint, auch andere deutsche Fürsten des 16. Jahrhunderts einmal mit der ›württembergischen Elle‹ mißt, entdeckt man in ihrem Charakter und Leben häufig genug jene Eigenschaften und Taten, die Ulrich auch kennzeichnen und wegen derer man ihn entweder zum notorischen Verbrecher oder erbverderbten Verrückten erklärt oder das eine mit dem anderen Urteil beliebig verbindet. Ulrich war weder das eine noch das andere, so gewiß er in seinem Leben schwere persönliche Schuld auf sich geladen hat und seine Seele mit schweren, unbewältigten Lasten beladen war. Die Person Ulrichs kann ebenso wenig wie 150 Jahre württembergischer Geschichte einzig mit dem Erklärungshinweis auf die Wahnsinnsstifterin Henriette von Mömpelgard erklärt werden. Fälle von erheblichen seelischen Störungen oder vermuteter Geisteskrankheit hat es in nahezu allen Herrscherhäusern im Reich und in Europa gegeben. Die außerwürttembergischen Historiker haben in weiser Beschränkung auf ihre Fachkenntnisse darauf keine monokausalen Theorien aufgebaut. Dies dürfte auch im Falle Ulrichs ratsam sein, weil der Krankheitszustand seines Vaters Heinrich sehr wahrscheinlich durch eine lange Gefangenschaft unter ständiger Todesbedrohung verursacht wurde.

Ulrich selbst ist aber, mehr als durch alles andere, durch seine bedrückende Kindheit, den Mangel an liebevoller Zuwendung, die uneinheitliche und brutale Erziehung, die völlig ungünstige Umgebung, die demütigende Absetzung seines Onkels Eberhard des Jüngeren und durch die plötzliche Machtfülle als 16jähriger Regent in seiner Persönlichkeitsentwicklung gestört worden. Die erzwungene Heirat mit der Kaiserenkelin Sabine von Bayern mußte wegen der unverträglichen Charaktere scheitern, wozu beide auch durch ihre nebenehelichen Verhältnisse noch beitrugen. Sabines Verhalten hat jedenfalls das Land ebenso skandaliert wie Ulrichs Mord an Hans von Hutten. Die Tat ist durch nichts entschuldbar, wohl aber leicht erklärbar aus Ulrichs Spannung zwischen fürstlichem Stolz und geringem Selbstbewußtsein. Wo immer dieser Nerv getroffen wurde und Ulrich sich in seiner Standesehre und in seinem enorm ausgeprägten fürstlichen Selbstbewußtsein verletzt fühlte, reagierte er mit Zorn und Verhärtung. Die Flut an Fluchschriften, in denen Ulrich von Hutten weit über die Grenzen des Reichs hinaus den Herzog als deutschen ›Nero‹ und ›Caligula‹ brandmarkte, prägte das Bild des Fürsten bei seinen zahlreichen Gegnern bis hinein in die Gegenwart.

Der Herzog reagierte darauf mit gesteigertem Mißtrauen und Verschlossenheit. Dort, wo er Verständnis, Vertrauen, Freundschaft und Treue fand, konnte er warmherzig und von gewinnender Freundlichkeit sein. Die bleibende Zuneigung der Mehrheit seines Volkes gewann er von Jugend an durch seine natürliche fürstliche Würde, seinen oft bewiesenen Mut, seine Standhaftigkeit auch im Unglück und seine ungeheuchelte Leutseligkeit im Umgang mit dem gemeinen Mann. Die enge Verbindung zwischen Fürst und Volk erfuhr nur während des Aufstandes des ›Armen Konrad‹ (1514) eine kurze Unterbrechung. Als eindeutige Charakterstörungen heben sich Ulrichs Jähzorn und Neigung zur Aggression negativ ab, daneben stehen aber positive Eigenschaften wie unbeugsame Zielstrebigkeit und Mut, politischer Scharfblick, Tatkraft, Durchsetzungsvermögen und ein ausgeprägtes Empfinden für die sozialen Nöte des Volkes.«[51]

»Ulrich, der dritte Herzog von Württemberg, steht zwischen Eberhard im Bart und seinem Sohn Christoph wie eine kantige Gestalt – die vierzig Jahre seiner Regierung markieren ein dramatisches Auf und Ab: zunächst Liebling des Kaisers, dann sein Gegner, gewalttätiger und expansiver Landesherr, Bezwinger des Armen Konrad, dann charismatische Figur vieler württembergischen Bauern, als Rechtsbrecher in der Reichsacht, dann Emigrant, schließlich die Rückkehr und die Durchsetzung der Reformation – am Ende Scheitern einer evangelischen Bündnispolitik, neuerliche Gefährdung seiner Herrschaft und Tod in einer verzweifelten Situation. Ohne Frage war Ulrich eine der farbigsten Figuren unter den deutschen Landesfürsten des 16. Jahrhunderts – eine Regierungszeit aber bedeutete tiefgreifende Wandlungen für das Land Württemberg.«[52]

»Seit das kritischere Bild von Christoph Friedrich Stälin die populäre Verherrlichung des Herzogs Ulrich abgelöst hat, zählte dieser zu den eher distanziert betrachteten Fürsten Württembergs. Es läßt sich auch nicht bezweifeln, daß der herrscherstolze und rachsüchtige, jähzornige und mißtrauische Fürst problematische Züge trug – von verhängnisvollen Handlungen war schon die Rede. So hat auch die württembergische Landeskirche viel lieber den bedeutenden Reformator Brenz als Patron erkoren, denn den gewalttätigen Herzog. Aber Ulrich war ohne Zweifel die entscheidende Persönlichkeit, die das Wagnis der Reformation auf sich nahm – eine Entscheidung, die unverkennbar religiösen Bedürfnissen entsprach, auch wenn sie schließlich taktische Vorteile brachte. Aber wie Ulrich die Reformation durchsetzte, war bezeichnend – mit der harten Hand des Autokraten.

Man wird nicht umhin können, den Herzog zu den bedeutenden deutschen Landesfürsten der ersten Hälfte des 16. Jahrhunderts zu zählen – eine kantige Figur, die aber eines landesfürstlichen Charismas nicht entbehrte. Reichspolitisch war Ulrich kein Leichtgewicht – herrscherliches Selbstgefühl verband sich bei ihm stets mit dem großen Ziel, die Selbständigkeit Württembergs vor der österreichischen und auch vor der bayerischen Umklammerung zu sichern. Daß er

dabei durch seine Maßlosigkeit zunächst die Existenz seines Territoriums aufs Spiel setzte, steht auf einem anderen Blatt.
Das Leben Ulrichs war geprägt von vielerlei Enttäuschungen – sein Mißtrauen nahm immer krassere Züge an und machte seinen treuesten Dienern die Zusammenarbeit problematisch, zumal es sich mit einem heftigen Jähzorn paarte. Die Prunksucht der Jugend war freilich im Alter einer weit größeren Rationalität gewichen.
Vielfach lassen sich aus seinem politischen Handeln nur Umrisse eines Fürsten erkennen – bei Ulrich werden die Züge doch recht deutlich. Er war ein Mann, der viel Bitternis erlebt hatte – zumeist nicht unverschuldet: selbstbewußt, herrscherstolz, ehrliebend bis zum tödlichen Exzeß, gewalttätig, jähzornig, mißtrauisch auf der einen Seite, Selbständigkeitsstreben und Überlegenheit, religiöses Engagement und persönliche Beständigkeit, die Fähigkeit zum kühlen Abwägen in der Politik, die im Alter immer stärker hervortrat, auf der anderen. Man wird den dritten Herzog von Württemberg auch als Mensch nicht geringachten dürfen, obgleich er vieles von der renaissancehaften Gewalttätigkeit mancher großer fürstlichen Zeitgenossen an sich hatte. Gerade sein Festhalten an der religiösen Entscheidung zeigt einen beachtlichen Mann; Herzog Ulrich zählt zu den bedeutenden Fürsten Württembergs.«[53]

»Mit Herzog Ulrich (1503–1550), dem Sohn des geisteskranken Grafen Heinrich, tritt eine herausragende, aber zwielichtige Gestalt ins Blickfeld. Von hoher Begabung und politischer Wendigkeit neigte er zu Mißtrauen, leichter Erregbarkeit und Jähzorn.«[54]

»Er bietet keinen Anlaß für ein Denkmal, zu rühmen bleibt wenig, und er wirkt weder gewinnend noch groß. Und doch hat er die Phantasie des Volkes beschäftigt wie kein anderer Fürst der Landesgeschichte.«[55]

»Ulrichs Vita ist ein einziges Drama. Keiner der württembergischen Regenten vor und nach ihm hat derlei geboten, große Landgewinne, wie sie keiner mehr vor 1800 zuwege brachte, eine Heirat, die längst vor der Hochzeit eine Farce war, die barbarisch-grausame Ahndung eines Bauernaufstandes, einen Herzog, der seinen Stallmeister ermordet, der für Jahre und Jahrzehnte aus seinem Land vertrieben wird, der es mit ausländischer Hilfe wieder gewinnt, um es bald darauf fast wieder zu verlieren, er starb gerade noch rechtzeitig, ehe es von Österreich abermals eingezogen wurde. Dem Papier nach eine fast fünfzigjährige Regierungszeit und damit eine der längsten unter allen württembergischen Fürsten. Aber was für ein Schauspiel!«[56]

»Viermal hat Herzog Ulrich von Wirtemberg im herkömmlichen Wortsinn Geschichte gemacht. Als er das reiche Land in maßloser Verschwendung in Aufstand und Staatsbankrott hineingeritten hatte, halfen ihm seine Landstände mit dem Tübinger Vertrag (1514) aus der Klemme – das war die Grundlage der ersten außerhalb Englands funktionierenden, von einem Parlament dauernd mitbestimmten Regierung in Europa. Als er seinen Freund Hans von Hutten hinterrücks ermordet und seine Gattin Herzogin Sabina von Bayern zur Flucht aus dem Lande gebracht hatte, erregte er den größten publizistischen Skandal der deutschen Renaissance. Und als er die wichtigsten Männer seiner Regierung foltern, hängen und köpfen ließ und die Reichsstadt Reutlingen ohne Grund überfiel, wurde er durch die Reichsacht aus dem Lande gejagt (1519). Das siegreiche Heer blieb bis zur Frankfurter Kaiserwahl beisammen – unter seinem Druck wurde statt des Königs Franz von Frankreich der König Karl von Spanien zum römisch-deutschen Kaiser gewählt und damit das Haus Habsburg für vier Jahrhunderte zur Macht geführt. Als der Vertriebene sein Land den Habsburgern später wieder abnehmen konnte (1534), war das nicht ohne die Einführung der Reformation möglich.«[57]

Anmerkungen

1 Christoph Bidembach in Steinhofer 3, 441: »Heinrich getaufft, Ulrich genannt,/ Jm ganzen Reich gar wohl bekannt,/ Fromb, unverzagt und bestandhafft/ War er, mit keiner Lügen bhafft.« Sattler Gf 3, 184 (Anm. 12); Stälin 3, 601; Stälin 4, 46: »Der ursprüngliche Name des Kindes Eitel Heinrich wurde im Jahre 1493 bei der Firmelung im Andenken an den vielgeliebten Großvater Graf Ulrich in dessen Taufnamen verwandelt, aus welchem Anlaß der Junge, im Gemach herumspringend, sagte: ›noch heiß ich aber dannost Heinz.‹ Zimmerische Chronik 1, 391.« Decker-Hauff Stuttgart 304: »Man hatte seinerzeit den Jungen Ital Heinrich, Eitel-Heinrich getauft. Als aber nun sein Vater in immer tiefere Umnachtung fiel, schien auch der Name Heinrich zu sehr belastet, als daß er einem künftigen Herzog eine glückliche Herrschaft hätte verbürgen können.«

2 Lohmeier 53.

3 Kübler Gal. 47.

4 Stälin 4, 20: Unter Vormundschaft seit dem Horber Vertrag vom 10. Juni 1498. Stälin 4, 51: Vorzeitige Volljährigkeitserklärung durch Kaiser Maximilian im Juni 1503; Regierungsübernahme am 19. Juli 1503. 52: »Jndeß stund dem Herzog ein so günstiger Ruf von Edelsinn, Verstand, Beredsamkeit, Leutseligkeit, Bescheidenheit und Körperkraft zur Seite, daß man die größten Hoffnungen auf sein selbständiges Auftreten zu setzen sich berechtigt glaubte, und doch waren es Wildheit und Leidenschaftlichkeit, welche seine Jugend und noch sein frühes Mannesalter beherrschten, ehe die Schule der Leiden sein Wesen läuterte.« Stälin 4, 174: Ulrich verläßt das Land nach Eroberung durch den Schwäbischen Bund von Tübingen aus am 7. April 1519 – »überlaut singend ›Kehr wieder Glück mit Freuden‹«. Stälin 4, 368: Wiedereroberung des Landes in der Schlacht von Lauffen am 13. Mai 1534. Zu Herzog Ulrich und seiner Regierungszeit: Tubingius 272–294; Johann Tethinger, Wirtembergiae libri duo, quibus Huldrichi ducis res militiae domique gestae carmine delineantur, Freiburg im Breisgau 1545, auch bei: Simon Schardius, Rerum Germanicarum Scriptores 1–4, Gießen 1673, 2, 31–55 mit Kommentar 56–80, s. dort auch 280–297; Küng 119–136; Reimchronik über Herzog Ulrich von Württemberg und seine nächsten Nachfolger, hg. von Eduard von Seckendorff in: Bibliothek Litt. Verein 74, Stuttgart 1863; David Wolleber Cod. hist. 2° 934, 193r–223r; Georg Gadner Cod. hist. 2° 16, 19r–37v; Oswald Gabelkover Cod. hist. 2° 589b, 9–693 (bis zur Vertreibung 1519, in Cod. hist. 2° 590b, 1–806 die Jahre 1519 bis 1534); Johannes Betz, Historia Vlrici Ducis Würtenbergici in: Christoph Friedrich Ayrmann, Sylloge anecdotorum, Frankfurt a. M. 1746, 1, 337–410; Zedler 49, 811–821; Johann Friedrich Eisenbach, Geschichte und Thaten Ulrichs Herzogen zu Würtemberg und Teck, Tübingen 1754; Sattler Hz 1, 45–256 u. Hz 2, 1–260 u. 3, 1–290; Gottlieb Benedikt Schirach, Leben Ulrichs, Herzogs von Würtemberg in dessen Biographie der Deutschen, Halle 1772, 4, 215–373, Spittler 92–142; Pahl 2, 177–228 u. 3, 46–100; Zimmermann 2, 36–290; C. Necker, Kurze Lebensgeschichte Herzogs Ulrich von Württemberg, Reutlingen 1838; Ludwig Friedrich Heyd, Ulrich Herzog zu Württemberg, Tübingen 1–2, 1841 u. 3, 1844 (vollendet von Karl Pfaff); Barth 114–160; Pfaff Wirtemberg 2, 522–718 u. 3, 3–53; Bernhard Kugler, Ulrich Herzog zu Wirtemberg, Stuttgart 1865; Stälin 4, 41–476; Eugen Schneider ADB 39, 237–243; Schneider 110–153; Hermann Haering, Herzog Ulrich von Württemberg (1487–1550) in: Schwaben. Monatshefte für Volkstum und Kultur 13, 1941, 179–193; Decker-Hauff (Anm. 19); Willy Krogmann, Herzog Ulrich von Württemberg in: Verfasserlexikon. Die deutsche Literatur des Mittelalters, Berlin 1953, 4, 614–621; Decker-Hauff Stuttgart 302–350; Reformation in Württemberg, Stuttgart 1984; Werner Ulrich Deetjen, Streit um Herzog Ulrich und die Reformation in Württemberg in: Arbeit und Besinnung 1984, 607–619; Volker Press, Herzog Ulrich (1498–1550) in Festschrift Württemberg 110–135; Felix Berner, Der Maßlose. Herzog Ulrich von Wirtemberg. 1487–1550 in: Berner 106–111; Borst Herren 55–76. Zu Herzog Ulrichs 500. Geburtstag: Hansmartin Decker-Hauff in Stuttgarter Nachrichten vom 7.2.1987; Eberhard Straub in Stuttgarter Zeitung vom 9.2.1987.

5 Sattler Hz 3, 89; Kübler Gal. 47.

6 Löbe 258f; Dielitz 185.

7 1507: Löbe 258; Dielitz 393.

8 1537: Löbe 259; Dielitz 393.

9 Grabmal; Sattler Hz 3, 89: »Vor seiner Vertreibung hatte er den Wahlspruch geführt: Stat animo. Nachdem er aber die Evangelische Warheit und die Krafft des Göttlichen Worts erkannt hatte, so erwählte er den Spruch: Verbum Domini manet in aeternum, welchen auch seine Hofdienerschafft mit den Anfangs-Buchstaben V.D.M.I.AE. an der Livree um den linken Arm gebunden tragen mußte«; Kübler Gal. 47.

10 J. Frischlin Cod. hist. 2° 73, 95v; Mohl 572.

11 Pregitzer 3, 11: Tabula progonologica zu 64 Ahnen.

12 Sattler Gf 3, 184: »Jch beweise solches mit einer Nachricht, welche ich in einem zu selbiger Zeit geschriebenen Buch gefunden habe. Sie lautet also: ›Als man zalt von der Geburt Christi MCCCCLXXXVII. am Donnerstag nach Liechtmess (den 8. Febr.) morgens zwischen Sechß vnd siben Uhr ward geborn Gr. Heinrich von Wirtemberg Graue Heinrichs Son, der darnach in der Firmung genennt ward Graue Ulrich, als er auch den Namen behalten soll. Sin Mutter Frow Elizabeth greuin von zweybrück geborn von Bitsch starb darnach in dem obgenanten Jar an Samstag der da war der zehendtag nach seiner geburt vor mittag zwischen acht und neun uhr.« Den 8. Februar 1487 (= Donnerstag nach Lichtmeß) als Geburtstag nennen: Eber 54; Friedrich Rüttel Horoskop G 400 Bü 14, 14v; Crusius 2, 128 (mit dem Hinweis: andere am Donnerstag nach Maria Reinigung = Lichtmeß); Geburtregister 5; Lairitz 476; Wolffgang 8; Steinhofer 1, 218 u. 3, 440;

Viton 82; St. Allais 4, 520; Heyd Ulrich 1, 86; Moll 329; Stälin 3, 600 u. 4, 46 u. 4, Tab VII; Behr 170; Voigtel-Cohn 92; Maisch Stammtafel; Giefel Nr. 55; Schneider ADB 39, 237 u. Stammbaum; Kübler Gal. 47; Schön Nr 51; Isenburg 1, 76; Freytag 1, 76; Schwennicke 1, 123. Borst Herren 55 u. 56. Den 5. Februar 1487 nennen, wohl infolge der fehlerhaften Angabe bei Küng 119 »anno 1487, den 5. februarii um 5 uhr nachmittag, an einem Dunderstag zu Reychenweyr geborn worden« (der 5. Februar 1487 ist ein Montag, Donnerstag ist der 8. Februar): Wolleber Cod. hist. 2° 934, 193; J. Frischlin Cod. hist. 2° 330, 5 u. 333, 3; Betz Ulrich 339; Staat Tab B; Imhof 57; Zedler 49, 811; Eisenbach Ulrich 1; Sattler Hz 1, 46 (der in Gf 3, 184 den 8. 2. nennt); Hübner 201; Duvernoy Eph. 45. Den 3. Februar 1487 nennt: Pregitzer 1, 15. Den 9. Februar 1487 nennen: F. Rüttel Horoskop G 400 Bü 14, 7v; Conrad Cellarius Horoskop Cod. hist. 4° 22, 19. Den 15. Februar 1487 nennt: Necker Ulrich 11. Die Geburt Ulrichs, an deren Folgen die Mutter starb, erfolgte vielleicht durch Kaiserschnitt, Heyd Ulrich 1, 87; »Fugger II, 326 erwähnt, daß ihr der Sohn aus dem Bauche geschnitten worden sey« (die Suche nach der angegebenen Stelle bei Fugger blieb erfolglos); Moll 329; vgl. Gfn Elisabeth †1487 Anm. 8.

13 Geburtszeit zwischen 6 u. 7h: Sattler Gf 3, 184 (Anm. 12); Heyd Ulrich 1, 86. 5h 54min: Eber 54; F. Rüttel Horoskop G 400 Bü 14, 14v. 5h 59min: F. Rüttel Horoskop G 400 Bü 14, 7v. 6h: Conrad Cellarius Horoskop Cod. hist. 4° 22, 19. 17h: Küng 119 (Anm. 12); Crusius 2, 128 (andere 19h). 20h: J. Frischlin Cod. hist. 2° 333, 3; Wolleber Cod. hist. 2° 934, 191r.

14 Inschrift am Schloß in Reichenweiher: »GEBURTSTÄTTE / HERZOG ULRICHS / VON WÜRTTEMBERG/ 8. FEBRUAR 1487 / GESTIFTET 1904« /. Ulrichs Geburtshaus, das alte Schloß in Reichenweiher, wurde 1540 von Gf Georg †1558 abgebrochen und durch den jetzigen Bau ersetzt, Ensfelder Riquewihr 91; Kübler Gal. 42. Steinhofer 3, 442: Nach dem Tod der Mutter »hat man das Kind also iung von Reychenweyer gen Straßburg, und folgends von dannen über Ruck in einem Korb gen Stuttgart getragen.« Zur Erziehung durch Eberhard im Bart: Heyd Ulrich 1, 87f; Stälin 4, 46ff.

15 Steinhofer 3, 960: »Es hatte zwar Herzog Ulrich mehrere Liebe und Zuneigung zu Marggraf Friderichs von Brandenburg Fräulein Tochter, Elisabeth, einer schönen und holdseligen Prinzessin, welche sich bey seiner Schwester, Herzog Eberhards des jungen Wittwe, Frauen Elisabeth, auf ihrem Widdum zu Nürtingen, aufgehalten, daher er zum öftern zur Sommerszeit nach dem Nachtessen mit einem Trommeter, der ein sehr guter Zinckenbläser gewesen, nach Nürtingen geritten, und ermeldtem Fräulein, die hernach, noch in disem Jahr, an Marggraf Ernsten von Baden versprochen, und an ihn um Michaelis zu Pforzheim getrauet worden, seinen Besuch gemacht; allein der Ehe-Verspruch zwischen ihm und Fräulein Sabina war allzuhoch betheurt, und bereits im vorigen Jahr durch den Handstreich bestetiget, daß die Sache nicht mehr zu ändern, und nichts übrig war als die Ehe durch wirkliche Antrauung fest zu machen.« (Elisabeth von Baden 1494–1518 war die Nichte der Herzogin Elisabeth von Württemberg, eine Tochter ihres Bruders Friedrich; ihr noch erhaltenes Grabmal in der Läutekapelle der Stuttgarter Stiftskirche, Tiedemann 11 u. 15); Stälin 4, 49f.

16 Heyd Ulrich 1, 139: »In Mömpelgard hielt er sich während seiner Verbannung eine Maitresse, eine Mömpelgarderin, welche von ihm einen Sohn Heinrich (Horrich) hatte.« Sauter Sabine 313: »Die beharrliche Abneigung Ulrichs gegen Christoph läßt sich wohl nicht anders erklären, als aus einer angenommenen Meynung Ulrichs, dieser Christopholus habe nicht ihn zum Vater, Vermutung ohne Angabe von Quellen in einem Brief von Christian

Friedrich Schnurrer an Johann Christian Pfisterer, Tübingen 10. Dezember 1811 in: Cod. hist. 2° 827.« Zum Verhältnis Ulrichs und Sabinas zu Dietrich Späth: Sattler Hz 1, 193f; Stälin 4, 182: »Jn des Herzogs Abwesen (hat er – ihr Paladin) als sines Figends Statthalter by der Hertzogin sines Herren eelichen Gemachel uneerlicher Wiß gesessen und bei ihr Kinder gezuget. Keßler Sabbata 2, 389.« Nach Tubingius 284 wurde Sabina 1515 von Dietrich Späth außer Landes entführt; vgl. Hzn Sabina †1564 Anm. 7.

17 G 41 Bü 11: »Schriften betr. die Notifikation des am 6. November 1550 erfolgten Tods Herzog Ulrichs, Kondolenzschreiben, Ausschreiben eines gemeinsamen Gebets und der Almosenausteilung« Sattler Hz 4, Beil. 2: »Schreiben Herzog Christophs an König Ferdinanden, worinn er das Abscheiden Herzog Ulrichs und die ergriffene Posession seines Landes berichtet mit Bitte ihn damit zu belehnen, Stuttgart 10. November 1550« vgl. Briefwechsel Christoph 1, 10–12. Todestag 6. November 1550 in sämtlichen Quellen einheitlich, ausgenommen: Ochsenbach HB xv 5, 11r: †1568 am Kündlinstag (= Hz Christoph); Zimmermann 2, 288: 5. November 1550. Dreytwein (Anm. 31) 75: 8. November 1550.

18 Tod zwischen 5 u. 6h: Trauernotifikation (Anm. 17) in Briefwechsel Christoph 1, 11; Eber 444; Crusius 2, 277; Eisenbach 151; Steinhofer 1, 326; Sattler Hz 3, 288; Heyd Ulrich 603; Moll 332; Kugler Ulrich 134; Stälin 4, 475.

19 Sattler Hz 3, 288: »Sein Absterben aber wurde so lang verborgen gehalten, bis Herzog Christoph nach Tübingen gekommen und die Anstalt machen können, daß das ganze Herzogthum so viel möglich in einem Tag in Erbhuldigung genommen wurde.« Hansmartin Decker-Hauff, Herzog Christoph von Württemberg. Zum Gedächtnis seines 400. Todestages in: Württ. Geschichts- und Alterumsverein, Berichte über die Vorträge im Winter 1950/51, 8f: »Ulrich starb gerade noch zur rechten Zeit, ehe Württemberg durch Oesterreich eingezogen wurde« (wegen Bruchs des Vertrags von Kaaden 1534 durch Teilnahme am Schmalkaldischen Krieg).

20 Küng 136: »Über das, daß er alle treibsal diser welt erfüre und damit nur wol gerollet wurden, ist er von Ferdinando, Römischem küng, vor den stenden des reichs als ein verwircker der empfangnen lehen – in ansehung, daß sein kreigsvolck auch neben andern bundtsverwantten die küngisch Erenberger claus beschediget und zu eroberung derselbigen geholffen haben solte – umb land und leutt angeklagt worden. Aber er ist vor erortterung des rechtens gestorben, dan nachdem er nunmehr 63 jar alt, auch sein tag vil mie, arbait, frost, hittz, allerlai jamer und kumer gelitten, ward er durch das podagra dermaßen ietzt etlich jar lang geplagt, daß er weder reitten noch faren leiden mocht, sunder ward er für und für in ainer senffte gefeurtt oder in ainem sessel getragen, zuletst zuicht er anno 1550 in das Wilpadt, da im die pestilentz seinen liebsten, innerlichsten kamerdiener erwürgt. Deshalb er noch unausgebadet darvonzoch uff Beblingen und dannen gehn Thubingen. Da stieß in die rur an auff dem weg, und wardt so kranck, daß man in komerlich lebendig gehn Thubingenn bringen mocht. Als er dahin kam, ließ er sich nach christenlicher religion versehen, schickt nach seinem son, hertzog Cristoff. (Anm. Ulrich ließ den in Calw wartenden Sohn nicht zu sich ans Sterbebett, Heyd Ulrich 3, 602) so one das eben zu Calw was. Aber ehe er kam, wardt er gestorben und volgendts in Sant Jergenkirch neben hertzog Eberhartt im Bardt, wie er in seinem leben begertt und bevollen hatt, begraben worden. Es hatt auch hertzog Christoff, sein son, seinem vatter und vetter seligen ein herlich und fürstlich monument, dergleichen nit baldt funden, in dem chor der gemelten kirchen auffrichten lassen und daran kain kosten gespart, dardurch sein gehorsam, guttwillig hertz, das er je und alweg gegen sein vatter und vordern gehabt, zu erzaigen, des er billich bei aller welt zu loben und zu breisen, auch zu rhümen ist.« Sattler Hz 3, 287f: »Es überfiel ihn aber den 28. Oct. zu Böblingen ein Fieber, welches ihn so entkräfftete, daß man ihn kaum nach Tübingen bringen konte. Hier begehrte er sogleich seine Seele mit dem Genuß des H. Abendmals zu stärken und zum Uebergang in die Ewigkeit zuzubereiten. Dann er sehnete sich nach so viel ausgestandenen Widerwertigkeiten nach seiner Auflösung. Als er auf diese Weise dem Tod unerschrocken in die Augen sah, sagte er zu den Umstehenden ungefähr diese Worte: ›Sehet zu, ihr Diener, der ich viel Schmertzen und Herzleyd zu meiner Zeit erlitten hab und durch manchen Unfall und Noth gejagt und in dem Orden derer, die Christo das Creutz sollen nachtragen, wohl geübt worden bin. Da lig ich jetzt in Gottes Gewalt und will solcher gestalten mit dem Tod vertauschen, daß mir dardurch Gott das ewig Leben soll geben und mich durch Christum erhören. Dann Christus allein ist mein Hort, mein Schild, und Hoffnung im Leben und Tod. Der wird mich aus aller Noth erlösen. Dann Gottes Wort wird ewig bestehen und wird ehe der Himmel und Erde vergehen. Das ist mein Zeichen hie gewesen‹.« Zur Krankheit Herzog Ulrichs auch: Crusius 2, 277; Heyd Ulrich 3, 602f: »Auf einen Aderlaß, d. 1. November, wurde es wieder etwas besser mit ihm, er aß nun aber ›eine saure Milch mit Most vermischt‹, worauf ihn ein starker Frost und heftiges Zittern befiel, dann folgte Husten mit Auswurf, Röcheln und Engbrüstigkeit, welche fortwährend zunahmen, so daß die Aerzte alle Hoffnung, ihn am Leben zu erhalten, aufgaben«; Moll 329–332.

21 Den 7. November 1550 als Tag der Beisetzung nennen: Crusius 2, 277f (mit Hinweis auf die Oratio funebris von Johannes Benignus am 17. Dezember im Chor von St. Georg); Steinhofer 1, 326 (morgens 7h 30min); Stälin 4, 493; Kübler Gal. 47; Schön Nr 51. Den 8. November 1550 nennen: LP Hz Johann Friedrich † 1628 LP Bd XVII, 72; Geburtregister 5.

22 Erstens fürstliches Begräbnis in der Tübinger Stiftskirche seit der Überführung Eberhards im Bart 1537. »in Sant Jergenkirch neben hertzog Eberhartt im Bardt, wie er in seinem leben begertt und bevollen hatt, begraben worden«, Küng 136 u. wortgleich Wolleber Cod. hist. 2° 934, 223.

23 G 41 Bü 11 enthält Vertrag mit Bildhauer Joseph Schmid zur Anfertigung der Grabsteine für Eberhard im Bart und Ulrich vom 24. November 1550, abgedruckt bei Wintterlin 19 Anm. 1: »Vff Mönntag den vierundzwainzigsten Nouembris Anno etc. Funfftzige Haben vs Beuelch des durchleuchtigen, hochgebornnen Fürstenn vnd hern, Hern Christofen, Hertzogen zu Wirtemperg vnd zu Tegkh, Grauen zu Mümppelgarts etc. vnsers gnedigen Fürsten vnd hern, Claus von Grafneckh Vnnd Wilhelm von Janowitz, genant Behem, Mit Maister Josephen schmid, Stainmetzen von Vrach, Der zwayer Grabstein halber, so er vf die greber beider durchleuchtigen, Hochgebornnen Fürsten vnd hern, Hern Vlrichn vnd Eberharten des Eltern, Hertzogen zu Wirttemperg etc., Hochloblicher gedechtnus, begrebnussen machen soll, vber ain komen vnd jme verdingt, wie nachoulgt: Nemlich soll er die Stain mit den Bildtnussen, Schrifften vnd allem andern, sampt den acht hirschen, so vnder beider Grabstein ligen sollen, nach gestallt vnd form der Visierung, so er, Joseph, Jrn F. G. gemacht vnd sehen lassen, (verfertigen), Vnd damit allen Möglichen flys firwennden, kain Arbeidt noch Kunst daran sparn. Darvon soll jm zu Lon vnd für sein Arbeidt gegeben vnd zalt werden Ain Hundert vnd zwaintzig güldin; Doch sollen jme die Rauhen stain gen Tüwingen jn die werckstat, (da er sie machen soll) on sein Costen geantwurt werden. Vnnd so die Arbait vsgemacht vnd man die grabstain vfrichten soll, So soll jme Ain Notdurfft Leudt (so jm die stain legen helffen) zugegeben vnd vf Hochermelt jrer F. G. Costen erhalten werden. Welche arbeit er vfs aller Ehest vnd beldest jmer möglich vnd sonnder verzug, auch vfs Aller lengst hiezwischen Martinj verfertigen soll. Sonst soll man jme Josephen weyters nit dann oblaut zugeben schuldig sein. Zu vrkund sind diser zedel zwen gleichs Lauts vsser einander geschniten Vnnd der ain hochermelt vnsers gnedigen fürsten vnd hern wegen behalten, der ander jme, Maister Josephen, zugestelt worden, den tag wie obstadt. Haushoffmaister Claus von Graueneckh Wylhalm von Janowicz behem« (Anm. Letzterer ist der Vater des Mörders des Admirals Gaspard de Coligny in der Bartholomäusnacht 1572, Hans von Janowitz 1542–1575, Stälin 4, 785). Zum Grabmal Ulrichs auch: Klemm 145; Demmler 101 ff; Westermayer – Wagner – Demmler 22–34 u. 349; Fleischhauer Ren. 126f.

24 Inschrift u. a. auch bei: J. Frischlin Cod. hist. 2° 73, 96; Crusius 2, 392; Baumhauwer 2ff; Mütschelin 275f; Pregitzer Cod. hist. 2° 53, II, 449ff; Montanus 311f; Zeller 84f; Zedler 49, 820; Eisenbach 151f; Sattler Hz 3, 288f; Lenz 3f; Tiedemann 187f; Heyd Ulrich 3, 601f; Westermayer – Wagner – Demmler 22ff mit dt. Übersetzung. G 42 Bü 3, 5b: Zeichnung der Umschrift des Grabmals.

25 Fleischhauer Renaissance 108 u. 252 u. 256: Epitaph von Friedrich Keßler, vielleicht nach Entwurf von Jörg Galler, von den Brenztalwerken gegossen wohl bald nach Ulrichs Tod. Demmler 12: wahrscheinlich nach Entwurf von Joseph Schmid. Ornamentaler Steinrahmen von Joseph Schmid, Demmler 11; Klemm 146; Fleischhauer Renaissance 108. Tuschzeichnung 18. Jahrhundert in: Cod. hist. 4° 59 ad Nr II.

26 Inschrift wie Anm. 24.

27 Trithemius 2, 530.

28 Suntheim 595.

29 Ulrich von Hutten, Aus der zweiten Rede wider Herzog Ulrich.

30 Ulrich von Hutten, Aus der vierten Rede wider Herzog Ulrich in: U. v. Hutten, Die Freiheit der Deutschen Nation, Jena 1942, 14f. Siehe auch Ulrich von Hutten, Fünf Reden gegen Herzog Ulrich von Würtemberg, übersetzt von Gottlob Adolph Wagner, Chemnitz 1801; Ulrich von Hutten, Deutsche Schriften, München 1970, dort 5–21: »Ein scharfes künstlichs gelehrtes Gedicht von einem Tyrannen und etzlichen grausamen, unmenschlichen Geschichten«, die dt. Übersetzung des »Phalarismus« (384: »Ergänzt und künstlerisch überhöht werden die ›Ulrich-Reden‹ 1517 durch den ›Phalarismus‹, jenen in die klassische Unterwelt verlegten, von Merkur und Charon eingeleiteten sarkastischen Dialog zwischen dem deutschen Tyrannen und seinem antiken Vorbild und Lehrmeister Phalaris, der trotz seines geringen Umfanges aus Huttens Schrifttum hervorgehoben zu werden verdient.« Dietrich Kurze), auf S. 13 der Tyrann (Ulrich) über seine Gemahlin (Sabina): Tyrann: »Ubermaßen hasset ich sie, wüßte doch selbs nit, aus was Ursach, dann sie von Schönheit ihres Leibes, auch Zucht der Gebärden und Sitten also geschickt, daß sie billig aller Gunst und Liebe würdig ist. Darzu von altem und edlem Geschlecht, also, daß größer Zier in mein Haus und Geschlecht nie kam, dann aus derselbigen Ehe; jedoch hasset ich sie. Phalaris: Gemein und gewohnlich ist den Tyrannen, viel Ding begehren, viel förchten, viel hassen und neiden – und in den allen keinen Bedacht, Ursach, noch Ansehen haben. Tyrann: Darumb hatt ich mir vorgenommen, sie zu töten. Und dasselbig gedacht ich zu tun, sobald ich wiederkäm, dann ich von eines Geschäfts wegen ausgeritten was. Phalaris: Hastu sie dann nit umbbracht? Oder was hat dich verhindert, daß es nit geschehen ist? Tyrann: Dieweil ich das unselig Geschäft ausrichtet, ist sie mir entwichen. Phalaris: Kundt sie das wohl tun? Tyrann: Mit Hilf derjenen, den ich solichs vergelten will!«

31 Dionysius Dreytweins Esslingische Chronik (1548–1564), hg. v. Adolf Diehl, Tübingen 1901, 75f = Bibliothek Litterarischer Verein Stuttgart 221. Dazu: Nikitsch Dreytwein 150f.

32 Jakob Schrenck von Notzing 1603, Nr 27 (vgl. Hz Christoph † 1568 Anm. 43).

33 Pregitzer 1, 15.

34 Sattler Hz 3, 290.

35 Spittler 95.

36 Spittler 138.

37 Wilhelm Hauff, Lichtenstein 1826. Siehe dazu: Rudolf Krauß, Württembergische Fürsten in Sage und Dichtung, Stuttgart 1894, 14–22, 14f: »jener Herzog Ulrich, den die verschiedensten Zeitalter in Sage und Dichtung mit unermüdlicher Geschäftigkeit immer von neuem verherrlicht haben. Kein Wunder! Denn wieviel Abenteuerliches, Romantisches, Poetisches drängt sich in seinem Leben zusammen von jenem ersten Augenblick an, da der eben Geborene aus der Gewalt seines unzurechnungsfähigen Vaters von Reichenweier unter Gefahren nach Stuttgart gebracht wurde, um dort am Hofe seines Vetters (Anm. des Vetters seines Vaters) Eberhard im Bart erzogen zu werden! Wenn auch in erster Linie Ulrichs merkwürdige Schicksale, seine schweren Leiden und Prüfungen ihm die Teilnahme von Mit- und Nachwelt gesichert haben, so ist es doch auch seine scharf ausgeprägte und kraftvolle Persönlichkeit selbst gewesen, die trotz aller schlimmen Charaktereigenschaften, die ihr anhaften, die Menge durch allerlei Vorzüge für sich eingenommen hat: durch geistige Beweglichkeit, Unerschrockenheit, Thatkraft und nicht zuletzt durch die zähe Ausdauer, mit der Ulrich den Kampf für sein gutes Recht durchgefochten hat. Kaum jemals hat ein anderer deutscher Fürst in gleichem Maße die zeitgenössischen Dichter und Schriftsteller in Atem gehalten, wie Herzog Ulrich. Humanisten wie Volksdichter entzündete er zu leidenschaftlicher Parteinahme für oder wider sich. Wenn alle prosaischen Quellen über ihn der Vernichtung anheimgefallen wären, so würden uns doch die poetischen in stand setzen, uns eine annähernd richtige Vorstellung von seinem Leben und seinen Thaten zu bilden.« Siehe auch: Paul Schwarz, Herzog Ulrich als literarische Gestalt.
Die geschichtliche Wahrheit in Wilhelm Hauffs Roman »Lichtenstein« in: Beiträge zur Landeskunde 5, 1972, 8–12; Hartmut Fröschle in Festschrift Württemberg 542–544.

38 Zimmermann 2, 288–290.

39 Heyd Ulrich 3, 610.

40 Pfaff Gedenkbuch 462.

41 Barth 157 u. 160.

42 Eugen Schneider ADB 39, 243.

43 Sauter Sabine 309.

44 Marquardt 83.

45 Ebenda 84.

46 Müller 102f.

47 Decker-Hauff Stuttgart 322f.

48 Weller Württemberg 162.

49 Decker-Hauff Tübingen 60.

50 Borst 77.

51 Deetjen (Anm. 4) 609f.

52 Volker Press in Festschrift Württemberg 110.

53 Volker Press in Festschrift Württemberg 134f.

54 Hartmut Fröschle in Festschrift Württemberg 542.

55 Berner 106.

56 Borst Herren 55.

57 Hansmartin Decker-Hauff zum 500. Geburtstag Herzog Ulrichs in: Stuttgarter Nachrichten vom 7.2.1987.

Sabina

1492–1564

Herzogin von Württemberg

T. v. Herzog Albrecht IV. dem Weisen von Bayern[1]
u. v. Erzherzogin Kunigunde von Oesterreich
Enkelin v. Kaiser Friedrich III.
Nichte v. Kaiser Maximilian I.

Geboren am 23. April 1492[2] um 15h 40min[3]
in München[4]

Vermählt 1498/1511 mit Herzog Ulrich von Württemberg 1487–1550
Eheabrede am 23. Juli 1498 Freiburg/ 18. Oktober 1498 München[5]
Beilager am 2. März 1511 in Stuttgart[6]
Seit dem 24. November 1515 getrennt lebend[7]

Mutter einer Tochter und eines Sohnes

Testament am 15. März 1563[8]

Gestorben am 30. August 1564[9] um 13h[10]
in Nürtingen im Schloß[11]
an einem Schlaganfall[12]

Beigesetzt am 2. September 1564[13]
in Tübingen im Chor der Stiftskirche St. Georg

Jacob Andreä, Ein Christliche Predig über der Leich... Fraw Sabina..., Ulm 1564[14]
Georg Liebler, Oratio de vita et morte..., Tübingen 1564[15]

Grabmal von Sem Schlör[16]
»ANNO DÑI MDLXIIII. DEN XXX. TAG AVGVSTI/ STARB DIE DVRCHLEVCHTIG HOCHGEBORNE FVRSTIN FRAW SABINA HERZOGIN ZV WIRTEMBERG/ VND TECK GREFIN ZV MVMPELGART EIN GEBORNE PFAL./ GREFIN BEIM REIN HERZOGIN IN OBERN VND NIDERNBAIERN. IHRES ALTERS LXXIII IAR IIII. MONAT. VII. TAG.«[17]

Epitaph[18]

»Vnd nach dem die hochermelt Fraw, Fraw Sabina, hochlöblicher vnd seliger Gedächtnuß, über die 34. Jar, das heilig Euangelium, so vns den Herrn Jesum Christum, fur vnsern einigen waren Heiland fürstelt, auß sonderlicher Göttlicher Gnad erkannt, geglaubt, vnd von Hertzen geliebet, auch derwegen nicht wenig zeitliche Gefahr überstanden, vnnd darzu jren Glauben, mit empfahung des heiligen Abendtmals, als vnsers lieben Herrn Jesu Christi, vermög derselben Stifftung vnd einsatzung, manigmal gesterckt, vnd bekannt, Auch gegen armen Leütten, so vns von Christo sonderlich beuolhen, mit wercken der Barmhertzigkeit vnd grossen Allmusen erzeigt vnd bewisen. So sein wir vngezweiffelter Hoffnung vnd Zuuersicht, der Allmächtig Gott vnd Vatter, hab sich jr vätterlich angenommen, jr alle jre menschliche Gebrechen, durch Jesum Christum gnädiglichen vergeben, sie zu einem Erben der Göttlichen, ewigen vnd himmelischen Güttern erwölet, auch in jrem tödtlichen Abschid dermassen bewaret, das sie gwißlich der frölichen seligen Vrstend zu dem ewigen Leben, mit allen Gottes Kindern genüssen werde, wie dann jre F. G. in jrem letsten Ende, dem Pfarrherr zu Nürtingen, mit Christlicher Bekanntnuß vnd Zeichen solliches bestätiget hat.«[19]

»Sabina, Tochter Albrechts IV. H. in Bayern, und Cunigundis, H. zu Oesterreich, Kays. Maximiliani I. Schwester, welcher diese Mariage selbst gestifftet, und dahero H. Ulrichen jederzeit hold und wohlgewogen war. Das Beylager wurde 1511. 2. Mart. mit grossem Pomp und Pracht, in Beyseyn vieler Chur- und Fürsten, auch Grafen, Ritter und Edlen zu Stuttgardt gehalten, und dabey unter anderm nur allein 7000. fremde Pferd gezehlt und erhalten. Sie zog aber nachgehends wegen entstandener grosser Mißverständnuß zwischen Jhro und Jhrem Gemahl, A. 1519. heimlich von Jhme hinweg, und in Bayern, und bliebe biß in seinen Tod von demselben entfernet. Nachgehends liesse Sie Jhr Hr. Sohn, H. Christoph, durch eine ansehnliche Gesandschafft wieder in das Land hohlen, und gab Jhro nebst einem stattlichen Unterhalt, Nürttingen zu Jhrem Widum-Sitz, allwo Sie sich gegen Armen und Krancken sehr mild bezeuget. Gest. 1564. 30. Aug. Jst zu Tübingen neben Jhrem Gemahl beygesetzt.«[20]

»das schöne Fräulen von Bayren«[21]

»eine Bairische Prinzeßinn, die zwar für die alten Herrn Vormundschaftsräthe, als Schwestertochter des Kaisers ein sehr angenehmes Mädchen war, aber nicht so für den jungen Naturmenschen Ulrich, dem schon das vornehmspröde und störrige Wesen der Jungfer Sabina abgeschröckt haben würde, wenn je sein Aug bey dem ersten Anblick derselben Liebe gefaßt hätte. Die Beschuldigungen sind wohl hart, welche Ulrichen nachher wegen seines Betragens gegen diese seine Gemahlinn gemacht wurden, aber woher hätte der wilde rohe Jüngling Menschlichkeit haben sollen?«[22]

»Wie hätte auch die empfindliche, stolze, zanksüchtige Sabine das wilde Ungestümm Ulrichs brechen, wie ihr leidenschaftlicher Eigensinn ertragen können, was an seiner Seite nothwendig zu ertragen war?«[23]

»So fand sie endlich die langentbehrte Ruhe und in der Liebe und Ehrerbietung ihres Sohnes Ersatz für ihre Leiden. Sie hatte schon früher eine Neigung zur evangelischen Lehre gefaßt und deßwegen am baierischen Hofe Manches leiden müssen; jetzt bekannte sie sich öffentlich zu derselben. Auch hatte ihre lange Prüfungszeit einen guten Einfluß auf ihren Charakter gehabt und das Unweibliche darin meistens vertilgt. Sie lebte sehr einfach, machte nur bei Besuchen Fremder und bei ähnlichen Angelegenheiten etwas mehr Aufwand und verwandte drei Viertheile ihres Einkommens auf die Unterstützung Armer und Nothleidender. Dadurch erwarb sie sich auch allgemeine Liebe und konnte mit Wahrheit sagen: ›Ich hinterlasse keinen andern Schatz hinter mir, als welchen ich bei getreuen Dienern und armen Leuten hinterlegt habe.‹ «[24]

»Die Mißtöne ihres früheren Wesens hatte sie in späteren Jahren gesühnt durch aufopfernde Wohlthätigkeit, durch Austheilung von Arzneimitteln an Bedürftige, etc.«[25]

»Ohne Schuld war aber auch sie nicht am Mißlingen der Ehe. Sie konnte aufbrausen, heftig und grob werden, wie aus ihren Briefen ersichtlich ist. Noch als betagte Frau war sie gelegentlich boshaft. Als der Beichtvater ihrer Schwägerin Jakobäa, der ihre Bekehrungsversuche abwies, sie um Wein bat, sagte sie lächelnd: ›Ja wenn's Opermentgift und Galle wäre‹. Ihr Bildnis in der Ambraser Sammlung zu Wien aus späteren Jahren zeigt eine kräftige Frau mit energischen, stark ausgeprägten Gesichtszügen. Der Bau ihrer Hand mit den dicken Fingern läßt nicht auf allzu große Feinfühligkeit schließen.«[26]

»Nach dem Tode Herzog Ulrichs holte Christoph seine Mutter nach Württemberg zurück und wies ihr in Nürtingen einen standesgemäßen Witwensitz mit angemessenen Einkünften zu. Dort lebte sie, als Wohltäterin der Armen und Bedürftigen verehrt, von ihrem Sohn geliebt und nicht selten von ihm in Staatsgeschäften um ihre Ansicht gefragt und um ihren Rat gebeten, bis zu ihrem Tode (1564). An ihrem Lebensabend gewannen die freundlichen Seiten ihres Wesens die Oberhand, wenn es auch hieß, in die Liebe der Ihrigen habe sich ein wenig Furcht gemischt, denn ihre äußere Hülle sei allezeit etwas stachelig geblieben.«[27]

»die Bayerin war eine maskuline, herbe und streitlustige Person, nicht gewillt, klein beizugeben«[28]

»Sabine von Bayern, die Auserwählte, muß eine wahre Wuchtbrumme gewesen sein, ›körperlich größer als mancher Mann, unweiblich, stolz und zu eigensinnig, um nachgeben zu können, aufbrausend und scharf mit der Rede, auch gegen Männer‹.«[29]

Anmerkungen

Zu Sabina: Johann Ulrich Pregitzer Cod. hist. 2° 53, II, 454ff; J. A. v. Belli, Sabine Herzogin von Würtemberg, gebohrne Prinzessin von Baiern in: Zeitschrift für Baiern und die angränzenden Länder, München 1816, II, 76–100 u. 321–355 (vermutlich im Zusammenhang mit dem Scheitern der Ehe von König Wilhelm I. mit Charlotte Auguste von Bayern verfaßt); Joseph von Hormayr, Aus dem Leben der Herzoginn Sabina von Würtemberg in: Taschenbuch für die vaterländische Geschichte 35, 1846, 83–88; Heyd Ulrich 1, 140ff u. 384ff u. 409ff; Frida Sauter, Herzogin Sabine von Wirtemberg, Diss. phil. Tübingen 1943; Frida Sauter, Herzogin Sabine von Wirtemberg in: ZWLG 8, 1944–1948, 298–355 = Sauter Sabine.

1 J1 36, 194: Andreas Rüttel Ahnentafel Vaterseite; Häutle Wittelsbach 34ff; Schwennicke 1, 25.

2 Handschrift des Klosters Benediktbeuren Cod. germ. 566 fol. 139 in: Oberbayrisches Archiv für vaterländische Geschichte, München 5, 1843, 82f: »Item di drit gepurt vnd kind was fraw Sabina geporn an sand Jörgn abent 1492 vnd der tötn oder gefätreten waren preysingerin witib meiner gnädigen frawen hofmaisterin Jörg Adltzhauserin vnd bräczl ränntmaisterin.« Randbemerkung im Stuttgarter Cod. theol. 2° 100, 341v: »Sabina in vigilia georgii anno 92«. Der St. Georgstag wird im Bistum Freising am 24. April begangen. Den Vortag von St. Georg, den 23. April 1492 als Geburtstag nennen: Stälin 4, 48 u. 4, Tab VII; Isenburg 1, 76; Sauter Sabine 298; Freytag 1, 76; Schwennicke 1, 123. Nach Ulrich Fütrers Chronik von Bayern in: Oberbayrisches Archiv 5, 1843, 83 ist »fraw Sabina geborenn an sannt Jörgenn tag«. Den 24. April 1492 nennen: Eber 158; Friedrich Rüttel G 400 Bü 14; Nockher 112v; Heller 21; Geburtregister 6; Behr 170 (verbessert Behr Suppl. 39: 23.4.); Häutle Wittelsbach 36; Giefel Nr 55; Kübler Gal. 48: Schön Nr 51. Das Geburtsjahr 1492 nennt: Uhland Festschrift 399. Das Jahr 1491 als Geburtsjahr nennt: Wolleber Cod. hist. 2° 934, 223.

3 Geburtszeit bei: Eber 158; F. Rüttel Horoskop G 400 Bü 14.

4 F. Rüttel Horoskop G 400 Bü 14; Sauter Sabine 298.

5 G 42 Bü 1: Eheabrede vom 23. Juli 1498 auf dem Freiburger Reichstag, darin Strafe für einseitigen Rücktritt 16000 Gulden. Steinhofer 3, 773: Freiburg Reichstag »Daselbst ist nun auch die Heurath zwischen Kön. Majestät Schwester Tochter, Fräulein Sabina, Herzog Albrecht von Bayern Tochter, und Herzog Ulrichen, der in das 12. Jahr ging, angezettelt... aber erst hernach, am Donnerstag nach S. Galli Tag dises Jahrs, zu München vollends beschlossen und richtig gemachet worden.« Eheabrede am 18. Oktober München; Gabelkover Cod. hist. 2° 589b, 18ff; Stälin 4, 48; Sauter Sabine 302.

6 A 602 U 373: Beschreibung von Ulrichs Hochzeit. G 42 Bü 1: »Verzeichnis von Herzog Ulrichs Silbergeschirr und was ihm zur Hochzeit ist geschenkt worden«; »Schriften, betr. Beschaffung von Silber zu Gefässen auf Sabines Hochzeit 1511« (darin Lieferschein und Rechnung von Jakob Fugger für Silber aus Hall in Tirol). J1 36, 58–62v: »Ordnung des Kirchgangs vff meines gnädigen Herzog Vlrichs zu Wirtemperg Hochzit geschehen«. J1 36, 46–48v: Lat. Beschreibung der Hochzeit vom teilnehmenden Hainricus Wonhart de Schorndorf plebanus in Kemnat. David Wolleber Cod. hist. 2° 934, 281–360: »Beschreibung der fürstlichen Hochzeit«. Jakob Frischlin Cod. hist. 2° 229, 2–89: »De nuptiis... Ulrici tertii ducis Wirtembergici... anno 1511«. Ausführliche Beschreibung der Hochzeit bei Steinhofer 3, 959–1014. Küng 122f: »wardt die hochzeitt mitt solchem bracht und herlickhait gehalten, daß darvon nit gnug zu singen oder sagen« – »Es ist auch den gantzen tag ein brun mitt zwaien roren im schloß, da das ein rotten, das ander weißen wein gegeben, geflossen und menicklichen sovil in geliebt zu trincken erlaupt worden. Was soll man sagen von dem kostlichen geschmücken, so tag und nacht gewertt! Das ist geweiß, daß kain menschen aug kain sollichen silbertisch nie gesehen. Es ist in summa iedermann, der woll, auff durch die gantze statt Stuttgartenn hinweg, gegeben worden, dermaß daß man ein gantz landt solt verthon haben, ja mer überbleiben, dan man andern ortten, da man gleich große banckett, verbraucht. Also ist gantz ein unmenschlicher kost auff diser hochzeitt auffgangen und hertzog Ulrich damitt nitt in geringen schulden komen.« Zu dieser Hochzeit auch: Crusius 2, 172f; Sattler Hz 1, 113–120 (mit Schilderung der Affäre Werdenberg-Sonnenberg 119f); Belli Sabine 84f; Heyd Ulrich 1, 140–164; Barth 119f; Stälin 4, 79–82; Sauter Sabine 301–307; Decker-Hauff Stuttgart 312ff: »Im März 1511 endlich holte Ulrich die ›ewige Braut‹ nach Stuttgart. Liebte er die ihm durch die Politik Maximilians zudiktierte Kaisernichte schon nicht, so sollte wenigstens das Hochzeitsfest zu der glanzvollsten Schaustellung seiner Macht und seines Reichtums werden. In den Fürstenhochzeiten des Mittelalters und der Frühneuzeit erreichten Prunk und Glanz der Höfe ihren Höhepunkt, und manches Fest lebt, wie etwa die ›Landshuter Hochzeit‹, bis heute im Gedächtnis fort. Die Stuttgarter Herzogshochzeit von 1511 freilich hat, wenn wir dem breitangelegten und ruhmredigen Bericht glauben dürfen, alle bis dahin bekannten Feste bei weitem übertroffen. Mit einem Pomp, der Königen angemessen gewesen wäre, mit einem Zeremoniell und mit Bewirtungssitten, die der Kaiserkrönung nachgeahmt waren, mit einer Gästezahl, die bis dahin unfaßlich war (wenigstens 16000 Gäste sollen über eine Woche lang reichlich gespeist und getränkt worden sein), hat seine Hochzeit alles übertrumpft, was es vorher und noch lange nachher an ähnlichen Festen gegeben hat. Stuttgart muß in den Märztagen des Jahres 1511 eine tanzende, singende, musizierende, fressende, saufende, überkochende kleine Welt gewesen sein, ein Mekka aller Geladenen von Stand – aber ebenso das Ziel der Gaukler und Taschenspieler, der Trommler, Pfeifer und Sänger, der fahrenden Studenten und der dichtenden Geistlichen, der Bettelmönche und der Krüppel, der Krambudenbesitzer, der reisenden Garköche, der Diebe und der Dirnen. Von der Schwester des Kaisers bis zum Troßbuben, vom Bischof bis zum Vaganten gab sich ganz Süddeutschland in Stuttgart ein Stelldichein. Unbegreiflich ist, wie in einer Stadt von etwa 5000 Einwohnern denn 16000 Gäste (im kalten März) nächtigen konnten.«

Barth 119 u. Stälin 4, 81: »An die herzogliche Küche wurden geliefert: 136 Ochsen, 1800 Kälber, 130 Schweine, 570 Kapaunen, 1200 alte, 4000 junge Hühner, 2759 Krametsvögel, außer den Pfauen, Gänsen, Enten, Feldhühnern, Auerhahnen und Tauben; ferner 500 Stück rothes und schwarzes Wildbrät, 450 Hasen, 11 Tonnen Lachse, 5 Tonnen Rheinfische, 150 Centner Hechte, 650 Centner Karpfen, 90 Tonnen Häringe, dann noch Forellen, Aale, Grundeln, Krebse, etc. 120 Pfund Nelken, 36 Pfund Jngwer, 40 Pfund Safran, 35 Pfund Süßholz.« Tubingius 278: »Referunt qui rei veritatem noverunt equos et equites ibidem fuisse circiter septem millia expenso tanto quanto nunquam vel audita vel visa sunt. Non fuerunt tales nuptiae celebratae tam sumptuosae tam magnifice tanque dapifere a longis temporibus et fuere istae.« Steinhofer 3, 961: »eine solche stattliche Hochzeit gehalten mit solchem fürstlichen Pracht und Herrlichkeit, dergleichen nie gesehen worden.«

Die bei dieser Hochzeit vorgezeigte sinn-

lose Verschwendungssucht des jungen Herzogs, die mit dem unreifen Gebaren eines neureichen Emporkömmlings, der bei seiner kaiserlichen Verwandtschaft Eindruck machen will, allenfalls erklärt, aber nicht entschuldigt werden kann, führte in der Folge zum Staatsbankrott, zum Aufstand des Armen Konrad und letztlich zum Tübinger Vertrag.
Karl Steiff, Lobspruch auf Sabina, Gemahlin Herzog Ulrichs von Württemberg in: WVJH NF 8, 1899, 413–421: (aus der sog. Valentin Hollschen Liedersammlung, Augsburg um 1525) »Ain spruch zu lob und eer der durchleichtigen hochgebornen fürstin vnd frawen, fraw Sabina Hertzegin zu Württenberg vnd Teck, grafin zu Mümpelgartt, geborne Hertzegin zu Bayernn vnd pfaltzgräfin bey rein, meiner gne. frawen« »Dem durchleichtigen fürsten werd/ sein gmahel bistu hie auff erd,/ des freutt sich die gantz nacion/ seins lands, des du vil edle kron/ solt vns vnderthan regieren/ vnd württemberg sein hoff zieren,/ wann du bist die, die im geuellt;/ er hatt dich für alle weltt erweltt,/ zu sein sein allerhöchster hortt./ Auch ist es ein altt gesprochen wortt,/ daß man soll vier ding begeren,/ besunder ain fürst mags nit emberen;/ vier tugentt soll sein gmahel han,/ die sollenn ir all wol verstan:/ ersam, from ist zu merckenn schon,/ die ander hüpsche der person,/ die dritt reichtun, die vierd adel./ Des halbenn gar vnd ganz kain tadel/ find ich an dir, du raine mayd./ Von deiner frümkaitt weitt vnd braitt/ sagett die welt yetz all gmain;/ züchtig, gottförchtig, keunsch vnd rain/ bist, edle iunckfraw außerkorn;/ dein frümkaitt hatt dich angeborn/ von deiner fraw vnd mutter heer/ ... Hüpschaitt, die ander tugent werd,/ darmitt so hatt dich gott geziertt/ gar maisterlich vnd schon gformiertt,/ das ich nit halb erkennen kan;/ von füessen biß zu der schaittel an/ ist an dir gantz vergessen nicht;/ dein mund vnd lieplich angesicht/ gibtt württemberg gar pillich freud,/ wann gott der herr hatt an euch baid/ gewürckt mit seiner aignen hand;/ ... Zum dritten bist du mechtig vnd reich,/ des halb ich nit waiß dein geleich/ an gutt, an tugent vnd an scham;/ deins gleichen ich noch nie vernam/ so reich an eer vnd würdigkaitt/ ... Die viertten tugent ich euch sag,/ ob ichs an meinen synnen vermag,/ das ist dein adeliche purtt;/ wann ich yetzund daruon sagenn wurd/ so gebenn ir mir alle recht./ Du bist geborn hoch von geschlecht,/ als yetz auff erden lebt kain maid,/ ja in der gantzen christenhaitt ...«

7 Die über die Köpfe des noch kindlichen Brautpaares, nur aus Gründen der Staatsraison beschlossene, von Herzog Ulrich erst nach langer Weigerung doch noch eingegangene Ehe war trotz des glanzvollen Einstands von Anbeginn an tief unglücklich. »Es kam zu den gemeinsten Auftritten häuslichen Unfriedens« (Pahl 2, 204), wobei die Schuld doch eher im Charakter Herzog Ulrichs zu suchen ist. vgl. Anm. 22ff. Die keinesfalls in einem Anflug von Verfolgungswahn um Leib und Leben fürchtende Herzogin Sabina verließ das Land am 24. November 1515 fluchtartig von Urach aus unter Zurücklassung ihrer beiden Kinder, ohne ihren gemeingefährlichen Gatten jemals wiederzusehen. Siehe auch Hz Ulrich † 1550 Anm. 15 u. 30. G 41 Bü 2: Schriften zum Ehestreit und zur Trennung, u. a. ein eigenhändiges Schreiben Kaiser Maximilians I. vom 26. 11. 1515. G 41 Bü 2, 22ff: »Ausschreiben der Herzoge von Bayern (Wilhelm und Ludwig) an die württembergische Landschaft zur Erklärung der Flucht ihrer Schwester. Landshut am abend Thome apostoli« = 20. Dezember 1515: »Jst doch, vor, in, vnd nach der heyratßabred, handtstreich, vn beyliegen, bey vermelltem hertzog Vlrichen, alle vnfreüntschafft vnd vnwill, biß her scheinperlich gespürt vnd gesehen worden. Darauf dann sein Gemahel, vnser früntliche liebe Schwester mermals seinen gehaymen vnd vertrawten räten sambt vnd

sonder, darauff sy sich des thuet ziehen, jr grosse betrübtnuß vnd anligen, mit wainenden augen vnd hertzliche schmertzen, haimlich zum tail entdegkt, vnd dieselben auffs höchst gepeten, jne vo seinen vnschickhlichen hanndlungen zeweisen vnd ab zekern. Vnd als sölichs kein würckung gehabt, ist vber gute zeit darnach, die hoch gebornen fürstin Fraw Künegund geborne Ertzhertzogin zu österreich pfalltzgrävin bey Rein, vnd hertzogin in Bairn wittib, vnser gnädige liebe fraw mueter angelangt, Wie Jr liebe Tochter vnser früntliche schwester fraw Sabina von jrem Gemahel, vber beschwärlich bekhumernus vnd trüebsal, wiewol jrenthalben gantz vnverschulldet, leiden vn tragen müesse, des dieselb vnnser genädige liebe fraw mueter, nit vnpillich, mercklich betrübnus empfangen, vnd als ain frume löbliche hochberüembte Fürstin der gemellten frawen Sabina, jren müeterlichen Rat mitgetailt vn angelernt, Jrn gemahel, mit erzaigung aller freuntschafft, in geduld vn diemüetigkait, zeüberwinden, vnd sovil jr müglich sey zelieben. Vnd wie wol vnser schwester sölichen müetterlichen Rat mit begird angenomen vn sych vntterfangen dem gehorsamlich zuverfolgen, hat sy doch sölichs auch nit fürtragen, vnd jrs bekümerlichen schwärn obligens vn betrübnuß, so sy bey jr selbs vilzeit heimlich mit grosser geduld vn verschwenttung jrs leibs getragen, kain auffhör sein wöllen, sonder sych vonn tag zu tag gemeret, vn von berüertem hertzog Vlrichen gegen seiner Gemahel, on all pillich verursachung dermassen vnfreuntschafft vn vnwillen fürgevasst worden. Das Jr sölichs lennger zugedulden nit wol menschlich gewest. Nach dan seyen hierüber ettlich ersuechung vn ermanung, durch vnsern Allergnädigisten lieben herrn vnd vettern den Römischen kayser, alls vnnser nagst gesyppten freündt, auch vnns gebrüeder sambt vnd sonnder vnd ander mer mittl person, bey hertzog Vlrichen beschehen, Auch vnns ain jüngsten jnn sonderhait verhofft, Die weil derselb hertzog Vlrich vnd sein Gemahel aus götlicher begabung, euch gemainer Lantschaft nit zu klainem trost, ainen jungen Fürsten mit einander erworben, es sollte dardurch der fürgevasst vnwill vnnd vnfreüntschafft abgenomen, vnd damit newe lieb vnd ainigkait zwischen Jr erwachsen sein. Als aber vber söliches alles vnser gnädige fraw mueter, vn vns, durch menig grundig anzaigen, angelanngt ist, das gegen frawen Sabina dermassen mit erschrocklicher grawsamkeit werde gehanndelt, Das sy sich jrer Eeren, leibs vnd lebens nit mer sycher wisse sonnder müesse aus gedrangter vn höchster not, vn verursachung (die ainen bestenndigen man, wöllen geschweigen ain weibßpilld bezwingen mocht) wiewol alls gut zugedencken ist, mit vbergrossem smertzlichem trüebsal vnd hertzenlaid, sych von jren liebsten jungen vnerzogen kinden thun. Vnd wo wir Sy verlassen, Ee in das ellend geen, Sind hierauf vnnser gnädige liebe fraw muetter, auch wir gebrüeder Jr Süne, nit vnpillich, aus bewegnuss des geplüts vnd natur verursacht worden, zu bedenckhen, das derselbn vnnser gnädigen Frawen als der muetter, auch vnns gebrüedern ganntz nit gezymen wöll, Jr liebe Tochter vnnd vnnser früntlich Schwester, in solichem jrem grossem trüebsal, kumernuß, vnd höchster noth, zu errettung jrer eern, leibs vnd lebens lenger zuverlassen. Vnd haben demnach vnnser vorgemelten Schwester, auß vor angezaigten vn vmb kainer andern vrsach willen geraten, weg für zenemen, damit sy aus dem Land wirttemberg, wider in vnser Fürstenthumb zu jrer vnd vnnser gnädigen frawen muetter, vnnd vnns, diser zeyt kum, in mainung vnd willen sy bey vnns zu enthallten, biß durch vnnser herrn vnd freund, vnd in besonnder euch, alls jr vertrawt vnd getrewe gemaine Landtschafft, dene wir sölichs darumb hiemit anzaige hiejnn verrer notturfftige einsehung beschehen, vnd die sach zu pesserung gepracht werden mög.« G 41 Bü 2, 24 ff: Ausschreiben der Herzogin Sabina an die württembergische Landschaft zur Erklärung ihrer Flucht und Warnung vor Verunglimpfung durch Herzog Ulrich, München Heiligabend 1515: »wiewol wir von treffennlichen personen trewlich gewarnet vnns vor dem handtstreich vnd beyligen seiner lieb vngeschickten wesens halb zuverhüetten, yedoch auß hoffnung vnd zu versycht mit der hilff gottes sein lieb darvon zu wenden, nach auffsatzung der heiligen Christenlichen kirchen das sacrament der Ehe volzoge vns auch in werendem Eelichen stanndt bey gemelltem vnserm Gemahel als ainer Eernfrumen gepornnen Fürstin wol gezympt eerlich vnd wol gehallten darab sein lieb kain klag noch mißvallen haben mögen, vns seiner lieb willens vnd gevallen mit höchstem vleis allzeit mit grosser sorg vn fürtrachtung geflissen, den Allmächtigen teglichs in vnserm gepet vmb fridliche beywonung vnd ewig aynigkeit zwischen vnnser hertzlich gepeten, vnnser gemüet, hertz vnd will nye anders gestanden, dan mit seiner lieb freuntlich in stäter aynigkeit vn gehorsame, alls freulichem pildt gegen Jrm gemahel gepürt, zuleben, vns nit allain als ain gemahel sonder ein dienerin gegen seiner lieb erzaigt vn gehalltn, was seiner lieb mißfellig vn widerwertig gemitn, vnser lebenlang nye gedacht zubelaidige vns aller lieb, freuntschafft, vnd guthat bey seiner lieb getröst vnd versehen, Aber vns aller nichts, nach langwiriger gehabter geduld, fürtrage noch helffen wöllen, sonder sych täglich ye mer vnwillens vber vnser vnschuldt vn gantz vnverdient gegen vns geflissen, so graussamlich in vil weg, die wir euch aus freulicher zucht ditzmals vneröffnet wölle lassen mit vns gehandelt, das zwischen Eegemäheln vn sonderlich fürstlichen personen vnerhört. Als jr vngezweifelt des zum tail seiner lieb übung vnwesen nach, gut wissen vn bericht empfangen, Vn wiewol wir sölliche graussame vngeschickte hanndlung lanngzeyt mit bewegtem gemüet, schmertzlich gedulltet, täglich pesserung vnd bekherung seines gemüets gewerttig gewest, haben wir doch khain leychtung noch abwendung seiner vngeschickten weiß, sonnder mer verpittrung vnd erhassung gegen vnns täglich empfunden, vnnsers leibs, eern, vnnd lebens, als wir scheinparlich gemerckt, vnsycher gewest, deßhalb wir laider genugsam geursacht, vns lang vor diser zeit vnsers Gemahels vnd Fürstenthumbs zu enteussern.«

Sattler Hz 1, Beil. 103: Rechtfertigung Herzog Ulrichs vom 8. Januar 1519: »Als uns jetzo zugelegt wirt, Wir sollen unsern gemahel mer dann einest erschröckenlich bedrewet haben mit dem schwert by unserm schlaffbeth, damit wir hannsen von hutten umgepracht Also daß sie irs lebens inn geuer und sorgen steen müssen etc. darzu sagen Wir das weder sie noch jemand sonst mit keiner Warheit sagen kan, das Wir sie anders dann gebürlich, Eerlich wol gehalten, oder das Wir ir je args gethon oder erzeigt haben, weder mit bemeltem schwert oder sunst unfrüntlichen zornigen oder joch nu unhöfflichen Wercken, worten noch geberden, wiewol sie uns zum dickermaln durch ir überschwengklich, yppig, Zornig, heiß reden und reitzungen vilfaltiglich verursacht hat, und etwan so gar, das wir fernern unlust zwischen uns zuuerhütten sie treuwlich, freuntlich und tugentlich darfür gewarnet und gepetten, das sie aber alles verachtet und uns darüber noch mer gereitzt Souil das wir uns zu enthalten vilmal von ir vom bett müssen uffsten und hingen, das wir dannocht abermals one streich, fluch, und scheltung gethon, dann allein ein einigs mall, sie uns so gar übermessig bewegt, das wir sie mit der hant geschlagen, und dannecht nit zu hart.«

8 Abgedruckt bei Sauter Sabine 353 f.

9 Todestag 30. August 1564 in sämtlichen Quellen einheitlich, ausgenommen: Lairitz 183 (der 480 den 30. August nennt): 29. August; Moll 332: 24. August.

10 »Verzaichnuß« (Anm. 13); Eber 344; Belli Sabine 354; Heyd Ulrich 3, 570; Sauter Sabine 354.

11 »Verzaichnuß« (Anm. 13).

12 »Verzaichnuß« (Anm. 13); Heyd Ulrich 3, 570; Moll 332; Sauter Sabine 354.

13 G 42 Bü 3: »Verzaichnuß Wie es mit meines gnedigen Fürsten vnnd herrn Hertzog Christoffs zu Württemberg etc. Fraw mutter Gottseliger gedächtnuß Begrebnuß zue Tüwingen gehaltenn wordenn Jst« (Photokopie, Original in München – seit 1634 – im Bayr. HStA Kasten schwarz 1844): »zu Nürttingen vmb 9. Vhren morgens von dem Gewalt Gottes getroffen worden, vnnd vmb ain Vhr nach mittag Gottseliglich vnd Christenlich mit Todt verschieden, vnd die schuldt menschlicher Natur bezalt, haben Jr F. G. biß zu Enndt Jres Lebens geredt, vnnd bey gutter vernunfft also belüben.« »Deßgleichen S. F. G. Medico Doctor Johann Josua Boschart bedacht sein sollen, daß die Todt Fürstin, Jnn ein Pleyhin Sarch, woluerwartter eingeschlagen vnnd zu Jrer F. G. abgeleschter Khalch, Jnn gutter anzal geschüttet werde, damit vor dem Anlauff zubewahren, vnnd daß volgents solche Sarch, Jnn ein Truhen oder sonnsten Britter eingeschlagen, mit Saylen vnnd Strickhen zu dem tragen nach notturft versehen werde.« LP Liebler 14: »Postquam autem rumor de obitu eius, Nirtingae percrebuisset, tantus et tam acerbus oppidum totum inuasit luctus, vt in singulis aedibus mortuum iacere credidisses. Quam enim viuam propter summam pietatem et maxima beneficia ardentißime dilexerant, non poterant non dolere sibi ademptam, non Dominam et Principem, sed matrem charißimam. Itaque cum funus eius summo mane propter itineris longinquitatem efferretur, vix tamen vlla domus fuit Nirtingae, ex qua non aliqui illud flentes et lugentes comitarentur, atque aegre et maximo cum dolore animi a funere auellentur: id quod mihi multi boni, honesti, fideque digni viri cum nuper Nirtingae essem, narrauerunt.« LP Schnepff für Hz Christoph † 1568, 10: »Ad extremum cum funus eius Nürtinga Tubingam efferetur, omnes ciues, tanquam matrem communem, lacrymis et fletu sunt prosecuti, et hodie memoriam ipsius magna beneuolentia conseruant.« LP Cellius für Gfn Eva Christina † 1575, 25: »cuius magnifica liberalitas etiamnum hodie apud Nurtingenses amplißima piorum animorum significatione praedicatur.«

14 LP 23 642, gehalten bei der Beisetzung am 2. September 1564.

15 LP Bd XXXVII, 17 u. w. G. 4° K 494; Nicodemus Frischlin, Leichenrede am Grabe der glänzenden und ruhmvollen Herzogin Sabine (griechisch) im Bayr. HStA München Abt. GStA, Kasten schwarz Nr 79/15, 37; Stefan Culingius, Epicedion Tübingen 1564 (w. G. 4° K. Gedichte auf fürstliche Personen).

16 G 42 Bü 3: »Schriften betr. den Entwurf eines Grabdenkmals der Herzogin Sabine durch Aberlin Tretsch und die Übertragung der Ausfertigung an Meister Simon von Hall« 1564–1565. Moriz von Rauch, Zur Geschichte des Bildhauers Sem Schlör in: WVJH NF 16, 1907, 412–421; 417: Auftrag am 23. Februar 1565 (G 42 Bü 3, 8). Wintterlin 41: »einem bildhower von Hall von der alltenn hertzogin grabstein 60 fl gegeben vnd darzu 10 fl verert worden.« 42: »der alten Füstin grabstain… sonderlich wol gemacht jst.« 23: Grabmal bemalt von Hans Schickhart um 24 fl. Demmler 31–35 u. 215f; Westermayer – Wagner – Demmler 34–40; Fleischhauer Renaissance 136f. G 42 Bü 3, 3–5: Entwürfe für das Grabmal, Skizzen. Tuschzeichnung 18. Jahrhundert in: Cod. hist. 4° 59 Nr III; desgleichen Sattler in: J I 72, 22.

17 G 42 Bü 3, 5a: Entwurf der Inschrift. Inschrift auch bei: Crusius 2, 593; J. Frischlin Cod. hist. 2° 73, 135; Mütschelin 275v; Baumhauwer 6; Zeller 85; Lenz 6; Tiedemann 188; Westermayer-Wagner-Demmler 34.

18 Sandsteinepitaph an der Nordwand des Chores der Tübinger Stiftskirche, Allianzwappen Württemberg-Bayern ohne Inschrift und Jahreszahl. G 42 Bü 3, 2: Entwurfzeichnung. Demmler 33: Wandepitaph wohl Bruchstück eines von der Herzogin selbst noch bestellten Denkmals. Westermayer – Wagner – Demmler 348: Wappenrelief aus Sandstein, das zu Sabines Grabmal gehört, ungewiß, ob Ersatz für Inschrifttafel oder Fragment. Die Skizze G 42 Bü 3, 2 zeigt deutlich, daß es sich keineswegs um ein Fragment, sondern um ein vollständig ausgeführtes Denkmal handelt. Es erinnert an das Ehewappen Herzog Christophs Württemberg-Brandenburg über dem Tor des Alten Schlosses in Stuttgart, und es ist denkbar, daß Herzogin Sabine die Allianz Württemberg-Bayern wenigstens an ihrer Grabstätte dokumentiert sehen wollte, zumal dies aus den bekannten Gründen zu ihren Lebzeiten nirgends im Lande geschehen war.
19 LP Andreä 36f.
20 Pregitzer 1, 15, die Trennung erfolgte nicht 1519, sondern bereits 1515, vgl. Anm. 7.
21 Johann Rauchpars Oettingische Geschlechtsbeschreibung, hg. v. Jakob Paul Lang, Wallerstein 1775, 93.
22 Spittler 93f.
23 Pahl 2, 204.
24 Pfaff Gedenkbuch 363, das Zitat aus LP Liebler (Anm. 15).
25 Stälin 4, 770.
26 Sauter Sabine 309, weitere Bildnisse: Häutle Wittelsbach 36 Schleissheim Nr 317; Fleischhauer Bildnismalerei 264f mit Abb. ebenso Fleischhauer Renaissance 159 Abb. 96; Festschrift Württemberg 122.
27 Marquardt 102.
28 Volker Press in Festschrift Württemberg 114.
29 Borst Herren 59.

Maria

1496–1541

Gräfin von Württemberg

Herzogin von Braunschweig-Wolfenbüttel

T. v. Graf Heinrich von Württemberg[1]
u. v. Gräfin Eva von Salm

Geboren am 15. August 1496[2] zwischen 6 u. 7h[3]
auf Burg Hohenurach[4]

Vermählt 1510/15
mit Herzog Heinrich dem Jüngeren von Braunschweig-Wolfenbüttel
1489–1568[5]
Eheabrede am 23. August 1510[6]
Beilager am 1. Januar[7] oder 18. Februar 1515[8] in Urach[9]

Gestorben am 28. Dezember 1541[10]
in Wolfenbüttel[11]
»nachdem sie lange Zeit grosse Schmerzen und Plage vom Krebs erlitten«[12]

Beigesetzt
im Kloster Steterburg/Kreis Wolfenbüttel[13]

»Als 1542 die Streitigkeiten gegen Herzog Heinrich d. J. begannen, nahmen die Braunschweiger das Kloster ein, brachen die Fürstlichen Särge auf, nahmen die Leichen heraus und beraubten sie ihres Geschmeides. Da ihre Hoffnung, einen großen Schatz zu finden, getäuscht wurde, ließen sie erbost die entblößten Körper unter dem blauen Himmel auf dem Erdreiche liegen, so daß sie den gefräßigen Schweinen zur Speise dienen mußten.«[14]

»Maria Gräfin von Wirtemberg und Mumpelgart, ain Tochter Graf Heinrichs und Fraw Barbara Grafin von Salm, ain schöne zuchtige Junckfraw, ist verhewrat Herzog Heinrichen von Braunschweig.«[15]

»die von ihm bisweilen gar übel soll seyn gehalten worden«[16]

»Die Prinzeßin gerieth aber in das Unglück von ihrem Gemahl verlassen zu werden.«[17]

»Eine fromme und tugendsame Fürstin, solle aus Chagrin gestorben seyn, davon die Ursachen anderswo zu lesen.«[18]

»Es war eine fromme und sehr tugendsame Fürstinn. Starb A. 1541 aus Chagrin, wie man meinet.«[19]

»Noch eins ist von diesem Henrico merckwürdig. Seine erste Gemahlin Maria, eine Tochter Grafens Henrici zu Wirtemberg, hatte unter ihrem Frauenzimmer ein schönes Fräulein, Nahmens Eva von Trotte. Dieselbe liebte Hertzog Henricus mehr, als die Gemahlin vertragen konte; deßwegen muste das Fräulein von Hofe, und bald darauff kam Zeitung, daß sie unter wegens an der Pest gestorben wäre; deßwegen ihr in der Residentz-Statt Wolffenbüttel ein kostbares Leichen-Begängnüß, und lange darnach vielfältige Seelmessen gehalten wurden. Unterdessen lebte das Fräulein auf dem Schlosse Stauffenburg in guter Vergnügung: Denn ein gewisser Amtmann hatte, auf Befehl des Hertzogs, eine falsche Zeitung von ihrem Tode ausgesprenget, und indessen ein höltzern Bild an ihrer Stelle in den Sarg legen lassen. Der Hertzog that inzwischen dann und wann eine Reise nach dem Schloss Stauffenburg, welcher dem Fräulein so wohl zu statten kam, daß sie auf solchem Schloß siebenmahl von ihm schwanger ward. Endlich ward es ruchbar, es starb aber die Gemahlin gleich darauf Anno 1541.«[20]

»Ein Skandal verringerte zuletzt die Sympathien seiner katholischen Freunde, ein unvergessener Skandal, dessen Ablauf aber auch die Gerissenheit des Herzogs erkennen läßt. Schloß Wolfenbüttel, Gandersheim und die Stauffenburg waren Orte und Akte dieser Groteske:
›Deswegen, dess sie nicht schön wehre‹, wandte er sich von seiner Frau, der Herzogin Maria, Tochter Eberhards von Württemberg, ab. Seine Geliebte, Eva von Trott, war Hofdame der Herzogin und bereits Mutter von drei herzoglichen Kindern, als 1532 auch die Herzogin erfuhr, was im Schloß vor sich gegangen war; sie verlangte Evas Abreise. Darauf besprach sich der Herzog im kleinen Lustgarten beim Schloß mit dem Bildschnitzer Simon aus Braunschweig (wohl Simon Stappen). Auf der Heimreise nach Hessen ›starb‹ die in Gandersheim überraschend an der Pest erkrankte Eva und wurde dort beigesetzt. Einige Jahre später sickerte durch, im Sarge habe ein vom Meister Simon geschnitztes Bildwerk gelegen, Eva aber lebe auf der Stauffenburg am Harz als Mutter noch weiterer Kinder des Herzogs. Diese in Romanen bis heute immer wieder dargestellte, auch in einer Ballade von Lulu von Strauß und Torney geschilderte Scheinbeisetzung, an der katholische Geistliche ahnungslos teilgenommen hatten, schädigte Heinrichs Ansehen so sehr, daß die katholischen Fürsten auf dem Reichstag in Regensburg 1541 den Feldhauptmann der ›Liga Sancta‹ mieden –

vom Haß der evangelischen nicht zu reden, für die er in Norddeutschland einer der letzten katholischen Fürsten und wohl der entschiedenste Gegner der Reformation war. Diese Gegnerschaft führte 1542 zum Kriegszug des Schmalkaldischen Bundes.«[21]

»Maria, geboren 1496, wurde 1515 mit Herzog Heinrich d.J. von Braunschweig-Wolfenbüttel verheiratet, der sie aber bald wieder verließ, ›desswegen dess sie nicht schön wehre‹ und durch einen in ganz Deutschland übel besprochenen Skandal mit einer Hofdame der Herzogin Maria, Eva von Trott, berüchtigt wurde.«[22]

Anmerkungen

1 Vgl. Gf Georg †1558 Anm. 4. Giefel Nr 56 und Schön Nr 50 bezeichnen sie irrigerweise als Tochter Ulrichs des Vielgeliebten †1480. Thöne (Anm. 21) 38 nennt als Vater Eberhard von Württemberg.

2 Geburtstag 15. August 1496 in sämtlichen Quellen einheitlich, ausgenommen Stälin 3, 601: 5. August (der aber 4, Tab VII ebenfalls den 15. August angibt). A 602 U 531: »1496 Mai 30. Bericht der Räte zu Stuttgart an Graf Eberhard d. Ä. (Anm. d. J.!) betr. die bevorstehende Entbindung der Gräfin Eva.« Nach A 602 U 543 hieß Maria am 27. Dezember 1496 noch Jakobe.

3 Oswald Gabelkover Cod. hist. 2° 588, 708.

4 Stälin 3, 601; Schön Nr 50; vgl. Gf Georg †1558 Anm. 7.

5 Nach Spehr ADB 11, 495–500: geboren am 10. November 1489 in Wolfenbüttel; gestorben am 11. Juni 1568 in Wolfenbüttel. Dieses Geburtsdatum auch bei: Stälin 4, Tab VII; Behr 170; Giefel Nr 56; Schön Nr 50; Isenburg 1, 76; Freytag 1, 76; Schwennicke 1, 63. Dieses Todesdatum auch bei: Pregitzer 1, 13; Behr 170; Voigtel-Cohn 93; Giefel Nr 56; Roller Baden 110; Isenburg 1, 76; Freytag 1, 76; Schwennicke 1, 63. Sterbedatum 2. Juli 1568 bei: Steinmann Welfenhaus 54; Schön Nr 50. Beigesetzt in Wolfenbüttel im alten fürstlichen Erbbegräbnis in der Marienkapelle, Steinmann Welfenhaus 54. Zweite Ehe am 22. Februar 1556 mit Sophie von Polen (1522–1575), Tochter von König Sigismund I. von Polen, Schwennicke 1, 63.

6 G 1–8 U 18: Eheabrede vom 23. August 1510, darin Beilager festgelegt, wenn Maria das 18. Lebensjahr erreicht hat.

7 Den 1. Januar 1515 als Hochzeitstag nennen: Stälin 4, 115: »Aus der Verschreibung der Morgengabe zu schließen« u. 4, Tab VII; Isenburg 1, 76; Freytag 1, 76; Schwennicke 1, 63 u. 123.

8 Den 18. Februar 1515 als Hochzeitstag nennen: Küng 117: »anno 1515 zu Urach, uff Esto michi, hochzeit one allen bracht gehalten« (Estomihi 1515 = 18. Februar); Pregitzer 1, 13; Hübner 201; Steinhofer 1, 206 u. 263; Sattler Hz 1, 178; Behr 170; Spehr ADB 11, 496 u. 499; Voigtel-Cohn 93; Giefel Nr 56; Roller Baden 110. Den 18. Juli 1515 nennt: Schön Nr 50. Zu dieser Ehe, die dank Herzog Ulrichs Schuldenwirtschaft mangels der vereinbarten Mitgift von Anfang an und später vor allem durch des Ehegatten anderweitige Neigungen (Anm. 16–20) sehr unglücklich war: Sattler Hz 1, 178f; Stälin 4, 115f. Maria wurde in einer trostlosen Ehe die Stammmutter des Hauses Braunschweig-Lüneburg, nach Rehtmeier (Anm. 12) 950 u. Hübner 188 brachte sie 11 Kinder, darunter 7 Söhne zur Welt.

9 Beilager in Urach: Küng 117; Steinhofer 1, 263; Stälin 4, 115. In Stuttgart: Schön Nr 50. In Wolfenbüttel: Roller Baden 110.

10 Todestag 28. Dezember 1541 in sämtlichen Quellen einheitlich, ausgenommen Küng 117: 1542.

11 Sterbeort Wolfenbüttel bei: Küng 117; Schön Nr 50; Rehtmeier (Anm. 12) 899: »Jndem die Leiche dahin (Anm. nach Steterburg) gebracht worden, ist der Schornstein auf ihrem Gemach im Schloß zu Wolffenbüttel abgebrant, welches vor eine Anzeige ausgedeutet worden des Unglücks, so im folgenden Jahre dem Herzogthum Braunschweig-Wolfenbüttel begegnet.«

12 Philipp Julius Rehtmeier, Braunschweig-Lüneburgische Chronica, Braunschweig 1722, 899; frühester Nachweis einer Krebserkrankung im Hause Württemberg. Nach Pregitzer und Steinhofer starb Maria an gebrochenem Herzen, vgl. Anm. 18 u. 19 u. 20.

13 Begräbnis in Kloster Steterburg bei: Stälin 4, 116; Roller Baden 110; Schön Nr 50; Paul Zimmermann, Grabstätten der Welfen in: Braunschweigisches Magazin 5, 1899, 130: Herzogin Maria † 1541 wurde in Steterburg neben ihrer am 26. Juli 1539 Tochter Maria beigesetzt, 147: »von einem Grabstein ist nichts überliefert«; P. J. Meier, Bilder aus der Geschichte des Klosters Steterburg in: Braunschweigisches Magazin 13, 1907, 97–100; Bau- und Kunstdenkmäler Herzogtum Braunschweig III, 2 Kreis Wolfenbüttel, Wolfenbüttel 1906, 108 f: Im August 1542 erfolgte »jene entsetzliche Verheerung durch die erbitterten Braunschweiger, bei der nicht einmal die fürstlichen Leichen geschont, sondern den Schweinen zum Fraß vorgeworfen wurden«; Gustav Spies, Geschichte der Hauptkirche Beatae Mariae Virginis in Wolfenbüttel, Wolfenbüttel 1914 = Quellen und Forschungen zur Braunschweigischen Geschichte VII, 10: Zur Plünderung des Klosters Steterburg im Sommer 1442: »Selbst die noch nicht verwesten Leichen von Heinrichs am 28. Dezember 1541 verstorbener Gemahlin und von einer seiner Töchter, die hier bestattet waren, riß man aus ihren Gräbern, um sie den Säuen zum Fraße vorzuwerfen«; 28: Bericht Herzog Heinrichs d. J., wie »die undankbaren, untreuen, falschen, giftigen, aufwiegelischen, sehr aufrührerischen Unterthanen der Stadt Braunschweig, seiner geliebten Gemahlin und Tochter in ihrer Ruhekammer im Kloster Steterburg wieder aufgegraben und die Leichensärge also aufgebrochen und herausgenommen, die beiden fürstlichen Körper sehr schändlich und bößlich entblößet, und dieselben ihrer güldenen Geschmeide beraubt, und dabei einen großen fürstlichen Schatz zu finden vermuthet, da aber solches wider ihre Hoffnung gefehlet, habe sie dies verdrossen, und hätten sie also beide fürstliche sehr bößlich entblößten Körper unter den blauen Himmel zu Boden geworfen, und da sie beide nicht allermaßen verwest geweßen, die freßig Säue haben leider dieselben freßen müßen.« Begräbnisstätte Steterburg auch bei: Stälin 4, 116; Roller Baden 110; Schön Nr 50. Küng 117 hat die Angabe Gandersheim als Begräbnisort. Eine spätere Überführung in die Welfengruft in der Marienkirche in Wolfenbüttel behauptet Carl Steinmann, Die Grabstätten der Fürsten des Welfenhauses, Braunschweig 1885, 52 f unter Berufung auf zwei 1654 und 1731 angefertigte Verzeichnisse der in dieser Gruft Bestatteten; diese Angabe wird von Schön Nr 50 übernommen, von Zimmermann (Anm. 13) 134 widerlegt, ebenso von Spies (Anm. 13), der 74–76 im Kapitel über die Begräbnisse in der Kirche die Ergebnisse der Untersuchung der 1887 geöffneten Gruft wiedergibt, die keinerlei Hinweise auf eine Überführung der in Steterburg geschändeten Leiche Marias erbrachte. Die drastischen Schilderungen der Ereignisse von 1542 lassen ohnehin annehmen, daß von diesem Zeitpunkt an sich vom Leichnam der Herzogin nichts mehr vorfand. Zur Gruft in Wolfenbüttel vgl. v. Strombeck, Die herzoglichen Begräbnisgewölbe zu Wolfenbüttel in: Vaterländ. Archiv Hist. Verein Niedersachsen 1837, 1–7 und Bau- und Kunstdenkmäler Herzogtum Braunschweig III, 1 Stadt Wolfenbüttel, Wolfenbüttel 1904, 70–75: Die fürstlichen Grabstätten, wo sich ebenfalls kein Hinweis auf eine Überführung Marias befindet. Nach Spies (Anm. 13) 94 plante Marias Sohn, Herzog Julius, seiner Mutter ein Messingepitaph in Wolfenbüttel in der Marienkirche zu errichten.

14 Zimmermann (Anm. 13) 130.

15 Suntheim 595 mit falschem Vornamen der Mutter.

16 Zedler 12, 1502.

17 Sattler Hz 1, 179.

18 Pregitzer 1, 13.

19 Steinhofer 1, 206.

20 Johann Hübner, Kurtze Fragen aus der Politischen Historia VI, Leipzig 1710, 240f. Zu dieser Affäre: ADB 11, 499f; Rehtmeier (Anm. 12) 899: »Es war dieses schöne Fräulein unter seiner Gemahlinn, Frauen Marien, Frauenzimmer, welche der Herzog sehr lieb gewann. Damit er aber seine Liebe desto besser mit ihr pflegen könte, schickte er sie zum Schein nach Hause, da sie unterwegs zu Gandersheim eine erdichtete Kranckheit annehmen müssen, und als ob sie gestorben wäre, öffentlich begraben und Seel-Messen vor sie gehalten worden. Unterdessen war es mit dem Amtmann daselbst alles so gemacht und ausgerichtet, daß sie sich zur Stauffenburg auf dem hohen Schloß frisch und gesund aufhalten konte, da der Hertzog seinen freyen unverdächtigen Zugang zu ihr hatte, und zwar so lang, daß er 7. Kinder mit ihr zeugete. Es brach aber die Sache endlich aus, und kam zum Theil seiner Gemahlin zu Ohren, welche, ob sie es wohl nicht recht erfahren konte, doch immer den Argwohn behielt, bis in ihren Tod, der, nachdem sie lange Zeit grosse Schmerzen und Plage vom Krebs erlitten, A. 1541. den 28. Decembr. zu Wolffenbüttel erfolgte.« Eva von Trott, Gedicht von Lulu von Strauß und Torney in: Ludwig Reiners, Der ewige Brunnen, München 1982, 128.

21 Friedrich Thöne, Wolfenbüttel. Zeit und Glanz einer alten Residenz, München 1963, 38f.

22 Fleischhauer Bildnismalerei 263f. Auf 263 Abb. einer dem Meister von Meßkirch zugeschriebenen Porträtzeichnung Marias. Danach entstand die Miniatur im Stammbuch des Nikolaus Ochsenbach HB XV 5.

Georg

1498–1558

Graf von Württemberg

»der Vorsichtige«[1]

Regent in Mömpelgard 1553–1558[2]

»D'Stund bringt's End«[3]

2. S. v. Graf Heinrich von Wüttemberg[4]
u. v. Gräfin Eva von Salm

Geboren am 4. Februar 1498[5] um 8h 57min[6]
auf Burg Hohenurach[7]

Vermählt 1555
mit Landgräfin Barbara von Hessen 1536–1597[8]

Vater von zwei Söhnen und einer Tochter:
Ulrich 1556–1557
Friedrich 1557–1608
Eva Christina 1558–1575

Testament am 28. Februar 1555[9]

Gestorben am 17. Juli 1558[10] um 24h[11]
auf Burg Kirkel[12]
»an schweerer krankheit«[13]

Beigesetzt am 19. Juli 1558[14]
in Zweibrücken in der Alexanderkirche[15]

»ligt daselbst zu Zweybrücken nach fürstlichen Ehren Jn der Pfarrkürch oben am Chor zur Recht Hand begraben«[16]

Vitus Nuber, Christliche Predig uber der leycht des hochgebornen Fürsten… Herren Georg…, Mülhausen 1558[17]

Ulrich Bollinger, Panegyrici tres de vita, rebus gestis et obitu ... Domini Georgii ..., Tübingen 1603[18]

Epitaph in Zweibrücken[19]

»hielt hoff mit sollicher fürstlicher geschicklichait, daß man seinesgleichen mit haus- und hoffhalten nit bald finden württ«[20]

»Decimonono Julii Georgius Comes Wirtenbergici & Montis Beligardi Biponte in templo oppidi sepelitur, Princeps humanus, justitiaeque amans«[21]

»Hat grossen Ruhm von seinem Eyfer zur Evangelis. Religion und der Liebe zur Gerechtigkeit«[22]

»Georg, Gefürsteter Graf zu Wirttemberg und Mömpelgardt. Ein frommer, tugendsamer und in Unglück und Wiederwärtigkeit standhaffter und generoser, dabey liebreicher und freundlicher Herr. Wurde am Hof seines älteren Herrn Bruders, H. Ulrichs, in allen Fürstlichen Sitten und Ritterlichen Exercitiis, auch in Sprachen und guten Künsten wohl erzogen. Hatte auch gleiche fata mit demselben als dieser von dem Schwäbischen Bund aus dem Land vertrieben worden, worauf er sich mehrentheils in Straßburg aufgehalten. Erhält nach der Restitution H. Ulrichs, seines Bruders, Anno 1534. Harburg und Reichenweiher, und nachgehends von dessen Herrn Sohn, H. Christophen, die Grafschafft Mömpelgardt, samt zugehörigen Seigneuries oder Herrschafften erblich, und Neuenbürg auf Lebenslang, durch einen Verglich Anno 1552. welche Graf- und Herrschafften Er mit grosser Klugheit regiert, wobey Er auch die Liebe zur Gerechtigkeit allenthalben hervorleuchten lassen. War darneben ein grosser Liebhaber und Beschützer der Evangelischen Religion, die Er mit anderen Protestirenden Fürsten und Ständen, in dem Schmalkaldischen Bund und Krieg eiffrig, aber ohnglücklich verfochten, wordurch Er Kays. Carls v. höchste Ungnad auf sich geladen, und unter denen Protestirenden Fürsten am letzten mit demselben ausgesöhnt worden, nachdem Er lang zu Basel im Exilio sich aufgehalten. Daher Er sich zum Symbolo eine Sand-Uhr erwehlt, mit dieser Devise: Stund bringts End. Über Mömpelgardt behauptete Er die Ober-Herrlichkeit, deren sich die damahlige Kayserliche Regierung zu Besanzon in der Franche Comté, oder Grafschafft Burgund, widerrechtlich anmaßte. Vermählte sich endlich erst im spathen Alter, auf vieles und ernstliches Anhalten und Einrathen H. Christophs, und erhält dardurch glücklich sein Fürstliches Hauß.«[23]

»Dises Herzogthums Trost und Wehr, Durch sein Geburt ist kommen her«[24]

»Er war ein großmüthiger, liebreicher, frommer und im Unglück standhafter Fürst«[25]

»Ce bon prince termina sa vie par un acte bien digne de sa piété et de sa haute prévoyance. Dans la vue de disposer la jeunesse du pays aux études théologiques, et de former des ministres instruits et pieux, attachés à leurs églises par le double lien du patriotisme et de la charité, Georges légua au séminaire de Tubingue, par son codicile du 4 avril 1557, la somme de 10000 florins, destinés à l'entretien de dix jeunes gens de ses états, qui se consacreraient à la carrière ecclésiastique. Six d'entre eux devaient être originaires du comté de Montbéliard et ses seigneuries de Blamont et d'Etobon, les quatre autres devaient appartenir aux comtés d'Horbourg et de Riquewir, en haute Alsace.«[26]

»Jn seiner letzten Stunde sang der fromme, musikliebende Fürst – selbst geistlicher Dichter – den 67. Psalm: ›Gott sei uns gnädig‹ und hinterließ einen verdienten Nachruhm. Jm Brief vom 2. Mai 1557 an ihn lobt Calvin die ›praeclarae virtutes raraque imprimis pietas‹. Georg war auch ein guter Haushalter, er hinterließ volle Geldtruhen und viele Capitalbriefe; der König von Frankreich z. B. schuldete ihm ein 10procentiges Capital von 12000 Kronen. Die vielen noch übrigen Briefe zeichnen sich aus durch klare Darstellung, warme Empfindung und zutreffendes Urtheil.«[27]

»einer der wärmsten Anhänger der evangelischen Sache, einer der tapfersten Vertreter des Protestantismus, von welchem Calvin das Lob aussprach: ›er habe hervorragende Tugenden und vornehmlich eine seltene Frömmigkeit besessen‹.«[28]

Anmerkungen

1 Kübler Gal. 43.

2 1513 erhielt Graf Georg von Herzog Ulrich die elsässischen Besitzungen Horburg, Reichenweiher und Bilstein für den Fall des Todes der Eltern zugewiesen; 1526 verkaufte Herzog Ulrich die Grafschaft Mömpelgard unter Vorbehalt der Wiederlosung an Georg; 1534–1542 Statthalter Herzog Ulrichs in Mömpelgard; 1553 übergab Herzog Christoph die burgundischen und elsässischen Besitzungen als vererbliches Eigentum an Graf Georg. Zu Georg: J. Frischlin Cod. hist. 2° 365, 1–7; Heyd Ulrich 3, 594–601; Stälin 4, 334 u. 382 u. 596–601; P. Stälin ADB 8, 709; John Viénot, Histoire de la Réforme dans le pays de Montbéliard, Montbéliard 1900, 1, 191–208; Heinrich Rocholl, Herzog Georg von Württemberg und die Reformation im Ober-Elsaß in: Kirchliche Monatsschrift. Organ für die Bestrebungen der positiven Union, Berlin, 19, 1900, 475–482 u. 512–522 u. 561–578.

3 Inschrift an Schloß Reichenweiher; Heyd Ulrich 3, 601; Stälin 4, 599; Rocholl Georg 578: »Lieblingsspruch, welcher ihn immer an den Tod erinnern sollte«; Otto Rombach, Deutsch-französische Vignetten, Stuttgart 1969, 116: »die seltsame Inschrift ›Die stund bringts end‹, ein Menetekel aus schwäbischer Denkart.«

4 J1 48a, 75r–79r: Andreas Rüttel d. J. Ahnentafel zu 128 Ahnen, nicht mehr vollständig erhalten, mit Anm. von Hansmartin Decker-Hauff: »Die Ahnentafel ist zu einem Viertel falsch, da die bekannten Unklarkeiten über die Abstammung der Eva von Salm hier korrigiert sind – statt der nicht ebenbürtigen Häuser Joinville und Boullemont erscheinen die Grafen von Saarwerden und Mörs.« Pregitzer 3, 8: Tabula progonologica zu 64 Ahnen.

5 Den 4. Februar 1498 als Geburtstag

nennen: Andreas Rüttel J1 48a, 75r; Simon Studion J1 1, 175; O. Gabelkover Cod. hist. 2° 588, 713; Eber 49; F. Rüttel Horoskop G 400 Bü 14 u. J1 36, 716v; LP Bollinger 1, 11; Hengher 259; Heller 7; Heimführung 40; Lairitz 476; Montanus 312v; Pregitzer 1, 13; Hübner 201; Steinhofer 1, 204 u. 3, 677; Sattler Hz 1, 22; Heyd Ulrich 3, 594; Moll 287; Stälin 3, 601 u. 4, Tab VII; Behr 170; Voigtel-Cohn 92; P. Stälin ADB 8, 709; Maisch Stammtafel; Giefel Nr 57; Schneider Stammbaum; Roller Baden 73; Kübler Gal. 43; Schön Nr 52; Knetsch 2, 85; Isenburg 1, 76; Freytag 1, 76; Schwennicke 1, 123. Den 3. Februar 1498 nennen: Ochsenbach Cod. hist. 4° 164, 26; Conrad Cellarius Horoskop Cod. math. 4° 22, 161v. Geburtsjahr 1421 bei Staat Tab B; 1491 bei Lohmeier 54.

6 Geburtszeit 8h 57min: Eber 49 (andere 6h 30min); F. Rüttel Horoskop G 400 Bü 14 (andere zwischen 6 u. 7h); F. Rüttel Horoskop J1 36, 716v; A. Rüttel J1 48a, 75r. Vor 9h: Steinhofer 3, 677. 18h 30min: Ochsenbach Cod. hist. 4° 164, 26. 20h 57min: Conrad Cellarius Horoskop Cod. math. 4° 22, 161v.

7 A. Rüttel J1 48a, 75r; Eber 49; Pregitzer 1, 13; Steinhofer 1, 204; Heyd Ulrich 3, 594; Stälin 3, 601; Schön Nr 52. Graf Georgs geisteskranker Vater befand sich seit Sommer 1490 auf Hohenurach in Haft, seine treue Gemahlin Eva, die Mutter Georgs, war ihm in die Haft gefolgt, Stälin 3, 601.

8 G 44 Bü 7: »Schrifften Graven Georgen zu Würtemberg vorgehapte Heurat mit Meckelnburg, Sachssen, Lauenburg, Brunschwijg, Pommern, Ferrär, Orange vnnd Pfaltz vnd Naßaw, auch was von seinen gnaden zu Jrem verheuraten, derselben Bruder, Hertzog Vlrich zu Würtemberg ann Herschafften, vnd andrem einzugeben, vnd zu zuvermachen, bewilligt hätt, betreffend, deren doch keine gefruchtet« 1535–1545. Pregitzer 1, 13: »vermählte sich endlich erst im spathen Alter, auf vieles und ernstliches Anhalten und Einrathen H. Christophs, und erhält dardurch glücklich sein Hauß.« Stälin 4, 598f: »so verhinderte Christoph, indem er klüglich die Aussicht, einst Mömpelgard wieder zu bekommen, bei Seite setzte, hiedurch im Erfolge, daß Wirtemberg im J. 1593 nicht als eröffnetes Lehen an Oesterreich heimfiel und namentlich nicht auch in Religionssachen das Schicksal der Evangelischen im letzteren Lande theilte.« Johann Jannsen, Geschichte des deutschen Volkes, Freiburg 1894, 449f: »Von dem Grafen Georg... erzählt der Baseler protestantische Prediger Joh. Gast in seinem Tagebuche unterm Jahre 1548 Folgendes: ›Zum argen Scandal wurde Graf Georg (damals in Basel) Nachts um 11 Uhr von den Stadtwächtern mit Sebastian Hasen's Eheweib aufgegriffen. Sie war bereits bei Jahren und im Papstthum eine Nonne gewesen, die das Gelübde der Keuschheit abgelegt hatte. Der Graf soll zu den Wächtern gesagt haben: ›Es geziemt sich nicht, einen Fürsten dergestalt zu überfallen.‹ Sie aber antworteten: ›Wir überfallen keinen Fürsten, sondern haben einen Schalk aufgegriffen, der unter dem Vorwand des Evangeliums sich nicht gescheut hat, dieser guten Matrona Schmach anzuthun. Warum heirathest du nicht? Du weißt, daß Unzucht wider Gottes Gebot ist, und ein Unzüchter, wer er auch sei, verdient, mit Schimpf und Schmach bezeichnet zu werden.‹ Gast's Tagebuch, herausgeg. von Buxtorf-Falkeisen (Basel 1856) S. 63.« Rocholl Georg (Anm. 2) 571: »Wenn man die Briefe liest, welche der Graf in dieser sturmvollen Zeit des Jnterims an die verfolgten evangelischen Geistlichen geschrieben hat, die voll der schönsten Zeugnisse eines frommen und gläubigen Herzens sind, wenn man das ganze Auftreten des Grafen zur Verfechtung des protestantischen Glaubens daneben hält, wenn man alle herrlichen Urteile über seine Frömmigkeit und Demut von Freund und Feind hinzuzieht, dann kann man nicht an jene schändliche Geschichte glauben, welche Jansen VIII, 449 berichtet, zumal die Kunde davon in ein unsicheres Tagebuch vom Hörensagen gekommen ist und weitere Zeugnisse darüber völlig fehlen.«

9 G 1–8 U 36: »Testament des Grafen Georg, worin er den Herzog Christoph und dessen Deszendenz zu Erben einsetzt, vom 28. Februar 1555, solennisirt den 8. März.« »Dabei eine letztwillige Disposition desselben d. d. 4. April 1557, worin er für den Fall, daß er Kinder aus seiner Ehe hinterließe, das Testament für ungültig erklärt.« Stälin 4, 599, vgl. auch Anm. 26.

10 Den 17. Juli 1558 als Todestag nennen: Eber 281; Andreas Rüttel d. J. J1 48a, 75r; J1 138, 56 u. 63; LP Hz Johann Friedrich †1628 LP Bd XVII, 89; Pregitzer 1, 13 (17. oder 19. Juli); Steinhofer 1, 348 u. 1, 205 (17. oder 19.); Duvernoy Eph. 266f; Stälin 4, 599 u. 4, Tab VII; P. Stälin ADB 8, 709; Giefel Nr 57, Herrenschneider Horburg 168; Schneider Stammbaum; Viénot Montbéliard 208; Kübler Gal. 43; Schön Nr 52; Adam (Anm. 17) 306; Ecker (Anm. 12) 73. Den 18. Juli 1558 als Todestag nennen: Montanus 312v; Pregitzer Poesie 1724, 313; Hübner 201; Hoffmeister Hessen 32; Hoffmeister Waldeck 25; Behr 170 (verbessert Behr Suppl. 39: 17. Juli); Knetsch 2, 85; Isenburg 1, 76; Freytag 1, 76; Schwennicke 1, 123. Den 19. Juli 1558 nennen: LP Bollinger 3, 46; Heller 38 (andere wöllen den 18.); Heimführung 40; Lairitz 485; Schönhaar Tab 1; Sattler Hz 4, 88; Heyd Ulrich 3, 600; Moll 287; Voigtel-Cohn 93; Maisch Stammtafel; Menzel Zweibrücken 160; Roller Baden 74. Den 12. Juli 1558 nennen: Imhof 58; Staat Tab B. Den 13. Juli 1558 nennen: Hengher 261; Nockher 159v (an St. Margaretentag = 15. 7.); Lairitz 748; Lohmeier 54. Den 15. Juli 1558 (»die Margarethae mense Julio«) nennen: LP Cellius Gfn Eva Christina †1575 S. 6; J. Frischlin Cod. hist. 2° 330, 17; Pregitzer Cod. hist. 2° 426b, 1572; Viton 66. Den 10. Juni 1558 nennt: Pfaff Fürstenhaus 109. Den Monat Juni 1558 nennt: Wolleber Cod. hist. 2° 934, 191. Zum Todestag s. auch Anm. 17.

11 Andreas Rüttel d. J. J1 48a, 75r; J1 138, 56 u. 63; Eber 281; LP Hz Johann Friedrich LP Bd XVII S. 89.

12 Sterbeort Burg Kirkel/Kreis Homburg. David Ecker, Kirkel-Neuhäusel und seine Burg, Saarbrücken 1938, 3; Hb Hist. Stätten Rheinland-Pfalz-Saar 170f. Kirkel nennen: Eber 281; Stälin 4, 599; P. Stälin ADB 8, 709; Herrenschneider Horburg 168; Menzel Zweibrücken 160; Roller Baden 74; Kübler Gal. 43; Schön Nr 52. Sterbeort Hirkel bei: A. Rüttel d. J. J1 48a, 75r; Montanus 312v; Pregitzer 1, 13; Steinhofer 1, 205; Moll 287; Knetsch 2, 85. Sterbeort Zweibrücken bei: Wolleber Cod. hist. 2° 934, 191; J. Frischlin Cod. hist. 2° 73, 140; Hengher 261; Nockher 159v; Heimführung 40; Lairitz 485; Duvernoy Eph. 266f; Viénot Montbéliard 1, 208; Adam (Anm. 17) 306.

13 Briefwechsel Christoph 4, 439: Georg an Herzog Christoph Kirkel 10. Juli 1558 »Demnach uns der allmechtig, ewig Gott uns nach seinem göttlichen willen mit schweerer krankheit heimgesucht, also das wir uns uf diese stund dermassen befinden, das zu besorgen, wir vileicht (ist es Gottes will) das zeitlich verlassen und dem ewigen begeeren werden, das wir dann seiner göttlichen maiestät allbereit heimgesetzt, haben wir gleichwol hievor, wie es nach unserm todt gehalten werden soll, ein testament und letsten willen gemacht.« Assum Cod. hist. 4° 130, 59r: »alda er todt kranckh worden, vnnd Jnner wenig tagen, allß er vnder anderm auch den 67. Psalmen Deus misereatur nostri gesungen, sanfft in Gott eingeschlaffen, den 19. July ist er in der Stattkürchen alda Fürstlich zu Erden bestättiget worden.« Menzel Zweibrücken 160: »eines plötzlichen Todes«. LP Bollinger 46: »Et iam fatalem Pius ipse Georgius horam Sentit adesse sibi, torquet latus aspera Febris, Difficilesque aegros labefactat anhelitus artus, Os aret, positaeque, movent fastidia mensae.«

14 LP Nuber s. Anm. 17. Den 19. Juli 1558 als Beisetzungstag nennen: J. Frischlin Cod. hist. 2° 73, 140; Crusius 2, 294f; Assum Cod. hist. 4° 130, 59r (Anm. 13); Schardius (Anm. 21) 3, 125; Steinhofer 1, 348; Stälin 4, 599; zum Tag der Beisetzung s. auch Anm. 17.

15 Rudolf Buttmann, Die Alexanderskirche in Zweibrücken die Grabstätte eines württembergischen Fürsten in: Westpfälzische Geschichtsblätter 8, 1904, 29; Walther Koch, Graf Georg von Württemberg. Ein vergessenes Grab in der Alexanderskirche zu Zweibrücken in: Aus heimatlichen Gauen. Wochenbeilage des Pfälzischen Merkur, Zweibrücken 18, 1957, Nr 17; Albert Becker, Zweibrücken. Ahnenstadt der Wittelsbacher, 2. Aufl. Zweibrücken 1917, S. 51; zur Grabstätte auch Anm. 19. Das Testament Graf Georgs (Anm. 9) enthält zur Beisetzung folgende Bestimmung: »Zum andern wolln wir, das nach vnserm absterben vnser thodter leichnam zu Mümppelgart (so wir ... Jn derselben vnser graveschaft abgengig) nach Christlicher Ordnung, doch on sonnder gebrenge zur erden bestattet werden soll.«

16 Wolleber Cod. hist. 2° 934, 191.

17 Bei Heyd Bibliographie 2, 697 Nr 9028: Vitus Neuber, Leichenrede auf Graf Georg von Württemberg, Mülhausen 1558. Bei Johann Adam, Evangelische Kirchengeschichte der elsässischen Territorien bis zur Französischen Revolution, Straßburg 1928, S. 306: »Christliche Predig uber der leycht des hochgebornen Fürsten und Herren, Herren Georg Gravens zu Wirtemberg und Mümpelgart gepredigt zu Zweybrücken den 19. Juli 1558 durch Vitum Nuber, Hofprediger daselbst; Getruckt zu Mülhausen im obern Elsass durch Peter Schmid.« (Die LP Nuber war in deutschen und französischen Bibliotheken auf dem Wege der Fernleihe nicht aufzufinden.) Der bei Adam Kirchengeschichte 306 angegebene Titel erlaubt eine Festsetzung des Begräbnisses auf den 19. Juli 1558. Als Todestag kann nach Abwägung der in Anm. 10 aufgeführten Daten der 17. Juli angenommen werden, wobei der 17. Juli 24h dem 18. Juli Oh entspricht. Eine Beisetzung am 19. Juli bei einem Ableben am 17. Juli 24h ist bei der geringen Entfernung Kirkel–Zweibrücken durchaus möglich, bei einem Sterbefall im Hochsommer ja sogar geboten. Der genaue Zeitpunkt des Todes ließe sich vielleicht durch die LP Nuber ermitteln, nicht aber durch die Kirchenbücher der Alexanderkirche, die erst mit dem Jahr 1563 einsetzen (Freundliche Mitteilung Stadtarchiv Zweibrücken). Ebenso enthält »Ein gemein ausschreiben von Graf Georg ... todt« vom 28. Juli 1558 in Cod. hist. 2° 795, 3v–4 keine Angabe des Todestages.

18 LP 23 619; Handschrift: Cod. hist. 4° 71.

19 Kunstdenkmäler Rheinland-Pfalz VII, II, Stadt und ehem. Landkreis Zweibrükken 1981, 1, 92–149: Protestantische Alexanderkirche, 140: »In der südwestlichen Kapelle: Epitaph für den Kanzler Heinrich Schwebel 1531–1610. Einfassung mit Pilastern, unten Halbkreis, von Schnörkeln und Blättern gerahmt, Aufsatz mit Rollwerk und großem Wappen (beschädigt). Die Einfassung stammt vom Grabmal des 1558 zu Kirkel gestorbenen Grafen Georg von Württemberg, Schwiegersohn des Herzogs Alexander.« (Anm.: unrichtig, Georg war über seine Frau Barbara der Schwager Herzog Wolfgangs von Zweibrücken, der seit 1544 mit Barbaras älterer Schwester Anna von Hessen vermählt war. Herzog Wolfgang 1526–1569 aber ist der Enkel von Herzog Alexander 1462–1514, Häutle Wittelsbach 149–151). 135: Abb. des Epitaphs. Ungeklärt bleibt, wann und weshalb die Inschrift im Epitaph Georgs verschwunden ist. Buttmann (Anm. 15): »Von einer Ueberführung seiner Leiche nach Württemberg aber sagt Stälin nichts.

Auf eine solche könnte immerhin die Beseitigung der ursprünglich sicher vorhandenen Gedenktafel mit der Grabschrift hinweisen. Doch will es mir wahrscheinlicher vorkommen, daß diese erst im dreißigjährigen Krieg oder in den Reunionszeiten vernichtet worden ist.« Zu den Zerstörungen in der Kirche 1635f und 1677: Georg Christian Crollius, Denkmahl Carl August Friderichs des Einzigen zu den Gedächtnis- und Grabmahlen des Pfalzgrävlichen Hauses der zweybrückischen, veldenzischen und Birkenfeldischen linien hinzugestellt, Zweibrücken 1784/85, 37ff; Ludwig Molitor, Zweibrücken. Burg und Stadt, Zweibrücken 1879, 147–173: Alexanderkirche 170: 1635 und 1636 Plünderungen der Kirche durch feindliche Soldateska »Sie wälzten die großen Steine von den Gräbern der Fürsten weg, öffneten die Särge und beraubten die Leichname.« 1677 zweite große Plünderung der Fürstengruft, weitgehende Zerstörung der Kirche, Sprengung des Kirchturms, der auf das Kirchendach fällt. Ludwig Molitor, Die Fürstengruft der Wittelsbacher in der Alexanderskirche zu Zweibrücken, Zweibrücken 1888, 6: Bau der Gruft im Chor am 25. Januar 1606 vollendet, später Erweiterung, 11–14: Zerstörung 1635 und 1677. Weder bei Crollius noch bei Molitor findet sich ein Hinweis auf Graf Georg und seine Grabstätte. Munzinger, Doflein, Roth, Die Alexanderskirche mit der Fürstengruft der Wittelsbacher in Zweibrücken. Festschrift zur Weihefeier am 14. Mai 1911, Zweibrücken 1911, 57–72: G. Roth, Die Fürstengräber, mit Bericht über die Ausgrabungen im Kircheninnern 1903/04 durch Johannes Ranke und Ferdinand Birkner, enthält keinerlei Hinweis auf eine Grabstätte Graf Georgs. 78: »Der in hübscher Steinhauerarbeit ausgeführte Rahmen, der oben das württembergische Wappen zeigt, gehörte zu einem Grabmal für den Schwiegersohn des Herzogs Alexander, Graf Georg von Württemberg« (vgl. Anm. 19 oben). HbHistStätten Rheinland-Pfalz-Saar 420: Die zwischen 1493 und 1510 erbaute Alexanderkirche diente von 1514 (Herzog Alexander) bis 1784 als Begräbnisstätte der zweibrückischen Wittelsbacher, wurde 1945 völlig zerstört und nach dem Kriege neu aufgebaut. Nach Durchsicht der Literatur zur Alexanderkirche kann gesagt werden: Graf Georg wurde am 19. Juli 1558 im Chor der Kirche beigesetzt und auch später nicht nach Württemberg oder Mömpelgard überführt. Seine Grabstätte wurde im 17. Jahrhundert aufgebrochen und zerstört, vielleicht schon beim Bau der Fürstengruft vor 1606, sonst jedoch bei den Plünderungen der Jahre 1635/36 und 1677, da die Ausgrabungen von 1903/04 den Leichnam Georgs nicht mehr vorfanden. Die Inschrift des Epitaphs, dessen Einfassung noch vorhanden ist, wurde vor 1784 vernichtet, da Crollius in seiner Abhandlung über die Denkmäler der Alexanderkirche das Grabmal des Stammhalters des Hauses Württemberg wenigstens erwähnt, wenn nicht beschrieben hätte. Die Zerstörung des Grabmals bei gleichzeitiger Erhaltung der Einfassung legt eine gezielte Aktion gegen die Inschrift nahe, zumal zahlreiche Epitaphien die Zerstörungen des Dreißigjährigen Krieges und der Franzoseneinfälle unversehrt überstanden haben. Denkbar ist eine Vernichtung aus politischen Motiven: die Betonung der Zugehörigkeit Mömpelgards zu Württemberg muß von Frankreich zumal 1677 besonders unangenehm empfunden worden sein. Denkbar sind auch konfessionelle Motive, wenn etwa eine Hervorhebung der Rolle Graf Georgs in der Reformation in der Alexanderkirche nach Einführung des Simultaneums als Provokation angesehen wurde. Was auch immer die Gründe für die Beseitigung der Inschrift gewesen sein mögen, es wäre zu begrüßen, wenn die Grabstätte Graf Georgs, des Stammvaters des württembergischen Königshauses, wieder durch eine Gedenktafel bezeichnet würde.

20 Küng 118.
21 Simon Schardius, Rerum Germanicarum Scriptores, Gießen 1673, 3, 125.
22 Lohmeier 54.
23 Pregitzer 1, 13.
24 Christoph Bidembach bei Steinhofer 3, 678.
25 Heyd Ulrich 3, 601.
26 Georges Goguel, Précis historique de la Réformation et des églises protestantes dans l'ancien comté de Montbéliard, Paris 1841, 56.
27 Stälin 4, 599.
28 Rocholl Georg (Anm. 2) 578.

Barbara

1536–1597

Gräfin von Württemberg

»I.V.G.M.H.« »Ich vertraue Gott Meinem Herrn«
»Vita mihi Christus mors mihi lucrum«[1]

T. v. Landgraf Philipp I. dem Großmütigen von Hessen[2]
u. v. Herzogin Christine von Sachsen

Geboren am 8.[3] oder 16. April 1536[4] zwischen 7 u. 8h[5]
in Kassel im Schloß[6]

Vermählt 1555
mit Graf Georg von Württemberg 1498–1558
Eheabrede am 2. April 1555 Kassel[7]
Beilager am 10. September 1555 in Reichenweiher[8]

Zweite Ehe 1568
mit Graf Daniel zu Waldeck 1530–1577[9]

Dritte Ehe mit Graf Wolf Ernst von Stolberg 1580
von den Höfen Hessen und Württemberg verhindert[10]

Mutter von zwei Söhnen und einer Tochter[11]

Testament am 10. April 1596
Zweites Testament am 1. Juli 1596[12]

Gestorben am 8. Juni 1597 st. vet.[13] zwischen 9 u. 10h[14]
auf Schloß Waldeck[15]
»mit Leibs Schwacheit behaftet gewesen«[16]

Beigesetzt am 21. Juni 1597 st. vet.[17]
in Netze in der Klosterkirche[18]

Epitaph von Andreas Herber[19]

»VITA MIHI CHRISTVS MORS MIHI LVCRVM
BARBARA VON GOTTES/ GNADEN GEBORNE LANDGRAEVIN/ ZV HESSEN
GRAEVIN VND FRAW/ ZV WALDECK. WITTIB.
PIE OBIIT IN WAL-/ DECK. VIII. IVNII./ ANNO. DOMMINI./
M.D.XCVII.«[20]

Grabplatte von Andreas Herber[21]

»HASSIACAE STIRPIS PRINCEPS GENEROSA VETUSTAE/ BARBARA WALDECIAE NOMINE DICTA COMES/ CATTORŪ MAGNA DESCENDENS STIRPE PARENTŪ/ WALDECIAE STELLAE PELLUCIDUMQ. SIDUS/ HIS POSUIT REQUIENS SUA MĒBRA SOLUTA SEPULCRI/ AETHEREA PLACIDE COELICA REGNA PETENS
FELICES QUICUNQ. DEI PRAEPTA SECUTI/ IN CHRISTI CLAUDŪT FATA SUPREMA FIDE/ GRATIA DEBETUR CHRISTO QUI VICTIMA FACTUS/ MORTE SUA MERUIT GOELICA REGNA PIIS/ CHRISTE TUO REDITU MIHI VITA SALUSQ. PARATAE/ INTEREA TUMULO MOLLITER OSSA CUMBANT.«[22]

»Illustrissima Pientissima ac omnium matronalium virtutum laudibus praestantissima Domina Barbara«[23]

»Dise Fürstin wurde die Stammuter des jetzigen Herzoglichen Hauses und gebahr den 14. Julij 1556. einen Prinzen, Ulrich, welcher aber im Martio des folgenden Jahrs in die Ewigkeit versetzet wurde. Den 19. Augusti 1557. erzeugten dise Fürstliche Eltern wieder einen Prinzen Friedrich, in dessen Nachkommen unter Gottes Seegen das nunmehrige Herzogliche Hauß Würtemberg blühet.«[24]

»Cette princesse avait les passions vives, et l'extrême jeunesse de ses deux enfans ne les a pas toujours garantis des mouvemens de sa colère.«[25]

»Als Wittwe führte sie sich dermaßen auf, daß ihr eigener Vater 1566 sie in Wirtemberg in ein Schloß gesteckt wissen wollte.«[26]

»Cette dame dont le caractère était violent et passioné.«[27]

»Devenue veuve à l'âge de 22 ans, elle ne sut se garantir des déportements dont la mémoire de son pieux mari aurait dû la préserver.«[28]

Anmerkungen

1 Vgl. Anm. 22.

2 Hoffmeister Hessen 32f; Knetsch 2, 85; Schwennicke 1, 98, Knetsch 2, 103–109: Ahnentafel Vaterseite. Rommel Hessen 4, 1, 379: Philipp 1. »hatte das Glück, seine fünf eben so geistreichen wie schönen Töchter« an fünf angesehene Reichsfürsten zu vermählen.

3 Knetsch 2, 85: »Gothaer Handschrift A 62, Didamar nennt den 16. April, Tollner sagt 6. Idus Aprilis, d. i. der 8. April«. Den 8. April 1536 als Geburtstag nennen: Andreas Rüttel J1 48n, 97; Eber 134 (der 140 den 18. April nennt); Nockher 104; Heimführung Anhang Hessen 19; Lairitz 533; Imhof 69; Viton 66; Roller Baden 74 (Handschrift A 62 der Gothaer Herzgl. Bibliothek); Knetsch 2, 85; Isenburg 1, 76; Freytag 1, 76; Schwennicke 1, 98 u. 123. Den 9. April 1536 nennen: Conrad Cellarius Horoskop Cod. math. 4° 22, 90v; Friedrich Rüttel Horoskop J1 36, 716v; F. Rüttel Horoskop G 400 Bü 14, 11v u. 36v (11v: »alibi in Hassica Genealogia 18.4. 1536 zw. 7 u. 8h. mat. Cassel«).

4 Den 16. April 1536 als Geburtstag nennen: Christoph von Rommel, Philipp der Großmütige, Gießen 1830, 1, 582 Stammtafel; Rommel Hessen 4, 1, 376 Stammtafel; Hoffmeister Hessen 32; Hoffmeister Waldeck 25; Stälin 4, 598 u. 4, Tab VII; Behr 170; Giefel Nr 57; Kübler Gal. 43; Schön Nr 52. Den 18. April 1536 nennen: Eber 140; Johann Mylius von Biedenkopf, Hessischer Stammbaum, Gießen 1648, 66.

5 Zwischen 7 u. 8h: Eber 134 u. 140; Knetsch 2, 85 (Gothaer Handschrift A 62). 5h 9min: F. Rüttel J1 36, 716v; F. Rüttel G 400 Bü 14, 11v. 6h 42min: F. Rüttel G 400 Bü 14, 36v. »mane«: Conrad Cellarius Cod. math. 4° 22, 90v.

6 Eber 134 u. 140; Roller Baden 74; Kübler Gal. 43; Schön Nr 52; Knetsch 2, 85.

7 G 1–8 U 38: Heiratsbrief vom 2. April 1555; Stälin 4, 598. Schön Nr 52: Heiratskontrakt d. d. Cassel, 2. September 1555.

8 Beilager im Heiratsbrief G 1–8 U 38 vom 2. April 1555 auf den 1. August 1555 festgelegt; wurde auf den 10. September 1555 verschoben, dieser Hochzeitstag in sämtlichen Quellen einheitlich, ausgenommen: Cod. hist. 2° 795, 384: 13. September; Schwennicke 1, 98: 16. September. G 45 Bü 1 Heiratsakten; darin: »Summarische Ertzelung der Solennitetenn vnnd Gepreng, auch Ritterlicher Spiel und Kurtzwill, so auff dem Hochzeittlichen Erentag des Hochgebornen Fürsten vnd Herrnn Hernn Georgen, Graven zu Württemberg vnnd Mümppelgart etc. mitt der Durchleuchtigen Hochgebornen Fürstin vnd Frawenn, Frawenn Barbara Grävin zu Württemberg vnnd Mümppelgart, gebornen Land Grävin zu Hessen den Zehenden monats Septembris vnd ander nachgeend täg, Jnn Anno 1555 Zu Reichenweiher Zelebriert vnd gehaltten worden seien.« Sattler Hz 4, 87f: »Jch will nur einige Umstände diser Feyerlichkeit berüren, welche eben nach keiner Chronik riechen. Die Graven, Herrn und Ritter, welche die Prinzessin begleiteten, mußten vor dem Thor zu Reichenweyher von den Pferden absteigen, und neben dem Brautwagen zu Fuß bis an das Schloss gehen, wo Herzog Wolfgang (Anm. von Zweibrücken, der Schwager der Braut) und Landgrav Ludwig (Anm. von Hessen, der Bruder der Braut) sie im aussteigen bedienten und Herzog Christophs Gemahlin diesselbe empfienge. Noch selbigen Abend wurden die Heuraths-Verschreibungen gegeneinander ausgewechselt und die Einsegnung durch des Graven Hofprediger Johann Schradin nach einer gehaltenen Rede in einem Zimmer verrichtet. Nach dem Nacht-Essen führte man den Bräutigam und die Braut in ihr Schlaff-Zimmer, wo sich beede in das Bett setzten und die Deckin nach Fürstlichem Gebrauch über sie beschlagen, die Anwesende aber mit Wein und Confect bedienet wurden. Auf dise Ceremonie erfolgte ein Tanz, wohin dermals Pfalzgrav Wolffgang und Landgrav Ludwig die Prinzessin Braut unter dem Getöse von Pfeiffen und Trommeln führte. Der Bräutigam hatte die Ehre mit der Braut den Vortanz zu thun und niemand als Fürstenmäßige Personen wurden zum Tanz zugelassen, sondern die Graven und Herrn oder sonst angesehene vom Adel tanzten ihnen mit zwey Schenk- oder Windliechtern vor. Erst den andern Tag hielte man den Kirchgang und Herzog Christoph führte nebst dem Chur-Pfälzischen Gesandten die Prinzessin unter abermaliger Begleitung der Pfeiffen und Trommeln in das Kirchen-

Zimmer. Dise Fürstin wurde die Stammmuter des jetzigen Herzoglichen Hauses.« Nach Rommel Hessen 4, 2, 450f war Barbara zuvor für einen Prinzen von Nassau bestimmt gewesen, vgl. Gf Georg †1558 Anm. 8. Briefwechsel Christoph 4, 456: Barbara nach dem Tode Georgs an Herzog Christoph: Mömpelgard 6. September 1558 »Gott im hiemel weis, in was grossem elent vnd betrubnus ich bin; der wol mir auch gedult verleien vnd meines herzleits bald ein ent machen vnd mich auch balt meinem herzlieben herrn vnd gemahl seligen nachnemen aus diesem jamerthal; dan mich erfreut nichts mer auf erden dan der thot.«

9 Nach Johann Adolph Theodor Ludwig Varnhagen, Grundlage der Waldeckischen Landes- und Regentengeschichte, I Göttingen 1825, II Arolsen 1853, II, 58–60; Hoffmeister Waldeck 24; Knetsch 2, 85: geboren am 1. August 1530 zwischen 4 u. 5h, vermählt am 11. November 1568 in Kassel, gestorben am 7. Juni 1577 zwischen 10 u. 11h auf Schloß Waldeck, beigesetzt am 11. Juni 1577 in Netze in der Klosterkirche. Epitaph und Grabplatte von Andreas Herber, Anm. 2. Zu dieser Ehe: Rommel Hessen 5, 464f; Duvernoy Eph. 215; Tuefferd Montbéliard 394.

10 A 165 Bü 4: »Ein Faszikel Akten Betr. die Wiederverheiratung der Wittwe des Grafen Georg von Württemberg, Barbara von Hessen, mit dem Grafen Daniel von Waldeck, im Jahr 1567, und die nach dessen im Jahr 1577 erfolgten Tode im Jahr 1580 projektierte aber nicht zu Stande gekommene Heirath derselben mit dem Grafen Wolf Ernst von Stolberg« (Repertorium A 165 Waldeck: »Diese Akten fanden sich 1829 nicht vor«, »1866 wieder vorgefunden«, 1982 wieder verschollen). Freytag 4, 55: Wolfgang Ernst von Stolberg, geboren am 30. November 1546, gestorben am 10. April 1606, ledig. Duvernoy Eph. 215 u. Tuefferd Mentbéliard 394: »Les landgraves de Hesse, ses frères, ainsi que le duc de Wurtemberg, parvinrent à la détourner de ce mariage, dont le moindre inconvénient eût été la disproportion des âges.«

11 Gabriel Bucelinus, Der ganzen Universal Historiae Nußkern..., Ulm 1678, XIV: Tafel der Nachkommen Graf Georgs und Barbaras.
Illegitime Kinder der Gräfin Barbara: 1: Ein Kind geboren 1565 in Horburg bei Colmar, getauft in Müntzenheim, in Pflege beim Burgvogt zu Sponeck, gestorben vor dem 16. April 1566. 2: Ein Kind geboren am 18. Januar 1566 in Reichenweiher, getauft in Jechtingen unter Sponeck, dann in die Schweiz zur Erziehung gebracht. Vater dieser beiden Kinder war Barbaras Hofmeister Jacob Truchseß von Rheinfelden. Angaben bei Knetsch 2, 85f mit Quellen. 3: Ein Kind aus dem vorehelichen Liebesverhältnis mit Graf Daniel zu Waldeck, das bei der Geburt starb. Duvernoy Eph. 215: »Veuve à 22 ans, elle lia avec Daniel, comte de Waldeck, une intrigue amoureuse, dont les suites auraient failli compromettre son honneur, si le fruit de leur commerce n'était pas mort en naissant«; Ensfelder Riquewihr 100.

12 A 165 Bü 4: »Ein Faszikel Akten betr. den Tod der Gräfin Barbara von Waldeck, früher Gemahlin des Grafen Georg von Württemberg, die Publikation und Execution ihres Testaments, die Verlassenschaft derselben, und die Errichtung eines Grabmals für sie.« Dabei Original ihres ersten, später cassirten Testaments vom 10. April 1596 und Original des Testaments vom 1. Juli 1596 (Akten verschollen, vgl. Anm. 10).

13 Knetsch 2, 85: »Waldeck 8. Juni 1597 Bericht der gräflich waldeckischen Räte zu Waldeck an Landgraf Moritz von Hessen: †heute Mittwochen vormittags zwischen 9 und 10 Uhren, ›nachdem I. F. G. eine geraume Zeit hero... mit Leibs Schwacheit behaftet gewesen, welche furters sich gemehret und zugenomen‹ (St. A. Marburg, Abt. Waldeck Personalia).« Den 8. Juni

1597 als Todestag nennen: Grabmal; Behr 170; Stälin 4, 598 u. 4, Tab VII; Hoffmeister Hessen 33; Hoffmeister Waldeck 25; Giefel Nr 57; Kübler Gal. 43; Schön Nr 52; Knetsch 2, 85; Isenburg 1, 76; Freytag 1, 76;Schwennicke 1, 98 u. 123. Den 11.Juni 1597 nennen: Eber 225; Simon Studion J1 1, 177; Lairitz 485; Heimführung 40 (Anhang Hessen †1568); Pregitzer 1, 13; Hübner 201; Steinhofer 1, 206; Duvernoy Eph. 215; Pfaff Fürstenhaus 109; Tuefferd Montbéliard 394; Roller Baden 74 (11./21.Juni). Juli 1597: Mylius (Anm. 4) 66. Das Jahr 1595 als Todesjahr nennen: Heyd Ulrich 3, 601; Voigtel-Cohn 93 (mit Anm. »Behr und andere setzen 1597, ich bin Heyd gefolgt«).

14 Bericht der waldeckischen Räte (Anm. 13); Knetsch 2, 85.

15 Sterbeort Waldeck: Bericht (Anm. 13); Grabmal; Mylius (Anm. 4) 66; Hoffmeister Hessen 33; Hoffmeister Waldeck 25; Knetsch 2, 85. Sterbeort Heldrungen: Hengher 261; Pregitzer 1, 13; Steinhofer 1, 206; Moll 287; Roller Baden 74; Kübler Gal. 43; Schön Nr 52.

16 Bericht der waldeckischen Räte (Anm. 13).

17 Knetsch 2, 85: »Georg Meisenbugk schreibt aus Züschen am 23.Juni 1597 an Landgraf Moritz von Hessen, er sei am 20.Juni in Waldeck angekommen und habe tags darauf die Gräfin Barbara gen Netze zur Erden bestatten helfen (Personalia der Barbara) – Eintrag im ältesten Kirchenbuch der Altstadt Hofgeismar unter dem 21.Juni 1597: begraben ›Landgrafin Barbara Grefin zu Waldeck‹«; Hoffmeister Waldeck 25. Cod. hist. 2° 365, 7v–9r: Ambrosius Gerhard Huss, Elegia Funebris in obitum Jllustrissimae Pientissimae ac omnium matronalium virtutum laudibus praestantissimae Dominae Dominae Barbarae… Ihre Leichenpredigt scheint nicht gedruckt worden zu sein, weder der ansonsten recht ausführliche Knetsch noch der LP Katalog Stolberg noch sonstige in Stuttgart greifbare Verzeichnisse von Leichenpredigten haben eine solche von Barbara verzeichnet.

18 Pregitzer 1, 13; Steinhofer 1, 206; Varnhagen (Anm. 9) 62; Moll 287; Hoffmeister Hessen 33; Hoffmeister Waldeck; Roller Baden 74; Kübler Gal. 43; Schön Nr 52; Knetsch 2, 85; H. Nebelsieck, Die Grabkapelle der waldeckischen Grafen in Netze in: Geschichtsblätter für Waldeck und Pyrmont 19, 20, 1921, 81–96; Werner Meyer-Barkhausen, Die Kirche des ehemaligen Zisterzienserinnenklosters in Netze in: Hessische Heimat, Kassel 4, 1959, H. 2, 2–6; Paul Görlich, Grablege der Waldecker Grafen in: Mein Waldeck. Beil. der Waldeckischen Landeszeitung 1971, 22; Paul Görlich, Die Grablege des Waldecker Grafen.
Die Kirche von Netze in: Hessische Heimat, Gießen 16, 1977, 61–63; Herbert Baum, Die Grabkapelle der waldeckischen Grafen in Netze in: Geschichtsblätter für Waldeck 66, 1977. 186–194, 187: »Während der Renovierung 1975 hatte Herr Kann (Anm. Kirchenvorsteher Karl Kann in Netze) zwischen der Gruft und der Tür zum Kirchenschiff gegraben und vor dem Grabmal des Grafen Daniel (Anm. Gatte der Gräfin Barbara) ein zweites, völlig leeres Tonnengewölbe entdeckt, zwischen den beiden Gewölben aber im Erdreich vier mehr oder weniger beschädigte, steinerne, ruhende Löwen gefunden und eine Bleiplatte mit folgendem Text: ›Illustris et generosa Domina Elisabeta comes Nassovia illustri et generosissimo Domino Christiano comiti et domino waldeciae et pyrmontis, domino tonnae conjugi suo amantissimo et beatissimo novam hic tumbam extruens reperit illustris et generosi Comitis et domini Danielis ac illustrissimae principissae beatorum conjugum loculum utrumque putredine corruptum et ossa saluta quae anno 1638 3.februari in honorum prosapiae et ressurectionis huic novo loculo includi clementer mandavit.‹ – Über-

setzung: ›Als die erlauchte und edle Frau Elisabeth, Gräfin von Nassau, hier eine neue Gruft für den erlauchten und hochedlen Herrn Christian, Grafen und Herrn zu Waldeck und Herrn zu Tonna, ihrem heißgeliebten und hochseligen Gatten, errichtete, fand sie die Grabstätte der beiden seligen Eheleute, nämlich des hochberühmten und seligen Grafen und Herrn Daniel und seiner hochedlen Fürstin, in beiden Fällen durch Verwesung zerstört und die Gebeine verstreut. Diese ließ sie gnädigst am 3. Februar 1638 zur Ehre der Familie und der Auferstehung hier an dieser neuen Stelle beisetzen.‹« 194–196: Grundriß der Grabkapelle.

19 A 165 Bü 4: »Schriften betr. die Errichtung eines Monuments für die Gräfin Barbara von Waldeck im Kloster Netza 1597–1602« (Akten verschollen, vgl. Anm. 10). Carl Knetsch, Die Casseler Bildhauerfamilie Herber in: Jahrbuch Hessen-Kunst 17, 1923, 40–45, 43 f: Grabmal Barbara; Walter Kramm, Andreas Herber und seine Kasseler Bildhauerwerkstatt in: Jahrbuch der Denkmalpflege im Regierungsbezirk Kassel, 3. Sonderheft, Melsungen 1932, 35 f, wo das Wandgrab Andreas Herbers Sohn Antonius Herber zugeschrieben wird, Abb. 11 u. 28; Bau- und Kunstdenkmäler Hessen Regierungsbezirk Kassel, Kreis der Eder, 1960, 250: »Epitaph für Gräfin Barbara von Waldeck (gest. 1597). Sandstein; H. ca. 5,50m, Br. 1,03m. Aufbau aus 4 Zonen. Auf dem Sockel Rollwerkkartusche mit der Titularinschrift; in der Hauptzone fast vollplastische Standfigur der Gräfin in einer Nische; in der 1. Aufsatzzone Rollwerkkartusche mit der Grabschrift, in der 2. das hessische Wappen; auf dem Giebel Postament mit sitzendem Putto. Von Andreas Herber.«

20 Inschrift bei Varnhagen (Anm. 9) 2, 62 u. Nebelsieck (Anm. 18) 92 u. Kramm (Anm. 19) 35.

21 Bau- und Kunstdenkmäler (Anm. 19) 250: »Grabplatte für Gräfin Barbara von Waldeck (gest. 1597). Sandstein; L. 2m, Br. 0,93m. Mit 2 Rollwerkkartuschen (Inschriften z. T. unleserlich) und dem hessischen Wappen. Von Andreas Herber.«

22 Inschrift bei Varnhagen (Anm. 9) 2, 63; bei Nebelsieck (Anm. 18) 93 im Jahr 1921 Platte »mit teilweise ganz verwischter Schrift«. Grabmal des Gatten Graf Daniel zu Waldeck (Epitaph und Grabplatte) ebenfalls von Andreas Herber, s. dazu: Varnhagen (Anm. 9) 2, 58–62, 61: Inschrift am Epitaph: »HOC.MONVMENTVM. ILLVSTRISS.HASSIAE/ PRINCIPISSA.DÑA.BARBARA.-DÑA.ET.VIDVA/ IN.WALDECK.POSVIT.ANNO. 1577.« Nebelsieck (Anm. 18) 89–92; Kramm (Anm. 19) 23 f u. Abb. 11 u. 13, (24 u. Abb. 23 Ehewappen am Treppenturm des Waldecker Schlosses von Andreas Herber 1577 mit der Devise Barbaras »I.V.G.M.H.« »Ich vertraue Gott meinem Herrn« – am Epitaph in Netze jedoch »Vita mihi Christus mors mihi lucrum«); Bau- und Kunstdenkmäler (Anm. 19) 250.

23 Ambrosius Gerhard Huss Cod. hist. 2° 365, 7v.

24 Sattler Hz 4, 88.

25 Duvernoy Eph. 215.

26 Stälin 4, 598, s. auch Rommel Hessen 5, 464.

27 Tuefferd Montbéliard 394.

28 Ensfelder Riquewihr 100.

Generation XI

A Linie Württemberg-Stuttgart

Ulrich † 1550
⚭ Sabina von Bayern † 1564

ANNA	CHRISTOPH
† 1530	† 1568
	⚭ ANNA MARIA
	von Brandenburg-Ansbach
	† 1589

Anna

1513–1530

Herzogin von Württemberg

»Die Erstgeborene Herzogin zu Württemberg«[1]

»Stat animo«[2] »V.D.M.I.AE.«[3] »G.W.I.M.Z.«[4]

T. v. Herzog Ulrich von Württemberg[5]
u. v. Herzogin Sabina von Bayern

Geboren am 30. Januar 1513[6]
in Stuttgart im Alten Schloß[7]

Blieb unvermählt

Gestorben am 29. Juni 1530[8] um 5h[9]
in Urach im Stadtschloß[10]
»an der pestilentz«[11] oder
»an Gifft so ihr in einem Rebhun solle beygebracht worden seyn«[12]

Beigesetzt 1530
in Güterstein in der Andreaskapelle[13]

Grabmal[14]
»Anno Domini 1530 starb die Durchleuchtig Hochgeboren fürstin vnnd fraw frole Anna Hertzogin zu Würtemberg vnnd zu Deckh gräfin zu mümppelgart Der almechtig gott wele ir sel genedig vnnd Barm Hertzig sein Den 29 tag Junij«[15]

Überführt am 16. April 1554[16]
nach Tübingen in den Chor der Stiftskirche St. Georg[17]

Grabmal von Joseph Schmid[18]
»ILLVSTRISS. PRINCIPI AC DÑĀĒ. D. ANNAE DVCI WIRTEMBERĜÑ. DVCIS VDALRICI ETC. FILIAE DVLCISS. QVAM BENIGNA DEI MANVS/ EX ISTA FRAGILI ET CADVCA RERVM HVMANARVM CONDITIONE./ NE DIVTVS CALAMITOSIS ET TVMESCENTIBVS AERVM

NARVM PROCELLIS MISERA QVATERETVR. ADOLESCENTVLAM TENERR./ ATQ. ADEO IN IPŌ BLANDISS. INTEMERATAE VIRGINITATIS EI' FLORE./ AN. DO. M̄.D̄. X̄X̄X̄ MEN. IVNII X̄X̄ĪX̄. AETATIS EIVS VERO X̄V̄Ī FELICITER ERIPVIT. HVIC INQVAM IN HVNC LOCVM AMOENISS./ VBI IAM CHARTVSIANORVM LATIBVLA AVRACI, CVM ILLIC AN. X̄X̄ĪĪĪĪ/ SEPVLTA IACVISSET, COLLABERENTVR, TRADVCTAE ILLVSTRISS. D. CHRISTOPHORVS DVX WIRTEMB. CLEMENTISS. VNICAE SORORI SVAE DILECTISS./ AD PERPETVAM MEMORIAM HIC ERIGI VOLVIT. AN. DO. M̄.D.L̄ĪĪĪĪ.«[19]

»Dieselbig fürstlich, erlich und in aller zucht aufferzogen, bis sie anno 1530 an der pestilentz, noch unverheiratt gestorben und zu dem Gietherstain begraben worden.«[20]

Anmerkungen

1 Eber 43.
2 Am Grabmal zu Güterstein (Anm. 14); vgl. Hz Ulrich †1550 Anm. 5.
3 Am Grabmal zu Tübingen oberhalb des Kopfkissens; vgl. Hz Ulrich †1550 Anm. 9 u. Hz Christoph †1568 Anm. 4.
4 Am Grabmal zu Tübingen, das Hündchen am Fußende trägt ein Halsband mit den Buchstaben, »G.W.I.M.Z.«, wohl »Gottes Wort Ist Meine Zuversicht«, Demmler 120; vgl. Hzn Ursula †1635 Anm. 1.
5 Vgl. Hz Christoph †1568 Anm. 4.
6 Den 30. Januar 1513 als Geburtstag nennen: Eber 43; Nockher 57v; Pregitzer Cod. hist. 2° 426b, 1560; Pregitzer 1, 15; Steinhofer 1, 247 u. 4, 9; Hübner 201; Stälin 4, 82 u. 4, Tab VII; Behr 170; Voigtel-Cohn 92; Giefel Nr 58; Schneider Stammbaum; Schön Nr 53; Isenburg 1, 76; Freytag 1, 76; Schwennicke 1, 123. Den 10. Januar 1513 nennt: Heller 2 (»ander wöllen den 30. ejusdem«). Den 20. Januar 1513 nennt: Geburtregister 6. Den 13. Januar 1513 nennen: Sattler Hz 1, 144; Sauter Sabine 311. Den 30. Januar 1512 nennt: Pahl 2, 204.
7 Schön Nr 53.
8 G 46–1: »Bekantmachung fröwlin annae von wirteberg sterben vff petri vnd pauli apostolorum anno 1530«, dort: »vff heut Sant Peter vnnd pauls tag vmb die fünff vr vormittag von got dem almechtigen aus disem Jamerthal berufft ist. Vnnd als ein leblich fürsten Jr ende Christenlich vnnd seeliglich beschlossen hat« (Peter und Paul = 29. Juni). Den 29. Juni 1530 als Todestag nennen: Grabmal Güterstein; Grabmal Tübingen; Eber 249; Ochsenbach Cod. hist. 2° 164, 28; Crusius 2, 229; Nockher 146v; Heimführung 32; Pregitzer 1, 15; Steinhofer 1, 247; Hübner 201; Moll 332; Stälin 4, Tab VII; Behr 170; Voigtel-Cohn 92; Giefel Nr 58; Schneider Stammbaum; Schön Nr 53; Isenburg 1, 76; Freytag 1, 76; Schwennicke 1, 123; Borst Herren 79. Den 19. Juni 1530 nennt: Cod. hist. 2° 333, 24v. Den 29. Juli 1530 nennt: Pregitzer Cod. hist. 2° 426b, 1560. Den 29. Januar 1530 nennen: Lairitz 480; Schön Güterstein 185.
9 G 46–1 (Anm. 8); G 46–2 (Anm. 10).
10 G 46–2: Notifikation von Dietrich Späth, Obervogt zu Urach, Urach 29. Juni 1530; Küng 136; Eber 249; Crusius 2, 229; Geburtregister 6; Lairitz 480; Schön 53.
11 »an der pestilentz«: Küng 136; Eber 249; Lairitz 480; Moll 332. Crusius 2, 229: »weilen um diese Zeit die Pest... hefftig grassirt« Hartmann 51: »1530 starben im Land viele Tausend an der Pest, allhie zu Stuttgart 1500 Personen, und man nennet das den grossen Sterbet zum Unterschied des geringer von 1502.«
12 Pregitzer Cod. hist. 2° 53, II, 459; die Notifikation (Anm. 10) enthält keinerlei

Angaben über die Todesursache; s. auch Anm. 13.

13 G 46–2: Notifikation »wurdt vff den gütterstein gelegt« Demmler 15: beigesetzt im Grab Mechthilds in der Andreaskapelle, die dabei gefundenen Gebeine Mechthilds wurden neben Annas Sarg gelegt, vgl. Gfn Mechthild † 1482 Anm. 17. G 47 Bü 24, 4: Severin von Massenbach und Johannes Engelmann, Bericht vom Zustand der Grablege in Güterstein vom 31. März 1554: »so vil aber S.F.G. schwester seliger vnd hoch loblicher gedechtnus belangt befunden sich die sachen also geschaffen: Erstlich so ist hochermelte allein in ein schlechten hiltzen Sarch welcher schier in einer form wie ein raisstruchen doch schmal, ist noch gantz, vnd hin vnd wider vnsers erachtens mit bech verrendt (Anm.: verschmiert, abgedichtet, Fischer Wörterbuch 2, 1276) gewest, aber ser vermodert vnd verfaultt also das man mit fugen den nirgen hin bringen mag, dissen Sarch haben wir eröffnet, vnd hochlobliche Fürstin vnd freulin onverwesen vnd nach gelegenheit noch gantz in ein schwartz wullen Duch gewickelt erfunden, haben volgens gemelten Sarch widerumb zu thon vnd mit brittern vnd erden wol verlegt auch aller massen versehen das vnsers vnderthenigen verhoffens kein nachtheil geschehen oder ervollgen sol.«
Für die erstmals bei Sebastian Küng (136) bezeugte Pesterkrankung als Todesursache der Herzogin Anna spricht der mit Pech verschmierte Sarg, dagegen spricht der unverwest erhaltene Leichnam, der auf eine vor der Beisetzung erfolgte gründliche Einbalsamierung schließen läßt. Da sich aber doch wohl niemand zur Balsamierung einer Pesttoten bereitgefunden haben dürfte, gewinnt die Todesursache Gift an Wahrscheinlichkeit. Oder ist es denkbar, daß ein mit »Campherbranntwein oder mit ätherischen Oelen« (vgl. Hz Ludwig † 1593 Anm. 14; Moll 274f) getränktes, um die an der Pest Verstorbene gewickeltes wollenes Tuch den Verwesungsprozeß hätte aufhalten können, wenn selbst der hölzerne, pechverschmierte Sarg nach 24 Jahren »ser vermodert vnd verfault« war? Zudem wäre eine Pestleiche sicherlich mit Kalk überschüttet worden, wie dies sogar bei den an vergleichsweise harmlosen Krankheiten verstorbenen Fürstlichkeiten, Herzog Eberhard † 1568 und Herzogin Sabine † 1564, praktiziert wurde. Von einer Anwendung von Kalk ist aber in dem so gewissenhaften Bericht aus Güterstein nichts überliefert, die Nachricht von der eindeutigen Farbgebung des »schwartz wullen Duchs« schließt sogar eine solche aus. Wenn nun eine nach den Regeln der ärztlichen Kunst balsamierte Herzogin Anna in einem pechverschmierten Sarg beigesetzt wurde, so ist zumindest die Überlegung gestattet, ob hier nicht nach außen hin die Beisetzung eines Pestopfers vorgeführt werden sollte, das in Wirklichkeit an Gift verstorben ist; wobei der Zeitpunkt des Giftanschlages in raffinierter Weise in eine Pestzeit gelegt wurde und zwangsläufige Verdachtsmomente entkräftet werden konnten. Eine solche zweifellos denkbare Aktion muß auch im Zusammenhang mit den Versuchen gesehen werden, Herzog Christoph auf kriminelle Weise von der Erbfolge in Württemberg auszuschließen. Eine Beseitigung der demnächst zur Vermählung anstehenden möglichen Erbin des Herzogtums ist als Beitrag zur schrittweisen Ausschaltung des Hauses Württemberg zu werten. In Zeiten, in denen ohne weiteres der Pesttod und die kirchenrechtlich einwandfreie Beisetzung einer in Wirklichkeit quicklebendigen Mätresse von Herzog Ulrichs Schwager, Herzog Heinrich von Braunschweig-Lüneburg (vgl. Gfn Maria † 1541 Anm. 20), der Öffentlichkeit vorgetäuscht werden konnte, ist die offizielle Beisetzung einer Pestleiche, die in Wahrheit das Opfer eines Giftanschlages geworden war, ohnehin im Rahmen des Denkbaren. Gegen einen Tod durch »pestilentz« spricht nicht zuletzt

auch die Tatsache, daß die Berichterstatter keinerlei Furcht vor einer möglichen Infektion beim Öffnen des Sarges zeigten. Herzog Ulrich selbst scheint von der Vergiftung seiner Tochter überzeugt gewesen zu sein. Sattler Top. 319 zu Schloß Böblingen: »Herzog Ulrich erbaute dises Schloß von neuem, und in einem Zimmer desselben siehet man zwei Frauenzimmer abgemahlt, das eine solle eine Tochter eines Graven von Würtemberg und das andere eine Adeliche Jungfrau gewesen seyn, denen in einem Rebhun mit Gift vergeben worden.« Eine gerichtsmedizinische Untersuchung der sterblichen Überreste Annas in der Tübinger Stiftskirche könnte das Rätsel um die Todesursache der erstgeborenen Herzogin von Württemberg lösen.

14 G 47 Bü 24, 4: Bericht Güterstein: »Wir haben den maler alle stein der greber abreissen wie S. F. G. hie beyliegendt gnediglich zu sehen hatt.« G 47 Bü 24, 7: Skizze vom »Grabstein fräwlin Annae Hertzogin Anna zu Würtemberg« Länge des Grabsteins 5 Schuh 5 Zoll = 1,57m Abb. bei Demmler Tf I; Tuschzeichnung Sattler in: J1 72, 21.

15 Inschrift nach Skizze G 47 Bü 24, 7. Die sieben allegorischen Figuren an der Seite des Grabmals sind bezeichnet: »GLOB. HOFNVG. LIEB. CVISCHTE. GERECHTIKAIT. FIRSICHIG. MESIGKAIT«, »glaub hofnung lieb keuschhait gerechtigkait firsychtig mesygkait«. Wappen Bayern und Württemberg, letzteres mit Devise »STAT AÑĪŌ«. Zu diesem Grabmal Demmler 17ff.

16 G 47 Bü 24, 13: Translation »vff montag nach Jubilate« = 16. April 1554; ausführlich bei Gf Ludwig †1450 Anm. 14.

17 G 47 Bü 24, 2: Auf der Rückseite eigenhändige Anweisung Herzog Christophs: »graff ludwig vnd sein gemahel sollen neben Hertzog Eberhartten gelegt werden mein schwester zu den fuessen vnd wie es sich am besten schickht meines Herrn Vatters«. Die Beisetzung in Tübingen erfolgte in einem Bleisarg, der in einem Holzsarg geborgen ist: G 47 Bü 24, 12: »die pleihine vnd hilzine sarchen darzu nunmer fertig sin worden.«

18 Wintterlin 24: Rechnung von 1555; Demmler 116–120: »ohne Frage Schmids künstlerisch am höchsten stehendes Werk« (119); Westermayer – Wagner – Demmler 40–44 u. 351: letztes Werk des Bildhauers, nach dessen Vollendung ereilte ihn ein früher Tod. Grabmal vollendet und datiert 1555; Eimer 236; Fleischhauer Renaissance 126f; Wintterlin 23: Grabmal bemalt von Hans Schickhart; Klemm 146 will dank einer Fehldeutung von Wintterlin 25 das Grabmal von Schmid später durch eines von Jakob Woller ersetzt wissen. Ungeklärt bleibt, weshalb das Gütersteiner Grabmal trotz der Anweisung Herzog Christophs (G 47 Bü 24, 2) nicht in Tübingen aufgestellt, sondern durch eine Neuschöpfung Schmids ersetzt wurde. Demmler 19 denkt an eine gewaltsame Beschädigung, jedoch nicht auf dem Transport nach Tübingen, 24: Entscheidung für den neuen Grabstein erfolgte sicher nicht auf Grund der angefertigten Skizze (vgl. Anm. 14), sondern wegen des schlechten Erhaltungszustandes. »Wissen wir doch, wie grausam die Jahre seit 1534 dem Kloster mitgespielt haben. Bei Anna mochte vielleicht auch der Rosenkranz bei der inzwischen lutherischen Familie Anstoß erregen.« Tuschzeichnung 18. Jahrhundert in: Cod. hist. 4° 59 Nr VII.

19 Inschrift u. a. auch bei: J. Frischlin Cod. hist. 2° 73, 97; Crusius 2, 392; Mütschelin 276; Baumhauwer 4f; Zeller 86f; Kümmerle 7; Lenz 2f; Tiedemann 186; Westermayer-Wagner-Demmler 40f mit dt. Übersetzung.

20 Küng 136. Porträt Annas bei Fleischhauer Bildnismalerei 262, um 1520 gemalt: »die Arbeit eines Malers, der eng mit dem Ulmer Maler Bartholomäus Zeitblom zusammenhängt.«

Christoph

1515–1568

Herzog von Württemberg

»der Tugenthafft, der güettig, Beneamatus, der Wolgeliebt, der Weiß, der Ernsthafft«[1]
»der Fromm und Fridenmacher«[2]

Regent 1550–1568[3]

»V.D.M.I.AE.« »Verbum Domini Manet In Aeternum«[4]

S. v. Herzog Ulrich von Württemberg[5]
u. v. Herzogin Sabina von Bayern

Geboren am 12. Mai 1515[6] um 1h 42min[7]
in Urach im Stadtschloß[8]

Vermählt 1544
mit Markgräfin Anna Maria von Brandenburg-Ansbach 1526–1589

Vater von 4 Söhnen und 8 Töchtern:
Eberhard 1545–1568
Hedwig 1547–1590
Elisabeth 1548–1592
Sabina 1549–1581
Emilie 1550–1589
Eleonore 1552–1618
Ludwig 1554–1593
Maximilian 1556–1557
Ulrich 1558–1558
Dorothea Maria 1559–1639
Anna 1561–1616
Sophia 1563–1590

Testament am 19. Januar 1566 Stuttgart[9]
Zweites Testament am 18. Oktober 1568 Stuttgart[10]

Gestorben am 28. Dezember 1568[11] zwischen 20 u. 21h[12]
in Stuttgart im Alten Schloß
»an einem in Italien ehemahlen empfangenen heimlichen Gifft«[13]

Beigesetzt am 2. Januar 1569[14]
in Tübingen im Chor der Stiftskirche St. Georg[15]

Wilhelm Bidembach, Eberhard Bidembach und Jacob Heerbrand, Drey Christliche, tröstliche Predigen, vber der Leich... Herrn Christoffen..., Tübingen 1569[16]
Dietrich Schnepff, Oratio de vita et morte..., Tübingen 1570[17]
Wilhelm Arnsperger, Threnodia in obitum..., Wien 1569[18]
Nicolaus Reusner, Oratio Funebris..., Lauingen 1569[19]
Kondolenzschreiben Kaiser Maximilians II.[20]

Grabmal von Leonhard Baumhauer[21]
»SVB HOC SAXO REQVIESCIT CHRISTOPHORVS DVX WV̊RTEMBERGAE ET
TECK COMES MONTIS PELICARDI
OBIIT DIE XXVIII MENSIS DECEMBRIS ANNO SALVTIS
MDLXVIII AETATIS VERO SVAE LIII«[22]

Epitaph von Friedrich Keßler[23]
»D.O.M.S.
ILLVSTRISSIMVS PRINCEPS VERE CHRI
STOPHORVS DVX WIRTEMBERGENSIS ET
TECCENSIS COMES MONTIS PELICARDI CR
A PVERO VARIIS CASIBVS IACTATVS, LITER
IS EXCVLTVS, EXTEROS EXPERTVS, LINGVA
RVM PERITVS, EXPERIENTIA CLARVS, PERI
CVLIS INFRACTVS, BELLO STRENVVS, IMPE
RIO IVSTVS, CONSILIIS PRVDENS ET PACIFI
CVS, ORATOR GRAVIS, ECCLESIAE NVTRITI
VS, HAERESVM ET IDOLATRIAE HOSTIS, STVDIO
RVM MECAENAS, EXVLVM ASYLVM VIRTVTIS THEA
TRVM, PIETATIS EXEMPLVM, PATER PATRIAE,
INFINITIS LABORIBVS EXHAVSTVS, AC PLA
CIDE IN DOMINO OBDORMIENS, CORPO
RIS RELIQVIAS HOC CONDITORIO, QVOD
VIVVS SIBI ADORNARAT, DEPONI VOLVIT

EARVM OPTATAM RESSVRECTIONEM, BEA
TA ANIMA CVM CHRISTO VIVENS, EXPEC
TAT. MEMORIA TANTI HEROIS APVD OM
NEM POSTERITATEM SACROSANCTA ERIT.
VIXIT ANNOS $\overline{\text{LIIII}}$. MENSES VII.
DIES XVI.
REGNAVIT ANNOS $\overline{\text{XVIII}}$. MENSEM $\overline{\text{I}}$. DIES
$\overline{\text{XXII}}$. OBIIT ANNO DOMINI. $\overline{\text{M}}$.$\overline{\text{D}}$.$\overline{\text{LXVIII}}$.
DIE $\overline{\text{XXVIII}}$. MENSIS DECEMB.

WIRTEMBERGIACAE DOMVS DECORVM,
PRINCEPS CHRISTOPHORVS, SVB HOC SEPVLCHRO
VT TERRAE SVA REDDIT OSSA MATRI,
COELESTI QVOQVE SPIRITVM PARENTI,
SIC, CHRISTO MEDIANTE, CONSECRAVIT.
NON REGNO PATRIO, SED EXTERORVM,
SVCCREVIT PVER, EXVLANTE PATRE.
MAGNI CAESARIS EST SECVTVS AVLAS,
ET REGVM, TENERIS EPHEBVS ANNIS.
MOX MARTIS IVVENIS CAPESSIT ARMA,
DVCTIS ORDINIBVS TRIVMPHAT HEROS
BIS SEX PIGNORA SVSCIPIT MARITVS,
CVRIS CANVS AVVS FIT ET SENECTA.
MAGNAM IVSTITIAE TVLITQVE LAVDEM,
DVM REXIT POPULOS, DEDITQVE IVRA
OPTATAM COLVIT, FERENDO PACEM
LITES COMPOSVIT, SOPIVIT IRAS.
ILLI ECCLESIA MAXIMAE PIAEQVE
CVRAE VERA FVIT, FIDESQVE CORDI.
IDOLIS INIMICVS, HOSTIS ACER
DAMNATIS SIMVLANTIBVSQVE, SECTIS.
MECAENAS STVDIIS, ET ERVDITIS
LINVGIS FAVTOR ERAT, SCHOLIS PATRONVS.
NATVRA INGENIOSVS, ARTE DOCTVS,
ORATOR BONVS, APTVS, ET TRILINGVIS.
PRVDENS, SOBRIVS, ATQVE LIBERALIS,
PLVRES HERCVLEIS FERENS LABORES,
DIGNVS QVI IMPERIO FVISSET ORBIS.
HVNC PATREM PATRIAE FATETVR AETAS
PRAESENS, POSTERITAS FATEBITVRQVE,
WIRTEMBERGICAE DOMVS DECORVM.«[24]

Denkmal in Hohenheim im Englischen Garten.[25]

Büste in der Walhalla bei Donaustauf von Herman Vilhelm Bissen 1831.[26]

Denkmal in Stuttgart auf dem Schloßplatz von Paul Müller 1889.[27]

»eo Principe, in quo omnium virtutum lumina coruscant. qui cum summus sit religionis verae defensor, unicus literarum & studiorum Moecenas, exulum, qui propter Euangelij professionem periclitantur, tutissimum asylum, domicilium consilij, ad quod magni etiam Principes confugiunt, hospitalitas & munificentiae rarum exemplum, pacis antistes, spes pauperum, pater patriae, & ut uno verbo dicam, re & nomine Christophorus, eam gloriae nominisque famam est consecutus, ut ijsdem terminis quibus orbis terrarum, Celsitudinis ipsius laudes claudantur.«[28]

»Von des fursten dugenden und hochem verstandt weger nichts, dann zu wenig soll geredt werden.«[29]

»nachdem man sich erinnert, was für einen thewren Schatz man an dem frommen Fürsten verloren, hat sich ein solch trawren vnnd klagen erhoben, daß wa jrer F. G. Leben mit anderer Leut tod zuerkauffen gewesen, Leut genug funden weren, die williglich für jr F. G. vnd lieber gestorben, dann daß sie dieselbige begraben helffen sollen.«[30]

»Was für ein hertzlich seufftzen, klagen vnd weinen, als die Leich von Stutgarten weg gefürt, vnd zu Tübingen angenommen, vnder Jungen vnnd Alten, Frawen vnd Kindern, arm vnnd reich, Edlen, Burgern vnd Bawrn, vnd der Universitǟt... wie hoch vnd thewr man auch den frommen Fürsten, vnnd Vatter des Vatterlands, wa es müglich, gelößt vnd erkaufft hette, ist nicht zu erzölen, Vnd seien freylich nicht vil Herrn vnd Oberkeiten, mit so vil guthertzigen trenen vnd seufftzen jrer Vnderthonen zu Grab kommen.«[31]

»Es werde D. L. sich von nun an die zeith Jres Lebens befleissen dem löblichen Fueßstapffen ains so Gottseligen und alles Ewigen Beruembs wolwirdigen ansehenlichen Fürsten, alls Dr. L. loblicher Vatter gewest ist, jnn der forcht Gottes und allen Christlichen Tugendten, besonders ainem stätten fridliebenden Gemüeth nachzuvolgen, damit in khünfftig Wir, und die Churfürsten Fürsten und Stende deß Reichs, uns nit weniger Dr. Lieb in fürfallenden obligen des gemainen Vatterlandts zu erfrewen wissen, alls mehrgedachts Dr. Lieb verstorbnen frommen Herrn und Vater halben jederzeiten beschehen. Darumben Wir zwar Sr. L. Tödtlichen Abgang mit desto mehrer betrüebnuß erfaren und zu gemüet genomen, das Wir, und das gantze Vatterlandt bey yetzigen sorgclichen und geschwinden Leuffden, aines solchen hochverstendigen und vernonfftigen friden Fürstens gemainer Wolfarth zum besten mehr alls etwa lange Weil zuvor zum höchsten Nottürfftig, wo es anderst der Willen deß Allmechtigen also gewest wär, deme es aber Numer haimbgegeben und bevolhen sein mueß.«[22]

»hat Teutschland einen loblichen gotßfurchtigen vermogenden vnd waisen Fürstenn verlohrenn«[33]

»ein vast guten freundtlichen Nachparn, Ja der gantz Schwäbisch Krayß ein gar fleissigen aufrechten, fridlibenden vnnd getrewen Obersten vnd Vorgeer verloren«[34]

»ain loblicher Christenlicher Fürst vnd Herr«[35]

»ain solcher Christlicher milter fridliebender fürst vnd befürderer aller Ruo vnd ainigkeit«[36]

»Vor allen andern Fürsten halte er Christoph für einen wahrhaftigen guten Christen und, ohne Heuchelei zu melden, für einen ehrlichen Mann«[37]

»Was dann jrer F. G. Regierung betrifft, haben sie sich derselbigen mit aller väterlichen Sorg vnd grossem Ernst angenommen, vnd alles dahin gerichtet, daß Gericht vnd Gerechtigkeit geschafft, das böß gestrafft, vnd das gut gehandgehabt, vnd derselbigen arme Vnderthonen im Friden vnd guter Rhu, vnder jrer F. G. väterlichen Schirm, das Reich Gottes suchen, jr Nahrung gehaben, vnd ein erbar, still, Gottselig Leben füren, auch die gar Armen mit notwendiger Vnderhaltung versorgt werden möchten.«[38]

»Vnd seien jre F. G. gegen derselbigen Vnderthonen in so gnädigem, dieselbige auch hinwiderumb gegen jren F. G. in so vnderthänigem, vnnd zu baiden theilen so guthertzigem Vertrawen alle zeit gestanden, vnd beharrt, das Gott dem Herrn nicht genugsam darfür zu dancken, vnd man in dem wol ein Exempel gehabt des alten Spruch: Bonus Princeps nihil differt a bono patrefamilias, Was ein guter Haußvatter ist in seinem Hauß, das ist ein frommer Fürst in seinem Land.«[39]

»Sonst ist jrer F. G. Regierung in gemein dahin gericht gewesen, daß durch Güte, Milte, Gelindigkeit, vnnd Langmütigkeit, die Vnderthonen in officio vnd Gehorsam, mehr dann durch erzwungene gewaltsame Forcht, vnd zu harter Straff erhalten wurden. Vnd ob wol jre F. G. grobe Sünd vnd Schand, da sich die begeben, mit ernst straffen lassen, So seien sie doch immer zu Gnad vnd Milterung geneigter gewesen, vnd sich alle zeit Christlist vnd Fürstlich vernemen lassen, daß sie lieber zehen Schuldigen zu wenig thun, vnd Gnad beweisen, dann einen Vnschuldigen zuvil oder vnrecht thun wölten. Ein jeder derselbigen Vnderthon, hat bey jhrer F. G. fürkommen, vnd wo er beschwerdt werden wöllen, jr F. G. solches fürbringen vnnd klagen können. Da dann jre F. G. nicht allein alle Supplicationes, so derselbigen vnderthänig überreicht, angenommen, sonder auch ettwann die armen Leut selbst gehört vnd examiniert, ja auch wol ein Bawrn auff dem Jagen, oder vnder wegen für sich selbst angesprochen, vnnd erfragen dörffen, wie sich die Amptleut mit jhnen halten, vnd wie sie in allweg versorgt vnd versehen seien.«[40]

»Die Fürstlich Liberalitet, Hospitalitet, vnd Freygebigkeit des milten Fürsten, ist meniglich vnverborgen.«[41]

»vnd nicht weniger als jre lobliche Vorfaren mit warheit vnnd onezweifelich sagen mögen, daß sie keinen Vnderthonen im Land, dem sie nicht bey Nacht, in eim wilden Wald, einsam, in der Schoß schlaffen dörfften.«[42]

»Gantzer achtzehen Jahr ist er der Regierung mit sollicher Gerechtigkeit, Billicheit, auch Freundlicheit vnnd Gütigkeit gegen jedermännnigklich, jnnsonderheit aber den Armen vnnd Betrangten vorgestanden, daß seine Vndterthanen, damit es nit das ansehen hätte, als ob sie der vonn jhme empfangnen genaden vnd wolthaten vergessen, oder gegen seinen so hohen verdiensten vndanckbar wären, jhne nach seinem tödtlichen abgang, mit gemeiner stimm einen Vatter deß Vatterlandts genennt. Im Jahr tausend fünffhundert achtvndsechzig, inn dem viervndfünffzigisten Jahr seines alters ist er vonn diser Welt abgeschieden. Zu anderem seinem hohen billichen Lob, ist auch dises nit wenig an jhme zu rühmen, das, als inn dem Frantzösischen jnnheimischen vonn der Religion wegen erregten Krieg, der König jhme das Generalat vber seinen gantzen hellen hauffen angetragen, er solliches mit sonderbarer bescheydenheit vnnd hochverständigklich abgeschlagen, auch sich vernemmen lassen, er trage mit dem jammer vnnd ellendt, so auß selbigem verderblichem schädlichem Krieg, inn disem biß daselbst hin gewesten blüenden glückseligen Königreich beyden theilen entspringen, ein hertziches betauren, er sey auch dem König zuerweitterung vnnd beschützung, nit zu verwüstung vnnd verderbung seines Königreichs zu dienen bereyt, vnd wölle gern alle seine eusseriste möglicheit fürwenden, damit ein gueter aller seits annemblicher Friden möge getroffen werden, jnnmassen er sich zu disem ende mit seinem rath vnd vermahnung zum hefftigisten bemühet.«[43]

»Jn Regirungs Sachen befande sich bey Jhm ein sonderbahre hohe Klugheit, dahero Zeit seiner Regirung vil nützliche und weise Ordnungen sonderheitlich Anno 1555. das berühmte Würtembergische Land-Recht publicirt, und erstmahls in Ubung gebracht worden.«[44]

»Christophorus ein an Standhafftigkeit und Tugenden unvergleichlicher Herr, geb. 1515. Wird in seinem vierten Jahr zu Tübingen von den Schwäbischen Bundsgenossen gefangen, darauf von seinem Oheim erzogen, folgends nach Jnspruck geschickt, und bleibet eine Zeitlang an Kays. Carls Hoff. Reiset nachmals An. 1532. in Franckreich, dienet selbiger Cron in den Lombardischen Krieg, ist bey dem König in grossen Ansehen, geräth darüber und aus Mißgunst in Lebens-Gefahr 1537. Tritt auf vätterlichen Befehl die Regierung der Grafschafft Mümpelgard an 1542. Succedirt folgends seinem Vatter im Hertzogthum, und befreyet sein Land von der Spanischen Besatzung 1550. Verfüget herrliche Kirchen- Schul- und Landes-Ordnung. Verwirfft das Concilium zu Trient, wie auch die ihm unter gewissen Bedingungen angetragene Administration der Cron Franckreich 1563. Erneuert und verbessert viel Schlösser in seinem Lande st. 1568.«[45]

»Ein Muster eines frommen, klugen, gelehrten, tapfferen und friedfertigen Fürsten, und ein Ausbund eines vortrefflichen Regenten.«[46]

»Kayser Maximilian bedaurte disen Fürsten sehr als einen Gottseligen und des ewigen Ruhms würdigen ansehnlichen Fürsten, dessen hochvernünfftigen Raths er jetzo mehr, als jemahl zu gemeiner Wohlfahrt bedürfftig wäre. Sein Leben hat der vortreffliche Geschichtschreiber Thuanus kurz zusamengefaßt und ihn als einen rühmlichen Fürsten geschildert, daß er in Sprachen und Wissenschafften eine gute Kentnus gehabt, in allen widerwertigen Schicksalen ein heldenmütiges Gemüth besessen, die Evangelische Religion mit rühmlichem Eyfer vertheydigt, dem Teutschen Reich den Frieden hergestellt und unterhalten habe.«[47]

»In dem die Bibliothek umgebenden Garten sollen Deutschen, die sich durch Größe, Verdienst, oder Unglück ausgezeichnet haben, Denkmäler errichtet werden. Bestimmt dazu sind bereits Kaiser Karl der Große, Herzog Christoph von Wirtemberg, Luther, Melanchton, Franz von Sickingen, Valentin Andreä, Herzog Ernst von Gotha, Keppler, Leibniz, Haller, Klopstock, Lambert und Pfarrer Hahn.«[48]

»Alle achtzehen Jahre der Regierung Herzog Christophs waren durchgängig gleich von einer so wohlthätigen Wirksamkeit für alle seine Unterthanen ausgezeichnet, zeigten immer so ganz den Mann von völlig reifer mannigfaltiger Erfahrung, den liebreichen Vater seiner Bürger, den richtigen Kenner des Werths der verschiedenen Stände, daß man nicht leicht einen wichtigen das allgemeine Wohl betreffenden Punct finden wird, den seine Sorgfalt nicht berührte, für dessen künftige Verbesserung er nicht vorbereitete.«[49]

»Nie hat Wirtemberg eine glänzendere Periode gehabt, wo sein Einfluß auf Entscheidung der wichtigsten Reichsangelegenheit sichtbarer war, sein Ansehen am kaiserlichen Hofe und auf den Reichstagen ununterbrochener sich gleich blieb als unter Christophs Regierung. Er stund gleichsam als der erste aller protestantischen Fürsten immer voran... Durch seine persönliche Vermittlung wurde auf dem Reichstag zu Augspurg der Religionsfriede geschlossen 1555, und die eben daselbst verordnete Visitation des Cammergerichts zu Speier verrichtete er im folgenden Jahr persönlich... die Römische Königswahl Maximilians wäre ohne seine Negociation noch lang nicht zu Stande gekommen, weil sich der Churfürst von der Pfalz widersetzte. In Frankreich war sein Name eben so berühmt als in Teutschland, und seine Theilnehmung an den öffentlichen Angelegenheiten dort eben so erwünscht, aber er hütete sich, mit einem Hofe in genaue Verbindung zu tretten, dessen Falschheit er wußte, oder auch mit der Partie der dortigen mißvergnügten Prinzen sich zu vereinigen, deren ungewisses Schweben zwischen politischen und Religionsabsichten er kannte.«[50]

»Deutscher Fürsten Muster, Christoph, Herzog zu Würtemberg, Vater, Freund, Hirt und Erleuchter seines Volks«[51]

»Sein Andenken bleibt iedem Patrioten heilig.«[52]

»Auf die Bitte der Landschaft um Bestätigung seiner Verordnungen in Kirche und Staat, antwortete Christoph, er werde dieß alles dermassen versehen, daß nicht nur sie, sondern auch ihre Nachkommen ihm unter der Erde noch danken werden.«[53]

»Derselbe, den man schon auf dem Wege in ein spanisches Kloster gesehen, ist bestimmt gewesen, dem südlichen Teutschland seine Denk- und Gewissensfreiheit zu erhalten; seinem Stammfürstenthum, das schon mit den Erblanden des mächtigen Erzhauses vereinigt war, hat er selbständig eine vertragsmäßige Verfassung in Kirche und Staat, ein Muster für die andern Länder Teutschlands gegeben, dem wirtembergischen Volke die Grundlage einer gesetzmäßigen Freiheit, die man in den nachgefolgten dritthalb Jahrhunderten kaum zu erhalten gewußt, und erst in unsern Zeiten wieder erneuert hat. In 18 Jahren, voll Mühe und Arbeit, hat der fromm Fürst, der Vater und Hirte seines Volkes dieß alles vollendet.«[54]

»Was die Unfälle und Stürme der Zeit seit dem Tode Eberhards im Bart verwüstet hatten, das hinterließ er theils blühend, theils angebaut. Seine Regierung ist der Boden, der die Früchte der innern und äußern Freiheit in die Folgezeit hinübertrug, und was er wenige Monate vor seinem Tode sagte: er wolle Alles dermaßen vorsehen, daß nicht nur seine Landschaft, sondern auch die Nachkommen ihm unter der Erde noch danken werden, ist in Erfüllung gegangen. Christoph blieb und wird bleiben das Ideal und die Sehnsucht aller Zeiten.«[55]

»Und so vollendete er das große Werk, das er sich zur Lebensaufgabe gemacht hatte, den inneren Ausbau des Staats- und Kirchengebäudes von Wirtemberg, zu dem Eberhard im Bart den Grund gelegt hatte. Christoph sorgte für die Zukunft mit weiser Berechnung; seine Staats- und Kirchenanstalten haben ihre Zweckmäßigkeit und Dauerhaftigkeit bis auf den heutigen Tag bewährt, und namentlich diejenigen, welche er für die Erziehung und Bildung der Jugend gestiftet, sind immer noch ein Kleinod des Vaterlands, um das uns andere Länder beneiden.«[56]

»Im Reden und Schreiben, im Lateinischen und im Französischen und in den Wissenschaften war er sehr bewandert, und hatte eine Freude an Büchern und Gelehrten bis ans Ende seines Lebens. Damals war's noch möglich, die wichtigsten Bücher in eine Bibliothek zu sammeln, weil's noch nicht so viele gab wie heutzutage; und Christoph legte sich eine solche Sammlung an. Die Baiern haben sie aber geholt 1634. Wohl bekomm's ihnen!«[57]

»Nach allen Seiten hin war er thätig, sah überall selber nach und arbeitete von früh bis spät in Regierungsgeschäften mit solcher Emsigkeit, daß man ihm das Zeugniß gab, drei Andere hätten in der gleichen Zeit nicht mehr zu Stande gebracht. Gerecht und mild zugleich war er herablassend gegen Jedermann und auch den Aermsten im Volk zugänglich. Mißhandlungen seiner Unterthanen durch die Beamten, wie sie sonst sehr im Brauch gewesen, duldete er nicht. Ein Engel ohne Tadel war er freilich nicht, denn die Engel heißen nicht Christoph, und so wird er wohl auch menschliche Fehler und Schwächen gehabt haben. Aber was man ihm vorwirft, er sei zu freigebig gewesen, das ist eine Schwäche, die man einem Fürsten wohl verzeihen kann: denn weil die Fürsten Stellvertreter Gottes auf Erden sind, der so mit vollen Händen ausstreut, und Jhm auch in diesem Stück ähnlich werden sollen, so können sie leicht vergessen, daß ihre Mittel nicht auch so unerschöpflich sind wie die Schätze Gottes. Und daß er der Baulust so leidenschaftlich ergeben gewesen, läßt sich auch erklären. Er hatte einmal die Bestimmung, Wirtembergs Baumeister zu seyn und die Säulen des Gemeinwohls und der Kirchenverfassung aufzurichten, und so sprach sich denn dieser Baugeist auch in steinernen Bauwerken aus.«[58]

»Wer in Würtemberg seinen Namen nennt, der kann es nur mit Dank gegen Gott thun. Und es ist nur zu wünschen, daß nicht blos alle Regenten dieses gesegneten Landes, sondern alle Würtemberger in die Fußstapfen Christophs treten! Seinen Glauben sollen sie ansehen, und die Früchte des Geistes werden dann nicht fehlen.«[59]

»Er starb zu frühe für sein Land, das er glücklich gemacht hatte, beweint von seinen Unterthanen, die ihn liebten, betrauert von ganz Deutschland, das ihm so manches Gute zu verdanken hatte; aber so lange Wirtemberg besteht, wird auch sein Andenken unvertilgbar fortleben in dem Herzen eines jeden Wirtembergers, wird Christoph seinem Volke unvergeßlich seyn!«[60]

»Nach der ganzen Wirksamkeit Christophs ist es gewiß nicht zu viel gesagt, wenn er als das Musterbild eines guten Fürsten bezeichnet wird. Hochverständig und so arbeitsam wie ausdauernd, fromm und freimüthig, gastfreundschaftlich und freigebig, ein Freund wie der Gelehrsamkeit so der geselligen Heiterkeit… ein vielfach angegangener Mann der Ausgleichung und Vermittlung.«[61]

»Herzog Christoph war schöngestaltet, großen Leibes, hatte länglichte Nase und Gesichtsform, braune Haare und trug einen langen Bart. Jn der Schule des Unglücks und der Entbehrungen in fremden Landen gereift, wurde derselbe zum Musterbild eines guten Fürsten; er war hochverständig, gerecht, sittenrein, fromm, friedliebend, arbeitsam, gelehrt, sprachenkundig, gastfreundschaftlich und freigebig, ein Mann der Ausgleichung und Vermittlung. Jm Entwerfen von gutgemeinten Planen für edle Ziele war er rascher und geschäftiger als kühn in Ergreifung durchschlagender Maßregeln und glücklich in wirklichen Erfolgen gegenüber den häufig zu hoch gestellten Aufgaben; durch Mißerfolge ließ er sich nicht leicht zurückschrecken. Er war ein treuer Hauswirth bei einer sehr glücklichen Ehe, in welcher die Gemahlin keine Einrede in die Regierungsgeschäfte sich erlaubte und zu sagen pflegte, sie wisse wohl, daß der Mann das Haupt sei. Eine kleine Schwäche, welche, wie manche fürstliche Zeitgenossen, so dieses, um Vereinigung der deutschevangelischen Protestanten eifrig bemühte zeitweilige Haupt derselben überschlich, war die überhand nehmende dogmatische Befangenheit gegenüber der Spaltung, welche im Protestantismus klaffte, ferner die zu große Abhängigkeit von seinen, immer engherziger werdenden Theologen, wie stark er sich auch gegen das Theologengezänk überhaupt aussprach, wodurch ein großes einträchtiges staatsmännisches Vorgehen (überhaupt kein Kennzeichen der damaligen Fürstenschaft Deutschlands) behemmt wurde. Sein sonst kampflustiger Freund, der Landgraf Philipp von Hessen, pflegte freilich die dogmatischen Fragen liberaler aufzufassen. Jn Theurungsjahren, wie 1560ff erzeigte sich Christoph durch Fürsorge für Vorräthe als ›ein rechter Joseph‹; derlei Unglück schrieb er dem ›überschwenglichen Fressen, Saufen, Banketieren und aller Ueppigkeit zu, welches leider so gemein in der Welt sei, daß es von dem Höchsten bis zum Niedersten gehe‹.«[62]

»Herzog Christoph, ein stattlicher, doch frühe zu starker Mann mit durchdringendem Blicke und kräftiger Nase, braunen Haaren und vollem Barte, war eine liebenswürdige, edle Persönlichkeit. Gesellig, heiter und jagdlustig legte er zugleich einen unermüdlichen Fleiß an den Tag, der sich auf die geringsten Einzelheiten erstreckte und die Arbeiten seiner Räte fast peinlich prüfte. Bei genauester Regelung des Hofhaltes hielt er doch sehr auf standesgemäße Pracht und schuf durch zahlreiche Schloßbauten, vor allem dem Umbau des alten Schlosses in Stuttgart, würdige Stätten für seinen Aufenthalt; freilich überstieg diese zur Leidenschaft gewordene Liebhaberei beinahe die Mittel des Landes. Dazu wurden seltene Pflanzen und Tiere erworben. Den Wohlstand des Landes hob der Herzog durch Einfuhr guter Pferde, durch Pflege des Obstbaus; der Not trat er durch Einrichtung von Fruchtkästen entgegen. Als großen Förderer der Wissenschaft hat er sich durch Sammlung wertvoller Handschriften und Bücher gezeigt, die leider nach der Nördlinger Schlacht von den Bayern aus Tübingen entführt worden sind. Sein religiöser Standpunkt ist der festen Glaubens an die heiligen Schriften und die Richtigkeit der Auslegung derselben durch die deutschen Reformatoren. Auf die Geistlichen gab er viel als die Kenner dieser Auslegung; vor theologischem Streit aber hielt er sich am liebsten zurück und übertrug gerne die Vermittlung auch in kirchlichen Fragen weltlichen Beamten. Daß sein persönlicher Standpunkt nicht engherzig war, ergiebt sich aus der milden Beurteilung volkstümlicher Jrrtümer, von denen er annahm, daß sie von selbst verschwinden werden. Der hervorstechende Grundzug seines Charakters ist Versöhnlichkeit und Friedensbedürfnis. Er wurde berufen, zahlreiche Zerwürfnisse in fürstlichen Häusern zu schlichten; von demselben Geiste ist seine Behandlung kirchenpolitischer Fragen getragen. Sein liebster Gedanke war die Einigung der Glaubensgenossen in Deutschland und den andern vom Protestantismus bewegten Ländern. Aber auch in ihr erkannte er zugleich ein Mittel, den allgemeinen Frieden zu fördern und die Selbständigkeit des Reiches zu schützen. Seinen Söhnen verbot er im Testament ausdrücklich, jemals Krieg anzufangen oder auch nur Ursache zu einem solchen zu geben. Herzog Christoph wurde der allgemeine Vertrauensmann in den wichtigsten Angelegenheiten des Protestantismus. Wenn ihm viele Bestrebungen mißlangen, so lag das insoweit an ihm, als er sich die Ziele zu hoch gesteckt hatte und zu sehr geneigt war, die Offenheit und Redlichkeit, von denen er selbst beseelt war, auch bei andern vorauszusetzen. Er zeigte sich hier mehr als guter Mensch denn als großer Staatsmann. Seine Bedeutung liegt aber weniger in dem, was er auf der größeren Bühne versucht, als in dem, was er in seinem Herzogtum durch unermüdlich ordnende und regelnde Thätigkeit geschaffen hat. Es ist richtig, daß er auch hier manchmal des Guten zu viel gethan, immer hat er sich als ein wahrer Vater des Landes bewährt. Wenn das Streben nach Wohlfahrt des Volkes, wenn rastloser Eifer und reine Gesinnung das Recht auf Anerkennung als tüchtiger Herrscher gewährt, so ist Christoph der tüchtigsten einer.«[63]

»Herzog Christoph war nicht der Mann, der von Strafen und Drohung sich eine Besserung versprach. Er packte das Übel an der Wurzel: wenn die Leute das Wort Gottes nicht achten, dann liegt's an denen, die es ihnen verkünden. Daher sein großartiger, auf lange Sicht berechneter Plan, für die Vorbildung des geistlichen Nachwuchses durch Einrichtung der unentgeltlich für alle begabten Bürgersöhne, auch die ärmsten, offenstehenden Klosterschulen zu sorgen – eine Nutzung des säkularisierten Kirchentums, wie es ersprießlicher nirgends geschah. Voraussetzung dafür war die Zusammenfassung des Kirchenguts unter selbständiger Verwaltung und straffe Zentralisation des Kirchenregiments. Das war die saubere Verwirklichung der lutherischen Lehre vom Staatskirchentum, wobei der Landesfürst an Stelle der früheren Bischöfe das oberste Hirtenamt und den Schutz der Gläubigen übernahm. Das ist in keinem protestantischen Land systematischer durchgeführt worden als durch Herzog Christoph in Württemberg. Alt-Württembergs hoher geistesgeschichtlicher Rang beruht auf diesen Christophschen Reformen des Kirchen- und Schulwesens.«

»Herzog Christoph starb, wie er gelebt hat, mannhaft und gottesfürchtig.«[65]

»Christoph, wohl einer der bedeutsamsten Regenten Württembergs, war eine ausgeprägte Persönlichkeit von tiefer religiöser Überzeugung und Friedensliebe. Er hat den Charakter seines Landes für 250 Jahre weitgehend bestimmt.«[66]

»Der Vater des Landes und das Ideal eines Herrschers gewesen zu sein, ist Herzog Christophs bleibender Ruhm. Daneben steht, für uns weit weniger klar und voll von Widersprüchen, das Bild eines Staatsmannes, der versuchte, seine Regentenpflichten mit einem fast überempfindlichen, religiösen Gewissen in Einklang zu bringen. Herzog Christoph von Württemberg trug in einer Zeit, wo die Schwerter locker in der Scheide saßen, den Namen eines Friedensfürsten.«[67]

»Was zwischen 1550 und 1628 innenpolitisch und außenpolitisch, soziologisch und konfessionell und auch architektonisch grundgelegt worden ist, trug den württembergischen Staat 300 Jahre lang, selbst unabhängig von der Tauglichkeit oder Unfähigkeit seiner Fürsten, auf breitestem Grund einer engsten Zusammenarbeit, von kirchlichen und weltlichen Behörden und deren Vollzugsorgan, des selbst zu einer Behörde gewordenen Landtags und seiner Ausschüsse. Dies wäre kaum gelungen, wäre das Land in Kriege verwickelt gewesen, wie sie andere evangelische Länder haben führen müssen oder wie sie in der letzten Regierungszeit Kaiser Karls v. durch den Eingriff der französischen Könige in deutsche Westgebiete, den Verlust Lothringens und der Maaslinie Metz, Toul, Verdun, den Aufstand norddeutscher und brandenburgischer Fürsten gegen Habsburg und dessen Verteidigerrolle des Alten Glaubens geführt wurden. Wie sein Ahne Eberhard im Bart, so steuerte mit noch viel mehr Beständigkeit und diplomatischem Geschick Herzog Christoph in den ›hochbeschwerlichen Läufen‹, wo Deutschland in eine sächsische, eine österreichische und eine französische Partei verwirrend aufgeteilt war, den glückhaften Kurs der Neutralität, im Blick auf die offenkundige ›Entkraftung‹ seines Landes. Christoph baute insgeheim auf, wo andere deutsche Fürsten Raubbau mit ihren Ländern trieben.«[68]

»Beim Tode Herzog Christophs lebte das Land aufs Ganze gesehen im Wohlstand, der auch dem ›gemeinen Mann‹ zugute kam, insofern der Herr, um von den stets wechselnden Ernteerträgen unabhängig zu sein, in Stuttgart einen Fruchtkasten für Notfälle baute und dies auch seinen Vögten anempfahl.«[69]

»ein Regent von ausgesprochenen Herrschereigenschaften, staatsmännischer Begabung und bedeutendem Organisationstalent«[70]

»eine charaktervolle Persönlichkeit von großem sittlichem Ernst und unermüdlichem Wirken, neben Eberhard im Bart der tüchtigste wirtembergische Herzog«[71]

»Ein Genie von einem Regenten, wie er einem Volke in Jahrhunderten nur einmal geschenkt wird.«[72]

»Als Herzog Ulrich 1550 in Tübingen starb, übernahm sein Sohn Christoph einen weitgehend zerrütteten Staat. Ulrich hatte den Vertrag von Kaaden gebrochen, sich in das Abenteuer des Schmalkaldischen Krieges gestürzt und sein Land verspielt. Nur sein Tod verhinderte, daß Wirtemberg endgültig an Österreich fiel. Sehr vorsichtig mußte Christoph die Gnade des Kaisers zurückgewinnen. So machte auch die durch das Interim unterbrochene Reformation in Wirtemberg nur zögernde Fortschritte. Christophs nachhaltige Sorge für Dorfschule und städtische Lateinschule als die Grundlagen der Universitätsausbildung war im ganzen damaligen Deutschland einmalig.«[73]

»Als junger ›Prinz‹ hat Christoph während der österreichischen Herrschaft in seinem Lande erfahren, was das heißt, Rankünе, Intrige, Machtlosigkeit. Christoph scheint in dieser Schule des Lebens nur gewachsen zu sein, zu einem Charakter, dem man vertrauen durfte. Er ist bis ins 19. Jahrhundert als der eigentliche Pater patriae, als der Garant des ›alten guten Rechts‹ empfunden worden.«[74]

»Entgegen der anderwärts zu erkennenden frühabsolutistischen Bestrebungen verfolgte Herzog Christoph das Ziel der Integration der spätmittelalterlichen Stände in den frühneuzeitlichen Staat. Es ist bekannt, daß die in Württemberg dadurch hergestellte Kontinuität vom spätmittelalterlichen Ständestaat zur modernen Demokratie in der europäischen Geschichte nahezu einzigartig dasteht.«[75]

»Herzog Christoph, in einer schweren Krise zur Regierung gelangt, erwies sich als Glücksfall württembergischer Geschichte. Er hat nicht nur situationsbedingte Probleme mit Geschick gemeistert, er hat darüber hinaus Grundlagen für Generationen gelegt, Strukturen entworfen, die zweieinhalb Jahrhunderte bestimmten und in vielem bis heute nachwirken. Er hat eine Lebensauffassung vertreten, eine Mentalität gefördert, die lange Zeit als typisch württembergisch galt. Herzog Christoph bescherte dem Land nicht nur eine Zeit des Friedens, der inneren Konsolidierung und wachsenden Wohlstandes, er führte das Land auch auf einen Höhepunkt seines äußeren Ansehens und inneren Selbstbewußtseins. Man wird nicht alle seine Auffassungen und Handlungen vorbehaltlos billigen können: zum Beispiel sein im Grunde utopisches Verständnis einer christlichen Gesellschaft, das inquisitorische Überwachungssystem des Verwaltungsapparates und der Bevölkerung sowie die Überbetonung des Konfessionellen in der Politik. Aber auch darin war er ein typischer Fürst seiner Zeit. Andere Züge seiner Epoche verkörperte er in zeitlos vorbildlicher Weise: die hohe Verantwortlichkeit des Regierungsamtes, den Einsatz für humane, ideale Ziele, auch die Lebenskunst der Renaissance und einen ausgeprägten Friedenswillen.«[76]

»Es ist nicht übertrieben, Christoph als den Gestalter, den Schöpfer des neuzeitlichen Staates in Württemberg zu bezeichnen. Herzog Eberhard im Bart hatte bereits veraltete Traditionen überwunden und neue Wege gewiesen, Herzog Ulrich die Chance der Reformationszeit zum Umbau des Staates von oben genutzt, aber Christoph erst entwickelte die angemessenen Ordnungen, die den Staat und die Gesellschaft für Jahrhunderte prägen sollten.«[77]

»Christoph bleibt das Muster eines guten Landesvaters.«[78]

»Das Ideal vom platonischen Staat, im Lande Württemberg verwirklicht damals, das freilich wäre zu hoch gegriffen. Aber daß unter ihm die Dinge gestimmt haben, daß man nicht bloß herumgeredet und auf die Trommel geschlagen hat und den Herrgott hat einen guten Mann sein lassen: das haben die Leute gespürt und das hat Christoph in so guter Erinnerung sein lassen. Als Andreae 1619, so viel später war das gar nicht, seine ›Christianopolis‹ hat erscheinen lassen, eine Utopie, da hat er nur einmal den Vorhang zurück zur Wirklichkeit gelüftet: als er den guten Christoph als Licht und als Vorbild beim Namen genannt hat.«[79]

Anmerkungen

1 Wolleber Cod. hist. 2° 934, 260v.

2 Bidenbach Bericht (Anm. 3) 80. Testament vom 19. Januar 1566: »Wir haben auch vnnsern Sönen Vätterlichen eingebunden, stettigs erinnerlichen zu hertzen zufüren, Wie sie von Gott dem Herrn, Lanndt vnnd Leüthen, fur Vätter des geliebten Vatterlandts fürgestelt, vnnd gegeben werden, Auch Jnen Lanndt vnnd Leüth von seiner Allmechtigkeit vertrawt seien, nicht Darumben, Das sie Jren Aignen Wollust, Bracht, vnd dergleichen Wäldtliche yppigkait suchen, Sonnder Alß Gotts förchtige; Christliche fromme, getrewe, vnnd sorgfeltige Fürsten, den gemeinen nutzen, vor Jrem Aignen zubefürdern, Auch gar keinen Krieg, Jn einichen Wege Anfahen, oder Auch Kein Ainiche Vrsach darzu geben, Sonnder den geliebten Hochnützlichen friden vnnd darzu recht vnnd gerechtigkeit zuerhaltten« (Reyscher 2, 142).

3 Zu Herzog Christoph und seiner Regierungszeit: Balthasar Bidenbach, Kurtzer vnnd wahrhafftiger Bericht, von dem hochlöblichen vnd Christlichen leben, auch seligem absterben, weilundt des Durchleuchtigen, Hochgebornen Fürsten vnnd Herrn, Herrn Christoffen, Hertzogen zu Wirtemberg etc., Tübingen 1570 (LP 23 592b; w. G. 4° 84; J67 Bü 1; G 47 Bü 28); Dietrich Schnepff, Oratio de vita et morte… Christophori…, Tübingen 1570 (LP Bd XXII, 6 u. J67 Bü 1); David Wolleber Cod. hist. 2° 934, 224–261; Georg Gadner, Cod. hist. 2° 16, 38–53; Jakob Frischlin, Cod. hist. 2° 233, 26–45; Johann Ulrich Pregitzer, Cod. hist. 2° 53, III, 1–411; Sattler Hz 4, 1–240; Spittler 143–182; Johann Friedrich Rößlin, Leben Herzog Christophs von Wirtemberg, Stuttgart 1792; Ludwig Timotheus Spittler, Regierungsgeschichte des Herzogs Christoph zu Würtemberg, Tübingen 1818; Johann Christian Pfister, Herzog Christoph zu Wirtemberg, Tübingen 1, 1819–2, 1820; Pahl 3, 101 bis 165; Zimmermann 2, 268–319; Barth 160–174; Karl Dieterich, Christof, vierter Herzog von Wirtenberg, Ulm 1846; Gustav Schwab, Christoph von Württemberg in: Ev. Jahrbuch 1850; Pfaff Wirtemberg 3, 54–149; F. A. Ed. Burdach, Herzog Christoph von Würtemberg, der Vater, Freund, Hirt und Erleuchter seines Volkes, Hamburg 1856; Carl Friedrich Ledderhose, Herzog Christoph von Württemberg. Ein Lebensbild aus der Reformation, Leipzig 1866; Bernhard Kugler, Christoph, Herzog zu Wirtemberg Stuttgart 1, 1868–2, 1872; Christian David Friedrich Palmer, Herzog Christoph, Stuttgart 1868; Paul Pressel, Christoph, Herzog zu Württemberg, Stuttgart 1868; Stälin 4, 477–776; P. Stälin ADB 4, 243–250; Hermann Mosapp, Herzog Christoph von Württemberg, Barmen 1889; Schneider 157–188; Hans Petri, Herzog Christoph und die Reformation in Frankreich in: BWKG 55, 1955, 5–64; Gerhard Hanselmann, Herzog Christoph von Württemberg. Ein Haushalter Gottes auf dem Fürstenthron, Stuttgart 1956; Robert Uhland NDB 3, 248f; Werner Fleischhauer (Anm. 58); BWKG 68/69, 1968/69, 112–138; Hermann Ehmer, Bildungsideale des 16. Jahrhunderts und die Bildungspolitik von Herzog Christoph in Württemberg in: BWKG 77, 1977, 5–24; Reformation in Württemberg, Stuttgart 1984; Festschrift Württemberg 136–162; Felix Berner, Der gute Landesvater. Herzog Christoph von Wirtemberg. 1515–1568 in: Berner 111–115; Borst Herren 79–90.

4 Löbe 259; Dielitz 348; Kübler Gal. 53.

5 J1 154–23, 3 u. 53: Oswald Gabelkover, Ahnentafel zu 16 Ahnen. Pregitzer 3, 12: Tabula progonologica zu 64 Ahnen.

6 LP Schnepff 11f: »Natus est ergo insignis Heros omnium seculorum & temporum memoria dignissimus, in amoenissima arce, quae est ad oppidum Vracense, anno post recuperatam humano generi salutem, millesimo, quingentesimo, decimo quinto, 4. Idus Maij, post secundam horam matutinam.« Den 12. Mai 1515 als Geburtstag nennen: Bidenbach Bericht 3; LP Schnepff 11; Eber 182; Crusius 2, 184; Gadner Cod. hist. 2° 16, 38; Lairitz 480; Imhof 57; Wolffgang 10; Pregitzer 1, 16; Hübner 201; Sattler Hz 1, 184; Viton 110: St. Allais 4, 521; Pfister Christoph 40; Stälin 4, 121 u. Tab VII; Behr 170; Voigtel-Cohn 92; Maisch Stammtafel; Giefel Nr 59; Schneider Stammbaum; Kübler Gal. 53; Schön Nr 54; Isenburg 1, 76; Freytag 1, 76; Schwennicke 1, 123; Borst Herren 79. Den 12. März 1515 nennt: Rößlin Christoph 2. Den 2. Mai 1515 nennt: Spittler 143. Den 6. Mai 1515 nennen: Küng 137 »anno 1515 uff Cantate, den 6. maii, zu Urach geborn«; Mohl 572. Herzog Christoph ist der erste geborene Herzog von Württemberg, er kam zur Welt fünf Tage nach der Ermordung des Hans von Hutten durch Herzog Ulrich. Paul Stälin, Beiträge zur Jugendgeschichte des Herzogs Christoph von Württemberg in: WJbb 1870, 468–503.

7 Geburtszeit 1h 42min: Friedrich Rüttel Horoskop G 400 Bü 14, 18; Eber 182; Conrad Cellarius Horoskop Cod. math. 4° 22, 19; Crusius 2, 184; Steinhofer 1, 264; Köhler Münzelbelustigung 16, 242. 1h 55min 38sec: F. Rüttel Horoskop G 400 Bü 14, 17. Um 2h: J. Frischlin Cod. hist. 2° 73, 106; Steinhofer 4, 191f (andere 7h). Vor 2h: Assum Cod. hist. 4° 130, 59v. Nach 2h: LP Schnepff 11 (Anm. 6). Um 7h: Gabelkover Cod. hist. 2° 589b, 266. Um 21h: Reimchronik 193.

8 LP Schnepff 10: »in amoenissima arce, quae est ad oppidum Vracense«; Stälin 4, 121: unteres Schloß. Hohenurach: Pfister Christoph 117; Moll 49; Seubert 92. Stuttgart: Decker-Hauff Stuttgart 324.

9 G 47 Bü 25: »Allerley Consultationes, Resolutiones, anbringen vnd Bedencken

die vffrichtung eines Testaments durch Hertzog Christoffen zu Würtemberg belangend« 1565/66, darin Kopie des Testaments, abgedruckt bei Reyscher 2, 137–147.

10 Nach dem Tode des Erbprinzen Eberhard aufgesetzt. G 1–8 U 41, abgedruckt bei Reyscher 2, 147–168. Repertorium Hausarchiv 3, 37v bringt Hinweis auf ein Testament vom 20. April 1551; weder Testament noch Akten überliefert. Nachlaßakten G 47 Bü 23: darin »Vertzaichnis Vnsers gnedigen fürsten vnnd Herrn, Hochloblicher, vnd seliger gedechtnus hinderlassener Claider«. »Jnventarium Was Jnn vnnsers gnedigen fürsten vnd Herrn Hertzog Christoffen zue Württemberg hochlobseliger gedechtnus Truchlin, so Jr f. g. Jederzeit mit sich gefüret gefunden vnd vfgezaichnet worden« vom 8.2. 1569. Jnventarium des Silbergeschirrs vom 14.3. 1569.

11 G 47 Bü 28: »Akten betr. das Absterben Herzog Christophs«, darin Notifikation »jetzo Dienstag gegen abendt zwischen 8 vnd 9 vr« = 28. Dezember; Bidenbach 75: »zwischen acht vnd neun Vhrn, abendts am Kindlins tag (an wölchem vor 25. Jaren, jrer F. G. Herr Schweher Marggraff Georg zu Brandenburg, etc. gleicher gestalt wol vnd seliglich hingefaren) den Geist auffgeben vnd entschlaffen« (Anm.: Sein Schwiegervater Georg starb am 27. Dezember 1543, Christoph am Tag der unschuldigen Kinder, dem 28. Dezember, am 42. Geburtstag seiner Gattin Anna Maria). Todestag in sämtlichen Quellen der 28. Dezember 1568, ausgenommen: Zimmermann 2, 318: 18. Oktober 1568; v. Alberti ADB 19, 597: 28. September 1568.
Zum Tode Herzog Christophs: Pregitzer Poesie 1722, 652–655; August Pauly, Die letzten Tage Herzog Christophs von Württemberg 1817, 118–120, dort 117f: Gedicht von Ludwig Schuhkrafft, An der Ruhe-Stätte Herzog Christophs von Württemberg; Pfister Christoph 2, 91–102; Pfaff Gedenkbuch 537f; Ludwig Friedrich Staib, Herzog Christof von Württemberg in seinen letzten Stunden, Göppingen 1868; Hartmann 70.

12 Zwischen 20 u. 21h: Notifikation G 47 Bü 28; Bidenbach Bericht 75; Sattler Hz 4, 237. Um 20h: Kugler Christoph 2, 634; Stälin 4, 770.

13 Pregitzer 1, 16; Mohl 572: »Er hatte wegen in Jtalien empfangenen Giffts stetig einen kräncklichen Leib.« Sattler Hz 3, 221: 1545. »Dagegen Herzog Christoph an seinen Herrn Vater berichtete, daß er Schmerzen an einem Schenkel habe und die Aerzte ihm das Wildbad zu gebrauchen angerathen hätten. Die Erlaubnus wurde ihm schwer gemacht, weil Herzog Ludwig von Bayern auch einen offenen Schenkel gehabt und das Wildbad gebraucht habe, wodurch der Schade nur vermehrt worden und die Aerzte gnug zu thun gehabt hätten ihn bey Leben zu erhalten. Doch erfolgte dieselbe, als des Herzogs Aerzte gleichmäßig einstimmeten und der Prinz berichtete, daß er auf dem Ritt zu seiner Verlobung nach Anspach aus Mangel der Winterkleider so sehr erfroren wäre und dadurch ein Fluß von dem Haupt und Milz herab in den Fuß gefallen sey. Es hatte dieses Baad damals die erwünschte Würkung, das Uebel wurde aber nicht gänzlich gehoben, weil ihm bey seinem herannahenden Alter dasselbe noch viel Beschwerlichkeiten verursachte.«
Zur Krankheit Herzog Christophs: Pfister Christoph 2, 91ff; Moll 51f: »Man sagte von ihm, er habe Jedermann Gutes gethan, nur seinem Leibe nicht«; Kugler Christoph 2, 632; »Seit einiger Zeit litt er in steigender Weise an schweren Katarrhen, rheumatischen Leiden, Fieberanfällen und Rothlauf, und die Krankheit wurde dadurch vermehrt, daß der Herzog zu der Meinung kam, genug gelebt zu haben, daß er sich nach der Ruhe des Grabes sehnte.« Bidenbach Bericht 60: »Ob nun wol jr F. G. ettliche treffliche berhümbte Medicos zu deren

Hof Medicis beschreiben lassen, auch von andern Fürsten, jrer F. G. Medici vnerfordert zugeschickt worden, vnd sie derselbigen consilia gehört, vnnd eins theils geuolgt, So haben doch jre F. G. offt, offt vermeldet: Ein kül Erdtreich würdt mein Doctor sein, vnnd was ich thu, das muß ich darumb thun, daß man nicht gedenck ich sey singularis vnd eigensinnig, oder verachte die Mittel, vnd versuche Gott, jedoch ist es nur Flickwerck, als wann man an einem alten Hauß flicket, vnd hilft es ettwas, so ist es nur darzu gut, daß ich noch was verrichten möge, vnd nicht gar ohne alle Expedition zu Beth lige, Wann aber das von Gott bestimbt, vnd von mir erwartet Stündlin kompt, so hilffts alles nichts, es muß doch einmal gestorben sein. Et beati mortui, qui in Domino moriuntur. Municipatus noster in coelis est, etc. Selig seind die Todten, die in dem Herrn sterben. Vnser Burgerschafft ist im Himmel.« 68: »Wann dann jr F. G. geliebte Gemahel, jrer F. G. Schwachheit angesehen, vnd daß jre F. G. immer mit sterben vmbgangen, gehört, sich darob bekümmert... vnnd sich darob vil bemüht vnd gekrenckt, haben jr F. G. sie allweg darfür gebetten vnd getröstet, vnd onlang gegen derselbigen vermeldet, wann das erwartet Stündlein kompt, daß ich von hinnen scheiden soll, so singend alle mit einander: Mit Frid vnd Frewd ich far dahin«, vgl. Koch Kirchenlied 2, 439. Bidenbach Bericht 76: »weder Schmertzen noch Anfechtung des Tods empfunden, sonder wie ein Kind entschlaffen«.

14 Tag der Beisetzung 2. Januar 1569: LP Heerbrand; Crusius 2, 317f; Steinhofer 1, 363; Kübler Gal. 53; Schön Nr 54. 1. Januar 1569: Sattler Hz 4, 237.

15 Bidenbach Bericht 79: »one alles Gepräng vnd Pomp«. G 47 Bü 28 enthält: »Leich. Proceß.« »Verzaichnuß Welchermassen es mit vnsers gnedigen fürsten vnd herrn, herrn Christoffs... Begräbnuß gehalten werden solle.« Wolleber Cod. hist. 2° 934, 260: »Historj der Begräbnuß H. Christoffs«; Pfister Christoph 2, 100f schildert Begräbnis. G 47 Bü 28 enthält: »Vnsers frommen gnedigen Landfürsten vnd Herrns Hertzog Christoffs zu Württemberg etc. selig absterben betreffend Wie solches auff den Cantzeln verkhundt worden Anno 1569 im Januario«, abgedruckt bei Sattler Hz 4, Beil. 76: Notification des Absterbens Herzog Christophs zu Würtemberg an die Gemeinden durch die Prediger den 2. Januar 1569. Pfister Christoph 2, 101f: »An eben diesem Tag ward in allen Gemeinden des Landes eine herzliche Ermahnung durch die Prediger verlesen. Darin ist gesagt, was der fromme und gütige Fürst seinem Lande gewesen, wie er in mancherlei Gefährde und Arbeitseligkeit zu dem väterlichen Erbland gekommen, was er für die Landes-Ordnung und die reine Lehre des Evangeliums gethan, wie er selbst diese bekannt und in diesem Bekenntniß ruhig und gottselig abgeschieden; deßhalb sollen die Gemeinden ihre Traurigkeit mäßigen und zuerst Gott dafür danken, daß er ihnen einen solchen Fürsten beschieden, und ihn um Erhaltung des Friedens und um fernere gottselige Regierung bitten.«
Zur Öffnung des Grabes im Jahre 1820: Eifert Tübingen 140: »Im Jahr 1820 schien dieses sich zu senken, und man hatte Ursache, eine allmählig entstandene Beschädigung des Grabgewölbes, auf dem es ruhte zu befürchten. Daher wurde das Grab geöffnet. Einigen Wenigen wurde gestattet, in seine Tiefe sich hinab zu lassen, und den Sargdeckel zu heben. Da lag im Schein der Lampe der Herzog noch vollkommen unversehrt, als ob er erst entschlummert wäre, das Haupt auf purpursammtnem Kissen, in grünem Sammttalar und schwarzem Wamms, über welchem eine goldene Kette sich kreuzte. Dunkelbraun mit Grau gemischt der Bart, rund um das volle Kinn, das gutmüthige gelblich blasse Angesicht voll Ruhe, wie im sanften

Schlaf, die Hände mit Ringen an den Fingern gefaltet. Mit Andacht sah es, wer durfte, unverwischbar ist der Eindruck, den derjenige gewann, der von Kind auf erfüllt von Verehrung gegen einen der besten Fürsten der Vorzeit, plötzlich ihm selbst noch ins Angesicht schauen durfte, als wäre die Gegenwart um beinah 3 Jahrhunderte zurückgegangen. Das Grabgewölbe wurde wieder befestigt, und keine Spur zeigt jetzt mehr, daß einst die Gruft betreten worden ist.« Württembergische Jahrbücher 1821, 197–199: »Tübinger Gruft« 198: »fand man unter den Grabmählern des Herzogs Christoph und seiner Gemahlin die Leichname von beyden; diese ruhten aber nicht einmal in einem Gewölbe, sondern auf der bloßen Erde unter der Decke des Grabmahls... Bey Gelegenheit obiger Entdeckung zeigte sich die hohe Verehrung der Würtemberger gegen das Andenken des Herzogs Christoph von Neuem auf eine auffallende Weise. Bürger und Studirende drängten sich herbey, um die theuren Ueberreste des gefeyerten Regenten zu sehen. Leider aber ging ihre Theilnahme so weit, daß man sie auch Rohheit nennen könnte; denn Nichts, selbst der fürstliche Leichnam nicht, war mehr vor ihnen sicher, indem der Eine einen Rest von der Bekleidung und Ausstattung, der Andere einzelne Haare und Zähne sich aneignete, bis endlich die Polizeybehörde, auf diese Verirrung und Entweihung aufmerksam gemacht, den Leichnam so lange bewachen ließ, bis das Grabmahl wieder geschlossen war.« Zu den ›Reliquien‹ in der Stuttgarter Stiftskirche: Eugen Gradmann in: Mitteilungen Württ. Kunstgewerbeverein 1908/09, 194: »In einer ehernen Kapsel, die in einen Steinpfeiler eingelassen ist, ruhen in der Stuttgarter Gruft auch Reliquien aus den Särgen der Herzöge Christof und Ludwig.« Schwäbischer Merkur 25.8.1934, 5: ›Reliquien‹ im Jahre 1822 aus der Tübinger Stiftskirche in die Stuttgarter Stiftskirche verbracht.

16 LP 23 591 a–c u. LP Bd XXII, 2a–c u. J67 Bü 1. a: »Die ein, als die Fürstlich Leich den letsten Decembris, Anno 68. von Stuttgarten geführt, daselbsten in der Stifftskirchen.« b: »Die ander zu Bebenhausen, nachdem die Leich alda ankommen, vnd über Nacht gestanden, den ersten Januarij, Anno 69.« c: »Die dritt, da die Leich zu Tübingen den andern Januarij, zur Erden bestehtiget worden, gehalten.«

17 LP 23 592 u. LP Bd XXII, 6 u. J67 Bü 1. LP Schnepff 75 ff: Epicedia von Johannes Brastberger, Johannes Sechelius, Balthasar Bidembach, Wilhelm Bidembach, Paul Huldenrich, Martin Crusius (vgl. Germanograeciae libri sex 287), Nicodemus Frischlin, Leonhardt Engelhart, Erhard Cellius.

18 LP 23 600c.

19 LP 23 600; LP 23 600a: Nicolaus Reusner, Carmen lugubre de obitu... Christophori. Moser Wirt. Bibl. 103 erwähnt noch: Simon Ostermann, Oratio Funebris, Lauingen 1569; Pfister Christoph 2, 118 hat sie ebenfalls »nicht bekommen können«.

20 G 47 Bü 28: Wien 20. Januar 1569 Kaiser Maximilian II. an Herzog Ludwig, abgedruckt bei Sattler Hz 4, Beil. 77 u. Patriotisches Archiv 4, 1786, 461–466, s. auch Anm. 32.

21 G 47 Bü 28: »Christophorus et Eberhardus Duces Würtembergenses Jhrer beeder Grabstein betreffend« 1568–1570, abgedruckt bei Wintterlin 21–32. Beschreibung des Grabmals bei: Demmler 157–159; Westermayer – Wagner – Demmler 44–58; Fleischhauer Renaissance 129 f: von Leonhard Baumhauer 1560/61 in der Werkstatt Jakob Wollers ausgeführt, deshalb Wollers Meisterzeichen am Grabmal; Walter Klein, Leonhard Baumhauer in: Gmünder Heimatblätter 1935, Nr. 5–7, 81–84. Klemm 146: Von Jakob Woller das Meisterzeichen, der Stil von Leonhard Baumhauer. Bemalt von Hans Schickhart, Wintterlin 22 ff. Tuschzeichnung 18. Jahrhundert in: Cod. hist. 4° 59 Nr XI.

22 Inschrift u. a. auch bei Crusius 2, 393; Mütschelin 277; Baumhauwer 8; Zeller 89; Lenz 6; Tiedemann 190; Westermayer – Wagner – Demmler 44 mit dt. Übersetzung.

23 Demmler 36: von Friedrich Keßler, Geschützgießer, verfertigt, von Jerg Galler gemalt und vergoldet; Westermayer – Wagner – Demmler 347f: von dem herzoglichen Büchsengießer Friedrich Keßler in Stuttgart gegossen; Fleischhauer Renaissance 252: gegossen von Friedrich Keßler, vielleicht nach Entwürfen von Jörg Galler, 256: gegossen in den Brenztalwerken.

24 LP Schnepff 78: Verfasser Balthasar Bidembach. Inschrift u. a. auch bei: LP Schnepff 73ff; J. Frischlin Cod. hist. 2° 73, 133f; Crusius II, 393; Mütschelin 277f; Baumhauwer 8ff; Montanus 329vf; Pregitzer Cod. hist. 2° 53, III, 387ff; Sattler Hz 4, 238f; Zeller 88; Lenz 6ff; Tiedemann 190f; Westermayer – Wagner – Demmler 45f mit dt. Übersetzung 46f. Auf der Tafel linugis statt linguis.

25 Johann Jakob Atzel, Schreiben über einen Versuch in Grabmälern nebst Proben in: Wirtembergisches Repertorium der Litteratur, Stuttgart 1782, 2, 217–224. Atzel, seit 1778 Kabinettsdessinateur, erhielt von Herzog Carl Eugen †1793 den Auftrag, über »Grabmäler für edle und erhabene Menschen, deren Andenken unsern Herzen theuer und ehrwürdig seyn muß« (217) nachzusinnen. 222: »Meine Beschäfftigung hat eigentlich blos Teutsche zum Gegenstande, die durch Verdienst, durch Unglück und durch Gröse, merkwürdig und interessant sind. Diejenigen, welchen ich bereits nachgesonnen habe, sind Kaiser Karl der Grose, Herzog Ernst von Gotha, Franz von Sickingen, Luther, Melanchton, Leibniz, Thomasius, Spener, Klopstock, Haller, Lambert; von Wirtembergern aber insbesondere sind es: Herzog Christoph, Keppler, Valentin Andreä, und ein Landgeistlicher.« Die Nachricht von dem von Carl Eugen in Hohenheim geplanten Vorläufer der Walhalla verbreitete sich noch im selben Jahr in ganz Deutschland: Deutsches Museum 1782, 2, 559 (Anm. 48). Philipp Matthäus Hahn, Die Echterdinger Tagebücher 1780–1790. Hg. v. Martin Brecht u. Rudolf F. Paulus, Berlin–New York 1983, 53: 2. Mai 1783 »Bei Herrn Stadtphysicus fand das Teutsche Museum 12 Stük 1782, aus einem Brief von Schafhausen datirt, Beschreibung von Hohenheim, worinn steht, daß in dem englischen Dorf in dem Garten, der die Kohlerhütte oder Bibliothek der Frau Gräfin umgibt, etlich Denkmäler von Originalgenien sollen aufgestellt werden: Kayser Karl der Sechste, Herzog Christoph von Wirtemberg, Luther, Melanchthon, Keppler, Neuton, Klopfstock, Hahn. Und zwar soll ich einen Cubum von Stein mit einer Eule zum Denkmal haben, weil die Eule ein Bild des Tiefsinns und der Minerva sey, das Besondere liebe, nicht aus Eigensinn, sondern weil sie ihre Natur dazu antreibe, worüber sie zwar von manchen angefeindet und mißkandt werde, welches sie aber mit Gedult erträgt.« Zu den Plänen Carl Eugens s. auch: Elisabeth Nau, Hohenheim Schloß und Gärten, Stuttgart 1967, 66 u. 69 u. 121 sowie Gf/Hz Eberhard †1496 Anm. 45.

26 Die Büste Herzog Christophs in der Walhalla entstand 1831 durch den Bildhauer Herman Vilhelm Bissen in Rom und trägt die laufende Nummer 60. Sie befindet sich unmittelbar neben den Büsten von Johann Wolfgang von Goethe (Nr 56), Martin Luther (Nr 57), Hans Holbein d. J. (Nr 58) und Kaiser Karl V. (Nr 59), Walhalla. Amtlicher Führer, Regensburg 1983.

27 Gustav Wais, Stuttgarts Kunst- und Kulturdenkmale, Stuttgart 1954, 15; Hermann Mosapp, Herzog Christoph von Württemberg. Ein Lebensbild zur Enthüllung seines Denkmals in Stuttgart, Barmen 1889. Rößlin Christoph 139: »sein Denkmal ist in unser aller Herzen«. Seine Porträtbüste vom Stuttgarter Lusthaus seit

1844/45 auf Schloß Lichtenstein/ Kreis Reutlingen, Walcher 172.

28 LP 23 600b u. J67 Bü 1: LP Schnepff für Eberhard † 1568 S. 7 gehalten am 8. Mai 1568 in Abwesenheit Herzog Christophs.

29 Zimmersche Chronik in: Bibliothek Litterarischer Verein Stuttgart 92, II, 51f.

30 Bidenbach Bericht 76.

31 Bidenbach Bericht 79f.

32 Kondolenzschreiben Kaiser Maximilians II. (Anm. 20).

33 Kondolenzschreiben Landgraf Wilhelm von Hessen in: G 47 Bü 28.

34 Kondolenzschreiben Kardinal Otto Truchseß von Waldburg, Bischof von Augsburg in: G 47 Bü 28.

35 Kondolenzschreiben Bürgermeister und Rat zu Schwäbisch Gmünd in: G 47 Bü 28.

36 Kondolenzschreiben Bürgermeister und Rat zu Weil der Stadt in: G 47 Bü 28.

37 Landgraf Philipp I. der Großmütige von Hessen, Pfister Christoph 2, 28.

38 Bidenbach Bericht 30.

39 Bidenbach Bericht 31.

40 Bidenbach Bericht 33.

41 Bidenbach Bericht 45.

42 Bidenbach Bericht 48.

43 Jakob Schrenck von Notzing, Die Heldenrüstkammer (Armamentarium Heroicum) Erzherzog Ferdinands II. auf Schloß Ambras. Faksimiledruck der lateinischen und deutschen Ausgabe des Kupferstich-Bildinventars von 1601 bzw. 1603. Hg. v. Bruno Thomas, Osnabrück 1981. Vgl. hierzu auch: Werner Fleischhauer, Die Harnische und Bildnisse der Herzöge Ulrich und Christoph von Württemberg in der Sammlung des Erzherzogs Ferdinand von Tirol in: ZWLG 26, 1967, 224–251.

44 Heimführung 36.

45 Lohmeier 53.

46 Pregitzer 1, 16.

47 Sattler Hz 4, 237.

48 Deutsches Museum 1782, 2, 559, vgl. Anm. 25.

49 Spittler 178.

50 Spittler 180f.

51 Titel eines Aufsatzes im Patriotischen Archiv 9, 1788, 3–98.

52 Titelseite bei Rößlin Christoph 1792.

53 Pfister Christoph 1, 623.

54 Pfister Christoph 2, 103f.

55 Zimmermann 2, 318f.

56 Barth 169f.

57 Barth 171.

58 Barth 172f; zu der gerügten Bautätigkeit Herzog Christophs: Werner Fleischhauer, Herzog Christoph von Württemberg als Bauherr in: Alemannisches Jahrbuch 1971/72, 316–337.

59 Ledderhose Christoph 137.

60 Pfaff Wirtemberg 3, 149.

61 Paul Friedrich Stälin ADB 4, 250.

62 Stälin 4, 760f; in der Bemerkung zu Christophs Gemahlin ist wohl eine Anspielung auf die Ehe König Karls † 1891 mit Königin Olga † 1892 zu sehen.

63 Schneider 187f.

64 Missenharter 92.

65 Missenharter 102.

66 Robert Uhland NDB 3, 249.

67 Marquardt 115.

68 Müller Württemberg 119f.

69 Müller Württemberg 124.

70 Müller Württemberg 165.

71 Müller Württemberg 171.

72 Stuttgarter Zeitung vom 26. Januar 1974.

73 Decker-Hauff Tübingen 74.

74 Borst 78.

75 Hermann Ehmer in Katalog Reformation 258.

76 Festschrift Württemberg 162.

77 Festschrift Württemberg 136.

78 Berner 114.

79 Borst Herren 88f.

Anna Maria

1526–1589

Herzogin von Württemberg

T. v. Markgraf Georg dem Frommen von Brandenburg-Ansbach[1]
u. v. Herzogin Hedwig von Münsterberg

Geboren am 28. Dezember 1526[2] in den Abendstunden[3]
in Jägerndorf in Schlesien[4]

Vermählt 1543/44
mit Herzog Christoph von Württemberg 1515–1568
Eheabrede am 18. Dezember 1543[5]
Beilager am 24. Februar 1544[6] in Ansbach[7]

Mutter von 12 Kindern, wovon 4 Söhne und 8 Töchter

Seit dem 24. Mai 1571 an geistiger Zerrüttung leidend[8]

Kein Testament vorhanden[9]

Gestorben am 20. Mai 1589 st. vet.[10] um 6h 15min[11]
in Nürtingen im Schloß
an einem Schlaganfall[12]

Beigesetzt am 9. Juni 1589 st. vet.[13]
in Tübingen im Chor der Stiftskirche St. Georg[14]

Lucas Osiander, Ein Tröstliche Predigt. Bey der Fürstlichen Leich... Frawen Anna Maria..., Tübingen 1592[15]

Erhard Cellius, Oratio Funebris..., Tübingen 1592[16]

Johannes Stehelin, Epigrammata in obitum..., Tübingen 1589[17]

Grabmal von Leonhard Baumhauer[18]

»ILLVSTRISS. PR. ET D̄N̄AE. D. ANNAE MARIAE GEORGII BRANDENB. MARCH. F. AC OPT. PR./ CHRISTOPHORI WIRTEMB. DVCIS CONIVGI/ FIDELISS. XII. LIBEROR. MATRI LVDOVICVS DVX WIRTEMB. FILIVS M.H.P.E.ME.P. OBIIT/ A.M.D.LXXXIX. DIE XX MAII. AET. LXIII«[19]

»Mit jr F. G. Gemahel haben dieselbige in Glück vnd Vnglück, in solcher Christlicher, ehelicher vnd Fürstlicher Lieb, Ehr, Freundtschafft vnd Vertrowen, so fridlich vnnd Gottseliglich in das fünff vnd zweintzigst Jar gelebt, das es wol ein Exempel frommer, Christlicher vnd Fürstlicher Ehegemahel gewesen.«[20]

»Vnnd sind Jhre F.G. in dem hochlöblichen Fürstlichen Hauß Würtenberg gewesen, wie ein fruchtbarer Weinstock, der vol Trauben gehangen.«[21]

»Eine fromme und großmüthige Fürstin«[22]

»Im Cirkel seiner Familie fand Christoph Leiden, welche den besten Mann besonders bey einem sonst sehr geschäfftigen Leben zur Ungedult hätten reizen und auch den rechtschaffensten Regenten in den Bemühungen für den Flor seines Landes verdrüßlich machen sollen. Zehen Kinder, acht Prinzeßinnen und zwey Prinzen sah Christoph um sich, wenn er des Abends im Cirkel seiner Familie speiste, aber gerad die zwey Söhne, an welchen er die meiste Freude hätte haben sollen, und gerad die Mutter, mit welcher ihn der Anblick einer so zahlreichen Nachkommenschaft nur desto inniger und vertrauter hätte vereinigen sollen, waren ihm tägliche Prüfung der Gedult. Seine Gemahlin war eine schwache Frau, die in inniger Vertraulichkeit mit einer alten Kammermagd, jede seiner klugen Erziehungsanstalten zernichtete, und wahrscheinlich an den elenden Sitten beider Söhne Schuld hatte. Erst noch nach seinem Tode hatte es sich recht gezeigt, welchen Fehlern Anna Maria unterworfen sey. Die gute fünf und vierzigjährige Frau verliebte sich in Landgraf Georg von Hessendarmstadt, der gerad die Hälfte ihres Alters hatte, und die verschmähte Liebe machte sie endlich völlig verwirrt.«[23]

»Christophs Gemahlin, Anna Maria, war eine schwache Frau, welche in inniger Vertraulichkeit mit einer alten Kammermagd schon bei Christophs Lebzeiten viele seiner klugen Erziehungsanstalten vereitelt, und sowohl den ersten Sohn, der vor Christoph starb, als den zweiten verzogen hatte.«[24]

»Anna Maria war eine liebreiche zärtliche Gattin und eine Wohlthäterin der Armen. Denkwürdig ist, dass diese Fürstin im Jahre 1558 die Hofapotheke in Stuttgart stiftete, welche sich ursprünglich neben der Hofkapelle im (alten) Schlosse befand. So lange sie in Stuttgart lebte war die Apotheke unter ihrer Aufsicht. Sie liess in derselben Arzneimittel verfertigen, welche sie, ihr Gemahl und andere württembergische Fürsten als Arcana erhalten hatten. Den Armen gab sie unentgeldlich Medicamente so oft und so viel sie derselben bedurften.«[25]

»Ein unschätzbarer Segen war für ihn seine vortreffliche Gattin. In der bescheidenen, liebevollen Weise, wie es einem klugen und treuen Weibe so wohl ansteht, trug sie all seine Sorgen mit ihm.«[26]

»Herzog Christoph, der gefeiertste und gepriesenste Fürst Württembergs, hatte auch das Glück eines gesegneten Hausstandes. Er, dem in seiner Kindheit und Jugend der stille Friede eines glücklichen Elternhauses nicht beschieden gewesen war, durfte doch selbst als glücklicher Vater und Gatte sich eines schönen Familienlebens erfreuen. Die trübe Erfahrung seiner Jugend ließ ihn gewiß ein solches Glück auch ängstlich suchen und hüten.«[27]

»Anna, eine Tochter des Markgrafen von Bayreuth ... endete, ganz beherrscht von der Gattin des Kammermeisters von Ostheim und ihrer Kammermagd Anna Stikelin, in psychischer Depression und Nacht.«[28]

Anmerkungen

Zu Anna Maria: Johann Ulrich Pregitzer Cod. hist. 2° 53, III, 392ff; Julius Schall, Herzogin Anna Maria, Gemahlin Herzog Christophs in: BWKG 6, 1891, 5–8; Pfister Christoph 2, 150–156.

1 Grossmann Hohenzollern 114; Schuhmann Brandenburg 76ff; Schwennicke 1, 159a. Zur Ahnentafel vgl. Hz Ludwig †1593 Anm. 4

2 Den 28. Dezember 1526 als Geburtstag nennen: Friedrich Rüttel Horoskop G 400 Bü 14; Lairitz 347; Stälin 4, 488 u. 4, Tab VII; Behr 170; Schall Anna Maria 5; Giefel Nr 59; Roller Baden 123; Grossmann Hohenzollern 114; Kübler Gal. 53; Schön Nr 54; Isenburg 1, 76; Freytag 1, 76; Schwennicke 1, 123. Das Jahr 1522 als Geburtsjahr nennen: Eber 508; Geburtregister 7; Pregitzer Cod. hist. 2° 53, III, 393 (Pregitzer 1, 16 ohne Geburtsdatum). 1527 nennt: J. Frischlin Cod. hist. 2° 333, 44v. 1528 nennt: Tuefferd Montbéliard 356.

3 Eber 508; F. Rüttel Horoskop G 400 Bü 14.

4 Geburtsort Jägerndorf in Schlesien (jetzt Krnov/CSSR): Grossmann Hohenzollern (1905) 114; Kübler Gal. 53; Schön Nr 54. Ort unbekannt: Roller Baden (1902) 123. Geburtsort Ansbach bei: Eber 508; F. Rüttel Horoskop G 400 Bü 14.

5 Heiratsakten G 48 Bü 2–3; G 1–8 U 42 Eheabrede vom 18. Dezember 1543, darin Beilager nicht festgelegt. Stälin 4, 489: Eheverlöbnis 21. November 1543 Ansbach.

6 Den 24. Februar 1544 als Hochzeitstag nennen: Eber 75; Wolffgang 11; Pregitzer 1, 16; Hübner 201; Steinhofer 1, 331; Behr 170; Voigtel-Cohn 92; Schall Anna Maria 6; Giefel Nr 59; Schneider Stammbaum; Kübler Gal. 53; Isenburg 1, 76; Freytag 1, 76. Den 17. Februar 1544 nennen: Lairitz 347; Tuefferd Montbéliard 356. Den 23. Februar 1544 nennen: Roller Baden 123; Grossmann Hohenzollern 114; Schön Nr 54. Den 27. Februar 1544 nennt: Sattler Hz 3, 215. Den 2. März 1544 nennt: Schwennicke 1, 123.

7 In aller Stille, Hochzeitsfeier unterbleibt wegen Tod des Brautvaters am 27. Dezember 1543, Stälin 4, 489; Grossmann 345f.

8 Sattler Hz 4, 240: »Als sie der Heimfürung ihrer Tochter Aemilien (recte Eleonore) 1571. beywohnte und zugleich ihre geliebte Töchtern, die beede Landgrävinen von Hessen, besuchte, verliebte sie sich in Landgrav Georgen von Hessen, welcher ihr etwas freundlich begegnete. Und als diser ihro seine anderwertige Neigung entdeckte, überfiel sie eine Schwermuth, daß sie ganz blödsinnig wurde und zu Nürtingen in ihrem Zimmer verwahrt werden mußte, bis sie endlich den 20. Maji 1589 in die Ewigkeit eingienge.«

Zur Krankheitsgeschichte: Christian Heinrich Günzler J1 103b, 98–100. G 55 Bü 7–16: Akten betr. die auf der Rückreise von der Heimführung ihrer Tochter Eleonore nach Dessau in Kassel ausgebrochene Geisteskrankheit der Herzoginwitwe Anna Maria. Bü 7, 60: »Vngevarlich Prothocollum wie sich die sach zwischen... der Hertzogin zu Würtemberg wittib... vnd... Landtgraf Georgen zu Hessen angefangen... vnd vorgeloffen ist.« Bü 7, 80: Kassel 28. Mai 1571 Herzog Ludwig an Landhofmeister, Cantzler und Räth zu Stuttgart: »Wir khönnen Euch gleichwol bekhümberlichen, nicht verhallten, das Gott der Allmechtig am verschinen uffartag Jn der nacht vnser freuntliche geliebte fraw Mutter mit einer beschwerlichen Kranckheit, auch solcher melancolj haimgesucht.« Bü 8, 119a: Roßbach 12. Juni 1571 Herzog Ludwig an Markgraf Karl von Baden: »mit ainer leibs vnd Haubtsplödigkhait dermassen angegriffen vnd heimbgesucht«. Bü 8, 123: Dessau 16. Juni 1571 Eleonore von Anhalt an ihren Bruder Herzog Ludwig: »so ist es mir ein hertzlichs leid das wir alererst an vnser fraw muotter erleben solen dan ir kennt selbs wol gedencken was es für ain schand ist wo mans nur hert es wurt vnsern vnverhairaten schwestern kain fürderung geben wo mans an fremden orten hert.« Bü 8, 125: Kassel 17. Juni 1571 Balthasar von Karpffen und Balthasar Bidembach, Bericht von der Herzogin wittib zustand: »bei zimlich guter Leibsgesundtheit vnd crefften«, »großer blödigkheit vnd Jrrigen gedanckhen«. Bü 8, 140: Kassel 20. Juni 1571 Landgraf Wilhelm von Hessen an seinen Schwager Herzog Ludwig: »Nun können wir E. l. aus beschwertem gemut nit verhelen, das sich die sachen sider dem zue keiner besserung schickhen, sondern von tag zue tag Je beschwerlicher werden, Dermassen, das Jch leyder gar aus dem schlaff vnd per consequens aus der vernunfft khommen, vnd solche hendell mit ruffen, schreyen vnd vmb sich schlagen angefangen, die nit wol zu schreyben.« Bü 8, 150: Kassel 26. Juni 1571 Landgraf Wilhelm an Herzog Ludwig: »gar selzame Reden vnd reymen getrieben, auch zum fenster hinaus gewollt, also das allen Jhrer l. dienern vnd dienerin auch den frawen, so wir J. l zugeordnet, ganz beschwerlich gewesen, J. l. in dem gemach, darin sie gewesen, dergestalt zue verwaren, dieweyll solch gemach so weyte fenster vnd so viel thüren vnd aufgenge hat«, »angefangen greulich zueruffen vnd zueschreyen«. Stälin 4, 779: »Bei der Herzogin-Mutter, mit welcher sein Vater friedlich gelebt hatte, traten nach dessen Ableben Schwäche, Einfalt, am Ende Irrsinn zu Tage... verliebt sich in diesen erst 22jährigen, allerdings bildschönen Georg, welcher späterhin ihre Tochter Eleonore heiratete; sie trug ihm ihre Hand an, welche er verschmähte. ›Wenn er mir nicht zu theil wird‹, schrieb sie am 28. Mai 1571 ihrem Sohne Herzog Ludwig, ›so weiß ich wohl, daß ich sterben muß oder würde von Sinnen kommen.‹ Bei merklichen Zeichen des Blödsinns wurde sie am 20. Juli d. J. im Kirchengebet der Gnade des heiligen Geistes empfohlen.« G 55 Bü 11, 47b: »Formular des verordneten Kirchen Gebets« zur Genesung der Herzoginwitwe. LP Osiander 13: »Wann wir auch gleich nicht allein die gesundtheit vnsers Leibs, sondern auch hohes Alters, oder ander zufälligen Kranckheiten vnd Schwacheiten halber, vnsern verstand verlieren, vnd widerumb, vor vnserm end, zu Kindern werden, soll vns doch solche Schwacheit vnd Kindheit an vnser Seligkeit kein schaden bringen... vnd ob wol ettliche leibliche Kranckheiten einem Christen vnderweilens den scharpfen verstand nemen, daß sie jne widerumb kindisch machen, so nemen sie jhm darumb nicht auch den Christlichen Glauben auß dem hertzen.«

9 G 48 Bü 10; Verzeichnis dessen, was Anna Maria »alls Jr f.g. willens gewesen ain testament aufzurichten«, Herzog Ludwig vermachen wollte; in Bü 10 auch ein »Verzaichnus deß Baaren gelz, so mein gnedige Fürstin vnd Fraw zu Nürtingen, seliger hochloblicher gedechtnuß verlassenn« (5123 Gulden) und »Jnventarium Alles fürstlichen Haußraths Jm Schloß zu Nürtingen nach Absterben frawen Annae Mariae«.

10 G 48 Bü 12, 5: Todesnachricht an Herzog Ludwig vom 20. Mai 1589 Nürtingen: »heut dato. morgens ein viertel Stundt nach sechs Vhren, aines vernünfftigen Christlichen Enndts vnnd gleich Jnn ainem sanfften Schlaaf vß dißem Jamerthal Jnn die ewige Seligkeit abgevordert«. Todestag einheitlich in allen Quellen, ausgenommen: 22. Mai 1589 bei: Lairitz 347; Hübner 201; Behr 20 (Voigtel-Cohn Anm. 75). 20. März 1589 bei: J. Frischlin Cod. hist. 2° 73, 135; St. Allais 4, 521 20. Mai 1588 bei: Pahl 3, 168; Pfaff Gedenkbuch 23.

11 Vgl. Anm. 10; Eber 192. Um 6h: Moll 53; Schall Anna Maria 8.

12 G 48 Bü 12: »Berichte über die letzte Krankheit und das Absterben Herzog Christophs hinterlassener Wittwe Anna Maria und Verordnungen Herzog Ludwigs, die Beisetzung und Verlaßenschaft seiner fraw Mutter betr.« Bü 12, 4: Hofmeister Cyriacus Zörrers Bericht an Herzog Ludwig den Zustand dessen Mutter betr.: »Gnediger Fürst vnd Herr, weil hoch zu besorgen, es werde Gott der Almechtig mit E.H.G. geliebtten Fraw Muotter ein enderung fürnemen, dan die Sprach, Recht seiten, vnnd beede Schenckhel sind gantz darhin, vnd nit mehr empfendtlich, derwegen wellen E.H.G. vnvertzogenlich yemandts hieher zu ziehen gnedigen bevelch geben, Sonsten ist die sach mit dem pfarher, vogtt, vnd andern personen versehen, vnd wirt gentzlich nichts versombt. Datum Nürtingen in grosser eyl morgens zwischen 4. vnd 5. Vhr den 19. May anno 89.« Moll 53 (mit lat. Zitaten aus LP Cellius): »Als am 20. Mai 1589 Anna Maria nach ihrer Gewohnheit die Morgenandacht verrichtet und auch wie sonst einige Psalmen gelesen und gesungen hatte, wurde sie gegen Aller Erwarten sehr schwach und humores ei de capite defluebant, nervos laxabant, sensum et motum eripiebant. Tum illa clara solis adhuc voce: Deus, Deus meus, ne delinquas me: quid mecum agitur? quid hocce verum est? Dies waren ihre letzten Worte. Sic enim lingua deinceps impedita fuit et detenta, ut verbum amplius proloqueretur nullum. Nachdem man das Hofpersonal, die Geistlichen usw. berufen, nachdem man sie in einen Stuhl gesetzt, stärkende Arzneimittel gereicht, die Aerzte herbeigerufen (qui vento quidem citius advolarant) starb Anna Maria eines leichten Todes um die 6te Frühstunde.« LP Osiander 18 f: »hat gar wenig tag vor jhrem seligen End einen Traum gehabt, den jhre F.G. denen Personen, so vff sie gewartet, alsbald sie auffgewachet, erzehlet. Nemlich, daß jr getraumbt, Wie jhr geliebter Gemahel vnnd Herr, Hertzog Christoff seliger, zu jhr kommen, sie freundtlich bey der Hand genommen, vnd sie in einen sehr schönen Lustgarten geführt habe«. 14: »in diser Welt durch mancherley trübsal gefürt; aber nichts desto weniger jhre F.G. in wahrem Glauben, bis ans end erhalten, daß sie kein widerwertigkeit oder schmertz, oder einiger zustand, hat mögen scheiden von der Liebe Gottes«. 18: »der Allmächtige die fromm Fürstin mit Leibs Kranckheit, vnnd langwirigen Schmertzen vätterlich heimgesucht«.

Herzogin Anna Maria starb fünf Tage vor der Hochzeit ihrer Tochter Eleonore mit Landgraf Georg von Hessen, dessen »Gestalt und Sitten so anziehend waren, daß selbst die verwitwete 45jährige Herzogin von Württemberg aus Liebe zu ihm melancholisch wurde« (Rommel Hessen 6, 101) s. Anm. 8; vgl. Hzn Eleonore †1618 Anm. 6.

13 LP Osiander; Eber 221; Crusius 2, 381; Geburtregister 7; Steinhofer 1, 404; Kübler Gal. 53; Schön Nr 54.

14 G 48 Bü 12, 9: »Verordnung, wie die Fürstlich Leicht vergelaitt, was darmit für ein proceß gehalten, vnnd wie die zur Erden bestattet werden solle.« »durch heimbgelaßne Medicos vnd Chirurgos gepürendt Exenterirt, vnnd die Viscera zu Nürtingen Jnn die Pfarrkürchen begraben, volgendts nach solcher Evisceration, vnnd Nothwendig Balsamirung der Fürstliche Leychnam Jnn ainen Pleyen sarch gelegt, vnd in ein khüel verschlossen gewölb gestellt, vnnd alda biß zur Zeit der Begräbnus verwahrt«. »Deßgleichen hat man dem Pawmeister vferlegt, sich allspaldt nacher Tüwingen zu verfügen, vnnd das Grab neben Hertzog Christoffs Begräbnus vf der Linckhen handt zuherichten.«
Zur Beisetzung der Viscera: G 48 Bü 12, 7: Stuttgart 20. Mai 1589 Landhofmeister Erasmus von Laimingen an Herzog Ludwig: »Darauff hab ich alßbald bevelch geben, das hochermelter verstorbenen Fürstin Viscera oder eingewaid gegen Abend, damit niemands deßelbigen achtung nemen künde, Jnn die Kürchen zu Nürtingen vergraben, vnd zu gebürender evisceration ein tauglicher chyrurgus zu Nürtingen oder Kirchheim... gebraucht werde.« Steinhofer 1, 404: »Der Sarg wurde von mehr als 20 Edelleuten getragen, unter Begleitung des Fürsten, samt den Seinen, dem Frauenzimmer, Ministern, der Universität, dem Stadtrath, einer großen Menge Weiber und Studenten. Die Bürger und Trabanten stunden bewafnet durch die Gassen. D. Lucas Osiander predigte über Rom. 8. Wer mag uns scheiden von der Liebe Gottes?«

15 LP 23 580 u. J67 Bü 1; gehalten bei der Beisetzung am 9. Juni 1589; s. auch »Vermahnung an die Zuhörer...« (HB FC 57).

16 LP 23 581.

17 An LP 23 581; in G 48 Bü 12: Epicedia von Christoph Rhey, Johann Altenbach, Caspar Scharpff, Friedrich Baunbaum, Joseph Liebler, Ulrich Bollinger.

18 G 48 Bü 12 enthält Akten »Anna Maria marchionißa Brandenburgensis und derselben Grabstein betreffend« Nr 1–29 (Nr 4 fehlt; Nr 2 u. 3 u. 5 Entwürfe des Grabsteins), abgedruckt bei Wintterlin 33–52: »Der Grabstein der Gemahlin Herzog Christophs.« Ein erstes, 1560/61 in Auftrag gegebenes Grabmal von Jakob Woller hatte nicht den Beifall Anna Marias gefunden und mußte durch ein neues, 1573 fertiggestelltes Grabmal von Leonhard Baumhauer ersetzt werden, dazu: Wintterlin 33 u. 42; Demmler 29f u. 38f; Westermayer – Wagner – Demmler 353. Grabmal von Leonhard Baumhauer: Entstehung bei Wintterlin 33–52; Beschreibung bei Demmler 161f; Westermayer – Wagner – Demmler 58–61; Walter Klein, Leonhard Baumhauer in: Gmünder Heimatblätter 1935, Nr. 5–7, 83f; Fleischhauer Renaissance 129f. Das Werk rief bereits nach Fertigstellung die Kritik der Zeitgenossen hervor: »dölpisch und grob genug gemacht« (Wintterlin 45), »nit so zierlich und künstlich«, nicht viel von Baumhauer, »sonder durch seine gesellen oder jungen daran gearbait, etwas grob gemacht« (Wintterlin 44), das Hündchen am Fußende mißraten, eine »Kreuzung aus Hund und Schwein, die bloß komisch wirkt« (Demmler 162); Wintterlin 52: »Dieses Monument ist und bleibt das Werk verschollener Gesellen und vergessener Lehrjungen, nicht des Meisters Leonhard, dem wir nach den Denkmalen Herzog Christophs und Prinz Eberhards einen ehrenvollen Rang unter den württembergischen Renaissance-Bildhauern zugestehen müssen.« Tuschzeichnung 18. Jahrhundert in: Cod. hist. 4° 59 Nr. x. Ihre Porträtbüste vom Stuttgarter Lusthaus seit 1844/45 auf Schloß Lichtenstein/ Kreis Reutlingen, Walcher 173.

19 Wintterlin 51 f: Zweierlei Vorschläge von Dr. Oswald Gabelkover in Betr. der Inschriften für den Grabstein. I: »Illustrissimae principi ac dnae, dnae Annae Mariae, Georgij Brandenburgen. marchionis filiae, ac optimi principis Christophori Wirtembergen. ac Teccen. ducis etc. coniugi fidelissimae: cum quo in matrimonio pacatissimo & bene fertili per annos fere 25. in viduate super 20. annos castissime vixit: Illustriss. princeps ac dnus dnus Ludouicus dux Wirtembergen. etc. matri charissimae M.H.P. O.A. MDLXXXIX. XX. MAII AETATIS LXIII.« Randbemerkung: »Diss ist zu lang, kan nicht auff den stain gebracht werden.« II. »Illustriss. pr. & dnae d. Annae Mariae, Georgij Brandenb. march. F. ac opt. pr. Christophori Wirtemb. ducis coniugi fideliss. XII. liberorum matri, Ludouicus dux Wirtemb. F.M.H.P.E.M.E.P. O.A. MDIXC. XX. MAII. aet. LXIII.« Randbemerkung: »Bey disem ists gebliben.« M.H.P.E.M.E.P. = Monumentum Hoc Pietatis Et Memoriae Ergo Posuit. Inschrift u. a. auch bei: Crusius 2, 394; Baumhauwer 11; Zeller 89f; Kümmerle 9; Lenz 9; Tiedemann 192f; Westermayer – Wagner – Demmler 58 mit dt. Übersetzung.

20 Bidenbach, Bericht Herzog Christoph 20 (LP 23 592b).

21 LP Osiander 16.

22 Pregitzer 1, 16.

23 Spittler 178 f.

24 Zimmermann 2, 327.

25 Moll 52 f.

26 Christian David Friedrich Palmer, Herzog Christoph, Stuttgart 1868, 77.

27 Schall (s. o.) 5.

28 Borst Herren 93 f.

Generation XI

B Linie Württemberg-Mömpelgard

Georg † 1558
⚭ Barbara von Hessen † 1597

Ulrich	Friedrich	Eva Christina
† 1557	† 1608	† 1575
	⚭ Sibylle von Anhalt	
	† 1614	

Ulrich

1556–1557

Graf von Württemberg

1. S. v. Graf Georg von Württemberg[1]
u. v. Landgräfin Barbara von Hessen

Geboren am 14. Juli 1556[2] um 14h 15min[3]
in Horburg bei Colmar im Schloß[4]

Gestorben am 9. März 1557[5] um 17h[6]
in Mömpelgard im Schloß[7]
an »Epilepsia«[8]

Beigesetzt 1557
in Mömpelgard in der Kirche St. Maimboeuf[9]

»Unsern Gruß zuvor lieber Matthis, nach dem dhu wol weist, daß uns Gott ein Sun beschört hatt, dher hat in auch uß diser arge welt wider genommen, dher gnädig Gott wölle forter und weiter gnadt geben, So sein götlicher wil ist, daß wyr mit eim andern begabt werden, der da dienen mög zu seinem lob, Ehr und preyß, und zu nutz filler fölker komme anders nit. Mußmaßen dann daß die säg-amm ein ursach Sy Seins abgangs, dann Sie offt krank worden, und zulötzt, das sie das Kindt by acht Dagen nit mer Schwachheit halb Säugen dörffen, daruff ist auch das kind in gälinger Schwachheit und gichte gfallen, und glich in den 11 Tagen hernacher verschieden. Nu ich will Sagen, mit Job, Gott hats geben, Gott hats gnommen, dher will des Herrn beschehe; bis Gott befollen lyber Matthis, Sampt deinen Bruder und allem unserm Völkle, wyr Sende nu beydt alt und neigen alle Tag zu dher Erd, das uns der gnädig und barmherzig Gott, nach seinem göttlichen Willen auch bald erlösen wöll, uß der argen welt und zu seinen vätterlichen gnad und hant kommen lasse. Amen. Datum den 11. Marci ao. 57.«[10]

Anmerkungen

1 JI 252, 443: Zeitter, Ahnentafel zu 32 Ahnen für Hz Friedrich.

2 JI 36, 568: Andreas Rüttel d. Ä.: »MDLVI. Auff den 14. Julij ist grave Georgen zu Württemberg ein junger Son auß fraue Barbara Landgraff Philipp zu Hessen tochter geporn worden vnd genendt Vlrich, vnd das ist geschehen zu Horburg.« Den 14. Juli 1556 als Geburtstag nennen: Friedrich Rüttel Horoskop G 400 Bü14, 12v u. 37r; Eber 276; Heller 38; Montanus 313; Pregitzer 1, 13; Steinhofer 1, 411; Sattler Hz 4, 88 u. 102; Pfaff Fürstenhaus 109; Stälin 4, 598; Moll 287; Behr 170; Voigtel-Cohn 93; Herrenschneider Horburg 167; Giefel Nr 60 (irrigerweise als Sohn von Gf Heinrich † 1519); Schön Nr 55; Isenburg 1, 76; Freytag 1, 76. Den 11. Juli 1556 nennen: Küng 119 (der ihm den Namen Friedrich gibt); J. Frischlin Cod. hist. 2° 73, 139v; Hengher 260; Nockher 158v; Cod. hist. 2° 112, 163; Cod. hist. 2° 141, 303v; Pregitzer Cod. hist. 2° 426b, 1592. Nicht aufgeführt bei: Maisch Stammtafel; Schneider Stammbaum; Schwennicke 1, 123.

3 F. Rüttel G 400, Bü 14, 12v u. 37r. Zwischen 1 u. 2h: Eber 276.

4 Geburtsort Horburg bei: Küng 119; A. Rüttel JI 36, 568; Eber 276; F. Rüttel G 400 Bü 14, 37r; J. Frischlin Cod. hist. 2° 73, 139v; Nockher 158v; Cod. hist. 2° 112, 163; Cod. hist. 2° 884 Stammtafel. Ort unbekannt: Schön Nr 55.

5 Den 9. März 1557 als Todestag nennen: F. Rüttel G 400 Bü 14, 37r; Eber 92; Heller 13; Montanus 313; Pregitzer 1, 13 und alle folgenden Stammtafeln.
Das Jahr 1556 als Todesjahr nennt: Crusius 2, 318.

6 F. Rüttel G 400 Bü 14, 37r; Eber 92.

7 Brief des Vaters (Anm. 10) »écrit au château de Montbéliard« (Tuefferd Montbéliard 386).

8 »Epilepsia«: F. Rüttel G 400 Bü 14, 37r. »an einem Ärbeitlin« (= Gichter, Hermann Fischer, Schwäbisches Wörterbuch 6, II, 1528): Eber 92. »in gälinger Schwachheit und gichte«: Brief des Vaters (Anm. 10).

9 Cod. hist. 2° 884 Stammtafel: »ligt zu Mömpelgard begraben«; Pregitzer 1, 13; Steinhofer 1, 411.

10 Brief Graf Georgs an Dr. Matthias Erbe »dem ehrsamen unserm Pfarhern zu Reichenwyher« Mömpelgard 11. März 1557, abgedruckt bei Heyd Ulrich 3, 156 (dt.) und Tuefferd Montbéliard 386 (frz.) (»sägamm« = Säugamme).

Friedrich

1557–1608

Herzog von Württemberg

Regent 1593–1608

Geboren am 19. August 1557
in Horburg/Elsaß im Schloß

Gestorben am 29. Januar 1608
in Stuttgart im Alten Schloß

Beigesetzt am 26. Februar 1608
in Stuttgart in der Gruft im Chor der Stiftskirche

Sibylle

1564–1614

Herzogin von Württemberg

Geboren am 28. September 1564
in Bernburg an der Saale im Schloß

Vermählt am 22. Mai 1581
mit Herzog Friedrich von Württemberg 1557–1608

Gestorben am 16. November 1614
in Leonberg im Schloß

Beigesetzt am 15. Dezember 1614
in Stuttgart in der Gruft im Chor der Stiftskirche

Anmerkung:
Herzog Friedrich I. † 1608 wird als Stammvater aller nachfolgenden Linien des Hauses Württemberg mit seiner Gemahlin Sibylle von Anhalt im nachfolgenden Band behandelt.

Eva Christina

1558–1575

Gräfin von Württemberg

T. v. Graf Georg von Württemberg[1]
u. v. Landgräfin Barbara von Hessen

Geboren am 25. Oktober 1558[2] um 17h 14min[3]
in Mömpelgard[4] im Schloß

Blieb unvermählt[5]

Gestorben am 30. März 1575[6] zwischen 14 u. 15h[7]
in Kirchheim u. T. im Schloß
an einer Brustfellentzündung[8]

Beigesetzt am 5. April 1575[9]
in Tübingen im Chor der Stiftskirche St. Georg[10]

Lucas Osiander, Ein Christliche Predig..., Tübingen 1575[11]
Erhard Cellius, Oratio de vita et morte..., Tübingen 1575[12]

Grabmal von Christoph Jelin[13]
»ILLVSTRISS. PRINCEPS ET D̄N̄Ā DN. EVA CHRISTI/NA WIRTEMBERGAE MONTIS Q. PELICARDI COMITISSA GEORGII EX BARBARA HASSIAE LĀT̄GRA/PHIA. FILIA SVB HOC CŌDITORIO QESCIT ANIMĀ/ VERO DEO REDDIDIT. III. KL. APRIL. MDLXXV CVM VIXISSET AN. XVI. MENS. V. DIES. XV. «[14]

»Nun ist hochermelte Fürstin vnd Fräwlin, Fräwlin Eua Christina, von Kindheit vnd jugendt auff, biß in das sechtzehend Jar jres alters, zu der forcht Gottes mit allem ernst vnd fleiß, aufferzogen, zu allen Fürstlichen Tugenden vnd Christlicher zucht gewehnet, zuförderst aber in wahrer seligmachender Erkantnuß Christi vnsers lieben heilands, wol vnd grundtlich vnderrichtet gewesen, Also das kein zweiffel, da der Allmechtig Barmhertzig Gott jrer Fürstlichen Gnaden das zeitlich leben lenger geben, vnd sie zu höherm Alter wollen kommen lassen, sie were (in jrem stand) dem löblichen Fürstlichen Hauß Würtenberg, als ein Christliche, Gottselige, wolgezogne Fürstin wol angestanden.«[15]

Anmerkungen

1 JI 252, 443: Zeitter, Ahnentafel zu 32 Ahnen für Hz Friedrich.

2 Briefwechsel Christoph 4, 473: Mömpelgard 26. Oktober 1558, Gräfin Barbara von Württemberg teilt Herzog Christoph die gestern, den 25. des Monats um 5 Uhr abends erfolgte Geburt einer schönen jungen Tochter mit; 4, 456: 6. September 1558, Gräfin Barbara an Herzog Christoph »Wil E. l. nit bergen, das ich mich nit wol befint, das ich glaub, das ich nit werdt lebendig bleiben, wan mir Gott des schweren leibs abhilft; dan mir ist mein lebenlang nie so gewesen; denk, mein gross herzleit bring mich darzu.« Den 25. Oktober 1558 als Geburtstag nennen: Friedrich Rüttel Horoskop G 400 Bü 14, 37v; Eber 427; Heimführung 40; Lairitz 485; Pregitzer 1, 13; Steinhofer 1, 412; Pfaff Fürstenhaus 109; Stälin 4, 598 u. 4, Tab. VII; Giefel Nr 62 (irrigerweise als Tochter von Gf Heinrich †1519); Westermayer-Wagner-Demmler 71; Isenburg 1, 76; Freytag 1, 76; Schwennicke 1, 123. Den 23. Oktober 1558 nennen: LP Cellius 7; Crusius 2, 318; Hengher 260; Nockher 218r; Heller 54; Pregitzer Cod. hist. 2° 426b, 1592; JI 1, 177; Duvernoy Eph. 406; Tuefferd Montbéliard 393; Hübner 201; Behr 170 (verbessert Behr Suppl. 39: 25. Oktober); Schön Nr 57. Den 15. Oktober 1558 nennen: Sattler Hz 4, 88; Heyd Ulrich 3, 600; Moll 287; Voigtel-Cohn 93.
Nicht aufgeführt bei: Maisch Stammtafel; Schneider Stammbaum; Uhland Festschrift 399.

3 Geburtszeit um 17h: Briefwechsel Christoph 4, 473 (Anm. 2). 17h 14min: F. Rüttel Horoskop G 400 Bü 14, 37v; Eber 427. Zwischen 14 u. 15h: LP Cellius 7.

4 Briefwechsel Christoph 4, 473 (Anm. 2); LP Cellius 7; Nockher 218r; Pregitzer Cod. hist. 2° 426b, 1592; Duvernoy Eph. 406; Tuefferd Montbéliard 393; Schön Nr 57. Eber 427: Geburtsort Hirkel (gemeint ist Burg Kirkel, der Sterbeort des Vaters Gf Georg †1558).

5 Gelegentliche Äußerungen von Fremdenführern an ihrer Tübinger Grabstätte, wonach Eva Christina »in der Hochzeitsnacht von einem enttäuschten Nebenbuhler vergiftet« worden sein soll, sind unsinnig und ohne historischen Hintergrund.

6 G 62 I: Trauernotifikation (Anm. 8); LP Cellius 22; Grabmal. Todestag 30. März 1575 in sämtlichen Quellen einheitlich, ausgenommen: 3. März 1575: Crusius 2, 318; JI 1, 177. 30. März 1565: Sattler Hz 4, 88; Moll 287. 3. April 1575: Kümmerle 9.

7 Trauernotifikation (Anm. 8); Kielmann (Anm. 8); Eber 120. LP Cellius 22: »Kurchemij in oppido sub arce Ducali Teccia«. G 62 8a: »Jnventarium Weiland Fröwlin Evae Christinae Grevin zu Würtemberg vnd Mümppelgart, hochloblichen vnd seligen gedechtnus, Verlassenschaft, zu Kircheim vnder Teckh« vom 2. April 1575, dabei u. a.: 9 »Kettin vnd halspanndt«, 11 »Armbandt«, 17 »Kleinotter«, 11 »guldin Ring« u. 11 »Paternoster«.

8 Moll 287: »an einer Pleuritis«. G 62 I: Trauernotifikation: »auf den 23 huius zu Kircheim an der Teckh, Jn der Nacht am Stechen, so dißer Zeit gemainlich bei vnd vmb vnß Jm gang ist, dar zu dann hernach ain Ruor sambt ainem steten fallenden Catarren komen, niderfellig vnd volgends alda, vber allen angewandten menschlichen vnd meglichen vbns, auf den 30 huius zwischen 2 vnd 3 vr nach mittag, von dem almechtigen guetigen barmhertzigen gott, aus dißem zergenglichen Jamerthal, gnediglich verendert worden«. G 62 G: »Bericht D. Kielmanns (vgl. Hz Eberhard †1568 Anm. 7) frowlin Eva Christina todlichen abgang halben«: »den 23. Martij vmb 11 Vhren Jnn der nacht vnversehens kranck worden, vnd hernocher 30. Eiusdem gegen abend zwischen 2. vnd 3. Vhrn nachmittag todes verschieden«. Todesursache »Catarrho suffocando«. Wolleber

Cod. hist. 2° 934, 191v: »Nach Plödigkeit Jrer Person in solche Kranckheit gefallen, daß sie am 23. tag Martii pleurisi Anno 1575 zwischen Elff vnd zwölff Vhren Nachmittag zu Kirchen vnder Teck kranck worden vnd daselbsten gestorben«, Todestag 30. März 1575. Das in der Trauernotifikation genannte »Stechen« ist nach Hermann Fischer, Schwäbisches Wörterbuch 5, 1676 ein »pleuritischer Schmerz«.

9 LP Osiander; Eber 129; Wolleber Cod. hist. 2° 934, 191v; Crusius 2, 332; Hengher 260; Heimführung 40, Steinhofer 1, 380, Schön Nr 57.

10 G 62 C: »Bedencken Fröwlin Eva Christina Seligen leucht vnd begräbnus halben«, darin Hinweise auf Einbalsamierung (»zuedem auch der Morbus – wie wißendt – nicht Contaçiosus gewesen«), Bleisarg von Friedrich Keßler, Eichensarg, Grabstätte (»derweill der Fürstlichen begrebnuß Platz zuo Thübingen leyder zimblich Eng worden«). G 62 H: »Verzaichnus Wie es mit Frowlin Evae Christinae Greffin zu Würtemberg vnd Mümpelgart Begrebdnus Jnn S. Georgen Stifftkirchen zu Tüwingen gehalten sol werden.« G 62 O–Z u. Aa–Dd: Kondolenzschreiben.

11 LP 23 606; gehalten beim Begräbnis.

12 LP 23 605, mit Epicedia von Martin Crusius, Nicodemus Frischlin, Christian Egenolph u. Jakob Agricola; Nicodemus Frischlin, Epitaphium in: Cod. hist. 2° 330, 14v.

13 Fleischhauer Renaissance, 144ff, 146: »übertrifft weit an Schönheit alle anderen Figuren von Jelin«. Westermayer-Wagner-Demmler 69–73: Beschreibung des Grabmals, 360: Grabmal nicht von Leonhard Baumhauer, eher von Christoph Jelin, aber starke Abweichungen im Ornament, vermutet Werkstatt des Johann von Trarbach, 361: Bemalung der Figur durch Hans Schickhart. Zeller Tübingen 85: »Auf dem Stein siehet man Eine schöne Jungfrau in Stein gehauen, im Gold-gestickten Kleide, mit einem grünen Krantz auf dem Haupt, in gelben Haaren, die rückwärts ungeflochten herunter hangen.« Tuschzeichnung 18. Jahrhundert in: Cod. hist. 4° 59, Nr IV.

14 Inschrift u. a. auch bei Crusius 2, 394; J. Frischlin Cod. hist. 2° 73, 139v (dt.); Baumhauer 10f; Zeller 85; Kümmerle 9; Lenz 8; Tiedemann 192; Westermayer – Wagner – Demmler 69f mit dt. Übersetzung. Die auf dem Grabmal angegebene Lebensdauer von 16 Jahren 5 Monaten 15 Tagen ist falsch; ebenso die Angabe in LP Cellius 22 16 Jahre 6 Monate 24 Tage.

15 LP Osiander 19; dort S. 17f: »Die Fürstliche abgestorbne Person« hat »an jren Schöpffer gedacht in jrer jugendt, hat Gott jren Schöpffer vnd Vatter, sampt seinem lieben Sohn Jesu Christo jrem Erlöser, vnd dem H. Geist, recht vnd fleissig auß seinem heiligen Göttlichen Wort erkennen lernen, jne in jrem Gebett eyferig angeruffen, jm für seine Wolthaten hertzlich gedanckt, vnd jne mit Psalmen vnd Christlichen Liedern vnd Lobgesangen zupreisen sich nicht geschemet. Vnd auß wahrem Glauben ein Gottseligs Christlichs leben geführt, sich des willens jres Himmlischen Vatters in aller Christlicher zucht, auch Fürstlichen löblichen Tugenden, vnd wahrer Gottseligkeit beflissen. Vnd dieweil sie sich erinnert, das sie auch staub vnd Erden sey, so wol als andere menschen, hat sie ein demütig hertz gehabt, vnd sich niderig gehalten, Wölche Tugend (Christlicher demut) zwar allen menschen, sonderlich aber hohen Personen sehr wol ansteht, vnd ist in bekantnuß jres Christlichen Glaubens, in grosser gedult, seliglichen auß diser Welt abgeschieden.«

Generation XII

A Linie Württemberg-Stuttgart

Christoph † 1568
⚭ Anna Maria von Brandenburg-Ansbach † 1589

Eberhard	Hedwig	Elisabeth	Sabina	Emilie	Eleonore
† 1568	† 1590	† 1592	† 1581	† 1589	† 1618
	Hessen-Marburg	I Henneberg II Pfalz-Veldenz-Lauterecken	Hessen-Kassel	Pfalz-Simmern	I Anhalt II Hessen-Darmstadt

Ludwig	Maximilian	Ulrich	Dorothea Maria
† 1593	† 1557	† 1558	† 1639
⚭ I Dorothea Ursula von Baden-Durlach † 1583 ⚭ II Ursula von Pfalz-Veldenz-Lützelstein † 1635			Pfalz-Sulzbach

Anna	Sophia
† 1616	† 1590
Liegnitz	Sachsen-Altenburg

Eberhard

1545–1568

Herzog von Württemberg

1. S. v. Herzog Christoph von Württemberg[1]
u. v. Markgräfin Anna Maria von Brandenburg-Ansbach

Geboren am 7. Januar 1545[2] zwischen 16 u. 17h[3]
in Mömpelgard im Schloß

Blieb unvermählt[4]

Gestorben am 2. Mai 1568 zwischen 4 u. 5h[5]
in Göppingen im Christophsbad[6]
»an einem hitzigen Fieber«[7]

Beigesetzt am 8. Mai 1568[8]
in Tübingen im Chor der Stiftskirche St. Georg

Balthasar Bidenbach, Leichpredig bey der Begrebnuß deß... Herrn Eberhardten..., Tübingen 1568[9]
Dietrich Schnepff, Oratio cum funus duceretur..., Tübingen 1568[10]
Wilhelm Arnsperger, Threnodia in obitum..., Wien 1569[11]
Martin Crusius, Epicedion[12]
Nicolaus Reusner, Carmen lugubre..., Lauingen 1569[13]

Grabmal von Leonhard Baumhauer[14]
»SVB HOC SAXO REQVIESCIT EBERHARDVS DVX WIRTEMBERGAE. ET TECKH./ COMES MONTISPELIGARDI. OBIIT/ DIE. II. MENSIS MAII. ANNO SALVTIS. MDLXVIII VIXIT ANNOS/ XXIII. MENSES III. DIES XXVII.«[15]

Epitaph von Friedrich Keßler[16]
»D.O.M.S./ ILLVSTRISSIMVS PRINCEPS EBERHARDVS/ DVX WIRTEMBERGENSIS AC TECCENSIS CO/ MES MONTIS PELICARDI, CR. ILLVSTRISSIMORVM/ AC CHRISTIANISSIMORVM PARENTVM CHRISTO/ PHORI DVCIS WIRTEMBERGENSIS, CR. PRINCI/ PIS LAVDATISSIMI, ET ANNAE MARIAE MARCHIO/ NISSAE EX CLARISSIMA FAMILIA BRANDENBUR/ GENSI, FILIVS PRIMOGENITVS, INDOLIS EGREGIAE, A/ PRIMIS ANNIS PIE AC LIBERALITER EDV-

CATVS, ET/ LITERIS INSTITVTVS, SYNCERIOREM RELIGIONEM/ AMAVIT, ANTICHRISTI IDOLATRICAS SVPERSTITIO/ NES ATQVE OMNES FANATICAS OPINIONES DETE/ STATVS EST, PARENTES DIGNA PIETATE COLVIT, IN/ FRATEM ET SORORES GERMANAS BENE AFFECTVS,/ ET PRO AETATE RARA GRAVITATE PRAEDITVS FVIT,/ ITA VT MAXIMIS REBVS NATVS VIDERETVR. EVM/ IMMATVRA MORTE ABREPTVM PARENTES LVGENT,/ PROVINCIALES DEFLENT. ANIMA CHRISTO, RELIQVIAE/ HIS MONVMENTIS COMMENDATAE SVNT. VIXIT ANNOS/ $\overline{\text{XXIII}}$. MENSES $\overline{\text{III}}$. DIES $\overline{\text{XXVI}}$. VITA FVNCTVS EST/ ANNO $\overline{\text{M}}$.$\overline{\text{D}}$.$\overline{\text{LXVIII}}$. MENSIS MAII DIE $\overline{\text{II}}$.

MAIORVM MERITO SACRIS SEPVLCHRIS/ EBRARDI DVCIS INFERVNTVR OSSA./ BARBATI VETERIS GERIT CELEBRE/ NOMEN, SI MODO LONGIOR DARETVR/ AETAS, MOX SIMILIS FVTVRVS ILLI/ IVSTO, PACIFICO, GRAVI, DISERTO./ HEROIS REFEREBAT HVLDERICI/ PRIMIS INGENIVM NEPOS AB ANNIS,/ PAR MAGNIS ANIMIS AVO FVTVRVS,/ NI VITAE SPATIVM DEVS NEGASSET./ AMBOBVS PIETATE IVNCTVS, VNA/ VITA IAM FRVITVR BEATIORE. B.B.F.«[17]

»Obwohl ich dich fast täglich und alle Mahlzeit vor dem Essen vermahnet mit diesen Worten: caveas a potu! etwan auch: Gott der Herr wird dich strafen, und einest in das Gelag schlagen! wenn du dann in deinem Vollsaufen also fortgefahren, (habe) ich mich etwan am Tisch, so du einem eins gebracht oder bringen wollen, geräuspert, du den Kopf anderwärts hingeworfen, als Gott man spricht: was gehet mich dein Vermahnen an, und bist also leider mit deinem bösen, halsstarrigen Kopf hinter diese Füllerei gerathen, daß seit der Heimfahrt du wenig Tage nüchtern geweßt, dir dein junges Leben, Gesundheit, Stärke, Verstand, Vernunft, Gedächtniß, ja auch die Seligkeit und ewiges Leben abtrinken thust, und den Leuten dermassen, Fremden und Hofgesind, in die Mäuler, wie man sagt, kommen, daß jetzt die gemeine Sag, du kennest keine andere Höflichkeit, denn einen Becher über den andern aussauffen, dich also selbst toll und voll saufest, das ich mehr, denn einmal in meine Ohren von Fremden und Hofgesind mit Laid gehört hab, daß auch Graven und andere gesagt, sie wollten lieber in der Herberg ein Wassersuppen essen, denn also stetigs sich mit dir vollsaufen, und wie man sagt, deine Weinschläuch stetigs seyn.«[18]

»Und ob wol S.F.G. mit vilen Christlichen vnd Fürstlichen Tugenden geziert, jre Fürstliche Christliche Eltern bevor vnd in ehren gehalten, jre Fürstliche Geschwisterig lieb gehabt, auch ein gute affection vnd neigung zu den landtsessen vnd einwonern dises Fürstenthumbs getragen, ist Gottsförchtig vnd ehrliebend gewesen, vnwarhafftigen vnd vngerechten dingen feind, vnnd bey dem allem ein besondere Gravitet vnd Dapfferkeit, mehr dann sonst diß Alter auff ihme hat, erzeigt vnnd bewisen.«[19]

»nachdeme Er Allbereit grosse Hoffnung von sich erweckt gehabt, im 23.igsten Jahr seines Alters unvermuthet gestorben«[20]

»Ein Printz von ohngemeiner Hoffnung und Tugend«[21]

»Keinen seiner beiden Söhne konnte Christoph lieben, denn der jüngere war wie der ältere und der ältere in allem das Gegentheil des Vaters. Jagen und Volltrinken war seine Sache und wenn er an einen fremden Hof geschickt wurde, sich manierlich und fürstlich zu zeigen, so erlebte der Vater nichts als Schande.«[22]

»Er gab nicht die beste Hoffnung von sich, in dem er mehr Freude an dem Jagen und Volltrincken, als an Fürstlichen Tugenden hatte, Gott und sein Wort nicht liebte und seinem Herrn Vater nicht allezeit den gebürenden Gehorsam leistete.«[23]

»Daß Herzog Christoph an seinen beiden Söhnen, und namentlich an dem ältern, Eberhard weniger Freude erlebte, war nicht die Schuld einer Versäumniß von seiner Seite; vielmehr that er alles Mögliche, um ihn zu bessern. Damals war die Trunksucht unter den deutschen Fürsten eine sehr gemeine Unsitte; sie waren durstig wie die Schwämme, ohne deßwegen so weich und nachgiebig zu seyn. Auch Eberhard war in dieses Laster gefallen, trotz aller Wachsamkeit seines Vaters, und er beharrte darin ungeachtet aller ernstlichen Abmahnung. Die Leidenschaft war schon zu tief bei dem jungen Prinzen eingewurzelt, er konnte nicht mehr vom Trinken lassen, zerrüttete dadurch seine Gesundheit und starb noch vor dem Vater.«[24]

»nach Allem, was wir wissen, war Prinz Eberhard das vollkommene Gegenbild seines trefflichen Vaters. Christoph war unermüdlich thätig, Eberhard arbeitsscheu; Christoph war wohlgeordnet in all seinem Thun und Lassen, Eberhard gränzenlos fahrlässig; Christoph erwies Jeglichem, dem Höchsten wie dem Niedersten, die demselben gebührende Achtung, Eberhard verletzte selbst vertraute Freunde und Diener seines Vaters durch die Rücksichtslosigkeit, mit der er ihnen begegnete. Am Liebsten trieb sich der Prinz mit geringem Volk in den Gassen der Städte oder sonst im Lande umher, taumelte mit seinen Gesellen von einem Gelage zum andern und untergrub dabei seine Gesundheit durch maßloses Trinken. Was mag der wackere Christoph bei den widerholten Vorhalten, durch die er den mißrathenen Sohn zu bessern suchte, gelitten haben! Was mag es ihn gekostet haben, dem schon zwanzigjährigen Prinzen nach einer festlichen Reise, die sie im Sommer 1565 mitsammen nach Darmstadt gemacht hatten, zu schreiben: ›daß Du auf der ganzen Reis, auf und ab, fast alle Tag zweimal voll bist gewest, zu geschweigen der Unfuer die ganze Nacht mit Saufen, Schreien, Brüllen wie ein Ochs, zu Darmstadt, Heidelberg und sonsten, darob dann der Pfalzgraf zu Heidelberg ein sehr großes Mißfallen gehabt, es auch Morgens gegen mir beredt – zu großem Hohn und Spott und Verkleinerung Deiner Person, auch meiner und Deiner frommen Mutter.«[25]

Anmerkungen

Lebensdaten u. a bei: Reimchronik 180; Eber 13 u. 171; Gadner Cod. hist. 2° 16, 53; Wolleber Cod. hist. 2° 934, 262; Crusius 2, 260 u. 317; Nockher 40 u. 117v; Heller 2 u. 23; Geburtsregister 8; Lairitz 483; Pregitzer 1, 16; Hübner 201; Steinhofer 1, 313 u. 331 u. 362; Sattler Hz 3, 221 u. 4, 234; Spittler 143; Stälin 4, Tab VII u. 772; Behr 170; Voigtel-Cohn 92; Giefel Nr 63; Schneider Stammbaum; Schön Nr 58; Isenburg 1, 76; Freytag 1, 76; Schwennicke 1, 123. Zu Eberhard: Pregitzer Cod. hist. 2° 53, III, 399ff; Günzler J1 103b, 68–75; Pfister Christoph 2, 59–83; Stälin 4, 771–773.

1 Vgl. Hz Ludwig †1593 Anm. 4.

2 G 49 Bü 1: »Notifikationsschreiben und Gratulationsschreiben in Bezug auf die Geburt des Erbprinzen Eberhard von 1545«. Notifikation Mömpelgard 8. Januar 1545: Geburt erfolgte »gestern abendt«. In Bü 1 auch »Schrifften Hertzog Eberharts zu Würtemberg Education vnd Jnstitution betreffend«, darin u. a. »Regimen der Speiss vnnd tranckhs vff dess Jungen fürsten personen«. Crusius 2, 260 nennt als Geburtsjahr 1547.

3 16h 50min 30sec: Friedrich Rüttel Horoskop G 400 Bü 14, 22r. 16h 52min: Friedrich Rüttel Horoskop G 400 Bü 14, 29r; Eber 13. 16h 53min: J1 36, 553. 16h: Gadner Cod. hist. 2° 16, 53; Wolleber Cod. hist. 2° 934, 262. 17h: Horoskop Cod. math. 4° 22, 161v. Geburt am Morgen: 4h: Cod. hist. 2° 141, 300v; Cod. hist. 2° 143, 93v; Pregitzer Cod. hist. 2° 426b, 1565. 5h: Reimchronik 180; Crusius 2, 260.

4 G 49 Bü 2: »Schrifften, wegen einer Heuraht Herzog Eberharts zu Würtemberg mit pfalzgraff Wolffgangs eltisten Tochter Frowlin Christina, So aber keinen fürgang gehabt, wie auch mit andern, weil er sich nit zu verheurahten erklert, biß er zuvor einen Zug thon 1562–1567« (Christina von Zweibrücken-Veldenz 1546 bis 1619, blieb unverheiratet, Häutle Wittelsbach 151). Stälin 4, 771: 1553 wollte Herzogin Renata von Ferrara ihre jüngste Tochter Leonore an Eberhard vermählen, 1562 bot Maximilian II. eine seiner Töchter als Gemahlin für Eberhard an, s. auch 4, 633. G. 49 Bü 2, 23a: »Herr Vatter ich hab dis alles mit einander verlesen, und bin nit willens mich noch zur zeitt zuverhairatten, nach dem ich noch nichtz gesehen, noch erfaren hab, Jst auch mitt mier noch alleweil und noch unversaumbt, und so Ich willens were mich zu verhairatten, so welt ich mich doch mit deren nit verhairatten, Solches alles hab e. Vatt. Gn. ich zur anttwort nit wollen verhaltten, damitt sich E. Vatt. Gn. zu Marburg darnach wissen zurichten. E. Vatt. Gn. gehorsamster Son Eberhart Herzog zu Wirttemberg«. Bü 2, 28: »dan ich es mier ernstlich fürgenommen hab mich nit zuverhairaten dan ich hab zufor ein Zug gethon« (Oktober 1567).

5 G 49 Bü 3, 22: Notifikation Göppingen 2. Mai 1568 »zwischen vier vnd fünff Vren gegen tag«. Eber 171; Gadner 53; Cod. math. 4° 22, 161v; Wolleber Cod. hist. 2° 934, 262; Sattler Hz 4, 234.

6 G 49 Bü 3: »Allerley hin vnd wider ergangene schreyben, hertzog Eberharts zu Wirtemberg etc. hochloblichen seligen gedechtnus Badenfart Jn sauerbronn gen Geppingen in Aprili, och seiner f. g. tödtlichen abgang betreffen, vnd wie sein f. g. zu Tübingen zu der erden bestettigt, vnd sollichs etlichen fürsten vnd hern zugeschriben, sampt einem concept wie der selbig im gantzen Fürstenthumb verkündt worden.« G 49 Bü 4: »Jnventarium waß... Eberhart... zu Stuttgarten, vnd andern orten daselbst verlassen«, »Verzeichnuß der Wehr vnd Rüstung«, »Jnventarium Bibliothecae«.

7 Pregitzer 1, 16: »an einem hitzigen Fieber«. Pfaff Gedenktage 537: »den seine Trunksucht wegraffte«. Pfister Christoph 2, 81: »Einige wollten die Krankheit für die Lustseuche halten, welches aber vom Leib-

arzt ausdrücklich widersprochen wird.« Zu Eberhards Krankheit: Sattler Hz 4, 233 ff; Pfister Christoph 2, 79–82; Moll 59 mit ausführlicher Schilderung. Krankheitsakten G 49 Bü 3; Nr 1b: »Consilium medicum wie die Ulcera in specie H. Eberhards blutgeschwäre an dem Schenckel zu curieren seyen«. Nr 2–21: Berichte über die Kur in Göppingen. 3a: »Dr. Kielmanns Bericht, daß die Badkur sich zimlich wol anlaße« vom 2.4.1568. 6: »Dr. Kielmanns Bericht, daß Herzog Eberhart wegen des Blutgeschwärs vom Leib abfalle« vom 26.4.1568. 22 u. 23: Todesnachricht vom 2. Mai 1568. 69: »Herzoglicher Befehl wegen Herzog Eberhards Chur Pfleg vnd wartung in der Stille zu inquirieren« (»Jn gewisser still vnd geheim«) vom 27.5.1568. 70: »Meiner gn. fürstin vnd frawen Bericht Hertzog Eberharts kranckheit vnd ableiben betreffend« vom Mai 1568: »Es ist mir angezaigt worden, wie vnser Son seligen an den Frantzosen gestorben seie, vnnd hab sonst auch khein andere Kranckheit gehabt, seie auch sonst kein weiter Zufall khommen, Soll Jamerlichen an orten vnnd enden verdorben sein, darvon nit zuschreiben ist, wie der Landhoffmeister, der Jegermeister, so bey seinem end seind gewesen, vnnd Jne nach seinem abschid aus disem Jamerthall besichtiget haben, zu fragen... Seie auch am leib dermassen verzert gewesen, Das er nit ein brosamlein fleisch an Jme gehabt«. 76: »Erkhundigung meines Sons Ableibens« vom 8. Juni 1568 (»Es ist allen obgeherten vierzehen personen, bei Jren aiden, vnnd dartzu vnsers gnedigen fürsten vnnd hern, Auch vnser gnedigen fürstin vnnd frawen, schweren vngnad, Stillschweigen vfferlegt«): »Er von Karpffen halt nit darfür, das es die Frantzosen gewesen, aber sonst bluttige geschwer, vnnd wann s. f. g. zu Goppingen im Bad gesessen, so haben solliche geschwer nit geblutet, aber ausserhalb des Wassers seer, als wann man s. f. g. ein Ader geschlagen hette.« »Er von Karpffen, sagt auch das er s. f. g. onzüchtiger weibsbilder halber, nie verdechtig oder argwönig gesehen.« »Bausch hat gesagt, er weiß die Kranckheit nit, es sey Jm dergleichen seinen tag nit begegnet.« »Vff dem Reichstag (Anm. 1567 Augsburg) hat s. f. g. neben etlichen andern Jungen fürsten, in des Fuggers Bad zu Augspurg gebadet vnd damals gleich die räud clagt, vnd dem frembden Wasser die schuld geben.« »Bauschen Conradt sagt, vor dem Reichstag hab s. f. g. an baiden schenckheln, ob den knien an seiten, zwei aiterige geschwer gehabt, welche gern geheilet, vnnd nach dem Reichstag hab Sein f. g. breit räuden vberkhommen, vnnd an den henden seer reidig gewesen, darzu er Jren f. g. ein Bad gemacht, von huenerkoot, Ziger, vitriol wasser, welche räuden ettwan hinweg gangen, vnd ettwan widerkhomen. Vngevärlich fünff wochen vor der raiß gen München (Anm. Anfang 1568) hab s. f. g. ein aiterigen geschwer gehabt, des geheilet worden, nach der raiß von München hat s. f. g. drei geschwer mitbracht, die zwei Jm gesäß, vnnd das drit, wol oben Jnwendig Jm schenckhel, doch nit ain argwenig art, haben blut geben, die seind beliben bis in Jr f. g. todt. Vnnd als er gefragt worden, ob es Frantzosen gewesen, Sagt nein, vnnd solches hefftig bestritten, dann er kenne die Frantzosen woll, vnnd es woll schäden, one frantzosen, Hab nie dergleichen fall gehabt, es sein eben vnheilsame vergiffte geschwer gewesen.«
Von dem Arzt Konrad Bausch heißt es allerdings in diesem Bericht, er »sei nur ein gemeiner Scheerer in allen gebrechen«. Johannes Kielmann, der für die Badekur in Göppingen verantwortliche Leibarzt Herzog Christophs »fiel in die Ungnade, weil man ihm die Schuld auflegte, als ob er den Prinzen durch eine ungeschickte Cur in das Grab befördert hätte« (Sattler Hz 4, 235). Akten dazu in G 49 Bü 3, 87–92; zur Affäre Kielmann auch J. W. S. Johnsson, Deutsche Kurverordnungen gegen Syphilis um 1550 in: Archiv für Geschichte der Medizin 8,

1915, 53 ff. Kielmann verordnete gegen den »morbus gallicus« die »holtz Cur«. Er wurde unter Herzog Ludwig rehabilitiert und Leibarzt von dessen Mutter Anna Maria, erhielt am 16.9.1578 den Adel Kielmann von Kielmannseckh und wurde somit der Stammvater der Grafen Kielmannsegg.
Kugler 2, 630: »Diese traurige Botschaft (vom kläglichen Abgang Herzog Eberhards) hat Herzog Christoph dermaßen bewegt, daß s.f.G. das Weinen nicht enthalten können, und hat Dr. Andreä gesagt, daß seiner f.G. die Zähren so groß als die Erbsen über die Backen auf die güldene Kette, die s.f.G. im Bad am Leib gehabt, herabgefallen. Aber endlich habe er sich gefaßt und zu Dr. Jakob gesagt: Lieber Herr Doctor, Jhr bringet uns eine traurige Botschaft; aber Gott weiß es, daß uns unser Sohn nicht so bedauret als unsere getreue Landschaft, dann uns wohl bewußt, daß mein Sohn Lutz nicht nothfest ist, auf dem jetzt das ganze Land Wirtemberg stehet – daß s.f.G. besorgt, dero Stamm werde ohne männliche Erben absterben und das löbliche Herzogthum an einen andern Herrn kommen –; aber wir müssen es Gott befehlen, der macht es, wie's ihm gefällt.« Kugler zitiert aus der »handschriftl. wirtemb. Chronik des Pfarrers Jakob Andreä« (UB Tübingen Mh 771, dort 271–273).

8 LP Bidenbach; Eber 177; Crusius 2, 317: 8. Mai 1568. Den 10. Mai 1568 als Begräbnistag nennen: Pregitzer Cod. hist. 2° 426b, 1565 und Cod. hist. 2° 53, III, 401. G 49 Bü 3, 27a: »Anordnungen Herzog Christophs das Begräbnis betr. Wildbad 3. Mai 1568«: »Vnd wiewol es sich gepirt, daß wir Jnn der Person, auch zugegen werenn, wenn mann die Leicht zur erden bestettigen wurdt, So khan aber solches leider, vnser Leibßvnngelegenheit halber nit gesein.« »Daß dann Jr albereit Fridlin Bichsengiessern (Anm. Friedrich Keßler) bevolhen ain Blewin Sarch zu machen, darann haben Jr Recht gethun.« »Wellendt auch darneben verordnung thun, Vnnd dem von Lüchaw. auch Doctor Kielmann bevelch zu khommen lassenn. Daß sie denn Leichnam, wie mit dergleichen Personenn gepreuchlich neben dem Kalg auch balsamieren wolle.« Bericht der Herzogin Anna Maria G 49 Bü 3, 70: »Es ist mir auch angezeigt worden, wie der Friderich Büchssengiesser gen Geppingen mit dem bleien Sarg seie komen, habe man gewölt er solle meinen Son seligen auffschneiden, hab ers nit thon wellen, vnnd gesagt, er welle sich ehe des Diensts verzeihen.« Geheimbericht G 49 Bü 3, 76: »Friderich Buchsengiesser Sagt, man habe Jme weder hie noch zu Goppingen, bevolhen, s.f.g. vffzuschneiden, wann er aber von erstem dabei gewesen, wolt er gerathen haben, das man Jre f.g. vffgeschnitten hette, es were aber zu spat gewesen.« Die Balsamierung verblieb vermutlich aus Furcht vor einer Infektion. G 49 Bü 3, 39b: »Verzaichnus Wellichermassen es mit... Hertzog Eberhardten... begrebnus gehalten solle werden«.

9 LP 23 599; J 67 Bü 1.

10 LP 23 600b; J 67 Bü 1.

11 LP 23 600c.

12 Germanograeciae libri sex 283; in G 49 Bü 3, 48b ein »Epicedion in obitum... Eberhardi... conscriptum a Petro Cocceio Teresenio etc.«.

13 LP 23 600a.

14 Wintterlin 21 ff, 27: »ganntz Meisterlich, recht und wol gemacht« 26: gefertigt von Leonhard Baumhauer, bemalt von Hans Schickhart; Klemm 150; Demmler 36–38 u. 140 u. 159–161, 37: fertig im Dezember 1569; Westermayer-Wagner-Demmler 63–69; Walter Klein, Leonhard Baumhauer in: Gmünder Heimatblätter 1935, 5–7, S. 82–83 über Grabmal Eberhards; Fleischhauer Renaissance 129 f. Tuschzeichnung 18. Jahrhundert in: Cod. hist. 4° 59, Nr. 11a.

15 Inschriften u. a. auch bei: J. Frischlin Cod. hist. 2° 73, 135 f; Wolleber Cod. hist. 2° 934, 262v; Crusius 2, 393; Mütschelin

Cod. hist. 2° 126, 284 (dort auch »aliut Epitaphium« »I. S. D. f.«); Baumhauwer 6ff; Montanus 332; Zeller 90f; Lenz 5f; Tiedemann 188ff; Westermayer-Wagner-Demmler 63–65 mit dt. Übersetzung.

16 Wintterlin 21; Demmler 36f; gegossen von Friedrich Keßler, gemalt und vergoldet von Jerg Galler. Tuschzeichnung 18. Jahrhundert in: Cod. hist. 4° 59, Nr 11b.

17 Vgl. Anm. 15; B. B. F. = Balthasar Bidenbach fecit. »spendet unverdientes Lob« Stälin 4, 773; von B. Bidenbach in G 49 Bü 3, 26 eine »Trostschrifft« für Herzog Christoph mit Erinnerung an die Schlacht von Döffingen 1388 (vgl. Gf Ulrich † 1388).

18 Ermahnung Herzog Christophs vom 4. September 1565, zitiert nach Pfister Christoph 74.

19 LP Bidenbach 25.

20 Heimführung 37.

21 Pregitzer 1, 16.

22 Spittler 179.

23 Sattler Hz 4, 233.

24 Barth 173f.

25 Kugler Christoph 2, 625f.

Hedwig

1547–1590

Herzogin von Württemberg

Landgräfin von Hessen-Marburg

1. T. v. Herzog Christoph von Württemberg[1]
u. v. Markgräfin Anna Maria von Brandenburg-Ansbach

Geboren am 15. Januar 1547[2] um 6h 15min[3]
in Basel[4]

Vermählt am 10. Mai 1563[5] in Stuttgart
mit Landgraf Ludwig III. von Hessen-Marburg 1537–1604[6]

Gestorben am 4. März 1590 st. vet.[7] zwischen 2 u. 3h[8]
in Marburg im Schloß
an der Wassersucht[9]

Beigesetzt am 9. März 1590 st. vet.[10]
in Marburg in der Pfarrkirche »Unserer lieben Frau«,
jetzige Lutherische Kirche[11]

Egidius Hunnius, Eine Tröstliche Leichpredigt…, Marburg 1590[12]

Grabmal von Gerhard Wolff[13]
»Illustrissima Princeps ac domina Hedwigis, Dei gratia Landgravia Hassiae, Comitissa Cazenellenb., Diez, Ziegenhain et Niddae, etc, illustr. Wuertembergensium et Teccensium ducum mompelicatorumque comitum genere nata: cum anno aetatis suae quadragesimo tertio Christi vero M.D.XCIV. IV. Mart. post hor. II. matutinam Marburgi ex hac vita in coelestem, magno sui apud omnes postse desiderio relicto, migrasset, corpus ejus usque ad beatorum ressurectionem isthic conditum est.«[14]

»Weder die erste zart gebauete, zärtlich geliebte Gemahlin Landgraf Ludwigs, Hedwig von Württemberg, noch die andere, die schöne und lebenslustige Gräfin Maria von Mansfeld, brachten dem Landgrafen den sehnlich gewünschten Ehesegen. Hedwig, der man einen großen Einfluß auf Ludwigs Religions-Ansichten zuschreibt, besonders seit dem Besuche, den sie mit ihrem Gemahl zu Stuttgart zur feierlichen Hochzeit ihres Bruders Herzogs Ludwigs abstattete, eine thätige Freundin der Geistlichen und ihrer Witwen, wenn gleich sonst nicht allzufreigebig, eben so emsig in den täglichen Andachts-Uebungen wie in weiblichen Handarbeiten, unterlag einer langwierigen Krankheit (der Wassersucht), nach einer siebenundzwanzigjährigen ungestörten Ehe, in der sie noch die Täuschung einer ihr von dem Leibarzt des Landgrafen vorgespiegelten Schwangerschaft verschmerzen mußte.«[15]

Anmerkungen

1 Vgl. Hz Ludwig †1593 Anm. 4.

2 Den 15. Januar 1547 als Geburtstag nennen: Friedrich Rüttel Horoskop G 400 Bü 14; LP Hunnius; Pregitzer 1, 16; Hübner 201; Sattler Hz 4, 240; Stälin 4, Tab VII u. 4, 492; Behr 170; Voigtel-Cohn 92; Hoffmeister Hessen 33; Giefel Nr 64; Schneider Stammbaum; Schön Nr 59; Knetsch 2, 86; Isenburg 1, 76; Freytag 1, 76; Schwennicke 1, 123. Stälin 4, 773: 15. Januar nach Hunnius, Oratio Funebris; Basler Quellen, wie Wurstisen Baßler Chronika 620, haben den 14. Januar. Crusius 2, 266: 14. (andere 15. Januar). Den 15. Januar 1546 nennt: Geburtsregister 8.

3 6h 15min: F. Rüttel Horoskop G 400 Bü 14. 5h 30min: Crusius 2, 266. »hora sexta matutina«: Hunnius Oratio funebris. Um 6h: Knetsch 2, 86.

4 Geburtregister 8; Stälin 4, 492 u. 773; Schön Nr 59.

5 G 1–8 U 48: Heiratsbrief vom 10. Mai 1563. G 50 Bü 6: »Beschreibung des Landgrafen Ludwig von Hessen mit der Herzogin Hedwig von Württemberg anno 1563 10. Mai zu Stuttgart gehaltener Hochzeit, Verzeichnisse der Kleider, Kleinodien, Geschirrs, Silbers, so der Landgräfin Hedwig zugestellt worden« (1563). Hochzeitstag in sämtlichen Quellen einheitlich der 10. Mai 1563, ausgenommen Hübner 201: 22. Mai 1563. Knetsch 2, 86: Beilager in Stuttgart am 10.5.1563, Heimführung von Stuttgart aus nach Darmstadt erst am 24. Juni 1565, s. auch Rommel 6, 36.

6 Lebensdaten in sämtlichen Quellen einheitlich; nach Knetsch 2, 86: geboren am 27. Mai 1537 nach 1h in Kassel, gestorben am 9. Oktober 1604 um 6h 45min in Marburg, beigesetzt am 23. Oktober 1604 in Marburg in der Lutherischen Pfarrkirche (Marienkirche), Grabmal von Gerhard Wolff (Anm. 13). Hoffmeister Hessen 33: Landgraf Ludwig III. (IV.) genannt der Aeltere oder Testator, »Die Historiker haben ihn mitunter irrthümlich Ludwig IV. genannt«: Hübner 201; Behr 170; Giefel Nr 64; Schön Nr 59; Isenburg 1, 76; Freytag 1, 76.

7 Todestag nach sämtlichen Quellen der 4. März 1590; ausgenommen Geburtregister 8: 4. Mai 1590.

8 LP Hunnius Titel: †»den 4. Martij, Anno 1590, deß morgens frūe, zwischen 2. vnd 3. vhr, zu Marpurg«. Knetsch 2, 84f: früh kurz vor 3h, Anm. 11: »Notifikation Landgraf Ludwigs d. d. Marburg 4. 3. 1590: †diese Nacht gleich umb 3 Uhr, Ausschreiben Ludwigs vom gleichen Datum: diese Nacht umb 3 Uhr, Hunnius, Or. fun. †4. März 1590 inter horam secundam et tertiam matutinam.«

9 Rommel 6, 52; Knetsch 2, 87: »›morbus fuit hydrops, ut omnes novimus‹ (Hunnius), Tollner sagt: ›Ex febra lenta et hectica‹.«

10 LP Hunnius Titel: »den 9. Martij. daselbst (Anm. zu Marpurg) in der Pfarrkirchen, Christlich zur Erden bestattet worden«. Knetsch 2, 86: begraben am 9. März 1590, 87: Ausschreiben Landgraf Ludwigs

d. d: 4. März 1590. Den 22. März 1590 als Tag der Beisetzung nennt: Schön Nr 52.

11 Baudenkmäler Regierungsbezirk Cassel, Kassel 1870, 155ff: Pfarrkirche »Unserer lieben Frau«, jetzige Lutherische Kirche in Marburg.

12 LP Hunnius (J 67 Bü 1; Katalog LP Stolberg 4.2, 752 Nr 955 u. 4.2, 1029 Nr 24 005: Tübingen 1590). Egidius Hunnius, Oratio funebris... Frankfurt/Main 1590 (Stälin 4, 773; Knetsch 2, 86).

13 Hans Lorenz, Die Landgrafengräber in der lutherischen Pfarrkirche zu Marburg in: Marburger Jahrbuch für Kunstwissenschaft 1, 1924, 99–194, 104ff: Beschreibung des gemeinsamen Grabmals von Ludwig und Hedwig, Bildhauer Gerhard Wolff, mit Abb. 112: aus Herrenberger Alabaster (Brief Hz Ludwigs von Württ. vom 29. Juli 1590 abgedruckt). 113: Das Grabmal entstand 1590–1592, war spätestens 1593 fertig. Stälin 4, 773: Prächtiges Denkmal, 1590 wurden 3 Wagen voll Alabaster bei Kayh gebrochen und nach Marburg geführt. Baudenkmäler (Anm. 11) 158; weitere Literatur bei Knetsch 2, 86.

14 Zitiert nach Lorenz Landgrafengräber (Anm. 13) 106f, dort jedoch »pompelicatorumque« statt »mompelicatorumque«.

15 Rommel 6, 51f; dort Anm. 54: »Jn der Trauer-Rede des Aegidius Hunnius wird zwar neben der Unterstützung der Prediger und ihrer Witwen auch der Mildthätigkeit gegen die Armen gedacht; aber die Haus-Chronik des Wilhelm Buch sagt von ihr ausdrücklich, daß sie etwas karg, den Armen nicht sehr gewogen gewesen, und an allerlei Finanzerei Gefallen gehabt.«

Elisabeth

1548–1592

Herzogin von Württemberg

I Gräfin von Henneberg

II Pfalzgräfin von Veldenz-Lauterecken

2. T. v. Herzog Christoph von Württemberg[1]
u. v. Markgräfin Anna Maria von Brandenburg-Ansbach

Geboren am 3. März 1548[2] um 9h 34min[3]
in Mömpelgard im Schloß[4]

Vermählt am 31. Mai 1568[5] in Stuttgart[6]
mit Graf Georg Ernst von Henneberg 1511–1583[7]
»des letzten dieses Stammes und Namens«[8]

Zweite Ehe am 30. Oktober 1586 st. vet.[9] in Stuttgart
mit Pfalzgraf Georg Gustav von Veldenz-Lauterecken 1564–1634[10]

Gestorben am 18. Februar 1592 st. vet.[11] zwischen 4 u. 5h[12]
in Durlach im Schloß Karlsburg[13]

Beigesetzt am 25. Februar 1592 st. vet.[14]
in Stuttgart in der Stiftskirche

Lucas Osiander, Ein christliche Predigt…, Tübingen 1592[15]

Grabmal von Jakob Roment[16]
»ANNO. 1592. DEN. 18. FEBRUARY. MORGENTS. VMB. 4. VHRN. IST DIE DVRCHLEVCHTIGE. VND HOCHGEBORNE. FVRSTIN. VND FRAW/ FRAW ELISABETH. PFALTZGRÄVIN. BEI. RHEIN. HERTZOGIN. IN B/ EYRN VND GRÄVIN ZV. VELDENTZ, GEBORNE HERTZOGIN ZV WVRTEMBERG. VND TECK. ZV CAROLSPVRG. IN GOTT SEE. ENTSCHLAFFĒ/ DERN SEIN AMACHT. EIN FRÖL VFFERSTEHVNG. VERLEIHE. WÖLE ĀMĒ«[17]

Grabmal in Schleusingen in der Hennebergischen Grabkapelle[18]

»Jhr Fürstliche Gnaden Frawenzimmer ist eine rechte Schul der Gottseligkeit vnnd allerley Tugenden gewesen. Für jhr Person waren Jhre Fürstliche Gnaden freundtlich, kaltsinnig, gütig, sanfftmütig, eines stillen Christlichen Gemüts, mit Tugenden des innerlichen Menschen wol geziert, vnd doch dabey in der gebür frölich.«[19]

Anmerkungen

1 Vgl. Hz Ludwig † 1593 Anm. 4.

2 Den 3. März 1548 als Geburtstag nennen: Eber 86; Friedrich Rüttel Horoskop G 400 Bü 14; Nockher 80v; Heller 12; Geburtregister 9; Heimführung 37; Lairitz 483; Pregitzer 1, 16; Hübner 201; Steinhofer 1, 331; Sattler Hz 4, 240; Spittler 144; Stälin 4, Tab VII; Häutle Wittelsbach 178; Behr 170; Voigtel-Cohn 92; Giefel Nr 65; Schneider Stammbaum; Schön Nr 60; Isenburg 1, 76; Freytag 1, 76; Schwennicke 1, 123. Den 2. März 1548 nennt: Sattler Hz 3, 268. Den 3. März 1547 nennen: Reimchronik 181; Geburtregister 9; Pregitzer Cod. hist. 2° 426b, 1567. Den 3. Mai 1547 nennt: Gadner Cod. hist. 2° 16, 53v.

3 9h 34min: F. Rüttel Horoskop G 400 Bü 14. 9h 35min: Eber 86. Zwischen 9 u. 10h: Reimchronik 181. Um 10h: Gadner Cod. hist. 2° 16, 53v; Pregitzer Cod. hist. 2° 426b, 1567.

4 Geburtsort Mömpelgard: Eber 86; F. Rüttel G 400 Bü 14; Gadner Cod. hist. 2° 16, 53v; Nockher 80v; Geburtregister 9; Stälin 4, Tab VII; Schön Nr 60: »Mömpelgard, nicht Basel«. Basel: Häutle Wittelsbach 178. Basel ist der Geburtsort von Elisabeths älterer Schwester Hedwig 1547–1590.

5 Heiratsakten G 51 Bü 1; G 1–8 U 52: »Heuratsbrieff« vom 8. Dezember 1567, darin wird das Beilager auf »Misericordia Domini« 1568 = 2. Mai in Schleusingen festgelegt. G 51 Bü 1: »Jtem daß die fürstlich Hochzeit vff den 21. Junij zu Schleusingen hat sollen gehalten werden, vnd war dazu geladen worden, welches sich aber durch Absterben Herzog Eberhards zu Würtemberg geendert, vnd also der Handstreich vnd eelich Beischlauffen vff Montag den letzten Tag May zu Stuttgarten, folgenden Morgen Zinstags der Kirchgang one alles gebreng fürgenommen, vnnd die Haimfürrung gen Schleusingen bis vff Bartholomäj den 24. Augusti Ao 1568 daselbst zu beschehen angestellt worden.« Heimführungsakten G 51 Bü 6. Den 31. Mai 1568 als Hochzeitstag nennen: Stälin 4, Tab VII; Giefel Nr 65; Schneider Stammbaum; Isenburg 1, 76; Freytag 1, 76; Schwennicke 1, 123. Den 1. Juni 1568 nennen: Geburtregister 9; Pregitzer 1, 16; Hübner 201. Den 1. Juli 1568 nennen: Behr 170; Voigtel-Cohn 92; Schön Nr 60.

6 In Stuttgart, vgl. Anm. 5; Pregitzer Cod. hist. 2° 426b, 1567: in Schmalkalden.

7 Lebensdaten nach Häutle Wittelsbach 178: geboren am 27. Mai 1511 in Schleusingen, gestorben am 27. Dezember 1583 in Henneberg im Dorfe, beigesetzt in Schleusingen in der St. Aegidienkapelle der Stadtkirche; diese Daten auch bei: Behr 170; Voigtel-Cohn 92; Giefel Nr 65; Schön Nr 60. Todestag 22. Dezember 1583 bei: Pregitzer 1, 16; Stälin 4, Tab VII. Die Inschrift auf dem Epitaph Georg Ernsts in Schleusingen nennt als Todestag den 22. Dezember 1583: Beschreibende Darstellung der älteren Bau- und Kunstdenkmäler der Provinz Sachsen und Herzogthum Anhalt, Halle 1901, Kreise Ziegenrücken und Schleusingen, 193, Abb. Tafel 3. 187: Ölgemälde in der Stadtkirche Schleusingen nennt: geboren am 27. Mai 1511, gestorben am 27. Dezember 1583.

8 G 51 Bü 6: »Übergang an die Churfürsten vnd Herzoge von Sachsen weimaranischen Theils«. Cyriacus Spangenberg, Hennebergische Chronica, Straßburg

1599; verb. Auflage Meiningen 1755, 501–512; weitere Literatur bei Gfn Elisabeth †1384.

9 Vor der zweiten Ehe Heiratsverhandlungen zwischen Herzog Wolfgangs von Zweibrücken Sohn Friedrich (1557–1597, Häutle Wittelsbach 154) und der Witwe Elisabeth von Henneberg, Akten G 51 Bü 8. Heiratsakten Veldenz G 51 Bü 9; G 1–8 U 61: Eheabrede vom 29. Oktober 1586, darin Beilager auf 30. Oktober 1586 in Stuttgart festgelegt. Den 30. Oktober 1586 als Hochzeitstag nennen: Hübner 201; Häutle Wittelsbach 178; Voigtel-Cohn 92. Den 31. Oktober 1586 nennen: Eber 435; Crusius 2, 363; Gadner Cod. hist. 2° 16, 53v; Geburtregister 9; Pregitzer 1, 16; Stälin 4, Tab VII; Behr 170; Giefel Nr 65; Schön Nr 60; Isenburg 1, 76; Freytag 1, 76; Schwennicke 1, 123. Es ist anzunehmen, daß wie bei ihrer ersten Hochzeit (Anm. 5) das »eelich Beyschlauffen« am 30. Oktober und der »Kirchgang folgenden Morgen« am 31. Oktober stattgefunden hat.

10 Lebensdaten nach Häutle Wittelsbach 178: geboren am 6. Februar 1564 auf Remigiusberg, gestorben am 3. Juni 1634, beigesetzt auf Remigiusberg. Inschrift seines Grabmals abgedruckt in: Acta Academiae Theodoro-Palatinae 1. Mannheim 1766, S. 40, danach »natus in monte S. Remigii am 5. Februar 1564, gestorben am 3. Juni 1634. Den 5. Februar 1634 nennen: Stälin 4, Tab VII; Behr 170; Isenburg 1, 76; Freytag 1, 76. Den 6. Februar 1634 nennen: Häutle Wittelsbach 178; Giefel Nr 65; Schön Nr 60. Todestag 3. Juni 1634 bei: Häutle 178; Behr 170; Schön Nr 60; Isenburg 1, 76; Freytag 1, 76. 2. Juni 1634: Giefel Nr 65. 2. Juli 1634: Voigtel-Cohn 92. 2. Juli 1630: Pregitzer 1, 16.

Zum Begräbnisort: Franz Xaver Remling, Geschichte der Benediktiner-Probstei St. Remigiberg in: Abhandlungen der Historischen Classe der Königlich Bayerischen Akademie der Wissenschaften München 1857, 8, II, 309–416, 389: beigesetzt in der Gruft vor dem Hochaltare, 391: »Die französische Staatsumwälzung öffnete die Gruft, zerstreute die Asche der dort ruhenden Pfalzgrafen, ihrer Gattinnen und Kinder« 317: Gruft jetzt leer. Hb Hist Stätten Rheinland-Pfalz-Saar 304f: Familiengruft unter dem Hochaltar wurde in der französischen Revolutionszeit ausgeplündert.

11 Todestag 18. Februar 1592 st. vet. in sämtlichen Quellen, ausgenommen: Steinhofer 1, 331: †31. 10. 1586 Durlach, mit Hochzeitstag verwechselt; Inschrift auf dem Grabmal des zweiten Gatten (Anm. 10) und Behr 170: †1591; Pregitzer Cod. hist. 2° 426b, 1567: †1597; Schwennicke 1, 123: †1598.

12 G 51 Bü 12 Nr 1: Trauer-Notifikation des Gatten an Herzog Ludwig, Durlach 18. Februar 1592: »heut morgen zwischen 4 vnd 5 Vhren«; G 51 Bü 12 Nr 5: Notifikation Herzog Ludwigs: »Morgens vmb vier Vhren«; Grabmal u. Eber 66: Um 4h.

13 G 51 Bü 12: »Schriften den Tod der Pfalzgräfin Elisabeth, Herzog Ludwigs Schwester welche am 18. Februar 1592 auf einem Besuch bei Marggraf Ernst Friedrich von Baden zu Carlsburg gestorben vnd ihr Leichenbegängniß zu Stuttgart betr. 1592«. LP Osiander 12: »an ihrem Leib mancherley beschwerliche Zuständ vnd Schmertzen erlitten«, ihre letzten Worte: »Herr, in deine Hände befihle ich meinen Geist.«

14 G 51 Bü 12, 2: Kondolenzschreiben Herzog Ludwigs an den Gatten enthält den Vorschlag »das der Leichnam Jnn vnserem Fürstenthumb bey Jren Voreltern gebürend zur Erden bestattet werde«, »dieweil sich solicher Thodesfall also Jnn der nähin bey vns zugetragen«. Überführung des Leichnams erfolgt über Pforzheim und Leonberg. Eber 75: »von dem Büchsenthor herabgetragen vnd in dem Chor der Stifftskirchen fürstlich zur Erden bestattet worden«. G 51 Bü 12 enthält 2 Kopien ihres Testaments vom 3. Januar 1587, darin die Bestimmung: »Vnsern leib aber mit Christlichen Gesängen vnnd Leichtpredigten, Ehrlich, doch ohne überflüssige Pompen, vnnd Ceremonien, zur Erden zu bestatten«. Beigesetzt am 25. Februar 1592: LP Osiander; Eber 76; Crusius 2, 391.

15 LP 23 455 u. J 67 Bü 1.

16 Fleischhauer Renaissance 141 f: Grabmal 1593 schon ziemlich fortgeschritten (A 20 Bü 38a), Roment erhält dafür die stattliche Summe von 360 Gulden (A 256 1595/96).

17 Inschrift auch bei Tiedemann 13.

18 Beschreibende Darstellung Bau- und Kunstdenkmäler Provinz Sachsen, Halle 1901, Kreise Ziegenrück und Schleusingen 193: »Das Monument ist so an das vorhergehende (Anm. Georg Ernst von Henneberg) geschoben, daß dessen rechte Säule als Einfassung mit benutzt wird. Die andere neugearbeitete von gleicher Bildung trägt einen viel niedrigeren Architrav. Als Einfassung des Wappengiebels dienen Hermen, daneben standen 2 Putten mit den elterlichen, württembergischen und brandenburgischen Wappen, so dass auch hier nur 3 Ahnenwappen an der Einfassung angebracht wurden. Die Dame ist leicht nach rechts gewendet, mit einem steifen ärmellosen Mantel und einem schweren, schuppengemusterten Kleid angethan. Auf dem Haupt trägt sie ein Häubchen, um den Hals eine schwere Gliederkette, von den gefalteten Händen hängt eine Perlenschnur mit einem Medaillon bis auf die Füsse. Das Gesicht hat regelmässige, volle Züge grosser und edler Jugendschönheit. Eine Inschrift fehlt. Das grosse Wappen im Aufsatz und die 2 Schildhalter sind spurlos verschwunden.« Abb. Tafel 3.
Braunschweigisches Magazin 6, 1900, 201: »Sie hatte sich ein Epitaphium in der Hennebergischen Grabcapelle in Schleusingen errichten lassen, das aber ohne Inschrift blieb, da sie in die Ferne zog.«

19 LP Osiander.

Sabina

1549–1581

Herzogin von Württemberg

Landgräfin von Hessen-Kassel

3. T. v. Herzog Christoph von Württemberg[1]
u. v. Markgräfin Anna Maria von Brandenburg-Ansbach

Geboren am 2. Juli 1549[2] um 17h 40min[3]
in Mömpelgard im Schloß

Vermählt am 11. Februar 1566[4] in Marburg
mit Landgraf Wilhelm IV. von Hessen-Kassel 1532–1592[5]

Gestorben am 17. August 1582[6] um 1h[7]
in Rotenburg an der Fulda im Schloß

Beigesetzt am 20. August 1581[8]
in Kassel in der St. Martinskirche[9]

Egidius Hunnius, Ein Christliche Leichpredig…, Marburg 1581[10]

»Obiit in Christo piissima et dulcissima conjux«[11]

»jhre F. G. in der warheit ein Zierdt vnd Kron dieser landen, eine getrewe Mutter der Vnderthonen, sonderlich der Armen vnd Dürfftigen, ein sonderlicher Außbund von einer Gotseligen Christlichen Fürstin gewesen, durch dero F. G. als einen heilsamen Werckzeug Gott der Allmechtig viel gutes außgericht hat.«[12]

»Offt und Viel hat sie ganz sanftmüthig, sich nit beschweret selbs zu schauen, Kranke sonderlich Kinder und Frauen, Manch arm Kindlein nam's auf ihren Schos.«[13]

»ward eine Mutter des Landes und Säugamme der Armen genannt«[14]

»hatte die Ehre durch ihre Verheurathung mit Landgraf Wilhelmen eine Stammmuter des Hausses Hessen-Cassel zu werden.«[15]

»Sabina, die älteste Tochter des frommen und ruhmvollen Herzogs Christoph von Würtemberg, eine würdige Stammmutter der Fürsten von Hessen-Cassel, deren geräuschlose Wirksamkeit alle Lobsprüche ihrer Zeitgenossen übertrifft, die bei einer holdseligen Gestalt keinen anderen Schmuck als Sanftmuth, Bescheidenheit und Keuschheit, keinen anderen Ruhm als die Liebe ihres Gemahls kannte, lebte mit ihm in fünfzehnjähriger Ehe. Jhr Andenken ist in Cassel durch die Stiftung der freien Hof-Arzenei, nicht blos für alle Angehörige des Hofes und fürstlicher Gäste, sondern für alle Arme und Hülfsbedürftige der Hauptstadt, verewigt; sie selbst, mit ihrem Gemahl die Kenntniß heilsamer Kräuter theilend, und in der lateinischen Sprache unterrichtet, verschmähte nicht, aus der von ihr reichlich ausgestatteten Hofanstalt den Kranken die verschriebenen Heilmittel zu reichen, und nach dem Beispiel der heiligen Elisabeth der ärmsten Unterthanen Elend selbst zu lindern. Als sie dem Verlust vieler Kinder, einem zarten Körperbau, einer unüberwindlichen Sehnsucht nach einem anderen Leben, zu Rotenburg in dem für sie zum Witthum bestimmten Schloß, in den Armen ihres Gemahls, erlag, und in unübersehbarem Trauerzug bis nach der St. Martinskirche zu Cassel die Unterthanen des Landgrafen ihr folgten, alle benachbarte Fürsten, selbst der König von Frankreich, durch Beileidsbezeugungen den Schmerz seiner Trauer erneuerten, hatte er schon das (treulich gehaltene) Gelübde gethan, sich nicht zum zweitenmal zu vermählen.«[16]

»Der Vater, selbst hart mitgenommen, war mit dem Sittenwandel seines sinnlich veranlagten heranwachsenden Sohnes nicht einverstanden. Eine Ehe einzugehen zögerte er immer wieder, mit Bürgerstöchtern hatte er vier Kinder gezeugt, deren Spuren verwehten bis auf einen Sohn Philipp Wilhelm von Cornberg, der später eine erfolgreiche Beamtenkarriere einschlug. Die gesamte Familie wurde an Heiratsprojekten beteiligt und es wurden über Töchter aus den Häusern Savoyen, Bayern, Pommern, Lothringen, Holstein, Jülich verhandelt. Erst als Wilhelms jüngerer Bruder Ludwig 1563 die Tochter des dem Vater befreundeten Herzogs Christoph von Württemberg heimführte und diese Ehe kinderlos blieb, und nachdem Wilhelm ›schon viele Frauenzimmer besichtiget‹, brachte man mit familiärer Nachhilfe die Ehe mit Sabine, der dritten Tochter Herzog Christophs von Württemberg zustande. Der Vater richtete 1566 in Marburg eine glänzende Hochzeitsfeier im Beisein zahlreicher Standesgenossen aus. Sabine war von zarter Gestalt, geistig wohl gebildet, des Lateinischen mächtig. Wilhelm hat das frühe Hinscheiden Sabines 1581 sehr beklagt und war zu einer neuen Ehe nicht mehr zu bewegen. Die Ehe hatte als glücklich gegolten und war von 11 Kindern gesegnet.«[17]

Anmerkungen

1 Vgl. Hz Ludwig †1593 Anm. 4.

2 Den 2. Juli 1549 als Geburtstag nennen: Friedrich Rüttel Horoskop G 400 Bü 14; Geburtregister 10; Pregitzer 1, 16; Hübner 201; Sattler Hz 4, 240; Stälin 4, Tab VII; Behr 170; Voigtel-Cohn 92; Hoffmeister Hessen 40; Giefel Nr 66; Schneider Stammbaum; Roller Baden 89; Knetsch 2, 84; Isenburg 1, 76; Freytag 1, 76; Schwennicke 1, 123. 2. Juli 1548: Schön Nr 61. Geburtsort Mömpelgard bei: F. Rüttel (Anm. 3); Geburtregister 10; Schön Nr 61.

3 F. Rüttel Horoskop G 400 Bü 14, in Mömpelgard. Um 13h: Knetsch 2, 84.

4 Heiratsakten G 52 Bü 1 u. 4–5; G 1–8U 68: »Heuratsbrief« vom 6. September 1565, darin Beilager auf 10. Februar 1566 in Marburg festgelegt. Knetsch 2, 84: »Zuerst auf den 10. Februar bestimmt, dann auf den 11. Februar hinausgeschoben«, mit mehreren Belegen. Den 11. Februar 1566 als Hochzeitstag nennen: Pregitzer 1, 16; Isenburg 1, 76; Freytag 1, 76; Schwennicke 1, 76. Den 12. Februar 1566 nennen: LP Hunnius; Geburtregister 10; Hübner 201; Rommel 4, 376; Stälin 4, Tab VII; Behr 170; Voigtel-Cohn 92; Giefel Nr 66; Roller Baden 89; Schön Nr 61.
Zu dieser Heirat: Rommel 4, II, 445ff; Ribbeck, Landgraf Wilhelm IV. von Hessen auf der Brautsuche in: Zeitschrift Verein Hessische Geschichte 33, 1898, 181–203.

5 Lebensdaten in sämtlichen Quellen einheitlich, ausgenommen Giefel Nr 66 (4. Juli 1532–4. September 1582), der offensichtlich die Daten nach dem neuen Stil angeben wollte, die Berechnung und der Verschreiber 1582 deuten wenigstens darauf hin. Landgraf Wilhelm IV. aber ist nach Knetsch 2, 84: geboren am 24. Juni 1532 in Kassel, gestorben am 25. August 1592 zwischen 18 u. 19h in Kassel, beigesetzt am 8. September 1592 in Kassel in St. Martin.

6 Knetsch 2, 85 Anm. 9: »Landgraf Wilhelm schreibt Rotenburg 17. August 1581 an Georg von Scholey und Simon Bing, daß seine Gemahlin ›heut dissen Morgen umb 2 Uhr‹ verstorben sei. Kirchenbuch der Altstadt Kassel: †1581 den 16. Augusti des Nachts bald nach 1 Uhr (das ist der 17. August) zu Rotenberg, begraben 30. August zu Cassel uff der Freiheit.« Den 17. August 1581 als Todestag nennen sämtliche Quellen, ausgenommen: LP Meyer; Pregitzer 1, 16; Hübner 201; diese: 16. August 1581; Voigtel-Cohn 92: 16./17. August 1581; Todesursache s. Anm. 16.

7 Vgl. Anm. 6; Rommel 5, 819 Anm. 317: »Eigenhändig hat L. Wilhelm in einen alten Kalender (Cypriani Leovitii Ephemerides), wo auch alle seine Kinder eingetragen sind, zu dem Todestag seiner Gemahlin 1581, 16. August Nachts 1 Uhr geschrieben: Obiit in Christo piissima et dulcissima conjux, Roteburgi.« Knetsch 2, 84: †früh bald nach 1 Uhr. LP Meyer: †16. August »des nachts vmb zwo vhr, zu Rotenberg«.

8 Den 20. August 1581 als Beisetzungstag nennen: LP Hunnius; LP Maius; Knetsch 2, 84. Den 30. August 1581 nennt: Kirchenbuch Kassel (Anm. 6). Bei der Entfernung Rotenburg/Fulda-Kassel ist eine Beisetzung bereits am 20. August möglich.

9 Leichenpredigten; Stälin 4, 774; Schön Nr 61; Knetsch 2, 84, der bei seiner sonstigen Ausführlichkeit keinerlei Hinweise auf Grabmal oder Sarg Sabinas oder ihres Gatten gibt; ebenso finden sich keine Hinweise bei Hoffmeister 40: »beigesetzt in Cassel in der Gruft der St. Martinskirche«, oder bei Rommel, der 5, 817ff Tod und Beisetzung schildert; desgleichen bei: Johann-Just Winkelmann, Gründliche und Warhafte Beschreibung der Fürstenthümer Hessen..., Bremen 1697, 285 »von dem alten Gewölbe zu St. Martin«; Wilhelm Lange, Begräbnisse zu St. Martin in: Zeitschrift Verein Hessische Geschichte 34, 1901, der lediglich die Begräbnisse zwischen 1620 und 1795 aufführt; keinerlei Hinweis findet sich auch in: Bau- und Kunstdenkmäler Regbez. Cassel VI, Kreis Cassel-Stadt, Kassel 1923, 159–188: St. Martin.

10 LP 23 362 und Katalog Stolberg 4.2, 754 (954 u. 12 856). Egidius Hunnius, Oratio funebris..., Marburg 1581 (Knetsch 2, 85); Bartholomeus Meyer LP 1581 (LP SaBd I, 4a) u. Stolberg 4.2, 754 (1049); Lucas Maius LP 1581 (LP SaBd I, 4b) u. Stolberg 4.2, 754 (12 855); Caspar Arcularius LP 1581 (LP SaBd I, 4c).

11 Eigenhändiger Eintrag des Landgrafen Wilhelm (Anm. 7). Rommel 5, 819: »Tief gefühlt und ächt religiös sind auch die Worte, die er nach dem Tod seiner Gemahlin an Franz Hotomann schrieb. (Epistolae Hotom. p. 146. zum Oct. 1581).«

12 LP Hunnius S. E 2

13 Gereimtes Klagelied von H. W. Kirchhof, Rommel 5, 818 Anm. 314.

14 Johann Hübner, Politische Historia, Leipzig 1710, V, 694.

15 Sattler Hz 4, 240; Sabine war Mutter von elf Kindern, wovon 10 Töchter. Der einzige Sohn, Landgraf Moritz, genannt der Gelehrte (1572–1632) »gibt ein seltenes Beispiel von einem eigentlich gelehrten und schriftstellerischen Fürsten ab«, Hoffmeister Hessen 43.

16 Rommel 5, 817–819, (Sabine ist die dritte, nicht die älteste Tochter Herzog Christophs). Rommel 5, 818 Anm. 315: »Ein Jahr vor ihrem Tode hatte Sabina, erst 32 Jahre alt, ahnungsvoll alle ihre Kinder zu ihrer Schwester Hedwig nach Wolkersdorf gebracht, hierauf in Heida den gestirnten Himmel mit ihrem Gemahl anschauend, ihren Wunsch zu sterben ausgedrückt. Außer dem Gram über den gleichzeitigen Tod zweier Kinder (Anm. Christian †9. November 1578 und Elisabeth †25. November 1578, Hoffmeister Hessen 41) und dem letzten schweren Kindbett (Anm. Juliane †11. Februar 1581 zwei Tage nach der Geburt, Hoffmeister Hessen 42), hatte sich ein Fluß auf ihre Lunge gezogen. Bei dem Leichenzug, der vor Cassel von Landgraf Wilhelm, seinem Bruder Ludwig und seinem Sohne Moriz zu Pferde empfangen wurde, gingen Knaben mit brennenden schwarzen Windlichtern voraus; die schwarze sammtne Decke ihres Sarges war mit einem weißen Kreuz bezeichnet.« Rommel 5, 819 Anm. 317: »1582 antwortet Landgraf Wilhelm der Gräfin von Henneberg, seiner Schwägerin, (Anm. Hzn Elisabeth †1592) auf ihre Ermahnung, sich wieder zu verheirathen, es seyen ihm dergleichen Vorschläge schon viel und dringend von seinen Herren und Freunden geschehen. Es sey ihm aber die letzte Bitte seines lieben Beinchen noch dermaßen im Sinn, daß er nicht daran denke. Auch sey ein grauer Kopf neben anderen ihr gemeldeten Gebrechen, eine böse und abscheuliche Morgengabe. Eben so 1583 an die Herzogin von Preußen: ›Wir mögen aber E. L. freundlich nicht verhalten, daß uns vorbemeldeter leidiger Fall dermaßen und je länger je härter noch zu Herzen geht, daß wir gedachter unser herzlieber und treuer Gemalin seeliger sobald nicht vergessen können‹ (ohngeachtet ihm eine schöne Witwe von der Jtalienischen Grenze mit 12000 Thalern jährlichen Einkommens angetragen wäre).«

17 Philippi Hessen 75.

Emilie

1550–1589

Herzogin von Württemberg

Pfalzgräfin von Simmern

4. T. v. Herzog Christoph von Württemberg[1]
u. v. Markgräfin Anna Maria von Brandenburg-Ansbach

Geboren am 19. August 1550[2] um 5h 12min[3]
in Mömpelgard im Schloß[4]

Vermählt am 26. Mai 1578[5] in Simmern
mit Pfalzgraf Reichard von Simmern 1521–1598[6]

Gestorben am 4. Juni 1589 st. n.[7]
in Simmern im Schloß

Beigesetzt 1589
in Simmern in der Stephanskirche[8]

Epitaph aus der Werkstatt des Johann von Trarbach[9]
»IN TE DOMINE SPERAVI, NON CONFVNDAR IN AETERNVM.
EXEMPLO AEMILIAE PALATINAE PRINCIPIS ORTAE
WIRTENBERGIACAE ILLVSTRI DE SANGVINE STIRPIS
DISCITE MVNDANAS ANIMO DEPONERE CVRAS,
DISCITE PALLENTIS PROPEQVAM VESTIGIA MORTIS
INSTENT ATQVE PIAS AD SIIDERA TOLLERE MENTES.
FOEMINEA PLVSQVAM SUFFVLTA HAEC ROBORE PRINCEPS
OMNIA VESANI CONTEMSIT LVDICRA MVNDI,
INSIDIAS REPVTANS FORTVNAE MVNERA, QVAE TAM
CHARA TENENT HOMINES, QVAE TAM MIRANTVR ET OPTANT.
VOTVM ERAT HOC VNVM, FVIT VNA HAEC CVRA LABORQVE:
INSERVIRE DEO, BENEFACTIS VINCERE CVNCTOS.
NVPTA PALATINO HEROI DVO LVSTRA RICHARDO

ATQVE ANNVM CONSORS THALAMI FIDISSIMA TANDEM
ANNO MILLENO QVINGENTENO OCTVAGENO
ET NONO JUNII QVARTA MVNDO VALEDICTO
IN SPE NON DVBIA SVPERAS CONGESSIT AD AVRAS
OSSA SVB HOC TVMVLO QVEM CERNIS TECTA QVIESCVNT
DONEC DANTE TVBA SONITVM CARO CVNCTA RESURGET.«[10]

Anmerkungen

1 Vgl. Hz Ludwig †1593 Anm. 4.

2 Den 19. August 1550 als Geburtstag nennen sämtliche Quellen, ausgenommen Sattler Hz 3, 287 (Sattler Hz 4, 240 mit richtigem Datum): 16. August. Spittler 144: 15. August; Schön Nr 62: 10. August.

3 Friedrich Rüttel Horoskop G 400 Bü 14.

4 F. Rüttel (Anm. 3); Geburtregister 10; Stälin 4, Tab VII; Schön Nr 62.

5 Heiratsakten G 53 Bü 3; G 1–8 U 79: »Heurats-Brieve« vom 26. Mai 1578, darin Beilager auf 26. Mai 1578, in Simmern festgelegt.
Den 26. Mai 1578 als Hochzeitstag nennen: Stälin 4, Tab VII; Giefel Nr 67; Schneider Stammbaum. Den 25. Mai 1578 nennen: Geburtregister 10; Sattler Hz 4, 240; Hübner 201; Voigtel-Cohn 92; Isenburg 1, 76; Freytag 1, 76; Schwennicke 1, 123. Den 27. Mai 1578 nennt: Pregitzer 1, 16. Den 30. August 1569 nennt: Schön Nr 62 (Verwechslung mit Reichards erster Vermählung – 30. August 1569, Häutle Wittelsbach 142 – mit Gräfin Juliane von Wied).

6 Nach Häutle Wittelsbach 141 und sämtlichen Quellen: geboren am 25. Juli 1521 in Simmern, gestorben am 13./14. Januar 1598 in Simmern, beigesetzt in Simmern in der Stephanskirche (Anm. 8). Reichard hatte in erster Ehe zwei jungverstorbene Töchter und zwei am Tage ihrer Geburt verstorbene Söhne, wobei bei der letzten Geburt auch die Mutter starb. Die zweite Ehe blieb kinderlos, ebenso die dritte mit Pfalzgräfin Anna Margaretha von Veldenz, einer älteren Schwester der Herzogin Ursula von Württemberg †1635. Nach dem Tod Reichards fiel Simmern an Kurpfalz zurück.

7 Das Epitaph nennt als Todestag den 4. Juni 1589; ebenso Häutle Wittelsbach 142; Isenburg 1, 76; Freytag 1, 76; Schwennicke 1, 123. Den 12. Mai 1589 nennen: Stälin 4, Tab VII; Stälin 4, 775 (mit Hinweis auf Rüttel, der den 25. Mai angibt); Behr 170; Giefel Nr 67, Schneider Stammbaum; Schön Nr 62. »12. oder 25. Maj zu Simmern«: Pregitzer 1, 16. 25. Mai 1589: Hübner 201. Somit darf der Todestag auf den 25. Mai st. vet. = 4. Juni st. n. 1589 festgelegt werden.

8 Stälin 4, 775; Häutle Wittelsbach 142; Schön Nr 62; Rodewald, Die Grüfte und Inschriften der Simmerner Stephanskirche in: Mitteilungen Historischer Verein Pfalz 46, 1927, 3–45 beigesetzt in der Alten Gruft, die 1689 von französischen Plünderern aufgebrochen und leergeraubt wurde, Rodewald 6 u. 12; Kunstdenkmäler Rheinland-Pfalz, Rhein-Hunsrück-Kreis (ehem. Kreis Simmern), München 1977, II, 933–995: Simmern Ev. Stephanskirche, 958: Gruft unter der St. Annakapelle, 978–988: Epitaph Reichards und seiner ersten Gattin von Johann von Trarbach unter Beteiligung Hans Ruprecht Hoffmanns, mit Abb. Eine gedruckte Leichenpredigt ist nach den in Stuttgart greifbaren Verzeichnissen nicht vorhanden.

9 Beschreibung bei: Kunstdenkmäler (Anm. 8) 988–990 mit Abb.; Rodewald (Anm. 8) 27ff, der eine Wiederherstellung des nur noch in Bruchstücken vorhandenen, in der Gruft gelagerten Grabmals anregt, nachdem »die Grabdenkmale in Simmern leider ein Gegenstand unverzeihlicher Vernachlässigung geworden«, Häutle Wittelsbach 141. 1970–1972 entstand als Beispiel mustergültiger Denkmalpflege aus den überkommenen Bruchstücken eine Rekonstruktion des Grabmals durch den Steinmetzmeister Johannes Plützer aus Sobernheim/Nahe, jetzt an der Ostwand der St. Annakapelle. Hans Caspary, Die Wiederherstellung des Grabmals der Emilia von Württemberg in der ev. Stephanskirche zu Simmern in : Denkmalpflege in Rheinland-Pfalz, Jahresberichte 23–28, 1968–1973, Mainz 1974, 55–59, mit Abb. u. weiterer Literatur.

10 Die Inschriftentafel wurde nach einer »nicht ganz fehlerfreien Abschrift eines im Wittelsbacher Geheimen Hausarchiv in München aufbewahrten Manuskripts aus dem 18. Jahrhundert (Monumenta Simmerensia oder Allerhand Inscriptiones und Epitaphia der Ehemaligen Fürsten und Pfalzgrafen von Simmern usw., S. 208)« rekonstruiert. Inschrift auch bei: Acta Academiae Theodoro-Palatinae 3, 1777, 31f; Rodewald (Anm. 8) 28 mit dt. Übersetzung; zitiert wurde Kunstdenkmäler (Anm. 8) 988.

Eleonore

1552–1618

Herzogin von Württemberg

I Fürstin von Anhalt

II Landgräfin von Hessen-Darmstadt

5. T. v. Herzog Christoph von Württemberg[1]
u. v. Markgräfin Anna Maria von Brandenburg-Ansbach

Geboren am 22. März 1552[2] um 2h 20min[3]
in Tübingen im Schloß

Vermählt am 8. Januar 1571[4] in Stuttgart
mit Fürst Joachim Ernst von Anhalt 1536–1586[5]

Zweite Ehe am 25. Mai 1589 st. vet.[6] in Darmstadt
mit Landgraf Georg I. von Hessen-Darmstadt 1547–1596[7]

Gestorben am 12. Januar 1618 st. vet.[8]
auf Schloß Lichtenberg[9]

Beigesetzt am 10. Februar 1618 st. vet.[10]
in Darmstadt in der Stadtkirche

Heinrich Leuchter, Leichenpredigt, Darmstadt 1618[11]

Sarg im Hintergewölbe der Ludwigsgruft[12]

Epitaph von Nikolaus Dickhart[13]
»ELEONORE HOHER ARTH
VON HERTZOGEN GEBOREN WARD
AVSS WÜRTTENBERK EIN FREWLEIN GVT
WIE VNS DAS WAPEN ZEIGEN THVT
ALS DIES FREWLIN ZUM JHAREN KAM
FYRST JOCHIM ERNST ZVR GEMAHL SIE NAM
EIN FYRST VON ANHALT EHREN HOCH
WIE SEIN GEDECHTNYS LEBET NOCH

HERNACH ALS DIESER FROMME HERR
GESTORBEHN WAR WIE ANDERE MEHR
WARD DVRCH BESONDER GOTTES HANDT
DIE WITTIB BRACHT INS HESSEN LANDT
ZVE LANDGRAF GORGEN HOCHGEBORN
VON GOTT ZVM GEMAHL IHR AVSERKORN
SINNREICH VERSTÄNDIG GÜTIGK MILT
WAR DIE HOCHGEHRTE FYRSTLICH BILD
SIE PFLEGGT DES HERRN VND THAT VIEL GVT
IN CREVTZ VND SCHWACHHEIT MACHT SIE MVT
DIE JVNGE HERRN VND FREWLEIN ZART
LIEBT SIE ZVMAHL NACH MVTTER ARTH
DEN KRANCKEN WAR SIE HYLFF VND TROST
DVRG APOTHEK SIE VIEL ERLÖST
GOTT WIRDT IHR GEBEN REICHEN LOHN
DIE SEHLIGKEIT VND EWIG WOHN«[14]

»Eleonora ward durch Jhren 1. Gemahl eine Stamm-Mutter der Fürstl. Anhalt-Cothen und Zerbstischen Linien.«[15]

Anmerkungen

1 Vgl. Hz Ludwig †1593, Anm. 4.

2 Den 22. März 1552 als Geburtstag nennen: Friedrich Rüttel Horoskop G 400 Bü 14; Pregitzer 1, 16; Hübner 201; Stälin 4, Tab VII; Behr 170; Voigtel-Cohn 92; Giefel Nr 68; Schneider Stammbaum; Schön Nr 63; Isenburg 1, 76; Freytag 1, 76; Schwennicke 1, 123. Den 2. März 1552 nennt: Wäschke Anhalt 63, 253. Den 22. Mai 1552 nennen: Geburtregister 11; Sattler Hz 4, 240.

3 Rüttel Horoskop G 400 Bü 14, in Tübingen.

4 Heiratsakten G 54 Bü 1–6; Bü 6, 20: Eheabrede vom 12. Dezember 1570; Bü 4 enth.: George Stegle, »Beschreibung der fürstlichen haimfüerung...« nach Dessau. Beginn der Reise am 4. April, Ankunft in Dessau am 1. Mai, Ankunft in Stuttgart am 6. Juni 1571. Auf der Heimreise wird die Brautmutter am 24. Mai 1571 in Kassel von einer Geisteskrankheit befallen, vgl. Hzn Anna Maria †1589 Anm. 8. Den 8. Januar 1571 als Hochzeitstag nennen: Hübner 201; Stälin 4, Tab VII; Behr 170; Giefel Nr 68; Schneider Stammbaum; Wäschke 63, 253; Schön Nr 63; Isenburg 1, 76; Freytag 1, 76; Schwennicke 1, 123. Den 9. Januar 1571 nennen: Geburtregister 11; Pregitzer 1, 16; Voigtel-Cohn 92; Knetsch 2, 89. Den 7. Juni 1571 nennt: Sattler Hz 4, 240.

5 Nach Wäschke Anhalt 63, 253: geboren am 21. Oktober 1536 (Sonnabend nach Galli) in Dessau; ebenso Knetsch 2, 89. Am 20. Oktober 1536: Stälin 4, Tab VII; Behr 170; Giefel Nr 68; Schön Nr 63; Isenburg 1, 76; Freytag 1, 76. Todestag 6. Dezember 1586 st. vet. in sämtlichen Quellen einheitlich, gestorben in Dessau, beigesetzt am 5. Januar 1587 in Dessau in der Schloßkirche im nördlichen Gewölbe, Sarginschrift bei: Hönicke, Urkundliche Merkwürdigkeiten aus der Herzoglichen Schloß- und Stadtkirche St. Marien in Dessau, Dessau 1833, nach Wäschke Anhalt 63, 253. Joachim Ernst von Anhalt verwundete 1575 bei einem Turnier anläßlich der Hochzeit Herzog Ludwigs von Württemberg in Stuttgart den Grafen Albrecht von Hohenlohe tödlich, vgl. Hzn Dorothea Ursula †1583 Anm. 7.

6 Heiratsakten G 1–8 U 86–89 und G 54 Bü 11: »Heurathshandlungen zwischen Landgraf Georgen zu Hessen vnd Fürstin Eleonoren zu Anhalt Wittiben, Geborne Hertzogin zu Württemberg. Seind allerley Missionen, Ansuchen vnd Werbungen, so vor der Hochzeit her gangen, da dann die Fürstlich Wittib erstlich solchen Heurath abgeschlagen, doch entlich vff vilfältiges anmahnen sich darzu bereden lassen.« Bü 11 soll laut Repertorium Hausarchiv die Eheabrede vom 24. Mai 1589 enthalten, jedoch verschollen; Verlobung nach Knetsch 2, 89 am 8. Februar 1589 in Stuttgart. Nach G 54 Bü 11, 37: Beilager am 25. Mai (Sonntag Trinitatis abends), Kirchgang am 26. Mai in Darmstadt. Den 25. Mai 1589 als Hochzeitstag nennen: Geburtregister 11; Stälin 4, Tab VII; Behr 170; Giefel Nr 68; Schneider Stammbaum; Schön Nr 63; Knetsch 2, 89; Isenburg 1, 76; Freytag 1, 76; Schwennicke 1, 123. Den 26. Mai 1589 nennen: Rommel 4, 376; Hoffmeister Hessen 164. Den 25./26. Mai 1589 nennt: Voigtel-Cohn 92. Den 18. Mai 1589 nennt: Sattler Hz 4, 240. Den 11. Februar 1589 nennt: Pregitzer 1, 16. Zu dieser Heirat: Rommel 6, 103 ff; Carl Knetsch, Georgs des Frommen Werbung um Eleonore von Württemberg 1588/89 in: Zeitschrift Verein Hessische Geschichte 57, 1927, 85–114; Philippi Hessen 78 f. Georg I. von Hessen war jener bildschöne jugendliche Landgraf, in den sich die Witwe Herzog Christophs von Württemberg, Anna Maria, unsterblich verliebt hatte und aus verschmähter Liebe 1571 geisteskrank geworden war, vgl. Hzn Anna Maria †1589 Anm. 8. Sie starb in geistiger Umnachtung am 20. Mai 1589, also fünf Tage vor der Vermählung ihrer Tochter mit dem Landgrafen.

7 Lebensdaten in sämtlichen Quellen einheitlich; nach Knetsch 2, 89 f: geboren am 10. September 1547 zwischen 8 u. 9h in Kassel, gestorben am 7. Februar 1596 kurz vor 3h in Darmstadt, beigesetzt am 29. März 1596 in Darmstadt in der Stadtkirche im Hintergewölbe der Ludwigsgruft, Grabmal von Peter Osten.

8 Todestag nach sämtlichen Quellen der 12. Januar 1618, ausgenommen Behr 170: 11. Januar »laut Münze«; ebenso Wäschke Anhalt 63, 253. Knetsch 2, 90: »Sterbetag 12. Jan. 1618 auch auf der Sterbemedaille, vgl. Hoffmeister Hess. Münzen II, 1857, 246«.

9 Sterbeort Schloß Lichtenberg: nach Wilhelm Müller, Chronik der Darmstädter kirchlichen Ereignisse, Darmstadt 1929, 27. Nach Hb Hist Stätten Hessen 290 diente das von Landgraf Georg I. nach 1570 für seine erste Gemahlin, Gräfin Magdalena zur Lippe (1572–1587) erbaute Schloß Lichtenberg/Kreis Dieburg als Witwensitz des Hauses Hessen-Darmstadt. Wäschke Anhalt 63, 253 u. Schön Nr 63 u. Knetsch 2, 89 nennen als Sterbeort Darmstadt; Hoffmeister Hessen 164 ist der Sterbeort unbekannt. Die bei Knetsch 2, 90 Anm. 11 zitierte »Notifikation d. d. Darmstadt 14. Jan. 1618: am 12. jetztlaufenden Monats Januarii« spricht für den entfernteren Sterbeort Lichtenberg, da bei einem Ableben in Darmstadt die zweitägige Verzögerung der Todesnachricht ungewöhnlich wäre.

10 Tag der Beisetzung nach LP Leuchter; Knetsch 2, 89.

11 Katalog LP Stolberg 4, 2, 1029 (23 621); Müller (Anm. 9) 27: LP Johann Vietor am 8. Februar in der Schloßkirche, LP Heinrich Leuchter am 10. Februar in der Stadtkirche.

12 Knetsch 2, 89.

13 Bau- und Kunstdenkmäler Land Hessen, Regierungsbezirk Darmstadt, Stadt Darmstadt, 1952: 1, 149 ff Fürstengruft; 1, 150 Sarg von Eleonore Abb., 2, 112; 1, 147 f

Beschreibung Epitaph, Abb. 2, 107. Epitaph seit 1843 im ersten Joch der Nordseite mit vier auf Kupfer gemalten Bildnissen: Georg I., Eleonore, beider Sohn Heinrich †1601 und Sabine †1599, eine Tochter aus ihrer ersten Ehe.

14 Inschrift Epitaph, zitiert nach Kunstdenkmäler Darmstadt (Anm. 13) 1, 148, dort jedoch in Minuskeln.

15 Pregitzer 1, 16. In erster Ehe Mutter von 10 Kindern, davon 6 Söhne, Wäschke 63; in zweiter Ehe Mutter eines Sohnes, Heinrich 1590–1601, Hoffmeister Hessen 166.

Ludwig

1554–1593

Herzog von Württemberg

der Fromme[1]

Regent 1568/78–1593[2]

»N. G. W.« »Nach Gottes Willen«[3]

2. S. v. Herzog Christoph von Württemberg[4]
u. v. Markgräfin Anna Maria von Brandenburg-Ansbach

Geboren am 1. Januar 1554[5] zwischen 17 u. 18h[6]
in Stuttgart im Alten Schloß
Taufe am 3. Januar 1554 im Alten Schloß in der Ritterstube[7]

Vermählt 1575
mit Markgräfin Dorothea Ursula von Baden-Durlach 1559–1583

Zweite Ehe 1585
mit Pfalzgräfin Ursula von Veldenz-Lützelstein 1572–1635
Beide Ehen kinderlos[8]

Testament am 6. März 1587 Stuttgart[9]

Gestorben am 8. August 1593 st. vet.[10] zwischen 9 u. 10h[11]
in Stuttgart im Alten Schloß
»in dero gewohnlichem Gemach vnnd Kammer«[12]
an einem Schlaganfall[13]

Beigesetzt am 24. August 1593 st. vet.[14]
in Tübingen im Chor der Stiftskirche St. Georg[15]

Andreas Osiander, Johannes Magirus, Eberhard Bidembach und Lucas Osiander, Vier Christliche Predigten vber der Leich weilund des Durchleuchtigen... Herrn Ludwigen..., Tübingen 1593[16]

Jakob Heerbrand, Oratio Funebris de vita et obitu... Ludovici..., Tübingen 1593[17]

Andreas Grammer, Ein Christliche Leichpredigt..., Tübingen 1593[18]

Caspar Lutz, Ein Christliche Leichpredigt..., Tübingen 1593[19]

Kondolenzschreiben Kaiser Rudolfs II.[20]

Grabmal von Christoph Jelin[21]

»ILLVSTRISS.PR.AC D̄N̄S̄ D.LVDOVICVS DVX WIRTEMB.ET TECC.COM. MONT.PELIG. CHRISTOPHORI PROPAGATO/RIS F. VLRICI SINC. RELIG.PER HVNG DVCATVM RESTAVRATO/RIS N.DVCC.WIRTEMB.PR. PIET.ET HVMANIT.NVLLI SECVNDVS. PATRIS ET AVI IN PROPAG. PIA RELIG.STVDIVM SVPERGRESSVS. HIC/TVBAM ARCHANG.EXPECTAT. D.6. ID.AVG.A.1593. VIXIT ĀN̄ 39.M.7.D.7.H.16.«[22]

Seine Porträtbüste vom Stuttgarter Lusthaus seit 1844/45 auf Schloß Lichtenstein, Kreis Reutlingen.[23]

»Nun könden Wür gleichwol leichtlich ermessen, wie bekhümmerlich vnd schmerzlich die gehorsame getrewe Diener, Landschafft vnd vnderthonen, das hinschaiden dises dapfferen friedliebenden fürsten, der seine Regierung alß hierumb meniglich guet wissens tregtt dermassen löblich bestellt vnd gefüret, das die vnderthonen Sein L. mehr für ainen allgemeinen Vatter alß herrn erkennt vnd gerhüemt, sich auch seiner fridferttigkheit gegen den benachbartten vnd vns Jn gemein allen Stenden deß Reiches, Jnn vil wege zuerfröwen vnd zuetrösten gehabtt, empfinden thuen.«[24]

»ain fridferttigen gehorsamen Reichsfürsten, der Jhme deß geliebten Vatterlandts Teütscher Nation, so wohl vnsern vnd vnsers löblichen Hauses Österreichs wohlstanndt, vor andern angelegen sein, vnd sich zur erhalt- vnd befürderung gemein-Nützlicher rhue, mitt sonderm loblichem eyfer, kheiner müeh noch arbeit thauern lassen, verloren haben, So waiß auch Jederman S. L. höchlich nach zue riemen wie gahr vätterlich vnd löblich die selbig Jrro Lanndt vnd Leüth regieret, vnd sich sonsten mitt allen Stenden deß Reiches, Jnns gemein dermaßen freündtlich vnd wohl verglichen, vnd nuzlich gewesen were, wan S. L. bevorab bey Jezigen betriebtten Zeitten, noch ain mehreres alter, mitt gesundtheit hette erraichen, vnd vns vnd gemeinem Wesen beystendig sein mögen.«[25]

»Wie sanfftmütig, gnädig, milt vnnd gutthätig Jhre F. G. gegen jederman, nicht allein gegen deren getrewen Dienern vnd Vnderthonen, sonder auch frembden

Personen gewesen, ist meniglich bekandt vnd offenbar, vnnd würdt das ehrliche, hertzliche Gedechtnus, deren hoch löblichen Fürstlichen Tugenden, bey verstendigen danckbarn Leuten nimmermehr verleschen oder vergessen werden.«[26]

»Gegen jederman, nit allein höhers, oder gleiches, sondern auch sehr geringen Personen, vnnd schlechten Dienern, ja auch Bawersleuten, waren J.F.G. freundtlichs Gesprechs als wann er nicht ein Fürst, sondern jres gleichen gewesen were.«[27]

»Amor et deliciae generis humani – des ist: Ein frewd vnnd trost des menschlichen Geschlechts.«[28]

»Daß also Jhre F.G. (dem Allmächtigen sey lob vnnd danck gesagt) dero Vnderthonen, die gantze zeit ihrer Regierung (in die fünff vnd zweintzig Jar) also geschutzt vnd geschirmet, daß niemanden (wie man zu reden pflegt) ein Hünlin were gescheucht worden.«[29]

»Diser Gottselige Fromme Fürst, welchen Tugend-Nahmen auch mit Kaiser Rudolphs deß II. herrlichen Lob-gezeugnus bestättiget, Er würdigst erlangt und mit Warheit geführt.«[30]

»LUDOVICUS der Gottesfürchtige geb. 1554. Stifftet zu Tübingen an statt des abgebrandten St. Peters Closters zum Einsiedel in Schonbuch das neue Fürsten-Collegium, und legte dazu den ersten Stein 1588. Liebet die Jagd und Musique, setzet seinen Vettern Fridericum zu Mümpelgard zum Erben ein, und stirbt ohne Kind 8. Aug. 1593.«[31]

»LUDWIG, 5.ter Regierender Hertzog zu Wirttemberg. Geb. 1554. I. Jan. Ein güthiger Herr. War noch minderjährig, als sein Herr Vatter gestorben, daher vermög Vätterlichen Testaments, Pfaltz-Graf Wolffgang bey Rhein zu Zweybrück, Marg-Graf Georg Fridrich zu Brandenburg-Anspach, und Marg-Graf Carl zu Baaden-Durlach, mit welchen drey Regierenden Fürsten und Jhren Häusern, H. Christoph in besonderem gutem Vernehmen gestanden, die Vormundschafft, neben der Fürstlichen Frau Mutter, über H. Ludwigen geführt, die Statt-Halters-Stelle aber vertrate Graf Heinrich von Castel. Erhielte gleich zu Anfang seiner Regierung die Crayß-Obristen-Stelle, welche Jhme die Schwäbische Crayß-Stände selbst aufgetragen. Regierte löblich, und hielte mit allen Potentaten und denen Ständen des Reichs gute Einträchtigkeit, deren Er auch etliche unter sich verglichen. Zeigte grossen Eyfer zu der Evangelischen Religion, und Augspurgischen Confession, die unter Jhme durch Correspondenz der Wirttembergischen Theologen, mit dem Patriarchen Ieremia zu Constantinopel noch mehrers in Griechenland, Türkey und Orient bekannt worden. Beschickte auch durch seine Theologos das Colloquium zu Baaden, und halff ingleichem durch dieselbe die Sächsische Theologos vergleichen. Nicht weniger beförderte Er das grosse

Werck der aufgerichteten Formulae Concordiae nachdrucklich, welches Er wider alle, die Jhn davon wolten abwendig machen, Anno 1580. helffen zum Stand bringen, daher Er der Fromme genennt worden. Darneben bestellte er in seinem Hertzogthum und Landen die Kirchen und Schulen, und das Politische Regiment trefflich; vermehrte auch seine Lande mit etlichen Orthen. Besuchte Anno 1582. den Reichs-Tag zu Augspurg persöhnlich, darauf Er dem Reich zum besten viel gutes verrichtet. Stifftet Anno 1587. das berühmte Fürstliche Collegium oder Ritter-Academie zu Tübingen mit grossem Kosten, welches Er Anno 1592. vollendet, und in eigener Persohn solenniter eingeweyhet, dahin Er die Gefäll des Anno 1580. durch Verwahrlosung abgebrannten Closters St. Peter zum Einsiedel im Schönbuch verlegt. Erbaut auch das prächtige und künstliche Lust-Hauß zu Stuttgardt, welches auf 3. Tonnen Golds zu stehen kommen. Triebe durch sein Kriegs- und Land-Volck den Frantzösisch-Guisischen Einfall in die Grafschafft Mömpelgardt zuruck. Schickte dem Kayser Hülff wider die Türcken. Vermittelte die zweyspaltige Bischöffliche Wahl beym Stifft Straßburg, und hebte damit den Lottringischen Krieg im Elsaß auf. †1593. 8. Aug. schnell am Schlag- oder Steck-Fluß, ohne Fürstliche Leibs-Erben, daher Jhme sein Herr Vetter, H. Fridrich, Mömpelgardtischer Lini, im Regiment succediret. Wurde zu Tübingen beygesetzt, allwo Er Jhm selbst vor seinem Tod ein herrlich Grabmahl von weissem Marmor neben seiner 1. Gemahlin zugerichtet.«[32]

»Alles Regentenansehen war verschwunden, Adel und Geistlichkeit spielten den Meister, alle glückliche Fortführung guter Anstalten des Herzog Christoph mißlang, und wenn auch der Herzog, etwa von einem seiner redlichen Räthe aufgemuntert, wirksame Versuche machte, so widersetzte man sich ihm mit einer Kühnheit, die sich ganz auf Kenntniß seines Charakters gründete.«[33]

»Unser Ludwig der fromme hatte wohl sogar Lust, auch einmal selbst zu predigen, ließ Bibeln drucken, vertheilte sie unter seine Räthe und schrieb ihnen erbauliche Sentenzen hinein, nur der Veredlung seines eigenen Charakters, der Ablegung mancher selbst auffallender Fehler desselben, der bessern Regierung seines Landes vergaß er völlig.«[34]

»der fromme Ludwig, diesen Namen erhielt er schon bey seinen Lebzeiten, war wie ihm sein geheimer Rath Melchior Jäger unverholen vorhielt, bis an seinen frühen Tod immer so betrunken, daß er gar nicht mehr wußte, was eigentlich Nüchternheit sey, und leider eintraf, was ihm eben derselbe prophezeyt hatte, daß er sich durch solche beständige Trunkenheit zum Kinderzeugen untüchtig machte. Ueber Erhaltung der reinen Lehre und Ausbreitung derselben hat der fromme Ludwig immer mit dem größten Eifer gewacht; aber wir begreifen nicht, wie es sich damit zusammen schickte, daß er an allen lustigen Schwänken und manchen die Religion oft höchst entehrenden Possenspielen eine so herzliche Freude hatte, und so vergnügt seinen ganzen Hof in alle diese Fehler hineinzog. Ein vergnügter Tag für ihn, wenn er Fremde die an seinen Hof gekommen waren, recht bezechen konnte, wenn es oft aus der Predigt in die Komödie gieng, wo er etwas recht herzlich lustiges fand.«[35]

»Was den Fürsten gewöhnlich gelingt, daß ihnen bey milder und freundlicher Art im Leben, alle ihre Fehler vergessen werden, gelang auch Ludwigen. Er hatte die herzliche Liebe seines Volkes.«[36]

»Ludwig starb, noch nicht 40 Jahre alt, von seinem Volke, das über seiner bürgerfreundlichen Art seine Fehler vergaß, und alles Uebel nur auf Rechnung davon schrieb, daß er ein zu guter Herr gegen seine Räthe sey, herzlich geliebt im Leben und aufrichtig betrauert im Tode.«[37]

»Herzog Ludwig war noch minderjährig, als sein Vater starb, und stand zehen Jahre lang unter Vormundschaft; eigentlich aber blieb er minderjährig sein Leben lang. Er gehörte nicht zu den wohlgerathenen Söhnen, und bei aller Gutmüthigkeit und Frömmigkeit zeigte er so viel Schwäche und Chrakterlosigkeit, daß ihm die Vergleichung mit seinem Vater nur zum Nachteil gereichen konnte.«[38]

»Aber was helfen des Vaters Fußstapfen ohne des Vaters Geist! Was helfen gute Vorsätze ohne nachdrückliche Ausführung! Herzog Christoph sah überall selber nach, ob seine Verordnungen auch ausgeführt wurden; Herzog Ludwig verordnete auch, aber überließ es dann in der Regel dem guten Willen seiner Räthe und Diener, ob sie seinen Befehlen auch wirklich gehorchen wollten. Christoph hielt die Zügel der Regierung immer selber in der Hand; Ludwig ließ Andere vorn aufsitzen und das Fuhrwerk leiten, während er den Hintersitz einnahm, wie ein Fuhrmann, der den Wein ausschlafen will und Zügel und Peitsche seinem Knaben anvertraut. Leider paßt dieses Gleichniß nur zu buchstäblich auf ihn: denn auch er hatte in seiner Jugend die schlechte Kunst gelernt, mehr zu trinken als ihm gut war, und trieb sie zuweilen so stark, daß ihm sein vertrautester Rath, Melchior Jäger, ernstliche Vorstellungen darüber machen mußte. Dieß schmälerte natürlich seine Achtung in den Augen seiner Diener, und machte ihn auch unfähig, sich den Regierungsgeschäften mit dem gehörigen Ernste anzunehmen. Dennoch that er mehr, als man bei so bewandten Umständen von ihm erwarten sollte: er arbeitete manchmal recht fleißig mit seinen Räthen, gab sich Mühe, die von Herzog Christoph getroffenen Anstalten fortzusetzen, und erließ auch mehrere neue Verordnungen. Von Charakter war er zwar schwach, aber redlich und wohlwollend, gegen Kranke und Arme sehr mildthätig, namentlich aber gegen vertriebene Glaubensgenossen. Sein Wahlspruch war: ›Nach Gottes Willen!‹ Den Gottesdienst besuchte er mit den Seinigen fleißig, und seine Zeitgenossen gaben ihm den Beinamen des Frommen. Auch war er wegen seiner Gutmüthigkeit bei seinen Unterthanen so beliebt, daß einmal ein Reisender, der in dem

Wirtshaus in Brackenheim nach ihm fragte, von der Wirthin die Antwort bekam: ›Wär's möglich, daß Gott stürbe, so verdiente Niemand Gott zu seyn, als Herzog Ludwig, wegen seiner Herzensgüte.‹ Wenn er also auch zuweilen seinen Beamten zu viel Freiheit ließ, so scheint dieß doch nicht zur Folge gehabt zu haben, daß die Unterthanen gedrückt oder mißhandelt wurden.«[39]

»Herzog Ludwig war von ansehnlicher Leibesgestalt, aus seinem freundlichen Antlitze leuchtete die Gutmüthigkeit hervor, welche sich in seinem ganzen Betragen äusserte. Er war herablassend gegen Jedermann, auch gegen den geringsten seiner Unterthanen und lebte mit seinen Edelleuten, Räthen und Dienern ganz vertraulich. Mit ihnen wie mit Fremden einen ›fröhlichen Trunk‹ zu thun, gehörte zu seinen Hauptvergnügungen. Auch die Jagd trieb er eifrig, doch ohne Belästigung seiner Unterthanen und fand an lustigen Schauspielen großes Behagen. Er war redlich und ohne Falsch, keusch und mildthätig; Kranke und Arme unterstützte er reichlich, vornehmlich aber nahm er sich der Personen an, die ihres Glaubens wegen vertrieben worden waren. Die Wissenschaften liebte, Gelehrte beschützte und ehrte er. Seine bisweilen schnell aufbrausende Hitze suchte er so viel als möglich zu beherrschen und erwies sich in manchen Fällen nur zu geduldig und nachsichtig. Treulich hielt er zum Kaiser und zum Reiche und suchte mit den Reichsständen stets in gutem Vernehmen zu stehen. Frömmigkeit aber war sein Hauptzug in seinem Charakter und den Beinamen des Frommen erhielt er daher schon von seinen Zeitgenossen. Sein Wahlspruch war: Nach Gottes Willen! und die Erhaltung der reinen evangelischen Lehre während seiner ganzen Regierung eine seiner Hauptsorgen.«[40]

»Während solcher Zeitläufte zeigte Herzog Ludwig, durch Leutseligkeit und Milde bei denen Unterthanen beliebt, überhaupt wohlwollend, zwar nicht die Geistesthätigkeit seines Vaters, führte aber fort dessen Anhänglichkeit an das deutsche Reich und freundliche Verbindung mit vielen Fürsten, auch benachbarten Bischöfen, mittelst wechselseitiger Dienstleistungen, Zusendung von Pferden, Jagdhunden, Falken, Neckarweinen, wogegen er Erzeugnisse anderer Länder, Friauler süßen Wein, Einbecker, Zerbster Bier, Salz, etc. erhielt. Er alterte freilich frühzeitig, zum Theil in Folge zu starken Weingenusses; sein Geheimerrath Jäger stellte ihm am 9. September 1591 vor, wie durch das Zuvieltrinken die Natur und Complexion verwirrt, das Kinderzeugen verhindert werde, überhaupt viel Böses erfolge; werde doch in der Weinlaune manches bewilligt, ›was sonst auf gehabten Bedacht, auf der getreuen Räthe gehabtes Gutachten‹ gewiß nicht verwilligt worden wäre, und leide das Kammergut durch die Schwelgereien zu viele Einbuße. Nebenbei allerdings war Ludwig, welcher die Worte ›nach Gottes Willen‹ sich zum Wahlspruch erwählte, wieder der fromme Mann, welcher im Jahr 1591 eine schön ausgestattete Bibel drucken ließ und Exemplare hievon mit eigenhändig unterschriebenen Ermahnungen an Beamte vertheilte.«[41]

»Dem Regenten wird beharrlicher Fleiß in Erledigung der Regierungsgeschäfte und mit großer Milde gepaarte Gerechtigkeit nachgerühmt. Am stärksten aber tritt hervor seine Religiosität insonderheit sein Eifer für das lutherische Bekenntniß, das er mit gründlicher Kenntniß der religiösen Tagesfragen sein Leben lang dem Calvinismus wie dem Papismus gegenüber energisch vertrat, auch durch Entsendung rechtgläubiger Theologen und Religionsgespräche zu fördern suchte. Neben solcher Gesinnung versäumte er die Freuden des irdischen Lebens nicht. Er war ein Freund ritterlicher Spiele, in denen er selbst wohl geübt war, hauptsächlich aber der Jagd und heiterer Gesellschaft bei kräftigem Trunk.«[42]

»Voll Gutmütigkeit und Wohlwollen verkehrte Ludwig mit dem Volke so vertraulich, daß ein Ebinger Bürger, bei dem er als Witwer Einkehr hielt, wagen konnte, seine Tochter im Brautschmuck neben ihn zu setzen und sie ihm zur Gemahlin anzubieten. Neben Jagd und frohen Künsten waren scharfe Zechgelage sein Hauptvergnügen, besonders wenn er dabei fremden Herren seine Überlegenheit zeigen konnte. Der Geheimerat Jäger warnte ihn einmal mit offenen Worten vor dem Zustande fortgesetzter Trunkenheit. Die Regierung überließ er trotz großer Vielgeschäftigkeit fast ganz seinen Räten mit der Begründung, daß es besser sei, auf den Rat verständiger Männer zu hören, als diesen den eigenen Willen aufzudringen. Nur um die Reinheit der kirchlichen Lehre nahm er sich von ganzem Herzen an und erfüllte so redlich die Pflicht, welche zu seiner Zeit als die vorzüglichste eines Fürsten angesehen wurde.«[43]

»Warum Ludwig noch zu Lebzeiten ›der Fromme‹ genannt wurde, ist nicht einzusehen. Vielleicht haben ihm seine geistlichen Räte diesen ehrenden Beinamen verschafft zum Dank, daß er sie in allen Dingen großzügig gewähren ließ. Seinem eigenen Lebenswandel, in dem der Wein und derbe Späße so viel bedeuteten, kann er diese Auszeichnung nicht wohl verdankt haben.«[44]

»ein kunstsinniger, in seiner Lebensführung dem Vater aber wenig ebenbürtiger, dem Trunk ergebener Fürst, dem jedoch die Erhaltung und Ausbreitung der protestantischen Lehre wie seinem Vater Herzenssache war«[45]

»Im Zeichen des befriedeten Reiches lenkte die Fürstengeneration Ludwigs den Blick verstärkt nach innen: der engagierte Ausbau des eigenen Landes verband sich wie bei vielen seiner Standesgenossen mit der Attitüde patriarchalischer Milde und Behäbigkeit, so auch bei Ludwig: er war fromm und gesellig zugleich, er las die Bibel und ging zur Jagd, mit Andacht feierte er das Abendmahl, mit Eifer förderte er die Wissenschaft, mit Lust die Künste, er aß und trank viel und spielte gern. Die unbefangene Lebensfreude, die aus diesen keineswegs gegensätzlichen Eigenschaften sprach, verband sich mit einem wachen Auge für die Probleme des konfessionellen Streites. Beide Komponenten – Regierungskunst und höfische Lebensart – zeichnen den Typus des deutschen Renaissancefürsten im späten 16. Jahrhundert aus, dem die Gestalt Herzog Ludwigs recht nahe kommt. Die Regierung dieses Fürsten war nicht nur eine Ära des ruhigen Übergangs von Christoph auf Friedrich, sondern auch eine Zeit der Bewährung und der Fortführung des Erreichten, die nicht zuletzt das Landesbewußtsein der Bevölkerung mitgeprägt hat.«[46]

»Zu Ausgang des 16. Jahrhunderts wird der fromme, lerneifrige, schul- und ordnungsbegeisterte Landesherr, der Reformationstyp, vom landesherrlichen Kraftmeier, vom Jäger, vom wein- und liederliebenden ›Herkules‹ abgelöst. Ludwig ist ganz der württembergische Herkules, dem der ›Beutelsbacher‹ und derbe Späße mehr bedeuteten, als christlich geläuterte Landesordnungen, Theologenexamina, Schulvisitationen. Wenn schon, dann nicht den Arme-Leute-Geruch der Klosterschulen, sondern den weltlichen Schliff, die Politesse des honette homme, einer, der saufen, aber auch seinen Arm zum Tänzlein reichen konnte. So ist unter Ludwig in Tübingen das Collegium illustre gegründet worden, eine Fürstenschule, die der Universität angeschlossen war und eben diese galanten, aber auch das Leben genießenden Adelsleute erziehen sollte.«[47]

Anmerkungen

Lebensdaten u. a. bei: Küng 142 u. 143; Reimchronik 183f; Eber 3 u. 313; Crusius 2, 287 u. 392; Gadner Cod. hist. 2° 16, 55 u. 63; Lairitz 483f; Lohmeier 53; Imhof 57; Wolffgang 12f; Pregitzer 1, 17; Hübner 201; Steinhofer 1, 340 u. 366 u. 368 u. 411; Sattler Hz 4, 61f u. 5, 151f; Spittler 182; Viton 129f; St. Allais 4, 521; Stälin 4, 776 u. 816; Behr 170; Häutle Wittelsbach 176; Voigtel-Cohn 92; Maisch Stammtafel; Giefel Nr 69; Schneider Staummbaum; Kübler Gal. 56f; Schön Nr 64; Isenburg 1, 76; Freytag 1, 76; Schwennicke 1, 123; Festschrift Württemberg 163 u. 172.

1 Pregitzer 1, 17 (Anm. 32); Patriotisches Archiv 2, 1785, 103. Lohmeier 53: der Gottesfürchtige; Viton 129: le Débonnaire.

2 Bis zur vollkommenen Erlangung des 24. Lebensjahres unter Vormundschaft (Testament Hz Christophs vom 18. Oktober 1568, G 1–8 U 41). Vormünder bei Pregitzer 1, 17 (Anm. 32); Sattler Hz 5, 1ff; Stälin 4, 776ff. Zu Herzog Ludwig und seiner Regierung: Wolleber Cod. hist. 2° 934, 265ff; Gadner Cod. hist. 2° 16, 55ff; J. Frischlin Cod. hist. 2° 73, 136ff; Pregitzer Cod. hist. 2° 53, IV, 1–105; Sattler Hz 5, 1–152; Spittler 183–204; Patriotisches Archiv 2, 1785, 103–140: »Herzog Ludwig zu Würtemberg, genannt der Fromme«; Pahl 3, 106–184; Zimmermann 2, 327–342; Barth 174–179; Pfaff Wirtemberg 3, 150–190; Stälin 4, 776–828; Otto von Alberti ADB 19, 597–598; Schneider 189–199; Manfred Rudersdorf in Festschrift Württemberg 163–173.

3 Leichenpredigten; Spittler 203; Barth 176; Stälin 4, 814. Nach Tagebuch Crusius (Staatsanzeiger 1893, 1353, Notiz zum 24. August) auch »N. G. W. G.« »Nach Gottes Wort Gewiss«. Dielitz 199 schreibt Hz Ludwigs Devise irrigerweise Gf/Hz Eberhard VI./II. † 1504 zu, dort auch »Nach Gottes Wegen Gehet's«.

4 Ahnentafel zu 128 Ahnen: A. Rüttel d.

J. J 1 48a, 103. Ahnentafel zu 64 Ahnen: A. Rüttel d. J. J 1 48a, 84; Pregitzer 3, 13. Ahnentafel zu 32 Ahnen: Simon Studion J 1 1a, 218v–219r; O. Gabelkover J 1 154/23, 51; Philipp Jakob Zeitter J 1 252, 443v; Kolorierter Holzschnitt der Ahnentafel Herzog Ludwigs von Jacob Lederlein nach Jakob Züberlin 1585, Württ. Landesmuseum. Dazu: Otto Pannewitz in Katalog Renaissance 1, 421 mit Abb. 420; Festschrift Württemberg (mit Abb. 158) nennt 13 als Holzschneider Joachim Lederlin. Zu Herzog Ludwigs steinerner Ahnentafel mit 32 Skulpturen am Stuttgarter Lusthaus s. Anm. 23. Ahnentafel zu 8 Ahnen: A. Rüttel d. Ä. J 1 48a, 83.

5 Geburtstag 1. Januar 1554 in sämtlichen Quellen einheitlich, ausgenommen Crusius 2, 287: 1. Juni 1554.

6 Zwischen 17 u. 18h: Küng 143. Um 18h: LP Hz Johann Friedrich † 1628 LP Bd. XVIII, 72 f. Zwischen 18 u. 19h: Sattler Hz 4, 61 f. 18h 30min: Crusius 2, 287; Steinhofer 1, 340. 18h 35min: Eber 3; Friedrich Rüttel Horoskopf G 400 Bü 14, 23r. 18h 40min: Friedrich Rüttel Horoskop G 400 Bü 14, 22v.

Angaben zur Geburt am Morgen: Um 6h: Conrad Cellarius Horoskop Cod. math. 4° 22, 19v; Wolleber Cod. hist. 2° 934, 265r; Gadner Cod. hist. 2° 16, 54. Zwischen 6 u. 7h: Reimchronik 183 f. Da die Todesstunde Ludwigs – zwischen 9 u. 10h – eindeutig feststeht, und auf der Grabtumba eine Lebenszeit von 39 Jahren, 7 Monaten, 7 Tagen und 16 Stunden angegeben ist, hat allein Küng die zutreffende Geburtszeit – zwischen 17 u. 18h – angegeben, zumal er als Stuttgarter Ratsherr dem Ereignis räumlich wie zeitlich am nächsten steht.

7 G 55 Bü 1 enthält: »Memoriale über Herzog Ludwigs von Württemberg Geburt, den 1. Januar 1554, Taufe, Gevatterstandschaft der Landschaft und das vōn der letzteren dazu gereichte Präsent«. Taufe am 3. Januar (ebenso Sattler Hz 4, 61 f; Steinhofer 1, 340: 2. Januar; Crusius 2, 287: 2. Juni) in der »Rittre Stuben« des Alten Schlosses durch Hofprediger Caspar Gräter (Gretter); Patengeschenk am 7. Januar überreicht: ein »Silber verguldten Trinkgeschirr« mit Inschrift (bei Sattler Hz 4, 61 f, wo es am 5. Juni übergeben wird). G 55 Bü 11 enthält auch die »Schrifften Herzog Ludwigs... und Graf Friedrichs Studien betr.« Siehe dazu: Patriotisches Archiv 9, 1788, 99–118: »Herzog Christophs zu Würtemberg Instruction, für den Hofmeister, Lehrmeister und Unter-Gehülfen seines Sohns, Herzog Ludwigs, nebst einem Reglement vor Speis, Trank und Leibes-Übungen des Prinzen und seiner Edelknaben, vom Jahr 1562.«

8 Andere Heiratsprojekte: G 55 Bü 27: 1571/72: Tochter von Herzog Wilhelm von Jülich; 1572: Herzogin Margarethe von Pommern. G 55 Bü 18: 1583/84: Pfalz-Zweibrücken; Liegnitz, Holstein-Sonderburg, u. a., dazu: Christian Heinrich Günzler, Herzog Ludwigs Unentschlossenheit zu heiraten in: J 1 103b, 107ff und Beil. Staatsanzeiger 1879, 241–244; Stälin 4, 799.

9 G 1–8 U 90; abgedruckt bei Reyscher 2, 190–236. G 1–8 U 91: Kodizill vom 20. April 1587. G 1–8 U 92: Kodizill vom 21. Oktober 1589. G 1–8 U 93: Kodizill vom 11. Juli 1592, abgedruckt bei Reyscher 2, 236–250; wesentliche Bestimmung: Für den Fall eines kinderlosen Absterbens geht die Regentschaft und das Erbe an Graf Friedrich von Württemberg, den 1557 geborenen Sohn des Grafen Georg, und dessen Nachkommen über.

10 G 55 Bü 51, 1a: »Concept Traur-Notifications-Schreibens« an Kaiser Rudolf II., Stuttgart 10. August 1593: »das der allmechtig Getrewe Gott den durchlauchtigsten Herrn Ludwigen, weilundt vnsern Frommen gnedigen Fürsten vnd Herrn, auch gnedigengetrewen vnd hertzlieben landts Vattern, den 8.ten dies Monats vor Mittag zwischen.9.vnnd.10.Vhren, Jnn wahrhafftigem erkanndtnus vnnd Bekanndtnus, vnsers ainigen Hailandts vnnd Seeligmachers Jesu Christi, vsser disem zergenglichen Jamerthal, zu seinen göttlichen gnaden, gantz seeliglichen abgevordert, Sein Göttliche allmacht wölle an dero grossen Gerichts Tag, S.F.G. samt allen vsserwölten Christgläubigen, ein frewdenreiche vfferstehung gnediglich verleihen.« Häutle 176, Voigtel-Cohn 92, Giefel Nr 69, Schneider Stammbaum, Isenburg 1, 76, Freytag 1, 76 und Schwennicke 1, 123 geben als Todestag den 18. August an, letztere ohne Hinweis auf die Kalenderreform, während sie die Todestage der Gemahlinnen Ludwigs nach dem alten Stil aufführen; Behr 170 nennt korrekt 8./18. August; v. Alberti ADB 19, 598 hat: 28. August.

11 Trauer-Notification (Anm. 10); Leichenpredigten 119; Pregitzer Cod. hist. 2° 53, 462.

12 Leichenpredigten 119.

13 LP Bd. XX, 1e: »Ankündung von dem Christlichen Leben vnnd seligen Absterben...« (Als Sonderdruck Tübingen 1593: »Erinnerung von dem..., J 67 Bü 1) 109: »durch schnellen vnnd allzu früen Tod abgefordert. Dann als Jhre F. G. den sibenden tag diß Monats, noch am abends, in aller gebür, Gottesfurcht vnnd Ehren, frölich vnnd lustig gewesen, auch mit dero geheimen Rähten vnd Dienern von hochwichtigen, dem gemeinen Vatterland nutzlichen sachen tractiert vnd geredt, dar zu frisch vnd gesund sich in Jhre rhue begeben, vnd des volgenden Morgens (nach verrichtem Jhrem gewohnlichen Gebet) auffstehen wöllen, haben Jhre F. G. sich allererst vbel befunden. Da dann bald Jhrer F. G. vertrawte Diener, auch Hoffprediger vnd Medici, sich herzu gethon, vnnd an ihrem getrewen fleiß nichts erwinden lassen. Nach dem aber die Kranckheit schnell vberhand genommen, seien Jhre F. G. also in der dritten Stund (nach dem die Kranckheit angefangen) sanfft, vnd ohne anzeigung, oder zeichen einiger vngedult, seliglich im HErrn entschlaffen, vnnd auß disem Jamerthal hinweg geruckt, vnd in das Himmlische Paradiß eingeführt worden. Dadurch der Allmächtig Jhren F. G. zwar, mit solchem seligen vnd kurtzen end aller Trübsalen, die höchste Gutthat erwisen, vns aber in grosse trawrigkeit vnd betrübnus gesetzt.« LP Lucas Osiander LP Bd. XX, 1d, 93: »Dann als Jhre F. G. noch den sibenden diß Monats, vber dem Nachtessen, bey jhren vertrawten lieben Dienern, in der forcht Gottes, vnnd in ehren, recht frölich vnnd lustig gewesen, sich auch vernehmen lassen, daß Jhre F. G. sich in langer zeit so wol nicht befunden, vnnd sich frisch vnd gesund in jhr rhu begeben, haben Jhre F. G. des folgenden morgens, jhr gewohnlich Gebett verrichtet, vnd sich wöllen schikken, in die Predigt zugehen, vnd Gottes Wort zuhören. Aber Jhre F. G. haben sich gehlingen vbel befunden, vnd geklagt, daß Jhren F. G. wehe seien, da sich dann so vil ereugt, daß Jhre F. G. der Schlag gerühret.« 94: »in der dritten Stund, nach anfang der Kranckheit, ohne anzeigung einige vngedult, seliglich vnnd still im HERRN entschlaffen. Vnd seind Jhre F. G. diß orts, jhres offt widerholeten Wunsches (daß sie nicht lang im Beth auffgehalten, sonder bald abgelöset wurden) von dem Allmachtigen gnädiglich gewähret worden.« Jakob Heerbrand, Oratio Funebris LP Bd. XX, 2a, 50 zufolge empfand Herzog Ludwig beim Aufstehen heftige Kopfschmerzen (»sensit destillationes capitis fortiores«) und verstarb an einem Schlaganfall (»apoplexia forte ex hac aerumnarum valle sine sensu mortis nobis subtracta«). 52: Seine letzten Worte, ehe er die Sprache verlor, waren auf Zuruf des Bibelverses Römer 8, 14 durch Melchior Jäger: »Ja, Ja, Ja«. Martin Crusius, Tagebuch 11. August 1593: »Durch kostbare Tropfen wurde ihm, als er schon sprachlos dalag, noch zweimal die Sprache wieder verschafft; beim dritten Versuch aber erlosch das Leben« (zitiert nach Staatsanzeiger 1893, 1353: Zur Erinnerung an das Ableben und die Beisetzung des Herzogs

Ludwig) 9. August: »Man sagt, er sei in einer Stunde lebendig und tot gewesen, weil er bei der glühenden Hitze nach der Rückkehr von Marbach seinen Durst mit einem kalten Trunk gestillt habe.«

Zum Tod Herzog Ludwigs siehe auch: Gadner Cod. hist. 2° 16, 63 f; Wolffgang 13; Pregitzer Poesie 1722, 473–475; Pregitzer 1, 17: »schnell am Schlag- oder Steckfluß«; Steinhofer 1, 368 u. 411: »schnell am Schlag- oder Steckfluß; Sattler Hz 5, 151: »überfiel ihn eine Krankheit, daß er nicht wohl den Athem holen konnte«; Koch Kirchenlied 1, 107–109; Moll Krankheits- und Todesfälle 65 f; Stälin 4, 816. Barth 178: »Seine Gesundheit hatte wahrscheinlich durch das viele Trinken Noth gelitten«; Pahl 3, 182 spricht von »unheilbaren Zerstörungen, die er durch seinen Hang zur Völlerey in seinem Körper angerichtet hatte«; G 55 Bü 49 enth. »Geheimraths D. Jägers von Gärtingen Aufsatz vnd Erinnerung gegen Herzog Ludwig wegen des starken Trinkens« vom 9. September 1591: (»Wehe dem schönen fruchtbarn Fürstenthumb Württemberg, Jnn welchem groß trincken fürgehet«). Lucas Osiander LP Bd. xx, 1d, 87: »wann J. F. G. vom raisen, oder von grossen vnd vilen Geschefften, müd vnd matt worden, sich mit reichlicherm Trunck erquicken wollen, vnd nicht eben die rechte Maß getroffen, so ist doch solches auß keinem bösen Fürsatz beschehen, sich selbsten, oder andere, mit vberflüssigem Trunck zu beschweren, sondern ist auß lauter guthertzigkeit hergeflossen, daß Jhre F. G. gern derselben Gäst, vber dero Tafel, fröhlich vnd lustig gemacht hetten. Wie auch zu solcher zeit niemand von J. F. G. vnzüchtiger wort, oder vngeschickter vnhöflicher Geberden sich hetten vernehmen lassen, sondern haben gemeinlich feine geistliche Lieder singen lassen, dadurch sich Jhre F. G. der Gottseligkeit vnd Forcht Gottes erinnert.«

14 G 55 Bü 51, 26: »Verzeichnuß Wie es mit weylundt des durchleuchtigen, hochgebornen Fürsten vnd Herrn, Herrn Ludwigen Hertzogen zu Würtemberg vnd Teckh, Grauens zu Mümppelgart hochloblicher vnd christseliger gedächtnuß, leychtproceß vnd begräbnuß gehalten worden«. Handschrift gedruckt in LP Bd. xx, 1g, 119–159; 119 f: »Haben die damals anwesende Rähte, Kämmerling, Hoffprediger, vnd Medici, ettliche Stund hernach Hochgedacht Jrer F. G. Leichnam, mit einem weissen Hembdt, vnnd darüber schwartz Attlasin Hosen vnnd Wammes, so mit Sparrschnieren von Gold, Silber, vnnd schwartzer Seidin verbremdt, vnd Jre F. G. seliger vor andern Kleidern gern gebraucht, deßgleichen Cordowanischen Knüestiffeln angezogen, derselben auch ein schwartz sametinen Mantel vnbgeschlagen, vnd ein sametin Spitzhauben, mit einem güldin Eichenlaub, so Jhre F. G. seliger, als ein Signum Constantiae, in zeit dero lebens, an statt einer Medeyen, täglich vnd stetigs getragen, auffgesetzt, vnnd also ab deren Ruhbeth gehebt, beseits in der Kammer gelegt, vnnd denselben tag vnd nacht vber, durch die Kammer Junckern, Hoffprediger, vnnd Medicos, gebürlich verwacht, biß des folgenden tags, den neunten Augusti, der hültzin Sarch zugerichtet, Darein hernacher der Fürstlich Leichnam in obgedachtem Habit, vnd vnder das Haupt ein schwartz sametin Küssin, neben Jhre F. G. aber, auff der rechten Seiten ein schön geetzter Dolch, vnd auff der lincken ein Wehr gelegt worden, auff dessen Gefäß gar künstlich vnnd zierlich dise Reimen mit Gold geetzt. Die Keiserliche Maiestat/ Allergnädigst verehret hat/ Auß sonderer Affection/ Hertzog Ludwigen wolgethon/ Zu Würtenberg, die Klingen gut/ Auß recht hertzlichem trewem Mut./ Gott wöll Sie beed in frewd ohn leid/ Gnädig erhalten lange zeit. Welches ein herrliche Damascener Kling gewesen, so die jetzig regierende Röm. Kay. Maiest. rc. Rudolphus Imperator, vnser allergnädigster Herr, ohngefahrlich vor einem jar Jhren F. G. seligen, neben andern mehr Sachen, gnädigst verehrt, vnd Jhre F. G. Hochlöblichen angedenckens, vmb Jhrer Maiest. willen sonders lieb gehabt. Als nun die Baar durch den Hoffschreiner zugemacht, vnd von den Medicis zuuor balsamiert (dann Jhre F. G. nicht, wie sonsten bey dergleichen Fürstlichen Personen gebräuchig, geöffnet worden, weil Sie in dero Lebzeiten offtermals dessen selbs gedacht, vnd solches zuunderlassen begert) hat man dieselbe mit einem schwartzen lindischen Tuch bedeckt, ohne allen Pomp, in grosser Trawrigkeit, vnd gebürlicher stille, durch die anwesende vom Adel in die Hofcapell herab tragen, auff Stül vor den Altar stellen, vnd hernacher in einen gantz zinin Sarch legen lassen, vor deren die damals anwesende Officierer hergegangen. Alda ist die Fürstlich Leich, mit einem schwartzen Samat bedeckt, die zeit vber stehn bliben, vnnd durch ettliche Trabanten auß Jhrer F. G. Leibsguardi, so tags so nachts verwacht worden.«

Zur Einbalsamierung Herzog Ludwigs siehe Moll 274–275: Die Oberfläche des Körpers wird sofort mit Campherbranntwein oder mit ätherischen Oelen eingerieben und die Leiche mit Ausnahme des Gesichts und der Hände mit aromatischen Binden fest umwickelt. Crusius (Staatsanzeiger 1893, 1353, 24. August): »Der bleierne Sarg, in welchem der Leichnam liegt, soll 10 Zentner schwer sein; um ihn her war ein Sarg von Tannenholz, um diesen einer von Eichenholz.« Überführung des Leichnams am 23. August 1593 von Stuttgart über Degerloch, Echterdingen und Waldenbuch nach Bebenhausen. LP Bd. xx, 1g, 138: »Deßgleichen hat man des tags zuuor Verordnung gethon, daß in allen Flecken vnnd Dörffern, da die Fürstlich Leich durch oder neben hin geführt, so bald man derselben ansichtig, vnnd so weit man dieselben sehen könden, mit allen Glocken gelitten, vnnd von gantzer Baurschafft, biß man für den Flecken oder Dorff fürüber kommen, beglaittet, vnnd darauff in denselben Kirchen ein Trostpredigt auß Gottes Wort, vnnd Christliche Gebet gehalten worden.« G 55 Bü 52 und Cod. hist 2° 125, 160–163: »Öffentliches Trauergebet auf den Tod Herzog Ludwigs«, in den Kirchen zu verlesen. G 55 Bü 52 Nr 7: »GeneralAusschreiben die Abstellung aller freuden bezeugungen durch das gantze land wegen tödlichen ableibens Hertzog Ludwigs...«: Es sollen bis auf weiteres »kein Sayten- noch ander Spil gebraucht, die Hochzeiten, Täntz, Paurkheten, Gesellenschießen, vnd andere eüserliche Fröden in allweg abgestellt vnd vnderlaßen werden.« G 55 Bü 51, 4: Befehl an alle Amtleute, am Tage der Beisetzung (24. August) an die Armen jeweils 50 Gulden Almosen zu verteilen, in Schorndorf und Urach je 100 fl. Überführung des Leichnams am 24. August von Bebenhausen nach Tübingen zur Beisetzung.

15 G 1–8 U 90: Testament vom 6. März 1587: »So Jst am Anndern Vnnßer will vnnd Meynung das Vnnßer Todter Leichnam, Christlichem gebrauch nach zue Tübingen, Jnn Sanct Georgen Kürchen, bey Vnnßer Vorigen, Vnnd Ersten Gemahelin, Seeliger gedechtnus, sonder allenn Pomp, vnnd gesprenng, doch gepürlich, zur Erden bestätiget, Vnnd zur seeligen rhue Jnns grabe dergestallt eingelegt werden, damitt Jre L. Vnns zur Linckhen Hanndt ann die seitten khommen, vnnd dißer Vnnßerer Jetzigen geliebten Gemähelin Begrebnus, Wan es dem höchsten, vnndt Jrer L. ebenmäßig auch allßo belieben würdet, vf vnnßer rechten seitten haben möchten«; siehe auch LP Bd. xx, 1g, 121 f und Pregitzer Poesie 1722, 473–475. Crusius (Staatsanzeiger 1893, 1353) Tagebuch 9. August 1593: »Er gab in diesem Sommer (als ahnte er sein trauriges Ende) Befehl, sein Grab hier im Chor der St. Georgenkirche herzurichten in dem unterirdischen Gewölbe zwischen den Gewölben seiner beiden Frauen, von denen die eine noch lebt. Noch sind diese drei Gräber nicht fertig.« 20. August: »Mittags 12 Uhr stieg ich im Chor der St. Georgenkirche in die Gruft hinab, wo der Fürst beigesetzt werden sollte. Sie ist 11 Fuß lang, 5 Fuß breit und hat Mannshöhe. Oben ist sie gewölbt, bis zu dem Steinplattenboden alles von Backsteinen und übertüncht.«

16 LP Bd. xx: »Die I. Auff den 10. Sontag nach Trinitatis, in der Fürstlichen HoffCapell zu Stutgarten, als Jhre F. G. den 8. Augusti zuuor seliglich im HERRN entschlaffen« (1a Andreas Osiander), »Die II. Zu Stutgarten in der Stifftskirchen, als die Fürstlich Leich den 23. Augusti nach Tübingen zur Begräbnus geführet worden« (1b Johannes Magirus), »Die III. Zu Bebenhausen, nach dem selbigen Tage die F. Leich allda ankommen, vnd vber nacht in der Kirchen gestanden« (1c Eberhard Bidembach), »Die IIII. Da die Fürstlich Leich zu Tübingen, am Tag Bartholomaei, zur Erden bestettigt worden« (1d Lucas Osiander). 1e: »Ankündigung von dem Christlichen Leben vnnd seligen Absterben... Ludwigen...«, als Sonderdruck Tübingen 1593: »Erinnerung von dem...« J 67 Bü 1. 1f: »Hertzog Ludwigs von Würtenberg Hochlöblicher Gedechtnus Lied: Dieweil mein Stund vorhanden ist«, als Dichtung Herzog Ludwigs abgedruckt bei Koch Kirchenlied 2, 426. Eigentlicher Verfasser ist jedoch M. Leonhard Engelhard (1526–1602); Gebhard Mehring jun., Der Verfasser des Sterbeliedes Herzog Ludwigs von Württemberg in: BWKG NF 6, 1902, 81–90. 1g: »Verzeichnus, Wie es mit... Herrn Ludwigen... Leichenproceß vnd Begräbnus gehalten worden«, Handschrift G 55 Bü 51, 26.

17 LP Bd. xx, 2b, 67–127: Epicedia von Martin Aichmann, Hieronymus Gerhardt, Lucas Osiander, Johann Jacob Reinhardt, Johann Georg Hungerlin, Andreas Osiander, Johann Sattler, Georg Ruff, Paulus Constantinus Phrygius, Oswald Gabelkover, Johannes Öchslin, Martin Crusius, Erhard Cellius, Joachim Brotbeck, Leonhard Engelhard, Jacob Graeter, Jacob Zuckwolf, Johannes Lauterbach, Georg Oelmayer, Jacob Macler, Claudius Marmetus, Johann Heinzel, Johann Wunderer, Ulrich Bollinger, Laurentius Homaemus, Jacob Lorhard, Daniel Schumaier, Gebhard Mutschelius, dazu Gratulationes für Herzog Friedrich von Jakob Frischlin, Conrad Rhumelius, Johannes Hippolytus. Weitere Epicedia in G 55 Bü 52: Simon Studion (darin einige zweideutige Formulierungen, die zu einer Untersuchung führen), Eusebius Taurus (Böblingen, erhält für sein Epicedion »ex gratia ain Par schöffel Dinckhel« »weyl er ein alter Minister ist«), Georg Stösser, Andreas Osiander, Carmen funebre, Tübingen 1593 (erhält als Belohnung 8 Gulden). Siehe dazu auch J 1 36, 603: Wolfgang Hagen, »Klag Schrifft Seeligen Abschiedts Deß... Ludwigen Hertzogen...«, Flugblatt Tübingen 1594 und Staatsanzeiger 1893, 1397: Zur Beisetzung des Herzogs Ludwig.

18 LP Bd. xx, 3, gehalten am 26. August 1593 in Göppingen.

19 LP Bd. xx, 4 gehalten am 19. August 1593 in Mömpelgard.

20 G 55 Bü 52, 2: 10. September 1593 st. n. Prag an den Geheimen Rat »woselbsten... höchstrühmliche Expressiones zu leßen«, Auszug in Anm. 24. G 55 Bü 52, 4: 10. September 1593 st. n. Prag an Herzog Friedrich, abgedruckt bei Sattler Hz 5, Beil 27; Auszug in Anm. 25; Sattler Hz 5, 152: »Der Kayser bedauerte disen Fürsten sehr.«

21 G 55 Bü 52 enth. »Bericht des Bildhauers Christoff Jelin von Tübingen betr. die Anfertigung eines Epitaphiums für den Herzog Ludwig und dessen Gemahlin vom März 1593«. Jelin bittet um Mitteilung, wo das in seiner Werkstatt gefertigte und bis auf die Politur fertige Grabmal aufgestellt werden soll. »So dann auch zum andern, Jch ahn gedachten Epitaphio yetzundt Jn das vierthalb Jahr, weder mein müglichen fleiß, müeh, noch arbeit, so tags, so nachts, mit meinen deßwegen gehaltenen Gesellen, gesparet, darneben aber mit denselbigen, wie leichtlich zu glauben, bey lang gewerter, vnd noch ohnauffhörlicher schweren theuren Zeit, ein vberauß grossen Costen, brauchen, vnd darbey das meinig müessen einbuessen«. Jelin ist bereit, das Grabmal aufzurichten, »so bald Jmmer die Kellte was bessers nachlasset, vnd es glümpffiger würd«. Er hat sein Werk »also außgemachet, das Jn vnderthenigkheit Jch verhoffe, Solches zuvorderst E. F. G. nit allein gnedig wolgefallen, sonder auch bey meniglichen, das werckh an Jme selber, den maister (wie man spricht) loben werde«. Nach Heerbrand LP Bd. XX, 2a, 45 hat Herzog Ludwig vier Jahre und einen Monat vor seinem Tod, demnach im Juli 1589, den Auftrag für sein Grabmal erteilt, 48: Keine zwei Tage vor seinem Tod fertig, 47: Ludwig hatte sich sein Grabmal erstellen lassen »weil ein Landsknecht sich nicht erst um Wehr und Waffen umsehen solle, wann der Feind vor den Thoren sei« (übers. bei Barth 179). Gadner Cod. hist 2° 16, 62v: »hat er auch sein fürstlich begräbnus zwey Jahr vor seinem ende gar zierlich auß schönem Alabaster, der in disem landt gefunden würdt (Anm. in Kayh bei Herrenberg), zu machen anfangen laßen. Vnd ob wol darmit sehr geeylet, so ist es doch nur zween tag vor seinem christlichen ende gar verfertigt worden.« Wolffgang 13: »ein ansehnliches Grab-Mahl«. Steinhofer 1, 340: »ein herrlich Grabmaal von weissem Marmor«. Stälin 4, 814: »bestellte den frühen Tod vor Augen bei dem Tübinger Bildhauer Christoph Jelin für die Tübinger Kirche sein alabasternes Grabmal mit dessen reichen Bildwerken, welches zwei Jahre vor seinem Tode angeordnet ein paar Tage vor demselben fertig wurde«; Klemm 150; Eimer 237 Beschreibung bei Westermayer-Wagner-Demmler 73–88 u. 363 und Fleischhauer Renaissance 144ff (dort Auftrag 1588 erteilt mit Hinweis auf Cod. hist 2° 795, 383, dort jedoch Juli 1589). Die Entstehungszeit kann nach Jelins Angaben (G 55 Bü 52) und Heerbrands Bemerkung (LP Bd XX, 2a, 45) auf die Jahre 1589 bis 1593 festgelegt werden. Das gleichfalls von Jelin stammende Grabmal für Ludwigs erste Gemahlin Dorothea Ursula †1583 wurde im Anschluß daran geschaffen, der Auftrag dazu wurde noch von Ludwig am 10. März 1593 erteilt (G 55 Bü 52). Grabmal Hz Ludwig, Tuschzeichnung 18. Jahrhundert in: Cod. hist. 4° 59 Nr XIII; Zeichnung in JllGW 463.

22 Zitiert nach dem Original in Tübingen. Inschrift u. a. auch bei: Baumhauwer 11f; Zeller 92; Lenz 9; Tiedemann 193; Westermayer-Wagner-Demmler 73 mit dt. Übersetzung.

23 Karl Walcher, Die Skulpturen des Stuttgarter Lusthauses auf Schloß Lichtenstein in: WVJH NF 9, 1886, 161–191 u. NF 10, 1887, 161–170. Steinerne Ahnentafel zu 32 Ahnen für Herzog Ludwig.

24 Kondolenzschreiben Kaiser Rudolfs II. an den Geheimen Rat vom 10. September 1593 st. n. (G 55 Bü 52, 2).

25 Kondolenzschreiben Kaiser Rudolfs II. an Ludwigs Nachfolger Hz Friedrich vom 10. September 1593 st. n. (G 55 Bü 52, 4)

26 LP Johannes Magirus LP Bd. XX, 1b, 33.

27 LP Lucas Osiander LP Bd. XX, 1d, 86.

28 LP Lucas Osiander LP Bd. XX, 1d, 87.

29 »Öffentliches Trauergebet« Cod. hist 2° 125, 161.

30 Heimführung 39.

31 Lohmeier 53.

32 Pregitzer 1, 17. Die Konkordienformel, deren Entstehung noch Herzog Christoph 1567 angeregt hatte, kam unter Federführung des Tübinger Theologen Jakob Andreä im Jahre 1577 zustande. Sie wurde 1578 gedruckt und 1580 offiziell in der deutschen Fassung veröffentlicht. Das Collegium Illustre entstand in den Jahren 1588 bis 1592 an der Stelle des Ende 1587 abgebrochenen Tübinger Franziskanerklosters, vgl. dazu Decker-Hauff Tübingen 106–125.

33 Spittler 188.

34 Spittler 186f.

35 Spittler 185.

36 Pahl 3, 182.

37 Zimmermann 2, 342.

38 Barth 174f.

39 Barth 175f.

40 Pfaff Wirtemberg 3, 175f.

41 Stälin 4, 813f.

42 Otto von Alberti ADB 19, 598.

43 Schneider 199. Zu der angetragenen bürgerlichen Braut: Gustav Schwab, Hans Koch von Ebingen in: Beyttenmiller 97–100. 97: »Ein milder Herr der Ludwig ist,/Liebt seine Unterthanen,/Doch auch den Wein zu jeder Frist,/Und zecht, wie seine Ahnen./Und weil er will des Volkes Heil,/So nehmen auch die Stände teil/An manchem guten Mahle.«

44 Marquardt 124.

45 Weller Württemberg 171.

46 Manfred Rudersdorf in Festschrift Württemberg 172f.

47 Borst Herren 94.

Dorothea Ursula

1559–1583

Herzogin von Württemberg

T. v. Markgraf Karl II. von Baden-Durlach[1]
u. v. Pfalzgräfin Anna von Veldenz

Geboren am 20. Juni 1559[2] um 2h 6min 52sec[3]
in Pforzheim[4] im Schloß[5]

Vermählt 1575 mit Herzog Ludwig von Württemberg 1554–1593
Eheabrede am 23. April 1575[6]
Beilager am 7. November 1575 in Stuttgart[7]
Lucas Osiander, Ein Predig auß dem 45. Psalm bey der Fürstlichen Hochzeit deß... Herrn Ludwigen..., Tübingen 1576[8]
Die Ehe blieb kinderlos[9]

Kein Testament vorhanden[10]

Gestorben am 19. Mai 1583 st. vet.[11] zwischen 8 u. 9h[12]
in Nürnberg[13] im Imhoffschen Handelshaus[14]
an einem Schlaganfall[15]

Beigesetzt am 29. Mai 1583 st. vet. [16]
in Tübingen im Chor der Stiftskirche St. Georg[17]

Lucas Osiander, Ein Predig vber die Leich der... Frawen Dorothea Ursula..., Tübingen 1583[18]

Dietrich Schnepff, Oratio de vita et morte... Dorotheae Ursulae..., Tübingen 1583[19]

Grabmal von Christoph Jelin[20]
»ILLVSTRISS. PR. AC. D̄N̄Ā D. DOROTHAEA VRSVLA ILLVSTRISS. PR. AC. D̄N̄Ī D. LVDOVICI WIRTEMBER/GENSIS ET TECC̄ĒN̄. DVCIS CONIVNX PRIMA ILLVSTRISS. CAROLI/BADĒN̄. MARCHIONIS. F. QVAE A. M.D.L X̄X̄X̄ĪĪĪ. X̄ĪX̄. MAII. PIE DECESSIT. CVM VIXISSET ĀN̄. X̄X̄ĪĪĪ./ IN MATRIMONIO ĀN̄. V̄ĪĪ. M. V̄Ī. D. V̄ĪĪĪ. HIC TVBAM D̄N̄Ī. EXPECTAT«[21]

Ihre Porträtbüste vom Stuttgarter Lusthaus seit 1844/45 auf Schloß Lichtenstein, Kreis Reutlingen.[22]

»Noch vbertriffet alles gold/Wann ich die warheit sagen solt/Das Fürstlich Fräwle pur vnd rein/Vber alles Edelgestein./Da muß ja alles Golde weichen/Der Fürstin zart ist nit zugleichen/Von angesicht so schön vnd milt/Gleich wie ein Engelisches bildt/An gantzem leib so wol geziert/Gebildet vnd geliedmasiert/Daß meniglich sich wundert gut/Nicht anderst dann wie Milch vnd Blut / Dergleichen kein Maler malen kann.«[23]

»mit Jrem Herrn gemahel keine künder gezeugt, dan sie Etlich Jar her Ein kranckhe schwache fürstin gewesen. Sonst aber Yederzeit Ein Christlich Erbar Leben vnd Wandel gefüert, Vil vnd fleissig gebetten, Daß Heilig Nachtmal offt vnd fleissig gebraucht. Gottes Wort gern gehört, Gelesen, Psalmen gesungen.«[24]

Anmerkungen

Lebensdaten bei: Eber 191 u. 205 u. 236 u. 445; Crusius 2, 332 u. 354; Nockher 1, 127v u. 142r; Heller 26 u. 33; Geburtregister 14; Lairitz 484 u. 578; Lohmeier 53; Imhof 57; Wolffgang 13; Pregitzer 1, 17; Steinhofer 1, 368 u. 379; Sattler Hz 5, 35 u. 37 u. 85; Spittler 182; Moll 66; Stälin 4, 789 u. 799; Behr 170; Voigtel-Cohn 92; Chrismar 125; Giefel Nr 69; Kübler Gal. 57; Schön Nr 64; Isenburg 1, 76; Freytag 1, 76; Schwennicke 1, 123.

1 Eugen von Chrismar, Genealogie des Gesammthauses Baden, Gotha 1882; Freytag 1, 85; Schwennicke 1, 132.

2 Geburtstag 20. Juni 1559 in sämtlichen Quellen einheitlich, ausgenommen: Moll 66: 24. Juni 1559.

3 Eber 236; Horoskop Friedrich Rüttel G 400 Bü 14.

4 Eber 236; Leichenpredigt Hz Johann Friedrich LP Bd. XVII, 73; Geburtregister 14; Pregitzer Cod. hist 2° 53, IV, 479; Kübler Gal. 57: Ort unbekannt; Schön Nr 64: vermutlich Pforzheim.

5 Markgräfliches Schloß, Verlegung der Residenz 1565 nach Durlach (Hb Hist. Stätten Baden-Württemberg 629).

6 G 1–8 U 99: »Heuraths Brieue«, darin Beilager »vngeverlich vmb kunfftig Martini« festgelegt; G 56 Bü 4–6: Heiratsakten; Sattler Hz 5, 35–37.

7 G 56 Bü 7–11: Akten betr. die Hochzeitsfeierlichkeiten; G 56 Bü 7: »Der verordneten vnnderthenig bedenckhen wölchermassen meins gnedigen Fürsten vnd herrn, herzog Ludwigs zu Württemberg hochzeit anzustellen vnd Jn das werckh zurichten«; Wolleber Cod. hist 2° 934, 267ff (Hochzeitstag 271v: 5. November); Stälin 4, 789f; Hartmann 73; Steinhofer 1, 379: »Man hielte dabey allerhand Turniere und Ritterspiele, in deren einem Graf Albrecht von Hohenlohe von Joachim Ernst, Fürsten zu Anhalt, tödlich verwundet worden. Er starb auch darüber, und ist dessen Grabstein im Chor der Stiftskirchen zu Stuttgard zu finden, da dieser Graf in Lebensgrösse in Stein gehauen noch zu sehn.«

8 HB 262 K. Nicodemus Frischlin, De nuptiis... Ludovici... cum... Dorothea Ursula..., Tübingen 1577; Nicodemus Frischlin, Sieben Bücher von der Fürstlichen Würtembergischen Hochzeit..., übers. v. Carl Christoph Beyer, Tübingen 1578. Martin Crusius, Epithalamion in: Germanograeciae libri sex 246–249; Johannes Premer, Carmen elegiacum in nuptias..., Straßburg 1575 (w. G. K 586); Simon Studion, Carmen in nuptias... (J I, 1, 159ff).

9 Wolleber Cod. hist 2° 934, 271v: »keine künder gezeugt, dan sie Etlich Jar her Ein kranckhe schwache fürstin gewesen«.

10 G 56 Bü 12–14: Nachlaßakten, Bü 12: »Inuentarium vnd verzaichnus was zue deß durchleuchtigen Hochgepornnen Fürsten vnd herrn, herrn Ludwigen Hertzogen zue Württemberg vnnd Teckh Grauens zue Mümppelgart cr. Meines gnedigen Fürsten vnd Herrn, Deßgleichen der Durchleuchtigen Hochgevornen fürstin vnd frawen Dorothea Vrsuls Hertzogin zue Württemberg Gepornnen Marggräuin zue Baden cr. weylundt Meiner gnedigen fürstin vnd frawen seeliger gedächtnus, Hochzeitlichem Ehrentage In Anno 1575. geschenckht vnd souil derselben Hochzeit geschenckh nach hochgedachter Meiner gnedigen Fürstin vnd frawen absterben noch ohnverendert zuegegen gewesen vnd gefunden worden.«
Vgl. auch G 1–8 U 107: Inventar dessen, was der Braut an Kleidern, Ketten, Kleinodien und sonstigem Schmuck aus Baden zur Hochzeit mitgegeben wurde; G 56 Bü 13: »Inventarium über den Nachlaß...« angefertigt vom 25. Juni bis 9. Juli 1583.

11 G 56 Bü 15, 2: »Schriften den Tod der Herzogin... betr.« dabei: Trauer-Notifikation Nürnberg Pfingsten (19. Mai) 1583: »Nachdem Jre L. gleichwoll zu vor etliche vill tag hero vbel auffgewest, vnnd nicht zum bösten befunden. Vor den zweyen tagen aber gar Niderfällig vnnd schwächer worden (darumben wir auch mit Jren L. biß Jn den dritten tage deß verhoffens, besserung zuer wartten, alhier Still gelegen) vf heutig heillig Pfingstag zwischen Acht vnd Neun vhren vor Mittag auss disem zergenglichen Jammerthal zu seinen Göttlichen gnaden vfgenommen... vnser herzgeliebte Gemähelin Auch Christselliger vnnd Milter gedachtnuß Jn Jhrer L. zugestandenen Leybs Plödigkeit geduttig, Jn wahrer Anrueffung Gottes Christenlich vnnd alß Jn ainem Schlaff sanfftmüettiglich verschiden.« G 56 Bü 15: Kondolenzschreiben. Todestag 19. Mai 1583 in sämtlichen Quellen einheitlich, ausgenommen: 9. Mai 1583: LP Hz Johann Friedrich LP Bd. XVII, 73; Geburtregister 14. 5. Mai 1583: Steinhofer 1, 394. 19. März 1583: Nürnberger Chronik in WJbb 1853, 2, 211; Lairitz 578.

12 Trauer-Notifikation (Anm. 11); LP Schnepff S. D: »animam suam in manus Domini anno Domini octogesimo tertio, decima nona Maij, quae fuit dies Pentecostes inter horam octauam & nonam matutinam resignavit«; Nürnberger Chronik in WJbb 1853, 2, 211; Eber 191; Wolleber Cod. hist 2° 934, 272. Vormittags vor 9h: Pregitzer Cod. hist 2° 53, IV, 481.

13 Das Herzogspaar befand sich auf der Heimreise von der Hochzeit der Schwester Herzog Ludwigs, Sophia, mit Herzog Friedrich Wilhelm I. von Sachsen-Altenburg in Weimar.

14 Pregitzer Cod. hist 2° 53, IV, 481: Willibald Imhofsche Behausung; Stälin 4, 798 (1870): Willibald Imhofsche Behausung, jetzt von Hallersches Haus auf dem Aegidienhof; ebenso Westermayer-Wagner-Demmler 93; Genealogisches Handbuch, Freiherrliche Häuser A Bd. X, 1977, 152f mit Abb.: jüngeres Imhoffsches Handelshaus, zu Füssen der Burg, nördlich der Pegnitz, Herberge für die hohen Besucher der Reichsstadt, zerbombt 1945.

15 LP Schnepff S. CIIII: »Pridie Pentecostes apoplexia correpta fuit«; Eber 191; Moll 66; Stälin 4, 798: »vom Schlage gerührt«. G 56 Bü 15: »Schriften betr. die Krankheit und das Absterben der Herzogin... insbesondere Schreiben der Herzogin an Herzog Ludwig ihre widerholten Badefahrten nach Baden-Baden betr.« Baden-Baden 14. Mai 1580: »Souiel dann vnser Person anlangt, Lassen E. L. wir wissen, das wir Gott lob noch bey zimlicher gesundtheit«.

Stuttgart 8. Juli 1580: »das vns gestrigs abendts, ein groß gefrörin angestossen, vnnd gleich wir darauff ein grosse hitze bekommen, sich auch heutigs tags also erzeigt, das wir darvon zimlich schwach worden seindt, vnnd lest sich allso ansehen, alß wann es die Jetzt regierende sucht vnnd kranckheit werden wollt«. Dessau 18. Mai 1583: Schreiben von Herzog Ludwigs Schwester, Eleonora von Anhalt, an die tags darauf verstorbene Herzogin mit einer Kostprobe und einem »Verzeichnus der magen salben vnd wie mans brauchen sol«: »Wan du bei mir werest ich dein docktor sein solt ich wolt dich mit der hilf gottes gesund machen.« LP Osiander 21: »welche in jhrer blühenden jugendt auß diesem zerganglichen Leben vnd ehe dann wir vns dessen besorget abgefordert worden«. 23: »der Allmechtig mit einem schnellen zufahl angegriffen«. 23 f: »wie auch jhre F. G. so lang sie in diser tödtlichen kranckheit vnd todtsnöten gelegen, kein anzeigung einiger vngedult, oder kleinmütigkeit gegeben, sondern jhren getrewen Gott gedultig (vnnd, in der warheit, wie ein Lämblin) still gehalten, biß sie seliglich von jrem Creutz erlöset worden. Derwegen auch jhren F. G. durch solchen Christlichen Abschid auß diser Welt, nichts arges widerfahren: sondern seind dardurch auß jrem trübsal (dann sie etliche Jar her ein kranke schwache Fürstin gewesen) seliglich entlediget, vnd also aller fernen leibsschmertzen vberhebet worden«.

16 Leichenbegängnis zunächst am »Dienstag den 2. Mai« (wohl 21. Mai, nach Pregitzer Cod. hist 2° 53, IV, 481 am 25. Mai) in Nürnberg: »Leichenbegängniß der Gemahlin Herzog Ludwigs von Württemberg. Aus einer ungedruckten Cronica der Stadt Nürnberg mitgetheilt von O. Schönhuth.« in: WJbb 1853, 2, 210–214 (mit irrigen Daten: Ankunft 17. April, Todestag Pfingsttag 19. März, Leichenbegängnis 2. Mai); 210: Sterbehaus »in Herrn Willibalds Imhof Behausung auf St. Egydien Hof einlogirt«; 211: »Der Fürstin todter Leichnam ist gebalsamirt worden und ganz bei einander geblieben; hat die Balsamirung ungefährlich 200 fl. gekostet, und ist in einem herrlichen Schmuck in einem bleiernen Sarg mit Zinn überzogen gelegt worden, welchen man hernach mit Holz wie eine Truhe überzogen und schwarz angestrichen, und wug der Sarg außer dem Holzwerk 3 Ctnr.« 212 f: Beschreibung der Leichenprozession. Überführung nach Tübingen, dort am 29. Mai 1583 Beisetzung in der Stiftskirche mit Ansprache des württembergischen Hofpredigers Lucas Osiander (Anm. 18).

17 Cod. hist 2° 125, 30–31: Anordnungen für die Beisetzung; Crusius 2, 354: »Die Studenten und Universitäts-Verwandten wurden zuvor in einem Programmate erinnert, daß sie wegen einer so großen Traur sich vom Schmausen und von der Music enthalten sollen.«

18 LP 23 595.

19 LP 23 596 u. J 67 Bü 1; enthält auch Epicedia von Martin Crusius (auch Germanograeciae libri sex 295), Leonhard Engelhart, Konrad Kirchner, Johann Scholtius (auch LP 23 597: Elegia consolatoria, Tübingen 1583), Joseph Liebler, Valentin Cless, Johannes Mutius und Simon Studion (auch J 1 1, 394–406: Carmen consolatorium); J 67 Bü 1 enthält auch: P. Melissus Francus, Naenia. In funere uxoris Dorotheae Ursulae…, o. J.

20 Beschreibung bei Westermayer-Wagner-Demmler 88–93 u. 365; Fleischhauer Renaissance 144 ff u. 345; Klemm 150. G 55 Bü 52: März 1593 Brief Christoph Jelins an Herzog Ludwig (siehe auch Hz Ludwig Anm. 21) »Nach dem auch beschlüßlich E. F. G. mir diese mundtliche gnedige vertröstung gethon, das wann Jch vielgemelt dero Epitaphium, vollendet, dieselben dero geliebten Gemahelin Monumentum, auch gleicher gestalt zuverfertigen, In gnaden, vor andern, mir wellen widerfahren lassen, Vnd aber Jch ahnjetzo gute, vnd vleissige Bildthawer Gesellen (die nit alle wegen zubekommen) vnderhanden, darmit nun dieselbige, Jch nit mit schwerem, vnd etwan vergebenlichem vncosten, vnderhalten dörffe, zu dem vnd vorderst die Epitaphia samentlich von einer handt, vnd arbeit, auffs vleissigst gemacht werden«. Am 10. März 1593 erhält Jelin den Auftrag.

21 Inschrift u. a. bei: J. Frischlin Cod. hist. 2° 73, 138; Crusius 2, 394; Baumhauer 11; Zeller 93; Kümmerle 9; Lenz 10f; Tiedemann 192 Nr 10; Westermayer-Wagner-Demmler 88, mit dt. Übersetzung 88f. Tuschzeichnung 18. Jahrhundert: Cod. hist. 4° 59, Nr XIV. Abb. auch in IllGW 461.

22 Walcher 172 mit Abb.

23 Nicodemus Frischlin, Sieben Bücher von der Fürstlichen Würtembergischen Hochzeit (Anm. 8) 128, 129: »Vnd ob Ewr Fürstlich Gnade schon/Kein Göttin ist, ist doch nit ohn/Daß sie ein Gottes Gab ist eben/Weil Gott sie selber hat gegeben/Vnserm Gnedigen Fürsten ein mal/Zu einem Fürstenlichen Gmahl./Darauff Ewr Fürstlich Gnaden namen/Sich reimet so gar fein zusamen/Dann Dorothea schickt sich wol/Wann ich die Warheit sagen soll/Weil es ein Gottes Gabe heißt/Auff Griechisch Sprach, wie man wol weißt.«

24 David Wolleber Cod. hist. 2° 934, 271v. Cod. hist. 2° 735, 17v–20r: Renz, Lob der Herzogin Dorothea Ursula. Elfenbeinminiatur Herzogin Dorothea Ursula 1577, Württ. Landesmuseum, Abb. in Festschrift Württemberg 167.

Ursula

1572–1635

Herzogin von Württemberg

»G. I. M. Z.« »Gott ist meine Zuversicht«[1]

T. v. Pfalzgraf Georg Johann I. von Veldenz-Lützelstein[2]
u. v. Prinzessin Anna Maria von Schweden
Enkelin v. König Gustav I. Wasa von Schweden

Geboren am 24. Februar 1572[3] um 18h 30min[4]
in Lauterecken/Glan[5]
Taufe am 2. März 1572 in Lauterecken[6]

Vermählt 1585 mit Herzog Ludwig von Württemberg 1554–1593
Eheabrede am 27. Februar 1585[7]
Beilager am 10. Mai 1585 st. vet. in Stuttgart[8]
Lucas Osiander, Ein Predig bey der Hochzeit des... Herrn Ludwigen..., Tübingen 1585[9]

Herzogin Ursula blieb kinderlos, wurde 1593 mit 21 Jahren Witwe und ging trotz mehrerer Anträge keine neue Ehe ein[10]

Testament am 25. Juli 1634 Nürtingen[11]

Gestorben am 5. März 1635 st. vet.[12] um 14h[13]
in Nürtingen im Schloß[14]
»nachdem Vnnß Vnnßer Gott mit einer blözlichen vnd schweren Leibsschwachheit heimbgesuecht«[15]
an den Folgen der Mißhandlungen durch die kroatische Soldateska bei dem Überfall auf die Stadt Nürtingen im Anschluß an die Schlacht von Nördlingen[16]

Beigesetzt am 5. Januar 1636 st. vet.[17]
in Tübingen im Chor der Stiftskirche St. Georg[18]

Lucas Osiander, Christliche Predigten Bey der Bebräbnuß... Frawen Ursulae..., Tübingen 1637[19]

Zacharias Schaeffer, Laudatio Funebris..., Tübingen o. J.[20]

Zinnsarg mit Inschrift[21]

Weder Grabmal noch Gedenktafel vorhanden[22]

Ihre Porträtbüste vom Stuttgarter Lusthaus seit 1844/45 auf Schloß Lichtenstein, Kreis Reutlingen.[23]

»VRSVL genant sein liebste gmahl von Tugent vest wie herter Stahl«[24]

»Gegen Armen, Dürfftigen, Verlassenen, sonderlich auch vertribenen vnd verjagten Leuthen, haben Jhre Fürstl. Gn. ein barmhertziges vnnd miltreiches Hertz Jederzeit getragen, vnnd mit offener Hand geholffen vnd gerhaten... Sonderlich aber, haben Hochgedachte Jhre Fürstl. Gn. Hochseeliger Gedächtnuß, der Armen, auch anderen Krancken, sich Allezeit, sehr viel angenommen, vnnd nicht allein gutten Rath, sondern auch milte That, scheinen lassen, in dem Sie, nicht ohne grossen vnd schweren Vnkosten, auch Selbsten die praeparierte Artzney-Stuckh, auß aigener Apoteck hergegeben, vnnd hierinnen Sich eine getrewe vnd sorgfältige Mutter der Armen, reichlich erwiesen.«[25]

Johann Valentin Andreä berichtet von einem Besuch bei Herzogin Ursula, »dieser gottesfürchtigen Dame, die an der Verheerung Teutschlands so gar keinen Antheil hatte, und doch, leider! bald hernach so grausam behandelt wurde«[26]

»Erwarb sich den allgemeinen Ruf einer gottesfürchtigen, gutthätigen und vernünftigen Fürstin«[27]

Anmerkungen

Lebensdaten bei: Eber 75 u. 181; Crusius 2, 359 u. 380; Nockher 74v; Heller 10; Geburtregister 15; Lairitz 158 u. 484; Lohmeier 53; Imhof 57; Wolffgang 13; Pregitzer 1, 17; Steinhofer 1, 368 u. 396 u. 540; Sattler Hz 5, 92 u. 152; Stälin 4, 799 u. 817; Häutle 176; Behr 170; Voigtel-Cohn 92; Giefel Nr 69; Kübler Gal. 57; Schön Nr 64; Isenburg 1, 76; Freytag 1, 76; Schwennicke 1, 123.

1 Sarginschrift; Crusius 2, 380. Löbe 260: »Gott ist mein Ziel«.

2 Andreas Rüttel, Ahnentafel zu 32 Ahnen in: J 1 48n, 224; Johann Georg Lehmann, Vollständige Geschichte des Herzogthums Zweibrücken und seiner Fürsten, München 1867, 505ff, Tab. Nr 5; Theodor Gümbel, Geschichte des Fürstenthums Pfalz-Veldenz, Kaiserslautern 1900, 105ff; Schwennicke 1, 29. Ursulas Vater erhielt von seinen Zeitgenossen wegen seiner zahlreichen Erfindungen und seiner Zeit weit vorauseilenden Ideen und Projekte den Beinamen »der Scharfsinnige« und gilt als »der Wittelsbacher Leonardo da Vinci«, dazu: Adalbert von Bayern, Die Wittelsbacher, München 1980, 159f mit Abb. 241.

3 Geburtstag 24. Februar 1572 in sämtlichen Quellen einheitlich, ausgenommen: Lairitz 158: Geburtsjahr 1573.

4 Eber 75; Friedrich Rüttel, Horoskop G 400 Bü 14; Conrad Cellarius Hososkop Cod. math. 4° 22, 172.

5 Gümbel 105 gibt Lauterecken als Geburtsort an; die Sarginschrift und Pregitzer Cod. hist. 2° 53, IV, 484 hingegen nennen Lützelstein im Elsaß, jetzt La Petite-Pierre, Département Bas-Rhin als Geburtsort; Kübler Gal. (1905) 57: Ort unbekannt.

6 Kirchenbuch Lauterecken, jetzt im Landeskirchenarchiv Speyer (Freundliche Mitteilung von Archivdirektor Dr. W. Eger). Da es unwahrscheinlich ist, daß das neugeborene, ungetaufte Kind mitten im Winter durch die verschneiten Vogesen und den Pfälzer Wald von Lützelstein in das 90 km Luftlinie entfernte Lauterecken zur Taufe gebracht wurde, scheidet Lützelstein als Geburtsort aus. Die Angabe auf dem Zinnsarg läßt sich damit erklären, daß die für die Beisetzung und damit auch für die Inschrift des Sarges verantwortliche Pfalzgräfin Susanna von Veldenz-Lützelstein (Anm. 17) den Geburtsort Ursulas mit der Stätte, da diese ihre Kindheit und Jugend verbrachte, dem nachmaligen Stammsitz der Pfalzgrafen, gleichgesetzt hat. Als Geburtshaus in Lauterecken darf der 1570 errichtete Neue Bau angenommen werden: Hb Hist. Stätten Rheinland-Pfalz-Saarland 198f.

7 G 1–8 U 110: »Heuraths-Brieff«, darin Beilager festgelegt »vngefhärlich vmb Philippi vnnd Jacobi« = 1. Mai.

8 G 57 Bü 4–5: Heiratsakten; G 57 Bü 6–7: »Akten betr. die Feierlichkeiten bei der Vermählung«. Hochzeitstag 10. Mai 1585 in sämtlichen Quellen einheitlich, ausgenommen: 11. Mai 1585: Wolleber Cod. hist. 2° 934, 273. 12. Mai 1585: J. Frischlin Cod. hist. 2° 326, 12. Zur Vorgeschichte dieser Heirat: Christian Heinrich Günzler, Herzog Ludwigs Unentschlossenheit zu heiraten in: J 1 103b, 107ff sowie Beil. Staatsanzeiger 1879, 241–244: Unentschlossenheit des Herzogs Ludwig, nach dem kinderlosen Absterben seiner ersten Gemahlin in die zweite Ehe zu treten. Herzog Ludwig war von der Ehe mit Ursula abgeraten worden, da sie »erst das 13. Jahr zurückgelegt habe, und es ja noch Kinderwerk mit ihr sei, sie auch noch nicht mannbar sein könne, wo doch seinen Schwestern und dem Land so sehr darum zu thun sei, daß er bald Kinder und Buben mit einer Gemahlin haben möchte« (Brief von Ludwigs Schwester Elisabeth von Henneberg vom 18. Dezember 1584). Kanzler und Landhofmeister hatten abgeraten »indem das Fräulein zum Ehestand und Kinderkriegen noch nicht qualificirt« und weil es bei dem Vater Ursulas wegen »seiner verthunerischen Haltung fast gar auf die Neige gehe«, so daß zu befürchten sei, »daß dem Herzog als künftigem Tochtermann das ganze Hofregiment mit seinem Anhang und also ein schwerer Schlegel auf den Hals wachsen möchte« (Gutachten vom 10. September 1584); Stälin 4, 799.

9 w. G. 4° 430 Nicodemus Frischlin, De secundis nuptiis... Ludovici... cum Ursula..., Tübingen 1585, übers. v. Jakob Frischlin, Von der andern Hochzeytt des... Herrn Ludwig... in Cod. hist. 2° 326, 12–197, Auf 12v ein Porträt Ludwigs mit beiden Gemahlinnen; 198f: Jakob Frischlin, Carmen nuptiale; 21v: Brautwerbung »Die Vrsvl allß Sie hett vernommen/Jres Vatters Willen khurzer Summen/Antwurttet züchtig ganz vnd gar/das Jr ein Färblin khomen war/daß Bran Jnn Jr so abentheur/allß wan Jr angsicht wer ein Feuer/Gleich wan die schönen Lilien weiß/Vnder Roth rosen stehn mit fleiß/Oder wie die farb mechte sein/Roth Blut besprengt vf helffenbein/die Jungfraw solche farben gab/dan Sie erschrockhen war darob/Endtlich allß Sie het solches gehort/antwurttet Sie die khurze wort/Herr Vatter vnnd Fraw muoter mein/Jch soll Euch billich gehorsam sein/Was Jr heussen vnd mir bevehlen/das will ich thun vnd mich vermehlen.« 38v: »Lob der fürstlichen Braut« »Neben dem Jungen Fürsten zarth/die fürstlich braut gefieret wardt/Fraw Vrsula mit Jrem Nam/auff einem guldin Wagen kham/Welchen Sechs Schener weisse Pferdt/herbrachten mit der Braut so werdt/Hüpsch guldin Lewen darauff sassen/Die glitzen vber alle massen/Der Wag von Gold glizt ganz vnd gar/aber die Braut vil Schener war/Dan Sie hett Schene hipsche Farb/darumb Sie solchen gunst erwarb/Das Sie dem Fürsten wolgefuohl/vnd worden war sein liebster buohl.« Martin Crusius, Epithalamion in: Germanograeciae Libri sex 263–266, auch Einzeldruck (w. G. 4° K 153).

10 G 57 Bü 16: »Schrifften, die der Fürstlichen Wittiben zu Nürtingen, Frawen Ursula, geborner Pfalzgrävin bey Rhein, etc. angetragene Heurathen betreffend. 1. mit dem Thumprobst zu Straßburg (1598) 2. mit Hertzog August zu Lünenburg (1604–1606) 3. mit dem Pfalzgrafen Johann (von Zweibrücken 1607) 4. mit einem Hertzogen aus Curland (o. J.), deren aber keiner fürgangen«; LP Osiander 40: »Dann sie jhres hochgeliebten Herrn Gemahels, seeligen die Tag jhres Lebens nimmermehr vergessen können, sondern denselben, so wol in den letzten als ersten Jahren jhres Wittibstands, mit hoher Betrübung, vnnd vielen haißvergossenen Zähren, hertzlich vnd inniglich, betrauret vnd beweinet.«

11 G 1–8 U 132; G 57 Bü 18: Kodizill vom 9. April 1634 Nürtingen, Kodizill vom 3. Mai 1634 Nürtingen, Kodizill vom 4. März 1635 Nürtingen. G 57 Bü 19–25: Nachlaßakten, Erbstreitigkeiten mit Veldenz, Bü 20 enthält Inventar des Witwensitzes Schloß Nürtingen.

12 Sarginschrift; LP Osiander. Todestag 5. März 1635 in sämtlichen Quellen einheitlich, ausgenommen: 2. März 1635: Mohl 661. 5. Mai 1635: Moll 66. Todesjahr 1636: Lohmeier 53.

13 Sarginschrift. Zwischen 13 u. 14h: Pregitzer Cod. hist. 2° 53, IV, 504.

14 Sarginschrift; LP Osiander. Sattler Hz 5, 152 und Moll 66: Sterbeort Stuttgart.

15 Kodizill vom 4. März 1635 in: G 57 Bü 18.

16 Sarginschrift; LP Osiander 40: »Neben dem auch der Allmechtige, Jre Fürstl. Gnad. mit schweren vnnd schmertzlichen Kranckheiten mehrfeltigs heimgesuchet, in welchen allen sie jhme mit Christlicher Gedult gehorsamblich stillgehalten. Vnnd dann, so haben selbige, in dem laidigen geschwinden Einfall in dieses Hertzogthumb, an Leib vnd Gütern, grosse Forcht, Schrecken vnd Schaden, erfahren vnnd erleyden müssen«. Bericht eines Lützelsteiner Kanzleiboten, abgedruckt bei Gümbel (Anm. 2) 109f: »die Soldaten haben alles ausgeplündert, sowohl das Schloß wie die Stadt, haben J. F. G. die Frau Fürstin etwas unfreundlich hin- und hergestoßen, traktiert, doch ist ihr kein Schaden zugefügt worden, als daß sie überaus großen Schrekken eingenommen. Jn der Stadt sein bei 300 Bürger und Bauern durcheinander, so die Gegenwehr ergriffen, jämmerlich niedergemacht worden, die übrigen aber braun und blau geschlagen: darauf sein J. F. G. mit großer Mühe nach Eßlingen kommen, allda sie sich im Wirtshaus zum Stall noch aufgehalten, hernach aber in der Stadt Logement auf etliche Tage genommen, damit sie richtig und allein möge sein und des Schreckens ein wenig vergäße... sein also gottlob noch frisch und gesund, aber von dem großen Schrecken, wie leicht zu vermessen, noch etwas herabgekommen.« Sattler Hz 5, 152: »Bezog nach ihres Ehgemahls Ableiben ihren Wittumbsitz zu Nürtingen, wo sie im Jahr 1634 nach der Nördlinger Schlacht von den Kayserlichen Völkern mit Schlägen, Beraubung ihres Geschmucks, und Schleppung ihrer Person über die tode Leichname, unmenschlicher Weise mißhandlet wurde«. Pregitzer 1, 17: »allwo sie Anno 1634... von denen Croaten, welche die Stadt Nürtingen feindlich überfallen, grosse Kriegs-Trangsaalen ausgestanden, so ihren Tod nicht wenig befördert.« Christian Heinrich Günzler J 1 103b, 119f: »hatten die ausgestandenen Schrekken und Mißhandlungen so sehr auf die gute Frau eingewirkt, daß sie... sich fortdauernd so geschwächt fühlte, daß sie mit Anfang des folgenden Jahres das Bett nimmer verlassen hat, und endlich den 5. März 1635 gestorben ist.« LP Osiander 41: »Zu letzt aber, seynd Jhre Fürstl. Gnad. auch von dem Allmechtigen, mit einer Leibsschwachheit angegriffen vnd heimgesuchet... worden.«

17 G 57 Bü 19 und 19a: »Fürstlicher Leichtprozeß Wie selbiger zue Nürtingen vnnd Tüwingen angestelt vnnd gehalten worden«. Die Beisetzungsfeierlichkeiten begannen am Sonntag, dem 3. Januar 1636 in Nürtingen, am 4. Januar erfolgte die Überführung nach Tübingen und dort am 5. Januar die Beisetzung Ursulas zugleich mit ihrem am 30. August 1635 verstorbenen Neffen, dem Pfalzgrafen Georg Otto von Veldenz-Lützelstein. Sein Epitaph, seine Verwandtschaft mit dem Hause Württemberg und seine Vita bei Westermayer-Wagner-Demmler 110–113 (Dort allerdings, wie bei allen vorangegangenen Veröffentlichungen der Tübinger Grabschriften, als Beisetzungstag der 5. September 1635 angegeben, während auf dem Epitaph eindeutig der 5. Januar 1636 genannt wird).

Im Kodizill vom 9. April 1634 (G 57 Bü 18) hatte die Herzogin verfügt, daß an ihrem Begräbnistag »vollgendes spendirt, vnnd vßgetheilt werden solle. Namblich zue Nürttingen Vnnder haußarme Leutt zwanzig gilden, So dann Jm selbigen Amptt dergleichen 30 fl. Jtem dem Pfarrer allda, so die Leucht Predig thun würdt 25 fl. Verner denn Praeceptorenn, vnnd Schuelldienern, gleich vnder Sich zutheillen 25 fl. Denn Schuellern, auch vnnder Sie gleich zu theillen 25 fl. Dem Meßner 10 fl. Vnnd dann denen, die Ihme helffen leutten 5 fl.« In Tübingen sollen am Tag der Beisetzung erhalten: Die Armen 30 fl., Pfarrer, Lehrer und Schüler je 20 fl., der Mesner 6 fl. und die Läutehelfer 4 fl. Nachdem aber die Kroaten die Herzogin »bis auf einen zerrissenen Unterrock all ihrer Habseligkeiten beraubt hatten« (Günzler J 1 103b, 119), erscheint es zweifelhaft, ob diese Summen tatsächlich noch ausbezahlt werden konnten. Günzler 120: »Ihr Leichnam konnte bei den fortdauernden Kriegsunruhen erst den 5. Januar 1636 nach Tübingen... gebracht werden, und fand sich die obengedachte Pfalzgräfin Susanna (von Veldenz-Lützelstein, Mutter von Pfalzgraf Georg Otto, Enkelin von Herzog Christoph), welche, da niemand vom württembergischen Hof im Lande war, den Leichen Condukt besorgen mußte, genöthiget, daß sie, um die zum Leichenzug erforderlichen Gutschen aufzutreiben, die benachbarten vom Adel in mehreren Schreiben um Aushülffe auffordern, sondern auch, weil es überall an Pferdten zur Bespannung gefehlt hat, sogar die in Neuhausen auf den Fildern in Einquartierung gelegene Kaiserl. Bagagen Pferdte erbitten mußte« (Akten G 57 Bü 19a). Herzog Eberhard III. hielt sich mit der herzoglichen Familie im Exil in Straßburg auf. Seine Mutter, Barbara Sophia, entschuldigt sich brieflich. (Straßburg 26. Dezember 1635, G 57 Bü 19a) für ihr Nichterscheinen. Pfalzgräfin Susanna antwortet (Nürtingen 8. Januar 1636, G 57 Bü 19, 5): »Weilen aber die Zeiten leider so schwer, vnd zum raisen jetziger Zeit sehr unsicher, halten wir dieselben billichen freundlich vor entschuldiget.«

18 Grabstätte unmittelbar neben Herzog Ludwig »vf vnnßer rechten seitten«, wie in dessen Testament verfügt (G 1–8 U 90). Herzogin Ursula hatte sich diesen Platz von Herzog Johann Friedrich sicherheitshalber bestätigen lassen: G 57 Bü 18: »Vier Schrifften zwayer Diamanten halber, welche die F. Wittib zue Nürttingen Hertzog

Johann Friedrichen zu Württemberg für aigen zugestelt vnd übergeben, gegen die geschehenen Versprechen, Hochgedachte Wittib nach Jrem Todte, zu Tübingen Jn der Stifftskürchen begraben zuelaßen, vnd den Begrebnuß Costen zuerstatten«. In einem Vertrag vom 27. August 1613 Kirchheim/Teck (G 1–8 U 131) verspricht der Herzog nach nunmehr erfolgter Schenkung der beiden Diamanten »wann Jre L. nach schickhung des allmechtigen Gottes, die schuldt menschlicher Natur bezahlen, vnnd vß dißen zergenglichen leben Von Seiner allmacht, zur öwigen seeligkeytt abgefordert werden, Das alß dann wir schuldig sein sollen, Jrer L. Leichnam gehn Tüwingen führen, Vnnd daselbsten Jnn der StifftsKürchen Jm Chor, neben Jrer L. Herren vnnd Gemahell, Weylundt dem auch Hochgebornen Fürsten, Herrn Ludwigen Hertzogen zu Württemberg vnnd zu Tegk, Grauen zue Mümppelgart etc., Christseligen angedenckhens, fürstlichem herkhommen vnnd gebrauch nach, neben darzu Beschreibung Jrer L. nechsten Befreundten, jhedoch ohne sondern Pomp ehrlich begraben, auch das alberait für Jre L. geferttigte Epitaphium vnnd Grabstein, der gebühr nach vfrichten, vnnd alßo allen vnkosten, so außerhalb der klagkleider, auff selbige begräbnus gehn würdt, ohne Jrer L. Erben zu thun, allerdings außrichten vnnd bezahlen zulaßen«.

Im Kodizill vom 9. April 1634 und erst recht im Testament vom 25. Juli 1634 wird erneut die erwünschte Grabstätte in Tübingen ausdrücklich aufgeführt: »Wann nun Gott der Allmächtig – der sollches allein Jnn Seiner hanndt vnnd gewaltt hatt – nach Seinem gnedigen Wohlgefallen Vnnß vser dißem zergänglichen Ellenden Jammerthal zu Seinen himmlischen gnaden abgefordert, So Jst Vnnßer liebster vnnd letzter Wille, Ermahnnen, vnnd erinnern auch hiemit nachgemelte vnnßerer Jnstituirte Erben, daß sie denen dazumahl Regirenden Hertzogen zue Württemberg etc. freundlich ersuochen wollen, damit vnnßer leuchnam – wir sterben Jnn dißem vnßerm Wittibstanndt Jnn, oder vßerhalb dem Herzogthum Württemberg – gen Tüwingen gefihrt, vnnd allda, Neben Weylandt dem Hochgebornen Fürsten, Vnnßern Freundlichen Herzlieben Herrn, vnndt Gemahlen, Herrn Ludwigen, Herzogen zue Württemberg, vnndt Teckh, Grauen zue Mümppelgarth etc. Christ. vnndt Milttseeliger gedächtnuß – Jnmaßen es Seine seelige L. bey dero Lebzeitten verordnet, vnndt deß auch weylanndt Hochgebornen Fürsten, vnßers Freundtlichen lieben Vettern, Sohns, vnnd Gevatteren, Herren Johannes Friderichen Herzogen zue Württemberg L. Vnnß ein sollches sub dato dem Siben vnnd zwainzigsten Augusti Anno Sechzehen Hundert, vnndt dreyzeheno Schriftlich versprochen – Fürstlichem vnnd Christlichem Herkommen nach Ehrlich vnnd wie sich gebürth, doch ohne sonnder gebräng, gelegt, vnnd zur Erden bestattet; nichtweniger daß Epitaphium, vnd Grabstein, ermeltts vnnßeres Herzlieben Herrn, vnnd Gemahles etc. Seeligen Verordnung gemäß ohnuerlengtt vollendts verferttigt, vnnd der gebür nach vffgericht werde« (G 1–8 U 132). Herzogin Ursula erhielt das letzte fürstliche Begräbnis in der Tübinger Stiftskirche. Seit dem Tode Herzog Friedrichs I. im Jahre 1608 und dem zu seiner Beisetzung innerhalb von 17 Tagen erfolgten Bau der Fürstengruft unter dem Chor der Stuttgarter Stiftskirche diente diese wiederum dem herzoglichen Hause als Grablege.

19 LP 23 648.

20 LP 23 649.

21 G 57 Bü 19a und Bü 19, 1: »Schrüfft so vff dem züninen Sarch Jhr Fürstl. Gn. Frawen Ursulae Hertzogin zue Würtemberg gegraben worden«. »Gott ist mein Zuversicht. Die Durchleuchtig Hochgeborne Fürstin vnd Fraw, Fraw Vrsula Hertzogin zu Württemberg vnnd Teckh, geborne Pfaltzgrävin bey Rhein, Hertzogin in Bayern, Grävin zu Veldentz Wittib Christseeliger gedächtnuß, ist den 24. Februarij Anno 1572 von Weiland Pfaltzgrav Georg Hansen vnnd Frawen Anna Gebornen Königin auß Schweden zu Lützelstein in dise Welt gebohren; den 10. Maij Anno 1585 mit Weyland Hertzog Ludwig zu Würtemberg Grave zu Mümpelgardt in Stuttgardten ehlichen Vermehlet 8 Jahr in solchem Ehstand doch ohne Leibs Erben zuegebracht vnd den 8 Augusti Anno 1593 in den betrüebten Wittibstand widerumb gesetzt worden Jn welchem Iro Fürstl. Gn. 42 Jahr Christlich vnd gottseelig gelebt, endtlichen den 5. Martij Anno 1635 nach außgestandenen vilen langwührigen leibsschmertzen, vnd bey vnlangst beschehenem erbärmlichen leidigen Einfall eingenommen großen schreckhen, so zu ihrem todt zweiffels ohn nicht geringe befürderung gethan nachmittag vmb 2 Vhr durch ein feines Sanfftes stilles End in dero Widumbs Schloß Nürtingen, als selbige 63 Jahr 9 tag alt worden auß disem Jamerthal in die ewige Seeligkeit abgefordert, hernach gen Tübingen zu ihrem Ruhbettlin geführt, Vnnd neben dero hertzlieben Herrn vnd gemahl seeligl. gedächtnuß beygesetzt worden, der allmechtige Gott wolle Jhrer Fürstl. Gn. Seel mit gnaden belegen, vnd dem verstorbenen leichnam an irem großen tag mit allen Christglaubigen eine fröliche vfferstehung Verleyhen Amen. 1. Joannis. 1. Das Blutt Jesu Christi reiniget vns von allen Sünden. Psalm 73. Herr wan ich nur Dich hab, so frag ich nichts nach Himmel vnd Erden. Wan mir gleich leib vnd Seel verschmacht, so bistu doch Gott alle zeit meines Hertzen trost und mein theil. Job. 19. Jch weiß das mein Erlöser lebt, vnd er würdt mich auß der Erden wider vfferwecken, vnd werde darnach mit diser meiner haut vmbgeben werden, vnd werde in meinem fleisch Gott sehen, denselben werde ich mir sehen, vnd meine augen werden Jhn haltten, vnd kein frembder. Apoc. 14. Seelig seind die todten die in dem Herren sterben, von nun an ia der Geist Spricht, Daß sie ruhen von Jhrer arbeit, dan ihre Werckh volgen Jhnen nach. Philip. 1. Christus ist mein leben, Sterben ist mein gewihn.«

22 Westermayer-Wagner-Demmler 94–97: Das Grab der Herzogin Ursula. Sie vermuten »im Sturm des Krieges ist es wohl unterlassen worden, der Herzogin ein Denkmal zu setzen, und spätere Generationen haben es vergessen, daß sie hier beerdigt ist.« Nach Fleischhauer Renaissance 144f war »eine dritte Tumba für die Herzogin Ursula sicherlich geplant zu einer dann großartigen Dreiergruppe mit der Tumba des Herzogs in der Mitte.« Sowohl in der Vereinbarung von 1613 mit Herzog Johann Friedrich (Anm. 18) als auch im Kodizill vom 9. April 1634 (G 57 Bü 18, 1: »daß alberaith vor vnnß gemachtte Epitaphium, vnn Grabstein«) wird ein bereits fertiggestelltes Grabmal vorausgesetzt. Im Testament vom 25. Juli 1634 (Anm. 18) hingegen soll das Grabmal unverzüglich vollends fertiggestellt werden. Es ist nun wenig wahrscheinlich, daß der in der Nähe Tübingens in Nürtingen wohnhaften Herzoginwitwe jahrzehntelang das Vorhandensein ihres Grabmales vorgetäuscht wurde oder werden konnte. Eher ist denkbar, daß die Tumba tatsächlich, vielleicht auch nur teilweise, verfertigt, aber in der langen Zwischenzeit so beschädigt worden war, daß eine Aufstellung nicht mehr möglich war. Eine Frau, die sich mit einer derartigen Intensität ihre Grabstelle an der Seite ihres Gatten vertraglich sichern läßt, hätte ganz bestimmt auch die entsprechenden Schritte zur Errichtung eines Grabmals unternommen, wenn ein solches nicht vorhanden gewesen wäre. Die Tatsache, daß die Herzogin bis zum heutigen Tage keinerlei Grabdenkmal erhalten hat, kann nicht mit der Not der Kriegszeit anno 1636 begründet werden, wenn an den kostenträchtigen Zinnsarg und vor allem an das ja vorhandene Epitaph für den gleichzeitig bestatteten Pfalzgrafen Georg Otto (Anm.

17) gedacht wird. Eine gewisse Rolle mag der Wandel im Geschmack der Zeit und der Begräbnissitten gespielt haben. Im Hause Württemberg ist seit dem Tode Herzog Friedrichs I. 1608 die einfache Gruftbestattung üblich und die prunkvollen Grabtumben sind aus der Mode gekommen. Für Herzogin Ursulas Schwester, die 1601 in Nürtingen verstorbene Pfalzgräfin Johanna Elisabeth, war (sicher nicht ohne Mitwirkung von Ursula) letztmals ein Tischgrab errichtet worden. (Fleischhauer Renaissance 340, der es S. 348 dem Bildhauer Jakob Roment zuschreibt). Möglich ist auch, daß die langen Streitigkeiten mit den veldenzischen Erben (Nachlaßakten G 57 Bü 19–25) ausschlaggebend waren für die Nichtaufstellung eines Grabmales. Sicherlich hatte das Haus Württemberg nach der Rückkehr aus dem Straßburger Exil gravierendere Sorgen als die um die Grabstätte einer Dame aus der vorvorigen Generation, wobei auch bedacht werden muß, daß Herzog Eberhard III. seine 1636 in Straßburg verstorbene Mutter Barbara Sophia erst im Jahre 1655 in die Stuttgarter Grablege überführen ließ. Vermutlich hielt man mit der Beisetzung im Zinnsarg die Forderung im Testament »Fürstlichem vnnd Christlichem Herkommen nach Ehrlich vnnd wie Sich gebührth« zur Erden bestattet zu werden, für erfüllt. Zumal mittlerweile zwei regierende Herzöge von Württemberg, Friedrich I. und Johann Friedrich, nicht anders als Ursula ohne Grabmal oder Wandepitaph, allerdings in einer zugänglichen Gruft, beigesetzt worden waren. Es wäre wünschenswert, die Stätte, an der Herzogin Ursula begraben liegt, auf einfache Art im Steinboden zu bezeichnen.

23 Walcher 172 mit Abb.; ebenso Fleischhauer Renaissance Nr 76.

24 J. Frischlin Cod. hist. 2° 326, 31r (Anm. 9).

25 LP Osiander 39.

26 Johann Valentin Andreä, Selbstbiographie, übers. v. David Christoph Seybold, Winterthur 1799.

27 Stälin 4, 817.

Maximilian

1556–1557

Herzog von Württemberg

3. S. v. Herzog Christoph von Württemberg[1]
u. v. Markgräfin Anna Maria von Brandenburg-Ansbach

Geboren am 27. August 1556[2] um 9h 32min[3]
in Stuttgart im Alten Schloß

Taufe am 30. August 1556
in Anwesenheit des Taufpaten König Maximilian II.[4]

Gestorben am 17. März 1557[5]
in Stuttgart im Alten Schloß
»Man sagt, er sey durch vnfleiß einer Magd zu tod gefallen«[6]

Beigesetzt am 19. März 1557[7]
in Tübingen im Chor der Stiftskirche St. Georg[8]

Epitaph von Hans Schickhart[9]
»D.O.M.S./VT OMNE NATVM CADVCITATI SVBIEC-/TVM, ITA ET EODEM DECRETO ILLVSTRISS./PRINCEPS MAXIMILIANVS, DVX A WIR-/TEMBERG ETC. AN. SALVTIS M̄.D̄.L̄V̄Ī./X̄X̄V̄ĪĪ DI. AVG. NATVS MENSS. V̄Ī. DI./X̄X̄ĪĪ. SVPERSTES, INFANS DVLCISS./ PARENTES OPTATAE VITAE DESIDE-/RIO PRIVAVIT. AN. CHR. M̄.D̄.L̄V̄ĪĪ./ MEN. MART. DI. X̄V̄ĪĪ. CVIVS OSSA/ X̄ĪX̄. EIVSDEM MEN. HVC/ AD AVITA CONDITORIA/ TRANSLATA SVNT«[10]

König Maximilian II. an Herzog Christoph »das ich mit betruebtem gemuet vernumen, das Gott der almechtig derselwen son aus disem jamertal erfordert hat; derwail es awer ime also gefallen, so zwaiflt mier nit, er werde E. l. in ander wege widerum erfraien, welliches dann ich E. l. von grunt maines hertzen winschen thue.«[11]

»Wurde von dem Röm. K. Maximiliano II. persöhnlich aus der H. Tauff gehoben, bey welchem H. Christoph in grossen Gnaden und besonderem Vertrauen gestanden.«[12]

Anmerkungen

1 Vgl. Hz Ludwig †1593 Anm. 4.
2 Epitaph (Anm. 9); Geburtstag 27. August 1556 in sämtlichen Quellen einheitlich, ausgenommen: Pregitzer Cod. hist. 2° 426b, 1568: 2. August 1556. Maximilian wird nicht aufgeführt bei: Maisch Stammtafel; Schneider Stammbaum; Schwennicke 1, 123; Uhland Festschrift 399.
3 Geburtszeit 9h 32min: Eber 341; Friedrich Rüttel Horoskop G 400 Bü 14; Wolleber Cod. hist. 2° 934, 264; Gadner Cod. hist. 2° 16, 54. 9h 30min: Crusius 2, 291; Steinhofer 1, 343. 21h 30min: Cod. hist. 2° 143, 94. 22h 30min: Cod. hist. 2° 141, 301; Pregitzer Cod. hist. 2° 426b, 1568.
4 A 80 Abt. II Bü 11: Akten zum Durchzug und Besuch König Maximilians II. 1556. Dabei Akten zur Taufe, »namentlich über die hiebei mit Rücksicht auf die katholische Confession des Kaisers angewendeten Ceremonien«. Bü 11, 7: »Verzaichnus, wie es mit der kindteufin gehalten soll werden: erstlich soll ain vierecketer tisch mit ainem schwarzen samatin tuch zugericht werden auf der trippen, wie man sonst pflegt zu essen, darauf ain sauber weis tuch gelegt soll werden und das allabastere becket oder schüssel gestellt sambt einem vergullten kenndtle mit wasser, das grössest, so mein gemahel hat. Wann man daz kind zu tauf tragen wurdet, sollen die vom adel alle zuvor die stiegen herab mitgeen, darnach die rethe und grafen. Volgendz marschalh, meiner gemahel hofmeister und haushofmeister alle drei neben ainander, nachgeendz das frauenzimer, und also soll die ordnung widerumb von der tauf gehalten werden. Der prediger darf dhein exhortation, ermanung oder predig anders thun, sonder allein was zu der tauf gehört, dasselbig lesen und sprechen. Das kind, wo es leibs halber gesein mag, soll gar aufgewickelt und also plosser dem prediger in die hand gegeben werden zu teufen.« Abgedruckt in Briefwechsel Christoph 4, 144f, dort auch ein Brief Christophs vom 29. August 1556 die Taufhandlung betreffend. Die Taufe wurde am Nachmittag des 30. August 1556 in Stuttgart in der Ritterstube des Alten Schlosses vorgenommen, Sattler Hz 4, 102; Stälin 4, 631.
5 Herzog Christoph an Maximilian II. Stuttgart 31. März 1557: »das auf den 17. diz monatz Gott der herr mein jungen sone Maximilianum aus disem jamerthal zu sich genomen hat«, Briefwechsel Christoph 4, 238. Den 17. März 1557 als Todestag nennen ebenfalls: Epitaph; Reimchronik 184; Crusius 2, 291; Nockher 91r; Heller 15; Lairitz 483; Pregitzer 1, 16; Steinhofer 1, 344; Sattler Hz 4, 240; Stälin 4, Tab VII; Behr 170; Voigtel-Cohn 92; Giefel Nr 70; Schön Nr 65; Isenburg 1, 76; Freytag 1, 76. Den 27. März 1557 nennen: Eber 117 (der auf S. 103 zum 17. März anmerkt »vermog Herzog Christoffs aigner Correction« der 27. März); Frischlin Cod. hist. 2° 73, 132v; Wolleber Cod. hist. 2° 934, 264; Mütschelin Cod. hist. 2° 126, 283; Pregitzer Cod. hist. 2° 53, III, 409. Den 27. Mai 1557 nennen: Gadner Cod. hist. 2° 16, 54; Cod. hist. 2° 953, 1555. Den 7. März 1557 nennt: Pfister Christoph 2, 54. Georg Ostermaier, Epicedion in obitum... Maximiliani..., Tübingen 1557 (an LP 23 600).
6 Wolleber Cod. hist. 2° 934, 264; Pregitzer Cod. hist. 2° 53, III, 409; Pfister Christoph 2, 54; Moll 57.
7 Epitaph; G 58, 2: »Verzaichnuß wie es mit herzog Maximilians seliger gedechtnuß, begrebnuß gehallten werden soll« vom 18. März 1557. Leichenpredigt in Stuttgart in der Schloßkapelle, Überführung nach Bebenhausen am 18. März, Beisetzung am 19. März in Tübingen. Reimchronik 184; Crusius 2, 291; Steinhofer 1, 344 setzen die Beisetzung auf den 18. März 1557.
8 G 58, 2: »Verzaichnuß...«: Maximilian soll »auf der linckhen seitten neben obgemelter s.f.g. schwester begrebnuß begra-

ben werden«, neben Herzog Christophs Schwester Anna †1530, 1554 von Güterstein nach Tübingen überführt. Dort liegt nunmehr laut Epitaph (Tiedemann 194f) seit dem 22. August 1616 der am 13. Juni 1616 im Collegium Illustre in Tübingen verstorbene Herzog Rudolf von Braunschweig-Lüneburg. Schön Nr 65 nennt als Begräbnisort Stuttgart.

9 G 58, 1a: Befehl Herzog Christophs vom 7. Januar 1558 Stuttgart »an den vndervogt zu Tüwinge«: »welcher gestalt wir wollen das ein tafel zu eynem Epitaphio zugericht werde, namlich also das die selbig von gutem tignem vnd durrem holtz funff schuch hoch vnd dritthalben brayt an die leyste vnd vmbzierdt gemacht, vnd wie wol das wappen oben gestelt, soll es doch herab gesetzt vnd die schrifft darüber geschriben werden, in ein schwarzen grund mit vergullten Lateinischen buchstaben, welche der maler Hanß Schickhart auff das zierlichest machen soll, zu dem wappen mag er ein grund fur sich nemen, wie er vermeint das das selbig am scheinbarlichsten gesehen mag werden. Ob welchen Du also zu sehen solt, damit das alles mit bestem fleiß verricht auch volgendtz darob vnd daran sein das alßdann solche Tafel Jn den Chor, ob ermelten vnßers Sonns grab wie sich geburt auffgehenckt werde.« Nach G 58, 1b war das Epitaph am 22. Februar 1558 fertig. Bei den von Johann Friedrich Baumhauwer (Inscriptiones Monumentorum conditorii Wirttembergici Tubingensis, Tübingen 1619, S. 5) als »Tabula deaurata« bezeichneten Epitaphien Maximilians und seines Bruders Ulrich †1558 handelt es sich nach dem zitierten Befehl Herzog Christophs eindeutig um gemalte Holzepitaphien (»Das gemalte Epitaph war die vom Bürgertum bevorzugte Form. Es erforderte viel geringere Kosten, Fleischhauer Renaissance 344f) und nicht um Erztafeln, wie etwa Demmler 37 annimmt, die nach Westermayer-Wagner-Demmler 61 noch im Anfang des 19. Jahrhunderts an der nördlichen Chorwand vorhanden waren. Demmler 37: »Wo die beiden Erztafeln für Maximilian und Ulrich hingekommen sind, weiß ich nicht zu sagen. Noch Bunz S. 106 scheint sie an der Nordwand des Chores gesehen zu haben. Man kann doch nicht annehmen, daß sie noch in der Wand stecken und übertüncht worden sind?« Christian Gottlob Bunz, Die Stiftskirche zu St. Georg in Tübingen, Tübingen 1869, S. 106: »Zwei weitere Kinder Christofs ruhen hier. Ihre Gedenktafeln an der Wand gegen Norden, sagen...« Damit ist nicht gesagt, daß Bunz die Epitaphien noch gesehen hat. Vermutlich hat auch er wie viele seiner Kollegen vor ihm und nach ihm die Inschriften nicht durch eigenen Augenschein abgeschrieben und überliefert, sondern sich an die seit 1619 in zahlreichen Ausgaben erschienenen Verzeichnisse der Tübinger Grabmäler gehalten, da selbst Westermayer-Wagner-Demmler kritiklos ihre Vorgänger zitiert und deren Fehler übernommen haben (vgl. Hzn Ursula †1635 Anm. 17). Hannshubert Mahn, Die Tübinger Stiftskirche, Tübingen 1939, S. 15 weist darauf hin, daß die Restaurierungsarbeiten von 1866 und 1933 viele Grabmäler beseitigt haben. Es ist wohl anzunehmen, daß die beiden Holzepitaphien durch Holzwurmbefall so beschädigt waren, daß sie 1866, vielleicht auch schon früher, entfernt und verbrannt wurden.

Wenn in der Stuttgarter Stiftskirche noch im 19. Jahrhundert ein spätgotisches Epitaph aus Stein beseitigt und zerschlagen werden konnte (vgl. Gfn Margarethe †1479 Anm. 11), so kann den Tübingern nachgesehen werden, wenn sie die durchlöcherten und unansehnlich gewordenen Holztafeln zweier auch von der Grabstätte her längst vergessener, in der Wiege verstorbener Säuglinge entfernt haben. Erfreulicherweise hat sich wenigstens eine Tuschzeichnung der beiden Epitaphien aus dem 18. Jahrhundert erhalten:

Cod. hist. 4° 59 Nr 16 (Maximilian) und Nr 15 (Ulrich †1558).

10 Zitiert nach Zeichnung Cod. hist. 4° 59 Nr 16; Inschrift u. a. auch bei: Crusius 2, 393; Mütschelin Cod. hist. 2° 126, 283; Baumhauwer 1619, 5; Zeller 95; Kümmerle 8; Lenz 11 f; Tiedemann 195; Westermayer-Wagner-Demmler 61 mit dt. Übersetzung 61 f.

11 Briefwechsel Christoph 4, 243: Prag 13. April 1557, das Wort »son« ist ergänzt.

12 Pregitzer 1, 16. G 48 Bü 10, 1: »Verzeichnus der Contrafaiten so in... Anna Maria... Schreibstüblin gehangen und Herzog Ludwigs erster Gemahlin zugestehen worden« vom 24. September 1580, darunter Nr 7: Bildnis Herzog Ulrichs †1558. Nr 6: Bildnis Herzog Maximilians †1557.

Ulrich

1558

Herzog von Württemberg

4. S. v. Herzog Christoph von Württemberg[1]
u. v. Markgräfin Anna Maria von Brandenburg-Ansbach

Geboren am 2.[2] oder 6.[3] oder 11. Mai 1558[4] zwischen 9 u. 10h[5]
in Stuttgart im Alten Schloß

Gestorben am 7. Juli 1558[6]
in Stuttgart im Alten Schloß

Beigesetzt am 8. Juli 1558[7]
in Tübingen im Chor der Stiftskirche St. Georg[8]

Epitaph[9]

»C̄H̄R̄./ CRVCIF. GLOR./ MEMORIAE ILLVSTRISS. PRINCI-/PIS VLRICI, DVCIS DE WIRTEN-/BERG ETC. INFANTIS DILECTISS. P./ QVI VIXIT MENSS. ĪĪ. DI. Ī./ ϴ. AN. C̄H̄R̄. M. D̄. L̄V̄ĪĪĪ MENS./ IVL. DI. V̄ĪĪ. CVIVS OSSA V̄ĪĪĪ/ EIVSDEM MEN. HVC AD AVITA/ CONDITORIA DEPOSITA SVNT./ V. C. V.«[10]

Anmerkungen

1 Vgl. Hz Ludwig † 1593 Anm. 4.

2 Den 2. Mai 1558 als Geburtstag nennen: Eber 171; Cod. hist. 2° 141, 301; Cod. hist. 2° 143, 94; Cod. hist. 2° 953, 1555; Wolleber Cod. hist. 2° 934, 264v; Nockher 117v; Geburtregister 12; Sattler Hz 4, 240; Pfister Christoph 2, 54.

3 6. Mai 1558 berechnet nach der auf dem Epitaph angegebenen Lebensdauer von 2 Monaten und 1 Tag, Todestag 7. Juli 1558.

4 Den 11. Mai 1558 als Geburtstag nennen: Küng 143; Reimchronik 184; Crusius 2, 294; Heller 24; Pregitzer 1, 16; Steinhofer 1, 347; Sattler Hz 4, 130; Stälin 4, 631 u. Tab VII; Behr 170; Voigtel-Cohn 92; Giefel Nr 71; Schön Nr 66; Isenburg 1, 76; Freytag 1, 76. Den 2. März 1558 nennt: Pregitzer Cod. hist. 2° 426b, 1568. Den 11. März 1558 nennt: J. Frischlin Cod. hist. 2° 73, 132v. Den 21. Mai 1558 nennen: Gadner Cod. hist. 2° 16, 54; Pregitzer Cod. hist. 2° 53, III, 409.

Da die Stuttgarter Taufbücher erst mit dem Jahr 1560 einsetzen, ist eine Bestimmung des Geburtstages auf diesem Wege nicht möglich. Ulrich wird nicht aufgeführt bei: Maisch Stammtafel; Schneider Stammbaum; Schwennicke 1, 123; Uhland Festschrift 399.

5 Geburtszeit zwischen 9 u. 10h: Reimchronik 184. Um 9h: Küng 143. 9h 30min: Crusius 2, 294; Cod. hist. 2° 143, 94; Cod. hist. 2° 141, 301; Pregitzer Cod. hist. 2° 426b, 1568. 10h: J. Frischlin Cod. hist. 2° 73, 132v. 21h 32min: Eber 171; Friedrich Rüttel Horoskop G 400 Bü 14; Wolleber Cod. hist. 2° 934, 264.

6 Epitaph; Todestag in sämtlichen Quellen einheitlich der 7. Juli 1558.

7 G 61, 1: »Wie es mit deß Jungen herren Hertzog Ulrichs begrebnuß gehallten soll werdenn« vom 8. Juli 1558 Stuttgart. Leichenpredigt in Stuttgart in der Schloßkapelle, anschließend Überführung nach Tübingen, Leichenpredigt in Tübingen, Beisetzung am 8. Juli 1558; diese Angabe auch bei Crusius 2, 294; Reimchronik 184 (nachmittags um 5h); Steinhofer 1, 347.

8 G 61, 1: Ulrich soll »auf der lincken seitten, neben den Maximilian begraben werden« (vgl. Hz Maximilian † 1557 Anm. 8). Schön Nr 66 nennt als Begräbnisort Stuttgart.

9 G 61, 2: »Dekret Herzog Christophs betr. Fertigung einer Grabtafel für den Prinzen Ulrich« vom 23. Dezember 1558 Stuttgart, an den Keller zu Tübingen: »vnßer bevelch ist, du wellest vnßerm jüngst abgestorbenen Sonn, hertzogen Vlrichen auch ain tafel – doch mit Jnnliegender schrifft vnd wappen – Jnmassen herzog Maximilian machen vnnd malen auch volgendtz dieselbig an die ander in Chor hencken lassen«. Vgl. zu diesem Epitaph Hz Maximilian † 1557 Anm. 9. Tuschzeichnung 18. Jahrhundert: Cod. hist. 4° 59 Nr 15.

10 Zitiert nach Zeichnung Cod. hist. 4° 59 Nr 15. Inschrift u. a. auch bei Crusius 2, 393; Mütschelin Cod. hist. 2° 126, 283v; Baumhauwer 1619, 5f; Zeller 94; Kümmerle 8; Lenz 12; Tiedemann 195f; Westermayer-Wagner-Demmler 62 mit dt. Übersetzung.

Dorothea Maria

1559–1639

Herzogin von Württemberg

Pfalzgräfin von Sulzbach

6. T. v. Herzog Christoph von Württemberg[1]
u. v. Markgräfin Anna Maria von Brandenburg-Ansbach

Geboren am 3. September 1559[2] nach 1h[3]
in Stuttgart im Alten Schloß

Vermählt am 25. November 1582 st. vet.[4] in Stuttgart
mit Pfalzgraf Otto Heinrich von Sulzbach 1556–1604[5]

Gestorben am 13. März 1639 st. vet.[6]
in Hilpoltstein im Schloß[7]

Beigesetzt am 5. Oktober 1639 st. n.[8]
in Lauingen in der Gruft der Stadtpfarrkirche St. Martin[9]

Justus Weyer, Leichenpredigt, Düsseldorf 1639[10]

Zinnsarg[11]
»Jn dieser Sarg ruhet bis am jüngsten Tag die Durchlauchtige Hochgebohrne Fürstin und Frau Frau Dorothea Maria Pfalzgrävin bey Rhein Grävin zu Veldenz und Sponnheim, gebohrne Herzogin zu Wirtenberg und Teck, Grävin zu Mümpelgard, Wittwe Weyland des auch Durchlauchtigen Hochgebohrnen Fürsten und Herrn Herrn Otto Heinrichen Pfalzgraven bey Rhein, Herzogen in Baiern Graven zu Veldenz und Sponheim hochseeligen Gedächtnus ehelichen Gemahlin, welche durch Gottes seegen in wehrender Ehe XXII. Jahr lang erzeuget IV. Söhne, und 9 Töchter, deren Namen zur rechter und linker seiten, wie vornen bey ihrem Eheherrn Herzogen Otto Heinrich angeschrieben seind. Hat in Wittibstand gelebt 35 jahr weniger 4 monat. Hochgedachte Fürstin und Frau ist gebohren den 5ten Sept. Anno Dni. 1559. welche in Herrn Christo seelig eingeschlaffen den 13. Marzi, 1639. ihres Alters 79 Jahr und 6 monat. Welcher Gott der Allmächtig an jenem Tag samt allen angehörigen und auserwählten ein fröliche Auferstehung verleihen wolle. Amen.«[12]

»Wenn ihr Auge auf der nächsten Umgebung der Stadt, den baumlosen magern sandigen Feldern und Weideplätzen und den kargen Wiesen ruhte, mochte sie im Geiste sich oft in die reizenden Landschaften des schönen Schwabens zurück versetzen, in Stuttgarts von Wein- und Obstgeländen umgürtetes grünes Thal, in dem sie ihre Jugend verlebt, und Sehnsucht dahin sie ergreifen. Einigen Trost und Ersatz suchte und fand sie nun in der Verschönerung der Natur nächst dem Sitze, auf dem sie als Wittwe ihre Tage einsam zu beschließen angewiesen war.«[13]

»Die Leiden des dreißigjährigen Krieges trug sie größtentheils mit der Stadt, ward dieser durch ihre Verbindungen mit protestantischen Fürsten in jenen Stürmen oft nützlich, schützte ihre Glaubensgenossen in den Drangsalen gewaltsamer Reformation zum Katholicismus nach Kräften und entschlief endlich in ihrer Burg zum Stain am 13. März 1639 selig, ihres Alters 79 Jahre 6 Monate.«[14]

Anmerkungen

1 Vgl. Hz Ludwig †1593 Anm. 4.

2 Den 3. September 1559 als Geburtstag nennen: Friedrich Rüttel Horoskop G 400 Bü 14; Geburtregister 12; Pregitzer 1, 16; Hübner 201; Sattler Hz 4, 240; Stälin 4, Tab VII; Häutle Wittelsbach 152; Behr 170; Voigtel-Cohn 92; Giefel Nr 72; Schneider Stammbaum; Schön Nr 67; Isenburg 1, 76; Freytag 1, 76; Schwennicke 1, 123. Den 5. September 1559 nennt: Sarginschrift (falls diese richtig abgelesen und abgedruckt, s. Anm. 10); Raiser Lauingen (Anm. 9) 101.

3 F. Rüttel Horoskop G 400 Bü 14 in Stuttgart.

4 Heiratsakten G 63 Bü 2; G 63 Bü 6 enth. Eheabrede vom 20. Juli 1582, darin »Hochzeitlicher Ehrentag an catharinae d. 25. Novembris 1582« in Stuttgart; 25. November 1582 in sämtlichen Quellen einheitlich, ausgenommen Geburtregister 12: 26. November 1582. Zuvor: G 63 Bü 1: »Schriften betr. eine Heirat mit Graf Simon von der Lippe«.

5 Lebensdaten nach Häutle Wittelsbach 152 und sämtlichen Quellen: geboren am 22. Juli 1556 in Amberg, gestorben am 19. August 1604 (= 29. August st. n.) in Sulzbach, beigesetzt in Lauingen in St. Martin; Epitaph (Anm. 9), Zinnsarg (Anm. 11).
Zu Pfalzgraf Otto Heinrich von Sulzbach und Dorothea Maria: Carl Siegert, Geschichte der Herrschaft, Burg und Stadt Hilpoltstein in: Verhandlungen des Historischen Vereins von Oberpfalz und Regensburg 20, 1861, 292–302; Armin Binder, Pfalzgraf Ottheinrich II. (1556–1604), der Begründer der Residenz Sulzbach in: 400 Jahre Residenz Sulzbach, Sulzbach 1982, 9–22. S. 18: Abb. einer Medaille des Ehepaares von Balduin Drentwett, Augsburg 1590.

6 Sarginschrift; Todestag in sämtlichen Quellen: 13. März 1639 (= 23. März st. n.).

7 Stälin 4, 775; Häutle Wittelsbach 152; Hb Hist. Stätten Bayern 295 f.

8 Nach Katalog LP Stolberg 4, 2, 751; dort allerdings Begräbnistag mit Sterbetag vertauscht. Lauingen war seit 1618 wieder katholisch, daher die Angabe des Begräbnistages nach Gregorianischem Kalender.

9 Stälin 4, 775; Häutle Wittelsbach 152; Schön Nr 67; Johann Nepomuk von Raiser, Urkundliche Geschichte der Stadt Lauingen an der Donau. Augsburg 1822, 101: in der 1601 erweiterten Gruft; Kunstdenkmäler Bayern, Regierungsbezirk Schwaben, Landkreis Dillingen/Donau, München 1972, 503 ff: Katholische Pfarrkirche St. Martin, 507: Gruft 1570 erbaut, 1601 erweitert, bis 1664 belegt, 533: Epitaph des Gatten mit Abb.

10 Katalog LP Stolberg 4, 2, 751 (6 192).

11 1781 wurde die Gruft geöffnet und die Inschriften der Särge abgeschrieben: »Inschriften der Särge in der Fürstengruft zu Lauingen, laut Commißions-Protocoll d. d. 24. September bis 4. Oktober 1781« veröffentlicht in: J. F. Kohlbrenner, Materialien zur Geschichte des Vaterlandes, München 1782, 1, 16–47. 1877 wurden 12 Zinnsärge aus der Lauinger Gruft nach München ins Bayerische Nationalmuseum überführt, nach: K. A. Bierdimpfel, Die Funde aus der Fürstengruft zu Lauingen im bayerischen Nationalmuseum. München 1881. Dort S. 8 Bericht über den Zustand der Verstorbenen bei der Untersuchung des Sarges 1781: »Die Leiche lag auf einem rothsammtnen Kissen und war mit einer ›Croditor‹-Decke verhüllt; da sie weder exviscerirt noch balsamirt war, befand sie sich, obwohl vor 152 Jahren bestattet, noch in völliger Verwesung. Die rechte Hand ruhte auf einem Buche, welches, soviel ersichtlich, ein Gesangbuch mit Noten war; die Blätter waren von der Fäulniss zusammengeklebt. Die Bekleidung bestand aus einem braun-›croditornen‹ Rock, schwarz ledernen Schuhen mit Bändchen gebunden. Von Geschmeide war nichts vorhanden.«
Zum Kleid der Pfalzgräfin Dorothea Maria; Karen Stolleis, Die Gewänder aus der Lauinger Fürstengruft in: Forschungshefte. Hg. v. Bayerischen Nationalmuseum München 3, 1977, 33 f u. 70 mit Abb.

12 Zitiert nach Kohlbrenner (Anm. 11) 21 f, dort vollständige Sarginschrift; Inschrift des Gatten bei Kohlbrenner 17 f.

13 Siegert (Anm. 5) 300.

14 Siegert (Anm. 5) 302.

Anna

1561–1616

Herzogin von Württemberg

Herzogin von Liegnitz

7. T. v. Herzog Christoph von Württemberg[1]
u. v. Markgräfin Anna Maria von Brandenburg-Ansbach

Geboren am 12. Juni 1561[2] um 10h[3]
in Stuttgart im Alten Schloß

Vermählt am 16. September 1582[4] in Brieg in Schlesien
mit Herzog Johann Georg von Liegnitz 1552–1592[5]

Zweite Ehe am 14. Oktober 1594 st. vet.[6] in Liegnitz
mit Herzog Friedrich IV. von Liegnitz 1552–1596[7]

Gestorben am 7. Juli 1616 st. vet.[8] zwischen 19 u. 20h[9]
in Haynau/Kreis Goldberg in Schlesien im Schloß

Beigesetzt am 23. November 1616 st. vet.[10]
in Haynau in der Evangelischen Kirche St. Mariae[11]

David Huber, Christliche Ehren- vnd Leichpredigt…, Liegnitz 1616[12]

Grabmal[13]

Zinnsarg[14]

»Von Gottes Gnaden Anna, geb. Herzogin zu Würtemberg und Teck, Gräfin zu Mimpelgard, auch Herzogin in Schlesien, zu Liegnitz, Brieg und Goldberg, ist geboren zu Stuttgardt im Land zu Würtemberg im Jahre 1561 den 2. Juni, hat ihren ersten Herrn den durchlauchtigen, hochgebornen Fürsten und Herrn Johann Georgen, Herzog in Schlesien, zu Liegnitz und Brieg in Schlesien zur Ehe genommen, den 10. Septbr. 1582 Beilager gehalten, auch mit ihm einen Sohn und Tochter gezeuget, aber nichts erzoget; hat in der Ehe gesessen bis ins 10. Jahr, weniger 11 Wochen. Jn ihrem Wittwenstande geblieben, und zu Wohlau Hof gehalten 2 Jahre und 13 Wochen; zu der andern Ehe geschritten mit dem durchlauchtigen hochgebornen Fürsten und Herrn Herzog Friedrich, des Namens der Vierte, Herzogen in Schlesien, zu Liegnitz, Brieg und Goldberg, im Jahre 1594 den 24. Nvbr. zu Liegnitz ihr fürstliches Beilager gehalten, und in der Ehe gesessen 1 Jahr 23 Wochen und keine Kinder gezeuget; nochmals in ihrem fürstlichen Wittwenstande verblieben bis an ihr letztes Ende und ihren Wittumbsitz zum Haynaw gehalten, haben auch ihr diesen Sarg selber machen lassen im Jahre 1597, und ist christlich verschieden den 6. Juli zu Abende zwischen 7 und 8 Uhr im 1617. Jahre. Jhr ganzes Alter hat sich erstreckt bis in's 55. Jahr. Gott verleihe J. F. Gnaden eine sanfte Ruhe und am jüngsten Tage eine fröhliche Auferstehung. Amen.«[15]

»Es hat auch vber diß an J. F. G. Christseeligster gedächtnüß hervorgeleuchtet: Liberalitas & Beneficentia, das ist Freygebigkeit vnd wolthätigkeit. Denn J. F. G. zu keiner zeit etwa jemanden der Sie bitlichen ersucht, vnbegabet hingehen lassen, sondern sie alle mit reichen Allmosen begnadet... Denn ach Gott, wie viel armer dürfftiger Exulanten vnd andere Nohtleidende haben J. F. G. mit Geld, Kleidung, vnd anderer mannichfaltigen nohtdurfft versehen. Wie viel armer Leute sind gewesen vnd leben deren auch noch etliche die von J. F. G. Taffel sind gespeiset worden. Wie viel Ehleut leben noch hie vnd anderswo, denen J. F. G. die Kisten vnd Thrunen mit Kleidung, Leinwandt, vnd anderer notdurfft gefüllet, Sie mit Betgewandt versehen, vnd, wie eine fleissige vnd vorsichtige Mutter Jhren Töchtern thut, Sie genädig ausgesteuret. Nicht wil ich an jetzo sagen, von der reichen ausspendung so J. F. G. zu allen zeiten aus Jhrer Fürstlichen HofApoteken allen dürfftigen Patienten gethan, vnd dardurch manchen Menschen vom Tode, nechst Gott errettet. Was soll ich auch berichten von den jenigen Beneficien so J. F. G. Christmilder gedencken, dieser vnserer Kirchen vnd Gottes Hause erzeiget vnd in Genaden ertheilet: Als nemblich sind dieselbten so groß, das J. F. G. solche auch in die Fürstliche Grufft hinnach wir nimmermehr würden verdancken können.«[16]

Anmerkungen

1 Vgl. Hz Ludwig †1593 Anm. 4.

2 Geburtstag 12. Juni 1561 in sämtlichen Quellen einheitlich, ausgenommen Zinnsarg (Anm. 15): 2. Juni 1561.

3 Geburtszeit 10h: Friedrich Rüttel Horoskop G 400 Bü 14; Wolleber Cod. hist. 2° 934, 264v. 1h: Gadner Cod. hist. 2° 16, 54.

4 G 64 Bü 1: Heiratsakten; Beschreibung der Hochzeit bei Hans von Schweinichen, Merkbuch, hg. v. Konrad Wutke, Berlin 1895, 13–27 u. XIV f; Schön Nr 68 mit falschem Hochzeitsjahr 1597.

5 Nach Grotefend Stammtafeln Schlesien 18 und Wutke Stammtafeln Schlesien Tf II: geboren am 17. Juni 1552, gestorben am 6. Juli 1592 in Ohlau, aus dieser Ehe ein Sohn Georg Christoph, 4. Mai 1583 Erfurt – 10. Mai 1584, und eine Tochter Barbara, geboren 1584 oder 1585, †jung (nach LP Huber F. IV: 8. Februar 1586 – 3. Mai 1586).

6 G 64 Bü 4: Georg Freiherr von Limpurg, Bericht von der Hochzeit; Beschreibung der Hochzeit bei Schweinichen (Anm. 4) 109–156 u. XXIII f.

7 Nach Grotefend und Wutke (Anm. 5): geboren am 20. April 1552, gestorben am 27. März 1596 in Liegnitz. Erste Ehe am 20. Januar 1587 in Liegnitz mit Maria Sidonia Herzogin von Teschen 10. Mai 1572 – 3. Oktober 1587. Zweite Ehe am 23. November 1589 in Sonderburg mit Dorothea Herzogin von Holstein-Sonderburg 9. Oktober 1569 – 25. Juni 1593. Beide Gemahlinnen starben an den Folgen einer Geburt, bzw. Fehlgeburt; die dritte Ehe mit Anna blieb kinderlos.

8 Den 7. Juli 1616 als Todestag nennen: LP Huber (Anm. 12) Titelblatt; Pregitzer 1, 16; Hübner 201; Stälin 4, 775 u. Tab VII; Behr 170; Voigtel-Cohn 92; Grotefend Stammtafeln Schlesien 18; Giefel Nr 73; Schneider Stammbaum; Schön Nr 68; Wutke Stammtafeln Schlesien Tf II; Isenburg 1, 76; Freytag 1, 76; Schwennicke 1, 123. Den 6. Juli 1617 nennt: Zinnsarg (Anm. 15) – falls dort richtig gelesen und überliefert; Wahrendorf (Anm. 13) 101. Das Todesjahr 1617 nennen: Scholz Haynau (Anm. 11) 114 u. 332; Kunstdenkmäler Schlesien (Anm. 11) 311; Hb Hist. Stätten Schlesien 179. Letzte Krankheiten bei LP Huber (Anm. 12) H I–IV.

9 LP Huber (Anm. 12) H IV; Zinnsarg (Anm. 15).

10 LP Huber (Anm. 12) Titelblatt: »den 23. Novembris Christlichem vnd Fürstlichem brauch nach in Haynaw beygesetzet worden« nachdem sie »den 7. Julii dieses 1616. Jahres in Christo selig verschieden«.

11 Verzeichnis der Kunstdenkmäler der Provinz Schlesien III, Regierungsbezirk Liegnitz, Breslau 1891, 309–311. Theodor Scholz, Chronik der Stadt Haynau in Schlesien, Haynau 1869, 114: »liegt in der von ihr in der hiesigen evangelischen Kirche erbauten sehr einfachen Gruft begraben« 333: »Der Eingang zu dieser Gruft ist im Jahre 1857 vermauert worden.« »Den Leichenschmuck, bestehend aus einem Fingerringe, einer Halskette und einem Armbande nahm der Pastor prim. Wandrey 1813 bei der Annäherung französischer Truppen in Verwahrung, um ihn den feindlichen Plünderungen zu entziehen.« »Die genannten Gegenstände, sämmtlich aus Gold gefertigt, sind in den Besitz des geh. Regierungsraths v. Minutoli übergegangen.« Schön Nr 68 hat Hainla statt Haynau.

12 LP Katalog Stolberg 4, 2, 751; Kopie in Stuttgart LP 23701.

13 Nach Scholz Haynau (Anm. 11) 332 und Kunstdenkmäler Schlesien (Anm. 11) 311 wurde das Grabmal bereits 1608 verfertigt. Johann Peter Wahrendorf, Liegnitzsche Merkwürdigkeiten, Bautzen 1724, 100 f: »Sie ließ Jhr selber in der Pfarr-Kirche daselbst eine Grufft und Monumentum verfertigen, und selbiges mit meßingenen Taffeln, nebst beygesetzten Württenbergischem, Bayrischem, Portugallischem, Brandenburgischem, Münsterbergischem, Polnischem, Saganischem, Sächsischem, Troppauischem und Ungarischem Wappen zieren. Auf der ersten Taffel stehet: Esaiae XLIII. Fürchte dich nicht, ich habe Dich erlöset, ich habe Dich bey deinem Nahmen geruffen, Du bist mein. Auf der anderen Taffel ist das Würtenbergische Wappen. Auf der dritten ist zu lesen: Von Gottes Gnaden vvir Anna gebohrne Hertzogin zv Würtenberg avch in Schlesien zv Lignitz, Brieg vnd Hayn Hertzogin, Wittib, haben vns bei von Gott verliehener gesunden Lebens-Zeit diese Grvft zv vnserem Ruhe-Bettlein selbst erbaven vnd vollenden lassen. D. XXIII. Septembr. MDCVIII. Jahre. Auf der vierdten Taffel: Sey Mir genedig, Got sey Mir genedig, den avf Dich bavet meine Seele, vnd vnter den Schatten deiner Flügel habe ich Zvflvcht, bis das Vnglück fürüber gehe. Sie starb Anno 1617. den 6. Julii, und wurde in gemeldete Grufft gesetzet. Es ist aber hernach das Monumentum, welches mit einen eysernen Gegitter umgeben ist, durch den

A. 1651. in Haynau entstandenen Brand sehr ruiniret, und zersprenget worden.« Scholz Haynau (Anm. 11) 332: »Sonderlich giebt der Kirche ein feines Ansehen das fürstliche Monumentum und Epitaphium, der darinnen begrabenen Fürstin, Frauen Anna, geb. Herzogin zu Würtemberg« (Anm. Zitat aus Fr. Lucä, Schles. cur. Denkw. 1240). »Von diesem gerühmten Monument sehen wir jetzt (Anm.: 1869) nur noch ein eisernes Gitter, welches die Gruft einschließt. ›Ein feines Ansehen‹ haben wahrscheinlich die messingenen Wappen am Gitter gegeben, welche der Kirchenknecht Hoffmann im Jahre 1723 stahl und an einen hiesigen Nadler verkaufte.«

14–15 Scholz Haynau (Anm. 11) 332f: »Ein zinnerner Sarg mit ihren irdischen Ueberresten trägt folgende Aufschrift.«

16 LP Huber (Anm. 12) G IIf.

Sophia

1563–1590

Herzogin von Württemberg
Herzogin von Sachsen-Altenburg

8. T. v. Herzog Christoph von Württemberg[1]
u. v. Markgräfin Anna Maria von Brandenburg-Ansbach

Geboren am 20. November 1563[2] um 5h[3]
in Stuttgart im Alten Schloß

Vermählt am 5. Mai 1583 st. vet.[4] in Weimar
mit Herzog Friedrich Wilhelm I. von Sachsen-Altenburg 1562–1602[5]

Gestorben am 21. Juli 1590 st. vet.[6] um 8h[7]
in Vacha[8]
»an einem Backengeschwür«[9]

Beigesetzt am 27. Juli 1590 st. vet.[10]
in Weimar in der Stadtkirche zu St. Peter und Paul[11]

Leichenpredigten[12]

Grabmal von Hans Friedemann d. Ä.[13]
»Gott schicts zum Besten«
»V. G. G. SOPHIA
GEBORNE HERTZOGIN ZV WIRTTEN/BERG. HERTZOGIN ZV SACHSEN LANT/GREFIN IN DVRINGEN VND MARGGREFIN/ZV MEISSEN IST GEBORN DEN XX NOVEM/ĀŌ LXIII VND SELIG IM HERN ENTSCHLAFF/XXI. JVLII ZV VACH IN HESSEN MDXC/IHRES ALTHERS XXVI IHAR VII MONAT/XXVI DAGE«
»HER CHRISTE DIR LEB ICH DIR STERB ICH/DEIN BIN ICH DOT VNT LEBENDIG«[14]

Epitaph[15]
»OPTIMA DUM PUERUM PRINCEPS PROMITTIT, ABORTUM/NITITUR, ET NIXU SANGUI NOLENTA PERIT./MAGNA EIUS PIETAS, SEXU PRUDENTIA MAIOR,/INTEGRITAS VITAE MAXIMA MATRIS ERAT./DIGNA CORONA MEAE PATRIAE, PIA, DIGNA MARITO,/DIGNA OB VIRTUTEM VIVERE PERPETUO./EST ALIQUID TENEROS MEDITARI SACRA PER UNGUES/NEMPE SENES, PUERI QUAE DIDICERE, SCIUNT./MORS VITAE SIMILIS, CONSTANS CON-

FESSIO VERBI,/UNICA CURA DEI, CUM MORERETUR, ERAT./HANC ET AB ILLUSTRI PRUDENS STIPULATA MARITO,/OMNIS CARNIS ITER FORTITER INGREDITUR./CHRISTE, TIBI VIXIT PRINCEPS, TIBI MORTUA CHRISTE EST,/CREDITA SUNT MANIBUS VITAQUE MORSQUE TUIS./QUI CHRISTO VIVIT, MORIENSQUE RECUMBIT IN IPSUM,/PER MORTEM VITAM TRANSIT IN AETHEREAM.«[16]

»Was wir auch ferner an vnser lobwirdigen Fraw Landesmutter verloren haben, bezeuget jr Tauffname Sophia, welcher auff Deudsch heisset, Verstand, Klugheit, Weisheit, Geschicklіgkeit. Denn sie ist eine recht feine verstendige vnnd weise Fürstin gewest, vnd sonderlich mit denen Tugenden begabet, die S. Paulus von einem ehrlichen vnnd tugentsamen Weibe erfordert, da er spricht 1. Tim. 2. Sie wird selig werden durch Kinder zeugen, so sie bleibet im Glauben, vnd in der Liebe, vnnd in der Heiligung, sampt der Zucht.«[17]

»Sonst waren jhre F. G. auch gantz demütig, vnd gegen menniglichen freundlich, hatte die kleinen Kinderlein auf der Gassen sehr lieb, lachet sie freundtlich an, vnnd legt jnen die rechte Hand auffs Heubt, wenn sie mit jrem Frawenzimmer im Garten spazieren ging. Summa, in dieser löblichen Hertzogin war chorus pulcerrimarum virtutum, Wie der schöne Himmel, mit vielen schönen vnnd herrlichen Sternen vnnd Himlischen Liechtern geschmuckt vnd gezieret ist.«[18]

»sehen wir nu, was für einen theuren werden Schatz dis Füstenthumb verloren«[19]

Anmerkungen

1 Vgl. Hz Ludwig †1593 Anm. 4.

2 Den 20. November 1563 als Geburtstag nennen: Grabmal; Leichenpredigten; Friedrich Rüttel Horoskop G 400 Bü 14; Geburtregister 13; Pregitzer 1, 16; Sattler Hz 4, 199 u. 240; Behr 170; Posse Wettiner Tf 9, 1; Isenburg 1, 76; Freytag 1, 76; Schwennicke 1, 123. Den 27. November 1563 nennen: Stälin 4, Tab. VII; Giefel Nr 74; Schneider Stammbaum. Den 27. Dezember 1563 nennt: Schön Nr 69. Taufe nach Sattler Hz 4, 199 am 3. Dezember 1563. Im 1560 einsetzenden Taufbuch Stuttgart nicht aufgeführt.

3 Rüttel Horoskop G 400 Bü 14; Posse Wettiner Tf 9, 1.

4 G 1–8 U 149: Heiratsbrief vom 5. Mai 1583, darin Beilager auf 5. Mai 1583 in Weimar festgelegt. Hochzeitstag bei Posse Wettiner Tf 9, 1 und in sämtlichen Quellen einheitlich der 5. Mai 1583, ausgenommen Geburtregister 13 u. Schmidt (Anm. 13) 316: 6. Mai 1583. Heiratsakten G 65 Bü 1.

5 Nach Posse Wettiner Tf 9, 1 und sämtlichen Quellen: geboren am 25. April 1562, gestorben am 7. Juli 1602, beigesetzt in Weimar in der Hauptkirche zu St. Peter und Paul (Anm. 15).

6 Grabmal; Leichenpredigten; Müller (Anm. 9); Todestag 21. Juli 1590 in sämtlichen Quellen einheitlich.

7 Eber 285; Müller (Anm. 9); Posse Wettiner Tf 9, 1.

8 Sterbeort Vacha im Kreis Bad Salzungen, Hb Hist. Stätten Thüringen 447 f. Vacha genannt auf Grabmal; bei Eber 285; Müller (Anm. 9); Stälin 4, 775; Posse Wettiner Tf 9, 1.

9 Johann Sebastian Müller, Annalen des

Chur- und Fürstlichen Hauses Sachsen von 1400–1700 bei Schmidt (Anm. 13) 317f: »2.Juli Reisete itzt genandter Hertzog Friedrich Wilhelm nebst seiner ersten Gemahlin Sophien geborner Hertzogin zu Wirtenberg, nach Weilburg, ein Gräflich-Nassauisches Städtlein, auff das daselbst zwischen Graf Ludwigen zu Nassau-Saarbrücken und Landgraf Wilhelms zu Hessen Tochter Anna Marien angestellte Beylager. 12.Jul. Sonntags ist der Herzog mit seinem Comitat zu Weilburg angelangt, auf 16.Jul. von da wieder abgereist, über Giessen, Kronenburg und Hirschfeld gangen und den 20.Jul. zu Fach, einem Städtlein gen Cassel gehörig, ankommen, allhier hat sich des Herzogs Gemahlin etwas übel auffbefunden an einem Backengeschwür, indem ihr ein hitziges Blätterlein an dem linken Bakken, so ein wenig größer als eine Stecknadel-Kuppe gewesen, auffgefahren und sie dergestalt davon hinfällig geworden, daß folgenden Morgens früh 8 Uhr, als den 21.Jul. Selbige ganz unvermutet und gleich bey Eintretung eines großen Sonnen-Finsternüsses Todtes verfahren, und weil sie hohen Leibes gegangen, ist dieselbe bald geöffnet, das Kind aber, so ein Herrlein gewesen und der Medicorum Berichte nach über 6 Wochen nicht hätte bey ihr bleiben können, todt gefunden worden. Kurtz vor ihrem Ende hat sie gegen jemanden der Ihrigen gesaget, daß sie das Kind im Mutterleibe weinen höre; Mit diesem Zusatze: Nun ist es aus mit mir. Ihr Alter hat sie gebracht auff 26.Jahr, 7 Monat und 27 Tage.« Ausführliche Krankheitsgeschichte in einem Brief von Sophias Schwiegermutter Dorothea Susanna vom 7.August 1590, abgedruckt bei Schmidt (Anm. 13) 320–324. Sophias Epitaph (Anm. 16) nennt als Todesursache eine Fehlgeburt; ebenso Eber 285 (an ihrer siebten Geburt); Pregitzer 1, 16: »an der Geburt eines Printzen«.

Nach Schmidt 317 hatte Sophia ihrem Gatten fünf Kinder geboren:

1. Dorothea Maria (8.Mai 1584–9.September 1586)
2. Johann Wilhelm (30.Juni 1585–23.Januar 1587)
3. Friedrich (26.September 1586–19.Januar 1587)
4. Dorothea Sophia (19.Dezember 1587–10.Februar 1645)
5. Anna Maria (31.März 1589–15.Dezember 1626)

Eine sechste Geburt stand bevor. Auszug aus dem Brief von Sophias Schwiegermutter (s. o.) bei Schmidt 323: »Nachdem nun Ihre L. seliglich verschieden gewesen, hat man dieselbe wegen der großen Hitze, weil man Ihre L. ohne balsamierung nicht wohl forttbringen können, durch die Anwesende Medicos vnd balbierer zu Fach öfnen und schneiden laßen, welche nach befindung unterthänig berichten. Das dem Kindlein (so da ein schönes Herrlein gewesen) noch in seinem stübchen unverrückt gewesen, aber das haubtlein sey ihme hinden Zerknitzscht und das Kindlein todt gewesen. Ob nun etwan Ihre L. selige gefallen oder aber Inn dem fahren vf dem wagen einen schaden empfangen, solches können wir noch vf diese stunde nicht erfahren. Sonnsten hatte der junge D. Schnepff von Eisenach berichtet, wie er das Kindlein ahngesehen, so hette vnsere herzliebe Tochter selig vber sechs wochen dasselbe nicht bey sich tragen können.«

10 Begräbnistag nach Leichenpredigten und Totenregister der Stadtkirche Weimar 237 bei Schmidt (Anm. 13) 320: »21.July Ist die Durchlauchtige Fürstin und Fraw, Sophia geborne von Wirtenberg, Mumpelgard und Teck etc. Hetzogin zu Sachsen in Gott verschieden Zu Fach im Landt Zu Hessen, und 27.July begraben in die Pfarrkirche Zu Weimar.«

11 Stälin 4, 775. Schön Nr 69: Begräbnisort unbekannt.

12 Nach Katalog LP Stolberg 4, 2, 754f Leichenpredigten von Thomas Schaller (19

480), Samuel Fischer (19 489), Josua Lonerus (19 486), Antonius Probus (19 487, vgl. Anm. 17), Adam Remp (19 483), Paulus Scheidtlich (19 488), Gregor Strigenicius (19 484), Zacharias Brendel (19 485), Christoph Fischer d. Ä. (19 482), Georgius Mylius (19 481).

13 Bau- und Kunstdenkmäler Thüringen, Jena 1893, Großherzogtum Sachsen-Weimar-Eisenach 1, Weimar 333–365: Haupt- Pfarr- und Stadtkirche zu St. Peter und Paul, 346–348: Grabmal des herzoglichen Paares mit Abb. Eva Schmidt, Einer württembergischen Herzogin Grabstätte in der Stadtkirche zu Weimar in: ZWLG 44, 1985, 316–329. Beschreibung der Bronzegrabtafel 325 f mit Abb., 326: Nachweis des bisher nicht bekannten Bildhauers Hans Friedemann d. Ä. und Metallgießers Melchior Moehring, beide Erfurt. Entstanden 1591.

14 Zitiert nach Abb. bei Schmidt (Anm. 13). Inschrift auch bei Struve (Anm. 16).

15 Wandepitaph für Herzog Friedrich Wilhelm von Sachsen † 1602 und Herzogin Sophia † 1590. Um 1591. Architektur: farbiger Marmor, Plastiken: Alabaster. Beschreibung bei Schmidt (Anm. 13) 326–328 mit Abb. Bildhauer (Monogramm NS) noch unbekannt.

16 Zitiert nach Schmidt (Anm. 13) 328, mit dt. Übersetzung 328 f. Inschrift mit Zusatz »M. G. D. fecit« (Marcus Gerstenberg Doctor) in: Burcard Gotthelf Struve, Neu-Eröffnetes Historisch und Politisches Archiv, Jena 1718/1719, 2, 308–310: »Abschrifft derer Fürstl. Monumenten zu Weimar«.

17–19 Aus Antonius Probus, Leichpredigt, Jena 1591 (UB Tübingen L III 21a); Probus nennt in seiner Predigt sieben Zeichen des herannahenden Todes der Herzogin: »Es hat vns auch vnser lieber Gott vielfeltige Vorboten geschickt, die diesen grossen Fall dem Hause Sachsen gedrewet haben. Denn erstlich sehen wir nu quasi à posteriori, was der Ris, vnnd Erdfall des Culmbergs vor Saalfeld, da ein Steinern Fels ist zusprungen, hat sich zurissen vnnd auffgethan, bedeutet habe. Jtem, Was das Zeichen an der Sonne, so bald darauff erfolget, den 26. Junij Anno 1588. Der Blutrote Schein, vnnd die Gestalt eines Schwerds oder Scheiden, mit sich bracht, dessen sich noch alle frome Christliche hertzen wissen zuerinnern. Zum andern, befindet sich auch, was alhier zu Weimar Anno 1588. das Blutschwitzende Hirschhorn habe bedeutet, dauon man den Blutigen Schweis mit Schnuptüchlein hatt auffgefangen vnd abgewischet, als das vnser lieber Herr Gott das löbliche, nützliche, vnnd Edele Wirtenbergische Hirsch Horn, hat aus diesem Fürstenthumb wegnemen wollen, mit welchem auch in diesem 1590. Jare, das Wildt im Walde mit hauffen ist hin gestorben« (vgl. dazu Steinhofer 1, 406 f); Probus nennt als weitere Vorzeichen einen Riß im fürstlichen Epitaph in der Weimarer Stadtkirche, einen Blitzschlag in den Kirchturm von Altenburg, vorangegangene Feuersnöte und Stadtbrände, Todesfälle im Hause Württemberg, nämlich ihre Mutter Anna Maria † 1589 und ihre Schwester Hedwig † 1590, und fährt dann fort: »Zum siebenden, Hat vns die Finsternis der Sonnen, im 7. Grad des Feurigen vnd grimmigen Lewen, das rechte Hertzleid angethan, das in derselben Eclipsi vnsere liebe Hertzogin gleich mit auffgangen, vnnd aus dieser Welt Finsternis zum ewigen Himlischen Liecht eingangen ist, etwa vmb 8 Vhr, da die Sonne in die tieffeste verschattung durch den Mond ist gebracht worden, vnd gantz betrübt vnnd traurig anzusehen gewest ist.«

Verzeichnis der Abkürzungen und Sigeln

ADB	Allgemeine Deutsche Biographie
Anm.	Anmerkung
Beil.	Beilage
BWKG	Blätter für Württembergische Kirchengeschichte
Cod. hist.	Codices historici
Cod. math.	Codices mathematici
Cod. theol.	Codices theologici in der Württembergischen Landesbibliothek Stuttgart
Diss. phil.	Dissertation an der Philosophischen Fakultät
Dt., dt.	Deutsch
f, ff	folgende
fl	Gulden
G. v.	Gemahl, Gemahlin von
Gf, Gfn	Graf, Gräfin
HB	Bestände der ehemaligen Hofbibliothek in der Württembergischen Landesbibliothek Stuttgart
HbHistStätten	Handbuch der Historischen Stätten
Hz, Hzn	Herzog, Herzogin
IllGW	Illustrierte Geschichte von Württemberg
LP	Leichenpredigt
LThK	Lexikon für Theologie und Kirche
MGH	Monumenta Germaniae historica
n.	nach
NDB	Neue Deutsche Biographie
NF	Neue Folge
Nr	Nummer
OAB	Oberamtsbeschreibung
r	recto
S. v.	Sohn von
st. n.	Datum neuen Stils (Gregorianischer Kalender)
st. vet.	Datum alten Stils (Julianischer Kalender)
T. v.	Tochter von
Tab	Tabelle, Tabula
Tf	Tafel
v	verso
v.	vor
WJbb	Württembergische Jahrbücher
WUB	Württembergisches Urkundenbuch
WVJH	Württembergische Vierteljahreshefte
ZGO	Zeitschrift für Geschichte des Oberrheins
ZKG	Zeitschrift für Kirchengeschichte
ZWLG	Zeitschrift für Württembergische Landesgeschichte

Literaturverzeichnis

1. Ungedruckte Quellen

a) Hauptstaatsarchiv Stuttgart

G-Bestände: *Württembergisches Hausarchiv*
Vgl. Übersicht über die Bestände des Hauptstaatsarchivs Stuttgart. Sonderbestände, Stuttgart 1980 = Veröffentlichungen der Staatlichen Archivverwaltung Baden-Württemberg Bd. 35.

A-Bestände: *Altwürttembergisches Archiv*
Vgl. Übersicht über die Bestände des Hauptstaatsarchivs Stuttgart. Altwürttembergisches Archiv, Stuttgart 1975 = Veröffentlichungen der Staatlichen Archivverwaltung Baden-Württemberg Bd. 32. Bestand A 602: Württembergische Regesten. Vgl. Württembergische Regesten von 1301 bis 1500. I Altwürttemberg. Hg. v. Gebhard Mehring u. Max Miller, mit Nachtrag v. Karl Otto Müller, Stuttgart 1, 1916–3, 1940.

Sammlung J1: *Handschriften*
Vgl. Michael Klein, Die Handschriften der Sammlung J1 im Hauptstaatsarchiv Stuttgart, Wiesbaden 1980.

b) Württembergische Landesbibliothek Stuttgart

Cod. hist.: *Codices historici*
Vgl. Wilhelm von Heyd, Die Historischen Handschriften der Königlichen öffentlichen Bibliothek zu Stuttgart. I Die Handschriften in Folio, Stuttgart 1–2, 1889. II Die Handschriften in Quarto und Oktavo, Stuttgart 1891.

HB XV: *Codices Wirtembergici*
Vgl. Magda Fischer, Die Handschriften der ehemaligen Hofbibliothek Stuttgart, Wiesbaden 1975.

Vielfach zitierte Handschriften

Assum: Cod. hist. 4° 130 — Johann Augustin Assum, Summarische Verzaichnuss von Ankhunfft vnd Aufnemmen des fürstlichen Württembergischen Stammens bis zu vnsser Zeit, 1612.

J. Frischlin: Cod. hist. 2° 73 — Jakob Frischlin, Schöne lustige Antiquitaeten vnd denckhwürdige Historien von Vrsprung, alt Herkommen vnd Erbawung dess fürstlichen Hauses Württemberg in Cantstatter Vogtey, dann aller Graffen, Fürsten, Herrn von Württemberg Nahmen, löbliche Thaten, beneben aller Aembter, Statt, Klöster vnd Fleckhen... kurze Beschreibung von Anno 623 biss Anno 1618.

O. Gabelkover: Cod. hist. 2° 586–590 — Oswald Gabelkover, Württembergische Geschichte bis 1534, Anf. 17. Jh.

Gadner: Cod. hist. 2° 16	Georg Gadner, Historie der Herzoge Wirtenbergs, 1598.
Geburtregister: Cod. hist. 4° 88	Fürstlich württembergisch GeburtRegister vom ersten Hertzog zu Würtemberg Eberhardten dem Frommen mit dem Zuenamen Bartmann an ordenlich beschriben, 1668.
Hengher: Cod. hist. 2° 320	Georg Hengher, Württembergische Chronik, 1620.
Heller: Cod. hist. 4° 75	Johann Conrad Heller, Diarium Würtembergicum, 1640.
Mohl: Cod. hist. 2° 321	Wilhelm Ludwig Mohl, Historische und genealogische Beschreibung deß Durchleuchtigsten Haußes Württemberg, 1734.
Montanus: Cod. hist. 2° 79a	Philippi Montani Badensis Würtembergische Geschichte, 1731.
Mütschelin: Cod. hist. 2° 126	Balthasar Mütschelin, Württembergische Chronik, Verzeichnis der fürstlichen Grabinschriften in Stuttgart und Tübingen, um 1600.
Nockher: Cod. hist. 4° 38	Johann Georg Nockher, Diarium genealogicum Wirttembergiacum d. i. fürstlich württembergisch Geschlechtsregister, 1621.
Ochsenbach: Cod. hist. 4° 164	Johann Hermann Ochsenbach, Geschichtliche Aufzeichnungen, 1595.
N. Ochsenbach:	Nikolaus Ochsenbach, Stammbuch.
HB xv 2 HB xv 5	Nikolaus Ochsenbach, Bildnisse und Ansichten, n. 1620.
A. Rüttel d. J.: HB xv 77	Andreas Rüttel d. J., Memoriae sempiternae posteritatique inclytae domus Wirtembergensis Sacrum. Anno Christi MDLXVI. Abcontarfheiung deren Fursten zu Würtemberg etc. vnnd Irer Ehegemaheln Grabstein, so vil zu Stutgarten In der Stifftkürchen Im Chor ligen vnnd gelesen mogen werden, 1566.
Cod. hist. 2° 130	Andreas Rüttel d. J., Memoriae posteritatique inclytae domus Wirtembergicae sacrum, 1583 (Wasserzeichen 1583/84). Zeichnungen von Johann Steiner.
Schmid: Cod. hist. 8° 18	Johannes Schmid, Inscriptiones monumentorum, quae sunt Stutgardiae in conditorio illustrissimorum Württenbergiae principum, in templo S. Crucis vel cathedrali, Sanctae Catharinae vel xenodochiali, S. Leonhardi et nosocomiali, in coemeteriis intra et extra urbem, 1640 (Neubearbeitung 1656 von Johann Georg Waltz in Cod. hist. 2° 320).
Wolleber: Cod. hist. 2° 934	David Wolleber, Der Württembergischen Grauen vnnd Herrn Historia, welche von Eynem zum andern ordenlich Beschriben württ, 1585 (Handexemplar Wollebers zu dessen Historia vnd Zeittbuech, des weitberiembten Christlichen vnnd hochlöblichen Fürstenthumbs Württemberg Anfang, Vrsprung vnd Herkomen weilund aller bewissten Herren Grauen vnd Hertzogen zue Württemberg, 1585 = Cod. hist. 2° 108).
Cod. hist. 2° 699	David Wolleber, Württemberg, des weitberüembten hochlöblichen Fürstenthums Anfang, Vrsprung vnd Herkommen aller Herrn Graffen vnd Hertzogen zu Württemberg, 1589.

2. Gedruckte Quellen und Literatur

In dieses Verzeichnis sind nur solche Werke aufgenommen, die bei zwei oder mehr Personen zitiert werden; Einzeldarstellungen werden bei der entsprechenden Person aufgeführt. Die Angaben in Klammern geben die Weise an, in der Werke gleichnamiger Verfasser zitiert oder die verschiedenen Werke eines Verfassers unterschieden werden.

Adam, Eugen: Mömpelgard und sein staatsrechtliches Verhältnis zu Württemberg und dem alten deutschen Reiche in: WVJH 7, 1884, 181–200 u. 278–285.
Alberti, Otto von: Württembergisches Adels- und Wappenbuch. Stuttgart 1, 1889–2, 1900.
Allgemeine Deutsche Biographie. Leipzig 1, 1875–56, 1912.
Annales Sindelfingenses. Hg. v. Joseph Giefel in: WVJH 13, 1890, 45–52. Hg. v. Hermann Weisert, Sindelfingen 1981.
Annales Stuttgartienses. Jahrbücher des Stifts zum heiligen Kreuz in Stuttgart. Hg. v. Christoph Friedrich von Stälin in: WJbb 1849, II, 1–30.
Annales Zwifaltenses. Hg. v. Eugen Schneider in: WVJH 12, 1889, 1–22.
Aubert, Joachim: Handbuch der Grabstätten berühmter Deutscher, Österreicher und Schweizer, 2. Aufl. München/Berlin 1975.
Bach, Max: Die fürstlich württembergischen Epitaphien und Denkmale in der Stiftskirche in Stuttgart in: WVJH 7, 1884, 164–169.
Bader, Joseph: Badische Landesgeschichte. Freiburg im Breisgau 1834.
Barth, Christian Gottlob: Geschichte von Württemberg neu erzählt für den Bürger und Landmann. Hg. v. Calwer Verlagsverein, Calw/Stuttgart 1843. Faksimileausgabe mit Nachwort von Hansmartin Decker-Hauff. Stuttgart 1986.
Bauer, Hermann: Der Ursprung des württembergischen Fürstenhauses in: WJbb 1849, II, 31–63 (Bauer Ursprung).
– Abstammung und Ursprung des Wirtembergischen Fürstenhauses, Heilbronn 1867 (Bauer).
Baumhauwer, Johann Friedrich: Inscriptiones Monumentorum, conditorii Wirttembergici, Tubingensis. Tübingen 1619.
Becksmann, Rüdiger: Die mittelalterlichen Glasmalereien in Schwaben von 1350 bis 1530 ohne Ulm. Unter Mitwirkung von Fritz Herz auf der Grundlage der Vorarbeiten von Hans Wentzel und Ferdinand Werner. Berlin 1986 = Corpus vitrearum medii aevi. Deutschland 1, Schwaben 2.
Behr, Kamill von: Genealogie der in Europa regierenden Fürstenhäuser, 2. Aufl. Leipzig 1870, Supplement 1890.
Berner, Felix: Baden-Württembergische Portraits. Gestalten aus 1000 Jahren. Stuttgart 1985.
Beuttenmüller, Otto: Beinamen von Fürsten in: Archiv für Sippenforschung 85, 1982, 375–388.
Beyttenmiller, Theodor: Furchtlos und treu. Württembergischer Liederschatz. Stuttgart 1889.
Blätter für Württembergische Kirchengeschichte. Stuttgart 1, 1886ff.
Borst, Otto: Württemberg. Geschichte und Gestalt eines Landes. Konstanz 1978.
– Württemberg und seine Herren. Landesgeschichte in Lebensbildern. Mit einem Abriß der württembergischen Münzgeschichte von Ulrich Klein und Albert Raff, Esslingen 1987 (Borst Herren).

Bräutigam, Günther: Die Darstellung des Verstorbenen in der figürlichen Grabplastik Frankens und Schwabens vom Ende des 13. Jahrhunderts bis um 1400. Diss. phil. Erlangen 1953.

Briefwechsel des Herzogs Christoph von Württemberg 1550–1559. Hg. v. Viktor Ernst. Stuttgart 1, 1899–4, 1907.

Bunz, Christian Gottlob: Die Stiftskirche zu St. Georg in Tübingen. Tübingen 1869.

Chrismar, Eugen von: Genealogie des Gesamthauses Baden. Gotha 1892.

Chronicon Elvacense. Hg. v. Joseph Giefel in: WVJH 11, 1888, 33–55.

Chronik der Kaiser, Könige und Päpste sowie der Grafen von Württemberg. Augsburg um 1480, 92–96: »Hie wirdet ettwas gesagt von ettlichen alten geschichten der herren von Wirttemberg« = Ältestes Druckwerk zur Geschichte Württembergs, auch in J1 35, 509r–513v u. Sattler Gf 1 Beil. 2.

Crusius, Martin: Annales Svevici siue chronica rerum gestarum antiquissimae et inclytae suevicae gentis. Frankfurt am Main 1595 (Crusius Ann.).

– *Schwäbische Chronick.* Übersetzt von Johann Jacob Moser. Frankfurt am Main 1–2, 1733 (Crusius).

Decker-Hauff, Hansmartin: Landeseinheit und Landesteilung. Wunsch und Wirklichkeit in der Vorstellung spätmittelalterlicher Landesherren in: Münsingen. Festschrift zum Jubiläum des württembergischen Landeseinigungsvertrags von 1482. Sigmaringen 1982, 31–36 (Decker-Hauff Münsingen).

– *Das Staufische Haus* in: Die Zeit der Staufer. Katalog der Ausstellung. Stuttgart 1977, III, 339–374 (Decker-Hauff Staufer).

– Geschichte der Stadt Stuttgart. I Von der Frühzeit bis zur Reformation. Stuttgart 1966 (Decker-Hauff Stuttgart).

– Die Universität Tübingen von 1477 bis 1977 in Bildern und Dokumenten. Tübingen 1977 (Decker-Hauff Tübingen).

– Zur Genealogie des Hauses Wirtemberg. Vier Vorträge zur 900-Jahrfeier der Burgkapelle auf dem Wirtemberg. Bericht von Gerd Wunder in: Südwestdeutsche Blätter für Familien- und Wappenkunde 17, 1983, 253–256 (Decker-Hauff Wirtemberg).

Demmler, Theodor: Die Grabdenkmäler des württembergischen Fürstenhauses und ihre Meister im XVI. Jahrhundert. Straßburg 1910 = Studien zur dt. Kunstgeschichte 129.

Dielitz, J.: Die Wahl- und Denksprüche, Feldgeschreie, Losungen, Schlacht- und Volksrufe besonders des Mittelalters und der Neuzeit, Frankfurt am Main 1884.

Duvernoy, Clément: Ephémérides du comté de Montbéliard. Besançon 1832.

Eber, Paul: Calendarium Historicum, Wittenberg 1582, mit zahlreichen handschriftlichen Ergänzungen von Friedrich Rüttel in: LB Stuttgart HB 663.

Eifert, Karl Max/Karl Klüpfel. Geschichte und Beschreibung der Stadt Tübingen. Tübingen 1849. Nachdruck Aalen 1977, Wurmlingen 1982.

Eimer, Manfred: Tübingen. Burg und Stadt bis 1600. Tübingen 1945.

Elsass-Lothringen, siehe Wörterbuch.

Engel, Josef (Hg.): Mittel und Wege früher Verfassungspolitik. Stuttgart 1979.

Ensfelder, Eduard: Le château de Riquewihr et ses habitants in: Revue d'Alsace NS 8, 1879, 91–105 (Ensfelder Riquewihr).

– Geschichte der protestantischen Gemeinde zu Reichenweier in: Wilhelm Horning, Beiträge zur Kirchengeschichte des Elsasses 5, 1885, 5–31 (Ensfelder Reichenweier).

– Die Freiheitsbriefe des Städtchens Reichenweier 1384 und 1489 in: Alsatia 10, 1873/74, 265–279 (Ensfelder Freiheitsbriefe).

Essich, Christian Friedrich: Geschichte von Würtemberg. Biberach 1818.

Festschrift 900 Jahre Haus Württemberg, siehe Uhland.

Fischer, Adolf: Geschichte des Hauses Hohenlohe. Stuttgart I, 1866–2, 1871 (Fischer Hohenlohe).

Fischer, Hermann: Schwäbisches Wörterbuch. Tübingen I, 1904–6, II, 1936 (Fischer Wörterbuch).

Fleischhauer, Werner: Zur Schwäbischen Bildnismalerei des frühen 16. Jahrhunderts in: Schwäbische Heimat 20, 1969, 262–265 (Fleischhauer Bildnismalerei).

– Renaissance im Herzogtum Württemberg. Stuttgart 1971 (Fleischhauer Renaissance).

Freytag von Loringhoven, Frank Baron: Europäische Stammtafeln. Stammtafeln zur Geschichte der europäischen Staaten. Marburg I, 1960–4, 1964. 2. Aufl. I, 1975–5, 1978.

Fritz, Gerhard: Die Geschichte der Grafschaft Löwenstein und der Grafen von Löwenstein-Habsburg vom späten 13. bis zur Mitte des 15. Jahrhunderts. Sigmaringen 1986 = Forschungen aus Württembergisch Franken 29.

Fürstenbergisches Urkundenbuch, siehe Urkundenbuch.

Gabelkover, Johann Jacob: Chronica der fürstlichen württembergischen Haubtstatt Stuetgardten, 1624: J1 410 = Maschinenschriftliche Abschrift der 1945 verbrannten Hs 31 Stadtarchiv Stuttgart durch Eugen Nägele.

Gaisberg-Schöckingen, Friedrich Freiherr von: Das Königshaus und der Adel von Württemberg. Pforzheim 1908.

Gebhardi, Ludwig Albrecht: Genealogische Geschichte der erblichen Reichsstände in Teutschland, Halle I, 1776–3, 1785.

Geissler, Heinrich: Zeichner am Württembergischen Hof um 1600 in: Jahrbuch der Staatlichen Kunstsammlungen in Baden-Württemberg 6, 1969, 79–126.

Giefel, Joseph / Theodor Schön: Textheft zum Stammbaum des Württembergischen Fürstenhauses. Stuttgart 1895.

Gradmann, Eugen: Schmucksachen einer württembergischen Prinzessin aus der Zeit des Dreißigjährigen Krieges in: Mitteilungen des Württ. Kunstgewerbevereins 1908/09, 194–197.

Grossmann, Julius / Ernst Berner / Georg Schuster / Karl Theodor Zingeler: Genealogie des Gesamthauses Hohenzollern. Berlin 1905.

Grotefend, Hermann: Stammtafeln der Schlesischen Fürsten bis zum Jahre 1740, 2. Aufl. Breslau 1889.

Grube, Walter: Der Stuttgarter Landtag 1457–1957. Von den Landständen zum demokratischen Parlament. Stuttgart 1957.

Gründer, Irene: Studien zur Geschichte der Herrschaft Teck. Stuttgart 1963 = Schriften zur südwestdeutschen Landeskunde 1.

Grupp, Georg, siehe Oettingische Regesten.

Haering, Hermann: Der Reichskrieg gegen Graf Eberhard den Erlauchten von Württemberg in: WJbb 1910, 43–70.

Häusler, Wilhelm: Geschichte des Fürstenthums Oels bis zum Aussterben der Piastischen Herzogslinie. Breslau 1883.

Häutle, Christian: Genealogie des erlauchten Stammhauses Wittelsbach. München 1870.

Hammer, Wilhelm: Beiträge zur Genealogie des Fürstl. Hauses Hohenlohe. Oehringen 1843.

Handbuch der historischen Stätten Deutschlands. Stuttgart:

IV Hessen 1976: Hg. v. Georg W. Sante; V Rheinland-Pfalz und Saarland 1965: Hg. v. Ludwig Petry; VI Baden-Württemberg 1965, 2. Aufl. 1980. Hg. v. Max Miller u. Gerhard Taddey; VII Bayern 1981: Hg. v. Karl Bosl; VIII Sachsen 1965: Hg. v. Walter Schlesinger; IX Thüringen 1968: Hg. v. Hans Patze; XI Sachsen-Anhalt 1975: Hg. v. Berent Schwineköper; (XIII) Schlesien 1977: Hg. v. Hugo Weczerka.

Hartmann, Julius: Chronik der Stadt Stuttgart. Sechshundert Jahre nach der ersten denkwürdigen Nennung der Stadt (1286). Stuttgart 1886.

Heideloff, Karl von: Die Kunst des Mittelalters in Schwaben. Stuttgart 1855 (Heideloff Mittelalter).

– Les ornements du Moyen Age, 16. Heft. Nürnberg 1847 (Heideloff ornements).

Heimführung = Vorstellung Stuttgartischer Jüngst-gehaltener Hochfürstl. Würtemberg-Hessischer Heimführungs-Begängnis..., Stuttgart 1675. Verfasser ist nach Spittler 23 Magnus Hessenthaler. Der genealogische Anhang stammt nach Klein 97 von Johann Jakob Glöckler J1 31.

Herrenschneider, Emil Alfons: Römercastell und Grafenschloß Horburg. Colmar 1894.

Heyd, Ludwig Friedrich: Ulrich Herzog zu Württemberg. Tübingen 1, 1841–3, 1844 (Heyd Ulrich).

– Geschichte der Grafen von Gröningen. Stuttgart 1829 (Heyd Gröningen).

Heyd, Wilhelm: Bibliographie der Württembergischen Geschichte. Stuttgart 1, 1895–11, 1974. Fortgesetzt von Theodor Schön / Otto Leuze / Heinrich Ihme / Wolfgang Irtenkauf (Heyd).

Hoffmeister, Jacob Christoph Carl: Historisch-genealogisches Handbuch über alle Linien des hohen Regentenhauses Hessen, 3. Aufl. Marburg 1874 (Hoffmeister Hessen).

– Historisch-genealogisches Handbuch über alle Grafen und Fürsten von Waldeck und Pyrmont. Kassel 1883 (Hoffmeister Waldeck).

Hohenlohisches Urkundenbuch, siehe Urkundenbuch.

Hübner, Johann: Genealogische Tabellen Nebst denen darzu gehörigen Genealogischen Fragen Zur Erläuterung der Politischen Historie I, Leipzig 1737.

Illustrierte Geschichte von Württemberg. Hg. v. Emil Hänselmann, Stuttgart 1886.

Imhof, Jacob Wilhelm: Historische Stamm-Tafeln der Kayserlichen, Königlichen und Fürstlichen Geschlechte. Frankfurt am Main/Leipzig 1701.

Isenburg, Wilhelm Karl Prinz von: Stammtafeln zur Geschichte der europäischen Staaten. Berlin 1–2, 1936.

Jasiński, Kazimierz: Rodowód Piastów Śląskich (Die Genealogie der schlesischen Piasten). Breslau 1, 1973–3, 1977.

Katalog Kloster Blaubeuren 1085–1985. Sigmaringen 1985.

Katalog Reformation, s. Reformation in Württemberg.

Katalog Renaissance, s. Renaissance im deutschen Südwesten.

Katalog Wittelsbach, s. Wittelsbach und Bayern.

Katalog Württemberg, s. Württemberg im Spätmittelalter.

Kerler, Heinrich Friedrich: Geschichte der Grafen von Helfenstein. Ulm 1840.

Kindler von Knobloch, Julius: Oberbadisches Geschlechterbuch. Heidelberg 1, 1898–3, 1919.

Klemm, Alfred: Württembergische Baumeister und Bildhauer bis ums Jahr 1750 in: WVJH 5, 1882, 1–223 (Klemm Baumeister).

– Über das ursprüngliche Wappen des Hauses Württemberg in: WVJH 9, 1886, 267–275 (Klemm Wappen).

Knetsch, Karl: Das Haus Brabant. Genealogie der Herzoge von Brabant und der Landgrafen von Hessen. Darmstadt 1, 1919–2, 1928.

Koch, Eduard Emil: Geschichte des Kirchenlieds und Kirchengesangs mit besonderer Rücksicht auf Würtemberg. Stuttgart 1–2, 1847.

Köhler, Johann David: Historische Münz-Belustigung. Nürnberg 1, 1729–22, 1750.

Krauß, Rudolf: Württembergische Fürsten in Sage und Dichtung. Stuttgart 1894.

Krüger, Emil: Der Ursprung des Hauses Württemberg in: WVJH NF 8, 1899, 71–213 u. 237–250.

Kübler, Friedrich: Die Familiengalerie des Württembergischen Fürstenhauses im königlichen Residenzschloß zu Ludwigsburg. Ludwigsburg 1905.

Kümmerle, Johann Friedrich: Anzeige derjenigen Grabschriften und Denkmäler, welche in und neben der Stifts- oder St. Georgen-Kirche, wie auch in der Hospital- oder St. Jakobs-Kirche zu Tübingen befindlich sind. Tübingen 1790.

Küng, Sebastian: Die Chronik des Stuttgarter Ratsherrn Sebastian Küng. »Der Freyhern Zu Bütelspach Grauen vnnd Hertzogen Zu Wirtemberg, ankunfft, Leben, wesen, Handlungen, vnnd abschidt, aigentliche vnnd Summarische Beschreibung durch S.K. von Stutgarten Jetzt nuilich ververtigt. Anno 1554 den 25 July«. Edition und Kommentar von Ingrid Karin Sommer. Stuttgart 1971. = Veröffentlichungen des Archivs der Stadt Stuttgart 24.

Kugler, Bernhard: Ulrich Herzog von Wirtemberg. Stuttgart 1865 (Kugler Ulrich).

– Christoph Herzog zu Wirtemberg. Stuttgart 1, 1868–2, 1872 (Kugler Christoph).

Lairitz, Johann Georg: Historisch-Genealogischer Palm-Wald. Nürnberg 1686.

Lang, C. H. von: Regesta sive rerum Boicarum autographa. München 1, 1822–13, 1854.

Leichenpredigten, siehe Stolberg.

Leins, Carl Friedrich von: Die Hoflager und Landsitze des Württembergischen Regentenhauses. Stuttgart 1889.

Lenz, Johann August Friedrich: Sammlung sämtlicher, noch vorhandener Epitaphien zu Tübingen. Tübingen 1796.

Lexikon für Theologie und Kirche, 2. Aufl. Freiburg im Breisgau 1, 1957–10, 1965.

Lirer, Thomas: Schwäbische Chronik. Hg. v. Eugen Thurnher, Bregenz 1968 = Vorarlberger Schrifttum 8.

Löbe, Max: Wahlsprüche, Devisen und Sinnsprüche Deutscher Fürstengeschlechter des XVI. und XVII. Jahrhunderts. Leipzig 1883.

Lohmeier, Georg: Der Europäischen Reiche und Fürstenthümer Historische und Genealogische Erläuterung in Stamm-Tafeln, 2. Aufl. Lüneburg 1695.

Lucae, Friedrich: Schlesiens curieuse Denckwürdigkeiten oder vollkommene Chronica von Ober- und Nieder-Schlesien. Frankfurt am Main 1689.

Maisch, Gottlob W.: Stammtafel des Württembergischen Fürstenhauses. Stuttgart 1890.

Marquardt, Ernst: Geschichte Württembergs, 2. Aufl. Tübingen 1961/62 (mit Stammtafel von Alfons Uhrle).

Martens, Karl von: Geschichte der innerhalb der gegenwärtigen Gränzen des Königreiches Württemberg vorgefallenen kriegerischen Ereignisse vom Jahr 15 vor Christi Geburt bis zum Friedensschlusse 1815. Stuttgart 1847.

Materialien zu einer Geschichte des Stifts Beutelspach und der jezigen Stiftskirche in Stuttgard. Augsburg 1781 = Zustand der Wissenschaften und Künste in Schwaben 1781/82, 243–322.

Menzel, Karl: Wolfgang von Zweibrücken. München 1893.

Meriot, Blaise: Nouvelles Ephémérides du pays de Montbéliard = Mémoires de la société d'émulation de Montbéliard 59–60. Montbéliard 1953/54–1955/59.

Missenharter, Hermann: Herzöge Bürger Könige. Stuttgarts Geschichte, wie sie nicht im Schulbuch steht. Bad Cannstatt 1955.
Möller, Walther: Stamm-Tafeln westdeutscher Adels-Geschlechter im Mittelalter. Darmstadt 1, 1922–3, 1936.
Moll, Albert: Die Krankheits- und Todesfälle im Würtembergischen Regentenhause. Eine historisch-pathologische Studie. Stuttgart 1861.
Monumenta Hohenbergica, siehe Urkundenbuch.
Monumenta Zollerana, siehe Urkundenbuch.
Mosapp, Hermann: Die Stiftskirche in Stuttgart. Stuttgart 1887.
Moser, Friedrich Karl von: Teutsches Hofrecht. Frankfurt am Main/Leipzig 1, 1754–2, 1755.
Moser, Johann Jacob: Wirtembergische Bibliothec oder Nachricht von allen bekannten gedruckten und ungedruckten Schriften, welche das Herzogliche Haus oder Herzogthum Wirtemberg, oder Personen, derselben betreffen. Vierte Auflage mit Zusäzen und einer Vorrede von Hofrath Ludwig Timotheus Spittler. Stuttgart 1796.
Müller, Ernst: Kleine Geschichte Württembergs. Mit Ausblicken auf Baden. Stuttgart 1963.
Nau, Elisabeth: Gold und Silber geprägt für Württemberg. Schätze aus dem Münzkabinett des Württembergischen Landesmuseums Stuttgart. Stuttgart 1959 (Nau Münzkabinett).
– Hohenheim. Schloß und Gärten. Konstanz/Stuttgart 1967.
Naucler, Johannes: Chronicon. Memorabilium omnis aetatis et omnium gentium chronici commentarii à Iohanne Nauclero... digesti in annum salutis 1500. Tübingen 1516.
Neue Deutsche Biographie. Hg. v. der historischen Kommission bei der bayerischen Akademie der Wissenschaften. Berlin 1, 1953 ff.
Nikitsch, Eberhard: Dionysius Dreytwein, ein Esslinger Kürschner und Chronist. Studien zur Handwerkermentalität in frühneuzeitlichen Reichsstädten. Mit einer Edition seiner Franziskaner-Reimchronik. Sigmaringen 1985 = Esslinger Studien 24, 1985.
Oberämter. Beschreibung der württembergischen Oberämter. Hg. v. Königlichen statistisch-topographischen Bureau. Stuttgart 1824–1886, NF 1893–1930.
Oettingen Stammtafel, Stammtafel des mediatisierten Hauses Oettingen. Hg. v. Verein der deutschen Standesherren 1895.
Oettingische Regesten. Hg. v. Georg Grupp. Nördlingen 1896.
Pahl, Johann Gottfried: Geschichte von Wirtemberg. Stuttgart 1, 1827–6, 1831.
Patriotisches Archiv für Deutschland. Hg. v. Friedrich Karl von Moser. Frankfurt am Main/Leipzig 1, 1784–12, 1790.
Pfaff, Karl: Fürstenhaus und Land Württemberg. Stuttgart 1841 (Pfaff Fürstenhaus).
– Württembergisches Gedenkbuch auf alle Tage des Jahrs, Stuttgart 1865 (Pfaff Gedenkbuch).
– Württembergisches Heldenbuch, Esslingen 1840 (Pfaff Heldenbuch).
– Biographie der Regenten von Württemberg von Herzog Eberhard im Bart bis König Friedrich, Stuttgart 1821 (Pfaff Regenten).
– Geschichte der Stadt Stuttgart, Stuttgart 1, 1845–2, 1846 (Pfaff Stuttgart).
– Der Ursprung und die früheste Geschichte des Wirtenbergischen Fürstenhauses, Stuttgart 1836 (Pfaff Ursprung).
– Geschichte des Fürstenhauses und Landes Wirtemberg, Stuttgart 1–4, 1850 (Pfaff Wirtemberg).
Pfeilsticker, Walther: Neues Württembergisches Dienerbuch. Stuttgart 1, 1957–3, 1974.

Pfister, Johann Christian: Herzog Christoph zu Wirtemberg. Tübingen 1, 1819–2, 1820 (Pfister Christoph).
– Grav Eberhard der Erlauchte von Wirtemberg in: Schwäbisches Taschenbuch 1820, 6–58 (Pfister Eberhard).
Philippi, Hans: Das Haus Hessen. Ein europäisches Fürstengeschlecht. Kassel 1983.
Posse, Otto: Die Wettiner. Genealogie des Gesammthauses Wettin. Leipzig/Berlin 1897.
Pregitzer, Georg Conrad: Gottgeheiligte Poesie, Tübingen 1717–1737 (Pregitzer Poesie).
Pregitzer d. Ä., Johann Ulrich: Kurtze Historische Ephemerides deß Hoch-Fürstlichen Hauses Wirtenberg, Ulm 1706 (Pregitzer Eph.).
Pregitzer d. J., Johann Ulrich: Wirttembergischer Cedern-Baum oder Vollständige Genealogie des Hoch-Fürstlichen Hauses Wirttemberg, 2. Aufl., Stuttgart 1734 (Pregitzer).
Rau, Reinhold: Die Verlegung des Beutelsbacher Stifts nach Stuttgart in: ZWLG 20, 1961, 191–198.
Rauch, Moriz von: Zur Geschichte des Bildhauers Sem Schlör in: WVJH NF 16, 1907, 412–421.
Reformation in Württemberg. Katalog der Ausstellung zur 450-Jahr-Feier der Evangelischen Landeskirche. Stuttgart 1984.
Regesta Boica, siehe C. H. v. Lang.
Regesten der Markgrafen von Baden und Hachberg 1050–1515. Hg. v. Richard Fester, Innsbruck 1, 1900–4, 1907.
Regesten. Württembergische Regesten von 1301 bis 1500. 1 Altwürttemberg. Hg. v. Gebhard Mehring u. Max Miller, mit Nachtrag v. Karl Otto Müller. Stuttgart 1, 1916–3, 1940 (Hauptstaatsarchiv Stuttgart Bestand A 602).
Reimchronik über Herzog Ulrich von Württemberg und seine nächsten Nachfolger. Hg. v. Eduard von Seckendorff = Bibliothek des Litterarischen Vereins in Stuttgart 74. Stuttgart 1863.
Die Renaissance im deutschen Südwesten zwischen Reformation und Dreißigjährigem Krieg. Katalog zur Ausstellung des Landes Baden-Württemberg im Heidelberger Schloß. Karlsruhe 1–2, 1986.
Renard, Louis: Nouvelle histoire du pays de Montbéliard. Montbéliard 1950.
Reyscher, August Ludwig: Vollständige historisch und kritisch bearbeitete Sammlung der württembergischen Gesetze. Stuttgart/Tübingen 1, 1828–19, 1851.
Rohr, Julius Bernhard von: Einleitung in die Ceremonialwissenschafft der großen Herren. Berlin 1729.
Roller, Otto Konrad: Ahnentafeln der letzten regierenden Markgrafen von Baden-Baden und Baden-Durlach. Heidelberg 1902.
Rommel, Christoph von: Geschichte von Hessen. Marburg/Kassel 1, 1820–10, 1858.
Sattler, Christian Friderich: Topographische Geschichte des Herzogthums Würtenberg und aller demselben einverleibten Herrschaften, worin die Städte, Klöster und derselben Aemter nach ihrer Lage, ehemaligen Besizern, Schiksalen, Natur- und anderen Merkwürdigkeiten ausführlich beschriben sind. Stuttgart 1784 (Sattler Top.).
– Geschichte des Herzogthums Würtenberg und dessen angränzender Gebiethe und Gegenden von den ältesten Zeiten bis auf das Jahr Christi 1260. Tübingen 1757 (Sattler Würtenberg).
– Geschichte des Herzogthums Würtenberg unter der Regierung der Graven, 2. Aufl. Tübingen 1, 1773–4, 1777 (Sattler Gf).
– Geschichte des Herzogthums Würtenberg unter der Regierung der Herzogen, Tübingen 1, 1769–13, 1783 (Sattler Hz).
Sauter, Frida: Herzogin Sabine von Wirtemberg in: ZWLG 8, 1944/48, 298–355.

Schannat, Johann Friedrich: Vindemiae literariae, Fulda/Leipzig 1, 1723–2, 1724. In 2, 21–40: Anonymi Chronicon Wirtembergense.

Scheffer, Wilhelm Ferdinand Ludwig: Ausführliche chronologische Darstellung alles Merckwürdigen aus der Geschichte Wirtembergs. Stuttgart 1818.

Schmid, Ludwig: Geschichte der Pfalzgrafen von Tübingen. Mit Urkundenbuch. Tübingen 1853 (Schmid Tübingen).

– Geschichte der Grafen von Zollern-Hohenberg und ihrer Grafschaft. Stuttgart 1862 (Schmid Hohenberg).

– Monumenta Hohenbergica, siehe Urkundenbuch.

Schneider, Eugen: Württembergische Geschichte. Stuttgart 1896 (Schneider).

– Württembergischer Stammbaum. Stuttgart 1900 (Schneider Stammbaum).

– Ausgewählte Urkunden zur Württembergischen Geschichte, Stuttgart 1911 = Württ. Geschichtsquellen 11 (Schneider Urkunden).

– Bemerkungen über Ursprung, Namen und Wappen von Württemberg in: Beilage Staatsanzeiger 1887, 209–212 (Schneider Wappen).

Schön, Theodor: Stammbaum des Gesamthauses Württemberg in: Gaisberg-Schöckingen 45–62 (Schön).

– Geschichte der Kartause Güterstein in: Freiburger Diöcesan-Archiv 26, 1898, 135–192 (Schön Güterstein).

Schönhaar, Wilhelm Friedrich: Ausführliche Beschreibung des zu Bayreuth im September 1748 vorgegangenen hoch-fürstlichen Beylagers..., Stuttgart 1749.

Schuhmann, Günther: Die Markgrafen von Brandenburg-Ansbach, Ansbach 1980 = Jahrbuch des Historischen Vereins für Mittelfranken 90.

Schwäbischer Merkur. Schwäbische Chronik. Stuttgart 1785–1941.

Schwennicke, Detlev: Europäische Stammtafeln. Stammtafeln zur Geschichte der Europäischen Staaten, Marburg 1, 1980ff.

Seubert, Adolf: Die Sterne Schwabens. Stuttgart 1856.

Sommersberg, Friedrich Wilhelm von: Silesiacarum rerum Scriptores. Leipzig 1, 1729–3, 1732.

Spittler, Ludwig Timotheus: Geschichte Wirtembergs unter der Regierung der Grafen und Herzoge. Göttingen 1783.

St. Allais, siehe Viton.

Staat der Hertzoge von Würtenberg, Nürnberg um 1705, in gleicher Form: Staat Anhalt, Baden, Braunschweig, Chur-Sachsen, Hessen, Mecklenburg, Sachsen.

Staats-Anzeiger für Württemberg. Besondere Beilage 1876–1881. Literarische Beilage 1882ff.

Stälin, Christoph Friedrich: Wirtembergische Geschichte, Stuttgart/Tübingen 1, 1841, 2, 1847, 3, 1856, 4, 1870 (Stälin).

Stälin, Paul Friedrich: Geschichte Württembergs, Gotha 1, 1, 1882–1, 2, 1887 (P. Stälin).

Steiff, Karl / Gebhard Mehring: Geschichtliche Lieder und Sprüche Württembergs. Stuttgart 1912.

Steinhofer, Johann Ulrich: Neue Wirtembergische Chronik. Stuttgart/Tübingen 1, 1744–4, 1755.

Steinmann, Carl: Die Grabstätten des Welfenhauses. Braunschweig 1885.

Stingel, Emil: Württembergs Königshaus. Die geschichtliche Entwicklung desselben vom Ursprung bis auf die Gegenwart. Großbottwar 1889.

Stoesser, Valentin: Grabstätten und Grabschriften der Badischen Regenten. Heidelberg 1903.

Stolberg. Katalog der fürstlich Stolberg-Stolbergschen Leichenpredigten-Sammlung. Leipzig 1, 1927–5, 1935 (LP Stolberg).
Stuttgarter Stiftschronik. Hg. v. Christoph Friedrich Stälin in: WJbb 1864, 256–261.
Stuttgarter Urkundenbuch, siehe Urkundenbuch.
Suntheim, Ladislaus: Familia Generosum Comitum de Wirtemberg, nunc Ducum. Genealogia Wirtembergica latine conscripta, insertis Epitaphiis in: Andreas Felix Oefele, Rerum Boicarum Scriptores. Augsburg 2, 1763, 591–599.
Tiedemann, Johann Heinrich / Johann Friedrich Merckel: Beschreibung der Fürstlichen Denkmale und Grabschriften in der Stiftskirche, und der darinn befindlichen Gruft zu Stuttgardt, wie auch derer zu Tübingen und Ludwigsburg. Stuttgart 1798.
Trithemius, Johannes: Annales Hirsaugienses. St. Gallen 1–2, 1690.
Tubingius, Christian: Burrensis coenobii annales. Die Chronik des Klosters Blaubeuren. Hg. v. Gertrud Brösamle. Stuttgart 1966 = Schriften zur südwestdeutschen Landeskunde 3.
Tuefferd, Paul Edmond: Histoire des comtes souverains de Montbéliard. Montbéliard 1877.
Uebelen, Georg Gottlieb: Eberhard der Erlauchte, Graf von Wirtemberg. Stuttgart 1839.
Uhland, Robert (Hg.): 900 Jahre Haus Württemberg. Leben und Leistung für Land und Volk. Stuttgart 1984, 3. durchgesehene Aufl. 1985.
Urkundenbuch der Stadt Esslingen. Hg. v. Adolf Diehl, Stuttgart 1, 1899–2, 1905 = Württ. Geschichtsquellen 4 u. 7.
Urkundenbuch, Fürstenbergisches. Hg. v. Siegmund Riezler u. Franz Ludwig Baumann. Tübingen 1, 1877–7, 1891.
Urkundenbuch zur Geschichte der Grafen von Zollern-Hohenberg und ihrer Grafschaft. Monumenta Hohenbergica. Hg. v. Ludwig Schmid. Stuttgart 1862.
Urkundenbuch, Hohenlohisches. Hg. v. Karl Weller u. Christian Belschner. Stuttgart 1, 1899–3, 1912.
Monumenta Zollerana. Urkundenbuch zur Geschichte des Hauses Hohenzollern. Hg. v. Rudolph Freiherr von Stillfried u. Traugott Maercker. Berlin 1, 1852–9, 1866.
Urkundenbuch der Stadt Stuttgart. Hg. v. Adolf Rapp. Stuttgart 1912 = Württ. Geschichtsquellen 13.
Urkundenbuch, Wirtembergisches. 700–1300. Hg. v. Eduard Kausler u. Paul Friedrich Stälin u. Eugen Schneider u. Gebhard Mehring. Stuttgart 1, 1849–11, 1913.
Vanotti, Johann Nepomuk von: Geschichte der Grafen von Montfort und von Werdenberg. Konstanz 1845.
Viénot, John: Histoire du pays de Montbéliard. Audincourt 1904.
Viton de St. Allais, Nicolas: Histoire chronologique, généalogique, politique et militaire de la maison royale de Wurtemberg, Paris 1–2, 1808 (Viton) = Les fastes du royaume et de la maison de Wurtemberg. Paris 1–2, 1808 = Handschrift HB XV 81.
– L'art de vérifier les dates des faits historiques. Paris 1, 1818–5, 1819 (St. Allais).
Vierordt, Karl Friedrich: Badische Geschichte bis zum Ende des Mittelalters. Tübingen 1865.
Voegeli, Raymond: Reichenweier ein altes Weinstädtchen. Reichenweier 1937.
Voigtel, Traugott: Stammtafeln zur Geschichte der deutschen Staaten und der Niederlande. Neu hg. v. Ludwig Adolf Cohn. Braunschweig 1871.
Wäschke, Hermann: Die Askanier in Anhalt. Genealogisches Handbuch, Dessau 1904.
Wais, Gustav: Alt-Stuttgarts Bauten im Bild. Stuttgart 1951 (Wais Alt-Stuttgart).
– Die Stuttgarter Stiftskirche. Mit einer Baugeschichte von Adolf Diehl. Stuttgart 1952 (Wais Stiftskirche).

– Stuttgarts Kunst- und Kulturdenkmale. Stuttgart 1954 (Wais Stuttgart).

Walcher, Karl: Die Skulpturen des Stuttgarter Lusthauses auf dem Schloß Lichtenstein in: WVJH 9, 1886, 161–191 u. 10, 1887, 161–170.

Walter, Theobald: Die Grabschriften des Bezirks Oberelsaß. Gebweiler 1904.

Waltz, Johann Georg: Fürstliche Würtembergische Stamm- und Namens-Quell. Stuttgart 1657.

Weller, Karl: Geschichte des Hauses Hohenlohe. Stuttgart 1–2, 1903 (Weller Hohenlohe).

– Die Grafschaft Wirtemberg und das Reich bis zum Ende des 14. Jahrhunderts in: WVJH NF 38, 1932, 113–163. Fortsetzung in: ZWLG NF 4, 1940, 18–47 u. 209–237 (Weller Wirtemberg).

Weller, Karl / Arnold Weller, Württembergische Geschichte im südwestdeutschen Raum. 7. Aufl. Stuttgart/Aalen 1972 (Weller Württemberg).

Westermayer, Albert / Emil Wagner / Theodor Demmler: Die Grabdenkmäler der Stiftskirche zu St. Georg in Tübingen. Tübingen 1912.

Wintterlin, Georg August: Die Grabdenkmale Herzog Christophs von Württemberg, seines Sohnes Eberhard und seiner Gemahlin Anna Maria von Brandenburg im Chor der Stiftskirche zu Tübingen in: Festschrift zur vierten Säcular-Feier der Eberhard-Karls-Universität zu Tübingen. Stuttgart 1877.

Wittelsbach und Bayern. Katalog zur Ausstellung. München 1. 1–3. 2, 1980.

Wörterbuch, Ortsbeschreibendes und Geschichtliches Wörterbuch aller in Elsass-Lothringen vorkommenden Denkmäler, Städte, Dörfer, Höfe, Bäche, Flüsse, Seen, Berge etc. Straßburg 1910.

Wolffgang, Andreas Matthäus: Abbildung und kurtze Lebens-Beschreibung Aller biß dahin Regierenden Herzogen zu Würtemberg. Stuttgart 1704.

Württemberg, 900 Jahre Haus Württemberg, siehe Uhland.

Württemberg im Spätmittelalter. Katalog zur Ausstellung im Hauptstaatsarchiv Stuttgart. Bearbeitet von Joachim Fischer, Peter Amelung und Wolfgang Irtenkauf. Stuttgart 1985.

Württembergisch Franken. Zeitschrift des historischen Vereins für Württembergisch Franken, Crailsheim/Heilbronn 1, 1847–10, 1875. Schwäbisch Hall NF 1, 1882ff.

Württembergisches Jahrbuch/Württembergische Jahrbücher für vaterländische Geschichte, Geographie, Statistik und Topographie. Stuttgart 1818–1939 u. 1951/52.

Württembergische Vierteljahreshefte für Landesgeschichte. Stuttgart 1, 1878–13, 1890, NF 1, 1892–42, 1936, Fortsetzung ZWLG.

Wutke, Konrad: Stamm- und Übersichtstafeln der Schlesischen Fürsten. Breslau 1911.

Zedler, Johann Heinrich: Grosses vollständiges Universal-Lexicon aller Wissenschafften und Künste welche bißhero durch menschlichen Verstand und Witz erfunden und verbessert worden. Leipzig/Halle 1, 1732–64, 1750 Supplement 1, 1751–4, 1754, Nachdruck Graz 1961–1964.

Zeitschrift für Geschichte des Oberrheins. Karlsruhe 1, 1850–39, 1885, NF 1, 1866ff.

Zeitschrift für Kirchengeschichte. Stuttgart 1, 1877–37, 1918, NF 1, 1920ff.

Zeitschrift des Vereins für Geschichte und Alterthum Schlesiens. Breslau 1, 1855–77, 1943.

Zeitschrift für Württembergische Landesgeschichte. Stuttgart 1, 1937ff.

Zeller, Andreas Christoph: Ausführliche Merckwürdigkeiten der Hochfürstlich Würtembergischen Universitaet und Stadt Tübingen. Tübingen 1743.

Zimmermann, Wilhelm: Die Geschichte Würtembergs nach seinen Sagen und Thaten. Stuttgart 1, 1836–2, 1837.

Verzeichnis der Eheverbindungen

Anhalt	Hzn Eleonore † 1618, T. v. Hz Christoph † 1568
	Hzn Sibylle † 1614, G. v. Hz Friedrich † 1608
Anjou	Gfn Margarethe † 1479, G. v. Gf Ulrich V. † 1480
	(1. Ehe mit Hz Ludwig III. von Anjou † 1434)
Baden	Gfn Mechthild † n. 1258, G. v. Gf Ulrich I. † 1265
	Gfn Irmengard † v. 1278/1295, T. v. Gf Ulrich I. † 1265
	Gfn Irmengard † n. 1320, G. v. Gf Eberhard I. † 1325
	Hzn Dorothea Ursula † 1583, G. v. Hz Ludwig † 1593
Bayern	Gfn Elisabeth † 1402, G. v. Gf Ulrich † 1388
	Gfn Elisabeth † n. 1476, T. v. Gf Eberhard III. † 1417
	(Verlobt mit Hz Albrecht II. von Bayern † 1460)
	Gfn Margarethe † 1444, G. v. Gf Ulrich V. † 1480
	(1. Ehe mit Hz Wilhelm III. von Bayern-München † 1435)
	Gfn Elisabeth † 1451, G. v. Gf Ulrich V. † 1480
	Hzn Sabina † 1564, G. v. Hz Ulrich † 1550
Braunschweig-Wolfenbüttel	Gfn Maria † 1541, T. v. Gf Heinrich † 1519
Brandenburg	siehe Hohenzollern
Cleve	Gfn Margarethe † 1444, G. v. Gf Ulrich V. † 1480
Eppstein-Königstein	Gfn Margarethe † 1470, T. v. Gf Ulrich V. † 1480
Gonzaga von Mantua	Gfn/Hzn Barbara † 1503, G. v. Gf/Hz Eberhard V./I. † 1496
Habsburg	siehe Oesterreich
Helfenstein	Gfn Agnes † 1373, T. v. Gf Ulrich † 1315
	Gfn Katharina † n. 1386, G. v. Gf Ulrich IV. † 1366
Henneberg	Gfn Elisabeth † 1384, G. v. Gf Eberhard II. † 1392
	Gfn Elisabeth † 1501, T. v. Gf Ulrich V. † 1480
	Hzn Elisabeth † 1592, T. v. Hz Christoph † 1568
Hessen	Gfn Mechthild † 1495, T. v. Gf Ludwig I. † 1450
	Gfn Barbara † 1597, G. v. Gf Georg † 1558
	Hzn Hedwig † 1590, T. v. Hz Christoph † 1568
	Hzn Sabine † 1581, T. v. Hz Christoph † 1568
	Hzn Eleonore † 1618, T. v. Hz Christoph † 1568
Hohenberg	Gfn Mechthild † v. 1316, G. v. Gf Ulrich † 1315
	Gfn Irmengard † 1329, T. v. Gf Eberhard I. † 1325
Hohenlohe	Gfn Agnes † 1305, T. v. Gf Ulrich I. † 1265
	Gfn Adelheid † 1342, T. v. Gf Eberhard I. † 1325
	Gfn Helene † 1506, T. v. Gf Ulrich V. † 1480
Hohenzollern	Gfn Elisabeth † 1429, G. v. Gf Eberhard III. † 1417
	Gfn Elisabeth † 1524, G. v. Gf/Hz Eberhard VI./II. † 1504
	Hzn Anna Maria † 1589, G. v. Hz Christoph † 1568
Horn	Gfn Philippine † 1475, T. v. Gf Ulrich V. † 1480
Katzenelnbogen	Gfn Anna † 1471, T. v. Gf Eberhard IV. † 1419

Liegnitz	Gfn Agnes †1265, G.v.Gf Ulrich I. †1265
	Hzn Anna †1616, T.v.Hz Christoph †1568
	(Erste und zweite Ehe)
Löwenstein	Gfn Mechthild †v.1284, T.v.Gf Ulrich †1265
Lothringen	Gfn Margarethe †v.1296, G.v.Gf Eberhard I. †1325
	Gfn Sophie †1369, T.v.Gf Eberhard II. †1392
Mömpelgard (Montbéliard)	Gfn Henriette †1444, G.v.Gf Eberhard IV. †1419
Nassau–Saarbrücken	Gfn Elisabeth †1505, T.v.Gf Ludwig I. †1450
Nürnberg	siehe Hohenzollern
Oesterreich	Gfn Mechthild †1482, G.v.Gf Ludwig I. †1450
	(2. Ehe mit Erzherzog Albrecht VI. von Oesterreich †1463)
Oettingen	Gfn Agnes †1305, T.v.Gf Ulrich I. †1265
	Gfn Agnes †1317, T.v.Gf Eberhard I. †1325
Pfalz	Gfn Mechthild †1482, G.v.Gf Ludwig I. †1450
	Gfn Margarethe †1479, G.v.Gf Ulrich V. †1480
	(2. Ehe mit Kurfürst Ludwig IV. von der Pfalz †1449)
	Hzn Emilie †1589, T.v.Hz Christoph †1568
	Hzn Dorothea Maria †1639, T.v.Hz Christoph †1568
	Hzn Ursula †1635, G.v.Hz Ludwig †1593
	Hzn Elisabeth †1592, T.v.Hz Christoph †1568
Pfirt	Gfn Sophie †1344, G.v.Gf Ulrich III. †1344
Piasten	siehe Liegnitz
Sachsen	Hzn Sophia †1590, T.v.Hz Christoph †1568
Salm	Gfn Eva †1521, G.v.Gf Heinrich †1519
Savoyen	Gfn Margarethe †1479, G.v.Gf Ulrich V. †1480
Schlesien	siehe Liegnitz
Schlüsselberg	Gfn Agnes †1373, T.v.Gf Ulrich †1315
Simmern	siehe Pfalz
Stolberg	Gfn Elisabeth †1505, T.v.Gf Ludwig I. †1540
Sulzbach	siehe Pfalz
Truhendingen	Gfn Agnes †1305, T.v.Gf Ulrich I. †1265
Veldenz	siehe Pfalz
Visconti von Mailand	Gfn Antonia †1405, G.v.Gf Eberhard III. †1417
Waldeck	Gfn Barbara †1597, G.v.Gf Georg †1558
	(2. Ehe mit Gf Daniel zu Waldeck †1577)
Welfen	siehe Braunschweig
Werdenberg	Gfn Agnes †v.1350, T.v.Gf Eberhard I. †1325
	Gfn Elisabeth †n.1475, T.v.Gf Eberhard III. †1417
Wettiner	siehe Sachsen
Wittelsbach	siehe Bayern und Pfalz
Zweibrücken–Bitsch	Gfn Elisabeth †1487, G.v.Gf Heinrich †1519

Verzeichnis der Grabstätten

Adelberg	*Klosterkirche*
	Gfn Katharina †1497, T. v. Gf Ulrich v. †1480
Beutelsbach	*Stiftskirche*
	Gfn Mechthild †n. 1258 -Baden, G. v. Gf Ulrich I. †1265 (1316/20 überführt nach Stuttgart)
	Gf Ulrich I. †1265 (1316/20 überführt nach Stuttgart)
	Gfn Agnes †1265 -Schlesien-Liegnitz, G. v. Gf Ulrich I. †1265 (1316/20 überführt nach Stuttgart)
	Gf Ulrich II. †1279 (1316/20 überführt nach Stuttgart)
	Gfn Margarethe †v. 1296 -Lothringen, G. v. Gf Eberhard I. †1325 (1316/20 überführt nach Stuttgart?)
	Gfn Mechthild †v. 1316 -Hohenberg, G. v. Gf Ulrich †1315 (1316/20 überführt nach Stuttgart?)
Blaubeuren	*Klosterkirche*
	Gfn Agnes †1373 ⚭I Helfenstein ⚭II Schlüsselberg, T. v. Gf Ulrich †1315
Darmstadt	*Stadtkirche*
	Hzn Eleonore †1618 ⚭I Anhalt ⚭II Hessen-Darmstadt, T. v. Hz Christoph †1568
Einsiedel	*St. Peter*
	Gf/Hz Eberhard v./I. †1496 (1537 überführt nach Tübingen)
Gnadental	*Klosterkirche*
	Gfn Adelheid †1342 ⚭ Hohenlohe, T. v. Gf Eberhard I. †1325
Güterstein	*Klosterkirche/Andreaskapelle*
	Gf Andreas †1443, S. v. Gf Ludwig I. †1450
	Gf Ludwig I. †1450 (1486 verlegt in die Andreaskapelle, 1554 überführt nach Tübingen)
	Gf Ludwig II. †1457, S. v. Gf Ludwig I. †1450
	Gfn Barbara †n. 1474, T. v. Gf/Hz Eberhard v./I. †1496
	Gfn Mechthild †1482 -Pfalz, G. v. Gf Ludwig I. †1450 (1486 verlegt in die Andreaskapelle, 1554 überführt nach Tübingen)
	Hzn Anna †1530, T. v. Hz Ulrich †1550 (1530 beigesetzt in der Andreaskapelle, 1554 überführt nach Tübingen)
Haynau in Schlesien (Chojnów)	*St. Mariae*
	Hzn Anna †1616 ⚭I Liegnitz ⚭II Liegnitz, T. v. Hz Christoph †1568
Heidelberg	*Heilig-Geist-Kirche*
	Gf/Hz Eberhard VI./II. †1504, S. v. Gf Ulrich v. †1480
Hirzenhain in Hessen	*Klosterkirche*
	Gfn Margarethe †1470 ⚭ Eppstein-Königstein, T. v. Gf Ulrich v. †1480

Kassel *St. Martin*
Hzn Sabina † 1581 ⚭ Hessen-Kassel, T. v. Hz Christoph † 1568

Kirchheim am Ries *Klosterkirche*
Gfn Agnes † 1317 ⚭ Oettingen, T. v. Gf Eberhard I. † 1325

Kirchheim unter Teck *Klosterkirche*
Gfn/Hzn Barbara † 1503 -Gonzaga von Mantua,
G. v. Gf/Hz Eberhard V./I. † 1496

Lauingen *St. Martin*
Hzn Dorothea Maria † 1639 ⚭ Pfalz-Sulzbach,
T. v. Hz Christoph † 1568

Liebenau bei Worms *Klosterkirche*
Gfn Margarethe † 1479, T. v. Gf Ulrich V. † 1480

Marburg *Elisabethkirche*
Gfn Mechthild † 1495 ⚭ Hessen, T. v. Gf Ludwig I. † 1450

Marburg *Lutherische Kirche*
Hzn Hedwig † 1590 ⚭ Hessen-Marburg, T. v. Hz Christoph † 1568

Mergentheim *Dominikanerkloster*
Gfn Agnes † 1305 ⚭I Oettingen ⚭II Truhendingen ⚭III Hohenlohe,
T. v. Gf Ulrich I. † 1265

Mömpelgard (Montbéliard) *St. Mainbœuf*
Gfn Henriette † 1444 -Mömpelgard, G. v. Gf Eberhard IV. † 1419
Gf Ulrich † 1557, S. v. Gf Georg † 1558

Netze in Waldeck *Klosterkirche*
Gfn Barbara † 1597 -Hessen ⚭II Waldeck, G. v. Gf Georg † 1558

Öhringen *St. Peter und Paul*
Gfn Helene † 1506 ⚭ Hohenlohe, T. v. Gf Ulrich V. † 1480

Reichenweiher im Elsass (Riquewihr) *Liebfrauenkirche*
Gfn Elisabeth † 1487 -Zweibrücken-Bitsch, G. v. Gf Heinrich † 1519
Gfn Eva † 1521 -Salm, G. v. Gf Heinrich † 1519

Rottenburg-Ehingen am Neckar *St. Moriz*
Gfn Irmengard † 1329 ⚭ Hohenberg, T. v. Gf Eberhard I. † 1325

Saarbrücken *Stiftskirche St. Arnual*
Kenotaph Gfn Elisabeth † 1505 ⚭I Nassau-Saarbrücken
⚭II Stolberg, T. v. Gf Ludwig I. † 1450 (Beigesetzt in Stolberg)

Schleusingen *Hennebergische Grabkapelle*
Kenotaph Hzn Elisabeth † 1592 ⚭I Henneberg ⚭II Pfalz-Veldenz-Lauterecken,
T. v. Hz Christoph † 1568 (Beigesetzt in Stuttgart)

Simmern *Stephanskirche*
Hzn Emilie † 1589 ⚭ Pfalz-Simmern, T. v. Hz Christoph † 1568

Steterburg bei Wolfenbüttel *Klosterkirche*
Gfn Maria † 1541 ⚭ Braunschweig-Wolfenbüttel,
T. v. Gf Heinrich † 1519

Stolberg im Harz *St. Martin*
Gfn Elisabeth † 1505 ⚭I Nassau-Saarbrücken ⚭II Stolberg,
T. v. Gf Ludwig I. † 1450 (Kenotaph in Saarbrücken)

Stuttgart — *Stiftskirche*
1316/20 von Beutelsbach überführt:
Gfn Mechthild †n. 1258 -Baden, G. v. Gf Ulrich I. †1265
Gf Ulrich I. †1265
Gfn Agnes †1265 -Schlesien-Liegnitz, G. v. Gf Ulrich I. †1265
Gf Ulrich II. †1279, S. v. Gf Ulrich I. †1265
Gfn Margarethe †v. 1296 -Lothringen, G. v. Gf Eberhard I. †1325 (Beutelsbach?)
Gfn Mechthild †v. 1316 -Hohenberg, G. v. Gf Ulrich †1315 (Beutelsbach?)
Gf Ulrich †1315, S. v. Gf Eberhard I. †1325
Gfn Irmengard †n. 1320 -Baden, G. v. Gf Eberhard I. †1325
Gf Ulrich †n. 1320/1335, S. v. Gf Ulrich †1315 (Ulm?)
Gf Eberhard I. †1325, S. v. Gf Ulrich I. †1265
Gfn Sophie †1344 -Pfirt, G. v. Gf Ulrich III. †1344
Gf Ulrich III. †1344, S. v. Gf Eberhard I. †1325
Gf Ulrich IV. †1366, S. v. Gf Ulrich III. †1344
Gfn Sophie †1369 ⚭ Lothringen, T. v. Gf Eberhard II. †1392
Gfn Elisabeth †1384 -Henneberg, G. v. Gf Eberhard II. †1392
Gf Ulrich †1388, S. v. Gf Eberhard II. †1392
Gf Eberhard II. †1392, S. v. Gf Ulrich III. †1344
Gfn Elisabeth †1402 -Bayern, G. v. Gf Ulrich †1388
Gfn Antonia †1405 -Visconti von Mailand, G. v. Gf Eberhard III. †1417
Gf Eberhard III. †1417, S. v. Gf Ulrich †1388
Gf Eberhard IV. †1419, S. v. Gf Eberhard III. †1417
Gfn Elisabeth †1429 -Nürnberg, G. v. Gf Eberhard III. †1417
Gfn Margarethe †1444 -Cleve, G. v. Gf Ulrich V. †1480
Gf Ulrich †n. 1444, S. v. Gf Ulrich V. †1480
Gfn Elisabeth †1451 -Bayern-Landshut, G. v. Gf Ulrich V. †1480
Gfn Margarethe †1479 -Savoyen, G. v. Gf Ulrich V. †1480
Gf Ulrich V. †1480, S. v. Gf Eberhard IV. †1419
Gf Heinrich †1519, S. v. Gf Ulrich V. †1480
Gfn/Hzn Elisabeth †1524 -Brandenburg, G. v. Gf/Hz Eberhard VI./II. †1504
Hzn Elisabeth †1592 ⚭I Henneberg ⚭II Pfalz-Veldenz-Lauterecken, T. v. Hz Christoph †1568 (Kenotaph in Schleusingen)
Hz Friedrich †1608, S. v. Gf Georg †1558
Hzn Sibylle †1614 -Anhalt, G. v. Hz Friedrich †1608
Ferner zahlreiche in frühester Kindheit oder Jugend verstorbene Angehörige des Hauses Württemberg

Trochtelfingen — *St. Martin*
Gfn Agnes †v. 1350 ⚭ Werdenberg, T. v. Gf Eberhard I. †1325
Gfn Elisabeth †n. 1475 ⚭ Werdenberg, T. v. Gf Eberhard III. †1417

Tübingen — *Stiftskirche St. Georg*
1537 vom Einsiedel überführt:
Gf/Hz Eberhard V./I. †1496, S. v. Gf Ludwig I. †1450

	Hz Ulrich †1550, S. v. Gf Heinrich †1519
	1554 von Güterstein überführt:
	Gf Ludwig I. †1450, S. v. Gf Eberhard IV. †1419
	Gfn Mechthild †1482 -Pfalz, G. v. Gf Ludwig I. †1450
	Hzn Anna †1530, T. v. Hz Ulrich †1550
	Hz Maximilian †1557, S. v. Hz Christoph †1568
	Hz Ulrich †1558, S. v. Hz Christoph †1568
	Hzn Sabina †1564 -Bayern, G. v. Hz Ulrich †1550
	Hz Eberhard †1568, S. v. Hz Christoph †1568
	Hz Christoph †1568, S. v. Hz Ulrich †1550
	Gfn Eva Christina †1575, T. v. Gf Georg †1558
	Hzn Dorothea Ursula †1583 -Baden, G. v. Hz Ludwig †1593
	Hzn Anna-Maria †1589 -Brandenburg-Ansbach, G. v. Hz Christoph †1568
	Hz Ludwig †1593, S. v. Hz Christoph †1568
	Hzn Ursula †1635 -Pfalz-Veldenz-Lützelstein, G. v. Hz Ludwig †1593 (Beisetzung 1636)
Ulm	*Wengenkloster*
	Gf Ulrich †n. 1320/1335, S. v. Gf Ulrich †1315 (Stuttgart?)
Waiblingen	*Michaelskirche*
	Gfn Anna †1471 ⚭ Katzenelnbogen, T. v. Gf Eberhard IV. †1419
Weert Provinz Limburg Niederlande	*Franziskanerkloster*
	Gfn Philippine †1475 ⚭ Horn, T. v. Gf Ulrich V. †1480
Wiesensteig	*Stiftskirche St. Cyriacus*
	Gfn Katharina †n. 1386 -Helfenstein, G. v. Gf Ulrich IV. †1366
Zweibrücken	*Alexanderkirche*
	Gf Georg †1558, S. v. Gf Heinrich †1519

Weihe-Inschrift aus der ehemaligen Burgkapelle der Burg Wirtemberg
vom 7. Februar 1083:

ANNO DOMINIC(A)E INCARN(ATIONIS)
MILLE(SIMO) LXXXIII INDIC(TIONE) VI VII IDVS
FEB(RVARII) DED(ICATA) H(A)EC CAP(ELLA) AB ADELB(ERTO) WOR-
M(ATI)ENS(IS) EC(CLESIA)E EP(ISCOP)O IN H(ONOREM) S(ANCTI) (NICOLAI)

Im Jahre der Fleischwerdung des Herrn 1083, in der
VI. Indiction, am 7. Februar wurde diese Kapelle geweiht von Adelbert,
dem Bischof der Wormser Kirche, zu Ehren des heiligen Nicolaus

Burg Wirtemberg.
Kupferstich von Johann Heinrich Kretschmer.

Die Standbilder der Grafen von Württemberg
in der Stiftskirche in Stuttgart.

Heinrich † 1519	Ulrich V. † 1480	Eberhard IV. † 1419	Eberhard III. † 1417	Ulrich † 1388	Eberhard II. † 1392

Ulrich IV. † 1366 | Ulrich III. † 1344 | Eberhard I. † 1325 | Ulrich II. † 1279 | Ulrich I. † 1265

Graf Ulrich I. der Stifter und Gräfin Agnes † 1265:
Grabmal in der Stiftskirche in Stuttgart.

Graf Eberhard I. der Erlauchte † 1325:
Grabmal in der Stiftskirche in Stuttgart.

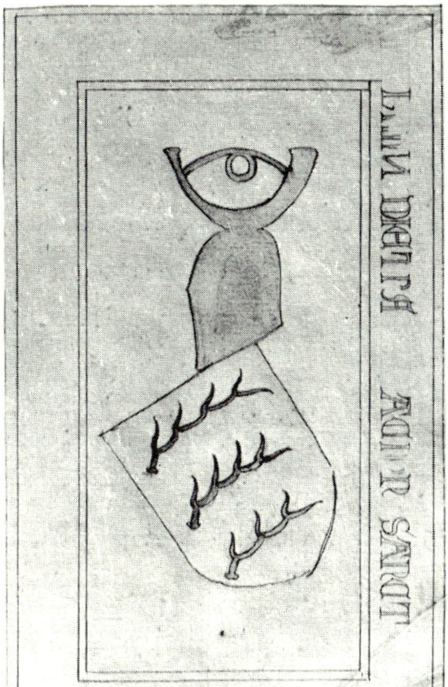

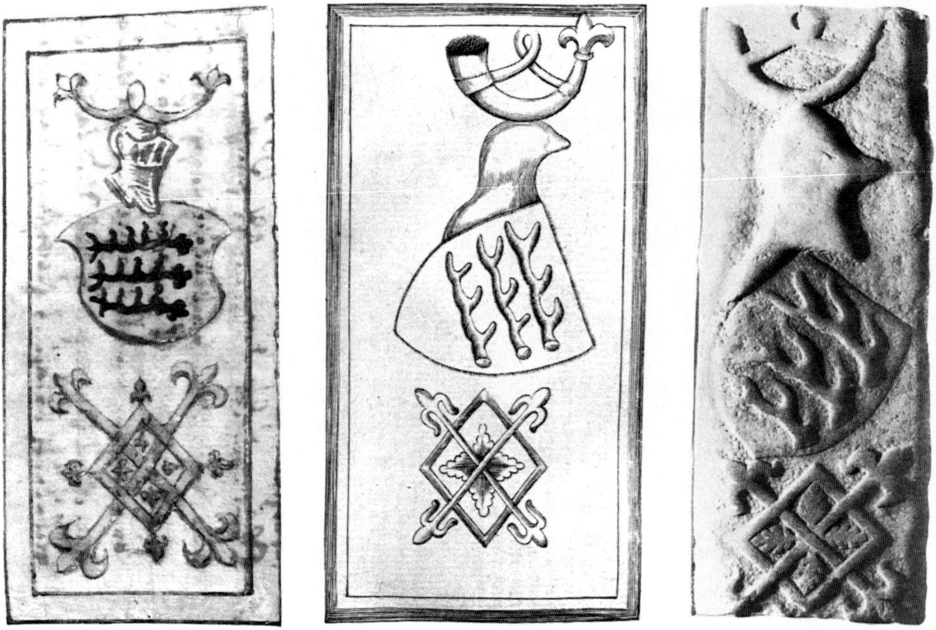

Württembergischer Grabstein in Beutelsbach.
Beutelsbach um 1900 (unten rechts).

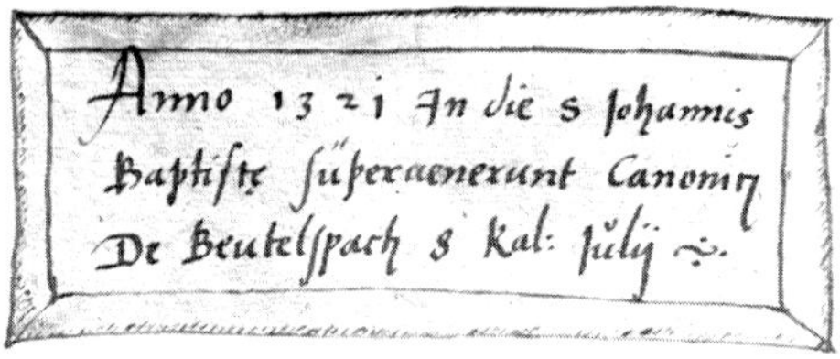

Gedächtnistafel in der Stiftskirche in Stuttgart
zur Verlegung des Stifts von Beutelsbach.

Graf Ulrich † 1315. Graf Ulrich III. † 1344.
Gräfin Adelheid † 1342: Grabmal. Gräfin Irmengard † 1329: Grabmal.

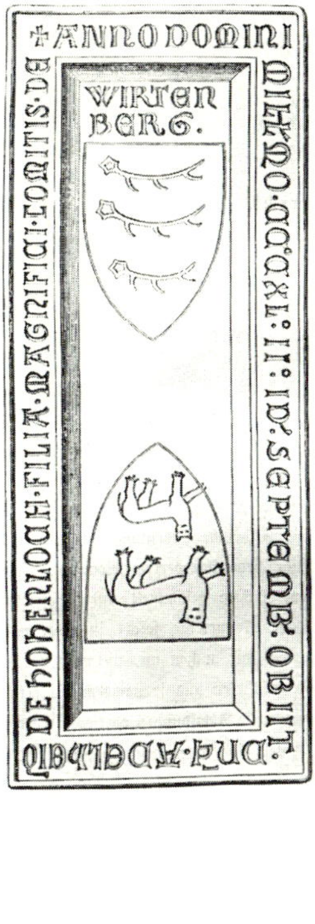

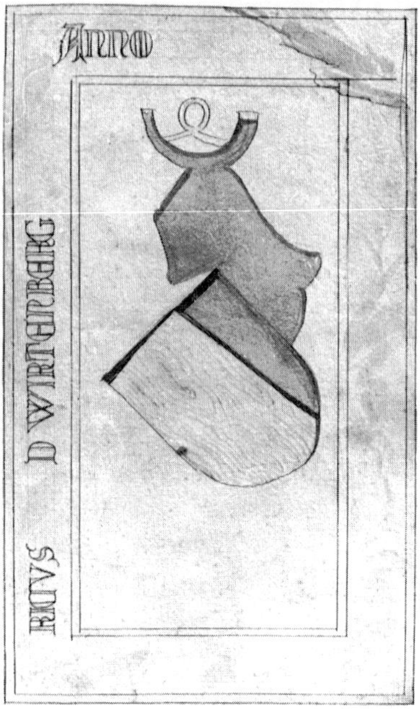

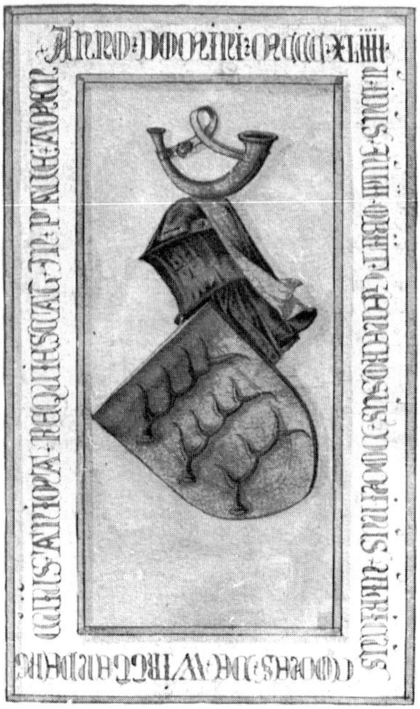

Graf Ulrich III. † 1344: Grabmal in der Stiftskirche in Stuttgart.
Gräfin Sophie † 1344: Grabmal in der Stiftskirche in Stuttgart.

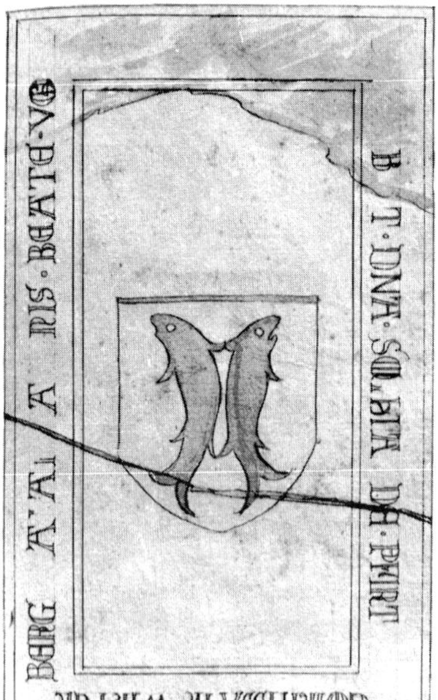

Gräfin Agnes † 1373: Grabmal in Blaubeuren. Graf Eberhard II. † 1392.
Graf Eberhard II. † 1392. Graf Ulrich IV. † 1366.

Graf Eberhard II. † 1392: Grabmal in der Stiftskirche in Stuttgart.
Gräfin Elisabeth † 1384: Grabmal in der Stiftskirche in Stuttgart.

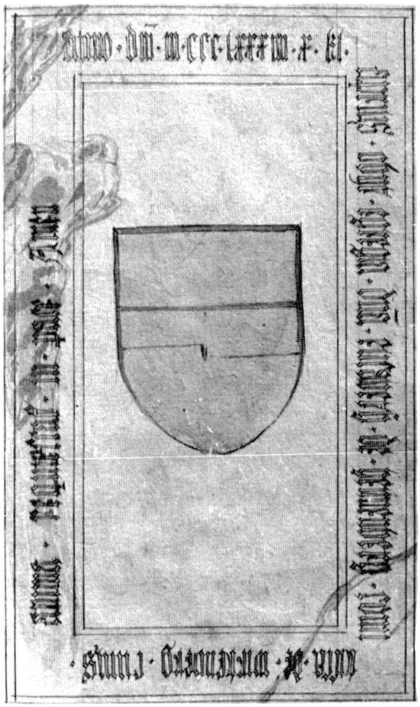

Graf Ulrich † 1388:
Grabmal in der Stiftskirche in Stuttgart.

Gräfin Sophie † 1369 mit Gemahl Herzog Johann I. von Lothringen.
Sophies Grabmal in der Stiftskirche in Stuttgart.

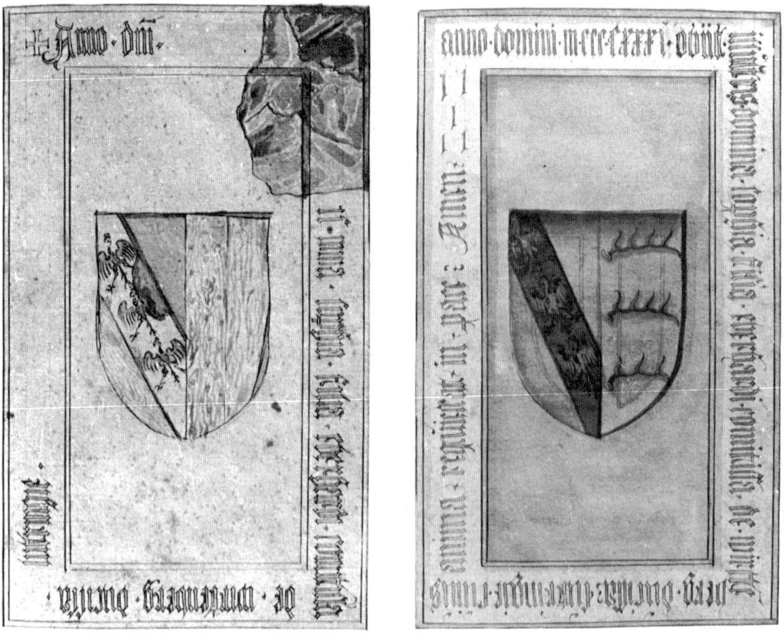

Graf Eberhard III. der Milde † 1417: Ratsversammlung.

Graf Eberhard III. † 1417: Grabmal in der Stiftskirche in Stuttgart.
Gräfin Antonia † 1405: Grabmal in der Stiftskirche in Stuttgart.

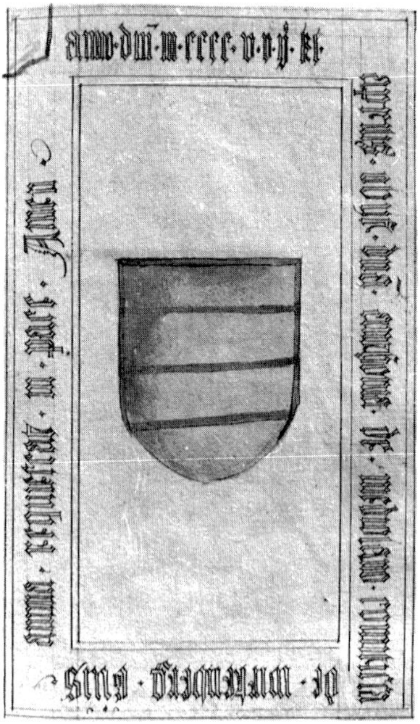
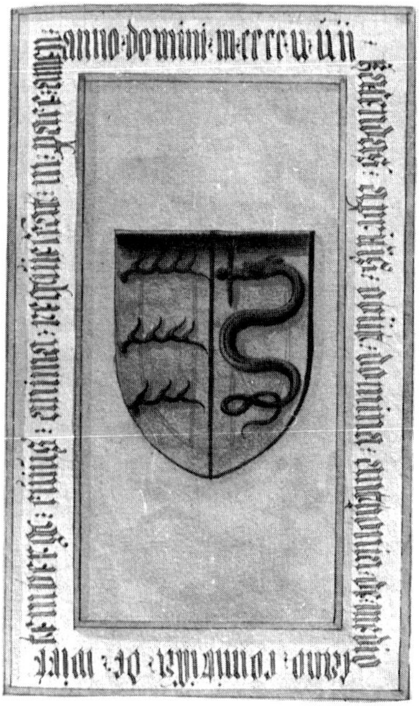

Gräfin Elisabeth † 1429: Beim Konstanzer Konzil rechts neben Königin Barbara stehend. Grabmal in der Stiftskirche in Stuttgart.

Graf Eberhard IV. † 1419 und Gräfin Henriette † 1444: Chorfenster in Tübingen.
Mömpelgard. Kupferstich von Matthäus Merian.

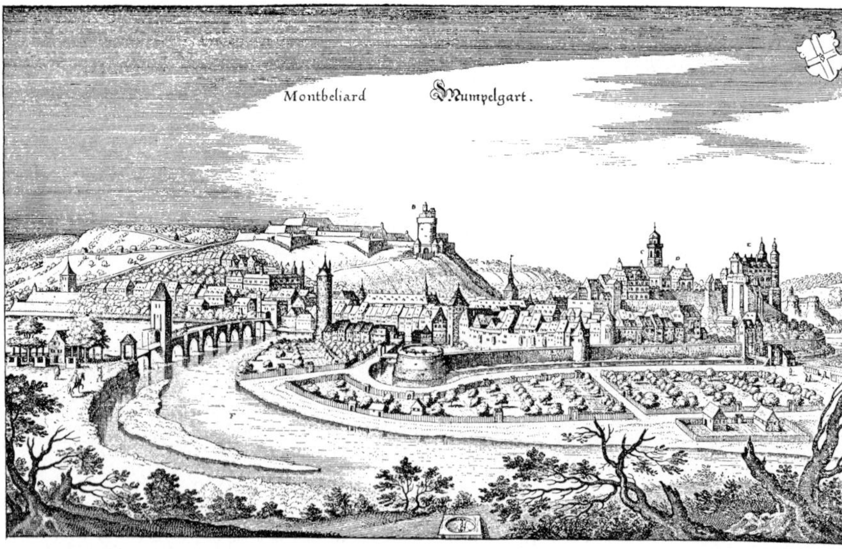

Graf Eberhard IV. † 1419: Grabmal in der Stiftskirche in Stuttgart.
Gräfin Henriette † 1444: Kenotaph in der Stiftskirche in Stuttgart.

Graf Ludwig I. † 1450 und Gräfin Mechthild † 1482: Chorfenster in Tübingen.
Gräfin Mechthild † 1482 und Graf Eberhard V. † 1496 : Sandsteinrelief in Sindelfingen.

Graf Ludwig I. † 1450 und Gräfin Mechthild † 1482:
Verschollener Altar aus der Stiftskirche in Herrenberg.

Gräfin Mechthild † 1482 Grabmal. Wappenbuch des Hans Ingeram.
Graf Ludwig I. † 1450 und Gräfin Mechthild † 1482: Grabmal in Güterstein und Tübingen.

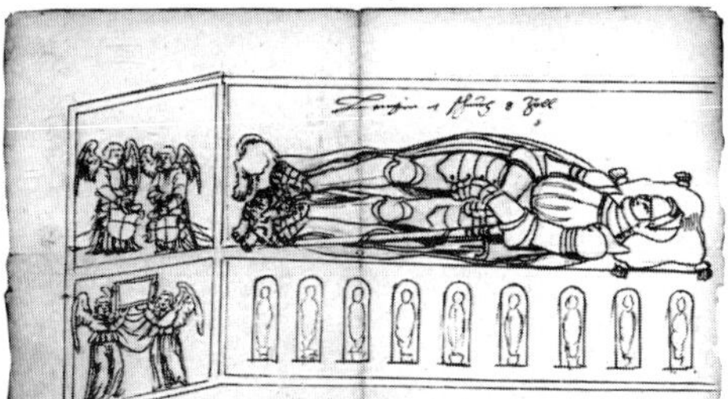

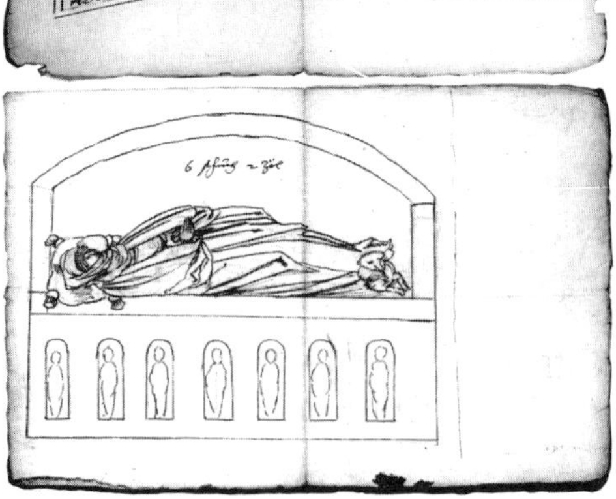

Graf Eberhard V. † 1496 und Gräfin Barbara † 1503: Chorfenster in Tübingen.
Zeichnung Ochsenbach. Fresko von Andrea Mantegna.

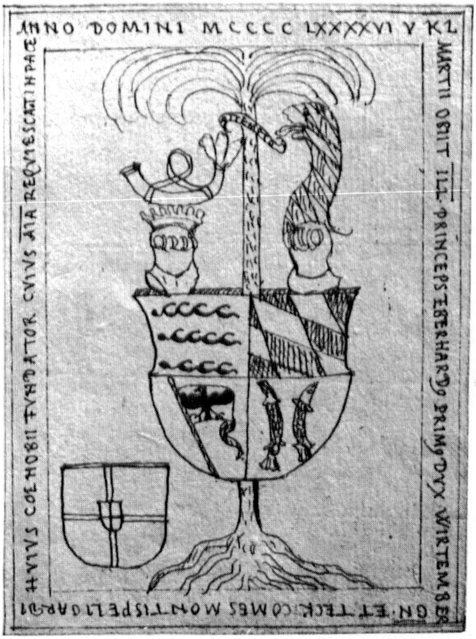

Herzog Eberhard I. † 1496: Epitaph im Einsiedel. Epitaph in Tübingen.
Grabmal in Tübingen. Grabmal in Hohenheim.

Gräfin Mechthild † 1495: Grabmal in Marburg.
Gräfin Elisabeth † 1505: Kenotaph in St. Arnual.
Darunter Grabmal in Stolberg.

Graf Ulrich V. † 1480 mit Gemahlinnen: Margarethe von Cleve † 1444,
Elisabeth von Bayern-Landshut † 1451, Margarethe von Savoyen † 1479.
Gräfin Margarethe † 1479: Gedenkstein in der Stiftskirche in Stuttgart.

Graf Ulrich V. † 1480: Grabmal in der Stiftskirche in Stuttgart.
Gräfin Margarethe † 1444: Grabmal in der Stiftskirche in Stuttgart.

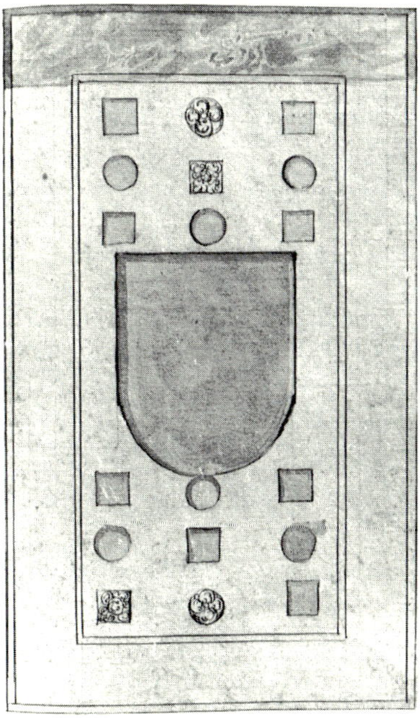

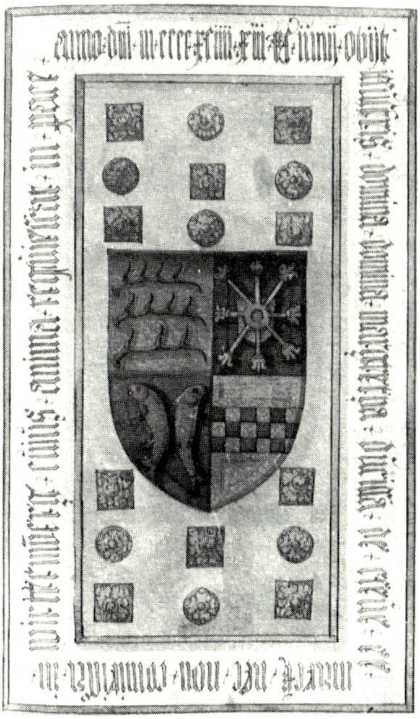

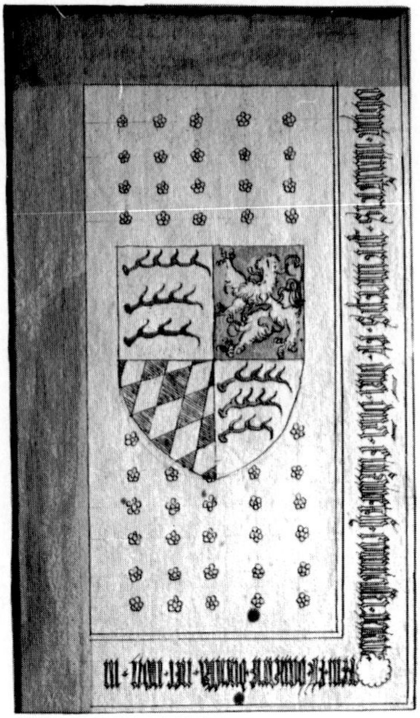

Gräfin Elisabeth † 1451: Grabmal in der Stiftskirche in Stuttgart.
Gräfin Margarethe † 1479: Grabmal in der Stiftskirche in Stuttgart.

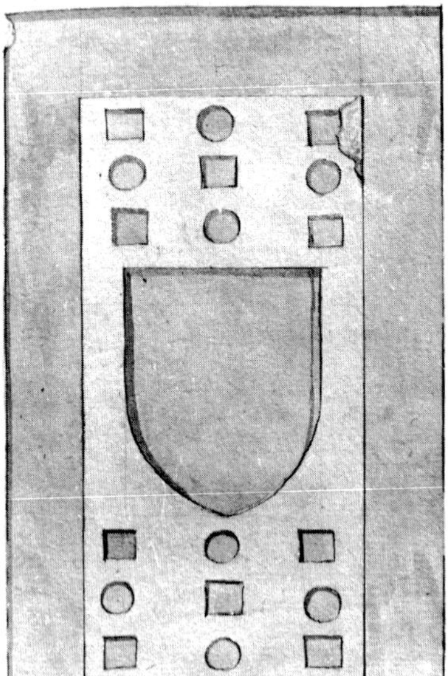

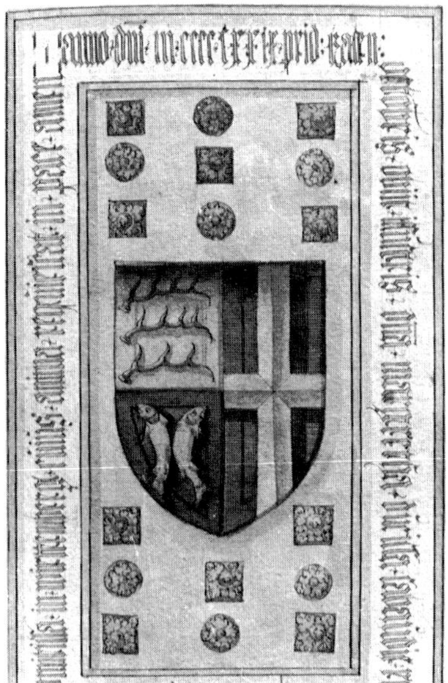

Gräfin Katharina † 1497: Nonne in Lauffen. Graf Eberhard VI. † 1504.
Gräfin Elisabeth † 1524: Grabmal in der Stiftskirche in Stuttgart.

Graf Heinrich † 1519: Denkmal in Urach. Grabmal in Stuttgart.
Gräfin Elisabeth † 1487: Grabmal in Reichenweiher.

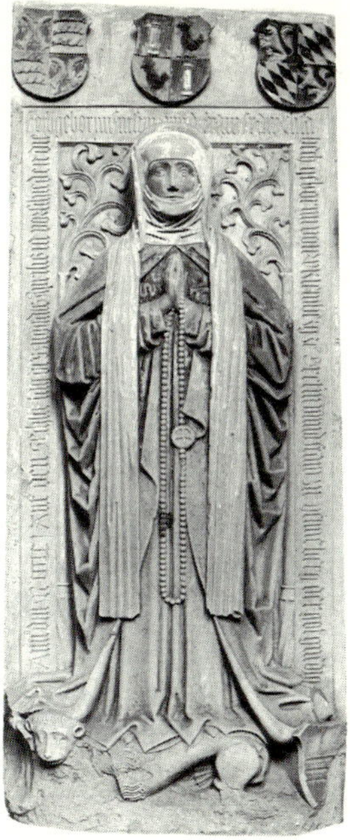

Gräfin Elisabeth † 1501: Grabmal in Römhild. Gräfin Margarethe † 1470: Grabmal in Hirzenhain. Gräfin Helene † 1506: Chorfenster in Ingelfingen. Grabmal in Öhringen.

PHALARISMVS

DIALOGVS HVTTENICVS.

Herzog Ulrich † 1550: Ermordung des Hans von Hutten. Medaille 1535.
Epitaph in Tübingen.

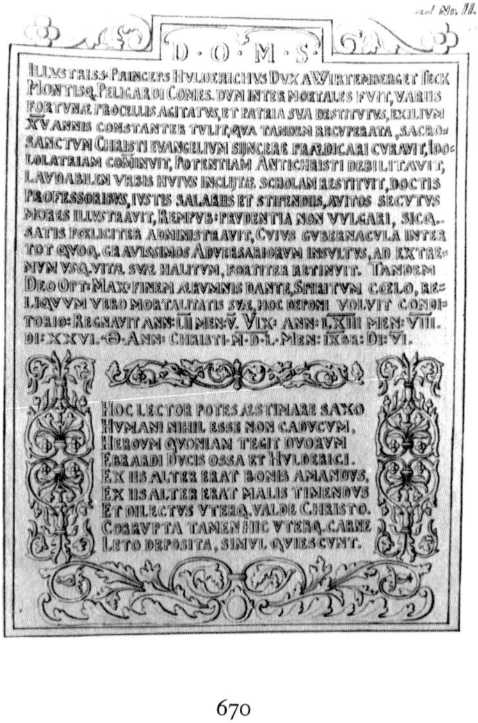

D · O · M · S ·

ILLVSTRISS · PRINCEPS HVLDERICHVS DVX A WIRTEMBERG ET TECK
MONTISQ. PELIGARDI COMES. DVM INTER MORTALES FVIT, VARIIS
FORTVNAE PROCELLIS AGITATVS, ET PATRIA SVA DESTITVTVS, EXILIVM
XV ANNIS CONSTANTER TVLIT, QVA TANDEM RECVPERATA, SACRO=
SANCTVM CHRISTI EVANGELIVM SINCERE PRAEDICARI CVRAVIT, IDO=
LOLATRIAM COMINVIT, POTENTIAM ANTICHRISTI DEBILITAVIT,
LAVDABILEM VRBIS HVIVS INCLYTAE SCHOLAM RESTITVIT, DOCTIS
PROFESSORIBVS, IVSTIS SALARIIS ET STIPENDIIS, AVITOS SECVTVS
MORES ILLVSTRAVIT, REMPVB: PRVDENTIA NON VVLGARI, SICQ.
SATIS FOELICITER ADMINISTRAVIT, CVIVS GVBERNACVLA INTER
TOT QVOQ. GRAVISSIMOS ADVERSARIORVM INSVLTVS, AD EXTRE=
MVM VSQ. VITAE SVAE HALITVM, FORTITER RETINVIT. TANDEM
DEO OPT: MAX: FINEM AERVMNIS DANTE, SPIRITVM COELO, RE=
LIQVVM VERO MORTALITATIS SVAE, HOC DEPONI VOLVIT CONDI=
TORIO: REGNAVIT ANN: LII MEN: V. VIX: ANN: LXIII MEN: VIII.
DI: XXVI. Θ · ANN: CHRISTI · M · D · L · MEN: IXBR: DI: VI.

HOC LECTOR POTES AESTIMARE SAXO
HVMANI NIHIL ESSE NON CADVCVM,
HEROVM QVONIAM TEGIT DVORVM
EBERARDI DVCIS OSSA ET HVLDERICI.
EX IIS ALTER ERAT BONIS AMANDVS,
EX IIS ALTER ERAT MALIS TIMENDVS
ET DILECTVS VTERQ. VALDE CHRISTO.
CORRVPTA TAMEN HIC VTERQ. CARNE
LETO DEPOSITA, SIMVL QVIESCVNT.

Chor der Stiftskirche St. Georg in Tübingen 1554.

Herzogin Sabina † 1564:
Grabmal in Tübingen.

Gräfin Maria † 1541. Graf Georg † 1558: Medaille o.J. Porträt.
Epitaph (Rahmen) in Zweibrücken.

Gräfin Barbara † 1597: Grabmal in Kloster Netze.

Herzogin Anna † 1530: Grabmal in Tübingen.
Grabmal in Güterstein.

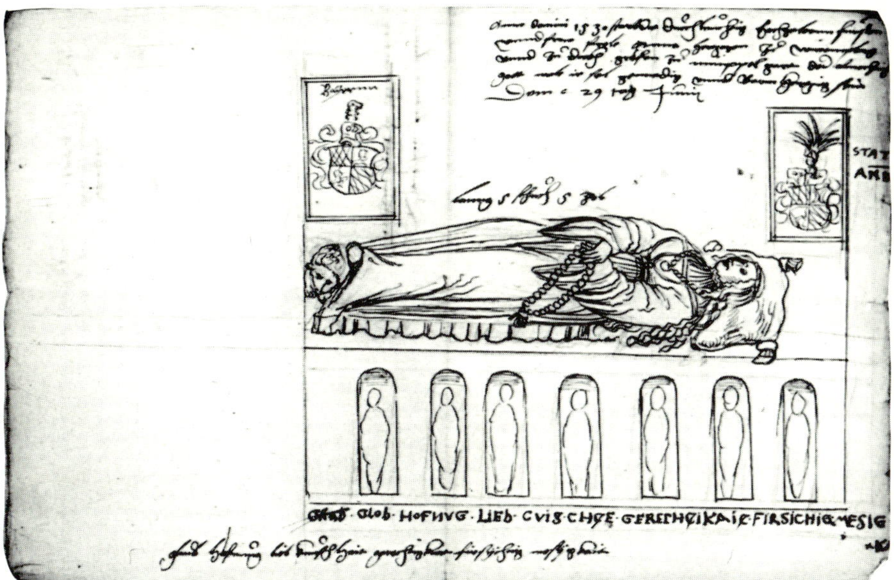

Herzog Christoph † 1568: Modell für eine Medaille 1534.
Herzogin Anna Maria † 1589.

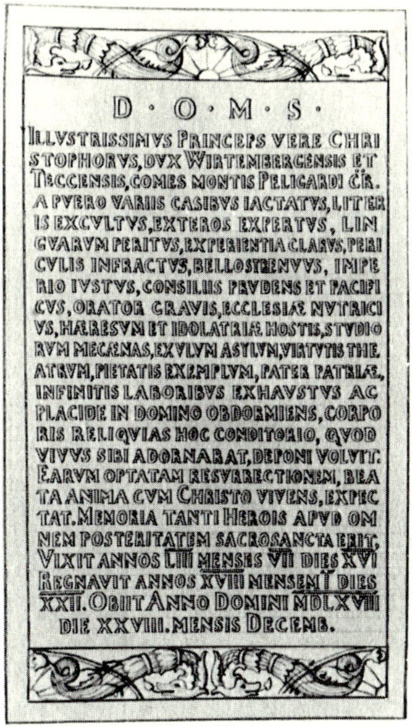

D·O·M·S·
ILLVSTRISSIMVS PRINCEPS VERE CHRI
STOPHORVS, DVX WIRTEMBERGENSIS ET
TECCENSIS, COMES MONTIS PELIGARDI &c.
A PVERO VARIIS CASIBVS IACTATVS, LITER
IS EXCVLTVS, EXTEROS EXPERTVS, LIN
GVARVM PERITVS, EXPERIENTIA CLARVS, PERI
CVLIS INFRACTVS, BELLOSTRENVVS, IMPE
RIO IVSTVS, CONSILIIS PRVDENS ET PACIFI
CVS, ORATOR GRAVIS, ECCLESIÆ NVTRICI
VS, HÆRESVM ET IDOLATRIÆ HOSTIS, STVDIO
RVM MECÆNAS, EXVLVM ASYLVM, VIRTVTIS THE
ATRVM, PIETATIS EXEMPLVM, PATER PATRIÆ,
INFINITIS LABORIBVS EXHAVSTVS AC
PLACIDE IN DOMINO OBDORMIENS, CORPO
RIS RELIQVIAS HOC CONDITORIO, QVOD
VIVVS SIBI ADORNARAT, DEPONI VOLVIT.
EARVM OPTATAM RESVRRECTIONEM, BEA
TA ANIMA CVM CHRISTO VIVENS, EXPEC
TAT. MEMORIA TANTI HEROIS APVD OM
NEM POSTERITATEM SACROSANCTA ERIT.
VIXIT ANNOS LIII MENSES VII DIES XVI
REGNAVIT ANNOS XVIII MENSEM I DIES
XXII. OBIIT ANNO DOMINI MDLXVIII
DIE XXVIII. MENSIS DECEMB.

Herzog Christoph † 1568: Grabmal
und Epitaph in Tübingen.

Herzogin Anna Maria † 1589:
Grabmal in Tübingen.

Herzog Friedrich I. † 1608. Gräfin Eva Christina † 1575: Grabmal in Tübingen.
Mömpelgard am Ende der württembergischen Zeit.

Herzog Eberhard † 1568:
Grabmal und Epitaph in Tübingen.

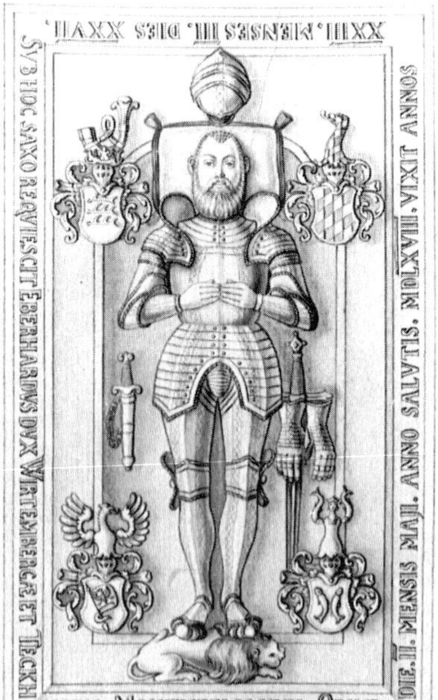

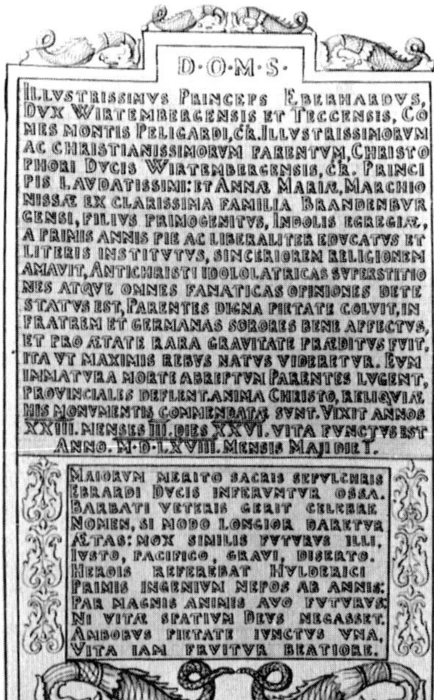

Herzogin Hedwig † 1590: Grabmal in Marburg.
Herzogin Eleonore † 1618. Herzogin Sabina † 1581.

Herzogin Elisabeth † 1592: Kenotaph in Schleusingen.
Grabmal in Stuttgart.

Herzogin Dorothea Maria † 1639: Medaille 1590.
Herzogin Emilie † 1589: Grabmal in Simmern.

Herzogin Dorothea Ursula † 1583.
Herzog Ludwig † 1593 und Herzogin Ursula † 1635.

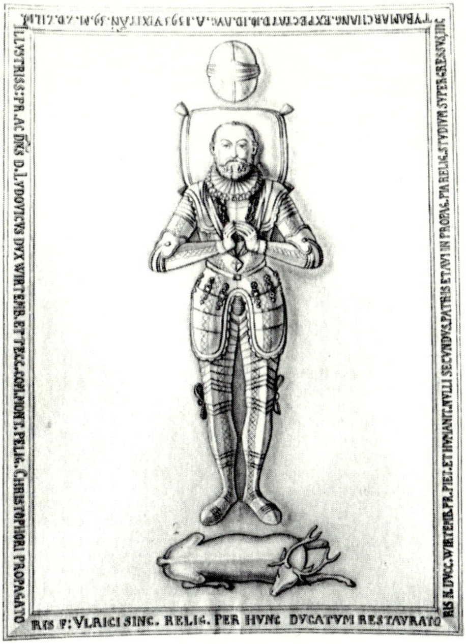

Herzog Ludwig † 1593 und Herzogin Dorothea Ursula † 1583:
Grabmäler in Tübingen.

Herzog Maximilian † 1557 und Herzog Ulrich † 1558: Epitaph in Tübingen.
Herzogin Anna † 1616. Herzog Maximilian † 1557.

Herzogin Sophia † 1590: Grabmal in Weimar.
Sterbetaler 1590.

Bildquellenverzeichnis

Archiv Prof. Dr. Hansmartin Decker-Hauff: LXIV.
Archiv Dr. Helmut Hell: 647 u. re.; 660 o. li.
Archiv Wilfried Melchior: 668 u.
Archiv Harald Schukraft: 663; 669 o.; 674; 681 o.; 682 o. re.; 687 o. re.
Hauptstaatsarchiv Stuttgart: 660 u. li.; 671; 672 u.; 675 u.; 678.
Landesbildstelle Württemberg:
644 u. li.; 646 u. re.; 653; 656 o.; 658 o.; 661 o.; 669 u. li.; 685 u.
Stiftskirchengemeinde Stuttgart: 642; 643; 644 u. re.
Württembergische Landesbibliothek Stuttgart:
641 (Kretschmer bei Sattler); 644 o. li. (Rüttel);
644 o. re. (Heideloff); 645 o. li. (Kretschmer bei Sattler);
645 o. re. (Küng); 645 u. (Rüttel); 646 o.; 646 u. li. (Küng);
647 o. (Kretschmer bei Sattler); 647 u. (Hohenlohe); 648 (Rüttel);
649 o. re. (Küng); 649 u. (Ochsenbach); 650 (Rüttel);
651 o. (Kretschmer bei Sattler); 651 u. (Rüttel); 652 o. (Calmet);
652 u. (Rüttel); 654 (Rüttel); 655 o. (Reichental); 655 u. (Rüttel);
656 (Merian); 657 (Rüttel); 659 (Heideloff);
660 o. re. (Himmelein); 660 u. re. (Cod. hist. 4° 59);
661 u. li. (Ochsenbach in Jacobus de Voragine); 662 o. li. (Rüttel);
662 o. re. (Cod. hist. 4° 59); 662 u. li. (Kretschmer bei Sattler);
662 u. re. (Taschenkalender 1799); 664 u. (Heideloff);
665 o. li. (Rüttel); 665 o. re. (Kretschmer bei Sattler); 665 u. (Rüttel);
666 (Rüttel); 667 o. li. (Cod. hist. 2° 308); 667 o. re. (Ochsenbach);
667 u. (Rüttel); 668 o. re. (Rüttel); 670 o. li.; 670 u. (Cod. hist. 4° 59);
673 o. li. (Ochsenbach); 673 u. li. (Ochsenbach);
675 o. re. (Cod. hist. 4° 59); 676 o. (Cod. hist. 4° 59);
679 o. re. (Cod. hist. 4° 59); 679 u. (Duvernoy); 680 o. (Ochsenbach);
680 u. (Cod. hist. 4° 59); 684 u. (Ochsenbach);
685 o. (Cod. hist. 4° 59); 686 o. (Cod. hist. 4° 59).
Württembergisches Landesmuseum Stuttgart:
664 o.; 670 o. re. (Nau Münzkabinett); 672 o.;
673 o. re. (Nau Münzkabinett); 675 o. li.; 676 o. (Nau Münzkabinett);
676 u.; 679 o. li.; 681 u. ; 682 o. li.; 683 o. (Nau Münzkabinett);
683 u. re.; 684 o.; 686 u.; 687 o. li.; 687 u. (Nau Münzkabinett).
Sonstige Aufnahmen vom Verfasser.

Schutzumschlag:
Johann Sebald Baumeister, Gallerie der Familienbilder
der Grafen und Herzoge von Wirttemberg.
Schwäbisch Gmünd 1818 (HB XV 98).

Wappen im Text:
Sebastian Küng (Cod. hist. 2° 78),
außer S. 397 (Cod. hist. 2° 308).

EBERHARD IV. *1388 †1419
⚭ HENRIETTE von Mömpelgard *n. 1383 †1444

ANNA
*1408 †1471
⚭ Katzenelnbogen

LUDWIG I.
*1412 †1450
⚭ MECHTHILD von der Pfalz *1419 †1482

MECHTHILD
*n. 1436 †1495
⚭ Hessen

LUDWIG II.
*1439 †1457

ANDREAS
*1443 †1443

EBERHARD V./I.
*1445 †1496
⚭ BARBARA GONZAGA
von Mantua
*1455 †1503

ELISABETH
*1447 †1505
⚭ I Nassau-
Saarbrücken
⚭ II Stolberg

BARBARA
*1475 †n. 1474

KATHARINA
*1441 †1497

EBERHARD VI./II.
*n. 1444 †1504
⚭ ELISABETH
von Brandenburg
*1451 †1524

HEINRICH
*n. 1445 †1519
⚭ I ELISABETH von
Zweibrücken-Bitsch
*n. 1464 †1487
⚭ II EVA von Salm
*um 1468 †1521

MARGARETHE
*n. 1444 †1479

ULRICH
*n. 1444 †n. 1444

Hertzog
zu Wirtenberg
und Teck
Graaff
zu Mümpelgart

ULRICH
*1487 †1550
⚭ SABINA
von Bayern
*1492 †1564

MARIA
*1496 †1541
⚭ Braunschweig-
Wolfenbüttel

ANNA
*1513 †1530

CHRISTOPH
*1515 †1568
⚭ ANNA MARIA
von Brandenburg-Ansbach
*1526 †1589

EBERHARD
*1545 †1568

HEDWIG
*1547 †1590
⚭ Hessen-
Marburg

ELISABETH
*1548 †1592
⚭ I Henneberg
⚭ II Pfalz-
Veldenz-
Lauterecken

SABINA
*1549 †1581
⚭ Hessen-
Kassel

EMILIE
*1550 †1589
⚭ Pfalz-
Simmern

ELEONORE
*1552 †1618
⚭ I Anhalt
⚭ II Hessen-
Darmstadt